QUELLEN UND ABHANDLUNGEN
ZUR MITTELRHEINISCHEN KIRCHENGESCHICHTE
Band 144

QUELLEN UND ABHANDLUNGEN
ZUR MITTELRHEINISCHEN KIRCHENGESCHICHTE

IM AUFTRAG DER GESELLSCHAFT
FÜR MITTELRHEINISCHE KIRCHENGESCHICHTE

Herausgegeben von
Joachim Schmiedl

Band 144

SEELSORGE ALS MILIEUMANAGEMENT

Dechant Dr. Johann Ludger Schlich und der Katholizismus an der Saar zwischen 1913 und 1935

Frederik Simon

Aschendorff Verlag

Münster
2021

www.aschendorff-buchverlag.de

Printed in Germany
Gedruckt auf säurefreiem, alterungsbeständigem Papier ♾
ISBN 978-3-402-15956-9
ISBN (E-Book-PDF) 978-3-402-15957-6

Inhalt

Vorwort

„Als Mensch der Kirche liebt er auch ihre Vergangenheit. Er meditiert über ihre Geschichte, er verehrt und erforscht darin ihre Tradition, nicht um sie wehmütig zu kultivieren, oder um sich in ein Altertum zu flüchten, das er sich beliebig zurechtdenken könnte, noch weniger um die Kirche von heute zu verurteilen, als wäre sie seither vergreist, oder von ihrem Bräutigam verstoßen worden." Dieser Satz Henri de Lubacs (Die Kirche, S. 218f) begeisterte und faszinierte mich, seitdem ich ihn gelesen habe. Dieser programmatische Leitsatz trieb mich dazu an, mich in die Kirchengeschichte, an deren Horizont das Sein aufscheint, näher zu vertiefen und sie zu erforschen.

Gerade in Zeiten des Umbruchs lässt sich aus den Erfahrungen der Menschen und ihren Biografien im Hinblick auf die Gegenwart einiges lernen. Es war wohl eine Fügung, dass eine solche außergewöhnliche Gestalt der Trierer Bistumsgeschichte, der Saarbrücker Pfarrer und Dechant Johannes Schlich, und ihre Epoche zwischen den beiden Weltkriegen an der Saar kirchengeschichtlich noch nicht erforscht wurde.

Mein Dank gilt daher in erster Linie meinem verehrten Doktorvater Prof. Dr. Bernhard Schneider, der mir nicht nur das Erstgutachten ausstellte, sondern mir in statu nascendi immer wieder mit väterlichem und aufmunterndem, aber zugleich auch (glücklicherweise) kritischem Rat zur Seite stand. Er war es, der mir das Thema anvertraute und ebenso das Vertrauen in mich setzte, eigenständig dieses Feld der Bistumsgeschichte zu erschließen.

Auch Prof. Dr. Martin Lörsch, der das Zweitgutachten erstellte, sowie der Fakultätskonferenz der Theologischen Fakultät Trier, die die Annahme meiner Dissertationsschrift beschloss, möchte ich danken. Desweiteren gebührt an dieser Stelle meinem Bischof Stephan Ackermann ein Wort des Dankes, der es mir gestattete, meine Arbeit vorzulegen. Zuletzt sind natürlich hier auch meine Familie und meine Freunde zu nennen, die mich allzeit begleitet und unterstützt haben.

Einer – last but not least – sei an dieser Stelle nicht vergessen, der immer wieder geistig an mir gezerrt und gezogen, mir durch manche Durststrecke geholfen, und mich unzählige Male ermuntert hat, im ignatianischen Sinne die „Geister zu unterscheiden" und das Promotionsverfahren abzuschließen: der (ehem.) Spiritual am Trierer Priesterseminar, Pfarrer Ulrich Laux.

Dorf im Warndt, im Herbst 2020 *Frederik Simon*

1. EINLEITUNG, FORSCHUNGSSTAND UND QUELLENLAGE

Schlich? Dr. theol. Johann Ludger Schlich? Liest man die grundlegenden Werke und Aufsätze, die sich mit dem Saarkatholizismus während der Völkerbundsverwaltung (1920–1935) auseinander setzen, taucht der Name des Saarbrücker Dechanten immer wieder auf. Doch wer war dieser Geistliche, der offenbar an vielen Stellen des Saargebiets entscheidend mitwirkte? Bisher liegt zur Person Schlichs noch keine Studie vor, die sich umfassend mit dem Leben und Wirken des Trierer Bistumsklerikers beschäftigt.

Die vorliegende Arbeit versucht daher die Biografie einer für die Geschichte des Saargebiets wichtigen Persönlichkeit zu erstellen und ihr Wirken in den historischen Kontext für eine begrenzte Zeit – ihrer Zeit als Pfarrer an St. Jakob und Christkönig in Saarbrücken – einzuordnen. Es wird also keine vollständige Biografie angestrebt, weil die Archivalien der Pfarrei Kobenz-Neuendorf (St. Peter), deren Leitung Schlich nach seinem Verlassen des Saargebiets 1935 übernahm, vom Bistumsarchiv Trier übernommen wurden, derzeit aber noch nicht zugänglich sind. Ausgehend vom Wirken Schlichs wird zudem versucht, die Konturen der Kirchenpolitik und der Pastoral in den Blick zu nehmen und so die für das Bistum Trier erhobenen allgemeinen Aussagen am Fall einer besonders exponierten Region (dem Saargebiet) und Stadt (Saarbrücken) zu konkretisieren. Olaf Blaschke beschreibt die Priester dieser Zeit als „Milieumanager", die vier große Aufgaben- und Wirkungsfelder zu bedienen hatten: Kirche, Politik (Zentrumspartei), Lektüre und Vereine.[1] Die vorliegende Studie ist daher schließlich auch bestrebt, eine Antwort auf die Frage zu geben, ob Schlich ein solcher „Milieumanager" und „Zentrumsprälat" war.

Eine Beschäftigung speziell mit dem Saarkatholizismus der Zeit nach dem Ersten Weltkrieg ist aus mehreren Gründen sinnvoll: Das Saargebiet, das durch den Versailler Vertrag vom Deutschen Reich abgetrennt wurde und unter der Verwaltung des Völkerbundes stand, war zwar einerseits eine politisch autonome Größe, andererseits gehörten aber die katholischen Pfarreien dieses Gebiets unverändert

1 Olaf Blaschke, Die Kolonialisierung der Laienwelt. Priester als Milieumanager und die Kanäle klerikaler Kuratel. In: Religion im Kaiserreich. Milieus – Mentalitäten – Krisen, Bd. 2, hg. von Olaf Blaschke und Frank-Michael Kuhlemann (= Religiöse Kulturen der Moderne 2). Gütersloh 1996, 93–135, hier: 106.

zu den Bistümern Trier und Speyer. Ferner gibt es noch keine speziellen Studien, die sich ausschließlich mit dem Saarkatholizismus auseinandersetzen, obwohl die Bevölkerung des Saargebiets nach dem Ende des Ersten Weltkriegs zu fast 75 % katholisch war. Für Teile des Untersuchungsraums sind katholische Milieustrukturen nachgewiesen, während man insbesondere im ländlichen Raum partiell auch eine traditional katholische Lebenswelt antreffen konnte.

Unter dem Begriff „katholisches Milieu" versteht man die Lebenswelt und -form der Katholiken in den Jahren 1850 bis 1950, die als Reaktion auf die Nationalstaatsbildung, welche unter protestantischem Vorzeichen geschah, sowie der Industrialisierung und Urbanisierung entstand.[2] „Diese katholische Lebenswelt organisierte sich in den zahlreich entstehenden Pfarreien »vor Ort«, im konfessionellen Schul- und Bildungswesen, in einem dicht geknüpften Netz katholischer Vereine und Verbände, das die außerschulischen Lebensbereiche und -interessen umgriff, einer erstaunlichen Zahl v. a. weiblicher Ordensgenossenschaften, die soziale Hilfen in den von ihnen getragenen Krankenhäusern und (Berufs-)Schulen gewährleisteten, in einem katholischen Pressewesen und nicht zuletzt in der eigenen politischen Vertretung, der Zentrumspartei. Kurzum: Man war katholisch sozialisiert und organisiert »von der Wiege bis zur Bahre«."[3]

Mit dem Saarkatholizismus beschäftigte sich erstmalig wissenschaftlich Eva Maria Zenner in ihrer 1966 erschienenen Dissertation „Parteien und Politik im Saargebiet unter dem Völkerbundsregime 1920–1935", denn zu dieser Zeit war die Zentrumspartei, eine christlich geprägte und an der katholischen Konfession ausgerichtete politische Bewegung im Saargebiet, die Partei, welche während der Zeit nach dem Ersten Weltkrieg die Mehrheit der saarländischen Wähler auf sich vereinigen konnte.[4] Jedoch merkt auch schon Zenner, die einige Briefe Schlichs (u. a. an Adolf Hitler) aus dem Bistumsarchiv Trier (meist Abt. 59) zitiert, zum Saardechanten lediglich an, dass zur Person Schlichs derzeit noch keine Arbeit vorliege. Nach Zenner folgten in der Forschung zum Saargebiet (1920–1935) und der Zentrumspartei eine Vielzahl von Werken (Lewy [1967], Jacoby [1973], Lempert [1973], Bauer [1981], Paul [1984/1987], Mallmann [1989], Gestier [1991], Mus-

2 Zur Entstehung des katholischen Milieus vgl. ARBEITSKREIS FÜR KIRCHLICHE ZEITGESCHICHTE MÜNSTER, Konfession und Clevages im 19. Jahrhundert. Ein Erklärungsmodell zur regionalen Entstehung des katholischen Milieus in Deutschland. In: Konfession, Milieu, Moderne. Konzeptionelle Positionen und Kontroversen zur Geschichte von Katholizismus und Kirche im 19. und 20. Jahrhundert, hg. von Johannes HORSTMANN und Antonius LIEDHEGENER. Schwerte 2001, 97–143.

3 Christoph KÖSTERS, Katholisches Milieu und Nationalsozialismus. In: Die Katholiken und das Dritte Reich. Kontroversen und Debatten, hg. von Karl-Joseph HUMMEL und Michael KIßENER. Paderborn 2009, 145–165, hier: 145.

4 Maria ZENNER, Parteien und Politik im Saargebiet unter dem Völkerbundsregime. 1920–1935, zugl.: Köln, Univ., Diss., 1966 (= Veröffentlichungen der Kommission für saarländische Landesgeschichte und Volksforschung 3). Saarbrücken 1966.

kalla [1995], Becker [2007], Heinrich sowie Heinz [2009]), die sich u. a. auf die Ausführungen Zenners und die entsprechenden Primärquellen im Bistumsarchiv (Abt. 59) beriefen. Nur einige dieser Werke machen Anmerkungen am Rande zu Schlich.

Punktuell findet Schlich bei der Beschäftigung mit verschiedenen Themen wie dem Ersten Saarländischen Katholikentag, der religiösen Gestaltung sowie der Schulpolitik des Saargebiets und der Saarbrücker Druckerei und Verlag A. G. Erwähnung. So berichtet auch Hans-Ludwig Selbach in seiner 2013 veröffentlichten Schrift „Katholische Kirche und französische Rheinlandpolitik nach dem Ersten Weltkrieg“[5] immer wieder von den Aktivitäten des Saarbrücker Dechanten. Auch Sascha Hinkel, der sich mit dem Ersten Saarländischen Katholikentag auseinandersetzt, liefert einige Hinweise zur Person und zum Wirken Schlichs.[6] In diesem Zusammenhang (Katholikenversammlung 1923) veröffentlichte Edgar Schwer ebenso einen Aufsatz, der jedoch mehr eine Wiedergabe jener Festschrift liefert, die Schlich anlässlich des Ersten Saarländischen Katholikentages im Namen des Lokalkomitees verfasste und herausgab. Schwer präsentiert ansonsten keinerlei neue Erkenntnisse.

Bedauerlicherweise ist neben dem Fehlen einer Biografie Schlichs sowie kirchengeschichtlicher Studien zum Saargebiet auch das Fehlen einer wissenschaftlichen Geschichte der Pfarreien der Stadt Saarbrücken zu beklagen. Die neue Bistumsgeschichte bietet als allgemeines Referenzwerk verschiedene Informationen zur Saarregion und zur Stadt Saarbrücken, entwickelt aber aufgrund der genuinen Ausrichtung keine Gesamtschau der Entwicklung an der Saar.[7]

Die vorliegende Arbeit beruht daher weitestgehend auf Archivrecherchen. Hierzu wurden vom Autor Nachforschungen im Bistumsarchiv Trier, dem Landeshauptarchiv Koblenz, dem Bundeshauptarchiv Berlin-Lichterfelde, dem Geheimen Staatsarchiv Preußischer Kulturbesitz, in den Pfarrarchiven von Saarbrücken (St. Michael, St. Jakob und Christkönig) sowie dem Landesarchiv des Saarlandes und dem Saarbrücker Stadtarchiv angestellt. Zudem wurden die Akten der Archive der Ordensgemeinschaften, die zur Zeit Schlichs in Saarbrücken tätig waren oder mit denen Schlich in Kontakt stand, ausgewertet. Außerdem wurde das Ar-

5 Hans-Ludwig SELBACH, Katholische Kirche und französische Rheinlandpolitik nach dem Ersten Weltkrieg (= Niederrheinische Regionalkunde 20). Köln, Düsseldorf 2013.

6 Vgl. Sascha HINKEL, Der Erste Saarländische Katholikentag 1923 in der Berichterstattung des Münchener Nuntius Eugenio Pacelli. In: Archiv für mittelrheinische Kirchengeschichte. Nebst Beiträgen zur kirchlichen Denkmalpflege, Bd. 67, hg. von GESELLSCHAFT FÜR MITTELRHEINISCHE KIRCHENGESCHICHTE (= Archiv für mittelrheinische Kirchengeschichte 67). Mainz 2015, 239–267.

7 Vgl. Beharrung und Erneuerung. 1881–1981, hg. von Bernhard SCHNEIDER und Martin PERSCH (= Geschichte des Bistums Trier 5). Trier 2004.

chiv des Gymnasiums am Stadtgarten in Saarlouis gesichtet, wo Schlich von 1906 bis 1913 als Religionslehrer tätig war.

In den Pfarrarchiven liegt die Originalkorrespondenz Schlichs, bestehend aus handschriftlichen Berichten, Briefen und Notizen (etc.), vor, sofern sie erhalten ist und nicht dem Krieg zum Opfer fiel. Das Stadtarchiv Saarbrücken und das saarländische Landesarchiv bieten Quellenmaterialien zur Geschichte der Saarbrücker Druckerei (Protokollbuch des Aufsichtsrats, Fotografien, Korrespondenz etc.), in deren Aufsichtsrat Schlich Mitglied war, sowie zur Zentrumspartei (unsortierte Briefe und Unterlagen, Wahlplakate etc.) und dem Saarbrücker Stadtrat bzw. der Armendeputation, denen Schlich angehörte. Ferner lagert im Landesarchiv des Saarlandes Fotomaterial zum Ersten Saarländischen Katholikentag. Das Protokollbuch des Lokalkomitees zum Ersten Saarländischen Katholikentag lagert hingegen im Bistumsarchiv, wo sich auch die bisher nicht in der Literatur rezipierten Primärquellen zu den beiden Trierer Diözesansynoden (1920 und 1931) befinden, an denen Schlich persönlich teilnahm. Während der Arbeit im Bistumsarchiv Trier fiel dem Autor auf, dass das Gros der Aufzeichnungen (ausgenommen die Visitationsprotokolle, die Korrespondenz der Trierer Diözesanbischöfe sowie die Liste der Volksmissionen im Bistum Trier), die heute über den Untersuchungszeitraum im Saargebiet vorliegen, von Schlich auf Anfrage des Bischöflichen Generalvikariats 1942/43 erstellt wurden. Hierbei verfasste Schlich zu verschiedenen Themen (Saar-, Bistums- und Schulfrage, Erster Saarländischer Katholikentag, Saarbrücker Druckerei etc.) Berichte und fügte Originalquellen aus dieser Zeit (wie bspw. seine Korrespondenz oder Zeitungsartikel) bei. Diese Quellen im Bistumsarchiv aus der Feder Schlichs bergen allerdings zweierlei Risiken: Einerseits könnten sich, aufgrund der zeitlichen Distanz zwischen Geschehnis und Abfassung des Berichts, einige Fehler in Schlichs Berichte eingeschlichen haben. Andererseits könnte der Verfasser die Berichte nachträglich dazu „missbraucht" haben, um sich und seine Position in ein positives Licht zu stellen. Diese historischen Ungenauigkeiten werden allerdings durch die Beifügung authentischer und aus dieser Zeit stammender Originalquellen eingegrenzt.

Neben dem archivischen Schriftgut Schlichs existieren noch eine Vielzahl von Büchern, Broschüren, Beiträgen und (Zeitungs-)Artikeln, die er verfasste und die in gedruckter Form erhalten sind. Sonstige Sekundärliteratur über Johannes Schlich, abgesehen von einem Beitrag des Autors, der sich mit dem Wirken Schlichs in der katholischen Pressearbeit an der Saar beschäftigt[8], existiert derzeit

8 Vgl. Frederik SIMON, Pfarrer Dr. Johann Ludger Schlich und die katholische Pressearbeit an der Saar 1920–1935. In: Archiv für mittelrheinische Kirchengeschichte. Nebst Beiträgen zur kirchlichen Denkmalpflege, hg. von GESELLSCHAFT FÜR MITTELRHEINISCHE KIRCHENGESCHICHTE (= Archiv für mittelrheinische Kirchengeschichte 68). Mainz 2016, 337–362.

noch nicht. Jedoch hatte Schlich offenbar eine solch große Bedeutung, dass er auf der Webseite „Saarland-Biografien", auf der aus dem Saarland stammende und für die Geschichte des Saarlandes prägende Persönlichkeiten vorgestellt werden, einen Eintrag erhielt.[9] Dort wird allerdings lediglich ein verkürzter Lebenslauf Schlichs geboten, der sich an dem 1998 publizierten Beitrag Bernhard Hauperts und Franz-Josef Schäfers orientiert.[10]

Es wird versucht, anhand der noch erhaltenen Quellen, eine möglichst detaillierte historische Biografie zu erstellen, in der das Wirken Schlichs von 1913 bis 1935 aus den verschiedensten Perspektiven und Gesichtspunkten beleuchtet werden soll. Zudem ist die vorliegende Arbeit insofern eine kirchengeschichtliche Fallstudie zur Stadt Saarbrücken bzw. zum Saargebiet und dem Bistum Trier, als sich an der Person und dem Wirken Schlichs übergreifende Entwicklungen und Problemfelder aufzeigen lassen. Im Fokus bleibt gleichwohl die Gestalt Schlichs, was zur Folge hat, dass nicht alle Entwicklungen der Stadt und der Region im Detail betrachtet werden können, sondern nur jene, die mit Johann Schlich verbunden waren.

Natürlich tangiert eine Arbeit, die sich mit der Biografie und dem Wirken eines Priesters im ausgehenden 20. Jahrhundert und zwischen den beiden Weltkriegen beschäftigt, auch verschiedene Themenfelder wie das damit verbundene Priesterbild, die Entwicklung des deutschen Diözesanklerus und dessen Wirken in der fraglichen Zeit sowie das damit einhergehende Seelsorgeverständnis.

Ein grundlegendes Werk über den deutschen Diözesanklerus gab Erwin Gatz 1995 als fünften Band seiner Reihe „Geschichte des kirchlichen Lebens" heraus.[11] Neben einem historisch-chronologischen Teil, der mit der Säkularisation beginnt und mit den Entwicklungen seit dem Zweiten Vatikanischen Konzil (1962–1965) endet, werden in einigen Beiträgen auch Spezialthemen (Zölibat, priesterliche Lebenskultur, Priester als Partei- und Sozialpolitiker sowie Journalisten etc.) behandelt. Die in diesem Band enthaltenen allgemeinen Aussagen werden in der vorliegenden Fallstudie konkretisiert und überprüft.

Darüber hinaus lieferte Thomas Schulte-Umberg 1999 eine Studie, die erstmals den Blick auf das sich wandelnde Priesterbild in Deutschland richtet.[12] Dabei legt

9 Vgl. Christian SCHRÖDER, Schlich Johann Ludger, http://www.saarland-biografien.de/Schlich-Johann-Ludger (Stand: 24.07.2017).

10 Bernhard HAUPERT und Franz-Josef SCHÄFER, Saarländischer katholischer Klerus zwischen Anpassung und Widerstand 1933–1935. Studie zum politischen Verständnis und Handeln des katholischen Klerus. In: Zeitschrift für die Geschichte der Saargegend, hg. von HISTORISCHER VEREIN FÜR DIE SAARGEGEND (= Zeitschrift für die Geschichte der Saargegend 46). Saarbrücken 1998, 99–157.

11 Der Diözesanklerus, hg. von Erwin GATZ (= Geschichte des kirchlichen Lebens in den deutschsprachigen Ländern seit dem Ende des 18. Jahrhunderts 4). Freiburg i. Br. 1995.

12 Vgl. Thomas SCHULTE-UMBERG, Profession und Charisma. Herkunft und Ausbildung des Klerus im Bistum Münster 1776–1940 (= Veröffentlichungen der Kommission für Zeitgeschichte Reihe B, Forschungen 85). Paderborn 1999.

er jedoch den Fokus auf die Ausbildungsphase des Klerus zwischen 1848 und 1950 und geht der Frage nach, inwiefern sich religiöse und gesellschaftliche Veränderungen auf die Ausbildung und das mit der Ausbildung transportierte Priesterbild auswirkten. Schulte-Umberg beschränkt sich in seiner Fallstudie territorial auf das Bistum bzw. Fürstbistum Münster und untersucht die Ausbildungsstrukturen. In seiner Analyse arbeitet er an exemplarischen Praxisinhalten der Nachwuchsausbildung und erhebt kollektivbiografische Daten über die Neupriester und Kandidaten, ähnlich wie es Helmut Rönz 2006 für den Priesternachwuchs des Bistums Trier im 19. Jahrhundert tat.[13] Schulte-Umberg zeigt in seinem Werk zugleich aber auf, wie sich das Priesterbild im Laufe von etwa 100 Jahren veränderte und wie sich eine Professionalisierung und Spezialisierung, die mit dem Übergang von einer Traditions- zu einer Leistungsgesellschaft zusammenhingen, innerhalb des Klerus bemerkbar machte, der sich in dieser Zeit mit neuen Aufgaben konfrontiert sah. Im Unterschied dazu wird in der vorliegenden Schrift nicht die Priesterausbildung fokussiert, sondern es soll versucht werden, aufzuzeigen, welches priesterliche Selbstverständnis Schlich hatte und inwiefern er sich zu einem „Professional" bzw. „Milieumanager" entwickelte, obwohl er die ultramontan ausgerichtete Ausbildung im Trierer Priesterseminar absolvierte, die den Priester als „Heilsmittler" verstand, der abgeschieden von der Welt leben und seine Hauptaufgabe im Vollzug des Messopfers und der Sakramentenspendung sowie dem Priester vorbehaltenen Handlungen sehen sollte. Anders als bei Schulte-Umberg geht es also um eine biografisch-exemplarische Fallstudie, die dadurch auch konkreter an der Lebenswirklichkeit einer handelnden Person ausgerichtet sein kann. Für die Einordnung dieser handelnden Person sind die genannten Studien außerordentlich hilfreiche Bezugspunkte.

Diese kurz umschriebene Weiterentwicklung innerhalb des Klerus war eine Reaktion auf die seelsorgerischen Erfordernisse der Zeit. Gerade in den Großstädten, die bedingt durch die Industrialisierung einen starken Zuwachs erfuhren, stieß die katholische Pastoral an ihre Grenzen. Die Stadtpfarreien schienen aus allen Nähten zu platzen, sodass die Geistlichen nicht mehr den auch von ihnen gewünschten und als erfolgreich angesehenen Kontakt zu den Gläubigen halten konnten, wie sie es für wünschenswert erachteten. Auch die Kirchengebäude waren nicht mehr groß genug, um alle Gottesdienstbesucher aufnehmen zu können. Ein grundlegendes Werk zu diesem geänderten Seelsorgeverständnis schrieb der Wiener Pastoraltheologe Heinrich Swoboda zu Beginn des 20. Jahrhunderts.[14] Er beleuchtet dabei die pastorale Notlage in den westeuropäischen Großstädten und

13 Vgl. Helmut Rönz, Der Trierer Diözesanklerus im 19. Jahrhundert. Herkunft – Ausbildung – Identität (= Rheinisches Archiv 151). Köln 2006.

14 Vgl. Heinrich Swoboda, Großstadtseelsorge. Eine pastoraltheologische Studie. Regensburg u. a. 1909.

zeigt auf, wie unzureichend die Seelsorge darauf reagierte bzw. wie wenig sie mit der veränderten Situation Schritt halten konnte. Ferner beschäftigt er sich mit der Frage, welche Seelsorgemethoden für den Klerus gewinnbringend wären, um eine Großstadtseelsorge vor dem Hintergrund einer zunehmend erfahrbaren Säkularisierung, was ein umstrittenes Sinnbild der sich verändernden Gesellschaft des 20. Jahrhunderts meint, zu entwickeln.

Die Spannung zwischen Tradition und Moderne innerhalb des Katholizismus in den Großstädten stellt auch Hansjörg Günther in seinem 2015 publizierten Buch dar.[15] Er unternimmt den Versuch, darzulegen, wie sich Modernisierungsprozesse und der deutsche Katholizismus zwischen 1848 und 1933 zueinander verhielten. Anhand von Großstädten als herausragendem Ausdruck des gesellschaftlichen Wandels zeigt er einen Strang im Diskurs zwischen Modernität und Katholizismus auf, wobei Günther sein Augenmerk auf überregionale katholische Kulturzeitschriften legt. Sichtbar werden so die ambivalenten Wahrnehmungen des Phänomens Großstadt im deutschen Katholizismus in der Lebenszeit Schlichs, was sich auch im Wirken des Berliner „Apostels" Carl Sonnenschein widerspiegelt, den Günther ebenfalls vorstellt.

Im Nachfolgenden soll kein Elitediskurs in katholischen Zeitschriften oder pastoraltheologisch ausgerichteten Büchern zum Thema „Großstadt" bearbeitet werden, sondern das konkrete pastorale Arbeiten in der Großstadt Saarbrücken. Es wird das seelsorgliche Handeln Schlichs in den ihm anvertrauten Gemeinden und auf Ebene des Dekanats untersucht und in den Kontext der Entwicklungen im Bistum Trier und über die Diözesangrenzen hinweg eingeordnet. Es stellt sich somit die Frage, welche seelsorgerischen Neuerungen im Untersuchungszeitraum zu verzeichnen sind, wie Schlich dazu stand und wie sich durch die von den Geistlichen gewählten Methoden die pastorale Situation in Saarbrücken veränderte, um so auf die Probleme der Großstadtpastoral zu reagieren.

Die vorliegende Arbeit lässt sich als historische Biographieforschung (wissenschaftliche Biographik) charakterisieren.[16] Die Biographieforschung basiert auf einem qualitativen Forschungsansatz, in dieser Studie einem Einzelfallansatz, der keine spezifische Methode vorschreibt, sondern die Herangehensweise an das Forschungsfeld bzw. -objekt meint. Die nachfolgende Untersuchung folgt der Methode der historischen Quellenerschließung. Der Einzelfallansatz ist somit keine induktive Verallgemeinerung, sodass nicht vom untersuchten Einzelfall „Schlich" auf die Allgemeinheit geschlossen werden kann, sondern umgekehrt: Die allgemeingültigen Aussagen der genannten Sekundärliteratur werden in der Fallstudie

15 Vgl. Hansjörg Günther, Umwege in eine achtsame Moderne. Die Großstadt im Fokus von Soziologie, Stadtkritik und deutschem Katholizismus. Paderborn 2015.

16 Vgl. Thomas Etzemüller, Biographien. Lesen – erforschen – erzählen (= Historische Einführungen 12). Frankfurt a. M., New York 2012, 17.

gegebenenfalls bestätigt oder auch als in diesem Fall nichtzutreffend eingestuft. Aus den rezipierten Quellen (Akten, Chroniken etc.) wird der Biographieverlauf (nicht zu verwechseln mit dem reinen Lebenslauf) erschlossen, um mögliche Fehlerquellen in subjektiv Geschildertem (Zeitzeugenberichte, Nachlässe Schlichs usw.) zu eliminieren.

Die historische Biographieforschung eignet sich aus dem Grund, weil sich in ihr „sowohl Geschichtsdenken als auch die Methode des Historismus als einer ‚an handelnden Subjekten ausgerichteten Geschichtsschreibung' in konkreter Form bündelt(e).“[17]

Die Biographik ist somit ein Schlüssel zum Verhältnis zwischen Akteuren, individuellem Handeln und gesellschaftlichen Strukturen bzw. Kollektivereignissen.[18] Es wird also versucht, die wechselseitige Wirkung zwischen Individuum und den für sie relevanten Strukturen zu untersuchen. „Zugleich wird man die absolute Unterscheidung zwischen einem Individuum und seiner Umwelt, zwischen »Subjekt« und »Strukturen« nicht ohne Weiteres aufrechterhalten können. Zwar wird oft eine »Autonomie« des Individuums angenommen, das sich gegen mehr oder wenig »determinierende« Strukturen behauptet [...], doch im Lichte neuerer Theorien und Forschungen erweist sich dieses Modell als zu vereinfachend.“[19]

Daher wird nicht nur das „Untersuchungsobjekt“ Johann Ludger Schlich für sich in den Blick genommen, vielmehr wird auch das Beziehungsnetzwerk, in dem er lebte, in den verschiedenen Teilbereichen seines Lebens (Pfarrei, Dekanat, Bistumsklerus, Universalkirche, Politik und Presse) im Sinne einer „Rekonstruktion von Umwelten“[20], analysiert.

Dies zeigt aber auch zugleich die Probleme auf, die mit der Gattung der „Historischen Biographie“ einhergehen, denn mit der Differenzierung der Gesellschaften, der zunehmenden Pluralisierung der Lebenswelten sowie der abnehmenden Geltung traditioneller Werte wird das handelnde Individuum, das als Untersuchungsobjekt herangezogen wird, zum Schnittpunkt auseinandergehender Erwartungen und normativer Ideale.

Aus diesen Gründen ist die nachfolgende Arbeit folgendermaßen aufgebaut: Zunächst wird eine Kurzbiografie des Geistlichen geboten, die auch die Stationen Schlichs umfasst, bevor er Pfarrer an St. Jakob wurde. Im ersten Hauptteil sollen

17 Volker Depkat, Ein schwieriges Genre: Zum Ort der Biografik in der Arbeitergeschichtsschreibung. In: Mitteilungsblatt des Instituts für soziale Bewegungen, Bd. 45, hg. von Institut für soziale Begegnungen (= Mitteilungsblatt des Instituts für soziale Bewegungen 45). Bochum 2011, 21–35, hier: 22.

18 Vgl. Jacques LeGoff, Wie schreibt man ein Biographie? In: Der Historiker als Menschenfresser. Über den Beruf des Geschichtsschreibers, hg. von Fernand Braudel (= Wagenbachs Taschenbücherei 187). Berlin 1990, 103–112, hier: 104–106.

19 Etzemüller, Biographien (wie Anm. 16), 19.

20 Ebd., 84.

der allgemein-historische und der kirchliche Hintergrund sowie die Geschichte des Saargebiets und der saarländischen Zentrumspartei beleuchtet werden. Daran anschließend wird die kirchliche Entwicklung der Pfarreien und Ordensgemeinschaften im Dekanat Saarbrücken in groben Linien skizziert. Diese doppelte Perspektive auf den historischen Hintergrund ist notwendig, um die nachfolgenden Ausführungen verstehen zu können, die sich detailliert mit dem Wirken Schlichs beschäftigen. Dabei wird unterschieden zwischen seinem Engagement, bei dem Seelsorge im Vordergrund stand, und dem, das mehr politisch motiviert war, wobei die Grenzen zwischen Seelsorge und Politik häufig verschwimmen. Es stellt sich also auch die Frage, was Schlich unter „Seelsorge" verstand und welches „Priesterbild" er vertrat. Abschließend werden die Ergebnisse in einem Schlusskapitel zusammengefasst.

2. BIOGRAPHISCHE ECKDATEN

Am 25. März 1875 erblickte Johann Ludger Schlich als Sohn des Backofenmeisters Anton und Catharina (geb. Daub) in Bell (bei Mayen) das Licht der Welt.[21] Das Dekanat Mayen, das Heimatdekanat Schlichs, erfuhr durch die Industrialisierung, welche mit der Reichsgründung 1871 einsetzte, sowie den Anschluss an das Eisenbahnnetz nach Andernach (1880) und nach Koblenz (1904) einen Strukturwandel. Obwohl sich viele Schiefer- und Basaltbrüche ansiedelten, die mehreren hundert Menschen Arbeit boten, verdiente weiterhin ein Großteil der Bevölkerung ihren Lebensunterhalt in der Landwirtschaft.[22]

Schlich entstammte wohl einer vom Katholizismus stark geprägten Familie. In einem Schreiben vom 6. Januar 1926 bezeichnete er den zwei Tage zuvor verstorbenen Johann Rausch[23], Pfarrer von Kröv, als seinen „Onkel".[24] Eine direkte Blutsverwandtschaft zwischen beiden bestand aber offenbar nicht.[25] Rausch hatte als Kaplan in Obermendig möglicherweise erheblichen Einfluss auf die spätere

21 Vgl. hierzu und zum Folgenden: Rönz, Der Trierer Diözesanklerus im 19. Jahrhundert (wie Anm. 13), beiliegende CD; Haupert und Schäfer, Saarländischer katholischer Klerus zwischen Anpassung und Widerstand 1933–1935 (wie Anm. 10), 116–118 sowie Taufbuch der Pfarrei Bell (Mayen) – St. Florinus, Pfarrarchiv der Pfarreiengemeinschaft Mendig, Tb 1.

22 Vgl. Rönz, Der Trierer Diözesanklerus im 19. Jahrhundert (wie Anm. 13), 1062f.

23 Rausch wurde am 02.01.1846 in Volkesfeld (bei Rieden), der Nachbarpfarrei (zu Schlichs Heimatpfarrei), geboren und 1872 in Trier zum Priester geweiht. Danach arbeitete er bis 1884 als Kaplan in Obermendig, ehe er Hofgeistlicher und (ab 1888) Pfarrer in Osburg wurde. 1894 wechselte er schließlich auf die Pfarrstelle in Kröv, wo er am 02.01.1926 einer Erkrankung erlag. Vgl. Alois Thomas, Der Weltklerus der Diözese Trier seit 1800. Herausgegeben vom Diözesanarchiv. Trier 1941, 271. Rausch zeichnete sich durch „[s]eine Strenge gegen sich selbst, seine Pfarrkinder und Anverwandten [aus]." (Gudrun Hüls-Beth, 250 Jahre Pfarrkirche St. Remigius zu Kröv. Festschrift zum 22. Internationalen Trachtentreffen der Mosel in Kröv. Kröv 1975, 24).

24 Vgl. Schreiben Schlich an den Generaloberen der Barmherzigen Brüder von Maria Hilf (Trier) (Niederlassung Saarbrücken, Ordensarchiv der Barmherzigen Brüder von Maria Hilf, Ordner 0275). Schlich dankte dem Generaloberen, dass er zwei Brüder für die Pflege seines „Onkels" abgestellt habe.

25 Die Verwandtschaft mütterlicherseits ist nahezu ausgeschlossen. Schlichs Mutter, Frau Catharina Schlich geb. Daub, war, wie auch ihre Mutter nur einmal verheiratet, sodass Johann Rausch kein Bruder der Mutter Schlichs sein konnte. Das Familienbuch der Pfarrei Rieden (Volkesfeld) bestätigt die Aussage. Vgl. Familienbuch der Pfarrei Rieden, Bistumsarchiv Trier, Rieden Fb 3.

Berufswahl des jungen Schlichs gehabt, der mit seinen beiden Schwestern Maria und Katharina im Dorf aufwuchs.[26]

Dieser besuchte von Ostern 1890 bis Ostern 1891 das Gymnasium in Oberlahnstein und wechselte danach an das Friedrich-Wilhelm-Gymnasium nach Trier, wo er am 15. März 1897 als Zögling des Bischöflichen Konvikts seine Reifeprüfung ablegte.[27] Daran anschließend trat Schlich in das Bischöfliche Priesterseminar Trier ein und studierte dort von Ostern 1897 bis zum 23. März 1901 Theologie und Philosophie.

Schlich wurde am 21. Dezember 1900 im Hohen Dom zu Trier durch Bischof Michael Felix Korum zum Diakon geweiht und empfing am 23. März 1901 wiederum durch Korum als einer von 41 Diakonen das Sakrament der Priesterweihe. Zugleich wurde er zum Kaplan an Kreuznach (Heilig Kreuz) ernannt.[28]

„Die Besserung des Klimas … zwischen Kirche und Staat … [manifestierte sich in der] unaufgeregte[n] Behandlung ehemaliger Kulturkampfpriester durch die preußische Krone. Dies wurde in beispielhafter Weise deutlich, als es zwischen 1903 und 1911 um die Besetzung der Patronatsstellen rechts des Rheins ging. Im Oberpräsidium in Koblenz wurde zu diesem Zweck ein Verzeichnis erstellt, welches nach Berlin gesandt wurde und in Frage kommende Priester aufführte, mitsamt Werdegang und Eignung. So schrieb der Verzeichner über den Beller Kleriker Dr. Johann Schlich, er sei ein guter Redner, habe gute Umgangsformen und eigne sich für eine größere Pfarrei."[29]

26 Maria, geboren und getauft am 06.01.1878 in Bell, übernahm später die Haushaltsführung ihres älteren Bruders Johann. Katharina wurde am 10.09.1881 in Bell geboren und zwei Tage später in der dortigen Pfarrkirche getauft. Sie hat wohl später geheiratet, allerdings sind die entsprechenden Kirchenbücher nicht mehr vorhanden. Vgl. Pfarrarchiv der Pfarreiengemeinschaft Mendig, Taufbuch der Pfarrei Bell (Mayen) – St. Florinus (wie Anm. 21).

27 Vgl. hierzu und zum Folgenden: Bistumsarchiv Trier, Bistumsarchiv Trier, Abt. 85 Nr. 1554. 20 der 35 Abiturienten dieses Gymnasiums gaben, wie Schlich auch, an, Theologie studieren zu wollen. Vgl. Johann Iltgen, Jahresbericht des Königlichen Friedrich-Wilhelm-Gymnasiums zu Trier, erstattet von dem Direktor der Anstalt. Schuljahr 1896–97. Trier 1897, 22f. Alle 20 Theologiestudenten (außer einem, der 1899 während des Studiums verstarb) wurden auch Priester. Vgl. Königliches Friedrich Wilhelms-Gymnasium zu Trier, Festschrift zur Feier des 350jährigen Jubiläums der Anstalt am 6.–8. Oktober 1913. Trier 1913, 83 (Anhang).

28 Diözese Trier, Kirchlicher Amtsanzeiger für die Diözese Trier (= Kirchlicher Amtsanzeiger der Diözese Trier 45). Trier 1901, Nr. 6, S. 4 sowie Nr. 28, S. 47. Im Jahr 1901, dem Jahr, in dem Schlich die Priesterweihe im Dom zu Trier empfing, stammten 28 Kleriker aus dem Dekanat Mayen. 22 von ihnen wuchsen in Mayen auf und nur sechs Geistliche stammten noch aus kleinen Dörfern im Dekanat. Einer von ihnen war der aus Bell stammende Schlich, der mit seinen 25 Jahren zugleich der Jüngste war. Vgl. Rönz, Der Trierer Diözesanklerus im 19. Jahrhundert (wie Anm. 13), 1062.

29 Ebd., 1005.

Nach seiner dreijährigen Kaplanzeit in Kreuznach, wo er nebenamtlich noch am Königlichen Gymnasium unterrichtete[30], ließ er sich beurlauben, um in Bonn und Freiburg – je ein Semester von Ostern 1904 bis Ostern 1905 – die Fächer Deutsch, Geschichte und Französisch für das höhere Lehramt zu studieren.[31] Während dieser Zeit bereitete er seine Dissertation „Das Wesen der christlichen Hoffnung" vor.[32]

Nach seinem Studienurlaub wurde Schlich am 1. Mai 1905 als Domvikar an der Hohen Domkirche zu Trier installiert und arbeitete währenddessen bis zum 1. Oktober 1906 sowohl als Bistumssekretär im Bischöflichen Generalvikariat als auch als Religionslehrer an der von Ursulinen geführten Schule in Trier.[33] Am 9. März 1906 wurde Schlich von der Albert-Ludwig-Universität Freiburg zum „Dr. theol." promoviert[34] und von Bischof Korum zum Religionslehrer am Gymnasium in Saarlouis ernannt, wo er sieben Jahre lang tätig war und die Fächer katholische Religionslehre, Hebräisch, Griechisch und Französisch unterrichtete.[35]

30 Vgl. GYMNASIUM ZU SAARLOUIS, Bericht über das Schuljahr 1906–1907. Saarlouis 1907, 18.

31 Die Lehrbefähigungsprüfung für höhere Schulen legte er am 11.11.1904 an der Universität Bonn ab. Vgl. ebd. In seiner Personalakte, die sich im Bistumsarchiv Trier befindet, sind nur die Fächer Geschichte und Französisch genannt. Vgl. BISTUMSARCHIV TRIER (wie Anm. 27). Die Wahl und Ernennung zum Oberlehrer durch die Königliche Behörde erfolgte am 12.11.1906. Vgl. PROVINZ-SCHULKOLLEGIUM COBLENZ, Abschrift aus den Personalakten des Oberlehrers Dr. Schlich (12.11.1906), Landeshauptarchiv Koblenz, 405/4756.

32 Vgl. Johann Ludger SCHLICH, Das Wesen der christlichen Hoffnung und irrige Ansichten über diese Tugend, Freiburg i. Br., Univ., Diss., 1906. Trier 1906.

33 Vgl. DIÖZESE TRIER, Kirchlicher Amtsanzeiger für die Diözese Trier (= Kirchlicher Amtsanzeiger der Diözese Trier 49). Trier 1905, Nr. 33, S. 38 sowie BISTUMSARCHIV TRIER (wie Anm. 27).

34 Vgl. THEOLOGISCHE FAKULTÄT FREIBURG, Promotionsbuch der Theologischen Fakultät Freiburg, Archiv der Theologischen Fakultät Freiburg, 15. Die Examina fanden am 22.02.1906 sowie am 6./7./9.03.1906 statt.

35 Vgl. DIÖZESE TRIER, Kirchlicher Amtsanzeiger für die Diözese Trier (= Kirchlicher Amtsanzeiger für die Diözese Trier 50). Trier 1906, Nr. 64, S. 60 sowie STAATLICHES GYMNASIUM AM STADTGARTEN, 300 Jahre Gymnasium Saarlouis am Stadtgarten. Saarlouis 1991, 208. Ab dem Schuljahr 1907/1908 übernahm er den gesamten katholischen Religions- sowie Hebräischunterricht (23 Wochenstunden), gab daher allerdings keinen Privatunterricht oder Nachhilfe. Zudem hatte er einen Pensionär bei sich aufgenommen. Vgl. GYMNASIUM ZU SAARLOUIS, Übersicht über die Nebenbeschäftigung der Lehrer im Schuljahr 1906/07 (08.06.1907), Landeshauptarchiv Koblenz, 405/4756; DASS., Übersicht über die Nebenbeschäftigung der Lehrer im Schuljahr 1909/10 (11.6.1910), Landeshauptarchiv Koblenz, 405/4921; DASS., Übersicht über die Nebenbeschäftigung der Lehrer im Schuljahr 1910/11 (14.6.1911), Landeshauptarchiv Koblenz, 405/4921; DASS., Übersicht über die Nebenbeschäftigung der Lehrer im Schuljahr 1911/12 (13.6.1912), Landeshauptarchiv Koblenz, 405/4921 sowie DASS., Bericht über das Schuljahr 1907–1908. Saarlouis 1908; DASS., Bericht über das Schuljahr 1908–1909. Saarlouis 1909; DASS., Bericht über das Schuljahr 1909–1910. Saarlouis 1910; DASS., Bericht über das Schuljahr 1910–1911. Saarlouis 1911; DASS., Bericht über

Abb. 1: Schlich gemeinsam mit dem Abiturjahrgang 1912

Schlich war als Oberlehrer zugleich auch als Seelsorger gefragt. Jedes Jahr führte er Schüler am Christi-Himmelfahrts-Fest zur Erstkommunion und begleitete Schüler, wenn ein Mitschüler plötzlich verstarb.[36] Im Unterricht konnte Schlich zugleich aber auch Späße mit den Schülern machen, wie die „Bierzeitung“ des Abiturjahrgangs 1913 schildert.[37]

Während seiner „Saarlouiser Zeit“ verfasste Schlich verschiedene Lehr- und Gebetbücher für Frauen und Männer, die mehrfach aufgelegt wurden.[38] Am sieb-

das Schuljahr 1911–1912. Saarlouis 1912; DASS., Bericht über das Schuljahr 1912–1913. Saarlouis 1913.

36 Vgl. zu den Erstkommunionfeiern: GYMNASIUM ZU SAARLOUIS, Bericht über das Schuljahr 1908–1909 (wie Anm. 35), 19; GYMNASIUM ZU SAARLOUIS, Bericht über das Schuljahr 1909–1910 (wie Anm. 35), 9; GYMNASIUM ZU SAARLOUIS, Bericht über das Schuljahr 1910–1911 (wie Anm. 35), 10; GYMNASIUM ZU SAARLOUIS, Bericht über das Schuljahr 1911–1912 (wie Anm. 35), 10; GYMNASIUM ZU SAARLOUIS, Bericht über das Schuljahr 1912–1913 (wie Anm. 35), 11. Am 22.10.1911 verstarb ein Unterprimaner aus Losheim, an dessen Beerdigung Schlich mit Schülern des Gymnasiums teilnahm. Vgl. GYMNASIUM ZU SAARLOUIS, Bericht über das Schuljahr 1911–1912 (wie Anm. 35), 10.

37 Vgl. ABITURJAHRGANG 1913 DES GYMNASIUMS ZU SAARLOUIS, Bierzeitung 1913, Archiv des Gymnasiums am Stadtgarten, Ordner: Historische Sammlung, 26.

38 Vgl. Johann Ludger SCHLICH, Der gläubige Mann in der modernen Welt. Belehrungs- und Gebetbuch für katholische Männer und Jünglinge. Saarlouis 1911; DERS. (1913): Die gläubige Frau in der modernen Welt. Gebetbuch. Saarlouis: Hausen; DERS., Die gläubige Frau in der modernen Welt. Gebetbuch. Saarlouis 1913 sowie Bernhard SCHNEIDER, Auf der Suche

ten Jahrestag seiner Promotion, dem 9. März 1913, wechselte Schlich nach Saarbrücken und wurde Pfarrer an St. Jakob, einer der vier Pfarreien der Großstadt.[39] Der Weggang aus Saarlouis war für Schlich offenbar nicht leicht: „Liebe zur Jugend und Freude an ihrer Unterweisung machen es ihm schwer, seine bisherige Stellung niederzulegen, der er 6½ Jahre mit edlem Pflichteifer seine Kräfte gewidmet hat."[40]

Während des Ersten Weltkriegs war Schlich Militäroberpfarrer der Garnison Saarbrücken und im Bereich des 21. Armeekorps, denn seine Pfarrkirche fungierte zugleich als Militärkirche der Stadt Saarbrücken.[41] Das Pfarramt St. Jakob war zugleich das katholische Militärpfarramt.[42]

Nach Beendigung des Ersten Weltkriegs wurde der Geistliche Stadtverordneter Saarbrückens, Mitglied der Führung der Zentrumspartei des Saargebiets und Aufsichtsratsmitglied der „Saarbrücker Druckerei und Verlag A. G.". 1921 verfasste Schlich eine Petition gegen die Abtrennung des Saargebiets vom Deutschen Reich, die er, unterschrieben von allen Geistlichen des Saargebiets (mit Ausnahme des frankophilen Ministerialrats Prof. Dr. Matthias Notton[43]), gemeinsam mit seinem engen Vertrauten Franz Joseph Bungarten[44], Pfarrer an Saarbrücken-Malstatt (St. Josef) während eines Gesprächs über die Lage im Saargebiet am 6. Dezember

nach dem katholischen Mann. Konstruktionen von Männlichkeit in deutschsprachigen katholischen Männerbüchern im 19. und 20. Jahrhundert. In: Historisches Jahrbuch, hg. von Karl-Heinz BRAUN (= Historisches Jahrbuch 130). Freiburg i. Br./München 2010, 245–297, hier: 264.

39 Vgl. DIÖZESE TRIER, Kirchlicher Amtsanzeiger für die Diözese Trier (= Kirchlicher Amtsanzeiger für die Diözese Trier 57). Trier 1913, Nr. 28, S. 41.

40 GYMNASIUM ZU SAARLOUIS, Bericht über das Schuljahr 1912–1913 (wie Anm. 35), 15.

41 Vgl. BISTUMSARCHIV TRIER (wie Anm. 27).

42 Schlich beantragte für die Seelsorge der kriegsgefangenen Italiener Saarbrückens sogar einen italienisch-sprachigen Priester. Vgl. Schreiben Schlich an die Bischöfliche Behörde vom 31.10.1918 (Pfarrakten der Pfarrei Saarbrücken [St. Jakob], Bistumsarchiv Trier, Abt. 70 Nr. 5378).

43 Zur Biographie Nottons vgl. die Ausführungen in Kapitel 4.1.1.

44 Bungarten wurde am 05.02.1876 als Sohn eines Ackerers in Ammerich geboren und am 11.08.1900 zum Priester geweiht. Zunächst war er insgesamt sechs Jahre als Kaplan in Prüm und Bitburg tätig, übernahm dann die Leitung der Gemeinde in Daleiden und ab 1913 in Brebach. Am 16.11.1919 bekam er das Amt des Pfarrers an Saarbrücken-Malstatt (St. Josef) übertragen. Nachdem er jahrelang die damals größte Pfarrei des Bistums Trier geleitet hatte und Aufsichtsratsvorsitzender der „Saarbrücker Druckerei" sowie letzter Parteivorsitzender des Saar-Zentrums war, musste er 1936 vor den Nationalsozialisten aus dem Saargebiet fliehen. Er leitete danach die Pfarrei in Bad Neuenahr und emeritierte 1940. Vgl. RÖNZ, Der Trierer Diözesanklerus im 19. Jahrhundert (wie Anm. 13), beiliegende CD; THOMAS, Der Weltklerus der Diözese Trier seit 1800 (wie Anm. 23), 72 sowie BISTUMSARCHIV TRIER, Bistumsarchiv Trier, Abt. 85 Nr. 206. Bungarten verfasste vor seinem Tod ein Werk, in dem er Teile seiner Biografie verschriftlichte. Vgl. Franz BUNGARTEN, Ich darf nicht schweigen. Meine Ausweisung aus dem Saargebiet (= Schriften des Deutschen Saarbundes e. V. 1). Köln 1951.

1921 Nuntius Eugenio Pacelli[45] in München übergab. Zudem war Schlich Mitglied der Leitung des Ersten Saarländischen Katholikentags 1923 in Saarbrücken. Er trieb (ab 1927) als Pfarrer von St. Jakob den Bau der Saarbrücker Christkönigskirche voran, der innerhalb von zwei Jahren fertiggestellt wurde.

Am 17. Mai 1929 ernannte der Trierer Diözesanbischof Dr. Franz Rudolf Bornewasser Schlich zum Dechanten des Dekanats Saarbrücken. Des Weiteren stand Schlich ab dem 1. Oktober 1929 der neu errichteten Pfarrei Christkönig zu Saarbrücken vor.[46] Aufgrund seiner Verdienste wurde Schlich am 19. Oktober 1929 durch Pius XI. der zu dieser Zeit höchste kirchliche Ehrentitel für Kleriker verliehen, indem dieser ihn zum „päpstlichen Geheimkämmerer" ernannte.[47] Darüber hinaus wurde er am 24. September 1933 als nichtresidierender Domherr an der Hohen Domkirche zu Trier feierlich durch den Dompropst installiert.[48]

45 Pacelli wurde 1876 in Rom geboren und 1899 dort zum Priester geweiht. 1901 wurde er promoviert zum „Dr. theol." und trat noch im selben Jahr in den Dienst des vatikanischen Kardinalstaatssekretärs. Im Folgejahr wurde er nochmals promoviert, dieses Mal im Kirchenrecht. Er begann seine Karriere als Diplomat unter der Leitung Pietro Gasparris, mit dem er gemeinsam 1917 den Codex Iuris Canonici ausarbeitete. 1909 wurde er Professor an der päpstlichen Diplomatenakademie in Rom. Am 20.04.1917 entsandte ihn Benedikt XV. als Nuntius für Deutschland nach München. 1925 verlegte er den Amtssitz nach Berlin-Tiergarten. Er handelte für Pius XI. die Reichskonkordate mit Baden (1924) und Preußen (1929) aus. Am 09.12.1929 berief man ihn aus Deutschland ab und er wurde Kardinalstaatssekretär im Vatikan. Damit war er für die außenpolitische Vertretung des Heiligen Stuhls zuständig und der engste Berater des Papstes auf diesem Gebiet. Am 02.03.1939 wurde er zum Papst gewählt. Bis heute ist seine Haltung zum Nationalsozialismus und sein Handeln (bzw. Schweigen) während des Krieges in der Forschung umstritten. Vgl. Hugo Altmann, Pius XII. In: Biographisch-bibliographisches Kirchenlexikon, hg. von Friedrich Wilhelm Bautz und Traugott Bautz (= BBKL 7). Hamm 1994, Sp. 682–699 sowie Jean-Marie Mayeur, Drei Päpste: Benedikt XV., Pius XI., Pius XII. In: Geschichte des Christentums. Erster und Zweiter Weltkrieg, Demokratien und totalitäre Systeme, (1914–1958), hg. von Kurt Meier (= Geschichte des Christentums 12). Freiburg i. Br. 1992, 4–40, hier: 17–24. Die Forschungsdebatte um sein Wirken als Nuntius in Deutschland wurde von Hubert Wolf zusammengefasst, der derzeit mit einem Team die Editierung der Nuntiaturberichte und den Schriftverkehr Nuntius Pacellis vornimmt. Vgl. Eugenio Pacelli als Nuntius in Deutschland. Forschungsperspektiven und Ansätze zu einem internationalen Vergleich, hg. von Hubert Wolf (= Veröffentlichungen der Kommission für Zeitgeschichte. Reihe B, Forschungen 121). Paderborn, Wien u. a. 2012. Zu Pacellis Werdegang und seinen Nuntiaturjahren vgl. Hubert Wolf und Klaus Unterburger, Eugenio Pacelli. Die Lage der Kirche in Deutschland 1929 (= Veröffentlichungen der Kommission für Zeitgeschichte. Reihe A, Quellen Bd. 50). Paderborn 2006, 13–93.

46 Vgl. Diözese Trier, Kirchlicher Amtsanzeiger für die Diözese Trier (= Kirchlicher Amtsanzeiger für die Diözese Trier 73). Trier 1929, Nr. 103, S. 87 sowie Nr. 161, S.126.

47 Vgl. ebd., Nr. 191, S. 147.

48 Vgl. dass., Kirchlicher Amtsanzeiger für die Diözese Trier (= Kirchlicher Amtsanzeiger für die Diözese Trier 77). Trier 1933, Nr. 222, S. 182. In Bistumsarchiv Trier (wie Anm. 27) wird als Datum der 30.07.1933 angegeben.

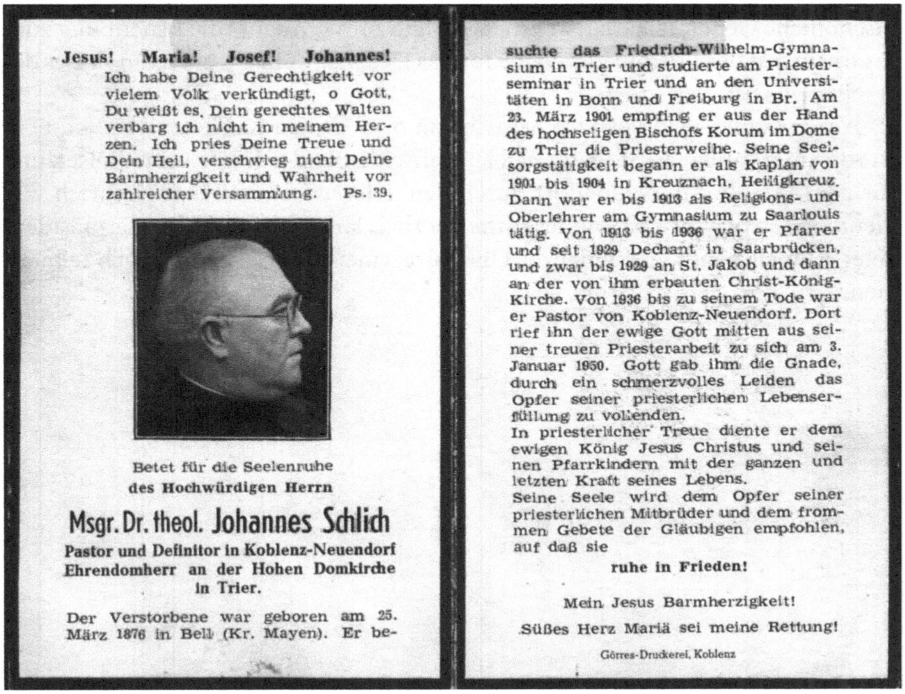
Jesus! Maria! Josef! Johannes!
Ich habe Deine Gerechtigkeit vor vielem Volk verkündigt, o Gott, Du weißt es. Dein gerechtes Walten verbarg ich nicht in meinem Herzen. Ich pries Deine Treue und Dein Heil, verschwieg nicht Deine Barmherzigkeit und Wahrheit vor zahlreicher Versammlung. Ps. 39.

Betet für die Seelenruhe
des Hochwürdigen Herrn
Msgr. Dr. theol. Johannes Schlich
Pastor und Definitor in Koblenz-Neuendorf
Ehrendomherr an der Hohen Domkirche in Trier.

Der Verstorbene war geboren am 25. März 1876 in Bell (Kr. Mayen). Er besuchte das Friedrich-Wilhelm-Gymnasium in Trier und studierte am Priesterseminar in Trier und an den Universitäten in Bonn und Freiburg in Br. Am 23. März 1901 empfing er aus der Hand des hochseligen Bischofs Korum im Dome zu Trier die Priesterweihe. Seine Seelsorgstätigkeit begann er als Kaplan von 1901 bis 1904 in Kreuznach, Heiligkreuz. Dann war er bis 1913 als Religions- und Oberlehrer am Gymnasium zu Saarlouis tätig. Von 1913 bis 1936 war er Pfarrer und seit 1929 Dechant in Saarbrücken, und zwar bis 1929 an St. Jakob und dann an der von ihm erbauten Christ-König-Kirche. Von 1936 bis zu seinem Tode war er Pastor von Koblenz-Neuendorf. Dort rief ihn der ewige Gott mitten aus seiner treuen Priesterarbeit zu sich am 3. Januar 1950. Gott gab ihm die Gnade, durch ein schmerzvolles Leiden das Opfer seiner priesterlichen Lebenserfüllung zu vollenden.
In priesterlicher Treue diente er dem ewigen König Jesus Christus und seinen Pfarrkindern mit der ganzen und letzten Kraft seines Lebens.
Seine Seele wird dem Opfer seiner priesterlichen Mitbrüder und dem frommen Gebete der Gläubigen empfohlen, auf daß sie
ruhe in Frieden!

Mein Jesus Barmherzigkeit!
Süßes Herz Mariä sei meine Rettung!

Görres-Druckerei, Koblenz

Abb. 2: Innenseite Totenbildchen Schlichs vom 07.01.1950

Nach dem Anschluss des Saargebiets an das Deutsche Reich hatte Schlich Auseinandersetzungen mit der NSDAP, infolge derer er wegen Devisenvergehen angeklagt wurde und schließlich zum 1. Dezember 1935 auf seine Pfarrstelle und das Dechantenamt verzichten musste.[49]

Schließlich floh Schlich über Luxemburg in die Schweiz, wo er einen „Genesungsurlaub“ in St. Urban verbrachte. Nachdem die Anklage gegen ihn fallen gelassen worden war, wollte Schlich wieder nach Saarbrücken zurückkehren. Jedoch entsprach die Bischöfliche Behörde diesem Wunsch nicht. Sie bot dem mittlerweile sich im Ruhestand befindenden Schlich die Stelle des Pfarrers an Koblenz-Neuendorf (St. Peter) an. Am 17. Mai 1936 trat er diese an und verfasste während seiner Pfarrtätigkeit in St. Peter die eingangs erwähnten Berichte für das

49 Vgl. Ulrich von Hehl, Priester unter Hitlers Terror eine biographische und statistische Erhebung (= Veröffentlichungen der Kommission für Zeitgeschichte. Reihe A, Quellen Bd. 37). Paderborn [4]1998, 1496 sowie Diözese Trier, Kirchlicher Amtsanzeiger für die Diözese Trier (= Kirchlicher Amtsanzeiger der Diözese Trier 79). Trier 1935, Nr. 336, S. 207.

Bischöfliche Generalvikariat.[50] Ferner erfolgte zum 1. August die Ernennung zum Bezirkspräses der Borromäusvereine für das Dekanat Koblenz und zum Präses des St. Nikolaus Schiffervereins.[51]

Am 3. Januar 1950 verstarb Schlich um 9:30 Uhr in Koblenz. Das Requiem wurde am 7. Januar in St. Peter gefeiert, anschließend erfolgte seine Beisetzung auf dem Friedhof in Neuendorf durch den Trierer Generalvikar Heinrich von Meurers[52], an der etwa 70 Priester sowie der rheinlandpfälzische Ministerpräsident Peter Altmeier und der Koblenzer Oberbürgermeister Josef Schnorbach teilnahmen.[53]

50 Vgl. Diözese Trier, Kirchlicher Amtsanzeiger für die Diözese Trier (= Kirchlicher Amtsanzeiger der Diözese Trier 80). Trier 1936, Nr. 123, S. 108.

51 Vgl. ebd., Nr. 246, S. 192.

52 Der 1888 geborene von Meurers studierte zunächst Medizin. Dann folgte das Theologiestudium in Innsbruck und am Priesterseminar in Trier. 1920 erfolgte seine Priesterweihe, an die sich eine einjährige Kaplanszeit anschloss. 1921 wurde er in Innsbruck zum „Dr. theol." promoviert und zwei Jahre später in Rom habilitiert. Nach der Habilitation ernannte ihn Bornewasser noch im gleichen Jahr zum Professor für Dogmatik am Trierer Priesterseminar. 1935 erfolgte seine Berufung zum Domkapitular, Geistlichen Rat und Generalvikar in Trier. 1940 war er neben zwei Bischöfen ranghöchstes Mitglied der Liturgiekommission der Fuldaer Bischofskonferenz und großer Förderer der „Liturgischen Bewegung". 1947 wurde er erster Präsident des Liturgischen Instituts in Trier und verstarb als Domdechant 1953. Vgl. Thomas, Der Weltklerus der Diözese Trier seit 1800 (wie Anm. 23), 230; Martin Persch, Meurers, Heinrich von. In: Trierer biographisches Lexikon, hg. von Heinz Monz und Jens Ossadnik. Trier 2000, 295–296; ders., Die Bistumsverwaltung. In: Beharrung und Erneuerung (wie Anm. 7), 73–103, hier: 91–93. Vgl. umfassend zur Person von Meurers die Dissertation Guido Pasenows, die insbesondere die Verdienste von Meurers um die Liturgie(entwicklung) fokussiert. Guido Pasenow, Heinrich von Meurers (1888–1953), ein Förderer und Wegbereiter der liturgischen Erneuerung in Deutschland (= Trierer theologische Studien Band 80). Trier 2016.

53 Vgl. Bistumsarchiv Trier (wie Anm. 27) sowie Diözese Trier, Kirchlicher Amtsanzeiger für die Diözese Trier (= Kirchlicher Amtsanzeiger für die Diözese Trier 94). Trier 1950, Nr. 21, S. 14.

3. DAS SAARGEBIET UND DIE STADT SAARBRÜCKEN (1920–1935)

3.1 Die politische Entwicklung

Zu Beginn des Hauptteils wird zunächst der historische Hintergrund untersucht, der das Leben und Arbeiten Schlichs bestimmte. Im Fokus werden dabei die Jahre nach den Friedensverhandlungen nach dem Ersten Weltkrieg bis hin zum Anschluss des Saargebiets an das Deutsche Reich am 1. März 1935 stehen. In diesem Zeitraum veränderte sich die politische Lage an der Saar deutlich, wodurch auch das Handeln und die politischen Aktivitäten der Kirche und Schlichs geprägt wurden.

3.1.1 Die Zeit der Verhandlungen in Paris und der Militärverwaltung

Der Erste Weltkrieg, welcher de facto durch die Unterzeichnung des Waffenstillstandsabkommens von Compiègne am 11. November 1918 endete, wurde formal durch die Ratifizierung des Versailler Friedensvertrags am 10. Januar 1919 im Spiegelsaal des Schlosses Versailles beendet.[54]

Doch bereits am 9. November wählte man in Saarbrücken einen Arbeiter- und Soldatenrat und rief die „soziale Republik" aus, welche die Franzosen aber am 24. November, zwei Tage nach ihrem Einmarsch, wieder auflösten.[55] Noch bevor die Verhandlungen über ein Vertragswerk begannen, verfasste die Saarbrücker Bürgerschaft am 7. Dezember die Denkschrift „Unser Wille zum Deutschen Reich".[56]

54 Vgl. zum Versailler Vertrag im Allgemeinen: Wolfgang BENZ und Ursula BÜTTNER, Handbuch der deutschen Geschichte. Stuttgart [10]2010, 349–359.

55 Vgl. Ludwig LINSMAYER, Der 13. Januar. Die Saar im Brennpunkt der Geschichte; [in memoriam Richard van Dülmen (1937–2004)] (= Echolot – Historische Beiträge des Landesarchivs Saarbrücken 1). Saarbrücken 2005, 51.

56 Vgl. hierzu und zum Folgenden: Bericht Schlichs an das Generalvikariat Trier vom 02.08.1942 (Johann Ludger SCHLICH, Unterlagen zur Geschichte des Saargebiets, Bistumsarchiv Trier, Abt. 59 Nr. 58). Die Eingabe ist auch bei Gestier ediert. Jedoch stimmt die Quellenangabe (Friedrich HEIß, Das Saarbuch. Schicksal einer deutschen Landschaft. Berlin [2]1935, 57) Gestiers nicht. Vgl. Markus GESTIER, Die christlichen Parteien an der Saar und ihr Verhältnis zum deutschen Nationalstaat in den Abstimmungskämpfen 1935 und 1955 (= Saarbrücker Hochschulschriften Geschichte 15). St. Ingbert, Bonn 1991, Anlage 2.

Wie aus dem sich im Bistumsarchiv Trier befindlichen Bericht Schlichs hervorgeht, war er selbst Mitverfasser der Denkschrift, die folgenden Inhalt hatte und dem Völkerbund übersandt wurde:

„Wir Einwohner der Stadt und des Landkreises Saarbrücken, eines rein deutschen Gebietes, erheben feierlichst Einspruch gegen das in verschiedenen französischen Zeitungen hervorgetretene Verlangen, uns von unserem deutschen Vaterlande zu trennen und uns Frankreich, einem uns innerlich völlig fremden Staate, einzuverleiben. Wir sind Deutsche nach Abstammung, Geschichte, Sprache und Gesinnung. Wir wollen auch jetzt in der Zeit des tiefsten Unglücks mit unseren deutschen Schwestern und Brüdern verbunden bleiben. 9 Jahrhunderte hindurch war das Saarbrücker Land ein selbstständiges deutsches Fürstentum. Es wurde 1801 zur Zeit der französischen Revolution Frankreich einverleibt, kam aber durch den Wiener Kongreß 1815 wieder an Deutschland und zwar an die preußische Rheinprovinz entsprechend dem lebhaft und einmütig bekundeten Willen der Bürgerschaft von Saarbrücken und St. Johann, der in dem anliegenden Beschluss vom 11. Juli 1815 niedergelegt ist. Eine nochmalige Angliederung des Saarbrücker Gebietes an Frankreich würde unvereinbar sein mit den Grundsätzen des Präsidenten Wilson, die nicht nur von Deutschland, sondern auch von unseren Gegnern als Grundlage für die Friedensverhandlungen angenommen worden sind. Wir bitten den Herrn Präsidenten und alle, die einen Frieden der Gerechtigkeit und der Versöhnung herbeiführen wollen, nicht zu dulden, dass wir von Deutschland losgerissen werden wollen."

Vor dem Ausbruch des Ersten Weltkriegs dominierten die bürgerlich-liberalen Parteien das Parteiensystem des Saarreviers. Die Gründe hierfür sind unterschiedlich: Einerseits waren Teile der Saargegend, nämlich die Teile Pfalz-Zweibrücken und Nassau-Saarbrücken, bis zum Beginn der Industrialisierung und dem damit verbundenen Einwandern katholischer Arbeiter protestantischer Konfession.[57] Andererseits erlangten verschiedene Personen wie beispielsweise Carl Ferdinand Freiherr von Stumm-Halberg, Hermann Röchling etc., vornehmlich national-liberale Protestanten, durch ihr Vermögen, ihre Position als Arbeitgeber und ihre Verbindungen zu ranghohen Politikern einen solch im-

Die Eingabe ist allerdings auch offiziell ediert bei o. V., Das Saargebiet unter der Herrschaft des Waffenstillstandsabkommens und des Vertrags von Versailles. Als Weißbuch von der deutschen Regierung dem Reichstag vorgelegt. Berlin 1921, 22.

57 Vgl. Wolfgang Behringer und Gabriele Clemens, Geschichte des Saarlandes. München 2009, 31–35 sowie Jürgen Karbach und Paul Thomes, Geschichtliche Landeskunde des Saarlandes (1792–1918). Teil 2 (= Mitteilungen des Historischen Vereins für die Saargegend e. V. 5). Saarbrücken 1994, 129–169. Zur allgemeinen Bevölkerungsentwicklung in Deutschland vgl. Peter Marschalck, Bevölkerungsgeschichte Deutschlands im 19. und 20. Jahrhundert. Frankfurt a. M. 1984.

mensen Einfluss, dass diese quasi die Geschicke großer Teile des Saarreviers lenken konnten.[58]

Doch mit den Wahlen zur Weimarer Nationalversammlung am 19. Januar 1919 änderte sich die politische Lage im Saarrevier: Die Zentrumspartei, eine christliche Partei der Ausrichtung nach katholischer Konfession, die im Zeitraum zwischen 1871 und 1918 bei Wahlen bereits die katholischen Landkreise Saarlouis-Merzig-Saarburg dominierte[59], bekam 47 % der Wählerstimmen vor den Sozialdemokraten, die 36,6 % der abgegebenen Stimmen im preußischen Teil des Saarbeckens errangen. Die Liberal-Demokratische Arbeitsgemeinschaft und die Deutsch-Nationale Volkspartei konnten hingegen lediglich 15,4 % der Stimmen auf sich vereinen.[60]

Fünf Tage später wurde der Befehlshaber der französischen X. Armee, General Joseph Andlauer, zum Administrateur Supérieur de la Sarre, also zum Chef der neuen Kommission, die mit der Verwaltung der preußischen Saarkreise betraut war, ernannt.[61]

Am 28. März 1919 war es schließlich soweit: Die Siegermächte, denen die oben zitierte Denkschrift vorlag, begannen mit den Saarverhandlungen. Neben den Bevollmächtigten der Waffenstillstandskommission nahm auch der Trierer Bischof Michael Felix Korum[62] teil. Dieser war von den Siegermächten hierzu eingeladen

58 Vgl. Gerhard Seibold, Röchling. Kontinuität im Wandel. Stuttgart 2001, 90–96 sowie 273–281. Darüber hinaus gibt Gräbner in seinem Buch über Hermann Röchling eine Vielzahl von Beispielen für Röchlings politische Verbindungen zu beispielsweise Kaiser Wilhelm II. und Adolf Hitler an. Leider verzichtet der Autor auf jeglichen wissenschaftlichen Quellennachweis. Vgl. hierzu: Dietmar Gräbner, Wer war Hermann Röchling? St. Ingbert 2014, 128f.

59 Vgl. Gestier, Die christlichen Parteien an der Saar und ihr Verhältnis zum deutschen Nationalstaat in den Abstimmungskämpfen 1935 und 1955 (wie Anm. 56), 2.

60 Vgl. Linsmayer, Der 13. Januar (wie Anm. 55), 52.

61 Vgl. Hans-Walter Herrmann, Das Saarland. In: Geschichte des Saarlandes, hg. von Hans-Walter Herrmann und Georg Wilhelm Sante (= Territorien-Ploetz Sonderausgaben). Würzburg 1972, 26–58, hier: 32.

62 Michael Felix Korum, geboren am 02.11.1840 im elsässischen Wickerschweier (bei Colmar), wurde nach seinem Studium in Straßburg und Innsbruck 1865 zum Dr. theol. promoviert und empfing anschließend die Priesterweihe. 1866 wurde er Professor für Philosophie am Knabenseminar St. Stephan in Straßburg. Danach wechselte er 1869 an das Straßburger Priesterseminar, wo er Kirchengeschichte, Hebräisch, Dogmatik und Exegese des Neuen Testaments dozierte. Elf Jahre später erfolgte die Ernennung zum Dompfarrer, Domkapitular und Geistlichen Rat, bevor er „1881 als Kompromißkandidat Leos XIII. für den seit 1876 vakanten Trierer B(ischo)f(s)-Stuhl v(on) Otto v. Bismarck akzeptiert (wurde)." (Wolfgang Seibrich, Korum, Michael Felix. In: Lexikon für Theologie und Kirche, Bd. 6, hg. von Baumgartner, Karl/Kasper, Walter, 11 Bde. Freiburg i. Br. [3]1995, 391–392). Korum galt als eigensinnig und eigenständig, wodurch er sein Bistum aus der Depression des Kulturkampfs herausführte (42 Pfarreigründungen, 250 Pfarrkirchen wurden während seiner Amtszeit erbaut und das Priesterseminar vergrößert). Bemerkenswert ist sein Einsatz gegen die christlichen Gewerkschaften, um die katholischen Arbeitervereine zu schützen. 1916 erhielt er von Benedikt XV. das Pallium. Schließlich verstarb er am 04.12.1921 in Trier. Vgl.

Abb. 3: Blick über Alt-Saarbrücken im Jahr 1920. Im Vordergrund steht das Wahrzeichen des Protestantismus: Die Ludwigskirche. Im Hintergrund ist die Pfarrkirche St. Jakob zu sehen.

worden und soll zu Schlich, wie dieser rückblickend schrieb, gesagt haben, dass er sich „größte Mühe gegeben [habe] […], die für Deutschland so überaus harten Bedingungen zu mildern, aber ohne wesentlichen Erfolg."[63] Clemenceau, der Vertreter Frankreichs, wollte um jeden Preis die deutsch-französische Grenze von 1814 wiederherstellen, wonach das Saarrevier Frankreich einverleibt worden wäre.[64] Allerdings stieß er mit seinem Vorhaben beim amerikanischen Präsidenten Wilson auf Widerstand, da dieser die Grenzfrage nicht aufgrund ehemaliger historischer Gegebenheiten, sondern auf der Grundlage des Selbstbestimmungsrechts der Völker lösen wollte.[65]

Clemenceau wiederum brachte den später oftmals zitierten Einwand „Il y a là 150 000 hommes qui sont des Français. Ces hommes qui ont envoyé en 1918

Michael Embach, Michael Felix Korum (1881–1921). In: Beharrung und Erneuerung (wie Anm. 7), 37–47.

63 Bericht Schlichs vom 02.08.1942 (Schlich, Unterlagen zur Geschichte des Saargebiets [wie Anm. 56]).

64 Vgl. Gerhard Paul, Von der Bastion im Westen zur Brücke der Verständigung. Politische Geschichte 1815–1957. In: Das Saarland. Politische, wirtschaftliche und kulturelle Entwicklung, hg. von Mechthild Sander und Hans-Walter Herrmann. Saarbrücken ²1991, 23–50, hier: 29.

65 Vgl. Linsmayer, Der 13. Januar (wie Anm. 55), 52.

des adresses au président Poincaré, ont, eux aussi, droit à la justice. Vous voulez respecter les droits des Allemands, moi aussi. Mais tenez compte du droit de ces Francais – comme vous aurez à tenir compte du droit historique de la Bohème et la Pologne [...]".[66]

Daraufhin wurde am 10. April ein Kompromissvorschlag erarbeitet, der zur Grundlage des späteren Saarstatuts wurde, wonach Frankreich gemäß Art. 45 „[a]ls Ersatz für die Zerstörung der **Kohlengruben** in Nordfrankreich und als Anzahlung auf die von Deutschland geschuldete völlige Wiedergutmachung[67] der Kriegsschäden [...] Deutschland das volle und unbeschränkte, völlig schulden- und lastenfreie **Eigentum** an den Kohlengruben im Saarbecken, wie es im Artikel 48 abgegrenzt ist, mit dem **anschließenden Ausbeutungsrecht** an Frankreich ab[tritt]."[68] Das „Saargebiet", dessen Grenzen im Vertragswerk genau festgeschrieben worden waren[69], wurde vollständig vom Deutschen Reich abgetrennt und einer internationalen Regierung unter der Leitung des Völkerbundes unterstellt. „**Deutschland verzichtet** zugunsten des Völkerbunds, der insoweit als Treuhänder gilt, auf die **Regierung** des oben bezeichneten Gebiets. **Nach Ablauf einer Frist von fünfzehn Jahren nach Inkrafttreten des gegenwärtigen Vertrages wird die Bevölkerung dieses Gebietes zu einer Äußerung darüber berufen, unter welche Souveränität sie zu treten wünscht.**"[70]

Die Saar-Bevölkerung konnte also 1935 „zwischen dem Sonderstatus unter Hoheit des Völkerbundes, dem sogenannten *Status quo*, der Vereinigung mit Frankreich

66 Zitiert nach Peter LEMPERT, Das Saarland den Saarländern! Die frankophilen Bestrebungen im Saargebiet 1918–1935 (= Kölner Schriften zur romanischen Kultur Bd. 3). Köln 1985, 28. Vgl. ebenso GESTIER, Die christlichen Parteien an der Saar und ihr Verhältnis zum deutschen Nationalstaat in den Abstimmungskämpfen 1935 und 1955 (wie Anm. 56), 2f. Hermann merkt an, dass bei der letzten Volkszählung vor dem Krieg von den 651.984 im preußischen Teil des Saarreviers lebenden Menschen nur 339 Französisch als Muttersprachen angegeben hätten. Vgl. HERRMANN, Das Saarland (wie Anm. 61), 32.

67 Die Schuld und Ersatzpflichtpflicht Deutschlands wird in Art. 231 festgelegt und anerkannt: „Die alliierten und assoziierten Regierungen erklären und Deutschland erkennt an, daß Deutschland und seine Verbündeten als Urheber für alle Verluste und Schäden verantwortlich sind, welche die alliierten und assoziierten Regierungen und ihre Staatsangehörigen infolge des Krieges, der ihnen durch den Angriff Deutschlands und seiner Verbündeten aufgezwungen wurde, erlitten haben." Zitiert nach: Moritz [Hrsg.] HEINEBURGER, Das Saarstatut. Mit Anmerkungen und einer Übersichtskarte. Saarbrücken 1933, 7f.

68 Der Vertrag von Versailles, Teil III, Abschnitt IV, Art. 45. Zitiert nach: Albert [Hrsg.] SCHNEBERGER, Saarstatut und Völkerbundssatzung. Textausgabe in der Fassung der im Reichsgesetzblatt veröffentlichten deutschen Übersetzung des Versailler Vertrages unter Berücksichtigung nachträglicher Abänderungen. Saarbrücken 1932, 5. Hervorhebungen im Original.

69 Die genauen Grenzverläufe wurden in Teil III, Abschnitt IV, Art. 48 festgeschrieben. Vgl hierzu: ebd., 6–8.

70 Der Vertrag von Versailles, Teil III, Abschnitt IV, Art. 49. Zitiert nach ebd., 8. Hervorhebungen im Original.

oder der Rückgliederung an Deutschland wählen."[71] Zudem regelten die Siegermächte in der „Anlage" zum Saarstatut Einzelheiten wie das Recht Frankreichs, Schulen für das Grubenpersonal und deren Kinder zu errichten und den Unterricht dort in französischer Sprache zu halten. Außerdem wurde laut Art. 14 der Vertragsanlage festgehalten, dass die Auswahl sowohl des Lehrstoffes als auch der Lehrer dem französischen Staat obliege.[72] Zu den wichtigen, den Verlauf der Geschichte bestimmenden Beschlüssen der Siegermächte gehöre, laut Herrmann, zum einen, dass der Umlauf französischen Geldes im Saargebiet weder verboten noch eingeschränkt werden dürfe, und zum anderen, dass die Regierungskommission des Saargebiets aus fünf für je ein Jahr ernannten Mitgliedern (ein Franzose, ein aus dem Saargebiet stammender und dort wohnhafter Nichtfranzose sowie drei weitere Mitglieder, die weder Franzosen noch Deutsche sein dürfen) bestünde.[73] Am 28. Juni unterzeichneten und ratifizierten die Siegermächte den Vertrag in dieser Form, und Andlauer wurde nach Unruhen durch Generalleutnant Wirbel ersetzt.[74]

3.1.2 Von der Einsetzung der Regierungskommission bis zum Auftakt des Abstimmungskampfes 1933

Nachdem am 10. Januar 1920 der Versailler Vertrag in Kraft trat, die Mitglieder ersten Regierungskommission[75] am 13. Februar ernannt wurden und am 26. Februar 1920 die Regierungskommission treuhänderisch im Namen des Völkerbunds die Militärverwaltung ablöste, wurde Victor Rault zum ersten Präsidenten der Saarregierung ernannt.[76]

71 PAUL, Von der Bastion im Westen zur Brücke der Verständigung (wie Anm. 64), 29. Hervorhebung im Original.

72 „Der französische Staat kann jederzeit als Nebenanlagen der Gruben Volksschulen oder technische Schulen für das Personal und die Kinder des Personals gründen und unterhalten und den Unterricht darin in französischer Sprache nach einem von ihm festgesetzten Lehrplan durch von ihm ausgewählte Lehrer erteilen lassen.
Desgleichen kann er Krankenhäuser, Polikliniken, Arbeiterhäuser und -gärten und andere Wohlfahrtseinrichtungen und andere gemeinnützige Anstalten gründen und unterhalten." (Der Vertrag von Versailles, Anhang zu Teil III, Abschnitt IV, hier: Art. 14. Zitiert nach SCHNEBERGER, Saarstatut und Völkerbundssatzung [wie Anm. 68], 14).

73 Vgl. HERRMANN, Das Saarland (wie Anm. 61), 31.

74 Vgl. LINSMAYER, Der 13. Januar (wie Anm. 55), 53f.

75 Die Mitglieder der ersten Regierungskommission waren der Franzose Victor Rault, der Belgier Jacques Lampert, der Saarländer Alfred von Boch, der Kanadier Richard Waugh sowie der Däne Paul Graf von Moltke-Huitfeldt. Vgl. ebd., 55.

76 Vgl. HERRMANN, Das Saarland (wie Anm. 61), 33. Vgl. ebenso LINSMAYER, Der 13. Januar (wie Anm. 55), 55. Eine Liste der Personen, die Mitglied der Regierungskommission waren und welche Ressorts sie jeweils leiteten, befindet sich in Anhang 5.

Rault habe, so schreibt Linsmayer zusammenfassend, „eine politische Grundlinie [verfolgt], die auf verwaltungs- und kulturpolitischem Gebiet die institutionellen Bindungen der Saarländer zum Deutschen Reich so weit wie möglich zu lockern suchte, wirtschaftspolitisch die Region auf den französischen Markt hin umorientierte und innenpolitisch kritische Stimmen aus der saarländischen Öffentlichkeit mit den Mitteln des Polizeistaats unterdrückte"[77].

Die Ziele der Politik Raults, die sich immer am Vertragswerk orientierten, und dessen Auslegung sowie Anwendung Raults selbstgegebene Aufgabe war, waren die folgenden drei[78]: Oberste Priorität besaß die Garantie und der Schutz der Rechte Frankreichs. Danach hatte die Regierungskommission Sorge für den Ausbau der Autonomie des Saargebiets zu tragen. Zuletzt sollte das Gebiet zum Wohl der Bevölkerung verwaltet werden. Der ohnehin große wirtschaftliche Einfluss Frankreichs zu dieser Zeit wird auch deutlich, wenn man die damalige wirtschaftliche Stärke Frankreichs im Saargebiet betrachtet: Rund ein Viertel aller Erwerbstätigen waren direkt oder indirekt vom Bergbau abhängig, der (mit allen Nebenanlagen wie Wohnungen und Sozialeinrichtungen) gemäß dem Versailler Vertrags in den Besitz Frankreichs überging.[79] Außerdem hielt Frankreich 60 % der Anteile der Industriefirmen des Saargebiets, in denen 55 % der Saarländer ihren Lebensunterhalt verdienten.[80]

Die Errichtung französischer Banken und schließlich die Umstellung auf die französische Währung im Saargebiet baute erneut die Vormachtstellung Frankreichs aus.[81] Zunächst machte nur die Grubenverwaltung davon Gebrauch, nachdem 80 % der Belegschaft für den Währungswechsel gestimmt hatten.[82] Sie stellte ihren gesam-

77 Ludwig LINSMAYER, Politische Kultur im Saargebiet, 1920–1932. Symbolische Politik, verhinderte Demokratisierung, nationalisiertes Kulturleben in einer abgetrennten Region (= Saarland Bibliothek Bd. 2). St. Ingbert 1992, 20.

78 Vgl. hierzu und zum Folgenden: ZENNER, Parteien und Politik im Saargebiet unter dem Völkerbundsregime (wie Anm. 4), 43.

79 Vgl. LINSMAYER, Der 13. Januar (wie Anm. 55), 55. Zenner berichtet darüber hinaus von der Errichtung einer französischen Grubenverwaltung, eines Oberbergamtes in Saarbrücken und einer saarländisch-französischen Handelskammer, wodurch Frankreich seine wirtschaftliche Dominanz innerhalb der Industrie des Saargebiets ausbauen konnte. Vgl. ZENNER, Parteien und Politik im Saargebiet unter dem Völkerbundsregime (wie Anm. 4), 44.

80 Vgl. Reinhard RICHTER, Nationales Denken im Katholizismus der Weimarer Republik (= Theologie Bd. 29). Münster [u. a.] 2000, 258; ZENNER, Parteien und Politik im Saargebiet unter dem Völkerbundsregime (wie Anm. 4); RICHTER, Nationales Denken im Katholizismus der Weimarer Republik, 43f.; HERRMANN, Das Saarland (wie Anm. 61), 33 sowie GESTIER, Die christlichen Parteien an der Saar und ihr Verhältnis zum deutschen Nationalstaat in den Abstimmungskämpfen 1935 und 1955 (wie Anm. 56), 4.

81 Vgl. hierzu und zum Folgenden: ZENNER, Parteien und Politik im Saargebiet unter dem Völkerbundsregime (wie Anm. 4), 44–46.

82 Dieses Recht stand der Grubenverwaltung laut Versailler Vertrag auch zu: „Der Umlauf französischen Geldes im Saarbeckengebiet unterliegt keinem Verbot und keiner Beschrän-

ten Zahlungsverkehr ab dem 1. Juli 1920 auf die Frankenwährung um, was zur Folge hatte, dass auch alle Löhne ausschließlich in Franc ausgezahlt wurden.[83] Dies führte zu einem Währungsdualismus, wobei die Mark durch die aufkommende Inflation immer mehr an Wert verlor, und man eine Lösung in der am 1. Juni 1923 durchgeführten Vereinheitlichung der Währung (französische Franc!) sah.[84] Die ökonomischen Verhältnisse besserten sich im Saargebiet „trotz neuer Komplikationen, die sich aus der Entwertung des Franc (Tiefstand 1926) [ergaben]."[85]

Die saarländische Bevölkerung stand von Anfang an der Regierungskommission ablehnend gegenüber, weil sie sich, obwohl sie ihre Freiheiten und Rechte sowie eine freie Volksabstimmung nach 15 Jahren zugesichert bekommen hatte, durch die Trennung vom Deutschen Reich unrechtmäßig behandelt fühlte.[86]

Auch die Innenpolitik spiegelte diese Haltung wider: Alle politischen Parteien, alle Gewerkschaften, alle Vereine und die freie Presse schlossen sich zu einer Front gegen die Regierungskommission zusammen, was sich aber nach der Machtergreifung der Nationalsozialisten im Deutschen Reich und den daraus resultierenden Folgen für das Saargebiet änderte.[87]

Erst mit der am 24. März 1922 verabschiedeten Verordnung über die Errichtung des Landesrats als saarländischem Parlament, welche auf Drängen des Völkerbundes von der Regierungskommission erlassen worden war, erlangten die Parteien, nachdem sie zuvor gemeinsam beim Völkerbund Protest eingelegt hatten, durch diese nun einheitlich gewählte Volksvertretung ein politisches ‚Mitspracherecht', obgleich ihnen eine echte Teilhabe an der Regierung (das Recht zu Initiativanträgen, Anfragen und Interpellationen, die Wahl eines eigenen Präsidenten, die Immunität und die Festlegung der Tagesordnung) verwehrt blieb.[88] Das Gremium, welches 30 Sitze umfasste, wurde in dieser Form gegen den Protest aller Parteien

kung. Der französische Staat hat das Recht, sich bei allen Käufen und Zahlungen und bei allen Verträgen über die Ausbeutung der Gruben oder ihrer Nebenanlagen des französischen Geldes zu bedienen." (Vertrag von Versailles, Anlage, Kapitel 2, § 32. Abgedruckt bei SCHNEBERGER, Saarstatut und Völkerbundssatzung [wie Anm. 68]).

83 Vgl. LINSMAYER, Der 13. Januar (wie Anm. 55), 55.

84 Vgl. ebd., 59.

85 HERRMANN, Das Saarland (wie Anm. 61), 33.

86 Vgl. ZENNER, Parteien und Politik im Saargebiet unter dem Völkerbundsregime (wie Anm. 4), 54–56.

87 Vgl. GESTIER, Die christlichen Parteien an der Saar und ihr Verhältnis zum deutschen Nationalstaat in den Abstimmungskämpfen 1935 und 1955 (wie Anm. 56), 5.

88 Vgl. hierzu und zum Folgenden: LINSMAYER, Der 13. Januar (wie Anm. 55), 58; ZENNER, Parteien und Politik im Saargebiet unter dem Völkerbundsregime (wie Anm. 4), 61.70 sowie HERRMANN, Das Saarland (wie Anm. 61), 34. Eine Resolution des Bezirkstags des Kreises St. Ingbert vom 20.02.1922 forderte dieses Mitspracherecht der Parteien durch eine einheitliche Parteienvertretung ein. Vgl. Erklärung des Bezirkstags St. Ingbert vom 20.02.1922 (Nachlass Peter Scheuer, Landesarchiv des Saarlandes, NL.ScheuerP, Nr. 367).

installiert, weil der Landesrat lediglich beratende Funktion besaß und die Mitglieder des Fünferrates nie selbst an den Sitzungen teilnahmen, sondern sich stets vertreten ließen.[89]

Durch diese Stärkung der politischen Macht der saarländischen Bevölkerung war Rault gezwungen, verstärkt die Wünsche des Völkerbundssekretariats zu berücksichtigen. Jedoch wollte Rault dies offenbar nicht erkennen. Auf den hunderttägigen Bergarbeiterstreik, der am 5. Februar 1923 aufgrund von Lohnforderungen entstand und auf den die Bergverwaltung den 70.000 streikenden Bergmännern mit Kündigungen drohte, hatte Rault auf eigene Faust mit Notverordnungen reagiert.[90] Vom 2. bis 7. Juli desselben Jahres musste die fünfköpfige Regierungskommission daher in Genf vorstellig werden, denn es „sollte geprüft werden ‚la question de savoir si l'administration du Bassin de la Sarre par la Commission du Gouvernement a été conforme à l'esprit et à la lettre du Traité de Versailles'".[91] Offenbar stießen die Maßnahmen Raults beim Völkerbundsrat nicht auf Wohlgefallen, denn die „Abschlusserklärung plädiert[e] für eine mögliche Rücknahme der Notverordnungen, für einen raschen Aufbau lokaler Polizeikräfte sowie den Rückzug fremder Garnisonstruppen[92] und betont[e] die Verantwortlichkeit der Regierungskommission vor dem Völkerbund."[93] Am 3. August musste nach dem Rücktritt des Kanadiers William Waugh, der aufgrund seiner Differenzen mit der Notverordnungspolitik Raults vom seinem Amt zurücktrat, die Regierung 1924 umgebildet werden und der kanadische Major George Washington Stephens nahm den Platz Waughs ein. Rault selbst war letztlich 1926 zum Rücktritt von seinem Amt gezwungen.[94]

89 Vgl. GESTIER, Die christlichen Parteien an der Saar und ihr Verhältnis zum deutschen Nationalstaat in den Abstimmungskämpfen 1935 und 1955 (wie Anm. 56), 4f. Eine Analyse über den Landesrat verfasste Hellmut Katsch 1930 in seiner Dissertation. Vgl. insbesondere Hellmut KATSCH, Regierung und Volksvertretung im Saargebiet, zugl.: Leipzig, Univ., Diss., 1930 (= Leipziger rechtswissenschaftliche Studien 57). Leipzig 1930, 101–157.

90 Am 07.03.1923 erließ Rault Pressezensuren sowie Verbote der Kritik an der Regierungskommission, am Versailler Vertrag und an den Signatarmächten. Am 02.05.1923 untersagte er schließlich das Streikpostenstehen. Vgl. LINSMAYER, Der 13. Januar (wie Anm. 55), 59.

91 Société des Nations: Journal Officiel IV, 6 (1923), zitiert nach ZENNER, Parteien und Politik im Saargebiet unter dem Völkerbundsregime (wie Anm. 4), 77f.

92 Zenner weist darauf hin, dass der Ausbau der Gendarmerie zur Aufrechterhaltung der Ordnung sowie dem Schutz der Person und des Eigentums nicht in die Politik Raults passe, weil als Folge dessen das französische Militär aus dem Saargebiet hätte abgezogen werden müssen. Vgl. ebd., 46f.

93 Ebd., 60. Zum Folgenden vgl. ebd.

94 Vgl. HERRMANN, Das Saarland (wie Anm. 61), 34f. Nach Rault wurden nur noch Briten oder Kanadier der Kommission in das Amt des Präsidenten berufen: 1926–1927 bekleidete George W. Stephens, 1927–1932 Ernest Wilton und 1932–1935 Geoffrey G. Knox das Präsidentenamt.

Die (bereits erwähnte) geschlossene Haltung der Parteien gegen Frankreich und die Regierungskommission spiegelte sich in der am 9. August 1924 veröffentlichten Denkschrift „Die missbräuchliche Ausbeutung des Saargebietes durch Frankreich" wider. Verantwortlich für sie waren das Zentrum, die Sozialdemokraten (SPD) und die Deutsch-Saarländischen Volkspartei (DSVP). In ihr heißt es u. a.: ‚[…] entgegen der klaren Bestimmungen des Vertrages von Versailles sind durch den französischen Staat die Rechte und die Wohlfahrt der Saarbevölkerung geschädigt worden und entgegen den feierlichen Zusicherungen der alliierten und assoziierten Mächte vom 19. Juni 1919 wird den Bewohnern des Saargebietes nicht nur materieller und moralischer Schaden zugefügt, sondern sogar ihre Rechtslage wesentlich verschlechtert.'[95]

Allerdings sollte sich das Verhältnis zwischen der Regierungskommission und den Parteien bis zum Rücktritt Raults noch aufgrund einiger nationalpolitischer Entscheidungen, wie z. B. der Einführung der französischen Zollgesetze am 10. Januar 1925, verschlechtern.[96] Mit dem Rücktritt Raults und der Tatsache, dass dem Votum des Landesrates sowohl inner- als auch außerhalb des Saargebiets mehr Beachtung geschenkt wurde, besserte sich das politische Klima an der Saar. Eine positive Einstellung der Saarländer gegenüber der Regierungskommission lasse sich, schlussfolgert Herrmann, jedoch nicht erkennen, weil diese ihre getroffenen Entscheidungen bzgl. der Domanialschulen[97] (französische Schulen der Bergwerksverwaltung), der französischen Währung und Zollpolitik sowie der Nichteinführung der arbeitsrechtlichen Gesetze der Weimarer Republik im Saargebiet, nicht revidierte, obwohl dies von unterschiedlichen Parteien und Organisationen mehrfach gefordert worden war.[98]

In parteipolitischer Hinsicht unterschied sich das Saargebiet nicht vom Deutschen Reich, weil im Saargebiet dieselben Parteien das politische Leben prägten wie jenseits der Grenze. Durch die soziologischen Gegebenheiten des Saargebiets, die sich von denen des Deutschen Reiches erheblich unterschieden, ergaben sich andere Aufgaben und Arbeitsschwerpunkte der saarländischen Parteien.[99] Der größte Unterschied trat aber durch das Fehlen eines Rechtsradikalismus und die Einigkeit der drei führenden Parteien in der Frage der nationalen Einheit hervor,

95 Denkschrift der Parteien, zitiert nach LINSMAYER, Der 13. Januar (wie Anm. 55), 63. Allein in den Jahren 1923–1925 verfassten und publizierten die Parteien gemeinsam 26 Denkschriften. Vgl. ZENNER, Parteien und Politik im Saargebiet unter dem Völkerbundsregime (wie Anm. 4), Anhang 6.

96 Vgl. HERRMANN, Das Saarland (wie Anm. 61), 35 sowie LINSMAYER, Der 13. Januar (wie Anm. 55), 65.

97 Näheres hierzu in Kapitel 4.4.2.

98 Vgl. HERRMANN, Das Saarland (wie Anm. 61), 35f.

99 Vgl. ebd., 36.

was die parteipolitische Stabilität im Saargebiet erklärte.[100] Auch die Rechtsstellung gegenüber der Regierungskommission gibt Aufschluss darüber, weshalb die drei führenden Parteien, die Zentrumspartei, die SPD und die DSVP so eng und harmonisch zusammenarbeiteten.

Das Zentrum nahm schon vor dem Ende des Ersten Weltkriegs seine dominierende Position im Parteigefüge an der Saar ein und konnte diese bis zur Parteiauflösung auch immer behaupten.[101]

Bedingt durch die Bildung der Arbeiter- und Soldatenräte im November 1918 gelang der Arbeiterklasse der Aufstieg. Die starke Stellung der christlichen Arbeiter- und Gewerkvereine begrenzte allerdings den sozialdemokratischen Einfluss auf die saarländische Arbeiterschaft, sodass die Mehrheitssozialisten bei der Wahl zur Nationalversammlung ‚nur' 36 % errangen.[102] Dies war aber zugleich der Höhepunkt der Sozialdemokratischen Partei (SPD), denn bis zur Landesratswahl 1932 sank ihr Stimmenanteil bis auf 9,9 %.[103] Hauptnutznießer jener Verluste war die Kommunistische Partei (KP). Sie konnte ihren Stimmenanteil seit ihrer ersten Kandidatur im Jahr 1922 bis zu den Landesratswahlen 1932 von 7,5 % auf 23,2 % steigern.[104]

Alle Parteien (inklusive der Kommunistischen Partei) wiesen ein gemeinsames Charakteristikum auf: Sie lehnten geschlossen das Völkerbundstatut ab und drängten auf eine möglichst rasche Wiedervereinigung mit dem Deutschen Reich. Zeichen hierfür wurde die Rheinische Jahrtausendfeier 1925, denn diese wurde zur „nationalen Großdemonstration gegen Frankreich und die ‚französische' Politik der Regierungskommission. Ungeachtet der vorher ergangenen Verordnungen und Verbote (Beamte dürfen nicht teilnehmen, Kinder bekommen nicht schulfrei, amtliche Gebäude dürfen nicht beflaggt werden usw.) [fand] zwei Tage lang ein

100 Vgl. Gestier, Die christlichen Parteien an der Saar und ihr Verhältnis zum deutschen Nationalstaat in den Abstimmungskämpfen 1935 und 1955 (wie Anm. 56), 5; Zenner, Parteien und Politik im Saargebiet unter dem Völkerbundsregime (wie Anm. 4), 205; Gerhard Bauer, Vom Zentrum zur CDU. Hundert Jahre christliche Politik an der Saar. Saarbrücken 1981, 29 sowie die Wahlergebnisse in Anhang 1.

101 Vgl. hierzu und zum Folgenden: Die Wahlergebnisse (Anhang 1) sowie die Ausführungen in Kapitel 3.2. Die Bedeutung der DSVP ist weit größer, als die Wahlergebnisse zu erkennen geben. Dies war einerseits dem Einfluss der Saarbrücker Handelskammer und andererseits den weitreichenden Verbindungen Hermann Röchlings geschuldet. Vgl. Gestier, Die christlichen Parteien an der Saar und ihr Verhältnis zum deutschen Nationalstaat in den Abstimmungskämpfen 1935 und 1955 (wie Anm. 56), 32f.

102 Vgl. hierzu und zum Folgenden: Herrmann, Das Saarland (wie Anm. 61), 37.

103 Vgl. Anhang 1.

104 Vgl. ebd. „Dieser Erfolg erklärt sich aus der geschickten Anpassung des kommunistischen Parteiprogramms an die besonderen saarländischen Verhältnisse, indem ein geschulter Parteiapparat dem deutschen Arbeiter an der Saar den Kampf gegen die Regierungskommission als Interessenvertreterin der französischen Bourgeoisie suggeriert" (ebd., 37).

großes landesweites Fest mit Gottesdiensten, Festzügen, Platzkonzerten, Sportveranstaltungen u. ä. statt.«[105]

Die Etablierung einer frankophilen Partei an der Saar bei den Landesratswahlen 1924 scheiterte[106] und auch die NSDAP konnte bis zu den Landesratswahlen 1932 nie mehr als 6,7 % der Wählerstimmen auf sich vereinigen.[107]

Die kulturelle Entwicklung des Saargebiets wird an dieser Stelle nur angedeutet. Hauptsächlich herrschte eine Opposition zwischen der Regierungskommission, die, wie bereits skizziert, die Politik Frankreichs vertrat, auf der einen und den saarländischen Parteien, Kommunen, Gewerkschaften und Organisationen auf der anderen Seite. Hierbei waren die Politik und das Leben im Zeitraum von 1920 bis 1935 von den Fragen der Schulpolitik und der Loslösung der Saarpfarreien aus den Diözesen Trier und Speyer, um diese entweder an das Bistum Metz anzugliedern oder ein eigenes Saarbistum zu gründen bzw. eine apostolische Administratur zu errichten, geprägt.[108] Während der Versailler Vertrag der Saarbevölkerung ihre religiösen Freiheiten, ihre Sprache und ihre Schulen zusicherte, begann die Regierungskommission mit der Unterstützung der Bergwerksverwaltung französische Kulturpropaganda zu betreiben.[109] Problematisch gestaltete sich die Kultus- und Schulabteilung, weil diese zu keiner Zeit dem saarländischen Mitglied der Regierungskommission unterstand, sondern stets profranzösische Mitglieder das Ressort leiteten.

3.1.3 Von der Zulassung der NSDAP an der Saar 1933 bis zum Wiederanschluss des Saargebiets an das Deutsche Reich 1935

Die Regierungskommission des Saargebiets reagierte schon am 8. November 1932 auf das Erstarken der NSDAP im Deutschen Reich und verbot daher die Partei im Saargebiet. Auch nach der Machtergreifung Hitlers am 30. Januar 1933 änderte

105 LINSMAYER, Der 13. Januar (wie Anm. 55), 65. Vgl. zudem Paul BURGARD, Kleine Geschichte des Saarlands (= Regionalgeschichte – fundiert und kompakt). Leinfelden-Echterdingen 2010, 194f.

106 Vgl. LEMPERT, Das Saarland den Saarländern! (wie Anm. 66), 136–141.

107 Vgl. Anhang 1. Der Durchbruch im Saargebiet gelang der NSDAP, so Gerhard, im Jahr 1929, wobei er zu dem Ergebnis kommt, dass das katholische Milieu zunächst wirksam gegen das Eindringen der NSDAP schützte. Je höher der Katholikenanteil war, desto weniger NSDAP-Ortsgruppen und -wähler gab es dort. Vgl. Gerhard PAUL, Die NSDAP des Saargebietes 1920–1935. Der verspätete Aufstieg der NSDAP in der katholisch-proletarischen Provinz. Saarbrücken 1987, 52–57.207.209.

108 Vgl. SELBACH, Katholische Kirche und französische Rheinlandpolitik nach dem Ersten Weltkrieg (wie Anm. 5), 330. An dieser Stelle wird nicht weiter auf die beiden genannten Punkte eingegangen, weil im zweiten Hauptteil der vorliegenden Arbeit zu jedem dieser beiden Punkte ein gesondertes Kapitel folgt. Vgl. hierzu die Kapitel 4.4.1 sowie 4.4.2.

109 Vgl. HERRMANN, Das Saarland (wie Anm. 61), 36.

der Fünferrat seinen Beschluss zunächst nicht und wies den Antrag der saarländischen NSDAP vom 20. Februar 1933 ab, worin sie die Wiederzulassung ihrer Partei forderte. Jedoch lockerte die Regierungskommission das strikte Parteiverbot am 2. März.[110]

Als erste Partei des Saargebiets reagierten die Sozialdemokraten auf die Kanzlerschaft Hitlers. Am 8. Februar 1933 sprach ein namhafter Vertreter der SPD beim französischen Mitglied der Regierungspartei, Frédéric Morize, vor und erklärte ihm, „daß die Rechtsregierung im Reich nun, im Gegensatz zur französischen Regierung und zur Regierungskommission, ihr Hauptgegner sei."[111] Allerdings legte die SPD erst im Oktober ihr neues Saarprogramm vor und Parteichef „Max Braun bemühte sich, die Volksabstimmung um 5 bis 10 Jahre hinauszuschieben, bis eine freie Wahl an der Saar möglich sei."[112]

Auch die Kommunistische Partei an der Saar kämpfte bis zum Sommer 1934 weiter gegen die Partei Adolf Hitlers im Reich, gegen eine Wiedervereinigung mit Hitlerdeutschland, gegen den Völkerbund, gegen die Regierungskommission und gegen Frankreich.[113]

Als Reaktion auf den durch den Völkerbund festgelegten Abstimmungstermin bildeten die beiden Parteien, die sich dezidiert gegen einen Anschluss des Saargebiets an ein vom Nationalsozialismus beherrschtes Deutschland aussprachen, am 4. Juli 1934 eine „Einheitsfront der saarländischen Kommunisten und Sozialdemokraten" und forderten die Wähler/-innen dazu auf, ihre Stimme für den Status quo abzugeben.[114]

110 Vgl. Fritz JACOBY, Die nationalsozialistische Herrschaftsübernahme an der Saar. Die innenpolitischen Probleme der Rückgliederung bis 1935, zugl.: Tübingen, Univ., Diss., 1971 (= Veröffentlichungen der Kommission für saarländische Landesgeschichte und Volksforschung 6). Saarbrücken 1973, 87.

111 Ebd., 103. Zenner stellt fest, dass sich die SPD trotz dieser Erklärung vorerst immer noch für die Rückgliederung ins Deutsche Reich einsetzte. Vgl. ZENNER, Parteien und Politik im Saargebiet unter dem Völkerbundsregime (wie Anm. 4), 283.

112 HERRMANN, Das Saarland (wie Anm. 61), 38. Die Intervention Brauns wurde aber vom Völkerbund mit dem Verweis auf den Versailler Vertrag abgelehnt und in der Ratstagung des Völkerbundes am 04.06.1934 wurde der 13.01.1935 als Abstimmungstermin festgesetzt. Vgl. Joachim HEINZ, „Haltet die Saar, Genossen." Die saarländische Arbeiterbewegung im Kampf gegen Hitler bis 1935. In: 13. Januar 1935 Der Kampf um die Saar – 70 Jahre danach. Dokumentation einer Veranstaltungsreihe, hg. von STIFTUNG DEMOKRATIE SAARLAND (= Dialog 12). Saarbrücken 2005, 7–29, hier: 12.

113 Vgl. ebd., 10f.

114 Vgl. HERRMANN, Das Saarland (wie Anm. 61), 38f. Linsmayer datiert hingegen den Zusammenschluss auf den 03.07.1934. Vgl. LINSMAYER, Der 13. Januar (wie Anm. 55), 83. Detailliertere Ausführungen zur Entstehung der antifaschistischen Einheitsfront in: Joachim HEINZ, „Nie zu Hitler!". Die antifaschistische Einheitsfront-Kundgebung, 26. August 1934, Sulzbach/Saar; historische Hintergründe und Erläuterungen zur Ausstellung. Saarbrücken 2009, 10–14.

Der erste Anstoß zur Annäherung der saarländischen Parteien an die Regierung Adolf Hitlers ging von Hermann Röchling aus, indem er Hitler am 30. März 1933 den Vorschlag unterbreitete, die NSDAP könne über die Zentrumspartei im Reich Einfluss auf das Zentrum im Saargebiet nehmen.[115]

Hitler stimmte einem von Röchling geplanten Treffen am 15. Mai in Berlin zu, an dem Saarvertreter des Zentrums, der DSVP, der Wirtschaftspartei, der DNVP und der NSDAP teilnahmen und über eine Zusammenarbeit aller deutschgesinnten Parteien verhandelten. Man kam trotz mancher Uneinigkeiten darin überein, eine Aktionsgemeinschaft zu gründen, um den Abstimmungskampf gemeinsam vorzubereiten.[116] Hauptakteure der Aktionsgemeinschaft, der sog. ersten „Deutschen Front", die am 14. Juli – dem Nationalfeiertag Frankreichs – vom Zentrum, der DSVP, der Bürgerlichen Mitte, den Deutschnationalen und der NSDAP gebildet wurde, waren der Großindustrielle Hermann Röchling, der NSDAP-Gauleiter der Pfalz Josef Bürckel[117] sowie der Führer der Christlichen Gewerkschaften des Saargebiets Peter Kiefer.[65]

115 Vgl. Jacoby, Die nationalsozialistische Herrschaftsübernahme an der Saar (wie Anm. 110), 103f. Das Presseorgan der Nationalsozialisten an der Saar bildete ab 1927 die „Saardeutsche Volksstimme", das „Nationalsozialistische[s] Kampfblatt an der Saar", eine Zeitung, die einmal wöchentlich, an den Samstagen, erschien. Die „Saardeutsche Volkszeitung" wies im Vergleich zu den anderen Tages- oder Wochenschriften des Saargebiets eine deutlich provokante Polemik auf, mit der man die anderen Parteien und Weltanschauungen zu diskreditieren versuchte. Insbesondere die Zentrumspartei stand dabei im Fokus. Im Jahr 1932 unterstellte man beispielsweise den (ehemals) führenden Köpfen des Saarzentrums (Koßmann, Echelmeyer, Subtil, Steegmann, Muth etc.), sie hätten versucht das Saargebiet nach Beendigung des Krieges zur Autonomie zu führen. Auf diese Weise wollte man für die Deutsche Einheitsfront werben, auch wenn die Fakten hierbei verdreht werden mussten: „Mögen die Bonzen […] in jeder Zentrumsversammlung zur Betörung der letzten Zentrumsschafe ‚Deutschland, Deutschland über alles' blöken, […]. Es hilft nichts mehr!! **Das saardeutsche Volk, weiß, daß es nur Maske ist, Maske, nichts als Maske!** Eine Maske, die vielleicht in karnevalistischen Zeiten dieser Pharisäer und Separatistenpartei gut stehen mag, aber auch eine Maske, hinter die das Saardeutsche Volk längst gesehen hat. **Und darum der Zerfall dieser verfluchten Partei der Vaterlandsverräter!**" (o. V., Der Separatismus an der Saar, gebilligt durch Koßmann! In: Saardeutsche Volksstimme vom 6. Februar 1932, 2). Hervorhebung im Original.

116 Vgl. Herrmann, Das Saarland (wie Anm. 61), 38; Heinz, „Haltet die Saar, Genossen." Die saarländische Arbeiterbewegung im Kampf gegen Hitler bis 1935 (wie Anm. 112), 16 sowie Jacoby, Die nationalsozialistische Herrschaftsübernahme an der Saar (wie Anm. 110), 105. Insbesondere die Zentrumspartei tat sich mit der Kooperation schwer. Details hierzu im Kapitel 3.2.

117 Bürckel wurde 1895 in Lingenfeld geboren und trat 1925 in die NSDAP ein. 1926 übernahm er die Leitung des Gaus „Pfalz" (ab 1935 Saarpfalz, ab 1942 Westmark genannt). Vier Jahre später wurde er Mitglied des Reichstags. 1934 ernannte ihn Reichskanzler Adolf Hitler zum Saarbevollmächtigten, sodass der Wiederanschluss des Saargebiets zum Aufgabengebiet (Reichskommissar) Bürckels gehörte. 1938 war er zusätzlich noch Beauftragter für die Gleichschaltung Österreichs mit dem Deutschen Reich, weshalb er ab 1938/39 zugleich auch

Jacoby betont unter Berufung auf Aufzeichnungen der NSDAP, dass es der Partei vornehmlich darum gegangen sei, die übrigen Parteien, insbesondere das Zentrum, zu unterminieren.[119] Noch im gleichen Jahr erfolgte am 9. Oktober die Bildung der zweiten „Deutschen Front" und die Auflösung der bürgerlichen Parteien, obwohl ursprünglich vorgesehen war, dass die einzelnen Parteien ihre Selbstständigkeit behalten sollten.[120] Hierbei unterlief Alois Spaniol[121], dem Gauleiter des Saargebiets, ein folgenschwerer Fehler, denn er unterließ es, die saarländische NSDAP in der „Deutschen Front" aufgehen zu lassen. Bürckel nahm direkt Verhandlungen mit der „Deutschen Front" auf und löste die NSDAP im Saargebiet auf, um die dadurch entstandene dritte „Deutsche Front" zu festigen.[122] Aber

Gauleiter Wiens, Reichsstatthalter der Ostmark und Reichsverteidigungskommissar wurde. Schließlich fungierte er ab 1940 als Reichsstatthalter der Westmark mit Sitz in Neustadt an der Weinstraße sowie Chef der Zivilverwaltung in Lothringen. Ferner war er SA- und SS-Obergruppenführer. Vgl. Bürckel, Josef. In: Ernst KLEE, Personenlexikon zum Dritten Reich. Wer war was vor und nach 1945. Hamburg ²2016, 82.

118 Vgl. hierzu und zum Folgenden: Gerhard PAUL, „Deutsche Mutter – heim zu Dir!". Köln, Kassel 1984. Vgl. ebenso HEINZ, „Haltet die Saar, Genossen." Die saarländische Arbeiterbewegung im Kampf gegen Hitler bis 1935 (wie Anm. 112), 16; LINSMAYER, Der 13. Januar (wie Anm. 55), 81 sowie Andreas MERL, Zum vorauseilenden Gehorsam der Saarländer im Abstimmungskampf 1933 bis 1935. In: Widerstand, Repression und Verfolgung. Beiträge zur Geschichte des Nationalsozialismus an der Saar, hg. von Hans-Christian HERRMANN und Ruth BAUER (= Geschichte, Politik und Gesellschaft, Schriftenreihe der Stiftung Demokratie Saarland Band 14). St. Ingbert 2014, 138–148, hier: 139.

119 Vgl. JACOBY, Die nationalsozialistische Herrschaftsübernahme an der Saar (wie Anm. 110), 109. Es war letztlich Peter Kiefer, der Leiter der Christlichen Gewerkschaften, der für die Auflösung der Zentrumspartei votierte und diesen Prozess vorantrieb. Näheres dazu im Kapitel 3.2.

120 Vgl. LINSMAYER, Der 13. Januar (wie Anm. 55), 81 sowie hierzu und zum Folgenden: HERRMANN, Das Saarland (wie Anm. 61), 38.

121 Spaniol wurde 1904 in Lisdorf (bei Saarlouis) geboren und trat, nachdem er das Gymnasium und das Lehrerseminar abgebrochen hatte, 1931 in die NSDAP ein. Langsam stieg er innerhalb der NSDAP des Saargebiets auf. Da Josef Bürckel als Reichsdeutscher nicht als Vertreter der politischen Parteien des Saargebiets fungieren durfte, musste dieser sein Amt als Gauleiter niederlegen, und man wählte Spaniol als Strohmann Bürckels aus. Offiziell war Spaniol daher zugleich auch Führer der Deutschen Front. Aufgrund persönlicher und parteipolitischer Zerwürfnisse mit Bürckel wurde er 1934 abgesetzt, allerdings nicht (wie Bürckel forderte) aus der Partei ausgeschlossen. Danach wurde er Saarreferent in Reichswirtschaftsministerium. Nach dem Anschluss des Saargebiets an das Deutsche Reich ernannte man ihn am 01.04.1935 zum Bürgermeister der Stadt Andernach. Dieses Amt bekleidete er offiziell bis zum 08.03.1945. Spaniol war ein guter Redner und wurde daher für besondere Anlässe im In- und Ausland eingeladen. Vgl. PAUL, Die NSDAP des Saargebietes 1920–1935 (wie Anm. 107), 71f. sowie Franz-Josef HEYEN, Nur sieben Jahrzehnte. Andernach seit dem Ende des 1. Weltkrieges. In: Andernach. Geschichte einer rheinischen Stadt, hg. von Franz-Josef HEYEN. Andernach ²1994, 217–424, hier: 271f.

122 Vgl. MERL, Zum vorauseilenden Gehorsam der Saarländer im Abstimmungskampf 1933 bis 1935 (wie Anm. 118), 141. Es war also Bürckel (und nicht Spaniol), der im Abstim-

das Verhältnis zwischen den ehemaligen Zentrumsanhängern in der „Deutschen Front“ und der NSDAP (an der Saar) blieb weiterhin schlecht, weil sowohl die Bistumsleitung in Trier als auch der saarländische Klerus der nationalsozialistischen Parteipolitik kritisch gegenüberstanden.[123] Ebenso brachte ein Vortrag des von Hitler benannten Saarbevollmächtigten Franz von Papen[124], in dem er versuchte, den Saarklerus von der NS-Kirchenpolitik zu überzeugen, nicht den gewünschten Effekt und die Rede Hermann Görings, die er am 5. November in Trier vor vielen Zuhörern, unter ihnen auch den beiden Saarbrücker Pfarrern Johann Schlich und Franz Joseph Bungarten, hielt und in der er die Katholiken angriff und beschimpfte, rief eine erneute Protestwelle hervor.[125]

mungskampf die entscheidende Rolle einnahm. Deshalb ernannte ihn Hitler am 10.08.1934 zum Nachfolger von Papens im Amt des Saarbevollmächtigten des Reichskanzlers. Schlich selbst charakterisiert Spaniol als „sehr eifrige(n) Agitator, aber jugendlich unklug [sic!], zu stürmisch und demagogisch, schwankend und unzuverlässig. Seine Werbungsmethoden hatten oft einen antichristlichen Einschlag und stießen die Andersdenkenden vielfach vor den Kopf.“ (Bericht Schlichs „Die NSDAP im Saargebiet“ in: Johann Ludger SCHLICH, Unterlagen zur Geschichte des Saargebiets, Bistumsarchiv Trier, Abt. 59 Nr. 61).

123 Vgl. Berichte Schlichs vom 03.12.1933 sowie 05.03.1934 (Johann Ludger SCHLICH, Unterlagen zur Geschichte des Saargebiets, Bistumsarchiv Trier, Abt. 59 Nr. 46) und der von Schlich verfasste Bericht der Dechantenkonferenz vom 22.01.1934 (DERS., Unterlagen zur Geschichte des Saargebiets, Bistumsarchiv Trier, Abt. 59 Nr. 51).

124 Von Papen wurde am 29.10.1879 im westfälischen Werl geboren und entstammte einem alteingesessenen Adelsgeschlecht. Durch seine Heirat erhielt er Verbindungen in die saarländische Schwerindustrie und Kontakte nach Westeuropa. Er war Soldat und wurde in Amerika eingesetzt, musste das Land aber 1917 verlassen. Daraufhin wurde er an die Westfront versetzt. Nach dem Krieg verließ er die Armee und wurde 1921 für die Zentrumspartei in den Preußischen Landtag gewählt. Zudem war er seit 1925 Aufsichtsratsvorsitzender der Berliner Zentrumszeitung „Germania“. Am 02.06.1932 wurde er von Reichspräsident Paul von Hindenburg zum Reichskanzler ernannt, was er seinen politischen Beziehungen verdankte. Nach der Machtergreifung Hitlers am 30.01.1933 wurde er Vizekanzler. Von Papen war maßgeblich am Reichskonkordat mit dem Heiligen Stuhl beteiligt. Hitler ernannte ihn, nachdem er von seinem politischen Amt zurücktreten musste, zum Saarbevollmächtigten und später zum Botschafter in Wien sowie Ankara. Er starb am 02.05.1969 in Obersasbach (Baden) und fand seine letzte Ruhestätte im saarländischen Wallerfangen, wo er mit seiner Frau jahrelang gelebt hatte. Vgl. Rudolf MORSEY, Papen, Franz von. In: Neue Deutsche Biographie, Bd. 20, hg. von HISTORISCHE KOMMISSION BEI DER BAYERISCHEN AKADEMIE DER WISSENSCHAFTEN (= Neue Deutsche Biographie 20). Berlin 2001, 46–48.

125 Göring sagte: „Bei euch existieren noch die roten Ratten und die schwarzen Maulwürfe.“ (Stenographischer Auszug aus der Rede Görings vom 05.11.1933 in Trier [SCHLICH, Unterlagen zur Geschichte des Saargebiets (wie Anm. 122)]). Auch Dechant Schlich schickte zwei Protestschreiben: Eines an von Papen, das jedoch nichts bewirkte. Vgl. Schreiben Schlich an von Papen vom 15.11.1933 mit handschriftlichen Notizen des Verfassers (ebd.). Und ein zweites an Hindenburg. Vgl. Schreiben Schlich an Hindenburg vom 11.11.1933 (ebd.). Ebenso schrieben Schlich und Bungarten ein Beschwerdeschreiben an Reichskanzler Adolf Hitler, das 16 Geistliche unterzeichnet hatten. Vgl. hierzu: ZUR MÜHLEN, PATRIK VON, „Schlagt Hitler an der Saar!“. Abstimmungskampf, Emigration u. Widerstand im

Auch die Veröffentlichung eines Interviews, das Gauleiter Spaniol dem schwedischen Reporter Victor Vinde gegeben hatte und das durch Johannes Hoffmann[126], den Chefredakteur der „Saarbrücker Landes-Zeitung“, dem Publikationsorgan der saarländischen Zentrumspartei, am ersten Jahrestag der Machtergreifung der Nationalsozialisten im Deutschen Reich publiziert wurde, heizte die Stimmung weiter auf. Hoffmann veröffentlichte auf der Titelseite der „Saarbrücker Landes-Zeitung“ unter dem Titel „Das Christentum des Nationalsozialismus in saarländischer Beleuchtung“ Teile aus dem Interview Vindes mit zwei bedeutsamen Nationalsozialisten des Saargebiets, welches am 30. Dezember 1933 in der schwedischen Zeitung „Nya Dagligt Allehande“ publiziert wurde.[127] Einer der beiden Befragten sagte: „Hitler ist ein neuer, ein größerer, ein gewaltigerer Christus. [...] Ihr [der Kirche; FS] Prophet, ihr Papst, ihr Christus wird Adolf Hitler sein.“ Der andere äußerte sich folgendermaßen: „Wir wollen einen deutschen Papst in Berlin haben. Das ist Adolf Hitler. Den armen Pius brauchen wir nicht länger.“[128]

Hoffmann wandte sich mit scharfen Worten direkt an die beiden Interviewpartner Vindes: „Vergebens haben wir bis heute auf ein Dementi seitens der na-

Saargebiet 1933–1935 (= Reihe Politik und Gesellschaftsgeschichte Bd. 7). Bonn 1979, 133; JACOBY, Die nationalsozialistische Herrschaftsübernahme an der Saar (wie Anm. 110), 114 sowie ZENNER, Parteien und Politik im Saargebiet unter dem Völkerbundsregime (wie Anm. 4), 388f.

126 Hoffmann, dessen Vater Bergmann war, wurde am 23.12.1890 im saarländischen Reden geboren und besuchte das Bischöfliche Konvikt in Trier. Er hegte den Wunsch, Priester zu werden, entschied sich dann aber dafür, Philosophie und Volkswirtschaft in Innsbruck, Freiburg i. Br. sowie Berlin zu studieren. Nach seiner Rückkehr aus dem Krieg arbeitete er ab 1920 als Journalist in Berlin und später als Korrespondent verschiedener katholischer Zeitungen. Von 1929 bis 1934 war er Chefredakteur der „Saarbrücker Landes-Zeitung“, musste seine Stellung aber aufgeben. Wenige Monate später gründete er die „Neue Saarpost“ und den „Volksbund für christliche und soziale Kultur“, um auf diese Weise den Widerstand gegen den Anschluss des Saargebiets an Hitlerdeutschland zu organisieren. Allerdings gelang es ihm nicht die Mehrheit der Saarländer für den politischen Status quo zu gewinnen, sodass er nach dem Plebiszit am 13.01.1935 mit seiner Familie nach Luxemburg emigrieren musste, um sich vor den Nationalsozialisten zu schützen. Er setzte sich schließlich nach Brasilien ab. 1945 kehrte er nach Saarbrücken zurück und engagierte sich politisch in der CVP und der „Saarländischen Volkszeitung“, deren Presseorgan. Später wurde Hoffmann Ministerpräsident des Saarlandes. Er verstarb am 21.09.1967 in Völklingen. Vgl. Klaus ALTMEYER, Hoffmann, Johannes. In: Neue Deutsche Biographie, Bd. 9, hg. von HISTORISCHE KOMMISSION BEI DER BAYERISCHEN AKADEMIE DER WISSENSCHAFTEN (= Neue Deutsche Biographie 9). Berlin 1972, 428–429.

127 Vgl. Schreiben Vindes an Schlich vom 25.01.1934 (SCHLICH, Unterlagen zur Geschichte des Saargebiets [wie Anm. 122]), Bericht Hoffmanns o. D. (SCHLICH, Unterlagen zur Geschichte des Saargebiets [wie Anm. 123]).

128 Johannes HOFFMANN, Das Christentum des Nationalsozialismus in saarländischer Beleuchtung. In: Saarbrücker Landes-Zeitung vom 30. Januar 1934, 1.

tionalsozialistischen Führung des Saargebiets gewartet. […] Wir stellen deshalb in aller Öffentlichkeit die Frage an den Landesführer der NSDAP im Saargebiet, Staatsrat Spaniol: Wissen Sie etwas von der Unterredung, die in Ihrem Büro stattgefunden haben soll? Haben Sie selbst sich etwa in diesem Sinne und mit diesen Worten geäußert […]?«[129]

In der Presse des Saargebiets gab es auf den Artikel Hoffmanns ein großes Echo und noch am gleichen Tag trat abends der Aufsichtsrat zusammen, um das weitere Vorgehen zu besprechen. Nachdem sich auch Berlin (von Papen) einschaltete und die Entlassung Hoffmanns forderte, bekamen Schlich und Bungarten, die sich im Vorstand gegen eine Beurlaubung Hoffmanns aussprachen, politische Repressalien zu spüren.[130] Letztlich war der Aufsichtsrat gezwungen, Hoffmann. zu entlassen.[131]

Auch die Geistlichkeit des Saargebiets begann zunehmend Partei gegen die Lehren des „neuen Heidentums" zu ergreifen, was Bürckel sehr beunruhigte.[132] Er wusste, dass für den Ausgang der Wahl die Überzeugung der bisherigen Wähler/-innen der Zentrumspartei entscheidend war. Daher war die Haltung der katholischen Kirche, insbesondere die des Bischofs von Trier, Franz Rudolf Bornewasser[133], zur

129 Ebd.

130 Zur Rolle der beiden Saarbrücker Priester im Verlag der Saarbrücker Landes-Zeitung vgl. die Ausführungen in Kapitel 4.4.4 sowie Simon, Pfarrer Dr. Johann Ludger Schlich und die katholische Pressearbeit an der Saar 1920–1935 (wie Anm. 8).

131 Nähere Ausführungen zum Presseecho sowie Details zum „Fall Hoffmann" bietet ebd., 352–357.

132 Vgl. Saargebiet: Flaggen in Saarfarben Schwarz-Weiß-Blau, Bistumsarchiv Trier, Abt. 59 Nr. 48.

133 Bornewasser wurde am 12.03.1866 in Radevormwald geboren und 1894 in Köln zum Priester geweiht. Zunächst arbeitete er sechs Monate als Domvikar, bevor er 15 Monate als Kaplan an Köln (St. Columba) tätig war. Danach wurde er Rektor in Wülfrath, in Aachen (Herz Jesu) und Direktor des Gregoriushauses. Er wurde von 1909 bis 1916 als Pfarrer (und Dechant) eingesetzt. Im Anschluss daran berief man ihn wieder nach Köln, wo er Subregens am Priesterseminar, Prosynodalexaminator und -richter wurde. Ab März 1921 fungierte er als Stiftsprobst in Aachen, einen Monat später wurde er zum Weihbischof der Erzdiözese Köln berufen und am 29.05.1921 zum Bischof geweiht. Am 27.02.1922 wurde er schließlich durch das Trierer Domkapitel zum Bischof von Trier geweiht. Der Nachfolger Korums ergriff am 18.05.1922 Besitz von seiner Diözese. Vgl. Thomas, Der Weltklerus der Diözese Trier seit 1800 (wie Anm. 23), 62f. Weitere Eckdaten seines Wirkens im Bistum Trier in: Franz-Josef Heyen, Bornewasser, Franz Rudolf. In: Trierer biographisches Lexikon, 43–44. Eine umfassendere Biografie liefert Martin Persch, Franz Rudolf Bornewasser (1922–1951). In: Beharrung und Erneuerung (wie Anm. 7), 48–56. Eine facettenreiche Darstellung, insbesondere hinsichtlich Bornewassers mit dem Nationalsozialismus, ist jüngst erschienen: Bernhard Schneider, Kein unbewegter Fels im Sturm, kein Fähnchen im Wind. Franz Rudolf Bornewasser 1866–1951, Bischof von Trier 1922–1951. In: Zwischen Seelsorge und Politik. Katholische Bischöfe in der NS-Zeit, hg. von Maria Anna Zumholz und Michael Hirschfeld. Münster 2018, 245–316.

Saarabstimmung von besonders großer Bedeutung. Dieser sprach sich, wie schon sein Vorgänger, für die Rückgliederung der Saar an das Deutsche Reich aus. Allerdings sollte die Saarfrage eine innerkatholische Zerreißprobe werden.[134]

Im November 1933 fand im Pfarrhaus in Merzig St. Peter ein Treffen zwischen Bornewasser und Chefredakteur Hoffmann statt, in dessen Verlauf der Bischof Hoffmann keine Wahrung der katholischen Interessen nach der Rückgliederung zusichern konnte.[135]

Der Vatikan gab im Herbst 1933 dem erneuten Drängen der Franzosen, einen apostolischen Administrator mit allen Vollmachten für das Saargebiet zu ernennen, teilweise nach, indem der Papst Msgr. Gustavo Testa[136] aufforderte, im Saargebiet eine Visitation durchzuführen.[137]

Bornewasser begab sich daraufhin ebenfalls nach Rom, um Gegenmaßnahmen zu ergreifen und seine Bedenken vorzutragen. Den Anstoß dazu gab ein Rat des früheren Vorsitzenden der Zentrumspartei und Trierer Bistumspriesters Prälat Dr. Ludwig Kaas[138], der sich seit dem Frühjahr 1933 im Vatikan aufhielt. Seiner

134 Diese Meinung teilt auch Schlich. Vgl. Bericht Schlichs „Die Saarabstimmung und der Katholizismus" an das Generalvikariat Trier vom 30.01.1943. Zugleich stellte er fest, dass „er [der Bischof; FS] [...] persönlich unendlich schwer an der ungerechten Behandlung der Kirche mit all ihren religiösen Erschwerungen und Bitterkeiten [trug]. Aber er schwankte niemals in seiner treudeutschen Gesinnung und ließ nirgends einen Zweifel aufkommen, daß die Treue zu Volk und Vaterland eine religiöse und sittliche Pflicht sei." (SCHLICH, Unterlagen zur Geschichte des Saargebiets [wie Anm. 122]). Dieser innere Konflikt Bornewasser wird v. a. in dem Brief, den er am 27.08.1934 an Hitler schrieb (und von dem Schlich eine Abschrift übersandt bekommen hatte) deutlich. Vgl. ebd. Der Brief ist ediert bei Bernhard STASIEWSKI, Akten deutscher Bischöfe über die Lage der Kirche 1933–1945. Band II: 1934–1935 (= Veröffentlichungen der Kommission für Zeitgeschichte bei der Katholischen Akademie in Bayern. Reihe A, Quellen 20). Mainz 1976, 416–422.

135 Vgl. Bericht Schlichs, der bei dem Treffen ebenfalls zugegen sein durfte (SCHLICH, Unterlagen zur Geschichte des Saargebiets [wie Anm. 122]).

136 1923 ernannte der Papst Testa für zwei Jahre zum Apostolischen Visitator in der Region Ruhr und dem Saargebiet. Nachdem er 1925 als Berater einer Mission mit besonderen Aufgaben in Peru gewirkt hatte, berief ihn Pius XI. 1927 zum Mitarbeiter der Nuntiatur in Bayern und von 1929 bis 1934 zum Berater der Apostolischen Nuntiatur in Italien. Vgl. SELBACH, Katholische Kirche und französische Rheinlandpolitik nach dem Ersten Weltkrieg (wie Anm. 5), 402–408.

137 Vgl. hierzu und zum Folgenden: Guenter LEWY, Die katholische Kirche und das Dritte Reich. München 1965, 204.

138 Ludwig Kaas wurde am 23.05.1881 in Trier geboren und trat nach bestandener Reifeprüfung am Friedrich-Wilhelm-Gymnasium im Jahr 1900 in das Trierer Priesterseminar ein, wo er für ein Jahr Theologie und Philosophie studierte. Anschließend wurde Kaas zum Studium an die päpstliche Universität Gregoriana nach Rom geschickt, wo er Doktortitel in den Fächern Philosophie (1904), Theologie (1907) und Kirchenrecht (1909) (Dr. phil., Dr. theol., und Dr. iur. can.) erwarb. 1906 wurde er zum Priester geweiht und hatte verschiedene, meist kurzzeitige Anstellungen als Kaplan, bevor er 1916 an der Bonner rechtswissenschaftlichen Fakultät zum „Doctor iuris utriusque" promoviert wurde. Schließlich berief ihn Korum

Meinung nach, so Bornewasser, hätten im vergangenen Jahr (1932/33) etwa 2 % der Saarbevölkerung für den Status quo gestimmt, mittlerweile seien es ca. 25 %. Kardinalstaatssekretär Eugenio Pacelli, der bis 1930 Apostolischer Nuntius in Deutschland und seitdem der bedeutendste außenpolitische Berater des Papstes war, erklärte Kaas und Bornewasser, die sich am 18. November zu einem Gespräch trafen, dass Testa vom Papst die Aufgabe übertragen bekommen habe, festzustellen, ob der Einwand Frankreichs, die nationalsozialistische Propaganda mache eine freie Abstimmung unmöglich, gerechtfertigt sei.

Der päpstliche Gesandte traf am 27. November in Saarbrücken ein wohnte während seines Aufenthaltes in Saarbrücken bei den Barmherzigen Brüdern in Saarbrücken I.[139] Verantwortlich für seine Unterkunft und sein Wohlergehen war Dechant Schlich, der ihm Zeitungen besorgte und Termine für ihn vereinbarte. Schlich nutzte seine Stellung auch dazu, Testa für die politischen Interessen des Saarklerus einzuspannen. Dies lässt sich an zwei konkreten Fällen verdeutlichen: Schlich wandte sich im Herbst an Franz von Papen mit dem Anliegen, dass bei der Kinderversendung (staatlich organisierte Ferien, wo Kinder zu anderen Familien in Deutschland geschickt wurden, weil die Eltern sich keinen Urlaub leisten konnten) auf die konfessionelle Gleichheit zwischen aufnehmender Familie und versandtem Kind geachtet werden sollte.[140] Von Papen antwortete Schlich, es werde darauf geachtet, dass katholische Kinder nur zu katholischen Familien gelangen. Schlich hatte trotzdem negative Erfahrungen gemacht, weshalb er Testa bat, er möge die Sorge des katholischen Saarklerus von Papen beim Treffen vortragen, das am 7. Dezember 1933 in Trier stattfand. Dieses Gespräch, worin Testa feststellte, sein Besuch sei lediglich eine Höflichkeitsgeste gegenüber Frankreich, fand in

1918 zum Professor für Kirchenrecht an das Priesterseminar Trier, wo er bis 1924 lehrte. Zugleich wurde Kaas 1920 als Abgeordneter der Zentrumspartei in den deutschen Reichstag gewählt, übernahm am 08.12.1928 den Parteivorsitz und wurde der kirchenrechtliche Berater Nuntius Pacellis, wodurch Kaas maßgeblich am Konkordat zwischen Deutschland und dem Hl. Stuhl mitwirkte. Am 06.03.1934 ernannte ihn der Papst zum Domherr von St. Peter und übertrug ihm am 20.08.1936 das Amt des „Economo e Segretario della S. Congregazione della Rev. Fabbrica di S. Pietro“. Unter seiner Leitung begannen die archäologischen Arbeiten unter dem Petersdom, wobei das Grab des heiligen Petrus freigelegt wurde. Kaas verstarb am 25.04.1952 in Rom. Vgl. hierzu: Arthur Wynen, Ludwig Kaas. Aus seinem Leben und Wirken. Trier 1953, 9–14; Michael Feldkamp, Pius XII. und Deutschland (= Kleine Reihe V&R 4026). Göttingen 2000, 48.58f. Eine gute Biografie liefert zudem Rudolf Morsey, Ludwig Kaas (1881–1952). In: Zeitgeschichte in Lebensbildern. Aus dem deutschen Katholizismus des 19. und 20. Jahrhunderts, hg. von Rudolf Morsey und Jürgen Aretz. Mainz 1973, 263–273.

139 Vgl. Katholisches Pfarramt St. Jakob, 100 Jahre Pfarrkirche St. Jakob Saarbrücken. 1887–1987. Saarbrücken 1987, 30.

140 Vgl. hierzu und zum Folgenden: Bericht über die Konferenz der Definition 1 des Dekanats Saarbrücken, gehalten am 4. Dezember 1933 im kath. Vereinshause zu Malstatt (Kapitels- und Pastoralkonferenzberichte, Bistumsarchiv Trier, Abt. 74 Nr. 53).

Gegenwart von Bischof Franz Rudolf Bornewasser statt.[141] Wie Bornewasser am 7. Januar 1934 Prälat Kaas mitteilte, habe Testa während des Gesprächs, in dem sie ihm die französischen Annexionsbestrebungen erläuterten, selbst nur wenig gesagt, sondern vielmehr zugehört, wodurch der Trierer Bischof sehr irritiert war. Allerdings wurden seine Befürchtungen abgemildert: „Dechant Dr. Schlich war sehr zufrieden, als er mir nach der Abreise Testa's nach Rom berichtete."[142]

Ein anderer Vorfall, über den Schlich Testa wohl berichtet hatte, trug sich etwa einen Monat vor Testas Ankunft in Saarbrücken zu. Von Papen hielt mit dem Einverständnis Bornewassers am 20. Oktober 1933 in Saarbrücken eine Rede, bei der er jedoch – und damit hatte der Trierer Bischof nicht gerechnet – für die Idee vom totalen Staat eintrat. Dadurch hatte er den Saarklerus zu sehr provoziert, sodass dieser „in der anschließenden Diskussion die permanenten Verletzungen des Konkordats durch die Nationalsozialisten ungeniert und scharf kritisiert [hatte] und [...] dabei zum Schluss derart laut geworden [war], dass der Eklat bald eine Nachricht für Rom geworden war."[143]

Hier lässt sich festmachen, welches Ansehen Schlich bei der Bistumsleitung genoss, denn man betraute ihn mit der Aufgabe, den von Rom geschickten Prälaten zu betreuen und für ihn zu sorgen. Aber Schlich wusste auch, welche Chance sich ihm hier bot, denn er konnte durch Testa direkt Einfluss auf die Ansichten und die politischen Agitationen der römischen Kurie nehmen.

Am 27. November traf Testa in Saarbrücken ein und erklärte sich bereit, Franz von Papen, den Saarbevollmächtigten des Deutschen Reiches, zu empfangen.

141 Den Ausführungen Lewys, Testa habe eine „deutschfreundliche Haltung [...], die er schon einmal 1923 bei einer ähnlichen Mission an der Ruhr gezeigt habe" (205) muss zum Teil widersprochen werden. Auch wenn Lewy sehr umfangreich mit politischen Korrespondenzen und Berichten arbeitete, so vergaß er, die Quellen und Aufzeichnungen kritisch zu hinterfragen und stellt die These, der Vatikan setzte sich vorbehaltslos für den Anschluss des Saargebiets an Hitlerdeutschland ein, zu plakativ und unreflektiert, ja sogar in einem nicht rechtfertigbaren Maße in den Raum. Selbach hingegen schrieb sogar, dass der Vatikan „peinlich darauf bedacht [war], keiner Seite einen Vorwand zu liefern, ihn der Einseitigkeit zu bezichtigen." (SELBACH, Katholische Kirche und französische Rheinlandpolitik nach dem Ersten Weltkrieg [wie Anm. 5], 404). Auch Schlich schrieb in seinem 1943 für das Generalvikariat Trier abgefassten Bericht zur Saarfrage: „Beide [Testa und Panico; FS] waren objektiv und neutral". (Bericht Schlichs „Die Neutralität des Vatikan in der Saarfrage" vom 03.05.1943 in: SCHLICH, Unterlagen zur Geschichte des Saargebiets [wie Anm. 122]). Zum selben Urteilt kam Bartz in seiner Darstellung. Vgl. Karl BARTZ, Weltgeschichte an der Saar. Neustadt a. d. Hdt. 1935, 163.

142 Schreiben Bornewasser (wahrscheinlich an Prälat Kaas) vom 07.01.1934 (Schriftverkehr Bornewassers zum Nationalsozialismus, Bistumsarchiv Trier, Abt. 134 Nr. 2).

143 Heinrich KÜPPERS, Herausforderungen und Bedrohungen im Zeichen des Hakenkreuzes. In: Beharrung und Erneuerung (wie Anm. 7), 627–670, hier: 643. Vgl. darüber hinaus die Notizen Schlichs im Bistumsarchiv Trier (SCHLICH, Unterlagen zur Geschichte des Saargebiets [wie Anm. 122]).

Im Frühjahr 1934 teilte Bornewasser von Papen seine Vorbehalte und Ängste gegenüber der religiösen und moralischen Freiheit im Deutschen Reich mit. Zudem stellte er die Frage, ob der Völkerbund einem Anschluss des Saargebiets an das Deutsche Reich überhaupt zustimmen würde und ob es nicht eine Lösung gäbe, sodass das Saargebiet ohne Abstimmung wieder an Deutschland angeschlossen werden könne. Zugleich betonte er, dass er selbstverständlich „[...] niemals, außer in ganz kleinem vertrauten Kreise, von diesem Pessimismus vor dem Klerus (vor allem nicht dem Saar-Klerus) oder dem Volke [spreche]. In all [s]einen Reden und Predigten suche [...] [er] das Volk aufzurichten und ihm Mut zu machen im Hinblick auf die göttliche Vorsehung, die immer am Werke ist, auch in unserer Zeit."[144]

Vier Tage später hatte Bornewasser den Leiter der „Arbeitsgemeinschaft Katholischer Deutscher" (AKD) im Saargebiet, Franz Reichert, eingeladen und ihm die Aufgabe anvertraut, eine Mitteilung zu veröffentlichen, aus der seine prodeutsche Haltung hervorgehe und dass er gesagt habe, „dass sein Klerus es als selbstverständlich ansehe, sich rückhaltlos für die Rückgliederung des Saargebietes an das Deutsche Reich einzusetzen"[145].

An diese Anweisung hielt sich auch Schlich, der zu diesem Zeitpunkt Dechant des Dekanats Saarbrücken war. Dieser betonte in einem Schreiben an das Auswärtige Amt und von Papen, dass er schon unzählige Artikel publiziert und Reden gehalten habe, in denen immer wieder seine deutsch-nationale Gesinnung Ausdruck komme, und dass er ebenso die deutsche Geistesrichtung des Saargebiets hervorgehoben habe.[146]

In einer Rundfunkansprache, die Schlich am 6. Mai hielt, kam seine treudeutsche Haltung zum Ausdruck, indem er die Saarkatholiken am „Tag der Saar" aufforderte, „treu zu bleiben unserem Gott, treu unserer heiligen Kirche, treu unserem lieben, deutschen Vaterland!"[147]

144 Brief Bornewasser an von Papen vom 30.03.1934 (Bistumsarchiv Trier, Schriftverkehr Bornewassers zum Nationalsozialismus [wie Anm. 142]).

145 Schreiben Bornewasser an Reichert vom 03.04.1934 (ebd.). Schlich musste Reichert im Oktober desselben Jahres ermahnen, er solle aufhören, das Gerücht zu verbreiten, dass von den ca. 400 Saargeistlichen, von denen er nur etwa ein bis zwei Dutzend kenne, die meisten bei der Abstimmung für den Status quo stimmen würden. Vgl. Schreiben Schlich an Reichert vom 21.10.1934 (Schlich, Unterlagen zur Geschichte des Saargebiets [wie Anm. 122]).

146 Schlich protestierte mit diesen Briefen gegen die ihm gemachten Vorwürfe, er würde sich für den Status quo einsetzen. Vgl. Schreiben Schlich an das Auswärtige Amt und von Papen vom 27.01.1934 (Schlich, Unterlagen zur Geschichte des Saargebiets [wie Anm. 123]).

147 Rundfunkrede Schlichs vom 06.05.1934 (Oberpräsidium Koblenz, Staatliche Verordnungen, Regierung Trier, Bistumsarchiv Trier, Abt. 134 Nr. 3). Die Rede wurde abgedruckt in: o. V., Das Saarland grüßt Deutschland! Die Ansprache des Prälaten Dr. Schlich zum Tag der Saar. In: Saarbrücker Landes-Zeitung vom 9. Mai 1934, 1. Schlich sandte sein Manuskript für die Rundfunkrede am 25.04.1934 zur Prüfung an Bornewasser. In seinem Begleitbrief schrieb

Die Situation schien sich jedoch nach dem Röhm-Putsch am 30. Juni 1934 geändert zu haben, denn unter den hunderten von Opfern war auch eine nicht geringe Zahl namhafter Katholiken zu verzeichnen. Die „Neue Saarpost", eine von Johannes Hoffmann gegen den Willen des Trierer Bischofs gegründete und den Status quo unterstützende Zeitung, konnte dadurch ihren Leserkreis erweitern und ihre anti-nationalsozialistische Haltung der Saarbevölkerung antragen.[148] Nun war die Position der Kirche ausschlaggebend und es deutete sich an, so Lewy, dass das Saargebiet für das Deutsche Reich für immer verloren sei, falls es Hitler nicht gelinge, sich bis zur Abstimmung am 13. Januar zu rehabilitieren.[149] „Pfarrer Bungarten griff in aller Schärfe die Zustände im Dritten Reich an. Lüge sei überall, Mord regiere, was der Kirche heilig sei, werde lächerlich gemacht [...] Wörtlich

Schlich: „Ich habe nur zugestimmt, weil Ausweichen mir nicht angängig erscheint. Die Rede musste sofort der Reichs- und Saarregierung vorgelegt werden." (Schreiben Schlich an Bornewasser vom 25.04.1934 [Bistumsarchiv Trier, Oberpräsidium Koblenz, Staatliche Verordnungen, Regierung Trier]).

148 Die ‚Neue Saarpost' war, wie die Durchschau der im Stadtarchiv Saarbrücken erhaltenen Ausgaben ergab, eine katholische Tageszeitung, die Sonntagskatechesen, Predigten von Kardinälen, päpstliche Rundschreiben, Hirtenbriefe und Nachrichten aus dem Vatikan sowie der Weltkirche veröffentlichte. Darüber hinaus lässt sich der politische Kurs und das Profil der Zeitung an vielen Stellen recht deutlich ausmachen, denn dieser ist gekennzeichnet durch eine klar antinationalsozialistische Haltung: Zum einen druckte man eine Artikelreihe „Die geistige Situation der Zeit", in der das prekäre Verhältnis zwischen katholischer Kirche und Deutschem Staat sowie die schlechte Lage der Katholiken im Deutschen Reich mit Nachdruck geschildert wurde. Diese Artikelserie wurde, wie die meisten Artikel, unter einem Synonym veröffentlicht. Womöglich handelt es sich beim Verfasser „Dr. ***" um Schlich selbst, dem die Zusammenarbeit mit der Zeitung Hoffmanns streng untersagt war. Zum anderen wurden viele Artikel für die Freiheit der katholischen Kirche im Deutschen Reich sowie für die katholische Jugendarbeit (also gegen die Hitlerjugend) publiziert. Darüber hinaus warb man für die vom 2. bis 8. Juni 1934 abzuhaltende Caritassammlung sowie um die katholischen Arbeiter und befasste sich mit der Tagespolitik. Die Unterstützung der Status-quo-Bewegung gipfelte schließlich darin, dass man sich explizit gegen Bischof Bornewassers Haltung stellte: „Der Heilige Vater hat als Stellvertreter Christi auf Erden die Katholiken an der Saar beschworen: Folgt nur eurem rechtschaffenen katholischen Gewissen!" (o. V., Schlagt Hitler durch den Status quo! In: Neue Saarpost vom 12. Januar 1935, 1). Schlich hatte auch in der „Saarbrücker Landes-Zeitung" einen mehrteiligen Artikel unter dem Pseudonym „Dr. Justus Friedlieb" über die staatsrechtliche Stellung des Saargebiets verfasst. In einem von ihm im Auftrag Generalvikar von Meurers erstellten Dossier vermerkte er auf den beigelegten Artikeln handschriftlich: „Artikel zur Saarfrage von Dr. Schlich". Vgl. Johann Ludger Schlich, Allgemeines zu Deutschtum und Abstimmung, Bistumsarchiv Trier, Abt. 59 Nr. 71a (Band III). Folgende Artikel erschienen unter seinem Pseudonym: Justus Friedlieb, Die staatsrechtliche Stellung des Saargebiets. In: Saarbrücker Landes-Zeitung vom 21. September 1923, 3; ders., Die staatsrechtliche Stellung des Saargebiets. In: Saarbrücker Landes-Zeitung vom 27. September 1923, 1 sowie Justus Friedlieb, Die staatsrechtliche Stellung des Saargebiets. In: Saarbrücker Landes-Zeitung vom 4. Oktober 1923, 1.

149 Vgl. Lewy, Die katholische Kirche und das Dritte Reich (wie Anm. 137), 206.

sagte er: (sic!) ‚Auch wir wollen zurück zum Reich, aber in einen sauberen Staat und nicht in einen Saustall.'"[150]

Mit Spannung erwartete man daher den „Bekenntnistag der katholischen Jugend" am 29. Juli 1934 in Saarbrücken. Auffällig war vor allem die Organisation des Katholischen Jungmännerverbandes in den Saardekanaten des Trierer Bistums. In 95,8 % der Pfarreien bestand ein solcher Verein, während dies im Rest der Diözese lediglich in 64,5 % der Pfarreien der Fall war.[151] Daher war die Position Johannes Müllers[152], der ab dem 30. Dezember 1934 als Bistumssekretär des Jungmännerverbandes in Saarbrücken tätig war, von großer Bedeutung. Für Müller war der Nationalsozialismus, so beschreibt es Erik Schneider, primär ein pervertierter Kollektivismus, dem im Gegensatz zum Christentum die notwendige sittliche und kulturelle Haltung fehle und der eine persönlichkeitszerstörende Entwicklung zur Folge habe.[153] Ferner betrachtete Müller den Nationalsozialismus „als den schärfsten Verfechter einer vollständigen Säkularisierung der Gesellschaft [...], in der die Kirche keinen Platz mehr haben werde und auf eine ghettoähnliche Existenz reduziert sei."[154] Das im Vorfeld veröffentlichte Einladungsplakat ließ, wie Abbildung 4 zeigt, eine eindeutige Position der Kirche erkennen. Man erteilte zwar einerseits dem „Führerkult" eine klare Absage, denn der einzige Führer und Sieger sei Christus, andererseits sprach sich Bischof Bornewasser, der an der Veranstaltung teilnahm, nicht expressis verbis gegen den Nationalsozialismus aus.[155]

150 Gestier, Die christlichen Parteien an der Saar und ihr Verhältnis zum deutschen Nationalstaat in den Abstimmungskämpfen 1935 und 1955 (wie Anm. 56), 86.

151 Vgl. Erik Schneider, Johannes Müller und die katholische Saarjugend im Abstimmungskampf 1933–1935. In: Archiv für mittelrheinische Kirchengeschichte 65 (2013) S. 339–382, hier: 353.

152 Müller wurde am 21.08.1904 im saarländischen Urexweiler geboren und wuchs dort auch auf. Nachdem er am 05.08.1928 in Trier die Priesterweihe empfangen hatte, war er vom 06.03.1929 bis zum 30.12.1932 als Kaplan in Saarwellingen tätig. Danach ernannte ihn Bischof Franz Rudolf zum Bistumssekretär des Jungmännerverbandes in Saarbrücken. Vgl. Bischöfliches Generalvikariat Trier, Handbuch des Bistums Trier. Teil 3: Territoriale Gliederung und Verzeichnisse der Geistlichen. Trier [22]1991, 610.

153 Vgl. Schneider, Johannes Müller und die katholische Saarjugend im Abstimmungskampf 1933–1935 (wie Anm. 151), 364.

154 Ebd., 365. Doch auch Müller blieb letztlich aufgrund des von nationalsozialistischer Seite an die katholische Kirche adressierten Vorwurfes der Staatsfeindlichkeit still. „Auch Johannes Müller ließ sich davon beeinflussen und versuchte bei entsprechender Kritik immer wieder, seine nationale Zuverlässigkeit unter Beweis zu stellen. Das verhinderte zumindest teilweise eine weitergehende Distanzierung Müllers vom NS-Staat. Hinzu kam ganz zentral die Frage nach der Akzeptanz der NS-Regierung als legaler Autorität. Eine solche war für den Fall eines weltanschaulich neutralen Staates nicht nur für Müller, sondern für die katholische Kirche als Institution zu jener Zeit eine Selbstverständlichkeit gewesen." (ebd., 366f.)

155 Eine detaillierte Darstellung des 29.07.1934 befindet sich in Kapitel 4.1.4.

Abb. 4: Werbeplakat zum Bekenntnistag der katholischen Jugend an der Saar 1934

Doch beim „Tag der katholischen Saarjugend", einer am 29. Juli 1934 in Saarbrücken stattfindenden Versammlung, an der 50.000 Jungmänner und Jungmädchen teilnahmen, distanzierte sich Bornewasser von der Neuen Saarpost. In seiner Ansprache an die Jugend in Saarbrücken sagte Bornewasser: „Katholische Jugend, wenn Dir einer sagt, Dein Bischof stehe zu einer jüngst gegründeten saarländischen Zeitung, dann sage ihm im Namen Deines Bischofs: Du bist ein Lügner!"[156] Seine ablehnende Haltung brachte der Trierer Bischof jedoch schon Monate zuvor zum Ausdruck.[157]

Nach der Gründung der Zeitung durch Johannes Hoffmann weigerte sich Bornewasser diesen zu empfangen und distanzierte sich in einem Gespräch mit dem Klerus des Dekanats Dillingen von der „Neuen Saarpost". „Wenn ich am

156 „Ansprache an die Jugend in Saarbrücken" vom 29. Juli 1934, in: Albert HEINTZ, Fels im Sturm. Predigten und Hirtenworte des Erzbischofs Franz Rudilf Bornewasser, Bd. I: 1922–1935 (= Veröffentlichungen des Bistumsarchiv Trier 17). Trier 1969, 160f., hier: 161.

157 Vgl. hierzu und zum Folgenden: Schreiben Bischof Bornewasser an Freiherr Hermann von Lüninck (Oberpräsident der Rheinprovinz) vom 03.11.1934, ediert bei: Johannes Hoffmann (1890–1967). Ein Lesebuch aus Quellen, hg. von Markus GESTIER, Heinrich KÜPPERS und Brigitte STEINLE (= Malstatter Beiträge). St. Ingbert 2017, 66–69.

nächsten Dienstagnachmittag mit Dechant Schlich gesprochen habe, werde ich dies allen Dechanten mitteilen.«[158]

Dies zeigt aber, wie wichtig dem Bischof die Einschätzung seines Vertrauten in der Saarhauptstadt war. Zudem erklärten die Bischöfe von Trier und Speyer in einem Telegramm, das sie an Präsident Hindenburg übersandten, dass sie „zur katholischen Treuekundgebung in Saarbrücken versammelt, [...] dem Oberhaupte des deutschen Reiches aus der deutschen Westmark den Gruß unentwegter Treue [entbieten]".[159] Man darf nun jedoch nicht zum Fehlschluss gelangen, die Bischöfe seien hier einen Schritt auf Hitler zugegangen. Der Bekenntnistag der katholischen Jugend in Saarbrücken, an dem ausschließlich katholische Fahnenabordnungen teilnahmen, stellte eine Machtdemonstration der Katholiken dar. Das öffentliche Gedenken der Opfer des Röhm-Putschs sowie der Treuegruß an Hindenburg waren ebenfalls eine Distanzierung gegenüber Hitler.[160]

Der Wahlkampf für die Abstimmung am 13. Januar 1935 war währenddessen bereits voll im Gange. Die „Deutsche Front" hatte in dem von Hans Schweitzer (Pseudonym: Mjölnir)[161] entworfenen Hauptplakat „Deutsche Mutter – heim zu Dir" (Abb. 5) die Rückgliederung des Saargebiets mit der Rückkehr eines Sohnes in die Arme der deutschen Mutter verglichen.

Schweitzer sprach durch die Symbolisierung des Deutschen Reiches als Mutter „latente Bedürfnisse nach Regression in die Geborgenheit, Sicherheit und Wärme frühkindlicher Entwicklungsstadien [an]."[162] Zugleich charakterisierte Schweitzer Deutschland als Wohlstandsland, als ernährende Mutter, die in den Zeiten der Wirtschaftskrise den Menschen Brot und Arbeit versprach. Durch den zerbrochenen blau-weiß-schwarzen Balken[163] und die lose auf dem Boden liegende Kette deutete man an, dass durch den Wiederanschluss des Saargebiets an Deutschland das Joch der Fronarbeit in den Fabriken Frankreichs gebrochen werde. Die Heimat wurde aber nicht nur durch die Mutter dargestellt, sondern auch durch den Dom

158 Schreiben Bornewasser an den Speyerer Bischof Ludwig Sebastian vom 06.05.1934 (Bistumsarchiv Trier, Oberpräsidium Koblenz, Staatliche Verordnungen, Regierung Trier [wie Anm. 147]).

159 Heintz, Fels im Sturm (wie Anm. 156), 161.

160 Zu diesem Ergebnis kommt auch Zenner, Parteien und Politik im Saargebiet unter dem Völkerbundsregime (wie Anm. 4), 313.

161 Schweitzer war einer der bekanntesten nationalsozialistischen Plakatkünstler und wurde 1935 zum „Reichsbeauftragten für künstlerische Formgebung" im Propagandaministerium ernannt. Vgl. hierzu und zum Folgenden: Gerhard Paul und Ralph Schock, Saargeschichte im Plakat. 1918–1957. Saarbrücken 1987, 61f.

162 Ebd., 61.

163 Die Farben Blau, Weiß und Schwarz sind die drei Farben der Flagge des Saargebietes, welche die Regierungskommission am 28.07.1920 einführte. Vgl. Linsmayer, Der 13. Januar (wie Anm. 55), 56 sowie Gestier, Die christlichen Parteien an der Saar und ihr Verhältnis zum deutschen Nationalstaat in den Abstimmungskämpfen 1935 und 1955 (wie Anm. 56), 3.

Abb. 5: Wahlplakat der „Deutschen Front“ (1934) für die Saarabstimmung am 13. Januar 1935

Abb. 6: Wahlplakat der Status-quo-Bewegung (1934) für die Saarabstimmung am 13. Januar 1935

zu Trier. Die „Deutsche Front“, in der, wie bereits beschrieben wurde, auch die Zentrumspartei aufging, versuchte insbesondere die Katholiken anzusprechen, denen durch die Heilig-Rock-Wallfahrt von 1933 ihr Dom noch präsent vor Augen gewesen sein musste. Möglicherweise sollte das Plakat die Arbeiter an die allwöchentliche Heimkehr aus den Fabriken und Gruben, aus den kasernenartig organisierten Schlafhäusern in den Kreis der Familie und der dörflichen Heimat und Geborgenheit erinnern. Das Plakat habe, wie es Schock treffend beschreibt, „nationale Befreiung aus französischer Sklaverei und zugleich soziale Befreiung aus der Knechtschaft entfremdeter Arbeit“[164] ausdrücken wollen.

Auch die Parteien, die für den Status quo warben, entwarfen Wahlplakate, die allerdings nicht so gut konzipiert waren wie die der „Deutschen Front“. Die „antifaschistische Einheitsfront“ warb beispielsweise mit dem Plakat: „Nur Status quo schützt unsere Heimat“.

„Die Instrumentalisierung des Nationalgefühls von ‚links‘, überhaupt das Argumentieren mit diesen Begriffen, deren sich der politische Gegner so unvergleichlich viel geschickter zu bedienen wußte, war wohl von vornherein zum

164 Vgl. Paul und Schock, Saargeschichte im Plakat. 1918–1957 (wie Anm. 161), 62.

Scheitern verurteilt und einer der ausschlaggebenden Gründe für die Niederlage der damaligen Linkskoalition"[165], urteilen Paul und Schock.

Am 4. August 1934 hatte Testa seinen Bericht nach seiner Ankunft in Rom dem Papst und dem päpstlichen Staatssekretär vorgelegt, worin er die Ermahnungen gegen Kleriker, die den Status quo unterstützten, erwähnte.[166] Bornewasser, der möglicherweise von Testas Kritik gehört hatte, schrieb an Pacelli einen Brief, in dem er seine Haltung rechtfertigte.[167] Er habe sich gezwungen gefühlt, sich von der „Neuen Saarpost" und deren Parteinahme für den Status quo zu distanzieren, um die vielen Saar-Katholiken, die sich für einen Anschluss der deutschen Saar an Deutschland aussprachen, nicht vor den Kopf zu stoßen. Zugleich könne er aber auch seine Geistlichen verstehen, die mit der derzeitigen Situation unzufrieden seien. Daher habe er auch einen Brief an Reichskanzler Adolf Hitler geschrieben.

In den erwähnten Schreiben teilte der Trierer Bischof dem Reichskanzler mit, dass er (genau wie ein Teil der katholischen Bevölkerung an der Saar) das Verhalten der Nationalsozialisten im Saargebiet und den Umgang mit der Kirche im Deutschen Reich mit großer Skepsis betrachte. Er forderte Hitler auf, Maßnahmen zur Besserung dieser Missstände in der nächsten Zeit zu ergreifen und versicherte ihm, er tue alles, „damit noch in letzter Stunde alles weggeräumt wird, was den Saarländern ihre Heimkehr zum Vaterland erschweren könnte."[168]

Zugleich hatte Bornewasser, wie aus einem Schreiben an Hitler hervorgeht, seine Position bzgl. der Saarfrage dem Reichskanzler gegenüber bekräftigt und zugleich seiner Besorgnis Ausdruck verliehen, dass möglicherweise 25 % der Bewohner des Saargebiets für den Status quo stimmen würden.[169]

165 Ebd., 65. Interessant ist allerdings, worauf Schock nicht eingeht, die Abbildung der Saarbrücker Pfarrkirche St. Michael. Diese wurde 1923 gebaut und ist in den Ausmaßen gebaut, dass sie als Saar-Dom, falls es zur Erhaltung des Status quo und einer möglicherweise nachfolgenden Errichtung eines Saarbistums gekommen wäre, hätte genutzt werden können. Zudem verfügt die Kirche über eine Krypta, die als Grabstätte für die Bischöfe der Saardiözese hätten dienen können. Ob dies geplant war, lässt sich heute jedoch nur noch vermuten.

166 Vgl. Lewy, Die katholische Kirche und das Dritte Reich (wie Anm. 137), 207.

167 Vgl. hierzu und zum Folgenden: Schreiben Bornewasser an Pacelli vom 22.08.1934 (Bistumsarchiv Trier, Saargebiet: Flaggen in Saarfarben Schwarz-Weiß-Blau [wie Anm. 132]).

168 Schreiben Bornewasser an Hitler vom 27.08.1934 (ebd.). Eine Kopie des Schreibens sandte er zudem an das Auswärtige Amt, Kardinal Bertram, den Bischof von Speyer und Prälat Kaas in Rom, wobei er Kaas ein Begleitschreiben beilegte, in dem er diesem mitteilte, dass der Kölner Metropolit, Kardinal Schulte, das Schreiben an Hitler guthieß. Vgl. Schreiben Bornewasser an Kaas vom 27.08.1934 (ebd.).

169 Vgl. Jacoby, Die nationalsozialistische Herrschaftsübernahme an der Saar (wie Anm. 110), 145. Interessant ist der Umstand, wie der Brief Bornewassers, in dem er auch noch um „ein starkes Wort" Hitlers für die Umsetzung des Konkordats zwischen dem Deutschen Reich und dem Heiligen Stuhl bat, Hitler erreichte: Der Bischof übersandte seinen Brief an

Pacelli, der ebenfalls eine Abschrift des Briefes Bornewassers an Hitler erhalten hatte, antwortete diesem am 3. September und legte die Haltung des Vatikans dar. Er stimmte Bornewassers Schreiben an den Reichskanzler zu und seine Worte lassen sich dahingehend interpretieren, dass er sich gegen die politischen Aktivitäten des Saarklerus ausspreche: „Was für die katholische Presse gilt, gilt mutatis mutandis auch für den Klerus, im gewissen Sinne für ihn in noch zwingenderem Maße. Leider aber verstehen nicht alle Priester diese ihre priesterliche Pflicht zur Wahrheit mit dem Takt und der Zurückhaltung zu vereinen, die in politischen Dingen und in Zeiten so maßloser Parteileidenschaften mehr als je die unentbehrliche Mitgift einer wahrhaft auf das Seelenheil gerichteten priesterlichen Tätigkeit sein müssen."[170]

Daher rügte das Generalvikariat vereinzelt die Geistlichen des Saargebiets, die sich für die Rückgliederung und den Status quo einsetzten, und forderte diese auf, ihr politisches Engagement aufzugeben, worüber sich ebenso einige Geistliche beim Saarbrücker Dechanten Schlich beschwerten.[171] Am 12. November 1934 erließen die Bischöfe von Trier und Speyer gemeinsam, nachdem sie sich mit dem Apostolischen Visitator, Msgr. Panico[172], darüber beraten und dessen Zustimmung eingeholt hatten, ein allgemeines Verbot zur politischen Betätigung Geistlicher im Saargebiet. „Was wir durch diese Anweisung vermeiden wollen und müssen, ist die Hineintragung der Politik in die Kirche und Seelsorge. Unsere Anweisung berührt nicht die sittliche Pflicht der Liebe zum angestammten Volkstum und der Treue

Bürckel verbunden mit der Bitte, diesen an den Reichskanzler weiterzuleiten. Am 22. September war Bürckel dieser Aufforderung aber immer noch nicht nachgekommen, sodass Bornewasser sich am 03.10.1934 selbst an Hitler wandte. Vgl. ZENNER, Parteien und Politik im Saargebiet unter dem Völkerbundsregime (wie Anm. 4), 395 (von Zenner ediertes Schreiben; das Original befindet sich im Landeshauptarchiv Koblenz) sowie Bericht Schlichs vom 30.01.1943 für das Generalvikariat (SCHLICH, Unterlagen zur Geschichte des Saargebiets [wie Anm. 122]).

170 Schreiben Pacelli an Bornewasser vom 03.09.1934 (Saargebiet: Caritassammlungen im Saargebiet, Bistumsarchiv Trier, Abt. 59 Nr. 43). Ediert bei ZENNER, Parteien und Politik im Saargebiet unter dem Völkerbundsregime (wie Anm. 4), 410–412.

171 Vgl. Schreiben des Generalvikariats an verschiede saarländische Pfarrer und Protestnoten der Saar-Geistlichen vom 05.10.1934 (Saargebiet: Bischöfliches Verbot der politischen Betätigung verschiedener Geistlicher, Bistumsarchiv Trier, Abt. 59 Nr. 39).

172 Panico wurde zum Nachfolger Testas ernannt, nachdem dieser am 16.06.1934 zum apostolischen Delegaten von Ägypten, Arabien, Äthiopien, Eritrea, Palästina, Transjordanien und Zypern ernannt und gleichzeitig zum Titularerzbischof von Amasea erhoben wurde. Vgl. o. V., Ehrenvolle Berufung. Prälat Testa zum Titularerzbischof erhoben. In: Saarbrücker Landes-Zeitung vom 16. Juni 1934, 3. Auch der Oberbürgermeister der Stadt Saarbrücken sandte Glückwunschworte an Testa. Vgl. Hans NEIKES, Glückwunschschreiben an den Visitator des Heiligen Stuhles im Saargebiet, Testa, zur Ernennung zum Apostolischen Delegaten für Ägypten und zum Erzbischof (20.6.1934), Stadtarchiv Saarbrücken, G OB.1 – 2905).

zum Vaterland. Diese Liebe und Treue sind vielmehr nach katholischer Lehre sittliche Tugenden.«[173] Die von Bornewasser erwähnte Pflicht zur Vaterlandsliebe stellte allerdings, wie der Erstentwurf seines Erlasses zeigt, keine Annäherung an den Nationalsozialismus dar. Denn in einem Absatz, der im veröffentlichten Schreiben nicht mehr enthalten war, hieß es: „Selbstverständlich darf und muß der gute Hirte unsere heiligen Glaubensgüter hüten und schützen, gegen Angriffe, woher sie auch kommen mögen, verteidigen. Auch widerspricht es nicht obigem Verbot, auf die Vaterlandsliebe als sittliche Pflicht hinzuweisen.«[174]

Bornewasser begründete in einem Schreiben vom 8. Oktober an Schlich, weshalb er dieses Verbot erst so spät veröffentlichen möchte: Er befürchte, sein Eingreifen würde den innenpolitischen Frieden gefährden und würde als Eingriff in die deutsche Rückgliederungspropaganda verstanden werden.[175]

Schlich schrieb im Auftrag Panicos am 23. September 1934 eine Stellungnahme des Klerus zur Abstimmungsfrage, worin er feststellt, dass „die überwiegende Mehrheit des Saarklerus [...] für die Rückgliederung des Saargebiets nach Deutschland" sei.[176] Weiter schrieb Schlich: „Zwar verurteilen wir durchaus die neuheidnischen Bestrebungen in Deutschland, aber wir wollen lieber mit unseren Brüdern eine Zeitlang leiden und kämpfen, als ihrer Volks- und Kirchengemeinschaft untreu zu werden. Wir hoffen, dass die Bedrängnisse der Kirche in Deutschland eine vorübergehende Erscheinung sind, während die Abstimmung über die Zukunft des Saargebietes voraussichtlich auf Jahrhunderte entscheidet und eine Gefährdung des deutschen Volkstums für das kleine Gebiet von selbst mit sich bringt."

Der Beauftragte Bürckels, Max Müller, versuchte Bischof Bornewasser umzustimmen und auch eine Delegation der „Deutschen Front", der neben Müller selbst auch die ehemaligen Zentrumsmitglieder Levacher und Kiefer angehörten,

173 Erlass der Bischöfe Bornewasser und Sebastian vom 12.11.1934 (Schlich, Unterlagen zur Geschichte des Saargebiets [wie Anm. 122]). Das Dekret ist ediert bei Katholische Kirche und Nationalsozialismus. Dokumente 1930–1935, Mit einer Einleitung von Kurt Sontheimer, hg. von Hans Müller. München 1963, Dok. 169, S. 314.

174 Bistumsarchiv Trier, Saargebiet: Bischöfliches Verbot der politischen Betätigung verschiedener Geistlicher (wie Anm. 171).

175 Vgl. Schreiben Bornewasser an Schlich vom 08.10.1934 (ebd.) sowie vom 23.09.1934 (Bistumsarchiv Trier, Saargebiet: Caritassammlungen im Saargebiet [wie Anm. 170]). Diese Einschätzung Bornewassers sei, laut Jacoby, auch korrekt gewesen, wie dieser unter Anführung einer kritischen Stellungnahme des Auswärtigen Amtes belegte. Vgl. hierzu: Jacoby, Die nationalsozialistische Herrschaftsübernahme an der Saar (wie Anm. 110), 146.

176 Vgl. hierzu und zum Folgenden: „Mutmaßliche Stellungnahme des Klerus zur Abstimmungsfrage" vom 23.09.1934 (Schlich, Unterlagen zur Geschichte des Saargebiets [wie Anm. 122]). Schlich merkte handschriftlich an: „Für Mg. Panico auf dessen Wunsch". Das Schreiben ist ediert bei Gestier, Die christlichen Parteien an der Saar und ihr Verhältnis zum deutschen Nationalstaat in den Abstimmungskämpfen 1935 und 1955 (wie Anm. 56), Anlage 31.

legte dem Vatikan die prodeutsche Haltung der Katholiken des Saargebiets dar, in der Hoffnung, das Verbot werde aufgehoben.[177]

Am 30. November 1934 wurde der „Deutsche Volksbund für christlich-soziale Gemeinschaft" gegründet, eine saarländische Partei, die sich für den Erhalt des Status quo einsetzte, und an deren Gründung auch 70 Priester beteiligt waren.[178] Dies erregte die Bischöfe von Trier und Speyer natürlich sehr und Bornewasser machte in einem Brief, den er am 5. Dezember an die Saar-Dekane schrieb, seinem Unmut Luft: Die Teilnahme der siebzig Geistlichen habe ihn, die Saar-Katholiken sowie den gesamten Katholizismus schwer getroffen und er müsse „mit dem Bischof von Speyer" sagen, „daß der 30. November einer der bittersten Tage unseres Episkopates war."[179]

Zudem sahen sich die Bischöfe von Trier und Speyer dazu gezwungen am 3. Dezember 1934 einen zweiten Erlass bzgl. des politischen Auftretens des Klerus zu veröffentlichen: „In dem Erlass (vom 12. November d. J.) war zwar nur die Rede vom »öffentlichen Auftreten in politischen Versammlungen« und auch davon, daß »die Priester es vermeiden sollen, auf der Kanzel politische Zeitungen, Zeitschriften oder Bücher zu empfehlen«. Aber als eine politische Betätigung in viel höherem Grade müssen wir es ansehen, wenn Geistliche sich an einer Versammlung beteiligen, die den ausgesprochenen Zweck verfolgt, eine neue politische Organisation zu schaffen. Wir sehen uns daher zu unserem Bedauern genötigt vor aller Öffentlichkeit festzustellen, daß diese Geistlichen gegen den klaren Sinn und den Geist unserer Verfügung gehandelt haben. Wir erwarten, daß sie in Zukunft das beachten, was ihre Bischöfe verordnet haben."[180]

Hitler ließ Bornewasser über Innenminister Wilhelm Frick für seinen patriotischen Einsatz danken[181] und Müller trat an den Bischof von Trier mit der Bitte heran, ein Priester möge einen Rundfunkgottesdienst halten, in dem Bürckel eine

177 Vgl. Bericht über die Besprechung vom 17.11.1934 zwischen Bischof Bornewasser und Max Müller. Ediert bei Zenner, Parteien und Politik im Saargebiet unter dem Völkerbundsregime (wie Anm. 4), 405–409.

178 Vgl. Gestier, Die christlichen Parteien an der Saar und ihr Verhältnis zum deutschen Nationalstaat in den Abstimmungskämpfen 1935 und 1955 (wie Anm. 56), 114.

179 Schreiben Bornewasser an die Dechanten des Saargebiets vom 05.12.1934 (Bistumsarchiv Trier, Saargebiet: Flaggen in Saarfarben Schwarz-Weiß-Blau [wie Anm. 132]). Ediert bei Zenner, Parteien und Politik im Saargebiet unter dem Völkerbundsregime (wie Anm. 4), 409f. sowie Gestier, Die christlichen Parteien an der Saar und ihr Verhältnis zum deutschen Nationalstaat in den Abstimmungskämpfen 1935 und 1955 (wie Anm. 56), Anlage 34.

180 Erlass der Bischöfe von Trier und Speyer vom 03.12.1934, ediert bei Müller, Katholische Kirche und Nationalsozialismus (wie Anm. 173), Dok. 165, S. 315.

181 Vgl. Schreiben Frick an Bornewasser vom 06.12.1934 (Bistumsarchiv Trier, Saargebiet: Flaggen in Saarfarben Schwarz-Weiß-Blau [wie Anm. 132]). Das Schreiben ist ediert bei Zenner, Parteien und Politik im Saargebiet unter dem Völkerbundsregime (wie Anm. 4), 401–403.

Ansprache halten könne. Bornewasser lehnte diese Forderung mit dem Verweis auf das von ihm am 12. November erlassene Verbot zur politischen Beteiligung der Geistlichkeit ab.[182]

Noch am gleichen Tag, an dem Müller die Absage des Trierer Oberhirten erhalten hatte, fragte er bei Bornewasser an, ob die Möglichkeit bestünde, dass dieser in einer Neujahrsbotschaft seinen Gläubigen mitteile, seine Kritik gegen das Neuheidentum richte sich nicht gegen den Nationalsozialismus.[183] Bornewasser verwies in seiner Antwort darauf, dass dadurch möglicherweise die Anerkennung der Abstimmungsergebnisse durch den Völkerbund gefährdet werden könnte.[184]

Offenbar waren die restlichen Bischöfe der Kölner Kirchenprovinz anderer Meinung, denn alle sechs Bischöfe gaben am 26. Dezember eine Erklärung heraus, die eine Woche vor der Abstimmung, am 6. Januar, dem Hochfest der Erscheinung des Herrn, auf allen Kanzeln der Provinz verlesen werden sollte. Im Hirtenwort heißt es: „Am Sonntag, den 13. Januar 1935, wird im Saargebiet die Volksabstimmung stattfinden über die Frage, ob dieses deutsche Land und seine Bewohner in der durch den Versailler Gewaltfrieden aufgezwungenen Trennung vom Deutschen Reiche verbleiben sollen oder nicht. Der für die Zukunft unseres Vaterlandes so folgenschweren Entscheidung […] kann kein wahrhaft Deutscher gleichgültig gegenüberstehen. Als deutsche Katholiken sind wir verpflichtet, für die Größe, die Wohlfahrt und den Frieden unseres Vaterlandes uns einzusetzen. Unsere wirksamste Hilfe ist das Gebet.“[185]

In einer Erklärung der zwölf Dechanten des Saargebiets, an deren Erstellung Schlich federführend beteiligt war, dementierten diese die Gerüchte, dass ein

182 Vgl. Schreiben Müller an Bornewasser vom 14.12.1934 und dessen Antwort an Müller vom 19.12.1934 (Bistumsarchiv Trier, Saargebiet: Flaggen in Saarfarben Schwarz-Weiß-Blau [wie Anm. 132]).

183 Vgl. Schreiben Müller an Bornewasser vom 19.12.1934 (ebd.).

184 Vgl. Schreiben Bornewasser an Müller vom 24.12.1934 (ebd.).

185 Hirtenwort der Bischöfe der Kölner Kirchenprovinz zur Saarabstimmung vom 26. Dezember 1934, ediert bei Heintz, Fels im Sturm (wie Anm. 156), 174f. Auch dies zeigt, dass die Bischöfe sich nicht für den Nationalsozialismus einsetzten. Lewy hingegen interpretiert dies als pronationalsozialistische und prodeutsche Agitation der Bischöfe. Er kommt am Ende seiner Ausführungen zum Ergebnis, dass „eine antinationalsozialistische Haltung der Bischöfe“ etwas am Ausgang der Abstimmung geändert hätte. Ebenso wäre seiner Meinung nach die Wahl anders ausgegangen, wenn die Bischöfe von Trier und Speyer der Status-quo-Bewegung nicht Einhalt geboten hätten (vgl. Lewy, Die katholische Kirche und das Dritte Reich [wie Anm. 137], 221). Diese Aussagen sind, wie bereits skizziert, unzutreffend und lassen erkennen, dass Lewy die Haltung der Kirche zur Saarfrage nur sehr einseitig beleuchtet, indem er lediglich die nationale Linie der kirchlichen Amtsträger hervorhebt und diese einer pro-nationalsozialistischen gleichsetzt. Allerdings gab es auch Illusionen innerhalb des Episkopats sowie des Klerus im Allgemeinen, wie es die nachfolgende Erklärung der zwölf Dechanten des Saargebiets zeigt.

Großteil des Saar-Klerus sich für den Status quo einsetzen würde.[186] Das Gegenteil sei der Fall, wie es auch schon der Verordnung der Bischöfe von Trier und Speyer zu entnehmen sei. Nach der Rückgliederung hoffe man auf die Beseitigung der letzten Probleme zwischen Kirche und Staat, weil der Staat, so sagte es der Reichskanzler und dessen Minister, „auf dem Boden des positiven Christentums stehen und aufgebaut werden soll."[187]

Am darauffolgenden Tag unterrichtete die „Neue Saarpost" ihre Leser darüber, „wie die Erklärung der Dekane zustande gekommen sei. Nach glaubwürdiger Information habe Msgr. Schlich von Saarbrücken, der die Erklärung ‚in höherem Auftrag' entworfen, jeden einzelnen Dekan angerufen und jedem mitgeteilt, die Unterschrift der anderen läge bereits vor. Als er sie an ihre Gehorsamspflicht erinnerte, hätten sie schließlich alle unterschrieben."[188]

Die Anhänger des „Volksbundes" veranstalteten jeden Sonntag Versammlungen mit Plakaten, auf denen Texte wie beispielsweise „Christus ist unser Führer, nicht Hitler" prangten.[189]

186 Vgl. hierzu und zum Folgenden: Erklärung der Dechanten, ediert bei MÜLLER, Katholische Kirche und Nationalsozialismus (wie Anm. 173), Dok. 170, S. 329 und veröffentlicht in: o. V., Erklärung sämtlicher Dechanten des Saargebietes. In: Saarbrücker Landes-Zeitung vom 3. Januar 1935, 1.

187 Sicherlich stand Schlich, wie auch Becker in seiner Dissertation betont, „dem Nationalsozialismus eher kritisch gegenüber und wahrte größere Distanz." (Frank BECKER, Deutsch die Saar, immerdar!: Die Saarpropaganda des Bundes der Saarvereine 1919–1935 [= Veröffentlichungen der Kommission für saarländische Landesgeschichte und Volksforschung 40]. Saarbrücken 2007, 285) Allerdings muss hier mit aller Deutlichkeit dargestellt werden, dass Schlich sich und den saarländischen Katholiken Sand in die Augen streute, wenn er, angesichts der Repressalien, die die katholische Kirche im Reich erdulden musste, noch immer die seit 1930 von verschiedenen katholischen Bischöfen als unzureichend betrachtete Formel vom „positiven Christentum" (Art. 24 des Parteiprogramms der NSDAP) an dieser Stelle zitierte. Zum Begriff des „positiven Christentums" vgl. Michael FELDKAMP, Mitläufer, Feiglinge, Antisemiten? Katholische Kirche und Nationalsozialismus. Augsburg 2009,33.

188 LEWY, Die katholische Kirche und das Dritte Reich (wie Anm. 137), 216. Als Quelle für seine Ausführungen gibt Lewy den Artikel „Feststellungen!", der auf der Titelseite der Neuen Saarpost am 04.01.1935 abgedruckt war, an. In diesem Artikel wird weiter behauptet, dass die meisten Geistlichen das Parteiprogramm des „Volksbundes" unterstützen und sogar vier Priester, darunter ein Dechant, im Exekutivkommitee der Partei sitzen würden. Dass Schlich der Verfasser der Erklärung war, ist durchaus möglich, ja anhand der Tatsache, dass er meist solche Schreiben für die Saar-Dekane verfasste und Dechantenkonferenzen leitete sowie engen Briefkontakt mit den Trierer Bischöfen und auch Kontakt zu Nuntius Pacelli hatte, fast als sicher anzunehmen. Allerdings muss der Behauptung, wie Schlich zu den Unterschriften gelangt sei, aufgrund der Fragwürdigkeit der Quellenlage an dieser Stelle widersprochen werden. Auch hier versucht Lewy, wie bereits angemahnt, sein einseitiges Bild vom Verhalten der Kirche im Zusammenhang mit der Saarfrage zu untermauern, unterlässt es jedoch, die ihm vorliegende Quelle kritisch zu hinterfragen.

189 Vgl. HEINZ, „Nie zu Hitler!" (wie Anm. 114), 15.

Abb. 7: Flugblatt zur Massenkundgebung mit Feldgottesdienst.
Die Anmerkungen („Unwahres Werbemittel, kein Gottesdienst vereinbart") stammen aus der Feder Schlichs

Am 5. Januar legte die Abstimmungskommission Beschwerde bei den Bischöfen von Trier und Speyer gegen das Hirtenwort und die Erklärung der Dechanten ein, weil sie diese Schriften als Parteinahme zugunsten des Anschlusses an das Deutsche Reich betrachten würden und somit die Wahlfreiheit gefährdet sähen.[190]

Auch der Heilige Stuhl änderte kurz vor dem Abstimmungstermin seinen Kurs nicht und behielt trotz des Bemühen Frankreichs und der Anhänger des „Volksbundes" seine Neutralität bei und verwies darauf, „daß die politische Entscheidung jedes einzelnen Saarkatholiken am 13. Januar Angelegenheit seines eigenen deutschen und christlichen Gewissens sei und bleibe."[191]

190 Vgl. Schreiben Rodhe an Bornewasser vom 05.01.1935 (Bistumsarchiv Trier, Saargebiet: Flaggen in Saarfarben Schwarz-Weiß-Blau [wie Anm. 132]). Rodhe war der Präsident der Abstimmungskommission und auf seinem Protestschreiben im Bistumsarchiv Trier wurde handschriftlich „nicht beantwortet" vermerkt. Der Schreiber der Notiz kann jedoch nicht mehr rekonstruiert werden.

191 Bericht der Deutschen Botschaft beim Heiligen Stuhl über die Haltung des Vatikans zur Saarfrage vom 14.01.1935, abgedruckt bei: Gestier, Die christlichen Parteien an der Saar und ihr Verhältnis zum deutschen Nationalstaat in den Abstimmungskämpfen 1935 und 1955 (wie Anm. 56), Anhang 39.

Zu Beginn des Jahres wurde Dechant Schlich schriftlich angefragt, ob er bereit sei, einen Feldgottesdienst am 4. und 5. Januar 1935 zu zelebrieren. Dieser lehnte unter Verweis auf den Erlass Bornewassers vom 14. November des Vorjahres ab, wofür ihm sein Bischof, nachdem Schlich diesen später darüber in Kenntnis setzte, den Rücken stärkte.[192] Allerdings wurde, wie aus dem Flugblatt „Die Deutsche Front marschiert!" hervorgeht, die Bevölkerung trotzdem entgegen den Absprachen mit Dechant Schlich zu Kundgebungen mit Feldgottesdiensten nach St. Arnual eingeladen.[193]

Schlich bekam sogar ein Beschwerdeschreiben eines ‚römisch-katholischen Christen', in welchem er Schlich fragte, ob es sein Verschulden gewesen sei, dass er und seine Familie keiner Sonntagsmesse beiwohnen konnten, sodass diese eine Todsünde begangen haben. Daher verlangte dieser eine öffentliche Klarstellung.[194]

Nachdem am 15. Januar 1935, dem Tag des Plebiszits, die Stimmzettel ausgewertet worden waren, zeigte sich, dass 90,73 % der Saarbevölkerung für den Anschluss des Saargebiets an das Deutsche Reich gestimmt hatten.[195] Insgesamt waren 539.541 Menschen zur Wahl zugelassen, wovon 528.105 (97,88 %) von ihrer Stimme Gebrauch machten. Für die Wiedervereinigung mit Deutschland stimmten 477.119 (90,76 %) Saarländer/innen, für den Status quo 46.613 (8,84 %) und für den Anschluss an Frankreich 2.124 (0,40 %). Zudem gab es 905 (0,01 %) ungültige Stimmen sowie 1.292 (0,24 %) weiße Stimmzettel.[196]

In den agrarischen, katholischen Teilen des Saargebiets lag der Stimmenanteil für die Rückgliederung an Deutschland zwischen 95 und 100 %. Schlich führte dies einerseits auf die klare Haltung der Bischöfe, das Saargebiet sei geschichtlich, wirtschaftlich, kulturell und kirchlich stets deutsches Land gewesen, und andererseits auf die saarländische „Anhänglichkeit an das deutsche Volk"[197] zurück. Vergleicht man die Katholikenzahlen der einzelnen Kreise mit der Einwohnerstatistik des

192 Vgl. Bericht Schlichs (SCHLICH, Unterlagen zur Geschichte des Saargebiets [wie Anm. 122]).

193 Vgl. Flugblatt „Die Deutsche Front marschiert!" (ebd.). Schlich merkte handschriftlich darauf an: „Unwahres Werbemittel, kein Gottesdienst vereinbart".

194 Schreiben eines „römisch-katholische(n) Christ(en)" an Schlich vom 07.01.1935 (ebd.).

195 Vgl. hierzu und zum Folgenden: DERS., Die Saarkatholiken und die Volksabstimmung vom 13. Januar 1935. In: Volk und Kirche. Katholisches Leben im deutschen Westen, hg. von Karl HOEBER. Essen 1935, 214–215, hier: 215 sowie ZENNER, Parteien und Politik im Saargebiet unter dem Völkerbundsregime (wie Anm. 4), 316.

196 Die von Zenner gelieferten Zahlen weichen minimal von den offiziell gemeldeten Ergebnissen ab. Vgl. hierzu die Statistik über die Ergebnisse der Volksabstimmung sowie die über die Religionszugehörigkeit der Bevölkerung (nach Kreisen) in Anhang 1 der vorliegenden Arbeit.

197 SCHLICH, Die Saarkatholiken und die Volksabstimmung vom 13. Januar 1935 (wie Anm. 195), 214. Vgl. ebenso den Bericht Schlichs „Die kirchliche Gestaltung des Saargebiets 1919–1922" vom 02.08.1942, 4 (SCHLICH, Unterlagen zur Geschichte des Saargebiets [wie Anm. 56]).

Saargebiets und den Kreiswahlergebnissen der Saarabstimmung vom 13. Januar 1935, so stimmt die Aussage Schlichs: Von den 828.128 Einwohnern des Saargebiets waren 600.611 Katholiken, 213.245 Protestanten, 4.898 Juden und 9.378 Menschen gehörten einer Sekte an oder waren Freireligiöse.[198]

Zugleich lag der Prozentsatz der Status-quo-Wähler in mehrheitlich katholisch bevölkerten Orten bzw. Bürgermeistereien unter dem Durchschnitt und in Industrieorten, die konfessionell stark gemischt waren, weit über dem landesweit erreichten Anteil von 8,84 %. Allerdings stimmten entsprechend weniger Wähler in den Industriezentren für die Rückgliederung an das Deutsche Reich. Schlich folgert daher: „In den Gegenden, wo der Kommunismus und Sozialismus stark waren, sind die höchsten Status-quo-Ziffern. Gegner des Deutschtums war der Marxismus; treuer Hüter der Katholizismus“[199].

Herrmann erklärt das Abstimmungsergebnis als ein Zusammenwirken von sechs Faktoren[200]: Zum einen die patriotisch-nationale Grundhaltung der Bevölkerung, der Parteien sowie der beiden großen Konfessionen. Zum anderen die zwar nur mittelbaren, jedoch intensiven und effizienten Eingriffe aus dem Deutschen Reich in das Saargebiet, welche schon vor dem Jahr 1935 deutlich wurden durch den Beginn der Gleichschaltung der meisten Parteien, Vereine, Organisationen und Medien (in der Deutschen Front). Darüber hinaus wurden Regimekritiker beschattet und ihnen Repressalien für die Zeit nach der Rückgliederung angedroht. Des Weiteren sieht Herrmann einen Grund in der Schwierigkeit, den sozialistischen Stammwählern die Abkehr vom bisher empfohlenen Status quo plausibel zu erklären und alle Rückgliederungsgegner in einer Gemeinschaft zu vereinen. Problematisch gestaltete sich, so Herrmann weiter, den Bewohnern des Saargebiets „die Isolierung, ja sogar die Diffamierung der aus dem Reich ins Saargebiet geflüchteten Emigranten […] [und die] Erfahrungen der Emigranten mit dem nationalsozialistischen Terror-Regime“[201] zu vermitteln. Der sechste Faktor, den Herrmann nennt, ist die Zurückhaltung der möglichen Gegner der NSDAP: An erster Stelle die Bischöfe von Trier und Speyer, aber auch die der Bekennenden Kirche angehörenden evangelischen Pfarrer.

198 Vgl. Jakob Szliska, Der Freiheitskampf an der Saar. Ein Erinnerungsbuch für die deutsche Jugend von Jakob Szliska. Breslau 1936, 4–7.

199 Schlich, Die Saarkatholiken und die Volksabstimmung vom 13. Januar 1935 (wie Anm. 195), 215. An dieser Stelle muss man Schlich attestieren, dass er ausschließlich das Deutschtum in den Vordergrund stellt und allen anderen Faktoren wie beispielsweise die Politik der Nationalsozialisten im Reich völlig außer Acht lässt. Die SPD und die KP hingegen haben demgegenüber einen umfassenderen politischen Blickwinkel entwickelt.

200 Vgl. hierzu und zum Folgenden: Hans-Walter Herrmann, Widerstand und Verweigerung im Saarland 1935–1945. Überlegungen zu einem Forschungsprojekt. In: Das zersplitterte Nein. Saarländer gegen Hitler, hg. von Paul Mallmann (= Widerstand und Verweigerung im Saarland 1935–1945 1). Bonn 1989, I–XII, hier: V f.

201 Ebd., V.

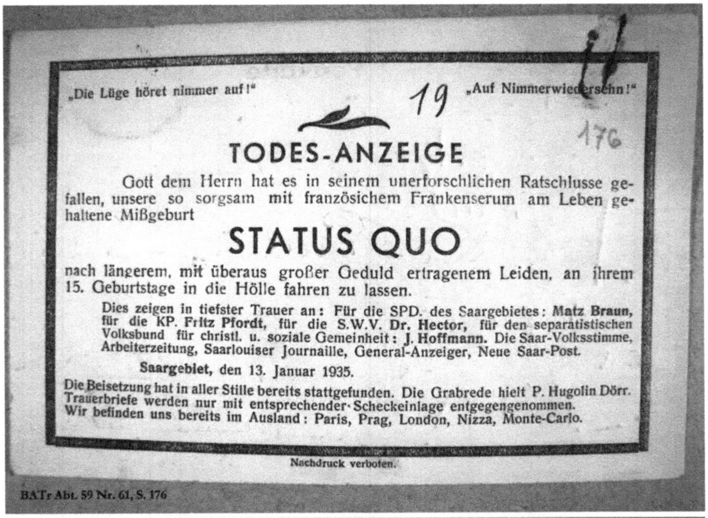
„Die Lüge höret nimmer auf!" 19 „Auf Nimmerwiedersehn!"

176

TODES-ANZEIGE

Gott dem Herrn hat es in seinem unerforschlichen Ratschlusse gefallen, unsere so sorgsam mit französichem Frankenserum am Leben gehaltene Mißgeburt

STATUS QUO

nach längerem, mit überaus großer Geduld ertragenem Leiden, an ihrem 15. Geburtstage in die Hölle fahren zu lassen.

Dies zeigen in tiefster Trauer an: Für die SPD. des Saargebietes: Matz Braun, für die KP. Fritz Pfordt, für die S.W.V. Dr. Hector, für den separatistischen Volksbund für christl. u. soziale Gemeinheit: J. Hoffmann. Die Saar-Volksstimme, Arbeiterzeitung, Saarlouiser Journaille, General-Anzeiger, Neue Saar-Post.

Saargebiet, den 13. Januar 1935.

Die Beisetzung hat in aller Stille bereits stattgefunden. Die Grabrede hielt P. Hugolin Dörr. Trauerbriefe werden nur mit entsprechender Scheckeinlage entgegengenommen. Wir befinden uns bereits im Ausland: Paris, Prag, London, Nizza, Monte-Carlo.

Nachdruck verboten.

BATr Abt. 59 Nr. 61, S. 176

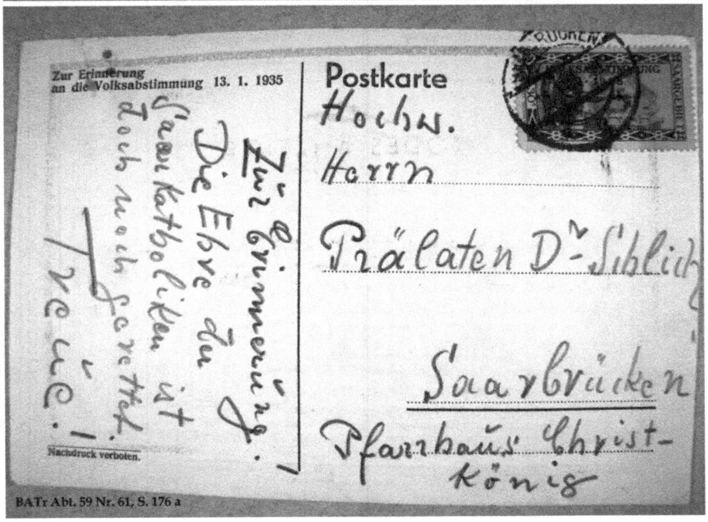

Abb. 8: Postkarte aus dem Nachlass Schlichs. Laut Poststempel wurde die Karte am 16. Januar 1935 in Saarbrücken aufgegeben. Die Vorderseite zeigt eine sarkastische Todesanzeige der Status-quo-Anhänger[149]

202 Der auf der Vorderseite genannte P. Hugolin Dörr SVD engagierte sich im 2. Halbjahr 1934 bei der Einheitsfront der Arbeiterparteien und sprach sich als erster Geistlicher des Saargebiets in der Öffentlichkeit für den Status quo aus. Vgl. hierzu: Luitwin Bies, Widerstand aus dem katholischen Milieu (= Beiträge zur Regionalgeschichte H. 16: Braune Jahre – wie die Bevölkerung an der Saar die NS-Zeit erlebte). St. Ingbert 1993.

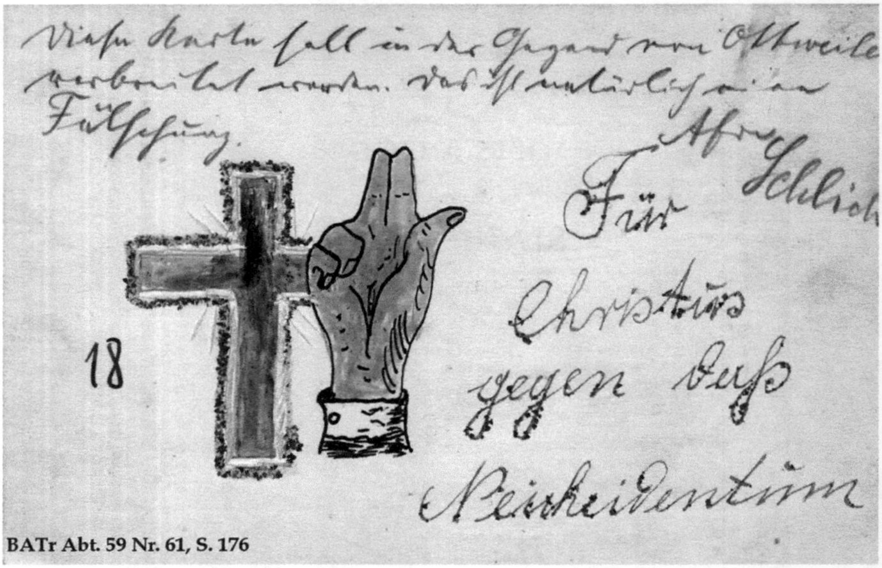

BATr Abt. 59 Nr. 61, S. 176

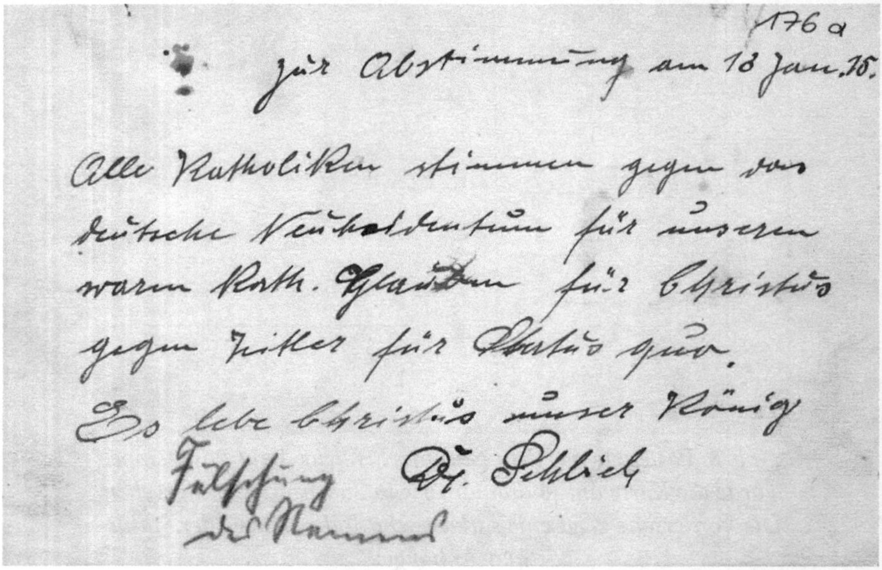

Abb. 9: Karte aus dem Nachlass Schlichs. Vorderseitig schrieb Schlich: „Diese Karte soll in der Gegend von Ottweiler verbreitet worden sein (sic!). Das ist natürlich eine Fälschung.“ Auf der Rückseite vermerkte er: „Fälschung des Namens“

Zwei Tage nach der Abstimmung ratifizierte der Rat des Völkerbundes das Abstimmungsergebnis und Baron Pompeo Aloisi, der Vorsitzende des vom Völkerrat gebildeten Saarausschusses, setzte den 1. März 1935 als den Tag fest, an dem die offizielle Übergabe der Staatsgewalt erfolgen sollte.[203] Am 18. Februar begann der Umtausch der Frankenwährung in Reichsmark mit dem Wechselkurs 1 fr. = 0,1645 RM. Die totale Rechtsangleichung des Saarlandes an das Deutsche Reich dauerte jedoch bis zum 1. Oktober 1938.[204]

Doch bereits schnell nach der Rückgliederung der Saar an das Deutsche Reich änderte sich das Verhältnis zwischen Kirche und Staat wieder, indem der Staat versuchte die Kirche in der Öffentlichkeit zu unterdrücken.[205]

Auch Dechant Schlich, der sicherlich eine wichtige Rolle im Abstimmungskampf gespielt haben muss und eine der profiliertesten Persönlichkeiten des Saargebiets durch seine Agitationen wurde[206] und sich zudem viele Verdienste um das Wohl der Stadt, der Bevölkerung und des Landes erworben hat, war gezwungen, nach Luxemburg fliehen, um einer Verhaftung wegen Devisenprozessen, die ihm fälschlicherweise zur Last gelegt wurden, zu entgehen.[207]

Zusammenfassend lässt sich sagen, dass das Handeln der katholischen Amtsträger im Reich und in Rom nicht so beurteilt werden kann, wie es Zenner tat.[208] Sie charakterisierte zum einen die Unterstützung der Rückgliederung durch die katholische Kirche als einen „unschätzbaren Dienst". Zum anderen vertritt sie die Meinung, Lewy ginge „entschieden zu weit", wenn dieser schrieb, dass eine konsequente antinationalsozialistische Haltung der Kirche hätte ausschlaggebend sein können.[209]

203 Vgl. Paul, Von der Bastion im Westen zur Brücke der Verständigung (wie Anm. 64), 34.

204 Vgl. Herrmann, Das Saarland (wie Anm. 61), 40.

205 Im Saargebiet war dies noch deutlicher zu spüren als im Rest des Deutschen Reiches, weil Hitler das Reichskonkordat zwischen dem Deutschen Reich und dem Heiligen Stuhl nicht auf das ehemalige Saargebiet ausweitete. Vgl. hierzu: Mitteilung Pacellis an Bornewasser vom 22.04.1933 gemäß der das Reichskonkordat keine Geltung in den Saardiözesen besaß (Saargebiet: Vereinbarung zur Sicherung und Zusammenarbeit zwischen Staat und Kirche im Saargebiet, Bistumsarchiv Trier, Abt. 59 Nr. 49).

206 Vgl. die Abbildungen 8 und 9. Einerseits wurde im Namen Schlichs in Ottweiler, einem eher evangelisch geprägten und am Rande des Saargebiets gelegenen Ort, Wahlwerbung gemacht (Abb. 9), andererseits wurden ihm Spottschreiben nach der Wahl ins Pfarrhaus nach Saarbrücken (Christkönig) gesandt (Abb. 8).

207 Zuvor hatte man Schlich für drei Tage im Zusammenhang mit dem Saarkampf festgenommen und nach zwei Verwarnungen bekam er am 15.07.1941 Schreibverbot durch die Reichsschrifttumskammer. Vgl. Hehl, Priester unter Hitlers Terror eine biographische und statistische Erhebung (wie Anm. 49), 1496; Zur Mühlen, Patrik von, „Schlagt Hitler an der Saar!" (wie Anm. 125), 236 sowie Bistumsarchiv Trier (wie Anm. 27).

208 Vgl. hierzu und zum Folgenden: Jacoby, Die nationalsozialistische Herrschaftsübernahme an der Saar (wie Anm. 110), 149.

209 Vgl. Zenner, Parteien und Politik im Saargebiet unter dem Völkerbundsregime (wie Anm. 4), 312f. sowie 312 Anm. 367a. Wie bereits erwähnt stützt Lewy seine Ausführungen

Wichtig erscheint allerdings die Tatsache, dass in keiner offiziellen Erklärung der Kirche der Hinweis auf die im Deutschen Reich bedrängte und verfolgte Kirche fehlte. Auch lässt sich heute nicht mehr beweisen, dass die Leitungen der katholischen Institutionen ihre Erklärungen mit der Reichsregierung absprachen. Die Einstellung der Kirche dürfte sich, laut Jacoby, auf „die Erfahrungen mit der französischen Saarpolitik der zwanziger Jahre [stützen], so daß die von Lewy formulierte Konsequenz, entschieden gegen den Nationalsozialismus einzutreten, historisch kaum möglich war."[210]

Gleichzeitig muss man aber auch feststellen, dass der Versuch der Kirchenführer, zugleich „Kritik an der nationalsozialistischen Herrschaftsrealität in Deutschland zu üben und in der nationalen Frage ein Angebot zur Zusammenarbeit an die NSDAP zu unterbreiten, dazu führte, daß der Aspekt der nationalen Solidarisierung alles andere überdeckte."[211] Nur einem kleinen Teil der Katholiken war es offenbar möglich, die Grausamkeit der NS-Ideologie zu erkennen und daher ihre nationalen Ambitionen zurückzustellen und für den Status quo zu stimmen.

3.2 Die Zentrumspartei

Neben dem historisch-politischen Hintergrund, der ausführlich dargestellt wurde, ist zugleich aber auch die Partei, die die Interessen der katholischen Kirche auf dem politischen Parkett vertrat, in den Blick zu nehmen. Denn einerseits nahm die Amtskirche auf diesem Weg Einfluss auf die Politik und andererseits konnten sich die Katholiken in dieser Partei politisch artikulieren. Auch Priester konnten sich so in die Politik einbringen, wie Schlich es auch tat. Daher wird nun zunächst auf das Entstehen der katholischen Zentrumspartei (an der Saar) fokussiert und die Rolle Schlichs im Parteigefüge untersucht.

Im Zuge des Kulturkampfes erwachten an der Saar an christlichen Werten orientierte, politische Kreise, die sich auch am politischen Leben beteiligten.[212] Bis 1870 unterstützte der katholische Klerus primär die Freikonservativen.[213]

auf direkt beteiligte wie Schlich, der den Einfluss der Kirche auf das Abstimmungsergebnis als entscheidend ansah. Vgl. hierzu: Schlich, Die Saarkatholiken und die Volksabstimmung vom 13. Januar 1935 (wie Anm. 195), 214f.

210 Jacoby, Die nationalsozialistische Herrschaftsübernahme an der Saar (wie Anm. 110), 149.

211 Gestier, Die christlichen Parteien an der Saar und ihr Verhältnis zum deutschen Nationalstaat in den Abstimmungskämpfen 1935 und 1955 (wie Anm. 56), 122 sowie Heinrich Küppers, Das christlich-katholische Lager an der Saar 1933–1945. In: Widerstand, Repression und Verfolgung, 213–236, hier: 224.

212 Vgl. hierzu und zum Folgenden: Gestier, Die christlichen Parteien an der Saar und ihr Verhältnis zum deutschen Nationalstaat in den Abstimmungskämpfen 1935 und 1955 (wie Anm. 56), 11–22.

213 Vgl. Bauer, Vom Zentrum zur CDU (wie Anm. 100), 21.

Die preußische Kirchen- und Kulturpolitik führte zur Bildung einer christlich geprägten und an der katholischen Konfession ausgerichteten Bewegung im Saargebiet, die ihre politische Heimat in der Zentrumspartei und ihre soziale Verwurzelung in den katholischen Arbeitervereinen und christlichen Gewerkschaften fand. Insbesondere im Saargebiet war die Organisation der Arbeiter, die größtenteils der katholischen Konfession angehörten, von zentraler Bedeutung und bildete den Ausgangspunkt der politischen Erfolge der Zentrumspartei, weil im Saargebiet der Beginn der Arbeiterbewegung nicht in den freien Gewerkschaften lag, sondern in den katholischen Arbeitervereinen und christlichen Gewerkvereinen zu finden war.[214] Daher wird nun zunächst die Entstehung der katholischen Arbeiter- und Gewerkvereine mit dem Schwerpunkt an der Saar überblickartig skizziert.[215]

Nachdem im Jahr 1893 der Rechtsschutzverein der Saar-Arbeiter zerschlagen wurde, unternahm als erster der katholische Klerus den Versuch, die Arbeiterschaft zu organisieren. So gründete der Dudweiler Pfarrer Matthias Oesterling[216] am 3. Februar 1895 den „Verband der katholischen Berg- und Hüttenarbeitervereine im Saarrevier". Diesem gehörten im Jahr 1899 bereits 62 Vereine mit 9.372 Mitgliedern an. Jedoch ist über gewerkschaftsähnliche Handlungen des Verbandes nichts bekannt.[217] Generell verzeichneten die Arbeitervereine in mehrheitlich katholischen Gegenden (Rheinland, Westfalen, Saarland) besonders starken Zuwachs.[218] Federführend setzten sich der Trierer Bischof Korum und der Breslauer Kardinal Kopp für die „Berliner Richtung" ein, d. h. gegen die christlichen Gewerkschaften und für die Schaffung konfessionell gebundener, katholischer

214 Vgl. ZENNER, Parteien und Politik im Saargebiet unter dem Völkerbundsregime (wie Anm. 4), 152.

215 Zum Gewerkschaftsstreit sowie der innerkirchlichen Auseinandersetzung um die Legitimität christlicher Gewerkschaften im Allgemeinen vgl. Rudolf BRACK, Deutscher Episkopat und Gewerkschaftsstreit. 1900–1914 (= Bonner Beiträge zur Kirchengeschichte Bd. 9). Köln, Wien 1976 sowie Wilfried LOTH, Katholiken im Kaiserreich. Der politische Katholizismus in der Krise des wilhelminischen Deutschlands, zugl.: Saarbrücken, Univ., Habil.-Schr., 1983 (= Beiträge zur Geschichte des Parlamentarismus und der politischen Parteien 75). Düsseldorf 1984, 85–87.

216 Zur Person Oesterlings: Vgl. BISTUMSARCHIV TRIER, Bistumsarchiv Trier, Abt. 85 Nr. 1286.

217 Vgl. Michael SANDER, Katholische Geistlichkeit und Arbeiterorganisation. 2 Gutachten aus dem Saarrevier und die Vorgeschichte des „Fuldaer Pastorale" von 1900. In: Soziale Frage und Kirche im Saarrevier. Beiträge zu Sozialpolitik und Katholizismus im späten 19. und frühen 20. Jahrhundert, hg. von Franz Josef STEGMANN. Saarbrücken 1984, 273–302, hier: 285f.

218 Vgl. Hans-Georg ASCHOFF, Von der Revolution 1848/49 bis zum Ende des Ersten Weltkrieges. In: Laien in der Kirche, hg. von Erwin GATZ, Hans-Georg ASCHOFF und Gisela FLECKENSTEIN (= Geschichte des kirchlichen Lebens in den deutschsprachigen Ländern seit dem Ende des 18. Jahrhunderts Bd. 8). Freiburg i. Br. [etc.] 2008, 115–191, hier: 172.

Arbeitervereine.[219] An der Ruhr gründete man 1894 die erste christliche Gewerkschaft, den „Gewerkverein christlicher Bergarbeiter Deutschlands", dem sowohl evangelische als auch katholische Arbeiter angehörten.[220] Dieser Verein, dem 1900 bereits 26.000 Mitglieder angehörten, sollte gemeinsam mit freien Gewerkschaften, welche nicht politisch neutral, sondern vielmehr vom sozialdemokratischen Gedankengut durchdrungen waren, zu einer Einheitsgewerkschaft zusammengelegt werden. Die deutschsprachigen Bischöfe lehnten aus diesem Grund eine christliche Gewerkschaftsbewegung ab und erließen das sogenannte „Fuldaer Pastorale" vom 22.08.1900, in dem sie auf die beruflichen Fachabteilungen innerhalb der katholischen Arbeitervereine verwiesen.[221]

Diese Fachabteilungen existierten aber noch nicht. Auf Betreiben des Bischofs von Trier, Felix Korum, wurden 1902 in seiner Diözese – vor allem aber im Saargebiet – zahlreiche katholische Arbeitervereine und Fachabteilungen gegründet.[222] Die Fachabteilungen hatten die Aufgabe, die wirtschaftlichen Interessen der Mitglieder zu vertreten. Jedoch waren die Fachabteilungen derart in die katholischen Arbeitervereine integriert, dass die Präsides der Vereine, stets katholische Geist-

219 Die Gegenbewegung zu den beiden Bischöfen war die sog. „Mönchengladbacher Richtung". Vgl. hierzu: EMBACH, Michael Felix Korum (1881–1921) (wie Anm. 62), 45. Zum Engagement Korums für die Arbeiterbewegung vgl. Jakob TREITZ, Michael Felix Korum. Bischof von Trier, 1840–1921. München, Rom 1925, 141–171, auch wenn das Buch an einigen Stellen apologetische Tendenzen aufweist, was dem kurzen Zeitraum zwischen Korums Tod und dem Abfassen des Werks geschuldet sein dürfte und daher kritisch hinterfragt werden muss.

220 Vgl. hierzu und zum Folgenden: Irmgard STEINISCH, Der Gewerkverein Christlicher Bergarbeiter. In: Glück auf, Kameraden! Die Bergarbeiter und ihre Organisationen in Deutschland, hg. von Hans MOMMSEN. Köln 1979, 273–299, hier: 273–279. Eine ausführliche Darstellung liefert Hiepel in ihrem 1999 erschienenen Werk. Vgl. Claudia HIEPEL, Arbeiterkatholizismus an der Ruhr. August Brust und der Gewerkverein christlicher Bergarbeiter (= Konfession und Gesellschaft Bd. 18). Stuttgart 1999.

221 „In der Entwicklung der katholischen Arbeitervereine hat sich, wie überall in der arbeitenden Klasse, das Bedürfnis zur Bildung von Fachabteilungen geltend gemacht. In ihnen schließen sich die Arbeiter desselben Berufes zusammen, um ihre besonderen Interessen zu schützen und zu verfolgen." (DER PREUßISCHE EPISKOPAT, Fuldaer Pastorale. In: Texte zur katholischen Soziallehre. Die sozialen Rundschreiben der Päpste und andere kirchliche Dokumente. Köln [6]1985, 71–80, hier: 77).

222 Vgl. Joachim SAND, »Arbeiterfrage« und Gewerkschaftsstreit. In: Beharrung und Erneuerung (wie Anm. 7), 590–610, hier: 593. Damit war Korum ganz auf der Seite der römischen Behörde. Auch 1914, nachdem Papst Pius X. sein Rundschreiben „Singulari quadam" (24.09.1912) veröffentlichte, das die Gewerkschaftsfrage thematisierte, bekam er aus Rom erneut die Order, in der Öffentlichkeit nur die christlichen Gewerkschaften zu empfehlen und keine neuen Interpretationen des päpstlichen Schreibens zu veröffentlichen, ohne vorher die Kurie befragt zu haben. Vgl. Schreiben Staatsekretariat Pius X. (Raphael Kardinal Mery del Val) an Korum vom 08.01.1914 (Schriftwechsel Bischof Michael Korum, Bistumsarchiv Trier, Abt. 108 Nr. 358). Zum Gewerkschaftsstreit vgl. darüber hinaus: ASCHOFF, Von der Revolution 1848/49 bis zum Ende des Ersten Weltkrieges (wie Anm. 218), 180–184.

liche, immer diese Abteilungen kontrollierten. Die Fachabteilungen führten zwar Tarifverhandlungen, lehnten aber jede Form von Streik ab.[223]

„Bereits am 1. August 1903 umfaßte der Verbandsbezirk Saar 43 Vereine mit 9.000 Mitgliedern, im 1. Halbjahr 1907 waren es 121 Vereine mit 19.763 Mitgliedern. Nach einer Ausgliederung von eigenen Verbandsbezirken für Merzig und Lothringen stagnierte die Mitgliederzahl für die Saar bei 16.000 in über 80 Vereinen."[224] Allerdings erlitten die katholischen Vereine einen starken Einbruch bei den Mitgliederzahlen, denn „1904 [begann] der Gewerkschaftsverein christlicher Bergarbeiter an der Saar Mitglieder [...] zu werben, [und es] gelang ihm der Durchbruch in relativ kurzer Zeit. Und dies geschah trotz der Gegnerschaft des Trierer Bischofs und eines Teiles der katholischen Geistlichen und der Existenz von diesen geförderten katholischen Fachabteilungen, die nur Scheingewerkschaften waren."[225] Analog stiegen die Mitgliederzahlen der Freien Gewerkschaften: Während 1913 nur 1.250 Arbeiter Mitglied einer Freien Gewerkschaft waren, so waren es 1918 bereit 23.000 und 41.000 im Jahr 1920.[226]

Die Reichstagswahlen im Saarrevier von 1871 bis 1918 spiegelten auch die konfessionellen und sozialen Gegebenheiten wider: In den Wahlkreisen Saarburg, Merzig und Saarlouis mit ihrer katholisch-ländlichen Prägung dominierte die Zentrumspartei, wohingegen sie in den unter dem Einfluss Stumms stehenden evangelischen Wahlkreisen St. Wendel, Ottweiler und Meisenheim kein Mandat gewinnen konnte.[227] Obgleich die katholische Bevölkerung im Kreis Saarbrücken in der Mehrheit war, herrschten dort trotzdem die Nationalliberalen, was Bellot auf die Tatsache zurückführte, dass sich „weder unter der Geistlichkeit noch unter den übrigen Bürgern jemand, der für die Aufstellung eines Zentrumskandidaten eintrat", fand.[228] Doch bereits vor Beginn des 20. Jahrhunderts änderte die Zen-

223 Vgl. Michael SANDER, Gewerkschaftsbildung im Montanrevier – Arbeiter und ihre Organisation. In: Das Saarrevier zwischen Reichsgründung und Kriegsende (1871–1918). Referate eines Kolloquiums in Dillingen am 29./30. September 1988, hg. von Hans-Walter HERRMANN (= Veröffentlichungen der Kommission für saarländische Landesgeschichte und Volksforschung 18). Saarbrücken 1990, 40–56, hier: 45.

224 DERS., Katholische Arbeitervereine Berliner Richtung. In: Archiv für mittelrheinische Kirchengeschichte. Nebst Beiträgen zur kirchlichen Denkmalpflege, hg. von GESELLSCHAFT FÜR MITTELRHEINISCHE KIRCHENGESCHICHTE (= Archiv für mittelrheinische Kirchengeschichte 37). Mainz 1985, 115–135, hier: 130.

225 SANDER, Gewerkschaftsbildung im Montanrevier – Arbeiter und ihre Organisation (wie Anm. 223), 54.

226 Vgl. ZENNER, Parteien und Politik im Saargebiet unter dem Völkerbundsregime (wie Anm. 4), 29.

227 Vgl. GESTIER, Die christlichen Parteien an der Saar und ihr Verhältnis zum deutschen Nationalstaat in den Abstimmungskämpfen 1935 und 1955 (wie Anm. 56), 11.

228 Josef BELLOT, Hundert Jahre politisches Leben an der Saar unter preußischer Herrschaft. 1815–1918 (= Rheinisches Archiv 45). Bonn 1954, 126.

trumspartei ihre Organisation, indem sie in allen Wahlkreisen „eine feste parteipolitische Organisation auf der Grundlage ständiger Komitees zur Durchführung der Wahlbewegung“[229] ins Leben rief.

Schon vor Beginn des Ersten Weltkriegs gelang es dem Zentrum, die führende politische Partei im Saarrevier zu werden.[230] Nach Beendigung des Ersten Weltkriegs wirkte sich der Versailler Vertrag nicht auf die Organisation der Zentrumspartei aus, wie aus der „Satzung der Zentrumspartei im Saargebiet“ hervorgeht: „Das Zentrum des Saargebiets hat als Grundlage die christliche Weltanschauung; es will die Grundsätze des Christentums im Leben des Volkes, der Gemeinde und des Staates zur Geltung bringen und die idealen und materiellen Interessen aller Stände in billigem, gerechten Ausgleich fördern.“[231]

Daher lehnte die Zentrumspartei die Partei der „gottlosen Kommunisten“ ab und war bestrebt, dass die KPD an der Saar nicht Fuß fassen konnte. Zugleich versuchte sie in ihren Wahlkämpfen den Sozialdemokraten Religionsfeindlichkeit und Atheismus nachzuweisen, weshalb, so Zenner, in der Regel eine Trennung zwischen Zentrum und Sozialismus in der Politik des Saargebiets festzustellen sei.[232]

Die Zentrumspartei war auffallend kleingliedrig (ähnlich einer Massenpartei) strukturiert, was zu dieser Zeit keine der Parteien an der Saar in dieser Form war. So existierten in Ortsgruppen organisierte Mitglieder, die regelmäßig Beitrag zahlten. Neben diesen gab es auch Kreis- und Landesverbände mit ihren jeweiligen gewählten Vorständen und Delegiertenversammlungen.[233] Insbesondere gewährte der Parteiausschuss auf Landesebene, dem etwa 80 Mitglieder angehörten, die Möglichkeit, dass sowohl die Parteiführung als auch die Ortsgruppen eng miteinander arbeiten konnten, da aus allen Kreisverbänden etwa je drei Delegierte und der Vorsitzende dem Landesausschuss angehörten. Neben der Vorschrift, dass dem Vorstand eines jeden Ortsvereins der Pfarrer „als fachmännischer Berater in Fragen der christlichen Weltanschauung angehören [musste]“, wurde bereits eine Frauenquote – mindestens eine Frau musste, ebenso wie der Ortspfarrer, Mitglied

229 Gestier, Die christlichen Parteien an der Saar und ihr Verhältnis zum deutschen Nationalstaat in den Abstimmungskämpfen 1935 und 1955 (wie Anm. 56), 11f.

230 Vgl. Bauer, Vom Zentrum zur CDU (wie Anm. 100), 25.

231 Satzung der Zentrumspartei des Saargebiets von 1919 § 2, (Zentrumspartei des Saargebiets, Landesarchiv des Saarlandes, Partei- und Verbandsdrucksachen Nr. 1321).

232 Vgl. Zenner, Parteien und Politik im Saargebiet unter dem Völkerbundsregime (wie Anm. 4), 152f.

233 Vgl. hierzu und zum Folgenden: ebd., 168. Ob die Tatsache, dass im Landesausschuss aus allen Kreisverbänden Delegierte und deren Vorsitzende vertreten waren, als Beweis für eine demokratische Struktur der Zentrumspartei, wie Zenner meint, verstanden werden kann, bleibt zu bezweifeln.

des Vorstandes sein – eingeführt.[234] Die Jugend der Partei war in Ortsgruppen des Windhorstbunds organisiert, an deren Spitze Dr. Franz Singer stand.[235]

Einen besonderen Stellenwert nahmen die „Ausbildungs- und Aufklärungskonferenzen" ein, die verstärkt auf Ortsebene abgehalten und zu denen verschiedene Redner eingeladen wurden.[236]

Da die Anhänger und Wähler der Zentrumspartei aus allen christlichen Bevölkerungsschichten und aus den verschiedensten (Interessen-)Gruppen stammten, bestätigt sich die Schlussfolgerung, zu der Gestier kommt: Die Zentrumspartei besäße den „Charakter einer Volkspartei"[237], wofür sich das Zentrum nach eigener Einschätzung auch hielt. Dies zeigt ein Wahlplakat aus dem Jahre 1926.[238]

Untermauert wird die These mit einem Blick auf das „Sozialprofil" der Parteiführung 1926[239]: Vier Mitglieder waren Vertreter der Christlichen Gewerkschaften[240], drei waren Geistliche[241] und sieben weitere waren Personen, die wichtige Positionen in verschiedenen Verbänden innehatten.[242] Zenner beschreibt sehr

234 Satzung der Zentrumspartei des Saargebietes von 1919 § 13 (LA SB Partei- und Verbandsdrucksachen Nr. 1321).

235 Vgl. ebd., 167.

236 Vgl. GESTIER, Die christlichen Parteien an der Saar und ihr Verhältnis zum deutschen Nationalstaat in den Abstimmungskämpfen 1935 und 1955 (wie Anm. 56), 13f. Namhafte Redner wie der Jesuitenpater München aus Feldkirch sprachen beispielsweise auf dem Ausbildungs- und Rednerkurs des Zentrums St. Ingbert 1924 im Handwerkssaal des Klosters auf der Hess zum Thema „Die sozial-kulturelle Bedeutung des Christentums im Gegensatz zum Sozialismus". Vgl. Tagesordnung des Ausbildungs- und Rednerkurses der Zentrumspartei St. Ingbert 1924 (LANDESARCHIV DES SAARLANDES, Nachlass Peter Scheuer [wie Anm. 88], Nr. 266).

237 GESTIER, Die christlichen Parteien an der Saar und ihr Verhältnis zum deutschen Nationalstaat in den Abstimmungskämpfen 1935 und 1955 (wie Anm. 56), 13.

238 Vgl. „Wählerinnen und Wähler auf zur Wahl". Wahlplakat des Zentrums für die Kommunal- und Kreistagswahlen am 11. Juli 1926 (1926), Landesarchiv des Saarlandes, Plakate Nr. 428e 3°.

239 Vgl. ZENNER, Parteien und Politik im Saargebiet unter dem Völkerbundsregime (wie Anm. 4), 168f. sowie GESTIER, Die christlichen Parteien an der Saar und ihr Verhältnis zum deutschen Nationalstaat in den Abstimmungskämpfen 1935 und 1955 (wie Anm. 56), 13.

240 Zu ihnen zählten: Bartholomäus Koßmann, Peter Kiefer, Fritz Kuhnen und Karl Hillenbrand. Näheres zu den Personen vgl. ebd., 10. 24.

241 Zum einen war dies der Wehrdener Pfarrer Peter Wilhelm, zum anderen der Pfarrer von Malstatt Franz Bungarten, der seit 1913 an der Saar tätig und der letzte Parteivorsitzende vor der Selbstauflösung war. Zudem war er Vorsitzender des Aufsichtsrates der „Saarbrücker Landes-Zeitung", dem Presseorgan der Zentrumspartei. Die Gruppe der Geistlichen komplettierte schließlich Dr. Johann Schlich, der zu dieser Zeit das Amt des Pfarrers von St. Jakob in Saarbrücken bekleidete. Vgl. ebd., 24f.

242 Diese Personen waren Rechtsanwalt Franz Levacher, Schulrat Wilhelm Martin, Justizrat und Parteivorsitzender Franz Steegmann, Redakteur Peter Scheuer, Redakteur (und ab 1929 Chefredakteur der „Saarbrücker Landes-Zeitung") Johannes Hoffmann sowie Ge-

pointiert die soziale Herkunft der Parteiführung: Es sei eine „Generation, die, aus Arbeiter- Bauern- und Handwerkerkreisen kommend, als erste zu Bildung und zu kulturellem, sozialem und politischem Einfluß gelangt war."[243]

Die saarländische Zentrumspartei arbeitete eng mit der deutschen Zentrumspartei (insbesondere dem rheinischen Zentrum) zusammen.[244] Das gelang zum einen durch die Mitgliedschaft Franz Steegmanns und Fritz Kuhnens im Vorstandsgremium des preußischen Zentrums, zum anderen durch das Mandat Karl Hillenbrands als Abgeordneter im Preußischen Landtag. Die Zentrumspartei verfügte sogar über ihr eigenes Presseorgan, mit dem sie in die breite Öffentlichkeit hineinwirkte: Die „Saarbrücker Landes-Zeitung", die nach der „Saarbrücker Zeitung" die auflagenstärkste des Saargebiets war.[245] Dieses Medium konnte die Partei einsetzen, um politische Positionen zu veröffentlichen oder im Wahlkampf ihre Kandidaten der Bevölkerung vorzustellen und zu empfehlen.[246]

Alle diese Faktoren führten schließlich dazu, dass die Zentrumspartei von der Wahl zur Weimarer Nationalversammlung 1919 bis zur Gemeinderatswahl 1932

neralsekretär des saarländischen Zentrums Ludwig Meyer. Details hierzu: Vgl. ebd., 25f. Anm.: Meyer sollte bereits, so teilt es Schlich als Schriftführer der Partei am 15.11.1920 den Orts- bzw. Kreisverbänden mit, zum 01.12.1920 angestellt werden. Er wurde aber erst im April 1921 als Generalsekretär der Partei angestellt und behielt dieses Amt bis zur Auflösung der Partei inne. Vgl. Schreiben des Gesamtvorstandes vom 15.11.1920 (Landesarchiv des Saarlandes, Nachlass Peter Scheuer [wie Anm. 88], Nr. 55) sowie Vertrag zwischen der Zentrumspartei (vertreten durch den 1. Vorsitzenden Dr. Jordans) und Meyer, o. D., abgefasst durch den Schriftführer der Partei Dr. Schlich (ebd.).

243 Maria Zenner, Saarländischer Katholizismus in der Völkerbundszeit. In: Richtig daheim waren wir nie. Entdeckungsreisen ins Saarrevier 1815–1955, hg. von Klaus-Michael Mallmann. Berlin [u. a.] ²1988, 143–147, hier: 144.

244 Vgl. Zenner, Parteien und Politik im Saargebiet unter dem Völkerbundsregime (wie Anm. 4), 167f.170.

245 Vgl. Andreas Merl, „In jedes Haus – auch in die ärmlichste Hütte – eine katholische Zeitung!". Katholisches Milieu und Tagespresse im Saargebiet der Völkerbundzeit am Beispiel der ‚Saarbrücker Landes-Zeitung'. In: Eckstein 19 (2008) S. 26–35, hier: 26. Vgl. hierzu zudem die Ausführungen in Kapitel 4.4.4. Vgl. ebenso Zenner, Parteien und Politik im Saargebiet unter dem Völkerbundsregime (wie Anm. 4), 168 sowie Gestier, Die christlichen Parteien an der Saar und ihr Verhältnis zum deutschen Nationalstaat in den Abstimmungskämpfen 1935 und 1955 (wie Anm. 56), 14.

246 Für die Wahl 1928 entwickelte die „Saarbrücker Landes-Zeitung" ein neues Mittel: Die Bildreklame. So schrieb die Redaktion an Peter Scheuer: „Eines dieser Mittel und zwar ein neuartiges, das bisher noch nicht im Wahlkampf angewandt wurde, scheint uns die Bildreklame zu sein. Da Sie selber trotz aller Ihrer Wahlreden von günstigstenfalls 5–10 000 Menschen gehört werden, die Landeszeitung aber täglich von schätzungsweise 150–200 000 Leser[n] gelesen wird, würde es uns zweckmässig erscheinen, um Sie der Bevölkerung näherzubringen, wenn wir Ihr Bild veröffentlichten, wie wir das mit den zum Wahlkampf hierher kommenden Abgeordneten aus dem Reiche zu tun gedenken." (Schreiben des Chefredakteurs Dr. Dücken an Peter Scheuer vom 08.03.1928, Landesarchiv des Saarlandes, Nachlass Peter Scheuer [wie Anm. 88], Nr. 91).

Abb. 10: Aufnahme der letzten Sitzung des Saarbrücker Stadtrats 1934. Auf der Fotografie zu sehen (1. Reihe v. r. n. l.): Frau Gräff (DSVP), Herr Steegmann (Zentrum), Herr Hillenbrand (Redner, Zentrum), Dec. Dr. Schlich (Zentrum) und Dr. Franz Singer (Zentrum)

die mit Abstand stärkste Partei im Saargebiet wurde.[247] Sie gewann bei den Gemeinderatswahlen des Saargebiets 1923, 1929 und 1932 die Mehrheit und konnte zugleich bei den Kreistagswahlen, die in denselben Jahren wie die Wahlen des Gemeinderates stattfanden, die Mehrheit der Mandate auf sich vereinen. Logischerweise bestand daher der Großteil des Saarbrücker Stadtrates aus Mitgliedern der Zentrumspartei. Ein Abgeordneter war von 1923–1935 Pfarrer Dr. Johannes Schlich, wie aus der Stadtverordnetenliste hervorgeht.[248]

Auch bei den Landesratswahlen 1922, 1924, 1928 und 1932 schnitt die Partei überdurchschnittlich gut ab: Ihr Stimmenanteil bewegte sich stets zwischen 43 % und 48 %. Eine Prämisse für die beständigen Erfolge der Partei lag in der Tatsache, dass 72 % der Einwohner des Saargebiets der katholischen Konfession angehörten.[249]

247 Vgl. hierzu und zum Folgenden: Anlage 1.

248 Vgl. Stadtverordnetenliste der Stadt Saarbrücken 1920–1932 (Alphabetische Zusammenstellung der zwischen 1920 und 1932 tätigen Stadtverordneten nach einzelnen Parteien, mit Angabe von Beruf, Wohnung und ggf. der jüdischen Abstammung, Stadtarchiv Saarbrücken, G 10.2 - 2696).

249 Vgl. Dieter Muskalla, NS-Politik an der Saar unter Josef Bürckel (= Veröffentlichungen der Kommission für saarländische Landesgeschichte und Volksforschung 25). Saarbrücken

Lediglich während der kurzen Zeit, in der die Arbeiter- und Soldatenräte die Geschicke des Saargebiets lenkten, war der Zentrumspartei die politische Mitsprache verwehrt geblieben und nur in einigen Ortschaften wurde den Christlichen Gewerkschaften das Mitwirken erlaubt.[250] Mit den Sonderregelungen des Versailler Vertrages für die Verwaltung des Saargebiets stellte sich für alle Parteien an der Saar die Frage, wie sie sich zum Status des Saargebiets und der möglichen Rückkehr ins Deutsche Reichsgebiet positionieren wollten. Für das saarländische Zentrum ergab sich die grundlegende und dauerhaft beibehaltene Haltung aus einer Notiz Schlichs: „Das Zentrum hat stets eine klare, eindeutige Haltung in der (sic!) Rückgliederungsfrage zu Deutschland eingenommen."[251]

Gleichwohl gab es jedoch auch unter katholischen Zentrumspolitikern wenigstens zeitweilig abweichende Interessen. Das zeigt der „Fall Muth". Aufsehen erregten im Zusammenhang mit der Haltung des Zentrums zur Saarfrage die „Dokumente zur Zeitgeschichte des Saarreviers", eine Petition Dr. Peter Muths, einem führenden Zentrumspolitiker aus der Zeit vor dem Ersten Weltkrieg, die er am 19. Juni 1919 an den Völkerbund sandte und in welcher er dem Rat einerseits eine loyale Gesinnung der Saarkatholiken gegenüber Frankreich attestierte und andererseits sich selbst im Namen der Fraktion als Mitglied der Regierungskommission vorschlug.[252] Seine Eingabe an den Völkerbund verfasste er in französischer Sprache und besuchte jeden der hohen Geistlichen im Saargebiet und einige dortige Zentrumsführer, die das Dokument unterzeichneten, einzeln, sodass diese offenbar gar nicht recht wussten, was sie unterschrieben und sich nachträglich (mit der Behauptung, sie seien von Muth vorsätzlich getäuscht worden[253],) vom Inhalt des Schreibens wieder distanzierten.[254]

Am 23. April 1920 wurde aufgrund des Vorgehens Muths eine Delegiertenversammlung des Kreises Saarbrücken im Vereinshaus von St. Johann einberufen.

1995, 73. Ebenso ZENNER, Parteien und Politik im Saargebiet unter dem Völkerbundsregime (wie Anm. 4), 152.

250 Vgl. ebd., 29 sowie GESTIER, Die christlichen Parteien an der Saar und ihr Verhältnis zum deutschen Nationalstaat in den Abstimmungskämpfen 1935 und 1955 (wie Anm. 56), 14.

251 Johann Ludger SCHLICH, Haltung des Zentrums zur Rückgliederung 1920–29, Bistumsarchiv Trier, Abt. 59 Nr. 71a (Band II). Der Vermerk stammt aus der Feder Schlichs. In einer anderen Farbe schrieb er das Datum ‚3.8.1943' dabei und unterzeichnete daneben.

252 Vgl. ZENNER, Parteien und Politik im Saargebiet unter dem Völkerbundsregime (wie Anm. 4), 154.

253 Vgl. o. V. (1920): o. V., Delegiertensitzung der Zentrumspartei. In: Saarbrücker Landes-Zeitung vom 5. Mai 1920, 1.

254 Vgl. DASS., Der Delegiertentag der Zentrumspartei über die Zeitdokumente. Glänzende Verteidigungsreden der Herren Dechant Echelmeyer und Rechtsanwalt Steegmann. In: Saar-Post vom 24. April 1920, 1–2, hier: 1. Schlich zählte nicht zum Kreis derer, die das Dokument unterzeichneten. Die Geistlichen waren die Dechanten von Saarlouis und Saarbrücken, Prälat Alexander Subtil und Prälat Alois Echelmeyer.

Hier räumte Dechant Alois Echelmeyer[255] ein, dass die Unterzeichnenden „**einen Fehler begangen haben, nicht** einen Fehler gegen die Wahrheit, auch **keinen Fehler** gegen ein Gebot der Sittlichkeit. [...] Herr Geheimrat Dr. Muth wurde mit der Abfassung des Protokolls betraut [...]. Dieses Protokoll, **französisch abgefaßt**, wurde von den einzelnen Teilnehmern der Sitzung flüchtig, weil sein Inhalt als bekannt vorausgesetzt wurde, auf die Richtigkeit der einzelnen Punkte geprüft und unterschrieben. **Das war der Fehler.**“[256] Gestier führt hierzu an: „In einer von der Delegiertenversammlung der Zentrumspartei des Kreises Saarbrücken Stadt und Land am 23. April angenommenen Entschließung heißt es: Sein [Dr. Muths; FS] Verbleiben in der Partei ist ungeachtet seiner früheren Verdienste um die katholische Sache unmöglich.“[257]

Ein Parteifunktionär, dessen Name nicht mehr ermittelbar ist, schrieb zum Standpunkt der Zentrumspartei bzgl. der Saarfrage in der „Saarbrücker Landes-Zeitung“, dass „nach der Wiedervereinigung mit dem Reich der Zustand wieder hergestellt wird, der bei der Beendigung des Krieges gegeben war. Demgemäß lehnt die Zentrumsfraktion 1. **die Bildung eines Regierungsbezirkes Saargebiet mit aller Entschiedenheit ab. 2. Wünscht sie, daß der Sitz der Regierung in der bisherigen Regierungsstadt Trier verbleibt.**“[258] Sowohl die Sozialdemokratische Partei (SPD) als auch die Deutsch-Saarländische Partei (DSP) waren auf derselben Linie in puncto Saarfrage wie die Zentrumspartei. Daher veröffentlichten sie am 22. November 1926 eine gemeinsame Erklärung, worin es heißt, Frankreich solle möglichst bald das Saargebiet an Deutschland zurückgeben.[259] In der Bevölkerung wurde der in vereinzelten Teilen des Saargebiets vorhandene Gedanke, eine neue, eigene, katholische Partei an der Saar zu gründen, die unabhängig von der Zentrumspartei des Deutschen Reichs wäre, weniger publik.[260] Diese Partei wurde

255 Echelmeyer wurde am 06.12.1867 in Riesenbeck geboren und am 02.04.1892 in Trier zum Priester geweiht. Es folgten zwei Kaplansstellen (Arenberg und Bitburg). 1896 wurde er Pfarrer in Bleiderdingen und 1901 in Kreuznach, wo Schlich zur selben Zeit als Kaplan begann. 1912 ernannte ihn Korum zum Pfarrer an Saarbrücken (St. Johann). Zwei Jahre später wurde er zum Dechanten des Dekanats Saarbrücken befördert. Aufgrund seiner exponierten Stellung bekam er den päpstlichen Ehrentitel des Geheimkämmerers 1922 verliehen. Am 01.04.1929 trat er von allen Ämtern zurück und verstarb knapp acht Monate später. Vgl. Thomas, Der Weltklerus der Diözese Trier seit 1800 (wie Anm. 23), 101.

256 O. V., Der Delegiertentag der Zentrumspartei über die Zeitdokumente (wie Anm. 254) Hervorhebungen im Original.

257 Vgl. Gestier, Die christlichen Parteien an der Saar und ihr Verhältnis zum deutschen Nationalstaat in den Abstimmungskämpfen 1935 und 1955 (wie Anm. 56), 15.

258 Zeitungsausschnitt ohne Angaben, in: Schlich, Haltung des Zentrums zur Rückgliederung 1920–29 (wie Anm. 251). Hervorhebungen im Original.

259 Vgl. o. V., Ruf des Saarlandes. In: Saarbrücker Landes-Zeitung vom 26. November 1926, 1.

260 Vgl. Zenner, Parteien und Politik im Saargebiet unter dem Völkerbundsregime (wie Anm. 4), 154.

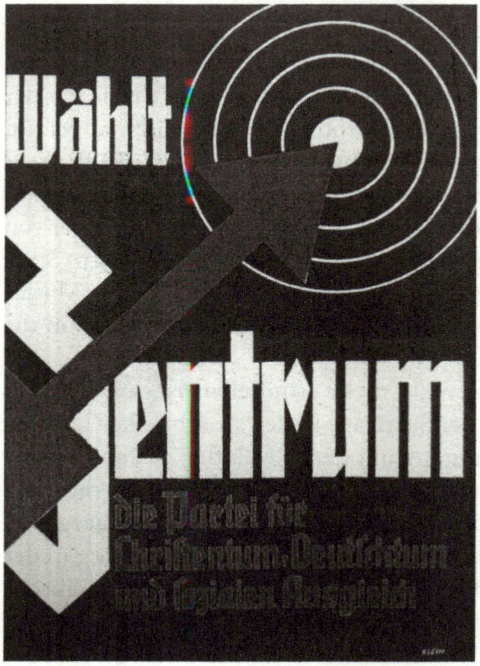

Abb. 11: Wahlplakat des Zentrums, undatiert

auch nicht gegründet, was nicht zuletzt an der Haltung des Trierer Bischofs Korum lag, weil dieser, was Schlich handschriftlich in seinem Nachlass vermerkte, sich dagegen ausgesprochen hatte.[261]

Im Fokus des Streits zwischen dem Zentrum und der Regierungskommission standen zu Beginn der 1920er Jahre neben der Saarfrage auch die Bistums- und Schulfrage.[262] Auch in der Sozialpolitik stellte das Zentrum klare Forderungen an die Regierungskommission. So forderte sie sogar, wie der „Saarbrücker Landes-Zeitung" zu entnehmen war, die Angliederung der Sozialversicherung des Saargebietes an die des Deutschen Reiches.[263]

Nach Beendigung des Ersten Weltkriegs bediente sich die Zentrumsfraktion, wie viele andere Parteien (z. B. die Sozialdemokraten), der Dolchstoßlegende, um die Wähler/innen nach der Schmach des verlorenen Krieges für sich zu gewinnen. (Abb. 12, am Ende des Kapitels). Auffallend sind die Schlagworte, die das Zentrum

261 Vgl. Schlich, Allgemeines zu Deutschtum und Abstimmung (wie Anm. 148).
262 Näheres in den Kapiteln 4.4.1 sowie 4.4.2.
263 O. V., Das Zentrum des Landesrats an die Regierungskommission. für die Angliederung der Sozialversicherung des Saargebietes an die des Deutschen Reiches. In: Saarbrücker Landes-Zeitung vom 25. Juli 1925, 1.

bei allen Wahlen von 1920 bis 1932 in den Mittelpunkt stellte: Christentum und Deutschtum. (Abb. 11)

In der Erklärung der Zentrumspartei vom 19. Juli 1922 zur Errichtung des Landrates hieß es zum Begriffspaar „Christentum und Deutschtum“: „Die Eckpfeiler der Zentrumspartei sind Christentum und Deutschtum. Deshalb geht ihr Streben dahin, das gesamte Leben nicht nur in kultureller, sondern in wirtschaftlicher und staatlicher Hinsicht mit den Grundsätzen des Christentums zu durchdringen. Das zweite Ziel wird der Zentrumspartei niemals gestatten, etwas zuzulassen, das den deutschen Interessen zuwiderläuft. Schutz des Deutschtums ist ihre hehre Aufgabe.“[264] Die Verwirklichung christlicher Werte („Christentum“) hieß zum einen, die Institutionen Ehe und Familie sowie die Jugend zu schützen, die durch die Einflüsse der modernen Welt als bedroht galten, und zum anderen die Beibehaltung des konfessionellen Schulsystems. Das Deutschtum sei, so schrieb die Zentrumspartei in einem Wahlaufruf zum ersten Landesrat, aufgrund von „Französisierungsmaßnahmen aller Art“ immer gefährdet und der Landesrat habe die Aufgabe, das Deutschtum schützen.[265]

Auch Schlich persönlich betonte die Verbindung des Saargebiets und des Deutschen Reiches. So tat er es beispielsweise als Vorsitzender auf einer großen Zentrumsversammlung in Alt-Saarbrücken am 26. Oktober 1924, wo er die deutsche Nationalität betonte, die der Versailler Vertrag dem Saargebiet gelassen habe.[266] Das Parteiensystem im Saargebiet zeichnete sich durch seine große Beständigkeit aus und die verschiedenen Parteien arbeiteten in der Regel zusammen.[267] Erst mit dem Aufkommen der NSDAP an der Saar änderte sich die Situation grundlegend, obwohl diese bei den Wahlen 1932 keine sonderlich guten Wahlergebnisse vorweisen konnte.[268] In ihren Wahlkampagnen griffen die Nationalsozialisten verstärkt und mit schweren Vorwürfen die Zentrumspartei an, da diese die mit Abstand stärkste Partei war.[269] Aus den Nachlässen der Pfarrer Bungarten und Schlich so-

264 Erklärung der Zentrumspartei vom 19. Juli 1922 zur Errichtung des Landrates, ediert bei Gestier, Die christlichen Parteien an der Saar und ihr Verhältnis zum deutschen Nationalstaat in den Abstimmungskämpfen 1935 und 1955 (wie Anm. 56), Anhang 6.

265 Vgl. Flugblatt des Zentrums zur Landesratswahl 1922 „Das ernste Mahnwort der Stunde!“ (Plakate der Zentrumspartei und der Vereinigung von Hausbesitz und Landwirtschaft im Saargebiet zur Landesratswahl, Stadtarchiv Saarbrücken, G 10.1 – 2276).

266 Vgl. o. V., Große Zentrumsversammlung in Alt-Saarbrücken. In: Saarbrücker Landes-Zeitung vom 28. Oktober 1924, 1 sowie dass., Eine bedeutsame Zentrumsversammlung. In: Saar-Zeitung vom 29. Oktober 1924, 1.

267 Vgl. Gestier, Die christlichen Parteien an der Saar und ihr Verhältnis zum deutschen Nationalstaat in den Abstimmungskämpfen 1935 und 1955 (wie Anm. 56), 21.

268 Vgl. Anlage 1.

269 „Weil ich weiß, daß das Zentrum die Religion seit Jahrhunderten dazu mißbraucht hat, um schmutzige politische Geschäfte zu machen. [...] Weil das Zentrum in den Gemeindeparlamenten immer nur Vetternwirtschaft betrieben hat und dort die höchsten Umlagen

wie den Reaktionen der „Saarbrücker Landes-Zeitung“ vom 31. Januar 1933 auf die Machtergreifung der Nationalsozialisten im Deutschen Reich am 30. Januar 1933 lässt sich feststellen, dass offenbar zunächst niemand in der Zentrumspartei an der Saar die Bedeutung der Geschehnisse in Berlin für das innersaarländische Parteiengefüge erkannte.[270]

Obgleich sich im Reich die Zentrumspartei unter dem Druck der Nationalsozialisten kurz zuvor selbst aufgelöst hatte, sprach sich der Landesausschuss am 13. Juli 1933 einstimmig dafür aus, die Partei an der Saar aufrechtzuerhalten und zugleich mit den anderen Parteien in der Deutschen Front zusammenzuarbeiten.[271]

Nachdem im ersten Halbjahr der Druck der Nationalsozialisten auf das Zentrum wuchs, traf sich die saarländische Parteiführung, vertreten durch Dechant Schlich, Chefredakteur Hoffmann und den Vorsitzenden Steegmann, im August 1933 mit dem Trierer Bischof Rudolf Bornewasser, um den weiteren Kurs des Zentrums an der Saar angesichts der kirchenpolitischen Lage im Deutschen Reich festzulegen. Schlich schrieb hierzu: „Unsere kath. Treue zum deutschen Volk und zum Vaterland dürfe keine Bedingung stellen, sie müsse bedingungslos sein und auf Gott vertrauen. Die Bande von Blut und Volkstum seien gottgegeben und müssten auch in schwerer Zeit beachtet werden. Seine Exzellenz empfand die kirchenpolitischen Verhältnisse sehr bitter und schmerzlich, aber er mahnte eindringlich uns zur Treue und Festigkeit in der persönlichen Haltung und in unserer öffentlichen Tätigkeit.“[272] Auch wenn Schlich mit den Worten „Das zeigte uns den Weg in den Abstimmungskampf. Der Weg des Bischofs war unser Weg.“, die für ihn rückblickend sicherlich maßgebend und richtig gewesen sein mögen, schloss, so war die Partei innerlich gespalten.[273] Der Antrag Kiefers, die Partei aufzulö-

freudig bewilligte. Weil das Zentrum nicht mehr das Vertrauen der Katholiken hat, indem es 13 Jahre lang mit der gottesleugnerischen Sozialdemokratie in den Regierungen saß und dort duldete, daß die Gottlosenbewegung in Deutschland überhand genommen hat. **Ich wähle nicht Zentrum, weil ich weiß, daß das Zentrum verschwinden muß, damit die Religion frei wird**.“ (Wahlplakat der NSDAP zur Landtagswahl 1932, abgedruckt bei: PAUL und SCHOCK, Saargeschichte im Plakat. 1918–1957 [wie Anm. 161], 46).

270 Vgl. BISTUMSARCHIV TRIER (wie Anm. 27), BISTUMSARCHIV TRIER (wie Anm. 44) sowie Saarbrücker Landes-Zeitung 13, 31.01.1933.

271 Vgl. LINSMAYER, Der 13. Januar (wie Anm. 55), 40 sowie GESTIER, Die christlichen Parteien an der Saar und ihr Verhältnis zum deutschen Nationalstaat in den Abstimmungskämpfen 1935 und 1955 (wie Anm. 56), 36f. Zum Untergang des Zentrums im Reich vgl. Rudolf MORSEY, Der Untergang des politischen Katholizismus. Die Zentrumspartei zwischen christlichem Selbstverständnis und „nationaler Erhebung“ 1932/33. Stuttgart u. a. 1977.

272 Gedankenprotokoll Schlichs aus dem Jahr 1943 (SCHLICH, Unterlagen zur Geschichte des Saargebiets [wie Anm. 122]).

273 Es darf nicht außer Acht gelassen werden, dass Schlich diese Notizen erst zehn Jahre später verfasst hat. Sie könnten der nachträglichen Legitimation des eigenen Verhaltens dienen. Die Aussagen Schlichs passen ex post zu dem, was über Bornewassers Haltung bekannt ist

sen, wurde am 28. September 1933 im Landesausschuss mit 52:33 Stimmen vorerst noch abgelehnt.[274] Jedoch legte der Vorsitzende Steegmann sein Amt nieder und Franz Bungarten wurde auf Vorschlag Hoffmanns zum Nachfolger Steegmanns gewählt.[275]

Am 25. September 1933 versammelten sich mehr als 100 Geistliche in Saarbrücken-Malstatt, die zum Widerstand gegen die Angriffe und Anfeindungen der NSDAP bereit waren. In einem Protestschreiben an Hitler, das Schlich und Bungarten verfasst hatten, sprachen sich die versammelten Geistlichen gegen die mangelnde Pressefreiheit in Deutschland, gegen die Einmischungen der Nationalsozialisten in die Tätigkeit des Caritasverbandes und in das katholische Vereinswesen sowie für den Schutz der Zentrumsbeamten aus.[276]

Am 4. Oktober erklärte sich der neue Parteivorsitzende bereit, gemeinsam mit dem Gauleiter des Saargebiets, Staatsrat Alois Spaniol, über ein mögliches Aufgehen der Zentrumspartei in der Deutschen Front zu verhandeln.[277] Man einigte sich darauf, dass bei einer Einordnung des Zentrums in die Deutsche Front die Zentrumspolitiker und Vertreter der Zentrumspresse keine Repressalien zu befürchten hätten, die katholische Presse in ihrer Freiheit nicht eingeschränkt werde (insofern sie katholische Grundwerte gegen Angriffe verteidige) und ausgewählte Parteimitglieder in die Gremien der Deutschen Front aufgenommen werden sollten.[278] „Durch diese Zusagen erreichte Spaniol, was ihm entscheidend war,

und auch die zeitgeschichtlichen Dokumente belegen die Aussagen Schlichs. Ein Teil der Darstellung Schlichs ist ediert bei GESTIER, Die christlichen Parteien an der Saar und ihr Verhältnis zum deutschen Nationalstaat in den Abstimmungskämpfen 1935 und 1955 (wie Anm. 56), Anlage 15.

274 Vgl. JACOBY, Die nationalsozialistische Herrschaftsübernahme an der Saar (wie Anm. 110), 109.

275 Vgl. ZENNER, Parteien und Politik im Saargebiet unter dem Völkerbundsregime (wie Anm. 4), 289f.

276 Vgl. Protestschreiben Schlichs an Hitler vom 25.09.1933 (SCHLICH, Unterlagen zur Geschichte des Saargebiets [wie Anm. 122]). Schlich vermerkte handschriftlich am Briefkopf: „Beschwerden u. Bitten aus dem Saargebiet. Da ich alle an erster Stelle unterschrieben hatte, so bekam ich nach der Rückgliederung dies in der Behandlung der Gestapo zu fühlen." Und am Ende fügte er handschriftlich hinzu: „Dr. Schlich und etwa 100 Geistliche, die bei einer Caritas-Tagung im Vereinshaus in Saarbrücken-Malstatt versammelt waren". Das Schreiben ist bereits ediert bei ZENNER, Parteien und Politik im Saargebiet unter dem Völkerbundsregime (wie Anm. 4), 383f.

277 Vgl. GESTIER, Die christlichen Parteien an der Saar und ihr Verhältnis zum deutschen Nationalstaat in den Abstimmungskämpfen 1935 und 1955 (wie Anm. 56), 41. Die Unterredung fand in der Wohnung Richard Beckers statt, wo neben Spaniol und Bungarten auch Schlich, Meyer und Scheuer zugegen waren und den Vertrag unterzeichneten. Vgl. SCHLICH, Unterlagen zur Geschichte des Saargebiets (wie Anm. 122).

278 Vgl. Niederschrift über Besprechung und Verhandlung zwischen Vertretern des Zentrums und Gauleiter Spaniol bzgl. der Auflösung der Zentrumspartei vom 06.10.1933 (ebd.). Be-

Abb. 12: Wahlplakat des Zentrums für die Wahlen zur Nationalversammlung 1919

die Beseitigung einer selbstständigen Parteiorganisation und nominell auch die Beseitigung einer parteipolitischen Zentrumspresse.“[279]

Am 12. Oktober stimmte der Landesausschuss der Zentrumspartei schließlich der Vereinbarung zu: „Der Landesausschuß der Zentrumspartei des Saargebietes hat in seiner heutigen Sitzung von den zwischen den Beauftragten der Zentrumspartei und Herrn Staatsrat Spaniol getroffenen Vereinbarungen Kenntnis genommen. Der Landesparteiausschuß stimmte der Überführung der Zentrumspartei in die Deutsche Front auf der Grundlage der Vereinbarungen zu. Maßgebend für diesen Beschluß war der Wunsch, auch von unserer Seite aus alles zu tun, um eine einheitliche Zusammenfassung aller saardeutschen Volksgenossen zu ermöglichen. Die Zentrumspartei des Saargebietes hat damit erneut bewiesen, daß sie ihre ganze Arbeit in den Dienst des Vaterlandes stellt und daß sie bereit ist, wenn dies aus nationalen Gründen notwendig erscheint, sich selbst auf dem Altare des Vaterlandes zu opfern. Mit dem Beschluß der Überführung in die Deutsche Front hat die Deutsche Zentrumspartei des Saargebietes als selbstständige Partei

richt ist ediert bei ZENNER, Parteien und Politik im Saargebiet unter dem Völkerbundsregime (wie Anm. 4), 384–388.

279 Ebd., 291.

zu bestehen aufgehört."[280] Letztlich löste sich die Partei am 13. Oktober 1933 also selbst auf.[281]

3.3 Die kirchliche Entwicklung Saarbrückens (1909–1935)

3.3.1 Die historische Entwicklung der Pfarreien des Dekanats Saarbrücken seit der Vereinigung der Städte bis zum Anschluss des Saargebiets an das Deutsche Reich

Um das Wirken des Trierer Bistumspriesters Johann Schlich in seiner Fülle darstellen und verstehen zu können, muss man neben der politischen Entwicklung des Saargebiets auch die seiner kirchlichen Lebenswelt – sprich das Dekanat Saarbrücken – in den Blick nehmen. Im Fokus dieses Kapitels wird daher die Pfarr- und Ordensorganisation im Dekanat Saarbrücken von 1909 bis 1935 stehen. Es gilt, das Dekanat mit allen seinen Pfarreien und die geschichtliche Entwicklung derselben in groben Zügen darzustellen, wie Schlich es beim Antritt seiner Pfarrstelle in Saarbrücken (St. Jakob) 1913 vorfand.

Johann Ludger Schlichs Tätigkeit als Dechant vollzog sich dann in dem 1923 durch Bischof Bornewasser neu geordneten Dekanat Saarbrücken, das im Zuge der allgemeinen Neuordnung und Verkleinerung der Dekanate im Bistum Trier entstand.[282] Daher beschränkt sich die nachfolgende Darstellung in diesem Kapitel auf die Pfarreien des Dekanats Saarbrücken (Definition 1 – Stadt) in den Grenzen von 1923, da die Untersuchung der übrigen Pfarreien (des Dekanats Saarbrücken bis 1923) den Rahmen der Arbeit verlassen würde.[283]

Nach der Städtevereinigung 1909 lebten 50.265 Menschen katholischer Konfession in Saarbrücken.[284] Gemessen an der Gesamteinwohnerzahl waren dies gerade einmal 51,34 %. Wie aus Abbildung 13 hervorgeht, stieg der Anteil der katholischen

280 O. V., Resolution zur Auflösung. In: Saarbrücker Landes-Zeitung vom 13. Oktober 1933, 1.

281 Vgl. GESTIER, Die christlichen Parteien an der Saar und ihr Verhältnis zum deutschen Nationalstaat in den Abstimmungskämpfen 1935 und 1955 (wie Anm. 56), 43 sowie ZENNER, Parteien und Politik im Saargebiet unter dem Völkerbundsregime (wie Anm. 4), 291.

282 Die zeitliche Abgrenzung erklärt sich folgendermaßen: Die Pfarrentwicklung soll sich auf den Zeitraum beschränken, in dem Schlich in Saarbrücken wirkte. 1909 wurden die bis dahin eigenständigen Städte Malstatt-Burbach, Saarbrücken und St. Johann miteinander vereint und 1923 wurden die Dekanate auf Anraten der Diözesansynode durch Bischof Korum in kleinere Dekanate unterteilt. Vgl. Ausführungen im Kapitel 4.2.1.

283 Eine kurze tabellarische Übersicht über die Pfarrentwicklung der Pfarreien des Dekanats Saarbrücken in den Grenzen vor 1923 bietet Anhang 3.

284 Vgl. hierzu und zum Folgenden: Johann Ludger SCHLICH, Die katholische Kirche in Saarbrücken. In: 25 Jahre Stadt Saarbrücken, hg. von Heinrich KRUECKEMEYER. Saarbrücken 1934, 151–158, hier: 151.

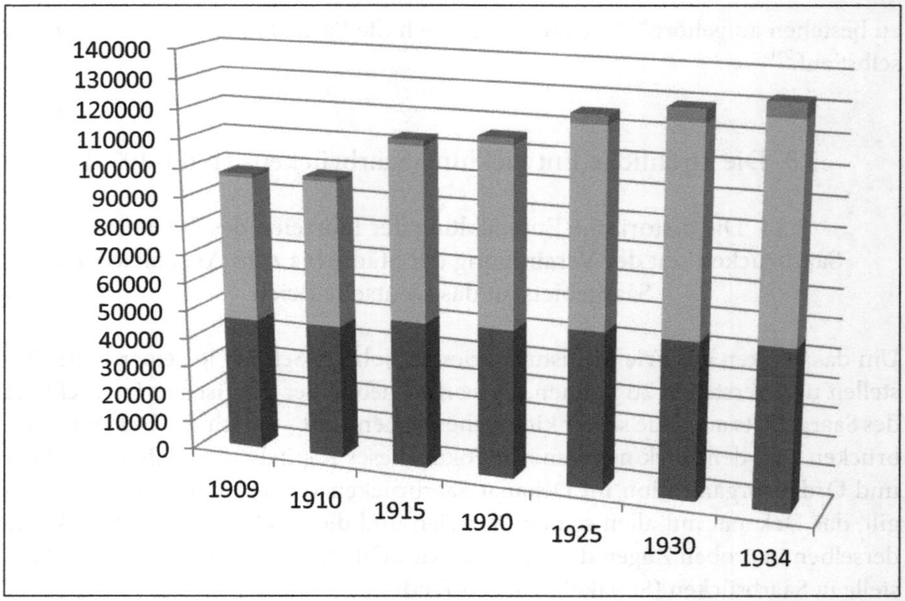

Abb. 13: Entwicklung der christlichen Konfessionen gemessen an der Gesamtbevölkerung Saarbrückens

Bevölkerung bis 1934 auf 54,70 %. Dieser auf den ersten Blick geringfügig prozentuale Anstieg heißt jedoch konkret, dass die katholischen Stadtpfarreien insgesamt 22.138 mehr Menschen umfassten, also um 44,04 % in 25 Jahren angewachsen waren. Diese Zahlen führen zugleich vor Augen, dass sich die einst evangelisch geprägte Stadt im konfessionellen Profil deutlich verändert hatte.[285]

Im Jahr 1909 bestand die gesamte Stadt Saarbrücken aus vier Pfarreien: St. Johann – St. Johannes der Täufer (13.000 Pfarrangehörige), Burbach – St. Eligius (12.000), (Alt) Saarbrücken – St. Jakob (10.000) und Malstatt – St. Josef (15.260). Zu diesem Zeitpunkt arbeiteten in der direkten Pfarrseelsorge 19 Priester, sodass neben dem Pfarrer in jeder Pfarrei drei Kapläne – mit Ausnahme von St. Johann, dort waren es vier – Seelsorge betrieben.

Die Pfarrei, die durch das Konzil von Trient eine besondere Wertschätzung erfuhr[286] und die als territoriale Grundlage zur Strukturierung einer Diözese diente,

285 Zum Vergleich: 1828 lebten in der damaligen Kantonalpfarrei Saarbrücken, welche etwa den heutigen Stadtverband Saarbrücken umfasste, insgesamt 2.512 Katholiken. Saarbrücken glich zu dieser Zeit – konfessionell gesehen – einer katholischen Diaspora. Vgl. o. V., Schematismus der Geistlichkeit des Bisthums Trier für das Jahr 1828. Trier 1828, 92.

286 Vgl. Sess. XXI de reformatione, c. 4 sowie Sess. XXIV de reformatione, c. 13, in: Konzilien der Neuzeit. Konzil von Trient (1545–1563), Erstes Vatikanisches Konzil (1869/70), Zweites Vatikanisches Konzil (1962–1965), Indices, hg. von Josef Wohlmuth und Giuseppe

wurde im CIC (1917) als rechtlich verpflichtende Einheit festgesetzt.[287] Doch durch den ab der Mitte des 19. Jahrhunderts einsetzenden Bevölkerungszuwachs vergrößerten sich auch die Pfarreien, denn während sich die Zahl der Katholiken in der Diözese Trier zwischen 1851 und 1912 fast verdoppelte, stieg die Zahl der Pfarreien nur um 6,98 %.[288] „Bei der Stadt Saarbrücken stellte sich die Situation noch dramatischer dar. Saarbrücken hatte mit Umland im Jahre 1828 zwölf Pfarreien mit 10.254 Katholiken, im Jahre 1928 in 30 Seelsorgestellen (15 Pfarreien, 5 Pfarrvikarien und eine Vikarie) 143.664 Katholiken. Am Industrieraum Saarbrücken wird in besonders eklatanter Weise sichtbar, wie die in die Höhe schnellenden Katholikenzahlen auch durch große Binnenwanderungen und Zuströme von Ausländern bedingt waren."[289] Aber nicht nur im Bistum Trier zeichnete sich dieser Trend ab, sondern auch darüber hinaus. Im Bistum Münster wurden im Zeitraum zwischen 1889 und 1911, hervorgerufen durch die Industrialisierung und den damit verbundenen Anstieg der katholischen Bevölkerung, 130 neue Kirchen (und Pfarreien) errichtet.[290] Das Erzbistum Köln wies in der ersten Hälfte des 20. Jahrhunderts die gleiche problematische Situation auf. Dort existierten 1895 mehrere Pfarreien, die mehr als 20.000 Gläubige umfassten. Der Neubau von Kirchen und die Neuerrichtung von Pfarreien ging unterschiedlich schnell voran, wobei die Gesetzeslage in Preußen am besten hierfür war, während die josephinische Pfarrregulierung in Österreich (insbesondere Wien und Graz) eine Weiterentwicklung der Pfarreienlandschaft nahezu unmöglich machte.[291] Ähnlich wie im Bistum Trier wurde in Köln erst ab

Alberigo (= Dekrete der ökumenischen Konzilien 3). Paderborn 2002, 729f.767f. sowie Heribert Schmitz, Pfarrei und ordentliche Seelsorge in der tridentinischen und nachtridentinischen Gesetzgebung. In: Die Bistümer und ihre Pfarreien, hg. von Erwin Gatz (= Geschichte des kirchlichen Lebens in den deutschsprachigen Ländern seit dem Ende des 18. Jahrhunderts 1). Freiburg i. Br. 1991, 41–50.

287 Vgl. Pius X. und Benedictus XV., Codex Iuris Canonici. Freiburg i. Br. 1918, can. 216.

288 Vgl. Bischöfliches Generalvikariat Trier, Handbuch des Bistums Trier. Trier [17]1912, 371. Dort wird beschrieben, dass die Diözese Trier 1851 insgesamt 736.680 Katholiken umfasste, während es 1912 bereits 1.304.231 waren. Zugleich stieg die Zahl der Pfarreien nur um 52 auf 757. In der Dekade nach der Diözesansynode wurden drei von vier Pfarreien im saarländischen Teil der Diözese gegründet. Vgl. Heinz Feilzer, Strukturen der Seelsorge: Dekanate und Pfarreien, Pfarrverbände und Regionen. In: Beharrung und Erneuerung (wie Anm. 7), 104–132, 114.

289 Ebd., 113. Zu den Bevölkerungszahlen Saarbrückens vgl. Jürgen Karbach und Wolfgang Laufer, Bevölkerungszahlen des Saarlandes 1800–1910. In: Zeitschrift für die Geschichte der Saargegend, hg. von Historischer Verein für die Saargegend (= Zeitschrift für die Geschichte der Saargegend 34/35). Saarbrücken 1987, 186–275.

290 Vgl. Die Industrialisierung 1870–1914. In: Moderne und Milieu. 1802–1998, hg. von Wilhelm Damberg (= Geschichte des Bistums Münster 5). Münster 1998, 147–192, hier: 161.

291 Eine detaillierte Analyse zu den verschiedenen Regionen mit ihrem Problemen und Entwicklungen bzgl. der Pfarrorganisation liefern Erwin Gatz und Heribert Schmitz, Tendenzen der Pfarreienentwicklung von der Mitte des 19. Jahrhunderts bis zum Ersten Weltkrieg. In: Die Bistümer und ihre Pfarreien, 89–104.

den Zwanzigerjahren der Ruf nach einer amtlichen Teilung der bestehenden Pfarreien laut.[292] Besonders deutlich wird der Seelsorgenotstand in den Millionenmetropolen Europas um die Wende zum 20. Jahrhundert. So kamen in Wien auf einen Priester 16.666 Katholiken, ein Zustand, der in Saarbrücken nicht erreicht wurde.[293] „Vergleicht man [...] die Verteilung der Kirchen in der Stadt Wien, so sieht man, daß gerade in den am dichtest bevölkerten Arbeiterbezirken am wenigsten Kirchen vorhanden waren. Damit können soziale Not, natürliche Spannungen und Kirchennot als die bestimmenden Faktoren in der Wiener Großstadtseelsorge bezeichnet werden“[294], urteilt Heinrich Swoboda 1909.

Bereits 1919 wies Schlich in einem Schreiben an die Bischöfliche Behörde in Trier darauf hin, dass die Größe der bestehenden Pfarreien nicht mehr annehmbar sei. Er bat darum, die Pfarreien zu verkleinern, um bessere Seelsorge leisten zu können.[295] Mit dieser Intervention griff Schlich der Diözesansynode von 1920 und dem Antrag des Dekanatskapitels Saarbrücken gleichsam vor. Diese riesigen Pfarreien wurden nach der 1920 in Trier abgehaltenen Diözesansynode auf Anordnung Bischof Bornewassers verkleinert und es wurden neue Kirchen gebaut.[296]

Man errichtete jedoch schon 1913 in Burbach, dem Stadtteil, der wegen der rapide anwachsenden und dort ansässigen Stahlindustrie aus allen Nähten zu platzen schien, die Herz-Jesu-Kirche, konnte diese allerdings erst nach dem Krieg konsekrieren und trennte 1923 einen Teil der Pfarreien St. Eligius und St. Josef ab und schuf die etwa 6.500 Katholiken umfassende Pfarrei „Herz Jesu“.[297] Zusätzlich wurde 1923 ein Gottesdienstraum in der Klosteranlage „St. Antonius“ der Franziskanerpatres auf dem Rastpfuhl eingerichtet, nachdem der Orden in diesem

292 Vgl. Eduard HEGEL, Das Erzbistum Köln zwischen der Restauration des 19. Jahrhunderts und der Restauration des 20. Jahrhunderts. 1815–1962 (= Geschichte des Erzbistums Köln 5). Köln 1987, 189f. Eine Tabelle zeigt entsprechend die Entwicklung des Verhältnisses zwischen Gemeindezahl und -größe sowie der Seelsorgerzahl.

293 Ein grundlegendes Werk zur Großstadtseelsorge, das die pastorale Situation Wiens beschreibt, hat Heinrich Swoboda 1909 vorgelegt. Vgl. SWOBODA, Großstadtseelsorge (wie Anm. 14).

294 Johann WEISSENSTEINER, Großstadtseelsorge in Wien. Zur Pfarrentwicklung von der josephinischen Pfarregulierung bis in das 20. Jahrhundert. In: Seelsorge und Diakonie in Berlin. Beiträge zum Verhältnis von Kirche und Großstadt im 19. und beginnenden 20. Jahrhundert, hg. von Kasper ELM und Hans-Dietrich LOOCK. Berlin [u. a.] 1990, 95–128, hier: 119.

295 Johann Ludger SCHLICH, Schreiben über die pastorale Situation Saarbrückens (28.12.1919), Bistumsarchiv Trier, Abt. 70 Nr. 5441.

296 Zur Eingabe des Dekanatskapitels Saarbrücken an die Diözesansynode in Trier 1920 vgl. die Ausführungen in Kapitel 4.2.1.

297 Vgl. DIÖZESE TRIER, Kirchlicher Amtsanzeiger für die Diözese Trier (= Kirchlicher Amtsanzeiger für die Diözese Trier 66). Trier 1922, Nr. 39 S. 31. Vgl. darüber hinaus KATHOLISCHES PFARRAMT HERZ JESU SAARBRÜCKEN, Gedenkblätter zum Silbernen Jubiläum der Pfarrkirche Herz-Jesu Saarbrücken. St. Wendel 1939.

damals kaum besiedelten Teil Saarbrückens eine Niederlassung zur Aushilfe in der außerordentlichen Seelsorge eröffnete.[298] 1927 lebten im dortigen Kloster, welches sich auf dem Pfarrbezirk von St. Josef befand, sechs Franziskaner.[299] 1929 baute der Orden eine dem heiligen Antonius von Padua geweihte und am 15. Dezember 1929 benedizierte Kirche.[300] Um die Klosterkirche und -anlage vor den Nationalsozialisten zu schützen, erhob man sie am 30. November 1937 zur Expositur(kirche), deren Territorium man aus den Pfarreien St. Josef, Herz Jesu und St. Marien ausgliederte. Die Expositur besaß zwar keine eigene Vermögensverwaltung, die Seelsorge für die 2.322 Katholiken besorgten jedoch zwei Franziskanerpatres (als Vikar und Kaplan).[301] Eine Form der seelsorgerischen Tätigkeit der Franziskaner war der Aufbau einer neuen Pfarrgemeinde und die Sorge um die Armen (durch Speisungen an der Klosterpforte) sowie das Spenden der Sakramente. Wenige Monate später, am 1. Juli 1938, wurde die Expositur zur Kapellengemeinde und am 11. Dezember desselbigen Jahres zur Vikarie ohne eigene Vermögensverwaltung erhoben. Nachdem am 15. Februar 1939 die staatliche Bestätigung durch den

298 Vgl. Augustinus BRAUN, Katholische Kirche. In: Saarbrücken – 50 Jahre Großstadt. [Saarbrücken 1909–1959], hg. von Karl SCHWINGEL. Saarbrücken 1959, 206–214; Heimat und Kirche: Das katholische Saarland. Dekanate: Saarbrücken Stadt und Land, Sulzbach und Völklingen im Bistum Trier, hg. von L. SUDBRACK und A. JAKOB (= Das katholische Saarland 1). Saarbrücken 1954, 103. Bereits 1915 erörterten die Franziskaner der Provinz Thuringia, ob eine Niederlassung in Saarbrücken (beispielsweise in der alten Notkirche von Malstatt) eröffnet werden sollte. Im Januar des Folgejahres verfassten die Geistlichen Saarbrückens ein an die Regierung gerichtetes Gutachten mit der Bitte um Genehmigung der Ordensniederlassung. Nachdem keine Antwort aus Berlin eintraf, wiederholten die Kleriker ihr Gesuch in Berlin im Oktober 1918 sowie im Mai 1919. Zwei Monate später erfolgte die Genehmigung. Pfarrer Bungarten wollte dem Orden aber keinesfalls die ehemalige Notkirche überlassen, sodass man im März 1920 ein Haus auf dem Rastpfuhl ankaufte, dessen Umbau im Dezember desselben Jahres abgeschlossen war und die Benediktion der Kapelle vorgenommen werden konnte. Vgl. Robert JAUCH, Die Franziskaner in Saarbrücken. Zur Gründung von Kloster und Pfarrei auf dem Rastpfuhl. In: St. Antonius. Katholische Pfarrgemeinde Saarbrücken-Rastpfuhl, hg. von KATHOLISCHES PFARRAMT ST. ANTONIUS. Saarbrücken 1987, 34–39, hier: 34 sowie darüber hinaus Walburga ADOLPH, 50 Jahre Pfarrei St. Antonius. Ein Weg von der Expositur zur selbstständigen Pfarrei. In: St. Antonius, 14–33.

299 Vgl. BISCHÖFLICHES GENERALVIKARIAT TRIER, Handbuch des Bistums Trier. Trier [18]1927, 105. 1938 lebten dort noch fünf Ordensmänner. Vgl. DASS., Handbuch des Bistums Trier. Trier [19]1938, 663.

300 Vgl. JAUCH, Die Franziskaner in Saarbrücken (wie Anm. 298), 36f. Die Klosteranlage wurde im Juni 1930 fertiggestellt und die vier Patres und drei Brüder zogen dort ein.

301 Zunächst stimmten die Pfarrer von Herz-Jesu und St. Marien während eines Besuchs des Trierer Generalvikars von Meurer der Errichtung einer neuen Seelsorgestelle auf dem Rastpfuhl nicht zu. Auch Bischof Bornewasser versuchte die Seelsorge einem Weltpriester zu übertragen, wogegen sich die Franziskaner erfolgreich zur Wehr setzten. Schließlich ernannte der Trierer Bischof P. Präses Landolf Wißkirchen OFM zum ersten Expositus. Vgl. ebd., 38.

Reichskommissar für das Saarland, Abteilung Kultus und Schulwesen, vorlag, wurde die Pfarrvikarie durch eine bischöfliche Urkunde offiziell gegründet.[302] Nach dem Ersten Weltkrieg errichteten viele Männerorden in den Regionen Niederlassungen, die sie zuvor noch nicht besiedelt hatten.[303] Die Eröffnung zahlreicher Männerklöster war einem enormen Anstieg an Ordensmännern geschuldet. So stieg die Zahl der Brüdergemeinschaften in Deutschland zwischen 1920 und 1937 von sieben auf elf, die der Klerikergemeinschaften sogar von 25 auf 36. Dabei verzeichneten vor allem die schon vor dem Ausbruch des Ersten Weltkriegs in Deutschland ansässigen Ordensgemeinschaften den meisten Zulauf. Während die franziskanischen Orden dort im Jahr 1920 1.946 Mitglieder verzeichneten, waren es 1937 schon 3.148 (plus 61,8 %).[304]

Auch in St. Johann erwarb Pfarrer Echelmeyer schon vor dem Krieg einen Bauplatz, auf dem in den Jahren 1924 und 1925 die zu Ehren des verstorbenen Bischofs Michael Felix Korum benannte Pfarrkirche St. Michael erbaut wurde, um auf diese Weise die Pfarrei St. Johann zu verkleinern.[305] Die Erhebung zur Pfarrei erfolgte 1926.[306] Ebenso richteten die Oblatenpatres, die sich 1926 auf dem Rotenbühl ansiedelten, im Jahr 1928 ein Kloster mit einer eigenen Kirche („Liebfrauen") ein.[307] Das Männerkloster am Rothenbühlerweg 7 beherbergte 1938 acht Ordenspriester und vier Ordensbrüder der Hünfelder Oblaten, die in der Volksmission tätig waren und in der Seelsorge aushalfen.[308] Die beiden Männerorden Saarbrückens ergänzten sich durch die unterschiedlichen Seelsorgefelder, in de-

302 Vgl. Diözese Trier, Kirchlicher Amtsanzeiger für die Diözese Trier (= Kirchlicher Amtsanzeiger für die Diözese Trier 83). Trier 1939, Nr. 58–61, S. 36f.

303 Vgl. Erwin Gatz, Vom Ende des Ersten Weltkrieges bis zum Beginn der nationalsozialistischen Herrschaft. In: Klöster und Ordensgemeinschaften, hg. von Erwin Gatz (= Geschichte des kirchlichen Lebens in den deutschsprachigen Ländern seit dem Ende des 18. Jahrhunderts 7). Freiburg i. Br. 2006, 291–310, hier: 296.

304 Vgl. ebd., 297.

305 Vgl. Braun, Katholische Kirche (wie Anm. 298), hier: 206 sowie Schlich, Die katholische Kirche in Saarbrücken (wie Anm. 284), 152. In einem Antwortschreiben des Generalvikariats an Dechant Echelmeyer, der als Pfarrer von St. Johann der Behörde Mitteilung machte, dass die Pfarrgemeinde mit dem Bau der Kirche beginnen wolle, akzeptierte die Bischöfliche Behörde die Grundrissszkizze des Architekten Hans Herkommers, sodass mit den Fundamentarbeiten begonnen werden konnte. Vgl. Schreiben Joahnnes Wiegand an Dechant Echelmeyer anl. der Inangriffnahme der Fundamentarbeiten vom 19.01.1923 (Pfarrarchiv der Pfarrei Christkönig Saarbrücken, Ordner „Dek.Akten, Visitationen").

306 Vgl. Diözese Trier, Kirchlicher Amtsanzeiger für die Diözese Trier (= Kirchlicher Amtsanzeiger für die Diözese Trier 70). Trier 1926, Nr. 228 S. 173.

307 Vgl. Braun, Katholische Kirche (wie Anm. 298); Sudbrack und Jakob, Heimat und Kirche: Das katholische Saarland (wie Anm. 298), 103f. sowie Braun, Katholische Kirche (wie Anm. 298), 207.

308 Vgl. Bischöfliches Generalvikariat Trier, Handbuch des Bistums Trier (wie Anm. 299), 671.

nen sie arbeiteten, recht gut und es gab in der Regel keine Konflikte zwischen den Gemeinschaften.[309] Sowohl die Franziskaner als auch die Oblaten hatten in den deutschsprachigen Ländern im Regelfall bestimmte Tätigkeitsfelder: „Neben den Missionsorden, deren Tätigkeit sich auf die Ausbildung von Missionaren und der Erschließung finanzieller Hilfe für die Mission konzentrierte, gab es andere Gemeinschaften, die zwar ebenfalls für die Mission, zugleich aber auch in der außerordentlichen Seelsorge ihrer eigenen Heimat tätig waren. Dabei handelte es sich neben Gottesdiensten, der Beichtseelsorge in den Klosterkirchen und der Einzelseelsorge im Wesentlichen um Predigt- und Seelsorgshilfen in den Pfarreien. Ständige Arbeitsfelder waren außerdem Volksmissionen, Vereine, Verbände, Bewegungen und Exerzitien [...].“[310]

In den Jahren 1928 und 1929 folgten der Bau der Kirche „St. Marien“ in Rußhütte und „St. Hubertus“ in Jägersfreude, wobei erstere 1922 von St. Josef und letztere 1927 von St. Johann (und Dudweiler [Maria Himmelfahrt]) abgetrennt und zur Pfarrei erhoben wurde.[311] Die Pfarrei St. Jakob, deren Pfarrer Dr. Schlich war und die das komplette Territorium Saarbrückens links der Saar umfasste, wurde am 1. Oktober 1929, nachdem der Bau der Christkönigskirche vollendet war, in zwei Pfarreien geteilt. Der neuen und kleinsten Einheit der Innenstadt Saarbrückens stand der Gründer der Pfarrei selbst vor.[312]

Die Zahl der Stadtpfarreien stieg somit in den Nachkriegsjahren von vier auf zehn. Zusätzlich errichteten die Pfarreien St. Jakob und St. Johann noch Notkirchen: St. Mauritius[313] in der Infanterie- und St. Elisabeth[314] in der Ulanenkaserne. Ferner existierte eine kleine Kapelle in der Pestelstraße für die französischen Katholiken der Stadt. Bis 1934 entwickelte sich somit folgende Pfarreienlandschaft: Die Stadtpfarreien blieben, gemessen an den Katholikenzahlen von 1909, immer noch gleich groß. In St. Josef, der zu diesem Zeitpunkt größten Pfarrei des Bis-

309 Vgl. Jauch, Die Franziskaner in Saarbrücken (wie Anm. 298), 36.

310 Gatz, Vom Ende des Ersten Weltkrieges bis zum Beginn der nationalsozialistischen Herrschaft (wie Anm. 303), hier: 300.

311 Schon 1893 wurde ein Kirchbauverein für die Errichtung einer Kirche in Rußhütte gegründet, wo zu diesem Zeitpunkt etwa 800 Katholiken lebten. Vgl. Schreiben Pfarrer Metzdorf an das Generalvikariat Trier vom 12.06.1893 (Pfarrakten der Pfarrei Saarbrücken-Malstatt [St. Josef], Bistumsarchiv Trier, Abt. 70 Nr. 5401).

312 Zum Bau der Christkönigskirche und der Tätigkeit Schlichs als Pfarrer von St. Jakob und Christkönig vgl. die Ausführungen in Kapitel 4.1.2 und 4.1.3.

313 Vgl. Braun, Katholische Kirche (wie Anm. 298) sowie Diözese Trier, Kirchlicher Amtsanzeiger für die Diözese Trier (= Kirchlicher Amtsanzeiger für die Diözese Trier 81). Trier 1937, Nr. 299,4 S. 227.

314 Durch den Zweiten Weltkrieg und die daraus resultierten Schäden wurde der Kirchbau erst 1953/1954 realisiert. Die Erhebung zur Pfarrvikarie von St. Johann erfolgte am 15.09.1954. Vgl. Diözese Trier, Kirchlicher Amtsanzeiger für die Diözese Trier (= Kirchlicher Amtsanzeiger für die Diözese Trier 98). Trier 1954, Nr. 222 S. 114.

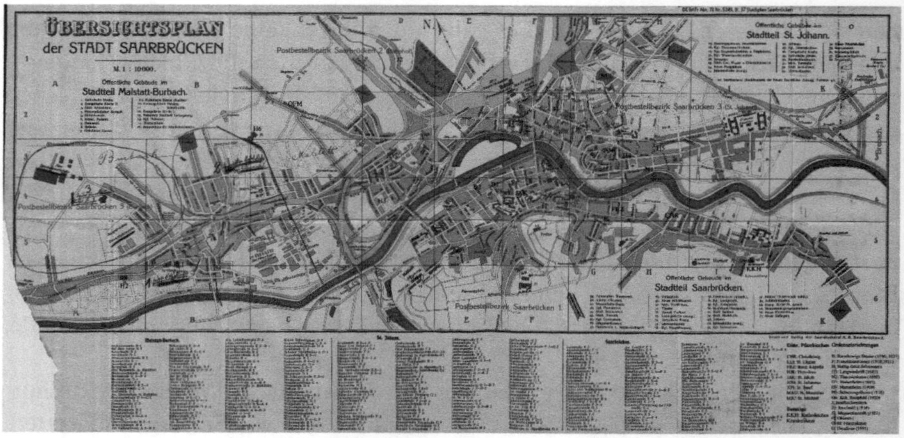

Abb. 14: Übersichtsplan der Stadt Saarbrücken (etwa 1910). Handschriftliche Anmerkungen von Pfr. Heinrich Assenmacher (Burbach). Die digitalen Ergänzungen durch FS zeigen die kirchliche Entwicklung Saarbrückens bis etwa 1935.

tums Trier, lebten 17.200 Katholiken, in St. Jakob 11.100, in St. Eligius 10.900, in St. Johann 10.000. Die neu errichteten Pfarreien waren verhältnismäßig deutlich kleiner, was jedoch auch mit der peripheren Lage zusammenhängen dürfte. Die größte der jungen Parochien, St. Michael, die im Herzen der Stadt lag, umfasste 8.400, Herz-Jesu 6.500, Christkönig 3.900, Jägersfreude 2.800 und Rußhütte 1.600 Gemeindemitglieder.

3.3.2 Die Entwicklung der milieustabilisierenden Orden in Saarbrücken

Unabhängig von den Pfarreien siedelten sich verschiedene caritative Orden in der Stadt an, die das katholische Milieu immens stärken und stabilisieren sollten. Insbesondere die caritativ tätigen Schwesterngemeinschaften erlebten in Deutschland während der Zwischenkriegsjahre einen enormen Zulauf (plus 39 %). So lebten 84.558 Ordensschwestern und 7.488 Novizinnen 1935 in den deutschen Niederlassungen. 1926 wirkten in den 277 Niederlassungen der weiblichen Caritasorden, die im Bistum Trier existierten, 4.252 Schwestern sowie 447 Novizinnen.[315]

315 Vgl. Erwin Gatz, Die sozial-caritativ tätigen Orden in der Zwischenkriegszeit. In: Caritas und soziale Dienste, hg. von Erwin Gatz (= Geschichte des kirchlichen Lebens in den deutschsprachigen Ländern seit dem Ende des 18. Jahrhunderts 5). Freiburg i. Br. 1997, 234–239, hier: 237.

Als erstes erreichten die „Schwestern vom Heiligen Geist" die Saarmetropole. Sie eröffneten 1883 vom Mutterhaus in Koblenz aus das „Langwiedstift"[316] in St. Johann, welches neben einem Altenheim auch als Waisenhaus, Krankenstation, Kindergarten und Kinderhort fungierte.[317] Ferner richteten sie 1893 in Malstatt das „Kinderheim St. Josef" ein, wo die Schwestern in der Krankenpflege, im Kindergarten, in der Nähschule, Caritas und Fürsorge tätig waren. Zudem übernahmen sie 1906 in Burbach das „Theresienheim" mit Waisenhaus, Fürsorge und Kindergarten, das von der Familie Lüttgens, einer Burbacher Fabrikantenfamilie, gestiftet worden war.[318] 1928 erbaute man dort auch eine Kapelle. In St. Johann gründeten sie 1909 das „Marienheim", das Raum für eine Kinderkrippe, einen Kindergarten, eine Stellenvermittlung, den Mädchenschutz sowie Familien- und Wochenpflege bot, 1917 in Kleinblittersdorf einen Kindergarten mit Krankenpflege und Nähschule sowie 1918 das Waisenheim „Schutzengelheim". Seit dem 1. Januar 1920 arbeiteten zusätzlich noch 24 Schwestern im Krankenhaus der Ortskrankenkasse.[319] Nachdem das „Langwiedstift" nicht mehr den Erfordernissen genügte, renovierte man das ehemalige Militärlazarett auf dem Schenkelberg und eröffnete dort 1928 ein Krankenhaus mit 220 Betten, einer Entbindungs- sowie Röntgenstation, wofür Schlich der Initiator war.[320] Nachdem das Heilig-Geist-Krankenhaus 1929 fertiggestellt wurde, eröffneten die Schwestern dort ebenfalls einen Konvent. 1934 lebten in Saarbrücken 77 Heilig-Geist-Schwestern.

1895 kamen auch die Ursulinen nach Saarbrücken und gründeten die „höhere Mädchenschule". Die Schule wurde 1895 von acht Schwestern und zwei Laien-

316 Zur geschichtlichen Entwicklung des Langwiedstifts und der Tochtergründungen (Marienheim, Heilig-Geist-Krankenaus [Rastpfuhl sowie Schenkelberg] und Schutzengelheim) vgl. die detaillierten Ausführungen in: KATHOLISCHES PFARRAMT ST. JOHANN SAARBRÜCKEN, 100 Jahre Langwiedstift und Hl. Geist Schwestern in Saarbrücken. Saarbrücken 1983.

317 Die „Schwestern vom Heiligen Geist" wurden am 04.06.1857 in Koblenz gegründet. Wie Franz Rudolf Reichert dokumentiert, erfuhr dieser sozial-caritative Orden einen raschen Zuwachs. Bereits die dritte Gründung einer neuen Niederlassung erfolgte in Saarbrücken. Insgesamt gründeten die Schwestern bis 1965 44 Einrichtungen im Bistum Trier und 15 außerhalb der Diözese. Vgl. Franz Rudolf REICHERT, Die Kongregation der Schwestern vom Heiligen Geist, Mutterhaus Koblenz. Ein Abriß ihrer 125jährigen Geschichte. In: Archiv für mittelrheinische Kirchengeschichte 34 (1982) S. 167–184, hier: 167.178–182. Zu den Daten vgl. SCHLICH, Die katholische Kirche in Saarbrücken (wie Anm. 284); BISCHÖFLICHES GENERALVIKARIAT TRIER, Handbuch des Bistums Trier (wie Anm. 299), 294 sowie, JOHANN LUDGER SCHLICH, Die katholische Kirche in Saarbrücken (wie Anm. 3), 155f.

318 Vgl. Schreiben Pfarrer Assenmacher (Burbach) an die Bischöfliche Behörde vom 13.04.1909 (Pfarrakten der Pfarrei Saarbrücken [St. Eligius], Bistumsarchiv Trier, Abt. 70 Nr. 5348).

319 Vgl. hierzu ebenso: Johannes LENZ, Die Genossenschaft der Schwestern vom heiligen Geist, Koblenz-Marienhof. Geschichtlicher Überblick, Gedenkblatt zum 70jährigen Jubiläum. Trier 1927, 59f.

320 Zum Bau des katholischen Krankenhauses auf dem Schenkelberg vgl. die Ausführungen in Kapitel 4.1.4.

schwestern geleitet und von 130 Schülerinnen besucht.[321] 1905 richtete man dort noch zusätzlich das Volksschulseminar ein. Dies hatte zur Folge, dass sich auch der Schwesternkonvent vergrößerte und sich 1911 insgesamt 28 Schwestern sowie 14 Laienschwestern um die Mädchenschule kümmerten.[322] Darüber hinaus betrieben sie ab 1915 ein Lyzeum und Oberlyzeum und richteten 1920 ein Hauswirtschaftsseminar, ein Nadelarbeitsseminar und die „realgymnasiale Studienanstalt" ein. Schließlich kam 1925 noch das Gewerbeseminar hinzu, sodass die Zahl der Schülerinnen auf 1.018 anstieg. Sie war damit zugleich die größte Lehranstalt des Saargebiets.[323] Entsprechend stark war auch der Schwesternkonvent angewachsen.[324]

Eine häusliche Krankenpflege richteten die Barmherzigen Brüder von Maria Hilf 1896 in der Nassauer Straße 4 (nähe Johanniskirche) ein.[325] Jedoch schloss man diese während des Krieges und eröffnete sie erst 1920 wieder, dieses Mal jedoch auf der anderen Saarseite in Alt-Saarbrücken in der Roonstraße 5 (nähe St. Jakob) unter dem Namen des Genossenschaftsgründers Peter Friedhofen.[326] Die Initiative der Wiederansiedelung der Barmherzigen Brüder von Maria Hilf ging hierbei

321 Vgl. Personalbestand der Gemeinschaft zu Calvarienberg und die Filialen, Bistumsarchiv Trier, Abt. 108 Nr. 283. Das Mutterhaus des Ordens, welches 1838 gegründet wurde, befand sich bis 2017 auf dem Calvarienberg bei Ahrweiler. Dort lebten 1895 35 Nonnen, 14 Laienschwestern, 28 Novizinnen und 16 Laiennovizinnen. Die dortige Schule wurde, wie auch in Saarbrücken, von 130 Schülerinnen besucht, wobei der Anteil der dort im Pensionat lebenden Mädchen über 90 % betrug, während in Saarbrücken gerade einmal fünf Mädchen Internatsschülerinnen waren. Insgesamt bestand der Orden 1895 aus dem Mutterhaus und neun Filialen mit insgesamt 171 Schwestern, 72 Laienschwestern sowie den auf dem Calvarienberg lebenden Novizinnen. Vgl. ebd.

322 Vgl. Personalbestand der Gemeinschaft zu Calvarienberg und die Filialen, Bistumsarchiv Trier, Abt. 108 Nr. 234. 1911 unterhielt der Orden neben dem Mutterhaus (Generalat und Professgemeinde) auf dem Calvarienberg elf Filialen mit insgesamt 273 Nonnen, 149 Laienschwestern, 24 Novizinnen sowie 13 Laiennovizinnen. Vgl. ebd.

323 Vgl. Schlich, Die katholische Kirche in Saarbrücken (wie Anm. 284), 158.

324 So lebten 1927 insgesamt 64 Ursulinen in Saarbrücken. Vgl. Bischöfliches Generalvikariat Trier, Handbuch des Bistums Trier (wie Anm. 299), 296.

325 Vgl. Ordensarchiv der Barmherzigen Brüder von Maria Hilf, Niederlassung Saarbrücken (wie Anm. 24).

326 Vgl. Bischöfliches Generalvikariat Trier, Handbuch des Bistums Trier (wie Anm. 299); Ordensarchiv der Barmherzigen Brüder von Maria Hilf, Niederlassung Saarbrücken (wie Anm. 24). Im Schematismus des Bistums Trier aus dem Jahr 1927 wird als Wiedereröffnungsdatum fälschlicherweise das Jahr 1919 angegeben. Vgl. Bischöfliches Generalvikariat Trier, Handbuch des Bistums Trier (wie Anm. 299), 280. Schlich setzte sich als Ortspfarrer dafür ein, dass in der Hauskapelle 1921 ein Kreuzweg aufgehängt wurde und ab 1923 das Allerheiligste aufbewahrt werden durfte, insofern dort einmal wöchentlich eine Messe gelesen wurde. Vgl. Schreiben Generalvikar Tilmann an Schlich vom 07.12.1920 sowie Wiegand (Bistumssekretär) an Schlich vom 26.04.1923 (Ordensarchiv der Barmherzigen Brüder von Maria Hilf, Niederlassung Saarbrücken [wie Anm. 24]).

von Pfarrer Schlich aus.[327] Zunächst unterhielten die Brüder dort eine ambulante Krankenpflege und übernahmen den Sakristanendienst an St. Jakob. Aber auch die neue Immobilie entsprach nicht den Anforderungen. Insbesondere die Wohnsituation der Brüder sei nicht zufriedenstellend gewesen, weshalb Schlich sich im Auftrag des Generaloberen der Gesellschaft nach einer neuen Immobilie umsah.[328] Am 11. Juli 1927 zogen die Barmherzigen Brüder von der Roon- in die Kanalstraße 3, wo sie das ehemalige Anwesen der Familie Röchling kauften und ein Alten- und Pflegeheim für alleinstehende Männer, die keine Familie hatten, darin einrichteten.[329]. Das Pflegeheim, in dem 15 Ordensmitglieder sich jährlich um bis zu 244 Pflegebedürftige kümmerten, wurde 1938 geschlossen und die Immobilie an die „Providentia A.G." in Trier (Ursulinen) verkauft.[330] Unterdessen erwarben die Brüder 1917, nachdem es „den Franziskanern aus Mettlach [...] ‚zu schön', den Franziskanern aus Metz [...] [zu teuer und den] Missionaren [...] der Kaufpreis von 180.000 Mark zu hoch für das Errichten einer Missionsschule [war]"[331], das Bad in Rilchingen, um dort eine Heilanstalt mit mehreren Häusern zu gründen, die sie dazu im Laufe der Jahre bauten und kauften.[332] In diesen Einrichtungen waren etwa 25 Brüder und mindestens 10 säkulare Angestellte tätig.[333] Am 20. April 1928 kam es auf der St. Jakob gegenüberliegenden Saarseite zur Eröffnung des „Lehrlingsheims St. Clemens" durch die Genossenschaft des seligen Peter Friedhofen, wo fünf Brüder bis zu 60 Jugendliche gleichzeitig betreuten.[334] Dazu wurde die ehemalige „Kaiserliche Wäscherei", die seit mehreren Jahren nicht mehr

327 Vgl. Schreiben Schlichs an den Generaloberen der Genossenschaft vom 07.09.1919 sowie vom 26.09.1919 (ebd.).

328 Vgl. Schreiben Schlichs an den Generaloberen vom 30.03.1927 sowie vom 08.04.1927 (ebd.). Über die häusliche Situation des Konvents gibt ein entsprechender Bericht Auskunft. Vgl. ebd.

329 Vgl. ebd. Das Haus wurde daher 1928 und 1930 um je einen Anbau erweitert. Vgl. SCHLICH, Die katholische Kirche in Saarbrücken (wie Anm. 284), 156.

330 15 Brüder und 10 Hilfskräfte versorgten in den einzelnen Jahren insgesamt: 1927 – 54 Personen; 1928 – 123; 1929 – 200; 1930 – 244; 1931 – 240; 1932 – 196; 1933 – 188. Vgl. statistische Zählbögen, in: ORDENSARCHIV DER BARMHERZIGEN BRÜDER VON MARIA HILF, Niederlassung Saarbrücken (wie Anm. 24).

331 Franz-Ludwig STRAUSS, 95 Jahre Barmherzige Brüder in Rilchingen. In: 95 Jahre Barmherzige Brüder in Rilchingen. Festschrift 1917–2012, hg. von BARMHERZIGE BRÜDER RILCHINGEN. Saarbrücken 2012, 17–60, hier: 21.

332 Vgl. 95 Jahre Barmherzige Brüder in Rilchingen. Festschrift 1917–2012, hg. von BARMHERZIGE BRÜDER RILCHINGEN. Saarbrücken 2012 sowie GENERALAT DER BARHERZIGEN BRÜDER VON MARIA-HILF, Peter Friedhofen, allen Notleidenden ein *barmherziger Bruder*. Dokumentation über den neuen Seligen. Limburg 1985, 40.

333 Vgl. BISCHÖFLICHES GENERALVIKARIAT TRIER, Handbuch des Bistums Trier (wie Anm. 299), 280 sowie hierzu und zum Folgenden: SCHLICH, Die katholische Kirche in Saarbrücken (wie Anm. 284), 157.

334 Vgl. hierzu und zum Folgenden: o. V., Eröffnung des Jugendheimes St. Klemens. In: Saarbrücker Landes-Zeitung vom 20. April 1928, 3. Detaillierte Statistiken über die Zahl der

genutzt wurde, angemietet und von innen und außen saniert.[335] Drei Tage nach der Eröffnung der Pflegeeinrichtung für Jugendliche, die ohne Eigenverschulden nicht mehr in ihren Familien bleiben konnten, visitierte Bischof Bornewasser das Heim.[336] Nachdem man in der Hauskapelle einen Kreuzweg angebracht hatte, erfolgte eine Woche später (25. Juli 1928) die feierliche Einweihung durch Dechant Echelmeyer.[337]

Schon vor dem Krieg siedelten sich die Franziskanerinnen von Waldbreitbach in der Pfarrei St. Jakob (Kasernenstraße 5) an.[338] Im Herzen der Pfarrei errichteten die Schwestern 1919 in der Hohenzollernstraße eine Säuglingsstation mit Kinderhort für 70 Kinder, der durch einen Anbau 1926 100 Kinder aufnehmen konnte. Darüber hinaus boten die 18 Schwestern, die dort ihren Dienst verrichteten, eine Nähschule und Kranken- und Wohlfahrtspflegeunterweisung an. Ferner erweiterte sich die Räumlichkeit, nachdem auf Betreiben Pfarrer Schlichs die Infanteriekaserne der Stadt erworben wurde sowie die Kinderbetreuung ebendort und in der Hohenzollernstraße.[339]

Betreuungskräfte sowie zu pflegender Jugendlicher befindet sich in: Niederlassung „St. Clemens" Saarbrücken, Ordensarchiv der Barmherzigen Brüder von Maria Hilf, Ordner 0274.

335 Vgl. o. V., Jugendheim St. Klemens. In: Saarbrücker Landes-Zeitung vom 7. März 1928, 3. Die Anmietung der Immobilie erfolgte durch den Caritasverband. Vgl. Ordensarchiv der Barmherzigen Brüder von Maria Hilf, Niederlassung „St. Clemens" Saarbrücken (wie Anm. 334).

336 Vgl. Bericht o. D. (ebd.).

337 Vgl. Schreiben Bistumssekretär Kammer an Schlich vom 19.07.1928 (ebd.) sowie o. V., Einweihung des Jugendheimes St. Klemens. In: Saarbrücker Landes-Zeitung vom 26. Juli 1928, 5.

338 Die Franziskanerinnen von der allerseligsten Jungfrau Maria von den Engeln, einer „Kongregation des regulierten Dritten Ordens des Heiligen Franziskus", eröffneten, nachdem Magarete Flesch, Ordensgründerin und erste Generaloberin, die Gemeinschaft am 13.03.1861 in Waldbreitbach gründete, viele Krankenpflegestellen und Kinderbewahranstalten. Saarbrücken erreichten sie am 12.11.1910, wo vier Schwestern ihre Arbeit aufnahmen. Diese Niederlassung war die 86. seit der Ordensgründung, was den enormen Einsatz und Zuspruch des Ordens widerspiegelt. Vgl. Leonhard Lemmens, Geschichte der Franziskanerinnen von Waldbreitbach (1863–1913). Festschrift zum 50jährigen Jubiläum der Genossenschaft. Trier 1913, 86.99 sowie 100 Jahre Kongregation der Franziskanerinnen der Allerseligsten Jungfrau Maria von den Engeln, St. Marienhaus, hg. von Kongregation der Franziskanerinnen BMVA. Neuwied 1963, 37. Die Schwestern kamen auf das Betreiben des damaligen Pfarrers Josef Michael Weber nach Saarbrücken. In den Originalchroniken des Ordens steht, es seien fünf Schwestern nach Saarbrücken gegangen, wo die Pfarrei das Haus Nummer drei in der Kasernenstraße für sie kaufte. Vgl. Zentrales Ordensarchiv der Franziskanerinnen BMVA von Waldbreitbach, Ordner „Zusammenfassung Gründungsgeschichte, Zusammenfassung der Chronik", Zentrales Ordensarchiv der Franziskanerinnen BMVA von Waldbreitbach, Bestand: Chroniken, Filiale Saarbrücken.

339 Vgl. Schlich, Die katholische Kirche in Saarbrücken (wie Anm. 284), 156 sowie die Ausführungen im Kapitel 4.1.1. Die Schwestern eröffneten 1931 einen Kindergarten in der Moltkestraße (nahe Infantriekaserne/St. Mauritius). Vgl. Zentrales Ordensarchiv

In Gersweiler ließen sich auf Betreiben des damaligen Pfarrers am 2. Juni 1914 vier „Dienerinnen des hl. Herzens Jesu“ aus Wien nieder.[340] Da es dem Orden jedoch an Nachwuchs mangelte, zogen die Schwestern sich wieder am 1. Oktober 1921 zurück[341] und es übernahmen die Schwestern aus der Kongregation der Karmeliterinnen des 3. Ordens aus Luxemburg die ambulante Krankenpflege, die Kleinkinderverwahrschule sowie die Näh- und Handarbeitsschule, die ihre Vorgängerinnen aufgebaut hatten.[342]

Die „Schwestern vom Heiligen Josef“[343] (aus Trier) erreichten Saarbrücken (Brebach) auf Veranlassung des in Brebach wirkenden Pfarrers Franz Joseph Bungarten, um sich der sittlich gefährdeten und „gefallenen“ weiblichen Bevölkerung

der Franziskanerinnen BMVA von Waldbreitbach, Ordner „Zusammenfassung Gründungsgeschichte, Zusammenfassung der Chronik“ (wie Anm. 338).

340 Vgl. hierzu und zum Folgenden: Pfarrei St. Michael Gersweiler, 100 Jahre S[ank]t Michael Gersweiler. 1886–1986. Saarbrücken-Gersweiler 1986, 202–204.

341 Vgl. Schreiben Pfarrer Kiefer an das Bischöfliche Generalvikariat Trier vom 04.10.1921 (Schwesternhaus Gersweiler [1921–1934], Bistumsarchiv Trier, B III 7, 86).

342 Hierfür beantragte die Oberin des Ordens (Sr. Maria Magdalena) bei der Bischöflichen Behörde die Erlaubnis. Vgl. Schreiben Sr. Maria Magdalena an das Generalvikariat Trier vom 11.10.1921 (ebd.). Allerdings zogen sich auch die Karmeliterinnen vom 3. Orden 1936 zurück, sodass schließlich sieben Josefsschwestern die Leitung übernahmen. Vgl. Pfarrei St. Michael Gersweiler, 100 Jahre S[ank]t Michael Gersweiler (wie Anm. 340), 204 sowie die Schreiben Kiefers an das Generalvikariat Trier und den Caritasverband Saarbrücken vom 29.07.1936 (Bistumsarchiv Trier, Schwesternhaus Gersweiler [1921–1934] [wie Anm. 341]; Bistumsarchiv Trier, Schwesternhaus Gersweiler [1921–1934] [wie Anm. 341]). Vgl. ferner den erhaltenen Schriftwechsel in: Akten betreffend religiöse, mildtätige, gemeinnützige Vereine Kreis Saarbrücken, Landesarchiv des Saarlandes, MK 268.

343 Die Gemeinschaft um Josephine Gräfin Schaffgotsch, die spätere Sr. Gertrud, wurde am 31.07.1891 gegründet. Zunächst versuchten die Schwestern ihren Lebensunterhalt mit der Durchführung von Laienexerzitien zu sichern. Dies misslang jedoch, weil Exerzitien bis dahin im Regelfall nur für Priester üblich waren, weil die Geistlichen glaubten, Volksmissionen seien ein vortrefflicheres Mittel. Bischof Korum, der bereits zum Zeitpunkt der Übernahme des Bischofsamtes in Trier anderer Meinung war, unterstützte Schwester Gertrud bei ihrem Vorhaben. 1895, nachdem Korum die Regel approbierte, die für die Kongregation anhand der Augustinusregel aufgestellt wurde, wurde der Grundstein für den Bau des „Josefstifts“ in Trier, dem Mutterhaus der Kongregation, gelegt. „Damit war klar, daß Bischof Korum und Mutter Gertrud den herkömmlichen Kongregationen nicht eine weitere hinzufügen wollten; sie strebten vielmehr eine apostolisch-soziale Kongregation an. Sie sollte Aufgaben im Sinne der modernen sozialen Frage übernehmen.“ (Emil Zenz, Die Josefsschwestern zu Trier. Entstehung und Wirken in Vergangenheit und Gegenwart. In: Mitten in der Welt. Schwestern vom Hl. Josef von Trier, hg. von Franz Ronig [= Treveris sacra 5]. Trier 1991, 11–94, hier: 27). Weiterhin blieb das Josefsstift in Trier zunächst ein Ort, wo Laien Exerzitien machen konnten und dies auch taten. Vgl. ebd., 28.48. Die Kongregation wuchs rasch an und erweiterte ihr Aufgabenspektrum um soziale Fürsorgedienste bzw. bot Aus- und Fortbildungskurse an.

der Stadt anzunehmen.[344] Nach einer Verlegung aus der Herbergsgasse gelang es den Schwestern in der Großherzog-Friedrich-Straße, alle Fürsorgevereine der Pfarreien in ihrem Haus zu sammeln, sodass sie sich – nachdem sich das bisherige Haus als zu klein erwies – unter dem Namen „Margarethenstift“ im Torhaus 7 etablierten.[345] Das Haus hierfür wurde 1921 durch den „Caritas e. V.“ angekauft und entsprechend eingerichtet. Auch dieses Haus wurde aufgrund der Notwendigkeit 1932 erweitert, damit bis zu 1.714 Personen an 95.192 Tagen betreut werden konnten.[346] Schon 1917 gründeten die Schwestern in einzelnen Pfarreien kleine Helferinnengruppen, die sich im „Katholischen Fürsorgeverein für Mädchen, Frauen und Kinder“ zusammenschlossen.[347] Bis 1923 arbeitete der durch die Schwestern ins Leben gerufene Verein parallel zum „Katholischen Fürsorgeverein für Mädchen, Frauen und Kinder“, der am 10. Juli 1912 in Alt-Saarbrücken gegründet und von Frau Marie-Luise Terstesse geführt wurde.[348] Danach schloss man die beiden Gruppen zusammen und gliederte sie dem Katholischen Fürsorgeverein in Dortmund an. In Saarlouis gründeten die Ordensschwestern noch das sich in der Trägerschaft des Caritasverbands Saarbrücken befindende „Gertrudenstift“, wo sich 22 Nonnen um bis zu 66 schulentlassene Mädchen kümmerten.

Doch auch der Caritasverband war noch ein junges Unternehmen zu dieser Zeit. „Zwecks Zusammenfassung der Werke der christlichen Nächstenliebe und einer geordneten Zusammenwirkung aller auf caritativem Gebiete tätigen Kräfte wurde 1917 der *Caritas-Verband* gegründet“.[349] Schlich, der bis 1925 noch zusätzlich Gefängnispfarrer war, hatte bereits vor der offiziellen Gründung des Verbands Kontakt zu den beiden Josephsschwestern, die als Caritasschwestern angestellt wurden.[350] 1921, nachdem der Verein bereits ins öffentliche Vereinsregister einge-

344 Vgl. Stefanie Molter, Vom „Katholischen Fürsorgeverein für Mädchen, Frauen und Kinder“ (KFV) zum „Sozialdienst katholischer Frauen“ (SkF). In: Die Saarbrückerinnen. Beiträge zur Stadtgeschichte, hg. von Annette Keinhorst, Petra Messinger und Hilde Hoherz (= Schriftenreihe Geschichte, Politik & Gesellschaft der Stiftung Demokratie Saarland Bd. 2). St. Ingbert 1998, 199–210, hier: 201.

345 Vgl. Bericht über das St. Josefsstift in Saarbrücken von seiner Entstehung bis zum Jahre 1942 (Pfarrarchiv der Pfarrei St. Michael Saarbrücken, Klemmmappe „Orden“).

346 Vgl. Schlich, Die katholische Kirche in Saarbrücken (wie Anm. 284), 156.

347 Vgl. hierzu und zum Folgenden: Molter, Vom „Katholischen Fürsorgeverein für Mädchen, Frauen und Kinder“ (KFV) zum „Sozialdienst katholischer Frauen“ (SkF) (wie Anm. 344), 201f.

348 Vgl. Braun, Katholische Kirche (wie Anm. 298), 210.

349 Schlich, Die katholische Kirche in Saarbrücken (wie Anm. 284), 154. Hervorhebung im Original. Der hervorgehobene Text wird im Original im Sperrdruck geboten.

350 Vgl. Tagebucheintrag Schwester Caritas vom 26.02.1917, abgedruckt in: Caritasverband für Saarbrücken und Umgebung e. V., Versuch eines Dienstes. 50 Jahre Caritasverband Saarbrücken. Saarbrücken 1968, 12. Schlich erhielt mit seinem Amtsantritt als Pfarrer an St. Jakob zugleich auch vom Regierungspräsidenten aus Trier den Auftrag, die Gefangenenseelsorge in den Saarbrücker Gefängnissen zu übernehmen, die auf seinem Pfarrge-

tragen worden war, erhielt der Caritas-Verband schließlich den Status einer „Körperschaft öffentlichen Rechts“.[351] Der Dechant des Dekanats Saarbrücken, also ab 1929 Johannes Schlich, war jeweils der erste Vorsitzende des Verbands.[352]

Im Laufe der Zwischenkriegsjahre blühte der Caritasverband bis 1934 auf, sodass insgesamt vier Caritassekretariate mit sechs Haupt- und vier Nebenamtlichen, sechs Fürsorgestellen mit acht Haupt- und fünf Nebenamtlichen sowie 1625 ehrenamtlichen HelferInnen existierten.[353] Es entstanden im preußischen Teil des Saargebiets 111 geschlossene Anstalten mit 4.910 Betten, 791 Pflegekräften und 1622 Hilfskräften sowie 98 halboffene Anstalten, wo sich 143 Pflegekräfte gemeinsam mit 214 Hilfskräften um bis zu 4.281 Besucher kümmerten. Darüber hinaus existierten 70 offene Einrichtungen, in denen 233 Pflegekräfte und 107 Hilfskräfte beschäftigt waren.[354]

Blickt man auf die katholischen Fürsorgeeinrichtungen, die in Saarbrücken bis zum Wiederanschluss an das Deutsche Reich entstanden und durch Orden getragen wurden, so muss man zur Überzeugung gelangen, dass das katholische Milieu zu dieser Zeit sehr ausgeprägt gewesen sein dürfte. Die wohltätigen Orden unterhielten in der Stadt eine Vielzahl an Einrichtungen für Kinder und Jugendliche: Neben fünf Säuglingsheimen existierten zur Kinderbetreuung eine Krippe, zwei Kinderhorte sowie sechs Kindergärten. An allen Orten (außer Kleinblittersdorf), an denen es einen Kindergarten gab, bot der jeweilige Orden auch Nähkurse an. Damit reagierten diese Orden bzw. Kongregationen auf die Not ihrer Zeit und kümmerten sich nicht mehr nur um die Armen und die Kranken, sondern erweiterten ihr Aufgabenfeld um die Erziehung und Betreuung von Kindern und Jugendlichen. Diese Arbeit galt als Aushängeschild des Katholizismus. „Daher sah sich das Kirchliche Handbuch wiederholt veranlaßt auf die volkswirtschaftlichen Vorteile der Schwesternarbeit hinzuweisen, die auch Nichtkatholiken zugute kamen.“[355]

Darüber hinaus konnten schulentlassene Mädchen eine Heimat im Gertruden- und Margarethenstift finden wie auch männliche Jugendliche im Lehrlingsheim, im einem der vier katholischen Jugendheime der Stadt und im Kolpinghaus. Fer-

biet lagen. Hierfür erhielt er eine jährliche Vergütung von 1.000 Mark. Vgl. Schreiben des Trierer Regierungspräsidenten ans Generalvikariat Trier vom 29.03.1913 (Pfarrakten der Pfarrei Saarbrücken [St. Jakob], Bistumsarchiv Trier, Abt. 70 Nr. 5375).

351 Eine kurze Abhandlung über die Gründungsgeschichte des Caritasverbands Saarbrücken befindet sich in: Caritasverband für Saarbrücken und Umgebung e. V., Versuch eines Dienstes (wie Anm. 350), 12–22.

352 Vgl. hierzu die Ausführungen in Kapitel 4.1.4.

353 Vgl. Schlich, Die katholische Kirche in Saarbrücken (wie Anm. 284), 154.

354 Vgl. Gottfried Hensel [Red.], Aus der Wohlfahrtspflege im Saargebiet. Düsseldorf 1930, 55.

355 Gatz, Die sozial-caritativ tätigen Orden in der Zwischenkriegszeit (wie Anm. 315), hier: 235.

ner bestand für Schülerinnen bzw. Studentinnen die Möglichkeit, im Internat der Ursulinen ein Zimmer zu erhalten.

Solche Erziehungsheime, die durch caritative Ordensgemeinschaften geleitet und (größtenteils) finanziert wurden, waren keine Seltenheit, da diese Orden bzw. Kongregationen im Laufe des 19. Jahrhunderts begannen, neben ihrer Tätigkeit in Schulen sowie der Kranken- und Armenpflege, auch Aufgaben in der Erziehungshilfe zu übernehmen. „Ihre Erziehungsarbeit zielte darauf hin, hilfsbedürftigen Kindern und Jugendlichen christliche Werte zu vermitteln und sie auf ein eigenständiges gesellschaftliches Leben vorzubereiten. Bei den sozial-caritativ tätigen Orden und Kongregationen fielen somit mehrere Aufgabenbereiche zusammen und Erziehungshilfe, Fürsorge, Gefährdetenhilfe und Mädchenschutz gingen oft ineinander über. Die Kinder- und Jugendfürsorge, d. h. die Sorge für uneheliche, verwaiste, verwahrloste und straffällige Kinder und Jugendliche, wurde zwischen 1850 und 1914 zu einem eigenständigen Arbeitsfeld und weitgehend von der Armenpflege getrennt."[356]

Hinsichtlich des (schulischen) Fortbildungsangebotes waren in Saarbrücken mehrere von den Orden unterhaltene (Aus-)Bildungsstätten vorhanden, wie beispielsweise die Ursulinen- oder Haushaltsschule. Insbesondere in den Zwischenkriegsjahren waren es die weiblichen Sozialorden, die zahlreiche höhere Mädchenschulen in den deutschsprachigen Gebieten unterhielten.[357] So unterhielten diese Orden 82 der 87 höheren Mädchenschulen, von denen die meisten in Bayern bzw. Preußen lagen. „Auch diese Schulen lagen meist in den katholischen Stammgebieten, nur selten in der Diaspora"[358], wie Erwin Gatz feststellt. Auch dieses Faktum traf auf die Saarmetropole zu. 1928 existierten 32 weibliche Schulorden, wobei die Ursulinen zu einem der großen Schulschwesternorden zählten. Anders sah es bei den männlichen caritativen Orden aus. Sie unterhielten gerade einmal 19 der 77 höheren katholischen Jungenschulen, die meistens in Verbindung mit einem Internat geführt wurden. Zudem gab es allerdings auch 73 Internate mit Missionsschulen für Schüler, die nach der Schulentlassung planten, Missionar zu werden.

Zugleich wandten sich die Orden aber auch an die Erwachsenen. Insgesamt gab es im Dekanat Saarbrücken sieben ambulante Pflegestellen, drei Erholungsheime sowie zwei Seniorenresidenzen. Zudem wurde in jedem Stadtteil ein Therapieprogramm für Alkoholkranke (Kreuzbund) angeboten. Nicht zuletzt glänzten die Heilig-Geist-Schwestern durch ihre Präsenz in zwei Krankenhäusern Saarbrückens, dem der Ortskrankenkasse und dem katholischen Krankenhaus auf dem Schenkelberg.

356 Gisela Fleckenstein, Erziehungshilfe. In: Caritas und soziale Dienste, 132–145, hier: 132.
357 Vgl. hierzu und zum Folgenden: Gatz, Vom Ende des Ersten Weltkrieges bis zum Beginn der nationalsozialistischen Herrschaft (wie Anm. 303), hier: 303.
358 Ebd.

Nicht nur in Saarbrücken, sondern auch bistumsweit zeichneten sich die sozial-caritativen Orden, die sich in der Diözese Trier angesiedelt oder Niederlassungen gegründet hatten, durch ihre große Versorgungsdichte an offenen Gesundheitsfürsorgestellen (ambulante Krankenpflege) aus.[359] Obwohl ab der Mitte der 1920er Jahre bereits knapp 50 % der Krankenpfleger/innen freiberuflich tätig waren, also nicht mehr einem Orden angehörten, sondern einen regulären Arbeitsvertrag hatten, konnten die katholischen Anstalten auf das Personal, das die Orden stellten, keineswegs verzichten.[360]

Fasst man die Einrichtungen der caritativen Orden Saarbrückens zusammen, so dürften etwa 310 Ordensleute (ohne Franziskaner und Oblaten) in der Stadt gewirkt haben. Somit kämen bei etwa 130.000 Einwohnern in Saarbrücken (Stand:1934) auf je einen Ordensangehörigen ca. 420 Personen. Mithin lebten etwa 7 % aller sozial-caritativen Ordensschwestern, die im Territorium des Bistums Trier eingesetzt waren, im Dekanat Saarbrücken.[361]

Insgesamt kann man beispielhaft an Saarbrücken im Kleinen die Untersuchung bestätigen, die Maximilian Hommens im Großen für das gesamte Bistum Trier aufstellte: Zwischen 1885 und 1930 vervierfachte sich etwa die Zahl der Ordensniederlassungen für Frauen in der Diözese Trier; die Männerniederlassungen versiebenfachten sich sogar.[362] So stieg auch in Saarbrücken im gleichen Untersuchungszeitraum die Zahl der männlichen und weiblichen Ordensniederlassungen sehr stark an. Mitten in diesem Dekanat wirkte Schlich, zunächst als Pfarrer an St. Jakob, dann ab 1929 als Pfarrer und Dechant an Christkönig. Dieses seelsorgerische Wirken Schlichs wird nun im folgenden Teil der Arbeit untersucht.

359 Vgl. Gatz, Die sozial-caritativ tätigen Orden in der Zwischenkriegszeit (wie Anm. 315), 236.

360 Vgl. ders., Krankenfürsorge. In: Caritas und soziale Dienste, 113–131, hier: 127–129.

361 Der berechnete Prozentsatz ergibt sich aus der Zahl der Ordensschwestern 1926 (vgl. Gatz, Die sozial-caritativ tätigen Orden in der Zwischenkriegszeit [wie Anm. 315], 237) und der Gesamtzahl der in Saarbrücken tätigen Schwestern 1934.

362 Maximilian Hommens, Die Orden und ordensähnlichen Gemeinschaften. In: Beharrung und Erneuerung (wie Anm. 7), 216–236, hier: 217.

4. JOHANN SCHLICH – PRIESTERLICHER DIENST IN SEELSORGE, KATHOLISCHEM MILIEU UND POLITIK

4.1 Das seelsorgliche Wirken Schlichs in Saarbrücken

Der Seelsorger Johann Schlich lässt sich aus verschiedenen Perspektiven beleuchten. Seine Tätigkeit als Gemeinde- und Vereinsleiter, die zum Leben eines „Milieumanagers", wie Olaf Blaschke Priester in der ersten Hälfte des 20. Jahrhunderts treffend charakterisiert, dazugehörte, sind ein Gesichtspunkt. Im Falle Schlichs gehört noch die Leitung des Dekanats Saarbrücken dazu. Allerdings kann man sein Wirken als Pfarrer und im Dekanat nicht als Momentaufnahmen beschreiben. Vielmehr wird im folgenden Kapitel 4.1 je ein dynamischer Prozess in den Blick genommen. Dabei werden die Entwicklungen in der Pfarrei und im Dekanat dargestellt, denn im Laufe der 23 Jahre, die Schlich in Saarbrücken lebte, haben sich sowohl die Pfarreien als auch die Anforderungen an die Seelsorge verändert. Darüber hinaus werden im Kapitel 4.2 zwei punktuelle Ereignisse im Leben des Seelsorgers in den Fokus gerückt, in denen er im Verbund mit dem Diözesanklerus agierte: Die Bistumssynoden von 1920 und 1931. Allerdings umfasste sein seelsorgerisches Handeln noch mehr. Daher wird im Kapitel 4.3 sein schriftstellerisches Wirken untersucht, was ebenso eine Säule des „milieumanagenden" Priestertums bildete. Ein solches literarisches Schaffen des Klerus zu dieser Zeit kann auch als Seelsorge definiert werden, nur mit einem über den lokalen Wirkungsraum hinausgehenden Adressatenkreis.

4.1.1 Pfarrer an „St. Jakobus Maior" zu Saarbrücken

Am 4. März 1913 teilte der Königliche Landrat dem Oberbürgermeister der Stadt Saarbrücken mit, dass der Bischof von Trier am 15. Februar 1913 Herrn Oberlehrer Dr. Johann Schlich (Saarlouis) zum Pfarrer von Saarbrücken (St. Jakob) ernannt hat.[363]

363 Vgl. Schreiben des königlichen Landrats an den Oberbürgermeister der Stadt Saarbrücken vom 04.03.1913, in: Nebenakten betreffend Geistliche der katholischen Kirchengemeinde (Geistliche der katholischen Kirchengemeinde, Stadtarchiv Saarbrücken, G 40 – 1090) sowie DIÖZESE TRIER, Kirchlicher Amtsanzeiger für die Diözese Trier (wie Anm. 39), Nr. 31, S. 26.

Abb. 15: Die Jakobskirche Saarbrücken (1906)

Zu dieser Zeit war die Großstadt Saarbrücken (die einzige Großstadt im Bistum Trier), wie bereits skizziert, in vier Pfarreien unterteilt, wobei die Pfarrei St. Jakob (Alt-Saarbrücken) hinsichtlich der Gläubigenzahl die kleinste Pfarrei Saarbrückens mit etwa 11.000 Einwohnern katholischer Konfession bildete.[364]

Saarbrücken war zu dieser Zeit stark evangelisch geprägt und bildete das Zentrum der protestantisch-liberalen Oberschicht an der Saar, zu dem neben den Regie-

364 Vgl. Zählbögen des Dekanats Saarbrücken, Bistumsarchiv Trier, Abt. 111,1 Nr. 51. Bereits vor der Fusion der Stadt Saarbrücken 1909 bestanden schon die vier Saarbrücker Stadtpfarreien. Vgl. Rolf WITTENBROCK, Die drei Saarstädte in der Zeit des beschleunigten Städtewachstums (1860–1908). In: Geschichte der Stadt Saarbrücken. Von der Zeit des stürmischen Wachstums bis zur Gegenwart, Band 2, hg. von Rolf WITTENBROCK, 2 Bde. Saarbrücken 1999, 11–130, hier: 110. Einen sehr detaillierten Bericht über die Lostrennung der Pfarreien (St. Jakob, St. Josef, St. Eligius und Umland) und die Entwicklung vor 1909 bietet Peter Muth in seiner 1908 erschienen Chronik der Pfarrei St. Johann. Vgl. Johann Peter MUTH, Pfarrgeschichtliche Bilder der katholischen Pfarrei St. Johann und Saarbrücken. Zum 150jährigen Jubiläum d. Einsegnung d. jetzigen Pfarrkirche von St. Johann. St. Johann a. d. Saar 1908. Zum Abtrennungsprozess insbesondere: 96–130. Aus einem an Trier adressierten Schreiben, das der Vorgänger Schlichs in St. Jakob, Pfarrer Josef Michael Weber, am 07.04.1908 verfasste, zählte die Pfarrei St. Jakob etwa 9.500 Seelen. Vgl. Schreiben Weber an das Generalvikariat Trier vom 07.04.1908 (Pfarrarchiv der Pfarrei St. Jakob Saarbrücken, Lose Blattsammlung „Antiquariat").

renden und Beamten auch die Großindustriellen des Saarbeckens, wie beispielsweise Carl Ferdinand Freiherr von Stumm-Halberg oder Hermann Röchling, gehörten. Die Stärke der Nationalliberalen gegenüber dem Zentrum zeigte sich sogar entsprechend in der Stadtverordnetenwahl von 1911, denn dort gelang es den Liberalen 42 Sitze zu bekommen, der Zentrumspartei hingegen nur drei.[365] Und dies geschah, obwohl 1912 in Saarbrücken mehr Katholiken als Nichtkatholiken lebten.[366]

Das Pfarrgebiet Schlichs umfasste den Bezirk „Alt-Saarbücken" (Saarbrücken I), d. h. das Stadtgebiet am linken Saarufer. Dort lebten 1912 insgesamt 10.532 Katholiken, 17.800 nichtkatholische Christen, 286 Dissidenten sowie 125 Juden.[367] 1915, dies lässt sich lediglich vermuten, waren es etwa 11.000 in Saarbrücken I lebende Katholiken.[368] Die Pfarrei schloss auch die beiden Gefängnisse auf der Lerchesflur (Reppertsberg), ein Krankenhaus (etwa 1,5 km entfernt von der Pfarrkirche), eine Lungenheilstätte auf dem Sonnenberg sowie die Drahtzug-Kolonie, die fünf Kilometer vom Pfarrhaus entfernt angesiedelt und 30 Familien (130 Seelen) groß war, mit ein. Neben den 11.000 Katholiken lebten auf dem Pfarrgebiet 18.000 Christen nichtkatholischer Konfession und 130 Juden.

Die Pfarrei verfügte neben der Stelle für den Pfarrer noch über drei Kaplanstellen[369], die bis 1929 immer besetzt waren. Im Pfarrhaus lebten neben den vier Geistlichen noch Maria Schlich[370], die Schwester des Pfarrers, und ein Dienstmädchen, das regelmäßig wechselte. Gemeinsam übernahmen sie die hauswirtschaftlichen Aufgaben.[371] Die Jakobskirche war nicht nur Pfarrkirche, sondern wurde zugleich

365 Vgl. Paul BURGARD und Ludwig LINSMAYER, Von der Vereinigung der Saarstädte bis zum Abstimmungskampf (1909–1935). In: Geschichte der Stadt Saarbrücken, 131–242, hier: 166.

366 Vgl. BISCHÖFLICHES GENERALVIKARIAT TRIER, Handbuch des Bistums Trier (wie Anm. 288), 120.122. Im Jahr 1909 standen sich 50.000 Katholiken und 46.000 Protestanten gegenüber, jedoch, so Burgard und Linsmayer weiter, verschob sich das Verhältnis von Katholiken zu Protestanten bis 1934 weiter zugunsten der Katholiken, denn in diesem Jahr wohnten 18.000 katholische Bürger mehr in Saarbrücken als evangelische Einwohner. Vgl. BURGARD und LINSMAYER, Von der Vereinigung der Saarstädte bis zum Abstimmungskampf (1909–1935) (wie Anm. 365), hier: 182.

367 Vgl. BISCHÖFLICHES GENERALVIKARIAT TRIER, Handbuch des Bistums Trier. Trier [16]1906, 120.

368 Vgl. hierzu und zum Folgenden Visitationsprotokoll der Pfarrei St. Jakob von 1915 (Visitationsprotokolle, Bistumsarchiv Trier, Abt. 40 Nr. 343).

369 Vgl. BISCHÖFLICHES GENERALVIKARIAT TRIER, Handbuch des Bistums Trier (wie Anm. 367), 121.

370 Maria Schlich wurde am 06.01.1878 in Bell geboren und getauft. Nachdem sie 1891 zur Erstkommunion gegangen war, empfing sie gemeinsam mit ihrer Mutter Catharina in der Pfarrkirche zu Niedermendig das Sakrament der Firmung. Vgl. PFARRARCHIV DER PFARREIENGEMEINSCHAFT MENDIG, Taufbuch der Pfarrei Bell (Mayen) – St. Florinus (wie Anm. 21).

371 Vgl. Visitationsprotokoll der Pfarrei St. Jakob von 1919 (Visitationsprotokolle, Bistumsarchiv Trier, Abt. 40 Nr. 351).

als französische Militärkirche genutzt, weshalb von 1918–1926 ein französischer Geistlicher im Pfarrhaus residierte.[372]

Auf dem Pfarrgebiet wohnten neben den Pfarrgeistlichen noch weitere Priester: Zwei (zeitweise auch drei) französische Geistliche, Ministerialdirektor Prof. Dr. Matthias Notton[373], Caritasdirektor Johann Feldges[374] (1918–1925), Caritasdirektor Robert Wagner[375] (ab 1926), Studienrat Prof. Hilarius Willscheid[376] (ab 1926), Prof. Franz Xaver Turmes[377] (ab 1926), Gefängnispfarrer Johann Schmitt[378] (ab 1925),

372 Vgl. Bericht Schlichs „Die kirchliche Gestaltung des Saargebiets 1919–1922" vom 02.08.1942, 1f. (SCHLICH, Unterlagen zur Geschichte des Saargebiets [wie Anm. 56]). Jedoch findet sich über dessen Wohnsitz im Pfarrhaus kein Vermerk in den Visitationsprotokollen.

373 Notton wurde am 28.01.1866 in Saarlouis geboren und am 18.03.1893 in Trier zum Priester geweiht. Anschließend absolvierte er seine vierjährige Kaplanzeit in Vallendar und St. Wendel, bevor er am 27.07.1897 zum Pfarrer in Beltheim ernannt wurde. 1898 wurde er von der Universität Innsbruck zum „Dr. theol." promoviert und am 15.04.1903 erfolgte seine Anstellung als Religionslehrer am Ludwigsgymnasium in Saarbrücken. 1920 wurde der frankophile Notton zum Ministerialdirektor der Abteilung für Kirchen- und Schulwesen bei der Regierungskommission des Saargebiets ernannt. 1931 wurde er emeritiert und im Mai 1932 zum päpstlichen Hausprälaten ernannt. Vgl. THOMAS, Der Weltklerus der Diözese Trier seit 1800 (wie Anm. 23), 252.

374 Feldges, geboren am 23.05.1888 in Kirmutscheid und am 01.08.1912 in Trier zum Priester geweiht, wurde am 28.08.1912 Kaplan in Saarbrücken (St. Johann). Nach mehr als fünfeinhalb jähriger Kaplanzeit setzte ihn Korum ihn am 01.04.1918 als Caritasdirektor in Saarbrücken ein. Anschließend wirkte er vom 27.09.1925 bis zu seinem Tod als Pfarrer im saarländischen Limbach. Vgl. ebd., 114.

375 Wagner erblickte am Allerheiligentag 1876 in Ernzen das Licht der Welt und empfing am 09.08.1902 das Sakrament der Priesterweihe in der Hohen Domkirche zu Trier. Nach seiner fast fünfjährigen Kaplanzeit in Trier (Liebfrauen) wurde er am 15.04.1907 Pfarrer in Lauterbach (bei Völklingen). Am 01.10.1925 emeritierte Wagner. Über seine Tätigkeit als Caritasdirektor in Saarbrücken, wo er 1935 verstarb, schreibt das Verzeichnis des Weltklerus des Bistums Trier nichts. Diese Angabe macht lediglich Schlich in den Visitationsprotokollen. Vgl. ebd., 358 sowie Visitationsprotokolle, Bistumsarchiv Trier, Abt. 40 Nr. 380.

376 Willscheid wurde am 14.03.1884 in Dattenberg geboren und empfing am 01.08.1912 in Trier die Priesterweihe. Anschließend war er acht Monte Kaplan in Plaidt und wurde am 25.04.1913 als Kaplan nach Saarbrücken (St. Eligius) versetzt. Am 01.10.1918 ernannte ihn der Bischof von Trier zum Religionslehrer an den Saarbrücker Mittelschulen und am 31.12.1920 wurde er Religionslehrer und Studienrat am Ludwigsgymnasium in Saarbrücken. Vgl. THOMAS, Der Weltklerus der Diözese Trier seit 1800 (wie Anm. 23), 373.

377 Turmes, am 30.10.1878 in Ulfingen geboren, wurde am 19.03.1904 in Trier zum Priester geweiht und arbeitete anschließend für drei Jahre als Kaplan in Neuwied. Ab 1907 wirkte er als Religionslehrer an der von Ursulinen geführten Schule in Saarbrücken. Am 01.04.1912 wechselte er an das Reform-Realgymnasium, wo er als Studienrat eigestellt wurde. Danach ging er 1916 für zwei Jahre an die Oberrealschule nach Metz, kehrte aber am 01.10.1918 wieder nach Saarbrücken zurück, dieses Mal jedoch an das Städtische Oberlyzeum, bevor er am 01.04.1921 an die Saarbrücker Oberrealschule wechselte. Vgl. ebd., 352.

378 Schmitt wurde am Allerseelentag 1891 in Sotzweiler geboren und am 07.08.1915 in Trier zum Priester geweiht. Nach seiner fast zehnjährigen Kaplanzeit in Saarbrücken (St. Johann) wurde er am 01.04.1925 auf die neu geschaffene Stelle des Strafanstaltspfarrers in den Saar-

Volksvereinssekretär Johann Jakob Elgas[379] (ab 1926) sowie die Religionslehrer Karl Wilhelm Berens[380] und Dr. Franz Xaver Lieblang[381]. Von diesen Priestern beteiligten sich alle außer den französischen Geistlichen und Notton in irgendeiner Form an der Pfarrseelsorge.[382]

Erbaut wurde die dem hl. Apostel Jakobus (dem Älteren) geweihte Pfarrkirche im Jahre 1887/1888 und im Jahr 1906 renoviert. Neben dem Hauptaltar gab es drei weitere Altäre (Marien-, Josefs- und Herz-Jesu-Altar), an denen die drei Kapläne, die Schlich (wie auch sein Vorgänger) hatte, ihre Messen morgens applizieren konnten.[383] Die Patrozinien Nebenaltäre passen zu den Trends der Frömmigkeitsgeschichte im Bistum Trier (und darüber hinaus).[384]

Das Visitationsprotokoll von 1915 gibt Auskunft darüber, dass die Pfarrkirche in gutem Zustand war und über eine reiche Ausstattung verfügte: drei Kelche, zwei Ziborien, drei Pyxiden für Krankenkommunionen, 27 Kaseln, fünf Dalmatiken, vier Cappen, 28 Alben, 58 Amikte, fünf Messbücher und drei für Requien sowie

brücker Gefängnissen berufen. Dieses Amt bekleidete er über zehn Jahre, bevor er Pfarrer in Niedaltdorf wurde. Vgl. ebd., 301.

379 Nachdem Elgas, der am 22.08.1890 in Altenkessel-Neudorf geboren wurde, am 24.03.1917 das Sakrament der Priesterweihe in Trier empfangen hatte, wirkte er für 16 Monate als Kaplan in Kues und anschließend bis 1923 als Kaplan in Nunkirchen. Am 05.12.1923 wurde er als Landessekretär des Volksvereins Saarbrücken eingesetzt. Diese Tätigkeit übte er bis 1931 aus, wonach er Pfarrer in Überherrn und ab 1937 in Koblenz-Ehrenbreitstein wurde. Vgl. ebd., 105.

380 Der am 26.03.1894 in Dudweiler geborene Berens bekam am 07.08.1921 in Trier die Priesterweihe gespendet und wirkte fast sechs Jahre als Kaplan in Trier (St. Paulin). Am 01.04.1927 wurde er als Rektor und Religionslehrer an die Ursulinenschule nach Saarbrücken versetzt. Ab dem 01.12.1935 arbeitete er als Pfarrer in Tholey und ab dem 03.06.1938 nebenamtlich in der Wehrmachtsseelsorge. Vgl. ebd., 50.

381 Lieblang, der am 23.05.1897 in Güdesweiler (bei Namborn) geboren und am 12.03.1921 in Trier zum Priester geweiht wurde, wurde nach Beendigung seiner dreijährigen Kaplanzeit in Trier (St. Gervasius) am 23.04.1924 Religionslehrer an der Saarbrücker Ursulinenschule. Von 1930 bis 1936 wurde er zwecks Promotionsstudien in Berlin freigestellt und wirkte anschließend ab dem 01.09.1936 wieder als Religionslehrer an einer von Ursulinen geleiteten Schule, dieses Mal allerdings in Trier. Vgl. ebd., 210.

382 Vgl. Protokolle der bischöflichen Visitationen der Pfarrei St. Jakob (Bistumsarchiv Trier, Visitationsprotokolle [wie Anm. 371] sowie Bistumsarchiv Trier, Visitationsprotokolle [wie Anm. 375]).

383 Am 07.04.1908 stellte der Vorgänger Schlichs, Pfarrer Weber, bei der bischöflichen Behörde einen Antrag für eine dritte Kaplanstelle, da die Pfarrei mittlerweile 9.500 Seelen umfasse. Zugleich beantragte er die Vergrößerung des Pfarrhauses, weil dieses hierfür zu klein sei. Das Generalvikariat stimmte beiden Anträgen zu, nachdem der Pfarrer die erforderlichen Unterlagen bzw. Zustimmungen des Kirchenvorstands und der staatlichen Behörden vorlegte. Vgl. Schreiben Weber an das Generalvikariat Trier vom 07.04.1908 sowie die Antwortschreiben aus Trier vom 24.04.1908 und 01.05.1908 (Pfarrarchiv der Pfarrei St. Jakob Saarbrücken [wie Anm. 364]).

384 Bernhard Schneider, Kirchliches Leben, Frömmigkeit und Seelsorge im gesellschaftlichen Wandel. In: Beharrung und Erneuerung (wie Anm. 7), 263–387, hier: 319–342.

acht Rituale. Zusätzlich existierte eine Kapelle im Schwesternhaus der in der Pfarrei ansässigen Franziskanerinnen von Waldbreitbach, die 1910 in Saarbrücken I einen Konvent mit Kindergarten und ambulanter Krankenpflege eröffnet hatten, und ein Gottesdienstraum im Gefängnis, der simultan mit anderen Konfessionen genutzt wurde.[385]

Durch die exorbitante Anzahl der Pfarrgeistlichen war auch das notwendige Messangebot (zur Erfüllung der Sonntagspflicht der Gläubigen) entsprechend groß: Werktags fanden um 6:15 Uhr, 6:45 Uhr und 7:15 Uhr heilige Messen statt und mittwochs und donnerstags wurde zusätzlich um 9:00 Uhr noch eine Spätmesse gelesen. An den Sonn- und Feiertagen wurden sechs Messopfer in der Pfarrkirche dargebracht (6:15 Uhr, 7:00 Uhr, 8:00 Uhr, 9:00 Uhr, Hochamt um 10:00 Uhr sowie 11:15 Uhr) und in mindestens fünf der sechs (oft sogar in allen) Messen wurde auch gepredigt. Es wurden in den Messen außer im Hochamt, in dem gregorianische Choräle erklangen, deutsche Lieder gesungen.

Sonntags nachmittags erfolgte die katechetische Unterweisung der Kinder und jungen Erwachsenen in der Christenlehre. Die jüngeren Kinder versammelten sich um 14:00 Uhr und die Älteren um 15:00 Uhr. Zudem wurden um 15:00 Uhr und um 19:00 Uhr Andachten angeboten, wobei allerdings nur die letzte gut besucht war.[386] Der Gottesdienstbesuch war sonn- und feiertags befriedigend, an den Werktagen schwach. 1914 wurden insgesamt 99.850 Kommunionen – hiervon 4.500 an Ostern – gespendet. Auch die Kranken der Pfarrei wurden nicht vergessen. Jede Woche besuchten die Priester die Kranken mit der heiligen Kommunion und Schwerkranke unter Umständen auch öfter.

Etwas mehr als die Hälfte der Ehen, die geschlossen wurden, waren konfessionell gemischt und auch deutlich mehr als 50 % der daraus hervorgehenden Kinder wurden nicht katholisch getauft. Diese Quote blieb über die Jahre, in denen Schlich Pfarrer an St. Jakob war, konstant.[387] Die Mischehen waren eine der

385 Fünf Schwestern bezogen, nachdem der Vorgänger Schlichs sich dafür einsetzte, am 16.11.1910 ein Haus in der Kasernenstraße (Nr. 3), welches die Pfarrei zu diesem Zweck angekauft hatte. Die Einsegnung des im franziskanischen Stil umgebauten Hauses erfolgte zwei Tage später. Am 01.12.1910 eröffnete sofort der dringend benötigte und rasch anwachsende Kindergarten. Im Folgejahr gründeten die Franziskanerinnen zudem eine Handarbeitsschule für 30 Mädchen im Vereinshaus. Vgl. Zentrales Ordensarchiv der Franziskanerinnen BMVA von Waldbreitbach, Ordner „Zusammenfassung Gründungsgeschichte, Zusammenfassung der Chronik“ (wie Anm. 338). Vgl. zudem die Ausführungen in Kapitel 3.3.2.

386 Daher legte Pfarrer Schlich bis zur Visitation 1917 die Andachten zusammen und setzte diese für 18:00 Uhr an. Vgl. Visitationsprotokoll der Pfarrei St. Jakob aus dem Jahr 1917 (Visitationsprotokolle, Bistumsarchiv Trier, Abt. 40 Nr. 347).

387 Diese Quote blieb über die Jahre, in denen Schlich Pfarrer an St. Jakob war, konstant. Vgl. hierzu: ebd.; Bistumsarchiv Trier, Visitationsprotokolle (wie Anm. 371) sowie Bistumsarchiv Trier, Visitationsprotokolle (wie Anm. 375). Bischof Korum hatte bereits

größten Sorgen des Saarbrücker Klerus dieser Zeit. In fast allen Dekanats- und Kapitelsberichten, die dem Bischof übersandt wurden, ist dieses Faktum sorgenvoll benannt und auch der Bischof betrachtete diese Entwicklung mit großem Bedauern, sprach seinen Priestern jedoch immer wieder Mut für ihre Arbeit zu.[388] 1914 gab es in Saarbrücken I 50 Zivilehen und Konkubinate und zehn Ehescheidungsanträge, von denen lediglich zwei nicht ausgeführt wurden. Im gesamten Deutschland überstieg die jährlich wachsende Zahl der Kirchenaustritte die der Rück- und Übertritte.[389] Analog überwog auch in St. Jakob die Zahl der Austritte, deren Zahl von 1919 bis zum Ende der Amtszeit Schlichs (1929) anwuchs, die Zahl der Rekonziliationen. Während der Amtszeit Schlichs traten in St. Jakob durchschnittlich 22 Menschen aus der Kirchengemeinde aus, allerdings gab es auch einige Rücktritte.[390] Damit war der negative Saldo aus Aus-, Rück- und Übertritten in St. Jakob, verglichen mit dem Bistumsdurchschnitt, etwa zehn- bis zwölfmal höher.[391]

1893 einen Hirtenbrief speziell zum Thema „Mischehen" verfasst. Eine Publikation im „Pastor bonus", dem Publikationsorgan des Trierer Seminarprofessorenkollegiums, im Jahr 1905 verifizierte die Sorge Korums, denn anhand von Statistiken wurde deutlich gemacht, dass der größte Verlust an Gläubigen zu verzeichnen ist, wenn diese eine Mischehe eingehen und die daraus resultierenden Nachkommen nicht katholisch getauft würden. Vgl. hierzu: SCHNEIDER, Kirchliches Leben, Frömmigkeit und Seelsorge im gesellschaftlichen Wandel (wie Anm. 384), hier: 305. Der CIC (1917) verbot später sogar ein „Matrimonium mixtum", räumte aber zugleich die Möglichkeit einer Dispens ein. Um eine Dispens zu erlangen, musste der dispensierenden Kirchenbehörde garantiert werden, dass der katholische Ehepartner (und die aus der ehelichen Verbindung hervorgehenden Nachkommen) nicht vom katholischen Glauben abfallen würden. Der Partner, der einer anderen Konfession angehörte, war gezwungen zu versprechen, seinen Partner nicht vom katholischen Glauben abbringen zu wollen oder ihn beim Praktizieren seines Glaubens und der Besorgung seiner Glaubenspflichten zu hindern. Zudem verpflichtete sich das Paar, sämtliche Kinder katholisch taufen zu lassen und zu erziehen. Ferner war der katholische Partner gehalten, seinen Ehepartner zu einer Konversion in die katholische Kirche und zum katholischen Glauben zu bewegen. Vgl. PIUS X. und BENEDICTUS XV., Codex Iuris Canonici (wie Anm. 287), cann. 1060–1062.

388 Vgl. Berichte der Dekanats- und Kapitelskonferenzen sowie die Antwortschreiben Korums bzw. Bornewassers, in: PFARRARCHIV DER PFARREI CHRISTKÖNIG SAARBRÜCKEN (wie Anm. 305). Vgl. darüber hinaus die Ausführungen im Kapitel 4.1.4.

389 Vgl. SCHNEIDER, Kirchliches Leben, Frömmigkeit und Seelsorge im gesellschaftlichen Wandel (wie Anm. 384), 317.

390 Vgl. hierzu: BISTUMSARCHIV TRIER, Zählbögen des Dekanats Saarbrücken (wie Anm. 364) und BISTUMSARCHIV TRIER, Visitationsprotokolle (wie Anm. 386); BISTUMSARCHIV TRIER, Visitationsprotokolle (wie Anm. 371) sowie BISTUMSARCHIV TRIER, Visitationsprotokolle (wie Anm. 375).

391 Vgl. SCHNEIDER, Kirchliches Leben, Frömmigkeit und Seelsorge im gesellschaftlichen Wandel (wie Anm. 384), 317 (Abb. 16 und 17) sowie BISTUMSARCHIV TRIER, Zählbögen des Dekanats Saarbrücken (wie Anm. 364).

Die Statistik, die Dechant Echelmeyer den Kapitularen vorlegte, zeigte, dass die kirchliche Bindung in der Hauptstadt des Saargebiets besonders locker war. In der Stadt wurden 566 Ehen von je zwei Katholiken auf dem Standesamt geschlossen, davon ließen sich 515 Paare katholisch trauen oder wurden in eine andere Pfarrei zur Trauung überwiesen.[392] 9 % der rein katholischen Paare schlossen ihre Ehe nicht vor Gott und empfingen somit auch das Sakrament der Ehe nicht, während es bis 1937 bistumsweit in der Regel nicht mehr als 5 % waren.[393] Noch deutlicher spricht die Statistik im Fall der konfessionell nichteinheitlichen Ehen, denn von den 421 standesamtlich geschlossenen Ehen wurden nur 237, also 56,29 % kirchlich getraut. Im Bistum Trier wurden von den Mischehen etwa 55 % nach katholischem Ritus getraut, eine Quote, welche in Saarbrücken nicht mehr erreicht wurde.[394]

Ferner ist die Zahl der gemischt-konfessionellen Paare im Vergleich zu den rein katholischen Ehen in Saarbrücken besonders hoch: Während 1925 bistumsweit gerade einmal 1.000 der 10.500 Ehepaare (9,52 %) unterschiedlicher Konfession waren, waren es im Dekanat Saarbrücken 421 von 987 Paaren (42,65 %).[395] Es verwundert daher nicht, dass das Thema der gemischt-konfessionellen Ehen immer wieder von den Kapitularen behandelt wurde und sie darin die größte pastorale ‚Baustelle' sahen, wo eine intensivere Seelsorge nötig sei.

Die Taufstatistik unterstrich die These der Geistlichen noch einmal. Von den 1.426 Kindern aus rein katholischen Ehen wurden 1.324 (92,85 %) auch katholisch getauft, während aus den nicht einheitlich-konfessionellen Ehen nur 323 der 462 Kinder (69,91 %) durch das Sakrament der Taufe in die katholische Kirche eingegliedert wurden. Gerade „die Taufquote [ist] ein Indiz dafür, ob die Elterngeneration sich noch mit der Kirche als heilsvermittelnder Institution verbunden weiß, wenigstens so weit, dass sie den Kindern die Taufgnade und den dadurch vermittelten Weg »in den Himmel« nicht vorenthalten wollte."[396]

Wie Bernhard Schneider nachweist, ließen 99 % der rein katholischen Paare der Diözese Trier ihre Kinder bis 1937 auch taufen, immerhin taten dies auch ⅔

392 Die Reihenfolge, zunächst auf dem Standesamt heiraten zu müssen und danach die Ehe in der Kirche schließen zu können, ist eine Entwicklung des sog. Kulturkampfes. Vgl. hierzu: Josef Steinruck, Das Bistum Trier im Kulturkampf. In: Auf dem Weg in die Moderne. 1802–1880, hg. von Martin Persch und Bernhard Schneider (= Geschichte des Bistums Trier 4). Trier 2000, 609–636.

393 Vgl. Schneider, Kirchliches Leben, Frömmigkeit und Seelsorge im gesellschaftlichen Wandel (wie Anm. 384), 299.

394 Vgl. ebd.

395 Vgl. Kapitelsverhandlungen des Dekanates Saarbrücken in St. Johann am 3. Mai 1926 (Kapitels- und Pastoralkonferenzberichte, Bistumsarchiv Trier, Abt. 74 Nr. 46) sowie Schneider, Kirchliches Leben, Frömmigkeit und Seelsorge im gesellschaftlichen Wandel (wie Anm. 384), 308 (Abb. 12).

396 Ebd., 312.

der gemischten Paare, die ein Kind bekamen.[397] Was die gemischt-konfessionellen Ehen betraf, so lag man in Saarbrücken überraschenderweise ein wenig über dem Durchschnitt, allerdings fällt hingegen auf, dass fast 10 % der katholischen Paare ihre Kinder nicht mehr taufen ließen, was ganz klar dafür spricht, dass der Abstand zur „Gnadenanstalt" in den eigenen Reihen immer größer wurde.

Dies zeigt aber auch, dass die Kapitulare den Kairos der Stunde richtig einzuschätzen wussten und durch Eheseminare dem Glaubensverlust entgegenwirken wollten. Aber die Regierungskommission des Saargebiets erließ am 23. März 1926 eine neue Verordnung, wonach nun nicht mehr der Vater allein maßgebend war für die religiöse Erziehung der Kinder, sondern im Todesfalls des Vaters sollte von nun an zwar ebenfalls die Mutter sowie das Kind gehört werden, aber die letzte Entscheidung fällte das Gericht. Bei konfessionell gemischten Ehen könnte diese Regelung des Staates somit der katholischen Kirche unter Umständen zum Nachteil gereichen, weil die entscheidende Instanz, das Vormundschaftsgericht, mehrheitlich von protestantischen Beamten geleitet wurde. Auch diese Entwicklung beschäftigte die Kapitulare sehr und sie planten ein Vorgehen gegen das neue Gesetz.[398]

Auffallend erscheint ebenso die Diskrepanz zwischen der Anzahl der Sterbefälle und der der kirchlichen Beerdigungen, denn von den 844 verstorbenen Katholiken wurden nur 694 (82,22 %) nach katholischem Ritus beerdigt. Diese hohe Differenz entstand, laut Dechant Echelmeyer, aus zwei Gründen: Einerseits starben in den städtischen Krankenhäusern und Heilanstalten Katholiken aus dem Umland, die dann auch in ihrer Heimatpfarrei beerdigt würden, und andererseits dadurch, „dass anscheinend systematisch Krankheit und Todesfall des katholischen Teiles in Mischehen den katholischen Pfarrämtern verheimlicht wird, weil dem protestantischen Angehörigen die katholische Beerdigung unerwünscht ist. [...] Die Protestanten tun dies bereits in ausgiebigem Maße (sic!) in systematischer Weise."[399]

Ob diese Analyse zutreffend war, lässt sich nicht mehr nachvollziehen, aber es ist anzunehmen, dass Echelmeyer überprüft hat, ob es sich bei den nicht nach katholischem Ritus beerdigten Katholiken auch um Menschen handelte, die in einer konfessionell nichteinheitlichen Ehe lebten. Vielleicht entsprach die Argu-

397 Vgl. ebd., 313.

398 Vgl. Bericht über die Pfarrkonferenz der Definition 1 des Dekanates Saarbrücken gehalten am 16.11.1926 in Gersweiler (Kapitels- und Pastoralkonferenzberichte, Bistumsarchiv Trier, Abt. 74 Nr. 47).

399 Kapitelsverhandlungen des Dekanates Saarbrücken in St. Johann am 3. Mai 1926 (Bistumsarchiv Trier, Kapitels- und Pastoralkonferenzberichte [wie Anm. 395]). Vgl. zudem: Bericht der Konferenz der 1. Definition des Dekanats Saarbrücken vom 13.2.26 in Saarbrücken-Burbach St. Eligius (Bistumsarchiv Trier, Kapitels- und Pastoralkonferenzberichte [wie Anm. 398]).

mentation auch nicht den Fakten und er wollte die Kapitulare mit dieser Äußerung trösten und bei der Bischöflichen Behörde den Eindruck erwecken, dass sie die Situation in Saarbrücken noch besser beherrschten, als es in Wirklichkeit der Fall war. Man kann an dieser Stelle aber mit Sicherheit konstatieren, dass es in der gemischtkonfessionellen Großstadt Saarbrücken eine enorme Sannung und einen großen Konkurrenzkampf zwischen den Konfessionen gab.Man hatte Angst, von der anderen Konfession überflügelt zu werden und besonders bei den Mischehen und deren pastoraler Betreuung, Taufen und Beerdigungen in eine nachteilige Situation zu geraten. Dies verstanden die Priester als ein wichtiges Feld der Großstadtseelsorge und des Milieuschutzes.

Die Dekanatsgeistlichen setzten aber zugleich auch auf sogenannte „außerordentliche Seelsorgemaßnahmen". In der Osterzeit 1914 wurden zwei eucharistische Wochen für die Angehörigen der drei Standeskongregationen der Pfarrei, denen jeweils der Pfarrer vorstand, angeboten und 1915 wurde eine Exerzitienwoche gehalten, an der alle Pfarrkinder teilnehmen konnten. In den Folgejahren, in denen Schlich die Gemeindeleitung innehatte, wurden jährlich wechselnd Jungfrauen-, Frauen- oder Männerexerzitien bzw. Triduen sowie eucharistische Wochen angeboten.[400] Damit lag Schlich auf einer Welle mit der Bistumsleitung, was sicherlich auch auf seine Zeit als Bistumssekretär und Domvikar in Trier zurückzuführen ist.[401] Zunächst waren Exerzitien den Geistlichen vorbehalten. Exerzitien wurden seit 1707 besonders den Klerikern des Bistums Trier empfohlen und in can. 126 (CIC/1917)[402] wurde eine Teilnahme jedes dritte Jahr sogar zur Vorschrift gemacht.[403] Erstmals findet man den Gedanken, Exerzitien für Laien, insbesondere für Männer und Jünglinge, die man als primäre Zielgruppe ins Visier nahm, anzubieten, im Kirchlichen Amtsanzeiger der Diözese Trier im Jahr 1903.[404] Allerdings sollten die Exerzitien nicht die Volksmissionen[405] ersetzen, sondern „zielten vielmehr auf den Einzelnen und seine individuellen Bedürfnisse".[406] Im Jahr 1907 erkannte auch der Trierer Oberhirte Korum

400 Vgl. Bistumsarchiv Trier, Visitationsprotokolle (wie Anm. 386); Bistumsarchiv Trier, Visitationsprotokolle (wie Anm. 371) sowie Bistumsarchiv Trier, Visitationsprotokolle (wie Anm. 375).

401 Eine sehr gute Schilderung der geschichtlichen Entwicklung der Laien-Exerzitien im Bistum Trier bietet Bernhard Schneider. Vgl. hierzu: Schneider, Kirchliches Leben, Frömmigkeit und Seelsorge im gesellschaftlichen Wandel (wie Anm. 384), 362–366.

402 "Omnes sacerdotes saeculares debent tertio saltem quoque anno spiritualibus exercitiis […]". Zitiert nach: Pius X. und Benedictus XV., Codex Iuris Canonici (wie Anm. 287), can. 126.

403 Vgl. Martin Persch, Der Diözesanklerus und die neuen pastoralen Laienberufe. In: Beharrung und Erneuerung (wie Anm. 7), 174–215, hier: 203.

404 Vgl. hierzu und zum Folgenden: Schneider, Kirchliches Leben, Frömmigkeit und Seelsorge im gesellschaftlichen Wandel (wie Anm. 384), 363.

405 Zu den Volksmissionen: s. u.

406 Ebd.

den Wert der Laien-Exerzitien an und stellte das Thema „Exerzitien" ins Zentrum seiner Hirtenbriefe zur Fastenzeit (1907–1909), indem er seinen Diözesanen das ignatianische Exerzitienbuch auslegte.[407]

Schlich arbeitete, was die Abhaltung von außerordentlichen Seelsorgemaßnahmen anging, stets mit seinen Mitbrüdern auf Dekanatsebene zusammen, wie es beispielsweise aus den Aufzeichnungen der Dekanatskonferenz 1925 hervorgeht.[408] So wurden in der ersten Definition Standesexerzitien für Jünglinge und Jungfrauen in St. Johann bzw. Brebach abgehalten sowie eine religiöse Männer- und Frauenwoche in St. Jakob. Ferner feierte man in St. Josef Aloysius- und Josefstriduen, in St. Eligius und Herz-Jesu (eucharistische) Triduen für Jungen und Mädchen. Darüber hinaus setzte man ein Vorhaben um, das schon von der Diözesansynode 1920 in Trier gefordert wurde, nämlich Schulentlass-Exerzitien für alle Schüler/innen der Stadtpfarreien.[409] Mit diesem Mittel erhofften sich die Geistlichen, dass die Jugendlichen, die die Schule beendet hatten, an den Lehren der Kirche festhielten und sich auch in Zukunft mehr in das Leben der Pfarrei integrierten. In Rentrisch und Scheidt, zwei für die erste Definition des Dekanats Saarbrücken verhältnismäßig kleine Pfarreien, wurde eine religiöse Woche bzw. ein Triduum durchgeführt.

Neben den pastoralen Arbeitsfeldern musste sich Schlich auch um die materiellen Güter der Pfarrei kümmern, auch wenn die Pfarrei St. Jakob nicht viel besaß. So konnte die Pfarrei neben dem Pfarrhaus, welches sich in gutem Zustand befand und in 13 Zimmer untergliedert war, sowie der Pfarrkirche nur einen 2266 qm großen Bauplatz und ein Gesamtkapital von 37.900 Mark, das vom Pfarrer verwaltet wurde, ihr Eigen nennen.

Auf dem Pfarrgebiet stand eine Volksschule mit zwei Systemen (jeweils 15 Klassen), also 840 Knaben und 850 Mädchen, die getrennt nach Geschlecht und Kon-

407 Vgl. Persch, Der Diözesanklerus und die neuen pastoralen Laienberufe (wie Anm. 403), 203. Die Texte der Hirtenbriefe Korums sind abgedruckt in: Diözese Trier, Kirchlicher Amtsanzeiger für die Diözese Trier (= Kirchlicher Amtsanzeiger der Diözese Trier 51). Trier 1907, Nr. 1, S. 1–14; dass., Kirchlicher Amtsanzeiger für die Diözese Trier (= Kirchlicher Amtsanzeiger für die Diözese Trier 52). Trier 1908, Nr. 8, S. 13–27; dass., Kirchlicher Amtsanzeiger für die Diözese Trier (= Kirchlicher Amtsanzeiger für die Diözese Trier 53). Trier 1909, Nr. 9, S. 9–22.

408 Die Statistik des Jahres 1925 ist die erste detaillierte Analyse einer Saarbrücker Dekanatskonferenz über Taufen, Eheschließungen, Beerdigungen und außerordentliche Seelsorgeveranstaltungen, die heute noch überliefert ist, und wird daher an dieser Stelle zum Vergleich herangezogen.

409 Die Diözesansynode 1920 forderte eine öffentliche Feier anlässlich der Schulentlassung. „Mit ihr soll die bisher bei der Erstkommunion übliche Erneuerung der Taufgelübde verbunden werden. Die zu entlassenden Kinder sollen [...] durch kurze geistliche Übungen in der Liebe zu Gott und in der Treue zur hl. Kirche befestigt und so auf den Kampf des Lebens vorbereitet werden." (Dekret A IV Nr. 3, abgedruckt in: Diözesansynode des Bistums Trier. 28.–30. September 1920, hg. von Bischöfliches Generalvikariat Trier. Trier o. J., 115).

fession unterrichtet wurden. Dort gaben der Pfarrer jede Woche acht Stunden Katechismusunterricht (ohne Erstkommunionunterricht) und die Kapläne insgesamt 40 Stunden.[410]

1915 bereiteten sich drei Alumnen aus der Pfarrei, die bürgerlichen Verhältnissen entstammten, auf das Priesteramt vor, wobei einer nicht in Trier, sondern in Eichstätt ausgebildet wurde. Die Niederlassung der Franziskanerinnen, die eingangs bereits Erwähnung fand und von Schlich hochgeschätzt wurde, umfasste acht Schwestern, die in der ambulanten Krankenpflege tätig waren und eine Näh- und Kinderbewahrschule sowie einen Kinderhort in der Hohenzollernstraße[411] unterhielten.[412]

In den Folgejahren kümmerte sich Schlich sehr intensiv um die Belange des Kinderhorts: „Nachdem ich nun die Einrichtung des auf Wunsch der Behörden ins Leben gerufenen Kinderhorts nach der materiellen Seite hin soweit in die Wege geleitet und eine gute tägliche Doppelspeisung der Kinder […] – allerdings mit großer Mühe – gesichert habe, bitte ich Sie, im Verein mit Herrn Rektor Zimmer die pädagogische Seite desselben […] zu regeln."[413]

Aber nicht nur die religiöse und materielle Fürsorge stand für Schlich im Vordergrund, sondern zugleich war ein solches katholisches Heim auch Teil seiner konfessionellen Abschottungstaktik, um das katholische Milieu vor fremden Einflüssen zu schützen.[414] Wie er im Juni 1917 der Generaloberin der Franziskanerinnen von Waldbreitbach mitteilte, sei der Kinderhort sehr wichtig für die Katholi-

410 Zum Vergleich: 1923 gab es auf dem Pfarrgebiet von St. Josef 60, auf dem von St. Johann 35 und auf dem von St. Eligius sogar 65 Klassen. Vgl. hierzu: Bistumsarchiv Trier, Visitationsprotokolle (wie Anm. 371). Die Zahl der Schulklassen in den Alt-Saarbrücker Volksschulen blieb während der Jahre, in denen Schlich Pfarrer an St. Jakob war, konstant.

411 Der Kinderhort wurde am 01.05.1917 eröffnet und bot 40–60 Kindern Platz. Vgl. Jahresbericht über den Kinderhort vom 01.05.1918 (Pfarrarchiv der Pfarrei St. Jakob Saarbrücken [wie Anm. 364]) sowie Zentrales Ordensarchiv der Franziskanerinnen BMVA von Waldbreitbach, Ordner „Zusammenfassung Gründungsgeschichte, Zusammenfassung der Chronik" (wie Anm. 338).

412 Wie aus einem Antwortschreiben der Oberlehrerin Zenker vom Verein für Frauenbestrebungen im Saargebiet zu entnehmen ist, erkundigte sich Schlich bei ihr über die Verhältnisse des von ihr betreuten evangelischen Kinderhorts in Saarbrücken I und wollte wissen, wie die finanzielle Unterstützung seitens der Stadt geregelt sei. Schlich wollte sich um die Finanzen des katholischen Kinderhorts der Franziskanerinnen von nun an kümmern und bat daher um entsprechende Auskunft. Vgl. Schreiben Zenker an Schlich vom 15.07.1915 (Pfarrarchiv der Pfarrei St. Jakob Saarbrücken [wie Anm. 364]).

413 Schreiben Schlich an einen nicht näher zu identifizierenden Schulrektor vom 06.05.1917 (ebd.). Hervorhebungen im Original. Die Lehrer/innen, die auf Freiwilligenbasis als Hausaufgabenbetreuung im Hort fungieren sollten, müssten – so Schlichs Rechnung – jeweils alle zwei bis drei Wochen eine Stunde Dienst tun. Der im Schreiben erwähnte „Rektor Zimmer" war der Leiter des katholischen Mädchensystems (Saarbrücken I). Vgl. Schreiben Notton an Schlich vom 31.05.1924 (ebd.).

414 Zum katholischen Milieu vgl. die Ausführungen in Kapitel 4.4.6.

ken der Stadt, da es in Saarbrücken I nur einen von den Protestanten betriebenen gäbe, in dem etwa zwei Drittel der Kinder katholischer Konfession seien. Zudem plane die Stadt seit längerem ein interkonfessionelles Säuglingsheim mit evangelischen Pflegerinnen. „Da müssen wir unbedingt zuvorkommen. Es gilt: jetzt oder nie!“[415] Damit zeichnet sich Schlich nicht als eine Person aus, die den interkonfessionellen Dialog suchte, sondern vielmehr eine Trennung zwischen Katholiken und Protestanten förderte.

Schlich kann durchaus aber auch als Visionär gesehen werden, denn er wollte gemeinsam mit den Franziskanerinnen ein allgemeines Krankenhaus in der Nähe von St. Jakob bauen, was jedoch an der Stadtverwaltung scheiterte, die „Furcht vor Konkurrenz“ hatte. Er verhandelte daher mit den kommunalen Größen und war bestrebt, eine Lungenheilanstalt und Infektionskrankenhaus auf dem potentiellen Ordensbauplatz, den er dem Generalrat empfohlen hatte, zu errichten.[416] Dieser Bauplatz sollte jedoch später eine andere Verwendung finden.

Mit der Unterzeichnung des Mietvertrags am 1. Oktober 1917 für ein Haus im Trillerweg 4 in Alt-Saarbrücken[417] begann Schlich, der Vorsitzender des Caritas-Vereins der Pfarrei St. Jakob war, mit einem Projekt, das ihn bis zu seiner Flucht aus Saarbrücken beschäftigen sollte und wofür, dies sei im Folgenden kurz skizziert, er sich sehr engagierte: das Säuglings- und Kinderheim. Nachdem das Säuglingsheim, das für 50–60 Säuglinge Platz bot, am 1. Mai 1917 eröffnet wurde, zog auch der Kinderhort der Franziskanerinnen (Leitung durch die Oberin des Saarbrücker Konvents, Sr. M. Adele OFM) von der Hohenzollernstr. 35 (neben dem Kloster) in das Gebäude des Säuglingsheims, um auf diese Weise Kosten einzusparen.[418] Aber nicht nur die Kostenkalkulation hatte Schlich im Blick: „Ge-

415 Schreiben Schlich an Generaloberin Mathildis vom 09.06.1917 (Zentrales Ordensarchiv der Franziskanerinnen BMVA von Waldbreitbach, Pfarramt St. Jakob, Pastor Dr. Schlich, Schriftverkehr von 1915–1929, Zentrales Ordensarchiv der Franziskanerinnen BMVA von Waldbreitbach, Bestand: Chroniken, Filiale Saarbrücken). Maschinell wurde am Rand vermerkt: „K. H. an die würdige Mutter Generaloberin zur weiteren Erledigung gegeben. In Anbetracht der geschilderten Verhältnisse befürworte ich das Gesuch recht warm und erteile zur Errichtung der Kinderkrippe meine Zustimmung“. Darunter unterzeichnete Bischof Krum handschriftlich: „+ M. Felix Korum Bischof von Trier 1916 17“.

416 Vgl. Schreiben Schlich an Generaloberin Mathildis vom 05.09.1915 (ebd.).

417 Bei diesem Haus handelte es sich um eine ehemalige Gaststätte, dem sog. „Jakobs Gärtchen“, das sich im Besitz des Brauereibesitzers Hermann Knipper befand. Vgl. hierzu: Mietvertrag vom 01.10.1917 geschlossen zwischen Schlich und Knipper (Pfarrarchiv der Pfarrei St. Jakob Saarbrücken [wie Anm. 364]). Die jährliche Miete für das Haus betrug 900 Mark.

418 Bis zum 01.03.1918 wurden insgesamt Aufwendungen von rund 16.000 Mark getätigt. Durch beide Einrichtungen wurden monatlich Kosten in Höhe von 1.450–1.650 Mark verursacht. Um diese zu decken, hatte Schlich von der Stadtverwaltung einmalig 2.000 Mark und zusätzlich monatlich 300 Mark erhalten. Vgl. Beihilfeantrag des Caritasausschusses

rade mit Rücksicht auf die unehelichen (sic!) Kinder ist das Heim von Hochw. H. Pastor Schlich trotz [der] furchtbaren Kriegsschwierigkeiten ins Leben gerufen [worden]. Denn diese Kinder sind in ihrem Fortkommen und auch in ihrer Religion in gewinnsüchtige[n] Pflegefamilien (sic!) oder andersgläubigen Anstalten (sic!) sowie in Folge der religiösen Gleichgültigkeit ihrer Mütter sehr gefährdet."[419]

Die ärztliche Leitung besorgte der Chefarzt der Kinder-Klinik „Reppersberg", Herr Dr. Schulz. Die wirtschaftliche Leitung unterstand Sr. M. Adele und drei ihrer Mitschwestern arbeiteten im Säuglingsheim bzw. der Krippe, die errichtet wurde, „um den arbeitenden Frauen die Kinder tagsüber zu betreuen. [...] Letzterer [Dr. Schulz; FS] ermöglichte uns auch, daß (sic!) unser Heim der staatlich anerkannten Säuglingspflege-Schule Reppersberg angegliedert werden konnte. Wir sind dadurch befähigt, die Schwestern für die Säuglingspflege selbst auszubilden, auch sonstige Schülerinnen nehmen an den zweijährigen Kursen teil."[420]

Die Korrespondenz Schlichs zeigt, wie sehr er sich für die wirtschaftlichen Belange der Kinder und Säuglinge eingesetzt hat: Er wandte sich an die Stadtverwaltung Saarbrücken, den Armenfond der Stadt, den Verband christlicher Metallarbeiter, die Landesversicherungsanstalt der Rheinprovinz, den Regierungspräsidenten zu Trier, den Vorstand des Deutschen Roten Kreuzes in Berlin, die Kriegsamtsstelle und die Eisenbahndirektion Saarbrücken, den Kriegerfürsorgeverein (weil Kinder von Kriegsteilnehmern im Heim versorgt würden), die Saarbrücker Kasino-Gesellschaft und natürlich den Diözesancaritasverband Trier mit der Bitte um finanzielle Beihilfen.[421] Anfangs erhielt Schlich verhältnismäßig

der katholischen Pfarrei Saarbrücken I sowie Schreiben Oberbürgermeister an Schlich vom 28.02.1918 (beide ebd.). Im Vorfeld hatten bereits die Schwestern vom Heiligen Geist (Koblenz), die Josefsschwestern (Trier), die Maternité (Metz), die Augustinerinnen (Neuss), die Vinzentinerinnen (Straßburg) und die Schwestern von der christlichen Liebe (Paderborn), an die sich Schlich zuvor postalisch wandte, aufgrund Schwesternmangels, wie die Orden schrieben, die Übernahme des Säuglingsheims abgelehnt. Vgl. Schreiben Schlich an die Bischöfliche Behörde vom 23.07.1917 (Pfarrakten der Pfarrei Saarbrücken [St. Jakob], Bistumsarchiv Trier, Abt. 70 Nr. 5376).

419 Zentrales Ordensarchiv der Franziskanerinnen BMVA von Waldbreitbach, Chronik 1910–1972, Zentrales Ordensarchiv der Franziskanerinnen BMVA von Waldbreitbach, Bestand: Chroniken, Filiale Saarbrücken, 17.

420 Entstehungsgeschichte des katholischen Säuglingsheims vom 01.03.1925 (Pfarrarchiv der Pfarrei St. Jakob Saarbrücken [wie Anm. 364]). Der Bericht wurde „von der Leitung" verfasst, stammt also mit hoher Wahrscheinlichkeit von Schlich selbst. Zumindest, dies lässt sich feststellen, wurde der Bericht auf seiner Schreibmaschine getippt.

421 Die gesamte Korrespondenz Schlichs befindet sich als lose Blattsammlung im Pfarrarchiv St. Jakob Saarbrücken. Die Höhe der einzelnen finanziellen Zuwendungen ist den jeweiligen Briefen zu entnehmen. Schlich beantragte auch in den Folgejahren immer wieder bei den einzelnen Stellen mit Erfolg Gelder oder Sachleistungen. Als das Heim und der Hort vergrößert wurden, stieg auch die Höhe der Beihilfen entsprechend. Es fällt auf, dass Schlich gegenüber den verschiedenen Behörden nie alle Spenden, die er bereits für das lau-

geringe Beträge, wurde aber nicht müde, für das Wohl der Kinder zu streiten. Die amtlichen Stellen verlangten Kostenaufstellungen und Nachweise, die Schlich diesen immer geduldig lieferte, sodass das Heim nie in einen finanziellen Engpass geriet. Aus verschiedenen Kostenaufstellungen geht hervor, dass neben den Schwestern, die auch ihr Scherflein beitrugen, insofern es ihnen möglich war, auch Pfarrer Schlich und seine Schwester Maria regelmäßig hohe Geldsummen aus ihrem Privatbesitz dem Kinder- und Säuglingsheim spendeten.[422]

Am 8. August 1918 schrieb Schlich der Generaloberin der Franziskanerinnen von Waldbreitbach einen sechsseitigen Brief, worin Schlich die Mutter Oberin bat, die Franziskanerinnen sollten die angemietete Immobilie kaufen, um so den Bestand des Heims zu sichern. Schlich listete auf, dass er für das laufende Geschäftsjahr bereits 9.816,67 Mark Spendengelder eingenommen habe und versicherte, dass die Pfarrei 20.000–25.000 Mark im Fall des Hauskaufes aufbringen und dazugeben könne.[423] In seinem Schreiben vom 20. November 1918 dankte Schlich der Leiterin der Waldbreitbacher Franziskanerinnen sowie dem Generalrat, der sich zum Kauf der Immobilie entschlossen hatte.[424]

Auch der Trierer Weihbischof Antonius Mönch[425], der zugleich Vorsitzender des Diözesancaritasverbandes Trier war, wandte sich an Schlich und teilte ihm mit, der Geistliche Rat in Trier habe getagt und die Gründung eines Heims mit eigener

fende Geschäftsjahr eingenommen hatte, offenlegte, sondern immer nur einen Teil angab, um auf diese Weise höhere (oder überhaupt) Zuwendungen zu bekommen.

422 Vgl. Kostenaufstellungen Schlichs aus den Jahren 1919, 1920 und 1921 (ebd.).

423 Vgl. Brief Schlich an Mutter Basina vom 08.08.1918 (ebd.).

424 Vgl. Brief Schlich an Mutter Basina vom 20.11.1918 (ebd.).

425 Antonius Maria Mönch, geboren am 13.06.1870 in Niederholzweiler (Kreis Ahrweiler), besuchte zunächst die Schule in Ahrweiler, bevor er 1891 die Reifeprüfung am Friedrich-Wilhelm-Gymnasium in Trier ablegte. Nachdem er ein Semester Theologie in Trier studiert hatte, wurde er zum Studium nach Rom an die päpstliche Universität Gregoriana geschickt, wo er 1894 einen Doktortitel in Philosophie und 1898 in Theologie erwarb. 1897 empfing er in Rom das Sakrament der Priesterweihe und wirkte ab 1898 zunächst als Kaplan in Saarlouis-Fraulautern und später bis 1915 als Pfarrer an der Saar und in der Pfalz. Schließlich weihte den am 01.06.1915 ernannten Weihbischof Mönch Bischof Korum am 21.09.1915 zum Bischof. Mönch amtierte als Weihbischof genauso lange wie sein Vorgänger im Weihbischofamt der Diözese Trier, Karl Ernst Schmid, nämlich 20 Jahre. Ab dem 23.03.1916 bis zu seinem plötzlichen Tod am 14.02.1935 übernahm Mönch den Vorsitz des Diözesan-Caritasverbandes und erwarb sich hierbei große Verdienste. Vgl. hierzu: Wolfgang SEIBRICH, Die Weihbischöfe des Bistums Trier (= Veröffentlichungen des Bistumsarchivs Trier 31). Trier 1998, 229–234; Martin PERSCH, Mönch, Antonius. In: Biographisch-bibliographisches Kirchenlexikon, Bd. 5, hg. von Friedrich Wilhelm BAUTZ und Traugott BAUTZ (= BBKL 5). Herzberg 1993, Sp. 1596–1598 sowie PERSCH, Die Bistumsverwaltung (wie Anm. 52), 75f. Mönch sei, wie Bischof Bornewasser Nuntius Pacelli am14.12.1928 mitteilte, „ein Genie in Finanzfragen" gewesen. Vgl. Bericht Pacellis über die Lage der katholischen Kirche in Deutschland an Kardinal Carlo Perosi vom 18.11.1929, ediert bei WOLF und UNTERBURGER, Eugenio Pacelli (wie Anm. 45), 96–257, hier: 249.

Immobilie begrüßt, denn „Häuser lassen sich unter Umständen durch eine hohe hypothekarische Belastung noch besser vor unberechtigten Eingriffen schützen wie Kapitalien."[426] Falls die Pfarrei und die Franziskanerinnen sich nicht gemeinsam zum Kauf entschließen könnten, würde dies der Diözesancaritasverband übernehmen, falls die 30.000 Mark Sammelgelder der Pfarrei und ein finanzieller Zuschuss aus Waldbreitbach gegeben wären. Schlich teilte Mönch elf Tage später im Namen der Pfarrei und des Caritasvereins mit, dass die Franziskanerinnen bedauerlicherweise wieder vom Hauskauf zurückgetreten seien. Das Haus, das sich direkt neben dem Schwesternkloster in der Hohenzollernstraße befinde und in dem der Kinderhort angesiedelt gewesen sei, stehe für 95.000 Mark zum Verkauf. Dieses würde sich bestens für den Kinderhort und das Säuglings- und Pflegeheim eignen. Es sei, so Schlich weiter, lediglich eine Anzahlung von 40.000 Mark erforderlich, der Rest könne mit 5 % Zinsen zurückgezahlt werden.

Am 26. Januar 1919 schrieb Schlich an den Oberbürgermeister der Stadt Saarbrücken und teilte ihm mit, „der Caritasausschuss der kath. Pfarrgemeinde [hat] im Einvernehmen mit dem Kirchenvorstand und der Mutter Generaloberin unserer Franziskanerinnenschwestern (sic!) beschlossen, das Haus der Frau Obergrat Abels, Hohenzollernstr. 35, in der Nähe anstossend an unser Schwesternhaus, (sic!) als Säuglings- und Kinderheim zu erwerben. Nach ärztlichem Urteil ist dasselbe nach Lage, Bau und Garten zu diesem Zweck durchaus geeignet."[427] Als der Besitzer des Anwesens am Trillerweg 4, Hermann Knipper, von dem Immobilienkauf Schlichs hörte, bot dieser sein Haus für 57.000 Mark – ein nach der Ansicht Schlichs überzogener Preis – zum Verkauf an. Daher lehnte Schlich dieses Angebot dankend ab, weil das Haus nicht den Bedürfnissen des Säuglingsheims entspreche.[428]

Am 15. Oktober 1919 wurde schließlich das neue Säuglings- und Kinderheim, das gemeinsam mit dem Kinderhort in der Hohenzollernstraße 35 untergebracht war, feierlich eröffnet. Pastor Schlich, „dessen ureigenes Werk das neue Säuglingsheim ist"[429], begrüßte die Anwesenden Gäste mit einer Rede folgenden Inhalts: „Unser Säuglingsheim wurde aus der Kriegsnot heraus geboren zur Ret-

426 Schreiben Mönch an Schlich vom 02.12.1918 (Brief Schlich an die Mutter Generaloberin vom 08.08.1918 (Pfarrarchiv der Pfarrei St. Jakob Saarbrücken [wie Anm. 364]).

427 Schreiben Vorstand Caritasverein der Pfarrei St. Jakob an den Oberbürgermeister der Stadt Saarbrücken („Euer Hochwohlgeboren") vom 26.01.1919 (ebd.). Die Kaufsumme belief sich auf 90.000 Mark, von denen 45.000 direkt angezahlt werden müssen. 18.925 Mark (3.000 Mark hiervon „Spende von Pastor Schlich und seiner Schwester") seien bereits zusammengetragen worden und „Euer Hochwohlgeboren" möge auch sein Scherflein für die „lieben Kleinen" beitragen.

428 Vgl. Schreiben Knipper an Schlich vom 21.05.1919 (ebd.).

429 O. V., Einweihung des kath. Säuglingsheims Saarbrücken. In: Saar-Post vom 18. Oktober 1919, 2.

tung, Fürsorge und Gesunderhaltung unseres heranwachsenden Geschlechtes. Der Caritasausschuß unserer Pfarrgemeinde, der das Heim ins Leben gerufen hat, wollte keine Kinderkaserne, keine trostlose Ablagerungsstelle für uneheliche Kinder, die sonst in Gefahr waren, umzukommen, vielmehr ein wirkliches Heim, das den ärmsten Kleinen das Mutterhaus und Mutterherz ersetzen sollte. Das Heim versorgte 1918 an 7.986 Pflegetagen 82 Säuglinge, von denen 50 uneheliche Kinder waren. Vom 1. Januar bis 15. Oktober 1919 sind 93 Kinder im Heim an 8.228 Tagen gepflegt worden, 50 Knaben und 43 Mädchen, darunter 52 uneheliche Kinder."[430]

Bei der Finanzierung der Jugendfürsorgestelle nutzte Schlich alle seine Verbindungen, die ihm zur Verfügung standen. Er nahm am 11. November 1919 an der Vorstandssitzung des Kinderfürsorgevereins der Stadt Saarbrücken teil, dem er, wie auch das Visitationsprotokoll des Jahres 1919 angibt, angehörte.[431] Dort stellte Schlich fest, dass die Heime in Malstatt und St. Johann, obwohl dort, gemessen an der Einwohnerzahl, nicht mehr Kinder untergebracht seien, mehr Beihilfen bekamen (Malstatt: 13.000 Mark, St. Johann [mit Rotenbühl]: 10.000 Mark, Saarbrücken I: 6.000 Mark). Daher verfasste Schlich, nachdem die Stadtverordnetensitzung[432] vom 5. November Malstatt und St. Johann erhebliche Fördermittel bewilligte, am 20. November 1919 einen Brief an das Bürgermeisteramt von Saarbrücken, in dem er auch für sein Heim in Saarbrücken I mehr städtische Beihilfen beantragte.[433]

Das Kinder- und Säuglingsheim wurde mit der Zeit immer renommierter, sodass auch vermehrt Sachspenden von einzelnen Firmen wie beispielsweise der Burbacher Hütte oder eine Einmalspende von 12.000 Mark vom Provinzialausschuss der Deutschlandspende für Säuglings- und Kleinkinderschutz eingingen.[434]

430 Ebd.

431 Vgl. Bistumsarchiv Trier, Visitationsprotokolle (wie Anm. 371) sowie hierzu und zum Folgenden: Einladung zur Vorstandssitzung des Kinderfürsorgevereins der Stadt Saarbrücken vom 12.11.1919 (Pfarrarchiv der Pfarrei St. Jakob Saarbrücken [wie Anm. 364]). Auf der Rückseite befinden sich handgeschriebene Notizen Schlichs, die er sich während der Sitzung gemacht haben muss. Er hat sich eine Liste der subventionierten Vereine/Einrichtungen und des entsprechenden Förderbetrags angelegt.

432 Vgl. zu Schlichs Tätigkeit im Stadtverordnetenrat ab 1920 die Ausführungen in Kapitel 4.4.3.

433 Vgl. Schreiben Schlich an Bürgermeisteramt vom 20.11.1919 (ebd.). Am 24.01.1920 bekam Schlich die Nachricht, er habe nachträglich für das Jahr 1919 3.000 Mark aus dem Waldreservatfond der Stadt Saarbrücken bewilligt bekommen und er werde vom Wohlfahrtsministerium für die Jahre 1919, 1920,1921 jeweils eine Einmalzahlung in Höhe von 2.500 Mark für die Krippe erhalten. Vgl. Schreiben Bürgermeisteramt an Schlich vom 24.01.1920 sowie Wohlfahrtsministerium an Schlich vom 16.03.1920 (ebd.). Ebenso bekam er vom Kinderfürsorgeverein 3.000 Mark zusätzlich bereitgestellt. Vgl. Schreiben Kinderfürsorgeverein an Schlich vom 22.01.1920 (ebd.).

434 Vgl. Schreiben Provinzialausschuss an Schlich vom 28.04.1920 (ebd.).

In einem Bittbrief, den Schlich an den Diözesancaritasverband Trier gerichtet hatte, berichtete dieser über den Eingang von summa summarum 24.500 Mark im laufenden Geschäftsjahr, was zeigt, dass die Einnahmen, wie bereits behauptet, proportional zur Größe des Heims anstiegen.[435]

Zudem war das Heim in der Lage, schulentlassenen Mädchen des Heims, die das 18. Lebensjahr noch nicht vollendet hatten, einen Ausbildungsplatz als Kinderpflegerin an der dem Heim angegliederten Schule anzubieten, wodurch Schlich zusätzliche Einnahmen beim Amt für Frauenförderung beantragen konnte.[436] Es wird an dieser Stelle recht anschaulich, dass Schlich ein gutes Händchen für finanzielle Angelegenheiten hatte. Einerseits wusste er, an welche Institutionen und Vereine er herantreten konnte, um Spendengelder zu akquirieren, andererseits war er auch innerhalb der städtischen Gremien und der Diözese gut vernetzt, sodass er die Personen, die über eine Bezuschussung der Einrichtungen entschieden, persönlich kannte. Ein Umstand, der sich positiv ausgewirkt haben dürfte.[437]

Aufgrund der Vergrößerung des Heims musste auch die medizinische Versorgung ausgebaut werden. Hierum kümmerte sich ebenfalls Schlich: Er schrieb den ärztlichen Beigeordneten der Stadt Köln, Dr. Prontwig, an, um eventuell von ihm geeignete Ärzte vermittelt zu bekommen. Prontwig musste Schlich allerdings mitteilen, dass er derzeit über keine Kinderärzte verfüge, die für die von Schlich ausgeschriebene Stelle in Frage kämen. Schlich solle auch an die Leiter der Universitätskliniken Düsseldorf, München und Charlottenburg schreiben, um geeignete Ärzte zu finden.[438]

Des Weiteren erkannte Schlich eine mit der Erweiterung einhergehende Notwendigkeit: Die Vergrößerung des Schwesternkonvents. Hierfür wandte er sich Anfang Februar 1921 an die Generaloberin der Franziskanerinnen. Er erwähnte beiläufig, dass auch ein neues Haus, insofern die Franziskanerinnen dieses erwerben würden, sehr zweckdienlich sei. Allerdings wurden beide Vorschläge von der Mutter Oberin negativ beschieden.[439]

Nachdem die Pflegeschule, welche bisher von Sr. M. Adele geleitet wurde, an die staatliche Behörde angegliedert wurde, musste auch ein neues Haus gefunden werden, das wiederum den nun erneut vergrößerten Ansprüchen genügte. Der

435 Schreiben Schlich an den Diözesancaritasverband vom 14.05.1920 (ebd.). Zusätzlich erhielt das Heim am 20.11.1920 eine Spende in Höhe von 12.500 Mark von der Saarbrücker Baugenossenschaft. Vgl. Schreiben Baugenossenschaft an Schlich vom 20.11.1920 (ebd.).

436 Vgl. Scheiben der Referentin für Frauen des Saargebiets an Schlich vom 22.12.1919 (ebd.).

437 Zur Rolle Schlichs in den städtischen Gremien Saarbrückens vgl. die Ausführungen in Kapitel 4.4.3. Seine Bekanntheit innerhalb des Diözesanklerus dürfte seiner ehemaligen Tätigkeit als Bistumssekretär im Generalvikariat geschuldet gewesen sein.

438 Vgl. Antwortschreiben Prontwig an Schlich vom 19.01.1920 (ebd.).

439 Vgl. Scheiben Schlich an die Generaloberin der Franziskanerinnen von Waldbreitbach vom 03.02.1921 sowie das Antwortschreiben vom 16.02.1921 (ebd.).

Hort und das Säuglings- und Kinderheim zogen Mitte Oktober 1921 in eine Immobilie in der Kasernenstraße 4 um.[440]

Schlich schaffte es allerdings, das Säuglings- und Kinderheim noch einmal zu vergrößern. Wie er die finanziellen Mittel dafür zur Verfügung gestellt bekam, bleibt nur zu vermuten. Die Gesamtkosten des Umbaus beliefen sich auf 1,15 Mio. (!) Mark. In dem Schreiben, das der Saarbrücker Caritasdirektor Feldges, der auf dem Pfarrgebiet Schlichs wohnte, an diesen sandte, berichtete Feldges, Regierungskommissionsmitglied Bartholomäus Koßmann habe ihm mitgeteilt, dass Dr. Gerhartz, der Leiter des Kinderfürsorgevereins der Stadt Saarbrücken, von der Regierungskommission in naher Zukunft einen Millionenbetrag erhalten werde, um die armen Kinder der Stadt zu versorgen. Feldges notierte Schlich sogar die Formulierung, wie sein Antrag an Dr. Gerhartz lauten sollte.[441] Allen Nachforschungen zufolge zeigte sich, dass Schlich die genannten Personen persönlich kannte und auf diesem Weg den Umbau finanziert bekam, auch wenn dies nur mit Hilfe Triers und über Jahre hinweg möglich war.[442]

Schlich maß während seiner gesamten Amtszeit als Pfarrer an St. Jakob den Orden einen hohen Stellenwert bei, was sich schon an seinem Engagement erkennen lässt. Für ihn bildeten die in der Stadt niedergelassenen Ordensgemeinschaften integrale Seelsorgestützpunkte, die das gesamte katholische Milieu stabilisierten. Er wusste, dass er, insofern er segensreich in Saarbrücken wirken wollte, auch auf die Schwestern zurückgreifen konnte und musste. Daher hatte er bereits während des Krieges, als die Pfarrkirche als Militärkirche der Stadt fungieren musste, für Trauungen und Erwachsenentaufen die Schwesternkapelle genutzt und den Schwestern Kommunionkinder überantwortet, die einer besonderen Vorbereitung bedurften.[443] Er nutzte die Ordensniederlassung zugleich auch als Verknüpfungspunkt zwischen Pfarrseelsorge und -klerus mit den Schwestern, indem er Paare, die in wilder Ehe miteinander lebten, sowie Familien, die ihren katholischen Pflichten nicht nachkamen, dorthin in geistliche Begleitung schickte, um sie durch die Einzelbetreuung wieder zur Kirche zu führen.[444]

440 Vgl. Schreiben Schlich an die Generaloberin der Franziskanerinnen von Waldbreitbach vom 21.02.1921 (ebd.).

441 Vgl. Schreiben Feldges an Schlich vom 30.11.1921 (ebd.).

442 Der Um-/Neubau kostete 500.000 Mark, wovon der Diözesancaritasverband Trier 300.000 Mark, verzinst zu 8,5 %, aufnahm. Vgl. Schreiben Mönch an Schlich vom 23.05.1925. Ferner beantragte Schlich, dem offenbar keine Fördermaßnahme des Bistums entging, ein „möglichst hohes Darlehen" zwecks Neu- und Aufbau des Säuglingsheims, wofür, so stand es im Kirchlichen Amtsanzeiger der Diözese Trier (Nr. 119 vom 07.07.1925) ausgeschrieben, ein Fond bereitgestellt worden war. Vgl. Schreiben Schlich an Diözesancaritasverband Trier vom 11.07.1925 (ebd.).

443 Vgl. Zentrales Ordensarchiv der Franziskanerinnen BMVA von Waldbreitbach, Chronik 1910–1972 (wie Anm. 419), 13.16.

444 Vgl. ebd., 18.

Schlich war aber keineswegs nur daran interessiert, von den Schwestern immer mehr Leistung zu erwarten, sondern er setzte sich auch regelmäßig für ihre Belange bei der Generaloberin ein, wenn es beispielsweise darum ging, neue Schwestern für die Niederlassung in Saarbrücken zu bekommen. Jedoch war sein Bestreben nicht immer von Erfolg gekrönt. Er nahm an vielen Feiern im Verlauf des Jahres bei den Schwestern teil, wie etwa an der Bescherung und Weihnachtsfeier oder nahm die Gelübde der Schwestern (erstmalig 1921) in Saarbrücken entgegen: „Die einzig schöne kirchliche Feier wurde von unserem Hochw. Herrn Pastor vorgenommen. Nach einer tiefgreifenden Ansprache nahm Herr Pastor Schlich die Gelübde der beiden Schwestern entgegen."[445]

Auch während des Ersten Saarländischen Katholikentags 1923 bedachte er die Franziskanerinnen, indem er dafür sorgte, dass der Bischof von Speyer, Ludwig Sebastian[446], in der Kapelle des Klosters zelebrierte und der Trierer Weihbischof Antonius Mönch einen Vortrag für die Schwestern hielt, was für die Schwestern sicherlich eine große Ehre war.[447]

Nachdem Gefängnispfarrer Schmitt ins Kloster zog, übernahm dieser die Seelsorge bei den Schwestern immer mehr, auch wenn Schlich besondere Aufgaben, wie z. B. die Beerdigung einer verstorbenen Nonne, als Ortspfarrer weiterhin übernahm und sich um die finanziellen Belange des Konvents kümmerte, sodass die Schwestern ihm herzlichst für alles dankten, was er, bis zu seinem Wechsel nach Christkönig, für sie in seinen 16 Jahren Amtszeit in St. Jakob getan hatte.[448] Auch als Schlich bereits Pfarrer an Christkönig war und sein Nachfolger in St. Jakob im Amt war, übernahm Schlich (als Dechant) weiterhin verschiedene Aufgaben für das Säuglings- und Kinderheim, wie z. B. die Tilgungsplanung der Schuldverschreibung.[449]

445 Ebd., 34.

446 Sebastian wurde 1862 in Frankenstein (bei Kaiserslautern) geboren und trat, weil er aufgrund der großen Bewerberzahl in Speyer abgelehnt worden war, ins Priesterseminar in Bamberg ein, wo er 1887 zum Priester geweiht wurde. Nach fünfjähriger Kaplanszeit ernannte man ihn zum Pfarrer in Hohenmirsberg und 1900 zum Gemeindevorsteher in Ansbach (St. Ludwig). König Ludwig III. nominierte ihn 1914 zum Domkapitular in Bamberg. 1918 erfolgte seine Promotion zum „Dr. theol." an der Universität Würzburg. Ein Jahr zuvor ernannte ihn Ludwig III. zum Nachfolger des Bischofs von Speyer, Michael von Faulhaber. Sebastian war ein Feind des Nationalsozialismus. Er starb am 20.05.1943 in Speyer. Vgl. Manfred Weitlauff, Sebastian, Ludwig. In: Neue Deutsche Biographie, Bd. 24, hg. von Historische Kommission bei der Bayerischen Akademie der Wissenschaften (= Neue Deutsche Biographie 24). Berlin 2010, 109–110.

447 Vgl. Zentrales Ordensarchiv der Franziskanerinnen BMVA von Waldbreitbach, Chronik 1910–1972 (wie Anm. 419), 35. Zum Katholikentag vgl. die Ausführungen in Kapitel 4.4.5.

448 Vgl. ebd., 35–51.

449 Vgl. Schreiben Kreissparkasse Saarbrücken an Schlich vom 30.04.1930 mit handschriftlichen Anweisungen Schlichs an seinen Nachfolger (Pfarrarchiv der Pfarrei St. Jakob Saarbrücken [wie Anm. 364]).

In Saarbrücken selbst existierte zwar seit 1913 die Säuglingsfürsorge- und Mutterberatungsstelle, die von der Stadt Saarbrücken getragen wurde, jedoch diente diese mehr der medizinischen Bekämpfung der noch hohen Kindersterblichkeit.[450] Nach dem Krieg, also in den Jahren der Weimarer Republik (1919–1933), begann der Sozialstaat wie auch die organisierte Caritas (im Bistum Trier), die Teil des katholischen Milieus war, sich zu entfalten, was die Existenz des Armenfürsorgevereins der Stadt Saarbrücken zeigt. In diesen Strukturen arbeitete Schlich, wie gezeigt, sehr intensiv mit. Er engagierte sich mit der Eröffnung eines Säuglings- und Kinderheims in Saarbrücken ohne Zweifel kirchlich-karitativ, jedoch erwies er sich als „großer Brückenbauer" zwischen Kirche und zivilen Institutionen, die gerade im Entstehen waren, um gemeinsam für das Wohl der Armen einzutreten, wie es sich der Caritasverband der Diözese Trier seit 1916 auf die Fahne schrieb: „Es ist Ehrensache für uns, dass möglichst viele unserer Mitglieder, jedes auf seinem Sondergebiet, dem Ruf der Behörden und sonstiger Körperschaften zur Mitarbeit freudig folgen und so auch die katholischen Grundsätze in den verschiedenen Beratungs- und Fürsorgestellen wie der Öffentlichkeit zur Geltung bringen wird. Dies gilt von der [...] Säuglings- und Kleinkinderfürsorge [...] usw."[451]

Neben den sozial-caritativen Formen der Seelsorge setzte sich Schlich ebenso für die Verehrung Gottes durch die Liturgie in seiner Pfarrei ein. Seit 1919, darüber gibt das Visitationsprotokoll dieses Jahres Auskunft, wurden eine Vielzahl von Andachten angeboten, denn es fanden neben den sonn- und feiertäglichen Andachten auch täglich welche im Mai und Oktober, an den Herz-Jesu-Freitagen und in der Fronleichnamsoktav statt. Zudem gab es Josefsandachten, das Novenengebet vor Pfingsten, die Kreuzwege in der Fastenzeit und an Allerseelen sowie Segensämter an Herz-Jesu-Freitagen und in der Fronleichnamsoktav.[452] Das Seelsorgeangebot wurde durch vielfältige Beichtmöglichkeiten durch den Pfarrer und die Kapläne ergänzt: Am Vortag von Sonn- und Feiertagen von 16:00 bis 21:30 Uhr und ansonsten während den heiligen Messen.

Seit 1918 wurde vom katholischen Pfarramt das „Katholische Kirchenblatt" herausgegeben, für dessen Inhalt Pastor Schlich zuständig war. Hierbei handelt es sich um eine kleine Zeitung, die „in zwangsloser Folge etwa alle 6 bis 8 Wo-

450 Vgl. Burgard und Linsmayer, Von der Vereinigung der Saarstädte bis zum Abstimmungskampf (1909–1935) (wie Anm. 365), 211.

451 Jahresbericht des Caritasverbandes für die Diözese Trier aus dem Jahr 1916, zitiert nach: Roland Ries, Werner Marzi und Andrea Binsfeld, Caritas im Bistum Trier. Eine Geschichte des Heilens und Helfens. Trier 2006, 383f. Auch die Heime in Saarbrücken I und III werden im Bericht erwähnt. Vgl. ebd., 385.

452 Vgl. hierzu und zum Folgenden: Bistumsarchiv Trier, Visitationsprotokolle (wie Anm. 371). Ob jedoch in den Vorjahren diese Gottesdienste auch schon angeboten wurden, lässt sich nicht mehr rekonstruieren. Auch die Visitationsprotokolle geben hierüber keine Auskunft.

chen [erschien] und [...] allen kathol. Familien der Pfarrgemeinde zugestellt [wurde].“[453] Hauptsächlich diente die Zeitschrift der katechetischen Unterweisung bzw. Belehrung sowie der Bekanntgabe wichtiger Informationen oder Termine der Pfarrei.[454] Schon 1915 gab Pfarrer Schlich einen „Kirchenkalender“ in gedruckter Form heraus, der als liturgischer Kalender der Pfarrei diente und in dem auch die Pfarrvereine vorgestellt wurden. Ferner nutzte der Pfarrer dieses Printmedium, um „Belehrungen über den Empfang der heiligen Sakramente“ in der breiten Öffentlichkeit zu publizieren[455] Der Einsatz dieser damals modernen Medien in der Seelsorge, was Zeitungen und gedruckte Kalender während und am Ende des Ersten Weltkriegs noch waren, zeigt deutlich, wie klug und geschickt Schlich in seiner Pfarrei arbeitete. Der Einsatz moderner Printmedien war typisch für das katholische Milieu.[456] Die Stadt Saarbrücken war zu dieser Zeit, darin waren sich die Geistlichen vor Ort und die Behörde in Trier einig, stark „entchristlicht“.[457] Dadurch waren sicherlich auch die einzelnen Glaubensinhalte (Feiertage, Brauchtum, Liturgie, Glaubenssätze, usw.) bei den Pfarrangehörigen nicht mehr präsent, sodass Schlich auf diese Weise eine breite Masse erreichen konnte, um diese zu unterweisen und im Glauben zu stärken.

Während der ersten sechs Jahre, die Schlich in Saarbrücken tätig war, veränderte sich einiges innerhalb seines Pfarrbezirks. Mittlerweile besuchten 80 katholische Kinder die evangelische Schule in St. Arnual, bekamen aber vier Wochenstunden Katechismusunterricht durch einen Kaplan und wöchentlich vier Stunden Bibelunterricht durch einen katholischen Lehrer. Jedes Kind war verpflichtet, wöchentlich zwei Schulgottesdiensten beizuwohnen, die täglich unter Lehreraufsicht stattfanden.[458] Des Weiteren gab es inzwischen eine gewerblich-kaufmännische Fortbildungsschule sowie eine Knaben- und Mädchenmittelschu-

453 In: Katholisches Kirchenblatt für alle Angehörigen der Pfarrei St. Jakob – Saarbrücken 1 vom 27. Februar 1921, 1.

454 Bedauerlicherweise existieren nur noch zwei Ausgaben. Am Anfang erhalten die Leser Informationen zu den anstehenden Feiertagen (Karfreitagsliturgie, Fastenzeit, Allerheiligen sowie Allerseelen). Daran schließen sich Termin- und Veranstaltungsbekanntgaben oder weitere belehrende oder besinnliche Artikel an. Vgl. ebd. sowie In: Katholisches Kirchenblatt für alle Angehörigen der Pfarrei St. Jakob – Saarbrücken 1 vom 31. Oktober 1920.

455 Vgl. Katholisches Pfarramt St. Jakob, Kirchenkalender 1915 der kath. Gemeinde Saarbrücken 1. Saarbrücken 1915. Im kalendarischen Teil waren die Termine der Generalkommunionen der Männerkongregation, der Monatskommunionen der Vereine, der Standeskommunionen sowie der Sondergottesdienste bzw. Andachten abgedruckt.

456 Vgl. Blaschke, Die Kolonialisierung der Laienwelt. Priester als Milieumanager und die Kanäle klerikaler Kuratel (wie Anm. 1), 118.

457 Vgl. Protokolle der Dekanats- und Kapitelkonferenzen und die entsprechenden Antwortschreiben aus Trier (Johann Ludger Schlich, Decanats- u. Conferenzberichte u. Bischöfl. Schreiben, Pfarrarchiv der Pfarrei Christkönig Saarbrücken).

458 Für die sonntägliche Kindermesse um 8:00 Uhr wurden sogar die Sitzplätze angemietet.

le, an denen zum einen der Unterricht interkonfessionell erteilt wurde und zum anderen das sittlich-religiöse Verhalten der Lehrer „besonders schlecht“ war.[459] Insgesamt hielt Schlich seit 1919 14 Stunden Religionsunterricht pro Woche und die drei Kapläne mussten 44 Stunden sowie zusätzlichen Privatunterricht an höhere Schüler erteilen.

Der Schwesternkonvent wuchs von acht auf elf Schwestern an und neben Religionslehrer Kremer, der als ordentlicher Beichtvater der Schwestern eingesetzt war, hörte auch der Ortspfarrer regelmäßig Beichte im Kloster. Die Werktagmessen des Konvents hielt Prof. Dr. Notton.

Ab dem 8. Lebensjahr waren die Kinder zur Beichte verpflichtet und gehalten, an der viermal jährlich stattfindenden Beichtvorbereitung teilzunehmen, die durch einen Kaplan erfolgte. Die Erstkommunionvorbereitung erfolgte durch den Pfarrer, der zwei Gruppen katechetisch unterwies, und durch zwei Kapläne, die ebenso zwei Gruppen betreuten. In den letzten acht Tagen vor dem Weißen Sonntag erfolgte sogar zweimal täglich eine Unterweisung. Ferner wurde am 7. Mai 1919 insgesamt 245 Jugendlichen das Sakrament der Firmung gespendet. Von einer gesonderte „Firmvorbereitung“ (im Sinne einer katechetischen Unterweisung) wird in den erhaltenen Dokumenten nicht berichtet. Beklagenswert war, dass die Schulentlassenen fast nicht mehr an der Christlehre teilnahmen. Die Mitglieder des Marienvereins[460] hatten daher mindestens einen religiösen Vortrag und eine Anbetungsstunde monatlich zu besuchen, die Mitglieder der Jünglingskongregation und des Lehrlingsvereins wöchentlich einen religiösen Vortrag. Die schulentlassenen Jungen und Mädchen wurden zweimal monatlich zur Kommunion bestellt, nämlich am 2. und 3. Sonntag des Monats. Seit der letzten Visitation sind 1919 insgesamt vier junge Menschen aus St. Jakob einem Orden beigetreten, nämlich zwei Jünglinge dem Orden der Väter vom Heiligen Geist; zwei junge Frauen gingen zu den Franziskanerinnen von Waldbreitbach. Eine Vielzahl an Jungen bereitete sich auf das Priesteramt im Gymnasium vor und zwei im Priesterseminar in Trier. Ferner gab es viele kirchliche Vereine in der Pfarrei St. Jakob, von denen die Hälfte vom Pfarrer selbst geführt wurden.[461] Die Vereine dienten, wie Josef

459 Bistumsarchiv Trier, Visitationsprotokolle (wie Anm. 371) (Handvermerk Schlichs im Protokoll).

460 Der Marienverein war die Jungfrauenkongregation der Pfarrei, dessen Vereinsmitglieder zwischen 14 und 17 Jahren alt waren. Vgl. ebd.

461 Vgl. hierzu und zum Folgenden: Bistumsarchiv Trier, Visitationsprotokolle (wie Anm. 386); Bistumsarchiv Trier, Visitationsprotokolle (wie Anm. 371) sowie Bistumsarchiv Trier, Visitationsprotokolle (wie Anm. 375). 1917 gab es bereits, so das Visitationsprotokoll dieses Jahres, eine Männer-, eine Jünglings- und eine Jungfrauenkongregation, die vom Pfarrer geleitet wurden. Vgl. Bistumsarchiv Trier, Visitationsprotokolle (wie Anm. 386). Die tabellarische Erfassung gibt zugleich Auskunft über die Entwicklung des pfarrlichen Vereinslebens.

Mooser feststellt, „als Formen einer expliziten Gemeinschaftsbildung [und] gelten [...] als wichtige Basiselemente des Milieus“[462], das Schlich zu managen versuchte. Auffallend hierbei ist, dass die Leitung der Gebets-, Standes-, Sozial- und Caritasvereine (mit Ausnahme des Fürsorgevereins und des Standesvereins für die männliche Jugend) ausschließlich in den Händen Schlichs lag.

Kat.	Vereinsname	Mitgliederzahl			Vorsitzender
		1919	1923	1928	
1	Verein der Heiligen Familie	292	424	750	Pastor Schlich
	Männerapostolat[463]	21	-	-	Pastor Schlich
	Herz-Jesu-Bruderschaft	k. A.	k. A.	k. A.	Pastor Schlich
	Rosenkranzbruderschaft	k. A.	k. A.	k. A.	Pastor Schlich
2	Jünglingskongregation	48	63	105	Kaplan
	Jungfrauenverein/ -kongregation	430	410	280	Pastor Schlich
	Mütterverein/ Elisabethenverein	810	560	825	Pastor Schlich
	Männerkongregation	115	70	k. A.	Pastor Schlich
	Knabenkongregation	k. A.	59	90	Kaplan
3	Borromäusverein	239	520	180	Kaplan
	Franziskus-Xaverinus-Missionsverein	50	280	60	Pastor Schlich
	Kindheit-Jesu-Verein	Fast alle Schulkinder[464]			Kaplan
4	Paramentenverein[465]	155	205	170	Frau Marx
5	Fürsorgeverein für Mädchen und Frauen	230	230	120	Frau Terstesse
	Vinzenzverein[466]	22	24	18	Pastor Schlich
	Caritasverein[467]	85	140	250	Pastor Schlich

462 Josef MOOSER, Das katholische Milieu in der bürgerlichen Gesellschaft. Zum Vereinswesen im späten Deutschen Kaiserreich. In: Religion im Kaiserreich., 59–92, hier: 62.

463 Der Verein wurde Ostern 1919 gegründet. Jedoch gibt es keinerlei Nachweis über die Existenz des Vereins ab 1923. Das Männerapostolat wurde 1910 von den Jesuiten ins Leben gerufen und verfolgte das Ziel, Männlichkeit und Frömmigkeit miteinander zu vereinen. 1914 zählte die Verbindung bereits 100.000 Mitglieder und konnte sich bis 1933 auf knapp 800.000 Mitglieder vergrößern. Seit 1914 gab es eine Zeitschrift, welche den gleichen Namen trug. Vgl. Bernhard SCHNEIDER, Gesucht: Der katholische Mann. Die katholische Kirche in Deutschland und die Männerwelt im 19. und 20. Jahrhundert. In: Trierer theologische Zeitschrift (= Trierer theologische Zeitschrift 123). Trier 2014, 85–109, hier: 91.

464 Schülerzahl der Volksschule in Saarbrücken I schwankte zwischen 1210 und 1320.

465 Bis 1928 besteht der Verein immer aus 25 aktiven Mitgliedern (ab 1928 nur noch 20 aktive Mitglieder) und die restlichen Mitglieder sind passive (zahlende) Mitglieder.

466 Ab 1926 übernahm ein Laie (Herr Altmeyer) den Vereinsvorsitz.

467 Im Zusammenhang mit dem Säuglingsheim fand der Caritasverein der Pfarrei bereits Erwähnung, denn dieser bezahlte seit der Errichtung des Kinder- und Säuglingsheims einen

Kat.	Vereinsname	Mitgliederzahl			Vorsitzender
		1919	1923	1928	
6	Arbeiterverein	350	210	350	Kaplan
	Lehrlings- und Jünglingsverein	245	350	320	Kaplan
	Verein d. kaufm. Angestellten/Beamtinnen[468]		70	120	Kaplan
	Verein der Hausangestellten		20	k. A.	Kaplan

Insgesamt existierten 1919 in der Pfarrei St. Jakob 18 Vereine, neun Jahre später war ihre Zahl auf 20 gestiegen, denn es gelang Schlich zwei neue Vereine ins Leben zu rufen. Zehn dieser Vereine leitete der Pfarrer selbst. Die Pfarrvereine lassen sich in folgende fünf „Vereinstypen" kategorisieren: Es gab vier Gebetsvereine (Kat. 1), fünf Standesvereine (Kat. 2), drei Missionsvereine (Kat. 3), einen „liturgischen" (Handarbeits-)Verein (Kat. 4), drei karitative Vereine (Kat. 5) sowie vier Sozial- bzw. Berufsvereine (Kat. 6).[469]

Es gelang dem Seelsorgeteam während den „Wohlstandsjahren" (erste Hälfte der 1920er Jahre) der Nachkriegszeit mehr Katholiken in Vereinen zu organisieren. Während 1919, direkt nach dem Ersten Weltkrieg, die Vereine 3.132 Mitglieder (28,47 % der Gemeindeglieder) verzeichnen konnten, waren es 1928 3.538 (24,40 %), zwischenzeitlich sogar 3.685 (32,04 %). Natürlich gab es mit Sicherheit auch eine Vielzahl an Personen, die Mitglied mehrerer Vereine waren, sodass die Quote der in Vereinen organisierten Katholiken niedriger war.

Die Zahl der in Vereinen organisierten Katholiken zeigt deutlich, dass das katholische Milieu für die Saarbrücker Großstadtverhältnisse zu dieser Zeit noch recht gut ausgebaut war. Auch wenn in den ländlichen Regionen des Bistums Trier die Quote (Verhältnis Vereinsmitglieder zu Gesamtkatholiken der Pfarrei) nied-

Großteil der anfallenden Kosten. Folglich muss dieser schon vor 1919 existiert haben (s. o.). Es ist anzunehmen, dass auch eine Vielzahl der oben genannten Vereine schon vor 1919 existierten. Allerdings geben die Visitationsprotokolle dahingehend keinerlei Auskunft. Erst mit der Umgestaltung der Fragebögen 1919 wird nach dem Pfarrvereinsleben gefragt. Über die Entwicklung der Fragebögen anlässlich einer Visitation im Bistum Trier liegt derzeit noch keine Studie vor und ist ein großes Forschungsdesiderat.

468 Gegründet zwischen 1920 und 1923.

469 Weichlein unterscheidet generell zwischen vier katholischen ‚Vereinstypen': religiöse Vereine (Gebetsvereine, Kongregationen, Bruderschaften, Dritte Orden und Missionsvereine), karitative Vereine (Vinzenz- und Elisabethvereine), Lebens- und Naturvereine (Frauen-, Jungfrauen, Jungen-, Männer- und Müttervereine) sowie Berufsstandesvereine (Arbeiter-, Lehrlings-, Jungarbeiter und Kaufmannsvereine). Vgl. Siegfried Weichlein, Zwischenkriegszeit bis 1933. In: Handbuch der Religionsgeschichte im deutschsprachigen Raum. 20. Jahrhundert – Epochen und Themen, Bd. 6, hg. von Volkhard Krech und Lucian Hölscher (= Handbuch der Religionsgeschichte im deutschsprachigen Raum 6/1). Paderborn 2015, 61–112, hier: 90.

riger lag, lässt sich dies nicht direkt miteinander vergleichen, da man in den bäuerlichen Pfarreien vielmehr von einer „traditionalen Lebenswelt“ sprechen muss als von einer Milieustruktur.[470]

Leider fehlen in den Visitationsprotokollen die Mitgliederzahlen aller Gebetsvereine außer dem Verein der hl. Familie. In den Jahren zwischen 1919 und 1928 stieg die Mitgliederzahl um 257 %. 1919 waren etwa 2,85 % der Pfarrangehörigen Mitglied eines Gebetsvereins (ohne Bruderschaften), 1928 lag die Quote bei 5,17 %, was auf eine gute Arbeit des Präses der Vereine rückschließen lässt. Dafür verloren die Standesvereine, die 1919 gemeinsam (ohne Knabenverein) 1.403 (12,75 %) und 1928 rund 1.300 Mitglieder (8,97 %) verzeichneten, 1.103 Mitglieder, obwohl die Pfarrei während dieses Zeitraums um 3.500 Mitglieder auf 14.500 Katholiken anwuchs.

Eine interessante Entwicklung machten auch die Vereine durch, die sich karitativen Aufgaben widmeten. Während 1919, in der Zeit materieller Not, 377 Katholiken, also 3,43 % der Pfarrangehörigen, Mitglied eines solchen Vereins waren, gehörten vier Jahre später, in den Zeiten des wirtschaftlichen und sozialen Aufschwungs, ebenso 3,43 % aller in St. Jakob gemeldeten Katholiken einem der drei Pfarrvereine mit karitativen Aufgabenfeldern an. Gegen Ende der Amtszeit Schlich sank die Zahl allerdings auf 388 aktive Mitglieder (2,68 %). Obwohl die Gesamtmitgliederzahl der drei Vereine von 1919 bis 1928 in etwa konstant blieb, weist jedoch die Entwicklung der einzelnen karitativen Vereine einige Auffälligkeiten auf: Der Vinzenzverein war der kleinste der drei Vereine und hatte fast konstante Mitgliederzahlen. Der von Frau Terstesse geleitete Verein verlor zwischen 1923 und 1928 etwa die Hälfte seiner Mitglieder. Ein Grund hierfür liegt sicherlich in der enormen Zunahme an Vereinsmitgliedern des Caritasvereins, der vom Pfarrer selbst geleitet wurde. Während 1919 „nur“ 85 Mitglieder diesem Verein angehörten, waren es neun Jahre später 250. Es liegt nahe, dass viele Mitglieder des Frauen- und Mädchenfürsorgevereins, der unter der Leitung von Frau Terstesse agierte, in den von einem profilierten Kleriker geleiteten Caritasverein wechselten. Der Mitgliederzuwachs des Caritasvereins hing möglicherweise auch mit der Gründung und dem Ausbau des Kinder- und Säuglingsheims sowie des Kinderhorts zusammen, für die sich der Pfarrer, wie oben skizziert, sehr einsetzte

470 Genauere Studien zum Saargebiet und der Stadt Saarbrücken hierzu liegen derzeit noch nicht vor. Eine differenzierte Vereinslandschaft wie beispielsweise in Saarbrücken (St. Jakob) war in den ländlichen Pfarreien kaum gegeben. Die hohe Beteiligungsquote resultierte dort fast nur aus der Tatsache, dass die ländlichen Pfarreien kaum gegeben. Die hohe Beteiligungsquote resultierte dort fast nur aus der Tatsache, dass die Gläubigen Mitglied in im engeren Sinne religiösen Vereinen (z. B. Mütterverein, Missionsverein) und Bruderschaften waren. Vgl. Arbeitskreis für kirchliche Zeitgeschichte Münster, Konfession und Clevages im 19. Jahrhundert (wie Anm. 2), 126.

und an deren Finanzierung der Caritasverein, für den Schlich daher bestimmt besonders warb, beteiligt war.

Der Borromäusverein sowie der Franziskus-Xaverinus-Missionsverein hatten eine bemerkenswerte Entwicklung durchlaufen. 1919 wiesen beide Vereine zusammen 289 Mitglieder (2,63 % aller Pfarrkinder), 1923, dem Beginn der „Blütezeit" der goldenen Zwanziger, 800 Mitglieder (6,96 %) und 1928 240 Vereinsmitglieder (1,66 %) auf. Eine Erklärung, wieso die Zahl der Vereinsmitglieder dieser beiden Vereine 1923 so stark anstieg, lässt sich in der durchgeführten Volksmission[471] 1923 vermuten. Der Kindheit-Jesu-Verein ist einer der zu dieser Zeit größten Kindervereine Deutschlands, in dem 1916 zwei Millionen organisiert waren und dem in der Regel alle Volksschulkinder angehörten.[472]

Während sich nach dem Krieg 25 Frauen in St. Jakob zusammenfanden, die sich um die liturgische Gewandung und Kelchwäsche kümmerten, fanden sich in dieser Armutszeit 80 passive Mitglieder (wahrscheinlich ausschließlich Frauen), die Geld hierfür spendeten. 1923 erreichte der Verein sein Maximum an passiven Mitgliedern, nämlich 180. Fünf Jahre später fanden sich noch immer 170 Frauen der Pfarrei dazu aufgerufen, die Paramente zu pflegen.

Die Sozialvereine, die alle Schlich unterstanden und von ihm geleitet wurden, konnten von 1919 bis 1928 neue Vereinsmitglieder gewinnen und die Zahl der Vereine von zwei auf vier steigern. Offenbar erkannte Schlich den enormen Wert solcher Vereine, denn 1923 gründete er selbst zwei neue Sozialvereine. 1919 gehörten den beiden damals existierenden Vereinen 595 Arbeiter und Lehrlinge (5,41 % aller Pfarrkatholiken), folglich ausschließlich Männer, an. Die Zahl der Vereinsmitglieder dieser beiden Vereine stieg bis 1928 auf 670, was jedoch heißt, dass der Prozentsatz der Vereinsmitglieder im Verhältnis zur Gesamtkatholikenzahl der Pfarrei auf 4,62 % sank. 1923 hatte der Arbeiterverein „einmalig" 140 Mitglieder verloren. Möglicherweise traten diese aufgrund des „Hunderttagestreiks"[473] aus dem Verein aus und später wieder ein. Die beiden 1923 neugegründeten Vereine, denen auch Frauen angehörten, zählten 1928 bereits mehr als 120 Mitglieder, sodass 1928 mehr als 790 Personen der Pfarrei (5,49 %) Mitglied eines Sozialvereins waren.

Aus der Genderperspektive muss man feststellen, dass eindeutig mehr Frauen in katholischen Vereinen organisiert waren als Männer. So gehörten 1919 1.625 Katholikinnen, also 51,88 % der 3.132 gemeldeten Vereinsmitglieder, den „Frauenvereinen" (Jungfrauenverein, Mütter-/ Elisabethverein, Fürsorgeverein für Mädchen,

471 Zu den Volksmissionen: s. u.

472 Vgl. MOOSER, Das katholische Milieu in der bürgerlichen Gesellschaft (wie Anm. 462), 75.

473 Vgl. Der Bergarbeiterstreik begann am 05.02.1923 und erstreckte sich über 100 Tage und die Politik nachhaltig beeinflusste. Vgl. VON DER KALL, MAX, Das Saargebiet in der Politik der Gegenwart. In: Das Saargebiet, seine Struktur, seine Probleme, hg. von Fritz KLOEVEKORN. Saarbrücken 1929, 469–548, hier: 531. Vgl. zudem die Ausführungen hierzu in Kapitel 4.4.5.

Frauen und Kinder sowie Paramentenverein) an. 1923 sank ihre Zahl auf 1.405 (38,13 % aller Vereinsmitglieder) und 1928 auf 1.395, was jedoch zugleich einen Anstieg der Frauenquote in den katholischen Vereinen auf 39,43 % bedeutete. In den fünf reinen „Männervereinen" (Männer-/ Jünglings-/ und Knabenkongregation sowie Arbeiter- und Lehrlingsverein) waren 1919 779 Männer (24,87 % aller Vereinsmitglieder), 1923 752 (20,41 %) und 1928 865 (24,45 %) organisiert.[474] Noch deutlicher tritt der Unterschied zwischen Frauen und Männern in den Standesvereinen hervor: 1919 gehörten 1.240 Katholikinnen Standesvereinen an, wohingegen es die Standesvereine der männlichen Pfarrkatholiken auf nur 163 Mitglieder brachten. Somit gehörten 7,6-mal mehr Katholikinnen Standesvereinen an als Katholiken. Dieses Verhältnis blieb bis 1928 in etwa bestehen. Vergleicht man die Zahlen der in Vereinen organisierten Frauen mit denen der Männer, so unterstützt dieses Ergebnis die bereits dargestellte These der besseren Ansprechbarkeit von Frauen für das kirchliche Sakramenten- und Gottesdienstangebot.

Die Forschung kommt häufig zum Ergebnis, dass die Religion seit dem 19. Jahrhundert eine Feminisierung erfahren habe. Überdurchschnittlich partizipierten Frauen an den Gottesdiensten, ihre Bedeutung innerhalb des kirchlichen Personals nahm zu oder sie waren im Vergleich zu Männern prozentual häufiger Mitglieder in frommen Bruderschaften und Vereinen.[475]

Aufgrund der anwachsenden Katholikenzahl im mehrheitlich evangelisch geprägten Ortsteil St. Arnual, der Teil der Pfarrei war, wurde 1921 eine (Filial-) Kapelle in der ehemaligen Artilleriekaserne in St. Arnual errichtet, in der um 9 Uhr ein Sonntagshochamt sowie dienstags und freitags eine Schulmesse um 7:15 Uhr gefeiert wurde.[476] Da im Stadtteil St. Arnual immer mehr Katholiken sesshaft wurden, plante der Pfarrer gemeinsam mit dem Kirchenvorstand, eine Immobilie zu kaufen, um dort dauerhaft einen Gottesdienstraum zu errichten.[477]

Seit 1919 siedelten sich im Saargebiet französische Schulen an, die 1923 23 in Saarbrücken I wohnhafte Schüler/innen besuchten. Schlich selbst gab nun wöchentlich nur noch 12 Stunden Religionsunterricht, davon allerdings vier Stunden an der Domanialschule[478], und die Kapläne 50 Stunden.

474 Bedauerlicherweise fehlen einige Mitgliederzahlen in den Visitationsprotokollen, sodass die genaue Zahl und Quote der in den katholischen Vereinen organisierten Männer nicht berechnet werden kann.

475 Vgl. Bernhard Schneider, Feminisierung der Religion im 19. Jahrhundert. Perspektiven einer These im Kontext des deutschen Katholizismus. In: Trierer Theologische Zeitschrift 111 (2002) S. 123–147.

476 Vgl. hierzu und zum Folgenden: Visitationsprotokoll der Pfarrei St. Jakob Saarbrücken aus dem Jahr 1923 (Bistumsarchiv Trier, Visitationsprotokolle [wie Anm. 371).

477 Hierzu würde sich die Gesamtschuldenlast der Pfarrei von 70.738 Mark bei der Landesbank und 5.800 Mark bei Pfarrangehörigen um 50–55.000 Mark erhöhen. 1923 stand dem ein Gesamtkapital von 76.200 Mark gegenüber. Vgl. ebd.

478 Vgl. hierzu die Ausführungen in Kapitel 4.4.2.

In den Jahren zwischen den bischöflichen Visitationen (1919 und 1923) vergrößerte sich der Schwesternkonvent der Franziskanerinnen auf insgesamt 16 Schwestern, wofür sich, wie oben bereits angemerkt, der Pfarrer bei der Generaloberin einsetzte.[479] Ordentlicher Beichtvater war nun Schlich und der Extraordinarius Studienrat Willscheid. Die Konventsmesse der Franziskanerinnen wurde täglich durch einen französischen Geistlichen bzw. einen Kaplan gelesen. Zudem eröffneten die Barmherzigen Brüder von Trier (FMMA) in der Roonstraße eine Niederlassung mit drei Brüdern. Diese waren in der häuslichen Krankenpflege tätig und ein Frater übernahm zusätzlich den Küsterdienst in St. Jakob.[480]

Außerdem stand Schlich seit Anfang 1920 mit den Oblaten der Unbefleckten Jungfrau Maria (OMI) in Kontakt und plante gemeinsam mit ihnen, einen Konvent in der Nähe von St. Arnual anzusiedeln. Er beantragte, nachdem der Superior des Klosters Engelport ihn darum bat, bei der Trierer Behörde die Genehmigung für die Errichtung eines Klosters.[481] Am 6. April traf die Nachricht ein, der Bischof habe der Eröffnung einer Niederlassung in der Nähe von St. Arnual zugestimmt. Allerdings sollten noch einige Jahre bis zur Eröffnung einer Niederlassung der Oblatenpatres in Saarbrücken ins Land gehen.[482]

Das Wirken der Orden in der Öffentlichkeit, so antwortete Schlich auf die entsprechende Frage im Visitationsprotokoll 1928, beurteilte dieser als „gut“[483], was zeigt, dass sowohl das Verhältnis zwischen den Orden und der Pfarrei als auch über die Grenzen der Pfarrei zur Bevölkerung generell intakt war und die Orden breites Ansehen genossen. Dies lässt sich einerseits an den Vergrößerungen der von den Orden getragenen karitativen Einrichtungen erkennen als auch daran, dass einer der Barmherzigen Brüder den Küsterdienst in der Pfarrkirche übernahm.[484]

Auch der Pfarrer arbeitete eng mit den drei in seiner Pfarrei niedergelassenen Ordenskonventen zusammen, was sich zum einen anhand des Briefverkehrs der

479 Die Vergrößerung des Konvents geht einher mit den Gesamtentwicklungen der Frauenorden im Bistum Trier im Zeitraum zwischen 1912 und 1930, wie sie Hommens skizziert. Vgl. hierzu: Hommens, Die Orden und ordensähnlichen Gemeinschaften (wie Anm. 362), hier: 218 (Abb. 6). 222.

480 Im Bistum Trier verdoppelte sich in den Nachkriegsjahren die Zahl der Niederlassungen der Männergemeinschaften, während die Zahl der Frauenkonvente „ungleich langsamer [wuchs], allerdings hatten sie sich ja auch bereits in weit größerer Dichte im Bistum etabliert.“ (ebd., 222).

481 Vgl. Schreiben Superior an Schlich vom 24.03.1920 sowie Schlich an das Generalvikariat Trier vom 27.03.1920 (Pfarrarchiv der Pfarrei St. Jakob Saarbrücken, Ordner 501).

482 Vgl. Schreiben Mönch an Schlich vom 06.04.1920 (ebd.). Zur weiteren geschichtlichen Entwicklung der Ansiedlung der Oblaten in Saarbrücken vgl. die Ausführungen in Kapitel 3.3.2.

483 Bistumsarchiv Trier, Visitationsprotokolle (wie Anm. 375).

484 Vgl. ebd.

Oblaten mit Schlich, den gemeinsamen Bemühungen mit den Franziskanerinnen zum Wohl des Kinderheims und -hortes und dem Küsterdienst des Barmherzigen Bruders in der Pfarrkirche (sowie der Unterkunft eines während der Mission in Saarbrücken 1926 tätigen Paters im Haus der Barmherzigen Brüder, was sicherlich auf Schlich zurückzuführen ist) beweisen lässt.[485] Schlich, der, wie schon angemerkt, auch Beichte bei den Schwestern hörte, vermerkte im Visitationsprotokoll, dass sein Einfluss auf die Leitung der Orden ausreichend sei.[486]

Bemerkenswert scheint auch wiederum die Zahl der Pfarrjugendlichen, die in den vergangenen vier Jahren in einen Orden eingetreten sind: Ein Jüngling trat den Vätern vom Heiligen Geist bei und fünf Jungfrauen gingen zu den Franziskanerinnen von Waldbreitbach bzw. den Josefschwestern oder den Schwestern der ewigen Anbetung. Auch die Zahl der neuen Priesteramtskandidaten war ansehnlich. So bereiteten sich im Priesterseminar Trier zwei Jungen vor, drei bei den Steyler Missionaren in St. Wendel und einer bei den Vätern vom Heiligen Geist.[487]

Von den 6.000 Kommunionpflichtigen der Pfarrei empfingen 1922 5050 Gläubige (84,17 %) die Osterkommunion. Schlich antwortete auf die Frage des Vorbereitungsbogens der bischöflichen Visitation 1923, wie man besondere Erfolge in der Seelsorge erzielen könne, mit dem Satz: „Die Kongregationen u. die öftere heilige Kommunion sind die besten Hilfsmittel". Jedoch fällt auf, dass im Zeitraum vom 1. April 1922 bis zum 1. April 1923 ‚nur' 95.000 Kommunionen gespendet wurden, 3.500 weniger als 1919, trotz steigender Katholikenzahlen.[488]

Durchschnittlich gab es in den vergangenen drei Jahren (1919–1922) jährlich zehn Aufnahmen in die Kirche, denen elf Austritte gegenüberstanden. Weiter gab es durchschnittlich 20 Rekonziliationen und 35 uneheliche Neugeburten.

Schlich war, bis er am 20. Oktober 1920 diese Aufgabe an Caritasdirektor Feldges abtrat, der Gefängnisseelsorger „auf der Lerchesflur".[489] Darüber hinaus schaffte Schlich vier neue Glocken für die Pfarrkirche an. So bestellte er am 2. Fe-

485 Vgl. ebd. sowie die entsprechenden Dokumente (Pfarrarchiv der Pfarrei St. Jakob Saarbrücken [wie Anm. 364] sowie Pfarrarchiv der Pfarrei St. Jakob Saarbrücken [wie Anm. 481]).

486 Vgl. Bistumsarchiv Trier, Visitationsprotokolle (wie Anm. 375).

487 Aus St. Johann waren es ebenfalls insgesamt 6, aus St. Josef 5 und aus St. Eligius 3. Vgl. hierzu: Bistumsarchiv Trier, Visitationsprotokolle (wie Anm. 371).

488 1919 wurden den 6.000 Kommunionpflichtigen der Pfarrei 98.500 Kommunionen (5.380 Osterkommunionen [89,67 %]) gespendet. Vgl. ebd.

489 Schlich und Feldges richteten am 20.10.1924 gemeinsam einen Brief an die bischöfliche Behörde, in dem sie darum baten, es möge eine hauptamtliche Gefängnisgeistlichenstelle zum 01.04.1925 eingerichtet werden. Sowohl die Regierungskommission, die diese Stelle besolden musste, als auch die Bistumsverwaltung entsprachen dem Wunsch Schlichs und Feldges. Vgl. Schreiben Schlich/Feldges an das Generalvikariat Trier vom 20.10.1924 sowie die Anfrage des Generalvikariats Trier an die Regierungskommission vom 06.12.1924 (Pfarrarchiv der Pfarrei St. Jakob Saarbrücken, Ordner 210).

bruar 1922 eine Herz-Jesu-, eine Marien-, eine Jakobus- und eine Johannesglocke.[490] Schlich sorgte mit großer Mühe dafür, dass die Pfarrkirche 1925 innen neu ausgemalt wurde, weil diese im Laufe der Jahre verrußte und teilweise noch nicht ausgemalt werden konnte.[491]

Sicherlich interessant ist das Faktum, dass 1919 eine Volksmission[492] stattfand. Diese war die erste in Saarbrücken seit 1909[493]. Die Erneuerung (der Mission) fand 1923 durch Oblatenpatres statt.[494] Der Ursprung der Volksmissionen in den

490 Vgl. Brief über die Bestellung Schlichs von vier neuen Glocken vom 02.02.1922 (Pfarrarchiv der Pfarrei St. Jakob Saarbrücken, Ordner 714). Leider lässt sich nicht mehr nachvollziehen, bei welcher Glockengießerei das neue Geläut in Auftrag gegeben wurde. Allerdings rief Schlich bereits 1921 zu Spenden für die Glocken auf. Vgl. Johann Ludger SCHLICH, Neue Glocken. In: Katholisches Kirchenblatt für alle Angehörigen der Pfarrei St. Jakob – Saarbrücken 1 vom 27. Februar 1921, 2. Die genauen Gravuren und Beschriftungen der einzelnen Glocken sind dem Bestellbrief zu entnehmen.

491 Vgl. hierzu: Zwei Gutachten des Trierer Dombaumeisters Wirtz sowie die Einverständniserklärung der bischöflichen Behörde vom 05.09.1925 (Pfarrarchiv der Pfarrei St. Jakob Saarbrücken, Ordner 717).

492 Zur Volksmission (insbesondere in Deutschland) liegt heute neben mehreren Einzeluntersuchungen Bernhard Scholtens CSsR aus den 1970er Jahren auch die Dissertation Thomas Klosterkamps OMI vor. Klosterkamp bietet eine sehr ausführliche Darstellung der historischen Entwicklung der Volksmissionen und deren Strukturgeschichte. Die Volksmissionen waren im Bistum Trier, so merkt Bernhard Schneider an, schon unter Bischof Arnoldi (1842–1864) ein beliebtes Mittel der Seelsorge, um die breite Masse zu erreichen. Vgl. SCHNEIDER, Kirchliches Leben, Frömmigkeit und Seelsorge im gesellschaftlichen Wandel (wie Anm. 384), 363.

493 Diese Angabe macht Schlich im Visitationsprotokoll (BISTUMSARCHIV TRIER, Visitationsprotokolle [wie Anm. 371]), jedoch deckt sich dies nicht mit den Angaben der bischöflichen Behörde in Trier, die eine Liste der Missionen seit 1892 angelegt hat. Wie Bernhard Scholten bereits anmerkt, sind die Aufzeichnungen über die Volksmissionen im Bistumsarchiv sehr lückenhaft. Vgl. Bernhard SCHOLTEN, Die Volksmission der niederdeutschen Redemptoristen und Oblaten während des Kaiserreiches (1873–1918). Der Anteil der Volksmission an der Pastoral im Industriezeitalter. Bonn 1978. Dies trifft für die Missionen in Saarbrücken glücklicherweise nicht zu. Die Mission 1909 wurde vom 27.03.1909 bis zum 06.04.1909 in Saarbrücken und St. Johann gepredigt. In Burbach fand allerdings noch vom 05.–22.10.1911 und in Burbach sowie Malstatt vom 12.–24.04.1912 eine Mission statt. Zudem wurde eine Mission in Saarbrücken vom 08.03.1914 bis zum 22.03.1914 und im Jahr 1918 in St. Johann (13.01.–20.01.1918) und Burbach (Anfang Oktober 1918) gehalten Vgl. Kirchliche Missionstätigkeiten, Bistumsarchiv Trier, B III 14, 2 Bd. 1.

494 Laut Liste der Bischöflichen Behörde in Trier wurde die Mission in St. Johann (!) vom 19.10.1919 bis zum 03.11.1919 gepredigt. Die Erneuerung fand vom 15.03.1923 bis zu 02.04.1923 in Saarbrücken I (!) statt. Vgl. ebd. Über die Mission 1919 in Saarbrücken verfasste Schlich einen Zeitungsartikel, in dem er den Erfolg der Mission und die hohe Teilnahmequote lobte: Insgesamt wurden zeitgleich an 10 Stellen Missionspredigten gehalten, die immer gut besucht waren. „Zweiundzwanzig Patres aus den vier verschiedenen Orden der Oblaten, Jesuiten, Franziskaner und Redemptoristen hielten die Predigten, täglich drei für die Männer und vier für die Frauen, außerdem waren noch zwei als Beichtväter tätig; also sieben Jesuiten, in St. Johann, sechs Franziskaner in Malstatt, sechs Redemptoristen in

Reformbestrebungen des Konzils von Trient zu finden ist. Die dort versammelten Bischöfe verabschiedeten in der 24. Sitzung den „Römischen Katechismus" und beschlossen, die Predigttätigkeit des Klerus müsse verstärkt werden. Es waren schließlich die neuen (mobilen) Regularkleriker-Orden (Jesuiten, Theatiner, Barnabiten, Ambrosianer, usw.), allen voran der Orden des hl. Ignatius, dessen Ordensgründer selbst das Konzept der einwöchigen und auf Reue und Umkehr ausgerichteten Mission (anliegend an sein Exerzitienbuch) entwickelte – die als Wanderprediger durch die Gemeinden zogen. Ihnen folgten bald auch die Mendikantenorden bzw. die Reformzweige der alten Orden wie beispielsweise die der Kapuziner oder Franziskaner.[495]

Während der Missionswoche in einer Pfarrei (in Großstädten natürlich mehreren Pfarreien) wurden täglich mehrere Predigten gehalten, die durch Katechesen, Andachten, Vorträge, Haus- und Krankenbesuche und den Sakramentenempfang unterstützt wurden. Ziel war es, die Katholiken aus ihrem Gewohnheitschristentum herauszuholen und in der breiten Masse die „Ewigen Wahrheiten" ins Bewusstsein zu rufen, um auf die sog. „Generalbeichte" hinzuwirken. Klosterkamp definiert einen Dreischritt, nach dem Volksmissionen verliefen: „1. ging es drum, die Teilnehmer durch die Predigten zu erschüttern, 2. die Erschütterten zur Beichte zu führen und 3. die in der Beichte von Sünden Befreiten zur Vereinigung mit Christus in der Eucharistie zu führen, auf dass sie fortan als ‚Kinder Gottes' lebten."[496]

Schlich charakterisiert den Erfolg der Saarbrücker Volksmission als „gut".[497] Auch wenn Schlich die Volksmission als erfolgreich betrachtete, so erreichte man mit den Stadtmissionen nur einen geringen Teil der Katholiken, denn eine genaue Beteiligung der einzelnen Gläubigen einer Pfarrei ließ sich durch die Existenz mehrerer Pfarreien in einer Stadt nicht ermitteln.[498] „Man sprach von einer gewal-

Burbach, vier Oblaten und ein Steyler Missionar in Alt-Saarbrücken. Außerdem hatte sich die Pfarrei Brebach in die Mission eingegliedert, die dort von drei Oblatenpatres gehalten wurde." (Zeitungsartikel Schlichs [ohne Angaben] als Kopie in: Pfarrarchiv der Pfarrei St. Jakob Saarbrücken, Ordner 210) Im Saarland hatten die Oblatenpatres von Bingen und Engelport 1927 bereits mehr als 200 Missionen gepredigt und siedelten sich daher 1926 auch mit einem Missionskloster in Saarbrücken an. Vgl. Thomas Klosterkamp, Katholische Volksmission in Deutschland (= Erfurter theologische Studien Bd. 83). Leipzig 2002, 256. Zum Bau des Klosters in Saarbrücken: s. u. sowie die Ausführungen in Kapitel 3.3.2.

495 Vgl. ebd., 6–10.

496 Ebd., 52.

497 Vgl. Bistumsarchiv Trier, Visitationsprotokolle (wie Anm. 375).

498 Schlich berichtete Generalvikar Tilmann, dass 53–60 % der Männer, 70–75 % der Frauen, eine große Zahl der jungen Kriegsheimkehrer und Hunderte, die der Kirche seit Jahren fernstanden, teilnahmen. „3 Standesamtliche Ehen in Ordnung gebracht und 6 Rekonziliationen vollzogen." Zudem traten 67 Frauen in den Elisabethenverein, 23 Mädchen in die Jungfrauenkongregation, 13 Jungen in die Jünglingskongregation und 31 Männer in die

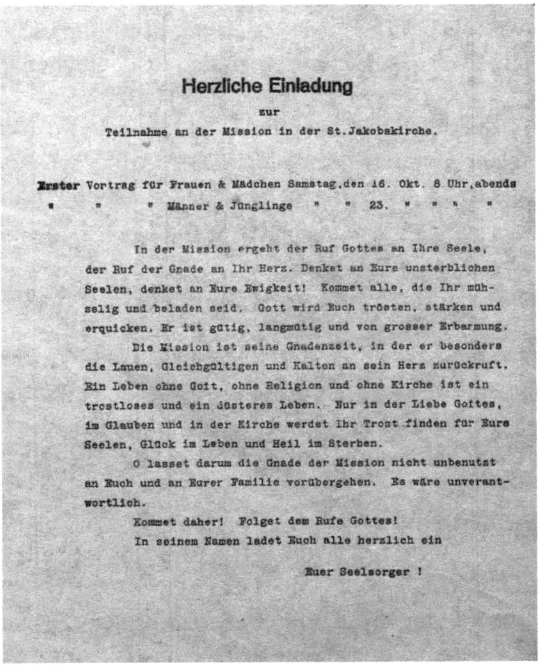

Herzliche Einladung

zur

Teilnahme an der Mission in der St.Jakobskirche.

Erster Vortrag für Frauen & Mädchen Samstag,den 16. Okt. 8 Uhr,abends
" " " Männer & Jünglinge " " 23. " " " "

In der Mission ergeht der Ruf Gottes an Ihre Seele, der Ruf der Gnade an Ihr Herz. Denket an Eure unsterblichen Seelen, denket an Eure Ewigkeit! Kommet alle, die Ihr mühselig und beladen seid. Gott wird Euch trösten, stärken und erquicken. Er ist gütig, langmütig und von grosser Erbarmung.

Die Mission ist seine Gnadenzeit, in der er besonders die Lauen, Gleichgültigen und Kalten an sein Herz zurückruft. Ein Leben ohne Gott, ohne Religion und ohne Kirche ist ein trostloses und ein düsteres Leben. Nur in der Liebe Gottes, im Glauben und in der Kirche werdet Ihr Trost finden für Eure Seelen, Glück im Leben und Heil im Sterben.

O lasset darum die Gnade der Mission nicht unbenutzt an Euch und an Eurer Familie vorübergehen. Es wäre unverantwortlich.

Kommet daher! Folget dem Rufe Gottes!
In seinem Namen ladet Euch alle herzlich ein

Euer Seelsorger !

Abb. 16: Allgemeine Einladung zur Mission 1926 in der Pfarrei St. Jakob

tigen Bewegung. Aber die Menschenmassen konnten nicht darüber hinwegtäuschen, daß nur ein Teil erfaßt wurde. Viele kamen nicht, weil sie nicht wollten, viele aber auch nicht, weil sie nicht konnten. [...] Man wollte sich nicht eingestehen, daß es viele Fernstehende gab. Um sich selbst zu trösten, suchte man den Eindruck einer Massenbewegung zu erwecken. Die Kirche und die Seelsorge standen dem Phänomen der Urbanisierung hilflos gegenüber."[499] 1926 organisierte Schlich in seiner Pfarrei erneut eine Mission.

Wie aus den erhaltenen Unterlagen im Pfarrarchiv St. Jakob hervorgeht, fand die Mission nicht in der ganzen Stadt statt, sondern die Pfarreien der Stadt orga-

Männerkongregation ein. Vgl. Schreiben Schlich an Generalvikar Tilmann vom 04.12.1919 (Bistumsarchiv Trier, Pfarrakten der Pfarrei Saarbrücken [St. Jakob] [wie Anm. 42]).

499 Bernhard Scholten, Die Volksmission der Redemptoristen vor dem Kulturkampf im Raum der niederdeutschen Ordensprovinz ausgenommen das Haus Luxemburg. Ein Beitrag zur Geschichte der Seelsorge im 19. Jahrhundert. Bonn 1976, 241. Aufgrund der bereits geschilderten Lage in Saarbrücken ist anzunehmen, dass die zitierte Aussage Scholtens auch auf die 1923 in Saarbrücken gepredigte Mission zutraf. Ob Schlich sich dessen bewusst war, muss ungewiss bleiben. Es ist auch möglich, dass er lediglich gegenüber der Bistumsleitung den Missionserfolg beschönigte, selbst aber auch erkannte, dass die Mission nicht so positiv verlief wie geschildert. Trotzdem initiierte Schlich 1926 erneut eine Volksmission in seiner Pfarrei, was eher dafürspricht, dass er von deren Wirkung überzeugt war.

nisierten getrennte Missionen.[500] Hauptorganisator der Veranstaltung in Saarbrücken I war Pfarrer Dr. Schlich, der am 5. Oktober 1926 den bischöflichen „Missionsbefehl“ beantragte.[501]

Er war es auch, der dem bischöflichen Generalvikariat folgende Kostenauflistung mit der Bitte um finanzielle Unterstützung, falls dies möglich sei, zusandte. Die Gesamtkosten betrugen 11.270 Francs, die sich folgendermaßen zusammensetzten:

„1. Vergütung an die 4 (5) Patres	3600
2. Tage eingesandt 3.11.26	10
3. 5200 Missionsandenken mit Druck	1480
4. Fünf Missionszeitungen (à 3600 Stück) u. Ordnung	2580
5. Bewirtung der 4 (5 Patres) im ganzen 66 Tage pro Tag 50 Fr.	3300
6. Nachtquartier für einen Pater bei barmherz. Brüder	300
[…]	
die Missionskollekten brachten ein	4460 Fr.
bleibt Fehlbetrag	6810 Fr.“[502]

Die Missionsordnung der Pfarrei, die am 12. Oktober 1926 in der „Saarbrücker Druckerei und Verlag A. G.“[503], dem Verlagshaus des Saar-Zentrums, gedruckt wurde, zeigt, dass die Mission vom 14. Oktober bis zum Allerseelentag 1926, also

500 Dies ist einerseits aus der Anzahl der gedruckten Missionszeitungen (fünf Zeitungen à 3600 Exemplaren) abzuleiten. Zudem schreibt Schlich, dass er um finanzielle Unterstützung aus Trier bittet, weil die Kosten für den bevorstehenden Kirchneubau und des bereits gewährte Zuschusses zum Ausbau des in Saarbrücken I sich befindenden Säuglingsheims i. H. v. 90.000 Francs seitens der Pfarrei, der noch nicht abgezahlt werden konnte, die Pfarrei erdrücken würden. Vgl. Abrechnung Schlichs (Pfarrarchiv der Pfarrei St. Jakob Saarbrücken [wie Anm. 489]). Darüber hinaus listet die bischöfliche Behörde 1926 vier verschiedene Missionen auf: Einmal in Burbach (St. Eligius), die vom 14.10.1926 bis zum 31.10.1926 dauerte und Saarbrücken I, die am 17.10.1926 begann und am 03.11.1926 endete. Diese beiden Missionen wurden von Oblatenpatres gepredigt. Darüber hinaus fand eine Volksmission in Burbach (Herz-Jesu) parallel zu der in Saarbrücken I statt, die jedoch einen Tag früher endete und von Pallottinern durchgeführt wurde. Außerdem fand eine von Jesuiten gepredigte Mission vom 05.12.1926 bis zum 19.12.1926 in St. Johann und St. Michael statt. Vgl. Bistumsarchiv Trier, Kirchliche Missionstätigkeiten (wie Anm. 493).

501 Bei einer Volksmission war die Pfarrei ein theoretisches Objekt und man brauchte immer eine amtskirchliche (in diesem Falle also bischöfliche) Verordnung/Erlaubnis zur Abhaltung einer Mission. Vgl. Klosterkamp, Katholische Volksmission in Deutschland (wie Anm. 494), 52.

502 Originalabrechnung Schlichs für das Generalvikariat Trier vom 14.11.1926 (Pfarrarchiv der Pfarrei St. Jakob Saarbrücken [wie Anm. 489]).

503 Vgl. hierzu die Ausführungen in Kapitel 4.4.4.

insgesamt 22 Tage dauerte.[504] In der ersten Woche (Donnerstag bis Sonntag) fand zunächst die Vormission für Kinder statt.[505] Es folgte ab dem 16. Oktober die Mission für Frauen und Jungfrauen, die bis zum übernächsten Sonntag, den 24. Oktober, dauerte und mit der Generalkommunion für Jungfrauen (7:00 Uhr) und für Frauen (8:00 Uhr) endete.[506] Der feierliche Abschluss für die Frauen und Jungfrauen fand an Allerheiligen um 16:00 Uhr statt. Die Mission für Männer und Jünglinge begann entsprechend am Samstag, dem 23. Oktober, mit einer Eröffnungsfeier (mit Predigt) abends um 20:00 Uhr und endete am Allerheiligentag mit der Generalkommunion der Männer um 7:00 Uhr bzw. der für Jünglinge um 8:00 Uhr.[507]

Die Männer- und Jünglingsmission endete offiziell mit der feierlichen Abschlussfeier am 1. November um 20:00 Uhr. Geprägt waren die Wochen, wie bei Missionen üblich, durch mehrfach täglich gehaltene Predigten, Beichtmöglichkeiten sowie besondere Veranstaltungen (Sakramentsfeiern, Kreuzfeiern und Muttergottesfeiern). Auch die für Missionen charakteristische Totenfeier fand (mit Generalkommunion) am Allerseelentag statt. In der Notkapelle in St. Arnual wurde ein gesondertes Programm für die dortigen Katholiken angeboten. Vorbereitend und begleitend zur Mission setzte Schlich ein modernes Mittel ein: eine eigens für die Mission gedruckte Zeitung. Es wurden fünf Ausgaben der Missionszeitung „Stimme des Rufenden“ in der Saarbrücker Druckerei (3600 Exemplare je Ausgabe) gedruckt und verteilt.[508] In Nummer 4 werden verstärkt die Frauen und Jungfrauen dazu aufgerufen, zur Mission zu kommen. Es wird in Erinnerung gerufen, dass alle Menschen ein Gemeinsames haben: Sie sind Sünder, die umkehren und sich selbst bessern müssen.[509] Zudem befindet sich in dieser Ausgabe eine Anekdote, die die Bedeutung des Gebets (insbesondere des Fürbittgebets der Frauen für ihre Männer und für deren Glauben) der Frauen hervorhebt, um diese zur Teilnahme

504 Vgl. hierzu und zum Folgenden: Missions-Ordnung für die Pfarrei Saarbrücken (St. Jakob) (Fotokopie im Anhang dieses Unterkapitels, aus: ebd.).

505 Wie bereits herausgearbeitet wurde, ist dies ein typisches Merkmal für (Stadt-)Missionen. Vgl. die Ausführungen in Kapitel 4.1.1.

506 Zu den Generalkommunionen der Stände vgl. ebd.

507 Die beiden zuletzt genannten Generalkommunionen fanden auch bereits am Vortag (Sonntag, den 31.10.1926) zur gleichen Uhrzeit statt.

508 Das Titelblatt der Nummer. 4 (Abb. 18) befindet sich als Kopie am Ende dieses Kapitels. Leider ist nur noch dieses eine Exemplar erhalten. Die Nummern 1–3 sowie Nummer 5 sind nicht mehr vorhanden.

509 Vgl. o. V., Mission und Gesellschaft. In: Stimme des Rufenden – Blätter zur Vorbereitung der Volksmission in Saarbrücken – vom Oktober 1926, 1. Der Ruf zur Umkehr stand, wie bereits oben dargestellt, am Anfang einer jeden Mission, um die Zielgruppe, in diesem Fall die Katholikinnen der Pfarrei, zu erschüttern (s. o.).

an der Mission zu bewegen.[510] Daneben finden sich auch Aufrufe an die Männer und Jünglinge, die selbst „ein Apostel“ werden sollen.[511]

Aber aus welchen Hauptelementen bestand eine „Standard“-Stadtmission. Klostermann macht hierfür sieben Wesensmerkmale aus.[512] Zunächst wurden die Missionare unter Glockengeläut feierlich in der Pfarrei willkommen geheißen und der Missionsleiter bekam vom Ortspfarrer eine Stola als Zeichen der übertragenen Jurisdiktion über die Pfarrei überreicht. Es folgte am Anfang immer die Kindermission, um auf diese Weise besseren Zugang zu den Eltern zu bekommen. Das allabendliche Läuten der Buß-/Sterbeglocke nach der letzten Predigt als Aufruf an die Missionsteilnehmer: „‘Sünder steh auf vom Sündenschlaf, fliehe hin zum gekreuzigten Heiland, thue Buße, und auch du wirst Gnade finden. Denke daran, daß über kurz oder lang diese selbe Glocke dich zu Grabe läuten wird Was dann? Deshalb thue Buße.‘“.[513] Zudem gab es die Sakramentsandachten, denn es war ein Privileg der Missionen, nach der Abendpredigt den Opfersegen mit Monstranz oder Speisekelch zu erteilen. Ein viertes Merkmal ist, so Klostermann weiter, die Kommunion. Während der Missionswoche wurde die Kommunion den Gläubigen auch außerhalb der Eucharistiefeier – beispielsweise nach der Missionsbeichte oder als feierliche

510 Vgl. DASS., Der Gattin Gebet. In: Stimme des Rufenden – Blätter zur Vorbereitung der Volksmission in Saarbrücken – vom Oktober 1926, 2. Frauen nahmen, wie ebenfalls bereits herausgearbeitet wurde, mehr an den Gottesdiensten teil als Männer und wurden für das „religiösere Geschlecht“ gehalten. (Vgl. SCHNEIDER, Gesucht: Der katholische Mann [wie Anm. 463], 85f.) Ein Grund hierfür lag sicherlich im Faktum, dass die Männer jeden Tag (in der Regel acht Stunden) arbeiten gingen, um mit dem Lohn ihre Familien zu ernähren, während die Aufgabe der Frauen darin bestand, den Haushalt zu führen und die Kinder zu erziehen. Oftmals barg die Arbeit der Männer, die im Vergleich zu den Frauen häufig der Kirche fernstanden oder diese zumindest kritisch beäugten, große Gefahr, weshalb die Frauen für ihre Männer und ihren Glauben beten sollten.

511 Vgl. o. V., Was die Stunde heischt. In: Stimme des Rufenden – Blätter zur Vorbereitung der Volksmission in Saarbrücken – vom Oktober 1926, 3. Das sog. „Laienapostolat“ war Bestandteil der „Katholischen Aktion“, die massiv von Papst Pius XI. vorangetrieben wurde, die das Ziel der Rechristianisierung der entchristlichten Gesellschaft zum Ziel hatte. Vgl. SCHNEIDER, Gesucht: Der katholische Mann (wie Anm. 463), 92f. Zur Katholischen Aktion und deren Umsetzung in Deutschland vgl. Angelika STEINMAUS-POLLAK, Das als katholische Aktion organisierte Laienapostolat. Geschichte seiner Theorie und seiner kirchenrechtlichen Praxis in Deutschland (= Forschungen zur Kirchenrechtswissenschaft 4). Würzburg 1988 sowie die Ausführungen im Kapitel 4.1.4. Wie aus den Protokollen der Dekanats- sowie Kapitelkonferenzen Saarbrückens 1923–1930 ersichtlich wird, beschäftigte sich der Saarbrücker Klerus auch sehr viel mit dieser Idee und versuchte sie in Saarbrücken umzusetzen. Vgl. hierzu: Berichte der Dekanats- und Kapitelskonferenzen Saarbrückens der Jahre 1923–1930, in: PFARRARCHIV DER PFARREI CHRISTKÖNIG SAARBRÜCKEN (wie Anm. 305).

512 Vgl. hierzu und zum Folgenden: KLOSTERKAMP, Katholische Volksmission in Deutschland (wie Anm. 494), 44f.

513 Max Kassiepe OMI, zitiert nach: ebd., 44.

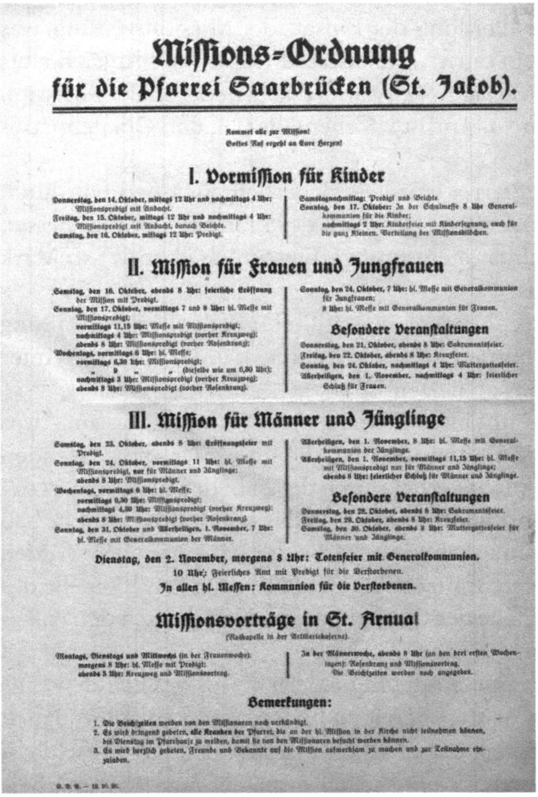

Missions-Ordnung für die Pfarrei Saarbrücken (St. Jakob).

Kommet alle zur Mission!
Gottes Ruf ergeht an Eure Herzen!

I. Vormission für Kinder

Donnerstag, den 14. Oktober, mittags 12 Uhr und nachmittags 4 Uhr: Missionspredigt mit Andacht.
Freitag, den 15. Oktober, mittags 12 Uhr und nachmittags 4 Uhr: Missionspredigt mit Andacht, danach Beichte.
Samstag, den 16. Oktober, mittags 12 Uhr: Predigt.
Samstagnachmittag: Predigt und Beichte.
Sonntag, den 17. Oktober: In der Schulmesse 8 Uhr Generalkommunion für die Kinder;
nachmittags 2 Uhr: Kinderfeier mit Kindersegnung, auch für die ganz Kleinen. Verteilung der Missionsbildchen.

II. Mission für Frauen und Jungfrauen

Samstag, den 16. Oktober, abends 8 Uhr: feierliche Eröffnung der Mission mit Predigt.
Sonntag, den 17. Oktober, vormittags 7 und 8 Uhr: hl. Messe mit Missionspredigt;
vormittags 11,15 Uhr: Messe mit Missionspredigt;
nachmittags 4 Uhr: Missionspredigt (vorher Kreuzweg);
abends 8 Uhr: Missionspredigt (vorher Rosenkranz);
Wochentags, vormittags 6 Uhr: hl. Messe;
vormittags 6,30 Uhr: Missionspredigt;
" 9 " " (dieselbe wie um 6,30 Uhr);
nachmittags 3 Uhr: Missionspredigt (vorher Kreuzweg);
abends 8 Uhr: Missionspredigt (vorher Rosenkranz).
Sonntag, den 24. Oktober, 7 Uhr: hl. Messe mit Generalkommunion für Jungfrauen;
8 Uhr: hl. Messe mit Generalkommunion für Frauen.

Besondere Veranstaltungen

Donnerstag, den 21. Oktober, abends 8 Uhr: Sakramentsfeier.
Freitag, den 22. Oktober, abends 8 Uhr: Kreuzfeier.
Sonntag, den 24. Oktober, nachmittags 4 Uhr: Muttergottesfeier.
Allerheiligen, den 1. November, nachmittags 4 Uhr: feierlicher Schluß für Frauen.

III. Mission für Männer und Jünglinge

Samstag, den 23. Oktober, abends 8 Uhr: Eröffnungsfeier mit Predigt.
Sonntag, den 24. Oktober, vormittags 11 Uhr: hl. Messe mit Missionspredigt, nur für Männer und Jünglinge;
abends 8 Uhr: Missionspredigt.
Wochentags, vormittags 6 Uhr: hl. Messe;
vormittags 6,30 Uhr: Missionspredigt;
nachmittags 4,30 Uhr: Missionspredigt (vorher Kreuzweg);
abends 8 Uhr: Missionspredigt (vorher Rosenkranz).
Sonntag, den 31. Oktober und Allerheiligen, 1. November, 7 Uhr: hl. Messe mit Generalkommunion der Männer.
Allerheiligen, den 1. November, 8 Uhr: hl. Messe mit Generalkommunion der Jünglinge.
Allerheiligen, den 1. November, vormittags 11,15 Uhr: hl. Messe mit Missionspredigt nur für Männer und Jünglinge;
abends 8 Uhr: feierlicher Schluß für Männer und Jünglinge.

Besondere Veranstaltungen

Donnerstag, den 28. Oktober, abends 8 Uhr: Sakramentsfeier.
Freitag, den 29. Oktober, abends 8 Uhr: Kreuzfeier.
Samstag, den 30. Oktober, abends 8 Uhr: Muttergottesfeier für Männer und Jünglinge.

Dienstag, den 2. November, morgens 8 Uhr: Totenfeier mit Generalkommunion.
10 Uhr: Feierliches Amt mit Predigt für die Verstorbenen.
In allen hl. Messen: Kommunion für die Verstorbenen.

Missionsvorträge in St. Arnual

(Notkapelle in der Artilleriekaserne).

Montags, Dienstags und Mittwochs (in der Frauenwoche):
morgens 8 Uhr: hl. Messe mit Predigt;
abends 5 Uhr: Kreuzweg und Missionsvortrag.
In der Männerwoche, abends 8 Uhr (an den drei ersten Wochentagen): Rosenkranz und Missionsvortrag.
Die Beichtzeiten werden noch angegeben.

Bemerkungen:

1. Die Beichtzeiten werden von den Missionaren noch verkündigt.
2. Es wird dringend gebeten, alle Kranken der Pfarrei, die an der hl. Mission in der Kirche nicht teilnehmen können, bis Dienstag im Pfarrhause zu melden, damit sie von den Missionaren besucht werden können.
3. Es wird herzlich gebeten, Freunde und Bekannte auf die Mission aufmerksam zu machen und zur Teilnahme einzuladen.

S. D. G. – 12. 10. 26.

Abb. 17: Missionsordnung der Pfarrei St. Jakob 1926

Generalkommunion der einzelnen Stände – gereicht. Außerdem gab es besondere Feierlichkeiten während der Missionswoche, wie die kollektive Abbitte der Missionsteilnehmer, die Weihe an die Gottesmutter oder ein Requiem mit anschließender Prozession zum Friedhof. Wie dem Ablaufplan der Mission 1926 in St. Jakob zu entnehmen ist, gab es auch viele dieser besonderen Feiern (vgl. Missionsordnung [Abb. 17]). Als letztes Charakteristikum ist noch die Abschlussfeier zu nennen. „Zum Abschluss einer Mission gab es eine feierliche Andacht, die mit dem Privilegium eines mit vollkommenem Ablass verbundenen Päpstlichen Segens gekrönt wurde.“[514]

Insgesamt lässt sich durch den Vergleich des Ablaufplans der Mission 1926 in St. Jakob mit den Darstellungen eines „regulären Verlaufs“ einer Volksmission und deren Charakteristika, wie von Klosterkamp und Scholten skizziert, feststellen, dass die Saarbrücker Mission 1926 dem „regulären“ schematischen Ablauf einer Mission folgte und die typischen Elemente beinhaltete (vgl. Missionsordnung [Abb. 17]).

514 Ebd., 45.

Eine lokale Ausnahme bildete allerdings der Einsatz der Missionszeitung, was der Person Schlichs geschuldet sein dürfte, weil dieser Mitglied des Aufsichtsrats der „Saarbrücker Druckerei und Verlag A. G.“ war.[515] Die Erneuerung der Mission wurde vom 15. April 1928 bis zum 30. April 1928 ebenfalls von den Oblatenpatres in Saarbrücken I gehalten.[516]

Die wirtschaftliche Lage der Pfarrei wurde – sicherlich auch bedingt durch die steigende Inflation und das finanzielle Geschick des Pfarrers – immer besser. Die Pfarrei hatte 1928 keine Schulden mehr und verfügte noch über 973,50 Mark Barvermögen sowie das Pfarrhaus.

Schlich bekam auch, nachdem er bei der Generaldirektion der Bergverwaltung vorgesprochen hatte, 30 Tonnen Förderkohle („Freikohle“), um damit im Winter die Jakobskirche und das Pfarrhaus zu heizen.[517]

Allerdings stieg die Zahl der Katholiken in St. Jakob auf etwa 14.000 an,[518] was mit der Bevölkerungsentwicklung zusammenhing, die im weiter anwachsenden Ballungsraum Saarbrücken dynamisch verlief. Auch die Zahl der Kapellen, in denen das Altarsakrament aufbewahrt wurde, wuchs an: Neben der Pfarrkirche gab es mittlerweile die Kapelle der Franziskanerinnen, die der Barmherzigen Brüder, die Notkirche in St. Arnual, mehrere französische Kapellen, die Privatkapelle des Caritasdirektors und die Privatkapelle der Oblatenpatres, die sich nach der Volksmission in einem Privathaus einmieteten.[519]

Aber trotz steigender Zahl an Gemeindemitgliedern verlor Schlich den Einzelnen nicht aus dem Blick und war stets bereit zu helfen, wenn es ihm möglich war. So betreute er einen ehemaligen katholischen Priester, der sich entschloss, zu heiraten und als altkatholischer, ein wenig später evangelischer Pfarrer arbeitete. Nachdem dessen zweite Ehe (mit einer Katholikin) scheiterte, beantragte der mittlerweile in Saarbrücken lebende Privatlehrer in Trier und Freiburg (Heimatbistum), die Wiederaufnahme in den Klerikerstand. Er suchte einen Ort, wo er Ruhe und Seelenführung finden könne. Daher wandte sich Schlich an den Abt des

515 Zu Schlichs Pressewirken vgl. die Ausführungen in Kapitel 4.4.4.

516 Vgl. Bistumsarchiv Trier, Kirchliche Missionstätigkeiten (wie Anm. 493).

517 Schreiben des Büros des Generaldirektors der Bergverwaltung vom 30.10.1929 (Pfarrarchiv der Pfarrei St. Jakob Saarbrücken [wie Anm. 481]).

518 Vgl. hierzu und zum Folgenden: Bistumsarchiv Trier, Zählbögen des Dekanats Saarbrücken (wie Anm. 364) sowie Bistumsarchiv Trier, Visitationsprotokolle (wie Anm. 375).

519 Das Oblatenkloster Maria-Hilf wurde am 08.07.1928 feierlich eingeweiht. Die Festpredigt hielt der bereits zitierte Max Kassiepe OMI. Zur Person Kassiepes vgl. Klosterkamp, Katholische Volksmission in Deutschland (wie Anm. 494), 54–76. Die Oblaten hatten zuvor am 07.06.1926 ein Grundstück auf dem Rotenbühl in Saarbrücken gekauft und mit dem Bau des Klosters begonnen. Während dieser Zeit lebten seit August 1926 drei Oblatenpatres provisorisch in Saarbrücken zur Untermiete. Vgl. ebd., 256 (Anm. 480). Vgl. zudem die Ausführungen in Kapitel 3.3.2.

Klosters Maria Laach, Ildefons Herwegen OSB[520]. Er bat darum, dieser möge ihn, bis ein Urteil aus den Generalvikariaten darüber, ob er wieder in den Klerikerstand aufgenommen werde oder nicht, eintreffe, als Gast im Kloster aufnehmen.[521]

Der enorme Zuwachs an Katholiken forderte natürlich auch seinen Tribut. Wenn die Pfarrer der Stadt den Einzelnen nicht aus dem Blick verlieren wollten und selbst nicht mehr Kontakt zu jedem halten konnten, mussten sie Laien zur Mithilfe heranziehen. Dies taten die Pfarrer insbesondere durch die „Katholische Aktion".[522] Auch Dechant Schlich war von dieser Idee begeistert. Daher fand 1929 in allen Pfarreien des Dekanats neben Schulentlassexerzitien nicht nur (mindestens) eine außerordentliche Seelsorgeveranstaltung statt, sondern man bot eine Schulung für die Laienhelfer an.[523] Hierüber referierte Dechant Schlich während des Dekanatskapitels 1929. Er nannte fünf konkrete Einsatzgebiete für die Laienapostel: im kirchlichen und öffentlichen Leben, im Familien-, Berufs- sowie Kulturleben. Schlich regte an, im Herbst eine Tagung in einem der Klöster für die Laienhelfer/innen abzuhalten.

520 Peter Herwegen wurde am 27.11.1874 in Junkersdorf (bei Köln) geboren und trat nach bestandener Reifeprüfung in die Benediktinerabtei Maria Laach ein, wo er 1894 mit dem Noviziat begann. Ildefons Herwegen studierte Theologie an der Theologischen Hochschule der Benediktiner-Erzabtei Beuron und in Rom sowie Geschichte an der Bonner Universität. 1901 empfing Herwegen die Priesterweihe und wurde am 26.06.1913 einstimmig von der Kommunität der Laacher Mönche zum Abt gewählt. Bischof Korum weihte den jungen Herwegen am 07.07.1913. Unter der Führung Herwegens entwickelte sich Maria Laach zu einem Zentrum der Reformbewegung im deutschen Katholizismus. Herwegen wurde zum Wegbereiter der „Liturgischen Bewegung", denn für ihn musste Liturgie nicht nur eine zentrale Rolle im Leben eines Katholiken spielen, sondern zugleich auch erlebbar sein (durch aktive Teilhabe/ -nahme). Die von ihm zeitlebens geförderte Liturgiereform wurde erst durch das Zweite Vatikanum offiziell umgesetzt. Herwegen lässt sich nicht als Demokrat beschreiben und lehnte auch die politische Vertretung des Katholizismus in der Zentrumspartei ab. Er verstarb als amtierender Abt am 02.09.1946 in Maria Laach. Vgl. Emmanuel von SEVERUS, Herwegen, Ildefons. In: Neue Deutsche Biographie, 723; Marcel ALBERT, Herwegen, Ildefons. In: Biographisch-bibliographisches Kirchenlexikon, Bd. 2, hg. von Friedrich Wilhelm BAUTZ und Traugott BAUTZ (= BBKL 4). Hamm 1992, Sp. 775–776; ALBERT, Herwegen, Ildefons sowie Marcel ALBERT, Die Benediktinerabtei Maria Laach und der Nationalsozialismus (= Veröffentlichungen der Kommission für Zeitgeschichte bei der Katholischen Akademie in Bayern. Reihe B, Forschungen 95). Paderborn, München, Wien, Zürich 2004. Zur Rolle Herwegens als „Motor der Liturgischen Bewegung" vgl. Marc BREUER, Religiöser Wandel als Säkularisierungsfolge. Differenzierungs- und Individualisierungsdiskurse im Katholizismus, zugl.: Luzern, Univ., Diss., 2011 (= Veröffentlichungen der Sektion Religionssoziologie der Deutschen Gesellschaft für Soziologie). Wiesbaden 2012, 349–436.

521 Vgl. Johann Ludger SCHLICH, Bitte um Aufnahme eines ehemaligen Priesters als Gast im Kloster Maria Laach, Brief an Abt Ildefons Herwegen (06.07.1929), Klosterarchiv Maria Laach.

522 Zur Katholischen Aktion vgl. die Ausführungen in Kapitel 4.1.4.

523 Vgl. Kapitelsverhandlungen des Dekanates Saarbrücken am 24. Juni 1929 im Pfarrhause St. Jakob (SCHLICH, Decanats- u. Conferenzberichte u. Bischöfl. Schreiben [wie Anm. 457]).

Stimme des Rufenden

Blätter zur Vorbereitung der Volksmission in Saarbrücken

Nr. 4 | Saarbrücken, im Oktober | 1926

Katholische Männer und Jünglinge!

Der Alarmruf der Kirche erschallt, Christus, der einzige und ewige Herrscher der Welt erhebt das Königsbanner des Kreuzes:

Auf zum Kampf!

Kampf gegen Bosheit und Gemeinheit! [illegible]

Kampf gegen Niedertracht und Feigheit! [illegible]

Unser der Sieg!

„Das ist der Sieg, der die Welt überwindet: unser Glaube". [illegible]

Durch Selbstbesserung zur Besserung der Gesellschaft!

Darum kommt alle zu den Missionspredigten.

Mission und Gesellschaft

[illegible]

Der Gruß der Missionare an unsere kath. Mütter.

[illegible]

IM HERBSTWIND.

[illegible]

Franz Alfred Muth.

Frauen und Jungfrauen, kommt alle zur Mission!

Abb. 18: Titelseite der Nummer 4 der „Stimme des Rufenden" vom Oktober 1926, die Schlich zur Vorbereitung auf die Mission herausgab.

Die statistische Entwicklung des Dekanats, die Schlich den Kapitularen präsentierte, zeigte, dass sich die Abwärtsentwicklung im Dekanat Saarbrücken weiter fortsetzte und man durch den Einsatz von „Laienaposteln" derselben entgegenwirken wollte. Die Statistik sprach für sich: 32 katholische Paare ließen ihre Neugeborenen nicht taufen und nur 40 % der aus konfessionell gemischten Ehen hervorgegangene Kinder wurden katholisch getauft. Von den etwa 66.000 kommunionpflichtigen Katholiken empfingen lediglich 55 %, nämlich 38.115 Gläubige, die Osterkommunion. 226 Katholikinnen und Katholiken wandten sich von der Kirche durch Austritt ab, 60 traten zur katholischen Kirche über und 24 Rücktritte waren zu verzeichnen.

Es wird deutlich, dass Schlich umzudenken begann: In einer Großstadt wie Saarbrücken konnte der Klerus alleine nicht mehr die gesamte Seelsorge übernehmen, sondern er stellte die Weichen für eine stärkere Einbindung der Laien, die neben der Verkleinerung der Pfarreien dringend notwendig erschien. Der nun rapid ansteigende Katholikenanteil in St. Arnual bewog Schlich und den Kirchenvorstand dazu, ein Projekt anzugehen, das das Stadtbild Saarbrückens bis in die Gegenwart beeinflussen sollte: den Bau der Christkönigskirche in St. Arnual.

4.1.2 Erbauer der Christkönigskirche

Die Geschichte der Pfarrei Christkönig beginnt mit einem Schreiben Schlichs vom 28. Dezember 1919, in dem er sich aus pastoralen und seelsorglichen Gründen für die Verkleinerung der Stadtpfarreien in einer säkularisierten Großstadt wie Saarbrücken aussprach: „In einer Großstadt kann nur durch die Verkleinerung der Pfarreien mit intensiver Einzelseelsorge und Familienarbeit dem Unglauben und der religiösen Lauheit entgegengearbeitet werden.“[524] Schlich erkannte also, dass das Netz des katholischen Milieus in Saarbrücken – anders als in kleinen Dorfpfarren – zu grobmaschig sei und die Seelsorger die Menschen nicht in dem Maße erreichen konnten, wie es notwendig gewesen wäre.

Gegen Ende des 19. Jahrhunderts wurde schon der Wunsch nach der Verkleinerung von Pfarreien laut.[525] Nach dem Kulturkampf begann Bischof Korum mit der Neugründung von Pfarreien. Bis zu seinem Tod 1921 gründete er 40 Pfarreien. In den Jahren zwischen 1921 und 1931, also nach der Diözesansynode von 1920, die die Gründung neuer Pfarreien begrüßte, kam es wiederum zu 40 Pfarrneugründungen. Dieses Mal jedoch nicht ausschließlich aus juridischen, sondern auch aus theologischen Gründen. Schlich griff somit der Diözesansynode bereits vor.[526]

Schlich wandte sich am 14. Juli 1920 erneut an das Bischöfliche Generalvikariat zu Trier und schilderte die Situation in Saarbrücken.[527] Zur Pfarrei St. Jakob gehörte der Vorort St. Arnual, der nach seiner geschichtlichen Entwicklung protestantisch geprägt war und lediglich 1/5 der Einwohner, also 350–400 Personen, katholischen Glaubens waren. Diese mussten bis zur Pfarrkirche einen Weg von etwa 35 Minuten zurücklegen. Während des Krieges wurde die Sonntagsmesse im Gottesdienstraum des dort liegenden Garnisionslazaretts gelesen. Nachdem die Franzosen diese Gebäude jedoch übernommen hatten, war die dortige Abhaltung des Gottesdienstes nicht mehr möglich. Dadurch würden viele Gläubige, deren Glauben bedingt durch die geschilderten Umstände ohnehin sehr schwach sei, religiöser Gleichgültigkeit verfallen, so Schlich. Auch der Plan, in St. Arnual, wie bereits oben erwähnt, eine Niederlassung der Oblatenpatres zu eröffnen, sei daran gescheitert, dass keine Immobilie zum Verkauf gestanden habe. Schlich schlussfolgerte daher, dass ein eigener Sonntagsgottesdienst und eine Schulmesse für die Kinder ein dringendes Seelsorgebedürfnis seien. Er teilte dem Ordinariat in Trier

524 Schreiben Schlich an das Generalvikariat Trier vom 28.12.1919 (Schlich, Schreiben über die pastorale Situation Saarbrückens [wie Anm. 295]).

525 Vgl. hierzu und zum Folgenden: Feilzer, Strukturen der Seelsorge: Dekanate und Pfarreien, Pfarrverbände und Regionen (wie Anm. 288), hier: 112–114.

526 Zur Diözesansynode von 1920 vgl. die Ausführungen in Kapitel 4.2.1.

527 Vgl. hierzu und zum Folgenden: Schreiben Schlich an das Generalvikariat Trier vom 14.07.1920 (Pfarrarchiv der Pfarrei Christkönig Saarbrücken, Ordner „1 Die Pfarrei: Allgemeines – Pfarr- und Ortsgeschichte“, Klemmmappe „1 Notkirche“).

mit, dass die Pfarrei einen dafür geeigneten Wirtschaftssaal anmieten wolle und nun darum bitte, Gottesdienste in diesem Saal abhalten zu dürfen. Hierfür benötige man allerdings noch einen Altarstein. Zudem bat Schlich darum, die Seelsorge im Gefängnis an Caritasdirektor Feldges, der der Übernahme schon zugestimmt habe, abgeben zu dürfen, da seine drei Kapläne und er an Sonntagen ständig Binationen hätten, d. h. die vier Geistlichen mussten bereits acht heilige Messen lesen (sechs in der Pfarrkirche sowie eine im Männer- und eine im Frauengefängnis) und somit keine weitere mehr möglich sei. Natürlich unterließ es Schlich nicht, eine finanzielle Beihilfe seitens der Diözese zu fordern, denn die Pfarrei übernehme bereits die Mietkosten sowie die jährlichen Instandhaltungskosten von etwa 1.000 Mark. Die sonstigen Einrichtungsgegenstände (Bänke, Altar, Paramente, Schränke etc.) würden etwa 15.000–20.000 Mark an Kosten verursachen, die Schlich jedoch nicht der Pfarrkasse zur Last legen wollte[528], vielmehr hoffte er auf die Wohltätigkeit der Pfarrkinder.

Seit dem 5. September 1920 mietete die Pfarrei den der evangelischen Familie Fried gehörenden Wirtschaftssaal in der Pfälzerstraße in St. Arnual an.[529] Dort wurde sonntags sowie zweimal werktags Gottesdienst gefeiert, jedoch war der 70 qm große Saal für die 400 Seelen, die St. Arnual umfasste, zu klein und es gab Probleme mit dem Vermieter.[530] Daher traf der Kirchenvorstand am 23. Februar 1923 den Entschluss, ein Haus zu kaufen, welchem die Trierer Behörde am 15. März 1923 zustimmte. Der geplante Kauf einer Immobilie kam allerdings nicht zustande. „Einige höhere Beamte, die in diesem Teil der Pfarrei wohnen, machten nun im Kirchenvorstand Stimmung, derselbe möge einen Pferdestall der Artilleriekaserne […] von der Regierungskommission mieten und in eine Kapelle umwandeln."[531] Die Kosten hierfür würden sich auf etwa 35.000 Francs belaufen.

Während der Zeit dieses Notbehelfs verhandelte Schlich mit der Stadt über einen Bauplatz. Schlich konnte, wie er in seinem dritten Schreiben, das er diesbezüglich an die Behörde nach Trier sandte, unter großen Mühen im Stadtrat und durch persönliche Bekanntschaften (mit den hierfür zuständigen Beamten) nach

528 Dies begründete Schlich damit, dass die Pfarrgemeinde derzeit plane, einen Bauplatz in diesem Teil der Pfarrei zu kaufen, der 140.000–300.000 Mark kosten werde und auf der Pfarrgemeinde noch infolge des Ausbaus der Pfarrkirche 1906 noch 120.000 Mark Schulden lägen.

529 Vgl. Michael Josef Kettel, Geschichte der Pfarrei Christkönig. In: Festschrift zum 40jährigen Bestehen der Pfarrei Christ-König, hg. von Pfarrgemeinde Christkönig Saarbrücken. Saarbrücken 1969, 9–10, hier: 9. Darüber sind keinerlei Unterlagen mehr erhalten. Vermutlich rekurriert er bei seinem Bericht auf Zeitzeugenaussagen.

530 Vgl. hierzu und zum Folgenden: Bericht Schlichs an das Bischöfliche Generalvikariat vom 23.11.1923 (Pfarrarchiv der Pfarrei Christkönig Saarbrücken [wie Anm. 527]).

531 Ebd.

Abb. 19: Das unbebaute Grundstück Ecke Scharnhorst-Präsident-Baltz-Straße (1920)

jahrelangen Verhandlungen „Schritt für Schritt die früher noch viel ungünstigeren Bedingungen abschwächen und den Vertrag [...] besser gestalten."[532]

Durch seinen Einsatz in der Stadtverordnetenversammlung vom 6. September 1921 bezahle die Pfarrei nur 30 Mark/qm, obwohl mittlerweile der Preis wieder auf 2.200 Mark/qm gestiegen sei.[533] Daher bat er um Genehmigung, das Baugrundstück, wie es der Kirchenvorstand am 10. Januar 1922 in einer Sitzung beschloss[534], endgültig in den Besitz der Pfarrei zu bringen, um in einigen Jahren eine Kirche

532 Schreiben Schlich an das Generalvikariat Trier vom 04.10.1922 (ebd.). Zum Folgenden: Vgl. ebd. Erstmals lag eine Genehmigung seitens des Generalvikariats am 22.04.1922 vor. Jedoch verzögerte sich der Kauf aufgrund politischer Querelen. Vgl. Schreiben Tilmann an Schlich vom 22.04.1922 (Pfarrarchiv der Pfarrei Christkönig Saarbrücken, Ordner „2 Kirchen, Kapellen, Friedhöfe", Klemmmappe 6 „Verhandlungen mit d. B. G. V. über Namen u. Einrichtung d. Kirche").

533 Vgl. Johann Ludger Schlich, Lagerbuch der Pfarrei Saarbrücken-Christkönig (01.10.1929), Pfarrarchiv der Pfarrei Christkönig Saarbrücken, 1. Zu den Verhandlungen im Stadtverordnetenrat vgl. die Ausführungen in Kapitel 4.4.3.

534 Vgl. Protokoll der Kirchenvorstandssitzung der Pfarrei St. Jakob vom 10.01.1922 (Pfarrarchiv der Pfarrei Christkönig Saarbrücken, Ordner „2 Kirchen, Kapellen, Friedhöfe", Klemmmappe „7 Baupolizei").

Katasterverwaltung

Kreis Saarbrücken Stadt

Gemarkung Saarbrücken

Handzeichnung nach den Katasterkarten.

Gemeinde Saarbrücken

Der vereid. Landmesser

Abb. 20: Grundbucheintrag des Bauplatzes (gelbe Umrahmung) aus dem Jahr 1922

errichten zu können.[535] Die Errichtung einer neuen Kirche auf das 3.250 qm große Baugrundstück Ecke Scharnhorst- Präsident-Baltz-Straße hielt Schlich unter Berücksichtigung der demographischen Entwicklung für verfrüht, sogar auf Jahrzehnte hin für unmöglich.[536]

Daher ersuchte Schlich die Bischöfliche Behörde um ein neutrales Urteil, ob nämlich auf dem Bauplatz eine Notkirche für die 1.660 Katholiken, die im Einzugsgebiet dieser Kirche lebten[537], als Grundlage für eine neue Pfarrei errichtet werden oder ob er (durch den Kirchenvorstand) den Kasernen-Kapellenbau vorantreiben lassen sollte.

535 Vgl. ebd. Vorderseitig notierte man in Trier handschriftlich (mit Datum 05.10.1922), dass die Genehmigung für die Unterzeichnung des Vertrags erteilt sei. Diese Notiz trägt die Unterschrift Generalvikar Tilmanns.

536 Vgl. hierzu und zum Folgenden: Bericht Schlichs an das Bischöfliche Generalvikariat vom 23.11.1923 (ebd.).

537 Schlich legte sich eine Liste an, auf der er die Namen der Straßen mit der Zahl der dort wohnenden Katholiken notierte. Die Straßen, die er als Einzugsgebiet der neuen Kirche definierte und die ab der Spichererbergstraße, die Luftlinie 500 Meter von der Pfarrkirche entfernt ist, Richtung St. Arnual lagen, umfassten exakt 1.160 Katholiken. Hinzu rechnete er die 500 in St. Arnual lebenden Katholiken. Vgl. Notizzettel Schlichs o. D. (ebd.).

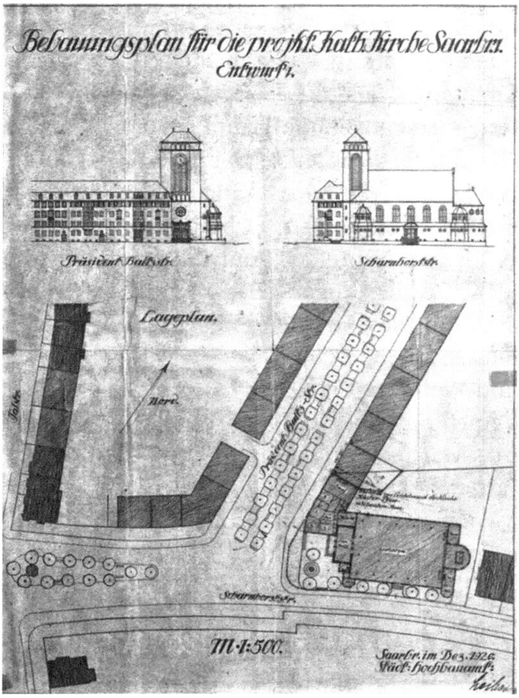

Abb. 21: Entwurf der Notkirche (mit Geistlichenwohnung) aus dem Jahr 1920

Der Generalvikar riet Schlich dazu, insofern auf dem Grundstück noch eine große Pfarrkirche und ein Pfarrhaus in freier Lage gebaut werden könnten, den Bau einer Notkirche (mit Geistlichenwohnung) einer Saalanmietung vorzuziehen.[538]

Jedoch entschlossen sich die selbstbewussten Gremiumsmitglieder des Kirchenvorstands, den Ratschlag aus Trier zu missachten und votierten gegen den Notkirchenbau. Sie traten an die Regierungskommission mit dem Gesuch heran, einen Raum in der ehemaligen Kaserne „Joffre", die mittlerweile schon größtenteils zu Wohn- oder Geschäftszwecken zur Verfügung gestellt wurde, einen Raum zur Abhaltung der Gottesdienste zu bekommen.[539] Weil die Vermietung einem religiösen Zweck diene, argumentierte der Vorstand, sei die Miete (als Anerkennungsgebühr) möglichst gering festzusetzen.

538 Vgl. Schreiben Tilmann an Schlich vom 30.11.1923 (ebd.).

539 Vgl. hierzu und zum Folgenden: Schreiben des Kirchenvorstands der Pfarrei St. Jakob an die Regierungskommission des Saargebiets vom 25.02.1924 (ebd.). Der Brief gehörte, so ist oben vermerkt, zu Punkt 21 der Tagesordnung der Kirchenvorstandssitzung, die am selben Tag stattfand.

Am 28. Februar 1924 musste Schlich dem Generalvikariat mitteilen, dass der Kirchenvorstand sich gegen den Bau einer Notkirche entschieden habe. Er habe alles Erdenkliche getan, um den Kirchenvorstand zu bewegen, sogar einen katholischen Architekten Pläne entwerfen lassen, aber aufgrund einer seit Anfang Januar im Saargebiet herrschenden Kreditnot, die Frankreich initiierte, bekomme die Pfarrei die zum Bau notwendigen 550.000–800.000 Francs derzeit nicht geliehen.[540] Das Generalvikariat genehmigte daraufhin am 17. März die Anmietung des Saals unter der Bedingung, dass „das mit Schreiben vom 30. November 1923 (N. 2718) genehmigte Bauprojekt nicht aus den Augen gelassen wird"[541] und am 23. April erlaubte die Bischöfliche Behörde, das Allerheiligste in der Notkapelle, die benedictione loci zu benedizieren sei, aufzubewahren.[542]

Das Hochbauamt für Militär- und Wohnungsbauten im Saargebiet teilte der Kirchengemeinde St. Jakob am 30. April mit, dass die Behörde der Vermietung zustimme.[543] Daher schlossen am 11. Mai 1924 die katholische Pfarrgemeinde St. Jakob, vertreten durch Pfarrer Dr. Schlich, und die Regierungskommission des Saarlandes, vertreten durch den Vorstand des Hochbauamtes für Militär- und Wohnungsbauten, einen Mietvertrag, in dem die Pfarrei „das Obergeschoß des früheren Feld-Fahrzeugschuppens H3 an der Barbarastraße in Saarbrücken – St. Arnual bestehend aus 2 Räumen, zusammen etwa 196,00 qm mit aufschließendem Treppenhaus und einem etwa 33,00 qm großen Zugangsweg"[544] bis zum 1. Januar 1935 für die jährliche Anerkennungsgebühr von 10 Francs anmietete.

In seiner Predigt, die Schlich während der ersten Messe in der Notkapelle hielt, betonte dieser, dass nach 345 Jahren in St. Arnual, einem Ort, der durch das ehemalige Chorherrenstift im Mittelalter für die Geschichte des Christentums in Saarbrücken von enormer Bedeutung war, endlich wieder ein katholischer Gottesdienst in einem eigenen Raum abgehalten werde.[545]

Um den Bau einer neuen Kirche einmal möglich zu machen, gründete Schlich Anfang des Jahres 1924 einen Kirchbauverein.[546] Am 25. März 1925 schrieb die

540 Vgl. Schreiben Schlich an das Generalvikariat Trier vom 28.02.1924 (ebd.).
541 Schreiben Tilmann an Schlich vom 17.03.1924 (ebd.). Schlich notierte darunter handschriftlich: „Kirchenbesucher 20.4. 216, 21.04. 195".
542 Vgl. Schreiben Generalvikariat Trier an Schlich vom 23.04.1924 (ebd.).
543 Vgl. Schreiben des Hochbauamtes für Militär- und Wohnungsbauten im Saargebiet an die Kirchengemeinde St. Jakob vom 30.04.1924 (ebd.).
544 Mietvertrag vom 11.05.1924 (ebd.).
545 Vgl. Maria Zenner, 50 Jahre Pfarrei Christkönig – Eine Großstadtpfarrei im Wandel historisch-politischer Situationen. In: 50 Jahre Pfarrei Christkönig in Saarbrücken. Eine Kirchengemeinde im Licht und unter dem Anspruch des Zweiten Vatikanischen Konzils, hg. von Katholisches Pfarramt Christkönig. Saarbrücken 1979, 49–60, hier: 49f.
546 Kettel datiert die Gründung des Vereins auf den 14.04.1924.Vgl. Kettel, Geschichte der Pfarrei Christkönig (wie Anm. 529), 10. Wie aus einem Schreiben Schlichs an das Generalvikariat Trier hervorgeht, hatte die Pfarrei gemeinsam mit dem Kirchbauverein zu Beginn

Pfarrgemeinde St. Jakob unter „den deutschen Architekten des Saargebietes, des besetzten Gebietes, Badens und Württembergs einen Wettbewerb aus zur Erlangung von Ideenskizzen für eine Kirche mit Pfarrhaus. [...] Für die äussere Gestaltung und Formgebung der in den Aussenmauern mit Werkstein zu erstellenden Kirche werden besondere Vorschriften über den Stil nicht gemacht. Gedacht ist an ein in gesunden, modernen Formen gehaltenes Gotteshaus mit einem schlanken Turm (ev. Türmen, Kuppel), das an der Grenze der geschlossenen Bauweise zum Landhausviertel stehen wird."[547] Die Kirche sollte einen 640 qm großen Laienraum mit 150 Kinder-, 700 Sitz- und 800 Stehplätzen, einen Haupt- und zwei Nebenaltäre, vier Beichtstühle, eine Empore, die 80–100 Sänger/innen Platz bieten sollte, eine Kanzel sowie eine Taufnische mit -becken enthalten.[548] Dazu benötige man eine Sakristei von 35–40 qm und einen Messdienerraum von 15–20 qm sowie einen Geräte- und Paramentenraum von 30 qm. Die Baubeschreibung des Pfarrhauses zeigt, dass Schlich für die Betreuung der maximal 4.000 Katholiken, die einmal im Einzugsgebiet der Pfarrei wohnen könnten[549], mit zwei Kaplänen in der neuen Pfarrei rechnete. Außerdem sollte ein Versammlungsraum von 70–80 qm entworfen und im Ensemble integriert werden. Es wurden drei Preise und drei Ankäufe mit einem Gesamtwert von 27.000 Francs (6.000 Mark) ausgelobt. Dem Preisgericht gehörten neben Pfarrer Schlich noch der Saarbrücker Bürgermeister Hans Neikes[550], der Geistliche Rat Karl Kammer[551] (als Vertreter der Bischöflichen

des Jahres 1925 bereits 250.000 Francs gespart. Vgl. Schreiben Schlich an das Generalvikariat Trier vom 26.01.1925 (Pfarrarchiv der Pfarrei Christkönig Saarbrücken, Ordner „2 Kirchen, Kapellen, Friedhöfe", Klemmmappe 2 „Wettbewerb" sowie Pfarrakten der Pfarrei Saarbrücken [Christkönig], Bistumsarchiv Trier, Abt. 70 Nr. 5343). Der Kirchbauverein selbst sparte bis zum 01.05.1929 eine Summe von 173.945 Francs. Vgl. SCHLICH, JOHANN LUDGER [HRSG.], Blätter an die Erinnerung der Benediction der Christkönigkirche. In Saarbrücken am 7. Juli 1929. Saarbrücken 1929, 16.

547 Wettbewerbsausschreibung Schlichs vom 25.03.1925. (PFARRARCHIV DER PFARREI CHRISTKÖNIG SAARBRÜCKEN [wie Anm. 546]) Hervorhebungen im Original.

548 Vgl. hierzu und zum Folgenden: ebd.

549 Vgl. Schreiben Schlich an das Generalvikariat Trier vom 26.01.1925 (ebd.).

550 Zur Person Neikes vgl. Fritz JACOBY, Oberbürgermeister Hans Neikes. Eine bedeutende Persönlichkeit im Saargebiet. In: Zeitschrift für die Geschichte der Saargegend, Bd. 19, hg. von HISTORISCHER VEREIN FÜR DIE SAARGEGEND (= Zeitschrift für die Geschichte der Saargegend 19). Saarbrücken 1971, 497–508.

551 Kammer wurde 1881 in Dillingen/Saar geboren und 1907 in Trier zum Priester geweiht. Nach fünfjähriger Kaplanszeit in Koblenz (Liebfrauen) und vierjähriger Gemeindeleitung in Dörrebach wechselte er wieder zurück nach Trier. Korum übertrug ihm 1916 das Amt des 1. Bistumssekretärs (insgesamt gab es zwei). Über viele Jahre arbeitete er im Generalvikariat und war ab 1918 nebenamtlich Rektor des Klosters zum Guten Hirten in Trier. Kammer veröffentlichte eine Vielzahl von Monografien (historische Abhandlungen und Gebetsbetrachtungen). Er wurde 1924 zum „Geistlichen Rat" ernannt und fünf Jahr später Kapitular an der Trierer Domkirche. 1936 wurde er schließlich, drei Jahre nachdem er den Ehrentitel des „Päpstlichen Hausprälaten" verliehen bekam, Dompfarrer am Hohen Dom.

Behörde), der Architekt und Ministerialrat Hausmann, der Kölner Dombaumeister Hertel[552], der Düsseldorfer Architekt Prof. Dr. Kreis sowie der Saarbrücker Stadtbaurat und Regierungsbaumeister Kruspe an.

Insgesamt gingen bis zum Stichtag, dem 15. Juli 1925, bei Pfarrer Schlich 57 Entwürfe ein.[553] Beim ersten Durchgang der Jury schieden 32 Entwürfe ohne Angabe von Gründen aus. Die im zweiten Durchgang ausscheidenden 15 Entwürfe wiesen im Grundriss, im Lageplan oder in der Architektur nach Meinung der Preisrichter grobe Mängel auf. Es verblieben folglich noch zehn Pläne, die „nach der städtebaulichen Wirkung, Grundriß und künstlerischen Qualität"[554] geprüft wurden. Dabei schieden wiederum drei Entwürfe aus.

Prämiert wurden mit zwei gleichen Preisen (je 1.750 Mark) die Skizzen „St. Jakobus" (Nr. 6) und „Gott mit uns" (Nr. 52).[555] Den dritten Preis erhielt der Entwurf „Deus" (Nr. 32). In der Begründung des Preisgerichts zu Nr. 6 heißt es, dass der Entwurf in städtebaulicher und architektonischer Hinsicht ausgezeichnet, jedoch das Kirchenschiff zu lang gestreckt sei und das Pfarrhaus nicht günstig stehe. Bei Nr. 52 seien Grundriss und Architektur tadellos und schön, allerdings berge die Trennung von Pfarrhaus und Versammlungssaal viele Nachteile. Die Lage des Pfarrhauses sei, so das Urteil des Preisgerichts, bei Nr. 32 sehr ungünstig gewählt und der Grundriss zu „reichhaltig", zugleich sei aber „die städtebauliche und die architektonische Gestaltung gut, wenn auch der Turm etwas zu schwer gegenüber dem Schiff erscheint."[556]

Ferner entschied die Kommission anstatt drei Entwürfen vier für je 375 Mark anzukaufen. Die Skizzen „Sursum corda" (Nr. 20), „Tantum ergo" (Nr. 30) sowie „Christall" (Nr. 46) wiesen jeweils einen Mangel an der Kirchengestaltung auf. Der Entwurf „Porta coeli" (Nr. 56) des aus Köln stammenden Architekten Carl Colombo bestach schließlich durch den guten Grundriss der Kirche, auch wenn dafür der Aufbau offenbar weniger annehmbar erschien. „Die Lösung der Kuppel-Beleuch-

Vgl. Thomas, Der Weltklerus der Diözese Trier seit 1800 (wie Anm. 23), 172 sowie Persch, Die Bistumsverwaltung (wie Anm. 52), 95–97.

552 Schlich ernannte sowohl Hausmann als auch Hertel als Mitglieder des Preisgerichts, obwohl Tilmann davon abriet, diese in die Jury aufzunehmen. Vgl. Schreiben Tilmann an Schlich vom 17.09.1924 (Pfarrarchiv der Pfarrei Christkönig Saarbrücken [wie Anm. 546]).

553 Vgl. hierzu und zum Folgenden: Protokoll der Sitzung des Preisgerichts vom 17.09.1925 (ebd.).

554 Ebd.

555 Die Veröffentlichung des Urteils des Preisgerichts wurde in der Deutschen Bauzeitung veröffentlicht. Vgl. o. V., Wettbewerbe. In: Deutsche Bauzeitung Berlin vom 7. Oktober 1925, 636.

556 Protokoll der Sitzung des Preisgerichts vom 17.09.1925 (Pfarrarchiv der Pfarrei Christkönig Saarbrücken [wie Anm. 546]).

tung im Chor ist mangelhaft, die Gestaltung der Fenster ist befremdend. Auch wirkt nicht günstig die starke Betonung der mittleren Eingänge im Kreuzgang."[557]

Weil kein angekaufter oder preisgekrönter Entwurf von einem saarländischen Architekten stammte, erkundigte sich Schlich bei der Rheinischen Zentralstelle des Bundes deutscher Architekten, ob die geistigen Urheberrechte der gekauften Skizzen in den Besitz der Kirchengemeinde übergegangen seien.[558] Dies war jedoch nicht der Fall, weswegen Schlich, wie er offenbar plante, keinen Saarbrücker Architekten mit den Planungen und den Bauausführungen beauftragen konnte.

Schlich blieb mit dem bereits erwähnten Kölner Architekten Carl Colombo in Verbindung. Wieso Schlich und der Kirchenvorstand sich Colombo als Architekten aussuchten, obwohl dieser keinen Preis bekam, kann anhand der vorhandenen Quellen nicht mehr rekonstruiert werden. Einen Grund, weshalb Colombo den Zuschlag erhielt, liefert Schlich in seinen Blättern der Erinnerung: „Dieser fand, sowohl vom kirchlichsakralen, wie vom städtebaulichen und finanziellen Standpunkt aus – er legte eine Bausumme von 400 000 Mk. zu Grunde, während die übrigen auf 5–600 000 Mk. kamen – den einstimmigen Beifall des Kirchenvorstandes."[559] Wie aus der noch erhaltenen, aber sicherlich nicht vollständigen Korrespondenz der beiden hervorgeht, verhandelte Schlich mit Colombo mehrfach über dessen Gehalt und die Bauleitung.[560] In der Kirchenvorstandssitzung vom 16. November 1926 kamen die Mitglieder überein, die Ausführung und die Oberleitung des Baues Colombo und dem Saarbrücker Architekten Albert Eichbaum die örtliche Bauleitung zu übertragen.[561] Am darauffolgenden Tag, so ist es handschriftlich auf dem Dokument vermerkt, schlossen die Kirchengemeinde St. Jakob und Architekt Colombo[562] einen entsprechenden Vertrag miteinander.[563]

Ende September 1927 nahm Schlich über die Süddeutsche Disconto-Gesellschaft eine holländische Auslandsanleihe i. H. v. 150.000 holländischen Gulden auf, woraus ihm von den Nationalsozialisten später ein Strick gedreht werden

557 Ebd. Die Baupläne der Christkönigskirche befinden sich sowohl im Pfarrarchiv der Pfarrei Christkönig als auch im Landesarchiv des Saarlandes (Bauakten der Pfarrei Saarbrücken 1 „Christ-König", Landesarchiv des Saarlandes, MK 297).

558 Vgl. Schreiben Schlich an Regierungsbaumeister Fabricius vom 01.09.1926 (Pfarrarchiv der Pfarrei Christkönig Saarbrücken [wie Anm. 546]).

559 Schlich, Johann Ludger [Hrsg.], Blätter an die Erinnerung der Benediction der Christkönigkirche (wie Anm. 546), 18.

560 Vgl. Schreiben Colombo an Schlich vom 09.11.1926 (Pfarrarchiv der Pfarrei Christkönig Saarbrücken, Ordner „2 Architekten").

561 Vgl. Protokoll der Sitzung des Kirchenvorstands der Pfarrei St. Jakob vom 16.11.1926 (ebd.).

562 Interessanterweise wurde zeitgleich auch in Köln-Ehrenfeld ein Entwurf des Kölner Architekten Colombos angekauft. Vgl. o. V., Wettbewerbe (wie Anm. 555).

563 Vgl. Vertag zwischen der Pfarrgemeinde St. Jakob und Colombo vom 17.11.1926 (Pfarrarchiv der Pfarrei Christkönig Saarbrücken [wie Anm. 560]).

sollte.[564] Insgesamt hatte er mit 15 in- und ausländischen Banken verhandelt und das beste Angebot ausgewählt.[565]

Am 13. Juli 1926 teilte Kammer Schlich mit, der Bischof wünsche, die Kirche trage den Namen „Salvatorkirche" und ihr Titelfest sei das Christkönigsfest.[566] Der Kirchenvorstand wünschte sich eigentlich den heiligen Arnual als Schutzpatron der Kirche.[567] Diesem Wunsch wurde allerdings nicht entsprochen. Damit folgte Bischof Franz Rudolf Bornewasser einer gesamtkirchlichen Entwicklung: Nachdem Papst Pius XI. 1925 mit der Enzyklika „Quas primas" das Christkönigsfest, das am letzten Oktobersonntag gefeiert werden sollte und der „Erneuerung der Menschheit im Sinne einer Hinwendung zu Gott und seinem erhöhten Sohne (diene)"[568], verbindlich in der gesamten römisch-katholischen Kirche einführte, stärkte er neben der (aus damaliger Sicht) mehr süßlich-femininen Herz-Jesu-Verehrung, die Mitte des 19. Jahrhunderts starken Aufschwung erfuhr[569], eine weitere Frömmigkeitsform, die vermehrt Männer ansprechen sollte und deren Ursprünge schon im letzten Viertel des 19. Jahrhunderts liegen. Allerdings wurde das Fest, wie Bernhard Schneider aufzeigt, zunächst nur von wenigen Bischöfen in Deutschland, unter ihnen dem Trierer Oberhirten Franz Rudolf, gefördert.[570] Das Christkönigsfest sollte einen männlich-heroischen Akzent bekommen, um auf diese Weise die Männer und Jünglinge für das Fest zu gewinnen, so Bornewasser 1926, als erstmalig im Bistum Trier gefeiert werden sollte.[571] Erreicht werden soll-

564 Vgl. Schreiben der Süddeutschen Disconto-Gesellschaft an Schlich vom 30.09.1927 (Pfarrarchiv der Pfarrei Christkönig Saarbrücken, Ordner „1 Die Pfarrei: Allgemeines – Pfarr- und Ortsgeschichte", Klemmmappe „5 Finanzierung").
Ebd. Zur Auseinandersetzung Schlichs mit dem Nationalsozialismus vgl. die Ausführungen in Kapitel 4.4.6.

565 Vgl. Schreiben Schlich an die Bischöfliche Behörde vom 03.11.1927 (Bistumsarchiv Trier, Pfarrakten der Pfarrei Saarbrücken [Christkönig] [wie Anm. 546]).

566 Vgl. Schreiben Kammer an Schlich vom 13.07.1926 (Pfarrarchiv der Pfarrei Christkönig Saarbrücken [wie Anm. 532]).

567 Vgl. Schreiben Schlich an die Bischöflichen Behörde vom 25.06.1926 (Bistumsarchiv Trier, Pfarrakten der Pfarrei Saarbrücken [Christkönig] [wie Anm. 546]).

568 Schneider, Kirchliches Leben, Frömmigkeit und Seelsorge im gesellschaftlichen Wandel (wie Anm. 384), 324.

569 Vgl. ebd., 319. Eine gute Darstellung der Geschichte und der politischen Wirksamkeit der Herz-Jesu-Verehrung liefert Martina Haag in ihrer 2003 erschienenen Dissertation. Vgl. Martina Haag, „Dem Herzen Jesu singe ...". Politische Instrumentalisierung der Frömmigkeit im 19. und 20. Jahrhundert, zugl.: Mainz, Univ., Diss., 2000. Mainz 2003.

570 Vgl. hierzu und zum Folgenden: Schneider, Kirchliches Leben, Frömmigkeit und Seelsorge im gesellschaftlichen Wandel (wie Anm. 384), 324. Dies ergibt sich auch aus der Tatsache, dass Bornewasser noch vor dem erstmaligen Begehen des Festes eine Kirche in Saarbrücken dem Christkönig weihen wollte.

571 Wie Bernhard Schneider aufweist, gab es seit den 1870er Jahren vermehrt Bemühungen, Männerseelsorge zu betreiben und eine Frömmigkeitsform zu etablieren, die verstärkt Männer anspricht. Grund hierfür war die Angst vor einer „Feminisierung" des Katholizis-

te dies durch eine an diesem Tag stattfindende Generalkommunion der Männer und Jünglinge. Zudem waren die katholischen Vereine gehalten, öffentlich kundzutun, dass Christus der Allherrscher sei, um so der königlichen Macht und Würde Christi in der Gesamtgesellschaft Ausdruck zu verleihen und Jesus „soll seine segenspendende Königsherrschaft auch ausweiten auf das öffentliche Leben, auf die Familie, auf die Völker, die Nationen und Staaten."[572] Das Fest zielte also auf eine Rechristianisierung der Gesellschaft, was auch erklärt, weshalb Bischof Bornewasser das Christkönigspatrozinium gerade in Saarbrücken favorisierte, wo die Phänomene der Entchristlichung besonders deutlich erkennbar waren.

Sowohl Architekt als auch Bauherr bemühten sich – dies geht aus dem noch vorhandenen Briefwechsel hervor – um eine theoretisch-theologische Fundierung sowie die praktische Umsetzung des Christkönigsgedankens in der neuen Kirche.[573] Colombo sei, so berichtete er Schlich am 28. Juni 1927 postalisch, eigens nach Bad Neuenahr gereist, um sich mit dem derzeit dort weilenden P. Otto Cohausz SJ[574] über das Christkönigsfest und die Ausstattung der Christkönigskirche in Saarbrücken zu unterhalten.[575] Die Notizen Colombos über die Unterredung mit Cohausz sind bedauerlicherweise nicht mehr erhalten, sodass der Inhalt nicht genau rekonstruiert werden kann. Es ist aber anzunehmen, dass die theologische Dimension der Christkönigsidee thematisiert wurde.

mus. Vgl. hierzu: SCHNEIDER, Auf der Suche nach dem katholischen Mann (wie Anm. 38), 247 sowie SCHNEIDER, Gesucht: Der katholische Mann (wie Anm. 463), 87f.

572 SCHLICH, JOHANN LUDGER [HRSG.], Blätter an die Erinnerung der Benediction der Christkönigkirche (wie Anm. 546), 8.

573 Zu diesem Ergebnis kommt auch Franz Ronig, der als ehemaliger Kaplan der Pfarrei anlässlich des fünfzigjährigen Bestehens einen Aufsatz über die Christkönigskirche verfasste. Ronig beschreibt – als Kunsthistoriker und Theologe – mit Genauigkeit und Liebe zum Detail die Architektur- und Baugeschichte der Pfarrkirche. Vgl. Franz RONIG, Die katholische Pfarrkirche Christkönig zu Saarbrücken. Ein Werk des Architekten Karl Colombo aus Köln. In: 50 Jahre Pfarrei Christkönig in Saarbrücken, 21–48, hierzu und zum Nachfolgenden insbesondere: 40f. Die detaillierte Betrachtung der Kirche aus kunsthistorischer Perspektive kann daher in dieser Darstellung ausgespart werden, zumal sie den Rahmen der vorliegenden Arbeit sprengen würde. Dementsprechend wird im Nachfolgenden nur auf einige Bau- und Gestaltungselemente hinsichtlich der Christkönigsidee hingewiesen.

574 Der am 08.09.1872 bei Danzig geborene und am 03.06.1938 verstorbene Jesuitenpater war ein bekannter Volksmissionar und Verfasser vieler theologischer Werke, darunter die 1926 erschienene Schrift „Jesus Christus, der König der Welt". Darin entfaltet Cohausz die Christkönigsidee sowohl in biblischer als auch dogmatischer Hinsicht. Allerdings sind die Gedanken des Autors behaftet mit dem politischen Katholizismus der 1920er Jahre. Vgl. Otto COHAUSZ, Jesus Christus der König der Welt (= Heilandbücher 7). Steyl 1926. Zur Person Cohauszs: Franz HILLIG, P. Otto Cohausz SJ. + 3. Juni 1938 in Danzig, http://www.con-spiration.de/syre/files/rothe-nr/cohauss.html (Stand: 03.08.2017).

575 Vgl. Schreiben Colombo an Schlich vom 28.06.1927 (PFARRARCHIV DER PFARREI CHRISTKÖNIG SAARBRÜCKEN [wie Anm. 560]).

Die Mosaiken der Kirche, die später noch ausführlicher beleuchtet werden, wurden in der Abtei Maria Laach entworfen. Eines davon, das hinter dem Hauptaltar, zeigt Jesus Christus als den Christkönig. Wie der Kontakt zwischen Schlich und den Benediktinern in Laach zustande kam, ist nicht mehr nachvollziehbar, ein Grund könnte allerdings seine in der Nähe der Abtei gelegene Heimat Bell sein. Die Laacher Mönche „standen dem von Pius XI. eingeführten Christkönig-Fest und der aus der ‚actio catholica' und nicht aus der Liturgie geborenen ‚Idee' des Königtums Christi reserviert gegenüber. Sie sahen das Königtum Christi mehr biblisch und liturgisch dargestellt, etwa im Festgeheimnis der Epiphanie. Ihnen war ein solch artifizielles Fest im Gegensatz zum Fest eines biblischen Geheimnisses fremd."[576]

Colombo schickte seine Pläne am 10. September 1927 nach Maria Laach und riet Schlich 14 Tage später in einem Brief, bei den Benediktinern in Laach zu bleiben, damit alle Werke aus einer Kunstwerkstatt kämen.[577] In der Abtei fanden auch einige Besprechungen zwischen Schlich, Colombo, P. Abt Ildefons Herwegen OSB und Br. Radbod Commandeur OSB[578], der die Mosaiken entwarf, statt.[579] Schlich notierte auf einem Zettel, dass am 18. Juni 1928 eine solche Besprechung in Maria Laach stattgefunden habe und schwerpunktmäßig über Stellen aus der Apokalypse im Hinblick auf die Christkönigsidee gesprochen wurde. Dieser apokalyptische und eschatologische Blickwinkel auf das Festgeheimnis des Christkönigsfestes fehlt bei Cohausz komplett, schien aber den Laacher Benediktinern sehr wichtig gewesen zu sein. Schlich schrieb sich auch den Titel eines Buches („Alte Quellen neuer Kraft") auf, das Herwegen 1920 publizierte.[580] Schlich hielt zudem fest, dass man über die Anbetung der 24 Ältesten (Offb 4) diskutiert hatte, die thematisch als Motiv des Chorbogens festgelegt wurde. Interessanterweise schien Schlich eigenmächtig und ohne Rücksprache mit dem Kirchenvorstand folgende Aufträge an Br. Radbod nach dem Gespräch vergeben zu haben: Das Christkönigsmosaik im

576 RONIG, Die katholische Pfarrkirche Christkönig zu Saarbrücken (wie Anm. 573), 41.

577 Vgl. Schreiben Colombo an Schlich vom 23.09.1927 (PFARRARCHIV DER PFARREI CHRISTKÖNIG SAARBRÜCKEN [wie Anm. 560]).

578 Commandeur stammt aus Hoorn (Niederlande), wo er 1890 geboren wurde. 1912 trat er in die Laacher Mönchsgemeinschaft ein. Abt Herwegen erkannte sein großes künstlerisches Talent und förderte ihn sehr. Commandeur war weit über die Grenzen Deutschlands hinweg bekannt. Er arbeitete in Jerusalem und auch in Rom. Im klostereigenen Kunstbetrieb übernahm er die Leitung. 1955 verstarb Commandeur. Vgl. Drutmar CRAEMER, „Gott zu Ehren". Zur Geschichte der Kunstwerkstätten, des Kunstverlages, der Buch- und Kunsthandlung Ars liturgica, Abtei Maria Laach. In: Heimat-Jahrbuch 2006, Bd. 63, hg. von KREIS AHRWEILER (= Heimat-Jahrbuch 63). Ahrweiler 2006, 74–81.

579 Vgl. hierzu und zum Folgenden: Notizzettel Schlichs vom 18.06.1928 (PFARRARCHIV DER PFARREI CHRISTKÖNIG SAARBRÜCKEN [wie Anm. 560]).

580 Vgl. Ildefons HERWEGEN, Alte Quellen neuer Kraft. Gesammelte Aufsätze. Düsseldorf 1920.

Abb. 22: Entwurf der drei Tympana vom 21.01.1928 (mit Anmerkungen Schlichs)

Chor, das Triumphbogenmosaik mit dem dazugehörenden Schriftzug, sowie die beiden Seitenaltäre, wobei letztere noch einer genaueren Besprechung bedurften. Inwiefern der gesamte Bau von dieser Besprechung durchdrungen ist, sei daher im Folgenden kurz aufgezeigt: Die drei Tympana über den drei Eingängen zur Kirche spiegeln den „Laacher Christkönigsgedanken" wider: Über dem linken Eingangstor ist die Anbetung Jesu auf dem Schoß Mariens durch die drei Magier und den heiligen Josef dargestellt (Abb. 22, Mitte).[581] Die Inschrift unter dem Mosaik ist der Introitus der dritten Weihnachtsmesse: „Ein Kind ist uns geboren, ein Sohn ist uns geschenkt". Der rechte Türsturz vollendet den biblisch-liturgischen Christköniggedanken der Darstellung, denn auf ihm steht der restliche Bibelvers: „auf dessen Schultern Herrschaft ruht; er wird heißen: Wunderbarer Ratgeber, Gott, Starker Gott, Vater der Zukunft, Friedensfürst". Das rechte Portalmosaik (Abb. 22, links) zeigt den Christkönig als Richter. Auf der rechten Seite, die gemäß der Schrift die Seite der Guten und Rechtschaffenen symbolisiert, befindet sich der heilige Bischof Arnual. Dem Mosaik ist der Satz „Kommt ihr Gesegneten meines Vaters! – Weichet von mir, ihr Verfluchten" (Mt 21, 9) beigeschrieben worden. Verwirrend erscheint dabei der auf dem Türsturz eingemeißelte Spruch „Hosanna dem Sohne Davids" (Einzug Jesu in Jerusalem), der nicht zum Tympanonmosaik (Weltgericht) passt.

Wie aus Abbildung 22 sowie dem Brief Colombos vom 22. Januar 1928 zu entnehmen ist, war von ihm ursprünglich der Einzug Jesu in Jerusalem geplant und

581 Ronig identifizierte Josef als Mönch. Vgl. hierzu und zum Folgenden: Ronig, Die katholische Pfarrkirche Christkönig zu Saarbrücken (wie Anm. 573), 27. Jedoch finden sich darüber keinerlei Angaben im Schreiben Colombos, das am 22.01.1928 zusammen mit der Skizze in Saarbrücken eintraf. Vgl. hierzu und zum Folgenden: Schreiben Colombo an Schlich vom 22.01.1928 (Pfarrarchiv der Pfarrei Christkönig Saarbrücken [wie Anm. 560]).

dargestellt worden. Die Türsturzinschriften wurden sogar schon im Steinbruch in Zabern eingemeißelt. Im Verlauf der Bauausführungen änderte man jedoch das Bildprogramm und der Spruch auf dem Türsturz blieb bestehen. Die Gründe hierfür müssen jedoch offenbleiben.

Auch das Hochrelief über dem Nebeneingang (Scharnhorststraße) atmet den Geist der apokalyptischen Christkönigsidee Maria Laachs, die an Apk 19, 11–16 angelehnt ist (Abb. 22, rechts): Zu sehen ist ein reitender Christus, aus dessen Mund ein Schwert hervorkommt und dessen Haupt von vielen Kronen geziert ist. Ihm voran fliegt ein Engel, der einen Schlüssel trägt, der den Abgrund verschließen soll (Apk 20, 1).

Colombo schickte am 1. März 1928 einen Entwurf seiner Tympana, die er nach einer Besprechung mit Schlich am 20. September 1927 in Saarbrücken anfertigte, nach Maria Laach, verbunden mit der Frage, ob die Werkstatt der Benediktiner die Mosaiken herstellen könne und wie teuer diese kämen.[582] Doch offenbar erhielt Colombo eine Absage aus dem Kloster, weshalb Schlich sich noch einmal an Abt Herwegen wandte und darauf hinwies, dass auch eine acht- bis zehnmonatige Wartezeit kein Problem sei.[583] Ferner bat Schlich offenbar noch darum, dass man in der Abtei eigene Entwurfsskizzen für die Seitenportaltympana anfertige, was auch geschah und die Mönche erklärten sich bereit, den von Schlich gewünschten Entwurf (den Colombos oder den der Abtei) zu fertigen.[584]

Das Mosaik im Chor zeigt Christus als den Allherrscher, den sog. Pantokrator. Schlich beschreibt und deutet es mit folgenden Worten: „Christus selbst trägt ein mit golddurchwirkten

Streifen (clavi) verziertes Untergewand von Purpur, der eigentlich ‚königlichen' Farbe in alter Zeit, während sein faltenreiches Obergewand im leuchtenden Rot, dem neueren Farbsymbol des Königtums, erstrahlt. Eine goldene Königskrone schmückt sein Haupt, das von einem ätherisch blauen Nimbus mit goldenem Kranz – ein Hinweis auf die besondere Art seines priesterlichen Königtums – umgeben ist. In seiner linken Hand trägt er das Symbol seiner Herrschaft, die Weltkugel, die vom Kreuze, dem Zeichen der Erlösung, überragt ist. Seine Rechte ist in der Haltung des Lehrers ausgestreckt. Das Ganze ist ein getreues Bild der priesterlichen Königsherrschaft, die Christus bei jedem hl. Opfer ausübt, indem er

582 Vgl. Karl COLOMBO, Werkstattanfrage bzgl. der Seitenportaltympana, Brief an die Benediktinerabtei Maria Laach (01.03.1928), Klosterarchiv Maria Laach.

583 Johann Ludger SCHLICH, Bittgesuch bzgl. der Tympanamosaiken, Brief an Abt Ildefons Herwegen (09.03.1928), Klosterarchiv Maria Laach.

584 Das Schreiben Schlichs (vom 23.03.1928) mit der Bitte um die Erarbeitung von Entwürfen für die Tympana über den beiden Seitenportalen ist nicht mehr erhalten, jedoch geht dies aus der Antwort Herwegens hervor. Vgl. Ildefons HERWEGEN, Auftragsbestätigung der Seitenportaltympana, Brief an Schlich (02.04.1928), Klosterarchiv Maria Laach.

Abb. 23: Entwurfsskizze des Pantokratormosaiks der Apsis

auf dem Altare sein Erlösungswerk gegenwärtig setzt und durch das Wort der hl. Schrift [...] wie durch die Predigt seiner gesalbten Diener die Gläubigen lehrt."[585]

Damit die Mosaiken auch wirklich gut zur Geltung kommen können, bat Schlich darum, dass Br. Radbod gemeinsam mit Colombo am 29. Juli 1928 in

585 Schlich, Johann Ludger [Hrsg.], Blätter an die Erinnerung der Benediction der Christkönigkirche (wie Anm. 546), 46.

Saarbrücken den Rohbau der Kirche in Augenschein nehme, der kurz zuvor sein Dach erhielt.[586] Schlich scheute keine Kosten und Mühen, wenn es um den Bau der Christkönigskirche ging.

Am Turm selbst ist ebenfalls ein fünf Meter großer Christkönig angebracht, auf dessen Gürtel ein Zitat aus der Apokalypse (Apk 19,16) eingemeißelt wurde: „König der Könige, Herr der Herren". Direkt darunter, so kann man den Briefen Colombos entnehmen, ist als Zeichen der Überwindung des Heidentums durch das Christentum der Kampf des Drachen mit der Schlange dargestellt.[587]

„Über den Haupteingang", so Schlich in seinen Blättern der Erinnerung, „ist das Distichon eingegraben, das sich über dem Tor einer uralten Kirche zu Piana (Korsika) befindet[588]: Gratias si quaeris rebusque levamen in arctis. Ingredere huc Regem corde rogare Deum (Wenn du Gnade dir erflehen willst, und Trost in Leid und Trübsal. So tritt hier ein, sprich von Herzen zu deinem Gott und König)". Allerdings entspricht dies nicht der Wahrheit. Der ehemalige Pfarrer der Pfarrei Christkönig, Pastor Peter Rudolph, reiste selbst schon nach Korsika und musste feststellen, dass die dortige Kirche eine 1792 errichtete Marienkirche ist und der Spruch über dem Portal der Saarbrücker Christkönigskirche nur an den ursprünglich marianischen in Piana angelehnt wurde. Dort heißt es: „Munera si quaeris rebusque levamen in arctis. Ingredere huc matrem corde rogare Dei" (Wenn du Amtsgnade dir erflehen willst, und Trost in Leid und Trübsal. So tritt hier ein, sprich von Herzen zur Mutter Gottes).[589]

586 Vgl. Johann Ludger Schlich, Anfrage bzgl. Ortsbegehung mit Bruder Radbod in Saarbrücken, Brief an Abt Ildefons Herwegen (22.7.1928), Klosterarchiv Maria Laach. Es ist jedoch nicht mehr nachzuvollziehen, ob Bruder Radbod nach Saarbrücken reiste oder ob Schlich und Colombo nach Maria Laach zu einer Besprechung am 30.07.1928 fuhren, die bereits vereinbart war.

587 Vgl. Schreiben Colombo an Schlich vom 01.10.1928 sowie vom 04.10.1928 (Pfarrarchiv der Pfarrei Christkönig Saarbrücken [wie Anm. 560]). Ronig beschreibt in seinem Aufsatz den Kampf eines „Grafen gegen die Schlange [...] [als] Zeichen der Überwindung des Heidentums durch das Christentum" (Ronig, Die katholische Pfarrkirche Christkönig zu Saarbrücken [wie Anm. 573], 26). Hierbei handelt es sich möglicherweise nur um einen Druckfehler, denn später spricht Ronig von „Greif und Schlange" (ebd., 32).

588 Schlich, Johann Ludger [Hrsg.], Blätter an die Erinnerung der Benediction der Christkönigkirche (wie Anm. 546), 6.

589 Mündliche Mitteilung Peter Rudolphs an den Verfasser vom 01.12.2014 während des Eligius-Empfanges der Pfarrei St. Eligius (Saarbrücken-Burbach). Die Fotografie der eingemeißelten Schrift in Piana stammt aus dem Besitz Rudolphs (s. o.). Übersetzung des Autors. Wie der Architekt oder der Bauherr an diesen Spruch gerieten, lässt sich ebenfalls nur vermuten: Christoph Columbus, der denselben Namen trägt wie der Architekt Colombo, wurde auf Korsika geboren, sodass eventuell der Architekt die Inschrift in Piana durch Beziehungen nach Korsika kannte oder sogar selbst dort war und nach den Gesprächen in Maria Laach die zuvor marianische Inschrift auf die Christkönigsidee übertrug. Vielleicht erhielt Schlich den Spruch aber auch von einem französischen Soldaten, dessen Seelsorger er während des Krieges war und der (wie damals üblich) in Korsika Urlaub machen durfte. Jedenfalls dürfte

Abb. 24: Blick auf die Ostseite der Marienkirche zu Piana in Korsika (li.) und die Pforte mit dem Distichon (re.)

Nachdem Schlich die Baupläne am 30. März 1927 bei der Bischöflichen Behörde und der Regierungskommission eingereicht hatte und die Zustimmungen zum Bau erhielt, begann der Kirchenbau offiziell am Mittwoch, den 20. Juli 1927, mit den Ausschachtungs- und Erdarbeiten.[590] Schlich zelebrierte morgens um 9:00 Uhr in St. Jakob eine Bittmesse zu Ehren des hl. Josef, der als Schutzpatron der Kirche und der Arbeiter die Bauarbeiten beschützen sollte. Während der gesamten Bauzeit wurde diese Messe, an der die Gläubigen der Pfarrei im Vergleich zu den übrigen Werktagsmessen rege teilnahmen, jeden Mittwoch gelesen und

Schlich nicht selbst in Korsika gewesen sein, denn er hätte nicht von einer „uralten" Kirche geschrieben, hätte er gewusst, dass die Kirche in Piana erst 1792 erbaut wurde.

590 Vgl. hierzu: Schreiben Schlich an das Generalvikariat Trier vom 30.03.1927 (PFARRARCHIV DER PFARREI CHRISTKÖNIG SAARBRÜCKEN [wie Anm. 532]); Genehmigungsschreiben der bischöflichen Behörde an Schlich vom 11.04.1927 (ebd.); Genehmigungsschreiben Regierungsbaurats Biel (Hochbauamt für Militär- und Wohnungsbauten) an Schlich vom 12.05.1927 (PFARRARCHIV DER PFARREI CHRISTKÖNIG SAARBRÜCKEN [wie Anm. 534]); RONIG, Die katholische Pfarrkirche Christkönig zu Saarbrücken (wie Anm. 573), 23 sowie SCHLICH, JOHANN LUDGER [HRSG.], Blätter an die Erinnerung der Benediction der Christkönigkirche (wie Anm. 546), 19.

Abb. 25: Reliefarbeiten am Hochaltar

die Kollekte diente dem Kirchbau. So kamen bis zum 1. Mai 1929 insgesamt 7.750 Francs zusammen.[591]

Am 30. Oktober 1927, dem Christkönigsfesttag, wurde feierlich der Grundstein gelegt und Religionslehrer Matthias Hiery[592] hielt als ehemaliger Kaplan der Pfarrei die Festpredigt.[593] Unter den Ehrengästen befanden sich neben bedeutenden politischen Persönlichkeiten auch die katholischen Pfarrer der Stadt Saarbrücken.[594] Nach der Segnung des Grundsteins und der Fundamente durch Dechant Echelmeyer verlas Pastor Schlich schließlich eine lateinisch-deutsche Urkunde, die in den Grundstein eingemauert wurde.

Während der zweijährigen Bauzeit hatte Schlich sehr viel zu tun, wie sich an der noch vorhandenen Korrespondenz zeigt. Schlich widmete sich mit ganzer Hingabe und einem Auge für das Detail dem Kirchenbau.[595] So nahm Colombo

591 Vgl. ebd., 19.

592 Hiery wurde 1890 in Ensdorf/Saar geboren und 1917 in Trier zum Priester geweiht. Anschließend wurde er Kaplan in der von Schlich geführten Pfarrei St. Jakob zu Saarbrücken. Nach zwei Jahren ernannte ihn Bischof Korum zum Religionslehrer an der Knabenmittelschule in Saarbrücken. 1930 übernahm er die Pfarrstelle in Stromberg. Er verstarb am 21.04.1944. Vgl. THOMAS, Der Weltklerus der Diözese Trier seit 1800 (wie Anm. 23), 155.

593 Die Predigt ist abgedruckt in: SCHLICH, JOHANN LUDGER [HRSG.], Blätter an die Erinnerung der Benediction der Christkönigkirche (wie Anm. 546), 24–27.

594 Vgl. hierzu und zum Folgenden: ebd., 20–28.

595 Eine detaillierte Analyse über die Entwicklung des Kirchbaus sowie der Inneneinrichtung, an der Schlich als Bauherr natürlich immer mitwirkte, findet sich, wie bereits angespro-

Abb. 26: Hochaltarskizze Colombos vom 06.11.1928

beispielsweise am Hochaltar innerhalb von vier Monaten mehrfach Änderungen vor, über die er mit Schlich verhandelte und für die er dessen Zustimmung einholte. Er sandte am 6. November 1928 eine Entwurfsskizze an Schlich, nachdem diese sich über den Aufbau und einige Details des Altars verständigt hatten.

Pfarrer Schlich bewies während der Planungs- und Bauzeit bereits Weitblick für die Zukunft und wollte die Frömmigkeit der Bevölkerung nutzen, um die Kirche auch für den Umkreis der künftigen Pfarrei attraktiv zu gestalten, denn offenbar pflegte man eine besondere Verehrung der heiligen Theresia vom Kinde Jesu. Der Bauherr unterbreitete dem Ordinariat in Trier daher den Vorschlag, diese spezielle Devotion aufzugreifen: „[A]uch könnten Reliquien von ihr durch Vermittlung ihrer Schwester [gemeint ist eine fromme Katholikin der Gemeinde St. Jakob, die er namentlich nicht nennt; FS] besorgt werden, und so unsere Kirche später vielleicht eine Wallfahrts- oder besondere Festkirche der heiligen Theresia werden."[596] Diese Idee, durch die der Frömmigkeit verschiedener Kreise Saarbrückens gedient gewesen wäre, erschien der Trierer Behörde allerdings sehr suspekt und sie ordnete an, den Seitenaltar dem heiligen Joseph (nutrius Christi regis) zu widmen und nicht der heiligen Theresia, wie Schlich es wünschte. Immerhin ge-

chen, bei: Ronig, Die katholische Pfarrkirche Christkönig zu Saarbrücken (wie Anm. 573).

596 Schreiben Schlich an das Generalvikariat vom 23.06.1928 (Bistumsarchiv Trier, Pfarrakten der Pfarrei Saarbrücken [Christkönig] [wie Anm. 546]).

Abb. 27: Postkarte mit Blick auf die Christkönigskirche von 1934

stattete man, weil der Karmeliterorden die Verehrung Theresias besonders pflege, eine Nebenfigur dieser Heiligen aufzustellen.[597]

Nach ihrer Fertigstellung benedizierte Domkapitular Christ die „große Basilika mit Paradies in Stilsynthese aus neofrühchristlichen, neoromanischen und neobarocken Formen des Abstraktions-Historismus"[598] feierlich am 7. Juli 1929 und wenige Wochen später, am 26. Oktober, dem Vorabend des Christkönigsfestes, erfolgte die Konsekration durch den Trierer Diözesanbischof Franz Rudolf.[599]

Am 28. Juni 1929 wurde die Pfarrei Christkönig durch Bischof Bornewasser kanonisch errichtet. Sie umfasste das folgende Gebiet: „Sie liegt ganz auf der linken Saarseite, im Banne von St. Arnual und Alt-Saarbrücken. Sie erstreckt sich von der Landesgrenze abwärts der Saar entlang bis zur alten Brücke, geht dann am Schlossberg und Schlossplatz hinauf bis zum Anfang der Talstraße, so daß sie die auf der linken Seite des Schloßberges Nr. 6–12 und auf der linken Seite des Schloßplatzes Nr. 8–16 gelegenen Häuser umfaßt, während die Häuser mit den ungeraden

597 Vgl. Schreiben der Bischöflichen Behörde an Schlich vom 25.06.1928 (ebd.).

598 Kristine Marschall, Sakralbauwerke des Klassizismus und des Historismus im Saarland (= Veröffentlichungen des Instituts für Landeskunde im Saarland 40). Saarbrücken 2002, 322.

599 Vgl. Schlich, Lagerbuch der Pfarrei Saarbrücken-Christkönig (wie Anm. 533), 1f. Eine ins Deutsche übersetzte Abschrift der Errichtungsurkunde befindet sich auf der dritten Seite des Lagerbuchs.

Abb. 28: Blick auf das Pfarrhaus und die Christkönigskirche von der Hindenburgstraße

Nummern und auf der rechten Seite bei St. Jakob verbleiben, umfaßt dann weiter die Talstraße von Nr. 1 und 2 an beiderseitig bis zur Ecke Spichererbergstraße. Von da an bildet die direkt fortlaufende Grenze die Spichererbergstraße und in ihrer Fortsetzung der bis dahin unbebaute Weg nach Spichern […].“[600] Zur Zeit der Gründung zählte die Pfarrei 3.980 Seelen.[601]

Schlich wurde auf seine Bitte hin selbst Pfarrer an Christkönig. Als Gründe für seine Ernennung zum Pfarrer der neu errichteten Pfarrei führte Schlich in seinem am 13. Juli 1929 an das Generalvikariat Trier gerichteten Schreiben folgen-

600 Schlich, Johann Ludger [Hrsg.], Blätter an die Erinnerung der Benediction der Christkönigkirche (wie Anm. 546), 12. Der Kirchenvorstand beantragte zuvor, wie es der Rechtsweg vorsah, am 13.11.1928 bei der Bischöflichen Behörde (bzw. der Regierungskommission des Saargebiets) die Errichtung der Christkönigspfarrei. Die Regierung stimmte dem Vorhaben am 07.07.1929 zu. Vgl. Schreiben des Kirchenvorstands St. Jakob an das Generalvikariat vom 13.11.1928 sowie Schreiben Colling (Regierungskommission) an Bischof Bornewasser vom 07.07.1929 (Pfarrakten der Pfarrei Saarbrücken [Christkönig], Bistumsarchiv Trier, Abt. 70 Nr. 5341).

601 Vgl. Zählbogen der Pfarrei Christkönig des Jahres 1929 (Pfarrarchiv der Pfarrei Christkönig Saarbrücken, Ordner „4 Pfarrgemeinde“, Klemmmappe „1 Zählbogen“). Andere Quellen (z. B. das Lagerbuch der Pfarrei) berichten über 4.300 Pfarrangehörige. Vgl. Zenner, 50 Jahre Pfarrei Christkönig – Eine Großstadtpfarrei im Wandel historisch-politischer Situationen (wie Anm. 545), 50.

Abb. 29: Der fertiggestellte Innenraum der Christkönigskirche (nach 1965)

de fünf Gründe an[602]: Zum einen wolle er die Innenausstattung der Pfarrkirche einheitlich vollenden und zum anderen die Pfarrei, die durch die evangelische Mehrheit geprägt sei (besonders viele Mischehen), organisieren. Darüber hinaus plane er noch mehr im Caritasverband mitzuwirken und erinnerte an dieser Stelle an die bevorstehende Einweihung des neuen Krankenhauses auf dem Gebiet der Christkönigspfarrei.[603] Zudem wies er darauf hin, dass die Pfarrei zwar weniger Seelen zähle als St. Jakob, jedoch sei dafür eine intensivere Seelsorge, der er sich gerne widmen würde, von Nöten. Ferner schrieb er, dass das Pfarrhaus in St. Jakob

602 Vgl. Schreiben Schlich an das Generalvikariat Trier vom 13.07.1929 (Bistumsarchiv Trier [wie Anm. 27]).

603 Die Errichtung des katholischen Krankenhauses wurde ebenfalls von Dechant Schlich (als Vorsitzendem des Caritasverbands Saarbrücken) initiiert. Vgl. hierzu die Ausführungen in Kapitel 4.1.4.

gemütlicher sei als das (nach seinem Urteil) schlichte und im Vergleich zu dem in St. Jakob bescheidenere Pfarrhaus in Christkönig, in dem ihn „jeder Kommunist besuchen“[604] könne. Mit seinem Antrag handelte Schlich nicht ganz uneigennützig, da er erst im Mai 1929 von Bischof Bornewasser zum Dechanten des Dekanats Saarbrücken ernannt worden war. Er wusste, dass er in der kleineren Pfarrei deutlich mehr Zeit für seine außerpfarrlichen Aktivitäten hätte, wie beispielsweise seiner Tätigkeit als erster Vorsitzender des Caritasverbands Saarbrückens, die mit der Ernennung zum Dechanten einherging. Das Engagement Schlichs sollte sich innerkirchlich auch „bezahlt“ machen. So wurde Schlich am 19. Oktober 1929, 18 Tage nach seinem Dienstantritt in Christkönig[605], durch Pius XI. der zu dieser Zeit höchste kirchliche Ehrentitel für Kleriker verliehen, indem dieser ihn zum „päpstlichen Geheimkämmerer“ („Cubicularius intimus adlectus super numerum“) ernannte.[606]

Vier Jahre nach der Konsekration der Kirche standen Schlich, dank der Spendenfreudigkeit der Gemeindemitglieder, die Mittel zur Verfügung eine neue Orgel durch die Firma Klais erbauen zu lassen. Die Einweihung fand am 1. Oktober 1933 statt und Schlich bat darum, dass P. Anselm Ross OSB, ein damals weit über die Grenzen der Abtei Maria Laach bekannter Organist, „in einer kirchenmusik. Andacht um 5 Uhr einige von ihm zu bestimmende Stücke vortragen würde.“[607] Damit war vorerst der Bau der Christkönigskirche abgeschlossen. Wie Schlich jedoch das pastorale Leben der neuen Pfarrei gestaltete und welche Wege er dazu beschritt, wird im nachfolgenden Kapitel näher untersucht.

604 Ebd.

605 Schlich verzichtete zum 30.09.1929 auf die Pfarrei St. Jakob und wechselte mit Wirkung vom 01.10.1929 nach Christkönig. Vgl. hierzu Verhandlungsprotokoll „über die Aufnahme des Zustandes der durch Versetzung des Dechanten Dr. Schlich an die Pfarrei Christkönig erledigten Pfarrstelle St. Jakob und über die Abteilung des Einkommens derselben“ vom 24.09.1929 (Pfarrarchiv der Pfarrei Christkönig Saarbrücken, Ordner „4 Pfarrklerus“, Klemmmappe „4 Stellenwechsel“). Als Schlich die Stelle wechselte, bestand ein Streit mit der Regierungskommission über das bisher gezahlte und noch ausstehende Gehalt Schlichs. Schlich konnte jedoch nachweisen, dass die Rückzahlungsforderungen seitens der Regierung des Saargebiets nicht korrekt waren, weil er während der Zeit des Kirchbaus kein Gehalt aus der Pfarrkasse bezogen hatte. Vgl. hierzu: Handschriftliche Anmerkungen Schlichs (ebd.).

606 Diözese Trier, Kirchlicher Amtsanzeiger für die Diözese Trier (wie Anm. 46), Nr. 191, S. 147. In wird hingegen als Datum der 30.08.1929 angegeben.

607 Johann Ludger Schlich, Einladung P. Anselms zur Orgelweihe, Brief an Abt Ildefons Herwegen (07.09.1933), Klosterarchiv Maria Laach. Zum Leben und Wirken Pater Anselms vgl. Emmanuel von Severus, Dienst und Deutung. P. Anselm Ross, dem Laacher Organisten zum Gedächtnis. Freiburg i. Br. 1966. Ob der Laacher Abteiorganist der Bitte entsprach, lässt sich nicht mehr ermitteln.

4.1.3 Pfarrer an „Christkönig" zu Saarbrücken

Wie Zenner schreibt, war es „dem Eifer und der Aktivität dieses Pfarrers [Schlich; Anm. FS] und vieler Pfarreimitglieder […] zu verdanken, daß sich rasch eine lebendige Gemeinde mit katholischen Standesorganisationen und vielen Vereinigungen entwickelte."[608] Schlich übernahm die gleichen Vereinsstrukturen wie in St. Jakob (und der gesamten Diözese Trier) und zeigte wenig Eigeninitiative, neue pastorale Formen zu suchen, sondern verharrte beim „Altbewährten". Dies bestätigt auch das Visitationsprotokoll des Jahres 1933, in dem eine Vereinsstatistik zu finden ist.[609]

Auch hier zeigt sich wieder, dass das Vereinsleben in Saarbrücken, dieses Mal in Christkönig, sehr ausgeprägt war. Es existierten 20 Vereine, in denen mehr als 1.750 Mitglieder organisiert waren und von denen Schlich als Pfarrer selbst 13 leitete. Natürlich darf nicht außer Acht gelassen werden, dass sicherlich eine Vielzahl von Mitgliedern mehreren Vereinen angehörten. Unter Berücksichtigung der Katholikenzahl der Pfarrei, der Zahl der Osterkommunionen sowie der Zahl der Taufen (fast ausschließlich Neugeborene, die wahrscheinlich nicht Vereinen angehörten) lässt sich vermuten, dass etwa 1.300–1.500 Katholiken der Pfarrei (35,81 % – 41,32 %) Mitglied in mindestens einem katholischen Verein war.

Zudem zeigt dies, wie stark das katholische Milieu für die Saarbrücker Großstadtverhältnisse zu dieser Zeit noch ausgebaut war.[610]

Kat.	Vereinsname	Mitgliederzahl (1933)	Vorsitzender
1	Jünglingsverein (Kongregation)	82	Kaplan Wirth
	Männerkongregation	42	Pastor Schlich
	Jungfrauenverein (Kongregation)	112	Kaplan Wirth
	Frauen- und Mütterverein	445	Pastor Schlich
2	Caritasverein	35	Pastor Schlich
	Vinzenzverein	17	Pastor Schlich
	Elisabethverein	14	Pastor Schlich

608 Zenner, 50 Jahre Pfarrei Christkönig – Eine Großstadtpfarrei im Wandel historisch-politischer Situationen (wie Anm. 545), 50.

609 Vgl. hierzu und zum Folgenden: Visitationsprotokoll der Pfarrei Christkönig des Jahres 1933 (Pfarrarchiv der Pfarrei Christkönig Saarbrücken, Ordner „2 Kirchen, Kapellen, Friedhöfe", Klemmmappe „6 Visitationen"). Die Mitglieder der sozialen Vereine (Gesellen-, Arbeiter und Kaufmannsverein) blieben noch in St. Jakob und gründeten in Christkönig keinen eigenen Verein.

610 Auch hier (wie schon in Kapitel 4.1.1) würde ein direkter Vergleich mit der „traditionalen Lebenswelt" in den ländlichen Regionen des Bistums Trier „hinken". Vgl. hierzu die Ausführungen in genanntem Kapitel.

Kat.	Vereinsname	Mitgliederzahl (1933)	Vorsitzender
	Fürsorgeverein für Mädchen, Frauen, Kinder	16	Frau Neisen
	Männerfürsorgeverein	17	Pastor Schlich
3	Kindheit-Jesu- und Schutzengel-Verein[611]	345	Kaplan Wirth
	Franz-Xaverinus-Missionsverein	45	Pastor Schlich
	Missionsvereinigung für Frauen und Mädchen	15	Pastor Schlich
4	Borromäusverein	65	Kaplan Wirth
	Schulorganisation	Keine Angabe	Pastor Schlich
	Akademikerverein	Die ganze Stadt	Präses Nikolaus
5	Kirchenchor	52	Pastor Schlich
	Paramentenverein	8	Pastor Schlich
6	Verein der hl. Familie	380	Pastor Schlich
	Männerapostolat	42	Pastor Schlich
	III. Orden des hl. Franziskus	Mit St. Jakob	Franziskaner

Ordnet man die Vereine nach ihrer Zweckmäßigkeit, so lässt sich feststellen, dass es sieben Gruppierungen gab: Standesvereine (Kat. 1), caritative Vereine (Kat. 2), Missionsvereine (Kat. 3), Bildungs- und Schulungsvereine (Kat. 4), „liturgische" Vereine (Kat. 5), Gebetsvereine und Bruderschaften (Kat. 6) sowie soziale Vereine (organisiert in St. Jakob). Hierbei zählten die Standesvereine mit 681 Mitgliedern die meisten (18,67 % der Pfarrangehörigen), aber auch die Gebetsvereine brachten es auf immerhin etwa 450 Mitglieder (12,40 % der Pfarrseelen). Allerdings ist auch die Zahl derer, die in den beiden „liturgischen" Vereinen organisiert waren, nicht gering: acht Frauen, die sich beispielsweise um die Paramente sorgten, war schon eine große und ausreichende Zahl.

Aus der Genderperspektive heraus lässt sich schnell feststellen, dass der Anteil der in katholischen Vereinen organisierten Frauen den Männeranteil überwog. Sechs der zwanzig Vereine (Jungfrauenverein, Frauen- und Mütterverein, Elisabethverein, Fürsorgeverein für Mädchen, Frauen und Kinder, Missionsvereinigung für Frauen und Mädchen sowie Paramentenverein) waren reine Frauenvereine, die zusammen 610 (von 1.750) Mitglieder hatten, was einer Quote von 34,86 % entspricht. Die vier reinen Männervereine (Jünglingsverein, Männerkongregation, Männerfürsorgeverein sowie Männerapostolat) brachten es lediglich auf 183 Mitglieder, also 10,46 % der Gesamtmitglieder. Das Verhältnis von organisierten

611 Der Schutzengelverein wurde 1895 auf Wunsch der deutschen Bischöfe als Kinderabteilung des Bonifatiusvereins ins Leben gerufen. Jedoch taucht ein solcher Verein in den Visitationsprotokollen erstmalig 1933 auf. Vgl. zum Schutzengelverein: Mooser, Das katholische Milieu in der bürgerlichen Gesellschaft (wie Anm. 462), 75.

Frauen und Männern wird noch deutlicher, wenn man die Standesvereine betrachtet. Während 124 Katholiken in den beiden Männervereinen organisiert waren, gehörten den Frauenvereinen 557 Katholikinnen an, was eindeutig zeigt, dass mehr Frauen sich kirchlich organisieren ließen. Das passt zu der bereits an anderer Stelle erörterten größeren Ansprechbarkeit der Frauen für das gottesdienstliche und sakramentale Angebot der Kirche.

Insgesamt dürften mehr als 345 Kinder (Kindheit-Jesu- und Schutzengel-Verein [345 Kinder] sowie Verein der hl. Familie [380 Kinder mit Eltern]), also 28,75–31,36 % der Pfarrkatholiken, die nicht kommunionpflichtig waren, in Vereinen organisiert gewesen sein. Das übersteigt die Zahl der Schüler/innen, die die auf dem Pfarrgebiet sich befindende Volksschule besuchten.[612]

Auch die nachfolgende Statistik untermauert die These Zenners, was den Eifer Schlichs und der anderen Pfarrangehörigen zeigt.[613] Während im Bistum Trier durchschnittlich ⅔ der Katholiken die Sonntagmesse besuchen[614], waren es in Saarbrücken Christkönig lediglich 38,18 %, allerdings schrieb Schlich hierzu an die Bistumsleitung: „Der Besuch des Sonntagsgottesdienstes in Christkönig ist ständig durchaus gut und eine Abnahme in St. Jakob kaum zu bemerken“[615]. Diese Aussage zeigt zugleich aber auch, wie begrenzt die Aussagekraft dieses Satzes ist, denn Schlich erwartete einfach nicht mehr Gottesdienstbesucher. Auch die Quote der Osterkommunionempfänger liegt etwa 14 % unter dem Bistumsdurchschnitt, der 68 % betrug.[616]

		1929	1930	1931	1932	1933	1934	1935	1936
Seelenzahl[617]		3.980	3.800	3.800	3.800	3.800	3.800	3.800	3.800
Ehen	Katholische Paare	2	18	24	20	20	16	16	21
	Gemischte Paare	2	9	9	8	14	11	13	16
Taufen	Katholische Paare	22	140	111	135	157	195	210	275
	Gemischte Paare	12	6	41	40	37	47	48	49
	Ledige Mütter	7	22	28	20	30	30	24	43

612 Zur Zahl der Volksschüler/innen: s. u.

613 Vgl. Zählbögen der Pfarrei Christkönig der Jahre 1929–1936 (Amtszeit Schlichs) (Pfarrarchiv der Pfarrei Christkönig Saarbrücken [wie Anm. 601]).

614 Vgl. Schneider, Kirchliches Leben, Frömmigkeit und Seelsorge im gesellschaftlichen Wandel (wie Anm. 384), 281.

615 Bericht Schlich an das Generalvikariat vom 03.09.1929 (Bistumsarchiv Trier, Pfarrakten der Pfarrei Saarbrücken [Christkönig] [wie Anm. 546]).

616 Vgl. Schneider, Kirchliches Leben, Frömmigkeit und Seelsorge im gesellschaftlichen Wandel (wie Anm. 384), 286 (Abb. 8).

617 Davon sind etwa 2.600–2.700 kommunionpflichtig. Vgl. Visitationsprotokoll der Pfarrei Christkönig des Jahres 1933 (Pfarrarchiv der Pfarrei Christkönig Saarbrücken [wie Anm. 609]).

		1929	1930	1931	1932	1933	1934	1935	1936
Beerdigungen		6	25	20	24	31	29	30	48
Jahreskomm.		8.400	38.400	40.100	43.410	45.900	48.000	44.000	47.471
Osterkomm.		–	1.410	1.425	1.420	1.400	1.400	1.625	1.830
Übertritte		–	7	9	12	5	14	7	5
Austritte		8	16	21	24	11	16	22	41
Rücktritte		3	2	3	3	5	10	7	2
Gottesdienst-besucher		1.275	1.451	1.680	1.613	1.826	1.801	1.770	1.785

Nach dem Ersten Weltkrieg wurden im Bistum Trier Stimmen laut, die von einer „Ehekrise“ im Bistum sprachen, sodass das Thema „Ehe“ sogar gesondert auf der Diözesansynode von 1931 erörtert wurde.[618] Durchschnittlich waren 7 % aller Paare, die sich in den Zwischenkriegsjahren standesamtlich trauen ließen, gemischt-konfessionell.[619] Im Dekanat Saarbrücken waren es allerdings 36 %, was auf eine lose Kirchenbindung schließen lässt. Während bistumsweit etwa 55 % der gemischten Ehen nach katholischem Ritus geschlossen wurden, lag die Quote der katholisch getrauten Mischehen in Christkönig lediglich bei 37,5 %, was sicherlich auf die evangelische Mehrheit in St. Arnual zurückzuführen ist.[620]

Die Zahl der Austritte überwog jedoch wie im gesamten Deutschland die der Rück- und Übertritte. Diese Zahl wuchs, ebenfalls wie im nationalsozialistischen Deutschland, bis 1936 weiter.[621] Betrachtet man die Zahl der Austritte im Verhältnis zur Größe der Pfarrei 1933, so muss man feststellen, dass die kleineren Pfarreien Saarbrückens prozentual weniger Austritte aufweisen, auch wenn die Pfarrei Schlichs hiervon eine Ausnahme bildete.[622]

Pfarrei	**Seelenzahl (1933)**	**Austritte (1933)**	**%**
Christkönig	3.900	18	0,46
Herz Jesu	6.200	17	0,27
St. Michael	8.350	27	0,32

618 Schneider führt hierbei Bischof Bornewasser (1928), die Dechantenkonferenz (1930) sowie die Diözesansynode (1931) an. Vgl. hierzu und zum Folgenden: SCHNEIDER, Kirchliches Leben, Frömmigkeit und Seelsorge im gesellschaftlichen Wandel (wie Anm. 384), 299f.308.

619 Vgl. hierzu und zum Folgendem: ebd., 306.

620 Vgl. ebd., 299.

621 Vgl. ebd., 317.

622 Vgl. hierzu und zum Folgenden: BISTUMSARCHIV TRIER, Zählbögen des Dekanats Saarbrücken (wie Anm. 364).

Pfarrei	**Seelenzahl (1933)**	**Austritte (1933)**	**%**
St. Johann	9.600	63	0,66
St. Eligius	10.000	34	0,34
St. Jakob	10.200	54	0,53
St. Josef	17.500	89	0,51

Schlich hob jedoch gegenüber der Bistumsleitung 1933 die Zahl der Rekonziliationen hervor, die er auf die Neugründung der Pfarrei und die dadurch intensivere Seelsorge zurückführte.[623] Im Bistum Trier traten in den Jahren 1930–1933 durchschnittlich sieben bis acht Menschen mehr aus der Kirche aus als Menschen in die Kirche ein- oder übertraten.[624] Diesen Trend bestätigte die Pfarrei Christkönig nicht, was jedoch auf die politische Sonderstellung des Saargebiets und den starken (Verbands-)Katholizismus zurückzuführen ist.

In der Pfarrei wurden von Schlich und seinem Kaplan sonntags vier Messen mit Predigt (7:00 Uhr, 8:30 Uhr, 10:00 Uhr sowie 11:15 Uhr) und werktags täglich um 7:00 Uhr sowie um 7:30 Uhr angeboten.[625] Zudem fand sonntags um 14:00 Uhr die Christenlehre statt, zu der Schlich die Schulentlassenen nicht mehr einlud, „weil die doch nicht kommen“[626]. Erneut wird deutlich, dass Schlich diesbezüglich offenbar resigniert hatte, aber an der Verpflichtung einer Sonntagskatechese weiter festhielt, auch wenn er nicht mit einem Seelsorgeerfolg rechnete. Um 18:00 Uhr bzw. 19:00 Uhr hielt man an den Sonntagabenden eine Andacht. In Christkönig scheint, jedenfalls laut der Visitationsprotokolle, Schlich noch zusätzlich auf andere Gottesdienstformen zurückgegriffen zu haben: Neben den vorgeschriebenen Andachten wird an allen Feiertagen um 14:30 Uhr die Vesper gebetet. Die Zeiten, in denen die Gläubigen das Sakrament der Versöhnung empfangen konnten, waren die gleichen wie in St. Jakob.[627]

1933 hatte die Pfarrei neben einem Stiftungsfond von 6.426 Francs Schulden aus Pfarrhaus- und Kirchbau i. H. v. 1.638.500 Francs, die sie sich im Verhältnis von 48 % zu 52 % mit der Mutterpfarrei teilte. Dabei hatte die Pfarrei durch die Großherzigkeit der Gläubigen 1931 schon vier neue Glocken angeschafft.[628]

623 Vgl. Visitationsprotokoll der Pfarrei Christkönig des Jahres 1933 (Pfarrarchiv der Pfarrei Christkönig Saarbrücken [wie Anm. 609]).
624 Vgl. Schneider, Kirchliches Leben, Frömmigkeit und Seelsorge im gesellschaftlichen Wandel (wie Anm. 384), 317 (Abb. 16 und 17).
625 Im Winter begannen die Werktagmessen 30 Minuten später.
626 Visitationsprotokoll der Pfarrei Christkönig des Jahres 1933 (Pfarrarchiv der Pfarrei Christkönig Saarbrücken [wie Anm. 609]). Zur Christenlehre vgl. die Ausführungen in Kapitel 4.2.1.
627 Vgl. hierzu Kapitel 4.1.1.
628 Vgl. o. V., Neue Glocken für die Christkönigskirche. In: Saarbrücker Landes-Zeitung vom 25. Juli 1931, 3. Die Glocken waren dem Christkönig, dem Herzen Jesu, der Muttergottes und

Auf dem Pfarrgebiet existierte eine Volksschule mit acht Klassen, in denen 345 Schüler/innen von acht Lehrer/innen Unterricht erhielten. Dienstags, freitags und sonntags wurden unter Lehreraufsicht Schulmessen zelebriert. Des Weiteren befanden sich auf dem Territorium der Pfarrei eine gewerbliche und kaufmännische Berufsschule, ein Gymnasium, ein Realgymnasium, eine Oberrealschule sowie eine Mittelrealschule, die alle eigene Religionslehrer für die insgesamt 3.800 Kinder besaßen. Schlich unterrichtete selbst sieben Stunden wöchentlich, sein Kaplan vierzehn.

In Christkönig, genauer gesagt am neu errichteten Heilig-Geist-Krankenhaus, das vom Caritasverband getragen wurde, siedelte sich ein Konvent der Schwestern vom Heiligen Geist an. Ordentlicher Beichtvater der 30 Schwestern war Pfarrer Schlich, der außerordentliche Pfarrer Dr. Philipp Kremer[629] aus St. Johann. Zudem gab es einen Hausgeistlichen, der für die Krankenhausseelsorge und die dortige Zelebration der heiligen Messe abgestellt war. Die Zusammenarbeit zwischen Konvent und Pfarrei war tadellos. Schlich war Vorsitzender des Verwaltungsausschusses und beaufsichtigte die Verwaltung. Auch in der Öffentlichkeit gab es auf das Wirken des Ordens positive Resonanz.

Die Erstkommuionvorbereitung übernahm der Pfarrer selbst. Er unterrichtete die Kinder drei Stunden wöchentlich von Aschermittwoch bis Weißen Sonntag, wobei in der letzten Woche der Unterricht täglich stattfand. Das seelsorgliche Wirken in der neuen Pfarrei trug schnell Früchte: Seit 1929 traten zwei junge Männer bei den Vätern vom Heiligen Geist und einer bei den Steyler Missionaren mit dem Ziel, Priester zu werden, ein. Ferner gingen drei Jungfrauen zu den Waldbreitbacher Franziskanerinnen und eine zu den Luxemburger Herz-Jesu-Schwestern.

Auch in Christkönig veranstaltete Schlich alljährlich abwechselnd Triduen, religiöse Vorträge oder eucharistische Wochen für Männer, Frauen und Jugendliche. Er führte zudem in seiner neuen Pfarrei vom 29. April bis zum 13. Mai 1934 eine Volksmission durch. Neben dem Aufruf zur Mission, den Schlich selbst verfasste und in dem er die Leser zur Umkehr aufrief, ist noch der Abschlussbericht erhalten, der zeigt, dass in der neuen (kleineren) Pfarrei mit diesem außerordentlichen

dem hl. Nikolaus geweiht (von groß nach klein). Die Glockenweihe fand am 26.07.1931 statt.

629 Philipp Anton Kremer wurde 1889 in Dasburg geboren und 1912 in Trier zum Priester geweiht. Danach arbeitete er zunächst als Kaplan Trier (Liebfrauen) und als Kaplan und Religionslehrer in Sulzbach (Saar). 1916 wurde er Religionslehrer am Realreformgymnasium in Malstatt, ehe er 1921 einen Studienurlaub bewilligt bekam, den er 1923 in Freiburg mit einer Promotion zum „Dr. theol." abschloss. Nach seinem Aufbaustudium fungierte er zunächst als Landessekretär des Volksvereins Frankfurt am Main, ab 1926 als Landessekretär des Volksvereins Trier sowie als Diözesansekretär der katholischen Arbeitervereine. 1929 kehrte er in die Hauptstadt des Saargebiets zurück, dieses Mal beerbte er allerdings Pfarrer Echelmeyer, der auf seine Pfarrei „St. Johann" verzichtete. Nachdem Schlich Saarbrücken verließ, übernahm er zudem das Dechantenamt. Vgl. THOMAS, Der Weltklerus der Diözese Trier seit 1800 (wie Anm. 23), 194.

Seelsorgemittel mäßige Erfolge erzielt wurden.[630] An der Mission, die von zwei Kapuzinerpatres gepredigt wurde, nahmen 300 Schulkinder, 1.535 Erwachsene und 13 Kranke teil, was einer Quote von 52,80 % (der Pfarrgemeinde) entspricht.[631] Insgesamt wurden 3.946 Kommunionen gespendet und sieben Rekonziliationen vorgenommen. Es kam zu keiner Vereinsneugründung, dafür aber immerhin zu einigen Anmeldungen in den Standesvereinen. Das Ziel der Mission war für Schlich (nach eigenen Angaben) nicht die Neugründung eines Vereins, sondern das Vorgehen gegen wilde bzw. Mischehen und die Sonntagsentheiligung.[632] Auch hier wird wieder erkennbar, dass Schlich durch den Einsatz der gleichen seelsorglichen Mittel (wie zuvor in St. Jakob) keine außergewöhnlichen Erfolge vorweisen konnte (und diese vielleicht auch nicht erwartete).

Betrachtet man die Amtszeit Schlichs, so kommt man zum Schluss, dass Schlich mit seiner zitierten Aussage, kleinere Pfarreien in einer Großstadt seien mit größerem seelsorgerischen Erfolg beschenkt und dienten der Stärkung des katholischen Milieus und Lebens, bedingt Recht behielt. An einigen Stellen wurde aber auch deutlich, dass Pfarrer Schlich keine Innovation hatte und dadurch dem Negativtrend nicht in ausreichendem Maße begegnete.

Schlich musste zum 1. Dezember 1935 auf seine Pfarrstelle sowie das Dechantenamt verzichten.[633] Grund hierfür war ein Devisenprozess, den die Nationalsozialisten gegen ihn anstrebten, weil er 1927 für den Kirchenbau eine Anleihe im Ausland aufgenommen hatte und dies gemäß nationalsozialistischer Gesetzgebung nicht erlaubt war.[634] Als Schlich über Luxemburg in die Schweiz geflohen

630 Vgl. Missionsaufruf Schlichs o. D. (Pfarrarchiv der Pfarrei Christkönig Saarbrücken [wie Anm. 560]), Bistumsarchiv Trier, Kirchliche Missionstätigkeiten (wie Anm. 493) sowie die obigen Anmerkungen zu den Volksmissionen.

631 Vgl. hierzu und zum Folgenden: Bericht über die Mission zu Saarbrücken – Christkönig vom 25. (29.) April – 13. Mai 1934 (Pfarrakten der Pfarrei Saarbrücken [Christkönig], Bistumsarchiv Trier, Abt. 70 Nr. 5344).

632 In St. Jakob beteiligten sich hingegen 67,23 % der Pfarrangehörigen. Vgl. Bistumsarchiv Trier, Pfarrakten der Pfarrei Saarbrücken (St. Jakob) (wie Anm. 350).

633 Vgl. Diözese Trier, Kirchlicher Amtsanzeiger für die Diözese Trier (wie Anm. 49), Nr. 336, S. 207.

634 Die nationalsozialistische Devisengesetzgebung war äußert kompliziert und in den meisten Fällen wurden Geistliche nur aus einem Grund als Devisenverbrechen angeklagt: Der NS-Staat wollte die Kleriker in der Öffentlichkeit diskreditieren. Entsprechend wurden die Prozesse in der nationalsozialistischen Presse medienpolitisch ausgeschlachtet. Die Mehrheit der Anklagen wurden allerdings zurückgezogen. Vgl. hierzu insbesondere: das heute noch als Standartwerk anzusehende Buch von Petra Madeleine Rapp, „Die Devisenprozesse gegen katholische Ordensangehörige und Geistliche im Dritten Reich". Eine Untersuchung zum Konflikt deutscher Orden und Klöster in wirtschaftlicher Notlage, totalitärer Machtausübung des nationalsozialistischen Regimes und im Kirchenkampf 1935/36, Bonn, Univ., phil. Diss., 1981. Bonn 1981, hier: 203f.

und in den Ruhestand getreten war, ließ man die Anklage allerdings fallen.[635] Die Bischöfliche Behörde lehnte Schlichs Antrag ab, nach Christkönig zurückkehren zu dürfen, obwohl er darum bat. Man versetzte ihn an das andere Ende des Bistums, wo er die Pfarrei Koblenz-Neuendorf (St. Peter) übernahm.

Neben seinem Wirken als Pfarrer an St. Jakob bzw. Christkönig wurde Schlich, wie bereits erwähnt, 1929 zum Dechanten des Dekanats Saarbrücken ernannt. Daher wird im Folgenden seine Tätigkeit auf der Ebene des Dekanats untersucht, worauf er einen Teil seiner Kraft verwandte, um wichtige Impulse zu setzen.

4.1.4 Schlichs Arbeit auf Dekanatsebene

4.1.4.1 Die historische Entwicklung der Dekanatskapitel

Mit dem Amtsantritt Schlichs als Pfarrer an St. Jakob in Saarbrücken war auch die Aufnahme in die Kapitelsversammlung des Dekanats Saarbrücken verbunden. Eine Versammlung aller Pfarrer (Kapitulare) zum sog. „Generalkapitel", welches einmal jährlich abzuhalten war, gehörte im Bistum seit 1833 zu den vorgeschriebenen Pflichten.[636] Bereits bevor die Diözese von Bischof Joseph von Hommer (1824–1836) in Dekanate eingeteilt worden war, versammelten sich die Pfarrer der Landkapitel jedes Jahr einmal, um sich gemeinsam zu beraten.

Alle Pfarrer waren seit 1833 zur Teilnahme am Generalkapitel verpflichtet und durften nur aus schwerwiegenden Gründen fehlen, ansonsten drohte ihnen eine Geldstrafe. Das Kapitel begann stets mit dem Hymnus „Veni creator" und einem Hochamt, woran sich am Anfang der Beratungen die Begrüßung durch den Dechanten anschloss. Sodann wurde ein Vortrag vom Dechanten (oder einem Kapitular) gehalten, der der spirituellen Bildung dienen sollte.[637] Nach der sich anschließenden Unterhaltung wurde gemeinsam ein „frugales" Mahl verzehrt. Die Ergebnisse der mitbrüderlichen Diskussion wurden vom Kapitelssekretär notiert, von den Anwesenden unterzeichnet und über den Dechanten an die Behörde nach Trier übersandt.

635 Vgl. hierzu und zum Folgenden: Bistumsarchiv Trier (wie Anm. 27).

636 Vgl. hierzu und zum Folgenden: Bischof Josef von Hommers „Ordinatio sive celebrandi annuum capitulum decanale" vom 11.03.1833, in: Johann Jakob Blattau, Statuta synodalia, ordinationes et mandata (archi)dioecesis Trevirensis, 9 Bde. Trier 1844–1859, hier: Bd. VIII, 292–294.

637 Das Thema des Vortrages sollte „in das eigentliche Pastoralfach gehören, wie da sind: Gleichförmige Abhaltung des Gottesdienstes, Art den christlichen Unterricht vollkommener zu machen, Processionen, Andachten und Gebetbücher, Schulanstalten, Führung der Pfarrprotocolle, Lager-, Familien- und Tagebücher, Chroniken, Verwaltung des Kirchenvermögens, Volkssitte, Betragen der aufwachsenden Jugend, Art den Gebrauch der Sacramente zu empfehlen und zu befördern u. dgl." (ebd., 293).

Darüber hinaus hatte Bischof von Hommer sogenannte Pastoralkonferenzen eingerichtet, um den Austausch unter den benachbarten Pfarrern in wissenschaftlichen Belangen zu verstärken.[638] Sie waren mindestens dreimal jährlich abzuhalten, wobei die Teilnehmer „Vorträge hielten, schriftlich von einem Teilnehmer ausgearbeitete Themen diskutierten oder auch gemeinsam wichtige Artikel aus der theologischen oder philosophischen Literatur besprachen."[639]

Der Nachfolger von Hommers, Wilhelm Arnoldi (1842–1864), pochte nochmals mit Nachdruck auf die Abhaltung der Pastoralkonferenzen, welche er zunächst monatlich auf Definitions- bzw. Dekanatsebene, später jedoch aufgrund der langen Reisewege der Teilnehmer und schlechten Verkehrsmöglichkeiten auf die Sommermonate festsetzte.[640]

Auch Bischof Korum, der während seiner gesamten Amtszeit als Oberhirte von Trier bestrebt war, dass seine Priester sich (neben der Teilnahme an Exerzitien) spirituell bildeten, förderte die zweimal jährlich abzuhaltenden Pastoralkonferenzen in den Dekanaten.[641] Auch Bornewasser schätzte die Dekanatskapitel und -konferenzen sehr. Sie sollen zu „Mitteln der aszetischen und wissenschaftlichen Weiterbildung des Klerus werden und dazu helfen, die Seel-

638 Vgl. Bischof Josef von Hommer "Epistola pastoralis, qua congregationes sic dictae S. Caroli clero curato commendantur" vom 10.04.1832, in: ebd., 267–271.

639 Bernhard SCHNEIDER, Strukturen der Seelsorge und überpfarrlichen Zusammenarbeit: Dekanate und Pfarreien, Dekanatskapitel und Pastoralkonferenz. In: Auf dem Weg in die Moderne, 141–150, hier: 145. Vgl. darüber hinaus: Michael Felix LANGENFELD, Bischöfliche Bemühungen um Weiterbildung und Kooperation des Seelsorgeklerus. Pastoralkonferenzen im deutschen Sprachraum des 19. Jahrhunderts; eine institutionengeschichtliche Untersuchung, zugl.: Bonn, Univ., Diss., 1996 (= Römische Quartalschrift für christliche Altertumskunde und Kirchengeschichte Supplementheft 51). Rom 1997, 127–147.

640 Vgl. Arnoldis „Ordinatio de instituendis et habendis conferentiis pastoralibus" vom 20.02.1851, in: BLATTAU, Statuta synodalia, ordinationes et mandata (archi)dioecesis Trevirensis (wie Anm. 636), IX, 273–276, SCHNEIDER, Strukturen der Seelsorge und überpfarrlichen Zusammenarbeit: Dekanate und Pfarreien, Dekanatskapitel und Pastoralkonferenz (wie Anm. 639), 146; LANGENFELD, Bischöfliche Bemühungen um Weiterbildung und Kooperation des Seelsorgeklerus (wie Anm. 639), 454f.

641 EMBACH, Michael Felix Korum (1881–1921) (wie Anm. 62), 40. Zwecks der von Korum lancierten spirituellen Weiterbildung des Klerus ordnete dieser 1888 die Herausgabe einer wissenschaftlichen Theologiezeitschrift, den „Pastor Bonus" (später „Trierer Theologische Zeitschrift"), „wie der praktische Seelsorger sie braucht" durch die Professoren am Priesterseminar an. (DERS., Michael Felix Korum [1881–1921]. In: Die Bischöfe von Trier seit 1802. Festgabe für Bischof Dr. Hermann Josef Spital zum 70. Geburtstag am 31. Dezember 1995, hg. von Martin PERSCH [= Veröffentlichungen des Bistumsarchivs Trier 30]. Trier 1996, 141–168, hier: 151). Nach dem Zweiten Weltkrieg wurde sie umbenannt in „Trierer Theologische Zeitschrift" und wird seit 1964 gemeinsam mit der Katholisch-Theologischen Fakultät der Universität Mainz herausgegeben. Vgl. PERSCH, Der Diözesanklerus und die neuen pastoralen Laienberufe (wie Anm. 403), 190.

sorge in den Dekanaten einheitlich und zielbewußt den Forderungen unserer Zeit anzupassen."[642]

Das Dekanat als strukturelle Größe und das Dekanatskapitel – natürlich auch der Dechant, der als „oculus episcopi" fungierte – erfuhren im Zuge der Diözesansynode von 1920 noch einmal eine besondere Aufwertung.[643] Zur Teilnahme am Dekanatskapitel waren nun alle amtierenden Pfarrer, Pfarrvikare, Pfarrverweser sowie Vertreter der Hilfsgeistlichen (Kapläne etc.), Religionslehrer und Klosterrektoren verpflichtet.[644] Der von Bischof von Hommer 1833 vorgelegte Ablauf – Kapitelsgottesdienst, gemeinschaftlichem Essen, Vortrag (spirituelle und praktische Themen waren zu behandeln) und Austauschrunde – wurde beibehalten.[645]

Auch die Bischöfliche Behörde in Trier maß den Dekanatskonferenzen eine große Bedeutung bei, was sie dadurch zum Ausdruck brachte, dass sie die Dechanten im Kirchlichen Amtsanzeiger dazu aufrief, die Berichte einzusenden und selbst auf die Berichte der Kapitel schriftlich Rückmeldung gab.[646]

Insbesondere die Dekanatskapitel wurden im Bistum Trier trotz der Wirren und Unannehmlichkeiten des Ersten Weltkriegs beständig abgehalten.[647] So geschah dies auch in Saarbrücken.[648]

Zunächst war Schlich einfacher Teilnehmer an den Kapitels- und Pastoralkonferenzen, die zweifelsfrei für das gemeinsame Agieren des Klerus im Dekanat Saarbrücken von besonderer Bedeutung waren. Hier koordinierte man, wie im Nachfolgenden dargestellt wird, das gemeinsame und geschlossene Vorgehen und

642 Schreiben Bornewassers in: Dekanatskapitel und Dechantenkonferenzen (B1), Bistumsarchiv Trier, B III 2, 39 Nr. 1.

643 Vgl. Diözese Trier, Kirchlicher Amtsanzeiger für die Diözese Trier (= Kirchlicher Amtsanzeiger für die Diözese Trier 67). Trier 1923, Nr. 175, S. 106 (§ 28). Zur Diözesansynode 1920 vgl. die Ausführungen in Kapitel 4.2.1.

644 Ebd. (§ 29).

645 Vgl. ebd. (§ 31f.); Feilzer, Strukturen der Seelsorge: Dekanate und Pfarreien, Pfarrverbände und Regionen (wie Anm. 288), 109–111. Der CIC (1917) schrieb Vortragsthemen aus der Moraltheologie und Liturgie vor. Vgl. Pius X. und Benedictus XV., Codex Iuris Canonici (wie Anm. 287), can. 131, § 1.

646 Vgl. Diözese Trier, Kirchlicher Amtsanzeiger für die Diözese Trier (= Kirchlicher Amtsanzeiger für die Diözese Trier 75). Trier 1931, Nr. 157, S. 154.

647 Vgl. Feilzer, Strukturen der Seelsorge: Dekanate und Pfarreien, Pfarrverbände und Regionen (wie Anm. 288), 109f.

648 Vgl. Schreiben Dechant Echelmeyer an das Generalvikariat Trier vom 15.02.1916 (Kapitels- und Pastoralkonferenzberichte, Bistumsarchiv Trier, Abt. 74 Nr. 39). Hierin teilt der Dechant der Behörde mit, dass 1915 und 1916 neben dem Kapitel nur eine geschäftliche Konferenz zur Vorbereitung der Firmung (1915) und über die Rente der Kriegswitwen (1916) abgehalten wurde. Der Hauptgrund, weshalb nicht mehr Konferenzen stattfinden konnten, bestand darin, ein geeignetes Lokal zu finden, weil die katholischen Vereinshäuser durch das Militär besetzt und die Pfarrhäuser (aufgrund der großen Zahl der Kapitulare) zu klein waren.

stimmte Termine und Veranstaltungen ab. Als Schlich jedoch (nach dem Verzicht Prälat Echelmeyers auf seine Pfarrstelle in St. Johann) das Amt des Dechanten 1929 übernahm und somit zum Vorsteher des Dekanats aufstieg, nahmen die Beratungen der Kapitulare bzw. Teilnehmer, die er vorzubereiten hatte, einen großen Stellenwert in seinem Leben ein. Das lag nicht nur daran, dass er für Einigkeit unter den Pfarrern zu sorgen hatte, sondern es hing auch mit seinem Verhalten während des Abstimmungskampfs zusammen. Als Dechant des wichtigsten Dekanats im Saargebiet stieg Schlich gewissermaßen zum „primus inter pares" der Saardechanten auf und wurde letztlich als Spitze des Saarklerus gegenüber der Regierungskommission des Saargebiets bzw. den Nationalsozialisten wahrgenommen. Dieser Dienst war also mit einer großen Verantwortung und Macht verbunden, zumal das Amt des Dechanten Saarbrückens automatisch mit dem Vorsitz des Caritasverbandes Saarbrücken verbunden war und der Dechant sich damit auch um die Geschicke und die Zukunft desselben zu kümmern hatte.

4.1.4.2 Das Kapitel als Ort der pfarreiübergreifenden pastoralen Planungen

Daher soll nun die Arbeit des Klerus der Definition bzw. des Dekanates, dem Schlich von 1913 bis zu seinem Verlassen Saarbrückens angehörte, näher untersucht werden, weil die Arbeit auf dieser Ebene ein integraler Bestandteil der seelsorgerischen Arbeit Schlichs war. Zugleich soll überprüft werden, ob Schlich wirklich eine herausragende Persönlichkeit des Saarklerus während des Untersuchungszeitraums und wie groß sein Einfluss war.

Die erste Konferenz der Definition I des Dekanats Saarbrücken nach der Übernahme des Vorsteherdienstes Schlichs an St. Jakob fand am 1. Juni 1914 statt, also vier Wochen vor dem Attentat von Sarajevo, was Auslöser für den Ersten Weltkrieg, die Urkatastrophe des 20. Jahrhunderts, war.[649] Während der Konferenz hielt Schlich auch den Vortrag, der akribisch protokolliert wurde. Der Referent legte dar, dass eine der wichtigen Aufgaben der Seelsorge darin bestünde, insbesondere die Männer und Jungen zu einem häufigeren Kommunionempfang zu bewegen. In eben diesem Jahr hatte man zu diesem Zweck mehrere Maßnahmen im Dekanat durchgeführt. Zum einen wurde in den Jünglings- und Gesellenvereinen das Eucharistische Apostolat verbreitet, was diejenigen, die dem Apostolat beitraten, alle zwei Wochen zum Kommunionempfang, zur Teilnahme an den Aloysiussonntagen, an feierlichen Prozessionen und zur Keuschheit (bis zur Ehe) verpflichtete.

649 Vgl. hierzu und zum Folgenden: Protokoll der Conferenz des Dekanates Saarbrücken, Definition 1 (ebd.).

Das Bestreben der Geistlichen, die Gläubigen zum häufigen Kommunionempfang zu bewegen, war zu dieser Zeit keine Seltenheit. Die Pfarrer luden, wie Bernhard Schneider für das Bistum Trier nachweist, die Jugendlichen in regelmäßigen Abständen zum Empfang der Eucharistie gezielt ein, denn sie glaubten, diejenigen, die das Altarsakrament empfingen, enger an die Gottesdienstgemeinde zu binden. „Führte man die Mädchen annähernd jeden Monat zur Kommunion, so beließ man es bei den Jungen bei deutlich weniger Terminen, meist bei der Hälfte. [...] [Zum Erfolg] trugen auch die verschiedenen kirchlichen Organisationen (Bruderschaften; Vereine) bei, deren aktive fördernde Rolle sich in den Visitationsbögen belegen lässt."[650]

Auch bei den Erwachsenen war die Situation ähnlich: Die Männer gingen deutlich seltener zur Kommunion (mancherorts nur zweimal jährlich trotz wöchentlichem Messbesuch) als Frauen. Aus diesem Grund wurde das durch die Bischöfliche Behörde empfohlene Männerapostolat eingeführt, das kein neuer Verein sein sollte, sondern als „fromme Übung (sic!) für alle Männer"[651] verstanden wurde, denn dadurch sollte die Herz-Jesu-Verehrung, die Sühnekommunion am ersten Sonntag des Monats sowie die Teilnahme an Exerzitien und den monatlich stattfindenden Ansprachen (speziell für Männer) befördert werden.[652] Dabei war ein solcher Ruf nach Förderung der Männerfrömmigkeit keine Einzelerscheinung, die es nur in Saarbrücken zu verzeichnen gab. Das Gebetsapostolat für Männer (mit der regelmäßig erschienenen Zeitschrift) sowie spezielle Frömmigkeitsliteratur für Männer waren damals sehr verbreitet.[653] Bischof Korum erhoffte sich durch die Einführung des „Männerapostolats", die Männer durch die Herz-Jesu-Verehrung, welche Pflichtbestandteil desselben war, zum häufigeren Kommunionempfang zu motivieren, was auch mancherorts gelang.[654]

650 SCHNEIDER, Kirchliches Leben, Frömmigkeit und Seelsorge im gesellschaftlichen Wandel (wie Anm. 384), 289f.

651 BISTUMSARCHIV TRIER, Kapitels- und Pastoralkonferenzberichte (wie Anm. 648).

652 Zur Empfehlung seitens der Behörde vgl. DIÖZESE TRIER, Kirchlicher Amtsanzeiger für die Diözese Trier (wie Anm. 39), Nr. 90, S. 89f.

653 Auch Schlich verfasste ein Gebetsbuch für Männer, das mehrfach aufgelegt wurde. Zur Analyse der Männerliteratur und -pastoral vgl. SCHNEIDER, Gesucht: Der katholische Mann (wie Anm. 463); SCHNEIDER, Auf der Suche nach dem katholischen Mann (wie Anm. 38) sowie DERS., Männer der Tat und Hüterinnen des Hauses. Geschlechterkonstruktionen in katholischen Männer- und Frauenbüchern um 1900. In: Rottenburger Jahrbuch für Kirchengeschichte, Bd. 35, hg. von GESCHICHTSVEREIN DER DIÖZESE ROTTENBURG-STUTTGART. Ostfildern 2017, 147–171. Zu Schlichs literarischem Schaffen vgl. die Ausführungen in Kapitel 4.3.

654 Vgl. SCHNEIDER, Kirchliches Leben, Frömmigkeit und Seelsorge im gesellschaftlichen Wandel (wie Anm. 384), 290f. Schneider analysierte jedoch nicht alle Pfarreien des Bistums Trier, sondern nennt an dieser Stelle nur einige Visitationsprotokolle exemplarisch.

Darüber hinaus wurden Eucharistische Wochen in den Pfarreien abgehalten, wonach der Aufruf zu monatlichen Standeskommunionen für Männer, Frauen, Jungen und Mädchen erfolgte. Abschließend wies Schlich darauf hin, dass „nicht bloß [die] Steigerung der Kommunionen, sondern auch der Kommunikanten“[655] das erklärte Ziel sein müsse. Sicherlich hatte Schlich dieses Ziel bereits vor seinem Stellenwechsel von Saarlouis, wo er zuvor als Religionslehrer am Gymnasium wirkte, nach Saarbrücken ins Auge gefasst, weil gerade in der Großstadt die Zahl der praktizierenden Katholiken rapide abgenommen hatte und er, wie auch die übrigen Teilnehmer, gegen diese Entwicklung ankämpfen wollte.

Anfang Dezember 1923 glaubte man auf diesem Gebiet der Seelsorge Erfolge erzielt zu haben. Pfarrer Bungarten referierte über die Eucharistieenzyklika Leos XIII. (1902)[656] und die Kapitulare waren davon überzeugt, die Ideen der Enzyklika des Papstes in den eucharistischen Sektionen der Vereine bereits verwirklicht zu haben.[657] Um das Zusammengehörigkeitsgefühl der einzelnen eucharistischen Vereinssektionen zu stärken, plante man diese in Form einer Sakramentsbruderschaft mit vierteljährlicher Feierlichkeit zusammenzuführen und darüber hinaus erneut die Standeskommunion sowie die Zeitschriften „Müttersonntag“ und „Männerapostolat“ zu empfehlen.

Aber nicht nur in diesem einen Sektor der Pastoral wollte man übergreifend zusammenarbeiten, sondern auch bei pastoralen „Großevents“, den sog. außerordentlichen Seelsorgemaßnahmen. Daher reflektierten sie am Ende des Jahres auch, was in den vergangenen Monaten in den einzelnen Gemeinden an außerordentlichen Seelsorgemaßnahmen durchgeführt wurde. Drei solcher Rückblicke sind heute noch erhalten, nämlich aus den Jahren 1923, 1926 und 1930. Es fanden im Jahr 1923 viele solche gottesdienstlichen Veranstaltungen statt, die für die damalige Zeit üblich waren. In St. Johann wurde neben einer Missionserneuerung und Jünglingsexerzitien noch ein Herz-Jesu-Triduum gehalten; in Malstatt wurden Frauen- und Männerexerzitien angeboten. In der jungen Herz-Jesu-Pfarrei bot man nicht nur ein Herz-Jesu-Triduum an, sondern darüber hinaus noch Exerzitien für Frauen. Die beiden Gemeinden St. Eligius und St. Hubertus veranstalteten Jungfrauenexerzitien, während in Bliesransbach Exerzitien für Männer und Jungen durchgeführt wurden. Hingegen setzte die erst vor einem Jahr gegründete

655 Protokoll der Conferenz des Dekanates Saarbrücken, Definition 1 (BISTUMSARCHIV TRIER, Kapitels- und Pastoralkonferenzberichte [wie Anm. 648]).

656 Der Papst forderte die Förderung der eucharistischen Bruderschaften und Andachten sowie den öfteren und regelmäßigeren Kommunionempfang.

657 Vgl. hierzu und zum Folgenden: Bericht der Pfarrkonferenz der Definition I des Dekanats Saarbrücken am 03.12.23 in Saarbrücken – Malstatt (Kapitels- und Pastoralkonferenzberichte, Bistumsarchiv Trier, Abt. 74 Nr. 45).

Pfarrei St. Marien auf eine Missionserneuerung. Ferner wurde im konfessionell sehr durchmischten Brebach ein Eucharistisches Triduum gefeiert.[658]

1926 fanden Schulentlassexerzitien in allen Pfarreien der Innenstadt und der zweiten Definition statt. Auch Gefängnispfarrer Schmitt bot Exerzitien für die Inhaftierten an. In den Vororten wurden ebenso außerordentliche Seelsorgeveranstaltungen durchgeführt, wie etwa zwei religiöse Wochen in Gersweiler, eine Volksmission in Scheidt und Bliesransbach, ein Jubiläumstriduum[659] in Hanweiler, Brebach, Auersmacher und Kleinblittersdorf.

An außerordentlichen Seelsorgeveranstaltungen mangelte es in Saarbrücken auch 1930 nicht. Neben den mittlerweile routinemäßig durchgeführten Schulentlassexerzitien wurden religiöse Wochen in St. Johann, St. Michael, Christkönig, Herz Jesu und Kleinblittersdorf angeboten. Ferner führte man erstmalig Triduen speziell für Jugendliche in Christkönig, St. Johann, St. Jakob, Herz Jesu, St. Josef und Rentrisch durch, die, so kann angenommen werden, für beide Geschlechter zusammen stattfanden, ferner eine „Volksliturgische Woche" in Herz Jesu.[660] In der Pfarrei Schlichs gab es solche Veranstaltungen, die der Liturgischen Bewegung nahe standen, nicht, obwohl Schlich in engem Kontakt mit dem Vorsteher der Abtei Maria Laach, der Keimzelle der Liturgischen Bewegung im Bistum Trier, in postalischem Kontakt stand und aus einem der Nachbardörfer des Benediktinerklosters stammte.

Mittlerweile lebten im Dekanat Saarbrücken, das in 16 Pfarreien mit 39 Seelsorgegeistlichen untergliedert war, 89.232 Katholiken, wovon in der Stadt 71.062 wohnhaft waren. Im Vergleich zum Vorjahr, so die Statistik Schlichs, wuchs die Schar der Katholiken um 800 Seelen. Es ließen sich 58 % der Paare, die die Ehe schlossen, nach katholischem Ritus trauen und 46,33 % aller Neugeborenen, die aus gemischt-konfessionellen Ehen hervorgingen, wurden katholisch getauft. Von den 110 unehelich geborenen Kindern wurden hingegen 96, also 87,27 %, der katholischen Kirche zugeführt.

Insgesamt wurden 789.924 Kommunionen im Jahr 1930 gespendet und 63 % der Katholiken kamen ihrer Osterpflicht nach. Die Zahl der Jahreskommunionen stieg im Vergleich zum Vorjahr um 75.000, davon allein in den geistlichen Anstalten 40.000. Dies bestätigt die These, die auch Schlich vertrat, dass insbesondere

658 Vgl. hierzu und zum Folgenden: Protokoll der Kapitelssitzung des Dekanates Saarbrücken. 15.10.23 (Pfarrarchiv der Pfarrei Christkönig Saarbrücken [wie Anm. 305]). Zum Ersten Katholikentag an der Saar und der besonderen Rolle Schlichs vgl. die Ausführungen in Kapitel 4.4.5.

659 Triduum zu Ehren des hl. Franziskus, dessen 800. Todesjahr mit besonderen Gottesdiensten und Ablässen gefeiert wurde.

660 Vgl. hierzu und zum Folgenden: Kapitelsverhandlungen des Dekanates Saarbrücken vom 1. Juni 1931 im Pfarrhaus Christkönig (Schlich, Decanats- u. Conferenzberichte u. Bischöfl. Schreiben [wie Anm. 457]).

die Ordensniederlassungen ein wichtiger Stabilisator des katholischen Lebens (Saarbrückens) waren und Schlich sich daher (als Dechant) bemühte, möglichst viele Klöster zu errichten und Orden in die Stadt zu locken.

Zugleich kooperierten die Kapitulare bei pfarreiübergreifenden außerordentlichen Seelsorgemaßnahmen wie beispielsweise den Volksmissionen. Hierbei kamen die Geistlichen aber schon 1925 zu dem Ergebnis, dass sogar viele der regelmäßig praktizierenden Katholiken gefehlt hätten.[661] Sie mussten also feststellen, dass diese Form der außerordentlichen Seelsorge sich mittlerweile in der Stadt eventuell überlebt hatte und in Zukunft besser nicht mehr durchgeführt würde.[662] Dennoch bemühten die Geistlichen sich weiterhin, dieses Seelsorgemittel zu nützen, wie noch genauer darzulegen ist. Sie taten dies mutmaßlich im Glauben, dadurch doch noch einiges bewegen zu können. Völlig illusorisch war diese Hoffnung nicht, denn zwischen den beiden Weltkriegen fanden im Bistum Trier vermehrt Volksmissionen statt, die offenbar in anderen Regionen der Diözese noch einen deutlich höheren Erfolg erzielten als in Saarbrücken.[663]

Normalerweise hätte im Jahr 1935 turnusgemäß eine Volksmission in der Stadt Saarbrücken angestanden, denn die letzte hatte man 1925 durchgeführt und somit musste spätestens 1935, wegen der kirchenrechtlichen Vorschrift, wieder eine Mission in den Saarbrücker Pfarreien gepredigt werden. Mit Rücksicht auf die Unruhen, die durch das Plebiszit 1935 im Saargebiet ausbrechen dürften, einigten sich die Kapitulare des Dekanats auf Schlichs Drängen hin während der ersten Pfarrkonferenz des Jahres 1933 darauf, die Volksmission bereits 1934 durchzuführen. Die Volksmission wurde auf den Zeitraum vom 25. April bis zum 13. Mai 1934 festgesetzt. Schlich wählte für seine Pfarrei Kapuziner aus, die die Mission in Christkönig predigen sollten.[664] Obwohl die Saarbrücker Pfarrer 1925 selbst erkannt hatten, dass eine Volksmission in einer Großstadt wie Saarbrücken wenig Erfolgschancen bot, waren sie sich zugleich aber auch der kodikarischen Verpflichtung bewusst, dass innerhalb von zehn Jahren wieder eine durchgeführt wer-

661 Vgl. hierzu und zum Folgenden: Kapitelsverhandlungen des Dekanats Saarbrücken am 20. Juni 1925 (Bistumsarchiv Trier, Kapitels- und Pastoralkonferenzberichte [wie Anm. 395]).

662 Jedoch war die Durchführung einer Volksmission alle zehn Jahre in jeder Pfarrei kodikarisch vorgeschrieben, sodass 1934 wieder eine Mission gepredigt wurde (s. u.). Vgl. Pius X. und Benedictus XV., Codex Iuris Canonici (wie Anm. 287), can. 1349.

663 Vgl. Schneider, Kirchliches Leben, Frömmigkeit und Seelsorge im gesellschaftlichen Wandel (wie Anm. 384), 355–362.

664 Vgl. Pfarrkonferenz der Pfarrer des Dekanats Saarbrücken am 13. Februar 1933 im Peter Friedhofenhaus zu Saarbrücken 1 (Bistumsarchiv Trier, Kapitels- und Pastoralkonferenzberichte [wie Anm. 140]). Ebenso gingen Kapuziner nach St. Hubertus; St. Jakob und St. Johann bekamen Franziskaner zugeteilt, St. Josef Oblaten, St. Michael Jesuiten und Herz-Jesu Pallottiner. Die Pfarrer von St. Eligius und St. Marien entschieden sich für Redemptoristen.

den müsse. Dieser Rechtsnorm beugten sich die Geistlichen, da sie keine neuen Modelle der Pastoration entwickeln konnten, die einen adäquaten Ersatz hätten bilden können.

Schlich kündigte zur Vorbereitung der Volksmission eine Sonderkonferenz im September 1933 an, bei der eine genaue Missionsordnung erarbeitet werden sollte.[665] Er schilderte bei dieser Konferenz am 9. Oktober 1933 den Vertretern der Missionsorden und den übrigen anwesenden Priestern zunächst die momentane religiöse Situation des Dekanats. Er empfahl zur Vorbereitung auf die Volksmission einen Gebetssturm ab Sylvester 1933, wofür er schon Gebetszettel entworfen hatte, die er den Anwesenden präsentierte.

Ferner sollte ein Missionsblatt herausgegeben werden, das drei Monate lang in jeden Haushalt gebracht werden sollte – nach Möglichkeit durch den Klerus. Schon im Vorfeld der Mission bot der Hausbesuch eine für die Seelsorge wichtige Begegnungsmöglichkeit. Zudem sollte jede Pfarrei zusammen mit den jeweiligen Missionaren eine eigene Missionsordnung erarbeiten, die dann auch den katholischen Familien zugestellt werden sollte. „Um möglichst alle Stadtteile und Bevölkerungsschichten [zu erreichen,] soll auch in den Nebenkirchen der Centralpfarreien die Mission gehalten werden, weil die Kasernenbewohner nun doch einmal nicht in die Centralkirchen der Gemeinde zu bringen seien."[666] Auch die gemischt-konfessionellen Ehepaare bedachte Schlich, indem er die Missionare dazu aufforderte, während der Kindermissionswoche diese Paare zu Hause aufzusuchen und zur Teilnahme an der Volksmission zu bewegen.

Ein weiterer Vorschlag Schlichs, Werbeplakate zu drucken und diese in den Straßenbahnen und an den Plakatsäulen anzubringen, wurde einstimmig angenommen. Darüber hinaus wollte Schlich auch eine vollständige Mission im katholischen Krankenhaus der Stadt gehalten wissen, ebenso im Verbundkrankenhaus auf dem Rastpfuhl. Der Stadtdechant startete also eine Medienoffensive und sorgte dafür, dass die Mission auch in der Fläche gepredigt wurde und möglichst viele Menschen direkt angesprochen wurden. Es zeigt sich deutlich, dass er bei der Vorbereitung der Mission 1934 auf seine Erfahrungen als Pfarrer von St. Jakob, der bereits Missionen in seiner Pfarrei zu verantworten hatte, rekurrieren konnte. Durch die von ihm geforderten Maßnahmen wollte er den Erfolg der Mission verbessern und den Adressatenkreis deutlich vergrößern, was er 1926, als eine Mission in St. Jakob gepredigt worden war, mit einer Missionzeitung bereits versuchte.[667]

665 Vgl. hierzu und zum Folgenden: Bericht über die Konferenz der Definition 1 des Dekanats Saarbrücken gehalten am Montag, den 9. Oktober im Hause der barmherzigen Brüder Kanalstrasse, Saarbrücken 1 (SCHLICH, Decanats- u. Conferenzberichte u. Bischöfl. Schreiben [wie Anm. 457]).

666 Ebd.

667 Zu den Volksmissionen in St. Jakob vgl. die Ausführungen in Kapitel 4.1.1.

Schlich kündigte die Volksmission noch einmal in der „Saarbrücker Landes-Zeitung“ einen Tag vor Beginn an. „Mission heißt Sendung. Gott, der Herr, sendet uns seine Boten das ganze Jahr hindurch. Es sind die Priester, die uns die Wahrheit verkündigen und uns die Gnade Gottes, Frieden und Versöhnung bringen. In der Mission kommen fremde, außerordentliche Gesandte, die Missionare. Sie bringen keine neuen Lehren, sie verkünden das alte Evangelium [...]. Gründliche Belehrung und aufrichtige Bekehrung ist das Ziel der Mission.“[668]

Zudem gab er bekannt, dass Bischof Bornewasser sogar etwa sechs Wochen vor Beginn der Volksmission einen Hirtenbrief für die Saarbrücker Katholiken erlassen werde und drei Wochen später ein Saarländischer Katholikentag in Saarbrücken abgehalten werden solle.[669] „Als Termin ist der 2. Sonntag im Juni mit Pontifikalämtern in den grössten Kirchen der Stadt und zwei grossen Volksversammlungen auf freien Plätzen der Stadt vorgesehen.“[670] Mit dieser Aussage hatte Schlich sich doch zu weit aus dem Fenster gelehnt. Bornewasser verfasste zwar das angekündigte oberhirtliche Schreiben an die Saarbrücker Katholiken, in dem er die Mission empfahl und zugleich die Katholiken der Saarhauptstadt ermahnte: „Einen besonderen Segen aber soll diese heilige Mission euch <u>allen</u> bringen: sie soll euch anspornen, als Laienapostel das Reich Jesu Christi, (sic!) unseres Herrn und Heilandes, (sic!) in der Gesellschaft unserer Tage zu verbreiten. Die Arbeit der Priester genügt nicht mehr [...]. <u>Ihr</u>, geliebte Diözesanen, sollt und müßt als wahre Laienapostel mit unseren Priestern zusammen einträchtig daran mitarbeiten, dass Christus werde der Herr der neuen Zeit.“[671] Möglicherweise hat Bornewasser bewusst diese Spitze gegen die Nationalsozialisten an dieser Stelle gesetzt, obwohl er immer für den Wiederanschluss des Saargebiets an das Deutsche Reich arbeitete. Allerdings fand im Anschluss an die Volksmission nicht der von Schlich verkündete Katholikentag an der Saar statt, dafür aber die große „Jugendversammlung in Saarbrücken“ (s. u.). Die Umstände hierfür sind nicht mehr ersichtlich. Vielleicht überschätzte Schlich seine Leistungsfähigkeit oder aufgrund der Machtergreifung durch die Nationalsozialisten im Deutschen Reich gestaltete sich die Gewinnung von Rednern für einen solchen Tag (wie 1923) schwieriger. Das einzige Faktum, das noch rekonstruiert werden kann, ist die Tatsache, dass Schlich während der Volksmission 1934 schwer erkrankt war. Bischof Bornewasser, der sich am 23. Ap-

668 Johann Ludger Schlich, Mission und Missionsglocken. In: Saarbrücker Landes-Zeitung vom 28. April 1934, 3.

669 Zum Ersten Saarländischen Katholikentag (1923), an dessen Organisation Schlich maßgeblich mitwirkte vgl. die Ausführungen in Kapitel 4.4.5.

670 Kapitelsverhandlungen des Dekanates Saarbrücken am 29. Mai 1933 im Pfarrhaus Christkönig (Schlich, Decanats- u. Conferenzberichte u. Bischöfl. Schreiben [wie Anm. 457]).

671 Hirtenschreiben Bornewassers an die Saarbrücker Katholiken vom Ostersonntag 1934 (Bistumsarchiv Trier, Oberpräsidium Koblenz, Staatliche Verordnungen, Regierung Trier [wie Anm. 147]). Hervorhebung im Original.

ril 1934 auf der Heimreise von Rom nach Trier befand, machte sogar extra einen Stopp in Saarbrücken, um den ernstlich erkrankten Saardechanten zu besuchen und ihm den apostolischen Segen zu übermitteln.[672]

Neben den Volksmissionen als außerordentlichem Mittel der Pastoral kooperierten die Kapitulare auch, wenn es darum ging, eine gemeinsame Wallfahrt zu organisieren oder an einer Diözesanwallfahrt teilzunehmen. So schrieb man beispielsweise die Diözesanpilgerfahrt nach Rom (anlässlich des „Heiligen Jahres" 1925) bereits fünf Monate vor Veranstaltungsbeginn in der „Landes-Zeitung" aus, um möglichst viele Saarbrücker zur Teilnahme zu bewegen.[673] Auch Schlich und Bungarten nahmen an der Pilgerfahrt teil und sandten mehrere Artikel an die Redaktion der Landes-Zeitung, um diejenigen, die aus verschiedenen Gründen nicht an der Wallfahrt teilnehmen konnten, zu begeistern und auf diese Weise die Verbundenheit der Saarkatholiken mit der Weltkirche zu demonstrieren.[674]

Eine solche Berichterstattung veranlasste die liberale Tageszeitung der Saarhauptstadt, die „Saarbrücker Zeitung", (natürlich) dazu, einen Gegenbericht zu verfassen, auf den der katholische Klerus mit einer Gegendarstellung reagieren musste. „Hier hat ein Kulturfazke im modernen Rasskestil gehaust, ohne anscheinend das ästhetische und seelische Empfinden der Zeitung im geringsten zu stören. Und so steht der Artikel ‚Die echten Pilger' in der Nummer vom 19. Oktober 1925 der ‚Saarbrücker Zeitung' da als trauriges Beispiel des geistigen Bankrotts der Zeitung und ihres Schreibers. [...] Da stehen wir mitten drin in der zunderdürren geistigen Campagna, aus der die Malaria, die schlechte verdorbene Luft der religiösen Hohlheit und der unkatholischen Instinkte den Leser umweht."[675]

Acht Jahre nach der Wallfahrt in die Heilige Stadt mussten Saarbrücker Kleriker ihre Aufmerksamkeit noch einer historischen Seltenheit zuwenden, die 1933 im Bistum Trier stattfand: der von Bischof Bornewasser anlässlich des Heiligen

672 Vgl. o. V., Bischof Dr. Bornewasser am Krankenbett Msgr. Dr. Schlichs. In: Saarbrücker Landes-Zeitung vom 24. Mai 1934, 3.

673 Vgl. DASS., Zweiter Diözesan-Pilgerzug Trier – Rom vom 24. September bis 9. Oktober 1925. In: Saarbrücker Landes-Zeitung vom 14. April 1925, 3.

674 Vgl. Johann Ludger SCHLICH, Papst Pius XI. und die deutschen Gesellenvereine im Jubeljahr. In: Saarbrücker Landes-Zeitung vom 2. Oktober 1925, 3; DERS., Der Trierer Pilgerzug beim Heiligen Vater. In: Saarbrücker Landes-Zeitung vom 3. Oktober 1925, 3; Franz Joseph BUNGARTEN, Pilgerzug Trier – Rom. Am Grabe des zweiten Apostels der Deutschen. In: Saarbrücker Landes-Zeitung vom 8. Oktober 1925, 3; o. V., Trier – Rom 1925. Der Einzug in die Peterskirche, Von einem Teilnehmer des Pilgerzuges. In: Saarbrücker Landes-Zeitung vom 12. Oktober 1925, 3 sowie DASS., Trier – Rom 1925. Abschluß der Pilgerfahrt in Tirol. In: Saarbrücker Landes-Zeitung vom 19. Oktober 1925, 3.

675 Franz BUNGARTEN, Römische Gedanken und Splitter. Eine Antwort auf „die echten Pilger" der Saarbrücker Zeitung. In: Saarbrücker Landes-Zeitung vom 1. November 1925, 3.

Jahres ausgerufenen Heilig-Rock-Wallfahrt.[676] Die öffentliche Ausstellung der als Leibrock Jesu verehrten Reliquie dauerte vom 23. Juli bis zum 10. September 1933 und wurde von Bischof Bornewasser am 30. Januar 1933 mit dem Datum des Festes Pauli Bekehrung (25. Januar) 1933 bekannt gegeben.[677]

Schlich stellte während des Dekanatskapitels am 29. Mai 1933 fest, welche Bahnhöfe jeweils zum Einstieg für die einzelnen Pfarreien geeignet seien.[678] Außerdem schlug er vor, neben den Wallfahrtstagen der einzelnen Pfarreien auch eine Männerwallfahrt des Dekanats am 3. September 1933 anzubieten. Bungarten dachte daran, auch eine Sonderwallfahrt für die Frauen zu organisieren. Dieser Vorschlag wurde jedoch nicht angenommen. Verantwortlich dafür könnte Schlich gewesen sein, denn bereits kurz nach der Ausrufung der Wallfahrt setzte sich die Vorbereitungskommission mit den Pfarrämtern bzw. Dechanten in Verbindung, um die Anreisetermine der einzelnen Pfarreien zu koordinieren, weil es 1891, als der Hl. Rock das letzte Mal zuvor ausgestellt wurde, einen gewaltigen Massenandrang gegeben hatte, den man 1933 in geregelte Bahnen lenken wollte. Bereits am 1. Juli 1933 wurde im Kirchlichen Amtsanzeiger die Prozessionsordnung (eine Liste, welche Pfarreien der Diözese an welchem Tag anreisen durften) veröffentlicht.[679] Hier wurde bereits die Dekanatsmännerwallfahrt, bestehend aus

676 Bornewasser hatte die öffentliche Ausstellung der Tunika Christi angeordnet, nachdem Papst Pius XI. anlässlich der Wiederkehr des 1900. Todesjahres Jesu ein allgemeines heiliges Jahr ausrief. Das heilige Jahr dauerte vom 02.04.1933 bis zum 02.04.1934. Der Papst wünschte, dass „an den Orten, wo ehrwürdige Reliquien des Leidens unseres Herrn aufbewahrt werden, dieselben im Jubiläumsjahre mit besonderer Frömmigkeit verehrt werden." (Päpstliche Bulle zum Heiligen Jahr, abgedruckt in: Diözese Trier, Kirchlicher Amtsanzeiger für die Diözese Trier [wie Anm. 48], Nr. 25, S. 31–33). Die vormals letzte Zeigung fand 1891 statt. Vgl. Persch, Franz Rudolf Bornewasser (1922–1951) (wie Anm. 133), 52.

677 Vgl. Martin Persch, Die Hl.-Rock-Wallfahrten 1891, 1933 und 1959. In: Beharrung und Erneuerung (wie Anm. 7), 720–730, hier: 725. Die Ausschreibung erfolgte in der „Saarbrücker Landes-Zeitung" am 01.02.1933. Vgl. o. V., Ankündigung der Heilig-Rock-Wallfahrt 1933. In: Saarbrücker Landes-Zeitung vom 1. Februar 1933, 3. Die Ankündigung erfolgte nochmals schriftlich im Katholischen Amtsanzeiger am 01.05.1933. Vgl. Diözese Trier, Kirchlicher Amtsanzeiger für die Diözese Trier (wie Anm. 48), Nr. 11, S. 15f. Insgesamt besuchten mehr als 2 Millionen Pilger den Heiligen Rock. Vgl. Persch, Die Bistumsverwaltung (wie Anm. 52), 77. Diese Zahl liefert auch Bohr, der zudem eine detaillierte Darstellung der Wallfahrt liefert. Vgl. Konrad Bohr, Kirchenpolitische Aspekte der Heilig-Rock-Wallfahrt von 1933. In: Der heilige Rock zu Trier. Studien zur Geschichte und Verehrung der Tunika Christi, hg. von Erich Aretz. Trier 1995, 347–408.

678 Vgl. hierzu und zum Folgenden: Kapitelsverhandlungen des Dekanates Saarbrücken am 29. Mai 1933 im Pfarrhaus Christkönig (Schlich, Decanats- u. Conferenzberichte u. Bischöfl. Schreiben [wie Anm. 457]).

679 Vgl. Diözese Trier, Kirchlicher Amtsanzeiger für die Diözese Trier (wie Anm. 48), Nr. 123, S. 110–121. Über die frühe Kontaktaufnahme informiert Karl Kammer, Der hl. Rock in Trier. Geschichte und religiöse Bedeutung des hl. Gewandes Christi. Trier 1933, 106f.

sieben Sonderzügen, für den 3. September 1933 angekündigt.[680] Offenbar hatte der äußerst machtbewusste Dechant diese Entscheidung schon im Voraus im Alleingang gefällt und seine Entscheidung der zuständigen Behörde in Trier mitgeteilt, auch wenn es im Protokoll heißt: „Der Gedanke einer gemeinsamen Frauen- und Jungfrauen-Wallfahrt findet keinen Anklang."[681]

Doch nicht nur bei besonderen Veranstaltungen, die sich auf die Pfarreien des Dekanats Saarbrücken beschränkten, berieten sich die Kapitulare, sondern auch wenn ihr Vorsteher Veranstaltungen für das gesamte Saargebiet planen wollte. Schlich wusste (als Dechant des Dekanats und auch des Saargebiets) klug zu agieren und richtete immer wieder gemeinsame Fortbildungstage bzw. Veranstaltungen für verschiedene Bevölkerungsschichten aus, um die Gläubigen verschiedener Berufsgruppen und Milieus, die zu dieser Zeit stark miteinander rivalisierten, im Glauben und in der Kirche zu einen. Er wusste, dass nur ein geschlossen formierter Katholizismus effektiv handeln konnte. So organisierte er mit dem Deutschen Katechetenverein am 27. Januar 1930 im Johannishof eine Tagung zum Thema ‚Religionsunterricht an den Berufsschulen des Saargebiets'.[682] Den Eröffnungsvortrag hielt der Stadtdechant selbst.[683] Zudem initiierte er eine industrie-politische Tagung mit dem Leitungsteam des örtlichen Akademikerverbandes zum Thema „Geist und Wirtschaft". Das erklärte Ziel war die gemeinsame Annäherung von Akademikern und einfachen Arbeitern. Der Kongress dauerte drei Tage. Auch Bischof Bornewasser und viele berühmte Redner außerhalb des Bistums Trier nahmen an der mehrtägigen Tagung teil.[684] Weihbischof Mönch zelebrierte am Schlusstag, dem 10. März 1930, zunächst ein Pontifikalamt mit Generalkommunion der Akademiker und Arbeiter und hielt im Anschluss daran einen Vortrag zum Thema „Klerus und Caritas". Der Gegenstand der Ansprache Mönchs war von Schlich bewusst gewählt, denn die Mitgliedsbeiträge der Caritas waren im Vorjahr erheblich zurückgegangen und er erhoffte sich sicherlich, dass durch den Vortrag des Diözesan-Caritasdirektors die Spenden wieder anstiegen. Zudem war man im Allgemeinen der Auffassung, die „Erfassung der proletarischen Schichten

680 Vgl. Diözese Trier, Kirchlicher Amtsanzeiger für die Diözese Trier (wie Anm. 48), Nr. 123, S. 110–121.

681 Kapitelsverhandlungen des Dekanates Saarbrücken am 29. Mai 1933 im Pfarrhaus Christkönig (Schlich, Decanats- u. Conferenzberichte u. Bischöfl. Schreiben [wie Anm. 457]).

682 Vgl. hierzu und zum Folgenden: Bericht der Dekanatskonferenz des Dekanats Saarbrücken am 2. Januar 1930 im Pfarrhaus Christkönig zu Saarbrücken 1 (Kapitels- und Pastoralkonferenzberichte, Bistumsarchiv Trier, Abt. 74 Nr. 51).

683 Vgl. Diözese Trier, Kirchlicher Amtsanzeiger für die Diözese Trier (= Kirchlicher Amtsanzeiger für die Diözese Trier 74). Trier 1930, Nr. 9, S. 6. Zudem hielten Pfarrer Traurich, der am Trierer Priesterseminar tätige Prof. Franz Weiler und der 1. Vorsitzende des Deutschen Katechetenvereins Msgr. Gustav Götzel ein Referat.

684 Vgl. ebd., Nr. 26, S. 22f.

und die Versöhnung der Stände [...] [seien] eine wichtige Aufgabe der christlichen Belehrung und der Caritas."[685]

Auffallend erscheint, dass an dieser Stelle von verschiedenen Ständen die Rede ist. Schlich war offenbar bemüht, die katholischen Christen der unterschiedlichen Milieus zu einen. Aber der Dechant Saarbrückens dachte, wie die Bistumsleitung, noch nicht direkt an eine Pfarrfamilie, sondern war noch in alten Denkmustern verhaftet, wonach man verschiedene Stände (Milieus) in Vereinen organisierte.[686] Sicherlich spielt hierbei noch die soziale Frage bzw. die Arbeiterfrage mit hinein und Schlich wollte die Arbeiterschaft und ihre Bedeutung für die Wirtschaft und das gesellschaftliche Leben aufwerten, zumal gerade die Arbeiter eher am Rand des kirchlichen Lebens standen, auch wenn man spezielle Seelsorgeangebote in dieser Zeit für sie entwickelt hatte. Andererseits dürfte Schlich aber auch Vorbehalte gegenüber den Arbeitern gehegt haben, da sie oftmals Anhänger der Sozialdemokratie oder gar des Kommunismus waren, einer (politischen) Idee, der Schlich, wie auch weite Teile des Trierer Bistumsklerus und der deutschen Bischöfe, kritisch gegenüberstanden.[687] Diesbezüglich hatte Schlich schon 1920 einen Zeitungsartikel veröffentlicht, in dem er sich gegen den Vorwurf aus dem kommunistischen Lager wandte, dass die Urkirche kein Privateigentum gekannt habe und die Kirchenväter eine solche Position vorbehaltlos unterstützt hätten. Schlich führte hierzu einige Kirchenväter exemplarisch als Kronzeugen auf (Ambrosius, Chrysostomos, Basilius) und erteilte dem Kommunismus eine Absage.[688]

685 Antwortschreiben Diözesansekretär Karl Kammers auf den Konferenzbericht des Jahres 1930 an Schlich vom 03.07.1930 (Schlich, Decanats- u. Conferenzberichte u. Bischöfl. Schreiben [wie Anm. 457]).

686 Erstmals gestand sowohl die Bischöfliche Behörde in Trier als auch die Kapitulare des Dekanats Saarbrücken 1938 ein, dass die bis dahin bestehende Pfarreiorganisation (in Vereinen) nicht mehr funktioniere. „[N]eben vielen Teilarbeiten bleibt gerade in der Großstadt Hauptaufgabe die Schaffung der bis ins letzte Glied hin lebendigen Pfarrgemeinde." (Schreiben Generalvikar von Meurers an Dechant Kremer vom 04.02.1938 [Kapitels- und Pastoralkonferenzberichte, Bistumsarchiv Trier, Abt. 74 Nr. 61]). Das Urteil des Generalvikars war für ländlich geprägte Pfarreien hingegen 1938 noch ganz anders: „Männerkongregationen sind [...] eine vorzügliche Hilfe des Apostolates unter den Männern und eine Eliteschar der Gemeinde." (Schreiben Generalvikar von Meurers an Dechant Sauer [Dekanat Kaisersesch] vom 08.01.1938 [ebd.]).

687 Vgl. Hirtenwort der Bischöfe der niederrheinischen Kirchenprovinz vom 08.01.1919 (Heinz Hürten, Akten deutscher Bischöfe über die Lage der Kirche 1918–1933 [= Veröffentlichungen der Kommission für Zeitgeschichte Reihe A, Quellen 51]. Paderborn 2007, 47–50). Auch Bornewasser, der 1920 noch als Subregens am Priesterseminar in Köln fungierte, sprach sich schon gegen den kirchenfeindlichen Sozialismus aus, was sich bis zum Ende seiner Amtszeit auch nicht änderte. Vgl. Erzdiözese Köln, Bericht über die I. Diözesankonferenz zu Köln am 4. und 5. Oktober 1920. Köln 1920, 17–19.

688 „Es handelt sich um Stellen, an denen die hl. Väter *Mißbräuche des Privateigentums* und *Auswüchse des Kapitalismus* tadeln und geißeln, aber nicht das Privateigentum *als solches verwerfen*". Der Reiche könne und solle, so Schlich weiter in Bezug auf den hl. Ambrosius,

Es ist aber zu bezweifeln, dass Schlich die Ordnung der Berufsstände gänzlich aufheben wollte, womit er ganz auf der Linie seines Bischofs war. „Bornewasser knüpft hier [Hirtenschreiben zum Amtsantritt vom 18. Mai 1922; FS] eindeutig an die damals hoch im Kurs stehenden solidaristischen Konzepte nicht zuletzt Heinrich Peschs an, die ausgehend vom Naturrecht und der darin festgeschriebenen wechselseitigen sozialen Verwiesenheit, die auch Bornewasser betont, einen eigenen Weg zwischen Sozialismus und liberalistischem Individualismus suchten und eine berufsständische Gesellschaftsordnung anstrebten. In der Sozialenzyklika ‚Quadragesimo anno' von 1931 fanden diese Überlegungen später Eingang in die amtliche katholische Soziallehre".[689]

Nicht nur die Einigung der verschiedenen Stände war Schlich ein Herzensanliegen, sondern auch eine gelungene Kooperation der Stadtpfarreien. Als Vorsteher des Dekanats plante er die Herausgabe eines gemeinsamen Pfarrbriefes aller Pfarreien der Großstadt in Verbindung mit den „Sonntagsglocken an der Saar", der sonntäglich erscheinenden Beilage zur „Saarbrücker Landes-Zeitung". Allerdings konnte er, auch nachdem er die Vor- und Nachteile den Kapitularen während den Kapitelsversammlungen am 3. Februar und 17. März des Jahres 1930 präsentierte, seine Mitbrüder nicht davon überzeugen, obgleich das Ordinariat einen gemeinsamen Pfarrboten aller Pfarreien der Stadt begrüßt hätte.[690]

Allerdings waren die Kapitulare nicht immer unterschiedlicher Meinung, denn man konnte eine Übereinkunft hinsichtlich der Seelsorge für Reisende und Ausflügler finden. Man führte 1929 einen Frühgottesdienst im Festsaal des Verlagsgebäudes der Saarbrücker Druckerei ein. Das Verlagsgebäude befand sich in der Nähe des Saarbrücker Hauptbahnhofs und dort wurde vom Caritasdirektor in den Sommermonaten an jedem Sonn- und Feiertag eine Messe gelesen, damit die

Almosen für den Armen geben, der Arme könne den Reichen allerdings nicht dazu zwingen. Der Reiche, der mehr besäße als der Arme, habe das gleiche Recht auf die/der Erde. Dies sei die wahre Intention der Kirchenväter gewesen, wobei Liebe und Gerechtigkeit zwischen beiden herrschen solle. Letztlich gehöre alles Gott, der Mensch sei nur „*Sachwalter*" der von Gott geschaffenen Dinge und der Armen. Vgl. Johann Ludger SCHLICH, Der Kommunismus der Kirchenväter. In: Saar-Post vom 30. Juni 1920, 1. Der hervorgehobene Text wird im Original im Sperrformat geboten.

689 SCHNEIDER, Kein unbewegter Fels im Sturm, kein Fähnchen im Wind (wie Anm. 133), hier: 259. Das programmatische Hirtenwort Bornewassers ist abgedruckt in: HEINTZ, Fels im Sturm (wie Anm. 156), 1–7 sowie DIÖZESE TRIER, Kirchlicher Amtsanzeiger für die Diözese Trier (wie Anm. 646), Nr. 95, S. 69–75.

690 Vgl. Bericht der 1. Definition des Dekanats Saarbrücken vom 3. Februar 1930 im Pfarrhaus St. Michael sowie Bericht über die Konferenz der Pfarrer der 1. Definition des Dekanats Saarbrücken, gehalten am 17.3.1930 (BISTUMSARCHIV TRIER, Kapitels- und Pastoralkonferenzberichte [wie Anm. 682]). Zur Einschätzung des Generalvikariats vgl. Antwortschreiben Diözesansekretär Karl Kammers auf den Konferenzbericht des Jahres 1930 an Schlich vom 03.07.1930 (SCHLICH, Decanats- u. Conferenzberichte u. Bischöfl. Schreiben [wie Anm. 457]).

Mitglieder von Jugendgruppen und -bünden, die Eisenbahnreisenden sowie die Ausflügler ihre Sonntagspflicht erfüllen konnten. Jährlich musste die Bischöfliche Behörde in Trier die Feier der hl. Messe im Festsaal genehmigen und verlangte im Gegenzug eine Jahresbilanz.[691]

Ferner gaben alle Kapitulare ihr Placet, als es darum ging neue Wege in der Pastoral zu beschreiten. Neben der Pflege der Standesvereine und der Presse, die sie selbstverständlich weiterverfolgen wollten, fassten sie das Laienapostolat und eine in den Niederlanden erprobte Form der Exerzitien ins Auge. In den Standeskongregationen (v. a. in denen der Männer) wollte man daher Arbeitsgemeinschaften einrichten, um Laienapostel heranzuziehen, die dann den Klerus unterstützen könnten. Zudem sollten die großen Pfarreien noch einmal verkleinert werden, um dann durch Hausseelsorge bessere Erfolge zu erzielen, so wie es sich in den kleinen Vorstadtpfarreien auch bewährt habe.

Man erkannte, so Caritasdirektor Feldges, dass die Laienhilfe in den großen Pfarreien der Stadt eine Notwendigkeit sei, auch in den caritativen Vereinen, aber mit einer straffen Organisation. Man wollte also weniger die (katholisch-kirchliche) Gesellschaft von innen erneuern, sondern sie vielmehr für „Aktionen“ einsetzen, was der ursprünglichen Intention Pius' XI. widersprach.[692] Die Laien waren in den Augen des Kapitels also „ein Werkzeug in der Hand der Hierarchie, sie soll[en] gleichsam die Verlängerung ihres Armes sein, sie [...] [sind] darum ihrer Natur gemäß der Leitung der kirchlichen Obrigkeit unterstellt.“[693] Man fasste sogleich den Beschluss, dass Feldges die in Frage kommenden Personen entsprechend schulen solle, damit diese auch ihre Arbeiten erfolgreich erledigen können.

691 Vgl. Dekanatskapitel und Dechantenkonferenzen A, Bistumsarchiv Trier, B III 9,3 Nr. 10. Die Einrichtung, die für die Eucharistiefeier von Nöten war, kostete 1.385,45 Francs, wovon die Regierung 500 Francs übernahm. Vgl. Schreiben Knob an Kultusabteilung der Regierungskommission vom 08.11.1929 sowie das Antwortschreiben der Regierung vom 15.08.1930 (Caritas Saarbrücken, Landesarchiv des Saarlandes, MK 1130). Die heute noch im Bistumsarchiv Trier vorliegenden Bilanzen ergeben, dass 1931 548 Menschen die Messe besuchten, wovon 57 die Kommunion empfingen. 1932 wurde nicht genau gezählt, aber man schätzte, dass etwa 239 Menschen den Gottesdienst besuchten. 1933 nahmen 1.311 Personen an den Gottesdiensten teil, wovon 259 das Altarsakrament empfingen. 1934 nahmen 1.117 Gläubige, also durchschnittlich 50 Katholiken je Messe, das Gottesdienstangebot in Anspruch. 1935 waren es insgesamt 824 Gottesdienstteilnehmer (171 Kommunikanten), 1936 nur noch 417 (77 Kommunikanten). Vgl. Bistumsarchiv Trier, Dekanatskapitel und Dechantenkonferenzen A.

692 Vgl. hierzu und zum Folgenden: Protokoll der Konferenz der Definition I des Dekanats Saarbrücken zu Jägersfreude am 15.12.24 (Bistumsarchiv Trier, Kapitels- und Pastoralkonferenzberichte [wie Anm. 657]).

693 Ferdinand Klostermann, Das christliche Apostolat. Innsbruck u. a. 1962, 607.

Damit begann das Kapitel die „Katholische Aktion“[694] umzusetzen. Diese Idee wurde von Papst Pius XI. in seiner Antrittsenzyklika „Ubi arcano dei“ am 23. Dezember 1922 genannt. Vom Pontifex war dabei weniger eine neue Form des Vereinskatholizismus intendiert als vielmehr eine Weltanschauung, die zu einer ‚zweiten Christianisierung‘, also einer Erneuerung der Gesellschaft führen sollte.[695] „Die Durchdringung von Staat, Kultur, Wirtschaft und Gesellschaft erschien dem Papst nur durch die Mitarbeit der Laien möglich. Sie sollte durch die Katholische Aktion erfolgen. Deren Wesensmerkmal sollte die strenge Unterordnung unter die Hierarchie bilden.“[696] Dieses Denken spiegelt sich auch in den Protokollen des Dekanatsklerus Saarbrückens wider.

Die „Katholische Aktion“ sollte somit eine organisierte Erneuerungs- und Laienbewegung der Kirche von innen her sein. Damit kam dem Laien eine vollkommen neue Bedeutung seit dem Mittelalter zu. Dieser Gedanke des gemeinsamen Priestertums, basierend auf Taufe (und Firmung), wurde erst durch das II. Vatikanische Konzil in den theologischen Fokus genommen, auch wenn er hier erstmals genannt, aber allgemein noch wenig rezipiert wurde. In Deutschland wurde – im Gegensatz zu Italien, dem Mutterland der „Actio Catholica“ – die „Katholische Aktion“ wenig entfaltet, weil sich dort bereits durch die Industrialisierung und Milieubildung vielfach ein reger Vereinskatholizismus gebildet hatte.[697]

694 Der Grundgedanke der „Katholischen Aktion“ stammt aus dem Laienkatholizismus Italiens, den Papst Pius X. (1904–1913) stark förderte. Näheres dazu formulierte dieser bereits in seinen beiden Schreiben „Il fermo proposito“ (11.06.1905) und „Notre Charge Apostolique“ (25.08.1910). Pius XI. wollte die katholischen Laien in der Öffentlichkeit mobilisieren, weil er erkannte, dass der Klerus nicht mehr in der Lage war, das Apostolat alleine zu tragen. Zudem war der Papst bestrebt, auf diese Weise eine Gegenbewegung zu den säkularen Strömungen, wie den (freien) Gewerkschaften, dem Sozialismus etc., ins Leben rufen. Vgl. Felix Raabe, Die Katholiken und ihre Verbände in der Zeit der Weimarer Republik. In: Laien in der Kirche, 193–220, hier: 210–212. „Im Sinne der päpstlichen Kundgebungen ist die Katholische Aktion aber etwas viel Tieferes, gewissermaßen ein Neubeginn aus der Kraft des Heiligen Geistes, eine lebendige, sieghafte religiös-kirchliche Erneuerungsbewegung, eine innere Umbildung der Vervollkommnung des Gliedaufbaues der Kirche, eine Neugruppierung der Streitscharen Christi unter der Oberleitung der Hierarchie.“ (Kaspar Mayr, Katholische Aktion im Werden. Gedanken und Anregungen [= Laienbücherei 1]. Wien 1934, 9f.). Die Actio Catholica sei, so Heinz Hürten, der Startschuss für einen Transformationsprozess der Kirchenstruktur, der heute noch nicht abgeschlossen und nicht ganz überschaubar sei. Vgl. Heinz Hürten, Deutsche Katholiken 1918–1945. Paderborn 1992, 137.

695 Zum lateinischen Text der Enzyklika vgl. Pius XI., Ubi arcano dei consilio. Vatikan 1922, http://w2.vatican.va/content/pius-xi/la/encyclicals/documents/hf_p-xi_enc_19221223_ubi-arcano-dei-consilio.html (Stand: 31.01.2017).

696 Peter Neuner, Abschied von der Ständekirche. Plädoyer für eine Theologie des Gottesvolkes. Freiburg i. Br. 2015, 106.

697 Vgl. ebd., 104–109

Die Bischöfliche Behörde in Trier begrüßte die Gesinnung der Saarbrücker Geistlichen, Laienhelfer anzuwerben und diese auch entsprechend auszubilden und für sie „praktische Wege der Verwirklichung“[698] zu suchen. Bischof Bornewasser teilte dem Kapitel des Dekanats Saarbrücken ebenso seine Freude über die Entwicklungen in der Saarmetropole hinsichtlich der Beschreitung neuer Wege der Seelsorge durch die Heranziehung von „freiwilligen und opferbereiten Caritasapostel[n]“[699] mit, auch wenn er selbst erstmals in seinem Hirtenbrief 1929 von der Umsetzung der Katholischen Aktion öffentlich sprach.[700] Dies verband den Trierer Bischof mit seinen Mitbrüdern im bischöflichen Amt, so Angelika Steinmaus-Pollak: „Sie [die Katholische Aktion; FS] setzt sich fort mit den von der Fuldaer Bischofskonferenz beschlossenen ‚Richtlinien für die Arbeit der Katholischen Aktion‘ aus dem Jahr 1929, die Bornewasser mit dem Datum des 28. Oktober 1929 für seine Diözese erließ, sowie mit dem Fuldaer Beschluß aus dem Jahre 1930, der unter dem Datum vom 25. Oktober 1930 erging, und gipfelte in dem einschlägigen Beschluß der Diözesansynode vom 9.–11. September 1931.“[701]

Als Einsatzfelder entdeckten die Kleriker Saarbrückens in erster Linie die Fühlungnahme mit konfessionsverbindenden Paaren (s. u.) und Menschen, die nicht mehr in Kontakt mit der Kirche standen. Ein weiteres Feld, auf dem die Laienhelfer/innen eingesetzt werden konnten, schlug Gefängnispfarrer Johann Schmitt dem Kapitel vor: die Gefangenenseelsorge durch Besuchsdienste.[702]

4.1.4.3 Ökumene und interreligiöser Dialog auf Dekanatsebene?

Neben den gemeinsamen Beratungen über vergangene oder zukünftige Seelsorgeprojekte nutzten die klerikalen Herren diese Runde ebenso dazu, um sich gegen gemeinsame Probleme zur Wehr zu setzen. Einen solchen Gegner des katholi-

698 Schreiben Generalvikar Tilmanns an Dechant Echelmeyer vom 26.02.1925 (Pfarrarchiv der Pfarrei Christkönig Saarbrücken [wie Anm. 305]). In seiner Antwort auf die Kapitelsberichte nennt Tilmann jedoch nicht explizit den ausschließlich caritativen Einsatz der Laienhelfer.

699 Antwortschreiben Bornewassers auf das Protokoll des Dekanatskapitels vom 17.07.1925 (ebd.).

700 Vgl. Diözese Trier, Kirchlicher Amtsanzeiger für die Diözese Trier (wie Anm. 46), Nr. 17, S. 9–16.

701 Steinmaus-Pollak, Das als katholische Aktion organisierte Laienapostolat (wie Anm. 511), 311. Zum Schreiben Bornewassers vgl. Diözese Trier, Kirchlicher Amtsanzeiger für die Diözese Trier (wie Anm. 46), Nr. 193, S. 149–154; zum Beschluss der Synode vgl. o. V., Diözesansynode des Bistums Trier 1931. Trier 1931, 28–35.

702 Vgl. Protokoll der Definitionskonferenz der 1. Definition des Dekanats Saarbrücken am 06.11.25 in Saarbrücken-St. Josef (Bistumsarchiv Trier, Kapitels- und Pastoralkonferenzberichte [wie Anm. 657]).

schen Glaubens machten sie im Protestantismus aus. In ökumenischen Belangen verfolgten die Geistlichen daher eine gemeinsame Linie. Als an den Dekanatsklerus die Einladung erging, an einem Feldgottesdienst im Rahmen der Hindenburgfeier am 2. Oktober 1927 um 9:00 Uhr, einem Sonntagmorgen, gemeinsam mit Vertretern der evangelischen Kirche und des Judentums teilzunehmen, lehnten sie die Einladung ab. Als Begründung hierfür führten sie an, dass sie selbst in den Kirchen beschäftigt und auch alle Katholiken zum Besuch einer hl. Messe verpflichtet seien, die ausschließlich in katholischen Kirchen abgehalten werden dürften.[703] Diese Tatsache entsprach vollkommen der Wahrheit, aber sicher spielte auch das Faktum, dass man zum einen keine interkonfessionellen bzw. -religiösen Kooperationen suchte und zum anderen, dass man sich nicht für politische Feiern einspannen lassen wollte, eine entscheidende Rolle.

Deutlichen Ausdruck fand die konfessionelle Spannung im Thema „Mischehen", die mitunter sehr antithetisch zu den eigenen Seelsorgeerfolgen niedergeschrieben und dargestellt wurden. „Im inneren Leben glaubt er [Dechant Echelmeyer; FS] konstatieren zu können, dass man im verflossenen Jahre sich durchweg auf aufsteigender Bahn bewegte; als Kennzeichen führt er an die Zunahme im Sakramentenempfang, das Abflauen der Kirchenaustrittsbewegungen, das Schwinden der Vergnügungssucht und die Zunahme der Konversionen."[704] Allerdings wurde die Zunahme der gemischten Ehen 1923 als Negativtrend beobachtet. Diesbezüglich wurde auf die Richtlinien der deutschen Bischöfe hingewiesen, die ein Schreiben zu diesem Thema verfassten. Es handelte sich also um ein Phänomen, das nicht nur auf Saarbrücken oder das Bistum Trier beschränkt war.[705]

Bornewasser trug Schlich daher auch auf, auf der Dechantenkonferenz des Saargebiets 1930, wenige Monate vor der Veröffentlichung der für diese Frage so wichtigen Enzyklika „Casti connubii", das Thema „Die Gefährdung der christlichen Ehe in unserer Zeit" zu behandeln, denn die Ansichten der Kirche waren durch verschiedene Publikationen stark in der Gesellschaft torpediert worden und es war dem Bischof ein dringendes Bedürfnis, dass sein Klerus sich mit der The-

703 Vgl. Bericht über die Definitionskonferenz der 1. Definition des Dekanats Saarbrücken, gehalten am 26. Sept. 1927 (ebd.).

704 Ebd.

705 Vgl. Diözese Trier, Kirchlicher Amtsanzeiger für die Diözese Trier (wie Anm. 297), Nr. 199, S. 157–163. Einen deutlichen Sinneswandel hinsichtlich der ökumenischen Haltung zwischen den beiden großen Bekenntnissen in Deutschland lässt sich anhand der Orientierungshilfe der Deutschen Bischofskonferenz zu konfessionsverschiedenen Ehen und der gemeinsamen Teilnahme an der Eucharistie festmachen, welche im Anschluss an das Lutherjubiläum 2017 erschienen ist. Vgl. Deutsche Bischofskonferenz, Mit Christus gehen – Der Einheit auf der Spur. Konfessionsverbindende Ehen undgemeinsame Teilnahme an der Eucharistie. Bonn 2018.

matik auseinandersetzte. Daher übertrug er diese wichtige Aufgabe seinem engen Vertrauten an der Saar, der auf einen Erfahrungsschatz zurückgreifen konnte.[706]

Bereits 1922 beschäftigten man sich in Saarbrücken intensiv mit den Mischehen und den damit verbundenen Folgen. Zwei Jahre später stieg die Zahl der konfessionell nicht-einheitlichen Ehen allerdings noch weiter an.[707] Eine Ursache für den Missstand, die die Geistlichen dafür verantwortlich machten, dass die Kinder aus gemischt-konfessionellen Ehen nicht katholisch getauft würden, sahen sie darin, dass der Nachwuchs „der dominierenden Konfession, d. h. dem zahlenmäßig und auch im öffentlichen Leben tonangebenden Bekenntnis“[708] eingegliedert werde, weil dadurch später bessere Berufsaussichten bestehen könnten. Die Priester stellten fest, dass der größte Teil der Beamten und im öffentlichen Dienst Beschäftigten Protestanten seien, und man, neben der Arbeit in den Jugendvereinen und der Presse, dafür sorgen müsse, dass mehr Katholiken in höhere Beamtenstellungen (paritätische Besetzung im Staats- und Kommunaldienst) gelangen und die Einigkeit in der katholischen Kirche verstärkt werde.[709]

Die Geistlichen erkannten jedoch, dass eine solche Maßnahme immer noch nicht genug sei, und beschlossen daher, das Laienapostolat (als vorbeugendes Verhütungsmittel gegen Mischehen) in den Frauen- und Mädchenvereinen zu bewerben. Darüber hinaus wollte man die Paare aufsuchen, welche in einer gemischtkonfessionellen Ehe lebten. Dies hat man katholischerseits – im Gegensatz zu den Protestanten – bis dahin noch niemals gemacht. „Bei jedem Anlass wird ein Besuch gemacht, Beileid oder Glückwunsch überbracht, um die Fühlung mit der Mischehe zu behalten. Das ist das eigentliche Arbeitsfeld unserer Laienhilfe. Die hauptamtliche Helferin hat eine genaue Kartothek der Mischehen zu führen und dauernde Fühlung mit jeder zu halten.“[710]

Hier erkannten die Geistlichen, welchen Nutzen sie von den Laienaposteln in den Gemeinden hatten. Es war schlichtweg unmöglich, dass die Geistlichen Kon-

706 Vgl. Schreiben Schlich an die Bischöfliche Behörde in Trier vom 30.08.1930 (Dekanatskapitel und Dechantenkonferenzen [B2], Bistumsarchiv Trier, B III 2, 39 Nr. 6).

707 Zur Mischehenproblematik vgl. die Ausführungen in Kapitel 4.1.1.

708 Bericht der Pfarrkonferenz der Definition I des Dekanats Saarbrücken zu Gersweiler am 30.06.1924 (Bistumsarchiv Trier, Kapitels- und Pastoralkonferenzberichte [wie Anm. 657]).

709 Vgl. ebd. Die Imparität lässt sich auch historisch belegen: „Noch 1903 befanden sich unter den 70 Beamten der Saarbrücker Bergwerksdirektion nur 3 Katholiken, die Direktoren aller 11 Berginspektionen waren evangelisch; erst in den mittleren und unteren Werksbeamtenrängen [...] kamen Katholiken zum Zuge, obwohl auch hier die Protestanten deutlich überwogen.“ (Industriekultur an der Saar. Leben und Arbeit in einer Industrieregion 1840–1914, hg. von Richard van Dülmen [= Industriekultur deutscher Städte und Regionen]. München 1989, 248).

710 Konferenz der Pfarrer der ersten Definition des Dekanats Saarbrücken am 30.03.25 (Bistumsarchiv Trier, Kapitels- und Pastoralkonferenzberichte [wie Anm. 657]).

takt zu allen Gemeindemitgliedern halten konnten, sodass die Laienhelfer gewissermaßen als Multiplikatoren gewonnen und eingesetzt werden konnten. Dabei unterstanden sie den Anweisungen des Pfarrers, konnten aber gleichzeitig auch „auf Augenhöhe" mit den Gläubigen sprechen, während der Priester aufgrund seiner kirchensoziologischen Stellung, dem damaligen Empfinden nach, über dem normalen Gläubigen stand. Dies könnte auch zur Folge haben, dass die Hemmschwelle zur aktiven Teilnahme am kirchlichen Leben der Pfarrei sinken würde.

Durch den häufigeren Kontakt von Gemeindemitgliedern zu den abseits des pfarrlichen Lebens stehenden Katholikinnen und Katholiken, die besonders durch die Mischehe gefährdet waren, erhofften sich die Priester zum einen die Verbindung zum katholischen Ehepartner halten zu können und zum anderen, dass die Kinder, die aus der Ehe hervorgingen, katholisch getauft würden. Ferner bestand die Möglichkeit der Konversion des evangelischen Ehepartners.[711] Die Ausbildung solcher (vor allem) weiblicher Laienhelfer musste aber einer ausgewiesenen Expertin anvertraut werden. Zu diesem Zweck wurde ab dem 1. April 1925 eine Josefsschwester in St. Johann hauptamtlich mit dieser Aufgabe betraut, weil diese Kongregation in Wien auf diesem Feld der Seelsorge auf jahrelange Erfahrung zurückgreifen konnte.

Die Geistlichen mussten jedoch feststellen, dass, trotz all ihrer Bemühungen, die Zahl der konfessionell nichteinheitlichen Ehen weiterhin zunahm und parallel dazu die der katholischen Trauungen abnahm. Auch die Zahl der standesamtlichen Trauungen, die anschließend nicht den Bund der Ehe in der Kirche schlossen, nahm vermehrt zu. Allerdings zeigten sich auch Erfolge, denn die gemischt-konfessionellen Paare, denen ein Kind geschenkt wurde, entschieden sich weiterhin mehrheitlich dazu, ihr Kind katholisch taufen zu lassen. Die Differenz zwischen Geburtenzahl und Anzahl der Taufen begründeten die Kleriker damit, dass in die Entbindungsstation der Stadt auch Frauen aus dem Umland kamen, die ihr Kind dann in der Heimatpfarrei taufen ließen[712]

4.1.4.4 Die Kapitelsversammlung als (pastoral-)theologisches Beratungsgremium

Allerdings debattierten die Geistlichen während den Sitzungen nicht bloß über die praktischen Zugänge zur Mischehenproblematik, vielmehr tauschten sie sich auch über die theoretischen Aspekte des Kirchenrechts und über konkrete Einzelfälle

711 Vgl. hierzu und zum Folgenden: ebd.

712 Vgl. hierzu und zum Folgenden: Kapitelsverhandlungen des Dekanats Saarbrücken am 20. Juni 1927 (Bistumsarchiv Trier, Kapitels- und Pastoralkonferenzberichte [wie Anm. 395]).

(im Sinne einer kollegialen Praxisberatung) aus, so zeigen es die Protokolle der Verhandlungen in den 1910er bzw. 1920er Jahren.

Nachdem 1917 das neue kirchliche Rechtsbuch von Papst Benedikt XV. am 27. Mai 1917 in Kraft gesetzt wurde, behandelten die Konferenzen des Folgejahres selbstverständlich zunächst kirchenrechtliche Fragestellungen hinsichtlich des Eherechts, was die anwesenden Pfarrer auch in ihrer täglichen Praxis betraf. Schlich behandelte daher im Zuge seines Referats während der ersten Definitionskonferenz 1918 das Thema „Die trennenden Ehehindernisse nach dem neuen kirchlichen Recht".[713] In der sich daran anschließenden Diskussion erörterte man, ob beim „impedimentum clandestinum" die in Deutschland geschlossenen konfessionsverschiedenen Ehen gültig blieben, auch wenn diese nicht vor einem katholischen Pfarrer geschlossen würden.[714] In der zweiten Konferenz desselben Jahres, die gerade einmal 14 Tage später stattfand und an deren Teilnahme Schlich verhindert war, sprach man ebenfalls wieder über das Eherecht, dieses Mal drehte sich der Vortrag und die anschließende Diskussion um die Ehevorbereitung und die aufschiebenden Ehehindernisse.[715]

Die Beratungen der dritten und vierten Konferenz des Jahres 1918 behandelten weiterhin kirchenrechtliche Praxisthemen: Einerseits die neuen kodikarischen Regelungen zum Fast- und Abstinenzgebot, welche eine Verschärfung der bisher in Trier geltenden Norm waren und deren Umsetzung von den Konferenzteilnehmern nicht begrüßt wurde, und andererseits wurden die neuen rechtlichen Normen bzgl. des Bußsakraments besprochen.[716]

Die Vortragsinhalte der Konferenzen begannen sich ab 1923 allmählich zu wandeln.[717] Den Anfang machte Dechant Echelmeyer mit seinem Referat über „die Aufgabe des Klerus zur Heilung der Zeitübel nach der Weihnachtsenzyklika von Papst Pius XI.". Hierbei ging er aus mehreren Perspektiven auf die zentrale Frage ein, was von einem Priester verlangt werde.

Auch Schlich referierte während der darauffolgenden Konferenz am 12. November 1923 über die Enzyklika Leo XIII. „Libertas praestantissimum", worin

713 Vgl. Protokoll über die erste Konferenz der ersten Definition des Dekanats Saarbrücken, am 10. Juni 1918 (Kapitels- und Pastoralkonferenzberichte, Bistumsarchiv Trier, Abt. 74 Nr. 41).

714 Man kam schließlich zum Ergebnis, dass solche Ehen wohl fortan nicht mehr gültig sein werden, insofern für Deutschland keine Ausnahmeregelung in Rom erlassen wird. Vgl. ebd.

715 Vgl. hierzu und zum Folgenden: Protokoll über die zweite Konferenz der ersten Definition des Dekanats Saarbrücken, am 24. Juni 1918 (im neuen Brüderheim in Rilchingen-Hanweiler) (ebd.).

716 Vgl. Protokoll über die dritte Konferenz am 8. Juli 1918 (ebd.) sowie Protokoll der vierten Konferenz am 2. Oktober 1918 (ebd.).

717 Protokoll der Kapitelssitzung des Dekanates Saarbrücken. 15.10.23 (Pfarrarchiv der Pfarrei Christkönig Saarbrücken [wie Anm. 305]).

dieser über die menschliche Freiheit schreibt.[718] Der Pfarrer von St. Jakob stellte zunächst einmal fest, dass die Freiheit des Menschen von Gott geschenkt sei und die Stammeltern diese im Sündenfall missbraucht hätten. Danach beleuchtete er die unterschiedlichen Arten der Freiheit, wie die sittliche Freiheit, den Liberalismus sowie „moderne" Formen der Freiheit (Kultus-, Lehr-, Presse- und Wissenschaftsfreiheit), die er jeweils bewertete und der Frage nachging, ob und inwieweit sie jeweils zu tolerieren seien. Dabei stand Schlich ganz auf der Seite des päpstlichen Lehramtes. Er konnte diesen Formen der „modernen" Menschen- und Bürgerrechte, die erst vom II. Vatikanischen Konzil anerkannt und bis dahin in Rom abgelehnt wurden, nichts Positives abgewinnen, auch wenn eine allmähliche Anerkennung dieser Rechte erkennbar wurde.[719] Schlich war, wie die meisten Kleriker seiner Zeit, in seiner Haltung diesbezüglich von den römischen Ansichten durchdrungen und wollte nicht von der Lehrmeinung abweichen.

Neben den allgemeinen Planungen kam es aber auch vereinzelt dazu, dass die Kapitelsversammlungen im Sinne einer kollegialen Praxisberatung genutzt wurden. Ein besonders schwieriger Seelsorgefall beschäftigte Ende des Jahres 1926 einen der Geistlichen und dieser wusste nicht, wie er vorgehen sollte. Er trug seinen Fall während der Beratungen am 30. November 1926 seinen Mitbrüdern vor und gemeinsam fanden sie, nach einer langen und gründlichen Diskussion, eine Lösung für das Praxisproblem, das man nicht durch buchstabengetreue Befolgung des Gesetzes lösen konnte.[720]

Man beriet im Kapitel ebenso über seelsorgerische Problemstellungen, die das gesamte Bistum betrafen, wie etwa den ab 1927 gefühlten „Priestermangel". Pfarrer Schlich hatte den Kapitelsvortrag vorzubereiten und sprach über das Thema. Aus der heutigen Sicht mag es verwundern, dass man zu Beginn des zweiten Viertels des 20. Jahrhunderts bereits von Priestermangel sprach, denn eine stattliche Zahl von Pfarreien verfügte nicht nur über einen Kaplan, sondern gleich über mehrere. An Malstatt (St. Josef) waren sogar fünf gleichzeitig tätig. Nach dem Ersten Weltkrieg waren die Priesterseminare voll.[721] 1921 wurde 25 Abiturienten in Trier die Aufnahme ins Bischöfliche Priesterseminar sogar verweigert, weil

718 Vgl. hierzu und zum Folgenden: Bericht der Pfarrkonferenz der Definition I des Dekanats Saarbrücken am 12. November 1923 in Saarbrücken I (St. Jakob) (Bistumsarchiv Trier, Kapitels- und Pastoralkonferenzberichte [wie Anm. 657]).

719 Vgl. Konrad Hilpert, Die Menschenrechte. Geschichte, Theologie, Aktualität. Düsseldorf 1991, 138–144.243–248 sowie Jozef Punt, Die Idee der Menschenrechte. Ihre geschichtliche Entwicklung und ihre Rezeption durch die moderne katholische Sozialverkündigung (= Abhandlungen zur Sozialethik Bd. 26). Paderborn, München [u. a.] 1987, 175–221.

720 Vgl. Bericht der Pfarrkonferenz der Definition 1. des Dekanats Saarbrücken vom 30.11.26 im Pfarrhaus St. Eligius (Bistumsarchiv Trier, Kapitels- und Pastoralkonferenzberichte [wie Anm. 398]).

721 Vgl. Erwin Gatz, Vom Ende des Ersten Weltkrieges bis zum nationalsozialistischen Kirchenkampf. In: Der Diözesanklerus (wie Anm. 11), 147–167, hier: 156.

die Bistumsleitung glaubte, ihnen später keine Stellung garantieren zu können.[722] Jedoch verzeichnete die katholische Kirche Deutschlands – es ist also nicht nur ein Phänomen, das sich auf das Bistum Trier beschränkte – ab etwa 1922/1923 einen Rückgang an Priesteramtskandidaten, dessen Ursache Erwin Gatz in den katholischen Orden ausmachte, weil diese Heranwachsende aus einfachen und kinderreichen Familien kostenneutral oder preiswert in ihre Ordensschulen bzw. -juvenate aufnahmen.[723] „So wuchs die Zahl der männlichen Ordensniederlassungen in Deutschland von 2388 auf 5282 (+121%) und die der Ordenskleriker sogar von 581 auf 1766 (+204%)."[724] Daher wandten sich die Bistumsleitungen gegen das Anwachsen der Ordensschulen, zumal die Bischöflichen Konvikte ums Überleben kämpften.[725]

Schlich arbeitete ein Referat mit dem Titel „Priestermangel und Wege der Abhülfe" aus, das auch über die Grenzen des Bistums Trier hinweg Beachtung finden sollte, weil er dieses – auf Anordnung des Bischofs – sogar im ‚Pastor bonus', dem Mitteilungsblatt der Professoren des Bischöflichen Priesterseminars zu Trier, veröffentlichen sollte.[726]

Schlich ging dabei auf drei zentrale Fragen ein: Ist überhaupt ein Priestermangel zu verzeichnen? Woher kommt der Priestermangel? Und was muss getan werden, um dieser Entwicklung entgegenzuwirken? Die erste Frage beantwortete Schlich sehr ausführlich unter Heranziehung von Zahlenmaterial. Dabei wird deutlich, dass Schlich missionarisch geprägt war. Er legte detailliert dar, dass in Deutschland (wie auch in anderen Ländern Europas) die Zahl der katholischen Abiturienten ständig anstieg, während die Zahl derer, die ein Theologiestudium aufnahmen, absank.

722 Erhard LECLERC, Überblick über die Entwicklung der Geistlichkeit der Diözese Trier in den Jahren 1815 bis 1936. Ausblick in die Zukunft. In: Pastor bonus. Zeitschrift für kirchliche Wissenschaft und Praxis, hg. von PROFESSOREN DES PRIESTERSEMINARS ZU TRIER (= Pastor Bonus 48). Trier 1937, 228–236, hier: 232.

723 Vgl. GATZ, Vom Ende des Ersten Weltkrieges bis zum nationalsozialistischen Kirchenkampf (wie Anm. 721), 156.

724 Ebd., 157.

725 Vgl. ebd. Eine Studie, die sich mit der Geschichte der Missionsordensschulen in Deutschland beschäftigt, erschien 2013. Darin werden u.a. die Gründung und Finanzierung der bayrischen Missionsbenediktiner von St. Ottilien, der in Ehrenbreitstein bzw. Vallendar ansässigen Pallottiner und der Steyler Missionare, die sich im saarländischen St. Wendel 1898 niederließen, näher untersucht. Vgl. Holger GAST, Antonia LEUGERS, August H. LEUGERS-SCHERZBERG und Uwe SANDFUCHS, Katholische Missionsschulen in Deutschland 1887–1940 (= Klinkhardt Forschung). Bad Heilbrunn 2013.

726 Vgl. BISTUMSARCHIV TRIER, Kapitels- und Pastoralkonferenzberichte (wie Anm. 395) sowie Johann Ludger SCHLICH, Priestermangel und Priesterberufe. Vortrag von Pfarrer Dr. Schlich auf der Dekanatskonferenz von Saarbrücken. In: Pastor bonus. Zeitschrift für kirchliche Wissenschaft und Praxis, hg. von PROFESSOREN DES PRIESTERSEMINARS ZU TRIER (= Pastor Bonus 38). Trier 1927, 337–342.

In diesem Punkt hatte Schlich natürlich Recht, aber zurückblickend lässt sich feststellen, dass seit dem Ende des Kulturkampfs 1887 die Zahl der Pfarrstellen von 839 auf 1.107 (im Jahr 1936) anstieg.[727] Außerdem nahm die Zahl derer, die sich zum Priester weihen ließen, ab 1890 rasant zu, sodass bis 1940 jährlich mehr Männer das Sakrament der Priesterweihe empfingen, als Kleriker verstarben.[728] Einen guten Überblick bietet nachfolgende Aufstellung.[729]

1889 standen 826 Priester im Dienst des Bistums Trier, 1938 waren es 1.264. Jedoch stieg auch die Katholikenzahl an. Während die Priester 1889 bistumsweit 928.081 Katholiken zu versorgen hatten, waren es 1939 etwa 600.000 mehr. Auf einen Priester kamen 1889 1.184 Gläubige, 1939 waren es kaum merklich mehr, nämlich 1.199.

Jahr	Aktive Diözesanpriester	Gläubige	Gläubige je aktivem Diözesanpriester
1889	826	957.005	1.159
1894	804	996.272	1.252
1897	813	1.047.803	1.288
1901	900	1.107.819	1.231
1906	974	1.207.906	1.250
1912	980	1.304.231	1.331
1915	1.078	1.297.110	1.203
1917	1.003	1.299.428	1.296
1920	1.000	1.364.635	1.365
1926	1.070	1.428.930	1.335
1938	1.264	1.516.367	1.199

Als Schlich seinen Artikel 1927 verfasste, verspürte man so etwas wie eine anhaltende „Berufungskrise", weil die 1.070 Priester 1.428.930 Katholiken gegenüber-

727 Vgl. BISCHÖFLICHES GENERALVIKARIAT TRIER, Handbuch des Bistums Trier. Trier [21]1960, 45.

728 Anzahl der Priesterweihen: 1890–94: 110, 1895–1899: 182, 1900–1904: 211, 1905–1909: 216, 1910–1914: 229, 1915–1919: 99, 1920–1924: 200, 1925–1929: 141, 1930–1934: 187, 1935–1939: 218. Im Vergleich dazu die Zahl der verstorbenen Priester: 1890–94: 131, 1895–1899: 96, 1900–1904: 88, 1905–1909: 123, 1910–1914: 118, 1915–1919: 113, 1920–1924: 117, 1925–1929: 111, 1930–1934: 100, 1935–1939: 143. Vgl. ebd., 47.

729 Vgl. für den Zeitraum zwischen 1885 und 1912: BISCHÖFLICHES GENERALVIKARIAT TRIER, Handbuch des Bistums Trier (wie Anm. 288), 371; zwischen 1915 und 1926 vgl. BISCHÖFLICHES GENERALVIKARIAT TRIER, Handbuch des Bistums Trier (wie Anm. 299), 534 sowie für 1936–1938 vgl. BISCHÖFLICHES GENERALVIKARIAT TRIER, Handbuch des Bistums Trier (wie Anm. 299), 59. Eine solche Aufstellung ist auch zu finden bei: PERSCH, Der Diözesanklerus und die neuen pastoralen Laienberufe (wie Anm. 403), 175.

standen, also das Verhältnis 1:1.335 war. Dies entsprach etwa dem Verhältnis von 1912. Allerdings war dies sicherlich für Schlich und seine Mitbrüder gefühlt „sehr extrem". Es ist daher nachzuvollziehen, dass man sich für die damaligen Verhältnisse in einer Berufungskrise sah, der mit allen erdenklichen Mitteln entgegengearbeitet werden musste, wobei, wie Martin Persch herausarbeitete, zwischen 1915 und 1936 pro 100.000 Katholiken je ca. zwei bis drei Priester geweiht wurden.[730]

Schlich ergriff mit seinem Artikel Initiative gegen ein Phänomen, das, wenn man die Zahl der neugeweihten Priester der Diözese Trier zwischen 1920 und 1935 betrachtet, die Geistlichen und Gläubigen besonders bedrücken musste, denn gerade die Weihejahrgänge 1924, 1926 und 1927 waren für die damaligen Verhältnisse besonders klein.[731] Schlich war bewusst, dass Berufungen zum Priestertum keineswegs gemacht werden können, denn Gott schenke sie den Männern und rufe sie durch seine göttliche Vorsehung zur Arbeit in seinen Weinberg. Deshalb fragte er nicht, wieso die Priesterberufungen abnahmen, sondern vielmehr nach den inneren und äußeren Gründen, warum ein Mann den Ruf nicht vernehme oder vernehmen möchte.

„Äußere Gründe sind die Erschwerung und die Verlängerung des Studiums, die höheren finanziellen Kosten, Verlust der Stipendien und Verarmung der Priesteranstalten, die Möglichkeit, in weltlichen Laufbahnen eine schnellere, angenehmere und ‚ehrenvollere' Versorgung zu finden."[732] Als innere Ursache, wieso viele ihre Berufung nicht erkennen könnten, nennt Schlich den Zeitgeist, d. h. den Materialismus und seine Folgen, dem weite Kreise der ländlichen Bevölkerung und des Mittelstandes anheimgefallen seien. Nicht nur in der Stadt, sondern auch auf dem Land verliere der Priester immer weiter an Ansehen, was, ebenso wie die Existenzängste (im Falle einer Trennung von Kirche und Staat), viele davon abhielte, den Priesterberuf zu ergreifen, auch wenn sie von Gott gerufen würden.

730 Vgl. ebd., 177f.

731 Gatz weist folgende Weihejahrgangsgrößen nach: 1920 – 24, 1921 – 35, 1922 – 32, 1923 – 74, 1924 – 24, 1925 – 35, 1926 – 24, 1927 -26 , 1928 – 34, 1929 – 26, 1930 – 24, 1931 – 50, 1932 – 31, 1933 – 24, 1934 – 46, 1935 – 29. Vgl. Erwin GATZ, Priesterausbildungsstätten der deutschsprachigen Länder zwischen Aufklärung und zweitem vatikanischen Konzil. Mit Weihestatistiken der deutschsprachigen Diözesen (= Römische Quartalschrift für christliche Altertumskunde und Kirchengeschichte: Supplementheft 49). Freiburg i. Br. 1994, 269. Die auffallend hohe Zahl 1923 erklärt sich zum einen durch den Einschnitt des Ersten Weltkriegs, nach dessen Beendigung eine Reihe von Alumnen ihr Studium wieder aufnahmen und in diesem Jahr (nach Anrechnung der bereits vor dem Kriegsdienst erbrachten akademischen Leistungen) das Sakrament der Priesterweihe empfingen, und zum anderen durch die Verlängerung des Studiums auf sechs Jahre (12 Semester) im Jahr 1917. Vgl. ebd., 215–219.

732 SCHLICH, Priestermangel und Priesterberufe (wie Anm. 726), 338. Hervorhebung im Original. Der hervorgehobene Text wird im Original als Sperrtext geboten.

Das erste und wichtigste Werk, das die Geistlichen und die übrigen Gläubigen verrichten können und müssen, sei, so Schlich, das Gebet, worin sie Gott um Priesterberufungen bitten. „Also Breviergebet etwa an einem der Wochentage in dieser Meinung, Gebet in der Kirche an den Quatembertagen, in der Schule bei passenden Gelegenheiten, Interessierung der Lehrer und Lehrerinnen für diese Frage, daß sie zum Gebetsapostolat für Priester- und Ordensberufe in der Schule erziehen. Papst Pius IX. hat bereits zu einem *Gebetskreuzzug* in dieser Frage aufgefordert."[733] Zudem müsse bei Vorträgen und Predigten, wo vor allem Jugendliche den Zuhörerkreis bildeten, immer mehr „Aufklärungsdienst" geleistet werden. Gerade die infrage kommenden Jungen müssten (auch in der Beichte) eine Individual- und Spezialbehandlung bekommen, um ihre Berufung zu fördern und zu bewahren.

Die Eltern bzw. die ganzen Familien von möglichen Kandidaten müssten ebenfalls in den Fokus genommen und ihnen die Ehre vor Augen geführt werden, die auch ihnen durch das Hervorgehen eines Priesters aus ihr zu teil werde.[734] Außerdem müsse man in den eigenen Reihen Geld für die Konvikte und Seminare sammeln (regelmäßige Kollekten, Stipendien, Spenden und Testamente) oder einzelne Studenten direkt unterstützen bzw. den Kontakt zwischen möglichen Mäzenen und einem Studierenden herstellen.

„Kurz, es ist im wesentlichen eine übernatürliche Frage, die auch nur mit übernatürlichen Mitteln gelöst werden kann, wobei jedoch die natürlichen nicht ausgeschaltet, sondern durchaus miteingestellt werden müssen. Es gilt die Befreiung des gelobten Landes, der heiligen Kirche, es gilt die Ausbreitung des Reiches Gottes durch gute Priester. Der Missionsbefehl Christi verlangt die Welteroberung im Geiste und in der Liebe Christi."[735]

Wie das Originalreferat Schlichs ausgesehen hat, lässt sich heute nur noch vermuten, denn es gibt hierzu keine genauen Aufzeichnungen. Das Referat hatte Schlich vermutlich überarbeitet, bevor er es an die Redaktion der Zeitschrift Pastor bonus sandte. Anlass zu dieser Vermutung geben einige Fakten und Fragen, die in der Diskussion, welche sich an das Referat anschloss, von den Kapitularen auf der Konferenz am 20. Juni 1927 vorgetragen wurden und die Schlich in der gedruckten Version seines Referates auch behandelte.[736] Pfarrer Philipp Maaß[737]

733 Ebd., 340. Die Hervorhebung ist im Original als Sperrtext abgedruckt.

734 Vgl. ebd., 341f.

735 Ebd., 342.

736 Vgl. hierzu und zum Folgenden: Kapitelsverhandlungen des Dekanats Saarbrücken am 20. Juni 1927 (Bistumsarchiv Trier, Kapitels- und Pastoralkonferenzberichte [wie Anm. 395]) sowie Schlich, Priestermangel und Priesterberufe (wie Anm. 726).

737 Maaß wurde 1887 in Bous geboren und 1912 in Trier zum Priester geweiht. Danach wirkte er acht Jahre als Kaplan in Saarbrücken-Burbach (St. Eligius). Danach ernannte ihn Bischof Korum zum Pfarrer von Gondelsheim-Schwirzheim. 1923 kehrte er nach Burbach zurück

(Herz Jesu) nannte als weiteren Grund für die rückläufige Alumnen- bzw. Priesterzahl das verlängerte und verteuerte Studium. Die Diskussion ging aber noch entscheidend weiter, denn man überlegte, ob nicht die Eltern bei der Wahl des Gymnasiums für ihre Kinder schon durch die Geistlichen beraten werden müssten, weil auch die Gymnasien, die der katholischen Kirche ablehnend gegenüberstünden, die Schüler entsprechend manipulieren würden.

Als einen Lösungsansatz für das Problem im Saargebiet erachteten die Geistlichen zunächst die Gründung eines Konvikts in Saarbrücken, wo sich vielversprechende Jungen aus dem gesamten Saargebiet anmelden könnten. Allerdings sprach die Tatsache, dass es schon in St. Ingbert und St. Wendel Konvikte gab, gegen diese Möglichkeit, zumal das Konvikt in St. Wendel mittlerweile wieder geschlossen worden war. Dafür sollte das Konvikt in Trier Zöglinge aus dem Saargebiet vergünstigt und früher aufnehmen müssen, insofern im Saargebiet kein Konvikt eröffnet werden könne.

Eine andere Möglichkeit, um Berufungen zu fördern, bestand nach Meinung der Konferenz darin, Privatunterricht auf dem Land kostenfrei zu erteilen. Zudem bestünde die Chance, dass Vereine oder Kongregationen Patenschaften für einzelne Studenten übernähmen. Einen konkreten Fragenkatalog, der an alle Pfarrer der Diözese durch die Bischöfliche Behörde versandt werden sollte, bereitete Pfarrer Peter Knauf[738] (Bliesransbach) vor. Dieser wurde gemeinsam mit den Kapitelsberichten nach Trier übersandt, nachdem er die Gutheißung der Anwesenden erfuhr.[739] Man beauftragte Dechant Echelmeyer, dieses Thema auf der Dechantenkonferenz einzubringen, was auch geschehen war.[740]

und übernahm die neu errichtete Herz-Jesu-Pfarrei. Vgl. THOMAS, Der Weltklerus der Diözese Trier seit 1800 (wie Anm. 23), 218.

738 Der am 12.10.1880 in Schwirzheim geborene und 1907 in Trier zum Priester geweihte Knauf wirkte zunächst vier Jahre als Subdirektor am Trierer Konvikt, ehe er drei Jahre Kaplan in Bendorf war. Danach wechselte er auf die Pfarrstelle in Bliesransbach, auf die er nach 16 Jahren am 01.11.1930 verzichtete. Im Anschluss fungierte er als Hausgeistlicher im Kloster in Kleinblittersdorf. Vgl. ebd., 185.

739 Der Fragebogen war in drei Abschnitte gegliedert. „I. Haben Sie Knaben mit der Veranlagung zum Priestertum, die eine Unterstützung bräuchten? Wie viele? Wie weit im Studium? Wo studiert? Spätberufe? II. Haben Sie Menschen, die ganz oder teilweise für ein Studium aufkommen wollen oder regelmäßige Subventionen geben wollen? Privatpersonen? Kirchliche Vereine? Klöster? III. Organisationsfragen: Wie kann man Spender akquirieren und halten? (Verein?) Wo werden die Gelder gegebenenfalls gesammelt und verwaltet? Wie kommt das Geld an den Studenten?" (BISTUMSARCHIV TRIER, Kapitels- und Pastoralkonferenzberichte [wie Anm. 395]). Bornewasser vermerkte handschriftlich auf dem Entwurfschreiben Knaufs vom 11.08.1927 „Bis zur Dechantenkonferenz warten an mich zurück" (ebd.).

740 Vgl. BISCHÖFLICHES GENERALVIKARIAT TRIER, Bericht über die 3. Dechanten-Konferenz der Diözese Trier. Im Priesterseminar zu Trier am 10. und 11. Januar 1928. Trier 1928. Es ist

Die Priester erkannten auf den verschiedensten Feldern der Seelsorge, und führten darauf auch den Rückgang der Seminaristenzahlen zurück, dass sie die Menschen nicht mehr erreichen konnten, wie es in früheren Zeiten der Fall war. Sie merkten, dass „die alten Mittel der Seelsorge [...] nicht mehr aus[reichen]; Missionen etc."[741] Die Seelsorge in einer Stadt wie Saarbrücken sei nicht mehr zeitgemäß und neue Wege der Pastoral müssten gesucht und beschritten werden.

4.1.4.5 Die Konferenz als strukturelle (Planungs-)Instanz und Schnittstelle mit kirchlichen Organisationen

Natürlich diskutierte man während den Konferenzen nicht nur über Seelsorgsangelegenheiten, man sprach auch über Sachverhalte, die an das Kapitel von außen herangetragen wurden und auf die reagiert bzw. über die abgestimmt werden musste. Ein Beispiel hierfür wäre die Neueinteilung der Dekanate nach der Trierer Diözesansynode von 1920. Diese hatte dem Bischof die Neueinteilung der Dekanate vorgeschlagen und Bischof Bornewasser, der nach dem Tod Korums die Leitung des Bistums übernommen hatte, wollte diesen Vorschlag realisieren.[742] Hierzu setzte er eine Kommission unter der Leitung von Weihbischof Antonius Mönch ein.[743] Die Kommission versandte an Dechant Echelmeyer einen Vorschlag, wie das Dekanat Saarbrücken aufgeteilt werden könne.[744] Um über diesen Vorschlag beraten und eine Antwort an die Bischöfliche Behörde nach Trier senden zu können, versammelte sich das Saarbrücker Dekanatskapitel am 5. Februar 1923. Dechant Echelmeyer stellte den Vorschlag der Kommission vor, wonach die Definition Völklingen (inklusive Reisweiler) ein eigenes Dekanat würde, die Pfarreien des Sulzbachtals (mit Quierschied, Merchweiler und Fischbach) zum Dekanat Sulzbach erhoben würden und der Rest beim Dekanat Saarbrücken verbliebe.[745]

aber anzunehmen, dass der Bischof selbst die Sorge um den Priesternachwuchs unabhängig von dem Antrag des Saarbrücker Klerus auf die Tagesordnung setzte.

741 Bistumsarchiv Trier, Kapitels- und Pastoralkonferenzberichte (wie Anm. 657).

742 Vgl. hierzu die Ausführungen in Kapitel 4.2.1.

743 Vgl. Diözese Trier, Kirchlicher Amtsanzeiger für die Diözese Trier (wie Anm. 643), Nr. 10, S. 6.

744 Vgl. Schreiben Weihbischof Mönchs an Dechant Echelmeyer o. D. (Pfarrarchiv der Pfarrei Christkönig Saarbrücken [wie Anm. 305]).

745 Vgl. hierzu und zum Folgenden: Protokoll der Konferenz des Gesamtdekanates Saarbrücken am 5.II.23 (ebd.). Die Kapitulare lehnten die Empfehlung jedoch ab, Merchweiler dem neu zu gründenden Dekanat Sulzbach anzugliedern, weil der Ort einem anderen Kreis angehöre und die Vikarie Göttelborn, wie sie im Dokument aus Trier tituliert wurde, noch nicht zur Vikarie erhoben wurde, was also zunächst noch geschehen müsse, ehe man sie einem Dekanat zuordnen könne.

Hinsichtlich der Einteilung der Definitionen kamen die Kapitulare darin überein, dass die Stadtpfarreien (St. Johannes, St. Jakob, St. Eligius, St. Josef, Herz Jesu und die Vikarie St. Hubertus [Jägersfreude]) eine eigene bilden sollten. In Anbetracht der Tatsache, dass die beiden Pfarreien St. Michael (Gersweiler) und St. Johannes (Altenkessel) durch die Innenstadt von den anderen Pfarreien des neuen Dekanats Saarbrücken getrennt wären und darauf auch Rücksicht genommen werden müsse, sollten die beiden genannten Pfarreien ebenfalls der ersten Definition zugeordnet werden. Das ehemalige Dekanat Saarbrücken wurde, wie im Frühjahr von den Kapitularen gewünscht, in drei Dekanate aufgeteilt, wofür die Anwesenden der Vorbereitungskommission und dem Bischof sehr dankbar waren.[746]

Aber nicht nur die Dekanatsgrenzen betrafen die Struktur der Einheit, um die die Kapitulare sich gemeinsam kümmern mussten, sondern auch die katholischen Orden, die das gesamte Milieu, wie die obige Statistik aus dem Jahr 1930 bereits zeigte, stabilisieren sollten, waren Teile dieser Einheit.

Wie das Protokoll der Pastoralkonferenz der ersten Definition des Dekanats Saarbrücken vom 2. Oktober 1918 verrät, schrieben die Kleriker am 11. Dezember 1915 im Rahmen einer Konferenz an den Regierungspräsidenten in Trier, worin sie darum baten, dass der Orden der Franziskaner in Saarbrücken eine Niederlassung eröffnen dürfe.[747] Die Kapitulare waren sich offensichtlich einig, dass für eine moderne Großstadtseelsorge ein männlicher Orden (mit Priestern) unbedingt notwendig sei, um auf diese Weise ein geistliches (kontemplatives) Zentrum in Saarbrücken zu errichten, während sich bislang ausschließlich caritative Orden und Gesellschaften in der Stadt niedergelassen hatten. Die Ansiedlung der Franziskaner erfolgte einige Jahre später.[748]

Außerdem setzte Gefängnispfarrer Schmitt die anderen Geistlichen davon in Kenntnis, dass von ihm beabsichtigt sei, ein „Kloster zum guten Hirten“ beim Gefängnis zu errichten. Schmitt, der nicht Teil des Pfarrklerus war, erkannte, dass eine Ordensniederlassung in der Nähe der Inhaftierten große seelsorgerische Erfolge mit sich bringen könnte und nicht nur das doch sehr kirchenferne Milieu davon profitieren würde, sondern auch ein positiver Impuls in die Pfarreien

746 Vgl. Protokoll der Kapitelssitzung des Dekanates Saarbrücken. 15.10.23 (ebd.).

747 Vgl. Protokoll der vierten Konferenz am 2. Oktober 1918 (Bistumsarchiv Trier, Kapitels- und Pastoralkonferenzberichte [wie Anm. 713]). Über das Wirken der Franziskaner in Saarbrücken gibt es heute keine Aufzeichnungen mehr, weder in einem der Archive in Saarbrücken oder dem Bistumsarchiv Trier, noch im Ordensarchiv der deutschen Franziskanerprovinz.

748 Zur Ansiedlung der Franziskaner sowie den Orden allgemein vgl. die Ausführungen in Kapitel 3.3.2.

davon ausginge.[749] Nachdem Schmitt offenbar eine Absage bzgl. der Gründung eines Gute-Hirten-Klosters am Gefängnis Saarbrückens erhielt, fasste dieser den Plan, zumindest eine Gefangenenhilfe einzurichten, um die straffällig gewordenen Männer bzw. Frauen wieder besser in die Gesellschaft eingliedern zu können und ihnen so Perspektiven zu eröffnen. Die Kapitulare begrüßten diesen Vorschlag und versprachen, das Vorhaben nach Kräften zu unterstützen.

Um mehr Menschen zum Eintritt in die katholische Kirche zu motivieren und auf diese Weise zugleich auch die Zahl der Mischehen zu verringern, planten die Geistlichen, wie es auch in anderen Großstädten Deutschlands bereits praktiziert wurde, Konversions- und Exerzitienkurse für Nichtkatholiken anzubieten. Parallel dazu müsse man, so schlug Echelmeyer vor, nicht bloß ein kurzes Brautexamen vor der kirchlichen Eheschließung mit den Brautleuten durchführen, sondern einen Kursus zur Unterweisung in den katholischen Glauben (verpflichtend) anbieten, wonach dann viele Nichtkatholiken zur katholischen Kirche konvertieren würden.[750]

Da dieser Vorschlag bei allen Kapitularen auf Wohlwollen stieß, überlegte man, wer solche Kurse auch anbieten könne. Der Pfarrklerus der Großstadtpfarreien sah sich dazu außerstande. Diese Seelsorgemaßnahme wollte man den Franziskanern auf dem Rastpfuhl anvertrauen, doch wären auch diese damit allein überfordert gewesen. Aus diesem Grund beauftragte man Dechant Echelmeyer damit, mit den maßgebenden Instanzen zu verhandeln, ob nicht die Jesuiten eine Niederlassung in Saarbrücken eröffnen könnten. Ein weiteres Kloster in der Stadt hätte das katholische Milieu erheblich gestärkt und gerade ein Bildungsorden (wie der des hl. Ignatius) hätte auch ein entsprechendes Angebot (z. B. Exerzitienkurse) für die etablierte Bildungselite des Saargebiets anbieten können.[751] Mit diesem An-

749 Vgl. Protokoll der Definitionskonferenz der 1. Definition des Dekanats Saarbrücken am 06.11.25 in Saarbrücken-St. Josef (Bistumsarchiv Trier, Kapitels- und Pastoralkonferenzberichte [wie Anm. 398]). Zur Neugründung eines Klosters zum Guten Hirten ist es jedoch niemals gekommen. Die Gründe hierfür lassen sich nicht mehr ermitteln. Sicherlich spielten dabei auch die Stadtverwaltung und die Regierungskommission eine entscheidende Rolle.

750 Diese Praxis wurde damals bereits in der Diözese Breslau erprobt und zeigte teilweise gute Erfolge, wusste Echelmeyer zu berichten.

751 Die vornehmliche Aufgabe der „Gesellschaft Jesu“ zwischen den beiden Weltkriegen bestand darin, Exerzitienkurse abzuhalten, denn gerade die Exerzitienbewegung erfuhr durch die von Papst Pius XI. 1929 veröffentlichte Enzyklika „Mens nostra“ eine enorme Aufwertung. Die Jesuiten und die Bistümer richteten in Deutschland bis 1930 70 Exerzitienheime ein. Vgl. Erwin Gatz, Vom Ende des Ersten Weltkrieges bis zum Beginn der nationalsozialistischen Herrschaft. In: Die Kirchenfinanzen, hg. von Erwin Gatz (= Geschichte des kirchlichen Lebens in den deutschsprachigen Ländern seit dem Ende des 18. Jahrhunderts 6). Freiburg i. Br. 2000, 291–310, hier: 301 sowie Erhard Schlund, Exerzitien und Exerzitienbewegung (= Zur religiösen Lage der Gegenwart 13). München 1926, 72–86.

satz zeichnete sich Schlich, nach den Erkenntnissen des Wiener Pastoraltheologen Heinrich Swoboda, als Großstadtseelsorger der damaligen Zeit aus: „Darum ist die oben eindringlich empfohlene, persönliche Fühlungnahme des Seelsorgers mit der kulturellen Elite [...] wichtiger als theoretische Untersuchungen über das Verhältnis von Glauben und Wissen."[752]

Ferner eröffnete Bungarten 1926 den übrigen anwesenden Geistlichen, dass er und Schlich gemeinsam planten, einen Karmel durch die Karmelitinnen aus Kordel[753] in Saarbrücken gründen zu lassen. Hierzu stünden sie mit der Stadtverwaltung und dem Orden bereits in Kontakt, ein Gelände sei in Aussicht genommen und die Schwestern seien schon fast überzeugt.[754] Die beiden Pfarrer vertraten die Meinung, dass in einer säkularen Stadt wie Saarbrücken ein streng kontemplativer Orden dringend von Nöten sei, um der Bevölkerung einen Gegenpol zu der hektischen Lebensweise einer Großstadt und einen Ort des Gebets, abgesondert von der Umwelt, zu schaffen. Der Plan Schlichs und Bungartens zeugt von ihrem Weitblick, nicht nur durch caritative Orden das katholische Milieu zu stärken, sondern ebenso das kontemplative Element nicht aus den Augen zu verlieren, auch wenn es in Saarbrücken mit Sicherheit schwer gewesen wäre, einen solchen Orden zu etablieren und zu erhalten.

Dem Kapitel wurde 1931 durch Ministerialrat Haaser mitgeteilt, dass der Staat der katholischen Kirche auf dem Wackenberg (Saarbrücken I) ein Areal von 10.000 m^2 zwecks Gründung eines Karmelitinnenklosters überlassen werde.[755] Diese Entwicklung erfreute Dechant Schlich, der das Gelände im Auftrag des Dekanatskapitels käuflich erwarb.[756] Weshalb es trotzdem niemals zur Eröffnung der Niederlassung kam, muss im Dunkeln bleiben.

752 SWOBODA, Großstadtseelsorge (wie Anm. 14), 396.

753 Fünf deutsche Karmelitinnen aus dem Karmel in Luxemburg eröffneten am 12.02.1922 in Kordel (bei Trier) ein Kloster. Der Orden zählt mit zu den strengsten aller kontemplativen Orden der katholischen Kirche. Wieso Schlich und Bungarten eine Verbindung zum Schwesternkonvent hatten, sodass sie zum Entschluss kamen, die noch junge Niederlassung könnte auch ein Kloster in Saarbrücken gründen, lässt sich nicht mehr nachvollziehen. Im Archiv des Konvents, der 1953 nach Auderath (bei Ulmen) umsiedelte, gibt es hierzu auch keine Hinweise mehr. Schlich hatte jedoch bei seiner Emeritierung und Flucht in die Schweiz dem Generalvikar aufgetragen, dass seine Besoldung, die er von der Hohen Domkirche in Trier als Ehrendomherr bekam, dem Karmel in Kordel zukommen gelassen werde. Vgl. BISTUMSARCHIV TRIER (wie Anm. 27).

754 Vgl. Bericht der Pfarrkonferenz der Definition 1. des Dekanats Saarbrücken vom 30.11.26 im Pfarrhaus St. Eligius (PFARRARCHIV DER PFARREI ST. JAKOB SAARBRÜCKEN [wie Anm. 364]).

755 Vgl. Bericht über die Konferenz der Definition 1 des Dekanats Saarbrücken vom 8. Juni 1931 (SCHLICH, Decanats- u. Conferenzberichte u. Bischöfl. Schreiben [wie Anm. 457]).

756 Die Höhe des Kaufpreises wird jedoch in keinem heute noch erhaltenen Dokument genannt.

Ein dritter Bereich, der eine Absprache und Übereinkunft in der Kapitelskonferenz bedurfte, war die Planung größerer sakraler und caritativer Gebäude bzw. Einrichtungen, denn nicht selten mussten die dafür benötigten Kredite solidarisch von mehreren Pfarreien und dem Caritasverband Saarbrücken aufgenommen werden. In einigen Fällen kooperierte man sogar mit einem dritten Partner (Verein, Orden, Zivilgemeinde), wenn es um diakonisch-caritative Projekte ging.

Ein derartiges Projekt, das eine pfarreiübergreifende Zusammenarbeit erforderte, war der Bau eines Gesellenwohnhauses. Gegen Ende des Jahres 1925 beabsichtigte der Kolpinghaus e. V. in der St. Johannerstraße das Haus Nummer 35 für 300.000 Francs zu kaufen, um dort ein Wohnhaus für ledige Gesellen zu eröffnen.[757] Diesem Vorhaben, das von Caritasdirektor Feldges geleitet wurde, stimmten die Pfarrer der Pfarreien St. Josef, St. Johann und St. Jakob zu und nahmen, nach der Zustimmung der jeweiligen Kirchenvorstände, bei der Sparkasse solidarisch eine Bürgschaft von 350.000 Francs auf.[758]

Aber nicht nur in St. Johann veränderte sich 1925 etwas, sondern an mehreren Orten innerhalb des Dekanats Saarbrücken wurde gebaut: Nach der Fertigstellung und Konsekration der St.-Michaels-Kirche 1924 wurde im Folgejahr die Vikarie „St. Michael" gegründet, die Kirche in Bübingen wurde 1925 vollendet, ebenso die Pfarrhäuser von Kleinblittersdorf und Herz-Jesu sowie das Vereinshaus von St. Eligius.[759] Einige Jahre später veränderte sich baulich und strukturell auch die Pfarrei St. Jakob. Schlich hatte dafür gesorgt, dass eine Kapelle auf dem Pfarrgebiet der Pfarrei eröffnet werden konnte. Bereits 1929 hatte er, damals noch Pfarrer an St. Jakob, das Vorhaben ins Auge gefasst, in der Nähe der ehemaligen 70er Kaserne eine Kapelle und/oder einen Kinderhort zu gründen, weil die Kaserne teilweise zu Wohnungen umgebaut worden war. Jedoch wechselte Schlich zwischenzeitlich in die von ihm neu gegründete Christkönigspfarrei und Pfarrer Johann Hecken[760] übernahm die Pfarrstelle. Hecken wandte sich an Koßmann und die Regierungskommission mit der Bitte, dort eine Kapelle eröffnen zu dürfen. Jedoch verfügte der neue Pfarrer von St. Jakob offensichtlich nicht über das politische Geschick und die Bekanntschaften

757 Vgl. o. V., Das erste Kolpinghaus im Saargebiet. Eröffnung des neuen Gesellenheims in Saarbrücken. In: Saarbrücker Landes-Zeitung vom 9. April 1925, 3.

758 Vgl. Schreiben Feldges an den Vorstand der katholischen Pfarrgemeinde St. Johann vom 30.12.1925 (Pfarrarchiv der Pfarrei Christkönig Saarbrücken [wie Anm. 305]).

759 Vgl. hierzu und zum Folgenden: Kapitelsverhandlungen des Dekanates Saarbrücken in St. Johann am 3. Mai 1926 (Bistumsarchiv Trier, Kapitels- und Pastoralkonferenzberichte [wie Anm. 395]).

760 Hecken wurde am 13.03.1877 in Münstermaifeld geboren und war ein Semesterkollege Schlichs. Nach der Priesterweihe 1901 wurde er Kaplan in Fraulautern und Merchweiler. 1906 berief ihn Korum auf die Pfarrstelle nach Büdlich. Vier Jahre später wurde er Vikar von Bildstock und nach der Erhebung der Vikarie zur Pfarrei 1913 der erste Pfarrer der Gemeinde. Schließlich folgte Hecken Schlich am 20.09.1929 als Pfarrer an St. Jakob nach. Vgl. Thomas, Der Weltklerus der Diözese Trier seit 1800 (wie Anm. 23), 146.

wie sein Vorgänger, sodass dessen Antrag abgelehnt wurde.[761] Schlich wandte sich dann ebenfalls an die Regierungskommission und die Stadtverwaltung Saarbrückens. Seiner Bitte, eine Notkapelle, eine Nähschule und einen Kinderhort für die dort in Armut lebenden 1.000 Leute eröffnen zu dürfen, von denen etwa 75 % katholischer Konfession waren, wurde stattgegeben. Schlich bereitete sogar die Verträge mit der städtischen Siedlungsgesellschaft vor, sodass im Frühjahr 1931 die Notkirche fertiggestellt werden konnte. Für den Kinderhort beantragte Schlich zusätzlich Fördermittel bei der Stadt Saarbrücken und in Berlin.[762]

Die Seelsorger verloren, trotz aller pfarrlichen Bautätigkeiten an Sakralgebäuden, Pfarrhäusern und -heimen, die Not der Menschen nicht aus den Augen und versuchten auf Dekanatsebene die Not der Menschen zu wenden. Als sich 1927 die Lebenssituation der Einwohner Saarbrückens durch die zunehmende Wohnungsnot verschlechterte, entschloss sich der Caritasverband und die Kapitelskonferenz, ein Ledigenwohnheim zu gründen, das als Jugendwohnheim gestaltet werden solle.[763] Man plante, die Leitung den Franziskanern oder den Barmherzigen Brüdern zu übertragen. Als Ort hierfür käme die ehemalige Militärwäscherei in Saarbrücken I in Frage.

Doch auch einige Jahre später hatte sich die Situation auf dem Wohnungs- und Arbeitsmarkt in der Saarhauptstadt keineswegs gebessert. Schlich, der sich immer wieder im Stadtrat für die Belange der Bedürftigen einsetzte, verlor die Menschen, die keine Wohnung oder Arbeit hatten, nicht aus dem Blick. Zu Beginn des Jahres 1932 standen im Saargebiet 30.000 Einwohner ohne feste Arbeit da und 20 % der Gesamtbevölkerung waren auf Unterstützung angewiesen.[764] Der erste Vorsitzen-

761 Vgl. hierzu und zum Folgenden: Brief Schlichs an das Generalvikariat Trier vom 18.01.1931, in dem er die Geschichte um die Neugründung an der 70er Kaserne der Behörde schilderte. Vgl. ferner Schreiben der Regierungskommission des Saargebiets (Direktor des Inneren und des Kabinetts Kappenburger) vom 24.12.1930, beide in: Bistumsarchiv Trier, Pfarrakten der Pfarrei Saarbrücken (St. Jakob) (wie Anm. 350).

762 Aus dem Schreiben Schlichs geht hervor, dass das Verhältnis zwischen Hecken und Schlich nicht ganz einfach war. Hecken hatte zunächst nicht die Notwendigkeit gesehen, einen weiteren Gottesdienstraum zu eröffnen. Er fühlte sich, bedingt durch seine Krankheit, dazu nicht in der Lage und forderte einen dritten Kaplan an. Schlich unterstützte ihn dabei gegenüber der Behörde, unterließ es aber auch nicht die negativen Seiten Heckens (Krankheit und Faulheit) hervorzuheben. Zum einen kann dies darauf zurückgeführt werden, dass Schlich mehr Eifer von seinem Nachfolger erwartete und dass dieser seine Pläne, die er bereits vor seinem Fortgang aus St. Jakob fokussierte, auch umsetze. Zum anderen war es auch die Aufgabe Schlichs als Dechant (oculus episcopi) solche Zustände in Trier zur Sprache zu bringen. Vgl. ebd.

763 Vgl. hierzu und zum Folgenden: Bericht über die Definitionskonferenz der 1. Definition des Dekanats Saarbrücken, gehalten am 5.7.27 im Pfarrhaus St. MICHAEL zu Saarbrücken III (Bistumsarchiv Trier, Kapitels- und Pastoralkonferenzberichte [wie Anm. 395]).

764 So referierte Caritasdirektor Knob während der Dekanatskonferenz am 04.01.1932. Vgl. Bericht über die Dekanatskonferenz des Dekanats Saarbrücken vom 4. Januar 32 im Pfarrhaus

de des Caritasverbands Saarbrücken wollte die Menschen praktisch unterstützen und es gelang ihm, am 9. Januar 1932 ein Notheim für erwerbslose männliche Jugendliche, das durch den Caritasverband finanziert wurde, in der alten Notkirche in Malstatt zu eröffnen.[765] Um dies zu erreichen, arbeitete er (wahrscheinlich) eng mit Caritasdirektor Josef Knob[766] und Pfarrer Bungarten zusammen.

Der Jahresbericht des Frauenfürsorgevereins der Stadt Saarbrücken, dessen Vorsitzender Schlich ebenfalls war, zeigte dem Klerus noch deutlicher die Notlage der weiblichen Bevölkerung der Stadt. Allein im Jahr 1931 behandelte der Verein 1.312 Fürsorgefälle, 525 davon waren neu. Im Margarethenstift fanden 174 Frauen Zuflucht, von denen 108 keine finanziellen Mittel zur Verfügung hatten, sodass der Caritasverband für deren Lebenshaltungskosten aufkam.[767] Jedoch war die technische Situation im Margarethenstift, v. a. in der Wäscherei, mangelhaft. Aus diesem Grund schlug Schlich seinen Confratres vor, die Hypothek, die einige Stadtpfarreien gemeinsam aufgenommen hatten, noch einmal aufzustocken und er wollte an das Preußische Wohlfahrtsamt mit der Bitte um Unterstützung schreiben.

Wie sich schon im September des Jahres 1932 zeigte, hatte Schlich mit der Eröffnung des Caritas-Notheims richtig gehandelt. Er berichtete den übrigen Pfarrern der Stadt während der Konferenz am 12. September 1932, dass täglich etwa 200 bedürftige Männer eine Mahlzeit erhalten hätten. Weil nun aber der Winter vor der Tür stand, beschloss Schlich für monatlich 300 Francs zusätzlich ein altes Fabrikgebäude in der Gersweilerstraße anzumieten, um dort 100 Betten für die Wohnungslosen während der kalten Monate aufzuschlagen.[768]

Schlich wusste aber auch um die desolate Lebenssituation der Katholiken außerhalb des Saargebiets und außerhalb der Diözese Trier. Um auch den katholi-

Christkönig zu Saarbrücken 1 (Bistumsarchiv Trier, Kapitels- und Pastoralkonferenzberichte [wie Anm. 682]).

765 Vgl. hierzu und zum Folgenden: ebd. Der Caritasverband übernahm am 01.07.1934 die Immobilie von der Pfarrei St. Josef für 100.000 Francs. Auf der Immobilie, die zuvor als Notkirche fungierte, lag noch eine bei der Sparkasse eingetragene Schuld in entsprechender Höhe vor, die nun der Caritasverband abzuzahlen hatte und nicht mehr die Malstatter Pfarrei. Vgl. Aufzeichnungen in: Pfarrakten der Pfarrei Saarbrücken-Malstatt (St. Josef), Bistumsarchiv Trier, Abt. 70 Nr. 5402.

766 Kob erblickte am 15.03.1891 in Hunolstein (Hunsrück) das Licht der Welt und empfing 1921 im Trierer Dom das Sakrament der Priesterweihe. Danach wirkte er vier Jahre als Kaplan in Kirn und drei Jahre in Saarbrücken (St. Josef). 1928 ernannte ihn Bornewasser zum Caritasdirektor in Saarbrücken, wo er bis Juli 1935 verblieb. Danach übernahm er die Pfarrstelle in Damscheid. Vgl. Thomas, Der Weltklerus der Diözese Trier seit 1800 (wie Anm. 23), 186.

767 Vgl. Bericht über die Pfarrkonferenz der Definition 1 des Dekanats Saarbrücken, gehalten am 6. Juni 1932 im St. Josefstift zu Saarbrücken (Bistumsarchiv Trier, Kapitels- und Pastoralkonferenzberichte [wie Anm. 682]).

768 Vgl. Bericht über die Pfarrkonferenz der Definition 1 des Dekanats Saarbrücken, gehalten am 12. September 1932 im Johannishof – Saarbrücken 3 (ebd.).

schen Gläubigen, die in der deutschen Diaspora lebten, helfen zu können, lud er im Namen des Dekanates Saarbrücken den aus dem Bistum Trier stammenden Hildesheimer Bischof Dr. Nikolaus Bares ein, damit dieser am Bonifatiussonntag, dem Sonntag des Jahres, an dem für das Bonifatiuswerk, das Hilfswerk, das die in der Diaspora Deutschlands lebenden Katholiken unterstützte, gesammelt wurde, einen Vortrag hielt.[769]

Schlich, der sich unermüdlich zum Anwalt für die Armen der Stadt machte, regte an, dass auch die Pfarreien ihren Beitrag dazu leisten könnten, indem diese in den klösterlichen Anstalten der Stadt Massenspeisungen organisierten. Es wird deutlich, dass Schlich immer mehr die Interessen des Dekanats lenkte. Durch seine Ernennung zum Vorsteher des Dekanats Saarbrücken und die damit verbundene Leitung des Caritasverbands Saarbrücken erweiterte er sein Arbeitsfeld, behielt aber trotz der diffizilen Situation Saarbrückens stets den Überblick, was im Generalvikariat Trier nicht unbemerkt blieb, wie aus einem Schreiben hervorgeht.[770]

Schlich teilte den übrigen Kapitularen mit, dass der Caritasverband Saarbrücken mit der Regierungskommission seit längerem in Verhandlungen stehe, um das alte Garnisonslazarett zu erwerben.[771] Schlich übernahm hierbei die Verhandlungen mit der Regierung und zeigte sich verantwortlich für das gesamte Vorhaben. Dort plante er, in den vier vorhandenen Gebäuden ein modernes Krankenhaus zu eröffnen. Es lag schon eine Zusage der Behörde vor. Doch hatte sich jetzt auch das Rote Kreuz, unterstützt durch die Regierung in Berlin (Stresemann), eingeschaltet und darum gebeten, zwei der vier Gebäude zu erhalten, um ebenfalls an dieser Stelle ein kleines Krankenhaus zu errichten.

Schlich ersuchte daher das Kapitel, man möge gemeinsam an Bartholomäus Koßmann, Mitglied der Regierungskommission und treuer Katholik, schreiben und ihn darum bitten, dem Roten Kreuz eine Absage zu erteilen, zumal dem Caritasverband bereits eine Zusage vorlag. Das große Krankenhaus, das Schlich zu bauen plante, bräuchte alle Häuser, denn nur so könnte man ein modernes Krankenhaus errichten, das allen Anforderungen genüge. Zudem könnten sich zwei Hospitäler auf ein und demselben Gelände ohnehin nicht am Leben halten. Das Gesuch des Kapitels wurde im Sinne Schlichs verfasst und an Koßmann gesandt.

769 Bares stammte aus dem Bistum Trier und war von 1918 bis 1929 Regens des Bischöflichen Priesterseminars zu Trier. Bares wurde 1929 Bischof von Hildesheim und übernahm 1934 die Leitung des Bistums Berlin, wo er im Alter von 64 Jahren verstarb. Schlich kannte Bares persönlich von der Diözesansynode 1920, da beide daran teilnahmen. Vgl. hierzu die Ausführungen in Kapitel 4.2.1. Details zur Person Bares liefert THOMAS, Der Weltklerus der Diözese Trier seit 1800 (wie Anm. 23), 39.

770 Vgl. Schreiben Kammer an Schlich vom 28.09.1932 (BISTUMSARCHIV TRIER, Kapitels- und Pastoralkonferenzberichte [wie Anm. 682]).

771 Vgl. hierzu und zum Folgenden: Bericht über die Definitionskonferenz der 1. Definition des Dekanats Saarbrücken, gehalten am 26. Sept. 1927 (ebd.).

Das neue katholische Krankenhaus auf dem Schenkelberg wurde in den Folgejahren eines der großen Projekte Schlichs.

Wie sich in der Vergangenheit (anhand der Protokolle der Konferenzen) zeigte, gab es immer Überschneidungen zwischen den Initiativen der Pfarrer, darunter auch Schlich, und den Aufgaben des Caritasbüros. Der Dechant der Stadt war qua Amt zugleich auch erster Vorsitzender des Caritasverbandes Saarbrücken, aber welche Aufgaben hatte nun der Caritasdirektor im Einzelnen? Um die Zuständigkeitsfragen für die Zukunft zu klären, verabschiedeten die Geistlichen der ersten Definition des Dekanats Saarbrücken einen Entwurf, der die Aufgaben des Caritasdirektors und somit auch das Verhältnis zwischen Pfarrklerus und ihm genau beschrieb: Er hatte das Caritasbüro zu leiten und war verantwortlich für die Kassenführung und den Rechenschaftsbericht des Caritassekretariats. Somit behielt Schlich weiterhin die Leitung bzgl. des geplanten Krankenhausbaus auf dem Schenkelberg.

Dabei war den Geistlichen die große Bedeutung des Caritasverbandes, insbesondere aus der Sicht der Seelsorge und der katholischen Wohlfahrtspflege, immer bewusst und wurde von ihnen hochgeschätzt. Man versuchte auch, den staatlichen Einfluss auf die Caritas einzudämmen. „Die zahlreichen und umfassenden Wohlfahrtsgesetze der letzten Jahre zeigen offensichtlich die Tendenz zur Verstaatlichung und Kommunalisierung der gesamten Wohlfahrtspflege und drohen die freie Liebestätigkeit zu erdrosseln."[772] Damit benannten die Saarbrücker Pfarrer einen seit Jahrzehnten überregional bestehenden Konflikt, denn bereits seit der ersten Hälfte des 19. Jahrhunderts war die Zuständigkeit von Staat / Kommunen und Kirche im Bereich der Armenfürsorge strittig. Die von ihnen gegenüber einer staatlichen Kontrolle geäußerten Vorbehalte entsprachen einer etablierten Grundhaltung, denn schon „in der frühen Phase kristallisierten sich drei für den deutschen sozialen Katholizismus bis weit in das 20. Jahrhundert konstitutive Einstellungen heraus: die Reserve gegenüber dem übermächtigen Staat, das Misstrauen gegenüber einer individualistischen Gesellschaftsauffassung und die Ablehnung des Sozialismus mit seinem Klassenkampfmodell."[773]

In Saarbrücken erkannten die Pfarrer, dass eine Zentralstelle der Caritas für das Saargebiet und die Stadt Saarbrücken notwendig war. Durch die straffere Organisation erhofften sie sich vielleicht, besser gegen die Eingriffe des Staates in die kirchliche Diakonie aufgestellt zu sein. Schlich begründete noch einmal mit

772 Definitionskonferenz am 4. Juni 1929 (Kapitels- und Pastoralkonferenzberichte, Bistumsarchiv Trier, Abt. 74 Nr. 49). Hervorhebungen im Original.

773 Bernhard SCHNEIDER, Barmherzigkeit – institutionalisierte Fürsorge – weltweite Solidarität. Armut und Armenfürsorge in der neueren Geschichte des deutschen Katholizismus. In: Armut als Problem und als Weg. Poverty as problem and as path, hg. von Willem Marie SPEELMAN, Angelica HILSEBEIN, Bernd SCHMIES und Thomas SCHIMMEL. Münster 2017, 135–168, hier: 141.

Nachdruck, dass der Caritasverband als Träger des Margarethen- und Gertrudenstiftes (in Saarbrücken und Saarlouis), des Lehrlingsheims und des sich im Bau befindenden Heilig-Geist-Krankenhauses notwendig sei.[774] Schlich, der am 17. Mai 1929 von Bischof Bornewasser zum Dechanten des Dekanats Saarbrücken ernannt worden war, übernahm mit seiner Beförderung auch den ersten Vorsitz des Caritasverbands Saarbrücken.[775] Zweiter Vorsitzender wurde sein enger Verbündeter Franz Joseph Bungarten. Als erster Vorsitzender musste Schlich sich nicht nur um die Finanzierung verschiedener Projekte sorgen, sondern den Caritasverband auch bei gerichtlichen Auseinandersetzungen vertreten, falls es zu einem Prozess kam.[776]

Gerade die Finanzierung des Heilig-Geist-Krankenhauses forderte Schlich viel ab. Nachdem man begann, die zuvor durch das Militär genutzten Gebäude umzubauen, brauchte man einen neuen, höheren Kredit, den Schlich mühevoll organisierte und den er zu guten Konditionen erhielt. Um diesen auch zu bekommen, bewegte er die Pfarrer von St. Johann, St. Michael und St. Josef dazu, eine solidarische Bürgschaft für den Kredit (1.800.000 Francs) zu übernehmen.[777] Schlich, der ein großes Geschick in Geldangelegenheiten besaß, überblickte die Bausituation des Krankenhauses genau und wusste, man würde noch weitaus mehr Geld benötigen, um den Bau zu finanzieren. Daher beschaffte er im Namen des Caritasverbandes einen zweiten Kredit in Höhe von 5.000.000 Francs bei der Versicherungsgesellschaft „Le paix Paris".[778] Um dieses Darlehen aufnehmen zu können, mussten jedoch alle Kirchengemeinden der Innenstadt solidarisch die Bürgschaft hierfür übernehmen. Als Schlich die Kreditzusage im März 1930 durch die französische Versicherungsgesellschaft erhalten hatte, musste er noch die anderen Pfarrer von seinem Vorhaben überzeugen.[779] Dies gelang ihm recht schnell. In der Verwaltungsratssitzung des Caritasverbandes am 7. April 1930 konnte er

774 Vgl. Bistumsarchiv Trier, Kapitels- und Pastoralkonferenzberichte (wie Anm. 772).

775 Vgl. Diözese Trier, Kirchlicher Amtsanzeiger für die Diözese Trier (wie Anm. 46), Nr. 103, S. 86–88.

776 So setzte er sich bei Gericht für die Hypothekenentwertung des Margarethenstifts ein. Vgl. Bericht der Pfarrkonferenz der 1. Definition des Dekanats Saarbrücken, gehalten am 12.11.1929 im Pfarrhaus St. Johann (Bistumsarchiv Trier, Kapitels- und Pastoralkonferenzberichte [wie Anm. 772]).

777 Vgl. Definitionskonferenz am 4. Juni 1929 (ebd.).

778 Vgl. hierzu und zum Folgenden: Caritasangelegenheiten des Bistums Trier, Bistumsarchiv Trier, Abt. 59 Nr. 53.

779 Wie Schlich selbst in einer Anlage zu einem Protokoll festhielt, erschienen bei ihm in Saarbrücken am 20.03.1930 zwei Pariser Bankiers, deren Zweifel an der Baufinanzierung und den notwendigen Sicherheiten er ausräumen konnte. Zuvor habe er die Zahlen von Fachleuten prüfen lassen und auch Angebote anderer Banken eingeholt. In seinem Bericht vergleicht Schlich akribisch die einzelnen Angebote der Banken miteinander.

den Anwesenden mitteilen, dass nur noch die Zusagen zweier Gemeindevorsteher (St. Johann und Herz-Jesu) fehlten.[780]

Der Caritasverbandsvorsitzende musste aber nicht nur seine Confratres in Saarbrücken überzeugen, sondern zugleich auch die Anleihe in Trier prüfen und genehmigen lassen. Die Bischöfliche Behörde in Trier sandte ihm den Vertragsentwurf, welchen er am 8. April 1930 nach Trier schickte, mit einem Genehmigungsvermerk zurück.[781] Wie aus den Unterlagen hervorgeht, war der 1930 amtierende Dechant Saarbrückens in den höchsten Kreisen des Bistums eine angesehene Persönlichkeit, denn er arbeitete eng mit Bischof Bornewasser und Diözesan-Caritasdirektor (Weihbischof) Mönch zusammen und genoss ihr Vertrauen.

Nachdem Schlich die Zusage aller Pfarrer der Stadt Saarbrücken und aus Trier vorliegen hatte, nahm er die Verhandlungen mit der Gesellschaft „Le paix Paris" auf. Hierbei dürfte ihm sicherlich sein Studium der französischen Sprache von großer Hilfe gewesen sein.[782] Am 12. April 1930 nahm der Verwaltungsrat des Caritasverbands die Bürgschaftserklärung an und man übersandte ein Exemplar nach Trier.[783]

Etwa ein halbes Jahr später legte Schlich die Gesamtkostenabrechnung vor und es zeigte sich, dass seine Kalkulation fast genau aufging.[784] Die Gesamtkosten beliefen sich auf 7.501.533 Francs, denen Einnahmen in Höhe von 7.366.409 Francs gegenüberstanden. Schlich gelang es Spenden bei der Stadt, der Regierungskommission, der Kultusabteilung des Saargebiets und der Westhilfe in Berlin zu akquirieren.[785] Es ist also das Hauptverdienst Schlichs, der sehr viel Zeit in die Beschaffung von Geldern, in die Planungen und die Überwachung der Baumaßnahmen investierte, dass das Heilig-Geist-Krankenhaus in Saarbrücken, ein wichtiges Standbein für das katholische Milieu Saarbrückens zu dieser Zeit, überhaupt errichtet wurde.

Während das große Bauprojekt Schlichs, das Heilig-Geist-Krankenhaus, in den Jahren 1930/1931 bestens voranschritt, musste Schlich dem Kapitel offenlegen, dass eine Einrichtung des Caritasverbandes, das Margarethenstift, in finanziellen Nöten war.[786] Schlich führte diesen Umstand einerseits auf die Tatsache zurück, dass

780 Vgl. Bericht über die Sitzung des Caritasverbands Saarbrücken vom 07.04.1930 (ebd.).

781 Vgl. Schreiben Schlich an das Generalvikariat Trier vom 08.04.1930 (ebd.).

782 Vgl. Bericht Schlichs vom 10.04.1930 (ebd.).

783 Vgl. Bericht Schlichs vom 12.04.1930 (ebd.).

784 Vgl. hierzu und zum Folgenden: Informationsschreiben Schlichs an die Pfarrer, die solidarisch die Bürgschaft aufnahmen, vom 02.10.1930 (ebd.).

785 Die Kultusabteilung bezuschusste die Einrichtung der Krankenhauskapelle mit 6.000 Francs, nachdem Sr. Isabella und Caritasdirektor Knob ein Bittschreiben formulierten. Vgl. Schreiben Sr. Isabella und Caritasdirektor Knob vom 02.04.1930 sowie das Antwortschreiben der Kultusabteilung der Regierungskommission vom 18.08.1930 (Landesarchiv des Saarlandes, Caritas Saarbrücken [wie Anm. 691]).

786 Bereits am 25. 10.1930 fragte Schlich bei der Bischöflichen Behörde in Trier an, ob es erlaubt sei, dass Neugeborene in der Klinikkapelle getauft werden dürfen, weil der Weg zur

die Regierung absichtlich weniger Zöglinge in die kirchliche Einrichtung überweise, als es dem Staat möglich wäre. Andererseits weigerte sich die Hausleitung einen Haushaltsplan aufzustellen und eine genaue Auflistung der Einnahmen und Ausgaben vorzulegen. Er sollte daher im Namen der Konferenz an die Regierungskommission des Saargebiets herantreten und diese auffordern, wenigstens zwölf staatlich überwiesene Kinder dem Pflegeheim zuzuteilen, weil dieses sonst nicht überlebensfähig sei.[787] Obwohl man kirchlicherseits die Autonomie der catiativen Organisationen sicherstellen wollte, war der Staat als Geldgeber und Förderer kirchlicher Einrichtungen, die sich im caritativen Bereich engagierten, gerne gesehen und willkommen. Insoweit suchte die Kirche auch die Zusammenarbeit mit den staatlichen und kommunalen Behörden.[788]

Dechant Schlich gab 1929 aber nicht nur den Anstoß zum Bau des Krankenhauses, sondern stellte auch fest, dass eine Kirche am Bahnhof dringend notwendig sei.[789] Allerdings gestaltete sich die Umsetzung dieses Vorhabens weitaus schwieriger als der Neubau des Krankenhauses, weil die Pfarrer zum einen keinen Gesamtverband für die Stadt Saarbrücken gründen wollten und zum anderen der Bahnhof zum Territorium der Pfarrei St. Josef (Malstatt) gehörte und diese zuerst eine neue Kirche am Siedlungsgebiet „Sitterswald" (heute Rodenhof) sowie an der Lebacher Straße auf dem Rastpfuhl bauen wollte.[790] Schlich wies die anwesenden Pfarrer darauf hin, „dass die im Interesse der Repräsentation des Katholizismus und der Seelenrettung sowie besonders des sonntäglichen Kirchenbesuches so dringend notwendige neue Kirche am Bahnhof nicht bloss eine Aufgabe von Mal-

Pfarrkirche (Christkönig) zu weit sei. Er erhielt hierfür eine Genehmigung. Vgl. Schreiben Schlich an das Generalvikariat Trier vom 25.10.1930 sowie die behördliche Antwort vom 07.11.1930 (Bistumsarchiv Trier, Pfarrakten der Pfarrei Saarbrücken [Christkönig] [wie Anm. 631]). Ebenso durften Trauungen, die in aller Stille stattfinden mussten, in der Kapelle des Heilig-Geist-Krankenhauses gehalten. Vgl. Schreiben Knob an die Trierer Behörde vom 14.06.1930 (Bistumsarchiv Trier, Pfarrakten der Pfarrei Saarbrücken [St. Jakob] [wie Anm. 42]).

787 Vgl. Bericht über die Konferenz der Definition 1 des Dekanats Saarbrücken vom 8. Juni 1931 (Schlich, Decanats- u. Conferenzberichte u. Bischöfl. Schreiben [wie Anm. 457]).

788 Zum deutschen Modell des Sozialstaats vgl. Schneider, Barmherzigkeit – institutionalisierte Fürsorge – weltweite Solidarität (wie Anm. 773), 148–150.

789 Vgl. hierzu und zum Folgenden: Konferenz der Pfarrer von Saarbrücken am 15.7.1929 (Schlich, Decanats- u. Conferenzberichte u. Bischöfl. Schreiben [wie Anm. 457]).

790 Vgl. Protokoll der Sitzung der Kirchengemeindevertretung St. Josef vom 02.03.1928 (Bistumsarchiv Trier, Pfarrakten der Pfarrei Saarbrücken-Malstatt [St. Josef] [wie Anm. 765]). Was die Anwesenden (mit Ausnahme von Schlich und Bungarten) nicht wussten, war die Tatsache, dass die Kirchengemeinde St. Josef bereits Ende des Jahres 1928 beschlossen hatte, das Gelände am Hauptbahnhof (zwischen Triererstraße und Faktoreistraße) von der Bergwergverwaltung zu kaufen. Vgl. Protokoll der Sitzung der Kirchengemeindevertretung St. Josef vom 27.012.1928 (ebd.).

statt oder überhaupt einer Pfarrei, sondern Ehrensache und Pflicht der Katholiken der Großstadt (sic!), ja sogar des ganzen Saargebiets, sei.“[791]

Schlich schlug daher vor, damit eine Einigung zwischen den Pfarrern erzielt werden konnte, dass man eine „prozentual gleiche gemeinsame Umlage für alle Pfarreien beschliessen sollte“[792], womit sich die anwesenden Kapitulare anfreunden konnten. Allerdings konnten nicht alle Pfarrer sich mit der Vorstellung anfreunden, eine Pfarrkirche am Bahnhof zu errichten. Pfarrer Dr. Kremer schlug vor, man sollte vielmehr ein Hospiz mit großer Kapelle eröffnen. Pfarrer Dr. Adolf Traurich[793] sprach sich für die Verlegung des Marienheims an den Bahnhof aus. Schließlich äußerte Dechant Schlich noch die Idee, dort ein Kloster zu eröffnen.

Schlich wollte aber von seinem Vorhaben, eine Kirche am Bahnhof zu eröffnen, nicht abrücken. Weil er kein einstimmiges Votum herbeiführen konnte, sandte er die Berichte der beiden Definitionskonferenzen (vom 4. Juni 1929 und vom 15. Juli 1929) bereits vor Jahresende an die Behörde in Trier, mit der Frage, was diese von seinem Vorhaben halte.[794] Generalvikar Franz Tilmann[795] stärkte Schlich den Rücken, indem er ihm schrieb, die Behörde halte „die Errichtung einer Kir-

791 Konferenz der Pfarrer von Saarbrücken am 15.7.1929 (Schlich, Decanats- u. Conferenzberichte u. Bischöfl. Schreiben [wie Anm. 457]).

792 Ebd.

793 Der 1881 in Kreuznach geborene und 1907 zum Priester geweihte Traurich war zunächst als Kaplan in Adenau und Trier (St. Paulus) eingesetzt. 1913 wurde er Religionslehrer an den Fortbildungsschulen in der Bistumshauptstadt und ab 1919 Pfarrer in Kirn. Nach der Gründung der Pfarrvikarie St. Michael in Saarbrücken ernannte ihn Bischof Bornewasser am 19.01.1926 zum dortigen Vikar und am 17.11.1926 zum ersten Pfarrer der Gemeinde. 1937 emeritierte Traurich und verstarb am 15.08.1938. Vgl. Thomas, Der Weltklerus der Diözese Trier seit 1800 (wie Anm. 23), 351.

794 Vgl. Handschriftliches Schreiben Schlichs vom 18.07.1929 an Generalvikar Tilmann (Schlich, Decanats- u. Conferenzberichte u. Bischöfl. Schreiben [wie Anm. 457]).

795 Tilmann, geboren am 01.10.1865 in Neuwied und 1888 in Trier zum Priester geweiht, war zunächst fünf Jahre Kaplan in Trier (St. Antonius) und danach Pfarrer in Ralingen, wo er bis zu seinem Wechsel 1897 blieb, als er Vikar von Kreuznach (Heilig Kreuz) wurde. Ab 1899 war er der erste Pfarrer der neu errichteten Pfarrei. Allerdings blieb er nicht lange, denn am 08.10.1901 (kurz nachdem Kaplan Schlich in der Pfarrei begann) berief ihn Bischof Korum zum Vorsteher der bedeutsamen Liebfrauenpfarrei in Koblenz. 1909 wurde er vom Papst zum Domkapitular berufen und vier Monate später installiert. 1912 ernannte ihn Korum zu seinem Generalvikar. Nach dem Tod Korums verwaltete er als Kapitularvikar das Bistum Trier. Auch der Nachfolger Korums, Franz Rudolf Bornewasser, setzte den „Verwaltungsfachmann“ wieder als Generalvikar ein, „der schließlich sanft zu dem am 19.10.1935 erfolgten Rücktritt als Generalvikar gezwungen werden musste.“ (Persch, Die Bistumsverwaltung [wie Anm. 52], 91). Tilmann verstarb nach längerer Krankheit 1936. Vgl. Thomas, Der Weltklerus der Diözese Trier seit 1800 (wie Anm. 23), 349f. sowie Martin Persch, Tilmann, Franz. In: Trierer biographisches Lexikon, 467.

Abb. 30: Entwurfszeichnung für eine Kirche am Bahnhof in Saarbrücken (Architekt unbekannt)

che oder größeren Kapelle am Hauptbahnhof für ein dringendes Bedürfnis der Saargroßstadt.«[796]

In den darauffolgenden beiden Jahren (1929–1931) kann man keinerlei Aufzeichnungen über die Bahnhofskirche mehr in den noch vorhandenen Unterlagen aller Saarbrücker Pfarreien sowie den Dekanats- bzw. Definitionsprotokollen finden. Aber Dechant Schlich verfolgte dieses Vorhaben weiter. Er teilte dem Bischof am 17. November 1931 mit, dass die Jesuiten Interesse am Kirchbauplatz am Bahnhof in Saarbrücken äußerten.[797] Der Provinzial der Jesuiten sei sogar schon aus Köln angereist, um sich ein Bild vor Ort zu machen und teilte Schlich mit, vielleicht sogar eine Kirche und eine Niederlassung dort zu gründen. Schlich plädierte gegenüber dem Bischof dafür, die Kirche müsse eine Pfarrkirche mit eigener Pfarrei sein. Hierfür wäre es notwendig, dass die angrenzenden Pfarreien Gebie-

796 Schreiben Tilmann an Schlich vom 16.08.1929 (SCHLICH, Decanats- u. Conferenzberichte u. Bischöfl. Schreiben [wie Anm. 457]).

797 Vgl. hierzu und zum Folgenden: Schreiben Schlich an Bischof Bornewasser vom 17.11.1931 (BISTUMSARCHIV TRIER, Pfarrakten der Pfarrei Saarbrücken [Christkönig] [wie Anm. 631]).

te abträten. So müsste die Pfarrei St. Josef 1.900 Katholiken abgeben, die Pfarrei St. Michael 600 Gläubige und die Pfarrei St. Johann 700 Gemeindemitglieder.

Schlich begründete seinen Plan auch mit drei Argumenten: Zum einen aus seelsorgerischer Perspektive, denn dadurch wäre eine systematischere Betreuung der Pfarrglieder besser gewährleistet, zum anderen würde der neue Pfarrer Staatsbeihilfen erhalten. Ferner wäre ein friedvolles Miteinander zwischen Jesuitenpfarrer und Pfarrgeistlichen gewährleistet.

Der Dechant hatte sogar schon Kontakt zu Koßmann und dem Zuständigen Vertreter der Regierungskommission Colling Kontakt aufgenommen und beide hatten ihm die volle Unterstützung zugesichert. Zudem hatte der Initiator des Vorhabens gemeinsam mit Pfarrer Bungarten schon seit Monaten Angebote für Anleihen vorliegen. Außerdem ließ Schlich schon einen Entwurf für eine Kirche, womöglich von Architekt Hans Herkommer, der schon die Pfarrkirche St. Michael und das neue Verlagsgebäude der Saarbrücker Landes-Zeitung entwarf, erarbeiten.

Nun fragte Schlich, der die Skizze nicht nach Trier übersandte und kein Wort darüber gegenüber seinem Bischof verlor, wie er weiter verfahren sollte. Wäre dem Bischof eine Pfarrkirche lieber als eine Klosterkirche und solle er weiter mit den Jesuiten verhandeln?

Bornewasser lobte Schlich für seinen unermüdlichen Einsatz und hieß den Bau einer Kirche am Bahnhof sowie die geplante Seelenzahl einer möglichen neuen Pfarrei gut. Allerdings war in der Nähe keine Schule und es würde auch keine in absehbarer Zeit eröffnet.[798] „Wir würden es daher mehr begrüßen, wenn die neue Kirche den Charakter einer Annexkirche zu St. Josef erhielte, an der die Priester aus dem Jesuitenorden mit bestimmten von uns verliehenen Fakultäten tätig wären."[799] Die Eröffnung eines solch wichtigen Standorts für die katholische Kirche konnte aber niemals realisiert werden. Die Gründe hierfür müssen im Dunkeln bleiben.

4.1.4.6 Die Kapitulare als binnenkirchliche Moralinstanz

Abgesehen von den strukturellen Fragen widmeten die Konferenzteilnehmer sich gemeinsam moralischen Problemen, die in der Großstadtpastoral aufkamen und

798 Vgl. hierzu und zum Folgenden: Schreiben Bornewasser an Schlich vom 27.11.1931 (ebd.).

799 Ebd. Die Gründe, weshalb es niemals zum Bau der Kirche kam, obwohl bereits alle Pläne vorlagen, lässt sich heute nicht mehr nachvollziehen. Auch im Provinzarchiv der Gesellschaft Jesu in München befinden sich keine Aufzeichnungen des damaligen Provinzials mehr. Auch Klaus Schatz berichtet in seiner neuen und detaillierten Geschichte der deutschen Jesuiten nicht darüber. Vgl. Klaus SCHATZ, Geschichte der deutschen Jesuiten. 1917–1945 (= Geschichte der deutschen Jesuiten 3). Münster 2013.

zu denen sie vereint Stellung beziehen mussten. Man wollte gegen den moralischen Verfall in der Stadt breitspurig vorzugehen. Die Priester, die sich als ‚Hüter von Sitte und Moral' verstanden, planten von der Kanzel aus und in der Zeitung vor Kinobesuchen zu warnen, weil viele der dort gezeigten Filme nicht ihren sittlich-moralischen Vorstellungen entsprachen. Die Kritik am sog. „Schund" und den neuen Freizeitvergnügungen (wie Kino, Tanz etc.) diente dazu, dass die Menschen weiterhin ihre freie Zeit für kirchliche Veranstaltungen reservierten und das von der Kirche gelehrte Weltbild erhalten blieb. Zugleich erschwerten solche Filme und Veranstaltungen den Amtsträgern die Bewahrung der Milieustandards.[800]

Diese Forderung wurde in der Konferenz vom 8. Juli 1918 erneut wiederholt und Dechant Echelmeyer damit beauftragt, Kontakt mit den lokalen Zeitungen aufzunehmen und zu verhandeln, damit die „verruchten" Filme nicht mehr in den Tageszeitungen den Lesern empfohlen würden bzw. eine Auswahl zu treffen, die nicht anstößig sei.[801] Diese Auffassung teilten aber nicht nur die Geistlichen des Dekanats Saarbrücken, sondern auch der gesamte Klerus des Bistums Trier. Der Diözesanklerus verlieh seiner Forderung noch einmal auf der Diözesansynode 1920 Nachdruck, indem die Geistlichen in einem Dekret Maßnahmen erläuterten, wie den Gefahren moderner Lichtspiele begegnet werden müsse.[802]

„Generell führten die neuen weltlichen Medien dazu, dass Vertreter aller Konfessionen gegen sie mobilisierten. So beteiligten sich beide Kirchen seit der Jahrhundertwende bei Kampagnen gegen Schmutz und Schund, die sich gegen Filme, Romane, Groschenhefte oder Zeitschriften [wandten]."[803] Pius XI. lockerte die strikte Ablehnungshaltung seines Vorgängers hinsichtlich der Bewertung von Filmen. In seiner 1927 erschienenen Enzyklika „Divini illius magistri" wertete er das Medium „Film" deutlich auf und begrüßte eine internationale katholische Filmarbeit.[804]

800 Vgl. Christian KUCHLER, Kirche und Kino. Katholische Filmarbeit in Bayern (1945–1965), zugl.: München, Univ., Diss., 2004 u. d. T.: Kuchler, Christian: Die Katholische Kirche und das Kino (= Veröffentlichungen der Kommission für Zeitgeschichte. Reihe B, Forschungen 106). Paderborn u. a. 2006, 40f.

801 Vgl. Protokoll über die dritte Konferenz am 8. Juli 1918 (BISTUMSARCHIV TRIER, Kapitels- und Pastoralkonferenzberichte [wie Anm. 713]).

802 Als Möglichkeiten, der Gefahr entgegenzuwirken, werden Kontrollen unter Zuhilfenahme von Vertrauensleuten, durch Einflussnahme auf Presse, gesetzgebende Körperschaften, Jugendämter und -pflegeausschüsse sowie Kommunalbehörden oder die Aufführung angemessener Lichtspiele durch die eigenen Vereine sowie die früh einsetzende Erziehung der Jugend durch die Kirche genannt. Vgl. Dekret Nr. 16, in: Unterlagen zur Diözesansynode von 1920, Bistumsarchiv Trier, B III 2, 38 Bd. 2 sowie BISCHÖFLICHES GENERALVIKARIAT TRIER, Diözesansynode des Bistums Trier (wie Anm. 409), 119.

803 Frank BÖSCH, Medien und Religion im 20. Jahrhundert. In: Handbuch der Religionsgeschichte im deutschsprachigen Raum, 285–311, hier: 294.

804 Vgl. ebd., 295 sowie KUCHLER, Kirche und Kino (wie Anm. 800), 45.

Gerade die herausragende Stellung der Pfarrer war in weiten Kreisen der katholischen Bevölkerung unangefochten und ihre Meinung bestimmte teilweise nicht nur die Lebenswelt der Gläubigen, sondern auch deren Konsumverhalten. Ihnen stand es nicht nur zu, wie bereits dargestellt, Filme den Katholiken zu empfehlen oder zu verbieten, sondern auch, welche Bücher man lesen durfte. Dabei spielte es auch eine Rolle, wo man welche Bücher kaufte und ob deren Inhalt anstößig war oder nicht. Als 1925 eine Reisebuchhandlung damit warb, die Pfarrer der Stadt würden sie empfehlen, was aber nicht der Realität entsprach, fasste man einstimmig den Beschluss, eine entsprechende Erklärung zu verfassen und diese mittels Presse, Predigt und Aushängen zu verkünden bzw. zu verteilen, damit sie nicht an Ansehen in der Öffentlichkeit einbüßten.[805]

Nachdem die Geistlichen Opfer des Namensmissbrauchs einer Buchhandlung wurden, fassten sie den Beschluss, den Gläubigen bei der Wahl und dem Einkauf eines Buches zu helfen, indem sie in allen Kirchen des Dekanats einen Bücherverkaufsstand am Ausgang positionieren wollten.[806] Ferner fassten sie den Entschluss, die Eröffnung eines Bücherverkaufsstands im Zentrum Saarbrückens in die Wege zu leiten. Als jedoch die Bischöfliche Behörde davon in Kenntnis gesetzt wurde, bremste sie die Geistlichen der ersten Definition, denn zu diesem Zeitpunkt liefen Verhandlungen zwischen katholischen Buchhändlern und den kirchlichen Stellen in Deutschland.[807]

Der Klerus war auch an den Karnevalstagen bemüht, einen Gegenpol zu den ausgelassenen Feiern zu schaffen, indem in einigen Pfarrkirchen und klösterlichen Anstalten der Stadt, gemäß alter kirchlicher Tradition, ein vierzigstündiges Gebet vor ausgesetztem Allerheiligsten gehalten wurde. „Mitten im tollen Trubel, wo das Volk in der Tiefe um das goldene Kalb tanzt, im Sinnengenuß aufgeht und der Mensch sich austoben will, führt die Kirche ihre ernsten und besinnlichen Kinder in diesen Tagen hinauf in die Höhe, vor den Thron des eucharistischen Königs, um ihm erneut zu *huldigen*. Während die Kinder der Welt im Flitter falschen Putzes bei Jazz und Tanz sich tummeln, während sie den Becher der geilen Lust bis zur Neige trinken und darin ihren Gott suchen, der ja ihr Bauch ist, ungeachtet der wirtschaftlichen und sozialen Nöte, die die weitesten Kreise bis zum Erliegen

805 Vgl. Kapitelsverhandlungen des Dekanates Saarbrücken in St. Johann am 3. Mai 1926 (Bistumsarchiv Trier, Kapitels- und Pastoralkonferenzberichte [wie Anm. 395]). Pfarrer Bungarten verfasste ein entsprechendes Schreiben, dessen Inhalt sehr deutlich zum Ausdruck brachte, dass hier der gute Name der Pfarrer missbraucht wurde. Vgl. Abschrift der Erklärung Bungartens (ebd.).

806 Vgl. Bistumsarchiv Trier, Kapitels- und Pastoralkonferenzberichte (wie Anm. 398).

807 Vgl. Antwortschreiben Tilmann an Dechant Echelmeyer auf die Kapitelsberichte vom 08.03.1927 (ebd.). Auch wenn das Saargebiet nicht zum Deutschen Reich gehörte, so waren die Pfarreien Teil der Diözesen Trier und Speyer, weshalb auch im Saargebiet abgewartet werden sollte.

drücken, erneuern sie vor ihrem Gott auf dem Tabernakel den heiligen Schwur: Dein sind wir, Herr, und dir wollen wir auch bleiben."[808]

Trotz all ihrer Bestrebungen, den moralischen (Milieu-)Standard nach katholischen Maßstäben hochzuhalten, mussten die Würdenträger immer wieder Rückschläge erleiden. Während des Festzugs eines Sportvereins in Saarbrücken trugen die Mädchen Turnkleidung, was die Geistlichen dazu veranlasste, ein Beschwerdeschreiben an die Polizeidirektion zu senden, damit dem unerhörten Treiben ein Ende gesetzt werde. Dadurch werde die Jugend zu amoralischem Verhalten animiert und Priesterberufungen könnten dadurch zugrunde gehen, argumentierten die Geistlichen. Gerade die Sportvereine und deren Veranstaltungen, die zunächst mit Rücksicht auf die Gottesdienstzeiten an den Sonntagvormittagen nachmittags stattfanden, waren dem Klerus ein Dorn im Auge. Nachdem die Tanz- und Lustbarkeiten nach dem Ersten Weltkrieg vielerorts im Bistum häufiger angeboten bzw. von der Bevölkerung stärker frequentiert wurde und nicht mehr der Kontrolle der Geistlichen unterlagen, worüber sie sich daher schon auf der Diözesansynode 1920 beschwerten, erkannte man hier ein weiteres Problem kirchlicher Pastoral im Zusammenhang mit der Heiligung der Sonn- und Feiertage.[809] Aus diesem Grund sahen sich die Kleriker dazu gezwungen, energisch dagegen vorzugehen, damit einerseits nach ihren Maßstäben die Sitte und Moral der Jugend gewahrt blieb, andererseits der Sonntag (mit seiner Ruhe) auch in einer sich zunehmend pluralisierenden Gesellschaft weiterhin geheiligt werde und zudem die Religion ihre Vormachtstellung behielt.

Die Kapitulare erhoben ebenso Einwand gegen die Einführung einheitlicher Turnkleidung für den Schulunterricht. Als nämlich das Auguste-Viktoria-Gymnasium einheitliche Sportbekleidung anordnete, rieten sie Mutter Scholastika Briel OSU (Leiterin der Ursulinenschule in Saarbrücken) dazu, zunächst die Entwicklungen außerhalb des Saargebiets abzuwarten und dann den Kontakt zur Schulleitung des Auguste-Viktoria-Gymnasiums zu suchen, damit diese die Sportkleidung wieder aufgeben möge. Gegebenenfalls solle sie mit den Eltern dagegen vorgehen.[810] Gegen Ende des Jahres 1927 berichteten die Leiterin des Turnunterrichts am Ursulinenlyzeum und eine Sportlehrerin einer städtischen Volksschule dem Kapitel, dass die Turnbekleidung am Auguste-Viktoria-Gymnasium „durchaus

808 O. V., Vierzigstündiges Gebet an Fastnacht. In: Saarbrücker Landes-Zeitung vom 6. Februar 1926, 3. Das hervorgehobene Wort wird im Original im Sperrdruck geboten.

809 Vgl. zur Diözesansynode Resolution A IV Nr. 17 (Bischöfliches Generalvikariat Trier, Diözesansynode des Bistums Trier [wie Anm. 409], 119); zur Auseinandersetzung um die Heiligung der Sonn- und Feiertage im Bistum Trier vgl. Schneider, Kirchliches Leben, Frömmigkeit und Seelsorge im gesellschaftlichen Wandel (wie Anm. 384), 267–276.

810 Vgl. Bericht über die Definitionskonferenz der 1. Definition des Dekanats Saarbrücken, gehalten im Pfarrhause zu Gersweiler/Saar am 17. Oktober 1927 (Bistumsarchiv Trier, Kapitels- und Pastoralkonferenzberichte [wie Anm. 395]).

anstössig und als Anfang zum Übergang zum Nacktturnen“[811] anzusehen sei. Daher beschloss man unverzüglich zu handeln und fasste den Beschluss, „Herr StR *Lück* soll gemeinsam mit Herrn Dr. *Traurich* beim Director der Auguste-Viktoriaschule vorstellig werden. Wenn derselbe auf die Beschwerde nicht eingeht und für Abhülfe sorgt, soll einer von allen Kapitularen unterschriebenes Zirkular aller dort studierenden katholischen Schülerinnen versandt werden und das Zirkular in der Landeszeitung veröffentlicht werden.“[812] Die Geistlichen meinten, es gemäß damals binnenkatholischen Vorstellungen ihrem Amt schuldig zu sein, Sportkleidung zu reglementieren. Es ging bei der Frage nach „anständiger“ Kleidung in der Öffentlichkeit für die Kapitulare darum, den eigenen Milieustandard zu verteidigen und gesamtgesellschaftlich durchzusetzen, der in den 1920er Jahren aber zunehmend in die Defensive geriet, gerade in der großstädtischen Kultur („Wilde 20er“).[813]

Noch deutlicher brachten sie ihre Haltung zum Ausdruck, wenn es darum ging, das Entstehen von Sekten im Keim zu ersticken, damit diese das in den Augen der Amtsträger zu schützende katholische Milieu (mit seinem Glaubensgut und seinen Moralstandards) nicht infiltrierten. Gerade gegen Ende des Jahres 1924 traten vermehrt in Saarbrücken, insbesondere in Burbach, Sekten auf den Plan („Methodisten und ernsthafte Bibelforscher“), die sie mit allen ihnen zur Verfügung stehenden Mitteln zu bekämpfen suchten. Hierbei beschränkten sie sich nicht darauf, die Katholiken, die den Gottesdienst besuchten, auf altbewährte Methode (in der Predigt) zu warnen, sondern griffen zu den modernsten Waffen bzw. Medien und ließen in der Saarbrücker Druckerei Flyer anfertigen, die sie in der ganzen Stadt und Umgebung verteilen ließen.[814]

Alle Abwehr gegen fremde Religionen und Sekten war ein Teil ihrer Überlegungen. Sie begannen später darüber zu beratschlagen, wie sie das Milieu wieder enger zusammenbinden könnten. Dies machten sie an der Frage fest, wann einem getauften Katholiken das kirchliche Begräbnis verweigert werden dürfe.[815] Sie kamen zu dem Ergebnis, dass notorisch Abtrünnige, Exkommunizierte, Mitglieder einer freien Gewerkschaft (falls diese vor ihrem Tod keine Reue zeigten), Selbstmörder, im Duell Gefallene, Eingeäscherte und öffentliche Sünder nicht kirchlich

811 Bericht über die Definitionskonferenz der 1. Definition des Dekanats Saarbrücken am 6. Dezember 1927 im Pfarrhaus St. Josef zu Saarbrücken 2 (ebd.).

812 Ebd. Die kursiv gedruckten Namen besteht im Orginial aus Großbuschstaben.

813 Vgl. Sabina Becker, Experiment Weimar. Eine Kulturgeschichte Deutschlands 1918–1933. Darmstadt 2018, 185–292. Zur kulturkonservativen Kritik (ohne speziellen Bezug zur Kirche) vgl. ebd., 54–75.

814 Vgl. Protokoll der Konferenz der Definition I des Dekanats Saarbrücken zu Jägersfreude am 15.12.24 (Bistumsarchiv Trier, Kapitels- und Pastoralkonferenzberichte (wie Anm. 657).

815 Vgl. hierzu und zum Folgenden: Konferenz der Pfarrer der Definition 1 des Dekanats Saarbrücken in Burbach St. Eligius am 4.2.25 (ebd.).

begraben werden müssten bzw. sollten. Sicherlich erhoffte man sich durch klare Richtlinien und Abgrenzungen ‚von der Welt', die Gläubigen wieder zu einem geordneten Sakramentenempfang und einem Leben nach den Werten und Moralvorstellungen der katholischen Kirche bewegen zu können.

4.1.4.7 Katechese und Schulseelsorge als Arbeitsfeld auf Dekanatsebene

Wie das Beispiel der Turnkleidung deutlich zeigt, gab es nicht nur Schnittstellen zwischen den einzelnen Ortspfarrern bzw. Religionslehrern an den Schulen Saarbrückens, sondern auch im Dekanatskapitel wurde häufiger über Schulangelegenheiten beraten. Erstmalig im Untersuchungszeitraum tauchte der Themenkomplex „Schule und Jugendfürsorge" 1917 auf, als ein brisantes Thema die Pfarrer beschäftigte: Man begann staatlicherseits darüber nachzudenken, die Konfessionsschulen abzuschaffen.[816] Man musste sich also zusammenfinden, um über eine entsprechende Verteidigungsstrategie zu beratschlagen. Ebenso seien Maßnahmen angelaufen, die die kirchliche Kleinkinderfürsorge gefährden. Jedoch verzeichneten die Geistlichen hier ein positives Gegensignal, denn die Mutterhäuser der Frauenorden, die sich im Bistum Trier befanden, hatten sich dazu bereit erklärt, Schwestern für die Säuglings- und Kleinkinderpflege ausbilden zu lassen.

Gerade die Sorge um die Kleinsten war ein Herzensanliegen Schlichs, was daran zu erkennen ist, dass er schon neun Tage vor der Konferenz ein Gebäude anmietete, um dort mit Hilfe der Franziskanerinnen von Waldbreitbach ein Säuglingspflegeheim zu eröffnen, wo auch Pflegekräfte ausgebildet werden können. Hierfür setzte er sich auch in den städtischen Gremien, denen er angehörte, immer wieder ein.[817]

Nachdem die Bergwerksdirektion im Saargebiet eigene Schulen eröffnet hatte, entpuppte sich diese Schulform rasch als Problem für die Saarbrücker Kapitulare und man beriet über den Religionsunterricht in den französischen Domanialschulen im Saargebiet.[818] Diese Schulform wurde von der Amtskirche stets abgelehnt. Die Konferenz bildete somit eine Einheit gegenüber einer politischen Entwicklung, die sie für die katholische Bevölkerung als nachteilig empfand, und versuchte, möglichst den gesamten Klerus des Saargebiets von ihrer Haltung zu

816 Vgl. Bericht über die 3. Conferenz der 1. Definition des Dekanates Saarbrücken vom 10. Oktober 1917 (Bistumsarchiv Trier, Kapitels- und Pastoralkonferenzberichte [wie Anm. 713]).

817 Zum Aufbau des Säuglingsheims sowie sein politisches Engagement zur Gewinnung von finanziellen Mitteln vgl. die Ausführungen in den Kapiteln 4.1.1 und 4.4.3.

818 Dieser Tagesordnungspunkt wurde von Definitor Opp am Verhandlungstag eingebracht und behandelt. Näheres dazu im Kapitel 4.4.2.

überzeugen, um gemeinsam eine stärkere Stimme in der Öffentlichkeit zu erhalten. Dies taten die Geistlichen jedoch nicht nur zum von ihnen angenommenen Wohle der Bevölkerung, sondern auch mit Blick darauf, dass die Bestrebungen, die Pfarreien des Saargebiets an die Diözese Metz anzugliedern oder ein eigenes Saarbistum zu gründen, neuen Auftrieb erhalten könnten. Zugleich hatten die Geistlichen an den Domanialschulen keinen Einfluss wie an den übrigen Volks- und Fortbildungsschulen, was wiederum ein Grund dafür gewesen sein dürfte, dass sie diese Schulform ablehnten. Obwohl Schlich die „Franzosenschulen" zu keiner Zeit guthieß, unterrichtete er (gemeinsam mit einem seiner Kapläne) 1925 an der in Saarbrücken I ansässigen Domanialschule.[819] Dafür erntete er auch in der Öffentlichkeit große Kritik, denn man unterstellte ihm, dies wegen des finanziellen Verdienstes zu tun. Schlich argumentierte aber, dass dort 95 katholische Kinder aus 13 Gemeinden versammelt seien, wovon alleine 14 zu seiner Pfarrei gehörten. Die Besoldung überließe er, so schreibt Schlich, größtenteils seinem Kaplan. Ihm wäre es auch lieber, wenn diese deutschen Kinder die deutschen Volksschulen besuchen würden, ihnen den Religionsunterricht zu verweigern, war für ihn aber undenkbar.[820]

Ferner wies Schlich als Pfarrer des Gebiets, auf dem die französische Schule Saarbrückens stand, darauf hin, dass alle Schüler/Innen zu spät zum Religionsunterricht erscheinen würden, weil sie sich in der Stadt rumtrieben und falls sie keine Lust auf Religionsunterricht hätten, auch in der Küche zum Kartoffelschälen eingeteilt würden.[821] Ebenso sei in diesem Jahr die Erteilung des Erstkommunionunterrichts aufgrund des unterschiedlichen Alters der Teilnehmer/Innen besonders schwierig.

Zu Beginn des Jahres 1926 fand in Trier die zweite Dechantenkonferenz des Bistums statt.[822] Dort referierte u. a. Franz Weiler, Professor für Homiletik, Pädagogik und Katechetik am Bischöflichen Priesterseminar zu Trier, über den Religionsunterricht an Berufsschulen, wobei der Referent den hohen Stellenwert und die sich dadurch bietende Chance unterstrich, noch einmal auf die Jugendlichen Einfluss nehmen zu können.[823] Für das Kapitel des Dekanats Saarbrücken war

819 Vgl. hierzu und zum Folgenden: Protokoll der Konferenz des Gesamtdekanates Saarbrücken am 5.II.23 (Pfarrarchiv der Pfarrei Christkönig Saarbrücken [wie Anm. 305]).

820 Vgl. Schreiben Schlich an Ministerialdirektor Matthias Notton vom 25.03.1925 (Bistumsarchiv Trier, Schulkommissionen im Saargebiet und Bungarten-Notton [1923–1936], Bistumsarchiv Trier, Abt. 59 Nr. 71).

821 Vgl. Bericht der Pfarrkonferenz der Definition I des Dekanats Saarbrücken in Saarbrücken (St. Eligius) am 17.1.24 (Bistumsarchiv Trier, Kapitels- und Pastoralkonferenzberichte [wie Anm. 657]).

822 Zur Dechantenkonferenz und deren Entstehung vgl. die Ausführungen in Kapitel 4.2.1.

823 Vgl. Bischöfliches Generalvikariat Trier, Bericht über die 2. Dechanten-Konferenz der Diözese Trier. Im Priesterseminar zu Trier am 13. und 14. Januar 1926. Trier 1926, 21–24.

dieses Thema bedeutsam, da in der Stadt immer mehr Berufsschulen entstanden. Schlich hatte diese Entwicklung nicht aus den Augen verloren und teilte seinen Mitbrüdern im geistlichen Amt mit, dass fünf hauptamtliche Religionslehrer an den Berufsschulen Saarbrückens von Nöten sein würden, falls denn der Religionsunterricht an denselben eingeführt werde, was er für sehr wahrscheinlich hielt, weil kein Gesetz dagegen sprach.[824] Schlich rechnete dabei genau vor, wie er zu seiner Aussage kam und konnte die übrigen Anwesenden auch von seiner Idee überzeugen.

Für Schlich war das Thema „Katechese" und „Katechismusunterricht" an den Schulen sehr wichtig, denn dies bildete einen integralen Bestandteil seines Alltags. So musste die Herausgabe eines neuen Katechismus, wie es die Trierer Diözesansynode 1920, an der er teilnahm, auch forderte, eine Herzensangelegenheit gewesen sein.[825] Es bewog ihn immerhin dazu, gemeinsam mit dem Deutschen Katechetenverein und dem Bistum Trier (als Veranstalter) am 1. und 2. Februar 1926 in Saarbrücken einen katechetischen Kursus abzuhalten.[826] Dort wurden mehrere Vorträge am Tag angeboten, u. a. eine Unterweisung in Bibeldidaktik oder die Vorstellung des neuen Einheitskatechismus durch Franz Weiler.[827] Am zweiten Tagungstag referierte auch Pfarrer Schlich zum Thema „Der neue Lehrplan für den katholischen Religionsunterricht in der Volksschule".

Immer wieder kam es, und das ist kein Spezifikum Saarbrückens, sondern lässt sich an vielen Stellen im Bistum Trier und darüber hinaus feststellen, auch zu Streitigkeiten der Geistlichen mit den Schullehrern bzw. den Schulleitungen. Nachdem die geistliche Schulaufsicht[828] abgeschafft worden war, wollten die Geist-

824 Vgl. hierzu und zum Folgenden: Kapitelsverhandlungen des Dekanates Saarbrücken in St. Johann am 3. Mai 1926 (Bistumsarchiv Trier, Kapitels- und Pastoralkonferenzberichte [wie Anm. 395]).

825 Zur Trierer Diözesansynode von 1920 vgl. die Ausführungen in Kapitel 4.2.1.

826 Vgl. hierzu und zum Folgenden: Diözese Trier, Kirchlicher Amtsanzeiger für die Diözese Trier (= Kirchlicher Amtsanzeiger für die Diözese Trier 69). Trier 1925, Nr. 23, S. 11.

827 Vgl. Persch, Der Diözesanklerus und die neuen pastoralen Laienberufe (wie Anm. 403), 188.

828 Die Ortsschulaufsicht durch die Geistlichen im Saargebiet wurde durch die Verordnung der Regierungskommission vom 24.05.1921 aufgehoben und trat am 01.07.1921 in Kraft. Bischof Korum konnte noch erwirken, dass der Religionsunterricht in den Schulen erhalten blieb und die Geistlichen Sitz und Stimme in den Schulkonferenzen hatten. Zudem blieben die Ortspfarrer geborenes Mitglied der Schuldeputationen, -vorstände sowie -beiräte. Ferner wurde der Religionsunterricht, wie es Korum forderte, „in Übereinstimmung mit den Grundsätzen der katholischen Kirche durch Personen, die vom Bischof dazu ermächtigt sind, erteilt." (Schreiben Korum an Kultusminister von Moltke-Huitfeldt vom 26.04.1921 [Aufhebung der geistlichen Ortsschulaufsicht, Geistliche Beiräte 1920–1933, Landesarchiv des Saarlandes, MK 3736]). Zur deutschen Schulgeschichte allgemein vgl. Gert Geißler, Schulgeschichte in Deutschland. Von den Anfängen bis in die Gegenwart. Frankfurt a. M. [2]2014.

lichen trotzdem weiterhin Einfluss auf den Bibelunterricht der Religionslehrer/innen nehmen.[829] Dies führte häufig zu Spannungen. Der Lehrerinnenverband des Saargebiets übte dementsprechend öffentlich Kirchenkritik in ihrer Zeitschrift „Kulturleben an der Saar". Gegen diese Liberalisierungstendenz bezog der Definitionsklerus in einer Resolution Stellung: „Die Konferenz der Pfarrer der 1. Def. d. Dek. Saarbrücken vom 26.9.27 hat sich eingehend befasst mit dem Organ ‚Kulturleben an der Saar' und muss über Inhalt und Tendenz der letzten Hefte ihr Bedauern aussprechen. Vorläufig will sie es vermeiden, in der Öffentlichkeit dazu Stellung zu nehmen, indem sie erwartet, dass der Verband von sich aus Stellung nimmt zu der genannten Zeitschrift und die notwendigen Massnahmen für die Zukunft ergreift. Die Konferenz bittet ferner den Verlag, nach dieser Richtung hin mit dem Verbande Fühlung zu nehmen."[830]

Pfarrer Schlich und Pfarrer Bungarten hatten als Aufsichtsratsmitglied bzw. -vorsitzender der Saarbrücker Druckerei, in deren Haus die Zeitschrift gedruckt wurde, sicherlich mit Nachdruck dafür gesorgt, dass die Geschäftsführung der Druckerei, die geschlossen die Belange der katholischen Kirche an der Saar vertrat, ein Gespräch mit der Leiterin des Lehrerinnenverbandes, Frl. Tressel, führte. Nach einer Woche erhielt Dechant Echelmeyer eine Antwort des Verlags, worin dieser mitteilte, es habe eine Aussprache gegeben und man habe den Frauen „den katholischen Standpunkt [...] bezüglich der einzelnen Artikel sehr scharf zum Ausdruck gebracht und unverzügliche Aenderung des eingeschlagenen Kurses gefordert. Die Schriftleiterin [...] gab eine längere Erklärung ab [...]. Einige Schnitzer hat sie ohne weiteres zugegeben. Sie versprach uns, ihr Blatt wie bisher auch künftig hin im Rahmen der katholischen Weltanschauung herauszugeben und die begangenen Fehler durch eine Erklärung in der nächsten Nummer des ‚Kulturlebens an der Saar' wieder gutzumachen."[831]

Die Kapitulare waren meist in den neuesten schulischen Entwicklungen der Stadt einer Meinung. So auch, nachdem die Stadtverwaltung ankündigte, zwei neue Hilfsschulsysteme mit je einem katholischen und einem evangelischen Rektor zu schaffen, bereitete Schlich, der aufgrund seiner Tätigkeit als Mitglied des Stadtverordnetenrates und der Schuldeputation bereits vor allen anderen Geistlichen von den bevorstehenden Neuerungen erfahren haben dürfte, ein Schreiben

829 Vgl. Dekret A I der Diözesansynode Trier 1920, abgedruckt in: Bischöfliches Generalvikariat Trier, Diözesansynode des Bistums Trier (wie Anm. 409), 111f.

830 Resolution der Definitionskonferenz vom 26.09.1927 an den Lehrerinnenverband und die Saarbrücker Druckerei (Bericht über die Definitionskonferenz der 1. Definition des Dekanats Saarbrücken, gehalten am 26. Sept. 1927 (Bistumsarchiv Trier, Kapitels- und Pastoralkonferenzberichte [wie Anm. 395]).

831 Schreiben der Saarbrücker Druckerei an Dechant Echelmeyer vom 05.10.1927 (Pfarrarchiv der Pfarrei Christkönig Saarbrücken [wie Anm. 305]).

an die Stadtverwaltung vor, in dem der Klerus geschlossen forderte, dass „das Konfessionsprinzip voll und ganz gewahrt und durchgeführt werde."[832]

Die hauptamtlichen Berufsschullehrer, die auch an der Pfarrerkonferenz teilnahmen, brachten 1931 die Klage vor, dass die Protestanten sich nicht am Unterrichtsplan beteiligen wollten, sodass für die staatliche Behörde ein Grund vorliege, die Erteilung des Religionsunterrichts an den betreffenden Schulen einzustellen.[833] Für den Religionsunterricht standen den Geistlichen an den Berufsschulen nur die Randstunden zur Verfügung, wodurch sie nicht alle Klassen regelmäßig unterrichten konnten. Schlich setzte sich daher mit der Regierungskommission in Verbindung und versuchte auch die Schulrektoren dazu zu bewegen, nicht nur Eckstunden für den Religionsunterricht einzuplanen, damit alle Klassen erfasst werden könnten, auch wenn die evangelischen Pfarrer keinen Unterricht erteilen wollten. Ferner wandte er sich erneut an die Bischöfliche Behörde in Trier mit der Bitte, es möge ein dritter hauptamtlicher Religionslehrer für die Fortbildungsschulen nach Saarbrücken auf Kosten der Pfarreien ohne Regierungszuschuss entsandt werden. Bis dahin übernehme der Pfarrklerus diese Stunden, sodass alle katholischen Jugendlichen unterrichtet würden.

Schlich drang darauf, eine Konferenz aller an Berufsschulen im Saargebiet tätigen Religionslehrer durchzuführen, damit ein einheitliches Vorgehen erzielt werden könne. Hier zeigte Schlich deutlich, dass er sich nicht nur als Dechant eines einzelnen Dekanates verstand, sondern auch ein gemeinsames Vorgehen aller Dekanate des Saargebiets wünschte, um die katholischen Interessen zu vertreten. Dabei übernahm er gerne die Leitungsfunktion, was die Theorie untermauert, er sei einer der einflussreichsten und mächtigsten Geistlichen des Saargebiets während der Völkerbundsverwaltung von 1920–1935 gewesen, quasi der ‚Saarbischof in pectore'.

Der Streit mit den Lehrer/Innen, den Schulleitungen bzw. der Stadtverwaltung war aber nur eine Seite der Schulpolitik, die die Geistlichen aufregte. Viele Dekanate hatten sich bei Bischof Bornewasser über die Zusammensetzung der Saarbrücker Schuldeputation beschwert. Als Vertreter des Klerus gehörte Pfarrer Schlich dieser Deputation an, weil er ein sehr großes Interesse daran aufwies und als Stadtverordneter den besten Einblick in die städtische Schulpolitik hatte. Echelmeyer dankte im Beisein des Dekanatsklerus Schlich für seine Tätigkeit in der Schuldeputation und sprach ihm ihr Vertrauen aus.[834]

832 Protokoll der Pfarrkonferenz der Definition 1 des Dekanats Saarbrücken vom 21.5.1930 im Pfarrhaus St. Johann (Bistumsarchiv Trier, Kapitels- und Pastoralkonferenzberichte [wie Anm. 682]).

833 Vgl. hierzu und zum Folgenden: Bericht über die Pfarrkonferenz vom Montag, den 21. September 1931 im Johannishof zu Saarbrücken – St. Johann (ebd.).

834 Vgl. Kapitelsbericht des Dekanats Saarbrücken am 20. Juni 1927 (Bistumsarchiv Trier, Kapitels- und Pastoralkonferenzberichte [wie Anm. 395]). Näheres hierzu in Kapitel 4.4.2.

4.1.4.8 Die politische Dimension des Dekanatskapitels: Kommunikationspartner der Kommunalbehörden

Die Dekanats- bzw. Pfarrerkonferenzen wurden jedoch nicht nur genutzt, um sich über pastorale Projekte, die Strukturen der Pastoral oder die verschiedenen Seelsorgefelder abzustimmen. Darüber hinaus formierte man sich hier, damit man geeint gegenüber dem Staat auftretreten bzw. zu den Themenfeldern der Politik Stellung beziehen konnte. Die Kapitelsverhandlungen wiesen also auch deutliche Züge einer politisch engagierten Priesterversammlung auf. So beschäftigten sich die Kapitulare bei bevorstehenden Wahlen mit diesen, um ein gemeinsames Vorgehen auf der Kanzel, in der Presse und in den Vereinen zu besprechen; auch was die freien Gewerkschaften sowie die Kirchensteuer betraf, wurde hier thematisiert.[835]

Dabei kam Schlich eine besondere Rolle, was den Kontakt zu den kommunalen Behörden anbelangt. Es erscheint daher bemerkenswert, dass dieser, obwohl er noch nicht das Amt des Dechanten innehatte, trotzdem bereits als Vertreter der katholischen Pfarrer Saarbrückens der Schuldeputation angehörte.[836] So erhielt er schon 1927 von der Regierungskommission des Saargebiets ein Rundschreiben, worin den Geistlichen eingeschärft wurde, dass diese sich im Falle einer Verhinderung und dem dadurch entstehenden Unterrichtsausfall beim Klassenlehrer zuvor abmelden müssten. Offenbar war Schlich der einzige Geistliche des Kapitels, der dieses Schreiben erhielt, denn die übrigen Anwesenden beschwerten sich über den Inhalt, den

835 Vgl. hierzu und zum Folgenden: Bericht der Pfarrkonferenz der Definition I des Dekanats Saarbrücken in Saarbrücken (St. Eligius) am 17.1.24 (BISTUMSARCHIV TRIER, Kapitels- und Pastoralkonferenzberichte [wie Anm. 657]). Die Kapitulare berieten sich bei jeder bevorstehenden Wahl, sei es Landesrats- oder Kommunalwahl, über die (Tages-)Politik im Saargebiet. Es konnte auch durchaus möglich sein, dass die komplette Beratung der Geistlichen nur diesem Thema diente. Vgl. Bericht der Konferenz der 1. Definition des Dekanats Saarbrücken vom 13.2.26 in Saarbrücken-Burbach St. Eligius (ebd.).

836 Gemäß den Statuten war der „rangälteste katholische Pfarrer" der Stadt geborenes Mitglied der Schuldeputation. Allerdings konnte dieser auch einen Vertreter benennen, der für ihn an den Sitzungen teilnehmen konnte. Offensichtlich hatte Schlich ständig die Vertretung Echelmeyers übernommen, der bis zu seiner Emeritierung 1929 dienstältester Ortspfarrer Saarbrückens war. Schlich hatte diese Position nach dem Weggang Echelmeyers automatisch inne und behielt sie auch, bis er 1936 das Saargebiet verlassen musste. Vgl. Einladung zur Sitzung der Schuldeputation am 11.12.1934 (STADTVERWALTUNG SAARBRÜCKEN, Schuldeputation, Stadtarchiv Saarbrücken, G 40 – 6065). Schlich benannte Pfarrer Dr. Traurich zu seinem Vertreter in der Schuldeputation und Pfarrer Dr. Kremer im Ausschuss für die höheren und mittleren Schulen. Vgl. handschriftliche Antwort Schlichs an Oberbürgermeister Neikes auf dessen Anfragebrief vom 19.11.1932 (DASS., Schuldeputation, Stadtarchiv Saarbrücken, G 40 – 6064). Auch Pfarrer Bungarten gehörte als unbesoldeter Beigeordneter der Stadt der Schuldeputation an. Vgl. ebd.

Schlich ihnen vortrug.[837] Der Pfarrer von St. Jakob, den man heute als „Vernetzer" bezeichnen würde, wurde also staatlicherseits als Kontaktmann zwischen Dekanatsklerus und Regierung angesehen. Andererseits war dies aber, wie oben beschrieben, auch offenbar seitens der Geistlichen intendiert, denn Dechant Echelmeyer überließ Schlich diese Aufgabe, während er die Kommunikation mit den kirchlichen Behörden führte. Es lässt aber dadurch erkennen, dass man innerhalb des Kapitels in Saarbrücken die Aufgabengebiete und Zuständigkeiten bereits nach Fähigkeiten des Einzelnen differenzierte. Ein weiteres Beispiel hierfür, wie Schlich das Kapitel auf diesem Gebiet vertrat, ereignete sich 1923. Die Kleriker fällten während der Konferenz Anfang Dezember dieses Jahres die Entscheidung zum einheitlichen Vorgehen, Kinderleichen nur in der Kirche auszusegnen, keinesfalls aber mit zum Friedhof zu gehen.[838] Als Begründung führten die Stadtpfarrer den weiten Weg zum Friedhof an. Daher beauftragten sie Schlich, bei der Stadtverwaltung die Wiedereröffnung der alten Friedhöfe in St. Johann und Malstatt zu beantragen.

Gleich mehrfach ist überliefert, wie die Geistlichen ihre wirtschaftlichen Interessen gemeinsam gegenüber dem Staat vertraten, wobei auch interkonfessionelle Spannungen dazu beigetragen hatten. Denn die katholischen Geistlichen kamen 1917 zu dem Schluss, dass „den protestantischen Geistlichen [...] in letzter Zeit beträchtliche Zulagen aus Staatsmitteln ausbezahlt worden [sind]. Mit Rücksicht auf die Lage des Seelsorgeklerus im Saargebiet erachtet es die Konferenz für billig, dass auch den katholischen Geistlichen eine Zulage in entsprechender Höhe gewährt wird."[839] Die katholischen Geistlichen nutzten also die Beratung auch dazu, für ihre Rechte und wirtschaftlichen Belange geschlossen einzutreten.

Schlich, der krankheitsbedingt an der dritten Definitionskonferenz des Jahres 1925 (6. November) nicht teilnehmen konnten, ließ dem Kapitel (über Pfarrer Bungarten) ein Dossier zukommen, das eine Abhandlung über „die unparitätische Behandlung des kath. Volksteils durch die Saarregierung und eine an diese abzusendende Beschwerdeschrift [enthielt]. Diese schreiende Imparität geht hervor aus der Verteilung von Geldern für caritative Zwecke und aus der Besoldung der prot. Pfarrer in Saarbrücken im Vergleich zu den katholischen."[840] Wie Hans Rost bereits 1911 schrieb, verdienten die katholischen Geistlichen in Preußen im Ver-

837 Vgl. Bericht über die Definitionskonferenz der 1. Definition des Dekanats Saarbrücken, gehalten am 5.7.27 im Pfarrhaus St. MICHAEL zu Saarbrücken III (Bistumsarchiv Trier, Kapitels- und Pastoralkonferenzberichte [wie Anm. 395]).

838 Vgl. hierzu und zum Folgenden: Bericht der Pfarrkonferenz der Definition I des Dekanats Saarbrücken am 03.12.23 in Saarbrücken – Malstatt (Bistumsarchiv Trier, Kapitels- und Pastoralkonferenzberichte [wie Anm. 657]).

839 Bericht über die 3. Conferenz der 1. Definition des Dekanates Saarbrücken vom 10. Oktober 1917 (Bistumsarchiv Trier, Kapitels- und Pastoralkonferenzberichte [wie Anm. 713]).

840 Dossier Schlichs o. D. (Bistumsarchiv Trier, Kapitels- und Pastoralkonferenzberichte [wie Anm. 657]).

gleich zu den evangelischen Kollegen deutlich weniger, was als Ausdruck für die damalige Imparität gesehen werden kann.[841] Der Pfarrer von St. Jakob, der wieder einmal als Kontaktmann zu den staatlichen Behörden (vom Krankenbett aus) in Erscheinung trat, wies nach, dass der Leiter des evangelischen Wohlfahrtsamtes jährlich eine Besoldung von 5.000 Francs erhielt, wohingegen der Caritasdirektor Saarbrückens keinerlei Gehalt vom Staat bezog. Ebenso gingen die katholischen Waisenhäuser leer aus, im Gegensatz zu den evangelischen, welche sich erst im Bau befanden, aber trotzdem schon Fördermittel aus der Staatskasse erhielten. Des Weiteren besoldete die Stadt elf evangelische Pfarrer in der Stadt sowie den Leiter des evangelischen Wohlfahrtsamtes jährlich mit insgesamt 194.000 Francs, während diese 54.000 Gläubige betreuten. Die Besoldungshöhe der sechs katholischen Pfarrer, die 68.000 Seelen zu hüten hatten, betrug hingegen nur 85.000 Francs jährlich, zumal 1923 das Lohnsteueraufkommen der beiden Konfessionen gleich war. Würde man, argumentierte Schlich weiter, das Gehalt des altkatholischen Pfarrers, der jährlich 9.000 Francs Staatsbesoldung einstrich, dem der evangelischen Pfarrer hinzuaddieren, so bekämen diese summa summarum 130.000 Francs mehr als der katholische Seelsorgeklerus der Stadt, wobei die evangelischen und die altkatholischen Gemeinden gemeinsam 5.000 Mitglieder weniger verzeichneten als alle katholischen Stadtpfarreien zusammen.

Daher formulierte Schlich den Antrag, dem alle zustimmten, dass die Regierungskommission mit Nachdruck auf diese Imparität hingewiesen werde. Zudem soll bei „der Bischöfl. Behörde die Bitte [vorgetragen werden] [...], dass ein Vertreter des Generalvikariats zusammen mit einem oder zwei Herren der Pfarrer aus Saarbrücken bei der Regierungskommission vorstellig wird und auf die Notlage der kath. Pfarrgemeinden mit ihren dringenden schwierigen Aufgaben hinweist und eine Neuregelung der Besoldung fordert, insbesondere, (sic!) dass auch der Caritasdirektor etatmässig von der Regierungskommission besoldet wird und die Pfarrvikarie Jägersfreude alsbald zur Pfarrei erhoben wird."[842] Schlich und Echelmeyer, letzterer war zu diesem Zeitpunkt qua Dechantenamt 1. Vorsitzender des Caritasverbands, hatten sich zuvor bereits zweimal postalisch an die Regierungskommission gewandt und dieses Anliegen vorgetragen, ohne eine Antwort zu erhalten.[843] Die Bischöfliche Behörde unterstützte mit einem Schreiben an die Regierungskommission das Ge-

841 „Die Masse der katholischen Pfarrer erhält insgesamt *nicht einmal* die Hälfte der -bezüge der protestantischen Pfarrer, wobei ironischerweise der katholische Klerus das Höchstgehalt erst nach dem 70., der protestantische bereits nach dem 55. Lebensjahr bekommt." (Hans Rost, Die wirtschaftliche und kulturelle Lage der deutschen Katholiken. Köln 1911, 177). Hervorhebung im Original.

842 Bistumsarchiv Trier, Kapitels- und Pastoralkonferenzberichte (wie Anm. 657).

843 Vgl. Schreiben Echelmeyer an die Regierungskommission des Saargebiets (Abteilung Kultus und Schulwesen) vom 14.10.1925 sowie vom27.10.1925 (Caritasangelegenheiten, Bistumsarchiv Trier, B III 15, 1 Bd. 3.2).

such der Saarbrücker Pfarrer, das Schlich im Auftrag des Generalvikariats seinem Freund und Regierungskommissionsmitglied Bartholomäus Koßmann übergab.[844] Dieser befürwortete den Antrag, sodass Kultusminister Franz Veszensky schließlich zustimmte und der Caritasdirektor staatlich besoldet wurde.[845]

Immer wieder stach Schlich, der zu diesem Zeitpunkt noch nicht Dechant des Dekanats war, dadurch heraus, dass er der Verbindungsmann des Kapitels zu den staatlichen Behörden war.[846] Er schien, bedingt durch seinen politischen Einfluss im Stadtverordnetenrat und in der Landeszeitung, das besondere Vertrauen der Mitbrüder und ein hohes Ansehen in der Öffentlichkeit besessen zu haben, weshalb sie ihn damit beauftragten, bei der Stadt die Herabsetzung des Prozentsatzes der Kultussteuern und die Anstellung einer katholischen Polizeiassistentin bei der Polizeidirektion zu beantragen, die gegen die zunehmende Prostitution vorgehen sollte. Dechant Echelmeyer kam hingegen die Aufgabe zu, wie es in der kirchlichen Hierarchie auch vorgesehen war, den Kontakt mit dem Ordinariat in Trier bzw. dem Bischof zu halten.[847]

Aber nicht nur diese „Ungerechtigkeit“ konnte Schlich aufdecken und argumentativ widerlegen. Er brachte auch in Erfahrung, dass die französischen Katholiken, die in Saarbrücken wohnten, von der monatlichen Entrichtung der Kirchensteuer entbunden waren, was 1925 5.830 Francs ausmachte. Schlich bewirkte bei der Stadtverwaltung, dass die Befreiung der Kirchensteuerzahlung rückgängig gemacht wurde.[848]

844 Vgl. Schreiben Tilmann an die Regierungskommission des Saargebiets (Finanzabteilung) vom 26.01.1926 (ebd.).

845 Vgl. Schreiben Koßmann an Veszensky vom 29.03.1926 sowie Antwort Veszenskys vom 26.06.1926 (ebd.).

846 Vgl. Bericht der Pfarrkonferenz der Definition I des Dekanats Saarbrücken zu Malstatt am 03.12.1924 (Bistumsarchiv Trier, Kapitels- und Pastoralkonferenzberichte [wie Anm. 657]).

847 Dies lässt sich besonders deutlich bei der Einführung der neuen Gebührenordnung für die Pfarreien des Bistums Trier, die im Saargebiet lagen, feststellen. Nach der Diözesansynode von 1920, wo die Neuordnung der Gebühren gefordert wurde, regelte man zunächst die Stolgebühren für die preußischen Pfarreien. Nachdem die Saar-Dechantenkonferenz am 11.07.1923 in Saarbrücken eine neue Gebührenordnung für den saarländischen Teil der Diözese erarbeitet hatte und wurde diese durch den Bischof in Kraft gesetzt. Vgl. Diözese Trier, Kirchlicher Amtsanzeiger für die Diözese Trier (wie Anm. 643), Nr. 123, S. 67. Es erschien den Geistlichen des Dekanats die Höhe der Gebühren für die Saarbrücker Bevölkerung zu hoch, sodass sie niedrigere Sätze vorschlugen. Eine entsprechende Aufstellung der Verteilung der niedrigeren Stolgebühren (an Priester, Leviten und Kirche) übersandte Echelmeyer im Auftrag des Kapitels an das Bischöfliche Generalvikariat. Vgl. Schreiben Echelmeyers an die Bischöfliche Behörde vom 24.09.1924 (Bistumsarchiv Trier, Kapitels- und Pastoralkonferenzberichte [wie Anm. 657]). Zum Beschluss des Kapitels vgl. Protokoll der Pfarrkonferenz der Definition I des Dekanats Saarbrücken zu Saarbrücken-Russhütte am 22.9.24 (ebd.). Zur Diözesansynode von 1920 vgl. die Ausführungen in Kapitel 4.2.1.

848 Vgl. Protokoll über die Definitionskonferenz der 1. Definition des Dekanats Saarbrücken vom 14.12.25 in Jägersfreude (ebd.).

Im gleichen Jahr plante die saarländische Zentrumsfraktion, die paritätische Besoldung der nichtkatholischen Religionsdiener zu unterstützen. Die Kapitulare, die zuvor selbst die Gleichberechtigung zwischen den Konfessionen (für sich) in Anspruch nahmen, als es um die Besoldung der Pfarrer Saarbrückens ging, waren nun auch geneigt für eine interreligiöse Parität zu votieren. „Eine Begünstigung der Häresie liegt heute darin nicht mehr. Die bürgerliche Toleranz des modernen Staates rechtfertigt das Vorgehen der Zentrumsfraktion des Landesrates."[849]

Eine Unterstützung der Juden durch das Presseorgan der Zentrumspartei ging den Geistlichen aber zu diesem Zeitpunkt (1923) entschieden zu weit. So lehnten sie es ab, dass in der „Saarbrücker Landes-Zeitung" eine Anzeige für den Synagogengottesdienst geschaltet werden dürfe, um den christlichen Lesern nicht den Eindruck zu vermitteln, sie würden den „abrogierten Kultus" empfehlen.[850] Dabei lebten etwa 4.000 Menschen jüdischen Glaubens im Saargebiet, davon 1927 1.721 in Saarbrücken, „was 42 Prozent der gesamten jüdischen Bevölkerung des Saargebiets entsprach [...]."[851] Die Aussage der Kapitulare gibt Aufschluss über deren Vorstellung vom katholisch-jüdischen Dialog. „Dass das Christentum die überlegene Religion ist und seit dem Kommen des Jesus von Nazareth das Judentum als Offenbarungsreligion abgelöst hat, war selbstverständliches Glaubensgut der Zeit bis in die Nazizeit hinein", schreibt Marianne Bühler.[852] Offenbar hatten die Kapitulare in Saarbrücken kein gesteigertes Interesse daran, eine Neubestimmung des Verhältnisses zwischen Juden und Katholiken in Saarbrücken vorzunehmen, obwohl sie eine wirtschaftliche Parität der Kultdiener für angemessen hielten. Dafür spricht auch die Tatsache, dass man in den Saarbrücker Großstadtpfarreien ein ausgeprägtes Leben der katholischen Vereine hatte und dies seitens des Klerus immer sehr gefördert wurde. Insbesondere das religiös geprägte, katholische Vereinswesen, so Bühler weiter, sei „eine Barriere im gesellschaftlichen Miteinander" von Juden und Katholiken gewesen.[853] Es gab jedoch auch gegensätzliche Bewegungen innerhalb der Kirche. So kämpften in den 1920er Jahren die „Amici Israel" für ein neues Verhältnis zum Judentum, wovon beim Saarbrücker Klerus aber nichts zu merken war.[854] Andererseits wandte sich der Saarklerus vor der Wiederangliede-

849 Bericht der Pfarrkonferenz der Definition I des Dekanats Saarbrücken am 12. November 1923 in Saarbrücken I (St. Jakob) (ebd.).

850 Vgl. ebd.

851 Gerhard Teschner, Saargebiet. In: Das „Großdeutsche Reich" und die Juden. Nationalsozialistische Verfolgung in den „angegliederten" Gebieten, hg. von Wolf Gruner und Jörg Osterloh (= Wissenschaftliche Reihe des Fritz Bauer Instituts 17). Frankfurt a. M. 2010, 49–74, hier: 51.

852 Marianne Bühler, Katholiken und Juden vor, während und nach der Katastrophe. In: Beharrung und Erneuerung (wie Anm. 7), 506–524, hier: 512.

853 Vgl. ebd., 508.

854 Vgl. Thomas Brechenmacher, Der Vatikan und die Juden. Geschichte einer unheiligen Beziehung vom 16. Jahrhundert bis zur Gegenwart. München 2005, 154–163.

Abb. 31: Bischof Bornewasser erreicht mit Staatssekretär Meissner das alte Rathaus. Hinter ihm Dr. Schlich

rung des Saargebiets an das Deutsche Reich nicht von den jüdischen Gemeinden ab, sondern es blieben einige gute Beziehungen weiter bestehen.[855] Schlich protestierte öffentlich gegen die Politik der Nationalsozialisten und veröffentlichte in der Saarbrücker Landes-Zeitung einen Artikel, „in dem er sich gegen den Ausschluß der Juden von der Aktion der Winterhilfe wandte. Es war nämlich unter der Hand die Parole ausgegeben worden, daß bei Juden nicht einmal gesammelt werden dürfe […].“[856] Zudem stellte er, gemeinsam mit dem Aufsichtsrat der Saarbrücker Druckerei, den Juden den Festsaal des Verlagshauses im November 1933 noch für größere Vortragsveranstaltungen zur Verfügung und druckte weiterhin das Nachrichtenblatt der Synagoge in ihrem Haus. Ebenso wurde der Rabbi als Ehrengast und Festredner anlässlich der Einweihung des Johannishofs eingeladen.[857] Dies zeigt, dass das Verhältnis zwischen Katholiken und Juden im Saargebiet ganz ungestört war und auch der katholische Klerus sich für die jüdische Bevölkerung

855 Vgl. Bühler, Katholiken und Juden vor, während und nach der Katastrophe (wie Anm. 852), 520.

856 Albert Marx, Die Geschichte der Juden im Saarland. Vom Ancien Régime bis zum Zweiten Weltkrieg. Saarbrücken 1992, 181f.

857 Vgl. ebd., 173.

angesichts der nahen Bedrohung stark machte bzw. sich von den Entwicklungen im Deutschen Reich nicht beindrucken ließ.[858]

Bis zu seinem Weggang aus dem Saargebiet kümmerte sich Schlich weiterhin um die Belange der Caritas und stand dem Dekanat Saarbrücken vor. Welch bedeutsame Rolle er für die Geschichte des Saargebiets spielte, die ihm in seiner Funktion als Dechant von Saarbrücken zufiel, zeigen die beiden Fotografien (Abb. 31 und 32).

Nachdem sich über 90 % der Bewohner des Saargebiets bei der Volksabstimmung am 13. Januar 1935 für die Rückkehr zum Deutschen Reich aussprachen, erfolgte die Übernahme der Regierungsgeschäfte durch die Nationalsozialisten am 1. März desselben Jahres.[859] Am Abend dieses Tages strömten die hochrangigsten Politiker des Saargebiets sowie Berlins und auch die Bischöfe von Trier und Speyer zum Festakt in den historischen Saal des Rathauses.[860] Die Festrede hielt, wie auf dem unteren Bild zu erkennen ist, Reichsinnenminister Wilhelm Frick. In der ersten Reihe saßen während des Festaktes die geladenen Ehrengäste: Reichskommissar Josef Bürckel, Reichsminister Joseph Goebbels sowie die Bischöfe Franz Rudolf Bornewasser und Ludwig Sebastian. Doch bei genauer Betrachtung lässt sich feststellen, dass zur Rechten des Trierer Oberhirten der wohl zu diesem Zeitpunkt bedeutsamste aller im Saargebiet lebenden Kleriker einen Ehrenplatz erhielt: Dechant Dr. Johannes Ludger Schlich.[861]

Fasst man die Ergebnisse dieses Kapitels zusammen, so lässt sich abschließend das Wirken Schlichs im Dekanat Saarbrücken nicht auf einzelne Arbeitsschwerpunkte reduzieren. Schlich war ein Multifunktionär auf allen Ebenen. Durch sein politisches Engagement hatte er unter allen Klerikern des Dekanats Saarbrücken – vielleicht auch des gesamten Saargebiets – die besten Beziehungen

858 Selbst im Jahr vor dem Saaranschluss machten katholische und jüdische Pfadfindergruppen zusammen Ausflüge. Vgl. Ries, Marzi und Binsfeld, Caritas im Bistum Trier (wie Anm. 451), 405.

859 Vgl. hierzu die Ausführungen in Kapitel 3.1.3.

860 Die Einladung Bürckels zur Feierlichkeit erhielt Bornewasser am 20. Februar 1935. Das Fest sollte in Neustadt an der Haardt am 28.02.1935 beginnen, von wo aus man um 19:00 Uhr, so planten die Nationalsozialisten, gemeinsam nach Bad Dürkheim fahren und die Ehrengäste zu einem Abendessen mit anschließender Weinprobe eingeladen würden. Vgl. Schreiben Ernst Leyser (stv. Gauleiter der Pfalz) an Bornewasser vom 20.02.1935 (Unterlagen zur Geschichte des Saargebiets, Bistumsarchiv Trier, Abt. 59 Nr. 89), ediert bei Ferdinand Pauly, Zur Kirchenpolitik des Gauleiters J. Bürckel im Saargebiet (März–August 1935). In: Rheinische Vierteljahrsblätter, Bd. 35, 414–453, 414–453 hier: 415. Allerdings sagte der Trierer Bischof seine Teilnahme an der Feier ab und nahm nur an der Veranstaltung in Saarbrücken am 01.03.1935 teil, wo er über eine eigene Unterkunftsmöglichkeit (möglicherweise bei Dechant Schlich) verfügte. Vgl. Schreiben Bornewasser an Bürckel vom 24.02.1935 (Bistumsarchiv Trier, Unterlagen zur Geschichte des Saargebiets).

861 Der Text der Rede Fricks ist abgedruckt in: Heiß, Das Saarbuch (wie Anm. 56), 376f.

.ATr
.bt. 83
Ir. 713,
. 17

Abb. 32: Der Staatsakt im Rathaus zu Saarbrücken am 1. März 1935

zu den staatlichen Stellen, weshalb er nicht selten, zunächst als einfacher Pfarrer als Kontaktperson des Dekanats- bzw. Definitionskapitels, später als Dechant für die Saardechantenkonferenz bzw. den gesamten Saarklerus mit der Saarbrücker Stadtverwaltung, der Regierungskommission des Saargebiets und der Regierung in Berlin fungierte. Hierbei ging es um die verschiedensten Themen: Kampf gegen sittlich-moralische Missstände in der Stadt über Fragen rund um das Schulwesen bis hin zu Angelegenheiten der Caritas. Insbesondere die Finanzen waren einer seiner Hauptverhandlungsgegenstände, sei es bei den staatlichen Zuschüssen für die Gehälter der Pfarrer oder beim Neubau caritativer Einrichtungen.

Pfarrer Schlich hat sich mehrfach durch Veröffentlichungen eigener Bücher sowie Beiträgen im ‚Pastor bonus' sowie Artikel in der Saarbrücker Landes-Zeitung und sein Engagement in Saarbrücken, wo er eine der großen vier Stadtpfarreien sehr gut leitete und eine neue Kirche errichtete, in Trier profiliert und genoss bei der Bistumsleitung ein hohes Ansehen. Bischof Bornewasser schien ihm sehr zugetan zu sein und Schlich genoss das volle Vertrauen seines Oberhirten. Aus diesem Grund beförderte er ihn 1929 zum Dechanten des aus politischer Sicht wohl bedeutsamsten Dekanats des Saargebiets. Schlich hielt bei der Führung des Dekanats klar die Zügel in der Hand und wandte sich während dieser Phase (1929–1936) der Förderung caritativer Einrichtungen zu, ohne dabei seine übrigen Aufgaben und Ämter zu vernachlässigen. Diese Aufgabenfelderweiterung ging einher mit der Ernennung zum Vorsteher des Dekanats Saarbrücken, weil der Dechant Saarbrückens zugleich auch erster Vorsitzender des Caritasverbands Saarbrücken war. Als Vorsteher des Dekanats unternahm Schlich alle möglichen Schritte, um das katholische Milieu in der

Großstadt zu stabilisieren. Er sorgte dafür, dass an allen Schulformen katholischer Religionsunterricht planmäßig erteilt wurde, neue Pfarreien und Ordensniederlassungen gegründet werden konnten und die Fürsorgemaßnahmen.

Der Verfasser des 1935 erschienenen Beitrags über den Saarbrücker Dechanten im „Große[n] Herder" scheint recht zu behalten, wenn er schrieb, Schlich sei zum Abfassungsdatum „Führer der saarländ. Katholiken"[862] gewesen. Die These, Schlich sei der wohl einflussreichste Priester im Saargebiet gewesen und daher auch als die ‚rechte Hand' des Bischofs und der Bistumsleitung im sich unter der Verwaltung des Völkerbunds stehenden Gebiets zu bezeichnen, lässt sich abschließend noch einmal bekräftigen.

4.2 Schlichs Handeln im Verbund des Diözesanklerus

Das primäre Wirkungsfeld Schlichs blieb während der Zeit der Völkerbundsverwaltung seine Pfarrei bzw. das Dekanat Saarbrücken. Darüber hinaus gab es während dieses Zeitraums zwei herausragende Ereignisse in der Diözese Trier, an denen er auch mitwirkte und als Teil des Trierer Bistumsklerus in Erscheinung trat. Hierbei handelt es sich um die beiden Diözesansynoden der Jahre 1920 und 1931. So soll nun dargestellt werden, welche Rolle Schlich bei den beiden Großereignissen gespielt hat, die den weiteren Verlauf der Geschichte des Bistums Trier immens beeinflussten.

4.2.1 Schlich und die Trierer Diözesansynode von 1920

Bisher hat sich die kirchengeschichtliche Forschung mit der 1920 in Trier abgehaltenen Diözesansynode en détail recht wenig beschäftigt.[863] Eine Chronik über die Verhandlungen der Synode[864], die jedoch die Eingaben der Dekanate an die Synode sowie die Vorbereitungen nur sehr undifferenziert und am Rande behandelt, wurde im Anschluss an die Synode durch das Generalvikariat bei der Paulinusdruckerei gedruckt und an die Pfarrämter geschickt.[865] Daher wird an

862 O. V., Schlich, Johannes. In: Der Große Herder. Nachschlagewerk für Wissen und Leben, Bd. 10 (= Der Große Herder 10). Freiburg i. Br. [4]1935, Sp. 1027.

863 Vgl. SCHNEIDER und PERSCH, Beharrung und Erneuerung (wie Anm. 7).

864 Vgl. BISCHÖFLICHES GENERALVIKARIAT TRIER, Diözesansynode des Bistums Trier (wie Anm. 409).

865 Domvikar Willibrord Schlags bestellte bei der Paulinus-Druckerei 2.000 Exemplare sowie „50 Exemplare auf besserem Papier". Die Druckkosten beliefen sich auf 19.832,50 Mark, wobei allein der Einband des Exemplars von Bischof Korum 295 Mark kostete, und die einzelnen Pfarrämter konnten ihre Ausgabe für 23 Mark inklusive Versand direkt vom Verlag

dieser Stelle nicht bloß die Bedeutung des Pfarrers von Saarbrücken (St. Jakob) herausgearbeitet, der als einziger Geistlicher des Saargebiets in eine der vorbereitenden Kommissionen gesondert nachberufen wurde, sondern es soll auch die Synode generell in den Blick kommen. Die im Bistumsarchiv Trier befindlichen Archivalien bieten die Basis für eine solche ausführliche Auswertung. Im Fokus steht also zum einen Johann Ludger Schlich, der bei der Abfassung der Anträge des Dekanats Saarbrücken beteiligt war und der ferner die bei der Kommission für seelsorgerliche Fragen eingegangenen Vorschläge als Mitglied dieser Kommission auswerten konnte. Eine detaillierte Darstellung sämtlicher Eingaben aller Dekanate und Institutionen des Bistums würde aufgrund der Fülle den Rahmen sprengen, auch wenn diese Analyse sicherlich spannend wäre. Daher werden im Folgenden nur die für Schlich lebensrelevanten Anträge analysiert. Außerdem soll auch die Synode selbst als Prozess betrachtet werden, d. h. von den Anträgen über die Referate bis hin zu den verabschiedeten Resolutionen wird das Selbstverständnis und das Ziel der Synode vor dem historischen Hintergrund reflektiert und eingeordnet. Hierbei wird exemplarisch an einem Abänderungsantrag zum Thema Religionsunterricht gearbeitet, den Schlich selbst während der Synode einreichte. Abschließend finden sowohl die Umsetzungen der Synodenbeschlüsse, die Schlich in seinem alltäglichen Leben betrafen, als auch das Presseecho über die Synode Raum. Ferner wird noch der Blick über die Bistumsgrenze hinweg auf die anderen deutschsprachigen Diözesen geweitet, die in einem ähnlichen Zeitraum eine Diözesansynode einberiefen.

4.2.1.1 Die Vorbereitung der Synode

Gemäß can. 356 §1 des Codex Iuris Canonici von 1917, dem kirchlichen Gesetzbuch, das bis zur Revision und Promulgation des neuen, 1983 erschienenen Codex durch Papst Johannes Paul II. seine Geltung für die gesamte lateinische Kirche behielt, musste alle zehn Jahre eine Diözesansynode einberufen werden, an der ausschließlich Kleriker teilnehmen durften.[866]

Dieser Verpflichtung kam Bischof Michael Felix Korum auch nach, indem er am 27. Februar 1920 im Kirchlichen Amtsanzeiger der Diözese Trier eine Synode der Kir-

erwerben. Vgl. hierzu: Paulinus-Druckerei Trier, Kostenvoranschlag für Buchdruck „Diözesansynode Trier 1920“ an das Generalvikariat Trier (10.08.1921), Bistumsarchiv Trier, B III 2, 38 Bd. 3.

866 "In singulis dioecesibus celebranda est decimo saltem quoque anno dioecesana Synodus, in qua de iis tantum agendum quae ad particulares cleri populique dioecesis necessitates vel utilitates referentur." (Pius X. und Benedictus XV., Codex Iuris Canonici [wie Anm. 287], can. 356 §1).

che von Trier einberief.[867] Mit der Einberufung der Synode wurden Kommissionen nach Maßgabe von can. 360 § 1 in Aussicht gestellt. Parallel waren alle Geistlichen des Bistums dazu aufgerufen, Anregungen hinsichtlich der Beratungsgegenstände zu machen, die wiederum nach einer Beratung in der Kapitelskonferenz durch den Dechanten (gemeinsam mit dem Namen des vom Kapitel gewählten Vertreters bei der Synode) an das Bischöfliche Generalvikariat übersandt wurden.[868]

Die Leitung der Vorarbeiten für die Synode übertrug der Bischof dem Professor für Kirchenrecht am Bischöflichen Priesterseminar zu Trier, Dr. Ludwig Kaas.[869] Die endgültige Terminierung der Synode auf den Zeitraum vom 28.–30. September desselben Jahres in Trier erfolgte durch bischöflichen Erlass am 24. August 1920.[870] Eine Woche vor Beginn der Synode versandte der Vorsitzende der Ordnungskommission, Dompropst Karl Mause[871], an alle Synodalen ein Zirkular, in dem er die Uhrzeit des feierlichen Amtes im Trierer Dom (8 Uhr) sowie die täglichen Beratungszeiten (9–12 Uhr und 15–18 Uhr) bekannt gab. Die Synodalen, die Priester (oder Bischof) sein mussten, waren einerseits zur Teilnahme an den Verhandlungen als auch zum Tragen einer Soutane verpflichtet.[872]

4.2.1.2 Die eingegangenen Vorschläge aus den Dekanaten

Zunächst erfolgt an dieser Stelle ein Überblick ausgewählter Anträge, die aus den damals bestehenden 46 Dekanaten, in die die Diözese Trier untergliedert war[873], im Generalvikariat eingingen.[512]

867 Vgl. hierzu und zum Folgenden: Diözese Trier, Kirchlicher Amtsanzeiger für die Diözese Trier (= Kirchlicher Amtsanzeiger für die Diözese Trier 64). Trier 1920, Nr. 26, S. 37.

868 Zu den Dekanatskapiteln vgl. die Ausführungen in Kapitel 4.1.4.

869 Vgl. Bischöfliches Generalvikariat Trier, Diözesansynode des Bistums Trier (wie Anm. 409), 1.

870 Diözese Trier, Kirchlicher Amtsanzeiger für die Diözese Trier (wie Anm. 867), Nr. 107, S. 91.

871 Der 1858 in Hallenberg (Diözese Paderborn) geborene und 1884 in Fulda zum Priester geweihte Mause wirkte zunächst sechs Jahre lang als Kaplan in seiner Heimatstadt und danach drei Jahre an der Gaukirche in Paderborn. Danach wurde er im Oktober 1890 Pfarrer in Gotha und ab April 1893 Divisions- bzw. Garnisionspfarrer an verschiedenen Orten (Dieuze, Koblenz, China, Berlin und Hannover). Am 09.03.1914 wechselte er schließlich in den Dienst des Bistums Trier und wurde als Dompropst an der Hohen Domkirche installiert, denn Mause eignete sich, aufgrund seiner mehr als zwei Jahrzehnte langen Erfahrung als Militärgeistlicher, besonders dafür die Seelsorge des Militärs im Bistum während des Krieges zu betreuen. Vgl. Thomas, Der Weltklerus der Diözese Trier seit 1800 (wie Anm. 23), 224.421.

872 Vgl. Bischöfliches Generalvikariat Trier, Diözesansynode des Bistums Trier (wie Anm. 409), 11.

873 Die Einteilung der Dekanate im Bistum Trier erfolgte 1869 als Folge der Beschlüsse des Kölner Provinzialkonzils von 1860. Vgl. Blattau, Statuta synodalia, ordinationes et mandata

Ein den Geistlichen vieler Dekanate auf den Nägeln brennendes Thema war die Reform des Diözesankatechismus.[875] Während man in Wittlich, Prüm und Saarbrücken schlicht die Revision des Katechismus und die Einführung eines Einheitskatechismus für alle deutschsprachigen Diözesen forderte[876], wollten die Kleriker der Dekanate Schweich, Waxweiler, Andernach, Bernkastel, Merzig und Bitburg hingegen einen neuen Katechismus, bei dessen Erstellung Pfarrer mitwirken sollten, die sich in der Lehre bewährt hätten.[877] Die Dekanate Trier, Saarlouis, Saarburg, Adenau, Kaisersesch und Manderscheid legten ihren Fokus auf den pädagogischen Aufbau des Katechismus, damit dieser wieder für die Kinder verständlich sei, und die pädagogische Schulung sowie Verbesserung der Priester, die 1920 als einzige Katechismusunterricht erteilen durften.[878] Manderscheid legte zudem noch Wert darauf, dass der Katechismus einen ansehnlichen Einband besäße und aktuelle Zeitfragen behandelt würden. Das Dekanat Hillesheim machte den konkreten Ausarbeitungsvorschlag, bei einer Neuerarbeitung des Katechismus fortan beim Lehrstück über den Dekalog den Schwerpunkt auf die Tugend- und nicht (wie bisher) auf die Sündenlehre zu legen.[879] Der dem Deka-

(archi)dioecesis Trevirensis (wie Anm. 636), hier: VIII, 122–124; Jakob Marx, Geschichte der Pfarreien der Diözese Trier. Band 1: Allgemeines, 2 Bde. Trier 1923, 49f. sowie Schneider, Strukturen der Seelsorge und überpfarrlichen Zusammenarbeit: Dekanate und Pfarreien, Dekanatskapitel und Pastoralkonferenz (wie Anm. 639) Bernhard Schneider, Strukturen der Seelsorge und überpfarrlichen Zusammenarbeit: Dekanate und Pfarreien, Dekanatskapitel und Pastoralkonferenz. In: Auf dem Weg in die Moderne. 1801–1880, Bd. 4, hg. von Bernhard Schneider / Martin Persch (= Geschichte des Bistums Trier 4). Trier 2000, 141–150; Bernhard Schneider, Strukturen der Seelsorge und überpfarrlichen Zusammenarbeit: Dekanate und Pfarreien, Dekanatskapitel und Pastoralkonferenz, 150.

874 Vgl. hierzu und zum Folgenden: Anträge der Dekanate an die Synode (Bistumsarchiv Trier, Unterlagen zur Diözesansynode von 1920 [wie Anm. 802]). Aus den Dekanaten Kirchen und Waldbreitbach erfolgte keine Eingabe von Anträgen. Aus Kreuznach kam lediglich die Antwort mit allgemeinen Themen: „Kirche und Schule, Fasten und Abstinenz, Verweigerung des kirchlichen Begräbnisses, Anfang und Dauer der österlichen Zeit, Priestervereinigung, Priesterkasse, Stolgebühren und Messstipendien, Gesang- und Gebetbuch" (Schreiben des Dekanats Kreuznach [vom 14.04.1920]).

875 Die letzte Neuausgabe eines Katechismus für die Diözese Trier stammte aus dem Jahr 1908. Vgl. hierzu: Diözese Trier, Katholischer Katechismus für die Diözese Trier. Trier 1908.

876 Vgl. Schreiben der Dekanate Wittlich (vom 23.04.1920), Saarbrücken (vom 26.04.1920) und Prüm (vom 29.04.1920) (Bistumsarchiv Trier, Unterlagen zur Diözesansynode von 1920 [wie Anm. 802]).

877 Vgl. Schreiben der Dekanate Schweich (vom 26.04.1920), Waxweiler (vom 08.05.1920), Andernach (vom 26.05.1920), Bernkastel (vom 28.04.1920), Merzig (vom 29.04.1920) und Bitburg (vom 09.05.1920) (ebd.).

878 Vgl. Schreiben der Dekanate Trier (vom 29.04.1920), Saarlouis (vom 17.05.1920), Saarburg (vom 25.04.1920), Adenau (vom 20.04.1920), Kaisersesch (vom 11.08.1920) und Manderscheid (vom 26.04.1920) (ebd.).

879 Vgl. Schreiben des Dekanats Hillesheim (vom 28.04.1920) (ebd.).

nat Neuerburg angehörende und den reformkatholischen Kreisen um Hermann Schell und Sebastian Merkle nahe stehende Pfarrer Dr. Matthias Laros[880] machte ebenso konkrete Vorschläge.[881] Dieser forderte die Einführung eines neuen apo-

880 Dr. theol. Matthias Laros, geboren am 01.03.1882 in Trier, empfing am 10.08.1907 in Trier das Sakrament der Priesterweihe und wirkte anschließend insgesamt sechs Jahre als Kaplan in Saarbrücken (St. Josef), Waldbreitbach, St. Wendel, Gebhardshain und Nalbach. Danach erfolgte seine Ernennung zum Pfarrer in Rodershausen, bevor er am 13.07.1919 die Pfarrstelle in Geichlingen übernahm. Vgl. THOMAS, Der Weltklerus der Diözese Trier seit 1800 (wie Anm. 23), 200. Laros verfasste eine Vielzahl von Schriften, u. a. über John Henry Newman und Blaise Pascal. Darüber hinaus stieß er mehrfach mit der kirchlichen Autorität zusammen, weshalb er keine großen Pfarreien zugeteilt bekam. Vgl. Jörg SEILER, „Ich liebe keine Kompromisse, sondern Klarheit von vornherein". Eine Einführung in das Denken und den Lebensweg von Mattias Laros. In: Matthias Laros (1882–1965). Kirchenreform im Geiste Newmans, hg. von Jörg SEILER (= Quellen und Studien zur neueren Theologiegeschichte Bd. 8). Regensburg 2009, 9–31 sowie Martin PERSCH, Laros, Matthias. In: Biographisch-bibliographisches Kirchenlexikon, Bd. 4, hg. von Friedrich Wilhelm BAUTZ und Traugott BAUTZ (= BBKL 4). Herzberg 1992, Sp. 1175–1177. Insbesondere das Verhältnis zum ultramontanen Korum und zu Generalvikar Tilmann gestaltete sich sehr schwierig. Trotz aller Differenzen bzgl. der theologischen Ansichten zwischen dem „Eifeler Landpfarrer" und der kirchlichen Hierarchie respektierte und verehrte er Korum auch noch nach seinem Tod, denn Laros hatte hohen Respekt vor dem Bischofsamt. Laros veröffentlichte 1921 einen programmatischen Vortrag mit dem Titel „Die religiöse Krise der Gegenwart", „der jedoch keinesfalls ‚modernistisch' zu verstehen ist." (Jörg SEILER, Der widerspenstige Pfarrer. Matthias Laros in seinen Konflikten mit dem Bistum Trier [1908–1931]. In: Matthias Laros [1882–1965], 85–130, hier: 88).

881 Gerade die reformkatholischen Kreise, mit denen Laros in Verbindung stand, wurden zu dieser Zeit von der Kirchenleitung unterminiert. Papst Pius X. verfolgte das Ziel, den „Modernismus", d.h. den Ausgleich zwischen moderner Wissenschaft und kirchlicher Lehre, mit allen ihm zur Verfügung stehenden Mitteln zu verhindern und promulgierte daher am 08.09.1907 die Enzyklika „Pascendi dominici gregis". Darin forderte er die Einführung eines „Aufsichtsrates" in jedem Bistum, der modernistische Tendenzen aufspüren sollte. Ferner verpflichtete der Papst in seinem Motu proprio „Sacrorum antistitum" vom 01.09.1910 alle in der Seelsorge und Lehre tätigen Geistlichen dazu, den „Antimodernisteneid" abzulegen. Die Kurie fürchtete insbesondere die staatlichen theologischen Fakultäten, weil diese universitären Einrichtungen der strengen kirchlichen Autorität weitestgehend entzogen waren. Jedoch wurde in den deutschen Diözesen kein solcher Aufsichtsrat eingeführt und die Theologieprofessoren wurden nicht dazu verpflichtet, den vom Papst eingeforderten Eid abzulegen. Vgl. ASCHOFF, Von der Revolution 1848/49 bis zum Ende des Ersten Weltkrieges (wie Anm. 218), hier: 176. „Wenn auch ein eigentlich häretischer Modernismus in Deutschland nicht existierte, gab es hier jedoch eine Reihe von Theologen, wie Franz Xaver Kraus, Herman Schell, Albert Eberhard, Sebastian Merkle, die die Ausschließlichkeitsgeltung der Neuscholastik ablehnten und sich um eine Aussöhnung von Katholizismus und moderner Welt bemühten. [...] [Sie] wollten [...] den Fortschritt in Technik und Kultur auch für die Erneuerung in der Katholischen Kirche nutzen. Sie wandten sich gegen ein übersteigertes zentralistisches Kirchenregiment und traten für eine Modernisierung der Klerusausbildung ein. Sie forderten die Respektierung der Eigenständigkeit der Laien im politischen, sozialen und kulturellen Leben. Außerdem befürworteten sie eine Erweiterung

logetischen Teiles über die Grundlagen des Glaubens (Dasein Gottes, Geistigkeit und Unsterblichkeit der Seele, Willensfreiheit und die Theorie der Offenbarung [Echtheit, Glaubwürdigkeit]) und einen Teil, in dem die Themen Liturgie und Kirchengeschichte behandelt würden, die Vereinfachung des Wortlauts im gesamten Katechismus, weil die Bevölkerung auf dem Land diesen nicht mehr verstünde und eine logischere Gruppierung des Stoffes.[882]

Des Weiteren forderte man vielfach die Überarbeitung des Diözesangesang- und Gebetbuchs[883]: In den Dekanaten Wadern und Perl wünschte man einen besseren Beichtspiegel für Kinder[884] und in den Dekanaten Trier, Saarbrücken, Saarlouis, Engers, Ehrang, Ahrweiler, Perl und Sobernheim mehr kindergerechte Kommunionandachten, um die Kinder dadurch zum häufigeren Kommunionempfang zu bewegen.[885] Zusätzlich sollte ein Anhang für den Katechismus und das Gesangbuch erarbeitet werden, in dem die Liturgie der Taufe, die Lehre über das

der Wirkungsmöglichkeiten der Laien in den Pfarreien und wünschten ‚eine Verinnerlichung der persönlichen Frömmigkeit statt eines rein äußerlichen Festhaltens an traditionellen Riten.'" (ebd., 176f.). Auf den positiven Zusammenhang zwischen Modernismus und II. Vatikanischem Konzil weist Wolf ausführlich hin. Vgl. Hubert Wolf, Einleitung: (Anti-)Modernismus und II. Vatikanum. In: Antimodernismus und Modernismus in der katholischen Kirche. Beiträge zum theologiegeschichtlichen Vorfeld des II. Vatikanums, hg. von Hubert Wolf (= Programm und Wirkungsgeschichte des II. Vatikanums 2). Paderborn, Wien u. a. 1998, 15–38, hier: 22.

882 Vgl. Schreiben Dr. Mattias Laros (Pfarrer von Geichlingen) (vom 14.04.1920), das mit den Anträgen des Dekanats Neuerburg nach Trier übersandt wurde (Bistumsarchiv Trier, Unterlagen zur Diözesansynode von 1920 [wie Anm. 802]). Eine solche Eingabe Laros verwundert nicht, denn Laros hatte beim berühmten Kirchenhistoriker Merkle promoviert und kämpfte zeitlebens für die Reform folgender Bereiche: wissenschaftliche und aszetische Reform der Priesterausbildung, Annäherung der verschiedenen christlichen Konfessionen (verstärkt ab 1944), die Stärkung der Rolle der Laien in der Kirche sowie die Reform der kirchlichen Zensur, von der er auch selbst betroffen war. Vgl. Seiler, „Ich liebe keine Kompromisse, sondern Klarheit von vornherein" (wie Anm. 880), 11.

883 Zur historischen Genese des 1892 erschienenen „Gesang- und Gebetbuches der Diözese Trier" vgl. Martin Persch, Das Trierer Diözesangesangbuch von 1846 bis 1975. Ein Beitrag zur Geschichte der Trierer Bistumsliturgie (= Trierer theologische Studien 44). Trier 1987, 253–295. Das Trierer Gesangbuch wurde 1892 durch Bischof Korum eingeführt und mehrfach (in Nachdrucken) erweitert, wie etwa durch die Aufnahme von 23 Einheitsliedern in der Ausgabe von 1917. Vgl. Andreas Heinz, Der Gottesdienst. In: Beharrung und Erneuerung (wie Anm. 7), 237–262, hier: 250. Die 1917 erschienene Ausgabe wies vier Lieder mehr auf als die Vorgängerausgabe und einige Liedtexte sowie Melodien wurden abgeändert. Näheres liefert Persch, Das Trierer Diözesangesangbuch von 1846 bis 1975, 301–305.

884 Vgl. Schreiben der Dekanate Wadern (vom 29.04.1920) und Perl (27.04.1920) (Bistumsarchiv Trier, Unterlagen zur Diözesansynode von 1920 [wie Anm. 802]). 191

885 Vgl. Schreiben der Dekanate Trier (s. o.), Saarbrücken (s. o.), Saarlouis (s. o.), Engers (in Trier eingetroffen am 30.04.1920), Ehrang (vom 26.04.1920), Ahrweiler (vom 13.04.1920), Perl (s. o.) und Sobernheim (vom 29.04.1920) (ebd.) Letztere forderten jedoch nur allgemein mehr Kommunionandachten.

Altarsakrament, die Krankensalbung, die Heilige Messe sowie allgemeine kirchliche Elemente wie Weihwasser, die Segnung von Kerzen, Kräutern, Palmen etc. erklärt würden.[886] Darüber hinaus wünschten sich die Kapitulare des Dekanats Trier die Herausgabe eines einheitlichen Rituales für alle Sakramentalien und Prozessionen (mit Text und Rubriken).[887]

Zumindest aber, so forderten einige Dekanate, solle man die Schriftzitate im Diözesan-Gesangbuch, im Katechismus, in den Lektionarien und im Lehrbuch über Biblische Geschichte „in Übereinstimmung [...] bringen", am besten mit der „Eckerschen Schulbibel".[888]

Ein weiteres wichtiges Thema, das die Geistlichen beschäftigte, war die sog. Binationsfakultät.[889] Diese musste jährlich neu beim Ortsordinarius beantragt werden. Für die Geistlichen vieler Dekanate war dies eine Formalität, die sie gerne beseitigt

886 Vgl. Schreiben der Dekanate Andernach (s. o.) und St. Goar (vom 27.08.1920) (ebd.).

887 Vgl. Schreiben des Dekanats Trier (s. o.) (ebd.).

888 Schreiben des Dekanats Ahrweiler (s. o.); vgl. zudem Schreiben der Dekanate Zell (vom 21.04.1920) und Andernach (s. o.) (ebd.). Die Schulbibel von Jakob Ecker (1851–1912), Professor für Exegese des Alten Testaments an der Theologischen Fakultät Trier, wurde erstmalig 1907 in Trier für die Diözese Trier und für fünf bayrische Bistümer gedruckt und erfreute sich aufgrund ihrer ‚modernen' Sprache großer Beliebtheit. Sie unterschied sich sehr von anderen Bibelversionen: „Sie richtet sich nach dem biblischen Text, verzichtet auf moralisierende Erweiterungen und fantasievolle erzählerische Ausschmückungen. Sie will zugleich eine repräsentative Auswahl aus der Gesamtbibel bieten [...] [und] Türen öffne[n] für Anschauung und Erfahrung." (Franz Niehl, Vom Katechismus zur Lebenswelt: Religionsunterricht, Schule und Kirche von 1881 bis 1981. In: Beharrung und Erneuerung [wie Anm. 7], 400–413, hier: hier: 406). In den Folgejahren wurden kleine Handbücher für den Unterricht mit diesem Werk erstellt. 1919 erfolgte eine Überarbeitung. Die überarbeitete Neuausgabe wurde gemeinsam von Sachverständigen der (Erz-)Diözesen Köln, Trier, München, Paderborn, Osnabrück und Hildesheim erarbeitet und sollte als Einheitsbibel in den katholischen Schulen genutzt werden. Vgl. Diözese Trier, Kirchlicher Amtsanzeiger der Diözese Trier (= Kirchlicher Amtsanzeiger für die Diözese Trier 63). Trier 1919, Nr. 48, S. 58. 1932 gab der Trierer Oberhirte Franz Rudolf Bornewasser anlässlich des 25-jährigen Bestehens der Schulbibel eine Festschrift heraus, in der er seine Wertschätzung dem Werk gegenüber zum Ausdruck brachte. Vgl. Jakob Ecker, Katholische Schulbibel. Trier 1907 sowie Franz Rudolf Bornewasser, Zum 25jährigen Jubiläum der Eckerschen Schulbibel (1906–1931). Eine Auslese aus Stimmen d. Fach- u. Tagespresse. Trier, München 1932.

889 Bination, die zweimalige Zelebration der Messe an einem Tag durch denselben Priester, wurde aufgrund verschiedener Missbräuche 1206 durch Papst Innozenz III. (außer an Weihnachten und in Notfällen) verboten. 1915 weitete Papst Benedikt XV. die Ausnahmeregel noch für die Feier von drei Messen am Allerseelentag, eine aus Spanien kommende Tradition, aus. Der CIC von 1917 schreibt in can. 806 § 1 vor, dass die Priester mit Ausnahme von Weihnachten und Allerseelen einen Indult für die Bination brauchen. (Vgl. Pius X. und Benedictus XV., Codex Iuris Canonici [wie Anm. 287], can. 806 § 1). Allein der Ortsordinarius kann die Erlaubnis zur Bination erteilen, falls nach seinem subjektiven Empfinden nicht genügend Priester zur Verfügung stünden, sodass „ein beachtlicher Teil der Gläubigen nicht der hl. Messe beiwohnen könnte." (Matthäus Kaiser, Bination. In: Lexikon für Theologie und Kirche, Bd. 2, hg. von Josef Höfer und Karl Rahner (= Lexikon für Theologie und Kirche 2). Freiburg i. Br. 1958, Sp. 479.

hätten. Allerdings waren die eingegangenen Anträge dahingehend sehr unterschiedlich: Die Dekanate Trier, Mayen, Perl und Engers forderten die Bination dauerhaft den Priestern zu erlauben und die Erlaubnis jährlich automatisch, wie es auch in anderen Diözesen üblich sei, durch Veröffentlichung im Katholischen Amtsanzeiger zu erneuern.[890] Das Dekanat Bernkastel forderte hingegen, die Binationsfakultät für „bestimmte Pfarrer ad usque revocationem"[891] zu verleihen, wohingegen der Klerus des Dekanats Prüm vorschlug, die Erlaubnis zur Bination solle solange gelten, bis die zur Zeit der Erteilung herrschenden Umstände sich geändert hätten.[892] Im ländlich geprägten Dekanat Bitburg, wo eine Vielzahl von Pfarreien über Filialen verfügte, bat man darum, die Bination auch in Filialen (unter Namensnennung) zu erlauben, insofern ein fremder Geistlicher die Bination halte.[893] Der Koblenzer und der Engerser Klerus sprach sich hingegen für die Bindung der Binationsfakultät an die Pfarrstelle und nicht den Pfarrer aus.[894] Zudem wünschte man, die Predigtpflicht in den Frühmessen binierender Priester aufzuheben.[895]

Eine weitere Pflicht, die schwer auf den Schultern der Priester lastete, war das Nüchternheitsgebot, das bis zum Ende der Binationsmesse galt, die meist am späten Vormittag gelesen werden musste, sodass man erst am Sonntagmittag die erste Nahrung (sowohl in flüssiger als auch fester Form) seit Mitternacht zu sich nehmen durfte. Auch hierbei gingen die Anträge in sehr verschiedene Richtungen: Die Dekanate Adenau, Münstermaifeld, Perl und Saarlouis beantragten die Abschaffung der Nüchternheitspflicht zwischen der ersten und der Binationsmesse.[896] Die beiden an der Mosel gelegenen Dekanate Bernkastel und Wittlich sprachen sich hingegen nur für eine Erleichterung des ieiunium naturale aus.[897] In Andernach und Bitburg bat man darum, zu beschließen, dass man wenigstens per modum potus bzw. aus medizinischen Gründen flüssige Nahrung zu sich nehmen dürfe.[898] Einen konkreten Vorschlag zum Nüchternheitsgebot machten die Dekanate Barweiler und Blankenrath, indem sie schrieben, dass es einem Priester, der einen langen Fußmarsch vor der Binationsmesse zu bewältigen habe, erlaubt sei, eine Tasse Milch oder Kaffee zu trinken.[899]

890 Vgl. Schreiben der Dekanate Trier (s. o.), Perl (s. o.), Mayen (vom 06.05.1920) und Engers (s. o.) (Bistumsarchiv Trier, Unterlagen zur Diözesansynode von 1920 [wie Anm. 802]).
891 Schreiben des Dekanats Bernkastel (s. o.) (ebd.).
892 Vgl. Schreiben des Dekanats Prüm (s. o.) (ebd.).
893 Vgl. Schreiben des Dekanats Bitburg vom 09.05.1920 (ebd.).
894 Vgl. Schreiben der Dekanate Koblenz (am 12.05.1920 in Trier eingetroffen) und Engers (s. o.) (ebd.).
895 Vgl. Schreiben des Dekanates Schweich (s. o.) (ebd.).
896 Vgl. Schreiben der Dekanate Adenau (s. o.), Münstermaifeld (s. o.), Perl (s. o.) und Saarlouis (s. o.) (ebd.).
897 Vgl. Schreiben der Dekanate Bernkastel (s. o.) und Wittlich (s. o.) (ebd.).
898 Vgl. Schreiben der Dekanate Bitburg (s. o.) und Andernach (s. o.) (ebd.).
899 Vgl. Schreiben der Dekanate Barweiler (vom 08.04.1920) und Blankenrath (s. o.) (ebd.).

Ferner gingen die Eingaben aus 18 Dekanaten dahin, eine einheitliche Regelung der Stol-, Stipendien- und Ämtergebühren zu schaffen und die Taxen an die aktuellen wirtschaftlichen Gegebenheiten anzupassen[900] sowie neue Normen bzgl. der Reduktion und Kommutation gestifteter Messen zu erlassen.[901] Die letzte rechtliche Festsetzung der minimalen Taxenhöhe für Stiftungen erfolgte 1897 durch Bischof Korum[902] und für Stipendien 1918.[903] Das Dekanat Simmern stellte als einzige Eingabe an die Synode die Anfrage, ob es in Pfarreien, in denen täglich Singämter zu halten seien, erlaubt werden könne, statt einer missa cantata (Ausnahme: Requien) Lesemessen, bei denen Gesang (Orgelspiel) und Gebete von den Gläubigen gemeinsam vollzogen würden, zu feiern und für diese feierlichen Messen die Singamt-Taxen anzurechnen.[904] In St. Wendel wünschte man zweimal monatlich statt eines Hochamts eine Betmesse halten zu dürfen, worin das Volk abwechselnd Teile der Messandacht aus dem Gesangbuch beten und deutsche Lieder gemeinsam singen würde.[905]

Zusätzlich erbaten die Kleriker der Dekanate St. Goar und Bernkastel, dass es ihnen ermöglicht werde, den Begräbnisritus wenigstens teilweise in deutscher Sprache durchzuführen, damit die Trauernden Anteil an der Feier nehmen könnten.[906]

900 Vgl. Schreiben der Dekanate Trier (s. o.), Waxweiler (s. o.), Koblenz (s. o.), Merzig (s. o.), Bernkastel (s. o.), Prüm (s. o.), Schweich (s. o.), Wittlich (s. o.), Schweich (s. o.), Andernach (s. o.), Cochem (vom 18.05.1920), Blankenrath (vom 04.05.1920), Remagen (30.04.1920), Birkenfeld (vom 14.05.1920), Hermeskeil (vom 20.04.1920). In Saarburg forderte man 3 Mark für eine Betmesse, 5 Mark für ein Amt, 10 Mark für Manualämter mit Küster und Organist sowie 12 Mark für ein Segensamt und 600 Mark für eine Stiftung bei fester Laufzeit (30–50 Jahre) (vgl. Schreiben des Dekanats Saarburg [s. o.] [ebd.]), in Manderscheid hingegen 500 Mark für die Stiftung einfacher Ämter und 100 Mark mehr für Segens- und Seelenämter (mit Libera) bei fünfzigjähriger Dauer. Vgl. Schreiben des Dekanats Manderscheid (s. o.) (ebd.). Im Dekanat Ehrang schlug man folgende Mindesttaxen für Stipendien vor: eine Lesemesse 5 Mark, ein gewöhnliches Amt 7,50 Mark, Segensmesse 8,50 Mark, wobei bei Gängen in die Filiale 1 Mark je km Zuschlag erhoben werden soll. Das Kapital für gewöhnliche Singämter solle 600 Mark und für Segensämter 700 Mark (Filialen aufgrund der Entfernung mehr) betragen. Vgl. Schreiben des Dekanats Ehrang (s. o.) (ebd.).

901 Vgl. Schreiben des Dekanats Mayen (s. o.) (ebd.).

902 Vgl. Peter Weber, Promptuarium der für die Führung der pfarramtlichen Geschäfte im Bisthum Trier geltenden Anweisungen. Trier 1898, 71. Die Stiftung einer Lesemesse kostete 140 Mark, die einer Singmesse ohne Orgelbegleitung 170 Mark und mit Orgelbegleitung 220 Mark, die einer Lesemesse in einer Filiale 200 Mark und einer Singmesse ebendort 240 Mark. Zum Zeitpunkt der Gesetzesabfassung war es zudem üblich, dass „an Orten von mehr als 5000 Einwohnern […] diese Sätze […] um 20 bis 25 % erhöht werden [können]" (ebd.).

903 Ab dem 01.07.1918 kostete eine Lesemesse 1,50 Mark, „ad quam licet addere 0,50 m, si missa est in ecclesia annuntianda pro certo die vel si in ecclesia remotiore vel tardius (post horam nonam) est celebranda." (Diözese Trier, Kirchlicher Amtsanzeiger für die Diözese Trier [= Kirchlicher Amtsanzeiger für die Diözese Trier 62]. Trier 1918, Nr. 62, S. 55).

904 Vgl. Schreiben des Dekanats Simmern (vom 28.04.1920) (Bistumsarchiv Trier, Unterlagen zur Diözesansynode von 1920 [wie Anm. 802]).

905 Vgl. Schreiben des Dekanats St. Wendel (s. o.) (ebd.).

906 Vgl. Schreiben der Dekanate Bernkastel (s. o.) und St. Goar (s. o.) (ebd.).

Mit diesem Anliegen griffen die Geistlichen ein Anliegen Papst Pius' X. auf, der in seiner Kirchenmusikinstruktion „Tra le sollecitudini" vom 22. November 1903 forderte, dass alle Gläubigen an der Eucharistiefeier tätig teilnehmen sollten.[907] Die „Liturgische Bewegung" erfuhr nach der Wahl Ildefons Herwegens OSB zum Abt der im Bistum Trier gelegenen Benediktinerabtei Maria Laach 1913 neuen Aufwind. Gemeinsam arbeiteten Herwegen, Romano Guardini, Odo Casel und Johannes Pinsk daran, dass die Gläubigen durch das Vortragen der Texte in der Muttersprache (parallel zu den [still] vorgetragenen Gebeten der Priester in lateinischer Sprache) aktiv an der „Gemeinschaftsmesse" teilnehmen konnten. 1918 veröffentlichte Guardini eine diesbezügliche Schrift mit dem Titel „Vom Geist der Liturgie".[908] „Ausgehend von Maria Laach, Burg Rothenfels und Klosterneuburg trat Anfang der 1920er-Jahre eine neuartige Messform ihren Siegeszug im deutschen Sprachraum an, die ein Beten mit den Worten der Liturgie selbst zum Ziel hatte: die sogenannte Gemeinschaftsmesse. Was der Priester nach wie vor leise am Altar vollzog, trug ein Vorbeter parallel in der Muttersprache vor, die Gemeinde antwortete."[909] Die Trierer Bistumspriester waren offensichtlich auch willens, die tätige Teilnahme der Gläubigen zu fördern und machten aus diesem Grund entsprechende Eingaben.

Durch die Neuregelung des Intentionswesens erhoffte man sich, die eigenen wirtschaftlichen Verhältnisse (der Priester) zu verbessern und den aktuellen Teuerungen durch die Inflation entgegenzuwirken. In Koblenz, Münstermaifeld und Remagen machten die Kapitel daher noch den ergänzenden Vorschlag, die Stiftungen von nun an nicht mehr in die Kompetenz (Gehalt) des Pfarrers einzurechnen.[910] Im von der Landwirtschaft geprägten Eifel-Dekanat Waxweiler stellte man den Antrag, dass „Naturallieferungen, die früher in eine dauernde, gleiche Rente umgewandelt wurden, wieder in natura bezw. in einer nach dem Marktpreis berechneten Umlage erfolgen [sollen]."[911]

Das Dekanat Ottweiler verlangte sogar eine neue Besoldungsordnung für Priester, die den Zeitverhältnissen mehr entspräche, und in Neuerburg ging man noch einen Schritt weiter und schlug konkret vor, das Gehalt des Seelsorgeklerus an die Beamtengehälter anzupassen (z. B. Staatspfarrer im Heer oder der Marine).[912]

907 Vgl. Acta Sanctae Sedes XXXVI [1903–1904], 329–339, hier: 330.

908 Vgl. Adolf Adam, Grundriss Liturgie. Freiburg i. Br., Basel, Wien [8]2005, 43–48.

909 Pasenow, Heinrich von Meurers (1888–1953), ein Förderer und Wegbereiter der liturgischen Erneuerung in Deutschland (wie Anm. 52), 216.

910 Vgl. Schreiben der Dekanate Koblenz (s. o.), Münstermaifeld (vom 29.04.1920) und Remagen (s. o.) (Bistumsarchiv Trier, Unterlagen zur Diözesansynode von 1920 [wie Anm. 802]).

911 Schreiben des Dekanats Waxweiler (s. o.) (ebd.).

912 Vgl. Schreiben der Dekanate Ottweiler (vom 11.05.1920) und Neuerburg (vom 17.04.1920) (ebd.).

Ferner ging aus dem Dekanat Münstermaifeld der Vorschlag ein, § 7 der Ordnung über die Ruhestandsgehälter von Priestern zu überarbeiten, der 1909 erlassen wurde. Dieser Paragraph sah vor, das Ruhegehalt nur alle zehn Jahre zu erhöhen. Die Eingabe forderte eine Steigerung im dreijährigen Rhythmus.[913]

Die einzige Eingabe, die aus dem Dekanat Obergondershausen in Trier eintraf, beabsichtigte, die Stellung von Exponiti und Vikaren durch eine bessere finanzielle und rechtliche Stellung gegenüber dem Pfarrer, einen Sitz im Kirchenvorstand und die Festsetzung des Gehalts bei Stellenantritt zu stärken.[914] Um ihre wirtschaftlichen Interessen auch gemeinsam vertreten zu können, beantragten die Geistlichen der Dekanate Trier, Konz und Engers eine wirtschaftliche Standesorganisation für Priester, den sog. Priester-Verein „Pax", zu gründen.[915]

Aber nicht nur die Gehälter der Pfarrer sollten angehoben werden, sondern auch die der Kapläne seien, so war man sich in einigen Dekanaten einig, nicht mehr den zeitlichen Gegebenheiten entsprechend.[916] Zudem solle den Seminaristen und Kaplänen, die während des Ersten Weltkriegs als Soldat Dienst leisteten, diese Jahre als Dienstjahre angerechnet werden.[917] Außerdem sei es förderlich, wenn die Kapläne, so die Geistlichen des Dekanats Adenau, vor dem Antritt einer Stelle eine Unterweisung durch die Bischöfliche Behörde erhalten, um die örtlichen Besonderheiten, Personen und Vereine vorab kennenzulernen und eine Umgangsform mit diesen vorzuschlagen.[918] Ebenso sollten auch die leitenden Pfarrer, bevor sie den Vorsteherdienst in einer Gemeinde übernehmen, ein Gespräch mit dem Bischof führen, um besondere Anweisungen für die pastorale Planung entgegenzunehmen.

Darüber hinaus solle sich das Verfahren ändern, wenn Pfarrstellen vakant und neu besetzt werden müssen: Die deutlichste Kritik am vorherrschenden Vergabesystem ereilte das Dekanatskapitel aus Neuerburg.[919] Hier beschuldigten die Geist-

913 Vgl. Schreiben des Dekanats Münstermaifeld (s. o.) (ebd.).Zur Neuregelung der Ruhestandsgehälter der Geistlichen vgl. DIÖZESE TRIER, Kirchlicher Amtsanzeiger für die Diözese Trier (wie Anm. 407), Nr. 80, S. 99–102, hier: 101.

914 Vgl. Schreiben des Dekanats Obergondershausen (vom 20.04.1920) (BISTUMSARCHIV TRIER, Unterlagen zur Diözesansynode von 1920 [wie Anm. 802]).

915 Vgl. Schreiben der Dekanate Trier (s. o.), Konz (vom 15.04.1920) und Engers (s. o.) (ebd.).

916 Vgl. Schreiben der Dekanate Ottweiler (s. o.), Wadern (s. o.) und Koblenz (s. o.). In Koblenz schlug man zugleich noch eine jährlich steigende Zulage für die Kapläne vor. Aus dem Dekanat Ahrweiler erfolgte die Eingabe, Kapläne auf der ersten Stelle als „Hauskapläne" zu bezeichnen, da sie während dieser Zeit noch im Haushalt des Pfarrers mitversorgt werden sollen, und danach als „Vikare mit selbstständiger Haushaltung" auch ein entsprechend höheres Gehalt zu bekommen, das ohnehin mit dem Weihealter steigen sollte. Vgl. Schreiben des Dekanats Ahrweiler (s. o.) (ebd.).

917 Vgl. Schreiben des Dekanats Bernkastel (s. o.) (ebd.).

918 Vgl. hierzu und zum Folgenden: Schreiben des Dekanats Adenau (s. o.) (ebd.).

919 Dieser Wunsch kam nicht von ungefähr aus Neuerburg. Dahinter dürfte als treibende Kraft Dr. Laros gestanden haben. Laros bekam trotz Promotion und bewiesener theologischer Qualitäten, freilich in einer Richtung, die Korum und der Bistumsspitze missfielen, trotz

lichen die Bistumsspitze, dass Pfarrstellen nicht nach Fähigkeit bzw. Eignung vergeben würden, sondern nach persönlichen Seilschaften einzelner Priester mit der Bistumsleitung. Dieser Zustand solle sich künftig ändern.[920] Aus anderen Teilen der Diözese kam der Vorschlag, künftig im Kirchlichen Amtsanzeiger des Bistums Meldung darüber zu machen, wenn Pfarreien vakant würden, damit sich bereits Interessenten bewerben könnten. Auf diese Weise könnte man die Pfarreien wieder schneller besetzen.[921]

Auch die sonntägliche Christenlehre, zu deren Besuch alle Katholikinnen und Katholiken bis zur Vollendung des 20. Lebensjahres verpflichtet waren, war schon zu Beginn des zweiten Jahrzehnts des 20. Jahrhunderts ein Sorgenkind des Seelsorgeklerus. Das Tridentinum hatte bereits vorgeschrieben, dass ein regelmäßiger Katechismusunterricht in den Pfarreien stattzufinden habe.[922] Die Erzbischöfe von Trier schrieben daher mehrfach den Pfarrern vor, an Sonn- und Feiertagen Unterricht in den Kirchen der Erzdiözese zu geben bzw. wenigstens im Wochenwechsel zwischen Predigt und Katechese zu wählen.

Jedoch kam bis zu Beginn des 18. Jahrhunderts ein Großteil der Pfarrer ihrer Pflicht nicht nach, weil sie glaubten, es würde reichen eine Katechese innerhalb der sonntäglichen Eucharistiefeier zu halten. Doch auch die Bevölkerung boykottierte vielerorts bis etwa 1670 den Katechismusunterricht, der sich danach aber wohl aus zwei Gründen durchsetzte: „Zum einen die Wiederkehr ruhigerer Zeiten nach dem Ende des Dreißigjährigen Krieges […] und der damit einhergehende wirtschaftliche Aufschwung; zum anderen die über Jahrzehnte methodisch durchgeführten Pfarrmissionen und die damit verbundene Gründung von sehr zahlreichen Bruderschaften der christlichen Lehre, die ein einheitliches Konzept

Bewerbung nicht einmal die Pfarrei Wassenach zugeteilt, die er übernehmen wollte, um in der Nähe der Abtei Maria Laach zu wohnen und dort seine Studien fortsetzen zu können. Vgl. Seiler, Der widerspenstige Pfarrer (wie Anm. 880), 97 (Anm. 35).

920 Vgl. Schreiben des Dekanats Neuerburg (s.o.) (Bistumsarchiv Trier, Unterlagen zur Diözesansynode von 1920 [wie Anm. 802]).

921 Vgl. Schreiben der Dekanate Mayen (s. o.), Engers (s. o.), Birkenfeld (s. o.), Saarlouis (s. o.), Adenau (s. o.) und Andernach (s. o.). Die Kapitel der Dekanate Koblenz (s. o.) und Barweiler (s. o.) formulierten dasselbe Anliegen mit den Worten, dass freigewordene Pfarrstellen künftig öffentlich ausgeschrieben werden sollen, jedoch ohne explizit den K. A. A. als Medium zu nennen, was jedoch zu dieser Zeit das einzige Medium war, mit dem man alle in Frage kommenden Priester gleichermaßen erreichen konnte. Zudem ist der K. A. A. damals wie heute das rechtliche Verkündigungsorgan der Diözese Trier. In Waxweiler wünschte man, dass die bischöfliche Behörde bei Vakantwerden einer Pfarrei die Kapitel in geeigneter Weise informiere. Vgl. Schreiben des Dekanats Waxweiler (s. o.) (ebd.).

922 Vgl. hierzu und zum Folgenden: Josy Birsens, Katechese, Katechismen und Predigt im Zeitalter der Konfessionalisierung. In: Kirchenreform und Konfessionsstaat. 1500–1801, hg. von Bernhard Schneider (= Geschichte des Bistums Trier 3). Trier 2010, 388–411, hier: 395.398f.

auf Pfarrebene verwirklichten und es in das liturgisch-pastorale Leben der Gemeinden einzubetten wussten."[923]

Bischof Josef von Hommer (1824–1836) riet den Pfarrern in seinem Hirtenbrief zur Fastenzeit 1828 neben der Predigt bzw. Homilie während der Sonntagsmessen eine nachmittägliche einstündige Katechese an Sonn- und Feiertagen, zu der alle Kinder und Jugendlichen bis zum 20. Lebensjahr verpflichtet waren.[924] Doch auch im 18. und 19. Jahrhundert waren die Gläubigen nur schwerlich zur Teilnahme an der sonntäglichen Christenlehre in der Kirche zu bewegen.[925]

Die Meinungen über die Sinnhaftigkeit des verpflichtenden Besuchs der Christenlehre gingen so auch im Jahr 1920 innerhalb der Diözese weit auseinander. Während man im Dekanat Wittlich darum bat, die Verpflichtung zum Besuch zu lockern[926], forderte man hingegen in Piesport und St. Wendel, die Synode solle den Besuch der sonntäglichen Unterweisung mittels einer Mahnung wieder einschärfen.[927] Ferner bereitete die Einteilung der Altersgruppen den Geistlichen Probleme. Sie forderten eine Revision der bisherigen Regelung der Altersgruppen und neue einheitliche Altersgrenzen für den Pflichtbesuch der Christenlehre, gerade weil schulentlassene Jugendliche vermehrt die sonntägliche Unterweisung nicht mehr besuchten.[928] Im am Rhein gelegenen Dekanat St. Goar war das Modell der traditionellen Christenlehre nach Ansicht des Dekanatsklerus offenbar nicht mehr aktuell, da dieser sogar die Abschaffung der Christenlehre erreichen wollte, um diese durch eine gottesdienstliche Veranstaltung zu ersetzen, die den „gegenwärtigen Verhältnissen" entspreche.[929]

923 Ebd., 399. Zu den Christenlehrbruderschaften vgl. Bernhard SCHNEIDER, Heilige Zeiten und Frömmigkeitsformen im Spannungsfeld von Norm und Praxis, Wandel und Beharrung. In: Kirchenreform und Konfessionsstaat, 323–387, insbesondere: 377–387.

924 Vgl. BLATTAU, Statuta synodalia, ordinationes et mandata (archi)dioecesis Trevirensis (wie Anm. 636), VIII, 139.

925 Vgl. Wolfgang LENTZEN-DEIS, Unterweisung und Unterricht. In: Auf dem Weg in die Moderne, 371–389, insbesondere: 371–375.

926 Vgl. Schreiben des Dekanats Wittlich (s. o.) (BISTUMSARCHIV TRIER, Unterlagen zur Diözesansynode von 1920 [wie Anm. 802]).

927 Vgl. Schreiben der Dekanate Piesport (vom 27.04.1920) und St. Wendel (am 30.04.1920 im Generalvikariat eingetroffen). In St. Wendel begründete man den Pflichtbesuch bis zum 20. Lebensjahr mit den 1890 durch die Schweizer Bischöfe veröffentlichten Erlasse. Vgl. Bischöflicher Erlass in der Schweiz vom 06.08.1890, abgedruckt in: Johann Baptist KNOR, Ausgeführte Christenlehren (= Ausgeführte Christenlehren 1). Rottenburg 1918, 5 (Anm. 7).

928 Vgl. Schreiben der Dekanate Manderscheid (s. o.), Andernach (s. o.), Merzig (s. o.), Cochem (s. o.) und Hillesheim (s. o.). In Zell schlugen die Geistlichen vor, die Altersgrenze bei 17 bzw. 18 zu ziehen, also drei bis vier Jahre nach der Schulentlassung (vgl. Schreiben des Dekanate Zell [s. o.] und Neuerburg [s. o.]). Wadern schlug daher die Umgruppierung der Altersgruppen im Hinblick auf die Gruppe der 15- bis 19-Jährigen vor, weil diese die Altersgruppe sei, die – bedingt durch die vorausgehende Schulentlassung – am wenigsten die Christenlehre besuche. Vgl. Schreiben des Dekanats Wadern (s. o.) (BISTUMSARCHIV TRIER, Unterlagen zur Diözesansynode von 1920 [wie Anm. 802]).

929 Vgl. Schreiben des Dekanats St. Goar (s. o.) (ebd.).

Um die Jugendlichen, die in der Regel im Alter von 14 Jahren die Schule beendeten und somit aus dem Kindheit-Jesu-Verein ausschieden (und nicht unbedingt einem anderen katholischen Verein angehörten), noch einmal näher an die Kirche zu binden, traf aus verschiedenen Dekanaten der Vorschlag im Generalvikariat ein, man möge in allen Pfarreien des Bistums Schulentlassfeiern (an den Aloysiussonntagen[930]) anordnen, in denen die Absolventen feierlich ihre Taufgelübde erneuern sollten.[931]

In diesem Zusammenhang reichten auch einige Dekanate Anträge bzgl. des Erstkommunionalters ein. Papst Pius X. verfasste zwei Kommuniondekrete (1905 und 1910), in denen er das Alter zum Empfang der ersten hl. Kommunion neu regelte.[932] Darin wurde der erstmalige Kommunionempfang für Kinder angeordnet und der Papst legte die Altersgrenze auf ca. 7 Jahre fest, denn es sei, so das Schreiben aus dem Jahre 1910, keine allumfassende Kenntnis von der katholischen Lehre erforderlich, sondern diese könne durch Katechismusunterricht (Eltern, Lehrer, Priester etc.) im Laufe der Jahre vervollkommnet werden.[933] Die Herabsetzung des Erstkommunionalters diente dazu, das christliche Leben aus der Liturgie zu beleben. Doch gestaltete sich die Umsetzung teils schwierig.[934] Im Dekanat Perl, das einerseits von Landwirtschaft, andererseits aber auch von der Industrie geprägt war, erbat man unterschiedliche Altersgrenzen für den erstmaligen Empfang der hl. Kommunion, weil die Erziehung der Kinder ganz verschieden sei. Die Kapitulare schlugen daher eine Frühkommunion ohne Taufgelübde vor, die dann bei der feierlichen heiligen Kommunion anlässlich der Schulentlassung nachgeholt werden könnten, weil „die Wirkung […] dann nachhaltiger [wäre].“[935] In Ehrang plädierte man für den Erhalt des Status quo

930 Man feierte im Jahr sechs Aloysianische Sonntage. Die Kirche inszenierte den heiligen Aloysius von Gonzaga „seit 1729 als Patron der Jugend […] und [wollte ihn] den Jugendlichen als Modell eines keuschen, gottesfürchtigen und der Kirche in Gehorsam verbundenen Lebenswandels vor Augen zu stellen.“ (Schneider, Kirchliches Leben, Frömmigkeit und Seelsorge im gesellschaftlichen Wandel [wie Anm. 384], hier: 339).

931 Vgl. Schreiben der Dekanate Bernkastel (s. o.), Ehrang (s. o.), Hermeskeil (s. o.), Engers (s. o.), Konz (s. o.) und Saarburg (s. o.) (Bistumsarchiv Trier, Unterlagen zur Diözesansynode von 1920 [wie Anm. 802]).

932 Die Kommuniondekrete Pius X., „Sacra Tridentina Synodus“ (1905) und „Quam singulari“ (1910) wurden nach Beendigung des 1905 in Rom stattgefundenen Eucharistischen Weltkongresses von der Hl. Sakramentenkongregation (heute: Kongregation für den Gottesdienst und die Sakramentenordnung) erlassen.

933 Vgl. Diözese Trier, Kirchlicher Amtsanzeiger für die Diözese Trier (= Kirchlicher Amtsanzeiger für die Diözese Trier 55). Trier 1911, Nr. 12, S. 9–20, hier: 19f.

934 Vgl. Heinz, Der Gottesdienst (wie Anm. 883), 254.

935 Schreiben des Dekanats Perl (s. o.) (Bistumsarchiv Trier, Unterlagen zur Diözesansynode von 1920 [wie Anm. 802]). Falls dieser Antrag abgelehnt werde, so solle man beschließen, den Zeitpunkt der einheitlichen Erstkommunion auf das Ende des dritten Schuljahres festzulegen.

hinsichtlich des Alters der Erstkommunikanten[936], in Kaisersesch hingegen forderte man, das Alter herabzusetzen, sodass es „dem im Kommuniondekrete genannten möglichst nahe kommt“[937].

Eng im Zusammenhang mit der Feier des Weißen Sonntags in den Pfarreien stand auch die Dauer der Osterzeit, deren Dauer jedes Jahr vom Bischof neu festgesetzt wurde.[938] In Wittlich, Bernkastel und St. Wendel schlugen die Kapitulare vor, den Zeitraum und die Dauer der Osterzeit zu verändern, was sicherlich für die Großstadtpfarreien mit ihren mehreren tausend Gläubigen, und somit auch für Schlich, von Interesse gewesen sein dürfte: Erstere forderten, die Osterzeit zu verkürzen, die Zweitgenannten votierten dafür, die Osterzeit solle vom dritten Sonntag vor Ostern bis zum dritten Samstag nach Ostern gehen, und Letztere erbaten, eine fünfwöchige Osterzeit (nämlich drei Wochen vor und zwei Wochen nach dem Osterfest).[939] Die Verlängerung der Osterzeit diente dazu, die Zeitspanne, in der die Gläubigen ihre Osterpflicht erfüllen konnten, zu weiten, damit also die Schlangen vor den Beichtstühlen kürzer wurden. Schlich, der als Pfarrer in der Beichtseelsorge auch mitgearbeitet haben dürfte, hätte von einer längeren Osterzeit somit auch profitiert.

Auch traditionelle Feiertage innerhalb des Bistums Trier, wie beispielsweise das „Ewige Gebet“[940], sollten modifiziert werden. Dem Dekanatskapitel von

936 Vgl. Schreiben des Dekanats Ehrang (s. o.) (ebd.).

937 Schreiben des Dekanats Kaisersesch (s. o.) (ebd.).

938 Can. 869 § 2 (CIC 1917) regelte, dass die österliche Zeit, insofern der Ortsordinarius nichts anderes verfügte, allgemein vom Palmsonntag bis zum Weißen Sonntag dauerte. Jedoch bestand für den Ortsordinarius die Möglichkeit, diese zu verlängern. Sie konnte am vierten Fastensonntag (als frühestem Termin) beginnen und bis zum Dreifaltigkeitssonntag andauern. In diesem Zeitraum konnten die Katholiken ihre Pflicht erfüllen, die Osterkommunion zu empfangen. Vgl. Pius X. und Benedictus XV., Codex Iuris Canonici (wie Anm. 287), can. 869 § 2. Manche Orden hatten jedoch eine apostolische Vollmacht bzgl. der österlichen Zeit, die es ihnen im Falle einer Mission erlaubte, insofern der Ortsordinarius zustimmte, diese beliebig zu verlängern. Vgl. Diözese Trier, Kirchlicher Amtsanzeiger für die Diözese Trier (= Kirchlicher Amtsanzeiger für die Diözese Trier 72). Trier 1928, Nr. 11, S. 7. Die sich im Anhang 2 befindende Aufstellung zeigt, dass die Bischöfe von Trier im Regelfall bis zur Herausgabe eines liturgischen Kalenders jedes Jahr im K. A. A. eine Verordnung über die Dauer der Osterzeit erließen.

939 Vgl. Schreiben der Dekanate Wittlich, Bernkastel und St. Wendel (s. o.) (Bistumsarchiv Trier, Unterlagen zur Diözesansynode von 1920 [wie Anm. 802]).

940 Im Verlauf des Mittelalters bildete sich eine sog. eucharistische „Schau- und Anbetungsfrömmigkeit“ heraus, sodass Kurfürst Johann Philipp von Walderdorff (1756–1768) eine jährliche Anbetung in allen Pfarrkirchen des Erzstifts Trier am 27.11.1756 einführte. Vgl. Blattau, Statuta synodalia, ordinationes et mandata (archi)dioecesis Trevirensis (wie Anm. 636), hier: V, 6.42. Im Zuge der Besetzung der linksrheinischen Gebiete durch Napoleon wurden die Bettage vorerst eingestellt, aber von Bischof Charles Mannay (1802–1816) durch seine Verordnung vom 16.12.1803 schnell wiederhergestellt. Vgl. ebd., hier: VII, 189. Die 1920 geltende Grundordnung wurde am 18.11.1853 von Bischof Wilhelm Arnoldi (1842–1864) gegeben. Vgl. Weber, Promptuarium der für die Führung der pfarramtlichen Geschäfte im Bisthum Trier geltenden Anweisungen (wie Anm. 902), 98. „Die Tendenz, das

Bernkastel erschien das System des „Ewigen Gebets“, wie es in der Diözese Trier praktiziert wurde, nicht ausgereift, sodass das Kapitel der Synode den Wunsch unterbreitete, die Bettage, die möglichst von Nachbargemeinde zu Nachbargemeinde weiterwanderten[941], in den direkten Nachbargemeinden auf einen anderen Tag zu verlegen, weil auf diese Weise mehr Menschen an den einzelnen Bettagen teilnähmen.[942]

Die wohl folgenreichsten Eingaben für die innere Struktur des Bistums Trier machten die Dekanatsgeistlichen aus Wittlich, Barweiler und Saarbrücken. Die ersten beiden forderten die Neuordnung der Dekanats- und Definitionsgrenzen nach den damals aktuellen und nicht nach den historisch-geographischen Verhältnissen.[943] Die Geistlichen Saarbrückens, die aufgrund des Städtewachstums, welches durch die Industrialisierung und dem damit verbundenen Bevölkerungsanstieg an der Saar zu erklären ist, mitunter die größten Pfarreien des Bistums leiten mussten[944], formulierten als erste Eingabe an die Synode die Teilung der großen

Allerheiligste möglichst oft zu exponieren, gegen die bereits Bischof Hommer angekämpft hatte, existierte [1920] noch immer. […] 1897 stellte das Generalvikariat eine wachsende Eucharistieverehrung unter Priestern wie Laien fest […]. Umgesetzt war diese Form der Anbetungsfrömmigkeit bereits in der traditionellen Feier des Ewigen Gebetes.“ (SCHNEIDER, Kirchliches Leben, Frömmigkeit und Seelsorge im gesellschaftlichen Wandel [wie Anm. 384], hier: 326). An jedem Tag des Jahres, beginnend am 1. Januar in der Hohen Domkirche zu Trier und in Koblenz (Liebfrauen), wurde in einer anderen Pfarrei 13 Stunden angebetet, wobei zu Beginn und am Ende der sakramentale Segen gespendet wurde. Vgl. ebd.

941 Analysiert man die alphabetische Aufstellung aller Pfarreien mit ihrem jeweiligen Bettag im K. A. A. von 1854, so lässt sich erkennen, dass die jeweilige Nachbarpfarrei am nachfolgenden Tag ihren Bettag hatte. In Trier feierte am 01.01. die Domkirche „Ewig Gebet“. Es folgten St. Gangolf (02.01.), Liebfrauen (03.01.), St. Antonius (04.01.), St. Paulus (05.01.), St. Gervasius (06.01.), St. Paulin (07.01.), St. Matthias (08.01.), das Priesterseminar (09.01.), das Kloster der Kongregation (10.01.), St. Barbara bei Trier (11.01.) und Pallien bei Trier (12.01.). So zeigt die Liste auch die Anordnung für das Dekanat Saarbrücken: Saarbrücken (nur eine Pfarrei 1854) feierte seinen Bettag am 02.09., Kleinblittersdorf am 03.09., Püttlingen am 06.09., Völklingen am 07.09., Emmersweiler am 08.09., Großrosseln am 09.09., Auersmacher am 10.09. und die Filiale Rilchingen am 12.09. Vgl. DIÖZESE TRIER, Kirchlicher Amtsanzeiger für die Diöcese Trier pro 1854 (= Kirchlicher Amtsanzeiger für die Diözese Trier 2). Trier 1854, Nr. 46, S. 60f.72–74.77–81.

942 Vgl. Schreiben des Dekanats Bernkastel (s. o.) (BISTUMSARCHIV TRIER, Unterlagen zur Diözesansynode von 1920 [wie Anm. 802]).

943 Vgl. Schreiben der Dekanate Barweiler (s. o.) und Wittlich (s. o.) (ebd.).

944 Zur Katholikenzahl vgl. die Ausführungen in Kapitel 4.1.4. 1920 lebten etwa 1,3 Mio. Katholiken im Bistum Trier, wovon allein in der Stadt Saarbrücken, die in vier Pfarreien untergliedert war, ca. 62.000 Katholiken, also durchschnittlich 15.500 Gläubige, lebten. Die durchschnittliche Katholikenzahl pro Pfarrei bzw. selbstständiger Seelsorgeeinheit betrug zu dieser Zeit etwa 1.700. Vgl. zu den Zahlenangaben: SCHLICH, Die katholische Kirche in Saarbrücken (wie Anm. 284), 151; Bernhard SCHNEIDER, Raum, Wirtschaft und Bevölkerung. In: Beharrung und Erneuerung (wie Anm. 7), 20–33, hier: 24 (Abb. 1) sowie FEILZER, Strukturen der Seelsorge: Dekanate und Pfarreien, Pfarrverbände und Regionen (wie Anm. 288), 117 (Abb. 3).

Pfarreien.[945] An diesem Antrag war Pfarrer Schlich sicherlich maßgeblich beteiligt, denn er selbst sandte, wie bereits erwähnt, schon am 28. Dezember 1919 an das Generalvikariat Trier einen Brief, in dem er die Verkleinerung der Stadtpfarreien forderte.[946] Das Dekanatskapitel der Saarhauptstadt unterbreitete der Synode die Bitte, die „Riesenpfarreien unserer Stadt, das Produkt einer ungesunden, neuzeitlichen Entwicklung, in kleinere Seelsorgebezirke aufzuteilen."[947] Ihren Antrag begründeten die Geistlichen sehr ausführlich, indem sie auf die Erscheinung des Bolschewismus im Saargebiet, die zunehmende Unsittlichkeit und den anwachsenden Unglauben hinwiesen. Zudem würde ein Großteil der Stadtbewohner vom Land stammen und wäre somit kleinere Pfarreien gewohnt. Ferner verwiesen sie darauf, dass man im Mittelalter auch keine „Riesenpfarreien" gekannt habe, sondern mittelalterliche Städte immer in kleinere Pfarreien geteilt gewesen seien. Das Vorhaben könne dadurch finanziert werden, dass begütertere Pfarreien zu einer Vermögensabgabe verpflichtet würden und die Diözesanumlage zugunsten der neuen kleinen Pfarreien geändert würde.[948]

Mit der geforderten Verkleinerung der großen Pfarreien und der Neueinteilung der Dekanats- bzw. Definitionsgrenzen gingen auch Eingaben einher, die den Wahlmodus und die Aufgaben bzw. Vollmachten der Dechanten zu ändern suchten. Die Dechanten und deren Stellvertreter, die den Dekanatskapiteln vorstanden, sollten alle drei Jahre durch das Dekanatskapitel selbst in geheimer Wahl gewählt und durch den Bischof lediglich bestätigt werden. Zusätzlich sollten sie eine Aufwandsentschädigung aus der Bistumskasse erhalten und der Dechant solle die Binations- und Segensvollmacht[949] an die Priester seines Dekanats nach eigenem Ermessen vergeben dürfen.[950]

945 Vgl. Schreiben des Dekanats Saarbrücken (s. o.) (Bistumsarchiv Trier, Unterlagen zur Diözesansynode von 1920 [wie Anm. 802]); Zur Raumanalyse vgl. Schneider, Raum, Wirtschaft und Bevölkerung (wie Anm. 944), hier: 25f.

946 Vgl. Schreiben Schlich an das Generalvikariat Trier vom 28.12.1919 (Schlich, Schreiben über die pastorale Situation Saarbrückens [wie Anm. 295]) sowie die Ausführungen hierzu in Kapitel 4.2.1.

947 Schreiben des Dekanats Saarbrücken (s. o.) (Bistumsarchiv Trier, Unterlagen zur Diözesansynode von 1920 [wie Anm. 802]).

948 Vgl. ebd.

949 1890 erging eine bischöfliche Verordnung, die dem Trend, das Allerheiligste möglichst oft zu exponieren, entgegenwirken sollte, und verbot einerseits das Feiern der Frühmesse bei ausgesetztem Allerheiligsten und beschränkte zugleich den Ort sowie die Zeiten, in denen gestiftete Segensämter gefeiert werden durften. So war es nur noch in Kirchen, in denen das Allerheiligste dauerhaft aufbewahrt wurde, in der Adventszeit, in der Fronleichnamsoktav und an den Donnerstagen unter der Woche erlaubt. Vgl. Diözese Trier, Kirchlicher Amtsanzeiger für die Diözese Trier (= Kirchlicher Amtsanzeiger für die Diözese Trier 34). Trier 1890, Nr. 37, S. 80f.

950 Vgl. Schreiben der Dekanate Hillesheim (s. o.) und Bernkastel (s. o.). Der Neuerburger Seelsorgeklerus wünschte auch selbstständige und geheime Wahl, wobei aber alle Stimm-

Wie bereits geschildert, sah das Dekanatskapitel Saarbrückens in der erstarkenden Sozialdemokratie innerhalb des Saargebiets einen Anlass, weshalb kleinere Pfarreien geschaffen werden sollten. Denn auf diese Weise könne man durch Einzelseelsorge diese Weltanschauung besser bekämpfen. Doch auch außerhalb des Saargebiets wünschten sich viele Geistliche klare Richtlinien im Umgang mit der Sozialdemokratie[951] und den freien Gewerkschaften[952], die von der Amtskirche klar verurteilt wurden. Dabei dürfte der Trierer Klerus bei seinem Bischof Korum offene Türen eingelaufen haben, da dieser die Sozialdemokratie und die freien Gewerkschaften strikt ablehnte.

So formulierten die Seelsorger des Dekanats Trier folgende Eingabe: Die Synode soll „Anweisung zum Verhalten des Klerus gegen die Sozialdemokratie und die (sic!) sogenannten freien Gewerkschaften besonders pro foro interno erlassen, die für alle Priester, die cura animarum haben, verbindlich ist."[953] Bisher gab es keine konkrete Richtlinie, wie mit Sozialdemokraten und Angehörigen freier Gewerkschaften umzugehen sei. Bischof Korum widmete seinen Hirtenbrief, den er am 13. Januar 1919 verfasste, der Sozialdemokratie und warnte die Katholiken seiner Diözese vor dieser. Er betonte mit harten, aber doch sehr klaren Worten, dass das Christentum und der Sozialismus „ sich gegenüber [stehen] wie Feuer und Wasser. Man kann nicht überzeugter Anhänger des Sozialismus und gleichzeitig ein aufrichtiger Christ sein. Entweder – oder. Der Widerspruch und Kampf des Sozialismus gegen Christentum und Kirche ist unversöhnlich."[954] Gründe hierfür

berechtigten auch zur Stimmabgabe verpflichtet werden müssten. Vgl. Schreiben des Dekanats Neuerburg (s. o.) (Bistumsarchiv Trier, Unterlagen zur Diözesansynode von 1920 [wie Anm. 802]).

951 Im Mai 1875 vereinigten sich die beiden großen Arbeiterparteien Deutschlands zur sozialistischen Arbeiterpartei Deutschlands. Diese strebte fortan das Ziel an, eine sozialistische Gesellschaft zu schaffen. Bischof Ketteler beschäftigte sich mit der Frage, ob katholische Arbeiter einer solchen Partei beitreten dürften oder nicht. „Da er die Arbeiterfrage in revolutionäre Agitationen geraten sah, formulierte er die berechtigten Forderungen der Arbeiter nach einer zweckmäßigen Ordnung des Arbeiterstandes, einer staatlichen Unterstützung der Arbeitervereinigungen und gesetzlichem Schutz von Arbeit und Arbeiterstand […]. Seine Vorstellungen von einer »Organisation des Arbeiterstandes« zielten klar auf die Bildung von Gewerkschaften. Damit hatte Bischof Ketteler der katholischen Arbeiterbewegung ein Programm gegeben und die katholischen Zentrumspolitiker auf die neue Arbeitersozialpolitik verpflichtet." (Sand, »Arbeiterfrage« und Gewerkschaftsstreit [wie Anm. 222], 592).

952 Zum Gewerkschaftsstreit vgl. die Ausführungen in Kapitel 3.2.

953 Schreiben des Dekanats Trier (s. o.) (Bistumsarchiv Trier, Unterlagen zur Diözesansynode von 1920 [wie Anm. 802]). Eine Eingabe in ähnlicher Formulierung richteten die Dekanate Wadern, St. Wendel, Birkenfeld, Bitburg, Konz und Hermeskeil an die Synode. Vgl. ebd.

954 Hirtenbrief Bischof Korum vom 13.01.1919, in: Diözese Trier, Kirchlicher Amtsanzeiger der Diözese Trier (wie Anm. 888), Nr. 10, S. 5–8.

sah der Trierer Oberhirte u. a. in der Leugnung der ewigen, zeitlosen Dinge, da der Sozialismus geprägt sei vom Materialismus, somit Gott und die Unsterblichkeit (der Seele) leugne. Zudem teile der Sozialismus nicht die Ansicht der katholischen Kirche hinsichtlich des Sittengesetzes und fordere die Trennung von Kirche und Staat (insbesondere die Abschaffung der konfessionellen Schulen und die Beendigung der geistlichen Schulaufsicht), was die Rechte und den Einflussbereich der Kirche immens einschränken würde.[955] Die Eingaben der Geistlichen betrafen jedoch die Beichte, denn unter denen, die die Sozialdemokratie wählten, waren auch viele Katholiken, die nicht von der Weltanschauung überzeugt waren oder gar die Partei offiziell unterstützten, sondern vielmehr das wirtschaftliche Modell für gut erachteten oder ansonsten ihren Arbeitsplatz bedroht sahen. Die Seelsorgsgeistlichen wünschten sich daher eine Differenzierungsmöglichkeit im Beichtgespräch bzw. klare Vorschriften, ob die Lossprechung erfolgen dürfe oder nicht.

Ein weiteres Problem, das die Dekanatskapitel massiv beschäftigte, war die Schule und der in ihr zu erteilende Unterricht. Es wurden daher eine Vielzahl von Eingaben zu bestehenden Schulfragen eingesandt. In den preußischen Teilen der Diözese außerhalb des Saargebiets forderte man die Wiederherstellung der Rechte der Geistlichen in der Ortsschulaufsicht[956] und ein Gesuch der Synode an die Regierung, dass in ländlichen Regionen die Schule erst um 8:00 Uhr (statt 7:00 Uhr) beginnen möge.[957] Aber auch eine inhaltliche Neukonzipierung der Lehrstoffverteilung (Katechismus-/ Bibelunterrichtsthemen, Kirchengeschichte, Liturgik und Kirchenlied) wurde vom Dekanat Engers erbeten.[958] Der bisherige Stoffverteilungsplan (Lehrplan) stamme aus dem Jahr 1886 und war nur für achtklassige Schulen berechnet worden und bedürfe daher, so die Eingaben, einer Ergänzung für ein- und mehrklassige Schulen.[959] Ebenso schrieb Pfarrer Eugen

955 Zum Sozialismus bzw. der Sozialdemokratie und dessen/deren Inhalt vgl. Karl KAUTSKY, Das Erfurter Programm. In seinem grundsätzlichen Teil erläutert (= Internationale Bibliothek 13). Berlin [20]1980.

956 Vgl. Schreiben der Dekanate Saarburg (s. o.) und Neuerburg (s. o.) (BISTUMSARCHIV TRIER, Unterlagen zur Diözesansynode von 1920 [wie Anm. 802]). Am 16.12.1918 erließ die damalige Regierung Preußens einen Erlass, der besagte, dass die Schulaufsicht durch Geistliche zum 01.01.1919 beendet werde. Die preußischen Bischöfe konnten dagegen nichts unternehmen, verfassten jedoch einen gemeinsamen Hirtenbrief, in dem sie die sich anbahnende Trennung von Kirche und Saat sowie die Schulaufsicht durch Lehrer und Lehrerinnen verurteilten. Vgl. DIÖZESE TRIER, Kirchlicher Amtsanzeiger für die Diözese Trier (wie Anm. 903), Nr. 167, S. 121–125.

957 Schreiben Pfarrer Wagner (Dekanat Kaisersesch) an die Vorbereitungskommissionen der Synode (vom 11.08.1920) (BISTUMSARCHIV TRIER, Unterlagen zur Diözesansynode von 1920 [wie Anm. 802]).

958 Vgl. Schreiben des Dekanats Engers (s. o.) (ebd.).

959 Vgl. DIÖZESE TRIER, Kirchlicher Amtsanzeiger für die Diöcese Trier pro 1886 (= Kirchlicher Amtsanzeiger für die Diözese Trier 14). Trier 1886, Nr. 15, S. 57–63.

Matthias Wagner[960] (Dekanat Kaisersesch), die Synode möge zwei Bestimmungserlasse erwirken. Der eine solle verfügen, dass ab dem dritten Schuljahr jährlich ein ganzes Hauptstück des Katechismus sowie die Lehre über das Sakrament der Buße durchzunehmen sei, und der andere solle den Gläubigen vorschreiben, dass Kinder nur mit Zustimmung des Priesters, also nicht bloß durch die Zustimmung des Lehrers, von der Teilnahme am Religionsunterricht befreit werden können. Seinen ersten Antrag begründete er damit, dass die Lehrpläne, die 1886 in Kraft traten, in allen einklassigen Schulen nicht durchführbar seien.[961]

Während man auf der einen Rheinseite im Dekanat Andernach forderte, der Bischof bzw. der Weihbischof sollten gelegentlich im Rahmen ihrer Firmreise den Religionsunterricht in den Schulen besuchen, war man auf der direkten anderen Seite des Flusses im Dekanat Engers bestrebt, dass die bischöfliche Visitation von Volksschulen und höheren Schulen an erfahrene Priester delegiert werden solle, die dafür häufiger einen Besuch durchführen könnten.[962] In Cochem votierten die Geistlichen dafür, es solle in jedem Kreis ein Geistlicher aus dem Seelsorgeklerus gewählt werden, der damit beauftragt würde, sowohl den Unterricht der Laien als auch den der Kleriker zu visitieren.[963] In Ahrweiler forderte das Kapitel die Einführung eines Kreis- bzw. Dekanatsschulinspektors, der sich ganz der Revision des Religionsunterrichtes widmen solle, sowie eines Dezernenten für Schulfragen am Generalvikariat und darüber hinaus solle an der Theologischen Fakultät ein Lehrstuhl für experimentelle Psychologie (u. a. Kinderpsychologie als Teildisziplin) eingerichtet werden, damit die künftigen Kleriker und Lehrer dahingehend schon geschult seien.[964] Falls es jedoch (wider Erwarten) zu einer vollkommenen Trennung von Kirche und Staat käme und dadurch der Religionsunterricht an den Schulen nicht mehr stattfände, müsse die Synode, so die Eingabe des Dekanats Bernkastel, ein Handbuch erstellen, mit dem den Kindern auf anderem Wege (z. B. autodidaktisch oder durch Erziehungsberechtigte) Bibel- und Katechismusunterricht sowie Unterweisung in Liturgik und Kirchenlied erteilt werden könne.[965]

960 Der am 03.08.1865 in Saarlouis geborene und 1888 in Trier zum Priester geweihte Wagner wirkte zuerst vier Jahre lang als Kaplan in Illingen. Danach wurde er Expositus in Merchweiler. Als die Expositur 1895 zur Vikarie erhoben wurde, übernahm er die Leitung derselben. Ein Jahr später wechselte er auf die Pfarrstelle in Bleialf, wo er zehn Jahre verblieb. Ab 1906 leitete er die Pfarrei Buß (Bous), ehe er 1932 emeritierte und 1933 verstarb. Vgl. Thomas, Der Weltklerus der Diözese Trier seit 1800 (wie Anm. 23), 357.

961 Vgl. hierzu und zum Folgenden: Schreiben Pfarrer Wagner an die Vorbereitungskommissionen der Synode (s. o.) (Bistumsarchiv Trier, Unterlagen zur Diözesansynode von 1920 [wie Anm. 802]).

962 Vgl. Schreiben der Dekanate Andernach (s. o.) und Engers (s. o.) (ebd.).

963 Vgl. Schreiben des Dekanats Cochem (s. o.) (ebd.).

964 Vgl. Schreiben des Dekanats Ahrweiler (s. o.) (ebd.).

965 Vgl. Schreiben des Dekanats Bernkastel (s. o.) (ebd.).

Damit versuchten die Geistlichen ihre Vormachtstellung in der Schule und im Religionsunterricht wiederherzustellen bzw. zu verteidigen.

Aber nicht nur die Schule war ihnen wichtig, sondern auch die Heiligung des Sonntags war ihnen ein Herzensanliegen. Der Klerus des Bistums Trier sah sich schon früh in der Pflicht, Maßnahmen gegen die Entweihung der Sonn- und Feiertage zu ergreifen. Wie Bernhard Schneider nachweist, glaubte Bischof Korum bereits in einem Hirtenbrief 1886 feststellen zu müssen, „dass die Sonntage auch im Bistumsgebiet immer mehr durch weltliche Feste und Ausflüge entheiligt würden."[966] Auch Bischof Bornewasser bezog in einem seiner Hirtenbriefe eindeutig Stellung gegen die seiner Meinung nach mittlerweile maßlose Entheiligung der Sonn- und Feiertage durch ein Überangebot an Sport- und Vergnügungsveranstaltungen sowie Festen.[967] Auch die Eingaben mancher Dekanate an die Synode von 1920 richteten sich schon gegen die Vergnügungs- und Sportveranstaltungen: Zum einen forderte das Kapitel des Dekanats Trier die Synode dazu auf, ein polizeiliches Verbot von Sport- und Spielveranstaltungen während der Sonn- und Feiertagsgottesdienstzeiten sowie den Nachmittagsgottesdiensten in Orten mit mehrheitlich katholischer Bevölkerung zu erwirken.[968] Ebenso war ein behördlicher Erlass gegen die Vergnügungssucht aus dem Dekanat Hillesheim sowie eine Anordnung bzgl. der Vergnügungsanstalten aus dem Priesterseminar, das auch Eingaben an die Synode richtete, erwünscht. Das Dekanat Ahrweiler wollte eine Mahnung an den Klerus erhalten, dass dieser mit besonderer Wachsamkeit gegenüber den Kinos zu agieren habe.[969] Auch Schlich war von den sonntäglichen Sportveranstaltungen in Saarbrücken betroffen. Mehrfach votierte das Dekanatskapitel dafür, die Polizei gegen die Entheiligung des Sonntags zu kontaktieren und ein Verbot zu erwirken.[970]

Es ist aber auch häufiger vorgekommen, dass sich Gläubige über die „Wächter der Moral und Sitte" bei der Bischöflichen Verwaltungsbehörde in Trier beschwerten.[971] In diesen Fällen wurde der Angezeigte jedoch im Regelfall zunächst davon

966 Schneider, Kirchliches Leben, Frömmigkeit und Seelsorge im gesellschaftlichen Wandel (wie Anm. 384), 272.

967 Vgl. Diözese Trier, Kirchlicher Amtsanzeiger für die Diözese Trier (wie Anm. 938), Nr. 16, S. 11–17.

968 Vgl. Schreiben des Dekanats Trier (s. o.) (Bistumsarchiv Trier, Unterlagen zur Diözesansynode von 1920 [wie Anm. 802]).

969 Vgl. Schreiben der Dekanate Hillesheim (s. o.) und Ahrweiler (s. o.) sowie des Priesterseminars Trier (o. D.) (ebd.).

970 Vgl. hierzu die Ausführungen im Kapitel 4.1.4.

971 So wurde beispielsweise auch gegen den Pfarrer von Saarbrücken Malstatt, der größten Pfarrei des Bistums im Jahr 1920, Franz Joseph Bungarten, Anzeige erstattet, weil dieser angeblich eine Affäre mit einer Frau seiner Pfarrei gehabt hätte. Die Anzeige wurde jedoch wieder zurückgezogen, da die Vorwürfe nicht der Wahrheit entsprachen. Vgl. Bistumsarchiv Trier (wie Anm. 44).

nicht in Kenntnis gesetzt. Daher forderten Geistliche aus verschiedenen Dekanaten, dass zum einen jeder Geistliche, der in Trier angezeigt würde, darüber in Kenntnis gesetzt werden müsse, wobei anonyme Beschuldigungen keinerlei Beachtung finden sollten[972], und zum anderen den betroffenen Priestern die Namen ihrer Ankläger genannt werden müssten.[973] Zusätzlich sei es Aufgabe der Synode, eine neutrale und unabhängige Appellinstanz an der Bischöflichen Kurie zu errichten, die im Streitfall zwischen Priester und Behörde vermittle.[974]

Neben der Stärkung ihrer Rechte versuchten die Geistlichen auch, sich die Wege zur theologischen Bildung zu verbessern. Erwägenswert sei es, so verschiedene Eingaben, die Professorenbibliothek dem Pfarrklerus zugänglich zu machen. Auf diese Weise könne man zur theologischen Weiterbildung des Klerus beitragen. Auch im Dekanat Remagen sorgte man sich um die Weiterbildung der Geistlichen und stellte daher den Antrag, theologisch-philosophische Vorträge für den Seelsorgeklerus zu aktuellen Themen in größeren Orten bistumsweit zu organisieren.[975] Obwohl dieser Antrag nicht aus Saarbrücken stammte, so lässt sich anhand der Visitationsprotokolle, die Schlich als Dechant des Dekanates Saarbrücken ab 1929 regelmäßig ausfüllte, genau nachvollziehen, dass ihm an der theologischen Fortbildung des Klerus sehr gelegen war.

Auch das Brautexamen empfanden manche Dekanate als nicht mehr zeitgemäß. So wünschten die Geistlichen Saarbrückens, dass die Belehrung der Brautleute „de debito" außerhalb der Beichte zur Pflicht gemacht werden müsste.[976] Im Dekanat Engers verlangte man, die neuen Ehevorschriften, die durch den CIC von 1917 gemacht wurden, den Pfarrern zum Einkleben ins Rituale zuzusenden.[977]

Die weiteren Eingaben, die aus den verschiedenen Dekanaten in Trier eintrafen, betrafen den Klerus (beispielsweise die Erteilung der Erlaubnis, einen Bart tragen

972 Vgl. Schreiben der Dekanate Schweich (s. o.) und Engers (s. o.) (Bistumsarchiv Trier, Unterlagen zur Diözesansynode von 1920 [wie Anm. 802]). Nur im Dekanat Engers forderte man, dass anonymen Anzeigen kein Wert beigemessen werden soll.

973 Vgl. Schreiben des Dekanats Cochem (s. o.) (ebd.).

974 Vgl. Schreiben des Dekanats Andernach (s. o.) (ebd.).

975 Vgl. Schreiben des Dekanats Remagen (s. o.) (ebd.).

976 Vgl. Schreiben des Dekanats Saarbrücken (s. o.). Der Manderscheider Klerus argumentierte in dieselbe Richtung, dass nämlich der trauende Geistliche über die Möglichkeit verfügen sollte, im Brautgespräch die Entlassung „de debito" erteilen zu dürfen. Vgl. Schreiben des Dekanats Manderscheid (s. o.) (ebd.). Am 13.01.1919 veröffentlichte das Generalvikariat Trier eine Belehrung über den Ehestand, die den Pfarrern dienen sollte, das Brautexamen gem. des CIC (1917) durchzuführen und die Brautleute zu unterweisen. Allerdings wird die Unterweisung „de debito" im Brautexamen nicht zur Pflicht gemacht. Vgl. Diözese Trier, Kirchlicher Amtsanzeiger der Diözese Trier (wie Anm. 888), Nr. 12, S. 13–16.

977 Vgl. Schreiben des Dekanats Engers (s. o.). Domkapitular Karl Kammer vermerkte handschriftlich auf der Eingabe des Dekanats „Ist geschehen 1919 Pontinustr. Trier 2 Ausgaben, 1 zum Aushändigen an Brautleute" (Bistumsarchiv Trier, Unterlagen zur Diözesansynode von 1920 [wie Anm. 802]).

zu dürfen[978] oder den Bau eines Priestererholungsheims[979] etc.), den vermehrten Einsatz weiblicher Orden[980], die Errichtung einer zentralen Beratungsstelle für katholische Vereine[981] und die Einstellung eines hauptamtlichen Jugendsekretärs.[982]

Im Kontext der vorliegenden Arbeit sind aber auch die Eingaben zu nennen, die speziell die Situation in Saarbrücken und somit Pfarrer Schlich zu betreffen schienen. Zu dieser Zeit gab es eine spiritistische Bewegung im Dekanat Saarbrücken, die in den Augen der katholischen Kirche eine häretische Gruppe darstellte. Gegen den „Spiritismus an der Saar" erbat man sich eine klare Stellungnahme.

Die Eingaben vermitteln insgesamt doch sehr stark den Eindruck, dass der Klerus sehr mit sich selbst beschäftigt war. Der Großteil aller Änderungswünsche zielte nicht primär darauf ab, Veränderungen in der Seelsorge zu bewirken, sondern vielmehr das Leben und Arbeiten der Priester angenehmer zu gestalten. Verschiedene Anträge fassten zwar konkrete Seelsorgeprobleme ins Auge, doch dabei handelte es sich meist um kleinere Details, die keinen großen Aufschwung bewirken konnten. Wirklich neue und innovative Seelsorgemethoden suchte der Klerus offenbar nicht. Das Gegenteil war meist der Fall: man hielt an alten Formen fest, auch wenn deutlich ersichtlich war, dass dadurch ein Beteiligungsrückgang der Laien zu verzeichnen war. Lediglich der Rahmen der Seelsorge, die Territorien der Pfarreien, sollte neu umschrieben und verkleinert werden, damit eine bessere Seelsorge (mit den alten Methoden) den Geistlichen ermöglicht werde.

978 Bereits 1919 kamen Zweifel auf, ob die Priester Deutschlands gemäß can. 136 § 1 (CIC 1917) noch verpflichtet seien, bartlos leben zu müssen. Die Fuldaer Bischofskonferenz entschied am 23.08.1919 daraufhin jedoch unmissverständlich, dass das Tragen eines Bartes für Geistliche verboten bleibt. Vgl. Diözese Trier, Kirchlicher Amtsanzeiger der Diözese Trier (wie Anm. 888), Nr. 105, S. 114. Auch nachdem die ‚S. Congregatio Concilii' zur Auslegung von can. 136 § 1 angefragt wurde, unterstrich sie am 10.01.1920 das Bartverbot für Kleriker, das nur durch den Ortsordinarius gelockert werden könne, was Korum jedoch nicht tat. Vgl Diözese Trier, Kirchlicher Amtsanzeiger für die Diözese Trier (wie Anm. 867), Nr. 32, S. 40. Doch hinter dem Wunsch, einen Bart tragen zu dürfen, steckte noch mehr. Den Geistlichen wurde oftmals vorgehalten, nur ein halber Mann zu sein, da allein schon das Tragen der Soutane, die einem Frauenkleide sehr ähnele, und die zölibatäre Lebensweise (verbunden mit dem Ausschluss von Nachkommenschaft) keine männlichen Eigenschaften seien. Ein ordentlicher deutscher Mann, so die Vorstellung damals, müsse einen Bart oder wenigstens einen Schnurrbart tragen, um als solcher zu gelten. Man wollte also den Klerus durch die Erlaubnis, einen Bart tragen zu dürfen, männlicher machen. Vgl. Olaf Blaschke, Strategies and success of re-masculinisation campain around 1900. In: Christian masculinity. Men and religion in Northern Europe in the 19th and 20th centuries, hg. von Yvonne Maria Werner (= KADOC studies on religion, culture and society 8). 2011, 21–45, hierzu insbesondere: 30.

979 Vgl. Schreiben der Dekanate Merzig und Pfr. i. R. Haag (Dekanat Koblenz) (s. o.) (Bistumsarchiv Trier, Unterlagen zur Diözesansynode von 1920 [wie Anm. 802]).

980 Vgl. Schreiben der Dekanate Saarburg und Manderscheid (s. o.) (ebd.).

981 Vgl. Schreiben des Dekanats Ottweiler (s. o.) (ebd.).

982 Vgl. Schreiben des Jugendpräses des Bezirks Saarlouis (vom 30.04.1920) (ebd.).

Bemerkenswert erscheint, dass die caritativ-diakonische Dimension in den Eingaben völlig fehlte. Gerade angesichts der Nachkriegsnot befremdet diese „Blindheit" im Diözesanklerus sehr. Zudem kontrastiert dies doch sehr mit Schlichs eigenem Engagement auf diesem Sektor. Insgesamt zeigen die Eingaben, dass der „niedere Klerus" den Kurs der Bistumsleitung im Großen und Ganzen nicht in Frage stellte. Einige Eingaben, meist aus dem Dekanat Neuerburg, in dem Pfarrer Laros wirkte, kritisierten jedoch auch das „Zentrum der Macht" im Bistum Trier, meist aber in Verwaltungs- und Personalfragen. Dabei drehte sich allerdings auch alles wieder nur um den Klerus und man verlor die Laien aus dem Blick.

4.2.1.3 Die Arbeit der Vorbereitungskommissionen

Nachdem die einzelnen Dekanate, Einrichtungen und Gruppen ihre Anträge an die Synodenvorbereitungsgruppe im Bischöflichen Generalvikariat übersandt hatten, war es Aufgabe der Vorbereitungskommissionen, deren jeweilige Mitglieder von Bischof Korum ernannt wurden, die in ihr Arbeitsgebiet fallenden Anträge zu sichten und zu ordnen. Hierbei musste geprüft werden, ob der jeweilige Antrag zugelassen werden könne oder ob der Antrag Dinge betraf, die außerhalb der Befugnisse der Synode lagen, also den Bischof in seinen Rechten beschneiden oder gar universalkirchliches Recht tangieren würde.

Aus den zugelassenen oder noch durch die Vorbereitungskommission ergänzten Anträgen formulierte die jeweilige Kommission sodann Dekrete und Resolutionen, die allen Synodenteilnehmern vorgelegt wurden und die als Arbeitsgrundlage dienten. Insofern war die Arbeit der vorbereitenden Gruppen für den Verlauf der Synode von maßgebender Bedeutung.

Der Bischof bestellte insgesamt sechs Vorbereitungskommissionen, welche die unterschiedlichen Themenschwerpunkte der Synode, die der Bischof vorgab, anhand der Anträge vorzubereiten hatten. Die Kommissionen beschäftigten sich mit den aktuellen Schulfragen (10 Mitglieder), den Studienfragen (14 Mitglieder), den Standesfragen des Klerus (12 Mitglieder), den Fragen der Seelsorge (ursprünglich 11 Mitglieder, letztlich aber 13) und den Fragen der Verwaltung sowie Geschäftsführung (7 Mitglieder). Darüber hinaus berief Bischof Korum fünf Kleriker in eine Ordnungskommission.

Man kann sehr deutlich feststellen, wie stark Korum schon vor Beginn der Synode sich sowie seine Position einbrachte und den Verlauf der Beratung lenkte. Einerseits lässt sich der Kurs des Bischofs daran ablesen, welche Priester er in welche Vorbereitungskommission berief und andererseits wie groß die jeweiligen Gruppen waren. Korum setzte offenbar sein Augenmerk auf die klerozentrischen Themenfelder, denn nur ein Beratungsthema (Seelsorgefragen) tangierte auch die Laien in der Kirche direkt, während die übrigen Themen nur die Kleriker betrafen.

Im Folgenden werden sich die Untersuchungen allerdings auf die Arbeit der Vorbereitungsgruppe beschränken, welche sich mit dem Komplex „Seelsorgerische Fragen der Neuzeit" beschäftigte, da Schlich in diese nachberufen wurde.

4.2.1.4 Kommission für „seelsorgerische Fragen der Neuzeit"

Ursprünglich bestand diese Kommission, die unter dem Vorsitz von Domkapitular Peter Christ[983] und dessen Stellvertreter Pfarrer Dr. Johann Peter Dahm[984] tagte, aus elf Mitgliedern. Diese kamen sowohl aus der Pfarrseelsorge als auch aus der Bischöflichen Behörde. Zu ihnen gehörten neben Pfarrer Dahm noch der Dechant des Dekanates Engers Albert Fuchs[985], der später Weihbischof des Bistums Trier werden sollte, sowie der Pfarrer von Trier (St. Matthias) Jakob Treitz[624].

983 Der am 14.12.1857 in Biebern geborene Christ empfing am 20.07.1883 in Innsbruck das Weihesakrament und wirkte zuerst als Kaplan im Bistum Seckau. Sechs Jahre später wurde er Pfarrer in Bundenbach und am 05.04.1894 Heimatpfarrer von Johann Ludger Schlich. Christ verließ Bell jedoch am 08.10.1900 wieder, um die Trierer Pfarrei St. Gervasius zu übernehmen. 1919 erhielt er einen Platz im Domkapitel zu Trier, wurde 1920 Diözesanpräses der Marianischen Priesterkongregation und fünf Jahre vor seinem Tod, der ihn am 16.01.1934 ereilte, Dompfarrer. Vgl. THOMAS, Der Weltklerus der Diözese Trier seit 1800 (wie Anm. 23), 78.

984 Dahm, geboren am 05.03.1858 in Pellingen und 1881 in Innsbruck zum Priester geweiht, setzte nach dem Empfang der Priesterweihe zunächst zwei Jahre seine Studien fort und wurde abschließend zum „Dr. theol." promoviert. Danach wirkte er zwei Jahre als Kooperator in der Diözese Regensburg und knapp zwei Jahre als Rektor des Ursulinenklosters im holländischen Valkenburg. Von dort aus wechselte er ins Bistum Trier, wo er 1888 das Amt des Rektors im Kloster auf dem Calvarienberg bei Ahrweiler übernahm. 1894 übernahm er seine erste Pfarrstelle im saarländischen Püttlingen (Dekanat Saarbrücken). Korum ernannte ihn schließlich 1903 zum Pfarrer in Trier (St. Antonius), wo er bis zu seiner Emeritierung 1938 verblieb. Etwa ein Jahr nach dem Eintritt in den Ruhestand verstarb er am 03.05.1939 in der Bistumshauptstadt. Vgl. ebd., 87.

985 Fuchs wurde am Allerheiligentag des Jahres 1876 in Koblenz geboren und am 31.03.1900 im Hohen Dom zu Trier zum Priester geweiht. Seine erste Stelle als Kaplan trat er im Eifelstädtchen Mayen an, ehe er vier Jahre später nach Holz an der Saar wechselte. Dort war er zunächst für sechs Jahre Vikar und für drei weitere Jahre nach der Erhebung zur Pfarrei der erste Pfarrer. Danach ging er nach Neuwied und übernahm die Leitung der dortigen Pfarrei. Zusätzlich wurde er am 08.08.1920 Dechant des Dekanates Engers. 1927 wurde er zum Domkapitular gewählt. Seine Installation erfolgte am 02.07.1927, einen Monat später seine Ernennung zum Geistlichen Rat. In dieser Funktion war er auch für die Vorbereitung der Heilig-Rock-Wallfahrt 1933, die vom 23.07. bis zum 10.09.1933 dauerte, federführend verantwortlich, weshalb er nach dem Ende derselben auch den Ehrentitel „Päpstlicher Hausprälat" verliehen bekam. Er wurde 1935 zum Bischof geweiht, denn er wurde Weihbischof in Trier und Titularbischof von Cibyra. Zwei Jahre später wurde er zudem Dechant der Dompfarrei. Fuchs starb nach längerer Krankheit am 08.04.1944 und wurde in der Weihbischofskapelle des Trierer Domes beigesetzt. Vgl. Martin PERSCH, Fuchs, Albert Maria. In: Biographisch-bibliographisches Kirchenlexikon, Bd. 15, hg. von Friedrich Wilhelm

Die anderen acht sich von Anfang an in der Kommission befindlichen Mitglieder waren der Pfarrer von Güls Anton Wagner[987], der Pfarrer von Bernkastel Peter Wiegand[988], Prof. Dr. Julius Griepenkerl[989], Domvikar Wilhelm Kutscher[990], Domdechant Dr. August Viktor Müller[991], Caritassekretär August Vogtel630 sowie

BAUTZ und Traugott BAUTZ (= BBKL 15). Hamm 1999, Sp. 585, DERS., Fuchs, Albert Maria. In: Trierer biographisches Lexikon, 122–123, SEIBRICH, Die Weihbischöfe des Bistums Trier (wie Anm. 425), 235–242 sowie THOMAS, Der Weltklerus der Diözese Trier seit 1800 (wie Anm. 23), 125.

986 Treitz, geboren 1870 in Beurig, wurde nach seiner Priesterweihe 1897 in Trier in der dortigen Pfarrei St. Matthias Kaplan. Nach drei Jahren leitete er die Pfarrei Darscheid, 1905 wurde er Rektor im Gut-Hirten-Kloster der Karmelitinnen in Trier. Zwei Jahre später berief man ihn zum Bistumssekretär und Domvikar. Am 26.09.1910 übernahm er schließlich die Leitung seiner ehemaligen Kaplanspfarrei. Von 1922 bis 1924 wurde er beurlaubt, anschließend Pfarrer an Liebfrauen (und St. Laurentius) in der Bistumshauptstadt. Ab dem 18.04.1933 stand er dem Dekanat Trier vor und wurde aufgrund seiner Stellung zum Päpstlichen Geheimkämmerer (1933) und Ehrendomherrn (1937) ernannt. Vgl. ebd., 351.

987 Der 1873 in Bliesen geborene Wagner wurde am 26.03.1898 in Trier zum Priester geweiht und fungierte danach für drei Jahre als Kaplan in Saarbrücken (St. Johann), ehe er 1901 die Gemeindeleitung in Arenrath, 1909 in Güls und 1923 in Aldegund übernahm. Vgl. ebd., 356.

988 Peter Wiegand erblickte am 04.04.1869 in Unkel das Licht der Welt und empfing zwei Tage vor seinem 23. Geburtstag in Trier das Sakrament der Priesterweihe. Anschließend fungierte er fünf Jahre als Kaplan in Trier (Liebfrauen), als also der Vorsitzende der Kommission bereits Vorsteher der Gemeinde war. Fünf Jahre später wurde er selbst Pfarrer. Zunächst in Nonnweiler, danach in Völklingen (ab 1906), Bernkastel (ab dem 13.02.1919) und schließlich in der Koblenzer St.-Josefs-Pfarrei (ab dem 19.10.1920), wo er auch das Amt des Dechanten übertragen bekam. Drei Jahre später verlieh man ihm den Ehrentitel „Päpstlicher Geheimkämmerer". Wiegand starb am 07.11.1925 in Koblenz. Vgl. ebd., 371.

989 Griepenkerl, der am 06.08.1868 in Göttingen geboren wurde, empfing am 30.03.1895 in Trier die Priesterweihe und verbrachte die folgenden fünf Monate als Kaplan in Saarbrücken (St. Jakob), wobei er zugleich auch als Religionslehrer am städtischen Realgymnasium eingesetzt war. Am 01.08.1895 wechselte er als Kaplan nach Trier (St. Gangolf), wo er drei Jahre verbrachte, ehe er als Religionslehrer am Gymnasium in Linz (Rhein) fungierte. Am 30.04.1902 wurde er schließlich Professor für Pastoraltheologie am Priesterseminar in Trier, 1908 zusätzlich „Defensor vinculi" am Offizialat. Ferner übernahm er am 01.05.1918 das Amt des Subregenten, bevor er am Allerheiligentag des Jahres 1924 Bischöflicher Offizial wurde. Nach dem Erhalt mehrerer Ehrentitel bekam er sechs Jahre vor seinem Tod, der ihn am 25.06.1935 ereilte, 1929 einen Platz im Trierer Domkapitel. Vgl. ebd., 187.

990 Kutscher, der 1881 im saarländischen Schwarzenholz geboren wurde und nach Beendigung seines Theologiestudiums in Trier am 31.03.1906 das Sakrament der Priesterweihe gespendet bekam, wirkte zunächst vier Jahre als Kaplan in Prüm und anschließend drei Jahre als Vikar in Neunkichen-Scheib. 1913 folgte seine Ernennung zum Domvikar an der Hohen Domkirche zu Trier und 1916 zum Diözesansekretär der katholischen Arbeitervereine sowie des Vereins erwerbstätiger Frauen und Mädchen. Kutscher verstarb am 20.11.1925 und wurde im Domkreuzgang beerdigt. Vgl. ebd., 198.

991 August Viktor Müller erblickte am 08.03.1849 in Trier das Licht der Welt, wo er am 26.08.1871 auch das Sakrament der Priesterweihe empfing. Nach seiner Zeit als Kaplan

der Direktor der Paulinusdruckerei Karl Wies[993].

Die Kommission trat am 25. August 1920 das erste Mal zusammen. Es fehlten jedoch die Herren Griepenkerl und Treitz.[994] Die anwesenden Kommissionsmitglieder merkten jedoch sehr schnell, dass nur zwei Mitglieder, die der Vorbereitungsgruppe angehörten, nicht aus Trier stammten. Daher fasste man den Beschluss, „damit das Saargebiet und das Land stärker vertreten seien, sollen noch Dr. Schlich Saarbrücken und Dechant Schmitz[995] Conz als Mitglieder zugezogen werden."[996]

Dies zeigt, dass Schlichs Fähigkeiten in der Seelsorge schon als Pfarrer an St. Jakob in Saarbrücken bekannt und geachtet gewesen sein müssen. Offenbar schätzte man seine Weitsicht und sein Talent, was die pastoralen Dinge betraf, in Trier sehr,

in Koblenz (Liebfrauen) und Religionslehrer an der dortigen Oberrealschule erhielt er am 14.11.1886 den Lehrstuhl für Moraltheologie am Trierer Priesterseminar. Bevor er am 15.04.1904 zum Leiter des bischöflichen Gerichtes ernannt wurde, bekleidete er die Ämter des Offizialassessors und des Subregenten. Am Gedenktag des hl. Johannes des Evangelisten 1906 erfolgte seine Ernennung zum Domkapitular und Geistlichen Rat. Am 24.08.1915 wurde er schließlich zum Domdechanten ernannt. Zwei Tage später wurde er installiert. Im Jahr vor seinem Tod, der ihn am 26.03.1922 ereilte, verlieh man ihm noch den Titel des Päpstlichen Hausprälaten. Vgl. ebd., 239.

992 Vogtel wurde 1880 in Wemmetsweiler geboren und 1906 in Rom zum Priester geweiht, wo er auch von der Päpstlichen Universität Gregoriana zum „Dr. phil." promoviert wurde. Dann sammelte er Erfahrungen in der Pastoral als Kaplan in Arenberg (ab 1907) und Schweich (ab 1908). Am 19.09.1911 sandte ihn der Bischof als Religionslehrer an den Kemperhof nach Koblenz. Fünf Jahre später wurde er Caritassekretär in Trier und 1926 aufgrund seiner Verdienste zum Päpstlichen Geheimkämmerer ernannt. Vogtel verstarb unerwartet im Alter von 48 Jahren. Vgl. ebd., 355.

993 Der 1878 geborene Sohn der Ortschaft Karden verbrachte seine fünfjährige Kaplanszeit nach dem Empfang der Priesterweihe in Trier von 1904–1909 in Koblenz (Herz Jesu). Danach wurde er Pfarrer in Rhaunen und 1916 in Hülzweiler. Am 01.02.1920 – also zwei Monate bevor die „Saarbrücker Landes-Zeitung" ihre erste Ausgabe im Saargebiet druckte – setzte ihn Bischof Korum als Direktor der Paulinusdruckerei in Trier ein. Nach zehn Jahren beendete Wies seinen Dienst in Trier und wechselte wieder zurück in die Pfarrseelsorge, wo er bis zu seiner Emeritierung am 01.07.1939 die Gemeinde in Altenahr leitete. Vgl. ebd., 371.

994 Vgl. Bistumsarchiv Trier, Unterlagen zur Diözesansynode von 1920 (wie Anm. 802).

995 Hierbei handelt es sich wohl um den 1849 in Stopperich bei Waldbreitbach geborenen Heinrich Schmitz, der am 30.08.1873 in Trier zum Priester geweiht wurde. Ab Oktober 1873 war er Kaplan in Andernach, wurde aber noch im selben Jahr gesperrt und ausgewiesen. Während dieser Zeit wirkte er als Hauskaplan auf dem in der Diözese Seckau gelegenen Schloss Hohenbrugg. 1884 setzte ihn der Bischof von Trier zunächst als Hofgeistlichen, ab 1888 als Pfarrer in Schöneberg ein. Am 17.01.1895 nahm er schließlich seinen Dienst als Pfarrer in Konz auf. Ab 1912 war er zusätzlich Dechant des Dekanates Konz. 1924 wurde er zum Ehrendomherrn ernannt und verbrachte seinen Ruhestand ab 1936 in Bitburg, bevor er zwei Jahre später starb. Vgl. Thomas, Der Weltklerus der Diözese Trier seit 1800 (wie Anm. 23), 305.435.

996 Bistumsarchiv Trier, Unterlagen zur Diözesansynode von 1920 (wie Anm. 802).

denn sonst wäre er sicherlich nicht als einziger Priester des Saargebiets in eine der Vorbereitungskommissionen bzw. zu den Beratungen der Synode nachberufen worden.

Zudem erkannte die Kommission, dass hinsichtlich der Arbeiterfrage, die dringend und intensiv behandelt werden müsste, eine Unterkommission gebildet werden sollte. Dieser schlossen sich die Mitglieder Müller, Treitz, Wiegand, Kutscher und Wies an.[997]

Darüber hinaus sollte jeder, aufgrund der Fülle der Beratungsgegenstände, in der nächsten Sitzung ein fünf- bis zehnminütiges Einzelreferat zu einem bestimmten Thema halten. Wiegand übernahm die Problematik bzgl. des Spiritismus an der Saar, der Zu- und Abwandernden sowie der Pfarrkartothek[998], Vogtel wollte über die dringenden caritativen Aufgaben referieren.[999] Dahm bereitete die Problematik der Erstkommunionfeier sowie den Umgang mit den aus der Schule zu Entlassenden vor, während sich Schmitz um die Sonntagschristenlehre kümmerte. Kutscher plante über Sport, Vergnügungssucht und Kino zu reden, der Direktor der bistumseigenen Druckerei natürlich über den Themenkomplex „Klerus und Presse". Die übrigen Anträge aus den Dekanaten waren teils entweder schon in der Vorbereitung bzw. durch die kirchliche Gesetzgebung erledigt oder würden dem Bischof (ggf. auch dem Generalvikar) zur Kenntnis weitergeleitet.[1000]

Die nächste Sitzung der vierten Kommission fand am 3. September statt. Anwesend waren die Herren Christ, Dahm, Fuchs, Griepenkerl, Kutscher, Müller, Vogtel, Schmitz und Wiegand. Schlich war bei dieser wie auch den beiden folgenden Sitzungen der Vorbereitungskommission nicht zugegen. Aus den erhaltenen Aufzeichnungen lässt sich nicht nachvollziehen, wieso er nicht nach Trier zu den Beratungen kam. Über die Gründe für sein Fehlen lässt sich nur spekulieren. Vielleicht erreichte ihn die Nachricht über die Aufnahme in die Gruppe aufgrund der politischen Verhältnisse erst unmittelbar vor der Synode selbst. Dagegen spricht

997 Vgl. ebd.

998 1917 wurde den Pfarrern des Bistums Trier erstmalig empfohlen, eine Kartothek anzulegen. Hierfür konnte man bei der Paulinusdruckerei die entsprechenden Karten erwerben, die Bistumssekretär Karl Kammer erstellte. Vgl. Diözese Trier, Kirchlicher Amtsanzeiger für die Diözese Trier (= Kirchlicher Amtsanzeiger für die Diözese Trier 61). Trier 1917, Nr. 21, S. 12. Die Bischöfe Deutschlands verpflichteten im Zuge ihrer Vollversammlung in Fulda 1919 alle Pfarreien, eine Pfarrkartothek einzuführen. Dazu würde in den kommenden Monaten eine Einheitskarte veröffentlicht, die hierfür überall genutzt werden soll. Das einheitliche Kartensystem rekurrierte auch auf die Vorarbeiten Kammers. Vgl. Diözese Trier, Kirchlicher Amtsanzeiger für die Diözese Trier (wie Anm. 903), Nr. 112, S. 115.

999 Diesbezügliche Anträge lagen bis dahin nicht vor, aber der Referent, der zu diesem Zeitpunkt als Diözesancaritassekretär eingesetzt war, wollte einige wichtige Punkte vorstellen, die es aus Sicht des Caritasverbandes dringend in Angriff zu nehmen und umzusetzen gelte. Vgl. Bistumsarchiv Trier, Unterlagen zur Diözesansynode von 1920 (wie Anm. 802).

1000 Vgl. hierzu und zum Folgenden: ebd.

allerdings die Tatsache, dass das Pfarrhaus in der Kronprinzenstraße in Saarbrücken schon über einen Telefonanschluss verfügte. Möglicherweise war Schlich aber auch in der Pfarrei oder Stadt(politik) zu stark eingebunden, sodass ein Fehlen Anfang September in Saarbrücken für ihn nicht in Betracht kam. Schlich war jedenfalls in den Sitzungen des Stadtverordnetenrates während dieses Zeitraumes anwesend und richtete auch in seiner Funktion als Schriftführer der Zentrumspartei Anträge an die Stadtverwaltung.[1001]

Die anwesenden Mitglieder der Kommission kamen jedoch nach einer kurzen Beratung zum Entschluss, die Liste der Referatsthemen noch einmal zu erweitern. Wiegand sollte das doch schon 1920 wichtig erscheinende Thema der „Hausseelsorge“ für die Diskussion auf der Synode vorbereiten, Wies das Thema „Klerus und Kommunalpolitik“. Anschließend referierte Wiegand über die Probleme der Zu- und Abwandernden sowie die Pfarrkartothek. Dabei wies der Redner sieben mögliche Lösungsansätze auf, wie man der zunehmenden Ortsungebundenheit der Menschen begegnen könne: Zum einen sollen die Pfarrämter künftig enger mit den Melde- und Standesämtern zusammenarbeiten und die Adressen der neu Zugezogenen an die zuständigen katholischen Vereine weitergeben, damit diese sie erfassen und anwerben können, um sie so in das Pfarrleben möglichst schnell und effektiv ein zu binden. Des Weiteren könnten die Pfarreien, aus denen die Menschen abwandern, Abwanderungsscheine zur Überweisung an das künftig zuständige Pfarramt ausstellen. Darüber hinaus empfahl er in den einzelnen Pfarreien und Vereinen geschulte Vertrauensleute einzusetzen, die die Zuwandernden erfassen und bearbeiten. Er plädierte aber auch für die Vereinheitlichung aller Pfarrkartotheken, denn diese seien ein besonders gutes Hilfsmittel. Als letztes riet er dazu, bei Bedarf bezahlte Hilfskräfte (Geistliche und Laien) einzusetzen.[1002]

Als nächstes präsentierte Dahm seine Ergebnisse bzgl. der Erstkommunionfeier und Schulentlassener. In seinem Kurzvortrag ging er auf folgende Punkte ein: Das Alter möge nicht geändert werden, auch wenn einige Dekanate dies wünschten. Außerdem sollten die Kommunionandachten sowie das Glaubensbekenntnis kindgerechter sein und „es soll auf gebührende Kürze geachtet werden“[1003]. Im Umgang mit denen, die aus der Schule entlassen werden, schlug er vor, dass die Jugendlichen unbedingt durch einen entsprechenden Vorbereitungsunterricht mit geistlichen Übungen und nochmaliger Generalbeichte zu unterweisen seien. Zuletzt sprach auch Kutscher zu den von ihm vorbereiteten Gegenständen, die bei den Geistlichen sehr große Bedenken weckten. „Es wird darauf ankommen, dass die Geistlichen die Laien dafür gewinnen, dass sie mit den Behörden über die

1001 Vgl. hierzu die Ausführungen in Kapitel 3.2.
1002 Vgl. ebd.
1003 Ebd.

Durchführung des neuen Lichtspielgesetzes wachen“[1004]. Alle drei Referate fanden großen Zuspruch und die Redner sollten anhand ihrer Aufzeichnungen unbedingt Resolutionen für die Synodenberatungen erstellen.

Zu Beginn der nachfolgenden Sitzung des Gremiums, die eine Woche später stattfand, gaben Wiegand und Kutscher die entsprechenden Resolutionen, die sie auf Grundlage ihrer Referate erstellten, zu den Akten.[1005] Im Anschluss daran sprach Schmitz über die Geschichte und die Entwicklung der sonntäglichen Christenlehre, woran sich eine lange Diskussion anschloss. Man kam schließlich darin überein, dass der Referent eine Resolution für die kommende Sitzung vorbereiten solle.

Die dritte Sitzung nutzte Wiegand noch dazu, sein ihm in der letzten Sitzung aufgetragenes Referat zur Haus- und Einzelseelsorge vorzutragen. Als Ergebnis seiner Ausführungen reichte er die schon vorbereitete Resolution, die die Möglichkeiten aufzeigte, die eine solche Seelsorgepraxis böte, beim Vorsitzenden ein. Wies tat es ihm gleich. Dieser skizzierte kurz die Problemlage hinsichtlich der Verbreitung der katholischen und der sozialistischen Pressemedien und reichte ebenfalls seine präparierte Resolution ein.

Die vierte und zugleich letzte Sitzung der Kommission fand am 17. September 1920 in Anwesenheit Bischof Korums statt.[1006] Zu Beginn präsentierte die Unterkommission „Soziale Fragen“, der neben dem Vorsitzenden der Unterkommission Müller noch Kutscher, Treitz, Wiegand und Wies angehörten, ihre Ergebnisse. Über die Beratungen der Unterkommission wurden keine Protokolle geführt, wie aus einem Schreiben Domvikar Dr. Wiegands, der zwar selbst kein Mitglied war, jedoch an den Beratungen auch teilnahm, an den Vorsitzenden der Ordnungskommission Karl Mause auf dessen Anfrage hin hervorgeht.[1007]

1004 Ebd. Bei der Gründung der Weimarer Republik gab es noch keine Zensur für Spielfilme. Dieser Zustand wurde allgemein bemängelt, „[so]daß der Nationalversammlung der Entwurf eines Reichslichtspielgesetzes am 9. November 1919 seitens der Reichsregierung vorgelegt und von ihr nach eingehender Abschlußberatung am 15. April 1920 im Plenum verabschiedet wurde. Am 12.Mai 1920 wurde das Gesetz vom Reichspräsidenten vollzogen.“ (Paul Dienstag und Alexander Elster, Handbuch des Deutschen Theater- Film- Musik- und Artistenrechts. Berlin, Heidelberg 1932, 329).

1005 Wiegand gab auch seine vorbereitete Resolution zum Spiritismus-Problem an der Saar zu den Akten. Das Referat wurde nicht gesondert vorgetragen, weil es sich bei der Problemstellung um ein lokales Phänomen handelte, das natürlich nicht von der katholischen Kirche gutgeheißen werden könne, sondern vielmehr zu bekämpfen sei. Vgl. Bistumsarchiv Trier, Unterlagen zur Diözesansynode von 1920 (wie Anm. 802).

1006 Vgl. hierzu und zum Folgenden: ebd.

1007 Vgl. Schreiben Wiegand an Mause o. D. (ebd.). Domvikar Wiegand schrieb sich jedoch auf einem DIN A6 Block die wichtigsten Beratungsgegenstände ergebnisartig mit, die er Mause übergab und die später zu den Akten ins Bistumsarchiv geheftet wurden.

Den Aufzeichnungen Wiegands zufolge beriet die Unterkommission in drei Sitzungen (am 3., 11. und 18. September 1920) über folgende Themen: 1. Die Arbeitervereine (Statut und Organisation), 2. die Jugend- (14.–17. Lebensjahr) sowie Gesell- bzw. Zöglingsvereine (17.–25. Lebensjahr), 3. die Mädchenvereine, Vereine für erwerbstätige Mädchen und Frauen sowie Kongregationen und 4. Vorschläge für eine Vereinheitlichung der gesamten sozialen Arbeit.[1008]

Zuerst stellte Müller die Stellungnahme der Unterkommission zum Umgang mit der Sozialdemokratie vor, worin einerseits der Erlass des Fürstbischofs von Breslau Adolf Bertram[1009] und andererseits aber auch die eigenen Richtlinien wiedergefunden werden konnten. Im Sitzungsprotokoll (der vierten Vorbereitungskommission) ist vermerkt, dass Müller mit Prof. Ludwig Kaas bereits im Vorfeld gesprochen und dieser zugestimmt hatte, dass das Thema zur Diskussion auf der Synode zugelassen werden solle, damit der Bischof die Ergebnisse der Beratung (die Meinungsäußerung der Synodenväter) auch schon mit in die Beratungen der Bischofskonferenz mitnehmen könne, sodass die Beratungen der Synode auch Einfluss auf die Verlautbarungen der deutschen Bischöfe nehmen könnten. Man diskutierte, ob man in den (diözesanen) Arbeitervereinen, unter Einbeziehung des Berliner Verbandes der Gewerkschaften[1010], den Fokus auf die „Stellung der päpstlichen und bischöflichen Autorität in Bezug auf die Gewerkschaften und die

1008 Vgl. Aufzeichnungen Wiegands o. D. (ebd.). Die vom Generalvikariat im Anschluss an die Synode herausgegebene Chronik spricht hingegen von vier Sitzungen. Vgl. Bischöfliches Generalvikariat Trier, Diözesansynode des Bistums Trier (wie Anm. 409), 9.

1009 Adolf Johannes Bertram, geboren am 14.03.1859 in Hildesheim, studierte Theologie in Würzburg und München und wurde 1881 zum Priester geweiht. Danach vertiefte er seine Studien (insbesondere des kanonischen Rechts) in Innsbruck und Rom, die er mit dem Erwerb zweier Doktortitel („Dr. theol." und „Dr. iur. can.") abschloss. 1894 wählte man ihn in das Domkapitel seiner Heimatstadt. Neun Jahre später wurde er Generalvikar und wieder ein Jahr später Bischof der Diözese Hildesheim. 1914 übernahm er die Leitung des Fürstbistums Breslau und wurde 1916 zum Kardinal kreiert. Bertram war einer der größten Kämpfer gegen den Nationalsozialismus. In seiner Funktion als Vorsitzender der Deutschen Bischofskonferenz (1919–1945) bezog er nicht nur gegen die Nationalsozialisten Stellung, sondern auch schon 1919 gegen die sich stark ausbreitende Sozialdemokratie. Bertram erlag den Folgen eines Gehirnschlags am 06.07.1945 auf Schloss Johannesberg. Vgl. Hubert Jedin, Bertram, Adolf Johannes. In: Neue Deutsche Biographie, Bd. 2, hg. von Historische Kommission bei der Bayerischen Akademie der Wissenschaften (= Neue Deutsche Biographie 2). Berlin 1955, 170. Eine umfassende Biografie Bertrams liefert Sascha Hinkel, Adolf Kardinal Bertram. Kirchenpolitik im Kaiserreich und in der Weimarer Republik, teilw. zugl.: Mainz, Univ., Diss., 2007/2008 (= Veröffentlichungen der Kommission für Zeitgeschichte. Reihe B, Forschungen 117). Paderborn 2010. Zudem sei auf Hinkels Beitrag hingewiesen, den er jüngst publizierte. Vgl. ders., Gefangen zwischen bischöflichem Amtsverständnis und staatskirchenrechtlichen Überzeugungen. Adolf Kardinal Bertram 1859–1945, Fürstbischof/Fürsterzbischof von Breslau 1914–1945. In: Zwischen Seelsorge und Politik, 53–75.

1010 Zum Gewerkschaftsstreit vgl. die Ausführungen in Kapitel 3.2.

Stellung zum Streik“[1011] legen sollte. Der Austausch in der Gruppe zeigte jedoch, dass die päpstliche Autorität in den diözesanen Arbeitervereinen irrelevant sei, weil diese direkt der des Ortsordinarius unterstanden. In Punkto ‚Streiks‘ sollte einerseits auf die Gefahren und andererseits auf die Ungerechtigkeiten mancher Streiks hingewiesen werden. Auch die finanzielle Seite eines Streiks müsse in den Vereinen angesprochen werden, jedoch waren sich die Theologen selbst in diesem Punkt nicht einig.

Der erste Schritt, der, nachdem mittlerweile Friede zwischen den christlichen Gewerkschaften und den katholischen Arbeitervereinen Berliner Richtung geschlossen worden war, getan werden müsste, so plante die Unterkommission, sei die Verfassung eines Programms für einen Diözesanarbeiterverein in Anlehnung an die Berliner Statuten.[1012] Allerdings sollte der gewerkschaftliche Aspekt ausgeschlossen bleiben. Vielmehr wollte man den religiös-sittlichen Aspekt des Vereins betonen und dies durch praktische Betätigung, den Empfang der Sakramente, Partizipation an Prozessionen, Wallfahrten und Exerzitien sowie Vorträge erreichen. Des Weiteren solle der Versuch unternommen werden, das Standesbewusstsein durch „Charakterbildung, Veredelung des Familienlebens [und] durch Allgemeinbildung“[1013] zu schärfen. Ferner könnte eine Sterbekasse eingerichtet werden und für angemessene Geselligkeit und Freizeitprogramme gesorgt werden. Definitor Wiegand schlug abschließend vor, „recht bald eine Generalversammlung von Delegierten sämtlicher Arbeitervereine zur Wahl eines Diözesanvorstandes einzuberufen. Selbstredend müsse dieser schon in seiner Zusammensetzung das Gepräge der Versöhnung und Eintracht tragen.“[1014]

Zu den übrigen drei Arbeitsschwerpunkten der Unterkommission sprach anschließend Definitor Wiegand. Er sagte, dass die Vorbereitungskommission außerdem riet, man möge in den Gemeinden die meiste seelsorgliche Betreuung den Jungen und jungen Männern zukommen lassen, die nämlich durch die Wirren des Krieges und die gesellschaftliche Umwälzung am meisten gelitten hätten. Daher sei es die Pflicht der Synode, die Seelsorger mit Nachdruck auf diese Aufgabe hinzuweisen und ihnen die Förderung von Jugendvereinen (in Abgrenzung zu den Sportvereinen) für Jungen im Alter von 14 bis 17 Jahren sowie den Ausbau von Gesellenvereinen für die Männer ab etwa dem 17. bis zum 25. Lebensjahr mit einem umfassenden sozialen Programm ans Herz zu legen.

1011 Vgl. Aufzeichnungen Dr. Wiegand (Bistumsarchiv Trier, Unterlagen zur Diözesansynode von 1920 [wie Anm. 802]).

1012 Vgl. hierzu und zum Folgenden: Joachim Sand, Unter Kreuz und Hammer. Zur Entstehungs- und Wirkungsgeschichte der Katholischen Arbeitnehmer-Bewegung (KAB) in der Diözese Trier (= Trierer theologische Studien Bd. 60). Trier 1996, 580–582.

1013 Bistumsarchiv Trier, Unterlagen zur Diözesansynode von 1920 (wie Anm. 802).

1014 Bischöfliches Generalvikariat Trier, Diözesansynode des Bistums Trier (wie Anm. 409), 9.

Des Weiteren empfahl die Kommission die Pflege von Jugendvereinen für die weiblichen Pfarrangehörigen und (wenn dies in der betreffenden Pfarrei noch nicht geschehen sei, es aber mögliche Mitglieder hierfür gäbe) die Gründung von Dienstbotenvereinen sowie (kaufmännischen) Vereinen für erwerbstätige Frauen und Mädchen. Überall solle es nach Möglichkeit Marianische Kongregationen für die Mädchen und Frauen geben, für deren Betreuung auf Diözesanebene der Bischof einen Präses bestellen sollte.[1015]

Nachdem die Unterkommission ihre Ergebnisse vorgestellt hatte, referierte Wies noch kurz über das Thema „Der Klerus und die Kommunalpolitik". Die Anwesenden stimmten in den meisten Punkten mit dem Referenten überein und nahmen die vorbereitete Resolution mit einigen kleinen Abänderungen zur Vorlage auf der Synode an. Abschließend beschloss man zum einen, dass Müller und Wiegand auf der Synode je ein Referat stellvertretend für die Kommission halten sollten und dass Wiegand gemeinsam mit Kaas die endgültige Formulierung und Gruppierung der Anträge vornehmen solle.

Die Vorbereitungsgruppe legte der Synode insgesamt elf Dekrete und sechs Resolutionen vor, die sich mit den genannten Themen beschäftigten. Die Dekrete und Resolutionen sind im Wortlaut mit den Beschlüssen der Vorbereitungskommission in der Festschrift abgedruckt und unterscheiden sich nur an wenigen Stellen vom Original der Vorbereitungskommission, sodass an dieser Stelle der Verweis auf die entsprechenden Seiten in der Chronik ausreicht, weil die Inhalte im Obigen bereits ausführlich Darstellung fanden.[1016]

4.2.1.5 Die Feier der Synode

Der gesamte Verlauf der Synode, begonnen mit der liturgisch vorgeschriebenen Feier über die Verhandlungen (inklusive Wortmeldungen) bis hin zu den verabschiedeten Resolutionen, ist detailliert in der Festschrift festgehalten. Im Folgenden werden nun einige markante Beiträge untersucht, die das Selbstverständnis des Klerus pointiert wiedergeben. Exemplarisch werden die von der Vorbereitungskommission für Schulfragen vorgelegten Dekrete und Resolutionen, zu de-

1015 Gerade marianisch geprägte Vereinigungen waren im Bistum vielfach vorhanden und es kam im Laufe der 1920er Jahre noch zu zahlreichen Neugründungen von Jungfrauenkongregationen in der Diözese Trier. Wie Schneider berechnete, existierten 1938 bistumsweit 721 Marianische Jungfrauenkongregationen sowie 19 Junggesellen- und 64 Männerkongregationen. Vgl. Schneider, Kirchliches Leben, Frömmigkeit und Seelsorge im gesellschaftlichen Wandel (wie Anm. 384), 333.

1016 Vgl. Bischöfliches Generalvikariat Trier, Diözesansynode des Bistums Trier (wie Anm. 409), 66–71.

nen Schlich einen Abänderungsantrag stellte, sowie die daran anschließende Plenumsdiskussion untersucht.

Um die eingangs formulierte These, dass Schlich bei der Synode eine besondere Rolle zukam, noch einmal zu unterstreichen, erfolgt zunächst eine Analyse der Synodenteilnehmer.[1017] Von Amts wegen mussten gemäß can. 358 § 1 teilnehmen: der Generalvikar, die Mitglieder des Domkapitels, der Regens des Priesterseminars, die Stadtpfarrer Triers, die Dechanten, ein Vertreter aus jedem Dekanat, die Mitglieder der Vorbereitungskommissionen sowie die Äbte der Abteien bzw. Superiore der männlichen Ordensniederlassungen, die sich auf dem Gebiet der Diözese befanden.[1018]

Nr.	Dekanat	Dechant	Gewählter Vertreter	Nr.	Dekanat	Dechant	Gewählter Vertreter
1	Adenau	Bungarten	Caster	24	Mayen	Prion	Bender
2	Ahrweiler	Kollmann	Hilterscheid	25	Merzig	Schäfer[1040]	Flesch
3	Andernach	Reuter	Zimmer	26	Münstermaifeld	Fendel	Tressel
4	Barweiler	Geuer	Scheuer	27	Neuerburg	Süss	Bach
5	Bernkastel	Didier	Homscheid	28	Obergondershausen	Franz	Bischof
6	Birkenfeld	Kohlmann	Backes	29	Ottweiler	Hansen	Grefrath
7	Bischofsdrohn	Weires	Ebert	30	Perl	Streng	Fassbinder
8	Bitburg	Benz	Brenner	31	Piesport	Schleier	Schieben
9	Blankenrath	Lochen	Sauer	32	Prüm	Jung	Wawer
10	Cochem	Wehn	Royer	33	Remagen	Schäfer[1040]	Knopp
11	Daun	Lerner	Weisenahl	34	Saarbrücken	Echelmeyer	Gaß
12	Ehrang	Fassbinder	Berres	35	Saarburg	Klisserath	Knopp
13	Engers	Fuchs	Michels	36	Saarlouis	Subtil	Adams
14	Hermeskeil	Schrot	Lütticken	37	Schweich	Schneider	Wurringen
15	Hillesheim	Kohlbecher	Weiler	38	Simmern	Peters	Schaefer

1017 Vgl. hierzu und zum Folgenden: Bistumsarchiv Trier, Unterlagen zur Diözesansynode von 1920 (wie Anm. 802) sowie Bischöfliches Generalvikariat Trier, Diözesansynode des Bistums Trier (wie Anm. 409), 23f.

1018 Vgl. Pius X. und Benedictus XV., Codex Iuris Canonici (wie Anm. 287), can. 358 § 1.

Nr.	Dekanat	Dechant	Gewählter Vertreter	Nr.	Dekanat	Dechant	Gewählter Vertreter
16	Kaiser-sesch	Fenger	Steinmetz	**39**	Sobern-heim	Büchel	Schwarz
17	Kirchen	Everhardy	Dickopf	**40**	St. Goar	Schwarz[1040]	Porten
18	Koblenz	Maxmini	Wagner	**41**	St. Wendel	Backes	Bisenius
19	Konz	Schmitz	Wilhelm	**42**	Trier	Schmitz	Adolph
20	Kreuznach	Ott	Froehner	**43**	Wadern	Schmitz	Uthoff
21	Kyllburg	Geisler	Heidger	**44**	Waxweiler	Loskill	Kunzen
22	Lebach	Prior	Zilliken	**45**	Wittlich	Thul	Fissbach
23	Mander-scheid	Zöllner[1019]	Brückmann	**46**	Zell	Wagner	Schneider

Allerdings konnte der Bischof auch weitere Geistliche in die Synode berufen.[1020] Somit nahmen qua Gesetz 34 Bistumskleriker und 12 Ordensgeistliche an der Synode teil. Aus den Dekanaten partizipierten die oben aufgeführten Personen[1021]. Zudem wurden aus der Kategorialseelsorge fünf hauptamtliche Religionslehrer (Priester, die staatliche Stellungen an Schulen hatten), die Rektoren des Klosters auf dem Kalvarienberg und des Mutterhauses der Borromäerinnen in Trier, der Diözesansekretär der Arbeitervereine, die beiden Bistumssekretäre, der Geheimsekretär des Bischofs, fünf Priester stellvertretend für die Berufsgruppe der Kapläne und drei für die der Vikare sowie einer für die Ruhestandsgeistlichen berufen. Summiert man die Geistlichen (46 kanonisch Vorgeschriebene, 92 aus den Dekanaten, 20 aus den Kategorien) kommt man auf eine Zahl von 158. Insgesamt waren es aber 159. Anhand dieser Aufstellung wird noch einmal die besondere Position Schlichs deutlich, denn er ist der einzige Synodale, der keiner der genannten Gruppen zuzuordnen ist.[1022]

Zu Beginn der Synodenverhandlungen hielt Prof. Ludwig Kaas ein Referat, das die rechtliche Lage der katholischen Kirche im nachrevolutionären Deutschland aus der Sicht des machtbewussten katholischen Klerus exemplarisch widerspiegelt.[1023] Nach dem Ende des Ersten Weltkriegs sei, so Kaas, die Welt aus den

1019 Diese Herren waren wegen Krankheit an der Teilnahme gehindert. Vgl. Bistumsarchiv Trier, Unterlagen zur Diözesansynode von 1920 (wie Anm. 802).

1020 Vgl. Pius X. und Benedictus XV., Codex Iuris Canonici (wie Anm. 287), can. 358 § 2.

1021 Insofern Dechanten oder aus den Dekanaten entsandte Vertreter einer Vorbereitungskommission angehörten, werden diese in der folgenden Rechnung dem Seelsorgeklerus und nicht einer Kommission zugerechnet.

1022 Auch in die Vorbereitungskommission wurde er erst nachträglich eingeladen und wird daher an dieser Stelle nicht als ursprüngliches Mitglied dieser Kommission gezählt.

1023 Vgl. hierzu und zum Folgenden: Bistumsarchiv Trier, Unterlagen zur Diözesansynode von 1920 (wie Anm. 802) sowie Bischöfliches Generalvikariat Trier, Diözesansynode des Bistums Trier (wie Anm. 409), 27–33.

Fugen geraten. Die Welt habe sich politisch (z. B. die Abschaffung der Monarchie in Deutschland), kulturell und sittlich-religiös verändert, was insbesondere die katholische Kirche durch einen Rückgang der Gottesdienstbesucher spüre. Damit einhergehend musste die katholische Kirche auch Machtprivilegien einbüßen: „Die Kirche Christi, die in den letzten Jahrzehnten des alten Deutschlands (sic!) nach langen Kämpfen eine geachtete, auch für das öffentlich-rechtliche Leben vielfach ausschlaggebende Stellung errungen hatte, sah sich mit dem Ausbruch der Revolution auf einmal vor der Möglichkeit, schmachvoll entrechtet und aus dem Bereich des öffentlichen Rechtes in eine unwürdige Rolle eines zur Not geduldeten privatrechtlichen Winkeldaseins verwiesen zu werden."[1024]

Diese geschilderte Wahrnehmung Kaas' war jedoch sehr einseitig. In der Weimarer Verfassung war zwar die Rede von einer Religionsgesellschaft oder Staatskirche, jedoch nahmen die Kirchen keinen Platz am Rand der Gesellschaft ein, vielmehr wurden sie Körperschaften öffentlichen Rechts (WRV Art. 137 Abs. 5), es wurde die volle Glaubens- und Gewissensfreiheit sowie das Recht auf ungestörte Religionsausübung festgeschrieben (WRV Art. 135), der konfessionelle Religionsunterricht zugesichert (WRV Art. 149) und die Kirchen erhielten ein „Selbstbestimmungsrecht in eigenen Angelegenheiten innerhalb der Schranken der für alle geltenden Gesetze"[1025].

Kaas, der als Fachmann für Kirchenrecht nicht nur als Professor am Priesterseminar lehrte, sondern zugleich auch als Mitglied des Landtags für die Zentrumspartei fungierte und an der Weimarer Verfassung mitgearbeitet hatte, sah in diesen aus kirchlicher Sicht negativen Veränderungen den aktuellen Anlass für die Bestrebungen zur Trennung zwischen Kirche und Staat. Für Kaas war eine Entfremdung von Kirche und Staat jedoch unvorstellbar.[1026]

1024 Ebd., 27f.

1025 Hans-Georg ASCHOFF, Die Weimarer Republik. Rechtliche Rahmenbedingungen. In: Die Kirchenfinanzen, 267–271, hier: 268.

1026 Vgl. Georg MAY, Ludwig Kaas. Der Priester, der Politiker und der Gelehrte aus der Schule von Ulrich Stutz, Band 1 (= Kanonistische Studien und Texte 33). Amsterdam 1981, 158–162.352f.440; DERS., Ludwig Kaas. Der Priester, der Politiker und der Gelehrte aus der Schule von Ulrich Stutz, Band 2 (= Kanonistische Studien und Texte 34). Amsterdam 1982, 149 sowie DERS., Ludwig Kaas. Der Priester, der Politiker und der Gelehrte aus der Schule von Ulrich Stutz, Band 3 (= Kanonistische Studien und Texte 35). Amsterdam 1982, 537. Allerdings sind die Schriften Mays im Allgemeinen sehr rechtskatholisch und apologetisch. Zudem ist zu beachten, dass May kein Kirchenhistoriker ist. Die Einschätzung Mays über das politische Denken Kaas' erscheint an dieser Stelle jedoch zutreffend. Eine deutlich neutralere Beurteilung Kaas' liefert Morsey: Kaas „betrachtete [...] es als neue Aufgabe [...], die in der Reichsverfassung garantierten Freiheiten und Rechte für Religion und Kirche zu sichern, damit Staat und Kirche zu beiderseitigem Nutzen wieder zusammenfinden könnten. [...] [Ferner war er bestrebt,] an der Herbeiführung einer friedlichen Kooperation von Staat und Kirche mitzuwirken." (MORSEY, Ludwig Kaas [1881–1952] [wie Anm. 138], 265).

Eine ganz andere Sicht auf Kirche und Staat und deren Beziehung schilderte der Trierer Bistumspriester Dr. Matthias Laros in seinem Vortrag „Die religiöse Krise der Gegenwart", den er 1921 in neun großen Städten Deutschlands hielt.[1027] Seine Ansichten deckten sich mit denen Prof. Kaas' keineswegs, was recht verwunderlich ist, da sie beide doch zur gleichen Zeit dem Presbyterium der Diözese Trier angehörten. Eine nähere Untersuchung erscheint daher lohnenswert.

Die Gesellschaft befände sich, so Laros, gegenwärtig (1921) in einer doppelten Krise, nämlich einer inneren und einer äußeren, welche Auswirkungen sowohl auf die katholische als auch die evangelische Kirche habe. „Während die äußere Krise ‚aus dem Zusammenbruch der modernen Kulturentwicklung' entstand (sic!), zur Religion hinstrebe, bestehe die innere aus dem Abfall der Christen von der Religion, ‚ja einer Verflachung und Veräußerlichung des Christentums, in dem Dualismus zwischen Lehre und Leben.'"[1028]

Obwohl durch den Krieg und die damit verbundenen Veränderungen nicht nur die Religion betroffen wäre, sondern auch das wirtschaftliche Leben, die freien Künste und die Beziehung zwischen den Nationen, so war für Laros die Krise überwiegend eine religiöse. Für ihn bestand die Lösung in einer „Wiedergeburt aus dem Geiste des Urchristentums". Er wollte keine Reformen, sondern einen kompletten Neuanfang, weil die äußere Krise in Deutschland (bzw. weltweit) in der kulturellen Verarmung der Vergangenheit und dessen, was sich daraus entwickelte, grundgelegt gewesen sei. Die Kritik an der modernen Kultur sei in eine „elementare Glaubenssehnsucht" umgeschlagen.[1029] Der Erste Weltkrieg und die Revolution seien weniger äußere Krisen gewesen, als vielmehr Geistesentwicklungen der Neuzeit. Die Hinwendung zur Metaphysik sei von Nöten, um den Liberalismus zu überwinden und einen Schritt auf den Glauben zuzugehen. Der Glaube müsse dafür neu entdeckt werden: in der Offenbarung und der Tradition

1027 Vgl. hierzu und zum Folgenden das handschriftliche Originalmanuskript Laros', welches im Bistumsarchiv Trier liegt, nachdem es die Trierer Behörden von Laros einforderten, weil er mit seiner Sicht der Dinge, die nicht ganz mit denen der Amtskirche übereinstimmten, großes Aufsehen erregte (Matthias LAROS, Die religiöse Krise der Gegenwart, Vortragsmanuskript [1921], Bistumsarchiv Trier, Abt. 85 Nr. 990 Bd. 2). Der Vortrag ist kommentiert und historisch eingeordnet bzw. ediert bei Johannes BRAUN, „Die religiöse Krise der Gegenwart" (1921) von Matthias Laros. Ansätze zur theologischen und zeitgeschichtlichen Einordnung des Vortrages. In: Archiv für mittelrheinische Kirchengeschichte. Nebst Beiträgen zur kirchlichen Denkmalpflege, hg. von GESELLSCHAFT FÜR MITTELRHEINISCHE KIRCHENGESCHICHTE (= Archiv für mittelrheinische Kirchengeschichte 69). Mainz 2017, 297–332 sowie DERS., „Die religiöse Krise der Gegenwart" von Matthias Laros. Quelle, Quellenlage und zeitgenössische Reaktionen. In: Archiv für mittelrheinische Kirchengeschichte, 419–466.

1028 SEILER, Der widerspenstige Pfarrer (wie Anm. 880), 99.

1029 Diesen Gedanken fand Laros u.a. bei den Philosophen Friedrich Nietzsche und Rudolph Encken.

des Urchristentums. „Der Individualismus ohne religiöse Bindung an Gemeinschaften hat sich in Krieg und Revolution ausgelebt. […] Der Ruf nach Gemeinschaft, Tradition, Autorität weist direkt auf den Katholizismus."[1030]

Die evangelischen Kirchen litten, so Laros weiter, 1921 unter drei Krisen: der Verbrüderung mit dem Zeitgeist und der damit einhergehenden Heterogenität, der Bindung an den Staat (v. a. Preußen) sowie der Emotionslosigkeit bzw. Profanität der Gottesdienste. Laros forderte, Religion müsse vielmehr metaphysisch sein, also transzendent und mit dem Überirdischen verbinden. Die Kritik, die er an den Protestanten übte, treffe jedoch nicht auf die katholische Kirche zu, die wiederum ihre eigenen Probleme habe. Diese nähere sich zu zaghaft an den modernen Fortschritt an und die Theologie erstarre daher, sodass nicht mehr frei Theologie betrieben werden könne. Den sonst in katholischen Kreisen verhassten Kulturkampf verstand er als Gewinn für die Kirche, wohingegen er den politischen Katholizismus, der einen Großteil der Energiereserven der Kirche für den Verteidigungskampf (einen Machterhaltungskampf auf politischer Ebene) verschlinge, komplett ablehnte. Laros erteilte der politischen Vertretung weltlicher Interessen ebenso eine Absage wie der Positionierung der Kirche gegen bestimmte politische Parteien und Gruppierungen.[1031]

Eine Krise hinsichtlich des Gottesdienstes in der katholischen Kirche attestierte Laros nicht, wies aber darauf hin, dass der Gottesdienst nur noch eine „Amtshandlung" sei, die Spendung und der Empfang der Sakramente einem maschienellen Prozess gleiche und das Prinzip „ex opere operato" überbewertet werde. Dem individuellen Glauben und der Gebetspraxis des Einzelnen werde zu wenig Wert beigemessen. Abhilfe hiergegen könnte vielmehr, so Laros, das persönliche Lesen in der Heiligen Schrift, die Auseinandersetzung mit den Werken der Heiligen und des Urchristentums schaffen. Ferner forderte Laros von den beiden großen christlichen Konfessionen, dass sie zusammenarbeiten sollten, statt fortwährend das „Trennende" zu betonen.[1032]

Es ist recht auffallend, wie sich die beiden Trierer Diözesanpriester in ihren Ansichten unterschieden. Während Kaas versuchte auf politischem Wege gegen den Staat zu agieren, um die Vormachtstellung der Kirche zu schützen, interpretiert Laros die Zeichen der Zeit vollkommen anders. An dieser Stelle wird deutlich, welchen Einfluss Korum bei der Einberufung der Synodalen ausübte. Kaas, der ganz den Ansichten der römischen Kurie und des deutschen Episkopats entsprach, betraute er mit der Leitung der Synode; Laros hingegen wurde nicht einmal in eine

1030 Laros, Die religiöse Krise der Gegenwart (wie Anm. 1027).
1031 Vgl. zur Zentrumskritik Laros: Jörg Seiler, Kirchenreform und Politik. Matthias Laros' Zentrumskritik und die Auseinandersetzung mit dem Nationalsozialismus (1921–1941). In: Matthias Laros (1882–1965), 189–254.
1032 Vgl. Laros, Die religiöse Krise der Gegenwart (wie Anm. 1027).

Vorbereitungskommission berufen und in der Eifel abgestellt, weil seine Ansichten nicht mit denen seines ultramontan-integralistisch denkenden Bischofs und der Trierer Bistumsleitung übereinstimmten.

Neben den beiden Trierer Priestern liegt heute noch der Lagebericht über den Katholizismus Deutschlands von Augustinus Bea SJ[1033] vor, den er im Auftrag des Vatikans 1926 anfertigte und eine andere Wahrnehmung schildert, als es Laros und Kaas taten.[1034] Bea nahm eine gründliche Analyse des Gesamtdeutschen Katholizismus (mit Schwerpunkt Studiensituation) vor, was er anhand von statistischem Datenmaterial und Einzelfällen belegte.

Bea wies nach, dass 1922 auf einen in Deutschland lebenden Priester durchschnittlich 1.302 Katholiken kamen, was im Vergleich zu anderen Ländern Europas doch sehr dürftig sei, weshalb die deutschen Priester sich aber durch ihre starken Bemühungen auszeichneten. Ein Nachweis dafür, dass die Arbeit der Geistlichen fruchtbar sei, so Bea, sei die Zahl der Jahreskommunionen pro Katholik.[1035] Auch die Zahlen derer, die sich auf das Priesteramt oder den Ordensstand vorbereiteten, nannte Bea an dieser Stelle ausdrücklich.[1036] 1924 lebten in Deutschland 2.898 Theologiestudenten, die das Priesteramt anstrebten. Dies alles sei, so Bea weiter, ein „Zeuge für den Geist wahrhafter Frömmigkeit […], der die Jugend Deutschlands im Allgemeinen erfüllt."[1037] Jedoch ließ sich Bea von den absoluten Zahlen der Theologiestudenten, Priester und Ordensmitglieder sowie der großen Jugendverbände nicht blenden. Für ihn hieß dies keinesfalls, dass es um den Katholizis-

1033 Bea wurde 1881 im südbadischen Gutmadingen geboren und trat 1902 dem Jesuitenorden bei, nachdem er zunächst als Alumne des Erzbischöflichen Theologenkonvikts in Freiburg i. Br. Theologie an der Freiburger Universität studiert hatte. Anschließend studierte er bis zu seiner Priesterweihe 1912 in Valkenburg Theologie und Philosophie. 1921, nachdem die süddeutsche Provinz errichtet worden war und Bea ihr vorstand, lernte er Pacelli kennen und wurde einer seiner wichtigsten Berater. Schließlich wurde er in Rom als Fachmann für Studienfragen gehandelt und nahm am II. Vatikanischen Konzil teil. Vgl. Klaus UNTERBURGER, Gefahren, die der Kirche drohen. Eine Denkschrift des Jesuiten Augustinus Bea aus dem Jahr 1926 über den deutschen Katholizismus (= QStNThG 10). Regensburg 2011, 23–26 sowie Clemens BRODKORB, Augustin Bea SJ 1881–1968. Der Jesuitenkardinal im Spiegel des Provinzarchivs (= Kleine Schriften aus dem Archiv der Deutschen Provinz der Jesuiten Heft 3). München 2016.

1034 Der Bericht Beas wurde von Klaus Unterburger ediert und übersetzt. Die nachfolgenden Zitate beziehen sich auf die Übersetzung Unterburgers. Vgl. UNTERBURGER, Gefahren, die der Kirche drohen (wie Anm. 1033).

1035 Vgl. ebd., 120f. Der deutsche Katholik empfing 1922 durchschnittlich 12 mal die Kommunion im Jahr, wobei es im Bistum Trier sogar noch häufiger der Fall war.

1036 1924 existierten, so schreibt Bea, 520 Ordensniederlassungen von Männern mit 9.724 Professordensleuten sowie 1.208 Novizen; die Zahl der Niederlassungen weiblicher Orden betrug 6.379 mit 69.644 Schwestern und 6.092 Novizinnen. Dies bedeutete, übertragen auf alle deutschen Diözesen, dass auf 230 Einwohner ein Ordensmitglied kam. Vgl. ebd., 121.

1037 Ebd.

mus Deutschlands gut bestellt war. „Dennoch hat sich der geirrt, der glaubt, dass in diesem Bild nicht auch Fehler und Makel zu finden sind; vielmehr wird, wenn man genauer nachdenkt, klar, dass es einige Dinge gibt, die Furcht einflößen, dass der Stand des katholischen Lebens Deutschlands seinen Höhepunkt schon überschritten hat […].“[1038]

So zählte zu den Umständen, die ihn ernsthaft beunruhigten, das Wirken verschiedener Theologieprofessoren, deren Ansichten sich nicht vollständig mit denen Roms deckten, und die Liturgische Bewegung unter der Leitung Ildefons Herwegens. Obwohl sich die Vertreter mühten, „die Schönheit und die Heiligkeit des Kults der Heiligen Kirche [aufzuzeigen,] […] gerieten sie in maßlose Übertreibungen, die dem katholischen Leben schädlich sein können.“[1039] Auch die Einführung „liturgischer Exerzitien“ auf Kosten der ignatianischen Exerzitien, die als zu subjektivistisch empfunden wurden, störte Bea erheblich. „Wie gefährlich die Dinge sind, wird beispielsweise daran deutlich, dass einige Alumnen des Trierer Klerikalseminars diese ordentlichen Frömmigkeitsübungen geringschätzen, als ob sie dem Geist der Kirche nicht gemäß wären“[1040].

Aber auch die politische Situation deutete Bea: Bis zum Krieg gab es in Deutschland einen einmütigen Katholizismus, abgesehen vom Gewerkschaftsstreit. Im Jahr, in dem Bea seinen Bericht abfasste, sei der Katholizismus allerdings in verschiedene Parteikämpfe (Monarchisten und Republikaner, Nationalisten und Pazifisten etc.) zersplittert gewesen, wie auch die Zentrumspartei.[1041]

Eine Folge, die sich daraus entwickelte, war, laut Bea, der Rückgang des katholischen Lebens sowohl in der Ober- als auch in der Mittelschicht. Dies manifestiere sich vor allem in der Jugend, denn diese empfange weitaus weniger häufig die Sakramente und besuche seltener die Sonntagsmesse. Auch die steigende Zahl der Mischehen, die zunehmende Vergnügungssucht und die rückläufige Geburtenrate erklärte er sich damit. Letztlich ging die Zahl der Priesteramtsanwärter wie auch der Ordenseintritte aus diesem Grunde zurück.[1042] Dabei sah er die Wurzeln der Probleme weniger im materialistischen Denken der deutschen Bevölkerung als

1038 Ebd., 122.
1039 Ebd., 125.
1040 Ebd., 126.
1041 „[F]erner ist die Einstellung gegenüber den Sozialisten verschieden je nach Bedingungen in den verschiedenen Territorien: In Gebieten, wo die Katholiken zahlenmäßig in der Mehrheit sind und die Landwirtschaft vorherrscht, wie in Bayern, werden sie Sozialisten gänzlich abgelehnt und von der Regierung ferngehalten. In beinahe allen anderen Gebieten, wo die Katholiken alleine nicht das Übergewicht haben, wie zum Beispiel in Preußen, Baden, Hessen gehen sie *taktische* ‚Koalitionen‘ mit den Sozialisten ein und werden gezwungen, solche einzugehen, da die ‚rechten‘ Parteien, die sich aus Protestanten zusammensetzen, im Allgemeinen den Katholiken und der Kirche sehr feindselig sind.“ (ebd., 127) Hervorhebung im Original.
1042 Vgl. ebd., 127f.

vielmehr in der intellektuellen Situation und der Priesterausbildung, die im Sinne der römischen Kurie reformiert werden müsse. Wobei es auch Ausnahmen gab: „Die Diözesanseminare, unter denen Fulda, Trier und Mainz herausragen, erfreuen sich im Allgemeinen eines guten Geistes. Die Bischöfe sind in der Ernennung der Rektoren, der Spirituale und der Professoren meist frei und die Leitung hängt völlig von ihnen ab.“[1043]

Jede der drei Stellungnahmen zur Situation des deutschen Katholizismus zu Beginn der 1920er Jahre ist unterschiedlich, was u. a. dem Werdegang des jeweiligen Verfassers geschuldet sein dürfte. Laros, der bei Sebastian Merkle promoviert hatte, verstand die Krise des Katholizismus als eine intellektuelle Krise und forderte eine politische Neutralität der katholischen Kirche bzw. der Amtsträger. Ähnliche Ansichten vertrat auch Bea, der wiederum seinen Fokus auf die Priesterausbildung legte, die im Geiste der römischen Kurie reformiert werden müsse. Der im Kirchenrecht promovierte Kaas hingegen, der in Rom Theologie studiert hatte und in der Politik aktiv war, vertrat den Kurs, man müsse dem Staat auf politischem Wege Einhalt gebieten und so die Privilegien der katholischen Kirche schützen, was Bea jedoch, aufgrund der Zersplitterung der Zentrumspartei, kritisch beäugte und von Laros gänzlich abgelehnt wurde. Jedoch war Kaas Promotor der Synode, wozu ihn der ultramontane Korum ernannt hatte, und legte daher Wert darauf, den Status quo der Kirche zu manifestieren.

Daher beriet die Synode über die geistliche Schulaufsicht, die abgeschafft worden war, und erarbeitete entsprechende Dekrete, über die während der Synode beraten wurde.[1044] So lagen als Verhandlungsgrundlage drei Dekrete diesbezüglich vor.

„1. **Geistliche Schulaufsicht**: Nachdem die geistliche Schulaufsicht der Pfarrer durch das preuss. Landesgesetz vom 18. Juli 1919 und durch die Verfassung des Deutschen Reiches vom 11. August 1919, Art. 144, abgeschafft worden ist, erhebt sich die wichtige Frage, wie in Zukunft die Kirche ihren Einfluss auf Erteilung des gesamten Religionsunterrichts und die religiös-sittliche Erziehung in der Schule in wirksamer Weise geltend machen soll. Dass die Kirche das Recht und die Pflicht hat, den gesamten Religionsunterricht in denselben bezüglich seiner Reinheit und Gediegenheit zu überwachen, kann für einen Katholiken nicht zweifelhaft sein. […] Die neue Reichsverfassung scheint der Kirche ihr ureigenstes Recht, den gesamten Religionsunterricht in der Schule zu erteilen, zu leiten und zu beaufsichtigen, nicht bestreiten zu wollen. Art. 149 erklärt ausdrücklich: ‚Der Religionsunterricht wird in Übereinstimmung mit den Grundsätzen der betreffenden Religionsgesellschaft unbeschadet des Aufsichtsrechts des Staates erteilt.‘

1043 Ebd., 135.

1044 Im Saargebiet galt nicht die Reichsverfassung, die die Schulaufsicht der Pfarrer abschaffte, aber dort liefen auch die gleichen Bestrebungen.

Grundsatz der katholischen Kirche aber ist es, dass nur derjenige, den sie sendet, die Religion öffentlich lehren kann [...] und dass sie, jedenfalls an erster Stelle, über die Reinheit des Glaubens und der christlichen Sitte zu wachen, berufen ist.

Wie demnach der Bischof den Religionsunterricht der Pfarrer, Kapläne und Religionslehrer an allen Schulen und Lehranstalten selbst überwachen kann, so kann er es auch durch Beauftragte; ebenso hat er auch das Recht, den Bibelunterricht der katholischen Lehrer durch die Pfarrer und die ihnen übergeordneten kirchlichen Aufsichtsorgane (Dechanten) revidieren zu lassen. [...] Zum Zwecke der fachmännischen Ausgestaltung der kirchlichen Oberaufsicht wird weiterhin beabsichtigt, fortan eine Anzahl im Schulfach besonders erprobter Geistlicher (sic!) mit der Aufgabe zu betrauen, den Katechismus- und Bibelunterricht in den Schulen des ihnen zugewiesenen Bezirks in regelmäßigen Abständen zu revidieren und über das Ergebnis Bericht zu erstatten."[1045]

Der Text gibt Zeugnis von einem machtbewussten Klerus, der mit allen Mitteln seine Vormachtstellung in der Gesellschaft und der Schule zu retten versuchte. Sie, die sich selbst als Wächter über Moral und Sitte verstanden, wollten diesen Einfluss, den sie auf die Heranwachsenden hatten, natürlich nicht mit den Religionslehrern, die den Bibelunterricht erteilen durften, teilen oder gar ganz verlieren.

Natürlich wurde die Resolution auch der katholischen Lehrervereinigung zugesandt und diese antwortete schon vor Beginn der Synodenberatung.[1046] Sie machte aus Sicht der Laien, die den Bibelunterricht in den Schulen erteilen durften, drei Anmerkungen zum Text. Zum einen teilten sie prinzipiell die Ansicht, dass bischöfliche Beauftragte, wie auch der Bischof selbst, den Religionsunterricht der Pfarrer, Kapläne und katholischen Lehrer überwachen können. Allerdings sollte zum anderen (Punkt 2) der im Dekret nachfolgenden Satz folgendermaßen geändert werden: „Ebenso hat er auch das Recht, in ihm notwendig erscheinenden Ausnahmefällen die Pfarrer oder die ihnen übergeordneten kirchlichen Organe mit der Feststellung zu beauftragen, daß der Bibelunterricht der katholischen Lehrer in Übereinstimmung mit den kirchlichen Vorschriften erteilt wird. Der Lehrer muß in begründeten Fällen in der Lage sein, den Pfarrer als befangen abzulehnen. Von dem Ergebnis der Feststellung ist, wie bei allen Revisionen, sofort Mitteilung zu machen, damit er sich verteidigen u. etwaige Mißverständnisse aufklären kann."[1047] Darüber hinaus forderten sie, dass künftig nicht nur der Unterricht der

1045 Erstes Dekret der Vorbereitungskommission für Schulfragen, in: BISTUMSARCHIV TRIER, Unterlagen zur Diözesansynode von 1920 (wie Anm. 802). Hervorhebungen im Original.

1046 Vgl. hierzu und zum Folgenden: Scheiben des Vorsitzenden des katholischen Lehrervereins (Bezirk Trier) Lackas an Prof. Kaas vom 20.09.1920, in: ebd. Zum deutschen Lehrerverein allgemein vgl. Rainer BÖLLING, Volksschullehrer und Politik. Der Deutsche Lehrerverein 1918–1933 (= Kritische Studien zur Geschichtswissenschaft 32). Göttingen 1978.

1047 BISTUMSARCHIV TRIER, Unterlagen zur Diözesansynode von 1920 (wie Anm. 802). Hervorhebungen im Original.

Laien durch erprobte Geistliche revidiert werde, sondern auch der der Geistlichen, worüber auch in jedem Fall ein Ergebnisbericht vorzulegen sei. Der Vorsitzende der katholischen Lehrervereinigung des Bezirks Trier war der Meinung, dass der letztgemachte Vorschlag eigentlich schon genügen müsse. Falls dies nicht der Fall sei, „so wäre Punkt 2 das äusserste, was ich [...] vor den Lehrern [noch] vertreten könnte."[1048]

Die Lehrerschaft in den Schulen, die, wie aus dem Schreiben ersichtlich wird, häufig im Konflikt mit den Pfarrern stand, forderte somit eine neutrale Beurteilungsinstanz hinsichtlich der Qualität ihres Unterrichts. Man wollte die Ära beenden, in der der Pfarrer die stärkste Stellung in der Schule hatte und zugleich auch über die Lehrer urteilen konnte.

Natürlich teilten die in Trier versammelten Synodalen nicht alle diese Ansicht. Mit dem, was der Henterner Pfarrer bereits in der Vorbereitungskommission gesagt hatte, eröffnete dieser die Synodenverhandlung: Es sei eines der wichtigsten Rechte des Seelsorgeklerus, das ihm Kraft göttlichen Rechtes (can. 469) auch zustünde. Daher sollten, um bei der Lehrerschaft Eindruck zu machen, konfessionelle Schulvorstände an jeder Lehranstalt ins Leben gerufen werden, die aus Gemeindevertretern, Lehrern und Eltern bestehen sollten und deren Vorsitz jeweils der Ortspfarrer haben müsse. Durch dieses Gremium könnten die Gemeinden dann ihr Aufsichtsrecht verwirklichen.[1049] Die Ansicht, dass dem Pfarrer das gleiche Aufsichtsrecht in den Schulen zustehe wie dem Bischof, nur weil dies im Codex Iuris Canonici stehe, konnten nicht alle Synodalen teilen.[1050]

Aber auch Pfarrer Schlich hatte sich im Vorfeld der Synode mit den Resolutionen beschäftigt und einen Abänderungsantrag vorbereitet, der vom Promotor der Synode verlesen wurde. Dort schrieb Schlich: „Die Synode wolle beschließen: Nr. 1 Abs. 1 Satz 1 wie folgt zu fassen: ‚Wie demnach der Bischof den Religionsunterricht der Pfarrer, Kapläne und Religionslehrer an allen Schulen selbst überwachen kann, so kann er es auch durch Beauftragte; ferner hat er das Recht, in ihm geeignet erscheinender Weise sich zu vergewissern, dass der Bibelunterricht der katholischen Lehrpersonen in Übereinstimmung mit den kirchlichen Vorschriften erteilt wird. Weitere Anweisungen hierüber bleiben der gemeinsamen Beratung und Beschlussfassung des Episkopates vorbehalten.'"[1051]

1048 Ebd.

1049 Vgl. Bischöfliches Generalvikariat Trier, Diözesansynode des Bistums Trier (wie Anm. 409), 38f.

1050 Vgl. Wortmeldung Pfarrer Lieser, in: ebd., 39f.

1051 Handschriftlich abgefasster Antrag Schlichs o. D., in: Bistumsarchiv Trier, Unterlagen zur Diözesansynode von 1920 (wie Anm. 802). Den Antrag, für den er, so die Geschäftsordnung der Synode, mindestens neun weitere Befürworter brauchte, unterschrieben die Herren Küchler, (Dech.) Schmitz, Wolter, Steinmetz, Homscheid, Junglas, Pick, Steffen und Fenger.

Der Promotor knüpfte an den Antrag Schlichs an und wies darauf hin, dass die kodikarische Norm in can. 469 dafür spreche, dass der Ortspfarrer in der hierarchischen Ordnung, in der die Kirche gegliedert sei, über den Lehrpersonen stehe und ihm gemäß Recht auch die Aufsicht zukomme. Weiter pflichtete er Schlich bei, dass es den Bischöfen „vorbehalten bleiben [muss], für die seelsorgliche Mitarbeit der Pfarrer bei der Wahrnehmung des kirchlichen Aufsichtsrechtes eine Form zu finden, welche die unveräußerlichen Rechte der Kirche und die pflichtgemäße Aufgabe des Seelsorgers wahrt, zugleich aber auch den obwaltenden Schwierigkeiten begegnet."[1052] Scheinbar waren einige andere auch der Meinung, dass man mit der Formulierung „Beauftragte", wie sie Schlich auch gebrauchte, zu weit zurückweiche, denn der Seelsorger verliere sein Ansehen, wenn er nicht mehr den Bibelunterricht revidieren dürfe.

Weihbischof Mönch votierte hingegen auch für die Annahme des Abänderungsantrages Schlichs, weil der Pfarrer auch zu den „Beauftragten" des Bischofs gehören könne und eine mildere Interpretation des can. 469, also nicht die Forderung des „Aufsichtsrechts des Pfarrers", für die Diözese Trier zu empfehlen sei.[1053] Ebenso sprach sich der Dechant der Dompfarrei aus. Er stellte fest, dass es weniger um die Frage ginge, ob die Kirche grundsätzlich das Recht habe, den Unterricht zu überwachen, sondern vielmehr, was die Kirche in der heutigen Situation verlangen könne. Hierbei würde der Antrag Schlichs weitaus mehr Gestaltungsspielraum schaffen.[1054]

Der Stellvertreter des Bischofs in verwaltungsrechtlichen Belangen, Generalvikar Franz Tilmann, fasste die Ergebnisse der Diskussion zusammen. Er stellte fest, dass das Aufsichtsrecht über den Bibelunterricht in die seelsorgliche Verantwortung des Pfarrers hineingehöre, die Frage, die die Synodalen beschäftigte, aber war, ob die Synode dieses Recht auch formal reklamieren sollte, obgleich die Lehrer/Innen sehr erzürnt darüber wären. „Er sieht in dem Antrag Schlich eine Möglichkeit, dieser Situation Rechnung zu tragen, indem der Pfarrer nicht genannt, das Aufsichtsrecht aber dem Bischof vindiziert werde."[1055]

Auch der Neunkircher Pfarrer Peter Grefrath stellte einen Abänderungsantrag, der jedoch nach der Beratung und Meinung der Synodenväter (insbesondere Prof. Kaas) lediglich als Empfehlung zur Kenntnis und Weiterleitung angenommen wurde. Grefrath beantragte bzgl. der zu bildenden Schulausschüsse, dass die Synode „an die Mitglieder der Zentrumspartei das Ersuchen [richten solle], bei [der] Beratung des Schuletats dafür zu wirken, daß unter sinngemäßer Änderung des Schulunterhaltungsgesetzes die Wahlen zu dem Schulvorstand und den Schul-

1052 Wortmeldung Kaas, in: Bischöfliches Generalvikariat Trier, Diözesansynode des Bistums Trier (wie Anm. 409), 40.
1053 Vgl. Wortmeldung Mönch, in: ebd.
1054 Vgl. Wortmeldung Müller, in: ebd.
1055 Vgl. Wortmeldung Tilmann, in: ebd., 41.

kommissionen nicht von den (sic!) Gemeinderäten, die heute lediglich Produkt politischer Parteiaufstellung sind, sondern von den Eltern der Kinder der betr. Konfessionsschulen gewählt werden."[1056] Die Resolution in Fassung der Kommission mit dem Abänderungsantrag Schlichs wurde schließlich mehrheitlich bei zwei Gegenstimmen angenommen.

Wie an diesem Teil der Synodenverhandlung (aber auch den Eingaben aus den Dekanaten und Einrichtungen der Diözese) deutlich wurde, versuchte der Klerus, der sich seines (noch vorhandenen) Einflusses auf die Gesellschaft sehr bewusst war, seine Macht zu schützen. Man versuchte, die bisherige Stellung nicht aufgeben zu müssen, merkte allerdings, dass die Dinge sich änderten. Insbesondere die Wortmeldungen der Leitungsebene des Bistums machen dies deutlich. Aber auch Pfarrer Schlich war einer derjenigen, die die Veränderungen deutlich wahrnahmen und (politisch) taktisch durch kluge und gewandte Formulierungen gegenzusteuern planten, ohne jedoch einen Eklat zu provozieren.

Die Synode, und dafür votierte auch Pfarrer Schlich, wusste jedoch zugleich, dass eine Stärkung der Mitarbeiter durch Studium daher unverzichtbar war. Aus diesem Grund forderte Schlich auch mit Nachdruck, dass „die Seminarbibliothek zu einer Diözesanbibliothek ausgebaut werde [...]. Die Verhältnisse im Saargebiet liegen infolge der verschärften Bestimmungen über die Wareneinfuhr für den Klerus überaus ungünstig. Wer sich über die neuesten theologischen Publikationen auf dem Laufenden halten will, stösst dabei auf unüberwindliche Schwierigkeiten."[1057]

Andere Anträge und Plenumsdiskussionen verfeinern das Stimmungs- und Meinungsbild der Synode noch. Während man einerseits eine Ausdehnung des Spiel- und Sportverbotes in mehrheitlich katholischen Ortschaften zur Zeit des Nachmittagsgottesdienstes am Sonntag forderte (außerkirchlich), erbat man eine Erleichterung der Nüchternheit vor der Binationsmesse oder die Abschaffung der Verpflichtung, die zwölf Lesungen am Kar- und Pfingstsamstag[1058] vorzutragen (innerkirchlich). Man versuchte sich durch strengere Vorschriften vor allen Einflüssen der säkularen Welt zu schützen, um die eigenen Interessen zu verteidigen, zugleich aber die „internen" Zwänge für den „circle of trust" zu lockern. Auf diese

1056 Handschriftlich abgefasster Antrag Grefraths o. D., in: Bistumsarchiv Trier, Unterlagen zur Diözesansynode von 1920 (wie Anm. 802). Mitunterzeichner waren Zilliken, Raber, Klisserath, Waldeck, (Prof.) Schmitz, Franz, Fendel, Streng und (Def.) Wiegand.

1057 Wortmeldung Schlich, in: Bischöfliches Generalvikariat Trier, Diözesansynode des Bistums Trier (wie Anm. 409), 52.

1058 Das Messbuch Pius V., das bis 1970 in Gebrauch war, schrieb die zwölf Lesungen an den beiden Tagen verpflichtend vor, die dem Trierer Klerus, so eine Vielzahl von Eingaben, großes Unbehagen bescherten, weshalb sie diese gerne abschaffen wollten. Zu den Lesungen vgl. Pius V., Epistolae et evangelia totius anni secundum Missale Romanum. S. Pii V. Pontificis Maximi iussu editum Clementis VIII. Urbani VIII et Leonis XIII. auctoritate recognitum. Regensburg 1884.

Weise wollte die Synode den neuzeitlichen Problemen begegnen und ihnen entgegenwirken.

4.2.1.6 Die Synode in der Presse

Die katholischen Tageszeitungen Triers („Trierer Landeszeitung") und Saarbrückens berichteten über das große Ereignis in der katholischen Welt.[1059] Bereits im Vorfeld kündigte die „Saarbrücker Landes-Zeitung" das kirchliche Großereignis an, an dem etwa 150 Geistliche teilnehmen sollten, und unterrichtete ihre Leser darüber, was eine Diözesansynode sei, wie sie seit etwa 300 Jahren im Bistum Trier nicht mehr stattgefunden habe: „Unter der Diözesan-Synode hat man sich ein kleines Konzil zu denken, auf welchem die Vertreter des Diözesanklerus zusammenkommen, um unter Leitung ihres Bischofs oder seines Vertreters über kirchliche Angelegenheiten und Fragen zu beraten."[1060]

Natürlich sandte Schlich, der ein halbes Jahr zuvor an der Gründung der „‚Saarbrücker Landes-Zeitung'" in der Hauptstadt des Saargebiets beteiligt war, einen Artikel an die Redaktion in Saarbrücken.[1061] Darin unterrichtete er die Saarkatholiken über den Verlauf der Feierlichkeit im Dom, die Begrüßungsansprache Korums, die Ernennung des geschäftsführenden Vorstands der Synode sowie deren inhaltlichen Verhandlungsverlauf.[1062]

Offenbar sollte aber nach Meinung der Bistumsleitung nichts (in der Presse des Saargebiets) veröffentlicht werden. Schlich schickte, nachdem er den Bericht nach Saarbrücken übersandt hatte, noch ein Telegramm in die Saarmetropole, die die Publikation des Artikels verhindern sollte. Die Redaktion der „Saarbrücker Landes-Zeitung" schrieb Schlich, der das Schreiben Generalvikar Tilmann weiterleitete[1063],

1059 Vgl. O. V., Die Diözesan-Synode in Trier. In: Trierische Landeszeitung vom 29. September 1920, 1; DASS., Die Diözesan-Synode in Trier. Dritte und vierte Sitzung. In: Trierische Landeszeitung vom 30. September 1920, 1–2; DASS., Die Diözesan-Synode in Trier. Vierte und fünfte Sitzung. In: Trierische Landeszeitung vom 1. Oktober 1920, 1 sowie DASS., Rückblick auf die Diözesan-Synode in Trier. In: Trierische Landeszeitung vom 7. Oktober 1920, 1–2.

1060 O. V., Diözesan-Synode in Trier. In: Saarbrücker Landes-Zeitung vom 27. September 1920, 3.

1061 Zur Geschichte der „Saarbrücker Landes-Zeitung" vgl. die Ausführungen in Kapitel 4.4.4; SIMON, Pfarrer Dr. Johann Ludger Schlich und die katholische Pressearbeit an der Saar 1920–1935 (wie Anm. 8), 339–357 sowie Fritz KLOEVEKORN, Saarbrücken. Werden, Vergehen, Wiederauferstehen einer deutschen Grenzstadt. Saarbrücken 1960.

1062 Vgl. Johann Ludger SCHLICH, Die Diözesansynode des Bistums Trier. In: Saarbrücker Landes-Zeitung vom 30. September 1920, 1.

1063 Handschriftlicher Vermerk Schlichs auf dem Antwortschreiben der Redaktion an Schlich, das im Bistumsarchiv abgeheftet ist: „Seiner Gnaden Herrn Generalvikar Tilmann zur gefl. Kenntnisnahme" (BISTUMSARCHIV TRIER, Unterlagen zur Diözesansynode von 1920 [wie Anm. 802]).

sein „gestern abgesandtes Telegramm kam erst heute [30. September 1920, Anm. FS] früh in meine [des Chefredakteurs; FS] Hände, infolgedessen war es nicht mehr möglich, den Artikel zurückzuziehen."[1064] Deswegen bat die Redaktion um weitere Artikel über die synodalen Beratungen. Diese lieferte Schlich auch weiterhin. Er unterrichtete die Leser der größten katholischen Tageszeitung im Saargebiet über den Verhandlungsverlauf der Synode.[1065] In seinen Ausführungen akzentuierte Schlich, was ihm selbst auch am Herzen lag, nämlich die Bildung und die Pressearbeit des Klerus. Schlich schrieb, dass „[d]ie allgemeine Anschauung der Synodalen [dahin] ging [...], daß ein wissenschaftlich hochstehender Klerus nicht bloß *eine Zierde der Kirche ist*, sondern daß die *tiefe wissenschaftliche Bildung des Klerus das beste Mittel im Kampfe gegen den modernen Unglauben bedeutet*."[1066] Auch hinsichtlich der Pressearbeit, die für den Saarbrücker Pfarrer „zugleich Kampfplatz und Waffe ist", betonte er deren Bedeutung für die Seelsorge und die sittlich-moralische Unterweisung des Volkes, das sonst den antikatholischen Lehren anheimfallen könnte: „Auch die farblose Presse als Vertreterin des religiösen Indifferentismus ist vom Uebel. Die Gute, d. h. im Geiste der kathol. Weltanschauung redigierte Presse ist als treueste und unentbehrlichste Mitarbeiterin in jeder Weise zu empfehlen und zu unterstützen. Da die gegenwärtigen politischen Kämpfe sich zu Weltanschauungskämpfen zugespitzt haben, muß der Seelsorger auch dem politischen Leben ernste Beachtung schenken und unter bestimmten Voraussetzungen in Ausübung seiner staatsbürgerlichen Rechte seine Mitarbeit einsetzen. *Angriffe und Kampf auf allen Gebieten erheischen auch Abwehr auf allen Gebieten.*"[1067]

Die liberale Tageszeitung der Stadt Saarbrücken, die „Saarbrücker Zeitung", berichtete mit keiner Zeile über die Trierer Diözesanversammlung.[1068]

1064 Vgl. Schreiben des Chefredakteurs der „Saarbrücker Landes-Zeitung" an Schlich vom 30.09.1920, in: ebd.

1065 Vgl. hierzu und zum Folgenden: Johann Ludger SCHLICH, Die Diözesansynode des Bistums Trier. In: Saarbrücker Landes-Zeitung vom 1. Oktober 1920, 2.

1066 Ebd. Hervorhebung im Original.

1067 Ebd. Hervorhebung im Original. Die markierten Sätze aus dem Artikel Schlichs stehen fast wörtlich in den verabschiedeten Dekreten der Synode über den „Klerus und [die] Presse" und den „Klerus und [die] Politik". Schlich zitiert also die Dekrete und stellt nicht Thesen, die ein Produkt seiner Interpretation der Synodenberatung wären, in den Raum. Vgl. die Synodendekrete 14 sowie 15, in: BISTUMSARCHIV TRIER, Unterlagen zur Diözesansynode von 1920 (wie Anm. 802) sowie BISCHÖFLICHES GENERALVIKARIAT TRIER, Diözesansynode des Bistums Trier (wie Anm. 409), 113. Eine solche Verteidigung der katholischen Weltanschauung (des Papstamtes und dessen Aufgabe) gegen protestantische Meinungen findet man beispielsweise drei Tage später in einem Artikel auf der Titelseite der „Saarbrücker Landes-Zeitung", wo über die indirekte Macht des Papstes auf den Staat geschrieben wurde. Vgl. o. V., Von der indirekten Gewalt des Papstes über den Staat. In: Saarbrücker Landes-Zeitung vom 4. Oktober 1920, 1.

1068 Aber auch über die Grenzen der Diözese wurde über die Synode berichtet. In Köln veröffentlichte die „Kölnische Volkszeitung" einen Artikel. Vgl. o. V., Diözesansynode

4.2.1.7 Diözesane Beratungen anderer deutscher Bistümer

Etwa im gleichen Jahr wie in Trier (1920) fand in mehreren Bistümern Deutschlands ebenso die kodikarisch vorgeschriebene Diözesansynode statt. Die Verhandlungsthemen entsprachen in weiten Teilen denen der Trierer Bistumssynode. „Die erste Generation von Synoden war durch die Rezeption des Codex von 1917 bestimmt. […] Aber auch innerhalb dieses Rahmens lassen sich Unterschiede feststellen. So gab es Synoden, die im Grunde nicht über eine Publikation des Codex hinauskamen […], während andere, vielleicht aufgrund qualifizierter Mitarbeiter, selbstständige Akzente setzten (z. B. München 1920, Trier 1920. Osnabrück 1920, Gurk 1923, Münster 1924).“[1069], urteilt Erwin Gatz. Es erscheint daher nicht nur notwendig, sondern auch angebracht, zu untersuchen, inwiefern sich die Beratungsthemen der verschiedenen Synoden entsprachen und wo Unterschiede zu verzeichnen sind.[1070]

Die Erzpriester der Diözese Breslau preußischen Anteils hielten schon vor der kirchenrechtlichen Verpflichtung zur Abhaltung einer Diözesansynode eine solche vom 19. bis 21. Oktober 1915 ab.[1071] Diese beschäftigten sich, wie auch die Trierer Geistlichen, mit der sonntäglichen Christenlehre, dem Stoffverteilungsplan für den Unterricht an den Volksschulen sowie dessen pfarrlicher Revision, dem Erstkommunionalter, der Vorbereitung und seelsorglichen Betreuung Schulentlassener, der Seelsorge für Wanderarbeiter sowie der Jugendpflege (v. a. durch Jugendvereine und den Bonifatiusverein). Darüber hinaus stand das St.-Hedwigs-Liebeswerk (Kriegswaisenfürsorge), Volksmissionen, der Kampf gegen den Alkoholismus und die Verwaltung der Diasporakassen für kirchliche Vereins- und Wohlfahrtszwecke im Mittelpunkt.

Zudem debattierte man über die Neuregelung der Kaplansgehälter und Messstipendien. Außerdem versuchte man die seelsorglichen und vaterländischen Aufgaben des Klerus in und nach dem Krieg (inkl. Schulungen in pastoralen und sozialen Kursen) neu zu definieren. Man wünschte auch die Einführung von

des Bistums Trier (28.–30. September). In: Kölnische Volkszeitung vom 9. Oktober 1920, 2.

1069 Erwin Gatz, Synodale Bewegungen und Diözesansynoden in den deutschsprachigen Ländern von der Säkularisation bis zum Zweiten Vatikanischen Konzil. In: Römische Quartalschrift 82 (1987) S. 206–243, hier: 220.

1070 Für die Synoden und deren Themen, die nach dem II. Vatikanischen Konzil bzw. seit den 1980er Jahren in Deutschland stattfanden, liegt hingegen eine Untersuchung vor. Vgl. Dominik Burkard, Diözesansynoden und synodenähnliche Foren sowie Kirchenvolksbegehren der letzten Jahrzehnte in den deutschsprachigen Ländern. In: Römische Quartalschrift 101 (2006) S. 113–140.

1071 Vgl. hierzu und zum Folgenden: o. V., Protokoll der am 19.,20. und 21. Oktober 1915 stattgehabten Konferenz der Erzpriester der Diözese Breslau preußischen Anteils, Als Manuskript gedruckt. Breslau 1915.

elektrischer Beleuchtung und Telefonen sowie die Verpflichtung zum Tragen von geistlicher Kleidung und Tonsur.

Im Erzbistum Köln fand die Diözesankonferenz am 4. und 5. Oktober 1920 in Köln statt.[1072] Dort forderte man neue Dienstanweisungen für die Dechanten, eine neue Visitationsordnung sowie die Erhöhung der pfarrlichen Gebühren bei Exequien und Begräbnissen, der Diözesanstipendien für Manualmessen und der Mindesttaxen für Stiftungen. Ferner referierte der wohl bedeutendste Volksmissionar Deutschlands Max Kassiepe OMI über die rechtlichen Grundlagen, die Vorbereitung sowie den Ablauf einer Volksmission, die zu dieser Zeit als beliebtes Mittel der außerordentlichen Seelsorge eingesetzt wurde.[1073] Auch hinsichtlich der Chormusik wünschte man sich Veränderungen. Es sollten künftig, aufgrund der zu geringen Zahl von Jungen und Männern, Frauen in die kirchlichen Chöre aufgenommen werden, obwohl der Kölner Domkapitular Carl Cohen anmerkte, dass nicht daran gezweifelt werden könne, „daß die Knaben sich besser zum Kirchengesang eignen“[1074].

Außerdem sollten die Pastoralkonferenzen, die 1866 durch den damaligen Erzbischof Kölns Paulus Melchers[1075] eingeführt wurden, sowie die Küster- und Kirchenangestelltenbesoldungsordnung auf den Prüfstand gestellt und überarbeitet werden. Auch das Verhältnis zwischen Klerus und Lehrerschaft an den Schulen wurde von der Synode, ähnlich wie in Trier, in den Fokus der Beratungen genommen. Ein sehr wichtiges Thema der Kölner Diözesankonferenz war, wie in allen Deutschen Bistümern, die Sozialdemokratie. Der damalige Subregens des Kölner Priesterseminars und spätere Bischof des Bistums Trier, Franz Rudolf Bornewasser, hielt einen Vortrag zu diesem Thema. Er ging in seinem Referat der Frage nach, wie sich insbesondere die Beichtväter verhalten sollten.[1076] Bornewasser kam zu dem Ergebnis, dass überzeugte Sozialdemokraten

1072 Vgl. hierzu und zum Folgenden: ERZDIÖZESE KÖLN, Bericht über die I. Diözesankonferenz zu Köln am 4. und 5. Oktober 1920 (wie Anm. 687).

1073 Zu Kassiepe und den Volksmissionen im Allgemeinen vgl. Kapitel 4.1.1. Zum Einsatz der Volksmissionen speziell im Bistum Trier vgl. SCHNEIDER, Kirchliches Leben, Frömmigkeit und Seelsorge im gesellschaftlichen Wandel (wie Anm. 384), 355–362.

1074 Vgl. Referat Cohen, in: ERZDIÖZESE KÖLN, Bericht über die I. Diözesankonferenz zu Köln am 4. und 5. Oktober 1920 (wie Anm. 687). Cohen nimmt mit seiner Aussage Bezug auf das 1903 von Papst Pius X. veröffentlichte Motu proprio „Tra le sollectitudini“. Der Text des Motu proprios Pius X. im Original in: Acta Sanctae Sedes XXXVI [1903–1904] (wie Anm. 907); die deutsche Übersetzung aus dem Italienischen in: o. V., Kirchenmusikalische Gesetzgebung. Die Erlasse Pius X., Pius XI. und Pius XII. über Liturgie und Kirchenmusik. Regensburg ^{5}1956, 7–18.

1075 Zu Melcher und dessen Wirken vgl. HEGEL, Das Erzbistum Köln zwischen der Restauration des 19. Jahrhunderts und der Restauration des 20. Jahrhunderts (wie Anm. 292), 80–85.

1076 Vgl. Referat Bornewasser über die seelsorgliche Behandlung der Sozialdemokratie, in: ERZDIÖZESE KÖLN, Bericht über die I. Diözesankonferenz zu Köln am 4. und 5. Oktober 1920

nicht absolviert werden könnten; Wähler der Sozialdemokraten, die nicht fest von der Lehre, sondern nur von dem wirtschaftlichen Konzept überzeugt seien, hingegen schon. Ferner berieten die Kölner Geistlichen über notwendige Erneuerungen an den bzw. für die Erziehungsanstalten für Theologiestudierende (Kollekten, Finanzierungen, Erbschaften an den Erzbischöflichen Stuhl für einen Theologen, 0,5 % Steueraufschlag zur Finanzierung des Priesterseminars, „Patenschaften" von reichen Geistlichen).

Auch im noch jungen (1827 gegründeten) Bistum Limburg hielt man am 28. und 29. Juli 1920 eine Diözesansynode ab, deren Beratungsthemen und Termin der damalige Limburger Bischof Augustinus Kilian[1077] am 25. Mai desselben Jahres durch Veröffentlichung im „Kirchlichen Amtsblatt des Bistums Limburg" bekannt gab.[1078]

Die Themen der Beratung im Trierer Nachbarbistum waren fast identisch mit denen in Trier. Man beriet sich in der Limburger St.-Anna-Kirche über die Möglichkeiten zur Beendigung der desolaten wirtschaftlichen Lage des Klerus und zur Schaffung einer angemessenen Besoldung, über die Frage, wie man die Christenlehre erfolgreicher gestalten könnte, über die Volksmissionen, Standesexerzitien, das Männerapostolat und die Marianischen Kongregationen sowie die Möglichkeiten der Schulung von Organisten, die nicht Lehrer waren und dadurch das Orgelspielen während der Gottesdienste übernehmen konnten. Ferner forderte man eine Standesorganisation des Klerus zur Wahrung der geistigen und materiellen Interessen, die Neugestaltung des Stoffes und des Umgangs mit dem Erstkommunionunterricht, die Neuregelung der Gebühren für Kasualien sowie eine bessere Organisation und Arbeitsweise der Müttervereine.[1079]

In der Nachbardiözese Speyer, dem, ebenso wie dem Bistum Trier, ein Teil des Saargebiets unterstellt war, kündigte der Bischof am 6. Dezember 1919 eine Diözesankonferenz als Vorstufe der im CIC angeordneten Diözesansynode für

(wie Anm. 687) sowie SCHNEIDER, Kein unbewegter Fels im Sturm, kein Fähnchen im Wind (wie Anm. 133), 262.

1077 Kilian wurde am Allerheiligenfest 1856 in Eltville geboren, studierte nach der Erlangung der allgemeinen Hochschulreife 1877 und dem Sanitätsdienst beim Militär Theologie und Philosophie in Münster und München. Anschließend trat er ins Freiburger Priesterseminar ein, weil die Priesterausbildungsstätte des Bistums Limburg aufgrund des Kulturkampfes in Preußen geschlossen war. Am Hochfest der Apostelfürsten 1881 empfing Kilian in Freising das Sakrament der Priesterweihe, wonach er ein Jahr als Kaplan in Reichenhall tätig war, ehe er von der päpstlichen Universität Gregoriana in Rom zum „Dr. iur. can." promoviert wurde. Danach fungierte er als Domkaplan, Religionslehrer und Domkapitular an der Hohen Domkirche zu Limburg. 1913 ernannte ihn Papst Pius X. zum Bischof von Limburg. Kilian verstarb am 30.10.1930 in Limburg. Vgl. Dieter SKALA, Kilian, Augustinus. In: Biographisch-bibliographisches Kirchenlexikon, Sp. 1477–1478.

1078 Vgl. BISCHÖFLICHE KANZLEI, Kirchliches Amtsblatt des Bistums Limburg (= Kirchliches Amtsblatt des Bistums Limburg 52). Limburg 1920, Nr. 9, S. 55.

1079 Vgl. ebd.

das kommende Frühjahr an.[1080] Es wurden auch hier die kodikarisch verpflichteten Teilnehmer eingeladen (vgl. can. 358) und die Dekanate zur Wahl eines zweiten Geistlichen aufgerufen, der stellvertretend für den Dekanatsklerus an den Beratungen teilnehmen sollte. Wahlfähig waren hierbei alle Priester. Auch in Speyer begann man mit einer Pontifikalmesse im Dom zu Speyer. Anschließend begrüßte Bischof Sebastian die anwesenden 41 Synodalen im Sitzungssaal des Bischöflichen Ordinariates.[1081]

Die erste Sitzung eröffnete Dompropst Dr. Brehm mit einem Referat über die Maßnahmen der kirchlichen Oberbehörde gegenüber den Verordnungen über Schulpflege, Schulleitung, Schulaufsicht sowie Visitationen des Religionsunterrichts und Schuldekanate.[1082] Anschließend wurde die Problematik im Umgang mit den neuen Gesetzen erörtert, welche die Schule betrafen. Am nächsten Tag stand der Tagesordnungspunkt „Gegenwartsaufgaben der Seelsorge in Abwehr und Aufbau“ auf dem Programm. Dabei reflektierte und besprach man die rechtlichen Grundlagen im Fall einer Trennung von Kirche und Staat und die Folgen für den Kirchen- und Schuldienst sowie die planmäßige Organisation von Volksexerzitien in geistlichen Häusern. Ferner sprach man über die Errichtung von neuen Seelsorgestellen und Oratorien sowie das Verhältnis von Seelsorge und politischer Tagespresse, religiösen Wochenzeitschriften und Pfarrbriefen. Während des dritten Sitzungsblocks versuchte man eine Einigung hinsichtlich der Neuordnung des Stiftungswesens und des Stoffverteilungsplanes für den Religionsunterricht an Volks- und Fortbildungsschulen zu finden, um sie dem Bischof vorzulegen. Außerdem beriet man darüber, ob man die Niederlassung neuer Orden in der Diözese fördern solle.[1083] Abschließend verkündete der Bischof, dass eine Jahrhundertfeier anlässlich der Wiederbesetzung des Bischöflichen Stuhls in Speyer geplant sei (u. a. auch wohltätige Maßnahmen wie die Einrichtung und Ausgestaltung des Bischöflichen Konvikts).

1080 Vgl. hierzu und zum Folgenden: BISCHÖFLICHES ORDINARIAT SPEYER, Oberhirtliches Verodnungsblatt für das Bistum Speyer (= Oberhirtliches Verordnungsblatt für das Bistum Speyer 12). Speyer 1920, Nr. 23, S. 120.

1081 Vgl. hierzu und zum Folgenden: o. V., Bericht über die Diözesankonferenz am 20. und 21. April 1920 in Speyer. Speyer 1920.

1082 Der Redner legte er zunächst das Programm der Umsturzregierung vom 15.11.1918 dar, welche einen freien Staat, eine freie Kirche und eine freie Schule forderte. Der Bayrische Episkopat, welchem auch das Bistum Speyer angehörte, entfaltete bereits in seinem Hirtenbrief vom 17.12.1918, dass eine „freie Schule heiße: „Gott Religion und Kirche raus aus der Schule [...] Wir legen feierlich Verwahrung dagegen ein, daß ohne Fühlungnahme mit den kirchlichen Behörden durch einseitige Verletzung eines Art. 5 Abs. 4 des Konkordates dem Sinne nach verbrieften Rechtes die langjährige treue Mitarbeit und Mitaufsicht der Kirche im Erziehungswesen der Volksschule ausgeschaltet werden soll.“

1083 Damit reagierte die Synode auf eine Anfrage der Väter vom heiligsten Herzen Jesu und der Väter vom Heiligen Geist.

Der Münchner Erzbischof Michael Kardinal von Faulhaber[1084] ordnete am 27. Januar 1920 in seinem Erzbistum eine Diözesansynode an, welche nach dem Pontifikalamt am 14. April 1920 in der St.-Johannes-Nepomuk-Kirche im Asam-Saal beginnen sollte.[1085] Auch am Folgetag sollten noch Verhandlungen stattfinden. Zwecks Vorbereitung der Verhandlungen berief er Vorbereitungskommissionen ein. Am 11. März gab der damalige Generalvikar der Erzdiözese München und Freising, Dr. Michael Buchberger, die zu behandelnden Themen bekannt: Die kirchliche Lage der Erzdiözese, Schulfragen und -sorgen, priesterliche Standesfragen und -sorgen, die Folgen der wirtschaftlichen Lage für Stiftungen, Stolgebühren- und Stipendienordnung sowie Probleme bei der Aufbringung von Kirchenbedarfsmitteln. Ferner sollte über die Problemfelder „Liturgie und Predigt in ‚unserer' Zeit"[1086] und Kirchenbau bzw. -reparaturen und -ausstattung unter Berücksichtigung der allgemeinen Teuerung gesprochen werden.[1087] Man hatte also auch in der bayrischen Erzdiözese ähnliche Verhandlungsgegenstände anberaumt wie im Bistum Trier, auch wenn sie sich, bedingt durch die andere politische sowie demographische Situation Bayerns, von denen im Bistum Trier unterschieden.

Nach den liturgischen Eröffnungsfeierlichkeiten, die sich – durch deren genaue rechtliche Vorschrift – nicht von denen in Trier unterschieden, hielt Erzbischof von Faulhaber im Asam-Saal um 9:30 Uhr die Eröffnungsansprache, worin er die Anwesenden aufmerksam machte, dass das kirchliche Rechtsbuch von 1917 die Synode auf der einen Seite als eine feierliche Form der Gesetzgebung durch den Diözesanbischof

1084 Michael von Faulhaber, geboren am 05.03.1869 in Heidenfeld, wurde nach dem Studium in Würzburg und Rom sowie seiner Priesterweihe 1903 zum Professor für Altes Testament in Straßburg ernannt. 1911 wurde er Bischof von Speyer und sechs Jahre später Erzbischof von München und Freising. 1921 erfolgte seine Berufung in das Kardinalskollegium. Von Faulhaber zeichnete sich durch seine politische Zurückhaltung aus, beteiligte sich allerdings, bedingt durch die Geschehnisse seiner Zeit und seines Amtes, an den Konkordatsverhandlungen zwischen Bayern und dem Heiligen Stuhl. Ferner wirkte er kompromisslos gegen die Lehre des Nationalsozialismus und war Führer des kirchlichen Widerstandes (Entwurf der Enzyklika „Mit brennender Sorge", 1937), jedoch ohne die Treue zur Staatsführung aufzugeben. Nach 1945 setzte er sich für den geistigen sowie politischen Wiederaufbau ein und verstarb am 12.06.1952 in München. Vgl. Walter Ziegler, Faulhaber, Michael v. In: Lexikon für Theologie und Kirche, 1197 sowie Michael Schmaus, Faulhaber, Michael von. In: Neue Deutsche Biographie, Bd. 5, hg. von Historische Kommission bei der Bayerischen Akademie der Wissenschaften (= Neue Deutsche Biographie 5). Berlin 1961, 31–32.

1085 Vgl. hierzu und zum Folgenden: Erzbischöfliches Ordinariat München, Amtsblatt für die Erzdiözese München und Freising (= Amtsblatt für die Erzdiözese München und Freising 19). München 1920, Nr. 2, S. 7.

1086 Hierzu zählten die Themen Früh- und Standeskommunion, die Wiedereinführung des Josephsfests, die Aufwertung der Kirchenmusik durch die Wiedereinführung der Cäcilienvereine, die Abschaffung der „Predigtferien" sowie die Einführung des Begräbnisritus in deutscher Sprache.

1087 Vgl. ebd., Nr. 6, S. 53.

und auf der anderen als eine gemeinsame priesterlich-mitbrüderliche Aussprache charakterisiere.[1088] Zugleich wies er darauf hin, dass eine Bistumssynode „nicht solche Dinge zu ordnen [vermag], welche die Gesamtkirche vom Aufgang der Sonne bis zu ihrem Untergang berühren und von höheren kirchlichen Stellen zu erledigen sind [...]. Ziel [...] [ist] Auffrischung des katholischen Denkens und kirchlichen Lebens, Auffrischung der priesterlichen Disziplin und des solidarischen Zusammenarbeitens vom Bischof bis zum jüngsten Neomysten."[1089]

Danach referierte der Generalvikar über die bevorstehende Trennung von Kirche und Staat und verwies auf die aktuelle Brisanz eines Reichskonkordats Bayerns mit dem Heiligen Stuhl, welches auch der Erzbischof befürworten würde.[1090] Bezüglich der Schulfragen machten sich die Kleriker des Erzbistums Sorgen darüber, dass der negative sozialdemokratische Einfluss auf den (Religions-)Unterricht immer spürbarer werde. Die Geistlichen kamen überein, dass der Sinn des Religionsunterrichtes darin bestünde, den Kindern beizubringen, wie man bete, und dass die Kirche eine Aufsichtspflicht in der Schule habe, welche durch Schuldekane wahrgenommen werden müsse. Interessanterweise beklagten sich die Synodalen in München bereits über Priestermangel und tauschten sich über dessen Ursachen aus. Außerdem forderten sie eine den Bedürfnissen der Zeit angepasste Ausbildung der Priester. Zugleich berieten sie auch über eine Priestervereinigung, in der sich die Diözesanpriester des Erzbistums zusammenschließen könnten, um den wirtschaftlichen Fragen und Zukunftsängsten geschlossen entgegentreten zu können.

Obwohl die Situation in Bayern nicht ganz der im Rheinland glich, so waren viele Themen und Diskussionspunkte identisch mit denen im Bistum Trier. Einen Schwerpunkt bildete auch hier die Sorge um den Schulunterricht. Auch im Bistum Trier beklagte man den Priestermangel, allerdings schien dieses Thema 1920 noch nicht von solcher Dringlichkeit gewesen zu sein wie im Erzbistum München-Freising.[1091]

Auch Wilhelm Berning[1092], Bischof von Osnabrück und Apostolischer Provikar der Norddeutschen Missionen, rief am 5. Oktober 1920 eine Synode zusam-

1088 Vgl. hierzu und zum Folgenden: DASS., Bericht über die Diözesansynode für die Erzdiözese München und Freising im Asamsaal zu München am 14. und 15. April 1920. Beilage zum Amtsblatt Nr. 9 für die Erzdiözese München und Freising. München 1920.

1089 Ebd., 2.

1090 Vgl. Erzbischöfliches Ordinariat München 1920b, 3–6. Das Konkordat zwischen Bayern und dem Heiligen Stuhl wurde schließlich 1924 geschlossen.

1091 Klagen über den Mangel an Priesternachwuchs finden sich auch im Bistum Trier zu Beginn der zweiten Dekade des 20. Jahrhunderts schon, allerdings nahmen die Sorgen im Laufe der folgenden zehn Jahre dramatisch zu, sodass Pfarrer Schlich 1928 auf einer Dekanatskonferenz in Saarbrücken zu diesem Thema referierte. Vgl. hierzu die Ausführungen im Kapitel 4.1.4.

1092 Berning, geboren am 26.03.1877 in Lingen (Ems) und am 10.03.1900 im Dom zu Osnabrück zum Priester geweiht, wurde 1901, nach abgeschlossener Promotion, zum Oberlehrer am

men.[1093] Einige Themen, die bearbeitet wurden, glichen denen im Bistum Trier, wie etwa „Gottesdienst und Seelsorge", „Christenlehre und Religionsunterricht", „Förderung der Priesterberufe" oder die „Neuregelung der Gehälter und Gebühren". Allerdings gab es auch Unterschiede, über die offenbar dringender Verhandlungsbedarf bestand, so das Osnabrücker Partikularkirchenrecht, das gesamte kirchliche Vereinswesen und die Gründung eines Diözesancäcilienvereins.

In Osnabrück und den nördlicher gelegenen Gebieten, welche der Bischof zu verwalten hatte und wo die katholische Kirche in der Minderheit war (Diaspora), herrschte natürlich einerseits ein stärkerer Priestermangel und andererseits dürfte das katholische Vereinswesen deutlich weniger ausgeprägt gewesen sein, sodass man hier bereits neue Wege der Seelsorge finden musste.

Vergleicht man nun die unmittelbar nach Beendigung des Ersten Weltkriegs abgehaltenen Diözesansynoden im deutschsprachigen Raum, so fallen naturgemäß lokale Differenzen auf, welche den örtlichen und historisch gewachsenen Gegebenheiten zuzuschreiben sein dürften. Aber es kristallisieren sich doch eine große Zahl an Themen heraus, die in (fast) allen Bistumssynoden diskutiert wurden, so beispielsweise der Religionsunterricht an den öffentlichen Schulen, wo die Kirche in ganz Deutschland ihren Einfluss schwinden sah, oder die Anpassung von Taxen bzw. Stipendienordnungen und Verwaltungsgebühren entsprechend der aktuellen ökonomischen Lage.

Man kann also mit den Worten des Kanonisten Georg Holkenbrink resümierend festhalten, die Diözesansynode in Trier wie auch die der anderen Bistümer im Vergleichszeitraum „waren […] [thematisch] von Strukturfragen geprägt und von der Weiterentwicklung des diözesanen Rechts auf dem Hintergrund der verschiedensten pastoralen Fragen, in Umsetzung dessen, (sic!) was der CIC/1917 kodifiziert hatte"[1094] und zielten darauf ab, die politische und gesellschaftliche (Vormacht-)Stellung der katholischen Kirche und der Kleriker zu wahren, damit auch weiterhin die Interessen der katholischen Kirche in der Öffentlichkeit und in der Politik gewahrt blieben.

Gymnasium in Meppen ernannt. Nach der Wahl durch das Domkapitel von Osnabrück wurde er am 29.09.1914 Bischof von Osnabrück. Er verstarb am 23.11.1955. Vgl. Klemens August Recker, Streitfall Berning. Bischof in Kaiserreich, Demokratie und NS-Diktatur 1914–1955. Münster 2014.

1093 Vgl. hierzu und zum Folgenden: Osnabrück Diözese, Kirchliches Amtsblatt für die Diözese Osnabrück und die Norddeutsche Mission (= Kirchliches Amtsblatt für die Diözese Osnabrück und die Norddeutsche Mission 36). Osnabrück 1920, Bd. 13 Nr. 11.

1094 Georg Holkenbrink, Das Wagnis einer Diözesansynode. Anmerkungen in der Zeit der Vorbereitung der Synode im Bistum Trier im Jahre 2013. In: Unverbindliche Beratung oder kollegiale Steuerung? Kirchenrechtliche Überlegungen zu synodalen Vorgängen, hg. von Wilhelm Rees und Joachim Schmiedl (= Europas Synoden nach dem Zweiten Vatikanischen Konzil Bd. 2). Freiburg i. Br. 2014, 296–308, hier: 297. Holkenbrink bezieht sich in seinen Ausführungen jedoch nur explizit auf die drei Trierer Diözesansynoden von 1920, 1931 und 1956.

4.2.1.8 Die Umsetzung der synodalen Beratungen im Bistum Trier

Die Synodenberatungen sowie die daraus resultierenden Resolutionen bzw. Dekrete waren lediglich Empfehlungen des Klerus, womit sie den Bischof unterstützen wollten, denn die Synode war aus rechtlicher Sicht ein Beratungsgremium Korums. Die Empfehlungen, die die Synode dem Trierer Bischof unterbreitete, waren äußerst vielschichtig und deren Umsetzungsprozess dauerte mitunter einige Jahre, sodass der greise Korum vieles gar nicht mehr selbst erledigen und realisieren konnte. Jede einzelne Realisierung von Vorschlägen kann im Zuge dieser Arbeit nicht erfasst werden, weil dies den Rahmen sprengen und zugleich zu weit weg vom eigentlichen Kern der Untersuchung führen würde. Daher beschränken sich die folgenden Ausführungen auf die Umsetzungen, die in einem direkten Zusammenhang mit Pfarrer Schlich standen und Auswirkungen auf seine Lebenswirklichkeit hatten.

Eine Empfehlung der Synode lautete: „Die Synode empfiehlt die Bildung von einer besonderen Kommission, welche die Wünsche und Vorschläge zu einer besseren, namentlich den heutigen Verkehrsverhältnissen mehr angepassten Umschreibung der Dekanate sammeln, danach einen Plan ausarbeiten und diesen dem Hochwürdigsten Herrn vorlegen soll."[1095]

Im Februar des Jahres 1923 berief daher der Nachfolger Korums, Franz Rudolf Bornewasser, eine entsprechende Kommission unter der Leitung Weihbischof Antonius Mönchs ein, die eine Neueinteilung der Dekanate vorbereiten sollte.[1096] Allerdings wurden die neuen Dekanatsgrenzen nicht von der Kommission im Alleingang festgelegt, sondern die Dekanate hatten die Möglichkeit, sich im Dekanatskapitel zu beraten und Rückmeldungen zu geben bzw. konkrete Vorschläge zu machen, „die dann auch zu einem erheblichen Teil Berücksichtigung fanden."[1097] Die Kriterien, nach denen die Kommission vorgehen sollte, waren die Verkehrsverhältnisse, die Wünsche der Bevölkerung, die Wahrung der politischen Kreisgrenzen sowie die Maximalzahl von 16 Pfarreien pro Dekanat.

Nach einer ersten Teillösung am 7. März 1923[1098] erfolgte die endgültige Neuordnung der Dekanate durch einen Erlass Bischof Bornewassers am 1. Februar 1924, worin er sich auf das Kirchenrecht berief.[1099] Die Diözese Trier bestand fort-

1095 Bischöfliches Generalvikariat Trier, Diözesansynode des Bistums Trier (wie Anm. 409), 95.

1096 Vgl. Diözese Trier, Kirchlicher Amtsanzeiger für die Diözese Trier (wie Anm. 643), Nr. 10, S. 6.

1097 Feilzer, Strukturen der Seelsorge: Dekanate und Pfarreien, Pfarrverbände und Regionen (wie Anm. 288), 106. Das Urteil Feilzers trifft auf das Dekanat Saarbrücken voll und ganz zu. Vgl. die Ausführungen in Kapitel 4.1.4.

1098 Vgl. Diözese Trier, Kirchlicher Amtsanzeiger für die Diözese Trier (wie Anm. 643), Nr. 50, S. 38.

1099 Vgl. dass., Kirchlicher Amtsanzeiger für die Diözese Trier (= Kirchlicher Amtsanzeiger für die Diözese Trier 68). Trier 1924, Nr. 24f., S. 19–23.

an aus 61 Dekanaten, welche normalerweise zwei Definitionen umfassen sollten. Allerdings bestätigten hierbei auch Ausnahmen die Regel. Weil der Bevölkerungszuwachs im Saargebiet entlang der Industrieschiene am größten war[1100], wurde das Saargebiet, das bis dahin aus vier Dekanaten bestand, in zehn Dekanate untergliedert, wobei allein das Dekanat Saarbrücken, das bis dahin 35 Pfarreien und eine Vikarie umfasste, in drei Dekanate (Saarbrücken, Völklingen und Sulzbach) geteilt wurde, so wie es das Dekanatskapitel eingefordert hatte.[1101]

Analog zur Neueinteilung der Dekanate erließ Bischof Bornewasser zum 1. Januar 1924 neue Dienstanweisungen für die Dechanten, wie sie die Synode forderte.[1102] Die oberhirtliche Verordnung lässt klare Rückschlüsse darauf zu, welche Absicht Bornewasser bei der Verkleinerung der Dekanate verfolgte. Schon im Prolog verwies er auf die Anregung der Diözesansynode sowie das seit 1917 geltende kirchliche Gesetzbuch, das in den Canones 445–450 die Aufgaben, Rechte und Befugnisse des Dechanten zu regeln versuchte. Zugleich bezog er auch die Anordnungen mit ein, die seine Amtsvorgänger Joseph von Hommer 1827 bzw. Matthias Eberhard 1869 hinsichtlich der Dechanten sowie der Dekanate gemacht hatten.[1103]

Im Mittelpunkt seiner Ausführungen griff Bornewasser ein Wort des Kölner Provinzialkonzils von 1860 auf, wo es heißt, der Dechant sei „Teilhaber am Bischöflichen Amt und Genosse seiner Hirtensorge."[1104] Der Bischof unterstrich dieses Verständnis damit noch einmal und weitete es sogar noch aus. Bernhard Schneider kommt daher zu dem Ergebnis, dass sich „damit […] eine Tendenz in der nachtridentinischen Entwicklung [verstärkt], [die] das Amt des Dechanten stark an den Bischof (oculus episcopi) und seine Verwaltung zu binden [sucht]. Dementsprechend rückt als Primäraufgabe auffallend in den Vordergrund, Aufsichts- und Vollzugsinstrument der Bistumsverwaltung zu sein. […] Danach ist

1100 Vgl. Karbach und Laufer, Bevölkerungszahlen des Saarlandes 1800–1910 (wie Anm. 289), hier: 194–197.

1101 Vgl. Protokoll der Konferenz des Gesamtdekanates Saarbrücken am 5.II.23 (Pfarrarchiv der Pfarrei Christkönig Saarbrücken [wie Anm. 305]). Darüber hinaus schuf man im Saargebiet die Dekanate Dillingen, Illingen, Merzig und Wadgassen neu.

1102 Vgl. Erlass Bornewassers in: Diözese Trier, Kirchlicher Amtsanzeiger für die Diözese Trier (wie Anm. 643), Nr. 175, S. 103–108 sowie Bistumsarchiv Trier, Unterlagen zur Diözesansynode von 1920 (wie Anm. 802).

1103 Vgl. Feilzer, Strukturen der Seelsorge: Dekanate und Pfarreien, Pfarrverbände und Regionen (wie Anm. 288), 106 sowie Weber, Promptuarium der für die Führung der pfarramtlichen Geschäfte im Bisthum Trier geltenden Anweisungen (wie Anm. 902), 244–253.

1104 Diözese Trier, Kirchlicher Amtsanzeiger für die Diözese Trier (wie Anm. 643), Nr. 175, S. 104. Zum Kölner Provinzialkonzial allgemein vgl. Sebastian Cüppers, Das Kölner Provinzialkonzil von 1860. Kanonistische Struktur und Kirchenbild einer Provinzialsynode im 19. Jahrhundert, Päpstliche Univ. Gregoriana Rom, 1990. Augsburg 1992. Der Text des Konzils ist abgedruckt in: Acta et decreta concilii provinciae Coloniensis. Köln 1862, hierzu: 102.

der Dechant dafür verantwortlich, dass amtliche Verordnungen befolgt und umgesetzt werden und dass Eingaben an die Bischöfliche Verwaltung von ihm auf ihre Berechtigung und Stimmigkeit überprüft und weitergeleitet werden. Es obliegt ihm ferner, Leben und Amtsführung der Geistlichen zu beaufsichtigen und Kirchen, Kapellen und Kirchengut zu überwachen."[1105]

Damit alle Dechanten auf die gleiche Weise arbeiteten und auch flächendeckend gleich gearbeitet wurde, führte man eine jährliche Visitation ein, die der Dechant in einer jeden Pfarrei des Bistums ergänzend zur kanonischen Visitation durch den Bischof[1106] durchzuführen hatte. Ihm wurde ein einheitlicher Fragebogen (Visitationsprotokoll) anhand gegeben, den er während seines Besuchs beim jeweiligen Pfarrer auszufüllen und am Ende des Jahres an die Bischöfliche Behörde nach Trier zu übersenden hatte.[1107]

Andererseits sollte der Dechant, so Bornewasser weiter, zugleich auch als Fürsorger seiner Mitbrüder fungieren, sich also im Krankheits- oder Todesfall oder bei sonstigen herausragenden Lebensereignissen um ihre jeweiligen Angelegenheiten kümmern und ihnen helfen.[1108] Mit zu den wichtigsten Aufgaben des Dechanten zählte darüber hinaus die Einberufung und ordnungsgemäße Abhaltung der jährlich einmal abzuhaltenden Dekanatskonferenz, über deren Verlauf der Dechant als Vorsitzender postalisch beim Generalvikariat zu berichten hatte.[1109]

Damit aber auch ein regelmäßiger Austausch über die Dekanatsgrenzen hinweg stattfand, richtete man, auf Anregung der Synode hin, die Dechantenkonferenz ein.[1110] Es erschien dem Bischof sinnvoll, dass weiterhin synodale Prozesse in seinem Bistum abliefen. Ein solches Gremium, in dem aus jedem Dekanat seiner Diözese ein Vertreter anwesend war und Themenvorschläge machen konnte, über die gemeinsam beraten wurde, bedeutete, dass die Diözesansynode „als Synode

1105 Feilzer, Strukturen der Seelsorge: Dekanate und Pfarreien, Pfarrverbände und Regionen (wie Anm. 288), 107f.

1106 Die bischöfliche Visitation musste, gemäß can. 343 § 1 CIC/1917 wenigstens alle fünf Jahre durch den Bischof oder einen Weihbischof durchgeführt werden. Meist wurde die kanonische Visitation mit der Spendung des Firmsakraments verbunden.

1107 Vgl. Diözese Trier, Kirchlicher Amtsanzeiger für die Diözese Trier (wie Anm. 643), Nr. 175, S. 106.

1108 Vgl. ebd. sowie Feilzer, Strukturen der Seelsorge: Dekanate und Pfarreien, Pfarrverbände und Regionen (wie Anm. 288), 108.

1109 Vgl. Diözese Trier, Kirchlicher Amtsanzeiger für die Diözese Trier (wie Anm. 643), Nr. 175, S. 107 (§ 36). Zu der geschichtlichen Entwicklung der Dekanatskapitel und Konferenzen vgl. Kapitel 4.1.4.

1110 „Weil die Dekrete der Synode nur dann zur fruchtbaren Ausführung kommen, wenn sie in lebendiger Erinnerung bleiben, erscheint es angezeigt, dass alljährlich ein oder mehrere Male die Dechanten unter dem Vorsitz des Bischofs oder des Generalvikars zu einer Konferenz zusammenkommen." (Bischöfliches Generalvikariat Trier, Diözesansynode des Bistums Trier [wie Anm. 409], 124).

im Kleinen“[1111] weitergeführt wurde. Die erste Dechantenkonferenz fand am 30. und 31. Januar 1924 in Trier statt und fortan etwa alle zwei Jahre einmal.[1112] „Bei Durchsicht der Tagesordnungen fällt auf, dass die Konferenzen zunächst unsystematisch und ohne erkennbare Zielorientierung weitgehend von den gerade anfallenden Tagesgeschäften her bestimmt waren. Auch gibt es keine Hinweise zu gefassten Beschlüssen, so dass der beabsichtigte »synodale Charakter« in bescheidenen Anfängen stecken blieb. Im Laufe der Jahre zeigt sich dann eine thematische Konzentration, so dass sie sich vom Typus her an die Dekanatskapitel bzw. Dekanatskonferenzen anglichen.“[1113]

Diese Aufgaben sollte Schlich am Ende des zweiten Jahrzehnts des 20. Jahrhunderts auch alle wahrnehmen, als er zum Nachfolger Dechant Echelmeyers gewählt und ernannt wurde.[1114]

Aber nicht nur die Größe und Zahl der Dekanate veränderte sich, sodass Schlich davon etwas in seinem eigenen Lebensumfeld bemerkte, sondern auch die Zahl der Pfarreien, in die die Stadt und das Dekanat Saarbrücken unterteilt war. Die Synode bat den Bischof darum, „übergroße Pfarreien zu teilen, weil anders die notwendige Fühlungnahme des Seelsorgers mit seinen Pfarrkindern nicht zu ermöglichen ist.“[1115] Nach der Synode begann schließlich auch innerhalb des Stadtgebiets von Saarbrücken die Zeit der Neugründung von Pfarreien.

Zudem mussten die Priester, die 1920 bereits zwei Messen an Sonn- und Feiertagen lesen durften, die Binationsfakultät nicht mehr in einem gesonderten Schreiben bei der Bischöflichen Behörde beantragen, denn ab 1921 wurde allen Pfarrern, die die „cura animarum“ besaßen, die Möglichkeit zu binieren fortan durch eine Veröffentlichung im Amtsblatt gewährt, ohne dass ein entsprechender Antrag im

1111 Feilzer, Strukturen der Seelsorge: Dekanate und Pfarreien, Pfarrverbände und Regionen (wie Anm. 288), 111.

1112 Zur Einladung Bornewassers zur ersten Dechantenkonferenz 1924 vgl. Diözese Trier, Kirchlicher Amtsanzeiger für die Diözese Trier (wie Anm. 643), Nr. 194, S. 121. Bis 1935 fanden Dechantenkonferenzen in den Jahren 1924, 1926, 1928 und 1930 statt. Vgl. hierzu jeweils: Bischöfliches Generalvikariat Trier, Bericht über die 1. Dechanten-Konferenz der Diözese Trier. Im Priesterseminar zu Trier am 30. und 31. Januar 1924. Trier 1924; Bischöfliches Generalvikariat Trier, Bericht über die 2. Dechanten-Konferenz der Diözese Trier (wie Anm. 823); Bischöfliches Generalvikariat Trier, Bericht über die 3. Dechanten-Konferenz der Diözese Trier (wie Anm. 740) sowie dass., Bericht über die 4. Dechanten-Konferenz der Diözese Trier. Im Priesterseminar zu Trier am 15. und 16. September 1930. Trier 1930.

1113 Feilzer, Strukturen der Seelsorge: Dekanate und Pfarreien, Pfarrverbände und Regionen (wie Anm. 288), 111.

1114 Vgl. zur Tätigkeit Schlichs als Dechant des Dekanats Saarbrücken die Ausführungen in Kapitel 4.1.4.

1115 Bischöfliches Generalvikariat Trier, Diözesansynode des Bistums Trier (wie Anm. 409), 127.

Generalvikariat eintreffen musste. Die Gebühr (3 Mark) wurde durch die Dechanten eingetrieben.[1116]

Außerdem mussten ab 1921 alle Priester, die schon vor mindestens zwölf Jahren die Priesterweihe empfangen hatten, nicht erneut das Cura-Examen ablegen, sondern konnten eine Verlängerung ihres Cura-Instruments „usque ad revocationem" mittels eines Antrags in Trier erhalten.[1117] Zu dieser Gruppe zählte auch Pfarrer Schlich, der 1901 zum Priester geweiht worden war und das Cura-Examen erstmalig 1903 bestanden hatte. Seine dazu benötigte (schriftliche) Konferenzarbeit thematisierte die Leitung kirchlicher Vereine.[1118]

Ferner bat die Synode den Bischof, eine Professur für Pädagogik und Homiletik zu schaffen, Vorlesungen über Volkswirtschaft und Staatswissenschaft in Verbindung mit der Moral sowie seminaristische Übungen in einzelnen Fächern einzuführen und darüber hinaus zusätzlich die kirchenrechtlichen Vorlesungen um einen Kursus in Staats- und Verwaltungsrecht zu ergänzen. Zudem sollte, nach Meinung der Synodalen, die Studiendauer erweitert bzw. ein Priesterjahr eingeführt werden.[1119] Damit griff die Synode teilweise den Bestimmungen voraus, die im Folgejahr von der römischen Kurie erlassen wurden. Beratungen der Kardinalsplenaria der Studienkongregation vom 21. Februar 1921 und weitere externe Stellungnahmen erbrachten schließlich am 9. Oktober 1921 den „Geheimerlass" (sub secreto Pontificio), der eine Umgestaltung des Theologie- und Philosophiestudiums herbeiführen sollte.[1120] Die Kardinäle forderten ein insgesamt sechsjähriges Studium, bestehend aus zwei Jahren Philosophie- und vier Jahren Theologiestudium, wobei das Philosophiestudium thomistisch ausgerichtet sein und mit scholastisch, deduktiv-syllogischer Methode durchgeführt werden sollte. Außerdem erwarteten sie die Wiedereinführung lateinischer Disputationen (statt wissenschaftlicher Seminare) in syllogischer Form und die Vorlesungen in Philosophie

1116 Vgl. Diözese Trier, Kirchlicher Amtsanzeiger für die Diözese Trier (= Kirchlicher Amtsanzeiger für die Diözese Trier 65). Trier 1921, Nr. 10, S. 20 sowie Nr. 177, S. 131. Die entsprechende Resolution ist abgedruckt in: Bischöfliches Generalvikariat Trier, Diözesansynode des Bistums Trier (wie Anm. 409), 123f. Die Lockerung des Nüchternheitsgebotes, die ebenso in der Resolution gefordert wurde, wurde jedoch nicht in Rom beantragt.

1117 Vgl. Diözese Trier, Kirchlicher Amtsanzeiger für die Diözese Trier (wie Anm. 1116), Nr. 24, S. 28.

1118 Vgl. Bistumsarchiv Trier (wie Anm. 27) sowie Johann Ludger Schlich, Über die Leitung der Vereine. Trier 1903.

1119 Vgl. Bistumsarchiv Trier, Unterlagen zur Diözesansynode von 1920 (wie Anm. 802) sowie Bischöfliches Generalvikariat Trier, Diözesansynode des Bistums Trier (wie Anm. 409), 43.

1120 Vgl. hierzu und zum Folgenden: Klaus Unterburger, Vom Lehramt der Theologen zum Lehramt der Päpste? Pius XI., die Apostolische Konstitution „Deus scientiarum Dominus" und die Reform der Universitätstheologie. Freiburg i. Br. 2010, 284–290.

und den systematischen Fächern sollten („decet") künftig wieder in lateinischer Sprache abgehalten werden. Die „Summa theologica", das Hauptwerk Thomas von Aquins, sollte als Vorlesungsbuch der Dogmatik gelten und die Moraltheologie in zwei Teilen gelehrt werden: der Grundlegung und der Kasuistik. Ferner sollte die Exegese des Alten und Neuen Testaments wieder die Irrtumslosigkeit der Heiligen Schrift vermitteln, wofür die Studienkongregation einen genauen Vorlesungsplan der beiden Fächer erarbeitete. Das Kirchenrecht sollte fortan um das Ius publicum ecclesiasticum und die Lehre von der Kirche als societas perfecta ergänzt werden. Auch die Kirchengeschichte wurde im „Geheimerlass" bedacht, denn diese sollte die Unveränderlich- und Heiligkeit der Kirche aufweisen.

Der Erlass zeigt die Härte, mit der die römische Kurie ihre Theologie wieder in der gesamten katholischen Lehre und Forschung etablieren und auf diese Weise die modernen Entwicklungen unterminieren wollte, um so die reformkatholischen Strömungen zu eliminieren. Die Synode in Trier vertrat in manchen Punkten mit den Kardinälen konforme Ansichten, unterschied sich jedoch auch in einigen Punkten. Insgesamt bewegte sich das Trierer Priesterseminar hinsichtlich des Studiums im Rahmen der römischen Vorgaben bzw. Erwartungen, verpasste aber ebenso wenig den Anschluss an die neuen didaktischen Entwicklungen. Sowohl Korum als auch Bornewasser achteten sicherlich die römischen Maßgaben, so gut es ihnen möglich war.

Im Verlauf des zweiten Jahrzehnts des 20. Jahrhunderts musste die römische Behörde mehrfach ihren Erlass den Bischöfen in Erinnerung rufen. „Die Studienkongregation schärfte den Bischöfen ein, dass allein sie das Recht, aber auch die Pflicht hätten, in kirchliche Ämter einzusetzen und Seminare zu leiten."[1121] Auch Papst Pius XI. erneuerte nach seinem Amtsantritt die Einschärfungen, v. a. für rein katholische Seminare (wie Trier).[1122] 1927 untermauerte er den römischen Zentralismus mit der Einführung des „Nihil obstat", der Genehmigung, die die Kurie einer Person erteilen musste, die zum ersten Mal einen Lehrstuhl übernehmen wollte. Den Höhepunkt aller zentralistischen und antireformkatholischen Bewegungen seitens Roms bildete die Apostolische Konstitution „Deus scientiarum Dominus"[1123] vom 24. Mai 1931.[1124]

Zudem wurden, wie es die Synodalen verlangten, zum 1. September 1921 die Taxen für Messen neu geordnet. Fortan sollte eine Lesemesse fünf Mark kosten, ein gesungenes Amt entsprechend mehr.[1125] Desgleichen wurden am 12. Februar

1121 Ebd., 284f.
1122 Vgl. ebd., 341.
1123 Der Text ist abgedruckt bei ebd., 581–604.
1124 Vgl. ebd., 509–580.
1125 Vgl. Diözese Trier, Kirchlicher Amtsanzeiger für die Diözese Trier (wie Anm. 1116), Nr. 120, S. 83f.

1923 die Expeditionsgebühren den wirtschaftlichen Verhältnissen entsprechend neu kalkuliert und eine Woche später von der Sakramentenkongregation in Rom angenommen.[1126] Nachdem die Dechantenkonferenz am 30. Januar 1924 angehört worden war, setzte der Bischof mit Wirkung vom 15. Februar im preußischen Teil seiner Diözese (im Saargebiet zum 1. Oktober desselben Jahres) eine neue Stipendienordnung in Kraft, damit jeder Dienst, den die Priester fortan verrichteten, auch „angemessen" vergütet wurde.[1127]

Um dem Klerus, der, wie es auch Schlich selbst tat, sich in der Presse sehr engagierte, weil er auf diese Weise mehr Menschen mit dem (damals) modernen Medium der (Tages-)Zeitung (Presse) erreichen wollte, den Rücken zu stärken, wurde die katholische Bevölkerung des Bistums Trier dazu aufgerufen, die katholische Presse zu lesen und zu fördern.[1128] Im Folgejahr (1922) rief Kapitularvikar Tilmann wiederum zweimal die Katholiken der Diözese Trier dazu auf, möglichst viel zur Unterstützung der katholischen Presse zu tun.[1129] Die Fuldaer Bischofskonferenz erinnerte den Klerus daran, viel Sorgfalt und Mühe in die Pressearbeit zu investieren (z. B. Abhaltung verschiedener Kollekten oder eines Pressesonntags).[1130] Dieser Aufforderung kamen viele Pfarrer nach, sodass die Behörde zum Ergebnis kam, der Pressesonntag, welcher in diesem Jahr ein so herausragender Erfolg gewesen sei, werde nächstes Jahr noch einmal abgehalten.[1131]

Ein weiteres Anliegen der Synode wurde 1922 teilweise umgesetzt: Die Besoldung der Pfarrer und Hilfsgeistlichen wurde durch eine neue Ordnung geregelt.[1132] Zunächst galten die Verordnungen nur für die Pfarreien, die sich im preußischen

1126 Vgl. Diözese Trier, Kirchlicher Amtsanzeiger für die Diözese Trier (wie Anm. 643), Nr. 34, S. 31 sowie Nr. 59, S. 44. Unter Expeditionstaxen sind verschiedene Gebühren zu verstehen, die die Bischöfliche Verwaltung für verschiedene Dienste erhob. So zahlte man ab 1923 für die Dispens einer oder mehrerer Ausrufungen 20 Mark, für Ehedispensen 100 Mark, für die Fakultät zur Abhaltung einer Mission oder einer Glockenweihe 100 Mark, für die Genehmigung einer Stiftung 50 Mark, für ein neues Celebret 50 Mark, für die Pfarrerernennung 500 Mark, für die Ernennung eines Vikars 100 Mark, für die Leseerlaubnis verbotener Bücher 50 Mark etc.

1127 Die genauen Sätze für die verschiedensten Dienste sind abgedruckt in: Diözese Trier, Kirchlicher Amtsanzeiger für die Diözese Trier (wie Anm. 297), Nr. 28, S. 25 sowie Nr. 134, S. 95.

1128 Vgl. Diözese Trier, Kirchlicher Amtsanzeiger für die Diözese Trier (wie Anm. 1116), Nr. 120, S. 88.

1129 Vgl. Diözese Trier, Kirchlicher Amtsanzeiger für die Diözese Trier (wie Anm. 297), Nr. 56, S. 48 sowie Nr. 168, S. 125.

1130 Vgl. ebd., Nr. 189, S. 149.

1131 Vgl. ebd., Nr. 241, S. 184.

1132 Vgl. Resolution zu den Gehaltsfragen, in: Bistumsarchiv Trier, Unterlagen zur Diözesansynode von 1920 (wie Anm. 802) sowie Bischöfliches Generalvikariat Trier, Diözesansynode des Bistums Trier (wie Anm. 409), 122f.

Teil des Bistums befanden, weil sich die Verhandlungen mit der Regierungskommission des Saargebiets in die Länge zogen.[1133]

Viele Eingaben aus den Dekanaten beschäftigten sich mit der Reform des Katechismus (s. o.). Daher war es der Synode auch ein Bedürfnis eine dementsprechende Resolution zu verabschieden, worin sie festhielt, „dass eine gründliche Reform des Katechismus nach Ausstattung, Inhalt und sprachlicher Form eine dringende Notwendigkeit ist. Da es sich hierbei jedoch um eine Angelegenheit handelt, die nur im Einvernehmen mit den übrigen Bistümern geregelt werden kann, so ist ein selbstständiges Vorgehen der Trierer Diözese nicht möglich. Da zudem die Reform umfangreiche Vorarbeiten verlangt, bittet die Synode den H. H. Bischof, die Bildung einer Kommission in Erwägung zu ziehen, welche die Frage der Katechismusreform in Verbindung mit der Bischöflichen Behörde und in enger Zusammenarbeit mit etwaigen Kommissionen anderer Diözesen behandeln und zu einer baldigen Lösung entgegenführen soll."[1134]

Die Reform des Katechismus hatte die Fuldaer Bischofskonferenz bereits im August 1920 ins Auge gefasst.[1135] Wilhelm Berning, Bischof von Osnabrück, regte daher – ganz im Sinne der Trierer Diözesansynode – an, dass in allen Bistümern Deutschlands zwei Gutachten, eines von geistlichen Fachleuten und eines von einer Fachorganisation der katholischen Lehrer/Innen, erstellt werden sollten, die einerseits die Mängel aufzeigen und zugleich andererseits entsprechende Verbesserungsvorschläge machen sollten.[1136] Danach sollte eine Kommission, die sich aus je einem Vertreter der einzelnen deutschen Diözesen zusammensetzte, die Rückmeldungen auswerten. Adolf Kardinal Bertram, der seit 1919 den Vorsitz der Fuldaer Bischofskonferenz innehatte, wies daraufhin am 15. Dezember 1920 alle deutschen Bischöfe an, die von Berning beschriebenen Gutachten bis zum 1. März 1921 an ihn (Bertram) zu übersenden.[1137]

Nach etwa vier Jahren war die Reform des Katechismus abgeschlossen und die neue Einheitsausgabe ab 1925 erhältlich. Der neue Katechismus sollte ab Ostern 1925 im fünften Schuljahr (höhere Schulen ab Sexta) eingeführt wer-

1133 Vgl. zur Besoldung der Pfarrer: Diözese Trier, Kirchlicher Amtsanzeiger für die Diözese Trier (wie Anm. 297), Nr. 11, S. 12; Nr. 91, S. 66; Nr. 124, S. 101; Nr. 181, S. 144; Nr. 192, S. 155. Zur Besoldung der Hilfsgeistlichen vgl. ebd., Nr. 180, S. 143f.

1134 Bistumsarchiv Trier, Unterlagen zur Diözesansynode von 1920 (wie Anm. 802) sowie Bischöfliches Generalvikariat Trier, Diözesansynode des Bistums Trier (wie Anm. 409), 121.

1135 Vgl Hürten, Akten deutscher Bischöfe über die Lage der Kirche 1918–1933 (wie Anm. 687), Protokoll Nr. 54.

1136 Vgl. hierzu und zum Folgenden: Katechismus, Katechetische Kurse, Bistumsarchiv Trier, B III 12, 6 Bd. 6.

1137 Vgl. Wilhelm Berning, Brief an Kardinal Bertram (15.12.1920), Bistumsarchiv Trier, B III 12, 6 Bd. 6.

den.[1138] Wie eine Synopse im Anhang zeigt, hat sich einiges zwischen der bis dahin in Trier aktuellen Ausgabe (1908) und der neuen verändert.[1139] Der neue Katechismus beinhaltete, wie auch sein Vorgänger, weniger als 300 Fragen und folgte dem klassischen Aufbaumodell, also in drei Hauptstücken: Glaubens-, Gebote- und Gnadenmittellehre.[1140] Jedoch ist 1925 die Aufmachung übersichtlicher und die Sprache „moderner". Zudem enthält er weniger Stoff, damit der verbliebene im Unterricht vertieft durchgenommen werden könne.[1141] Ein besonderes Augenmerk solle darauf gelegt werden, dass die Kinder die neuen Einheitsgebete (für ganz Deutschland) auswendig vortragen können.[1142] Ferner verzichtete der 1925 erschienene Einheitskatechismus für Deutschland auf den kirchengeschichtlichen Anhang, weil hierfür im Schulunterricht keine Zeit mehr sei. Daher solle dies in der sonntäglichen Christenlehre, an der die Synode weiterhin festzuhalten gedachte[1143], gelehrt werden. Für die Schulentlassenen sowie die Fortbildungsschulen sei die Herausgabe eines Religionsbuches geplant. Schlich griff das katechetische Anliegen der Synode auf und nahm es sich zu Herzen, wie die von ihm 1926 in Saarbrücken organisierte Tagung beweist.[1144]

Abschließend muss man zu dem Ergebnis gelangen, dass die Diözesansynode 1920 in Trier ein wichtiges Ereignis im Bistum war, das auch den geschichtlichen Fortgang der Diözese beeinflusste bzw. bis in die Gegenwart Nachwirkungen hinterlässt (z. B. Dechantenkonferenz). Eine nicht ganz unbedeutende Rolle spielte, wie oben dargestellt, Johann Ludger Schlich, der nicht nur aktiv an der Synode

1138 Vgl. Diözese Trier, Kirchlicher Amtsanzeiger für die Diözese Trier (wie Anm. 826), Nr. 4, S. 2f.

1139 Vgl. Anhang 4.

1140 Vgl. Wilhelm Busch, Der Weg des deutschen katholischen Katechismus von Deharbe bis zum Einheitskatechismus. Grundlegende Studien zur Katechismusforschung, Bonn, Friedrich-Wilhelm-Universität, Inaugural-Diss., 1936. Freiburg i. Br. 1936, 130. Wilhelm Busch unterscheidet in seiner Katechismenforschung zwischen fünf Gruppen von Katechismen: solche, die mehr als 1.000 Fragen beinhalteten, die mit etwa 900 Fragen, die aus ca. 700 Fragen bestanden, die ungefähr 500 Fragen umfassten und solche, die maximal 300 Fragen aufwiesen. Zudem differenziert er zwischen zwei Methoden der Stoffanordnung: einer systematischen Ordnung oder einer „Anordnung des Stoffes im engeren Anschluß an die alten katechetischen Hauptstücke." (ebd., 127). Hierbei differenziert er wiederum zwischen Katechismen mit zwei, drei, vier oder fünf Hauptstücken. Zur geschichtlichen Entwicklung des katholischen Katechismus in Deutschland von 1847 bis 1924 vgl. ebd., 5–101.

1141 Vgl. hierzu und zum Folgenden: Diözese Trier, Kirchlicher Amtsanzeiger für die Diözese Trier (wie Anm. 826), Nr. 4, S. 2f.

1142 Diesen waren ab dem 25.11.1925 beim Paulinusverlag in Trier erhältlich. Vgl. ebd., Nr. 194 S. 126.

1143 Vgl. Dekret zur Sonntagschristenlehre der Diözesansynode, in: Bistumsarchiv Trier, Unterlagen zur Diözesansynode von 1920 (wie Anm. 802) sowie Bischöfliches Generalvikariat Trier, Diözesansynode des Bistums Trier (wie Anm. 409), 115f.

1144 Vgl. hierzu die Ausführungen in Kapitel 4.1.4.

teilnahm, sich in die Diskussion einbrachte und sein Talent, was politisches Taktieren anging, so auch unter Beweis stellte, sondern auch im Saargebiet über deren Verlauf berichtete.

4.2.2 Schlich und die Trierer Diözesansynode von 1931

Die 1931 in Trier gefeierte Diözesansynode wurde in der Vergangenheit deutlich stärker rezipiert als die 1920 abgehaltene, jedoch stellt eine genaue Untersuchung der Anträge und Verhandlungen bislang immer noch ein Forschungsdesiderat da.[1145] Ähnlich wie 1920 gab das Generalvikariat Trier auch 1931 eine kleine Schrift heraus, dieses Mal wurden jedoch nicht die Verhandlungen mit den einzelnen Wortmeldungen darin festgehalten[1146], sondern nur die Beschlüsse und Verordnungen, die allen Synodalen bereits vor Beginn der Synode vorlagen und über die lediglich noch abgestimmt werden musste oder bei denen gegebenenfalls Änderungen in der Formulierung beschlossen wurden.[1147]

Bischof Franz Rudolf Bornewasser rief am 15. Februar 1931 die Synode aus.[1148] An der Synode nahmen insgesamt 174 Bistumspriester teil, weitere zehn waren verhindert. Ferner folgten 18 Obere männlicher Orden, die eine Niederlassung im Bistum Trier hatten, der Einladung Bornewassers.

Während Schlich zur letzten Trierer Diözesansynode, die 1920 von Bischof Michael Korum zusammengerufen wurde, als einziger Teilnehmer aus dem Saargebiet nachberufen worden war, erhielt er 1931 als Dechant qua Kirchenrecht eine Einladung zur Bistumssynode.[1149]

Er wurde darüber hinaus von Bischof Bornewasser zum stellvertretenden Vorsitzenden der Vorbereitungskommission für Pastoralfragen bestellt, weshalb die Arbeiten dieser Gruppe im Folgenden detaillierter fokussiert werden.[1150] Es scheint

1145 Vgl. Schneider und Persch, Beharrung und Erneuerung (wie Anm. 7).

1146 Dies geschah auf den ausdrücklichen Wunsch Bornewassers. Vgl. Schreiben Bornewasser an Fuchs vom 29.09.1931 (Unterlagen zur Diözesansynode von 1931, Bistumsarchiv Trier, B III 2, 38 Bd. 4).

1147 Vgl. o. V., Diözesansynode des Bistums Trier 1931 (wie Anm. 701). Die Originalmitschriften der Verhandlungen sowie aller Anträge und Protokolle der Vorbereitungskommissionen befinden sich im Bistumsarchiv Trier. Vgl. Bistumsarchiv Trier, Unterlagen zur Diözesansynode von 1931 (wie Anm. 1146).

1148 Vgl. Diözese Trier, Kirchlicher Amtsanzeiger für die Diözese Trier (wie Anm. 646), Nr. 24, S. 21. Die Festsetzung des Datums, an dem die Synodalverhandlungen stattfinden sollten, erfolgte am 06.06.1931. Vgl. ebd., Nr. 124, S. 129.

1149 Vgl. Pius X. und Benedictus XV., Codex Iuris Canonici (wie Anm. 287), can. 358 § 1.

1150 Es wurden fünf Vorbereitungskommissionen eingerichtet: Für Schulfragen, für Standesfragen der Kleriker, für Verwaltungsfragen, für gottesdienstliche Fragen und für Pastoralfragen.

kein Zufall zu sein, dass man den Saarbrücker Dechanten in die Kommission für Pastoralfragen berief, denn bereits bei der letzten Synode hatte Korum ihn in diese Kommission (nach)berufen. Offenbar war er in Trier bekannt als ein Mann mit großem pastoralem Erfahrungsschatz.

Während die Zahl der Eingaben aus den Dekanaten und Einrichtungen des Bistums an die Synode 1920 sehr groß war, sandten die Geistlichen elf Jahre später vergleichsweise nur wenige Änderungsvorschläge und Anregungen nach Trier. Dies mochte mitunter damit zusammenhängen, dass die Versammlung 1920 eine neu wiederentdeckte Beratungsform war, von der man in Trier zuletzt vor mehreren Jahrhunderten Gebrauch gemacht hatte. Ferner erlebte die Kirche insbesondere im deutschsprachigen Raum durch den Ersten Weltkrieg einen starken Umbruch, den es auch von kirchlicher Seite aus zu bewältigen gab. Das mochte damals die Bistumskleriker zu den auffällig vielen Eingaben an die Synode veranlasst haben. Derartige Umbrüche waren in der Zeit vor 1931 (noch) nicht eingetreten. Selbst wenn also die Zahl der Anträge 1931 begrenzt war, so würde eine komplette Untersuchung aller Anträge dennoch den Rahmen der Untersuchung weit überschreiten. Daher werden nur die Anträge analysiert, die Schlich tangierten. Außerdem werden die Synodenverhandlungen per se nicht näher betrachtet, weil Schlich sich während der gesamten Beratungen nicht zu Wort meldete. Auch die Umsetzung der Synodenbeschlüsse sollen nicht weiter beachtet werden, weil Schlich auch hierzu keinen Beitrag leistete.[1151]

4.2.2.1 Die Arbeit Schlichs in der Vorbereitungskommission für Pastoralfragen

Unter dem Vorsitz des damaligen Domkapitulars und späteren Weihbischofs Albert Maria Fuchs traf sich der Vorstand der Vorbereitungsgruppe am 29. Mai 1931 erstmalig im knapp außerhalb des Bistums liegenden rheinischen Unkel.[1152] Neben Schlich, der Fuchs' Stellvertreter war, gehörten Peter Anheier[1153] und Josef Dickopf[792], der Vorbereitungskommission an.

1151 Vgl. Bistumsarchiv Trier, Unterlagen zur Diözesansynode von 1931 (wie Anm. 1146).

1152 Vgl. hierzu und zum Folgenden: Auszug aus dem Protokoll des Vorstands der Vorbereitungskommission für Pastoralfragen vom 29.05.1931 (ebd.).

1153 Anheier wurde am 05.05.1858 in Kesselheim geboren und empfing 1883 in Eichstätt die Priesterweihe, wonach er Hilfsgeistlicher in Buch und Mörsdorf wurde. Im Anschluss arbeitete er zunächst ab 1884 für drei Jahre als Kaplan in Nalbach und für sechs Jahre in Koblenz (Liebfrauen), bevor er 1893 die Pfarrstelle in Hermeskeil übernahm. Am 23.04.1897 ernannte ihn Korum zum Direktor am Bischöflichen Konvikt in Trier, welches er bis 1918 leitete, ehe er Domkapitular und Diözesanjugendpräses wurde. 1923 erhielt er den Ehrentitel des „Päpstlichen Hausprälaten“ und wurde 1933 Dompfarrer. Anheier verstarb am

Ferner waren Albert Homscheid[1155], Karl Wies, Prof. Dr. Matthias Wehr[1156], Dr. Heinrich Chardon[1157], Dr. Philipp Kremer, Johannes Haw[796] und P. Wilhelm

19.03.1936 in Trier. Vgl. THOMAS, Der Weltklerus der Diözese Trier seit 1800 (wie Anm. 23), 32.

1154 Am 25.10.1870 erblickte Dickopf in Peterslahr das Licht der Welt und wurde 1895 im Trierer Dom zum Priester geweiht. Danach wurde er Kaplan an St. Josef und 1898 Vikar an St. Johann (beides) in Koblenz. Anschließend fungierte er zwischen 1892 und 1914 als Gemeindevorsteher in Oberstein, Alf und Kirchen. 1914 übernahm er die Pfarrei St. Laurentius in Ahrweiler sowie 1925 das Dechantenamt. Am 15.11.1928 wurde er, aufgrund einer staatlichen Präsentation, Ehrendomherr zu Trier. Dickopf verstarb am 22.12.1936 in Ahrweiler und fand in Peterslahr seine letzte Ruhestätte. Vgl. ebd., 92f.

1155 Homscheid, geboren 1875 in Herdorf und mit Schlich 1901 zum Priester geweiht, war je zwei Jahre Kaplan in Boppard und Völklingen und danach Pfarrer in Ittel und Lieser. 1922 übernahm er die Pfarrstelle in Koblenz (St. Kastor). Zusätzlich war er ab 1927 Definitor und nach vier Jahren stieg er an die Spitze des Dekanats Koblenz auf. 1932 wurde er aufgrund seiner herausragenden Stellung Ehrendomherr an der Hohen Domkirche zu Trier. Vgl. ebd., 153.

1156 Wehr, geboren 1892 im saarländischen Faha, begann nach dem Abitur am Kaiser-Wilhelm-Gymnasium in Trier 1912 mit dem Theologiestudium in Trier. Nach einem Semester schickte ihn Korum an die päpstliche Universität Gregoriana nach Rom, wo er 1914 sein Theologiestudium mit Promotion abschloss. Kurz danach musste er seinen Wehrdienst als Sanitäter und Funker sowie Dolmetscher im Nachrichtendienst beim Chef des Nachrichtenwesens im Generalhauptquartier ableisten. Nachdem der Krieg zu Ende gegangen war, setzte er seine Studien zunächst in Innsbruck, danach in Rom fort, wo er 1922 noch zum „Dr. theol." promoviert wurde. Zwischenzeitlich hatte er 1921 die Priesterweihe empfangen. 1924 hatte er bereits das Studium des Kirchenrechts in Rom absolviert und einen Doktorgrad in diesem Fach erworben. Nur kurze Zeit war er in der Pfarrseelsorge eingesetzt. Danach führte ihn sein Weg nach Trier, wo er Subrektor am Bischöflichen Konvikt wurde und 1925 Dozent für Kirchenrecht am Priesterseminar. Nach seiner Habilitation 1934 übernahm er schließlich die Lehrstühle für Moraltheologie, Pastoraltheologie und Kirchenrecht am Priesterseminar Trier. Zudem war er von 1935 bis 1949 Offizial der Diözese. Ab 1945 amtierte er als Regens des Priesterseminars und ab 1950 als erster Rektor der neuerrichteten Theologischen Fakultät. 1951 ernannte ihn Pius XII. zum Weihbischof von Trier sowie zum Koadjutor des betagten Bornewasser. Im selben Jahr empfing er die Bischofsweihe in Trier und nahm am 20.12.1951, nach dem Tod Bornewassers, Besitz von seiner Diözese. Wehr erwarb sich große Verdienste im Zusammenhang mit dem Wiederaufbau des Bistums Trier nach dem Zweiten Weltkrieg. Er berief 1956 eine Diözesansynode ein, hielt 1959 eine Heilig-Rock-Wallfahrt ab und förderte das Deutsche Liturgische Institut. Nebenbei verfasste er 168 wissenschaftliche Publikationen, ehe er 1966 in kränklichem Zustand auf sein Bischofsamt verzichtete und am 11.11.1967 verstarb und nun in der Mittelkrypta des Trierer Domes neben seinem Amtsvorgänger bestattet ist. Vgl. Martin PERSCH, Wehr, Matthias. In: Biographisch-bibliographisches Kirchenlexikon, Bd. 13, hg. von Friedrich Wilhelm BAUTZ und Traugott BAUTZ (= BBKL 13). Herzberg 1998, Sp. 588–590, THOMAS, Der Weltklerus der Diözese Trier seit 1800 (wie Anm. 23), 365 sowie Martin PERSCH, Matthias Wehr. In: Beharrung und Erneuerung (wie Anm. 7), 57–65.

1157 Heinrich Ludwig Franz Chardon wurde am 12.10.1882 in Koblenz (Pfarrei St. Kastor) geboren und am 16.03.1907 zum Priester geweiht. Im folgenden Jahr wurde er bereits in Innsbruck zum „Dr. theol." promoviert und danach als Kaplan in Saarbrücken (St. Eligius) eingesetzt. Nach dreijähriger Kaplanzeit nahm er von 1911–1913 einen Studienurlaub, den er in Freiburg und Berlin verbrachte. Anfang des Jahres 1913 setzte ihn Korum als Rektor

Brinkmann CSsR[1158][1159] zu Mitgliedern dieser Kommission berufen worden.

In Unkel erarbeitete man eine Aufstellung der zu behandelnden Themen. Dabei kam man zu dem Ergebnis, dass es zwei Themenschwerpunkte zu bearbeiten gab: Die seelsorglichen Fragen aus der Pastoral und separat die ‚Katholische Aktion'.[1160] Letztere solle, und darin war man sich einig, stärker durch den Klerus gefördert werden, indem man die apostolische Gesinnung mehr fördere, die Laienapostel für die Aufgaben der Katholischen Kirche sensibilisiere und sie dahingehend schule und ferner die pfarrlichen Vereine in einem Pfarrausschuss sammle. Die Fortbildung der Laien solle mittels Predigten, Vorträgen sowie apostolischen Wochen (religiösen Erneuerungswochen im Sinne einer Missionserneuerung) geschehen.

Sicher war ein Beweggrund für Bornewasser, Schlich in den Vorstand der Pastoralkommission zu berufen, weil der Saardechant in Saarbrücken bereits mit der Umsetzung der ‚Katholischen Aktion' in Saarbrücken begonnen hatte und Erfahrungen auf diesem Feld vorweisen konnte.

Neben der ‚Actio catholica' wollte man noch näher auf die seelische Haltung der Jugend und der Arbeitergemeinschaften zu Religion und Kirche schauen. Zudem plante man die religiöse und sittliche Lage auf dem Land, die Seelsorge in den neu entstandenen bzw. entstehenden Siedlungen, das Familienideal und die -wirklichkeit in der Gegenwart in den Fokus der synodalen Beratungen zu stellen. Außerdem müsse die Synode ein Dekret über die Seelsorge im Wirtschaftsleben verabschieden. Darüber hinaus, so der Kommissionsvorstand, solle durch Resolutionen der katholische Ehegrundsatz gefestigt und die Bestrebungen der Liturgischen Bewegung vertieft und in den Pfarrgottesdienst eingebaut werden.[1161]

am Trierer Hospital ein. 1931 übernahm er die Leitung der prominenten Koblenzer Pfarrei „Liebfrauen". Vgl. Thomas, Der Weltklerus der Diözese Trier seit 1800 (wie Anm. 23), 77.

1158 Dem am 26.05.1871 in Schweich geborenen Johannes Maria Haw wurde 1895 im Dom zu Trier das Sakrament der Priesterweihe gespendet. Anschließend wurde er Kaplan in Koblenz (Liebfrauen) und 1897 Vikar in Holz. 1900 schickte ihn Korum nach Wintersdorf, um die dortige Gemeinde zu übernehmen. Danach wurde er Rektor des Trierer Hospitals. 1909 wurde er schließlich beurlaubt und arbeitete als Direktor des Johannesbunds in Leutesdorf, wo er bis zu seinem Tod 1949 segensreich wirkte. Haw setzte sich zeitlebens sehr gegen den Alkoholmissbrauch und für das Laienapostolat ein. Vgl. ebd., 145 sowie Joachim Schmiedl, Pionier des Laienapostolats und Anwalt der Gestrandeten. Johannes Maria Haw (1871–1949). Trier 2013.

1159 Hierbei könnte es sich um den am 31.01.1886 in Gelsenkirchen geborenen Redemptoristenpater Wilhelm Brinkmann CSsR handeln, der im entsprechenden Zeitraum dem Trierer Redemptoristenkonvent angehörte und wenige Jahre später aufgrund von angeblichen Devisenvergehen angeklagt wurde. Vgl. Bistumsarchiv Trier, Berichte über Devisenprozesse 1935 (II. Band), Bistumsarchiv Trier, Abt. 86 Nr. 152.

1160 Zur Actio catholica vgl. die Ausführungen in Kapitel 4.1.4.

1161 Die Anträge, die sich mit der Neuerung der Liturgie und deren Sprache (v.a. bei den Sakramenten [Taufe und Hochzeit] und Sakramentalien) befassten, fielen in das Ressort der Vorbereitungskommission für Gottesdienstfragen.

Gerade die Öffnung der Begräbnisliturgie für die deutsche Sprache und das Erscheinen eines Diözesanrituales wurden mehrfach gefordert, zumal es wenige Jahre zuvor erst zu Neuerungen auf diesem Gebiet gekommen war. „In Rom war 1925 eine revidierte Ausgabe des Rituale Romanum erschienen. Die neue Editio typica veranlasste ihrerseits eine Neubearbeitung der diözesanen Anhänge. […] Im Bistum Trier kam die Revisionsarbeit am Rituale nur zögerlich in Gang. Das 1913 gedruckte »Manuale« war Ende der 20er Jahre noch nicht ganz vergriffen. Infolgedessen wollte die Bistumsleitung nach 1925 zunächst nur einen Ergänzungsfaszikel herausbringen, der das Notwendigste aus der neuen römischen Editio typica anbieten sollte. Doch ein solcher kam nicht zustande.“[1162] Im Bistum Trier erwartete man aber in manchen Dekanaten sehnsüchtig die Einführung der Volkssprache bei den Sakramentalien und verschiedenen anderen Gottesdiensten, weil sie den Erfordernissen der Zeit im Bistum Trier offensichtlich zu entsprechen schien.[1163]

Während der zweiten Sitzung, die am 22. Juli 1931 im Bischöflichen Generalvikariat in Trier stattfand, legte der Vorsitzende der Kommission den allgemeinen Plan der Diözesansynode vor, die sich thematisch an den Enzykliken Pius XI. orientieren sollte.[1164] Bornewasser gab der Kommission zwei Referate vor, die zwei Mitglieder der Vorbereitungskommission während der Synodenverhandlungen halten sollten: zum einen über die Ehe und zum anderen über den Jugendgeist in der ‚Katholischen Aktion‘. Damit zeigte der Trierer Oberhirte, welche Themen ihm am Herzen lagen und zu denen er sich Beratung durch die Synodalen wünschte.

Gerade die Förderung und Gewinnung der Jugend war ein dringendes Bedürfnis der Geistlichen. Bischof Korum hatte bereits 1890 seinen Fastenhirtenbrief der schulentlassenen Jugend gewidmet.[1165] In seine Amtszeit als Oberhirte von Trier fallen viele Jugendvereinsgründungen. 1896 existierten 17 solcher katholischer Vereine, 1912 waren es schon 293 Vereine mit 25.000 Mitgliedern und bei seinem Tod war die Zahl der Jugendvereine auf 435 (mit 32.100 Mitgliedern)

1162 Heinz, Der Gottesdienst (wie Anm. 883), hier: 245f.

1163 Vgl. Antrag der Dekanate St. Goar und Engers. Dabei berief man sich auf den 1928 im ‚Pastor Bonus‘ erschienen Artikel „Gebt dem Volke die Gebete der Kirche“, in dem es heißt: „man gebrauche bei so manchen liturgischen Handlungen nicht die lateinische, sondern die für unser deutsches Volk verständliche deutsche Muttersprache.“ (Jakob Wickert, Gebt dem Volke die Gebete der Kirche. In: Pastor bonus. Zeitschrift für kirchliche Wissenschaft und Praxis, hg. von Professoren des Priesterseminars zu Trier [= Pastor Bonus 39]. Trier 1928, 415–421, hier: 416). Der Text wird im Original als Sperrtext geboten.

1164 Vgl. hierzu und zum Folgenden: Protokoll der zweiten Sitzung der Vorbereitungskommission für Pastoralfragen vom 22.07.1931 (Bistumsarchiv Trier, Unterlagen zur Diözesansynode von 1931 [wie Anm. 1146]). Zur Eheenzyklika „Casti connubii“ vgl. die Ausführungen in Kapitel 4.3.

1165 Vgl. Fastenhirtenbrief Korums 1890, abgedruckt in: Diözese Trier, Kirchlicher Amtsanzeiger für die Diözese Trier (wie Anm. 949), Nr. 4, S. 29–42.

angewachsen.[1166] Auch Bischof Bornewasser war es ein Herzensanliegen, die katholische Jugend zu fördern und ihnen während der Zeit der nationalsozialistischen Herrschaft in Deutschland eine Alternative zu den faschistischen Jugendverbänden zu bieten.[1167]

Danach sichtete man die Anträge, die in das Ressort der Kommission fielen und ordnete sie thematisch. Insgesamt richteten 22 Dekanate, Vereine bzw. Personen Eingaben an die Synode, die im Zusammenhang mit der Pastoral standen. Dabei sortierte man die Eingaben aus, die bereits im Zuge der Synode von 1920 behandelt worden waren. So forderte beispielsweise P. Matthias Hallfell MA[1168] (Trier) die Wiederbelebung der Christenlehrbruderschaft[1169] oder die Geistlichen des Dekanats Manderscheid die seelsorgerische Betreuung der Abwanderer vom Land.[1170] Viele Eingaben beschäftigten sich mit dem 1925 erschienen Katechismus, der entweder zu teuer sei oder dessen Format den Geistlichen nicht behagte, oder dem Diözesangesang- und Gebetbuch.[1171]

Weitere Anträge verlangten, die Synode müsse Richtlinien zum Brautunterricht sowie wider den religiös-sittlichen Zerfall der Familien erlassen.[1172] Da die Kommissionsmitglieder davon ausgingen, dass jedes Brautpaar eine individuelle

1166 Vgl. o. V., Das Bischof-Korum-Haus. Jugend-Haus für die Diözese Trier. Trier 1929, 12f. Die einzelnen Jugendvereine, die im Jahr 1912 existierten, sind im Handbuch des Bistums Trier verzeichnet. Vgl. Bischöfliches Generalvikariat Trier, Handbuch des Bistums Trier (wie Anm. 288), 380–383.

1167 Näheres zur Jugendarbeit im Bistum Trier berichtet Heinz Feilzer, Jugendpastoral: Seelsorge an und mit jungen Menschen. In: Beharrung und Erneuerung (wie Anm. 7), 414–443.

1168 Hallfell erblickte am 02.04.1877 in Arbach (Eifel) das Licht der Welt und studierte zunächst Philiosophie am Trierer Priesterseminar. Danach begann er das Noviziat bei der Missionsgesellschaft der „Weißen Vätern" in Maison Carrée bei Algier und studierte anschließend Theologie in Rom, wo er mit Promotionen in Theologie und Philosophie abschloss. 1906 empfing er die Priesterweihe in Karthago. Bis zu seinem Tod am 27.12.1947 unterrichtete er in Trier Philosophie und war als Journalist für verschiedene Missionszeitschriften tätig. Vgl. Alois Mayer und Erich Mertes, Lirsdorf (Kreis Daun). Beiträge zur Geschichte eines Eifeldorfes im Elzbachtal. Lirsdorf 1984, 104.

1169 Die Bruderschaft von der Christlichen Lehre hatte Einfluss auf die religiös-kirchliche Erneuerung im Erzstift Trier. P. Hallfell forderte die Darlegung ihrer Geschichte, Ablässe, Organisation, Arbeitsmethode und Erfolge sowie die Wiedererweckung ihres Geistes, um die Christenlehre auf dem Land und in den Städten neu zu beleben. Die Synode 1920 hatte diesbezüglich jedoch schon geurteilt. Vgl. Bischöfliches Generalvikariat Trier, Diözesansynode des Bistums Trier (wie Anm. 409), 67.73.75.82.115.

1170 Vgl. ebd., 66.114.

1171 Vgl. Anträge der Dekanate Trier, Wittlich, Engers, Karden, Burgbrohl sowie Lebach (Bistumsarchiv Trier, Unterlagen zur Diözesansynode von 1931 [wie Anm. 1146]). Das Abfassungsdatum der jeweiligen Anträge lässt sich nicht mehr in jedem Fall ermitteln, weil die Anträge zerschnitten und danach auf die einzelnen Vorbereitungskommissionen verteilt wurden. Zur Katechismus- und Gesangbuchreform vgl. die Ausführungen in Kapitel 4.2.1.

1172 Vgl. Anträge der Dekanate Engers und Neuerburg (ebd.).

Unterweisung bräuchte, glaubte die Vorbereitungskommission kein allgemeingültiges Dekret verabschieden zu können. Sie befürchtete vielmehr, allgemein gehaltene Richtlinien würden sogar diese auf die individuelle Situation abstellende Ehepastoral verhindern. Daher erhielt Schlich den Auftrag, Richtlinien für Brautexamen in Anlehnung an die Richtlinien anderer Diözesen (Breslau und Köln) zu erarbeiten. Diese Richtlinien sollten nur das Brautexamen reglementieren, keinesfalls aber die darüber hinaus erfolgende Eheunterweisung. Hinsichtlich der Familienpastoral plante die Kommission kein eigenes Dekret der Synode vorzulegen, weil das Thema bereits in einem der Referate behandelt werde. Zur Problematik der Ehe- und Familienpastoral sprach Schlich bereits während der vierten Dechantenkonferenz im Vorjahr, wo er neben den Ursachen auch Hilfsmittel nannte, nämlich die Erneuerung der Familien durch die Sakramente und „Vereine, Kongregationen, Standesvorträge, Ehevorbereitungskurse, geeignete Bücher, Eheberatungsstellen, Religionsunterricht in den Berufsschulen u. a."[1173]

An dieser Stelle ist deutlich festzustellen, dass die Geistlichen des Bistums Trier nach neuen Möglichkeiten suchten, zu den Menschen durchzudringen, jedoch noch teilweise in den altbewährten Mustern verhaftet waren.

Das Dekanat Saarbrücken sandte ebenso einen Antrag nach Trier. Der Antrag wurde ursprünglich von der „Saargruppe des Augustinusvereins zur Pflege der katholischen Presse" (Dr. Heinrich Krückemeyer und StR Heinrich Faßbinder[1174]) an Schlich gesandt und nach Beratung im Dekanatskapitel in die Bistumsmetropole geschickt. „Die Diözesansynode möge die immer ernster werdende Pressefrage innerhalb der Diözese zum Gegenstand ihrer Beratung machen. Sie möge insbesondere erwägen, durch welche Massnahmen ein engeres, vertrauensvolleres und wirksameres Zusammenarbeiten zwischen Klerus und katholischer Presse erzielt, die Werbearbeit der katholischen Presse unterstützt und das Vordringen der sozialistischen, nationalsozialistischen und Generalanzeiger-Presse (Tages- und Wochenpresse) abgewehrt werden kann."[1175]

Zur Begründung zitierten die Saarbrücker die Trierer Diözesansynode von 1920, wo es heißt, die Pressefrage solle von den Seelsorgern mit größter Aufmerk-

1173 Bischöfliches Generalvikariat Trier, Bericht über die 4. Dechanten-Konferenz der Diözese Trier (wie Anm. 1112), 19.

1174 Faßbinder erblickte 1889 in Trier das Licht der Welt, wo er 23 Jahre später auch das Sakrament der Priesterweihe empfing. Daran anschließend war er zwei Jahre Kaplan in Koblenz (St. Josef) und zwei Jahre Rektor in Arenberg, ehe er 1916 Religionslehrer am Lehrerinnenseminar in Saarbrücken wurde. 1926 wurde er in den Ruhestand geschickt und fungierte dann als geistlicher Beirat der „Saarbrücker Druckerei und Verlag A. G.". Schließlich wurde er 1936 Frühmesser in Ürzig. Vgl. Thomas, Der Weltklerus der Diözese Trier seit 1800 (wie Anm. 23), 112.

1175 Schreiben Krückemeyer/Faßbinder an Dechant Schlich vom 31.03.1931 (Bistumsarchiv Trier, Unterlagen zur Diözesansynode von 1931 [wie Anm. 1146]). Hervorhebung im Original.

samkeit behandelt werden.[1176] Die Anregungen dieses Dekrets seien bislang aber fast nicht beachtet worden. Daher solle man in ein neues Dekret folgende Ideen aufnehmen: Einerseits solle endlich eine Diözesanpressestelle im Bischöflichen Generalvikariat geschaffen werden, die man schon auf Anraten des Augustinusvereins einzurichten begann, wobei sich das Vorhaben aber wegen eines Personalwechsels beim Paulinusverlag verzögerte.[1177] Andererseits solle ein Diözesanpressedezernent für die Organisation der Pressestelle angestellt werden. Dieser Priester müsse mit der Pressearbeit vertraut und „durch keinerlei Bindung an ein bestimmtes Presseunternehmen einseitig eingestellt [sein]".[1178] Zudem habe die Synode 1920 geraten, dass pro Dekanat ein Geistlicher als Ansprechpartner für Presseangelegenheiten zur Verfügung stehen sollte. Dies solle man 1931 zur Pflicht machen. Darüber hinaus wäre es angebracht, so Krückemeyer und Faßbinder weiter, einmal jährlich eine verpflichtende Dekanatskonferenz abzuhalten, die sich mit den Pressefragen innerhalb des Dekanats beschäftige. Dieser Termin sei immer mit dem Diözesanpressedezernenten abzusprechen und Vertreter aller Zeitungen des Territoriums, über das sich das Dekanat erstrecke, könnten an der Konferenz teilnehmen. Der jährliche Pressesonntag, der am besten im Oktober abgehalten werden solle, müsse den Höhepunkt der ganzjährigen Bemühungen rund um die katholische Pressearbeit bilden. Auch dem heranwachsenden Klerus solle die Bedeutung der katholischen Presse eingeimpft werden. Außerdem dürfe man keinem Agenten fremder Zeitschriften im Bistum erlauben, für ihre Blätter zu werben, v. a. sollten Priester keine bezahlten Agenten fremder Blätter sein.[1179]

Die Geistlichen des Dekanats Ahrweiler stellten auch einen Antrag, der die Zusammenarbeit zwischen Klerus und Presse fördern wollte und in vielen Punkten mit der Eingabe aus der Saarhauptstadt übereinstimmte. Dort forderte man u. a. noch die Einrichtung eines Diözesanpresseausschusses, dem vier Kleriker, vier katholische Laien und acht Vertreter der katholischen Presse unter der Leitung des Diözesanpressedezernenten angehören sollten.[1180]

1176 Vgl. Bischöfliches Generalvikariat Trier, Diözesansynode des Bistums Trier (wie Anm. 409), 118.

1177 Mit dem „Personalwechsel" ist möglicherweise Karl Wies gemeint, der bis 1930 Direktor der Paulinus-Druckerei war und danach die Pfarrei Altenahr übernahm. Vgl. Thomas, Der Weltklerus der Diözese Trier seit 1800 (wie Anm. 23), 371.

1178 Schreiben Krückemeyer/Faßbinder an Dechant Schlich vom 31.03.1931 (Bistumsarchiv Trier, Unterlagen zur Diözesansynode von 1931 [wie Anm. 1146]).

1179 Vgl. Diözese Trier, Kirchlicher Amtsanzeiger für die Diözese Trier (wie Anm. 683), Nr. 66, S. 53 sowie Schreiben Krückemeyer/Faßbinder an Dechant Schlich vom 31.03.1931 (Bistumsarchiv Trier, Unterlagen zur Diözesansynode von 1931 [wie Anm. 1146]). Hierzu merkte Schlich handschriftlich am Rand an: „Den Beweis hierfür muß ich den beiden Unterzeichnern überlassen. Dr. Schlich, Dechant".

1180 Vgl Antrag des Dekanats Ahrweiler (ebd.).

Gerade die Förderung der Pressearbeit war ein Herzensanliegen des Saarbrücker Dechanten, der zum Zeitpunkt der Abfassung der Eingabe im Aufsichtsrat der „Saarbrücker Landes-Zeitung" war und das Printmedium sehr schätzte. Es ist nicht auszuschließen, dass er selbst an der Abfassung der Eingabe beteiligt war.[1181]

Im Dekanat Bassenheim forderte man eine einheitliche Regelung, wie damit umzugehen sei, wenn an einem katholischen Begräbnis Parteigruppen (Stahlhelm, NSDAP) in Uniform und/oder mit ihrer Fahne teilnehmen möchten. Gerade der im Deutschen Reich stärker werdende Nationalsozialismus beunruhigte den Klerus auch schon vor der Machtübernahme am 30. Januar 1933 und man versuchte sich bestmöglich geschlossen vor ihm zu schützen. Diese Eingabe (das Abfassungsdatum lässt sich nicht nachvollziehen) wurde möglicherweise im März 1931 verfasst. Am 3. März 1931 verfassten die Bischöfe der Kölner Kirchenprovinz eine gemeinsame Stellungnahme gegen die nationalsozialistische Bewegung, welche allerdings im Bistum Trier erst am 1. April desselben Jahres im ‚Kirchlichen Amtsanzeiger' publiziert wurde, und worin die Bischöfe ihre Gläubigen vor der Partei Adolf Hitlers warnten.[1182] Allerdings gab es offenbar eine gewisse Unsicherheit im Umgang mit dieser Frage, weshalb sich die Dekanatsgeistlichen veranlasst sahen, dass die Synode ein dezidiertes Urteil herbeiführe.

Die Vorbereitungskommission beriet über die verschiedenen Anträge und kam zu dem Ergebnis, dass der Vorsitzende eine Resolution über die ‚Katholische Aktion' und das Vereinswesen verfassen sollte, Dr. Chardon über die Jugendgemeinschaften, Direktor Haw über die Gewinnung und Schulung von Laienaposteln und Dr. Kremer und Prof. Dr. Wehr über die Zeitnöte und ihre Hilfsmittel (inkl. Stellungnahme zum Kommunismus, Nationalsozialismus und Sozialismus).[1183]

Die ‚Katholische Aktion', die in Saarbrücken bereits umgesetzt wurde[1184], stand im Fokus der Beratung der Geistlichen. Sie überlegten dabei, welche Organisationen betroffen seien, wenn die ‚Katholische Aktion' umfassend eingesetzt werden soll. Bedeutsam erschien ihnen, dass alle Pfarrvereine in einem Ausschuss zusammengeführt werden müssten. Dazu erarbeiteten sie folgende tabellarische Übersicht, die auch viele Anträge aufgriff.[1185] Sie stellten hier jeweils dem akuten pastoralen Problem einen Lösungsvorschlag gegenüber. Die Kommissionsmitglie-

1181 Vgl. hierzu die Ausführungen in Kapitel 4.4.4.

1182 Vgl. Diözese Trier, Kirchlicher Amtsanzeiger für die Diözese Trier (wie Anm. 646), Nr. 68, S. 66–68. Weshalb es keine gemeinsame Stellungnahme der Bischöfe Deutschlands gab, ist unklar. Kardinal Bertram hatte bereits im Dezember 1930 ein solches Schreiben veröffentlicht und Kardinal Faulhaber tat dies zwei Monate später. Vgl. Ulrich von Hehl, Katholische Kirche und Nationalsozialismus im Erzbistum Köln, zugl.: Bonn, Univ., Philos. Fak., Diss., (= Veröffentlichungen der Kommission für Zeitgeschichte Bd. 23). Mainz 1977, 18.

1183 Vgl. Bistumsarchiv Trier, Unterlagen zur Diözesansynode von 1931 (wie Anm. 1146).

1184 Vgl. die Ausführungen in Kapitel 4.1.4.

1185 Die nachfolgende Tabelle ist entnommen bzw. übertragen aus: ebd.

der systematisierten alle eingegangenen Anträge und konnten acht Themenkomplexe herausarbeiten.

Nöte	Heilmittel
Familienideal und Familienwirklichkeit in der Gegenwart, Wohnungsnot	Popularisierung der Eheenzyklika, Pflege und Vertiefung der katholischen Ehegrundsätze in Volks- und Berufsschule, im Jugendverein und Brautunterricht, in religiösen Familienwochen, Förderung des Wohnungsbaues und Seelsorgearbeit innerhalb der neuen Siedlungen
Seelische Haltung der Jugend	Enzyklika über die christliche Erziehung, Münster, Reichstagung[1186]
Die religiöse Krise der Arbeiterschaft, der Landbevölkerung und des Mittelstandes	Wiederverchristlichung aller Lebensgebiete
Abwanderer	Zusammenarbeit von Stadt u. Land
Freidenkertum in seiner Arbeit und in seinen Methoden	Entsprechende seelsorgerliche Schutzarbeit
Nationalsozialistische Verbände und Wehrverbände	Anerkennung der ursprünglichen guten Absichten, Pflege der Liebe zu Heimat, Volk und Vaterland als Christenpflicht, Verhältnis von Staat und Kirche
Passive Haltung der Gläubigen beim Gottesdienst	Vertiefung der liturgischen Bestrebungen und ihr praktischer Einbau in den Pfarrgottesdienst
Kirchenfeindliche Presse, Generalanzeiger	Förderung der katholischen Presse[1187]

Schlich kam seinem Auftrag nach und fertigte eine Handreichung für das Brautexamen an. Dabei orientierte er sich an den Richtlinien der Diözesen Breslau und Köln. Der Dechant von Saarbrücken behandelte hierbei die Bedeutung und Notwendigkeit, die Form und den Inhalt im Allgemeinen sowie den Ehegebrauch und -missbrauch.[1188] Die Anmerkungen Schlichs auf dem Entwurf weisen nach, dass der Saarbrücker Dechant sich hinsichtlich der medizinischen Aspekte (Geburt und Stillzeit) von einem Mediziner, dem Chefarzt des Saarbrücker Krankenhauses, unterrichten ließ, um auf dem neuesten Stand der medizinischen Kenntnisse zu sein.[1189]

1186 Gemeint ist der Katholikentag in Münster, der im September 1930 stattfand.
1187 Ebd.
1188 Vgl. Schreiben Schlich an Fuchs vom 02.08.1931 (ebd.).
1189 Ebd.

Abb. 33: Die Synodalen versammelt mit Bischof Bornewasser im Innenhof des Priesterseminars. Schlich sitzt in der ersten Reihe (9. v. r.)

Ferner teilte er Fuchs mit, dass er an der nächsten Sitzung der Vorbereitungskommission am 24. August 1931 nicht teilnehmen könne, weil er vom 10. bis zum 27. August in Urlaub sei und diesen auch dringend nötig habe. „Übrigens, wo so viele tüchtige Theologen sind, kommts auf mich auch nicht an. Die wissen schon genug ohne mich.“[1190], schreibt Schlich abschließend in seinem Brief an Fuchs spöttisch.

Offenbar war Schlich nicht ganz davon überzeugt, sondern glaubte vielmehr, dass man auf ihn nicht verzichten könne. Jedenfalls beendete er seinen Urlaub in Wörishofen schon am 21. August 1931, um am 24. August an der dritten Sitzung der Vorbereitungskommission teilzunehmen. Vielleicht war Schlich insgeheim sehr von sich und seinen Fähigkeiten überzeugt gewesen und sah sich – zum Wohl des Bistums – verpflichtet, an der Sitzung teilzunehmen, vielleicht war er aber auch einfach nur voller Tatendrang und hätte es sich selbst nicht verziehen, seiner Pflicht nicht in vollem Umfang zu entsprechen.

Aber auch die frühere Abreise verhalf Schlich nicht dazu, an der dritten Vorbereitungssitzung teilnehmen zu können, denn am 14. August 1931 teilte der Generalvikar ihm schriftlich mit, dass die Sitzung auf den 21. August vorverlegt wurde.[1191] Schlich bekundete schriftlich, dass er es bedauere, an der Teilnahme verhindert gewesen zu sein, obwohl er extra früher als geplant nach Saarbrücken zurückgekehrt sei.[1192]

1190 Ebd.
1191 Vgl. Schreiben Generalvikar Tilmann an Schlich vom 14.08.1931 (ebd.).
1192 Vgl. handschriftliche Anmerkung auf dem Schreiben Tilmanns, das Schlich am 24.08.1931 zurück nach Trier sandte (ebd.).

4.2.2.2 Die Feier der Synode

Die Feier der Synode begann am 9. September 1931 mit dem vorgeschriebenen Ritus (wie 1920), einem Pontifikalamt in der Kathedrale, und im Anschluss versammelten sich die Synodenväter in der Aula des Bischöflichen Priesterseminars.[1193]

In seiner Eröffnungsrede blickte Bornewasser zunächst auf die letzte Diözesansynode zurück. Vieles Schlimme, was befürchtet wurde, sei nicht eingetreten, aber vieles erhoffte Gute ebenso nicht. „Aber die Kirche hat die Stürme mit Gottes Schutz (sic!) gemeistert, weil sie mutig und stark in der Hand der Päpste, Bischöfe und Priester, stark und mutig, aber auch klug und gestützt auf [...] das Vertrauen zu Gott immer wieder in die Ruder gegriffen, das schwankende Schiff in den schützenden Hafen gebracht und neu ausgerüstet in die Stürme der Zeit hat hinausfahren lassen."[1194] Dazu seien die Synodalen, so Bornewasser weiter, heute hier versammelt, den Kurs des Bootes neu auszurichten.

Danach erfolgten die Wahlen bzw. Ernennungen. Prof. Dr. Ludwig Kaas übernahm, wie schon 1920, als Promotor synodi die Leitung der Versammlung. Schlich wurde auf Vorschlag von Bornewasser neben elf anderen hochrangigen Priestern zum Synodal-Pfarrkonsultor gewählt.

Kaas ging in seiner Ansprache zu Beginn darauf ein, dass seit 1920 insgesamt 41 Priester, die damals an der Synode teilnahmen, sowie Bischof Korum, der die Synode 1920 einberief, mittlerweile verstorben seien. In den vergangenen elf Jahren sei es, aus der Sicht Kaas', allerdings nicht einfacher für die Kirche geworden, sondern deutlich schwieriger. „Der Krieg und die Nachkriegszeit hat aus unserem Volke ein anderes gemacht, als es früher war. Die ‚facies terrae Germanicae' ist verändert, aber nicht in ‚Creatore Spiritu', sondern in einem Geiste, in einem Ungeiste, der der Widerpart des hl. Geistes ist. Nicht nur die staatlichen Formen sind revolutioniert, die Geister selber sind in diesen Revolutionsstrudel hineingezogen worden."[1195] Nicht nur die weltlichen Throne seien, so Kaas abschließend, ins Wanken geraten, sondern auch die Altäre.

Das Weltbild des gelehrten Professors hatte sich seit 1920 nicht viel verändert. Während er 1920 noch den Staat als den großen Feind der Kirche betrachtete, merkte er 1931 wohl, dass auch der Staat Probleme hatte, mit denen er kaum fertig werden konnte. Ganz deutlich zeigt sich, dass der von Bornewasser bestellte Promotor synodi ein katholischer Priester war, der wenig Sympathien für die Weimarer Republik entwickelte und sein Staats-Kirchen-Verhältnis nicht verändert hatte: Die katholische Kirche befand sich – zumindest für Kaas – in der Defensivposition gegen die Welt. Hinsichtlich der Deutung, die Welt und die Gesellschaft hätten

1193 Vgl. hierzu und zum Folgenden: ebd.
1194 Ebd.
1195 Ebd.

sich negativ entwickelt, war Kaas auf einer Wellenlänge mit seinem Bischof, der diesen Zustand schon in seinem ersten Hirtenbrief diagnostizierte.[1196]

Während der Synode meldete sich Schlich nicht zu Wort. Die Synode beschloss, die vorgelegten, von den Vorbereitungskommissionen erarbeiteten Beschlüsse (mit kleinen Änderungen) dem Bischof zu übergeben.[1197]

Als die Beratungen am 11. September 1931 um 10 Uhr beendet worden waren, dankte Bornewasser den Synodalen, v. a. Prälat Kaas und den Vorsitzenden der Vorbereitungskommissionen. Die Synode zeige ihm, wie sehr der Klerus um die Seelen der Gläubigen besorgt sei. „Sie waren ein hohes Lied der Liebe des Klerus zu Christus und der sancta mater ecclesia, ein tröstlicher Beweis auch für das feste Band der Liebe und des Vertrauens, das Bischof und Priester umschlingt."[1198] Nun sei aber die Umsetzung die Aufgabe der Stunde, denn gute Seelsorgearbeit sei „Ringen mit den Nöten der Zeit".

Das Abschlusswort Bornewassers zeigt deutlich, wie sich das Selbstverständnis der Synoden(väter) (1920 und 1931) voneinander unterschied. Während man 1920 noch durch die Kriegswirren zunächst einmal versuchte, durch strengeres Abschotten nach ‚Außen' den Status quo der Kirche zu sichern, wandte man sich 1931 den Nöten der Zeit zu. 1920 waren die Geistlichen noch stark mit sich selbst beschäftigt, elf Jahre später nahm man hingegen die Laien in der Kirche in den Blick, da sich das Umfeld der Kirche (der Staat und die Welt) stabilisiert hatte und Bornewasser als ein, im Vergleich zum damals schon über 80-Jährigen Korum, junger Oberhirte der Trierer Diözese auch einen Kurswechsel bewirken wollte.

Natürlich wurde in der „Saarbrücker Landes-Zeitung" fleißig Bericht erstattet.[1199] Insgesamt verfasste (vermutlich) Schlich drei Artikel, in denen er die Leser/innen über den Verlauf der Feierlichkeiten und den Inhalt der Verhandlungen informierte. Mit gewaltigen Worten beschrieb er in seinem ersten Beitrag das Pontifikalamt in der Hohen Domkirche und die Begrüßungsansprache des Bischofs. Im Mittelpunkt des Berichts stand die Aussage, dass es bei den Beratungen der Geistlichen um die Seelsorge im Zeichen der Zeit ginge.[1200]

1196 Vgl. Hirtenbrief Bornewassers zum Regierungsantritt vom 18.05.1922, abgedruckt bei: Heintz, Fels im Sturm (wie Anm. 156), 1–7.

1197 Alle Beschlüsse sind abgedruckt in: o. V., Diözesansynode des Bistums Trier 1931 (wie Anm. 701).

1198 Bistumsarchiv Trier, Unterlagen zur Diözesansynode von 1931 (wie Anm. 1146).

1199 Es ist nicht zweifelsfrei rekonstruierbar, ob Schlich der Verfasser der Artikel ist. Jedoch ist mit an Sicherheit grenzender Wahrscheinlichkeit davon auszugehen, da er die besten Verbindungen zur Landes-Zeitung hatte und bereits während der Synode 1920 die katholische Tagespresse Saarbrückens auf dem Laufenden hielt. Daher wird davon ausgegangen, dass Schlich der Verfasser ist.

1200 Vgl. o. V., Diözesan-Synode des Bistums Trier 9. bis 11. September 1931. In: Saarbrücker Landes-Zeitung vom 11. September 1931, 3.

Im zweiten Bericht stand der Vortrag Dr. Chardons über die ‚Katholische Aktion' im Zentrum. „Katholische Aktion ist nicht möglich ohne katholische Vereine und katholische Presse. Heranbildung von Laienführern ist die Aufgabe der katholischen Vereine, besonders der katholischen Jugendvereinigungen. Sie müßen bewußt und planmäßig zu katholischer Aktivität erziehen. Die Jugendführer bedürfen einer gründlichen Schulung wie für die Jugendarbeit so auch für die künftige Arbeit in der Katholischen Aktion. Dieser Schulung soll das Bischof-Korum-Haus dienen."[1201] Auf diese Weise wollte Schlich nicht nur über den weiteren Beratungsverlauf informieren, sondern zugleich auch schon in Saarbrücken den Weg für die Zukunft aufweisen, wie sich die Synode ihn vorstellte, was aber in Saarbrücken schon ansatzweise umgesetzt wurde. Im dritten und letzten Teil erfolgte die restliche Berichterstattung (3.–6. Sitzung) sowie das Abschlusswort Bornewassers.[1202]

4.3 Schlich als Schriftsteller

Schlichs seelsorgerisches Wirken lässt sich nicht nur auf die kategoriale oder territoriale Seelsorge begrenzen. Vielmehr war er auch Verfasser vieler Bücher, Zeitschriften oder Autor von Beiträgen sowie katechetischer Zeitungsartikel.[1203] Mittels der Printmedien, die Schlich verfasste und die im Nachfolgenden analysiert werden, erweiterte Schlich seinen Adressatenkreis über die Grenzen der eigenen Pfarrei, der Stadt Saarbrücken bzw. des Saargebiets hinaus.

Das erste „Werk", das von ihm noch erhalten ist, ist seine handgeschriebene Konferenzarbeit, die er für das Cura-Examen 1903 anfertigte. Darin beschreibt Schlich, aus seiner pastoralen Erfahrung heraus, die er als Kaplan in Kreuznach (Heilig Kreuz) gewonnen hatte, wie man katholische Vereine leiten könnte und sollte.[1204] Mit seiner Arbeit behandelte Schlich ein Thema, das zu dieser Zeit hochaktuell war, zumal gerade die jeweilige Führung von Standesvereinen für die

1201 Dass., Diözesan-Synode des Bistums Trier. In: Saarbrücker Landes-Zeitung vom 12. September 1931, 3. Das Bischof-Korum-Haus war die Jugendzentrale des Bistums Trier, das in unmittelbarer Nähe zur Welschnonnenkirche in Trier lag. Vgl. o. V., Das Bischof-Korum-Haus (wie Anm. 1166), 14–20. Auch im Saargebiet wurde für die Jugendzentrale des Bistums geworben. Vgl. Dass., Aus dem Bischof-Korum-Hause in Trier. In: Neue Jugend (Monatliche Beilage der „Saarbrücker Landes-Zeitung") vom 14. Januar 1933, 2.

1202 Vgl. o. V., Diözesan-Synode des Bistums Trier. In: Saarbrücker Landes-Zeitung vom 13. September 1931, 5.

1203 Die Zahl der Zeitungsartikel (Sonntagkatechesen), die in der „Saarbrücker Landes-Zeitung" erschienen, ist sehr groß. Diese wurden bereits untersucht in Simon, Pfarrer Dr. Johann Ludger Schlich und die katholische Pressearbeit an der Saar 1920–1935 (wie Anm. 8), 358–361.

1204 Vgl. Schlich, Über die Leitung der Vereine (wie Anm. 1118).

Pastoral zu Beginn des 20. Jahrhunderts sehr bedeutsam war, denn die Kirchengemeinden waren zwar nach dem Territorialprinzip aufgeteilt, die Gläubigen allerdings stark in und durch Vereine organisiert.[1205]

Die erste gedruckte Schrift Schlichs hingegen behandelt ein dogmatisches Thema. 1906 publizierte er ein Buch zum Thema „Das Wesen der christlichen Hoffnung und irrige Ansichten über diese Tugend", das an der Albert-Ludwigs-Universität in Freiburg als Dissertationsschrift angenommen wurde und wodurch er den Doktorgrad in Theologie erwarb.[1206] Auf 47 Seiten trägt er zusammen, was die Kirchenväter und -lehrer zum Hoffnungsbegriff schrieben und was es denn heiße, zu hoffen. Er geht detailliert auf den Hoffnungsbegriff ein und bezieht auch namhafte Philosophen der Moderne (z. B. Immanuel Kant), die über Hoffnung, Vernunft und Sitte schrieben, in seine Überlegungen mit ein. Hierbei verurteilte er alle Ansichten (insbesondere reformatorische), die denen der katholischen Lehre dezidiert widersprachen.

Damit bewegte sich Schlich ganz im Mainstream der damaligen Forschung, die streng von der römischen Lehre geprägt war. Wenige Theologen an den v. a. deutschen Universitäten lassen sich dem reformkatholischen Spektrum zuordnen. Der Großteil der um die Jahrhundertwende in der Lehre Tätigen vertraten sog. antimodernistische Standpunkte.[1207] Eine ähnliche Haltung attestiert Josef Steinruck den Professoren des Trierer Priesterseminars, die für Korum „zuverlässige Mitstreiter im Kampf gegen den Modernismus [gewesen seien] […]."[1208] Die Grundausrichtung der Lehre und Theologie dürfte Schlich während seines Studiums von seinen Lehrern übernommen haben. Entsprechend ist die Dissertationsschrift Schlichs durchdrungen vom Antimodernismus, was kaum verwunderlich ist. Immerhin hat er seine Dissertation am Lehrstuhl für Moraltheologie in Freiburg eingereicht, dessen Inhaber (und somit Promotor) niemand geringeres war als der

1205 Zur Bedeutung der Vereine vgl. Mooser, Das katholische Milieu in der bürgerlichen Gesellschaft (wie Anm. 462); Weichlein, Zwischenkriegszeit bis 1933 (wie Anm. 469) sowie die Ausführungen in Kapitel 4.1.1.

1206 Vgl. Schlich, Das Wesen der christlichen Hoffnung und irrige Ansichten über diese Tugend (wie Anm. 32). Wieso Schlich in Freiburg promovierte, lässt sich nicht mehr rekonstruieren. Er ließ sich offiziell zum Studium der Geschichte und der französischen Sprache für je ein Semester an der Universität Bonn und Freiburg beurlauben, um diese Fächer auch an der Schule unterrichten zu dürfen. Vielleicht hat Schlich seine Dissertation ohne das Wissen der Bistumsleitung verfasst und eingereicht, um auf diese Weise sein Können unter Beweis zu stellen. Möglicherweise wollte er Karriere machen und dafür benötigte er einen Doktortitel.

1207 Zum (Anti-)Modernismus vgl. zudem die Ausführungen in Kapitel 4.2.1. Eine Begriffsdefinition und die historische Rekonstruktion der Entstehung des (lehramtlichen) Antimodernismus bietet Claus Arnold, Kleine Geschichte des Modernismus. Freiburg i. Br. 2007, 11–22.89–141.

1208 Josef Steinruck, Auseinandersetzungen um den Modernismus im Bistum Trier. In: Beharrung und Erneuerung (wie Anm. 7), 611–626, hier: 613.

antimodernistisch gesinnte Moraltheologe Julius Karl Mayer.[1209] Schlich bewegte sich mit seiner Schrift also ganz im Geiste seines Bischofs. Daher begrüßte man in Trier sein Forschungsergebnis, sodass er das zweite Kapitel seiner Arbeit im ‚Pastor bonus' veröffentlichen durfte.[1210]

Ebendort war es ihm noch mehrfach vergönnt, Aufsätze bzw. Rezensionen[1211] zu veröffentlichen. So druckte man 1927 im ‚Pastor bonus', auf Gesuch Bischof

1209 Vgl. THEOLOGISCHE FAKULTÄT FREIBURG, Promotionsbuch der Theologischen Fakultät Freiburg (wie Anm. 34), 15. Mayer war von 1899 bis 1924 Inhaber der Professur für Moraltheologie an der Theologischen Fakultät der Universität Freiburg. Obwohl Mayer Professor für Moraltheologie war, galt neben seiner Fachdisziplin sein Interesse in erster Linie der Geschichte. Er reichte seine eigene Dissertationsschrift im Fach Kirchengeschichte bei Franz-Xaver Kraus (1840–1901), dem an der Freiburger Universität lehrenden Modernisten, ein. Obwohl Kraus Modernist war, wies Mayer keineswegs modernistische Tendenzen auf. „Seine kirchliche Gesinnung war ganz und gar unverrückbar, auch in den Krisenzeiten zu Beginn dieses Jahrhunderts, als der Modernismusstreit heftige Auseinandersetzungen innerhalb der Katholischen Kirche hervorrief." (Horst FERDINAND, Mayer, Julius Karl. In: Badische Biographien. Neue Folge, Bd. 4, hg. von Bernd OTTNAD [= Badische Biographien 4]. Stuttgart 1996, Sp. 202–204, hier: 203). Zur Person Mayers vgl. zudem den Nachruf über ihn in: FREIBURGER DIÖZESAN-ARCHIV, Zeitschrift des Kirchlichen Vereins für Geschichte, christliche Kunst, Altertums- und Literaturkunde (= Freiburger Diözesan-Archiv 54). Freiburg i. Br. 1925, 1–8. Zu Kraus vgl. ARNOLD, Kleine Geschichte des Modernismus (wie Anm. 1207), 28–34.

1210 Vgl. Johann Ludger SCHLICH, Irrige Ansichten über die christliche Hoffnung. In: Pastor bonus. Zeitschrift für kirchliche Wissenschaft und Praxis, hg. von PROFESSOREN DES PRIESTERSEMINARS ZU TRIER (= Pastor Bonus 17). Trier 1906, 393–400.433–438.482–486.

1211 Vier Buchbesprechungen hatte Schlich veröffentlicht: Zum einen über das Buch „Die Pfarrkirche von Ahrweiler", das der damalige Pfarrer Josef Rausch geschrieben hatte, der persönlich bekannt mit Schlich war, weil dieser von 1921 bis 1937 die Gemeindeleitung in Dudweiler innehatte. Vgl. DERS., Buchbesprechung: „Die Pfarrkirche von Ahrweiler". In: Pastor bonus. Zeitschrift für kirchliche Wissenschaft und Praxis, hg. von PROFESSOREN DES PRIESTERSEMINARS ZU TRIER (= Pastor Bonus 51). Trier 1940, 60. Zur Person Rauschs vgl. THOMAS, Der Weltklerus der Diözese Trier seit 1800 (wie Anm. 23), 271. Zum anderen lobte er das Buch M. Bathildes „Die Ursulinen von Calvarienberg-Ahrweiler", das „ein wertvoller Beitrag zur Ordensgeschichte der letzten Jahrhunderte" sei. (Johann Ludger SCHLICH, Buchbesprechung: „Die Ursulinen von Calvarienberg- Ahrweiler". In: Pastor bonus. Zeitschrift für kirchliche Wissenschaft und Praxis, hg. von PROFESSOREN DES PRIESTERSEMINARS ZU TRIER [= Pastor Bonus 49]. Trier 1938, 153–154). Zudem rezensierte er das Werk „Abendgebete der Pfarrgemeinde", das der Münchener Stadtpfarrer Otto Breitner 1938 herausgab. Schlich merkt an, dass er das Buch bereits in Neuendorf selbst ausprobiert habe und es den Kranken zu Weihnachten schenken werde. Vgl. DERS., Buchbesprechung: „Abendgebete der Pfarrgemeinde". In: Pastor bonus, 304. Ferner besprach er schon als Bistumssekretär den dritten und vierten Band der ‚Geschichte der Katholikenverfolgung in England 1535–1681' von Joseph Spillmann SJ. Vgl. DERS., Buchbesprechung: „Geschichte der Katholikenverfolgung in England 1535–1681". In: Pastor bonus. Zeitschrift für kirchliche Wissenschaft und Praxis, hg. von PROFESSOREN DES PRIESTERSEMINARS ZU TRIER (= Pastor Bonus 16). Trier 1905, 95–96. Wieso Schlich hierfür ausgewählt wurde und nach welchen Kriterien die zu besprechenden Bücher vergeben wurden, bedarf einer genaueren Untersuchung, die im Rahmen der vorliegenden Arbeit nicht angestellt werden kann.

Bornewassers, das Referat Schlichs ab, welches dieser auf der Dekanatskonferenz Saarbrücken gehalten hatte und das auf großes Interesse gestoßen war.[1212] Gerade der Mangel an Priesteramtskandidaten, den man ab der Mitte der 1920er Jahre aus der damaligen Sicht festzustellen glaubte, war ein Thema, das den Klerus sehr beschäftigte und Schlich reagierte mit seinem Referat bzw. seinem Beitrag in der Zeitschrift auf die Zeichen der Zeit.

Darüber hinaus schrieb Schlich mehrere kleine Bücher, die man unter dem Begriff „Chroniken" subsumieren kann. Nicht nur, dass er in seinem Nachlass zu verschiedenen Themen, die die Geschichte des Saargebiets von 1920 bis 1935 bzw. den Nationalsozialismus betreffen, Berichte (mit Belegen) hinterlegte, die er in der Retrospektive verfasste, sondern er tritt auch mit zwei Beiträgen in Erscheinung, in denen er zum einen über das Plebiszit 1935 an der Saar berichtete[1213] und zum anderen die Geschichte des Katholizismus Saarbrückens bis in seine Gegenwart (1934) Revue passieren ließ.[1214]

Darüber hinaus gab er zu herausragenden Ereignissen auch Festschriften in Druck. Dazu zählt sowohl diejenige, die er zum 100jährigen Bestehen des Hospitals der Barmherzigen Schwestern des hl. Karl Borromäus in Saarlouis (1910) erstellte[1215], als auch die Chronik, die er anlässlich des Ersten Saarländischen Katholikentages (1923) in Auftrag gab und in der er die Ereignisse genau dokumentierte; ferner die „Blätter der Erinnerung", die von den Bauarbeiten bis zur Einweihung der Christkönigskirche in Saarbrücken berichten.[1216]

Neben seiner schriftstellerischen Tätigkeit als Chronist schrieb er aber auch zeitlebens Bücher zu solchen Themen, bei denen er Angriffe auf die katholische Weltanschauung erkannte. Er verspürte offenkundig das Bedürfnis, die Gläubigen darüber zu belehren und sie so dagegen zu immunisieren. Dabei handelt es sich mehr um Kirchenrechtsfragen als um katechetische Unterweisungen, auf die auch noch einzugehen sein wird.

So veranlasste eine Frage kirchenrechtlicher Natur Schlich, einen kurzen Aufsatz zu schreiben. Inspiriert durch ein Buch, das sich mit dem Leben des Eremiten Charles de Foucauld beschäftigte, begann Schlich sich mit Canon 813 des kirchlichen Gesetzbuches (von 1917) auseinanderzusetzen, der es dem Priester

1212 Vgl. SCHLICH, Priestermangel und Priesterberufe (wie Anm. 726). Zu diesem Beitrag Schlichs vgl. die Ausführungen in Kapitel 4.1.4.

1213 Vgl. SCHLICH, Die Saarkatholiken und die Volksabstimmung vom 13. Januar 1935 (wie Anm. 195).

1214 Vgl. SCHLICH, Die katholische Kirche in Saarbrücken (wie Anm. 284).

1215 Vgl. DERS., Das städtische Hospital in Saarlouis. Zum 100-jährigen Jubiläum der barmherzigen Schwestern vom hl. Karl Borromäus am 30. Juli 1910, 1810–1910. Saarlouis 1910.

1216 Vgl. SCHLICH, JOHANN LUDGER [HRSG.], Erster Saarländischer Katholikentag. In Saarbrücken am 3. Juni 1923. Saarbrücken 1923 sowie SCHLICH, JOHANN LUDGER [HRSG.], Blätter an die Erinnerung der Benediction der Christkönigkirche (wie Anm. 546). Zum genauen Inhalt vgl. die Ausführungen in den Kapiteln 4.4.5 und 4.1.2.

verbot, ohne männlichen Ministranten (Frauen waren per se zu diesem Dienst nicht zugelassen [can. 813 § 2]) die Messe zu lesen.[1217] De Foucauld, der lange Zeit in der Wüste alleine leben musste, konnte auch an den Hochfesten keinen Ministranten organisieren und verzichtete daher, bis er eine Sondergenehmigung zur Zelebration ohne Ministranten aus Rom erhielt, auf die Eucharistiefeier, was ihm sehr zu schaffen machte.[1218] Schlich übertrug die Frage auf die Lebenswirklichkeit vieler Priester in den 1930er Jahren. Unter Hinzuziehung verschiedener Fachartikel gelangte er zu dem Schluss, dass es den Priestern auch in Härtefällen erlaubt sein sollte, ohne Ministranten die Messe zu feiern, gerade wenn es sich um eine bestellte oder regelmäßige Messe handele, bei der auch Gläubige anwesend seien, nur kein Ministrant. Für solche Gelegenheiten empfiehlt Schlich, sich beim Ordinariat eine Sondergenehmigung zu besorgen. „Vielleicht kann man auch eine Frauenperson zum Altarhilfsdienst heranziehen, wie dies in vielen Frauenklöstern geschieht. Eine solche dürfte aber nicht am Altare selbst, sondern nur von ferne dem Priester respondieren und die Schelle bedienen.“[1219]

Damit bewegte sich Schlich immer noch im Rahmen des kirchenrechtlich Erlaubten. Es zeigt aber sehr deutlich, dass er auch für liturgische Neuerungen offen war. Gerade der Altardienst war eine privilegierte Männerdomäne, jedoch war Schlich auch geneigt, Änderungen an den damals geltenden Standards vorzunehmen, wenn man damit aus der Not eine Tugend machen konnte.

Auch nach dem Ende des Zweiten Weltkriegs führte Schlich seine Tätigkeit als Verfasser von (kirchen)rechtlicher Belehrungsliteratur fort, jedoch nicht gegen eine staatliche Ideologie, sondern das am 20. Februar 1946 erschienene Ehegesetz der Alliierten.[1220] Die Nationalsozialisten erließen nach der Machtübernahme verschiedene Gesetze, die antisemitische Züge aufwiesen und die nach dem Untergang des Dritten Reiches durch die Alliierten wieder rückgängig gemacht werden mussten.[1221] Die Kontrollmächte stellten aber nicht bloß das Vorgängergesetz der

1217 „§ 1. Sacerdos Missam ne celebret sine ministro qui eidem inserviat et respondeat. § 2. Minister Missae inserviens ne sit mulier, nisi, deficiente viro, iusta de causa, eaque lege ut mulier ex longinquo respondeat nec ullo pacto ad altare accedat.“ (Pius X. und Benedictus XV., Codex Iuris Canonici [wie Anm. 287], can. 813).

1218 Vgl. Johann Ludger Schlich, Darf der Priester die hl. Messe lesen ohne Ministranten? In: Pastor bonus. Zeitschrift für kirchliche Wissenschaft und Praxis, hg. von Professoren des Priesterseminars zu Trier (= Pastor Bonus 47). Trier 1936, 51–53, hier: 51f.

1219 Ebd., 53.

1220 Vgl. ders., Das alte und das neue Ehegesetz. In: Begegnung. Zeitschrift für Kultur und Geistesleben, Bd. 2, hg. von Wilhelm Peuler. Koblenz 1947, 66–72. Der Beitrag Schlichs wurde der Kategorie „Soziologie – Soziales – Recht“ zugeordnet, nicht der Theologie.

1221 Unter die Ehegesetze der Hitler-Regierung fallen das „Gesetz über Missbräuche bei Eheschließung und Adoption“ (23.11.1933), welches eine Scheinehe verhindern sollte, das „Gesetz zum Schutz des deutschen Blutes und der deutschen Ehre“ (15.09.1935), das die Heirat eines Ariers mit einem Juden verbot, sowie das „Gesetz zum Schutze der Erbgesundheit des

Weimarer Reichsverfassung wieder her, sondern änderten einige Paragraphen geringfügig ab, die jedoch wiederum im Widerspruch zur katholischen Lehre standen. Hiergegen ergriff Schlich sofort Partei.

Schlich erkannte zwar an, dass das neue Gesetz familienfreundlicher gestaltet wurde und eine Ehescheidung nicht erleichtert werden sollte, jedoch wies er mit Nachdruck auf die (aus katholischer Sicht existierenden) Schwachstellen im Zusammenhang mit der Wiederheirat von Kriegshinterbliebenen hin. „Nach § 38 wird die erste Ehe nicht durch die Todeserklärung, sondern durch die Schließung der zweiten Ehe aufgelöst. Lebt der Toterklärte noch, so setzt der staatliche Gesetzgeber das Ehehindernis der Doppelehe außer Kraft. Diese Anschauungen sind mit dem *katholischen Eherecht grundsätzlich unvereinbar*. Das Eheband bleibt, solange der Mann noch lebt. Die irrige Todeserklärung und eine neue geschlossene Ehe ändern daran nichts."[1222]

Schlich wich also bis zu seinem Tod von der katholischen Lehre keinen Millimeter ab, auch wenn er durch seine klare Stellungnahme und Unterweisung der Leser(innen), viele Katholikinnen, die nach dem Krieg als mögliche Witwen lebten und sich erneut verliebten, vor den Kopf stieß und ihnen ein schlechtes Gewissen bereitete.

Diese Gattung von Schriften Schlichs, die sich speziell auf aktuelle rechtliche Themen des damaligen Lebens bezogen, betreffen jedoch nur einen kleinen Teil seines literarischen Schaffens. Die umfangreichsten seiner Bücher sind vielmehr Gebet- oder Andachtsbücher.

Buchtitel	**Erscheinungsjahr**	**Zahl der Auflagen**	**Jahr der letzterschienenen Auflage**
Der gläubige Mann in der modernen Welt	1911	5	1924
Die gläubige Frau in der modernen Welt	1913	2	1921
Trauere nicht!	1915	3	1915
Trost für die armen Seelen[1223]	1907	2	1920
Die christliche Mutter	1940	3	1948

deutschen Volkes" (18.10.1935), durch das die Eheschließung von Menschen mit bestimmten Erbkrankheiten verhindert werden sollte. Vgl. Gesetz zum Schutze der Erbgesundheit des deutschen Volkes. In: Reichsgesetzblatt I, Bd. 1935, 1246; Gesetz zum Schutze des deutschen Blutes und der deutschen Ehre. In: Reichsgesetzblatt I, 1146–1160 sowie Gesetz gegen Mißbräuche bei der Eheschließung und der Annahme an Kindes Statt. In: Reichsgesetzblatt I, 979–982.

1222 Schlich, Das alte und das neue Ehegesetz (wie Anm. 1220), hier: 71. Der hervorgehobene Text wird im Original im Sperrdruck geboten.

1223 Hierbei handelt es sich lediglich um eine von Schlich bearbeitete Neuauflage des 1846 von Joseph Ackermann verfassten Andachts- und Belehrungsbuches „Trost der armen Seelen". Vgl. Gesamtverzeichnis des deutschsprachigen Schrifttums (GV) 1911–1965. Schil-Schmic,

Damit wollte der Seelsorger auch von ihm als schwierig erachtete Umstände für das Leben katholischer Männer bzw. Frauen behandeln. Mit seinen Büchern versuchte er, ihnen in der konkreten Lebensführung zu helfen, was zu dieser Zeit durchaus diffizil war. Die obenstehende Übersicht weist alle Werke Schlichs zu diesem Genre überblickartig auf.[1224]

Drei der vier Andachts- und Gebetbücher, die Schlich im Laufe seines Lebens selbst schrieb, weisen einen geschlechterspezifischen Adressatenkreis auf. Während sich das Werk „Der gläubige Mann in der modernen Welt"[1225] speziell an katholische Herren wendet, sind die Bücher „Die gläubige Frau in der modernen Welt"[1226] sowie „Die christliche Mutter"[1227] speziell für Frauen geschrieben. Solche geschlechterspezifischen Andachts- und Gebetbücher waren zu der Zeit, in der Schlich sie schrieb, keine Seltenheit. Wie Bernhard Schneider dezidiert nachweist, lässt sich ab der Mitte des 19. Jahrhunderts eine rasante Zunahme solcher Werke (sowohl für Frauen als auch für Männer) verzeichnen, wobei mehr Bücher für Frauen geschrieben wurden, als dies für Männer der Fall war.[1228] Hinsichtlich der „Männerbücher" unterscheidet Schneider zwischen vier Grundtypen: Zum einen rein apologetische Werke, zum anderen Ratgeber mit deutlich apologetischer Tendenz, zudem Gebetbücher und darüber hinaus Werke, die zugleich als Lehrbuch wie auch als Gebetbuch fungieren.

Das aus der Feder Schlichs stammende ist hierbei der letzten Kategorie zuzuordnen.[1229] Dabei sieht er den Mann primär durch die säkularen Einflüsse, denen er täglich ausgesetzt war, als im Glauben gefährdet an. Durch eine Belehrung über die katholische Lehre und Religion (im Allgemeinen) sowie durch eine Vielzahl von Gebeten, sei es für den täglichen Privatgebrauch oder in der Kirche (passend zum liturgischen Kirchenjahr), sollten die Männer zu einer regen Partizipation am pfarrlichen Leben und zum Sakramentenempfang motiviert werden.[1230]

hg. von Reinhard OBERSCHELP (= Gesamtverzeichnis des deutschsprachigen Schrifttums [GV] 1911–1965 114). München 1980.

1224 Die Angaben stehen teilweise in den Büchern selbst, teilweise in Bibliothekskatalogen bzw. bibliographischen Nachschlagewerken, wobei sich die Angaben in einigen Fällen widersprechen. Vgl. ebd. sowie Heinrich KEITER und Julius DORNEICH, Katholischer Literaturkalender (= Katholischer Literaturkalender 15). Freiburg i. Br. 1926.

1225 Vgl. SCHLICH, Der gläubige Mann in der modernen Welt (wie Anm. 38).

1226 Vgl. SCHLICH, Die gläubige Frau in der modernen Welt (wie Anm. 38).

1227 DERS., Die christliche Mutter. Belehrungs- und Gebetbuch für die katholische Frau, Gattin und Mutter. Heidelberg ³1948.

1228 Vgl. SCHNEIDER, Auf der Suche nach dem katholischen Mann (wie Anm. 38), hier: 247–249 sowie SCHNEIDER, Männer der Tat und Hüterinnen des Hauses (wie Anm. 653), hier: 151.

1229 Vgl. SCHNEIDER, Auf der Suche nach dem katholischen Mann (wie Anm. 38), 253.

1230 Vgl. ebd., 255f.

Fast analog dazu baute Schlich sein Buch „Die gläubige Frau“ auf, das Schlich, wie er selbst im Vorwort schreibt, auf Bitten des Verlags erarbeitete.[1231] Sein 1911 erstmals erschienenes Männerbuch unterscheidet sich vom 1913 gedruckten „Frauenbuch“ nur geringfügig, wie beispielsweise in den Gebetsteilen und der Kapitelgliederung im ersten Hauptteil. Dort bedient er eher geschlechtsspezifische Stereotypen (Marienverehrung für das „schwache Geschlecht“ und Leidensbetrachtung für die Männer).

Schlich verwandte bei der ideellen Charakterisierung von Frauen und Männern ähnliche Begriffe wie die anderen Verfasser solcher Lektüren.[1232] Der starke Mann, der dem Haushalt vorstehen und tugendhaft sein musste, hatte die Aufgabe die Familie zu leiten, während seine Frau, die mit der (religiösen) Erziehung der Kinder betraut war und als devot gegenüber ihrem Mann charakterisiert wurde, den Haushalt zu versorgen hatte, während ihr Mann seiner harten Arbeit nachkam. Zugleich wurden Männer aber auch als sanftmütig und liebevoll beschrieben.[1233] „Der Clou dabei ist nicht nur die Distanzierung von einer einseitigen Männlichkeitskonstruktion des Kämpferischen und Harten. Die Pointe ist vielmehr die Verbindung dieser vollkommenen Männlichkeit mit dem Christentum, denn dieses erzieht den Mann erst in diese vollkommene Richtung, es veredelt ihn.“[1234]

Das zweite „Frauenbuch“ Schlichs, „Die christliche Mutter“, weicht vom Aufbau seiner 1913 publizierten Schrift ein wenig ab.[1235] Einerseits schrieb er nicht generell von und für Frauen, sondern wandte sich explizit an Mütter, was natürlich auch eine andere Themenwahl in den Kapiteln zur Folge hatte. Andererseits baute er den ersten Teil (Lehrteil) seines Buches, das 1913 gedruckt wurde, anders auf.

„Die gläubige Frau in der modernen Welt“	**„Die christliche Mutter“**
1. Die Frau und die Religion	1. Die Mutter und die Religion
2. Die Frau und das Christentum	2. Die Mutter und die Kirche
3. Die Frau und die katholische Kirche	3. Die Mutter in der Familie
4. Das religiös-sittliche Leben der Frau und Jungfrau	4. Die Mutter im Tugendleben
5. Die Frau in der Familie	

1231 Vgl. Schlich, Die gläubige Frau in der modernen Welt (wie Anm. 38), III.
1232 Vgl. hierzu und zum Folgenden: Schneider, Auf der Suche nach dem katholischen Mann (wie Anm. 38), 270–275. Schneider arbeitete hierzu die Wesensmerkmale aller Autoren heraus, deren Werke er ausfindig machen konnte, und ordnet Schlichs Metaphern entsprechend ein. Eine genaue Übersicht über die Semantiken von Männlich- und Weiblichkeit ist zu finden in: Schneider, Männer der Tat und Hüterinnen des Hauses (wie Anm. 653), 153–156.
1233 Vgl. Schneider, Gesucht: Der katholische Mann (wie Anm. 463), hier: 89 sowie Schneider, Auf der Suche nach dem katholischen Mann (wie Anm. 38), 271.
1234 Schneider, Gesucht: Der katholische Mann (wie Anm. 463), 89.
1235 Vgl. hierzu und zum Folgenden: Schlich, Die christliche Mutter (wie Anm. 1227).

Ferner bezog Schlich im Messandachtsteil eine gottesdienstliche Neuerung mit ein, die sich durch die Liturgische Bewegung gebildet hatte, die sog. Gemeinschaftsmesse. Schlich war dieser Neuerung sehr zugetan, wie er selbst schreibt. „Eine gute Art und Weise, am hl. Meßopfer teilzunehmen, ist die *Gemeinschaftsmesse.* [...] *Die Gemeinschaftsmesse führt vorzüglich ein in den Geist des Kirchenjahres.* Nimmt das Volk teil an der Liturgie, so lebt es sich von selbst ein in den Sinn der Feste, der hl. Tage und Zeiten des Kirchenjahres. Es lebt mit Christus und der Kirche durch Teilnahme am Opfer."[1236]

Es ist doch recht erstaunlich, dass Schlich, der bei der Abfassung seines Buches immerhin schon fast 65 Jahre alt war, solche Neuerungen begrüßte. Andererseits war er stets ein Priester, der bemüht war, möglichst viele Menschen für die Kirche zu gewinnen, auch wenn dies Veränderungen zur Folge hatte. Möglicherweise hatte Schlich durch seine guten Beziehungen nach Maria Laach Kontakt zur Liturgischen Bewegung und war deshalb Neuerungen gegenüber offen.[1237]

Auch sein Buch „Trauere nicht!"[1238] fällt noch unter die Kategorie der Andachts- und Gebetbücher, auch wenn es nicht geschlechterspezifische Adressaten hat. Schlich verfasste dieses Buch als Militärpfarrer der Stadt Saarbrücken während des Ersten Weltkriegs. „Gedanken an die andere Welt, an das Fegfeuer finden jetzt einen guten Boden in den Herzen. Das bringt nicht nur den Hingeschiedenen Linderung und Trost, sondern auch den Lebenden geistigen Nutzen. [...] Ich denke, dass wir jetzt öfters über das Fegfeuer predigen müssen, da wir nicht nur Seelsorger für die Lebenden, sondern auch für die Verstorbenen sind. Das Volk erwartet dies und nimmt solche Belehrungen dankbar auf."[1239]

Er versichert den Hinterbliebenen von verstorbenen Kriegsteilnehmern trostvoll, dass ihre Angehörigen nicht umsonst gestorben sind. Vielmehr sei der Tod für das Vaterland ein christlicher (Helden-)Tod, da es sich bei dem aktuellen Krieg um einen Verteidigungskrieg handle, der aus Notwehr für das Völkerrecht sowie die menschlichen Güter und christliche Sitte geführt werden müsse.[1240] Der Krieg sei „für uns nicht nur gerecht [...], sondern (werde) um das heilige Recht selbst geführt [...]. Dem Kampfpreis des hohen Zieles: ‚Fortbestand des Vaterlandes, Frieden für die Welt' entspricht die erhöhte Bedeutung. Heldentod ist Einsatz für diesen herrlichen Gewinn."[1241] Eine solche Sakralisierung war keine Seltenheit, sondern zu die-

1236 Ebd., 217. Der kursiv gedruckte Text wurde im Original als Sperrtext geboten.
1237 Zur Liturgischen Bewegung vgl. die Ausführungen in Kapitel 4.2.1.
1238 Vgl. Johann Ludger SCHLICH, Trauere nicht! Ewigkeits- und Trostgedanken für die Hinterbliebenen gefallener Krieger, Mit einem Anhang von Gebeten zum Troste der armen Seelen. Saarlouis 1915.
1239 Ebd., 3f.
1240 Vgl. hierzu und zum Folgenden: ebd., 5f.
1241 Ebd., 6.

sem Zeitpunkt gängige Praxis.[1242] Der Krieg wurde von der katholischen Kirche in Deutschland vielfach benutzt, um ihre Treue zum Vaterland unter Beweis zu stellen, nachdem man sich im Kulturkampf von der staatlichen Autorität distanziert hatte. „Politische Gemeinschaftsideale und theologische *communio*-Vorstellungen legitimierten sich wechselseitig“[1243], urteilt Carsten Kretschmann. Die Verteidigung des Vaterlands wurde ebenso als Pflicht verstanden wie auch die Identifikation mit dem Kaiser als dem obersten Kriegsherrn, obwohl Papst Benedikt XV. mit bescheidenem Erfolg zur Neutralität und zum Frieden aufrief.[1244] Die theologische Lehre vom „gerechten Krieg“ (bellum iustum) geht zurück auf ein Werk des mittelalterlichen Scholastikers Thomas von Aquin, der mit seinen Schriften die Theologiegeschichte beeinflusste, wie es kaum ein zweiter Theologe des Mittelalters tat. Seine Lehre wurde auch schon im gesamten 19. Jahrhundert vertreten.[1245] Dem Ersten Weltkrieg wurde vielfach aber auch eine eschatologische Dimension beigemessen, sodass die Kriegszeit als eine Bußzeit verstanden wurde.[1246] Da der Krieg als ein Verteidigungskrieg postuliert wurde, brach der Katholizismus nicht in einen „Hurra-Patriotismus“ aus, sondern man stellte den Leid-, Umkehr- und Bußgedanken ins Zentrum der Kriegstheologie.[1247] Prototypisch verwies man in Predigten und in der katholischen Literatur hierbei auf das biblische Buch und die Figur des Ijob, den einen Gerechten, der von Gott durch Leiden geprüft wurde.[1248] Oder man zitierte aus anderen Schriften des Alten Testaments, in denen man Kriegsdarstellungen finden kann, wobei allerdings, wie Walter Groß anmerkt, „Kriegs*erfahrung* […] in den erzählenden Texten des AT leider kaum angetroffen [werden].“[1249] Auch Schlich führte Schrift-

1242 Vgl. Andreas Holzem, Krieg und Christentum. Religiöse Gewalttheorien in der Kriegserfahrung des Westens, Einführung. In: Krieg und Christentum. Religiöse Gewalttheorien in der Kriegserfahrung des Westens, hg. von Andreas Holzem (= Krieg in der Geschichte 50). Paderborn 2009, 13–104, hier: 57.

1243 Carsten Kretschmann, »Der Herr sei mit Euch, Ihr braven Krieger«. Sakralisierungsstrategien im Kontext des Ersten Weltkriegs. In: Kirche, Krieg und Katholiken. Geschichte und Gedächtnis im 20. Jahrhundert, hg. von Karl-Joseph Hummel und Christoph Kösters. Freiburg i. Br. 2014, 50–66, hier: 51. Hervorhebung im Original. Die „Nation“, die als Begriff nicht zum Proprium der katholischen Theologie gehörte, wurde durch die Trias ‚Gott, Volk und Vaterland‘ umschrieben. Vgl. Andreas Holzem, Erster Weltkrieg. In: Handbuch der Religionsgeschichte im deutschsprachigen Raum, 21–60, hier: 35 sowie Kretschmann, »Der Herr sei mit Euch, Ihr braven Krieger«, 54.

1244 Vgl. Holzem, Erster Weltkrieg (wie Anm. 1243), 40 sowie Kretschmann, »Der Herr sei mit Euch, Ihr braven Krieger« (wie Anm. 1243), 59.

1245 Vgl. Holzem, Erster Weltkrieg (wie Anm. 1243), 26.

1246 Vgl. Hirtenschreiben der deutschen Bischöfe vom 3. Adventssonntag 1914, abgedruckt in: Diözese Trier, Kirchlicher Amtsanzeiger für die Diözese Trier (= Kirchlicher Amtsanzeiger für die Diözese Trier 58). Trier 1914, Nr. 131, S. 119–123, hier: 120.

1247 Vgl. Holzem, Erster Weltkrieg (wie Anm. 1243), 42.

1248 Vgl. ebd., 26.

1249 Walter Groß, Keine »Heiligen Kriege« in Israel. Zur Rolle Jhwh's in Kriegsdarstellungen der Bücher Jos bis 2Kön. In: Krieg und Christentum, 106–127, hier: 106. Hervorhebung im Original.

stellen aus dem Buch Ijob an, um an ihnen exemplarisch deutlich zu machen, was es heißt, sich in Gottes Willen einzufügen und auf seine Vorsehung zu vertrauen und daraus Trost zu schöpfen.[1250]

Der Tod eines Soldaten, der aus Liebe und Pflichtbewusstsein für sein Vaterland gestorben sei, sei jedoch nicht das Ende des Menschen, so Schlich weiter, sondern alle Getauften würden mit Christus auferstehen und in der Ewigkeit werde es ein Wiedersehen mit ihnen geben, weil ihre Seelen unsterblich seien. Schlich verwandte bei seinen Ausführungen eine große Anzahl an neutestamentlichen Bibelzitaten, um seine Trostworte zu untermauern.[1251] Eine solche Verknüpfung des Heldentods mit der christlichen Auferstehungshoffnung war eine damals gängige Stereotype.[1252] „In diesen hermetischen Deutungen wurden Krieg und Tod so mit Sinn gefüllt, wurden die Gnadenmittel, die Totenmesse und der Ablass, das Fürbittgebet und die Aufopferung, die karitative Fürsorge und die Askese des Ausharrens so in den Dienst genommen [...].“[1253] Der Glaube an die Auferstehung der Toten wurzelt in der Taufe, durch die man mit Christus stirbt und Anteil erhält an seiner Auferstehung. Während der Kriegsjahre findet man ein eindeutiges Deutemuster des Krieges als heiligen Krieg und Krieg der Heiligen (miles Christi), wobei der Kriegstod einem Märtyrertod gleichkam.[1254]

Auch im Werk Schlichs findet man diesen Gedanken. Gerade die Eucharistie sei eine Verbindung zwischen Himmel und Erde, zwischen den noch Lebenden und den Toten (im Fegefeuer und den Heiligen im Himmel): „hier unten die Seelenspeise für alle, die nach seinem Trost und nach seiner Kraft schmachten, droben die Freude und Wonne der Heiligen, in der hl. Messe der Trost der armen Seelen im Fegfeuer. [...] *Gemeinschaft der Heiligen* heißt die geistige Verbindung der Christgläubigen auf Erden, der Seelen im Fegfeuer und der Heiligen des Himmels.“[1255]

Während des Krieges konnten die Zuhörer protestantischer und katholischer Ansprachen sowie Leser frommer Erbauungsliteratur lesen, dass der Krieg ein

1250 Vgl. Schlich, Trauere nicht! (wie Anm. 1238), 29.

1251 Interessanterweise verwandte Schlich nur zweimal in seinem gesamten Werk Zitate aus den Makkabäerbüchern, die von vielen Zeitgenossen Schlichs gerne zur Begründung des Kriegs herangezogen wurden. Schlich zitierte aus den beiden Büchern jedoch nur, um den Lesern zu zeigen, dass ihr Gebet für die Verstorbenen wichtig sei. Vgl. ebd., 89.

1252 Vgl. Christian Geinitz, Der Weltkrieg als Weltgericht. Nationalisierung und Kriegstheorie der deutschen Katholiken zu Beginn des Ersten Weltkriegs am Beispiel der Erzdiözese Freiburg. In: Krieg und Christentum, 680–704.

1253 Holzem, Erster Weltkrieg (wie Anm. 1243), 49f.

1254 Vgl. Kretschmann, »Der Herr sei mit Euch, Ihr braven Krieger« (wie Anm. 1243), 56.61. Bereits Tertullian interpretierte die Taufe als einen Fahneneid auf Christus und den damit verbundenen Eintritt in die „militia Dei“. Vgl. Tertullian, Ad mart. 3,1. Schlich verwandte diesen Kirchenvater allerdings nicht bei seinen Ausführungen.

1255 Schlich, Trauere nicht! (wie Anm. 1238), 20. Der kursiv gedruckte Text wurde im Original als Sperrtext geboten.

göttliches Strafgericht gegen den sittlichen und moralischen Verfall der Vorkriegszeit sei, der durch die materialistischen und atheistischen Strömungen des 19. Jahrhunderts auftrat.[1256] Krieger, die im Kampf starben, hätten einen guten Tod gefunden, weil sie für eine größere Sache mit reinem Gewissen gestorben seien. Schlich griff in seinem Werk auch diesen „Menschentrost" auf, erweiterte ihn jedoch in eine transzendentale Richtung. „Diese menschlichen Trostgründe sind vernünftig und besitzen eine um so höhere Wirkung, je besser jemand diese vaterländischen Gedanken erfassen und je leichter er seine persönlichen Lebensinteressen dem Volksganzen eingliedern und unterordnen kann. *Aber stärker und süßer ist der Gottestrost.* Ein zerrissenes Mutterherz wird beim Hören der menschlichen Trostgründe nicht zu bluten aufhören. Wenn aber der Gottesglaube den Menschentrost verklärt, wenn der Menschentrost durch die Religion ein Gottestrost wird, wenn der Menschentrost nicht ein rein natürlicher bleibt, sondern durch Aufblick zum Kreuz, durch Aufblick zum Himmel, zum Ergeben in Gottes hl. Willen in die übernatürliche Ordnung erhoben wird"[1257], dann habe der Tod eines Menschen Sinn gehabt.

Nach den Trostworten belehrt Schlich seine Leserschaft noch über den Reinigungsort und merkt an, dass das Fegefeuer weder ein Ort im Himmel noch in der Hölle sei. Es handele sich dabei um einen „Vorhimmel", was es nicht mit dem Paradies zu verwechseln gelte. Mit schaurigen Worten, jedenfalls für den heutigen Leser, beschreibt Schlich das Purgatorium und ruft daher die Gläubigen auf, für die Seelen zu beten, denn dies würde die Zeit der Reinigung verkürzen. Die Mittel der Kirche seien Almosen, das Gebet, die hl. Kommunion, das Messopfer und fromme Übungen, wobei das Messopfer das wirksamste aller Hilfsmittel sei. Abschließend klärt er die Leser/innen darüber auf, dass es einen besonderen Ablass, den „heldenmütigen Liebesakt", gäbe, der schon 1728 von Papst Benedikt XIII. gewährt wurde, und wie man diesen erlangen könne.

Lehr- und Gebetsbücher, die sich mit der Seele und dem Fegefeuer beschäftigen, waren keine neue Erfindung. Schon seit der Mitte des 19. Jahrhunderts erfuhren diese Bücher einen konjunkturellen Aufschwung.[1258] Manche dieser Bücher

1256 Vgl. KRETSCHMANN, »Der Herr sei mit Euch, Ihr braven Krieger« (wie Anm. 1243), 54 sowie HOLZEM, Erster Weltkrieg (wie Anm. 1243), 37f. Der Gedanke findet sich auch im Hirtenschreiben der deutschen Bischöfe vom 3. Adventssonntag 1914, abgedruckt in: DIÖZESE TRIER, Kirchlicher Amtsanzeiger für die Diözese Trier (wie Anm. 1246), Nr. 131, S. 119–123, hier: 120f.

1257 SCHLICH, Trauere nicht! (wie Anm. 1238), 28. Der kursiv abgedruckte Text wurde im Original im Sperrformat geboten.

1258 Bei der Durchsicht verschiedener Onlinekataloge und bibliographischer Nachschlagewerke ist festzustellen, dass ab etwa 1850, der Zeit, in der die Massenproduktion kleiner Gebets- und Andachtsbücher für Laien rasant zunahm, auch Werke zu diesem Thema gedruckt wurden.

wurden sogar in mehreren Auflagen neu gedruckt. Auch Schlich gab das Buch Joseph Ackermanns „Trost der armen Seelen", welches 1846 bereits in zweiter Auflage erschienen war, selbst noch einmal neu heraus. Im Zeitraum zwischen 1914 und 1920, den Kriegs- und Nachkriegsjahren, fanden diese Bücher einen besonders hohen Absatzmarkt. Der Grund hierfür liegt auf der Hand. So wurde beispielsweise das Armen-Seelen-Büchlein von Johannes Kox allein in den Jahren 1916 und 1917 mehrfach aufgelegt.[1259] Die Lehr- und Andachtsliteratur über das Fegefeuer bzw. die Seele, die zwischen 1914 und 1920 erschienen, sind jedoch, im Gegensatz zu den früheren Werken, thematisch auf den glorreichen Kriegstod für das Vaterland fokussiert.

Das Fegefeuer sowie der Armen-Seelen-Kult nahm in der katholischen Frömmigkeit zu Beginn des 20. Jahrhunderts eine wichtige Position ein. Bereits im Mittelalter wurde das Fegefeuer gelehrt. Drei Faktoren bedingten im deutschen Sprachraum die Akzentuierung der Jenseitsvorstellung in den Jahren zwischen 1750 und 1900. Einerseits die „klassische" scholastische Eschatologie, andererseits die Säkularisierung und darüber hinaus die Aufklärung. Durch die Säkularisierung änderte sich die religiöse Vorstellungswelt, was für die Jenseitsvorstellung aber keinen radikalen Wandel bedeutete, sondern nur zu einer Akzentverlagerung und Modifizierung verschiedener Gesichtspunkte des Glaubensguts führte.[1260] Die aufklärerische Kritik intellektueller Kreise an den Vorstellungen von Hölle und Fegefeuer beeinflusste die kirchliche Praxis des Ablasses. Jedoch hatte dies nur wenig Einfluss auf die Volksfrömmigkeit. Die evangelischen Kirchen lehnten schon seit ihrer Entstehung die Lehre vom Fegefeuer ab, da sie die damit einhergegangene kirchliche Praxis (Ablasshandel, Seelenmessen) nicht übernahmen.[1261] Die katholische Kirche lehrte allerdings weiter, dass man für die Verstorbenen durch Gebet und Seelenmessen die Zeit im Fegefeuer verkürzen könne. Diese Ansicht vertrat auch Schlich. Es wird an dieser Stelle deutlich ersichtlich, dass Schlich nicht dem Kreis derer zuzurechnen ist, die sich für die Ökumene, also die Annäherung bzw. die Einheit zwischen Katholiken und Protestanten einsetzten. Das Gegenteil war der Fall: Er betonte das, was die Konfessionen voneinander unterschied.

1259 Vgl. Johannes Kox, Armen-Seelen-Büchlein. Die schönsten Gebete zum Troste der armen Seelen, nebst dreissig Betrachtungen über das Fegfeuer für den Monat November. Dülmen i.W ^{26}1916 sowie DERS., Armen-Seelen-Büchlein. Die schönsten Gebete zum Troste der armen Seelen, nebst dreissig Betrachtungen über das Fegfeuer für den Monat November. Dülmen i.W ^{27}1916.

1260 Vgl. hierzu und zum Folgenden: Julia KRÖHN, Jenseits. In: Handbuch der Religionsgeschichte im deutschsprachigen Raum. 1750–1900, hg. von Michael PAMMER (= Handbuch der Religionsgeschichte im deutschsprachigen Raum 5). Paderborn 2007, 301–316, hier: 301f.

1261 Vgl. ebd., 310.

In den Kriegsjahren wurden von der katholischen Kirche drei spezielle Frömmigkeitsformen gefördert, in denen die Menschen Halt finden sollten. Da der Krieg „als Strafe für die Gottferne der kriegsführenden Nationen" angesehen wurde, legte die Herz-Jesu-Verehrung ihren Schwerpunkt auf den Sühnegedanken. Die deutschen Bischöfe weihten – in Anlehnung an die Weltweihe von 1899 – als Zeichen der Umkehr und Buße die gesamte Nation am 10. Januar 1915 dem Heiligsten Herzen Jesu.[1262] Zudem wurde die Verehrung der Maria Immaculata (1854) als Siegeshelferin propagiert, da sie auch bei vielen kriegerischen Auseinandersetzungen (z. B. gegen die Türken und Sarazenen) den Katholiken geholfen habe.[1263] Ferner wurde der heilige Erzengel Michael in den Fokus gerückt. Doch diese drei Frömmigkeitsformen finden sich im Buch des Pfarrers von St. Jakob nicht wieder. Außerdem rief Schlich, und dies war normalerweise nicht üblich, dazu auf, auch für die gefallenen Feinde in den allgemeinen Fürbitten zu beten und diese nicht auszuschließen, da alle vor Gott Brüder seien. „Sie sind ja im Dienste ihrer Pflicht, für ihre Ideale, für ihr Vaterland gestorben. Und es ist nicht die äußere Nationalität, sondern die Herzensgesinnung, die den Kriegertod mit Herrlichkeit umkleidet. Pflichttreue, Gottesfurcht, Bruderliebe, Opfermut, ritterlicher Sinn, das ist's, was das vergossene Blut heiligt."[1264] Daran wird deutlich, dass für Schlich nicht die „Nation" im Vordergrund stand, sondern vielmehr die religiöse Gesinnung für das Vaterland, auch wenn dies nicht das eigene war. Man kann an dieser Stelle erkennen, dass für Schlich jedes Menschenleben und jede Seele, die gerettet werden muss, gleich viel wert war.

Mit seinen Ausführungen verfolgte Schlich zwei Anliegen: Zum einen wollte er seinen Lesern, die wahrscheinlich zum Kreis derer gehörten, die einen Familienangehörigen als Kriegsteilnehmer an der Front verloren hatten, Trost in der schweren Zeit spenden und zum anderen diese dann zum Gebet für die Verstorbenen motivieren. Jedes seiner Kapitel versucht deutlich zu machen, wie wichtig das Beten für die armen Seelen (auch die der Feinde) sei. Mit dem Beten für die Seelen der Gefallenen, um deren Zeit im Fegefeuer zu verkürzen, war natürlich auch die Festigung der Einheit des katholischen Milieus verbunden und die Abgrenzung von den Protestanten. Während des Krieges erfuhr zugleich der Aberglaube Hoch-

1262 Vgl. Holzem, Erster Weltkrieg (wie Anm. 1243), 54f.

1263 Vgl. hierzu und zu Folgenden: ebd. Die Interpretation der die katholischen Krieger schützenden Gottesmutter wurde bereits im Mittelalter verwandt und erfuhr im Kulturkampf starken Aufschwung, wie das Lied Joseph Mohrs „Ein Haus voll Glorie schauet" aus dem Jahr 1876 deutlich unter Beweis stellt, wenn es im Original heißt: „Dem Sohne steht zur Seit die reinste der Jungfraun, um sie drängt sich zum Streite die Kriegsschar voll Vertraun." Vgl. Heinz-Günther Schöttler, Ein Haus voll Glorie schauet? Die wechselhafte Geschichte eines Kirchenliedes an den Bruchkanten der Moderne. In: Bibel und Liturgie 83 (2010) S. 32–48.

1264 Schlich, Trauere nicht! (wie Anm. 1238), 92.

konjunktur, da viele religiöse Interpretationen eine „Renaissance" erlebten, wie der kleinkindliche Gottesglaube, aber auch der Aberglaube mit magischen Ritualen. „Zwischen traditionellem Jesusbekenntnis und hemmungslosem Spiritismus, zwischen Gebeten und Amuletten, zwischen dem Leiden Christi und der Fürbitte der Heiligen entfaltete sich der ganze Formenreichtum einer Religion des Krieges, die weder institutionell noch dogmatisch verfasst war."[1265]

Im zweiten Hauptteil gibt er daher dem Leser, neben Gebeten für den privaten Gebrauch, noch eine Messandacht für die armen Seelen sowie verschiedene Gebete für diverse Gelegenheiten des Kirchenjahres und des Sakramentenempfangs an die Hand, wie er es auch bei seinen „Männer- und Frauenbüchern" tat.

Dieses Werk Schlichs ist aus der Not und den Bedürfnissen seiner Zeit entstanden. Schlich, der sicherlich viele Kriegsopfer zu Grabe tragen und Angehörige trösten musste, wollte durch den Druck eines solchen Buches möglichst viele Menschen erreichen und seine Seelsorge ausweiten.[1266] Schlich hielt in Saarbrücken eine Trauerrede für einen hochrangigen Soldaten, die in gedruckter Form überliefert ist.[1267] Schlich verarbeitet in seiner Ansprache einige seiner Gedanken, die er in seinem Buch genauer erläuterte. Dies zeigt, dass Schlich keinen Unterschied zwischen einem einfachen Soldaten machte, der im Krieg getötet wurde, und einem ranghöheren. Er wollte Tröster für alle sein, Seelsorger für alle Lebenden und Toten, ganz egal welcher gesellschaftlichen Schicht sie entstammten.

Ebenso verfasste er als Militärpfarrer der Stadt Saarbrücken ein kleines Büchlein, in dem er Vorträge sammelte, die er in Lazaretten vor verwundeten Kriegsteilnehmern hielt.[1268] Darin ging er einerseits auf die Not derer ein, die durch ihre Verletzungen nicht mehr arbeitsfähig waren, indem er ihnen ihre Versorgungsansprüche erklärte und ihnen Trost im Glauben spendete, denn der Dienst für das Vaterland und die Treue zu demselben sei eine christliche Pflicht. Andererseits zeigte er denen, die nur noch eingeschränkt arbeitsfähig waren, auf, welche Arbeitsplätze ihnen nun noch offen stünden bzw. nannte ihnen Einrichtungen, in denen ihnen geholfen würde. Auch mit diesem kleinen Büchlein, das gerade

1265 KRETSCHMANN, »Der Herr sei mit Euch, Ihr braven Krieger« (wie Anm. 1243), 53. Vgl. zudem HOLZEM, Erster Weltkrieg (wie Anm. 1243), 57.

1266 Teile dieses Werkes entstammen Predigten von ihm, die er schon einmal gehalten hatte und die den Hinterbliebenen offenbar Kraft gaben. Vgl. SCHLICH, Trauere nicht! (wie Anm. 1238), 4.

1267 Vgl. DERS., Grabrede für Herrn Raimund Frhr. von Guttenberg-Steinenhausen. Hauptmann und Kompaniechef im Königs-Infanterie-Regiment Nr. 145, gehalten von dem katholischen Garnisonspfarrer Herrn Dr. Schlich zu Saarbrücken am 31. August 1914. Saarbrücken 1914.

1268 Vgl. DERS., Über Kriegsbeschädigten-Fürsorge. Nach Lazarett-Vorträgen. Saarbrücken 1915.

einmal 16 Seiten umfasste, versuchte er durch den Einsatz moderner Printmedien, möglichst flächendeckend Seelsorge zu betreiben.

Eine bedeutsame Schrift aus der Feder des Saardechanten, die ihm später auch viel Ärger mit dem NS-Regime bereiten sollte, war eine schriftliche Auseinandersetzung mit Alfred Rosenbergs „Mythus des 20. Jahrhunderts". Dieses 1934 verfasste Werk ist eine Belehrung über fundamentale Glaubenslehren und Verteidigung der katholischen Weltanschauung gegen die im Deutschen Reich herrschenden Nationalsozialisten. Das Buch Schlichs erfuhr recht schnell zwei Neuauflagen, sodass 1935 bereits die dritte Auflage erschien, die dann auch von den Nationalsozialisten bei einer Haussuchung in der Saarbrücker Druckerei und Verlag A. G. beschlagnahmt wurde.[1269]

Dabei war Schlich jedoch nicht der einzige Theologe, sei es katholischer oder evangelischer Konfession, der sich gegen den „Mythus" Rosenbergs zur Wehr setzte. Insgesamt lassen sich eine Vielzahl von Monographien und Artikeln in den Jahren 1934–1936 finden, in denen Theologen sich kritisch mit dem „Mythus" Rosenbergs auseinandersetzten.[1270]

Schlich war mithin einer der ersten, der sich gegen Rosenbergs Buch (und somit auch gegen die menschenverachtende Weltanschauung der Nationalsozialisten) wandte. Manche der Schriften waren sogar so stark begehrt, dass man sie neu auflegen musste. Schlich besaß hierbei (zumindest bei der Erstauflage) den Vorteil, dass er im Saargebiet, wo er sein Werk selbstverständlich auch in den Druck gab, noch nicht von den Nationalsozialisten bedrängt werden konnte, da das Saargebiet noch autonom war. Auch hier erkannte er die Not der Stunde und blieb seinem Auftrag als Seelsorger treu, die Christen vor der Irrlehre des Nationalsozialismus zu warnen, auch wenn es für ihn persönlich negative Konsequenzen haben sollte.[1271]

1269 Vgl. hierzu die Ausführungen in Kapitel 4.4.6.

1270 Eine Belehrung für Katholiken, wie Schlich sie verfasste, findet sich auch in den ersten sieben Heften der 1934 erschienenen Schriftenreihe „Der Christ in der Zeit" (vgl. Der Christ in der Zeit, hg. von AKADEMISCHE BONIFATIUS-VEREINIGUNG. Paderborn 1934). Mehrere namhafte Bischöfe hielten 1934 noch Ansprachen wider Rosenbergs Mythus. Vgl. Michael von FAULHABER, Christentum und Heidentum, Licht und Finsternis. Eine Predigt bei der Bruder Konrad-Feier in Altoetting am 8. September 1934. München 1934. Ferner ist der Osterhirtenbrief Kardinal von Galens vom 26.03.1934 zu nennen. Vgl. Bernhard STASIEWSKI, Akten deutscher Bischöfe über die Lage der Kirche 1933–1945. Band I: 1933–1934 (= Veröffentlichungen der Kommission für Zeitgeschichte bei der Katholischen Akademie in Bayern. Reihe A, Quellen 5). Mainz 1968, 649–653). Ferner ist eine große Zahl an Monographien erschienen. Vgl. exemplarisch Conrad GRÖBER, Einer ist euer Lehrer, Christus. Ein erklärendes und abwehrendes Wort für unsere Zeit. Freiburg i. Br. ³1934 sowie Johannes DAHL, Kirchengeschichtliche Irrtümer im Mythus des 20. Jahrhunderts. Kevelaer 1935.

1271 Vgl. die Ausführungen in Kapitel 4.4.6.

Schlich verfasste während seines gesamten Lebens aber auch eine Vielzahl an Büchern, Heften, Beiträgen und Zeitungsartikeln, die man am ehesten unter dem Begriff „katechetische Werke" zusammenfassen könnte. Das für Schlich selbst wohl wertvollste und wichtigste katechetische Hilfsmittel, das er herausgab, ist seine Zeitschrift für Kommunionkinder, die er zur Vorbereitung auf die Erstkommunion erstellte. Dazu zwang ihn der Umstand, dass die Hefte, die bisher im Saargebiet (zumindest in seiner Pfarrei) genutzt wurden, aufgrund der Zollabfertigung nicht mehr regelmäßig ankamen.[1272] Für sein Zeitschriftenprojekt erhielt er die kirchliche Druckerlaubnis. Die erste Ausgabe des ersten Jahrgangs erschien im Jahr 1924, der letzte Jahrgang 1940.[1273] Ein Jahrgang bestand aus jeweils zehn Nummern (à vier DIN A4 Seiten, beidseitiger bunter Schriftdruck), für die die Kinder sogar eine Sammelmappe erwerben konnten. Schlich schrieb die Texte in kindgerechter Sprache, auch wenn er die Eltern explizit dazu aufrief, die Zeitschriften gemeinsam mit ihren Kindern zu lesen.[1274] Ferner sind zahlreiche Bilder in den Heften enthalten, die den Kindern das Verstehen erleichtern sollten.

Jede Nummer folgt in etwa dem gleichen Aufbau und jede hat ihr eigenes Thema, das behandelt werden sollte. Dieses wurde im Abschnitt „Mein Vorsatz" eingeführt und in jeder Nummer ähnlich formuliert, wobei nur das Thema variierte.[1275] Hinsichtlich der Themenwahl ist ein klares Konzept erkennbar: Er begann zunächst damit, die Kinder mit dem „Beten" vertraut zu machen und wandte sich in diesem Zusammenhang dem Vaterunser zu.[1276] In der nächsten Nummer ging es um den Gehorsam (gegenüber den Eltern und Gott), danach um das

1272 Vgl. Schreiben Schlich an die Bischöfliche Behörde vom 19.07.1924 (Bistumsarchiv Trier [wie Anm. 27]).

1273 Nach Schlichs Fortgang aus Saarbrücken führte StR Fassbinder die Herausgabe der Zeitschrift fort.

1274 Vgl. Dein Heiland kommt. Wochenschrift für die Kommunionkinder, Unter Mitwirkung von Geistlichen, Schulmännern und Lehrerinnen, hg. von Johann Ludger Schlich. Saarbrücken 1935, Nr. 1 S. 6. Alle nachfolgenden Erläuterungen beziehen sich auf den 10. Jahrgang (1935).

1275 „Du willst doch ein gutes Kommunionkind werden. Das wirst du, wenn du täglich einen guten Vorsatz machst und ihn treu hälst. Welches soll denn dein guter Vorsatz sein? Ich will von jetzt ab jeden Abend beim Abendgebet *mein Gewissen erforschen.* Ich will mich besinnen, ob ich mich heute als Kommunionkind gut vorbereitet habe oder ob ich durch Sünden Gott beleidigt habe. Wenn ich oft denselben Fehler finde, dann will ich mir es vornehmen, darin mein Leben zu bessern. Das ist mein Hauptfehler und den muß ich bis zur heiligen Kommunion ganz ablegen. Halte treu diesen Vorsatz! Dann wird Gott dir beistehen!" (ebd., Nr. 6 S. 2). Der hervorgehobene Text wird im Original im Sperrdruck geboten. Solche moralischen Appelle an die Erstkommunikanten war für diese Zeit üblich, wie Josef Dreißen feststellt. Ein Kommunionkind sollte durch ein besonders tugendhaftes Leben glänzen und bereitwillig Opfer bringen. Vgl. Josef Dreißen, Über das geschichtliche Werden des Erstkommunionunterrichts. In: Katechetische Blätter 85 (1960) S. 8–16, hier: 9.

1276 Vgl. Schlich, Dein Heiland kommt (wie Anm. 1274), Nr. 1.

achte Gebot, gefolgt von den Tugenden (Sanftmut, Verträglichkeit, Friedfertigkeit), der Demut und der abendlichen Gewissenserforschung (mit Schärfung des Sündenverständnisses).[1277] Die ersten sechs Ausgaben handelten also von allgemeinen Glaubensthemen, die die Welt der Kinder betrafen. Die letzten vier Wochen vor der Erstkommunion lehrte Schlich über das Altarsakrament. In Nummer 7 lieferte er seinen Leser(inne)n eine Eucharistiekatechese (Gründonnerstag und Wandlung) sowie eine Katechese zur Messfeier (Ablauf und Gebete).[1278] In der folgenden Woche unterwies er die Kinder bzgl. der „geistigen Kommunion", die „lebendige[n] Glaube[n], innige Liebe, sehnliches Verlangen"[1279] voraussetze. In der neunten Nummer erklärte er den Kindern das Thema „Opferbereitschaft/Kreuzesnachfolge", wodurch sie lernen sollten, dass Jesus den armen Sündern mehr helfe, wenn sie selbst mehr Opfer darbringen würden. Es sei ebenfalls möglich und guter katholischer Brauch, ein Heidenkind zu „kaufen", wenn die Kinder ihr Geld dafür fleißig sparten und spendeten.[1280] Abschließend rief er den Erstkommunikant(inn)en noch einmal in Erinnerung, dass sie sich immer sorgfältig auf den Kommunionempfang vorbereiten und danach genügend Danksagung halten müssten. Der häufige Sakramentenempfang wäre, so Schlich weiter, der beste Weg, Jesus treu zu bleiben.[1281]

In jeder Nummer sind viele Kindergeschichten zum jeweiligen Thema sowie Heiligenlegenden enthalten, woran die Kinder das Gelernte am Beispiel vertiefen sollten. Neben den Hauptthemen, die sich immer wie ein roter Faden durch die jeweilige Nummer zogen, behandelte Schlich auch diverse andere Aspekte: den Vorteil der Frühkommunion, das Sakrament der Versöhnung (mit Beichtspiegel), die Herz-Jesu-Verehrung, den Jahreskreis, das kirchliche Brauchtum sowie den Rosenkranz. In den meisten Ausgaben sind auch Artikel zur Marienverehrung und Bibelkatechesen enthalten.

Diese Mühe Schlichs, die Pfarrkinder sorgsam auf den erstmaligen Empfang der Kommunion vorzubereiten, ist kaum überraschend, denn Schlich übernahm als Pfarrer selbst (mit den Kaplänen) die Vorbereitung der Kinder, wozu er sich in

1277 Vgl. ebd., Nr. 2–6.
1278 Vgl. ebd., Nr. 7.
1279 Ebd., Nr. 8 S. 2.
1280 Vgl. ebd., Nr. 9. Die Heidenmission in Übersee und die Missionsvereine waren im Bistum Trier bereits vor dem Ausbruch des Ersten Weltkriegs in den Pfarreien stark verbreitet und durch Bischof Korum gefördert. Wie Bernhard Schneider nachweist, rangierte der Kindheit-Jesu-Verein auf Platz 2 der meistgenannten Vereine aller Pfarreien der Diözese. Vgl. Schneider, Kirchliches Leben, Frömmigkeit und Seelsorge im gesellschaftlichen Wandel (wie Anm. 384), 367.370. Üblicherweise meldeten sich alle Erstkommunionkinder in diesem Verein an. In Saarbrücken I, so schrieb Schlich in den Visitationsprotokollen mehrfach, seien „fast alle Schulkinder" Mitglied dieses Missionsvereins. Vgl. hierzu die Ausführungen in Kapitel 4.1.1 sowie 4.1.3.
1281 Vgl. Schlich, Dein Heiland kommt (wie Anm. 1274), Nr. 10.

der Woche vor dem Weißen Sonntag auch mehrmals täglich mit den Gruppen in der Kirche versammelte.[1282] Die Erstkommunionkatechese übernahmen zu dieser Zeit normalerweise die Pfarrer, jedoch ist die Herausgabe einer Zeitschrift, die den Unterricht begleitete und vertiefte, eine Seltenheit.

Integraler Bestandteil der Erstkommunionvorbereitung war natürlich auch die Erstbeichte, auf die die Priester die Kinder vorbereiten mussten, damit sie würdig zum Tisch des Herrn schritten. „Dabei waren es keineswegs nur schöne Erlebnisse, sondern oft genug auch Höllenerfahrungen, wenn ein Kind Angst haben mußte, daß es die erste heilige Kommunion nicht würdig empfangen habe. [...] Obwohl theologisch die Kommunion als Begegnung mit dem Herrn gedeutet wurde, war sie wohl in den seltensten Fällen ein befreiender Ritus, da die Vorbereitung so angstbesetzt war."[1283]

Das katholische Milieu war von gemeinsamen Werten, Lehren und Standards bestimmt und wurde von ihnen auch zusammengehalten. Es bedurfte der Orte und Mittel, in diesen Milieustandard einzuführen. Die Erstkommunionkatechese war in diesem Sinn ein herausragender Ort und die Zeitschrift dann ein besonderes und modernes Mittel der Pastoral. Es ging Schlich also auch hierbei darum, das katholische Milieu zu formieren und zu stabilisieren.

Aber nicht nur die Vorbereitung der Kleinen auf den Empfang der Sakramente war ihm ein Herzensanliegen, sondern auch die Erwachsenenkatechese war ihm wichtig. Als Frucht seines Arbeitens kann man daher seine Beiträge „Versuch einer Erwachsenen-Katechese" sowie „Erwachsenenkatechesen über den Gottesbegriff" ansehen, die er 1936 bzw. 1940 im ‚Pastor bonus' veröffentlichte.[1284] Außerdem verfasste er in der „Saarbrücker Landes-Zeitung" von 1925 bis 1926 in unregelmäßigen Abständen an den Sonn- und Feiertagen katechetische Artikel, die sich (mit weni-

1282 Vgl. hierzu die Ausführungen in Kapitel 4.1.1. Die gesonderte und geschlossene Erstkommunionfeier findet erstmals Erwähnung in den Dokumenten der Münsterer Diözesankonferenz von 1661 und wurde von den Jesuiten propagiert, welche im Zuge der Volksmissionen eine separate katechetische Vorbereitung der Kinder anboten. Nach der Aufhebung des Jesuitenordens (1773) ging die Erstkommunionvorbereitung in das Aufgabenfeld der Pfarrer über. Bis zum Anfang des 19. Jahrhunderts wurde vielerorts die feierliche Erstkommunion mit der Schulentlassung verbunden. 1862 setzten die Bischöfe den Weißen Sonntag als Termin für die Erstkommunionfeier fest. Vgl. Michael KLÖCKER, Katholisch – von der Wiege bis zur Bahre. Eine Lebenswelt im Zerfall? München 1991, 220 sowie Olivia WIEBEL-FANDERL, Lebenslauf. In: Handbuch der Religionsgeschichte im deutschsprachigen Raum, 335–353; KLÖCKER, Katholisch – von der Wiege bis zur Bahre, hier: 338f.

1283 WIEBEL-FANDERL, Lebenslauf (wie Anm. 1282), 340. Ein solcher Schrecken war beispielsweise das Verschweigen einer begangenen Sünde in der Beichte oder die Missachtung der eucharistischen Nüchternheit.

1284 Vgl. Johann Ludger SCHLICH, Versuch einer Erwachsenen-Katechese. In: Pastor bonus, 289–296 sowie DERS., Erwachsenenkatechesen über den Gottesbegriff. KW. Fr. 12–16. In: Pastor bonus, 97–108.146–150.

gen Ausnahmen) mit den Sonntagsevangelien auseinandersetzten.[1285] Gelegentlich nutzte er diese Zeitungsartikel auch im Sinne einer allgemeinen religiösen Unterweisung entsprechend dem Jahreskreis. Diese Form der Katechese war Schlich aber sehr wichtig, weil er auf diese Weise die breite Öffentlichkeit erreichen und gegen die nichtkatholischen Weltanschauungen (gemäß seinem Verständnis von katholischer Pressearbeit) agieren konnte.[1286] Darüber hinaus schrieb er 1936, als er bereits Pfarrer in Koblenz (Neuendorf) war, eine Erwachsenenkatechese bzw. Bibelstunde, die er ebenfalls im ‚Pastor bonus' publizierte und mit der er zugleich an seine Kritik an Rosenbergs ‚Mythus des 20. Jahrhunderts' anknüpfte.[1287] Auf diese Weise wandte er sich zunächst gegen die Ansicht Rosenbergs, der die Gottheit Jesu Christi bestritt und postulierte, Paulus habe das Christentum „verfälscht" und „verjudet". Dem stellte Schlich eine tiefgreifende Auslegung der paulinischen Theologie gegenüber und es gelang ihm, mit dieser Katechese nicht nur zur theologischen Bildung der Leser beizutragen, sondern auch Rosenbergs Widersprüche zur Heiligen Schrift aufzudecken.

Mit seinem Buch „Bekanntschaft und Brautzeit"[1288] wandte sich Schlich zwar an eine bestimmte Leserschaft, nämlich die Jugendlichen im heiratsfähigen Alter, aber es handelt sich nicht um ein Lehr- und Gebetbuch, sondern um eine Sakramentenkatechese bzw. diesbezügliche Belehrung. Die Schrift, die gerade einmal 15 Seiten umfasst, ist systematisch angelegt im Sinne einer Unterweisung vom Kennenlernen über die Verlobung und Hochzeit bis hin zum Familienleben selbst.

Schlich belehrt die Leser zunächst mit klaren Worten darüber, was die katholische Lehre zu einer Bekanntschaft sagt und was verboten ist. „*Unerlaubt* sind alle *Verhältnisse*, bei denen von vornherein eine Ehe für einen Katholiken ausgeschlossen ist, z. B. weil der andere Teil geschieden oder nicht getauft oder bereits verheiratet ist. Unerlaubt und voller Gefahren für die Sittlichkeit sind alle Verhältnisse, bei denen gar keine Absicht zur Eheschließung vorliegt oder eine solche vielleicht erst nach Jahren möglich ist. Ein solches Verhältnis Freundschaft zu nennen wäre Selbstbetrug. *Liebe ohne Ernst* schadet den jungen Menschen, macht sie charakterlos und gewissenlos und stürzt sie meist ins Unglück."[1289]

1285 Eine detaillierte Übersicht aller Artikel sowie eine Auswertung und Einordnung ist bereits erschienen in: SIMON, Pfarrer Dr. Johann Ludger Schlich und die katholische Pressearbeit an der Saar 1920–1935 (wie Anm. 8), 358–361.

1286 Zum Presseverständnis Schlichs vgl. die Ausführungen in Kapitel 4.4.4.

1287 Vgl. hierzu und zum Folgenden: Johann Ludger SCHLICH, Paulus und das Christentum. (Erwachsenenkatechese oder Bibelstunde). In: Pastor bonus, 66–70.

1288 Vgl. DERS., Bekanntschaft und Brautzeit. Belehrungen und Beherzigungen für Jungmänner und Jungfrauen, herausgegeben vom Johannisbund in Leutesdorf. Bendorf am Rhein 1947. Die zweite bzw. dritte Auflage erschienen 1948 und 1949.

1289 Ebd., 2f. Der hervorgehobene Text wird im Original als Sperrdruck geboten.

Zudem gibt er praktische Ratschläge zur Vorbedingungen einer möglichen Ehe. Man soll genauestens die Familie des in Frage kommenden Partners und dessen persönliche Eigenschaften (insbesondere die Religiosität) prüfen.

Sodann sollen die Jugendlichen Rat bei Gott und den Eltern suchen und sich danach schnellstmöglich verloben. Schlich zählt im Anschluss noch einmal erklärend die Ehehindernisse auf, die eine kirchliche Trauung verbieten würden. Hier tritt besonders deutlich hervor, dass Schlich dieser Teil sehr wichtig war und er sich darin besonders gut auskannte, denn er skizziert mit wenigen, aber deutlichen Worten die kodikarischen Normen.

Mit Nachdruck weist er noch einmal darauf hin, dass jeglicher Geschlechtsverkehr vor der kirchlichen Trauung nicht erlaubt sei und die Verlobten, auch wenn sie schon staatlich getraut seien, nicht zusammenwohnen dürften. „Der Staat hat die bürgerliche Trauung zur Wahrung geordneter Verhältnisse eingeführt. Der Katholik darf sich aber um des Gewissens willen damit nicht begnügen. Für ihn gibt es aber nur eine vor *Gott gültige Ehe als Sakrament*."[1290] Nach der Heirat in der Kirche, die nicht bloß eine Segnung darstelle, sei das Paar nun berechtigt, die Ehe auch zu vollziehen, denn fortan seien sie eins.

Schlich entfaltet noch die Theologie des Ehesakraments sehr genau und unterstreicht, dass der Empfang des Buß- und Altarsakraments fester Bestandteil der weiteren Vorbereitung sei, damit sie sich würdig das Ehesakrament spenden und den Ehe- und Kindersegen empfangen können, denn der erstrangige Zweck der Ehe bestünde darin Nachkommen zu zeugen und zu erziehen.[1291] Wenn die Jugendlichen dies beherzigen, so Schlich abschließend, können sie eine gute christliche Ehe führen und ihr Zuhause zu einem Heiligtum für Gott machen.

Parallel zu seinem Ratgeber für Paare veröffentlichte Schlich 1947 noch ein kleines Heftchen (16 Seiten) über das Sakrament der Ehe.[1292] Dieses wurde in den beiden Folgejahren sowie 1957 noch einmal neu aufgelegt, was für die Qualität des Werkes spricht, da es auch nach 13 Jahren noch gekauft wurde.

Dieses kleine Opus Schlichs ist im Gegensatz zu „Bekanntschaft und Brautzeit" eine reine Sakramentenkatechese. Er beschreibt darin die Würde und Heiligkeit der Ehe, betont die Bedeutung der kirchlichen Trauung (im Zusammenhang mit der Ziviltrauung), die keinesfalls fehlen dürfe, erläutert die Pflichten der Eheleute sowie die Unauflöslichkeit der Ehe.[1293]

1290 Ebd., 9f. Der kursiv gedruckte Text wurde im Original als Sperrtext geboten.

1291 Vgl. PIUS X. und BENEDICTUS XV., Codex Iuris Canonici (wie Anm. 287), can. 1013 § 1.

1292 Vgl. hierzu und zum Folgenden: Johann Ludger SCHLICH, Das heilige Sakrament der Ehe. Leutesdorf a. Rh 1947.

1293 Die zivilrechtliche Trauung wurde in Deutschland 1875 im Zuge des Kulturkampfs eingeführt, was die katholische Kirche widerwillig hinnehmen musste. In den Augen der Kirche war eine auf dem Standesamt geschlossene Ehe keine vollgültige Ehe für einen Katholiken, da diese, wie es das Konzil von Trient im Dekret „Tametsi" festsetzte, vor dem Pfarrer und

Solche Schriften, die sich auf die Theologie des Ehesakraments sowie das Ideal der Ehe bezogen, erschienen zu dieser Zeit vermehrt. Dies hatte zwei Gründe: Zum einen war gerade der Zweite Weltkrieg vorüber und die Seelsorger versuchten durch ihre Schriften Klarheit und Struktur in das Leben der Jugendlichen zu bringen und ihnen auf diese Weise Halt und Stabilität zu geben. Zum anderen hatte Papst Pius XI. 1930 eine Enzyklika über die Ehe veröffentlicht, die sogar den Untertitel *„Über die christliche Ehe im Hinblick auf die gegenwärtigen Lebensbedingungen und Bedürfnisse von Familie und Gesellschaft und auf die diesbezüglich bestehenden Irrtümer und Missbräuche“*[1294] trug, und Papst Pius XII. hielt mehrere Ansprachen über das Ideal der Ehe. Diese Ansprachen erschienen 1943 in erster und 1946 in zweiter Auflage in deutscher Sprache und waren sicherlich ein nicht unwichtiger Faktor, weshalb viele deutsche Theologen nun darüber kleine Handreichungen verfassten.[1295] Schlich zitiert mehrfach in seiner Schrift das Rundschreiben Pius‘ XI. oder rekurriert auf dessen Gedanken. Zudem konnte eine solche kleine Schrift zur Vorbereitung der Brautleute für das Brautexamen dienen, in dem sie vom Geistlichen auch über die Theologie des Ehesakraments unterrichtet und geprüft wurden.[1296] Eine Vorbereitung auf den Empfang des Ehesakraments wurde zugleich auch genutzt, um der Säkularisierungstendenz hinsichtlich der Ehe, die schon Bischof Bornewasser 1928 ausmachte und die daher auf der Dechantenkonferenz 1930 und der Trierer Diözesankonferenz 1931 zum Beratungsgegenstand gemacht wurde, entgegenzuwirken.[1297] Die traditionelle Ehelehre und -moral zu dieser Zeit umfasste vier Hauptmerkmale: 1. Ehe als Sakrament und zugleich Vertrag, 2. Unauflöslichkeit der Ehe und Verbot der Bigamie, 3. Hauptzweck der Ehe als Ort der Fortpflanzung (sexuelle Fixierung) sowie 4. Kindererziehung im katholisch-kirchlichen Sinn.[1298] Schlich bot seinen Lesern die katholische Lehre in kurzer und ungekürzter Form, erweiterte das Eheverständnis jedoch noch, indem er auch der Liebesgemeinschaft der Eheleute einen hohen Stellenwert bei-

zwei Zeugen geschlossen werden musste. Vgl. Klöcker, Katholisch – von der Wiege bis zur Bahre (wie Anm. 1282), 339 sowie Marc Venard, Das fünfte Laterankonzil (1512–1517) und das Konzil von Trient (1545–1563). In: Geschichte der Konzilien. Vom Nicaenum bis zum Vaticanum II, hg. von Giuseppe Alberigo. Wiesbaden 1998, 333–383, hier: 364f.

1294 Pius XI., Casti connubii. De matrimonio christiano spectatis praesentibus familiae et societatis condicionibus, necessitatibus, erroribus, vitiis. In: Acta Apostolicae Sedis. Commentarium officiale, hg. von Pius XI. (= Acta Apostolicae Sedis 22). Vatikan 1930, 539–592.

1295 Vgl. Pius XII., Das Ideal der christlichen Ehe. Ansprachen an Braut- u. Eheleute. Luzern ²1946.

1296 Vgl. Wiebel-Fanderl, Lebenslauf (wie Anm. 1282), 344f.

1297 Vgl. Hirtenbrief Bornewassers vom 08.01.1928 (Diözese Trier, Kirchlicher Amtsanzeiger für die Diözese Trier [wie Anm. 938], Nr. 16, S. 11–17); Bischöfliches Generalvikariat Trier, Bericht über die 4. Dechanten-Konferenz der Diözese Trier (wie Anm. 1112), 16–18 sowie o. V., Diözesansynode des Bistums Trier 1931 (wie Anm. 701), 35f.

1298 Vgl. Klöcker, Katholisch – von der Wiege bis zur Bahre (wie Anm. 1282), 340f.

maß. Dieses Verständnis war keineswegs üblich, zeigt aber sehr deutlich, dass Schlich auch ein Mann der Pastoral war und versuchte, die Lebenswirklichkeit der Menschen, trotz der bestehenden Normen des Kirchenrechts, nicht aus dem Blick zu verlieren. Hilfreich waren ihm dabei sicherlich auch seine Erfahrungen aus der Seelsorgepraxis in Saarbrücken, wo die Zahl derer, die sich nicht mehr vor dem Altar das Sakrament der Ehe spendeten, jedes Jahr anstieg.[1299] Daher wurde von Schlich „das Ideal der »christlichen Familie« aufs Neue beschworen, das Ideal »eines wahrhaft christlichen, wohlgeordneten, sittlich hochstehenden Familienlebens«, welches aber besonders in den großen Städten bereits viele nicht mehr kennen lernen würden."[1300] Auch mit diesem kleinen Heft unternahm Schlich den Versuch, in der Öffentlichkeit viele Leser zu erreichen und auf diese Weise das katholische Milieu und die damit verbundenen Maßstäbe sowie Werte zu festigen.

Möchte man abschließend zu einer Bewertung der schriftstellerischen Tätigkeit Schlichs gelangen, so muss man zunächst feststellen, dass er das damals moderne Printmedium sehr schätzte und daher auch gerne darauf zurückgriff. Dies tat er, um möglichst viele Menschen zu erreichen. Dabei verfolgte er verschiedene Ziele: Zum einen wollte er die Menschen durch katechetische Werke im Glauben und der Moral unterweisen, zum anderen sie aber auch mittels Lehr- und Gebetbüchern zur Partizipation am gottesdienstlichen Leben der Kirche bewegen und ihren Glauben vertiefen. Ferner zog er auf dem Papier in die Schlacht gegen den Nationalsozialismus und andere staatliche Instanzen, die den Ansichten der katholischen Kirche widersprachen, um auf diese Weise den Menschen (außerhalb seines Agitationsradius) Orientierung zu bieten und seelsorgerisch tätig zu sein. Nicht zuletzt verfasste er Bücher, um die Leser an wichtige Begebenheiten oder historische Entwicklungen dauerhaft zu erinnern (Chroniken bzw. Festschriften).

An diesem Punkt tritt sehr deutlich hervor, dass sich an der Person Schlichs das Diktum Olaf Blaschkes, Priester seien bis zur Mitte des 20. Jahrhunderts „Milieumanager" gewesen, in puncto Verfasser religiöser Erbauungsliteratur bestätigen lässt. Anhand der Fülle seiner Werke lässt sich ablesen, dass Schlich mit seinen Werken möglichst viele Menschen ansprechen wollte und er sich ständig mit den verschiedensten Lebens- und Glaubensthemen beschäftigte, sodass er darüber schreiben konnte, auch wenn er dies immer nur neben allen anderen Aufgaben in der Pfarrseelsorge und der Politik tat. Sein literarisches Schaffen wurde einerseits durch seine praktische Seelsorgeerfahrung als Pfarrer und Dechant genährt, andrerseits sollten die Bücher und Aufsätze die Pastoral des Klerus unterstützen und so das katholische Milieu als geschlossene Lebens- und Glaubenswelt festigen und vor Angriffen durch nicht-katholische Lehren und Meinungen schützen. Die

1299 Vgl. hierzu die Ausführungen in Kapitel 4.1.1 sowie 4.1.4.

1300 Schneider, Kirchliches Leben, Frömmigkeit und Seelsorge im gesellschaftlichen Wandel (wie Anm. 384), 300.

schriftstellerische Tätigkeit des Klerus und seine Bedeutung darf somit aus der heutigen Sicht, die die kirchliche Zensur und die Indizierung von Büchern nicht mehr kennt, nicht als Nebensache betrachtet werden.[1301] Trefflich kann man für die Person Johann Ludger Schlichs zum Urteil gelangen, dass das Verfassen von Büchern und anderen Schriften eine tragende Säule seines priesterlichen Wirkens bildete.

4.4 Das politische Wirken Schlichs

Im ersten Hauptteil der Untersuchung wurde Schlichs seelsorgliches Wirken näher untersucht und es wurde ersichtlich, dass sich das eingangs vorgestellte Diktum Olaf Blaschkes, Priester seien zu Beginn des 20. Jahrhunderts „Milieumanager" gewesen, hinsichtlich der Punkte „Kirche", „Vereine" und „Lektüre" an der Person des Trierer Bistumspriesters Johann Ludger Schlich exemplarisch bestätigen lässt. Nun stellt sich allerdings noch die Frage, ob auch das vierte Aufgabenfeld, die „Politik" nämlich, zum Arbeitsspektrum dieses Klerikers gehörte und wie sich dieses konkret ausgestaltete. Dabei wird im Folgenden analysiert, ob und wie sich Schlich in der Zentrumspartei (Saarbrückens bzw. des Saargebiets) engagierte. Darüber hinaus wird sein Handeln in den lokalen politischen Gremien der Saarhauptstadt dargestellt, ehe sein Wirken in der katholischen Presse des Saargebiets („Saarbrücker Landes-Zeitung") und im Zusammenhang mit dem Ersten Saarländischen Katholikentag 1923 erörtert wird.

Schlich war in dieser Hinsicht im Saarklerus allerdings ein Sonderfall, denn sonst waren nur wenige seiner Amtsbrüder in der Politik aktiv. Man muss dies als eine lokale Besonderheit im Saargebiet bezeichnen, denn in Preußen zählte man zwischen 1874 und 1912 unter den insgesamt 478 Abgeordneten der Zentrumsfraktion des Deutschen Reichstags immerhin 91 Geistliche.[1302] Priester spielten auch in den Landtagen Preußens, Hessen-Darmstadts, Badens und Bayerns eine bedeutende Rolle. Seit der Gründung der Weimarer Republik nahmen weniger Geistliche überregionale politische Mandate an, als es noch 1912 der Fall war. Ihr Einfluss war dadurch aber oftmals nicht geringer.

Ein politischer Dauerbrenner im Saargebiet zwischen 1920 und 1935 war ein eigentlich innerkirchliches Thema: Die Grenzen der Bistümer Trier und Speyer.

1301 Zum „integralistischen" Anspruch auf die Kontrolle gedruckter Werke sowie deren historischer Entwicklung im 19. Und 20. Jahrhundert vgl. Jyri Hasecker, Quellen zur päpstlichen Pressekontrolle in der Neuzeit (1487–1966) (= Römische Inquisition und Indexkongregation Bd. 19). Paderborn 2017, 32f.139–154.

1302 Vgl. hierzu und zum Folgenden: Erwin Gatz, Priester als Partei- und Sozialpolitiker. In: Der Diözesanklerus (wie Anm. 11), 376–398, 383.

Dieses Politikum, das auch Schlich auf den Plan rief, hatte weitreichende Folgen, weshalb zunächst seine Aktivitäten im Zusammenhang mit der religiösen Gestaltung des Saargebiets Darstellung finden.

4.4.1 Schlich und die religiöse Gestaltung des Saargebiets („Bistumsfrage")

Mit der Neuordnung der Grenzen des Deutschen Reiches nach der Beendigung des Ersten Weltkriegs und der damit verbundenen Neufestlegung der territorialen Grenzen des Saargebiets, wie sie in Teil III Abschnitt IV Art. 48 des Versailler Vertrags festgelegt wurden, entbrannte ein Streit über die Frage nach der (territorialen) Zugehörigkeit der Pfarreien des Saargebiets zu den Diözesen Trier und Speyer, weil das Vertragswerk keinerlei Aussage hierzu machte.[1303] Schlich war einer der Akteure des Geschehens und fungierte später als „Chronist" dieses Ringens, fertigte er doch im Auftrag des Trierer Generalvikars Heinrich von Meurers mitten im Zweiten Weltkrieg dazu einen Bericht samt Dokumentation an.[1304] Die gesamte Literatur zur kirchlichen Ordnung im Saargebiet während der Zeit der Völkerbundsverwaltung beruft sich auf diese Aufzeichnungen Schlichs. Gleichwohl darf nicht außer Acht gelassen werden, dass zwischen dem von Schlich dargestellten Zeitraum und der Abfassung seines Berichts einige Jahre liegen, in denen sich manche Ungenauigkeit in die Erinnerung eingeschlichen haben könnte. Auch könnte Schlich den Bericht dazu genutzt haben, sein eigenes Handeln im Nachhinein zu rechtfertigen. Mit dieser quellenkritischen Vorbemerkung im Hinterkopf werden sich auch die folgenden Ausführungen im Wesentlichen auf Schlichs Bericht stützen.

Bereits während der Besatzungszeit forcierte Frankreich die Lostrennung der Saar-Diözesen aus ihren Bistümern.[1305] Auch noch Jahre nach der Unterzeichnung und Ratifizierung des Versailler Vertrags waren verschiedene, insbesondere fran-

1303 Allgemein zum Versailler Vertrag und den Kontroversen um ihn: Versailles 1919. Ziele – Wirkung – Wahrnehmung, hg. von Gerd Krumeich und Silke Fehlemann (= Schriften der Bibliothek für Zeitgeschichte N. F., 14). Essen 2001). Vgl. zudem die Ausführungen in Kapitel 3.1.1.

1304 In einem Brief vom 02.12.1942 dankte Generalvikar von Meurers Schlich für seinen Bericht, einer „geschichtliche(n) Darstellung der gesamten Verhältnisse" zur kirchlichen Ordnung des Saargebiets (1920–1935), den er auf Anforderung des Generalvikars erstellte. Schlich verfasste den geforderten Bericht mit dem Titel „Die kirchliche Gestaltung des Saargebiets 1919–1922" am 02.08.1942. Die von Schlich zusammengestellten Dokumente übersandte er mit einem von ihm verfassten Bericht an von Meurers bzw. den Trierer Bischof. Der Bericht ist dokumentiert in Schlich, Unterlagen zur Geschichte des Saargebiets (wie Anm. 56).

1305 Vgl. Selbach, Katholische Kirche und französische Rheinlandpolitik nach dem Ersten Weltkrieg (wie Anm. 5), 333 sowie Zenner, Parteien und Politik im Saargebiet unter dem Völkerbundsregime (wie Anm. 4), 155.

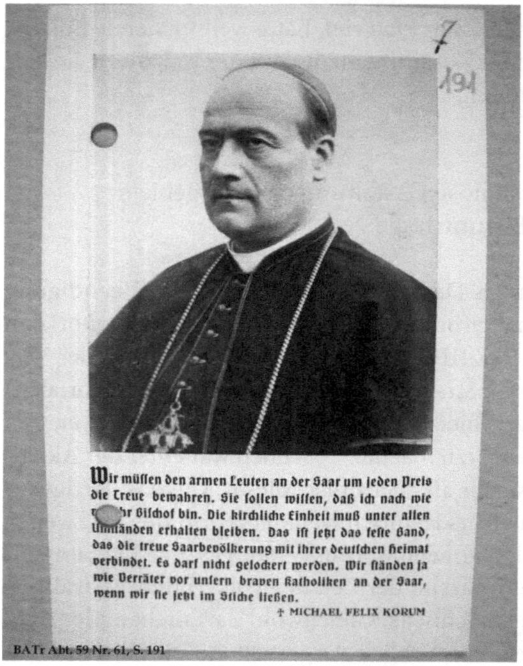

Abb. 34: Gedenkbild Bischof Korums (vermutlich 1934) anl. der Saarabstimmung

zösische Persönlichkeiten bestrebt, Veränderungen herbeizuführen: Entweder forderten sie die Angliederung der saarländischen Pfarreien an die Diözese Metz, die Errichtung einer Apostolischen Vikarie[1306] für das Saargebiet oder sogar die Schaffung eines ‚Saar-Bistums'.[1307]

Natürlich hingen Saarfrage und Bistumsfrage fast untrennbar miteinander zusammen, sodass auch hier die Position des Bischofs von Trier, Michael Felix Korum, eines gebürtigen Elsässers, (und dessen Nachfolger Franz Rudolf Borne-

1306 Das Apostolische Vikariat ist gemäß dem römisch-katholischen Kirchenrecht eine probeweise bestehende Diözese. Dem Vikariat steht ein Apostolischer Vikar bzw. Präfekt vor, der normalerweise Titularbischof ist und volle Jurisdiktionsgewalt über das Gebiet des Apostolischen Vikariates besitzt. Folglich besitzt der Apostolische Vikar die Aufgaben eines Diözesanbischofs, untersteht jedoch direkt dem Papst als Universalbischof der Kirche und ist nicht Ordinarius aus eigener Kraft. Vgl. hierzu: cc. 134, 368, 381 § 2, 400 § 3 CIC, in: JOHANNES PAULUS II. und Winfried AYMANS, Codex des kanonischen Rechtes. Mit Sachverzeichnis. Kevelaer [5]2001 sowie Suso BRECHTER, Apostolischer Vikar u. Präfekt. In: Lexikon für Theologie und Kirche, hg. von Josef HÖFER und Karl RAHNER, 14 Bde. Freiburg i. Br. [2]1986, 759–760, Sp. 759f.

1307 In seiner Rede vom 22.02.1923 (!) plädierte der Abgeordnete Ferry für die Errichtung einer Apostolischen Vikarie. Vgl. o. V., Die saarländische Zukunft nach französischen Wünschen. Eine Rede des Abgeordneten Ferry. In: Saarbrücker Landes-Zeitung vom 7. Juli 1923, 1.

wasser) richtungsweisend für den Verlauf der Geschichte wurde.[1308] Korum war der Saar-Teil seines Bistums sehr wichtig und er hätte, wie sein Geheimsekretär, Prof. Dr. Peter Ketter[1309], später schrieb, in der Tatsache, dass der Versailler Vertrag über die Zugehörigkeit der Saar-Pfarreien zu ihren Diözesen keine Aussage machte, eine gute Voraussetzung gesehen: „Vom ersten Tage der Besatzung an erklärte der Bischof immer wieder: Wir müssen den armen Leuten an der Saar um jeden Preis die Treue bewahren. Sie sollen wissen, daß ich nach wie vor ihr Bischof bin. Die kirchliche Einheit muss unter allen Umständen erhalten bleiben. Das ist jetzt das feste Band, das die treue Saarbevölkerung mit ihrer deutschen Heimat verbindet. [...] Wir ständen ja wie Verräter vor unseren braven Katholiken an der Saar, wenn wir sie jetzt im Stiche ließen."[1310]

Diese Treue versuchte der Trierer Bischof auch schon während der Verhandlungen der Friedensdelegation zu halten. Zu diesen Verhandlungen wurde er als Gast eingeladen, nicht jedoch – wie zunächst angenommen – als Mitglied der Delegation.[1311] Schlich merkt in seinem Bericht an, Korum hätte zu ihm gesagt, dass er sich als Mitglied der Kommission „größte (sic!) Mühe gegeben [...] [habe], die für Deutschland so überaus harten Bedingungen zu mildern, aber ohne wesentlichen Erfolg."[1312]

Korum reichte in diesem Zusammenhang die Denkschrift „Unser Wille zum Deutschen Reich", welche unter der Leitung des Saarbrücker Oberbürgermeisters von hochrangigen und bedeutsamen Persönlichkeiten Saarbrückens, unter ihnen auch Pfarrer Schlich, verfasst worden war, an die Delegation weiter und unterrichtete zumindest Matthias Erzberger, der als Beauftragter des im Krieg geschlagenen Deutschen Reiches das Waffenstillstandsabkommen unterzeichnet hatte,

1308 Vgl. GESTIER, Die christlichen Parteien an der Saar und ihr Verhältnis zum deutschen Nationalstaat in den Abstimmungskämpfen 1935 und 1955 (wie Anm. 56), 15.

1309 Ketter, geboren 1885 in Zilshausen und 1911 in Trier zum Priester geweiht, war zunächst zwei Jahre Kaplan in Koblenz (St. Josef). Daran schloss sich ein dreijähriger Studienurlaub in Rom und Freiburg i. Br. an. Der frisch promovierte Ketter kehrte nach Trier zurück, wo er zunächst Geheimsekretär Bischof Korums war. Nach dessen Tod wurde er Dozent am Trierer Priesterseminar. Dort übernahm er 1924 die Professur für neutestamentliche Exegese. Vgl. THOMAS, Der Weltklerus der Diözese Trier seit 1800 (wie Anm. 23), 176.

1310 Vgl. Peter KETTER, Bischof Korum und das Saargebiet. Eine Erwiderung auf den „Generalanzeiger". In: Saarbrücker Landes-Zeitung vom 8. Dezember 1934, 1. Hierbei handelt es sich möglicherweise nur um eine Zusammenfassung der Meinung Korums. Der Satz Ketters ist auf einem Gedenkbild Korums (wahrscheinlich aus dem Jahr 1934) abgedruckt, wie Abb. 34 zeigt.

1311 Vgl. Telegramm Erzberger an Korum vom 18.03.1919 (Schriftwechsel Bischof Michael Korum, Bistumsarchiv Trier, Abt. 108 Nr. 375). Darüber hinaus hierzu und zum Folgenden die Ausführungen im Kapitel 3.1.1.

1312 Bericht Schlichs vom 02.08.1942, 6 (SCHLICH, Unterlagen zur Geschichte des Saargebiets [wie Anm. 56]).

über die Anliegen der Saarbevölkerung.[1313]. Inhaltlich wandten sich die Verfasser gegen einen Anschluss des Saargebiets an Frankreich.[1314] Während über das weitere Schicksal der Saar in Versailles verhandelt wurde, reiste auch General Andlauer[1315] zu Korum nach Trier, um mit ihm über die Loslösung des Saargebiets aus den Diözesen Trier und Speyer zu verhandeln.[1316]

Bischof Korum zog sogar, beeinflusst durch die Bedrängnis des Jahres 1919, die Entsendung eines bischöflichen Delegaten mit Amtssitz in Saarlouis in Betracht[1317], um einerseits die verhandlungstechnischen Probleme, die von französischer Seite immer lauter wurden, durch die Schaffung einer zentralen Stelle für das Saargebiet zu beseitigen und andererseits die Zugehörigkeit zu und gleichzeitige Abhängigkeit vom Bischof von Trier zu unterstreichen.[1318] Auch der Dechant des Dekanates Saarlouis, Prälat Alexander Subtil[1319], schlug Korum am 8. August 1919 vor, statt

1313 U. a. beteiligte sich auch Schlich, wie aus seinem Bericht (S. 4) hervorgeht (vgl. ebd.).

1314 Die Eingabe ist zitiert in Kapitel 3.1.1.

1315 Zur Person Andlauers vgl. die Ausführungen in Kapitel 3.1.1.

1316 Das Datum des Besuchs lässt sich nicht mehr genau zurückverfolgen, denn einerseits schrieb Schlich, das Treffen habe im Mai stattgefunden (vgl. Johann Ludger SCHLICH, Zur Frage der kirchlichen Zukunft des Saargebietes. In: Saarbrücker Landes-Zeitung vom 15. November 1925, 1), wohingegen Revire die Zusammenkunft auf Anfang Juli datierte (vgl. Jean REVIRE, Perdrons-nous la Sarre? Paris 1930, 31).

1317 Vgl. SELBACH, Katholische Kirche und französische Rheinlandpolitik nach dem Ersten Weltkrieg (wie Anm. 5), 340.

1318 Vgl. Schlich, Bericht vom 02.08.1942 (SCHLICH, Unterlagen zur Geschichte des Saargebiets [wie Anm. 56]), sowie KETTER, Bischof Korum und das Saargebiet (wie Anm. 1310), 1. Den Ausführungen Revires, der aufzuzeigen versuchte, welch großer französischer Erfolg das geplante Vikariat gewesen sei (vgl. REVIRE, Perdrons-nous la Sarre? [wie Anm. 1316], 31), muss an dieser Stelle kritisch begegnet werden. Revire, dessen gesamtes Werk eine stark frankophile Neigung aufweist, stellt die französischen Bemühungen besser dar, als sie in Wirklichkeit waren. Hier ist den Ausführungen Schlichs, einem geschätzten Freund des Bischofs, und Ketters, einem der vertrautesten Mitarbeiter Korums, eher Glauben zu schenken, weil diese Art des politischen Taktierens Korums in die Gesamtheit seiner Handlungen hineinpassen würde.

1319 Nach dem Studium der Theologie und Philosophie in Würzburg, Münster und Trier wurde Subtil am 02.04.1870 in Trier zum Priester geweiht. Anschließend war er drei Jahre Kaplan in Trier (St. Antonius) und danach bis 1885 Pfarrer in Fremersdorf. Am 4. Oktober 1885 erfolgte seine Ernennung zum Hilfsgeistlichen und ab 13.06.1896 zum Pfarrer von Saarlouis (St. Ludwig) sowie 1893 zum Dechanten des Dekanates Saarlouis. Während dieser Zeit übernahm Subtil viele zusätzliche Aufgaben wie z. B. den Kreisvorsitz der Zentrumspartei. Aufgrund seiner vielen Verdienste wurde er am 25.04.1920 zum päpstlichen Geheimkämmerer und am 04.08.1925 zum Ehrenbürger der Stadt Saarlouis ernannt. Vgl. hierzu: Severin Adolf DELGES, Geschichte der katholischen Pfarrei St. Ludwig in Saarlouis. Ein Beitrag zur Entwicklung des Katholizismus an der Saar von Severin Delges. Saarlouis 1931, 110–123; THOMAS, Der Weltklerus der Diözese Trier seit 1800 (wie Anm. 23), 341 sowie BISTUMSARCHIV TRIER, Bistumsarchiv Trier, Abt. 85 Nr. 1786. Schlich selbst verfasste nach Subtils Tod die Würdigung in der „Saarbrücker Landes-Zeitung“. Er beschrieb einen tadellosen Seelsorger, der „62 Jahre Priester, 47 Jahre Pfarrer in Saarlouis, davon noch

eines apostolischen Administrators einen bischöflichen Administrator ins Saargebiet zu entsenden.[1320] Den Gedanken an die Ernennung eines bischöflichen Administrators verwarf Korum allerdings wieder, was wohl vor allem der Mitteilung Pacellis geschuldet sein dürfte, dass von französischer Seite beim Heiligen Stuhl bislang keine Nachricht vorliege und „inzwischen verbleibe alles bis auf Weiteres beim Status quo ante."[1321]

Wie Schlich anmerkte, bestand die größte Gefahr, dass die Saar Deutschland verloren ginge, in den Jahren 1919–1923, weil zu dieser Zeit die Macht Frankreichs am stärksten gewesen sei und „gerade in dieser Zeit hat der Katholizismus an der Saar sich als der treueste Hort des Deutschtums bewährt."[1322] Untermauert wird diese These Schlichs von der frankophilen Kultur-, Schul- und Wirtschaftspolitik der Regierungskommission unter dem Vorsitz Victor Raults in den Jahren 1920–1923.[1323]

Am 21. November 1918 zogen die Franzosen in Saarbrücken ein und die Pfarrkirche St. Jakob, der Dienstsitz Pfarrer Schlichs, die bis dahin als Militärkirche der Stadt gedient hatte, wurde zur Kirche, in der die Franzosen der Großstadt ihre Gottesdienste feierten. Daher wohnte auch ein französischer Geistlicher von 1918–1926 bei Pfarrer Schlich im Pfarrhaus neben der Jakobskirche.[1324]

Führende Franzosen, wie z. B. General Andlauer oder Marschall Manguin, behaupteten, der Anschluss des Saargebiets läge im Interesse des Katholizismus. Bei einem Treffen Manguins, des Generals der Rheinarmee, der im August 1919 in Saarbrücken residierte, mit dem damaligen Dechanten von Saarbrücken Prälat Alois Echelmeyer, Pfarrer Schlich, dem Oberbürgermeister der Stadt Saarbrücken und Vertretern des Stadtrates sowie der Arbeiterorganisationen gestattete dieser die bis dahin verbotenen Fronleichnamsprozessionen. Mit dieser Geste wollte Manguin demonstrieren, dass die katholische Kirche und die Kultuspflege in Frankreich bessere Bedingungen fänden als im Deutschen Reich. Das Saargebiet,

28 Jahre Militärpfarrer und 10 Jahre Religionslehrer am Gymnasium, 39 Jahre Dechant, 34 Jahre Ehrendomherr, seit 1920 Ehrenbürger der Stadt Saarlouis […]" war und die ihm anvertraute Herde stets zu führen wusste. Vgl. Johann Ludger Schlich, Msgr. Subtil +. In: Saarbrücker Landes-Zeitung vom 5. Januar 1933, 1. Schlich war es auch, der bei der Totenmesse für den verstorbenen Senior des Trierer Bistumsklerus die Ansprache übernahm, welcher auch Bischof Bornewasser beiwohnte. Vgl. o. V., Abschied von Prälat Subtil. In: Saarbrücker Landes-Zeitung vom 8. Januar 1933, 7.

1320 Vgl. Schreiben Subtil an Korum vom 08.08.1919 (Saargebiet: Verschiedenes, Bistumsarchiv Trier, Abt. 59 Nr. 64).

1321 Selbach, Katholische Kirche und französische Rheinlandpolitik nach dem Ersten Weltkrieg (wie Anm. 5), 340f. Vgl. hierzu ebenfalls: Pietro Gasparri, Weisung an Nuntius Pacelli vom 17.09.1919. Vatikan, http://194.242.233.158/denqPacelli/index.htm (Stand: 05.08.2017).

1322 Bericht Schlichs „Die kirchliche Gestaltung des Saargebiets 1919–1922" vom 02.08.1942, 2 (Schlich, Unterlagen zur Geschichte des Saargebiets [wie Anm. 56]).

1323 Vgl. hierzu die Ausführungen in Kapitel 3.1.2.

1324 Vgl. Bericht Schlichs vom 02.08.1942, 1f. (ebd.).

so Manguin, sei groß genug, um eine eigene Diözese zu bilden und die Theologiestudenten könnten statt nach Trier ebenso gut nach Straßburg zum Studium gehen.[1325]

Auch in den kommenden Jahren wurden von französischen Geistlichen und Politikern entsprechende Gerüchte über die Loslösung des Saargebiets aus den Diözesen Trier und Speyer gestreut. Dagegen setzten sich der Klerus und die Zentrumspartei zur Wehr.[1326] Auch Georges Clemenceau, der bei der Pariser Friedenskonferenz 1919 als französischer Premierminister entschieden die französischen Interessen vertrat und in diesem Zusammenhang für die Abtretung der Saar an Frankreich warb, soll am 19. April 1919 einer fünfköpfigen Delegation aus Saarlouis in Aussicht gestellt haben, dass Saarlouis Ort des Bischofssitzes und des Priesterseminars werden würde, falls das Saargebiet eine eigene Diözese werde.[1327]

Diesem Werben stand das Faktum gegenüber, dass seit 1919 die Bischöfe von Trier und Speyer sowie fast alle Geistlichen des Saargebiets der Auffassung waren, das Saargebiet sei kulturell, geschichtlich, kirchlich und wirtschaftlich stets deutsches Land gewesen und dürfe nicht gewaltsam vom Mutterland, also auch von den Mutterdiözesen, getrennt werden.[1328]

Aufgrund von anstehenden Firmungen reiste Bischof Korum am 7. Mai 1919 ins Saargebiet. Bei dieser Gelegenheit trugen ihm Echelmeyer und Schlich ihre Befürchtungen vor, die Saarpfarreien könnten von Trier abgetrennt werden. Bischof Korum zeigte, wie Schlich schrieb, festes Vertrauen: „Es ist eine Fügung Gottes, dass man in Versailles die kirchliche Frage ganz übersehen hat. Das Saargebiet wird selbstständig gemacht. Eisenbahn, Post, Regierung, Verwaltung, alles wird von Deutschland abgetrennt. Nur die kirchliche Verbindung ist geblieben. Die beiden Bischöfe sind noch die einzigen, die ins Saargebiet hineinregieren dürfen. Dies wird auch für unser deutsches Vaterland von größter Bedeutung sein."[1329] Vier Tage später rief Korum im Pfarrhaus von Dudweiler zu einem be-

1325 Vgl. DERS., Der Katholizismus und die Saarfrage von 1919–23. In: Saar-Zeitung vom 1. März 1935, 2. Beilage zur Sondernummer. Echelmeyer betonte hingegen die seit Jahrhunderten bestehende Verbindung zu Trier und dem Deutschen Reich.

1326 Vgl. o. V., Die Zukunft des Saargebiets in kirchlicher Hinsicht. In: Saarbrücker Landes-Zeitung vom 27. November 1921, 1. Hier wird ein Metzer Geistlicher (Colling) zitiert, der solche Aussagen gemacht haben soll.

1327 Vgl. o. V., Das Saargebiet unter der Herrschaft des Waffenstillstandsabkommens und des Vertrags von Versailles (wie Anm. 56), Dok. 19, 44f. Vgl. zu den Verhandlungen und generell dem deutsch-französischen Gegensatz in dieser Periode: Nicolas BEAUPRÉ, Gaby SONNABEND, Gudrun GERSMANN, Michael WERNER und Werner PARAVICINI, Das Trauma des großen Krieges. 1918–1932/33 (= WBG Deutsch-französische Geschichte 8). Darmstadt 2009, 50–61.

1328 Vgl. KETTER, Bischof Korum und das Saargebiet (wie Anm. 1310), 1 sowie SCHLICH, Der Katholizismus und die Saarfrage von 1919–23 (wie Anm. 1325).

1329 Ebd.

sonderen Friedensgebet auf.[1330] Begeistert folgten – allen voran der Saarbrücker Dekanatsklerus – die Priester des Saargebiets dem Votum und politischen Kurs ihres Trierer Oberhirten, indem sie innerhalb der Dekanatskapitel dahingehende Beschlüsse herbeiführten. So fasste das Kapitel der Stadt Saarbrücken am 9. Juli 1919 einstimmig folgenden Beschluss: „Das kirchliche Interesse fordert dringend, dass das Saargebiet nicht von den Mutterdiözesen losgetrennt werde. Das Kapitel bittet daher gehorsamst, darauf hinwirken zu wollen, dass das Saargebiet trotz der politischen Selbstständigkeit bei der angestammten Diözese verbleibe, oder aber, wenn dies als nicht durchführbar sich erweisen sollte, dass die Abtrennung bis zur endgültigen Entscheidung über unsere politische Zukunft in 15 Jahren verschoben werde.“[1331] Im Sommer 1919 fassten die übrigen Dekanate des Saargebiets den gleichen Beschluss.[1332]

Nicht nur an der Saar, sondern auch im Deutschen Reich beobachtete man das Vorgehen Frankreichs genau. Daher fand am 30. Oktober 1919 eine Sitzung des Unterausschusses für kirchliche Fragen der Preußischen Staatsregierung über die kirchlichen Verhältnisse im Saargebiet in Berlin statt.[1333] Man kam darin überein, dass die Ordnung der kirchlichen Gebiete primär nicht in das Aufgabenfeld des Staates gehöre, sondern vielmehr Aufgabe der Kirchen sei. Im Nachgang zu dieser Sitzung, in der man feststellte, dass es französische Bestrebungen gäbe, das Saargebiet von der Diözese Trier loszulösen, wandte sich Oberregierungsrat Fleischer, stellvertretend für den Minister für Wissenschaft, Kunst und Volksbildung des Deutschen Reiches Konrad Haenisch, an Bischof Korum. Er bat ihn brieflich darum, er oder ein von ihm entsandter Vertreter möge an einer Besprechung mit dem Kardinal-Erzbischof in Köln teilnehmen, in der man ein gemeinsames Vorgehen gegen die Pläne Frankreichs erarbeiten wolle.[1334]

Im Frühjahr 1920, fast zur gleichen Zeit, als die Regierungskommission ihr Amt antrat, reiste Korum sogar nach Rom[1335] und besprach sich dort mit Papst

1330 Vgl. Schlich, Zur Frage der kirchlichen Zukunft des Saargebietes (wie Anm. 1316).

1331 Abschrift des Schreibens (Bistumsarchiv Trier, Saargebiet: Verschiedenes [wie Anm. 1320]); vgl. ebenso Brief Echelmeyers an Bischof Korum vom 09.07.1919 (Schlich, Unterlagen zur Geschichte des Saargebiets [wie Anm. 56]). Echelmeyer bittet in seinem Brief den Bischof, das Schreiben nach Rom weiterzuleiten.

1332 Vgl. Entschließungen der Dekanate Saarbrücken, Saarlouis, St. Wendel, Lebach und Ottweiler (Bistumsarchiv Trier, Saargebiet: Verschiedenes [wie Anm. 1320]).

1333 Vgl. hierzu und zum Folgenden: Bericht über die Verhandlung des Unterausschusses für kirchliche Fragen vom 30.10.1919 in Berlin (ebd.). Als Vertreter für Bischof Korum nahm der als Kirchenrechtler am Trierer Priesterseminar tätige Prof. Dr. Ludwig Kaas teil.

1334 Vgl. Schreiben des Ministers für Wissenschaft, Kunst und Volksbildung des Deutschen Reiches an Korum vom 30.10.1919 (ebd.).

1335 Am 06. und 07.08.1919 konferierten Korum und Sebastian schon über die Situation im Saargebiet. Beide sprachen sich für den Erhalt der derzeitigen kirchlichen Struktur des Saargebiets aus und verfassten ein Schreiben an Nuntius Eugenio Pacelli, worin sie ihre

Benedikt XV. über die Saarfrage und natürlich vertieft über die kirchliche Zukunft des Saargebiets.[1336] Der Heilige Vater hätte nicht an eine Änderung der bestehenden Verhältnisse gedacht, weil der Versailler Vertrag zur kirchlichen Frage keinerlei Aussagen traf, berichtete Ketter. Zudem bestimme der Versailler Vertrag die Zukunft des Saargebiets nur für 15 Jahre, die Kirche schaffe ihre Einrichtungen nicht für solch kurze, sondern für längere Zeiträume.[1337]

Am 26. Februar 1920 trat die Regierungskommission des Saargebiets ihr Amt an und einzelne Mitglieder der Regierungskommission strebten sogleich die Errichtung einer Saardiözese an.[1338] Insbesondere Graf Moltke-Huitfeldt[1339], Regierungsmitglied für Kultur und Schule, setzte sich hierfür ein.[1340] Er lud Schlich und Echelmeyer Mitte März zu einem Besuch ein, um die kirchliche Lage zu bespre-

Position zum Ausdruck brachten. Pacelli leitete den Brief unaufgefordert an den Heiligen Stuhl weiter. Vgl. Hinkel, Der Erste Saarländische Katholikentag 1923 in der Berichterstattung des Münchener Nuntius Eugenio Pacelli (wie Anm. 6), hier: 242 (Anm. 13). Auch Sebastian wandte sich an den Heiligen Vater mit der Bitte, den Status quo nicht zu verändern. Vgl. hierzu: Durchschlag des Schreibens Sebastians an Papst Benedikt XV., o. D. (Saargebiet: Bistum und Saarregierung, Bistumsarchiv Trier, Abt. 59 Nr. 52). Selbach weist darauf hin, dass Pacelli dem Generalvikar von Speyer, den er am 18. und 19.08.1919 zu sich bestellte, um sich über die Situation im Saargebiet ausführlich informieren zu lassen, versicherte, dass Rom nicht einseitig informiert werde. Vgl. Selbach, Katholische Kirche und französische Rheinlandpolitik nach dem Ersten Weltkrieg (wie Anm. 5), 340.

1336 Vgl. hierzu und zum Folgenden: Ketter, Bischof Korum und das Saargebiet (wie Anm. 1310). Benedikt XV. begrüßte die Einrichtung des Völkerbunds, „weil er sich davon eine wirksame Abrüstungskontrolle, gerechte Grenzziehungen und die Grenzsicherung der einzelnen Staaten sowie deren Unabhängigkeit und Unversehrtheit erhoffte." (Sabine Lauderbach, Papst Benedikt XV. – Päpstliche Europavorstellungen in Kriegs- und Nachkriegszeiten [1914–1922], zugl.: Mainz, Univ., Diss., 2013 [= Studien zur Kirchengeschichte 24]. Hamburg 2015, 250). Allerdings bemerkte Benedikt XV. zugleich auch Probleme hinsichtlich seiner Funktionalität, an denen das System des Völkerbunds scheitern könnte. Vgl. ebd., 251f.

1337 Vgl. Selbach, Katholische Kirche und französische Rheinlandpolitik nach dem Ersten Weltkrieg (wie Anm. 5), 345–347.

1338 Der Präsident der Regierungskommission, Victor Rault, verwarf den Gedanken an ein Saarbistum und favorisierte die von ihm für wahrscheinlicher gehaltene Möglichkeit der Einsetzung eines apostolischen Administrators. Vgl. ebd., 348–350.

1339 Carl Poul Graf von Moltke- Huitfeldt (1869–1935), zunächst von 1903 bis 1908 Geschäftsträger in Rom, danach für vier Jahre in Washington tätig, war von 1912–1924 Gesandter Dänemarks in Berlin und gehörte der ersten Regierungskommission des Saargebiets an. Nachdem der Völkerbund ihn nicht mehr zum Mitglied der Regierungskommission ernannt hatte, wurde er Außenminister Dänemarks. Vgl. Tobias Bringmann, Handbuch der Diplomatie 1815–1963. Auswärtige Missionschefs in Deutschland und deutsche Missionschefs im Ausland von Metternich bis Adenauer. München 2001, 65.

1340 Vgl. hierzu und zum Folgenden: Bericht Schlichs „Die kirchliche Gestaltung des Saargebiets 1919–1922" vom 02.08.1942, 8 (Schlich, Unterlagen zur Geschichte des Saargebiets [wie Anm. 56]).

chen. Er sprach sich für die Loslösung der Saarpfarreien aus den Diözesen Trier und Speyer sowie die kirchliche Autonomie des Saargebiets aus.[1341]

Auf Wunsch des Grafen Moltke-Huitfeldt verfasste Schlich eine Denkschrift im Namen der Saar-Geistlichkeit, die er, wie er handschriftlich anmerkte, „an die Regierungskommission auf deren, aber nicht nach deren Wunsch" richtete.[1342] In der Eingabe betonte Schlich, dass der Klerus bei Trier verbleiben möchte und auch die Errichtung eines neuen Verwaltungsbezirks hohe finanzielle und materielle Mittel erfordern würde, für die keine Deckung vorliege. Zudem seien „nur die Entscheide des Bischofs und des Apostolischen Stuhls entscheidend."[1343]

In den Augen Moltke-Huitfeldts war die staatliche Trennung des Saargebiets vom Deutschen Reich einschließlich der Abtrennung der Pfarreien des Saargebiets von ihren Mutterbistümern Trier und Speyer eine rein politische Angelegenheit, weshalb er sich offen darüber wunderte, dass der Klerus sich mit solchen politischen Dingen beschäftigen und Politik machen wolle. Darauf entgegnete ihm Schlich: „Wir Geistliche stehen zum Volk und halten dem Bischof die Treue. Wir müssen leider den Eindruck haben, dass Ihnen nur solche Geistliche genehm sind, die frankophil gesinnt sind und (sic!) die kirchlichen Fragen nur im französischen Sinn lösen wollen."[1344]

Nachdem Bischof Korum am 8. Mai 1921 anlässlich der Wallfahrt der Saarbrücker Männerkongregation zum heiligen Matthias ein Pontifikalamt am Apostelgrab in Trier zelebriert hatte, sprach der Bischof, wie es uns Schlich überlieferte, zu den Saarländern: „Die Saarländer sind doch patente Männer, so fest und treu. Das macht einem wirklich Freude und Trost. Und so muss es auch bleiben. Wir wollen fest zusammenhalten. Die schweren Jahre ziehen auch vorüber. Und eine Trennung darf es nicht geben."[1345]

1341 Vgl. ebd., 10. Schlich und Echelmeyer brachten hierauf stets ihre Gegenargumente vor und lehnten nach wie vor die Forderungen Moltke-Huitfeldts ab. Selbach hebt besonders hervor, dass sich das Mitglied der Regierungskommission nicht an die zuständigen Behörden im Vatikan oder Trier bzw. Speyer wendet, sondern an „die im Saargebiet ansässigen Dechanten Echelmeyer und Schlich" (SELBACH, Katholische Kirche und französische Rheinlandpolitik nach dem Ersten Weltkrieg [wie Anm. 5], 348). Jedoch irrt Selbach an dieser Stelle, denn Schlich ist zu diesem Zeitpunkt lediglich Pfarrer an St. Jakob und nicht Dechant.

1342 Vgl. Schreiben Schlich an Regierungskommission o. D. (SCHLICH, Unterlagen zur Geschichte des Saargebiets [wie Anm. 56]).

1343 Ebd. Schlich merkte handschriftlich am Rand des Schreibens an: „Graf Moltke bezeichnete die Kostenfrage als Kleinigkeit u. erklärte, für die kirchliche Verwaltung die beste Kaserne zur Verfügung zu stellen." (ebd.).

1344 Bericht Schlichs „Die kirchliche Gestaltung des Saargebiets 1919–1922" vom 02.08.1942, 11 (ebd.).

1345 SCHLICH, Zur Frage der kirchlichen Zukunft des Saargebietes (wie Anm. 1316).

Auch Graf Moltke-Huitfeldt reiste, wie es zuvor auch Bischof Korum tat, in der zweiten Septemberhälfte 1921 extra nach Rom[1346], um gemeinsam mit dem französischen Botschafter in Rom Gespräche mit den zuständigen Amtsträgern und Behörden am Heiligen Stuhl zu führen. Die französische Presse propagierte daher auch die Bildung einer Saardiözese.[1347] Doch selbst die Hilfe der französischen Diplomatie, die Ministerpräsident Briand beauftragte, und alle politischen Gründe konnten den Apostolischen Stuhl nicht dazu bewegen, einen kirchlich selbstständigen und von den Diözesen Trier und Speyer unabhängigen Verwaltungsbezirk im Saargebiet (Delegatur oder Bistum) zu errichten.[1348]

Im Spätherbst desselben Jahres verschlechterte sich der Gesundheitszustand des nun über 80 Jahre alten Bischofs von Trier. Dieser war im Gegensatz zu Sebastian bereit, einen gesonderten Generalvikar für seine Pfarreien ins Saargebiet zu entsenden. Sebastian hätte, wie er dem nicht mehr reisefähigen Korum mitteilte, nur einen Pfarrer als bischöflichen Kommissar bestellt.[1349]

Im November begann Schlich mit der Ausarbeitung einer Denkschrift gegen die Loslösung der Saar-Pfarreien aus ihren Mutterdiözesen und informierte darüber Korum, der einer solchen Denkschrift gerne zustimmte. In seinem Schreiben, das von Echelmeyer Korrektur gelesen wurde, begründete Schlich den Verbleib der saarländischen Pfarreien bei den Bistümern Trier und Speyer unter vier Gesichtspunkten: Zum einen skizzierte er die geschichtliche und kulturelle Entwicklung des Saargebiets, zum anderen hob er die partikularrechtlichen Bestimmungen sowie kirchlichen Gewohnheiten und Rechte hervor. Darüber hinaus unterstrich er die religiösen und seelsorgerischen Interessen und Anschauungen des Volkes und erinnerte zum Schluss an die vitalen Bedürfnisse des Klerus.[1350]

Bischof Korum verstarb schließlich am 4. Dezember 1921, was Schlich dazu bewog, am gleichen Tag seine Denkschrift fertigzustellen. Am 6. Dezem-

1346 Der Vorstoß des saarländischen Kultusministers war aber keineswegs mit dem Präsidenten der Regierungskommission oder den zuständigen Stellen Frankreichs abgesprochen. Der offenbar wenig durchdachte Plan erwies sich als ein sprichwörtlicher ‚Schuss ins eigene Knie', denn Kardinalstaatssekretär Gasparri habe, so Selbach, kühl reagiert und ihm eindringlich geschildert, dass alle Seiten hohe Erwartungen an den Vatikan stellten, weshalb keine Partei vorgezogen werden könne. Vgl. SELBACH, Katholische Kirche und französische Rheinlandpolitik nach dem Ersten Weltkrieg (wie Anm. 5), 352.

1347 Vgl. o. V., Die saarländische Zukunft nach französischen Wünschen (wie Anm. 1307) sowie Johann Ludger SCHLICH, Zum Abschied des Grafen Moltke. In: Saarbrücker Landes-Zeitung vom 27. März 1924, 1.

1348 Vgl. oben sowie Bericht Schlichs „Die kirchliche Gestaltung des Saargebiets 1919–1922" vom 02.08.1942, 12 (SCHLICH, Unterlagen zur Geschichte des Saargebiets [wie Anm. 56]).

1349 Vgl. SELBACH, Katholische Kirche und französische Rheinlandpolitik nach dem Ersten Weltkrieg (wie Anm. 5), 354.

1350 Vgl. Denkschrift Schlichs (SCHLICH, Unterlagen zur Geschichte des Saargebiets [wie Anm. 56]).

ber, während Echelmeyer nach Trier zur Beerdigung Korums reiste[1351], fuhren Schlich und Bungarten mit der von ihnen und Echelmeyer unterzeichneten Denkschrift nach München zu Nuntius Eugenio Pacelli.[1352] Diesem, der sich laut Selbach bereits seit 1919 mit der Saar beschäftigte[1353], legten sie dar, dass sie nicht aus politischen Beweggründen oder auf behördliches Geheiß, sondern vielmehr aus seelsorgerischen Gründen sowie aufgrund der Interessen und Wünsche der Saar-Geistlichen bei ihm vorsprächen. Während des 75-minütigen Gesprächs, in dem Pacelli viel Interesse für die Situation an der Saar zeigte, machte er Schlich und Bungarten deutlich, dass einer Eingabe, die von gerade einmal drei Geistlichen unterschrieben worden war, vom Apostolischen Stuhl keine so große Bedeutung beigemessen werde, als wenn der gesamte Klerus sich einig wäre und die Denkschrift signiert hätte.

Nach seiner Rückkehr aus München am 7. Dezember verfasste Schlich eine vertrauliche Mitteilung an alle Geistlichen des Saargebiets mit der Bitte, die dem Nuntius vorgelegte Denkschrift zu unterschreiben. Alle Welt- und Ordensgeistlichen kamen dieser Aufforderung nach, sodass die von allen Priestern, die im Saargebiet tätig waren, unterzeichnete Eingabe am 30. Dezember 1921 mit einem vom Senior des Saarklerus, dem Saarlouiser Dechanten und Ehrendomherrn Subtil, abgefassten Schreiben an Pacelli zur Weiterleitung nach Rom gesandt wurde.[1354]

1351 Zur Bestattung Korums (sowie der Trierer Bischöfe im 19. Und 20. Jahrhundert) und den damit verbundenen politischen Akzentsetzungen vgl. Bernhard SCHNEIDER, Vorbildlicher Tod und feierlicher Abschied. Sterben und Bestattung der Trierer Bischöfe im 19. und 20. Jahrhundert. In: Archiv für mittelrheinische Kirchengeschichte. Nebst Beiträgen zur kirchlichen Denkmalpflege, hg. von GESELLSCHAFT FÜR MITTELRHEINISCHE KIRCHENGESCHICHTE (= Archiv für mittelrheinische Kirchengeschichte 66). Mainz 2014, 157–207, hier insb. 178f.

1352 Vgl. hierzu und zum Folgenden: Bericht Schlichs vom 02.08.1942, 9 (SCHLICH, Unterlagen zur Geschichte des Saargebiets [wie Anm. 56]). Zur Nuntiaturtätigkeit Pacellis vgl. insbesondere: WOLF, Eugenio Pacelli als Nuntius in Deutschland (wie Anm. 45), 20–67.

1353 Vgl. SELBACH, Katholische Kirche und französische Rheinlandpolitik nach dem Ersten Weltkrieg (wie Anm. 5), 340.

1354 Vgl. Schreiben Subtil an Pacelli vom 30.12.1921 (SCHLICH, Unterlagen zur Geschichte des Saargebiets [wie Anm. 56]). Schlich vermerkt handschriftlich, dass alle Welt- und Ordensgeistlichen mit einer Ausnahme (Prof. Dr. Matthias Notton) unterschrieben hätten. Hinkel merkt an, dass „ein entsprechender Nuntiaturbericht Pacellis, in dem er die Denkschrift an die Römische Kurie weitergeleitet hätte, […] in den Nuntiaturakten [fehle], und auch im Protokollbuch der Münchener Nuntiatur […] sich kein Hinweis darauf [fände], so dass davon auszugehen ist, dass der Nuntius die Denkschrift nicht übersandte." (HINKEL, Der Erste Saarländische Katholikentag 1923 in der Berichterstattung des Münchener Nuntius Eugenio Pacelli [wie Anm. 6], 248). Ob dies der Wirklichkeit entspricht und die Denkschrift niemals (auch nicht über den deutschen Botschafter am Heiligen Stuhl) im Vatikan ankam, müsste in den dortigen Archiven überprüft werden.

Am nachfolgenden Tag, dem 8. Dezember, berichtete Schlich Kapitularvikar Franz Tilmann in einem Brief über das Gespräch mit Pacelli.[1355] In seinem Bericht beschrieb Schlich die gute Atmosphäre der Unterredung, verschwieg allerdings auch nicht, dass der Nuntius sehr ungehalten wurde, als er (Schlich) sagte, „wenn Gefahr besteht, daß von Seiten der Kirche den französischen Wünschen nachgegeben wird, so genügt ein Wort und das Saargebiet steht in Flammen." Aber, so Schlich weiter, als Pacelli erkannte, dass Schlich nur die Wahrheit gesagt hatte und nicht zu Unruhen hatte aufrufen wolle, war er wieder mild gestimmt. Bungarten soll nach dem Gespräch zu Schlich gesagt haben: „Du wirst nun aber nur noch Bischof bei den Wilden werden."[1356] Ob diese Aussage nur ein scherzhafter Ausspruch Bungartens gewesen war, falls dieser eine solche Aussage gemacht hatte, oder ob es tatsächlich Ambitionen Schlichs gab, selbst einmal Bischof zu werden, lässt sich nicht beweisen. Deutlich wird allerdings, dass Schlich innerhalb des Saarklerus bereits 1921 eine herausragende Rolle einnahm und sein politisches Engagement wie auch seine Verbundenheit zu seinem Bistum und dem Saargebiet groß gewesen zu sein schien.

Am 30. Dezember 1921 übersandte Schlich noch eine Abschrift der Denkschrift mit allen Unterschriften an den deutschen Botschafter am Heiligen Stuhl, Prälat Steinmann, zu dem er Kontakt mittels eines Steyler Missionars, P. Geyer SVD, bekam.[1357]

Am 12. März 1922 folgte der Kölner in Aachen residierende Weihbischof Dr. Franz Rudolf Bornewasser dem verstorbenen Korum als neues Oberhaupt der Kirche von Trier. Dieser behielt den Kurs seines Vorgängers bei, den auch der Bischof von Speyer, Dr. Ludwig Sebastian, von Anfang an eingeschlagen hatte.[1358] Dem standen weiterhin andere französische Ambitionen gegenüber.[1359]

So beschäftigte sich selbst die ‚Société de Géographie' während ihrer Tagung am 7. Januar 1923 in Paris u. a. mit der kirchlichen Ordnung des Saargebiets. Sie kam zum Entschluss, „daß mit größter Beschleunigung alle nötigen Verhandlungen mit dem Vatikan wieder aufgenommen werden sollen, [...] um die Schaffung eines apostolischen Vikariats des Saargebiets (vicariat apostolique de la Sarre) zu erwirken, das nicht der Bischof von Trier oder Speyer aufhe-

1355 Vgl. hierzu und zum Folgenden: Brief Schlichs an Tilmann vom 08.12.1921 (Schlich, Unterlagen zur Geschichte des Saargebiets [wie Anm. 56]).
1356 Vgl. Bericht Schlichs vom 02.08.1942, 10 (ebd.).
1357 Vgl. Schreiben Geyer an Schlich vom 24.12.1921 sowie Schreiben Schlich an die deutsche Botschaft am Heiligen Stuhl vom 30.12.1921 (ebd.).
1358 Vgl. ebd.
1359 Vgl. Selbach, Katholische Kirche und französische Rheinlandpolitik nach dem Ersten Weltkrieg (wie Anm. 5), 355f.

ben kann [...].«[1360] Frankreich bemühte sich weiterhin den Heiligen Stuhl dazu zu bewegen, die kirchlichen Verhältnisse an der Saar zu ändern.[1361] Der Papst gab dem Drängen Frankreichs nur geringfügig nach, denn er entsandte lediglich Prälat Gustavo Testa als apostolischen Visitator an die Saar, um die Lage zu beobachten.[1362] Selbach kommt zum Schluss, dass die „Einsetzung eines Apostolischen Administrators im Saargebiet, obwohl kirchenrechtlich möglich, [...] gegen den erklärten Willen von Klerus, Episkopat und Bevölkerung ebenso aus[schied] wie eine wesentlich schwächere Form der Einflussnahme durch bischöfliche Diözesanadministratoren oder Generalvikare. Die kirchlichen Stellen [...] und die deutschen Regierungen handelten nach dem für Frankreich enttäuschenden Grundsatz *quieta non movere*.«[1363]

Auch der Erste Saarländische Katholikentag 1923 wurde als ein „Bekenntnis zu den Heimatdiözesen" interpretiert, wie aus einem Bericht Schlichs hervorgeht.[1364] Schlich schrieb, dass die Saarkatholiken „ihnen [den Oberhirten von Trier und Speyer; FS] erneut das feierliche Gelöbnis unverbrüchlicher Treue und kindlichem Gehorsam[s] aus[sprachen].«[1365] Des Weiteren formulierte Schlich im Namen der Teilnehmer des Katholikentags die Bitte an den Papst und die Bischöfe Bornewasser und Sebastian, die bisher bestehenden Verbindungen zu den Mutterdiözesen aufrecht zu erhalten und bis zur Volksabstimmung 1935 nichts daran zu ändern.[1366]

Eine Untersuchung des weiteren Zeitraums bis zur Abstimmung 1935 ist aus mehreren Gründen nicht notwendig: Aufgrund der Umbildung der Regierungskommission (und dem daraus resultierenden politischen Kurswechsel) sowie der Festigung der bestehenden kirchlichen und staatlichen Ordnung im Saargebiet ebbten nach der Amtseinführung Bornewassers als Bischof von Trier die Versuche

1360 Auszug aus einer in Paris stattgefundenen Konferenz vom 07.01.1923 (Bistumsarchiv Trier, Saargebiet: Verschiedenes [wie Anm. 1320]).

1361 Eine detaillierte Darstellung des Zeitraums von März 1922 bis Ende 1924, die den Rahmen der vorliegenden Arbeit sprengen würde und nur von geringem Interesse für das zu behandelnde Thema wäre, ist bei Selbach, Katholische Kirche und französische Rheinlandpolitik nach dem Ersten Weltkrieg (wie Anm. 5), 356–366. 394–401 zu finden.

1362 Vgl. Zenner, Parteien und Politik im Saargebiet unter dem Völkerbundsregime (wie Anm. 4), 157f. Zu Testa und dessen Aufgabe vgl. die Ausführungen in Kapitel 3.1.3.

1363 Selbach, Katholische Kirche und französische Rheinlandpolitik nach dem Ersten Weltkrieg (wie Anm. 5), 366. Hervorhebung im Original.

1364 Der Bericht ist mit großer Wahrscheinlichkeit von Schlich selbst verfasst, denn zum einen wurde er auf der Schreibmaschine Schlichs getippt und am oberen rechten Rand ist in Schlichs Handschrift „3.6.23 Katholikentag" vermerkt. Vgl. Bistumsarchiv Trier, Saargebiet: Verschiedenes (wie Anm. 1320). Zum Ersten Saarländischen Katholikentag vgl. die Ausführungen in Kapitel 4.4.5.

1365 Bericht Schlichs „Bekenntnis zu den Heimatdiözesen" vom 03.06.1923 (ebd.).

1366 Vgl. ebd. sowie Schlich, Johann Ludger [Hrsg.], Erster Saarländischer Katholikentag (wie Anm. 1216), 14f.

ab, die Saarpfarreien aus ihren Diözesen loszulösen. Die Tagespolitik beschäftigte sich größtenteils, wie bereits im ersten Teil der vorliegenden Arbeit und in diesem Kapitel gezeigt wurde, mit anderen Themen. Herauszuheben ist an dieser Stelle noch einmal die bedeutsame Rolle, die Schlich bei den Streitigkeiten um die kirchliche Gestaltung des Saargebiets einnahm. Sein skizziertes Handeln stellt dar, dass er der Hauptmatador der Geistlichen des Saargebiets war, was die Bistumsfrage betraf, und er dieser Frage höchste Aufmerksamkeit widmete.

4.4.2 Schlich und die Schulpolitik des Saargebiets („Schulfrage")

Die Frage nach der kirchlichen Gestaltung des Saargebiets war eines der (politischen) Hauptthemen, das Schlich und den Klerus an der Saar beschäftigte. Aber neben diesem Politikum existierte noch ein weiterer ‚Kampfplatz' politischer Aktivitäten im Saargebiet während der Zeit der Völkerbundsverwaltung: die Schulpolitik, auf dem auch Schlich agierte. Wie er hierbei konkret handelte und welche Interessen er dabei vertrat, soll nun Darstellung finden.

4.4.2.1 Schlichs politisches Taktieren gegen die ‚französischen' Domanialschulen

Den Bewohnern des Saargebiets wurde im zweiten Kapitel der Anlage zum Friedensvertrag von Versailles (Art. 28) ihr Recht auf religiöse Freiheit, Sprache und Schule zugesichert.[1367] Es zeigte sich aber schnell, dass während der Zeit, in der Victor Rault das Amt des Präsidenten der Regierungskommission bekleidete, nicht nur die Frage nach der kirchlichen Gestaltung des Saargebiets zum Zankapfel zwischen der Bevölkerung bzw. den religiösen Gemeinschaften auf der einen Seite und der Regierungskommission auf der anderen werden sollte, sondern auch die der Organisation der saarländischen Schulen.[1368] „Sieht man, daß selbst zur Zeit der maximalen Ausbreitung der Domanialschule höchstens 4,5 % aller Volksschüler aufgenommen wurden, scheint die Heftigkeit der Auseinandersetzung zunächst unverständlich. Dennoch war der ‚Schulkampf' […] einer

1367 „Die Einwohner behalten unter Ueberwachung des Regierungsausschusses ihre örtlichen Vertretungen, ihre religiösen Freiheiten, ihre Schulen und ihre Sprache." Zitiert nach SCHNEBERGER, Saarstatut und Völkerbundssatzung (wie Anm. 68), 27. Hervorhebungen im Original.

1368 Bis 1920 gab es im Saargebiet ausschließlich konfessionelle Volksschulen, in denen die Schüler/innen getrennt nach Geschlechtern und im Geist der Religion unterrichtet wurden. Vgl. hierzu: Gottfried FITTBOGEN, Die französischen Schulen im Saargebiet. Eine Studie (= Rheinische Schicksalsfragen 4). Berlin 1925, 4f.

der Hauptkonflikte während der Völkerbundsherrschaft"[1369], urteilt Arnold Ilgemann.

Wie bereits aufgezeigt, zielte die Politik Frankreichs im Saargebiet auf einen Anschluss des Territoriums an Frankreich ab.[1370] Hierfür brauchten die Franzosen allerdings die Unterstützung der Einwohner. Um diese zu erlangen, nutzten sie jede Möglichkeit, die sich ihnen bot, wie beispielsweise das im Versailler Vertrag festgeschriebene Verfügungsrecht des französischen Staats über die Kohlegruben.[1371] In Art. 14 der Anlage zu Kapitel 1 heißt es: „Der französische Staat kann jederzeit als Nebenanlage der Gruben Volksschulen oder technische Schulen für das Personal gründen und unterhalten und den Unterricht darin in französischer Sprache nach einem von ihm festgesetzten Lehrplan durch von ihm auserwählte Lehrer erteilen lassen. Desgleichen kann er Krankenhäuser, Polikliniken, Arbeiterhäuser und -gärten und andere Wohlfahrtseinrichtungen und gemeinnützige Anstalten gründen und unterhalten."[1372] Durch diese Regelung waren die ‚Mines Domaniales de la Sarre' als größter Arbeitgeber des Saargebiets in der Lage, den Druck auf ihre Beschäftigten zu verstärken und sie dazu zu bewegen, ihre Kinder auf die französischen Schulen zu schicken.[1373]

Die frankophil eingestellte Regierungskommission räumte sich selbst bei der Interpretation der Artikel 14, 19 und 23 der Anlage zum Abschnitt IV (Teil III) des Versailler Friedensvertrags einen großzügigen Ermessensspielraum ein und erließ daher am 10. Juli 1920 ein Gesetz, nach dem auch die Kinder saarländischer Bergarbeiter die französischen Grubenschulen, bald Domanialschulen[1374] genannt, besuchen durften: „Die Kinder des Personals der Bergverwaltung, welche die ge-

1369 Arnold ILGEMANN, „Franzosenschulen" – Die französischen Domanialschulen in der Völkerbundszeit (= Beiträge zur Regionalgeschichte 4). St. Ingbert 1990, 3.

1370 Vgl. Kapitel 3.1.2. Saargebiet: Französische Schulen im Saargebiet, Bistumsarchiv Trier, Abt. 59 Nr. 55.

1371 Vgl. Der Vertrag von Versailles, Teil III, Abschnitt IV, Art. 45, in: SCHNEBERGER, Saarstatut und Völkerbundssatzung (wie Anm. 68), 5.

1372 Der Vertrag von Versailles, Abschnitt IV, Anlage, Art. 14, in: ebd., 8.

1373 Vgl. Gerhild KREBS, Domanialschulen im Saargebiet. In: Stätten grenzüberschreitender Erinnerung. Spuren der Vernetzung des Saar-Lor-Lux-Raumes im 19. und 20. Jahrhundert = Lieux de la mémoire transfrontalière, hg. von Rainer HUDEMANN. Saarbrücken 2002, nur auf CD erschienen; LINSMAYER, Der 13. Januar (wie Anm. 55), 55 sowie ZENNER, Parteien und Politik im Saargebiet unter dem Völkerbundsregime (wie Anm. 4), 44.

1374 Es gilt zwei Arten französischer Domanialschulen zu unterscheiden: Der eine Zweig ist französisch sprechenden Kindern, also den eigentlichen französischen Staatsangehörigen, vorbehalten, weil der Unterricht ausschließlich auf Französisch gehalten wird. „Der andere Zweig ist für deutsche Kinder bestimmt, gleichgültig, ob ihre Eltern zur Grube in einem Arbeitsverhältnis stehen oder nicht. Und dieser Zweig ist es, um den es sich in dieser Schrift handelt, wenn der Ausdruck ‚Domanialschule' gebraucht wird." (o. V., Die französischen Domanialschulen im Saargebiet. Denkschrift der 3. Lehrerkammer für das Saargebiet. Saarbrücken 1929, 13).

mäß § 14 der erwähnten Anlage des Friedensvertrags von der Bergverwaltung gegründeten Schulen besuchen – ohne Rücksicht auf die Staatsangehörigkeit –, genügen damit den Vorschriften des preußischen Gesetzes vom 14. Mai 1825 und des bayerischen Gesetzes vom 4. Juni 1903 über die Schulpflicht."[1375] Ebenso verfügte sie, dass „die Schulbehörde diejenigen Eltern, die darum einkommen, die Erlaubnis erteilen kann, ihre Kinder in die gemäß § 14 der erwähnten Anlage des Friedensvertrags von der Bergverwaltung gegründeten Schulen zu schicken, auch wenn die Eltern nicht zum Personal der Bergverwaltung gehören. Die diesbezüglichen Gesuche sind unmittelbar an die Regierungskommission (Abteilung für Kultus und Schulwesen) zu richten."[1376]

Zudem erließ sie am 24. November 1920 die Verordnung über die Lehrerbesoldung, wonach die Regierungskommission sämtliche Personalkosten der Volksschullehrer des Saargebiets übernahm und alle Zuschläge strich, um dadurch eine größere Abhängigkeit der Lehrer von der Regierungskommission zu erreichen.[1377] 1923 legte die Regierungskommission dem Landesrat noch den Antrag auf Errichtung konfessioneller Schulkommissionen[1378] vor, den alle Parteien ablehnten, weil dadurch, so Zenner, die Autonomie der Gemeinden beschnitten werde.[1379] Natürlich behagte der Vorschlag auf Bildung solcher Kommissionen (unter Hinzuziehung von Geistlichen und Eltern) der Zentrumspartei; diese lehnte aber aufgrund der Beschneidung des Gemeinde- und Volksrechts letztlich ab.[1380]

1375 Regierungskommission des Saargebiets, Verordnungen über den Besuch der Schulen der französischen Grubenverwaltung. 1920. In: o. V., Das Saargebiet unter der Herrschaft des Waffenstillstandsabkommens und des Vertrags von Versailles (wie Anm. 56), 313.

1376 Ebd.

1377 Vgl. Zenner, Parteien und Politik im Saargebiet unter dem Völkerbundsregime (wie Anm. 4), 101.

1378 Zum Schulkommissionsstreit: s. u.

1379 Vgl. hierzu und zum Folgenden: ebd., 111. Auch außerhalb des Saargebiets wurde das Vorgehen der Regierungskommission beobachtet. Die Kölnische Volkszeitung schrieb: „Es muß nun die *auffällige, tiefbedauerliche und unverständliche Tatsache* konstatiert werden – *doppelt verantwortungsvoll* und daher beklagenswert gerade wegen der im Saargebiet vorherrschenden autokratischen Manieren der französischen Interessen dienstbaren Regierungskommission –, daß der *Kath. Lehrerverband Saarpfalz*, bestehend aus den kathol. Lehrervereinen des preußischen und pfälzischen Teiles des Saargebiets, auf seiner 8. Delegiertenversammlung in Sankt Ingbert (1921) den Beschluß gefaßt hat: ‚Der Verband bittet die Regierungskommission, die Anstellung der Lehrer so zu regeln, daß diese *nicht durch Wahl der Gemeinden, sondern durch Berufung der Regierungskommission erfolgt*'." (o. V., Preisgabe oder Erhaltung von Lehrer- und Volksrechten? Eine Gewissensfrage zur saarländischen Schulpolitik. In: Kölnische Volkszeitung vom 2. Juni 1922, 2). Der hervorgehobene Text wird im Original im Sperrdruck geboten.

1380 Vgl. o. V., Die deutsche Schule vor dem Landesrat. Einmütige Ablehnung des Regierungsentwurfs – Das Gutachten der Zentrumsfraktion. In: Saarbrücker Landes-Zeitung vom 31. Oktober 1923, 1.

Der Schulbetrieb Frankreichs im Saargebiet wuchs sogar soweit an, dass der Bergverwaltung eine eigene Schulabteilung, der ‚Service de l'enseignement', welcher „sowohl für die nur von französischen Schülern besuchten Grund- und Sekundarschulen, die Berufsschulen für Bergleute als auch für die Domanialschulen zuständig war."[1381]

Aus sittlich-moralischen Gründen kritisierte der Bischof von Trier in einem Schreiben an die Regierungskommission am 15. Juli 1921, dass in den französischen Grubenschulen die Trennung der Geschlechter, die Konfessionalität und der Religionsunterricht nicht wie in den Volksschulen des Saargebiets gesichert seien und forderte, dass nur gläubige Katholiken als Lehrer angestellt werden sollten.[1382] Zudem erlaubte Korum, dass Geistliche an den Domanialschulen unterrichteten, was allerdings keine Gutheißung dieser Schule sein sollte.[1383]

Schlich verfasste auch zur schulischen Gestaltung des Saargebiets während der Völkerbundzeit ein Dossier mit Unterlagen, Anmerkungen und Aufzeichnungen an. Diese Dokumente sandte er am 24. Juli 1942 auf Anfrage des Generalvikars nach Trier.[1384] Schlich heftete in seinem für das Generalvikariat über die ‚Schulfrage' erstellten Bericht und dem Brief Korums einen Notizzettel mit folgendem handschriftlichen Vermerk bei: „Dieser (sic!) Brief des H. Hr. Bischofs M. Korum v. 15.7.1921 Hr. Echelmeyer u. ich hatten ihm die Sachen mitgeteilt"[1385]. Das Schreiben, in dem Schlich und Echelmeyer Korum über die Missstände in Kenntnis setzten, liegt ebenfalls dem Bericht Schlichs über die Schulfragen bei. Hierin fordern sie die Beibehaltung der Konfessionalität sowohl in den Volksschulen als auch in den französischen Grubenschulen, die Erteilung von Katechismus- und Bibelunterricht, die Notwendigkeit einer schriftlichen Erklärung beider Elternteile (und nicht die mündliche Erklärung eines Elternteils), falls ihr Kind nicht am Religionsunterricht teilnehmen soll, sowie die Aufhebung der unterschiedlichen Schuldauer zwischen deutschen Schulen und französischen Domanialschulen. Auf dem Brief Korums vermerkte Schlich: „Bischof Korum erhob als erster seine Stimme für die (sic!) Erhaltung der deutschen

1381 Selbach, Katholische Kirche und französische Rheinlandpolitik nach dem Ersten Weltkrieg (wie Anm. 5), 367.

1382 Vgl. Schreiben Korum an die Regierungskommission vom 15.07.1921 (Saargebiet: Französisches Schulwesen im Saargebiet, Bistumsarchiv Trier, Abt. 59 Nr. 59). Korum war strikter Integralist und war bestrebt, das gesamte Schulwesen unter die Kontrolle der Kirche zu bringen. Vgl. Embach, Michael Felix Korum (1881–1921) (wie Anm. 62), 43f.

1383 Vgl. Schreiben Bornewasser an Pfr. Wilhelm vom 02.03.1931 (Bistumsarchiv Trier, Saargebiet: Französische Schulen im Saargebiet [wie Anm. 1370]).

1384 Es gelten daher die gleichen quellenkritischen Anmerkungen wie bereits in den Kapiteln zur Saar- und Bistumsfrage.

1385 Schreiben Korum an Schlich vom 13.07.1921 (Bistumsarchiv Trier, Saargebiet: Französisches Schulwesen im Saargebiet [wie Anm. 1382]).

Schulen“[1386]. In seinem Antwortschreiben auf die Eingabe Korums, für dessen Anfertigung sich Kultusminister Moltke-Huitfeldt mehr als drei Monate Zeit ließ, betonte dieser, dass die Regierungskommission[1387] keinerlei Verantwortung für den Unterricht an den Domanialschulen trage.[1388] Die Grubenverwaltung sei allerdings bemüht, den Anregungen des Bischofs nachzukommen, insofern ihr dies möglich sei. Sie (die Bergverwaltung) plane, die Koedukation abzuschaffen und den Religionsunterricht mit gleicher Stundenzahl wie in den staatlichen Schulen als obligatorischen Unterrichtsgegenstand anzuerkennen. Hierzu sollten Geistliche von der Bergverwaltung berufen und besoldet werden.

Unter Bezugnahme auf das Schreiben Korums vom 13. Juli 1921, richtete Schlich eine Eingabe an das Generalvikariat Trier, worin er beanstandete, dass an fünf Tagen, die in Frankreich nicht staatlich gefeiert würden – Epiphanie, Fronleichnam, Peter und Paul, Mariä Opferung und Mariä Empfängnis –, die Kinder teilweise nicht frei bekämen und daher nicht an den Gottesdiensten teilnehmen könnten ohne schlechte Noten zu riskieren.[1389] Schlich ging es an dieser Stelle also primär darum, dass die Kinder ihrer Kultuspflicht nachkommen konnten und durch den Besuch der Domanialschulen diese Verpflichtung nicht gelockert wurde, denn es bestand die Gefahr, dass diese Schüler/innen schnell die Bindung an die katholische Kirche und ihre Feiertage verlieren würden. Zudem wurde da-

1386 Ebd.

1387 Kultusminister Moltke-Huitfeldt trug offiziell die Verantwortung für die Schulpolitik der Saarregierung. In Wirklichkeit übte allerdings der katholische Geistliche Prof. Dr. Matthias Notton als Direktor der Schulabteilung entscheidenden Einfluss aus. Notton tolerierte die Domanialschulen, weshalb auch die Lehrerverbände, die Parteien und der Klerus ein gespanntes Verhältnis zu ihm hatten. Notton, der „ganz französisch eingestellt“ (Besatzungszeit 1919–1930, Rheinland-Kommission, Briefwechsel mit Rom und Nuntius Pacelli über allgemeine Fälle, Bistumsarchiv Trier, Abt. 59 Nr. 73, handschriftlicher Vermerk ohne Datum [ein Schriftabgleich ergab, dass die Anmerkung vermutlich von Bischof Bornewasser selbst stammt]) war, gab die Kirche sowie die Schule gern französischem Einfluss preis, was zur Folge hatte, dass er am 10.12.1924 aus der Zentrumspartei ausgeschlossen wurde. Vgl. hierzu: ZENNER, Parteien und Politik im Saargebiet unter dem Völkerbundsregime (wie Anm. 4), 110.161; SELBACH, Katholische Kirche und französische Rheinlandpolitik nach dem Ersten Weltkrieg (wie Anm. 5), 368 sowie Fittbogen, der in seinem 1925 veröffentlichten Werk zu den Domanialschulen ein ähnliches Bild von Notton beschreibt: „Die Regierungskommission nämlich entließ die nach links orientierten Herren aus der Schulverwaltung und machte (am 1. Januar 1921) einen katholischen Priester zu ihrem Leiter. Damit beginnt die Ära Notton (sic!), deren Kennzeichen übrigens nicht in Nottons Priesterwürde, sondern in seiner frankophilen Haltung liegt.“ (FITTBOGEN, Die französischen Schulen im Saargebiet [wie Anm. 1368], 73).

1388 Vgl. hierzu und zum Folgenden: Antwortschreiben Moltke-Huitfeldt an Korum vom 27.10.1921 (BISTUMSARCHIV TRIER, Saargebiet: Französisches Schulwesen im Saargebiet [wie Anm. 1382]).

1389 Vgl. Brief Schlich an Generalvikariat vom 10.01.1922 (ebd.).

durch der Feiertag (mit seiner gebotenen Ruhe) entheiligt, was ein Dorn im Auge des Klerus war.[1390]

Eine Woche später berichtete Schlich Kapitularvikar Tilmann, dass er bei der Schulabteilung der Regierungskommission wegen der Feiertagsregelung vorstellig geworden sei.[1391] Er habe erreicht, dass die katholischen Kinder an diesen Tagen vom Unterricht befreit seien. Zudem brachte Schlich vor, dass neben dem Katechismusunterricht durch die Geistlichen auch zwei Wochenstunden Bibelunterricht durch Lehrer/innen erteilt werden sollten, „die nach ihrer Vorbildung und ihrem Leben gemäß dem Urteil der Bischöflichen Behörde dazu qualifiziert und ermächtigt seien."[1392]

Um dem Anliegen des Bischofs Nachdruck zu verleihen, forderte Generalvikar Tilmann Pfarrer Schlich auf, Dechant Echelmeyer mitzuteilen, dieser solle eine Dechantenkonferenz einberufen, um eine gemeinsame Denkschrift an Rault zu verfassen. Die Dechanten sollten darum bitten, dass die oben genannten Übel, die nicht den dem Bischof gegebenen Versprechen entsprächen, in den französischen Grubenschulen behoben würden.[1393] Im Namen der Saardechanten bat Schlich erneut die zuständigen Behörden, dass die Konfessionalität und Geschlechtertrennung eingehalten und der Feiertagsregelung Beachtung geschenkt werde.[1394] Hier wird ersichtlich, welch herausragende Position Schlich im Streit um die Domanialschulen im Saargebiet einnahm. Obwohl er nicht Dechant von Saarbrücken war, fungierte er als das Bindeglied sowohl zwischen Staat und Kirche (sogar der Saar-Dechantenkonferenz) als auch zwischen Saarklerus und Bistumsleitung.

Allerdings kamen Schlich noch zwei weitere Schlüsselrollen hinsichtlich der Schulpolitik und -seelsorge zu, wie aus der Niederschrift über die Definitionskonferenz in Saarbrücken vom 5. Juli 1927 hervorgeht. Er bildete die Schnittstelle zwischen der Regierungskommission und dem Dekanat Saarbrücken (zumindest was Schulfragen betraf). Im Protokoll heißt es: „Pfr. Dr. SCHLICH erwähnt ein Rundschreiben der Regierungskommission, nach dem der Geistliche bei Ausfall der Religionsstunde dem Klassenlehrer Mitteilung zu machen hat."[1395]

1390 Zur Entheiligung der Sonn- und Feiertage vgl. die Ausführungen in Kapitel 4.1.4 sowie 4.2.1.

1391 Vgl. hierzu und zum Folgenden: Bericht Schlich an Tilmann vom 17.01.1922 (ebd.).

1392 Ebd.

1393 Vgl. Schreiben Generalvikar Tilmann an Schlich vom 10.02.1922 (ebd.).

1394 Vgl. Brief Schlich an Bergverwaltung (ebd.). Das Datum „März 1922" und die Anmerkung „Diese ist schon versprochen worden, aber nicht überall gehalten" bzgl. der Feiertagsregelung wurde von Schlich nachträglich von Hand ergänzt.

1395 Niederschrift über die Definitionskonferenz Saarbrücken vom 05.07.1927, abgefasst am 10.07.1927, in: Pfarrarchiv der Pfarrei Christkönig Saarbrücken (wie Anm. 305) Hervorhebung im Original.

Ebenso wandte sich der Pfarrer von Holz bereits 1919 an Schlich, als dieser mitgeteilt bekam, er sei gemäß neuer Verordnungen nicht länger Ortsschulinspektor, weil die Ortsschulinspektionen per Gesetz abgeschafft worden seien.[1396] Schlich erhielt von der Regierungskommission bzw. der französischen Regierung einen Brief, in dem bestätigt wurde, die Ortsschulinspektionen würden bis auf weiteres weitergeführt, denn das Gesetz sei im Saargebiet nicht eingeführt worden.[1397] Es scheint, als sei Schlich sogar schon vor dem Amtsantritt der Regierungskommission der Ansprechpartner seiner Mitbrüder gewesen, wenn es um schulbehördliche Angelegenheiten ging.

Auch auf Dekanatsebene beriet man Anfang 1923 in Saarbrücken über dieses Thema und kam zum Ergebnis, man müsse sich geschlossen gegen die „Franzoschulen" zur Wehr setzen.[1398]

So kam der Dekanatsklerus Saarbrückens der Bitte Tilmanns nach und verfasste folgende Eingabe: „Die kath. Geistlichen (sic!) des Dekanates Saarbrücken verurteilen es aufs Entschiedenste, daß kath. Eltern ihre Kinder in die französischen Schulen schicken. Diese Schulen entsprechen durchaus nicht den Anforderungen, die wir vom kathol. Standpunkt aus an eine konfessionelle Schule stellen müssen. Auch sind wir der Überzeugung, daß diese Schulen sich zu einer schweren Gefahr für unsere deutschen Schulen auswachsen werden. Deshalb sehen wir uns veranlaßt, aus Gewissenspflicht gegenüber unserer deutschen Saarheimat und ihrer Bevölkerung, Kinder u. Eltern vor dem Besuch der französischen Schulen zu warnen."[1399]

Die zwischen der Bistumsspitze und dem Klerus an der Saar abgestimmte Haltung, an der Schlich entscheidend mitwirkte, hatte Folgen für die politische

1396 Vgl. Schreiben Neff (Regierungsbezirk Trier) an Pfarrer Christoffel vom 01.10.1919 (Pfarrarchiv der Pfarrei St. Jakob Saarbrücken, Ordner 400).

1397 Vgl. Schreiben der französischen Regierung an Schlich 28.10.1919 (ebd.).

1398 Vgl. Protokoll der Konferenz des Gesamtdekanates Saarbrücken am 5.II.23 (Pfarrarchiv der Pfarrei Christkönig Saarbrücken [wie Anm. 305]). Diese Maßnahme sahen die Geistlichen als eine Pflicht zum Schutz der Kinder, aber auch ihrer selbst an, denn die Priester, die Religionsunterricht an den Domanialschulen erteilen würden, könnten leicht den Eindruck in ihrer Gemeinde erwecken, sie billigten diese Schulen, was wiederum zu einem Konflikt innerhalb der Pfarrei führen könnte. Die Resolution, so beschloss die Versammlung mehrheitlich, solle dem Generalvikar sowie den übrigen Dekanaten zugesandt werden, was Schlich auch tat. Zur politischen Agitation des Saarbrücker Dekanatskapitels vgl. die Ausführungen in Kapitel 4.1.4.

1399 Denkschrift des Dekanats Saarbrücken vom 05.02.1923. Das Original wurde, so ein handschriftlicher Vermerk, zehnfach kopiert und an die anderen Saardekanate verteilt, damit diese „etwaige gleichlautende Stellungnahmen" verfassen konnten. Vgl. Protokoll der Konferenz des Gesamtdekanates Saarbrücken vom 05.02.1923 (ebd.). Auf seiner Kopie der Denkschrift, die Schlich seinem Bericht für das Generalvikariat beilegte, merkte er folgendes handschriftlich an: „Am folgenden Sonntag in allen Kirchen verkündigt" (Bistumsarchiv Trier, Saargebiet: Französisches Schulwesen im Saargebiet [wie Anm. 1382]).

Ebene. Die im Zentrum aktiven Geistlichen waren das Bindeglied und prägten die Position der Partei. Der politische Kurs der Zentrumspartei wies in der Debatte um die Schulen im Saargebiet einen entsprechend weniger nationalen Grundtenor auf, sondern war vielmehr geprägt durch die Weltanschauung der Geistlichkeit, die, wie bereits im Kapitel 3.2 dargestellt wurde, dem Parteivorstand angehörte und die Partei (mit)leitete.[1400] Auch Schlich hielt, wie er handschriftlich dokumentierte, eine Rede bzgl. der Schulentwicklung und -problematik während einer Sitzung der Zentrumspartei.[1401] Die übrigen Parteien kämpften v. a. aus nationalen Gründen gegen die Domanialschulen, respektierten aber, aufgrund des immensen Einflusses, den das Zentrum auf die Bevölkerung ausübte, die Ansichten der Zentrumspartei. Diese erblickte jedoch in den Domanialschulen die laizistischen Schulen Frankreichs.

Ebenso zeigte die Entwicklung der Schulen in Lothringen, dass, entgegen anderslautender Zusicherungen, die konfessionellen Volksschulen unterminiert wurden[1402] und Jean Revire[1403] daher zum Ergebnis kommt, dass der französische Antiklerikalismus den Saarländern nicht weniger gefährlich erschienen sein dürfte als der preußische Protestantismus.[1404]

Einen ersten Höhepunkt im Streit um die Domanialschule bildete die Eröffnung der Domanialschule in Heiligenwald, einer zwanzig Kilometer von Neunkirchen entfernten Bergarbeitersiedlung. Nach der Eröffnung im Herbst 1921 besuchten sogleich 380 Kinder diese Schule, was dem Faktum geschuldet war, dass die Bergverwaltung Eigentümer von mehr als 70 % der Wohnungen sowie Hauptarbeitgeber der Region war und dadurch Druck auf die Bergarbeiterfamilien ausüben konnte.[1405] Die Schülerzahl der ortsansässigen konfessionellen Volksschule halbierte sich folglich. Der Konflikt verstärkte sich noch, als zur gleichen Zeit im benachbarten Ort Reden die Eröffnung einer Domanialschule die Schließung der deutschen Volksschule nach sich zog.[1406]

1400 Vgl. hierzu und zum Folgenden: ZENNER, Parteien und Politik im Saargebiet unter dem Völkerbundsregime (wie Anm. 4), 159 sowie SELBACH, Katholische Kirche und französische Rheinlandpolitik nach dem Ersten Weltkrieg (wie Anm. 5), 368.

1401 Vgl. BISTUMSARCHIV TRIER, Saargebiet: Französisches Schulwesen im Saargebiet (wie Anm. 1382).

1402 Vgl. o. V., Rückblick und Ausblick – Die katholische Wacht an der Saar. In: Saarbrücker Landes-Zeitung vom 23. September 1923, 1.

1403 Zum Werk und der Position Revires vgl. die Anmerkungen in Kapitel 4.4.1.

1404 „Or, si le protestantisme prussien apparaissait dangereux aux yeux des Sarrois, l'anticléricalisme français ne l'apparaissait pas moins […]." (REVIRE, Perdrons-nous la Sarre? [wie Anm. 1316], 46). Vgl. ebenso ZENNER, Parteien und Politik im Saargebiet unter dem Völkerbundsregime (wie Anm. 4), 101.

1405 Vgl. hierzu und zum Folgenden: SELBACH, Katholische Kirche und französische Rheinlandpolitik nach dem Ersten Weltkrieg (wie Anm. 5), 369f.

1406 Vgl. FITTBOGEN, Die französischen Schulen im Saargebiet (wie Anm. 1368), 15–20.

Das Zentrum des Saargebiets wandte sich 1923, als der Konflikt seinen Höhepunkt erreicht hatte, hilfesuchend an den Trierer Bischof Bornewasser.[1407] In seinem am 2. Februar 1923 erschienenen Hirtenbrief reagierte der Oberhirte von Trier auf das Gesuch des Zentrums, indem er schrieb: „Und doch erfüllen mich die Nachrichten mit großer Sorge, welche ich seit einiger Zeit über die Volksschulverhältnisse in dem zum Saargebiet gehörenden Teile meiner Diözese erhalte. Ein großer Teil der kath. Kinder hat die bewährte, nach dem Friedenschluß von der Regierungskommission des Saargebietes übernommene und unter ihrer Leitung stehende katholische konfessionelle Volksschule verlassen und ist in andere Volksschulen eingetreten. Ich bedauere das von ganzem Herzen."[1408]

Das Zentrum argumentierte auf dieselbe Weise gegen die Domanialschulen: „Die Zentrumspartei betrachtet die französischen Volksschulen im Saargebiet, insofern dieselben laut Verfügung der Regierungskommission vom 10. Juli 1920 auch von deutschen Kindern besucht werden dürfen, vom religiösen, erzieherischen und nationalen Standpunkt aus als ein großes Unglück und Unrecht gegen die christliche und deutsche Saarbevölkerung und ihre Kinder […]."[1409] Auch die „Saarbrücker Landes-Zeitung", das offizielle Presseorgan der Zentrumspartei, begann nach der Veröffentlichung des Hirtenbriefs ihre Arbeit gegen die Domanialschule zu intensivieren und übte vermehrt Kritik an ihr.[1410] Auch Schlich publizierte hierzu mehrere Artikel, was er in seinen Dokumenten hervorhob, die er seinem Bericht für das Generalvikariat beilegte.[1411]

1407 Vgl. Zenner, Parteien und Politik im Saargebiet unter dem Völkerbundsregime (wie Anm. 4), 160.

1408 Hirtenbrief des Hochw. Herrn Bischofs von Trier vom 02.02.1923, in: o. V., Die französischen Domanialschulen im Saargebiet (wie Anm. 1374), 180f. sowie Diözese Trier, Kirchlicher Amtsanzeiger für die Diözese Trier (wie Anm. 643), Nr. 15, S. 16.

1409 Saarbrücker Landes-Zeitung vom 06.03.1922, zitiert nach: Zenner, Parteien und Politik im Saargebiet unter dem Völkerbundsregime (wie Anm. 4), 160.

1410 Vgl. Selbach, Katholische Kirche und französische Rheinlandpolitik nach dem Ersten Weltkrieg (wie Anm. 5), 371. Insgesamt erschienen hierzu zwischen 1921 und 1934 insgesamt 425 Zeitungsartikel in den verschiedenen Zeitungen des Saargebiets. Auffallend ist, dass in den Jahren 1923 und 1929–1934 verstärkt kritische Artikel zum „Schulkampf" erschienen. Vgl. Die französischen Domanialschulen im Saargebiet, hg. von Arwed Hoyer. Saarbrücken 1934, 113–129.

1411 Vgl. Bistumsarchiv Trier, Saargebiet: Französisches Schulwesen im Saargebiet (wie Anm. 1382). Beispiele für die Redakteurtätigkeiten Schlichs: Johann Ludger Schlich, Die französische Schule im Saargebiet. In: Saarbrücker Landes-Zeitung vom 19. November 1924, 1; ders., Die deutsche Schule im Saargebiet. In: Saarbrücker Landes-Zeitung vom 31. August 1924, 1. In letzterem wendet sich der Autor gegen die Erlasse der Regierungskommission im Allgemeinen und explizit gegen die Besoldung der Lehrer durch die Saarregierung, weil dies ein Verstoß gegen den Vertrag von Versailles sei.

In Frankreich betrachtete man den Hirtenbrief Bornewassers als ein Übertreten seiner Kompetenzen[1412] und der Trierer Bischof wurde in der Zeitung „Le Gaulois“ massiv attackiert. Das Generalvikariat forderte daher Schlich auf, den Artikel im Wortlaut zu übermitteln, aber jede Abwehrmaßnahme in der katholischen Presse bis zur amtlichen Klarstellung zu unterlassen.[1413] Auch die Resolution des Ersten Saarländischen Katholikentages zur Schulfrage vom 8. Juni 1923, worin die 65.000 Teilnehmer alle Maßnahmen verurteilten, die der althergebrachten deutschen Konfessionsschule schadeten, rief zweifelsfrei in Frankreich und bei Regierungspräsident Rault Unmut hervor und verstärkte den Wunsch, einen apostolischen Administrator für das Saargebiet zu bekommen.[1414]

Msgr. Testa, der, wie bereits erwähnt, vom Heiligen Vater als apostolischer Visitator ins Saargebiet entsandt wurde, ließ sich von Pfarrer Schlich ein Gutachten über die schulischen Verhältnisse im Saargebiet erstellen.[1415] Schlich berichtete Testa, die französischen Grubenschulen seien von Anfang an interkonfessionell sowie gemischtgeschlechtlich gewesen und die Lehrer, deren Lebensführung nicht der eines Lehrers einer Konfessionsschule entsprächen, seien, wie auch die Lehrbücher, von naturalistischem Geist durchdrungen. Erst mit dem Hirtenbrief Bornewassers sei eine Besserung eingetreten: Die Schulen bzw. Klassen seien nach Konfession (allerdings nicht nach Geschlecht) getrennt worden. Jedoch unterrichteten die Lehrkräfte, die größtenteils Anhänger des französischen Laizismus seien, weiterhin die Kinder, sodass keine Einführung der Kinder ins religiöse Leben, keine sonn- und werktäglichen Gottesdienste unter Lehreraufsicht, kein pflichtgemäßer und gemeinsamer

1412 “Ce prélat combattif, s’il reste le maître du clergé sarrois, fera à la cause française dans le Bassin, un mal irréparable.” Schreiben Rault an Ministerpräsident Poincaré vom 24.01.1923, zitiert nach: Selbach, Katholische Kirche und französische Rheinlandpolitik nach dem Ersten Weltkrieg (wie Anm. 5), 371.

1413 Vgl. Schreiben des Generalvikariats Trier an Schlich (vom 15.09.1923). Es lässt sich anhand der vorliegenden Archivalien mit an Sicherheit grenzender Wahrscheinlichkeit vermuten, dass Schlich das Generalvikariat auf den Zeitungsartikel aufmerksam gemacht hat und daher um Übermittlung des Wortlauts gebeten wurde. Bischof Bornewasser, der sich aufgrund des Zwischenfalls (und der sich im Elsass verschlechternden Situation der christlichen Schulen) an Nuntius Pacelli wandte, schreibt, dass er „leider nur die von Pfarrer Dr. Schlich in Saarbrücken eingesandte Übersetzung (sic!) aus dem Gaulois habe; ich bemühe mich aber, den französischen Text zu bekommen.“ (Schreiben Bornewasser an Pacelli vom 19.09.1923 [Verkehr mit Rom und der römischen Kurie, Bistumsarchiv Trier, Abt. 53, 23 Nr. 96]).

1414 Vgl. Selbach, Katholische Kirche und französische Rheinlandpolitik nach dem Ersten Weltkrieg (wie Anm. 5), 371 sowie Resolution des Ersten Saarländischen Katholikentages vom 08.06.1923 (Schlich, Unterlagen zur Geschichte des Saargebiets [wie Anm. 56]).

1415 Vgl. hierzu und zum Folgenden: Brief Schlich an Testa vom 31.03.1924. Am Briefkopf vermerkte Schlich handschriftlich neben dem Datum noch: „Gutachten für Mg. Testa von Pfr. Schlich“ (Bistumsarchiv Trier, Saargebiet: Französisches Schulwesen im Saargebiet [wie Anm. 1382]).

Sakramentenempfang und kein Miterleben des Kirchenjahres möglich sei und die übrigen Fächer nicht vom religiösen Geist durchwirkt seien. Des Weiteren bemängelt Schlich, dass es keine Maßnahmen gegen Kinder gäbe, die den Religionsunterricht schwänzten, was ein häufiges Fehlen der Kinder zur Folge habe.[1416]

Ein weiteres Problem erkannte Schlich in der Tatsache, dass „die Religion nicht gesetzlich gewährleistet [ist], sondern sie kann mit einem Federstrich abgeschafft werden. [...] Sie [die Schulen; FS] sind Mittel zur Abstimmung und zur Erreichung der französischen Staatsziele. Deutsche Kultur ist durch französische Idee ersetzt."[1417] Außerdem stünde im Versailler Vertrag, der Besuch der Domanialschulen stehe ausschließlich den Kindern des französischen Grubenpersonals zu. Dies habe die Regierungskommission bereits am 10. Juli 1920 auf alle Kinder des Saargebiets erweitert und ihnen mit dem Erlass vom 1. Januar 1923, der die deutschen und französischen Bergleute gleichgestellt habe, den Besuch der französischen Schule ohne Antrag bei der Regierung, sondern auf bloße Anmeldung hin ermöglicht. Schlich folgert daher: „Beide Erlasse bewirken eine Veränderung der Schulgesetzgebung, die nach dem Stande vom (sic!) 09.11.1918 erhalten bleiben muss und sind ohne Befragung der Volksvertreter ergangen. Sie sind daher rechtlich ungültig. Die französischen Schulen werden daher auch heute noch aus religiösen und seelsorglichen Gründen sowie aus allgemein kulturellen Gründen von der Geistlichkeit und kath. Bevölkerung abgelehnt."[1418]

Betrachtet man die statistischen Daten, die Gottfried Fittbogen zusammengetragen hat, so besuchten am 15. Juli 1923 3.798 deutsche und 610 nichtdeutsche Kinder die französischen Grubenschulen, die in 21 Orten eröffnet worden waren.[1419] Lediglich 2.126 der deutschen Schüler/innen (55,98 %) waren Kinder des Grubenpersonals. Zu dieser Zeit besuchten im Saargebiet insgesamt 123.000 Schüler/innen die öffentlichen Schulen, also nur 1,72 % der schulpflichtigen Kinder die Domanialschulen. Arwed Hoyers Statistik der Jahre 1929–1934 zeigt, dass während dieses Zeitraums ebenso nur 2–3,8 % der schulpflichtigen Kinder des Saargebiets die französischen Grubenschulen besuchten.[1420]

Das statistische Material beweist also, dass unter dem Deckmantel der Religion hier ganz deutlich Politik gemacht wurde. Die Anzahl der betroffenen Kinder, um die es eigentlich ging, war verhältnismäßig gering. Während die Geistlichkeit gemäß dem Motto „Wehret den Anfängen" auf die sittlich-religiöse Erziehung der

1416 Das Fehlen der Schüler im Religionsunterricht monierte Schlich auch während der Kapitelskonferenz des Dekanats Saarbrücken am 17.01.1924 im Kreise seiner Mitbrüder. Vgl. die Ausführung in Kapitel 4.1.4.

1417 Ebd. Unterstreichung im Original.

1418 Ebd. Unter das Dokument schrieb Schlich von Hand (mit einer anderen Farbe als auf der Vorderseite) erneut das Datum sowie „Msgr. Testa übersandt von Schlich".

1419 Vgl. Fittbogen, Die französischen Schulen im Saargebiet (wie Anm. 1368), 7.9.

1420 Vgl. Hoyer, Die französischen Domanialschulen im Saargebiet (wie Anm. 1410), 109.

katholischen Kinder in den konfessionellen Volksschulen drängte, spielte sicherlich auch die Frage nach der politisch-gesellschaftlichen Machtverteilung zwischen Kirche und Staat im Hintergrund eine erhebliche Rolle.

4.4.2.2 Schlichs politischer Einsatz für die Wahrung der katholischen Interessen in den ‚deutschen' Schulen

Ein weiterer Streitpunkt, welcher eingangs dieses Unterkapitels nur kurz Erwähnung fand, waren die Schulkommissionen. Schlich heftete zu diesem Thema sogar in einem gesonderten Kapitel Dokumente in seinem Dossier ab und legte einen Notizzettel bei, auf dem er die Geschehnisse (1920–1924) bzgl. der Schulkommissionen überblickartig skizzierte: „Kampf um die Schulkommissionen, die Regierungskom. suchte die Ernennung der Lehrer in ihre Hand zu bringen und die Gemeinden auszuschalten. [...] Kardinal Faulhaber zu Unrecht hineingezogen, das Zentrum lehnte wegen Einschränkung der Volksrechte ab. Ständige Französisierungsversuche unter Vorspiegelung konfessioneller Vorteile."[1421]

Zunächst fiel Schlich, wie sich aus dem Antwortschreiben der deutschen Zentrumspartei erschließen lässt, die Aufgabe zu, sich zu erkundigen, wie die Verteilung der Lehrerstellen in Preußen geschehe.[1422] Die Partei teilte Schlich mit, dass in Gemeinden, in denen bis zu sieben Lehrerstellen zu vergeben seien, die Regierung alle Stellen besetze. Sind es mehr als sieben, so besetzen die Schulverbände ⅔ der offenen Stellen und die Regierung ⅓.

Schlich nahm sogar Kontakt zum Münchner Kardinal-Erzbischof Michael Faulhaber auf, nachdem dieser durch die Regierungskommission im Zusammenhang mit den Schulkommissionen angegriffen worden war.[1423] Faulhaber hatte während des Katholikentages in München 1922 eine Aussage zur saarländischen Schulkommissionsfrage gemacht, die in der Festschrift, die Faulhaber gemeinsam mit seiner Antwort an Schlich übersandte, abgedruckt worden war. Faulhaber sagte im August 1922 (!), einem Jahr, bevor die Regierungskommission ihren Entwurf des Schulkommissionsgesetzes[1424] vorlegte: „In einer Zeit, in der die Lage für unsere konfessionelle Schule äusserst kritisch war, habe ich auf die Erhaltung der konfessionellen Lehrerseminarien im Saargebiet hingewiesen und, wie mir nachträglich gesagt wurde, hat gerade dieser Hinweis manchen Herren zu denken

1421 Notizzettel Schlichs (vermutlich vom 24.07.1942) (Saargebiet: Schulwesen im Saargebiet, Bistumsarchiv Trier, Abt. 59 Nr. 60).

1422 Vgl. hierzu und zum Folgenden: Antwortschreiben der Vereinigung der deutschen Zentrumspartei an Schlich vom 03.04.1922 (ebd.)

1423 Das Schreiben Schlichs an Faulhaber ist leider nicht mehr erhalten. Aus dem Antwortschreiben lässt sich jedoch dessen Inhalt grob rekonstruieren.

1424 Den Entwurf erarbeitete Prof. Dr. Notton und legte ihn den Parteien vor. Vgl. ebd.

gegeben, dass es sich bei der Frage der konfessionellen Schule nicht allein um Kirchturminteressen handelt.«[1425]

Auch bei anderen Themen rund um die schulische Gestaltung des Saargebiets beteiligte sich Schlich lebhaft. So tat er es beispielsweise bei der Schulinspektorenfrage: Er veröffentlichte Zeitungsartikel in verschiedenen Zeitungen[1426], in denen er Stellung zur aktuellen Entwicklung bezog, und wirkte selbst als geistlicher Schulbeirat des Bezirks Saarbrücken.[1427] Hierbei besuchte Schlich den (Bibel-)Unterricht und überprüfte, ob dieser inhaltlich korrekt sei und in Übereinstimmung mit den Lehren der Kirche erteilt werde. Falls Beanstandungen oder Verbesserungsvorschläge seitens Schlichs bestanden hatten, teilte er diese schriftlich der Behörde innerhalb seines Jahresberichtes mit. Zudem fand jedes Jahr eine Sitzung der geistlichen Schulbeiräte unter der Leitung von Prof. Dr. Notton statt. Selbst im Saarbrücker Stadtrat, so gibt ein Zeitungsausschnitt Auskunft, hat Schlich bei der Schulaufsichtsfrage mitdiskutiert. Er habe die Ansicht Brauns (SPD) zurückgewiesen, dass die Schulaufsicht der Stadt Saarbrücken vollständig vom Staat übernommen werden solle. Schlich hingegen forderte, das Stadtrecht zu bewahren, das den Geistlichen dieses Recht zusicherte.[1428]

Ferner erkundigte sich Schlich bei den Generalvikariaten der Diözesen Köln, Münster, Paderborn und Limburg, ob es bei ihnen auch üblich sei, dass Kapläne und Pfarrer nach Beendigung einer alten Stelle und bei Antritt der neuen Stellung ein schriftliches Gesuch an den Kreisschulinspektor richten müssten, damit dieser seine Zustimmung zur Ernennung gäbe. Dies sei 1908 vom Regierungspräsidenten Triers auf dem Verwaltungsweg in dessen Bezirk eingeführt worden. Die Antworten aus den vier angefragten Bistümern fielen unterschiedlich aus. Aus Köln kam die Erklärung, dort werde genauso verfahren wie in Trier; in Münster, Paderborn und Limburg hingegen sei eine solche Handhabung undenkbar.[1429]

Nachdem am 8. Dezember 1926 die paritätisch zu besetzenden Schuldeputationen im Saargebiet[1430] eingeführt worden waren, übertrug Bischof Bornewasser

1425 Vgl. Antwortschreiben Faulhaber an Schlich vom 02.11.1924 (ebd.).

1426 Vgl. Johann Ludger Schlich, Erklärung zur Schulinspektorenfrage. In: Saarbrücker Volkszeitung vom 29. November 1919, 1.

1427 Vgl. hierzu und zum Folgenden: Berichte Schlichs als geistlicher Schulbeirat, in: Pfarrarchiv der Pfarrei Christkönig Saarbrücken, Klemmmappe „Schulaufsicht, Verhandlungen mit Schulbehörden, Lehrpersonen".

1428 Vgl. Bistumsarchiv Trier, Saargebiet: Schulwesen im Saargebiet (wie Anm. 1421).

1429 Vgl. Schreiben Schlich an die Generalvikariate Köln, Münster, Paderborn und Limburg vom 26.02.1920 sowie die jeweiligen Antwortschreiben (ebd.). Für Schlich war es natürlich, aufgrund der Schulgeistlichen, die an den Schulen in Saarbrücken I unterrichteten, und als Vorgesetzter von drei Kaplänen, ein enormer Aufwand, für alle neu in Saarbrücken I beginnenden Geistlichen die Zustimmung des Kreisschulinspektors einzuholen.

1430 Der Streit um die Schuldeputationen entflammte, weil eine konfessionelle Imparität vorlag. In Saarbrücken waren 193 der 337 Volksschulklassen (57 %) katholischer Konfession.

Schlich und Echelmeyer die Aufgabe, die entsprechenden Katholiken für die Deputation des Saargebiets zu benennen.[1431] Die beiden Geistlichen verfassten sogar, weil nur sechs der 24 Mitglieder der Saarbrücker Schuldeputation katholischer Konfession waren, handschriftlich einen fünfzehnseitigen Bericht über die politischen Entwicklungen rund um die Schuldeputation und sandten diesen an Bischof Bornewasser, für den dieses Politikum von großer Bedeutung war.[1432] Die Interpellationen Schlichs, Bungartens und der Zentrumsfraktion des Saarbrücker Stadtrats wurden von allen zuständigen politischen Größen, an die sie sich wandten, übergangen.

Im Zusammenhang mit der paritätischen Besetzung der Schuldeputation entbrannte ein Zwist, der im gesamten Saargebiet Aufmerksamkeit erregte. Im Zuge des Disziplinarverfahrens, das gegen den Saarbrücker Oberbürgermeister Hans Neikes eingeleitet wurde, erhielt daraufhin Prof. Matthias Notton, der als einziger Geistlicher im Kultusministerium des Saargebiets arbeitete, eine Anzeige wegen Verletzung der Eidespflicht.[1433] Schlich, der kein gutes Verhältnis zum frankophilen Notton hatte, geriet sofort in den Verdacht, Notton angezeigt zu haben. Einige Jahre zuvor (1923) hatte ein Streit zwischen Notton und Schlich begonnen, weil Notton ein Schreiben in Umlauf gebracht oder dieses zumindest gesehen habe, in dem behauptet würde, Schlich sei nach Nancy gereist, um diplomatische Verbindungen nach Frankreich aufzunehmen, damit die Saarpfarreien an das Bistum Metz angegliedert würden bzw. ein apostolischer Administrator für das Saargebiet ernannt werde. Schlich wandte sich daraufhin an den im Ministerium angestellten Geistlichen und forderte eine Erklärung. Dieser beteuerte seine Unschuld. Zudem waren Schlich und Bungarten (mit zwei weiteren Pfarrern des Saargebiets) erklärte Gegner des von Notton vorgelegten Gesetzesbeschlusses zur Einführung der paritätisch besetzten Schulkommissionen. Sie veröffentlichten gegen Notton und die Schulkommissionsgesetzentwürfe mehrere anstoßerregende Zeitungsartikel,

Folglich hätten 12 bzw. 13 der 24 Mitglieder der Schuldeputation (ohne die Vertreter der Religionsgemeinschaften) Katholiken sein müssen. Die Stadtverordnetenversammlung Saarbrückens, welche die Mitglieder zu bestimmen hatte, wählte allerdings nur sechs Katholiken (25 %) in die Schuldeputation. Lediglich die Zentrumsfraktion stimmte für ihre sechs katholischen Kandidaten. Vgl. o. V., Zur Frage der städtischen Schuldeputation. In: Saarbrücker Landes-Zeitung vom 22. Februar 1926, 1.

1431 Vgl. Schreiben des Saarlouiser Dekanatsklerus an Kultusminister Veszensky vom. 24.02.1927 (Schuldeputation, Bistumsarchiv Trier, Abt. 59 Nr. 54).

1432 Vgl. Bericht Echelmeyers und Schlichs vom 07.03.1927 (Johann Ludger Schlich, Fall Bongard und Schulfragen [1922–1927], Bistumsarchiv Trier, Abt. 59 Nr. 71a [Band IV]).

1433 Vgl. Stadtverwaltung Saarbrücken, Anzeige gegen den Ministerialdirektor Prof. Dr. Notton wegen Verletzung der Eidespflicht im Zusammenhang mit dem Disziplinarverfahren der Regierungskommission gegen Bürgermeister Dr. Neikes, Stadtarchiv Saarbrücken, Großstadt OB.1 - 2928.

weshalb sich Notton an die Bischöfliche Behörde wandte.[1434] Der Senior des Saarklerus und Dechant des Dekanats Saarlouis, Alexander Subtil, wandte sich in dieser Angelegenheit daher an seinen Bischof. „Mit Pf. Schlich verband mich, seit er 5 Jahre an hiesigem Gymnasium gewirkt [hat], aufrichtige Freundschaft; er ist ein frommer, begabter, eifriger Priester, eine nie zu erschöpfende Arbeitskraft; aber die herausragende Stellung in der Zentrumspartei, bes. im Stadtrat, (sic!) hat ihn zum Diplomaten gemacht, der Unbefangenheit im Urteil oft vermissen lässt und sich, beeinfl. von Parteigenossen, zu Fehltritten hinreißen läßt."[1435] Grund der Beschwerde Subtils waren ursprünglich einige Zentrumsfunktionäre, die sich, nach Subtils Auffassung, nicht korrekt gegenüber dem Klerus verhielten, nicht Schlich als Person, den er im weiteren Verlauf des Schreibens lobte.

Dieses Zeugnis schildert deutlich einige Wesenszüge Schlichs. Einerseits war er vorbildlicher Priester, der alle seine Aufgaben sehr gut erfüllte und von missionarischem Geist und Arbeitseifer erfüllt war. Jedoch werden auch deutliche Schwächen Schlichs hervorgehoben, so etwa seine hohe Position innerhalb der Zentrumspartei, die ihn anfällig machte für politische Seilschaften und die sich in diesem Fall zu seinen Ungunsten auswirken sollten. Ferner beschrieb Subtil bereits 1927 (vor der Ernennung zum Dechanten von Saarbrücken) einen sehr einflussreichen Geistlichen, der nicht nur innerhalb der Kirche eine wichtige Stellung im Saargebiet innehatte, sondern auch darüber hinaus.

Bornewasser reiste wegen der „Causa Notton" und der Schuldeputationen am 28. März 1927 sogar extra ins Saargebiet und rief alle Saardechanten und -definitoren zu einer Krisensitzung um 15:20 Uhr im Ursulinenkloster Saarbrückens zusammen.[1436] Während der Sitzung beteuerten Schlich und Bungarten ihre Unschuld. Letzterer stand aufgrund seiner ehrenamtlichen Zugehörigkeit zum Saarbrücker Stadtrat (unbesoldeter Beigeordneter) und des inzwischen eingestellten Untersuchungsverfahrens ebenfalls im Fokus der Aufmerksamkeit. Bornewasser rehabilitierte die beiden Geistlichen in der Öffentlichkeit und dankte ihnen für ihren Einsatz.

Schlich beeidete Bornewasser schriftlich noch einmal, dass er mit der Auseinandersetzung Neikes und Nottons nichts zu tun habe. Der Trierer Oberhirte solle vielmehr Kultusminister Veszensky alleine in einem Vieraugengespräch dazu befragen. Zugleich legte auch der Vorsitzende der Zentrumspartei, Rechtsanwalt Steegmann,

1434 Die Unterlagen zum Streit zwischen Notton und Bungarten/Schlich sind sehr detailliert erhalten. Notton verfasste eine Vielzahl von Berichten und sandte seine Darstellungen nach Trier. Auch mit Bungarten lag Notton im Streit, weil dieser ihn wegen Verbindungen zur Hitlerbewegung 1923 beschatten gelassen und angezeigt habe. Der Verdacht ließ sich aber nicht erhärten. Vgl. BISTUMSARCHIV TRIER, Schulkommissionen im Saargebiet und Bungarten-Notton (1923–1936), Bistumsarchiv Trier, Abt. 59 Nr. 70.

1435 Schreiben Subtil an Bornewasser vom 14.03.1927 (BISTUMSARCHIV TRIER, Schuldeputation [wie Anm. 1431]). Hervorhebungen im Original.

1436 Vgl. SCHLICH, Fall Bongard und Schulfragen (1922–1927) (wie Anm. 1432).

ein Zeugnis für Schlichs Neutralität bei.[1437] Ferner sollte auch die Konventsoberin der Ursulinen gehört werden, ob Schlich sich in den städtischen Gremien, entgegen seinen Parteigenossen, für die Belange der von den Ursulinen betriebenen Schule eingesetzt habe. Eine solche Eigenmächtigkeit des machtbewussten und milieuprotegierenden Priesters wäre keineswegs verwunderlich, hielt Schlich doch schon 1925 im Namen des Saarbrücker Klerus anlässlich des silbernen Leitungsjubiläums von Sr. Scholastica Briel OSU die Lobrede während des Festakts.[1438]

Die Streitigkeiten zwischen der katholischen Kirche und der Regierungskommission hinsichtlich der Schulen verstärkte sich im Laufe des Jahres 1928. Während des Dekanatskapitels 1928 sammelten die Geistlichen Saarbrückens ihre Unterschriften, um das Vorhaben der Regierungskommission zu stoppen, die konfessionsgebundenen Schulen aufzuheben, sodass die Kinder der beiden großen christlichen Konfessionen miteinander unterrichtet würden.[1439] Schlich schlug seinen Mitbrüdern vor, gemeinsam bei der Stadtschulverwaltung gegen die Einschulung von nichtchristlichen Kindern, deren Eltern also Dissidenten, Juden oder Altkatholiken waren, in die katholischen Systeme vorzugehen. Man dürfe sie, so Schlich, nur in die evangelischen Systeme aufnehmen.[1440]

Daran kann man erkennen, dass Schlich eine Vermischung von katholischen und nichtkatholischen Kindern im Unterricht strikt ablehnte, damit die katholische Lehre und Anschauung, von der die Kinder ganz durchdrungen werden sollten, in der Schule nicht gefährdet würde. Schlich, der ‚Dekanatsbeauftragte für Schulfragen', wollte den Status quo in den Schulen unbedingt beibehalten und keinesfalls den katholischen Nachwuchs fremden Einflüssen aussetzen. Das Gegenteil war der Fall. Man wollte auch an der neuen Schulform (Fortbildungsschule) unbedingt für die katholische Sache kämpfen und dort Unterricht erteilen dürfen.

1437 Vgl. hierzu und zum Folgenden: Schreiben Schlichs an Bornewasser vom 24.03.1927 (Bistumsarchiv Trier, Schuldeputation [wie Anm. 1431]).

1438 Vgl. Franz-Josef Schäfer, Die Ursulinenschule Saarbrücken und ihre Direktorin Scholastica Briel. Ein Beitrag zur saarländischen Schulgeschichte. In: Jahrbuch für westdeutsche Landesgeschichte, hg. von Landesarchivverwaltung Rheinland-Pfalz (= Jahrbuch für westdeutsche Landesgeschichte 37). Koblenz 2011, 251–342, hier: 283f. sowie Scholastica Briel, Aus der Chronik der Ursulinenschule Saarbrücken 1895–1938. Saarbrücken 1938, 34. Letzteres Werk bietet eine ausführliche Darstellung der Geschichte der Ursulinenniederlassung in Saarbrücken.

1439 Vgl. Bericht über die Konferenz des Dekanats Saarbrücken am 27. Februar 1928 im Johannishof (Bistumsarchiv Trier, Kapitels- und Pastoralkonferenzberichte [wie Anm. 772]). Ob die Regierungskommission des Saargebiets dieses Vorhaben schon 1927 gefasst hatte und sich daher viele über die Zusammensetzung der Saarbrücker Schuldeputation geärgert und an den Bischof geschrieben hatten, lässt sich anhand der Aktenlage nicht mehr nachvollziehen.

1440 Bericht über die Definitionskonferenz der 1. Definition des Dekanats Saarbrücken, gehalten am 6.2.28 im Kloster der Josefsschwestern zu Saarbrücken 3 (Pfarrarchiv der Pfarrei Christkönig Saarbrücken [wie Anm. 305]).

Dafür setzte sich Schlich schon in der Tagespresse des Saargebiets am 25. März 1927 ein und verfasste drei Tage später gemeinsam mit Subtil im Namen der Saardechanten und -definitoren einen Brief an Veszensky, worin sie auch den verpflichtenden Religionsunterricht an Berufsschulen forderten.[1441] Die Regierungskommission agierte hierbei ganz im Interesse der Kleriker, als sie plante, den Religionsunterricht an den Fortbildungsschulen des Saargebiets als verpflichtendes Fach einzuführen. „Pfarrer Dr. Schlich gibt [zur] Kenntnis (sic!), dass die Vorbereitungen zur Durchführung der Regierungsverordnung bei der Stadtschulverwaltung in vollem Gange sind und dass es gilt, (sic!) rechtzeitig unsere Forderungen und Wünsche geltend zu machen, damit dieselben möglichst berücksichtigt werden können. Es seien in Saarbrücken für die drei Jahrgänge etwa 80 Religionsunterrichtsstunden zu erteilen."[1442]

Aufgrund dieser Entwicklung fasste man drei Beschlüsse: Zum einen sollte der Religionsunterricht in der ersten Klasse der Fortbildungsschulen sofort erteilt werden. Die Pfarrer sollten hierfür Kräfte aus dem Seelsorgeklerus bereitstellen. Zum anderen sollten Pfarrer Traurich und Studienrat Faßbinder, der zuvor über das Thema „Religionsunterricht an Fortbildungsschulen" im Kapitelsvortrag sprach, die Wünsche und Forderungen der Geistlichen beim Stadtschulamt eingeben. Darüber hinaus wurde Echelmeyer beauftragt, im Namen der versammelten Geistlichen an den Bischof zu schreiben und ihm die Situation zu schildern. Der Bischof müsse verstehen, dass sie die 80 bis 100 Stunden Religionsunterricht auf unbezahlter Basis, also nebenamtlich durch den Seelsorgeklerus, nicht erteilen könnten. Bornewasser solle sich an die Regierungskommission des Saargebiets wenden, um dort Mittel zu erhalten, damit der Pfarrklerus für die Mehrarbeit auch entlohnt werde oder hauptamtliche Religionslehrer an den Berufsschulen eingestellt werden könnten.[1443]

Schlich war offenbar sehr von katechetischem Eifer beseelt, denn er und Pfarrer Schellenbach übernahmen den Religionsunterricht an der gewerblichen Berufsschule für Mädchen und empfahlen den Anwesenden der Definitionskonferenz vom 4. Juni 1929 an ihren Berufsschulen auch den Religionsunterricht trotz

1441 Vgl. Schreiben Schlichs und Subtils an Kultusminister Veszensky vom 28.03.1927 (Bistumsarchiv Trier, Schuldeputation [wie Anm. 1431]) sowie o. V., Zur Frage des Religionsunterrichts in der Berufsschule. In: Saarbrücker Landes-Zeitung vom 25. März 1927, 1.

1442 Bericht über die Pfarrkonferenz der 1. Definition des Dekanates Saarbrücken gehalten am 9. Oktober im Pfarrhaus Saarbrücken-Russhütte (Bistumsarchiv Trier, Kapitels- und Pastoralkonferenzberichte [wie Anm. 772]).

1443 Vgl. ebd. Traurich und Faßbinder führten die Verhandlungen mit der Stadt. Ab Ostern 1929 mussten die Geistlichen in den Unterstufen der Fortbildungsschulen Saarbrückens 43 Wochenstunden Religionsunterricht für die 2.600 Jugendlichen halten. Vgl. Definition 1 des Dekanats Saarbrücken. Konferenzbericht vom 18.2.29 (ebd.).

anfallender Mehrbelastung zu übernehmen.[1444] Zudem gab Schlich an der französischen Domanialschule in Saarbrücken I Religionsunterricht, was ihm allerdings später negativ ausgelegt wurde, denn er hätte auch einen seiner Kapläne dafür abstellen können. Ihm wurde unterstellt, er habe für die Erteilung des Unterrichts an der Bergschule Geld aus Frankreich erhalten.[1445]

Obwohl sich Schlich immer für die Rechte der Kirche bzgl. des Religionsunterrichtes in Saarbrücken bzw. im Saargebiet einsetzte, blieb die Kritik an ihm und Bungarten bis zu Beginn der 1930er Jahre bestehen, was Schlich dazu bewog, seinem Bischof noch einmal die politische Situation und die die Schulkommission betreffenden Stadtregularien Saarbrückens vorzulegen, damit Bornewasser sich einen besseren Überblick verschaffen konnte. „Über die vielen starken Verleumdungen und Verdächtigungen, die H. Pfarrer Bungarten und mir aus den Reihen des Klerus seit Jahren zuteil geworden sind, z. B. wir hätten die Saarbrükker Landeszeitung mit Berliner Geld gebaut u. hätten unseren Patriotismus bezahlt bekommen -- nie einen Pfennig! --“[1446], hatten sie immer hinweggesehen.

4.4.3 Schlich in den öffentlichen Gremien der Stadt Saarbrücken

Das politische Handeln Schlichs wurde bislang an zwei „allgemeinen“ Themen bzw. Streitfragen entfaltet. Jetzt wird jedoch sein Wirken in den öffentlichen Gremien Saarbrückens ins Zentrum gestellt. Hier arbeitete er in der Armendeptation der Stadt und fungierte als Mitglied der Zentrumsfraktion im Stadtverordnetenrat. Anhand dieser Themenfelder wird deutlich, wie sehr Priester zur Zeit Schlichs durch politische Mandate Einfluss auf die Politik und das Leben der Menschen nahmen, auch jener, die möglicherweise nicht mehr aktiv am Leben der Kirche partiziperten, und das öffentliche Interesse lenken konnten.

4.4.3.1 Schlich in der Armendeputation

Versicherungen gegen jegliche Not, wie sie die Welt des 20. Jahrhunderts kannte, das „Zeitalter der Sicherheit“[1447], wie Karl Heinz Metz diese Zeit nannte, waren bis zum Ende des Mittelalters bzw. bis ins 19. Jahrhundert gänzlich unbekannt.

1444 Vgl. Bericht der Definitionskonferenz vom 04.06.1929, in: SCHLICH, Decanats- u. Conferenzberichte u. Bischöfl. Schreiben (wie Anm. 457).

1445 Vgl. Heinrich KUSCHEL, Pfarrer Schlich – und ich! Oder: Herr vergib ihnen, denn sie wissen nicht, was sie tun. In: Neuer Saar-Kurier vom 31. Juli 1925, 1.

1446 Schreiben Schlich an Bornewasser vom 30.06.1930 (BISTUMSARCHIV TRIER, Schuldeputation [wie Anm. 1431]).

1447 Karl Heinz METZ, Geschichte der sozialen Sicherheit. Stuttgart 2008, 13f.45f.

Bis dahin bildeten einerseits die Familie und andererseits Berufsvereinigungen und Religionsgemeinschaften das Auffangnetz, insofern man durch widrige Lebensumstände seine Existenzgrundlage verlor.[1448] Man konnte hierbei, wie es Martin Rheinheimer tut, zwischen vier Gruppen von Armen unterscheiden: Einerseits diejenigen, die ohne Unterstützung überleben konnten, jedoch ständig an der Grenze zur Armut lebten und drohten in diese zu verfallen. Andererseits gab es anerkannte Arme, die von öffentlichen Stellen als unterstützungswürdig anerkannt wurden und regelmäßig Almosen (aus dafür eingerichteten Armenkassen) erhielten. Des Weiteren gab es die Gruppe, deren Armut von der Gesellschaft nicht anerkannt wurde, was zur Folge hatte, dass sie auch keinerlei Unterstützung erhielten. Darüber hinaus unterscheidet man noch die Menschen, die (bedingt durch ihre Armut) ihre Heimat verloren und umherzogen (wie z. B. Zigeuner).[1449]

Die Gründe, weswegen man insbesondere im Mittelalter und der frühen Neuzeit in die Armut abrutschen konnte, waren äußerst vielfältig.[1450] Erst im 19. Jahrhundert, insbesondere infolge der Industrialisierung und der daraus resultierenden Heimatlosigkeit und Urbanisierung (und aller sich daraus ergebenden Folgen wie Wohnungsnot, Epidemien, hohe Säuglingsmortalität, Unterernährung sowie Kinderverwahrlosung etc.), kam man zur Erkenntnis, dass Armut nicht zwangsläufig selbstverschuldet ist, sondern auch ein Verschulden der gesamten Gesellschaft sein könnte.[1451] Während im Mittelalter die Gegenleistung für ein Almosen

1448 Vgl. Hans FLIERL, Freie und öffentliche Wohlfahrtspflege. Aufbau, Finanzierung, Geschichte, Verbände. München ²1992, 144. An dieser Stelle findet lediglich die Entwicklung der staatlichen Wohlfahrt Darstellung. Erst während der Weimarer Zeit beginnt sich die staatliche Wohlfahrtspflege zu entfalten. Zur Entwicklung der Wohlfahrtspflege während der Weimarer Republik vgl. Christoph SACHßE und Florian TENNSTEDT, Geschichte der Armenfürsorge in Deutschland. Band 2: Fürsorge und Wohlfahrtspflege 1871 bis 1929. Frankfurt a. M. 1988, 138–217. Das autonome Saargebiet erfährt eine ähnliche Entwicklung (s. u.). Zu den Maßnahmen und Fürsorgestellen der katholischen Caritas vgl. die Ausführungen in Kapitel 3.3.2 sowie 4.1.4.

1449 Vgl. Martin RHEINHEIMER, Arme, Bettler und Vaganten. Überleben in der Not 1450–1850 (= Europäische Geschichte 60131). Frankfurt a. M. 2000, 15f. sowie Lukas CLEMENS, Armenfürsorge in den mittelalterlichen Städten Westeuropas. In: Armut. Perspektiven in Kunst und Gesellschaft, 10. April 2011–31. Juli 2011; eine Ausstellung des Sonderforschungsbereichs 600 „Fremdheit und Armut", Universität Trier in Kooperation mit dem Stadtmuseum Simeonstift Trier und dem Rheinischen Landesmuseum Trier, hg. von Herbert UERLINGS. Darmstadt 2011, 112–119, hier: 115f.

1450 Vgl. RHEINHEIMER, Arme, Bettler und Vaganten (wie Anm. 1449), 20.96f.

1451 Vgl. hierzu und zum Folgenden: Susanne NIMMESGERN, „Vater Staat" und „Mutter Fürsorge". Weibliche Angestellte im kommunalen Verwaltungsdienst am Beispiel der Stadt Saarbrücken, 1910–1950: Arbeitsplätze, Berufsfelder, Biographien (= Sofie 12). St. Ingbert 1999, 367f. sowie RHEINHEIMER, Arme, Bettler und Vaganten (wie Anm. 1449), 103–110.

das fürbittende Gebet für den Geber war, so reduzierte sich diese in der Neuzeit auf die bloße Dankbarkeit.[1452]

Die öffentliche Armenfürsorge war eine rudimentäre Hilfeleistung und zugleich eine Maßnahme, um die vermeintlich von Bettlern gefährdete öffentliche Ordnung und Sicherheit zu gewährleisten. Nur ganz allmählich wandelte sie sich im späten 19. und frühen 20. Jahrhundert zur Fürsorge, blieb aber auch dann noch mit ordnungspolitischen Vorstellungen von Moral und Ordnung verbunden.[1453] Die durch Heinrich Friedrich Karl Freiherr vom Stein am 19. November 1808 erlassene Städteordnung ordnete das Armenwesen neu und die Bürger bekamen eine größere Möglichkeit zur Partizipation: „Unter der Leitungsbehörde [Die Ortspolizeibehörde bzw. der Magistrat; FS], die den Namen *Armendirektion* führt, wird die Verwaltung des Armenwesens, lediglich durch Kommissionen aus der Bürgerschaft besorgt, und die Stadt am Ende in angemessene Armenbezirke getheilt“[1454]. Auch Stadtverordnete sollten Mitglieder der Armendeputation sein. Die Deputation hatte alle Hilfsbedürftigen aller Bezirke ausfindig zu machen und sich um jeden Einzelnen hinsichtlich Unterhalt, Krankenpflege, Arbeit und Erziehung zu kümmern.[1455]

1452 Vgl. ebd., 128 sowie Bernhard SCHNEIDER, Christliche Armenfürsorge. Von den Anfängen bis zum Ende des Mittelalters: eine Geschichte des Helfens und seiner Grenzen. Freiburg i. Br., Basel, Wien 2017, 190–199.

1453 Vgl. NIMMESGERN, „Vater Staat“ und „Mutter Fürsorge“ (wie Anm. 1451), 368 sowie RHEINHEIMER, Arme, Bettler und Vaganten (wie Anm. 1449), 129.

1454 Die Städte-Ordnung von 1808 mit der revidierten Städte-Ordnung nach ihren Abweichungen zusammengestellt. Berlin 1831, http://www.mdz-nbn-resolving.de/urn/resolver.pl?urn=urn:nbn:de:bvb:12-bsb10552093-7 (Stand: 18.08.2015). Der hervorgehobene Text wird im Original als Sperrdruck geboten. Zu diesem Zeitpunkt lebten in Saarbrücken 625 evangelische und 125 katholische Familien, in St. Johann waren es 415 evangelische und 84 katholische Haushalte. Vgl. Fritz KLOEVEKORN, Geschichte der Evangelischen Kirchengemeinde Alt-Saarbrücken. Saarbrücken 1961, 237 sowie Christian SCHRÖDER, Armenfürsorge und katholische Identität. Südbaden und die Saarregion im historischen Vergleich (1803–1870) (= Religion – Kultur – Gesellschaft 3). Berlin, Münster 2014, 287.

1455 In Preußen veranlasste Friedrich II. am 28.04.1748 die Errichtung von Armenkassen, damit sich um die Armen gekümmert werden konnte. 1794 und 1842 erfuhr die Gesetzgebung durch das „Allgemeine Landrecht“ und die „Verpflichtung zur Armenpflege und Aufnahme neu anziehender Personen“ eine schärfere Revision. Die starke Abwanderung vom Land und der damit verbundene Zuzug in die städtischen Ballungszentren in der Mitte des 19. Jahrhunderts bewog die Städte dazu, Einspruch gegen das 1842 erschienene Gesetz zu erheben, da die Städte nun durch die neu Zugezogenen eine stärkere Belastung spürten. So regelte ein Ergänzungsgesetz vom 21.05.1855, dass die zugezogene Bewohner der Städte nur unter bestimmten Bedingungen (z. B. Arbeitsnachweis über einen Mindestzeitraum) Anspruch auf Unterstützung seitens des Staates geltend machen konnten. Vgl. zur Armengesetzgebung Preußens: Wolfgang SCHAFFER, Staatliche Neuordnung der Armenpflege seit Aufklärung und Säkularisation. In: Caritas und soziale Dienste, 39–56, hier: 42–46.

In der Stadt Elberfeld entwickelte man 1853 das System der Armenfürsorge noch weiter, nach dem sich zunächst auch eine Vielzahl von Städten reformierten.[1456] Hierbei wurden die Armenbezirke der Stadt wiederum in Quartiere unterteilt. In jedem Quartier war ein ortsansässiger „Quartierpfleger", ein ehrenamtlicher Bürger, der von der Armendeputation gewählt und ernannt wurde, als Ansprechpartner für die Bedürftigen vorhanden. Er hatte zum einen die Aufgabe, die Unterstützungsanträge der einzelnen Personen entgegenzunehmen, zum anderen jedoch auch die Lebensverhältnisse der Antragsteller zu überprüfen und zugleich die (finanziellen) Interessen der Stadt nicht aus dem Auge zu verlieren. Aufgrund der veränderten Lebensverhältnisse „setzte sich seit der Jahrhundertwende das sogenannte ‚Straßburger System' durch, dessen Spezifikum ein Nebeneinander beruflicher und ehrenamtlicher Tätigkeit war: Während die beruflichen Kräfte für die polizeilichen, ermittelnden Aufgaben zuständig waren, oblag den ehrenamtlichen Armenpflegern der unmittelbare Kontakt zu den Hilfsbedürftigen […]."[1457]

Auch in Saarbrücken wurde am 3. Mai 1859 die Städteordnung von 1808 eingeführt.[1458] Es existierte in Saarbrücken eine Armendeputation, der 1914 sogar Frauen angehörten, was nicht in jedem Ort eine Selbstverständlichkeit war. Vor Ausbruch des Ersten Weltkriegs saßen in der Armendeputation Saarbrückens drei stimmberechtigte Frauen.[1459] Wie Jenny Apolant 1913 nachwies, waren zu diesem Zeitpunkt 12 Frauen Saarbrückens als Armenpflegerinnen und 88 in der Waisenpflege tätig.[1460] Dies zeigt wiederum, dass die Armenpflege – im Gegensatz zur Waisenfürsorge – bis dahin eine Männerdomäne war. Unterstützung erfuhren die ehrenamtlichen ArmenpflegerInnen der Stadt durch die „Armenschwestern", die von der Stadt besoldet wurden und in der Krankenpflege arbeiteten.[1461] Die vier

1456 Zur Entwicklung des „Elberfelder Systems" vgl. Florian TENNSTEDT und Christoph SACHSSE, Geschichte der Armenfürsorge in Deutschland. Band 1: Vom Spätmittelalter bis zum 1. Weltkrieg. Stuttgart [u. a.] ²1998, 214–222 sowie SCHAFFER, Staatliche Neuordnung der Armenpflege seit Aufklärung und Säkularisation (wie Anm. 1455), 54f.

1457 NIMMESGERN, „Vater Staat" und „Mutter Fürsorge" (wie Anm. 1451), 370f. Zum sog. „Straßburger System" vgl. SCHAFFER, Staatliche Neuordnung der Armenpflege seit Aufklärung und Säkularisation (wie Anm. 1455), 55f.

1458 Vgl. Albert RUPPERSBERG, Geschichte der Städte Saarbrücken und St. Johann von 1815 bis 1909, der Stadt Malstatt-Burbach und der vereinigten Stadt Saarbrücken bis zum Jahre 1914 (= Geschichte der Stadt Saarbrücken 2). St. Ingbert ²1979, 65.

1459 O. V., Zusammenstellung der Geschäftsordnungen für die Stadtverordneten-Versammlung, Kommissionen und Deputationen sowie Verzeichnisse der Mitglieder der Stadtverordneten-Versammlung, Ausschüsse, Kommissionen und Deputationen pp. der Stadtverwaltung. Saarbrücken 1914, 49.

1460 Vgl. Jenny APOLANT, Stellung und Mitarbeit der Frau in der Gemeinde. Nach dem Material der Zentralstelle für Gemeindeämter der Frau in Frankfurt a. M., Leipzig, Berlin ²1913, 116.

1461 Vgl. hierzu und zum Folgenden: NIMMESGERN, „Vater Staat" und „Mutter Fürsorge" (wie Anm. 1451), 374. Ruppersberg berichtet, dass die Stadt jährlich 12.070 Mark zur Besoldung der Armenschwestern zur Verfügung stellte. Vgl. RUPPERSBERG, Geschichte der Städte

Armenschwestern waren normalerweise protestantischer Konfession und wurden auf Antrag des „Frauen-Vereins zu Saarbrücken und St. Johann" von der Stadt angestellt.[1462] Zudem wurde ein Armenarzt von der Stadt besoldet.[1463] Parallel bildete sich am 11. Juni 1912 in Saarbrücken I unter der Leitung von Frau Marie-Luise Terstesse der „Katholische Fürsorgeverein für Mädchen, Frauen und Kinder", den der damalige Pfarrer von St. Jakob (und somit direkte Vorgänger Schlichs) Josef Michael Weber[1464] bat, „den Ärmsten der Armen [zu] helfen, die sittlich Gefährdeten [zu] schützen, die Gefallenen auf[zu]richten und vor dem Rückfall [zu] bewahren und sich der weiblichen Strafgefangenen an[zu]nehmen."[1465] In Malstatt, St. Jo-

Saarbrücken und St. Johann von 1815 bis 1909, der Stadt Malstatt-Burbach und der vereinigten Stadt Saarbrücken bis zum Jahre 1914 (wie Anm. 1458), 440.

1462 Vgl. Schreiben Schlich an die Vorsitzende des Frauenvereins St. Johann vom 25.07.1913 (Pfarrarchiv der Pfarrei St. Jakob Saarbrücken [wie Anm. 364]).

1463 Vgl. Ruppersberg, Geschichte der Städte Saarbrücken und St. Johann von 1815 bis 1909, der Stadt Malstatt-Burbach und der vereinigten Stadt Saarbrücken bis zum Jahre 1914 (wie Anm. 1458), 439. Im gesamten Saargebiet waren 1924 356 Ärzte tätig, 1933 waren es 442. 1931 praktizierten insgesamt 68 Zahnärzte und 149 Zahntechniker (Dentisten). Vgl. Gisela Tascher, Staat, Macht und ärztliche Berufsausübung 1920–1956. Gesundheitswesen und Politik: Das Beispiel Saarland. Paderborn u. a. 2010, 39f.

1464 Weber wurde am 23.03.1853 in Mettlach geboren und am 05.08.1877 in der Hohen Domkirche zu Würzburg zum Priester geweiht. Anschließend wirkte er als Kaplan in der Diözese Würzburg und fungierte danach als Prediger in Kissingen. Am 14.06.1884 wurde er Kaplan an Koblenz St. Kastor und ein Jahr später Pfarrvikar in Bingerbrück. Sein letzter Stellenwechsel führte ihn schließlich nach Saarbrücken (St. Jakob), wo er am 25.01.1900 seine erste Pfarrstelle antrat. Weber verstarb am 19.12.1912 in Saarbrücken. Vgl. Thomas, Der Weltklerus der Diözese Trier seit 1800 (wie Anm. 23), 363.

1465 Molter, Vom „Katholischen Fürsorgeverein für Mädchen, Frauen und Kinder" (KFV) zum „Sozialdienst katholischer Frauen" (SkF) (wie Anm. 344), hier: 199. Der „Katholische Fürsorgeverein für Mädchen, Frauen und Kinder" in Deutschland wurde am 19.06.1900 von Agnes Neuhaus ins Leben gerufen. Diese erkannte die Not der Mädchen und Frauen, die oftmals durch die staatlichen Gesetze, deren Erlass hoheitliches Recht der Bundesstaaten war, keine Hilfe erfuhren. Nach der offiziellen Gründung in Dortmund bildeten sich immer mehr Ortsgruppen in Deutschland. 1907 kam es schließlich dazu, dass sich ein Gesamtverband etablierte, dessen Ortsgruppen auf diese Weise miteinander vernetzt waren. Vor Ausbruch des Krieges gab es in Deutschland etwa 100 Ortsgruppen. Vgl. Andreas Wollasch, Der Katholische Fürsorgeverein für Mädchen, Frauen und Kinder (1899–1945). Ein Beitrag zur Geschichte der Jugend- und Gefährdetenfürsorge in Deutschland. Freiburg i. Br. 1991, 19–42. Gemäß der Satzung des gesamtdeutschen Verbandes sollte jedem Ortsverein ein Geistlicher als Präses beigestellt und das kirchliche Gliederungsprinzip nach Diözesen anerkannt werden, jedoch ohne die Zusammenarbeit im Gesamtverband zu schmälern. Vgl. ebd., 63f. Der Verein fand eine rasche Verbreitung: 1925 zählte er bereits 326 Ortsgruppen, 19 davon im Saargebiet; 1935 waren es 446, wovon 40 im Saargebiet verortet waren. Vgl. Schaubilder in: ebd., 357f. Zur Entstehungsgeschichte der Frauenfürsorge vgl. Gisela Fleckenstein, Sonderarbeitsbereiche: Trinker, Mädchenschutz, Bahnhofsmission, Gefährdete, Wanderer, Gefangene, Behinderte, Fachverbände. In: Caritas und soziale Dienste, 146–169, hier: 153–155.

hann und Burbach gründete man 1918 je einen eigenen Verein zur Fürsorge von Frauen und Mädchen, die jedoch im Gegensatz zu dem in Alt-Saarbrücken nicht dem Deutschen Gesamtverband angehörten. Daher kooperierte der Verein von Saarbrücken I auch nur mit den übrigen drei Vereinen, die schon bald nach ihrer Gründung fusionierten. Schlich stand einer Fusion aller Frauenfürsorgevereine kritisch gegenüber, sicherlich, weil er dadurch weniger Einfluss auf die Tätigkeit des Vereins gehabt hätte.[1466] Auch die Reformierung nach dem „Elberfelder System" wurde nach der Städtevereinigung 1909 in der Saargroßstadt umgesetzt[1467]: So wohnten in jedem Quartier zwei VorsteherInnen, die als ‚Ansprechpartner vor Ort' den Menschen zur Seite stehen sollten.[1468] Insgesamt war die Stadt Saarbrücken nach der Einführung des „Elberfelder Systems" 1909 in 15 Armenbezirke und 81 Armenquartiere unterteilt.[1469] So wurden 1912 regelmäßig 45 alleinstehende Männer, 178 ledige Frauen und 453 Familien, also insgesamt 2.444 Personen, durch die Armenfürsorge unterstützt. 1930 war die Stadt bereits in 30 Bezirke gegliedert, dem je ein Bürger ehrenamtlich vorstand und die von 187 Quartierpflegern unterstützt wurden.[1470]

Zudem versuchte man in der Stadt Saarbrücken den Ursachen der „planmäßigen Armut", wie beispielsweise der Arbeitslosigkeit, gezielt entgegenzuwirken. 1902 rief man daher in St. Johann den ersten Arbeitsnachweis ins Leben, der allerdings wegen der fehlenden paritätischen Beteiligung der Arbeitnehmer und -geber nur von wenigen genutzt wurde und daher seine Wirkung verfehlte.[1471]

Ferner richtete man 1906 in Malstatt-Burbach sowie 1908 in St. Johann eine Schul-Zahnklinik ein, d. h. niedergelassene Ärzte behandelten nebenamtlich mittellose Schulkinder, um auf diese Weise den hygienischen und gesundheitlichen Defiziten entgegenzuwirken[1472] und die Menschen zu unterstützen, die

1466 Vgl. Schreiben Schlich an das Generalvikariat Trier vom 30.07.1918 (Bistumsarchiv Trier, Pfarrakten der Pfarrei Saarbrücken [St. Jakob] [wie Anm. 350]).

1467 Vgl. Hans Neikes, Fünfundzwanzig Jahre Gesamtstadt Saarbrücken. In: 25 Jahre Stadt Saarbrücken, 27–74, hier: 37 sowie Ruppersberg, Geschichte der Städte Saarbrücken und St. Johann von 1815 bis 1909, der Stadt Malstatt-Burbach und der vereinigten Stadt Saarbrücken bis zum Jahre 1914 (wie Anm. 1458), 440.

1468 Vgl. hierzu und zum Folgenden: Nimmesgern, „Vater Staat" und „Mutter Fürsorge" (wie Anm. 1451), 374.

1469 Vgl. hierzu und zum Folgenden: Ruppersberg, Geschichte der Städte Saarbrücken und St. Johann von 1815 bis 1909, der Stadt Malstatt-Burbach und der vereinigten Stadt Saarbrücken bis zum Jahre 1914 (wie Anm. 1458),440.

1470 Vgl. Hensel [Red.], Aus der Wohlfahrtspflege im Saargebiet (wie Anm. 354), 23.

1471 Vgl. Peter Schumacher, Wohlfahrtspflege in der Stadt Saarbrücken. In: 25 Jahre Stadt Saarbrücken, 135–142, hier: 136f.

1472 Hensel [Red.], Aus der Wohlfahrtspflege im Saargebiet (wie Anm. 354), 25f. 1922 erweiterte man nach der Errichtung des allgemeinen Wohlfahrtsamtes Saarbrücken (s. u.) die ärztliche Schulkinderfürsorge durch die Anstellung verschiedener Ärzte, sodass jedes

nicht von den seit den 1880er Jahren im Deutschen Reich eingeführten Sozialversicherungen abgesichert waren.[1473] Seitdem hatte die kommunale Armenfürsorge daher tendenziell eine andere Klientel als zuvor, weil die Lohnarbeiter, die in Steinbrüchen, Bergwerken, Fabriken oder Verkehrsbetrieben ihren Lebensunterhalt verdienten, durch die neuen Sozialgesetze im Falle eines Unfalls oder einer Erkrankung abgesichert waren.[1474]

Die beiden großen Konfessionen unterstützten Bismarck bei der Entwicklung der sozialen Gesetzgebung, wie Bernhard Schneider und Sandrine Kott nachweisen.[1475] Bereits 1848 bündelte die evangelische Kirche auf dem Kirchentag zu Wittenberg das Engagement ihrer caritativen Vereine im „Central-Ausschuss für die Innere Mission".[1476] Im selben Jahr tagte in Mainz der erste deutsche Katholikentag, wo auch die Katholiken Deutschlands sich die Lösung der „sozialen Frage" auf die Fahne schrieben. Dabei stand zunächst jedoch die moralisch-ethische Perspektive im Vordergrund; ca. 20 Jahre später schenkte man auch dem materiell-

Kind einmal jährlich untersucht wurde. Des Weiteren wurde am 05.11.1928 das städtische Kindererholungsheim in Betrieb genommen. Vgl. ebd., 26f.

1473 Die Sozialversicherung, wie sie durch Otto von Bismarck eingeführt wurde und die Teil eines umfassenden Versicherungssystems war, griff lediglich bei Personen, die Lohnarbeiter waren. Vgl. hierzu: Michael EPKENHANS, Ulrich LAPPENKÜPER und Andreas von SEGGERN, Otto von Bismarck. Aufbruch in die Moderne. München 2015, 117f.; Eine detaillierte Darstellung der historischen Genese der sozialen Gesetzgebung bietet: Hans-Christof KRAUS, Bismarck. Größe – Grenzen – Leistungen. Stuttgart 2015, 229–240. Ferner ist das Werk Lothar Galls zu erwähnen, das sich Bismarck und seiner Politik auseinandersetzt. Vgl. Lothar GALL, Bismarck, der weiße Revolutionär. Biographie. München 2001.

1474 Vgl. Sandrine KOTT, Sozialstaat und Gesellschaft. Das deutsche Kaiserreich in Europa (= Kritische Studien zur Geschichtswissenschaft 214). Göttingen 2014, 30.

1475 Vgl. Bernhard SCHNEIDER, Begriffe und Konzepte des Helfens in der Geschichte des Christentums in Deutschland seit dem 16. Jahrhundert. In: Caritas. Nächstenliebe von den frühen Christen bis zur Gegenwart: Katalog zur Ausstellung im Erzbischöfliches Diözesanmuseum Paderborn, hg. von Christoph STIEGEMANN. Petersberg 2015, 74–87, 84f. „Bestimmte Vorschriften der Versicherungsgesetze stammten unmittelbar aus der Fürsorgetradition und ihren moralischen Grundsätzen. Versicherten, deren Erkrankung Folge einer körperlichen Auseinandersetzung war, durch Alkoholismus hervorgerufen wurde oder in einer Geschlechtskrankheit bestand, konnte die Auszahlung ganz oder teilweise verweigert werden [...]. Dieselben moralistischen Prinzipien durchzogen die Arbeitergesetzgebung [...]. Theodor Lohmann, der ihre Bedeutung für den Schutz der sozialen Ordnung hervorhob, insistierte insbesondere auf die Notwendigkeit, die Arbeitszeit der Frauen und Kinder zu verringern, um die Familie als Keimzelle des christlichen Lebens zu schützen." (KOTT, Sozialstaat und Gesellschaft [wie Anm. 1474], 31).

1476 Vgl. Bernhard SCHNEIDER, Armut und Armenfürsorge in der Geschichte des Christentums. In: Armut, 92–101, 95 sowie SCHNEIDER, Begriffe und Konzepte des Helfens in der Geschichte des Christentums in Deutschland seit dem 16. Jahrhundert (wie Anm. 1475), 83.

wirtschaftlichen Aspekt Beachtung.[1477] Auf katholischer Seite schloss man sich erst 1897 in der Zentralorganisation des „Caritasverbands Deutschland" zusammen, um alle Fürsorgemaßnahmen unter einem Dachverband zu organisieren.[1478] Bis dahin „existierten auch innerhalb der einzelnen deutschen Diözesen oft keine genauen Vorstellungen, wie groß der Bestand der Sozialeinrichtungen jeweils war. Dies liegt in der Entstehungsgeschichte der einzelnen Einrichtungen begründet. [...] Um 1900 sah der caritative Katholizismus demzufolge regional sehr unterschiedlich aus."[1479] Der Caritasverband ist daher als ein Produkt des katholischen Milieus zu verstehen und zugleich ein Akteur im sich allmählich entwickelnden deutschen Sozialstaat.[1480] Die Orden, die sich in den verschiedensten Feldern der Armenseelsorge einbrachten, wirkten milieustabilisierend, obwohl sie gleichzeitig ein „Ghetto im Ghetto" bildeten.[1481] Es ist also deutlich zu sehen, dass „die ausgedehnte, wenngleich relativ unsystematisch agierende Armenfürsorge der Klöster [mit Beginn der Säkularisierung endete].Die große Verbreitung karitativer Ordensgemeinschaften sowie des sozialen Verbandskatholizismus, die am Ende des 19. Jahrhunderts konstatiert werden muss, verweisen auf die offensichtlich ge-

1477 Vgl. Walther VOGEL, Bismarcks Arbeiterversicherung. Ihre Entstehung im Kräftespiel der Zeit. Braunschweig 1951, 58–66.

1478 Die Anerkennung durch die deutschen Bischöfe erfolgte jedoch erst 1916. Vgl. 95 sowie SCHNEIDER, Begriffe und Konzepte des Helfens in der Geschichte des Christentums in Deutschland seit dem 16. Jahrhundert (wie Anm. 1475), 85.

1479 Ewald FRIE, Katholische Wohlfahrtstruktur im Wilhelminischen Reich: Der „Charitasverband für das katholische Deutschland", die Vinzenzvereine und der „kommunale Sozialliberalismus". In: Soziale Reform im Kaiserreich. Protestantismus, Katholizismus und Sozialpolitik, hg. von Jochen-Christoph KAISER, Wilfried LOTH und Ewald FRIE (= Konfession und Gesellschaft Bd. 11). Stuttgart 1997, 184–201, hier: 187.

1480 Zu diesem Ergebnis kommt Ewald Frie, der die ersten Entwicklungsschritte hin zum Caritasverband in der Gründung von lokalen Elisabethen- und Vinzenzvereinen sowie caritativen Orden bzw. Kongregationen sieht. Vgl. DERS., Zwischen Katholizismus und Wohlfahrtsstaat. Skizze einer Verbandsgeschichte der Deutschen Caritas. In: Jahrbuch für christliche Sozialwissenschaften 38 (1997) S. 21–49, hier: 21–24. „Dem caritativen Sektor des katholischen Milieus kam so [...] eine entscheidende Tragkraft und identitätsstiftende Funktion für das ganze Milieu zu." (Meike WAGENER-ESSER, Organisierte Barmherzigkeit und Seelenheil. Das caritative Sozialnetzwerk im Bistum Münster von 1803 bis zur Gründung des Diözesancaritasverbands 1916 [= Münsteraner theologische Abhandlungen 61]. Altenberge 1999, 415).

1481 Andreas Henkelmann kommt zu dieser scharfen These, einerseits aufgrund der kirchenrechtlichen Stellung der einzelnen Ordensgemeinschaften (einige waren nicht den Bischöfen, sondern direkt dem Papst unterstellt), andererseits, weil die Orden antimodernistisch (weltabgewandt) eingestellt waren und sich eigentlich von der Welt abgrenzen, zugleich aber auch Dienst am Menschen tun, also ihrem apostolischen und caritativen Auftrag nachkommen wollten. Vgl. Andreas HENKELMANN, Caritasgeschichte zwischen katholischem Milieu und Wohlfahrtsstaat. Das Seraphische Liebeswerk (1889–1971) (= Veröffentlichungen der Kommission für Zeitgeschichte bei der Katholischen Akademie in Bayern. Reihe B, Forschungen Bd. 113). Paderborn 2008, 31–34.

lungene Transformationsleistung von vormodernen Armenfürsorgepraktiken zu katholischen Sozialinstitutionen in der bürgerlichen Gesellschaft."[1482]

Allerdings konnte der Staat alleine die finanziellen Mittel, welche für die Wohlfahrtspflege nötig waren, nicht aufbringen. Dies führte dazu, dass der (Wohlfahrts-)Staat mit den beiden großen Kirchen (vertreten durch die Zentralorganisationen) zusammenarbeiten musste, worin aber auch ein duales Wohlfahrtssystem in Deutschland wurzelte.[1483]

Gerade die Sorge um die gefährdete Jugend trieb den preußischen Staat dazu an, am 2. Juli 1900 ein neues Fürsorgeerziehungsgesetz zu erlassen, wodurch bereits nicht straffällig gewordene, aber gefährdete Jugendliche Unterstützung erfahren sollten.[1484] Als Folge davon stiegen die Zahlen der Pflegefälle, die betreut werden mussten, rapide an. Allerdings wurden kaum staatliche Einrichtungen eröffnet, vielmehr gründeten die Kirchen entsprechende Anstalten, die entweder von einem Geistlichen oder einem Ordensmitglied geleitet wurden.[1485]

1482 Christian SCHRÖDER, Kooperation – Konfrontation – Koexistenz. Katholische Armenfürsorge in Deutschland zwischen Spätaufklärung und Ultramontanismus. In: Konfessionen in den west- und mitteleuropäischen Sozialsystemen im langen 19. Jahrhundert. Ein „edler Wettkampf der Barmherzigkeit?", hg. von Michaela MAURER und Bernhard SCHNEIDER (= Religion – Kultur – Gesellschaft 1). Berlin [u. a.] 2013, 143–162, hier: 144.

1483 Vgl. HENKELMANN, Caritasgeschichte zwischen katholischem Milieu und Wohlfahrtsstaat (wie Anm. 1481), 28 sowie Hans-Georg ASCHOFF, Ausbau und Krise des Sozialstaates zwischen Erstem und Zweitem Weltkrieg. In: Caritas und soziale Dienste, 189–202, hier: 189–195.

1484 Vgl. hierzu und zum Folgenden: Andreas HENKELMANN, Karitative katholische Vereine im Kontext des frühen deutschen Wohlfahrtsstaates. Das Seraphische Liebeswerk und die Entstehung der Fürsorgeerziehung im Kaiserreich. In: Konfessionen in den west- und mitteleuropäischen Sozialsystemen im langen 19. Jahrhundert, 183–207, hier: 183f.

1485 Die Professionalisierung im Bereich der Fürsorge seitens der katholischen Kirche zeigt Henkelmann deutlich auf. Vgl. hierzu allgemein: HENKELMANN, Caritasgeschichte zwischen katholischem Milieu und Wohlfahrtsstaat (wie Anm. 1481). So geschah es auch in Saarbrücken. Zur Gründung der katholischen Pflegeanstalten vgl. die Ausführungen in Kapitel 3.3.2 sowie 4.1.4. „Das Scheitern der öffentlichen Erziehung in der Weimarer Republik führt er [Marcus Gräser; FS] auf die divergierenden Positionen der unterschiedlichen Lager zurück. Die ambitionierten Programme der progressiven Reformer seien von den konfessionellen Heimträgern ausgebremst worden [und] [...] die christlichen Akteure nehmen dabei die Rolle der antimodernen Blockierer ein" (HENKELMANN, Karitative katholische Vereine im Kontext des frühen deutschen Wohlfahrtsstaates. Das Seraphische Liebeswerk und die Entstehung der Fürsorgeerziehung im Kaiserreich [wie Anm. 1484], 185), so lautete die bis zum Beginn des 21. Jahrhunderts gängige These, die die damaligen Agitationen der einzelnen beteiligten Gruppen beim Aufbau des Wohlfahrtssystems beschrieb. Henkelmann bezieht sich bei seinen Ausführungen auf die Studie Gräsers, die dieser 1995 veröffentlichte. Allerdings weist Henkelmann aber auch schon darauf hin, dass die These, die sich auf die Annahme stützt, es habe sich um einen geschlossen agierenden Katholizismus gehandelt, nicht absolut stimmig sei, sondern auch Unterschiede innerhalb des katholischen Lagers vorhanden gewesen seien.

Die Stadt Saarbrücken eröffnete 1913 die erste fachärztliche Säuglingsfürsorgestelle und 1914 eine Säuglingsmilchküche, in der Säuglingsnahrung individuell zusammengestellt werden sollte.[1486] Das waren Maßnahmen, die vor dem Hintergrund der besonderen Gefährdung von Müttern und Säuglingen durch Armut und Mangelernährung in den Unterschichten der Industriereviere und Großstädte zu sehen sind. Ebenso wurde eine zentrale Anlaufstelle für an Tuberkulose sowie Geschlechtskrankheiten Erkrankte in Saarbrücken nach der Städtevereinigung 1909 eingerichtet.[1487] Volkskrankheiten wie Tuberkulose, Nerven- und Geschlechtskrankheiten waren ein in den damaligen Großstädten weit verbreitetes Problem, dem man in Saarbrücken dadurch entgegenwirken wollte.[1488] Mit der Eröffnung (1918) einer Anlaufstelle für Tuberkuloseerkrankte und Personen, die an einer Geschlechtskrankheit litten, ergriff man im Saargebiet schon vor dem preußischen Staat Maßnahmen gegen diese Krankheiten. Dort erließ man erst am 4. August 1923 ein Gesetz zur Bekämpfung von Tuberkulose und am 18. Februar1927 zur Abwehr von Geschlechtskrankheiten, die auch im Saargebiet Anwendung fanden.[1489]

Durch die Zäsur des Krieges erkannte man allerdings, dass es notwendig sei, die einzelnen Hilfsmaßnahmen zu bündeln. Daher errichtete man beispielsweise am 3. Mai 1918 den „Kinderfürsorge-Verein", in welchem alle Fürsorgemaßnahmen der Stadt zentral geplant und gesteuert werden sollten.[1490] Analog gründete man einen Dachverband für Jugendhilfsmaßnahmen, dem, laut einer Mitteilung der Stadt Saarbrücken an den Trierer Regierungspräsidenten, 22 katholische und 15 protestantische Vereine, 16 Schwimm-, Sport- und Wandervereine sowie acht Turnverei-

1486 Zur besonderen Sorge um die Mütter und Säuglinge vgl. Silke FEHLEMANN, Armutsrisiko Mutterschaft. Mütter- und Säuglingsfürsorge im rheinisch-westfälischen Industriegebiet 1890–1924, zugl.: Düsseldorf, Univ., Diss., 2004 (= Düsseldorfer Schriften zur neueren Landesgeschichte und zur Geschichte Nordrhein-Westfalens 82). Essen 2009.

1487 Vgl. HENSEL [RED.], Aus der Wohlfahrtspflege im Saargebiet (wie Anm. 354), 37. Schumacher nennt als Gründungsdatum der Tuberkulosefürsorgestelle den 01.12.1918. Vgl. SCHUMACHER, Wohlfahrtspflege in der Stadt Saarbrücken (wie Anm. 1471), 138f. Bodtländer hingegen datiert die Gründung auf den 01.10.1911. Vgl. Otto BODTLÄNDER, Das Gesundheitswesen. In: Saarbrücken – 50 Jahre Großstadt, 312–330, hier: 315. Zur Seuchenbekämpfung im Saargebiet und die entsprechende Gesetzgebung vgl. TASCHER, Staat, Macht und ärztliche Berufsausübung 1920–1956 (wie Anm. 1463), 49.

1488 Vgl. GÜNTHER, Umwege in eine achtsame Moderne (wie Anm. 15), 103.

1489 Vgl. TASCHER, Staat, Macht und ärztliche Berufsausübung 1920–1956 (wie Anm. 1463), 70f. Aussagen über die Zahl der praktizierenden Ärzte in der Stadt Saarbrücken macht RUPPERSBERG, Geschichte der Städte Saarbrücken und St. Johann von 1815 bis 1909, der Stadt Malstatt-Burbach und der vereinigten Stadt Saarbrücken bis zum Jahre 1914 (wie Anm. 1458), 457f.

1490 Vgl. Satzung und Gründungsversammlungsprotokoll des „Kinderfürsorge-Vereins für die Stadt Saarbrücken" (03.05.1918), Stadtarchiv Saarbrücken, G 50 – 11.

ne angehörten.[1491] Alle diese „Zentralvereine" sollten später in einem allgemeinen Wohlfahrtsverband aufgehen. Daher wurde 1921 das Wohlfahrtsamt Saarbrücken gegründet, das ein allgemeines Fürsorgeamt, ein Gesundheits-, ein Jugend- und ein Armenamt, ferner eine Kriegsfürsorge- und Rechnungs- und Prüfungsstelle sowie ein Amt für Leibesübungen umfasste. Jedes Amt wurde von einer Kommission bzw. Deputation verwaltet. So war die Armendeputation für das Armenamt und die Jugenddeputation für das Jugendamt zuständig.[1492] Somit professionalisierte sich nicht nur die caritativ-diakonische Fürsorge (im Bereich der Kinder- und Jugendarbeit) auf katholischer Seite, wie Henkelmann zeigt, sondern auch die staatliche (Jugend-)Fürsorge.[1493] Diese Wohlfahrtspflege war in Saarbrücken auch notwendig, denn „[d]urch das Armenamt wurden – außer den Wohlfahrtserwerbslosen – im Jahre 1926 = 1173, 1929 = 1573, 1930 = 1587, 1933 = 2363 [Menschen] unterstützt."[1494]

Wie Christian Schröder aufzeigt, wurden „nach dem Übergang an Preußen [...] die Pfarrer in der Regel in die Ortsarmenkommissionen berufen, wo man sie sich vor allem ihre genauen Kenntnisse der sozialen Verhältnisse zu Nutzen machen wollte. Ein Anspruch auf Mitgliedschaft kam ihnen jedoch nicht zu, geschweige denn die Leitung."[1495] In Saarbrücken waren die Verhältnisse, die Schröder hier sehr stark pauschalisiert, anders. Alle Pfarrer Saarbrückens, sei es auf protestantischer, altkatholischer oder katholischer Seite, waren, wie auch der Rabbi der jüdischen Gemeinde, qua Amt Mitglied der Armendeputation.[1496]

Die heute noch erhaltenen Aufzeichnungen über die Armendeputation der Stadt Saarbrücken beginnen mit den Sitzungsprotokollen aus dem Jahr 1909.[1497] Insgesamt gehörten ab dem 11. August 1913, der ersten Sitzung der Armendeputation nach dem offiziellen Amtsantritt Schlichs in Saarbrücken, damals dem 18-köpfigen Gremium vier katholische Geistliche an, nämlich die vier amtierenden

1491 Stadtverwaltung Saarbrücken, Dokument der Stadt Saarbrücken an den Trierer Regierungspräsidenten (17.4.1920), Stadtarchiv Saarbrücken, G 50 – 13.

1492 Vgl. Hensel [Red.], Aus der Wohlfahrtspflege im Saargebiet (wie Anm. 354), 20. Den beiden genannten Deputationen gehörte Schlich für einige Zeit an.

1493 Vgl. Henkelmann, Karitative katholische Vereine im Kontext des frühen deutschen Wohlfahrtsstaates. Das Seraphische Liebeswerk und die Entstehung der Fürsorgeerziehung im Kaiserreich (wie Anm. 1484).

1494 Schumacher, Wohlfahrtspflege in der Stadt Saarbrücken (wie Anm. 1471), 136.

1495 Schröder, Kooperation – Konfrontation – Koexistenz (wie Anm. 1482), 154.

1496 Vgl. o. V., Zusammenstellung der Geschäftsordnungen für die Stadtverordneten-Versammlung, Kommissionen und Deputationen sowie Verzeichnisse der Mitglieder der Stadtverordneten-Versammlung, Ausschüsse, Kommissionen und Deputationen pp. der Stadtverwaltung (wie Anm. 1459), 48f.

1497 Vgl. Armendeputation der Stadt Saarbrücken, Beschlussbuch der Armendeputation No. 1, Stadtarchiv Saarbrücken, G 50 – 5943.

Pfarrer Saarbrückens: Pfarrer Michael Bengert[1498] (St. Eligius), Dechant Matthias Metzdorf[1499] (St. Josef), Pfarrer Alois Echelmeyer sowie Pfarrer Dr. Johann Ludger Schlich.[1500] Ferner gehörten auch die evangelischen Pfarrer der Armendeputation an, die allerdings – im Gegensatz zu den katholischen Kollegen, die natürlich auch nicht bei jeder Sitzung zugegen waren – durch häufiges Fehlen auffielen. Eine Ausnahme hinsichtlich der Anwesenheitshäufigkeit bildete jedoch Dr. Schlich, der außer fünf Sitzungen allen protokollierten Sitzungen bis 1922 beiwohnte.[1501]

Des Weiteren gehörten drei Stadtverordnete, sechs Armenbezirksvorsteher, die Vorsitzenden der drei in Saarbrücken damals existierenden Frauenfürsorgevereine sowie der Pfarrer der altkatholischen Gemeinde, der jüdische Rabbi und der dienstälteste Armenarzt der Stadt der Deputation an.[1502] Im Regelfall beriet die Kommission darüber, wenn neue Bezirksvorsteher und Quartierpfleger ernannt und welche Personen gefördert werden mussten. Hierbei wurde jeder Einzelfall geprüft und gesondert entschieden.

Am 3. Dezember 1917 trat Schlich mit der Bitte an die Deputation heran, zukünftig bei der Besetzung von Quartierpflegerstellen im ersten Bezirk (seinem Pfarrgebiet) auch Katholiken heranzuziehen.[1503] Bisher war dies offenbar nicht der

1498 Der am 26.06.1870 in Heinzenbach (Kirchberg) geborene Michael Bengert wurde nach dem Empfang der Priesterweihe am 30.03.1895 im Trierer Dom als Kaplan in Koblenz (Herz Jesu) eingesetzt. Nach dreijähriger Kaplanszeit wurde er Pfarrer in Dierdorf und am 21.04.1903 Rektor im Koblenzer Hospital und Gefängnisgeistlicher. Im Anschluss wurde Bengert am 21.11.1909 zum Pfarrer an Saarbrücken/Burbach (St. Eligius) ernannt. Nach seiner elfjährigen Tätigkeit in Saarbrücken wechselte er nach Moselkern, wo er der Gemeinde bis zum 01.07.1936 vorstand. Bis zu seiner Versetzung in den Ruhestand war er seit 1920 zusätzlich Diözesandirektor des Herz-Jesu-Gebetsapostolats. Vgl. Thomas, Der Weltklerus der Diözese Trier seit 1800 (wie Anm. 23), 49.

1499 Metzdorf erblickte am 21.10.1854 in Temmels das Licht der Welt. Nach der Priesterweihe am 11.08.1878 in Speyer und einer Zeit als Kooperator im Bistum Augsburg wurde er am 08.03.1884 zum Kaplan in St. Wendel ernannt. Danach wurde er am 28.10.1887 Vikar in Saarbrücken/Malstatt (St. Josef), wo er auch, nachdem die Vikarie im August 1888 zur Pfarrei erhoben wurde, am 2. Dezember desselben Jahres auch als erster Pfarrer eingesetzt wurde. Metzdorf stand der rasant wachsenden Pfarrei bis zu seinem Tod am 30.11.1913 vor. Vgl. ebd., 229.

1500 Vgl. hierzu und zum Folgenden: Armendeputation der Stadt Saarbrücken, Beschlussbuch der Armendeputation No. 2, Stadtarchiv Saarbrücken, G 50 – 5944.

1501 Dies bemerkte auch der Stadtverordnete Wahlster, der diesen Missstand beklagte und darum bat, dass entsprechende Damen und Herren zur Anwesenheit ermahnt werden sollten. Vgl. Sitzungsprotokoll vom 04.06.1917 (ebd.).

1502 Vgl. o. V., Zusammenstellung der Geschäftsordnungen für die Stadtverordneten-Versammlung, Kommissionen und Deputationen sowie Verzeichnisse der Mitglieder der Stadtverordneten-Versammlung, Ausschüsse, Kommissionen und Deputationen pp. der Stadtverwaltung (wie Anm. 1459), 48f.

1503 Vgl. Sitzungsprotokoll vom 03.12.1917 (Armendeputation der Stadt Saarbrücken, Beschlussbuch der Armendeputation No. 2 [wie Anm. 1500]).

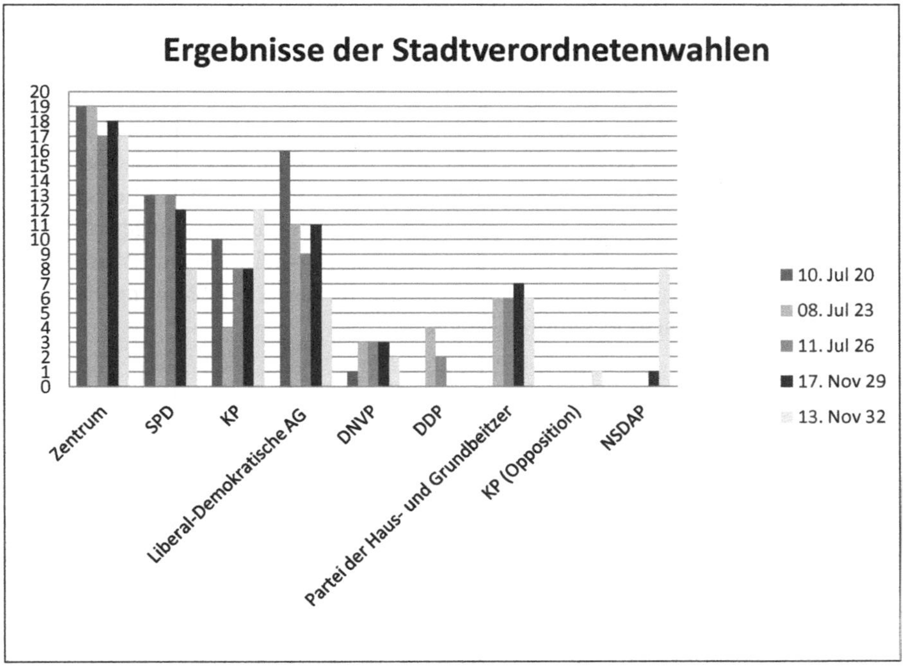

Abb. 35: Ergebnisse (Mandatzahl) der Stadtverordnetenwahlen Saarbrückens (1920–1932)

Fall gewesen. Auf diese Weise versuchte Schlich, eine Stärkung des katholischen Milieus in Alt-Saarbrücken zu erreichen und den Einfluss der katholischen Kirche sowie seiner Person auf die Sozialarbeit auszuweiten.

Zudem setzte sich der Pfarrer von St. Jakob, der mittlerweile ein Säuglingsheim in Saarbrücken I gegründet hatte[1504], für die Erhöhung des Pflegekostenzuschusses für die Säuglingsheilstätte ein.[1505] Der Beschluss wurde vertagt. Es wurde aber veranlasst, dass die Heilstätte ihre Bilanz vorlegen musste, „um einer Kommission, (sic!) bestehend aus den Herren Pfarrer Dr. Schlich, Pfarrer Ebeling u. Amtsanstaltsrat Portz, (sic!) Gelegenheit zu geben zwecks Feststellung, ob die Notwendigkeit zur Erhöhung des Pflegesatzes vorliegt. Pfarrer Dr. Schlich stellt hierbei einen Antrag auf Erhöhung des Satzes für das kath. u. ebenso für das ev. Säuglingsheim in Aussicht.“[1506] Dem Antrag wurde in der Folgesitzung auch stattgegeben.[1507]

1504 Vgl. hierzu die Ausführungen in Kapitel 4.1.1.
1505 Vgl. Sitzungsprotokoll vom 15.05.1919 (ebd.).
1506 Ebd.
1507 Vgl. hierzu und zum Folgenden: Sitzungsprotokoll vom 25.07.1919 (ebd.).

Des Weiteren regte Schlich in der Sitzung vom 25. Juli 1919 an, diejenigen, die in der Armen- und Kriegswohlfahrtspflege ehrenamtlich tätig waren, nachträglich mit dem Verdienstkreuz für Kriegshilfe auszuzeichnen, insofern dies noch nicht geschehen sei. Am Johannestag sowie am 15. Oktober des darauffolgenden Jahres forderte Schlich jeweils eine erneute Erhöhung des Zuschusses für die Säuglingsheime, -heilstätten und die -fürsorge, denn dies sei, so Schlich, durch die Teuerung und die steigende Zahl der zu versorgenden Kleinkinder notwendig geworden.[1508] Schließlich explodierten die Kosten für die Säuglingsheime durch Warenteuerungen, dass die Armendeputation auf Antrag Schlichs jedem Säuglingsheim der Stadt 30 Mark Tagesgeld je Säugling bewilligte.[1509]

4.4.3.2 Schlich im Stadtverordnetenrat

Neben der Sorge um die Armen der Gesellschaft, die sich mit seinem Engagement in der Armendeputation konkretisierte, vertrat Schlich die katholischen Interessen auch durch ein politisches Mandat im Stadtverordnetenrat Saarbrückens. Wie er diese sich ihm gebotene Chance nutzte, um die Belange der Amtskirche in der Stadt bzw. dem Saargebiet zu vertreten, soll daher nun untersucht werden.

Nach der Unterzeichnung des Versailler Vertrags am 28. Juni 1919 und seinem Inkrafttreten am 10. Januar 1920 wurde die bis dahin herrschende Militärregierung durch die Regierungskommission, bestehend aus fünf Personen, welche vom Völkerbundsrat eingesetzt wurden und an deren Spitze der Franzose Victor Rault als Präsident stand, abgelöst.[1510]

Diese Regierungskommission ordnete durch die Publikation einer Wahlordnung am 29. April 1920 Gemeinderatswahlen nach demokratischen Grundsätzen an, die in Saarbrücken am 11. Juli 1920 durchgeführt wurden.[1511] Gerade die dabei zu wählende Saarbrücker Stadtverordnetenversammlung fungierte „als quasiparlamentarisches Gegenstück zur Regierungskommission und damit als vom

1508 Der Ausschuss bewilligte ihm schließlich einen Tagessatz in Höhe von 10 Mark je Säugling, der in seinem Heim gepflegt wurde. Vgl. Sitzungsprotokoll vom 15.10.1920 (ebd.).

1509 Vgl. Sitzungsprotokoll vom 27.06.1922 (Dass., Beschlussbuch der Armendeputation No. 3, Stadtarchiv Saarbrücken, G 50 – 5945).

1510 Vgl. hierzu: Geschichte des Saarlandes, hg. von Hans-Walter Herrmann und Georg Wilhelm Sante (= Territorien-Ploetz Sonderausgaben). Würzburg 1972, 26–58, hier: 33 sowie Linsmayer, Der 13. Januar (wie Anm. 55), 55. Zum Versailler Vertrag im Allgemeinen: Benz und Büttner, Handbuch der deutschen Geschichte (wie Anm. 54), 349–359. Vgl. zudem die Ausführungen in Kapitel 3.1.

1511 Vgl. hierzu und zum Folgenden: Kloevekorn, Saarbrücken (wie Anm. 1061), 197; Karl August Schleiden, Illustrierte Geschichte der Stadt Saarbrücken. Dillingen/Saar 2009, 432 sowie Neikes, Fünfundzwanzig Jahre Gesamtstadt Saarbrücken (wie Anm. 1467), 42.

Volk gewählte Sachverwalterin der deutschen Interessen an der Saar"[1512]. An dieser Stadtratswahl, die nicht mehr nach dem preußischen Dreiklassenwahlrecht[1513] stattfand, sondern demokratischen Grundsätzen folgte, nahmen fünf politische Gruppierungen teil: die Zentrumspartei (als Vertreterin explizit katholischer Interessen), die Sozialdemokraten, die Liberalen (Bürgerliche Mitte), die Deutschnationale Volkspartei sowie die Unabhängige Sozialistische Partei. Die Wahlen bis zur Vereinigung des Saargebiets mit dem Deutschen Reich 1935, an der sich stets ca. 70 % der Wahlberechtigten beteiligten, erbrachte folgende Ergebnisse[1514], die in Abbildung 35 dargestellt sind.

Auffällig erscheint hierbei, dass die Zentrumspartei, die zwar erstmalig die Mehrheit im Saarbrücker Stadtverordnetenrat erringen konnte, lediglich ein Drittel der Stimmen auf sich vereinigte, wohingegen es im Landesdurchschnitt mehr als 50 % waren.

Dieser Wahlerfolg, der im Landesvergleich sehr niedrig erscheint, war dennoch bemerkenswert, denn bei genauerer Betrachtung muss man feststellen, dass von den 115.846 in Saarbrücken 1920 lebenden Menschen auch nur 61.908 der katholischen Kirche (53,44 %) angehörten.[1515] Bedenkt man nun noch, dass mindestens jeder vierte Katholik das Wahlalter noch nicht erreicht hatte, sondern nur 70–75 % der katholischen Gesamtbevölkerung Saarbrückens wahlberechtigt waren, so ist der Erfolg der katholischen Zentrumspartei doch sehr hoch. Zumal man konstatieren muss, dass das Zentrum für einen Protestanten quasi unwählbar war.

Die Liberalen[1516] zersplitterten sich im Laufe der Jahre in bis zu drei Gruppierungen und viele Personen, die anfangs die Sozialdemokraten wählten, unterstützten ab 1926 die Kommunisten, die „an die Stelle der Unabhängigen Sozialdemo-

1512 BURGARD und LINSMAYER, Von der Vereinigung der Saarstädte bis zum Abstimmungskampf (1909–1935) (wie Anm. 365), hier: 170.

1513 Das preußische Dreiklassenwahlrecht teilte die Wähler in drei Abteilungen (Klassen) auf, die nach der Höhe des Steueraufkommens gestaffelt waren. Dies hatte zur Folge, dass die erste Abteilung von wenigen Reichen gebildet wurde. In Essen wählte dadurch Alfred Krupp in der ersten Abteilung ganz alleine. Zudem durften einer höheren Abteilung nie mehr Wähler angehören als einer Niedrigeren. Ferner besaßen Frauen keinerlei Wahlrecht und die Stimmabgabe war, wie auch die Steueraufkommensliste, die den Wahllisten beilag, öffentlich. Somit lässt sich dieses Wahlsystem als ein indirektes charakterisieren. Vgl. zum Dreiklassenwahlrecht im Allgemeinen: Thomas KÜHNE, Dreiklassenwahlrecht und Wahlkultur in Preußen 1867–1914. Landtagswahlen zwischen korporativer Tradition und politischem Massenmarkt (= Beiträge zur Geschichte des Parlamentarismus und der politischen Parteien Bd. 99). Düsseldorf 1994.

1514 Eine Zusammenschau der Wahlergebnisse liefert Neikes. Vgl. NEIKES, Fünfundzwanzig Jahre Gesamtstadt Saarbrücken (wie Anm. 1467), 43.

1515 Vgl. SCHLICH, Die katholische Kirche in Saarbrücken (wie Anm. 284), hier: 151.

1516 Für den liberalen Sammlungsblock wurden folgende Herren in den ersten Stadtrat gewählt: Anschütz, Dr. Francke, Giersberg, Goedecke, Koehl, Kühner, Lorenz, Meyer, Pfühl, Posselt, Dr. Prüfner, Radziewski, Schmahl, Dr. Scheuer, Schmidt sowie Weskalnys (vgl.

kraten traten“[1517]. Zudem lässt sich gegen Ende des Untersuchungszeitraums ein Rechtsruck dokumentieren, wodurch die NSDAP einen Zuwachs verzeichnete.

Die Sozialdemokraten stellten insgesamt 14 Stadtratsverordnete, die Unabhängige Sozialistische Partei zehn und die Deutschnationalen eine Person.

Das Zentrum, das die größte Fraktion bildete, war durch teils stadtbekannte Größen als Abgeordnete vertreten.[1518] Ferner wurde die Zentrumspartei durch hochrangige Stadthonoratioren wie Sanitätsrat Dr. Jordan oder Dr. Krückemeyer, den Geschäftsführer der Saarbrücker Druckerei und Verlags A. G., in deren Haus die „Saarbrücker Landes-Zeitung“, das parteieigene Publikationsorgan, und eine Vielzahl anderer katholischer Printmedien gedruckt wurden, vertreten.[1519] Zudem wurde als einziger Geistlicher Dr. Johann Ludger Schlich, Pfarrer an St. Jakob und Schriftführer des Zentrums, in den Stadtverordnetenrat Saarbrückens gewählt und in den Wahlen der Jahre 1923, 1926, 1929 sowie 1932 wiedergewählt.[1520]

Auch wenn sich allgemein eine „>Klerikalisierung< des politischen Katholizismus, die traditionsgemäß bis in die lokalen Parteivorstände hinein reichte“[1521], nachweisen lässt, so darf das Phänomen der „Zentrumsprälaten“ auf kommunaler

Wahlen zur Stadtverordnetenversammlung und deren Ergänzung bzw. Ausscheiden von Mitgliedern, Stadtarchiv Saarbrücken, G 10.2 – 3283).

1517 Schleiden, Illustrierte Geschichte der Stadt Saarbrücken (wie Anm. 1511), 432.

1518 Zu diesen zählten die Herren Arend, Brühl, Gypkens, Haag, Hemmerling, Hillenbrand, Hodapp, Karius, Keller, Klein, Kockler, Kuhnen, Ollmert, Schmidt, Stegmann und Violet.

1519 Viele der Zentrumsabgeordneten waren zugleich auch Mitglieder der Kirchenvorstände der Pfarreien. Beispielsweise gehörten Gypken und Dr. Krückemeyer, der zum Zeitpunkt des Amtsverzichts Echelmeyers stellvertretender Vorsitzender war, dem Kirchenvorstand der Pfarrei St. Johann an. Vgl. Definitor Johann Schneider: Verhandlung über die Aufnahme des Zustandes der durch Verzichtsleistung des Herrn Dechant Echelmeyer erledigten Pfarrstelle St. Johann und über die Abteilung des Einkommens derselben vom 14.04.1929 (Pfarrarchiv der Pfarrei Christkönig Saarbrücken ([wie Anm. 305]).

1520 Vgl. Stadtarchiv Saarbrücken, Alphabetische Zusammenstellung der zwischen 1920 und 1932 tätigen Stadtverordneten nach einzelnen Parteien, mit Angabe von Beruf, Wohnung und ggf. der jüdischen Abstammung (wie Anm. 248). 1923 erhielt Schlich, der an vierter Stelle auf der Wahlliste stand, in den Wahlbezirken 24 und 26 283 bzw. 145 Stimmen, wie die meisten seiner Parteigenossen. Vgl. Anlage zum Wahlprotokoll. Haupt-/Gegen-Liste, Zusammenstellung über die Verteilung der Stimmen auf die einzelnen Bewerber bei den Wahlen zur Stadtverordneten-Versammlung am 8. Juli 1923 Anlage zum Wahlprotokoll. Haupt-/Gegen-Liste, Zusammenstellung über die Verteilung der Stimmen auf die einzelnen Bewerber bei den Wahlen zur Stadtverordneten-Versammlung am 8. Juli 1923, Stadtarchiv Saarbrücken, G 10.1 – 2190. 1932 stand Schlich auf der Wahlliste für die Zentrumspartei an zweiter Stelle. Vgl. Aufstellung der Kandidaten, die die Wahl als Stadtverordneter angenommen haben (13.11.1932), Stadtarchiv Saarbrücken, G 10.2 – 3282. Entsprechend taucht in der alphabetisch angelegten Liste der Stadtverordneten 1932 Dr. Schlich an 15. Stelle auf. Vgl. Verzeichnis der Stadtverordneten der Stadt Saarbrücken (Wahlzeit 1932–1935), Stadtarchiv Saarbrücken, G 3283.

1521 Morsey, Der Untergang des politischen Katholizismus (wie Anm. 271), 29.

Ebene nicht überbewertet werden.[1522] Im gesamten Saargebiet waren im November 1933 nur fünf Priester (inkl. Schlich) in der Politik tätig.[1523] Offenbar war es im für die damalige Zeit stark säkular geprägten Saarbrücken keineswegs üblich, dass Geistliche öffentliche politische Wahlämter bekleideten. Schlich maß diesem politischen Terrain wohl einen hohen Stellenwert bei, da er neben seinen zahlreichen anderen Verpflichtungen in der Pfarrei und darüber hinaus zugleich noch im Stadtrat tätig war. Angetrieben wurde er sicherlich von der Idee, hier die katholische Weltanschauung auf dem politischen Parkett vertreten zu können.

Als Schriftführer der Fraktion zählte es zum Aufgabengebiet Schlichs, Anträge bzw. Anfragen an die Stadtverwaltung und die zuständigen Organisationsausschüsse zu richten. So stellte er am 9. September 1920 eine parlamentarische Anfrage an die Stadtverordnetenversammlung (vom 23. September 1920), „ob bei den einzelnen Dienststellen Beamte (sic!) bzw. Angestellte entbehrlich sind, bzw. ob die vorhandenen Arbeitskräfte voll und ganz beschäftigt werden, [die Partei bitte] eine Kommission einzusetzen [...].“[1524] Ebenso beantwortete er auch Anfragen, die an die Zentrumsfraktion gerichtet wurden.[1525]

In der konstituierenden Sitzung der Stadtverordnetenversammlung am 6. August 1920 taucht der Name des Geistlichen im Protokollbuch der Anwesenden auf.[1526] Der Stadtverordnetenversammlung gehörten insgesamt 59 Mitglieder an. Das Gremium, das jeweils dienstags nachmittags um 17:00 Uhr auf Einladung des Bürgermeisters[1527] etwa alle drei bis vier Wochen einmal tagte, hatte u. a. die Aufgabe, die Mitglieder der Deputationen, Kommissionen und Steuerausschüsse zu wählen.[1528] Die Stadtverordneten wurden zugleich auch in die sieben Hauptkom-

1522 Der Zentrumsfraktion in der preußischen Landesversammlung bzw. im Landtag gehörten von 1919 bis 1933 durchschnittlich drei Geistliche an, wobei die Fraktion in diesem Zeitraum 67–89 Mandate erringen konnte. Vgl. Herbert Hömig, Das preussische Zentrum in der Weimarer Republik (= Veröffentlichungen der Kommission für Zeitgeschichte. Reihe B, Forschungen Bd. 28). Mainz 1979, 312.

1523 Vgl. Schreiben Schlich an die Bischöfliche Behörde vom 13.11.1933 (Bistumsarchiv Trier, Pfarrakten der Pfarrei Saarbrücken [Christkönig] [wie Anm. 631]).

1524 Schreiben Schlich an die Stadtverordnetenversammlung vom 09.09.1920 (Nebenakten: Anträge von Stadtverordneten und Stadtverordnetenfraktionen, Band 1, Stadtarchiv Saarbrücken, G 10.1 – 1001). Dem gestellten Antrag wurde in der Sitzung des Stadtverordnetenrats vom 23.09.1920 bzw. 27.09.1920 stattgegeben, so ein handschriftlicher Vermerk. Vgl. ebd.

1525 Vgl. Antwortschreiben Schlich an Oberbürgermeister Dr. Neikes o. D. (ebd.).

1526 Vgl. Protokollbuch 06.08.1920 (Stadtverordnetenrat Saarbrücken, Stadtratsprotokolle [6.8.1920–31.3.1921], Stadtarchiv Saarbrücken, G OB.1 – 7469).

1527 Vgl. o. V., Zusammenstellung der Geschäftsordnungen für die Stadtverordneten-Versammlung, Kommissionen und Deputationen sowie Verzeichnisse der Mitglieder der Stadtverordneten-Versammlung, Ausschüsse, Kommissionen und Deputationen pp. der Stadtverwaltung (wie Anm. 1459), 2.

1528 Vgl. ebd., 7f. Insgesamt gab es 57 Gremien in Saarbrücken, die das Leben der Stadt mitbestimmten.

missionen bzw. Deputationen der Stadt (Ordnungs-, Finanz-, Bank- und Landwirtschaftskommission sowie Grundstücks-, Betriebs- und Armendeputation) als Vertreter für den Stadtrat gewählt und entsandt, um in diesen Gremien die Interessen der Stadtverordneten zu vertreten. Schlich wurde während der ersten Sitzung des Stadtverordnetenrats in die Ordnungskommission gewählt.[1529] Diese Kommission musste die Stadtbeigeordneten und Stadtrentmeister wählen, die Anstellungs- und Versorgungsordnungen der städtischen Beamten und Angestellten zur Beschlussfassung durch den Stadtrat sowie mögliche Änderungen der Geschäftsordnung der Stadtverordnetenversammlung, der Kommissionen und Deputationen vorbereiten. Des Weiteren war es Aufgabe der Kommission, Expertisen über Personal- und Verfassungsangelegenheiten zu erstellen.[1530] Allerdings scheiterte seine Wahl zum unbesoldeten Stadtbeigeordneten gegen den ebenfalls der Zentrumsfraktion angehörenden Großkaufmann Karl Hodapp[1531] mit einer gegen 47 Stimmen.[1532] Dies zeugt davon, welchen Ehrgeiz Schlich besessen haben musste: Zu allen übrigen Aufgaben, die er ohnehin schon hatte, nun auch noch unbesoldeter Stadtbeigeordneter zu werden. Dafür ging er sogar in eine Kampfabstimmung.

Während dieser Sitzung beschloss der Stadtrat (mit einer Stimme Mehrheit) auch, dass katholischen Geistlichen in Kuratorien der höheren Schulen der Stadt besondere Sitze eingeräumt werden sollten.[1533] Dieses Faktum zeigt, dass Schlich letztlich als Priester auch speziell klerikale Interessen zu verfolgen wusste. Man kann also sagen, dass es ohne seine Präsenz und sein Agieren im Stadtrat wahrscheinlich nicht zu diesem Abstimmungsergebnis gekommen wäre. So wurde Schlich in derselben Sitzung noch in den „Überwachungsausschuss für das staatliche Kablé-Lyceum und das Lyceum der Ursulinen" gewählt.[1534] Ferner wurde der Pfarrer von St. Jakob in die „Deputation zur Verwaltung der Vermögensmasse

1529 Vgl. Stadtarchiv Saarbrücken, Nebenakten: Anträge von Stadtverordneten und Stadtverordnetenfraktionen, Band 1 (wie Anm. 1524). Der Organisationskommission mussten gemäß § 54 der rheinischen Städteordnung 15 Stadtverordnete angehören. Vgl. o. V., Zusammenstellung der Geschäftsordnungen für die Stadtverordneten-Versammlung, Kommissionen und Deputationen sowie Verzeichnisse der Mitglieder der Stadtverordneten-Versammlung, Ausschüsse, Kommissionen und Deputationen pp. der Stadtverwaltung (wie Anm. 1459), 16.

1530 Vgl. ebd., 16–18.

1531 Karl Hodapp, Mitglied der Zentrumsfraktion, Großkaufmann, gestorben am 21.01.1932. Vgl. hierzu: Stadtarchiv Saarbrücken, Alphabetische Zusammenstellung der zwischen 1920 und 1932 tätigen Stadtverordneten nach einzelnen Parteien, mit Angabe von Beruf, Wohnung und ggf. der jüdischen Abstammung (wie Anm. 248).

1532 Vgl. Protokollbuch 24.08.1920 (Stadtverordnetenrat Saarbrücken, Stadtratsprotokolle [wie Anm. 1526]).

1533 Vgl. hierzu und zum Folgenden: Protokollbuch 07.09.1920 (ebd.).

1534 Vgl. ebd.

aus dem Waldbesitz der Stadtbezirke St. Johann und Saarbrücken" sowie in den Untersuchungsausschuss gegen Schulrat Dr. Senfter gewählt.

In der ersten Sitzung des Jahres 1921 erkannte man allerdings, welch großes Interesse und Geschick der Zentrumspolitiker in finanziellen Angelegenheiten besaß und beschloss seinen Wechsel von der Ordnungs- in die Finanzkommission und berief ihn auch in den Schulausschuss für höhere Lehranstalten.[1535] Zusätzlich wurde Schlich am 16. April 1921 in die Jugenddeputation der Stadt gewählt.[1536]

Die Stadtverordnetenversammlung wählte am 1. Mai 1921 den Dortmunder Dr. Hans Neikes zum Oberbürgermeister der Stadt Saarbrücken.[1537] Offenbar verstand sich Schlich gut mit Neikes, denn Schlich verteidigte das Stadtoberhaupt mehrfach. Zudem verfolgten sie in manchen Punkten die gleichen Interessen. Obwohl Neikes die Zusammenarbeit mit der Regierungskommission suchte, geschah faktisch das Gegenteil.[1538] Ein maßgeblicher Grund hierfür dürfte in der Anordnung des Völkerbundrates liegen, der die Regierungskommission des Saargebiets dazu verpflichtete, der Stadtverordnetenversammlung Saarbrückens alle zu erlas-

1535 Vgl. Protokollbuch 11.01.1921 (ebd.). Am 06.12.1932 erfolgte zudem noch die Berufung Schlichs zum Mitglied des Schulausschusses für die gewerblichen Berufsschulen. Vgl. Anlage zu Punkt 7 der Tagesordnung der Sitzung vom 06.12.1932 (Anlagen zu den Stadtratsprotokollen, Band 2, Stadtarchiv Saarbrücken, G OB.1 – 7483 [2]).

1536 Vgl. Protokollbuch 19.04.1921 (Stadtverordnetenrat Saarbrücken, Stadtratsprotokolle [19.4.1921–13.6.1922], Stadtarchiv Saarbrücken, G OB.1 – 7470).

1537 Vgl. Protokollbuch 01.05.1921 (ebd.).

1538 Vgl. Kloevekorn, Saarbrücken (wie Anm. 1061), 199f. sowie Schleiden, Illustrierte Geschichte der Stadt Saarbrücken (wie Anm. 1511), 433. Die Dialogbereitschaft Neikes' war aus mehreren Gründen notwendig: Zum einen verschlechterte sich das Verhältnis zwischen der Bevölkerung des Saargebiets und der Regierungskommission 1920, sodass die Beamten – mit Rückendeckung der Bewohner des gesamten Saargebiets – am 6. 08.1920 in den Streik traten, wodurch die Verwaltung lahmgelegt wurde. Zum anderen verschlechterte sich die wirtschaftliche Lage des Saargebiets bis 1934, was zur Folge hatte, dass „der Charakter der Stadt [Saarbrücken] als Wirtschaftszentrale noch vertieft worden ist. [...] Saarbrücken hat immer mehr den Charakter einer ‚City' für den größten Teil des Saargebiets erhalten. Man kann das ganze Saargebiet als eine weit besiedelte, mit großen Grünflächen versehene Stadt auffassen, deren Stadtkern die Großstadt Saarbrücken darstellt." (Albert Lütke, Saarbrücken als Wirtschaftszentrum. In: 25 Jahre Stadt Saarbrücken, 234–240, hier: 236f.) Zudem war die seit Juni 1920 durch die französische Grubenverwaltung eingeführte Lohnzahlung in Frankenwährung, der sich wenig später auch die Schwerindustrie anschloss, und der daraus resultierende Währungsdualismus ein enormes Problem für die saarländischen Beamten, denn „im Sommer 1921 führte die Regierungskommission bei der Post, der Eisenbahn, bei allen Beamtenkategorien den Franken ein. Als sie am 6. September der Stadtverwaltung die Bezahlung der Gehälter in Mark untersagte, entstand für Saarbrücken eine sehr schwierige wirtschaftliche Lage. Erst am 31. März 1922 erhielten die städtischen Beamten und Angestellten und Arbeiter ihre Entlohnung in Franken." (Kloevekorn, Saarbrücken [wie Anm. 1061], 200) Vgl. zur Problematik der Frankenwährung vgl. ebenso die Ausführungen in Kapitel 3.1.2 sowie 3.1.3.

senden Gesetze und Verordnungen zur Begutachtung vorzulegen.[1539] Das erste Mal wurde die Stadtverordnetenversammlung am 2. November 1920 zur Begutachtung eingesetzt.[1540] Die Regierungskommission leistete der Maßgabe des Völkerbundrates Folge, berücksichtigte jedoch die Einwände des Saarbrücker Stadtrates in nicht einem einzigen Falle, sodass dieser daher auch ab dem 29. November 1921 keine Gutachten mehr verfasste und keine Abänderungsanträge mehr stellte.[1541]

Schlich zeichnete sich nicht nur als Fachmann für Finanzfragen, sondern vor allem als Priester dadurch aus, dass er speziell die Interessen und Werte der katholischen Kirche zu vertreten suchte. Als die Regierungskommission eine neue Gebührenordnung für Hebammen veröffentlichte und der Stadtverordnetenrat darüber debattierte, setzte sich Schlich, so das Protokollbuch, für den Berufsstand, soziale Gerechtigkeit und das ungeborene Leben ein: „Für die Zentrumsfraktion erklärte Pfarrer Dr. Schlich grundsätzliche Zustimmung zu dem Entwurf, gibt aber in Anbetracht der hohen sozialen Bedeutung des Hebammenberufes zur Erwägung anheim, ob nicht eine Erhöhung einzelner der vorgeschlagenen Sätze erfolgen kann und zwar der Stundenlöhne und der Höchstsätze, dagegen dürften nur für Minderbemittelte die Mindestsätze in Anwendung kommen, sodann sollten noch mehr als bisher die Kosten für Entbindungen ärmerer Mütter aus öffentlichen Mitteln bestritten werden."[1542]

In der Sitzung vom 6. September 1921, die Schlich selbst protokollierte, wurde auf sein Betreiben hin beschlossen, dass „der vorgeschlagenen Abänderung des mit der katholischen Kirchengemeinde Alt-Saarbrücken früher abgeschlossenen Vertrages über die Übereignung städt. Geländes zu Kirchbauzwecken [zugestimmt wurde]."[1543] Hierbei gelang es Schlich, vergünstigte Konditionen zu erhalten.[1544]

1539 Vgl. hierzu und zum Folgenden: ebd., 201.

1540 Vgl. Protokollbuch 02.11.1920 (Stadtverordnetenrat Saarbrücken, Stadtratsprotokolle [wie Anm. 1526]).

1541 Vgl. Protokollbuch 29.11.1921 (Stadtverordnetenrat Saarbrücken, Stadtratsprotokolle [wie Anm. 1536]). Dieser Dissens zwischen Regierungskommissionsbeschlüssen und den Gutachten der Stadtverordnetenversammlung lässt sich anhand der Protokollbücher der Stadtverordnetenversammlung und den Gesetzes- bzw. Verordnungserlassen der Regierungskommission eindeutig bestätigen. Vgl. hierzu: o. V., Das Saargebiet unter der Herrschaft des Waffenstillstandsabkommens und des Vertrags von Versailles (wie Anm. 56) sowie Protokollbücher der Stadtverordnetenversammlung Saarbrückens. Exemplarisch wird im Nachfolgenden näher auf die Auseinandersetzung zwischen Stadtrat (Diskussion) und dem Gesetzesentwurf der Regierungskommission bzgl. der Hebammenbezahlung eingegangen, in dem sich auch Dr. Schlich für die Zentrumsfraktion zu Wort meldete (s. u.).

1542 Protokollbuch 11.01.1921 (Stadtverordnetenrat Saarbrücken, Stadtratsprotokolle [wie Anm. 1526]). Hervorhebung im Original.

1543 Protokollbuch 06.09.1921 (Stadtverordnetenrat Saarbrücken, Stadtratsprotokolle [wie Anm. 1536]).

1544 Vgl. die detaillierten Ausführungen in Kapitel 4.1.2.

Ferner beschloss der Stadtrat am Allerseelentag 1921, die französische Sprache an den Volksschulen nicht einzuführen, obgleich die Regierungskommission dazu drängte.[1545] Gleichzeitig untersagte sie durch die Beschlüsse vom 20. September 1921 und 8. November 1921 die von der Regierungskommission angeordnete Besoldung der städtischen Beamten in Franken und legte dagegen Beschwerde beim Völkerbundsrat in Genf ein.[1546] Diese Voten entsprechen ganz dem politischen Kurs und Denken Schlichs, der sich wohl auch dafür eingesetzt haben dürfte.

Die Stadtverordnetenversammlung hatte zudem auch die Aufgabe, freigewordene Schulleiterstellen an den höheren Schulen der Stadt zu besetzen. Als die Stelle des Oberstudiendirektors am städtischen Realgymnasium im Juli 1922 frei wurde, ließ Schlich sich zur Wahl aufstellen. Es gelang ihm jedoch nur eine der 47 abgegebenen Stimmen (vermutlich sogar seine eigene) zu bekommen.[1547] Dies zeigt, dass Schlich versuchte, den Einfluss der katholischen Kirche bzw. des Klerus auf das Saarbrücker Schulwesen auszuweiten und damit das katholische Milieu auszubauen, dessen „Manager", wie Olaf Blaschke es nennt, der machtbewusste Klerus war.[1548] Andererseits wird aber auch deutlich, dass seine Kollegen in der Fraktion ihn (als Geistlichen) nicht auf dieser Position sehen wollten, weil dadurch der Einfluss Schlichs zu stark hätte werden können.

Nach den Neuwahlen des Stadtverordnetenrats im Jahr 1923 fehlte der Saarbrücker Pfarrer während der ersten Sitzung am 2. August 1923, wurde jedoch in Abwesenheit in den Organisationsausschuss gewählt[1549] und in der darauffolgenden Sitzung durch den Vorsitzenden der Stadtverordnetenversammlung, den Beigeordneten Hobohm, per Handschlag in sein Amt eingeführt.[1550] Ferner leitete der Stadtrat am 3. Juli 1924 den Bau eines Flughafens ein, um Saarbrücken auch an das europäische Flugnetz anzubinden.[1551] Hierzu errichtete man von 1926 bis 1928 auf den Wiesen St. Arnuals eine Flughalle und eine Abfertigungshalle und baute eine Start- und Landebahn, sodass man problemlos von Saarbrücken nach Köln, Frankfurt, Berlin und Paris fliegen konnte.[1552]

Als die französischen Gruben ihre Löhne ab dem 1. Juli 1920 nur noch in Franc auszahlten, begann im Saargebiet ein Währungsdualismus zwischen Mark und

1545 Vgl. Protokollbuch 02.11.1921 (ebd.).

1546 Vgl. Protokollbuch 20.09.1921 sowie 08.11.1921 (ebd.).

1547 Vgl. Protokollbuch 26.07.1922 (DASS., Stadtratsprotokolle [27.6.1922–18.12.1923], Stadtarchiv Saarbrücken, G OB.1 - 7471).

1548 Vgl. BLASCHKE, Die Kolonialisierung der Laienwelt. Priester als Milieumanager und die Kanäle klerikaler Kuratel (wie Anm. 1), 106.

1549 Vgl. Protokollbuch 02.08.1923 (STADTVERORDNETENRAT SAARBRÜCKEN, Stadtratsprotokolle [wie Anm. 1547]).

1550 Vgl. Protokollbuch 11.09.1923 (ebd.).

1551 Vgl. Protokollbuch 03.07.1924 (DASS., Stadtratsprotokolle [15.1.1924–12.1.1926], Stadtarchiv Saarbrücken, G OB.1 - 7472).

1552 Vgl. KLOEVEKORN, Saarbrücken (wie Anm. 1061), 210.

Franc[1553], der dazu führte, dass die Regierung am 1. Juli 1923 die Frankenwährung als offizielles Zahlungsmittel einführen musste. Gleichzeitig war die Stadt, aufgrund der Abwertung der Mark, gezwungen, am 1. Juni 1923 Auslandsanleihen aufzunehmen.[1554] Diese 1923 getätigten Auslandsanleihen sorgten allerdings noch Jahre später für Diskussionen, da sich die Wirtschaftslage im Saargebiet immer noch nicht gebessert hatte. 1925 wurde sogar gegen den Oberbürgermeister ein Disziplinarverfahren eröffnet, welches jedoch wieder eingestellt wurde.[1555] Zentrum und Kommunisten setzten ihr unerschütterliches Vertrauen in Neikes, sodass Schlich (Z.) ihn „unter dem starken Beifall des Hauses [...] [als] **zielbewussten Verteidiger des Selbstverwaltungsrechtes und der deutschen kulturellen Belange**“[1556] charakterisierte. Zudem sprach sich Schlich im Namen der Zentrumpartei, die sich hierbei auf die Grundwerte der christlichen Weltanschauung[1557] be-

1553 Vgl. Linsmayer, Der 13. Januar (wie Anm. 55), 55.59. Eine detaillierte Schilderung zur rechtlichen Grundlage der Währungseinführung im Saargebiet sowie dem Verlauf des Währungsproblems liefern die Ausführungen in Kapitel 3.1.2 sowie 3.1.3.

1554 Vgl. Kloevekorn, Saarbrücken (wie Anm. 1061), 201.

1555 Vgl. Disziplinarverfahren der Regierungskommission gegen Bürgermeister Dr. Hans Neikes, Stadtarchiv Saarbrücken, G OB.1 – 2926; Disziplinarverfahren der Regierungskommission gegen Bürgermeister Dr. Hans Neikes, Stadtarchiv Saarbrücken, G OB.1 – 2922 sowie Protokolle der Vernehmung des Bürgermeisters Dr. Neikes im Disziplinarverfahren der Regierungskommission gegen ihn, Stadtarchiv Saarbrücken, G OB.1 – 2931. Im Verfahren spielte auch der katholische Geistliche Matthias Notton eine entscheidende Rolle. Eine detaillierte Analyse zur Person Nottons und dessen politischem Taktieren bildet derzeit noch ein Forschungsdesiderat. Vgl. hierzu: Johann Ludger Schlich, Prozess Notton 1924–26 (1931), Berichte und Zeitungsartikel, Bistumsarchiv Trier, Abt. 59 Nr. 71a (Band V).

1556 O. V., Aus dem Saarbrücker Stadtrat. Der Sieg des Rechts. – Die Zentrumsfraktion zur Wirtschaftslage. – Die Krematoriumsfrage. Tagesspiegel. In: Saarbrücker Landes-Zeitung vom 24. Juli 1925, 7. Hervorhebung im Original. Die Fraktionsvorsitzenden der Parteien des Stadtverordnetenrats Saarbrücken und deren Schriftführer (Schlich für die Zentrumspartei) verfassten mehrere Stellungnahmen zum Disziplinarverfahren gegen Neikes. In der Endfassung, die Schlich in seinem Nachlass hinterlegte, heißt es: „Die Stadtverordnetenversammlung übersieht in der Einleitung des Disziplinarverfahrens lediglich die Absicht der Regierungskommission, (sic!) den ihr offenbar wegen seiner aufrichtigen, ehrlichen und anständigen Haltung unbequem gewordenen Bürgermeister aus seinem Amte zu beseitigen. Die Besprechung der Fraktionsvertreter mit dem Präsidenten der Regierungskommission, Herrn Rault, (sic!) und Herrn Veszensky hat klar und deutlich gezeigt, dass das gegen den Bürgermeister Dr. Neikes eingeleitete Disziplinarverfahrens eine von langer Hand vorbereiteter Schlag ins Gesicht der Deutschen Saarbevölkerung ist und zur Vernichtung des unantastbaren Gutes der Selbstverwaltung führen soll.“ (Schlich, Prozess Notton 1924–26 [1931] [wie Anm. 1555]). Vielmehr müsse, so die Erklärung weiter, Dr. Notton angeklagt werden.

1557 Der Codex Iuris Canonici (1917) schreibt ausdrücklich die Erdbestattung eines Leichnams vor und verbietet strikt die Verbrennung. Die kirchliche Bestattung eines auf Wunsch verbrannten Leichnams war ebenso untersagt. Vgl. Pius X. und Benedictus XV., Codex Iuris Canonici (wie Anm. 287), cann. 1203 § 1 sowie 1240 § 1 n. 5. Das neue kirchliche Rechtsbuch (1983) hat diese Verbote aufgehoben: „Nachdrücklich empfiehlt die Kirche,

rief, gegen den Bau eines Krematoriums aus religiösen, moralischen, finanziellen und wirtschaftlichen Gründen aus. In seiner Begründung führte Schlich Folgendes aus: „Die katholische Kirche verbietet die Leichenverbrennung, weil sie der kirchlichen Jahrtausende alten Gewohnheit, die nur die Erdbestattung kennt, und dem moralischen Empfinden widerspricht. [...] Andererseits haben wir nichts dagegen, wenn solche, die auf freireligiösem Standpunkt stehen, sich verbrennen lassen und ein Krematorium errichten, wenn sie dies auf ihre Kosten tun. [...] Die Statistik einer ganzen Reihe von Städten beweist, daß die Krematorien ständig mit sehr großer Unterbilanz arbeiten und fortlaufend hohe Zuschüsse verlangen."[1558] Schlich thematisierte daran anschließend noch einen sozialen Missstand, der in der Stadt herrschte: 1925 herrschte in Saarbrücken, wie in allen Großstädten, eine große Wohnungsnot und viele Menschen waren obdachlos.[1559] Daher forderte er, zuerst an „Wohnungen für die Lebenden und dann erst an eine Verbrennungsstätte für die Toten zu denken."[1560]

Sogar die liberale Saarbrücker Zeitung pflichtete Schlich hinsichtlich der Beurteilung des Oberbürgermeisters bei. Bezüglich des Plädoyers, das Schlich gegen die Errichtung eines Krematoriums aus öffentlichen Mitteln hielt, schrieb sie, dass „in der gestrigen Stadtverordnetensitzung [...] die Zentrumsstadtverordneten Pfr. Dr. Schlich, Hillenbrand und Jordans alle Minen springen [ließen], um die Aus-

dass die fromme Gewohnheit beibehalten wird, den Leichnam Verstorbener zu beerdigen; sie verbietet indessen die Feuerbestattung nicht, es sei denn, sie ist aus Gründen gewählt worden, die der christlichen Glaubenslehre widersprechen." (JOHANNES PAULUS II. und AYMANS, Codex des kanonischen Rechtes [wie Anm. 1306], c. 1176 § 3). 1928 gründete sich auch ein „Ausschuss zur Bekämpfung der Feuerbestattung im katholischen Deutschland", der sich (u. a. durch die Herausgabe der Zeitschrift „Das christliche Grab" und von Flugblättern) gegen den aufkommenden Trend der Feuerbestattungen einsetzte. Vgl. DIÖZESE TRIER, Kirchlicher Amtsanzeiger für die Diözese Trier (wie Anm. 683), Nr. 21, S. 20f.

1558 O. V., Aus dem Saarbrücker Stadtrat. Der Sieg des Rechts. – Die Zentrumsfraktion zur Wirtschaftslage. – Die Krematoriumsfrage. Tagesspiegel. (wie Anm. 1556), 7. In der Sitzung vom 10.11.1928 beschloss der Stadtverordnetenrat den Einbau einer Einäscherungsanlage auf dem Südfriedhof, wogegen das Zentrum eine Erklärung abgab, durch eine neue Anleihe (33.000 Reichsmark) mit 26:24 Stimmen. Vgl. Protokoll vom 10.11.1928 (STADTVERORDNETENRAT SAARBRÜCKEN, Stadtratsprotokolle [8.5.1928–29.7.1930], Stadtarchiv Saarbrücken, G OB.1 – 7474). Die Aufnahme des Darlehens hierfür beschloss der Stadtverordnetenrat „gegen die Stimmen der Zentrumsfraktion" in der Sitzung vom 02.07.1929. Vgl. Protokoll der Stadtverordnetenversammlung vom 07.02.1929 (DASS., Niederschriften über die Sitzungen der Stadtverordnetenversammlung [3.5.1929–25.2.1930], Stadtarchiv Saarbrücken, G 10.2 – 5955). Noch 1933 war die Frage nach der kirchlichen Bestattung feuerverbrannter Leichen akut, wie eine kleine Meldung in der „Saarbrücker Landes-Zeitung" zeigt, wo die Zentrumspartei noch einmal dezidiert klarstellte, dass es keine kirchliche Zeremonie bei Urnenbestattungen geben werde, wie in einer anderen Zeitung behauptet wurde. Vgl. o. V., Nochmals „Feuerbestattungen für Katholiken". In: Saarbrücker Landes-Zeitung vom 3. Januar 1933, 1.

1559 Vgl. GÜNTHER, Umwege in eine achtsame Moderne (wie Anm. 15), 104–109.

1560 O. V., Aus dem Saarbrücker Stadtrat. Der Sieg des Rechts. – Die Zentrumsfraktion zur Wirtschaftslage. – Die Krematoriumsfrage. Tagesspiegel. (wie Anm. 1556).

Abb. 36: Prälat Schlich während einer Sitzung der Stadtverordneten

schreibung zu hintertreiben, und zeigten sich trotz humoristischen Anstrichs der Diskussion so hartnäckig und jeder Verständigung abgeneigt."[1561] Am darauffolgenden Tag wurde die Stadtratssitzung noch genauer in den Saarbrücker Tageszeitungen, den Publikationsorganen der verschiedenen Fraktionen, geschildert. Im Fokus der Artikel stand jeweils der Fraktionsabgeordnete der Zentrumspartei Dr. Schlich.

Die Zentrumspartei informierte ihre Leser darüber, dass ihre Partei, vertreten durch Pfarrer Dr. Schlich, der als erster Redner das Wort ergriff, Stellung zum Dringlichkeitsantrag aus der Stadtverwaltung bzgl. der Neubesetzung der Schulleiterposten am Auguste-Viktoria-Gymnasiums und des Reform-Realgymnasium bezog.[1562] Dieser betonte das Bemühen der Zentrumsfraktion, möglichst schnell und effektiv zu einer Lösung zu gelangen, was bedeutet, dass die Partei ihre Stimme den beiden vorgeschlagenen Kandidaten, StD Steppling und Dr. Langel, gebe, obwohl die Fraktion eigentlich StR Lehmann wählen wollte, weil dieser sich auf dem Posten, den er vertretungsweise übernahm, bewährt und zugleich die meisten Stimmen aus dem Lehrerkollegium erhalten habe. Zudem wäre ein geeigneter Kandidat Dr. Seyfried gewesen, der ein sehr tüchtiger Lehrer sei.

Ferner sprach sich der Zentrumspolitiker gegen die Vorwürfe aus, die in einer Zeitung gemacht wurden, welche durch Geld aus dem Ausland am Leben

1561 Dass., Der Stadtrat zur Lohn-Krise im Saargebiet. Krematoriumsfragen. In: Saarbrücker Zeitung vom 24. Juli 1925, 3.

1562 Vgl. hierzu und zum Folgenden: dass., Die Generaldebatte im Stadtrat über Verwaltungsbericht und Etat. Besetzung der Direktorenstellen an den höheren Schulen. Dr. Schlich zum Verwaltungsbericht, Reste aus der Donnerstagssitzung. In: Saarbrücker Landes-Zeitung vom 25. Juli 1925, 9.

gehalten werde, der Stadt Saarbrücken sei durch die Auslandsanleihen ein Millionenschaden entstanden. Zugleich gab er seiner Freude Ausdruck darüber, dass zwei Millionen Mark für Wohnungsneubauten zur Verfügung gestellt würden, beklagte aber auch die weiterhin herrschenden sozialen Missstände innerhalb Saarbrückens (Krankenhausgeld und fehlende Gleichbehandlung jedes Einzelnen durch das staatliche Wohlfahrtsamt). Zum Etatplan der Stadt merkte Schlich abschließend an, dass die zur Verfügung stehenden Mittel gut genutzt würden: Am 16. Dezember 1924 sei es gelungen, drei Millionen zu günstigen Konditionen aufzunehmen, wovon zwei für den Rathaus- sowie Straßenneubau und den Ausbau der Kanalisation verwendet und je eine halbe Million dem Landkreis Saarbrücken und dem Straßenbahnbau dienen würden.

Die Saarbrücker Zeitung gab ebenso sachlich den Inhalt der Sitzung wieder, spöttelte allerdings noch: „Herr Schlich, der sich im neuen Sitzungssaal infolge der unmittelbaren Nachbarschaft zu den sozialdemokratischen Sitzen zu der Linken augenscheinlich innig hingezogen fühlt und darum seine Reden zum größten Teil als einen witzelnden Dialog mit den roten Herren zu führen liebt, stellte in seinen sachlichen Darlegungen die Notwendigkeit der sozialen Betätigung des Etats in den Vordergrund.“[1563] Die ‚Volksstimme‘, die Tageszeitung, welche von den Sozialdemokraten herausgegeben wurde, merkte an, dass Schlich das „Sittenkapitel“ selbstverständlich auch anschnitt und ein besseres Wahlrecht von der Regierung forderte.[1564]

In den Jahren 1925 bis 1935 findet man nur noch selten Aussagen über den Pfarrer von St. Jakob bzw. Christkönig in den Protokollbüchern der Stadtverordnetenversammlung. Während dieser Zeit geschahen auch keine herausragenden Ereignisse im Stadtrat. Lediglich anlässlich des zehnten Jahrestags der Besetzung der Stadt Saarbrücken (22./23. November 1928) veröffentlichten alle Parteien des Stadtrats eine gemeinsame Resolution, in welcher sie die wirtschaftliche Verbindung des Saargebiets zum Deutschen Reich bzw. dem Preußischen Staat betonten und feststellten, dass „die Stadt Saarbrücken [...] nach ihrer geschichtlichen Entwickelung, wie nach dem einheitlichen Willen der ortsansässigen Bevölkerung eine rein deutsche Stadt [ist]. Deshalb hat die Bevölkerung der Stadt nur einen Wunsch, sobald als möglich wieder mit dem deutschen Reiche und dem preussischen Staate, und zwar ohne Vorbehalt und ohne jede Beschränkung vereinigt zu werden.“[1565] In der Sitzung vom 29. März 1929 musste die Stadtverordneten-

1563 Dass., Generaldebatte im Stadtrat. In: Saarbrücker Zeitung vom 25. Juli 1925, 3.
1564 Dass., Stadtverordnetenversammlung Saarbrücken. In: Volksstimme vom 25. Juli 1925, 7.
1565 Resolution der sechs Parteien o. D., in: Protokoll der Stadtverordnetenversammlung v. 27.11.1928 (Stadtverordnetenrat Saarbrücken, Niederschriften über die Sitzungen der Stadtverordnetenversammlung [9.10.1928–26.3.1929], Stadtarchiv Saarbrücken, G 10.2 - 5954). Die Resolution wurde vor dem Eintritt in die Tagesordnung verlesen.

versammlung gemäß der „Verordnung der Regierungskommission über die Wahl eines Beirates für die Jugendwohlfahrt" 14 Personen, die nicht dem Stadtrat angehörten, sowie sieben Stadträte bestimmen, die den Beirat für die Jugendwohlfahrt bildeten. An erster Stelle wurde für den Stadtverordnetenrat Pfarrer Schlich in den Beirat gewählt, wahrscheinlich weil dieser bereits in der Vergangenheit mit der Jugendpflege betraut war, sich in der Materie auskannte und über Jahre in dieser Funktion bewährt hatte.[1566] Außerdem wurde Schlich als Vertreter der Zentrumsfraktion des Stadtrats am 23. Juli 1929 in den Wohlfahrtsbeirat der Stadt gewählt.[1567] Zusätzlich wird er zu Beginn des Jahres 1930 zum städtischen Vertreter im Verband der waldbesitzenden Gemeinden des Saargebiets bestimmt.[1568] Danach taucht erst am 6. Dezember 1932 der Name Schlichs in den Unterlagen wieder auf, als er zum Mitglied des Schulausschusses für die gewerbliche Berufsschule Saarbrückens bestimmt wurde.[1569]

Nach dem Plebiszit über die politische Zukunft des Saargebiets, die mit der Wiedervereinigung des Saargebiets mit dem Deutschen Reich (13. Januar 1935) endete, tagte der Stadtrat am 30. Januar 1935. Auch Dechant Schlich und die komplette Elite der Zentrumsfraktion waren anwesend.[1570] In der Sitzung beschloss man einstimmig, die Bahnhofstraße (Haupteinkaufsstraße Saarbrückens) in Adolf-Hitler-Straße, den Landwehrplatz in Horst-Wessel-Platz und ferner die Breitestraße in Jakob-Arhannes-Straße[1571] umzubenennen. Zudem wurde die Sitzung „[m]it einem Sing-Spiel auf den Führer + Reichskanzler und dem Absingen der Nationalhymne […] beendet."[1572] Offenbar waren die Parteien bestrebt, bei den

Vgl. Protokollbuch (Stadtverordnetenrat Saarbrücken, Stadtratsprotokolle [wie Anm. 1558]).

1566 Vgl. Anlage zu Punkt 2 der Tagesordnung der Stadtverordnetenratssitzung vom 26.03.1929 (Stadtverordnetenrat Saarbrücken, Niederschriften über die Sitzungen der Stadtverordnetenversammlung [wie Anm. 1565]).

1567 Vgl. Anlage zu Punkt 2 der Tagesordnung der Stadtverordnetenratssitzung vom 23.07.1929 (Stadtverordnetenrat Saarbrücken, Niederschriften über die Sitzungen der Stadtverordnetenversammlung [wie Anm. 1558])

1568 Vgl. Protokoll der Stadtverordnetenversammlung vom 28.01.1930 (ebd.) sowie Protokollbuch (Stadtverordnetenrat Saarbrücken, Stadtratsprotokolle [wie Anm. 1558]).

1569 Vgl. Anlage zu Punkt 7 der Tagesordnung der Sitzung vom 06.12.1932 (Stadtarchiv Saarbrücken, Anlagen zu den Stadtratsprotokollen [wie Anm. 1535]).

1570 Vgl. hierzu und zum Folgenden: Protokollbuch 30.01.1935 (Stadtverordnetenrat Saarbrücken, Stadtratsprotokolle [25.7.1933–9.7.1935], Stadtarchiv Saarbrücken, G OB.1 – 7476).

1571 Jakob Arhannes war ein durch die französische Besatzung 1919 zu Tode gekommener Saarbrücker Bürger.

1572 Ebd. Eine Schilderung der Festtagsstimmung des Stadtrats zeichnet auch die Saarbrücker Zeitung Vgl. o. V., Festsitzung des Stadtverordnetenrats im Saarbrücker Rathaus. In: 1. Beilage der Saarbrücker Zeitung vom 31. Januar 1935, 1.

neuen Herrschern an der Saar zu glänzen, die am 1. März 1935 die Macht offiziell übernehmen sollten.

Danach hat Schlich an keiner Sitzung des Stadtverordnetenrates Saarbrückens mehr teilgenommen. Der Hauptgrund hierfür dürfte sicherlich darin zu finden sein, dass das Saargebiet nun Teil von „Hitlerdeutschland" war und Schlich keineswegs mit den Nationalsozialisten an der Saar paktieren wollte, sondern selbst bald vor ihnen aus dem Saargebiet floh.

4.4.4 Die Pressetätigkeit Schlichs: Politische Interessenvertretung oder Seelsorge?

Eine Säule des priesterlichen „Milieumanagers", wie Olaf Blaschke treffend die Priester des beginnenden 20. Jahrhunderts charakterisiert, war die „Lektüre", also das Verfassen (geistlicher) Schriften und die Arbeit im katholischen Pressewesen. Im ersten Hauptteil der vorliegenden Arbeit, der sich mit dem Wirken Schlichs als Seelsorger auseinandersetzt, wurde bereits untersucht, inwiefern Schlich als Verfasser von Büchern bzw. kleineren Druckerzeugnissen agierte. Im folgenden Kapitel wird hingegen der Fokus auf den Teil seines literarischen Schaffens gelegt, der stärker politisch motiviert war, auch wenn die Grenzen zwischen Seelsorge, öffentlicher Meinungsbildung und Politik hier sehr verschwommen sind. Schlich war nämlich einer der Hauptmatadore, die sich um die Gründung eines katholischen Druckverlags an der Saar kümmerten. Damit wollte man die katholische Pressearbeit im Saargebiet geschlossen formieren und möglichst viele Katholiken durch eine in diesem Verlag erscheinende Tageszeitung, die „Saarbrücker Landes-Zeitung", erreichen. Schlich war Mitglied im Aufsichtsrat. Um diese Initiative in ihrer Tragweite zu erfassen, ist es zunächst notwendig, die historische Genese der katholischen Pressearbeit im Saargebiet darzustellen. Dabei wird vor allem der politische Faktor sowie das Presseverständnis Schlichs in den Blick genommen. Ein Beitrag, der die Geschichte der „Saarbrücker Druckerei" im Allgemeinen sehr detailliert schildert, ist bereits 2016 erschienen.[1573]

Der Grundstein für die katholische Pressearbeit wurde in der ersten Hälfte des 19. Jahrhunderts gelegt.[1574] Die Auseinandersetzungen im Kulturkampf und

1573 Vgl. SIMON, Pfarrer Dr. Johann Ludger Schlich und die katholische Pressearbeit an der Saar 1920–1935 (wie Anm. 8). Einzelne Fakten hierzu liefert auch Andreas MERL, Tagespresse im Saargebiet 1918–1945. In: Medienlandschaft Saar von 1945 bis in die Gegenwart. Band 1: Medien zwischen Demokratisierung und Kontrolle (1945–1955), hg. von ZIMMERMANN, CLEMENS/HUDEMANN, RAINER/ KUDERNA, MICHAEL. München 2010, 37–60.

1574 Vgl. hierzu allgemein: Bernhard SCHNEIDER, Katholiken auf die Barrikaden? Europäische Revolutionen und deutsche katholische Presse 1815–1848 (= Veröffentlichungen der Kommission für Zeitgeschichte. Reihe B, Abhandlungen 84). Paderborn 1998.

dem damit einhergehenden Zusammenschluss der katholischen Bevölkerung in katholischen Vereinen und der politischen Sammlung in der Zentrumspartei wirkten wie ein Katalysator, um die Initiativen massiv zu verstärken und voranzutreiben.[1575] Durch diese gesellschaftlichen und politischen Organisationsformen war es mittels der katholischen Presse möglich, einen großen Adressatenkreis zu erreichen.[1576] Innerhalb von gerade einmal zehn Jahren (1871–1881) verdoppelte sich fast die Zahl der katholischen Zeitungen auf 221. Zusätzlich wurde die katholische Pressearbeit durch die zunehmend an Bedeutung gewinnenden Katholikentage vorangetrieben. Zum Zeitpunkt der Machtübernahme durch Adolf Hitler zählte man in Deutschland schließlich 343 katholische Tageszeitungen mit einer Auflagenstärke von 2,5–3 Millionen verkauften Exemplaren, was einen Marktanteil von 12,5 % bedeutete. Das heißt aber auch, dass die katholischen Tageszeitungen in ihrer Reichweite hinter dem Anteil der Katholiken an der Bevölkerung (rund ein Drittel) deutlich zurückblieben. Immerhin war die katholische Presse so bedeutsam, dass die nationalsozialistischen Herrscher alles daransetzten, sie gleichzuschalten, was ihnen 1935 gelang.

Im kleinen Saarrevier bestanden 30 katholische Tageszeitungen, die jedoch meist nur innerhalb der Orts- bzw. Einzugsgrenzen verkauft und gelesen wurden. Eine einheitliche katholische Zeitung für die Saargegend existierte nicht. Insbesondere die Pressearbeit in der Saarhauptstadt stand unter dem starken Einfluss des liberalen Protestanten Carl Ferdinand Freiherr von Stumm-Halberg.[1577] Der unter Katholiken mehrheitlich verpönte Liberalismus wirkte sich auch auf die in großer Zahl vorhandenen (staatlichen) Tageszeitungen aus. 1875 existierten in Saarbrücken vier täglich erscheinende Zeitungen, von denen keine dem katholischen Lager angehörte. Die katholische Pressearbeit an der Saar steckte zu diesem Zeitpunkt noch in den Kinderschuhen, denn es gab für das gesamte Saarrevier nur eine katholische Tageszeitung, nämlich die „Saar-Zeitung", welche 1872 in Saarlouis gegründet worden war.[1578] Ferner wurde einmal wöchentlich die katholische Zeitschrift „Nach der Schicht – Zeitschrift zur Unterhaltung und Belehrung für die werktätige Bevölkerung im Saargebiet" wichtig, die seit 1905 gedruckt wurde und

1575 Vgl. zur Entwicklung der (Print-)Medien allgemein: Dominik Burkard, Presse und Medien. In: Laien in der Kirche, 559–602.

1576 Vgl. hierzu und zum Folgenden: Simon, Pfarrer Dr. Johann Ludger Schlich und die katholische Pressearbeit an der Saar 1920–1935 (wie Anm. 8), 338–340 sowie Karl Bringmann, Presse. III. Kirche und Presse. In: Lexikon für Theologie und Kirche, Sp. 726–730.

1577 Hierbei ist nicht die heutige Stadt Saarbrücken gemeint, denn die zusammengewachsenen Städte Saarbrücken, St. Johann und Malstatt-Burbach schlossen sich erst 1909 zusammen. Vgl. Burgard und Linsmayer, Von der Vereinigung der Saarstädte bis zum Abstimmungskampf (1909–1935) (wie Anm. 365), 132.

1578 Vgl. Merl, „In jedes Haus – auch in die ärmlichste Hütte – eine katholische Zeitung!" (wie Anm. 245), 26f.

nach der Expertise Michael Embachs „über einen Zeitraum von nahezu 70 Jahren hinweg die religiöse Identität vieler Familien mitgeprägt hat"[1579].

In der Bistumsmetropole war man, was die Entwicklung einer flächendeckenden katholischen Tagespresse anbelangte, schon weiter fortgeschritten. 1875 gründete der Trierer „Presseapostel" Kaplan Georg Friedrich Dasbach[1580] die dortige Paulinusdruckerei. Dasbach erkannte die Marktlücke im Ballungsraum Saarbrücken und entschloss sich 1883 dazu, die „St. Johanner-Saarbrücker Volkszeitung" herauszugeben, welche die ersten fünf Jahre täglich in Trier gedruckt und anschließend zum angemieteten Verkaufsraum in der Saarbrücker Bahnhofstraße transportiert wurde.[1581] Als im Laufe der Jahre der Transport immer kostenintensiver wurde, kam man darin überein, in der Fürstenstraße Saarbrückens ein Gebäude zu kaufen, wo ab 1889 die Zeitung vor Ort gedruckt werden sollte.[1582] Diese „St. Johanner-Saarbrücker Volkszeitung" verfügte jedoch nicht über eine eigene Politikredaktion, sondern die Druckplatten wurden für diesen Teil der Zeitung täglich aus Trier gebracht. Daraus resultierte schließlich eine mangelhafte Berichterstattung über die Tagespolitik im Saarrevier und den Konflikt Stumms mit den katholischen Arbeitervereinen. Daher begann man, über eine Abtrennung der Saarbrücker Filiale vom Trierer Mutterverlag nachzudenken, was Dasbach aber mit aller Entschiedenheit ablehnte, denn die katholische Tageszeitung Saarbrückens sei finanziell nicht ausreichend gesichert und würde alleine nicht überleben.[1583]

1579 Michael EMBACH, Entwicklungen der Literatur und der sonstigen Massenmedien 1881–1981. In: Beharrung und Erneuerung (wie Anm. 7), 564–588, hier: 577f.

1580 Dasbach wurde 1846 in Horhausen (Westerwald) geboren und nach erfolgreichem Theologiestudium in Trier und Rom 1871 im Trierer Dom zum Priester geweiht. Seine erste Stelle in der Seelsorge erhielt er in der Pfarrei St. Gervasius in Trier. Der junge Kaplan entwickelte sich schnell zu einem Widerstandskämpfer gegen die Kulturkampfgesetze und wurde daher mehrfach verurteilt. 1875 begann der Pionier der katholischen Presse im Trierer Land mit der Gründung von Zeitungen (St. Paulinus-Blatt, Trierische Landeszeitung, Rhein- und Wiedzeitung). 1883/84 bis 1897 begründete er mehrere Sozialvereine bzw. -verbände (Trierischer Bauernverein, Arbeiter-Rechtsschutz-Verein an der Saar, Trierischer Genossenschafts- und Winzerverband). Zwischen 1890 und 1907 war er Mitglied des preußischen Abgeordnetenhauses und von 1898 bis 1907 Mitglied des Reichstags. Vgl. Hubert MOCKENHAUPT, Dasbach, Georg Friedrich. In: Trierer biographisches Lexikon, 75–76; EMBACH, Entwicklungen der Literatur und der sonstigen Massenmedien 1881–1981 (wie Anm. 1579), 578 sowie Heinrich FASSBINDER, Unsere Diözese Trier. Ein kirchliches Heimatbuch. Saarbrücken 1932, 90–92. Eine ausführliche Analyse seines Lebens und Wirkens liefert Hubert THOMA, Georg Friedrich Dasbach. Priester, Publizist, Politiker. Trier 1975.

1581 Vgl. AUFSICHTSRAT DER SAARBRÜCKER DRUCKEREI UND VERLAG A. G., Protokollbuch der Aufsichtsratssitzungen, Landesarchiv des Saarlandes, SDV 1.

1582 Vgl. Heinrich KRUECKEMEYER, Die Vorfahren unserer Zeitung. In: Werden, Wachsen, Wollen. Festschrift zum Einzug in das neue Gebäude 1926, hg. von SAARBRÜCKER DRUCKEREI UND VERLAG A. G. Saarbücken 1926, 13–20, hier: 14.

1583 Vgl. ebd., 18.

Die einseitige und betont kleikale Ausrichtung der „St. Johanner-Saarbrücker Volkszeitung“ hatte, wie ein Teil der Zentrumspolitiker anmahnte, zur Folge, dass der gewerkschaftliche Aspekt der Politik des Zentrums ausgeblendet und über die Auseinandersetzungen der katholischen Arbeitervereine und der christlichen Gewerkschaften nicht ausreichend berichtet werde. Um den Fokus der politischen Berichterstattung auf die gewerkschaftlichen Agitationen (der Zentrumspartei) legen zu können, gründete man daher am 1. Juli 1904 die in Saarlouis gefertigte „Saar-Post“.[1584]

Der Erste Weltkrieg forderte auch in der Medienlandschaft seine Opfer. So existierten nach 1918 in Saarbrücken nur noch drei Tageszeitungen: zum einen die „Volksstimme“, das Parteiorgan der Sozialdemokraten, die liberale „Saarbrücker Zeitung“ sowie die vom Zentrum herausgegebene „Saarbrücker Volks-Zeitung“[1585]. Ein Konsortium um die beiden Saarbrücker Pfarrer Franz Joseph Bungarten und Johann Ludger Schlich kaufte am 1. April 1919 die Zeitung vom Paulinusverlag los, um auf diese Weise effizienter im Saargebiet handeln und die Leser über die Tagespolitik des autonomen Territoriums unterrichten zu können.[1586] „Unter der Leitung der beiden Zentrumspolitiker behielt die Zeitung ihren klerikalen Grundtenor bei“[1587], so wie auch die in Saarlouis gedruckte „Saar-Post“, die von Prof. Dr. Matthias Notton und dem gewerkschaftsnahen Zentrumspolitiker Dr. Peter Muth geführt wurde, ihrer gewerkschaftlichen Ausrichtung treu blieb.[1588] Erst am

1584 Vgl. SCHLICH, Unterlagen zur Geschichte des Saargebiets (wie Anm. 123); hierzu Schlich: „Die ‚Saar-Post‘ wird entschieden, nachhaltig und kraftvoll die Grundsätze der Zentrumspartei vertreten, die Rechte des kleinen Mannes schützen und im sozialen Kampf die Interessen der wirtschaftlich Schwachen vertreten. Einträchtig gesellt sie sich zu dem bereits bestehenden Zentrumsorgan. Sie wird eine neue Wehr sein, die sich im Saarrevier gegenüber einer mächtigen politischen Gegnerschaft aufbäumt, eine Batterie mehr, die auffährt, um im Geisteskampfe die Stellung der Katholiken zu verstärken.“ (DERS., Die geschichtliche Entwicklung der ‚Saarbrücker Landes-Zeitung‘. In: Saarbrücker Landes-Zeitung vom 28. Juni 1926, 1).

1585 Nach der Vereinigung Saarbrückens, St. Johanns und Malstatt-Burbachs erfolgte verständlicherweise die Umbenennung der „St. Johanner-Saarbrücker Volkszeitung“ in „Saarbrücker Volkszeitung“. Vgl. MERL, „In jedes Haus – auch in die ärmlichste Hütte – eine katholische Zeitung!“ (wie Anm. 245), 27.

1586 Schlich versuchte nach dem Ausstieg aus dem Mutterverlag, den Kontakt nicht abreißen zu lassen, sondern die Kooperation beizubehalten. Vgl. hierzu insbesondere: SCHLICH, Unterlagen zur Geschichte des Saargebiets (wie Anm. 123).

1587 Vgl. SIMON, Pfarrer Dr. Johann Ludger Schlich und die katholische Pressearbeit an der Saar 1920–1935 (wie Anm. 8), 340.

1588 In der letzten Ausgabe der „Saar-Post“ wird dies nochmals mit Nachdruck den Lesern versichert: „Nachdem in der Gewerkschaftsfrage eine Einigung erzielt war, war auch der Boden für die Vereinigung der beiden Blätter geebnet. [...] Wir von der ‚Saar-Post‘ tun das in unverbrüchlicher Treue zu den religiösen, politischen und wirtschaftlichen Idealen, die wir bisher auf allen Gebieten des öffentlichen Lebens vertreten [...] haben.“ (Karl OLL-

24. Februar 1920 konnte die „Saarbrücker Volks-Zeitung" in eine GmbH überführt und am 13. März 1920 ins Handelsregister eingetragen werden.[1589]

Langfristig war es aber nicht möglich, dass auf so dichtem Raum zwei katholische Tageszeitungen überleben konnten und sowohl die „Saar-Post" als auch die „Saarbrücker Volks-Zeitung" mussten trotz ihrer Gegensätze aufgrund ökonomischer Schwächen nach zähen Verhandlungen fusionieren. Fortan gab es nur noch die „Saarbrücker Landes-Zeitung", also eine gemeinsame katholische Tageszeitung. Rückblickend beschreibt Schlich die Vereinigung der beiden Zeitungen mit poetischen Zeilen: „Es waren zwei Flüsse, die beide aus katholischem Bergland entsprungen waren, die aber beide ihre Fluten in einem gemeinsamen Bette vereinigen mußten, um gemeinsam ihre Bahn zu laufen und ein großer Strom zu werden, der das neue Land befruchten konnte."[1590]

Schlich beschreibt zwar in lyrischen Worten die Zusammenlegung der beiden Zeitungen, in der Realität glich die Fusion aber mehr einem Kampf (ums wirtschaftliche Überleben). Am 1. Juli 1920 gründete man zwar eine Arbeitsgemeinschaft, um gemeinsam die „Saarbrücker Landes-Zeitung" herauszugeben, die fortan als Publikationsorgan der Zentrumspartei bekannt war, und eine Akzidenzdruckerei zu unterhalten, allerdings dauerte es zwei Jahre, bis die Verhandlungen zwischen den beiden Parteien abgeschlossen waren und die beiden Verlage sich am 1. April 1922 zur „Saarbrücker Druckerei und Verlag A. G." mit einem Aktienkapital von 1.120.000 Mark zusammenschlossen.[1591] Das gemeinsame Ziel, „eine starke, führende Zeitung für die katholische Saarbevölkerung zu schaffen"[1592], einte die Vertragsparteien letztendlich doch.

Dem ersten Aufsichtsrat der „Saarbrücker Druckerei und Verlag A. G." gehörten unter dem Vorsitz Pfarrer Bungartens Oberregierungsrat Prof. Matthias Not-

MERT und Matthias BREẞ, Zur Zusammenlegung der „Saar-Post" mit der „Saarbrücker Volks-Zeitung". In: Saar-Post vom 30. Juni 1920, 1).

1589 Vgl. KRUECKEMEYER, Die Vorfahren unserer Zeitung (wie Anm. 1582), 21.

1590 SCHLICH, Die geschichtliche Entwicklung der ‚Saarbrücker Landes-Zeitung' (wie Anm. 1584).

1591 Vgl. Werden, Wachsen, Wollen. Festschrift zum Einzug in das neue Gebäude 1926, hg. von SAARBRÜCKER DRUCKEREI UND VERLAG A. G. Saarbücken 1926, 7 sowie AUFSICHTSRAT DER SAARBRÜCKER DRUCKEREI UND VERLAG A. G., Protokollbuch der Aufsichtsratssitzungen (wie Anm. 1581). Vgl. hierzu und zum Folgenden: SIMON, Pfarrer Dr. Johann Ludger Schlich und die katholische Pressearbeit an der Saar 1920–1935 (wie Anm. 8), 342.

1592 FAẞBINDER, Unsere Diözese Trier (wie Anm. 1580), 92. Dass der Diözesanpriester und Mitglied der Zentrumspartei sowie des Aufsichtsrats der „Saarbrücker Landes-Zeitung" Heinrich Faßbinder nicht über die finanziellen Schwierigkeiten berichtet, erscheint kaum verwunderlich, übernahm er doch in den 1930er Jahren die redaktionelle Verantwortung für die Rubriken Kirche und Schule in dieser Zeitung. Vgl. hierzu: Unterlagen der Saarbrücker Druckerei und Verlag A. G., Landesarchiv des Saarlandes, SDV 11.

ton[1593], Geheimjustizrat Dr. Johann Peter Muth, Justiziar Dr. Heinrich Krueckemeyer, Pfarrer Hermann Joseph Hendrichs[1594] sowie Kaufmann Wilhelm Stenger an, der geschlossen während der Generalversammlung des Verlags am 13. Dezember 1922 wiedergewählt wurde.[1595] Die Berufung Schlichs in den Aufsichtsrat der Saarbrücker Druckerei und Verlag A.G. erfolgte am 8. Januar 1923.[1596]

Die Hauptakteure des jungen Saarbrücker Verlags, zu denen Schlich zu zählen ist, verfolgten ein hehres Ziel, wie der Pfarrer von St. Jakob festhält: Alle Katholiken des Saargebiets, die zum einen die Weltanschauung der katholischen Kirche teilen und Zentrumswähler sein müssten, sollten durch die neue umfangreichere Tageszeitung über alle Dinge des täglichen Lebens (Politik, Wirtschaft, Kirche etc.) informiert werden.[1597] Für Schlich lautete die Parole der Gründungsstunde: „In jedes katholische Haus die neue gemeinschaftliche katholische Zeitung“[1598]. Denn für ihn waren die Druckerzeugnisse, darunter vor allem die Tageszeitungen,

1593 Den Protokollbüchern des Aufsichtsrats ist zu entnehmen, dass Notton ab dem 22.11.1922 an keiner Sitzung mehr teilnahm. Auf Beschluss der Generalversammlung vom 04.12.1923 wurde er seines Amtes enthoben. Vgl. AUFSICHTSRAT DER SAARBRÜCKER DRUCKEREI UND VERLAG A.G., Protokollbuch der Aufsichtsratssitzungen, Landesarchiv des Saarlandes, SDV 2 sowie DASS., Protokollbuch der Aufsichtsratssitzungen, Landesarchiv des Saarlandes, SDV 3. Wahrscheinlich waren sein angespanntes Verhältnis zum Zentrum, seine frankophile Haltung und die Auseinandersetzung mit dem Aufsichtsratsvorsitzenden ausschlaggebende Gründe. Zum Streit Nottons und Bungartens vgl. BISTUMSARCHIV TRIER, Schulkommissionen im Saargebiet und Bungarten-Notton (wie Anm. 820); BISTUMSARCHIV TRIER, Schulkommissionen im Saargebiet und Bungarten-Notton (wie Anm. 820) sowie die Ausführungen hierzu in Kapitel 4.4.2. Zu seiner Haltung vgl. BISTUMSARCHIV TRIER, Besatzungszeit 1919–1930, Rheinland-Kommission, Briefwechsel mit Rom und Nuntius Pacelli über allgemeine Fälle (wie Anm. 1387).

1594 Hendrichs wurde am 14.10.1873 in Euskirchen geboren und 1898 in Trier zum Priester geweiht. Nach dreijähriger Kaplanszeit in Mayen wurde er Pfarrer in Lissendorf, ehe er 1913 die Leitung der Pfarrei Sulzbach übernahm. 1925 wechselte er nach Reinsfeld und wurde am 01.10.1935 in den Ruhestand versetzt. Danach ging er als Ruhestandsgeistlicher wieder nach Sulzbach zurück. Vgl. THOMAS, Der Weltklerus der Diözese Trier seit 1800 (wie Anm. 23), 150.

1595 Vgl. LANDESARCHIV DES SAARLANDES, Unterlagen der Saarbrücker Druckerei und Verlag A.G. (wie Anm. 1592).

1596 „Im ‚Öffentlichen Wirtschafts- und Verkehrsblatt‘ (s. Amtsblatt der Regierungskommission) erscheint die Anzeige, daß lt. Beschluß der Generalversammlung vom 8.1.1923 an Stelle des verstorbenen Herrn Geheimrat Dr. J. Muth und des ausgeschiedenen Herrn Pfarrer Henrichs die Herren Großkaufmann Richard Becker, Pfarrer Dr. Johann Schlich und Bürgermeister Victor Gores zu Aufsichtsratsmitgliedern der Gesellschaft bestellt werden.“ (AUFSICHTSRAT DER SAARBRÜCKER DRUCKEREI UND VERLAG A.G., Protokollbuch der Aufsichtsratssitzungen [wie Anm. 1581]).

1597 Vgl. hierzu und zum Folgenden: SIMON, Pfarrer Dr. Johann Ludger Schlich und die katholische Pressearbeit an der Saar 1920–1935 (wie Anm. 8), 344.

1598 Johann Ludger SCHLICH, Über die Bedeutung der katholischen Presse. In: Saarbrücker Landes-Zeitung vom 1. Juli 1920, 3.

die Medienform, die die öffentliche Meinungsbildung am stärksten beeinflussten. Somit war dieses (damals) moderne Medium für ihn „Kulturfaktor und [...] politischer Machtfaktor ersten Ranges“[1599], ein Mittel, mit dessen Hilfe man die katholischen Interessen in der breiten Öffentlichkeit bewerben, verteidigen und fördern konnte.

Aus diesem Grund war es für Schlich eine Selbstverständlichkeit, dass die katholische Bevölkerung nicht weiter von der nichtkatholischen (liberalen, sozialdemokratischen oder gar kommunistischen) Presse, die nicht die Ansichten der römischen Amtskirche oder des Zentrums teilten, indoktriniert würden. Die Presselandschaft sei, so charakterisierte sie Schlich, ein Kriegsschauplatz, auf dem man sich mit der Feder duellierte, um die eigenen Interessen zu vertreten. „Im Kampf gegen die Weltanschauung unserer Feinde ist die katholische Presse die wirksamste Waffe. Und um die Katholiken einzuschläfern [...], um sie nach und nach in ihr Lager hinüberzuziehen, dazu haben unsere Gegner kein besseres Mittel als ihre Presse. Wer daher die Presse der Gegner unterstützt [...], der unterstützt daher die Sache und die Grundsätze der Gegner. Wer die katholische Presse unterstützt, der unterstützt die katholische Sache, und der wird auf die Dauer allein und unentwegt zur Zentrumsfahne stehen.“[1600]

Hier zeigt sich ganz deutlich, inwiefern Schlich Pressearbeit nicht (nur) als Seelsorge verstand, sondern für ihn auch immer eine politische und gesamtgesellschaftliche Dimension hatte. Gerade im Bereich der Printmedien musste für ihn die katholische Kirche präsent sein, um im Leben der Menschen und in der Politik fest vertreten zu sein. Damit stand Schlich in einer Linie mit der Bistumsleitung und weiten Teilen des Trierer Diözesanklerus, wie das entsprechende Dekret der Trierer Diözesansynode (September 1920) deutlich zeigt.[1601] Es ging dem Klerus aber nicht nur um Einflussnahme auf den öffentlichen Diskurs, sondern vorrangig um die Abschottung des katholischen Bevölkerungsteils gegen feindliche Einflüsse. Mit Geistlichen an der Spitze des Zeitungsunternehmens war zugleich auch die kirchliche und klerikale Deutungshoheit gewahrt, die in der offener werdenden Gesellschaft verloren zu gehen drohte.

Das neue gemeinschaftliche Zentrumsblatt schaffte es, wie Schlich geplant hatte, sich im Saargebiet zu etablieren. Allerdings konnte die Saarbrücker Dru-

1599 Ebd.

1600 Ebd. Der hervorgehobene Text wird im Original als Sperrdruck geboten.

1601 „Ernste Gewissenspflicht des Seelsorgers ist es, der Presse (Zeitungen, Zeit- und Wochenschriften) als dem Organ der öffentlichen Meinung, die zugleich Kampfplatz und Waffe in den grossen Weltanschauungskämpfen der Gegenwart ist, gesteigerte Aufmerksamkeit zu schenken.“ (Dekret über „Klerus und Presse“, abgedruckt in: Bischöfliches Generalvikariat Trier, Diözesansynode des Bistums Trier [wie Anm. 409]; Bistumsarchiv Trier, Unterlagen zur Diözesansynode von 1920 [wie Anm. 802]). Zur Trierer Diözesansynode von 1920 vgl. die Ausführungen in Kapitel 4.2.1.

LA Saarbrücken, Best. B SDV 5

Abb. 37: Der Aufsichtsrat der Saarbrücker Druckerei und Verlag A. G. am Tag der Grundsteinlegung. Die beiden Geistlichen sind Pfr. Dr. Schlich und Pfr. Bungarten (v. l. n. r.)

ckerei und Verlag A. G. den ersehnten Sieg gegen den großen Feind, die liberale „Saarbrücker Zeitung", nie ganz erringen, denn deren Auflagenhöhe von 79.000 Exemplaren erreichte die „Saarbrücker Landes-Zeitung" nicht.[1602] Aber trotzdem konnte man die Früchte der Bemühungen seitens der katholischen Presse in den Folgejahren ernten: 1923 wurden täglich bereits 21.000 Zeitungen pro Tag verkauft, 1929 waren es sogar 45.000.[1603] Das machte die „Saarbrücker Landes-Zeitung", so Andreas Merl, zu einem der meistgelesenen und auflagenstärksten katholischen Tagesblätter im gesamten Deutschen Reich.[1604] Trotzdem zeigt dieses Faktum die Grenzen des katholischen Milieus, der milieugeschützten Abschottung und der klerikalen Deutungshoheit auf.

Mit einer solchen Auflagensteigerung der täglich gedruckten Zeitungen wuchsen naturgemäß auch die räumlichen Anforderungen, sodass die bislang in der ganzen Stadt verteilten und benutzten Arbeitsräume bzw. Lagerstätten aufgrund

1602 Vgl. Simon, Pfarrer Dr. Johann Ludger Schlich und die katholische Pressearbeit an der Saar 1920–1935 (wie Anm. 8), 344.

1603 Vgl. Eugen Wagner, Saarpresse im Kampf gegen Frankreichs Propaganda 1918–1925. Saarbrücken 1933, 37.

1604 Vgl. Merl, „In jedes Haus – auch in die ärmlichste Hütte – eine katholische Zeitung!" (wie Anm. 245), 30.

Abb. 38: Gruppenbild aller Verantwortlichen der Saarbrücker Druckerei und Verlag A. G. mit Architekt Hans Herkommer (5. v. r.) am Tag der Grundsteinlegung. Die drei Geistlichen sind Pfr. Dr. Schlich, Pfr. Bungarten und Dechant Echelmeyer (v. l. n. r.)

des drastisch gestiegenen Papierbedarfs nicht mehr den neuen Erfordernissen entsprachen. Aus diesem Grund traf die Verlagsleitung am 17. September 1923 die Entscheidung, ein eigenes Verlagsgebäude zu bauen, das Platz für alle Abteilungen und genügend Lagerraum bieten sollte. Es waren Schlich und Direktor Hall, die gemeinsam die Verhandlungen um den Bauplatz führten und denen „das Zustandekommen des Kaufes in erster Linie [...] zu verdanken [sei]“[1605]. Die beiden Direktoren Hall und Killian unterzeichneten am 8. Dezember 1923 im Beisein Schlichs den Kaufvertrag für das Gelände Königin-Luisenstraße 14/16, um dort den Neubau zu errichten.[1606]

Ähnlich wie auch beim Bau der Christkönigskirche in Saarbrücken[1607] lobte man, um Entwürfe für das neue Verlagsgebäude zu bekommen, in den Ausgaben der „Saarbrücker Landes-Zeitung“ vom 4. und 5. März 1924 einen Preis aus. Vie-

1605 Aufsichtsrat der Saarbrücker Druckerei und Verlag A. G., Protokollbuch der Aufsichtsratssitzungen (wie Anm. 1581).

1606 Vgl. ebd. sowie Simon, Pfarrer Dr. Johann Ludger Schlich und die katholische Pressearbeit an der Saar 1920–1935 (wie Anm. 8), 345.

1607 Vgl. hierzu die Ausführungen in Kapitel 4.1.2.

le Architekten bewarben sich anonymisiert mit ihren Entwürfen, die von einem Preisgericht, dem auch Pfarrer Schlich angehörte, am 23. März 1924 beurteilt wurden.[1608] Der Sieger des Wettbewerbs war Hans Herkommer, der in Saarbrücken kein unbeschriebenes Blatt war, denn er hatte bereits die Pläne für die sich im Bau befindliche Kirche St. Michael (Saarbrücken III) geliefert, nachdem er sich mit seinem Entwurf im dortigen Preisausschreiben durchgesetzt hatte.

Schlich war es auch, der die Initiative ergriff, als es darum ging, mit der Stadt zu verhandeln. Hier erwiesen sich seine guten Verbindungen zur Stadtverwaltung als äußerst hilfreich. Man entsprach seiner Bitte und senkte die Zuwachssteuer um 70 %, damit der Verlag beim Bauvorhaben finanziell entlastet werde.[1609] Als die verwaltungsbehördlichen Angelegenheiten geklärt waren, ging Schlich das nächste Problem an: Auf dem gekauften Gelände hatten die französischen Truppen ihre Versorgungsstation aufgebaut, weil ihnen dieser Platz seit längerem dafür zugeteilt worden war. Captain de la Pirelle nahm schon am 7. März 1924 erstmals Kontakt mit Schlich auf, um die Problematik zu besprechen. Schlich vertrat hierbei den Verlag der Saarbrücker Druckerei.[1610] „Erst am 17. Juli konnte Schlich dem Aufsichtsrat mitteilen, dass die Eisenbahndirektion den französischen Truppen zwei Plätze zur Auswahl gestellt habe. Zugleich bekam Schlich die Aufgabe übertragen, 171 qm Straßengelände gegen eine gleichwertige Fläche einzutauschen."[1611]

Der erste Spatenstich für das neue Verlagsgebäude erfolgte am 7. Januar 1925, nachdem man zwei Tage zuvor in der Pfarrkirche St. Johann (Zelebrant: Dechant Echelmeyer) gefeiert und um Gottes Segen für das Bauvorhaben gebetet hatte.[1612] Als die Ausschachtungsarbeiten beendet waren, wurde am 25. Juni 1925, dem Fronleichnamsfest, nachmittags feierlich der Grundstein durch Dechant Echelmeyer gelegt und geweiht. Dieser Festakt glich einem politischen Manifest der katholischen Kirche im Saargebiet. Zeugnis dafür gibt u. a. die Urkunde, die man in den Grundstein eingemauert hat: „Auch in dem neuen Heim werden alle Zeitungen, Blätter, Bücher und Broschüren [...] nur die doppelte Aufgabe und das zweifache Ziel kennen, das wir als Katholiken und als Deutsche haben: Schutz und Verteidigung des Christentums und der katholischen Kirche, Pflege und Erhaltung

1608 Näheres hierzu liefert ebd., 345–347.

1609 Vgl. Aufsichtsrat der Saarbrücker Druckerei und Verlag A. G., Protokollbuch der Aufsichtsratssitzungen (wie Anm. 1581).

1610 Möglicherweise wurde Schlich dazu bestimmt, weil er über gute Kenntnisse der französischen Sprache verfügte, die er in seinem Studienurlaub in Bonn und Freiburg i. Br. erworben hatte. Vgl. Bistumsarchiv Trier (wie Anm. 27).

1611 Simon, Pfarrer Dr. Johann Ludger Schlich und die katholische Pressearbeit an der Saar 1920–1935 (wie Anm. 8), 347.

1612 Vgl. Aufsichtsrat der Saarbrücker Druckerei und Verlag A. G., Protokollbuch der Aufsichtsratssitzungen (wie Anm. 1581) sowie Saarbrücker Druckerei und Verlag A. G., Werden, Wachsen, Wollen (wie Anm. 1591), 24f.

treudeutscher Gesinnung und der bürgerlichen und vaterländischen Tugenden in der Jugend und im Volke, beides im Geiste christlicher Versöhnung und Liebe, aber mit fester Entschlossenheit, ohne Menschenfurcht und Menschenrücksicht nach den unwandelbaren Grundsätzen des göttlichen Sittengesetzes, des Rechts und der Gerechtigkeit."[1613]

Wiederum wird deutlich, dass die katholische Pressearbeit nicht nur als Seelsorgeauftrag verstanden wurde, sondern die Politik und der Einfluss auf die Gesamtgesellschaft mitunter im Vordergrund standen. Wie auch Schlich und die Diözesansynode von 1920 geschildert hatten, so hebt auch die Grundsteinurkunde hervor, dass die katholische Pressearbeit an der Saar als (Defensiv-)Kampf gegen andere Weltanschauungen verstanden wurde. Zugleich erteilte man den französischen Annexionsbestrebungen eine klare Absage.

Die volle politische Dimension, die die katholische Pressearbeit im Verlagshaus der Saarbrücker Druckerei entfalten sollte, zeigte sich kurz vor der Vollendung des Neubaus. Schlich verfasste anlässlich des Trierer Pilgerzugs nach Rom ein Schreiben an den Stellvertreter des Kardinalstaatssekretärs, der im Vatikan für die politischen und diplomatischen Aktivitäten des Heiligen Stuhls verantwortlich war, in dem er um den päpstlichen Segen für das neue Gebäude bat.[1614]

Dieses sandte er gemeinsam mit einem Begleitbrief an die Bischöfliche Behörde nach Trier, worin er die Bitte vortrug, das Generalvikariat möge sein Gesuch befürworten und das Bittschreiben nach Rom weiterleiten.[1615] „Er schreibt weiter, dass er den Charakter der Zeitung dargelegt habe: Die ‚Saarbrückes Landes-Zeitung' sei politisch, aber auch religiös. Sie vertrete den Standpunkt, die Saar sei deutsch und müsse dies auch bleiben, was er gegenüber Rom auch begründet habe."[1616]

Der Trierer Kanonist Ludwig Kaas, Kenner der römischen Kurie und Vertrauter von Nuntius Pacelli, beurteilte im Auftrag der Bischöflichen Behörde das Schreiben Schlichs und notierte darauf am Rand, dass er das Gesuch in dieser Form nicht nach Rom weitersenden würde. Als Begründung führte er an, dass in Bayern die Erteilung des päpstlichen Segens für eine Zeitung aufgrund der politischen Dimension dieses Aktes schon einmal verwehrt worden sei. Er empfahl folgende Formulierung im Empfehlungsschreiben der Bischöflichen Behörde an die Kurie: „Unter der Voraussetzung, dass der Wortlaut der Segenserteilung so

1613 Urkunde zur Grundsteinlegung (Saarbrücker Druckerei und Verlag A. G., Bilder bzw. Dokumente zur Grundsteinlegung und dem neuen Verlagsgebäude, Landesarchiv des Saarlandes, BSDV 5/1) sowie Saarbrücker Druckerei und Verlag A. G., Werden, Wachsen, Wollen (wie Anm. 1591), 25.

1614 Vgl. Schreiben Schlich an den Kardinalstaatssekretär vom 09.10.1925 (Saargebiet: Gründung der Saar-Post, Bistumsarchiv Trier, Abt. 59 Nr. 44).

1615 Vgl. Schreiben Schlich an die Bischöfliche Behörde vom 09.10.1925 (ebd.).

1616 Simon, Pfarrer Dr. Johann Ludger Schlich und die katholische Pressearbeit an der Saar 1920–1935 (wie Anm. 8), 348.

gefasst wird, dass er ausschließlich auf die verdienstvolle religiöse Tätigkeit des Verlags und nicht auf die politische Tätigkeit des Verlags und nicht auf seine politische Wirksamkeit gegeben werden kann, wird die Erteilung des päpstlichen Segens von Seiten des Ordinariats warm empfohlen."[1617]

Die Bischöfliche Behörde griff den Vorschlag zunächst nicht exakt auf. Obwohl Bischof Franz Rudolf Bornewasser wisse, wie wertvoll die Pressearbeit an der Saar für den Katholizismus sei, so antwortete Generalvikar Tilmann Schlich, könne die Bischöfliche Behörde in Trier die Segensbitte Schlichs nicht gutheißen, weil man Rom in eine Zwickmühle brächte. Einerseits behandle die „Saarbrücker Landes-Zeitung" (und die im Verlag erschienenen Druckerzeugnisse) viele religiöse Themen, andererseits attackiere sie mit einem vaterländischen Impetus die Regierungskommission des Saargebiets.[1618] Am 22. Oktober 1925 leitete man den Brief Schlichs doch über Prälat Kaas[1619] an Nuntius Pacelli weiter. Der Trierer Ordinarius entschied sich aber dafür, die römische Antwort nicht an Schlich weiterzugeben.[1620] Vielmehr fragte Bornewasser Pacelli am 2. November 1925, ob es nicht klüger sei, das Schreiben aus dem Vatikan verschwinden zu lassen. Zugleich glaubte er jedoch, dass Schlich von diesem Schreiben erfahren könnte, wenn er Nachforschungen anstellen würde.[1621] „Die Nuntiatur in Berlin teilte die Ansicht des Trierer Bischofs Bornewasser, wie man aus der Antwort des Nuntiaturrates Pentoz vom 5. November ersehen kann. Daher wurde am 7. November der Saarbrücker Dechant Echelmeyer beauftragt, Schlich streng vertraulich mitzuteilen, dass in Absprache mit der Nuntiatur vom Apostolischen Segen aus politischen Gründen abzusehen sei."[1622]

Schlich war offenbar daran gelegen, die Pressearbeit und den Neubau des Verlagsgebäudes zu einem Politikum zu machen. Er wollte damit die Zentrumspolitik, die einen deutsch-nationalen Kurs vertrat, quasi durch die Hintertür von Seiten der höchsten kirchlichen Autorität absegnen lassen und damit alle Bestrebungen

1617 Handschriftliche Randnotiz Kaas' auf dem Schreiben Schlichs vom 09.10.1925 (Bistumsarchiv Trier, Saargebiet: Gründung der Saar-Post [wie Anm. 1614]).

1618 Vgl. Antwortschreiben Generalvikar Tilmanns an Schlich o. D. (ebd.).

1619 Kaas war ab 1917 enger Vertrauter und Berater des apostolischen Nuntius in Deutschland. Vgl. Feldkamp, Pius XII. und Deutschland (wie Anm. 138), 48.58f.

1620 Vgl. Aktennotiz o. D. (Bistumsarchiv Trier, Saargebiet: Gründung der Saar-Post [wie Anm. 1614]).

1621 Schlich war sogar bis in den Vatikan vernetzt. Schlich, der an der Romwallfahrt des Bistums Trier 1925 teilnahm, lernte am 29.09.1925 im päpstlichen Staatssekretariat einen Stellvertreter des Unterstaatssekretärs Pizzardo kennen und übergab diesem einige Schriften, die im Verlag der Saarbrücker Druckerei entstanden waren. Schlich erwähnt in seinem Schreiben an Rom vom 09.10.1925 diesen „Prälaten", ohne allerdings seinen Namen zu nennen. Daher fürchtete Bornewasser, Schlich könne in Erfahrung bringen, ob der päpstliche Segen erteilt worden sei. Vgl. Schreiben Schlich an Rom vom 09.10.1925 (ebd.).

1622 Simon, Pfarrer Dr. Johann Ludger Schlich und die katholische Pressearbeit an der Saar 1920–1935 (wie Anm. 8), 350.

Frankreichs, seine Vormachtstellung im Saargebiet auszubauen und möglicherweise die Abtrennung der Pfarreien des Saargebiets von den Mutterdiözesen Trier und Speyer zu erreichen, im Keim ersticken. Zudem wäre das politische Signal aus Rom eindeutig gewesen: Der Vatikan teile die politischen Ansichten, die die „Saarbrücker Landes-Zeitung" vertrat. Somit wäre die politische Neutralität des Heiligen Stuhls bis zu einem gewissen Grad ausgehebelt worden. Dessen war sich Schlich, der sich auf dem politischen Parkett gut auskannte, sicherlich vollkommen bewusst. Dieses politische Agieren Schlichs im Zusammenhang mit seinem Wirken in der „Saarbrücker Druckerei" blieb aber auf Anordnung Bornewassers im Geheimen.

1931 hatte sich die Presselandschaft im Saargebiet vollkommen verändert. Zehn der 31 Tageszeitungen wurden vom katholischen Zentrum herausgegeben, zehn weitere waren politisch und weltanschaulich neutral, sechs wiesen eine liberale Tendenz auf und zwei wurden von den Kommunisten gedruckt. Die katholischen Zeitungen unterschieden sich von vielen der anderen Tageszeitungen dadurch, dass sie auch in den kleineren Ortschaften mit weniger als 20.000 Einwohnern zugestellt wurden.[1623]

Das Presseorgan der Zentrumspartei an der Saar publizierte natürlich weiterhin neben religiösen Inhalten auch Artikel und Schriften, die sich mit der Politik auseinandersetzten. Gerade die Partei Adolf Hitlers und die nationalsozialistische Ideologie wurden kritisch beäugt. Seit der Machtübernahme der Nationalsozialisten im Deutschen Reich am 30. Januar 1933 und der Gleichschaltung der Parteien an der Saar 1933[1624] begann der Streit zu eskalieren. Der öffentliche Höhepunkt aller politisch motivierten Agitationen unter dem Deckmantel der katholischen Pressearbeit wurde 1934 erreicht, wodurch schließlich auch die freie, von der katholischen Amtskirche beförderte Presse an der Saar zum Erliegen kam.[1625] Grund war die Affäre um den Chefredakteur der „Saarbrücker Landes-Zeitung" Johannes Hoffmann. Auch Schlich, der mittlerweile Dechant des Dekanats Saarbrücken war, wurde dabei öffentlich in Mitleidenschaft gezogen. Dieser berief am 22. Januar 1934 eine Saar-Dechantenkonferenz in der Hauptstadt des Saargebiets ein, an der auch Johannes Hoffmann teilnahm. Hier beratschlagte man, wie man dem Nationalsozialismus und dessen Anschuldigungen gegenüber dem ‚Primus inter pares des Saarklerus' entgegentreten könne.[1626] Hintergrund war, dass Gauleiter Spaniol

1623 Vgl. Peter Henkel, Anton Betz. Ein Verleger zwischen Weimar und Bonn. Düsseldorf 2011, 71.

1624 Vgl. hierzu die Ausführungen in Kapitel 3.1.3.

1625 Vgl. hierzu und zum Folgenden die detaillierte Darstellung der Ereignisse bei Simon, Pfarrer Dr. Johann Ludger Schlich und die katholische Pressearbeit an der Saar 1920–1935 (wie Anm. 8), 352–357.

1626 Vgl. hierzu und zum Folgenden: Protokoll der Dechantenkonferenz des Saargebiets (Protokollant: Schlich) vom 22.01.1934 (Schlich, Unterlagen zur Geschichte des Saargebiets

und der Pressechef der NSDAP im Saargebiet, Dr. König, öffentlich an Schlichs vaterländischer Gesinnung zweifelten und ihm sogar vorwarfen, Separatist zu sein.[1627] Dagegen setzte sich Schlich sogar schriftlich bei Vizekanzler Franz von Papen und dem Auswärtigen Amt zur Wehr, indem er die Anschuldigungen zu widerlegen suchte, die gegen ihn vorgebracht wurden.

Dieses politische Pulverfass explodierte am 30. Januar 1934, dem Jahrestag der Machtergreifung Adolf Hitlers im Deutschen Reich, als Chefredakteur Hoffmann auf der Titelseite der „Saarbrücker Landes-Zeitung" unter der Überschrift „Das Christentum des Nationalsozialismus in saarländischer Beleuchtung" ein Interview des Schweden Victor Vinde mit Gauleiter Spaniol und Dr. König veröffentlichte.[1628] Infolge dieses Konflikts musste Hoffmann den Verlag verlassen und die „Saarbrücker Landes-Zeitung" büßte einen Großteil ihrer Freiheiten ein.

Abschließend gelangt man zur Erkenntnis, dass das Standbein „Lektüre" des Milieumanagers, gemäß dem Diktum Blaschkes, auch eine politische Note enthalten konnte. Wie die Handlungen und das Presseverständnis Schlichs (wie auch des Trierer Bistumsklerus) zeigen, lässt sich der Aufbau eines katholischen Pressehauses an der Saar als politisches Taktieren bezeichnen. Natürlich war auch der seelsorgerische Aspekt vorhanden, denn viele Schriften, die in der „Saarbrücker Druckerei" entstanden, waren rein religiös. Aber im Vordergrund, so muss man letztlich festhalten, stand die politische Interessenvertretung des Katholizismus und des Zentrums, was mitunter auch „Seelsorge" im weitesten Sinne sein konnte.

4.4.5 Schlich und der Erste Saarländische Katholikentag 1923

Wie im vorausgegangenen Kapitel gezeigt wurde, betrachtete Schlich, wie auch viele seiner Mitbrüder im geistlichen Amt, politische Interessenvertretung als eine Form der Seelsorge. Dabei waren die Grenzen zwischen Politik und Seelsorge nicht immer trennscharf. Auch religiöse Veranstaltungen konnten mitunter dazu genutzt werden, um politisch zu agieren. Ein herausragendes Ereignis, das als solches interpretiert werden kann, ist der Erste Saarländische Katholikentag 1923 in Saarbrücken. Hier war Schlich eine der Schlüsselpersonen, die dazu beitrugen, dass die Macht und die Bedeutung des Katholizismus im Leben der Menschen an der Saar der Öffentlichkeit vor Augen geführt wurde. Dabei soll näher untersucht

[wie Anm. 123]).

1627 Vgl. hierzu und zum Folgenden: Abschrift des Schreibens Schlichs an von Papen und das Auswärtige Amt vom 27.01.1934 (Unterlagen der Saarbrücker Druckerei und Verlag A. G., Landesarchiv des Saarlandes, SDV 12). Zur Auseinandersetzung Schlichs mit den Nationalsozialisten und deren Ideologie vgl. die Ausführungen in Kapitel 4.4.6.

1628 Die wichtigen Sätze des Artikels sind bereits in Kapitel 3.1.3 zitiert.

werden, welche Rolle Schlich spielte, wie die Veranstaltung ablief und welche politischen Signale von der ‚religiösen' Veranstaltung ausgingen.

4.4.5.1 Geschichtlicher Hintergrund[1629]

Gegen Ende des Jahres 1922 war die politische Lage im Saargebiet, wie auch im Deutschen Reich, sehr angespannt und drohte zu eskalieren. Auch drei Jahre, nachdem das Saargebiet wider den Willen der Bevölkerung von den Siegermächten einen Sonderstatus erhalten hatte[1630] und seit mehr als zwei Jahren von der frankophilen Regierungskommission unter der Leitung Victor Raults regiert wurde[1631], hatte sich an der ablehnenden Haltung der Bewohner des Saargebiets gegenüber ihrer Regierung nichts geändert.[1632]

Ferner verschärfte sich Anfang des Jahres 1923 der Konflikt um die Domanialschulen. Die Bischöfe von Trier und Speyer bezogen mit der Veröffentlichung ihres Hirtenbriefs, worin sie ihre Gläubigen vor den französischen Grubenschulen warnten, deutlich Position gegen die Regierungskommission.[1633] Zudem lehnten beide auch die kirchliche Lostrennung der Pfarreien des Saargebiets aus ihren Mutterdiözesen ab. Für sie wurden die Liebe zum Vaterland und die nationale Treue zu sittlich-religiösen Werten.[1634]

Etwa zeitgleich begannen schätzungsweise 70.000 saarländische Bergarbeiter den ‚Hunderttagestreik'[1635], „bei dem es zunächst um Tarifauseinandersetzungen ging, er erhielt parteiübergreifende Unterstützung und eine antifranzösi-

1629 Um die Brisanz und die angespannte Situation, in der der Erste Saarländische Katholikentag 1923 stattfand, in seiner Gänze erfassen zu können, ist es erforderlich, die bisherigen politischen und kirchlichen Geschehnisse noch einmal kurz zusammenfassend darzustellen.

1630 „**Deutschland verzichtet** zugunsten des Völkerbunds, der insoweit als Treuhänder gilt, auf die **Regierung** des oben bezeichneten Gebiets. **Nach Ablauf einer Frist von fünfzehn Jahren nach Inkrafttreten des gegenwärtigen Vertrages wird die Bevölkerung dieses Gebietes zu einer Aeußerung darüber berufen, unter welche Souveränität sie zu treten wünscht.**", zitiert nach: HEINEBURGER, Das Saarstatut (wie Anm. 67), 11. Hervorhebungen im Original.

1631 Vgl. LINSMAYER, Politische Kultur im Saargebiet, 1920–1932 (wie Anm. 77), 20 sowie ZENNER, Parteien und Politik im Saargebiet unter dem Völkerbundsregime (wie Anm. 4), 43.

1632 Vgl. LINSMAYER, Politische Kultur im Saargebiet, 1920–1932 (wie Anm. 77), 19f.

1633 Hirtenbrief veröffentlicht in: DIÖZESE TRIER, Kirchlicher Amtsanzeiger für die Diözese Trier (wie Anm. 643), Nr. 15, S. 16. Vgl. hierzu ebenso: ZENNER, Parteien und Politik im Saargebiet unter dem Völkerbundsregime (wie Anm. 4), 160; SELBACH, Katholische Kirche und französische Rheinlandpolitik nach dem Ersten Weltkrieg (wie Anm. 5), 370 sowie HINKEL, Der Erste Saarländische Katholikentag 1923 in der Berichterstattung des Münchener Nuntius Eugenio Pacelli (wie Anm. 6), 248.

1634 Vgl. ZENNER, Saarländischer Katholizismus in der Völkerbundszeit (wie Anm. 243), 145.

1635 Vgl. hierzu zudem die Ausführungen in Kapitel 4.1.1.

sche Zielrichtung, als er mehr und mehr den Charakter des Protests gegen die Ruhraktion und der Solidarität mit dem passiven Widerstand der dortigen Arbeiter annahm."[1636] Auch wenn Rault mit einer Notverordnung am 7. März 1923 der Presse verbot, Kritik an der Regierungskommission und am Vertrag von Versailles zu üben, und den Belagerungszustand ausrief, kommt von der Kall zum Ergebnis, dass, entgegen den Behauptungen der französischen Bergverwaltung, der Streik nicht von Anfang an politisch motiviert gewesen sei, sondern erst im Verlauf zu einem Politikum wurde.[1637] Die Meinung der Bischöfe war besonders ausschlaggebend, weil 72 % der Saargebietsbewohner katholisch waren[1638] und, wie Bernhard Schneider herausarbeitete, die kirchlich-soziologische Bindung im Saargebiet besonders ausgeprägt war.[1639]

Den Beschluss, einen Katholikentag am 3. Juni 1923 in Saarbrücken abzuhalten, fassten die Dechanten des Saargebiets jedoch bereits bei der Dechantenkonferenz, die in der zweiten Dezemberhälfte des Jahres 1922 in Trier unter der Leitung von Bischof Franz Rudolf stattfand[1640], als noch nicht absehbar war, dass der Katholikentag „in eine Zeit großer nationaler Erhitzung fallen würde."[1641] Seit dem Jahr 1848 wurden Katholikentage (Generalversammlungen deutscher Katholiken) einberufen, vor Ausbruch des Krieges zuletzt 1913.[1642] Durch die Folgen des Ersten Weltkriegs war die Durchführung eines solchen allgemeinen Katholikentages zu-

1636 Selbach, Katholische Kirche und französische Rheinlandpolitik nach dem Ersten Weltkrieg (wie Anm. 5), 381.

1637 Vgl. Von der Kall, Max, Das Saargebiet in der Politik der Gegenwart (wie Anm. 473), 531–533. Nachdem die „Saarbrücker Landes-Zeitung" am 23.03.1923 einen Artikel über die Lage im Ruhr- und Rheingebiet veröffentlicht hatte, verbot der Direktor der Polizeiverwaltung Adler für 24 Stunden die Landeszeitung, weil sie dadurch gegen Art. 2b der Rault'schen Notverordnungen verstieß. Vgl. hierzu: Saarbrücker Landes-Zeitung, Flugblatt anl. des 24-stündigen Verbots der Landeszeitung durch Polizeidirektor Adler (23.3.1923), Stadtarchiv Saarbrücken, ZS 87.85; o. V., Auf 24 Stunden verboten. In: Saarbrücker Landes-Zeitung vom 25. März 1923, 1 sowie dass., Die Lage im Ruhr- und Rheingebiet. In: Saarbrücker Landes-Zeitung vom 23. März 1923, 1.

1638 Vgl. Muskalla, NS-Politik an der Saar unter Josef Bürckel (wie Anm. 249), 73; Zenner, Parteien und Politik im Saargebiet unter dem Völkerbundsregime (wie Anm. 4), 152; Zenner, Saarländischer Katholizismus in der Völkerbundszeit (wie Anm. 243), 143 sowie Linsmayer, Politische Kultur im Saargebiet, 1920–1932 (wie Anm. 77), 20.

1639 Vgl. Schneider, Kirchliches Leben, Frömmigkeit und Seelsorge im gesellschaftlichen Wandel (wie Anm. 384), 265.

1640 Vgl Bericht Schlichs vom 04.08.1923 (Schlich, Unterlagen zur Geschichte des Saargebiets [wie Anm. 56]) sowie Schlich, Johann Ludger [Hrsg.], Erster Saarländischer Katholikentag (wie Anm. 1216), 1.

1641 Linsmayer, Politische Kultur im Saargebiet, 1920–1932 (wie Anm. 77), 133.

1642 Eine gute Darstellung liefert Hürten in seinem 1998 erschienen Werk. Vgl. Heinz Hürten, Spiegel der Kirche-Spiegel der Gesellschaft? Katholikentage im Wandel der Welt: vier Essays aus Anlass des 150. Jahrestages der „Ersten Versammlung des Katholischen Vereines Deutschlands" vom 3.–6. Oktober 1848 zu Mainz. Paderborn 1998, insbesondere: 82–88.

nächst erschwert worden, doch mit den Katholikentagen von 1921 in Frankfurt am Main und 1922 in München lebten die traditionsreichen Versammlungen wieder auf. Darüber hinaus hatte man wegen der schwierigen Nachkriegsverhältnisse in einzelnen Gebieten und Regionen damit begonnen, lokale Katholikentage abzuhalten.[1643]

Schlich, der als Berichterstatter der Veranstaltung die Festschrift des Katholikentages verfasste, betonte, die Versammlung, die aufgrund der fehlenden Übernachtungsmöglichkeiten an nur einem Tag stattfinden könne, diene dazu, „durch Behandlung der brennenden Fragen des religiösen, kirchlichen und öffentlichen Lebens Richtlinien [zu] bieten für die Katholiken und ihren engen Zusammenschluß zu einheitlichem, zielbewußtem Handeln im kirchlichen und staatlichen Leben [zu] bewirken."[1644]

Ein solcher Katholikentag hatte bis dahin in Saarbrücken noch nicht stattgefunden und diente noch mehreren (politischen) Zwecken zugleich: Die Bischöfe von Trier und Speyer, die das Anliegen der Regierungskommission, ein politisch und kulturell (d.h. kirchlich) autonomes Saargebiet zu errichten, zu vereiteln wussten, reisten selbst ins Saargebiet (nicht wie bis dato üblich das Volk in die jeweilige Bischofsstadt), um auf diese Weise den saarländischen Katholiken ihre Verbundenheit jenseits der politischen Grenze zu demonstrieren.[1645] Einen zweiten Grund, der für Saarbrücken als Versammlungsort sprach, fand man, so mutmaßt Selbach, mit hoher Wahrscheinlichkeit im Faktum, dass bis vor wenigen Jahren Saarbrücken das Zentrum der preußisch-protestantischen Herrschaftsschicht gewesen und momentan der Amtssitz der unbeliebten Regierungskommission sei.[1646] Gerade dieser politischen Intention und Bedeutung war sich die Vorbereitungskommission auch bewusst, bemühte sich aber dennoch im Vorfeld darum, den religiösen Charakter der Veranstaltung zu betonen.

Am 20. März 1923 versammelten sich unter der Leitung Dechant Echelmeyers 60 Personen (die Pfarrer der Stadt und viele ihrer Kapläne, Vertreter aller Kirchenvorstände und Gemeindevertretungen sowie der katholischen Vereine) im roten Saal des Johanneshofs in Saarbrücken, um den vorbereitenden Ausschuss für den Ersten Katholikentag an der Saar zu gründen. Man war sich einig, dass es „nicht um politische Angelegenheiten, (sic!) sondern um Erörterung wichtiger und zeitgemäßer, das religiöser Leben betreffenden Fragen handle und um Stel-

1643 Vgl. ebd., 82. Selbach merkt an, dass allein im Erzbistum Köln 1919/20 14 solcher lokaler Katholikentage stattfanden. Vgl. SELBACH, Katholische Kirche und französische Rheinlandpolitik nach dem Ersten Weltkrieg (wie Anm. 5), 383 (Anm. 8).

1644 SCHLICH, JOHANN LUDGER [HRSG.], Erster Saarländischer Katholikentag (wie Anm. 1216), 1.

1645 Vgl. LINSMAYER, Politische Kultur im Saargebiet, 1920–1932 (wie Anm. 77), 132.

1646 Vgl. hierzu und zum Folgenden: SELBACH, Katholische Kirche und französische Rheinlandpolitik nach dem Ersten Weltkrieg (wie Anm. 5), 383.

lungnahme zu denselben [gehen soll].“[1647] In der ersten der zehn abgehaltenen Sitzungen, welche jeden Dienstag stattfanden, wurden die Mitglieder des Lokalkomitees nominiert und am 27. März gründeten die führenden Zentrumspolitiker, Geistlichen und Vorstandsmitglieder der „Saarbrücker Landes-Zeitung“ den Vorstand. Man ernannte Prälat Subtil, Prälat Echelmeyer und den aus Blieskastel stammenden Geistlichen Rat Adam Langhauser[1648] zu Ehrenvorsitzenden.[1649] Sieht man von den drei Ehrenvorsitzenden ab, so gehörten gerade einmal sechs Geistliche dem 27-köpfigen Leitungs-Komitee an,[1650] darunter natürlich auch das Duo Bungarten-Schlich. Während Bungarten den zweiten Vorsitz übernahm, leitete Schlich die Rednerkommission.[1651]

Aufgrund der hohen Anmeldezahlen beschloss das Komitee ab dem 3. April jeden Dienstagnachmittag im katholischen Vereinshaus in Saarbrücken III ein Vorbereitungstreffen abzuhalten.[1652] Auch Schlich hatte große Probleme, genügend Redner zu finden, die auf den am Nachmittag stattfindenden Versammlungen sprechen sollten.[1653] Zunächst versuchte die Rednerkommission namhafte Redner außerhalb des Saargebiets anzuwerben, denn man ging davon aus, dass die großen

1647 Protokoll des Vorbereitungskomitees vom 20.03.1923 (Protokollbuch des Localcomitees des ersten Katholikentags Saarbrücken 1923 [20.3.1923–22.5.1923], Bistumsarchiv Trier, B III 3,46 Bd. 1).

1648 Langhauser wurde am 23.04.1852 in Ruppertsberg geboren und 1874 zum Priester geweiht. Als Pfarrer Blieskastels erwarb er sich hohe Verdienste und wurde zum Königlich Geistlichen Rat ernannt. Langhauser verstarb am 09.05.1927 in Blieskastel, wo er auch seine letzte irdische Ruhestätte fand. Vgl. Verbund für religiöse Volkskunde und Nekrologien, Langhauser, Adam, https://vthk.info/PSI/redirect.psi (Stand: 15.05.2018).

1649 Vgl. Edgar Schwer, Der Erste Saarländische Katholikentag am 3. Juni 1923. Hintergründe – Umfeld – Presse. In: Zeitschrift für die Geschichte der Saargegend 53/54 (2005) S. 193–230, hier: 203. Die detaillierte Liste der Mitglieder des Lokalkomitees ist auch in der Festschrift abgedruckt. Vgl. Schlich, Johann Ludger [Hrsg.], Erster Saarländischer Katholikentag (wie Anm. 1216), 4.

1650 Der Teilnehmerliste der ersten Katholikenversammlung 1848 in Mainz nach waren 33 der 83 Teilnehmer von Beruf Priester, allerdings war kein Bischof anwesend. Vgl. Hürten, Spiegel der Kirche-Spiegel der Gesellschaft? (wie Anm. 1642). Aktuell existiert noch keine Studie über das Verhältnis von Laien- und Klerikeranteilen der Leitungen der deutschen Katholikentage.

1651 Denkt man an Schlichs katechetischen Eifer, was auch Ausdruck fand in der Herausgabe des „Kommunionglöckleins“ und der „Sonntagsglocken“ (wöchentlich erscheinende Sonntagszeitung der Saarbrücker Druckerei) sowie dem angesprochenen Interesse, an der sich in seinem Pfarrbezirk befindlichen Berufsschule Katechismusunterricht zu geben, ist anzunehmen, dass ihm gerade die katechetisch-pädagogische Unterweisung eine Herzensangelegenheit war und er daher sicherlich auch aus eigenem Interesse heraus Vorsitzender der Rednerkommission wurde.

1652 Vgl. Schlich, Johann Ludger [Hrsg.], Erster Saarländischer Katholikentag (wie Anm. 1216), 7.

1653 Vgl. hierzu und zum Folgenden: Protokoll der Sitzung des Lokalkomitees vom 03.04.1923 (Bistumsarchiv Trier, Protokollbuch des Localcomitees des ersten Katholikentags

Redner des Saargebiets den Teilnehmern größtenteils bekannt sein dürften und man mit auswärtigen Rednern mehr Menschen anziehen würde.

Durch die rapid anwachsende Zahl der teilnehmenden Katholiken stieg auch die Anzahl der Versammlungen, die nach Hörern getrennt werden sollten. So plante man insgesamt fünf Jugend-, acht Frauen- und neun Männerversammlungen abzuhalten, die nach den Angaben Schlichs nicht einmal die Hälfte der Personen, die an den Versammlungen teilnehmen wollten, fassen konnten.[1654] Während jeder Veranstaltung sollten zwei Redner auftreten. Schlich und Willscheid[1655] sahen sich gezwungen, auch saarländische Redner einzuladen, wobei sicherlich auch die geographische Lage und die mangelhafte Verkehrsanbindung des Saargebietes mitunter eine Rolle gespielt haben dürften. Erst am 8. Mai konnte Schlich 16 Redner verzeichnen, die an diesem Tag ins Saargebiet reisen würden, um während einer der nachmittäglichen Versammlungen zu sprechen.[1656] Eine Woche später hatte er die Zusage von allen benötigten und angefragten Rednern (Laien und Geistlichen) und Schlich übernahm die Aufgabe die Rede- und Einreisegenehmigung für diese Personen bei der Polizeibehörde zu besorgen.[1657]

Die Rednerkommission formulierte auch Leitgedanken für die Redner. Während bei den Jugendversammlungen über „Die Ideale der Jugend", „Autorität und Freiheit" oder „Freunde und Feinde auf dem Lebensweg des Jünglings" gesprochen werden sollte, plante man, auf den Versammlungen der Männer die Themen „Der Friede Christi im Reiche Christi" bzw. „Der Jungborn der Menschheit: Fami-

Saarbrücken 1923 [wie Anm. 1647]) sowie Schlich, Johann Ludger [Hrsg.], Erster Saarländischer Katholikentag (wie Anm. 1216), 8f.

1654 Nicht nur der Rednermangel bereitete Schlich Probleme, sondern man verfügte in der Stadt auch nicht über genügend Versammlungsorte, die von entsprechender Größe gewesen wären. Daher entschied man, dass die Frauenversammlungen in den Kirchen (außer der Burbacher Herz-Jesu-Kirche) stattfinden sollten. Vgl. Protokoll der Sitzung des Lokalkomitees vom 24.04.1923 (Bistumsarchiv Trier, Protokollbuch des Localcomitees des ersten Katholikentags Saarbrücken 1923 [wie Anm. 1647]).

1655 Zum Lebenslauf Willscheids vgl. die Ausführungen in Kapitel 4.1.1. Er lebte bis 1923 auf dem Pfarrgebiet von Malstatt (St. Josef), zog danach nach Saarbrücken I (St. Jakob), beteiligte sich zunächst nicht an der Pfarrseelsorge. Als einer der drei Kapläne Schlichs erkrankte, half er jedoch in der Pfarrseelsorge aus. Vgl. Bistumsarchiv Trier, Visitationsprotokolle (wie Anm. 371); Visitationsprotokolle, Bistumsarchiv Trier, Abt. 40 Nr. 365 sowie Visitationsprotokolle, Bistumsarchiv Trier, Abt. 40 Nr. 367. In Burbach St. Eligius fungierte er als ordentlicher Beichtvater für die 26 Heilig-Geist-Schwestern, die das Theresienheim leiteten und im Verbundskrankenhaus arbeiteten, und als außerordentlicher Beichtvater für die Franziskanerinnen in Saarbrücken I. Vgl. Bistumsarchiv Trier, Visitationsprotokolle (wie Anm. 371).

1656 Vgl. Protokoll der Sitzung des Lokalkomitees vom 08.05.1923 (Bistumsarchiv Trier, Protokollbuch des Localcomitees des ersten Katholikentags Saarbrücken 1923 [wie Anm. 1647]).

1657 Vgl. Protokoll der Sitzung des Lokalkomitees vom 15.05.1923 (ebd.).

lie, Schule, Kirche“ in den Mittelpunkt zu stellen. Bei den Frauenversammlungen sollte „Die Caritas der Kirche, die Frau in Familie und Caritas“ fokussiert werden. Auf jeder Versammlung sollte sowohl ein Weltchrist als auch ein Geistlicher sprechen.[1658] Während der letzten Sitzung des Lokalkomitees am 22. Mai 1923 legte Schlichs Stellvertreter, Studienrat Willscheid, im Namen des verreisten Rednerkommissionsvorsitzenden dem Vorbereitungsausschuss den Plan vor, der festlegte, welche Versammlung wo und wann stattfinden und wer dort reden sollte.[1659]

Schon im Aufruf zum Katholikentag, der am 1. April 1923, dem Ostersonntag, von der gesamten katholischen Presse veröffentlicht wurde, wird deutlich, dass die Versammlung auch einen politischen Zweck (unter dem Deckmantel der Religion) verfolgte.[1660] Der Festausschuss erklärte, man wolle an diesem „Hochfest katholischer Einigkeit und Treue“ für Hirten und Volk an der Saar *„die Herrschergewalt Gottes aufs neue bekennen und die Rechte der Kirche fordern auf die Erziehung unserer Jugend, der Hoffnung unserer Zukunft, für die freie Betätigung des katholischen Glaubens auf allen Feldern menschlicher Wohlfahrt.*“[1661]

Auch Schlich formulierte als Mitglied des Lokalkomitees drei Ziele für den Katholikentag: Zum einen sollte es „ein Tag der Sammlung und der moralischen Stärke“, zum anderen aber auch „ein Tag der Hebung und Belebung des katholischen

1658 Sowohl die von Schlich vorgeschlagenen thematischen Vorgaben als auch die Titel der gehaltenen Vorträge sind, wie es die Forschungsergebnisse Bernhard Schneiders zum „Katholischen Mann“ zeigen, geradezu typisch für die damalige Zeit. Man versuchte den Unterschied zwischen der Männer- und Frauenwelt aufzuzeigen; darüber hinaus ging es „[z] um einen […] tatsächlich darum, Männer wieder für die Religion bzw. das Christentum zu gewinnen, also um die Dimension Rechristianisierung der Männerwelt. […] Stärker aber noch ging es den Autoren zum anderen darum, die Kreise katholischer Männer in ihrem Glauben und ihrer Kirchlichkeit zu stabilisieren, indem sie ihnen Frömmigkeit als Ausdruck von Männlichkeit zu vermitteln suchten und ihr in diesem Sinne eine maskulinere Gestalt gaben. Das ist dann die Dimension der Maskulinisierung.“ (Schneider, Auf der Suche nach dem katholischen Mann [wie Anm. 38], 292). Auch die Feminisierung der Caritas war eine Erscheinung dieser Zeit, wie Schneider in seinem Aufsatz „Gesucht: Der katholische Mann“ darlegt. Es waren nämlich zu Beginn des 20. Jahrhunderts die „neuen Frauenorden oder Frauenkongregationen […], die Armen- und Krankenpflege leisteten und sich um Kleinkinder und Waisen kümmerten. Trotz ihrer sehr großen Bedeutung für die Caritas und Erziehung waren allerdings nicht diese Frauen, sondern die Priester und Bischöfe entscheidende Figuren im kirchlichen Leben.“ (Schneider, Gesucht: Der katholische Mann [wie Anm. 463], 86).

1659 Vgl. Protokoll der Sitzung des Lokalkomitees vom 22.05.1923 (Bistumsarchiv Trier, Protokollbuch des Localcomitees des ersten Katholikentags Saarbrücken 1923 [wie Anm. 1647]).

1660 Vgl. hierzu und zum Folgenden: o. V., Aufruf an die Katholiken des Saarlandes! In: Saarbrücker Landes-Zeitung vom 1. April 1923, 1. Schlich nahm den Aufruf auch in die Festschrift auf. Vgl. Schlich, Johann Ludger [Hrsg.], Erster Saarländischer Katholikentag (wie Anm. 1216), 3f.

1661 Ebd. Der hervorgehobene Text wird im Original im Sperrdruck geboten.

Selbstbewußtseins zu größerer Widerstandskraft gegen die religionsfeindlichen Bestrebungen unserer Zeit“ und darüber hinaus „ein Tag der Pflege des Einigkeitsgedankens und des Zusammengehörigkeitsgefühls aller katholischen Schwestern und Brüder in der Saarheimat“ werden.[1662] Weiterhin vergaß Schlich nicht, den unzureichenden Friedenswillen und die innere Zerrissenheit der Menschen zu beklagen.[1663]

Ende März wurde in Frankreich bekannt, dass in Saarbrücken ein Katholikentag geplant und hierfür neben Bischof Bornewasser auch der Kölner Erzbischof, Karl Joseph Kardinal Schulte[1664], Metropolit der Kölner Kirchenprovinz, zu der das Bistum Trier und somit auch die Stadt Saarbrücken gehörten, erwartet werde.[1665] Regierungskommissionspräsident Rault war zudem zu Ohren gekommen, der Kardinal wolle den Grundstein einer neuen Kirche in Saarbrücken feierlich einsegnen, was einem politischen Manifest für Deutschland und den kirchlichen Status quo gleichkäme. Jedoch war ihm auch bewusst, dass er die Teilnahme Schultes nicht verhindern konnte, weil Schulte als Metropolit jederzeit in sein Suffraganbistum einreisen und man keinen Konflikt mit dem Heiligen Stuhl riskieren durfte. Seitens Frankreichs forderte man insbesondere die Teilnahme des französischen Armeebischofs zu Mainz, Paul Rémond, der für die französischen Geistlichen des Saargebiets zuständig war, und die Wertschätzung der staatlichen und zivilen Leitung. In Paris wurde der Angelegenheit sogar ein solch großes Ge-

1662 Johann Ludger Schlich, Was will der Katholikentag? In: Saarbrücker Landes-Zeitung vom 1. Juni 1923, 2; ebenso abgedruckt in: Schlich, Johann Ludger [Hrsg.], Erster Saarländischer Katholikentag (wie Anm. 1216), 5.

1663 Vgl. Schwer, Der Erste Saarländische Katholikentag am 3. Juni 1923 (wie Anm. 1649), 206.

1664 Schulte wurde 1871 im Haus Valbert bei Oedingen (Kreis Meschede) geboren. Nach dem Studium der Theologie in Bonn, Münster und Paderborn wurde er 1895 in Paderborn zum Priester geweiht. Danach setzte man ihn als Vikar und Religionslehrer in Witten ein. Anschließend wurde er als Repetent am Paderborner Theologenkonvikt „Leoninum“ bzw. dem dortigen Priesterseminar eingesetzt. Im Folgejahr wurde er promoviert und Professor für Apologetik und Kirchenrecht an der Theologischen Akademie in Paderborn. 1909 erfolgte seine Wahl zum Bischof von Paderborn durch das Domkapitel, einige Monate später seine Bischofsweihe. Während des Gewerkschaftsstreits setzte er sich für die konfessionsübergreifende Lösung ein (im Gegensatz zum Trierer Bischof Korum und Kardinal Kopp). 1920, nach dem Tod Felix von Hartmanns, wählte ihn das Domkapitel Köln zum Erzbischof. Am 25.03.1920 wurde er inthronisiert und 1921 von Papst Benedikt XV. zum Kardinal kreiert. Schulte reformierte die Diözesanverwaltung und gliederte die Dekanate seines Erzbistums neu. Zudem setzte er sich für die Priesterausbildung ein. Er verstarb infolge eines Herzinfarkts am 10.03.1941. Vgl. Hegel, Das Erzbistum Köln zwischen der Restauration des 19. Jahrhunderts und der Restauration des 20. Jahrhunderts (wie Anm. 292), 99–104 sowie Norbert Borengässer, Schulte, Karl Joseph. In: Biographisch-bibliographisches Kirchenlexikon, hg. von Friedrich Wilhelm Bautz und Traugott Bautz (= BBKL 9). Herzberg 1995, Sp. 1118–1123.

1665 Vgl. hierzu und zum Folgenden: Selbach, Katholische Kirche und französische Rheinlandpolitik nach dem Ersten Weltkrieg (wie Anm. 5), 384f.

wicht beigemessen, dass der französische Botschafter am Heiligen Stuhl, Charles Célestine Auguste Jonnart[1666], eine Privataudienz bei Papst Pius XI. bekam und ihm die französischen Prämissen vorlegte, die für eine Erteilung der Durchführungserlaubnis zwingend eingehalten werden müssten.[1667] Kardinalstaatssekretär Pietro Gasparri ließ im Auftrag des Heiligen Vaters über Nuntius Pacelli am 8. Mai[1668] den Trierer Bischof Bornewasser und Kardinal Schulte unterrichten, letzterer möge sich politisch zurückhalten.[1669]

Vier Tage später teilte Pacelli Staatssekretär Gasparri mit, Schulte werde nicht am Katholikentag in Saarbrücken teilnehmen.[1670] Bischof Bornewasser schickte daraufhin am 19. Mai ein Schreiben an Nuntius Pacelli, um die im frankophil angehauchten Saar-Kurier[1671] vor einigen Monaten aufgekommene Lüge, Kardinal Schulte nähme am Katholikentag teil und würde den Grundstein für die Pfarrkirche St. Michael legen, aufzudecken.[1672]

In seinem Schreiben berichtete der Trierer Oberhirte dem Nuntius, dass er und sein Weihbischof, Dr. Antonius Mönch, in der Woche nach dem Fronleichnamsfest aufgrund einer Firmreise im Saargebiet weilen würden und bereits vergangenen Winter „mit hervorragenden Laien beschlossen [wurde], in möglichst vielen Städ-

1666 Jonnart wurde 1857 in Fléchin geboren und studierte Rechtswissenschaften. Nach mehreren Stationen arbeitete er schließlich im französischen Innenministerium. 1914 wurde er Mitglied des Senats und Leiter des Ausschusses für auswärtige Angelegenheiten. Während des Krieges war er als französischer Gesandter in Griechenland und Algerien unterwegs. Von 1921–1923 war er der erste französische Diplomat der Dritten Republik am Heiligen Stuhl seit 1904. In diesem Jahr wurden nämlich die diplomatischen Beziehungen zwischen dem Heiligen Stuhl und Frankreich abgebrochen. Jonnart wurde aufgrund seiner Verdienste 1923 in die „Académie française" aufgenommen, ehe er 1927 in Paris verstarb. Vgl. Jean Jolly, Dictionnaire des parlementaires français. Notices biographiques sur les ministres, députés et sénateurs français de 1889 à 1940 (= Dictionnaire des parlementaires français 6). Paris 1970, 2030f.

1667 Vgl. Hinkel, Der Erste Saarländische Katholikentag 1923 in der Berichterstattung des Münchener Nuntius Eugenio Pacelli (wie Anm. 6), 249.

1668 Vgl. Pietro Gasparri, Weisung an Nuntius Pacelli vom 08.05.1923. Vatikan, http://194.242.233.158/denqPacelli/index.htm (Stand: 05.08.2017).

1669 Vgl. Schreiben Pacelli an Bischof Bornewasser vom 09.05.1923 (Schlich, Unterlagen zur Geschichte des Saargebiets [wie Anm. 56]).

1670 Vgl. Eugenio Pacelli, Telegramm an Kardinalstaatssekretär Gasparri vom 12.05.1923. München, http://194.242.233.158/denqPacelli/index.htm (Stand: 05.08.2017) sowie Hinkel, Der Erste Saarländische Katholikentag 1923 in der Berichterstattung des Münchener Nuntius Eugenio Pacelli (wie Anm. 6), 249.

1671 „Le nouveau Courrier" sei, so schreibt Lempert, seit Beginn des Jahres 1923 jeden Monat aus einem geheimen, französischen Fond mit 15.000 Francs subventioniert worden. Vgl. Lempert, Das Saarland den Saarländern! (wie Anm. 66), 65f.

1672 Vgl. hierzu und zum Folgenden: Franz Rudolf Bornewasser, Schreiben an Nuntius Pacelli vom 19.05.1923. Trier, http://194.242.233.158/denqPacelli/index.htm (Stand: 05.08.2017).

Abb. 39: Bischof Bornewasser während der feierlichen Grundsteinlegung. Dem Bischof zur Rechten steht der Bauherr Dec. und Pfr. von St. Johann Alois Echelmeyer

ten und Bezirken der Diözese, kleine, rein religiöse Katholikentage zu halten [...]. Seine Eminenz der Herr Kardinal von Cöln ist gar nicht eingeladen worden. Niemals hat auch die Absicht bestanden, ihn einzuladen. Der H. H. Bischof von Speyer ist eingeladen worden und musste eingeladen werden, weil ein Teil seiner Diözese zum Saargebiet gehört [...]. Die Grundsteinlegung der neuen grossen Kirche in Saarbrücken ist eine ganz zufällige und nebensächliche Angelegenheit. Sie wird von mir vollzogen, weil ich gerade anwesend bin. So war es auch bei meinem Vorgänger Brauch [...].«[1673] Natürlich wusste Bornewasser genau, dass der Katholikentag eine politische Dimension besaß, auch wenn er dies gegenüber Pacelli leugnete.[1674]

1673 Ebd. Hervorhebung im Original. Letztlich plante man einen Katholikentag in Koblenz und einen in Saarbrücken. Weil aber im sich nahe bei Koblenz befindenden Köln im August 1923 die Katholikenversammlung für ganz Deutschland stattfinden sollte, verwarf man den Gedanken an einen Koblenzer Katholikentag und führte schließlich nur einen lokalen in Saarbrücken durch. Vgl. HINKEL, Der Erste Saarländische Katholikentag 1923 in der Berichterstattung des Münchener Nuntius Eugenio Pacelli (wie Anm. 6), 248. Der Katholikentag in Köln wurde jedoch von der Alliierten Rheinlandkommission verboten. Vgl. HÜRTEN, Spiegel der Kirche-Spiegel der Gesellschaft? (wie Anm. 1642), 85.

1674 Dies belegt ein (Eil-)Schreiben aus der Feder Bornewassers selbst (!), das er an Dechant Echelmeyer sandte. Bornewasser schrieb: „Lieber Herr Dechant, aus besonderen Gründen möchte ich bitten, das Programm der Katholikenversammlung nicht zu veröffentlichen, ohne daß es mir vorgelegt wird. Können Sie nicht wegen der Dringlichkeit einiger Punkte

Abb. 40: Während des liturgischen Ritus. Im Vordergrund stehen Dr. Franz Singer, Leiter der Windhorstbünde, Prälat Echelmeyer und Bischof Bornewasser (v. l. n. r.)

Drei Tage später antwortete auch Bischof Sebastian dem in München residierenden Nuntius und versicherte ihm, er habe von einer feierlichen Grundsteinlegung noch nichts gehört, sei allerdings schon von seinen Diözesanpriestern zum Katholikentag am 3. Juni d. J. eingeladen worden und habe vom 1. Präsidenten des Lokalkomitees versichert bekommen, die Tagung fände ohne jedes politische Motiv statt.[1675]

(Schule – Bungarten) sofort nach Trier kommen? Ich trage die Kosten, auch eines Autos. Mit frl. Gruß Ihr +FR". (Pfarrarchiv der Pfarrei Christkönig Saarbrücken [wie Anm. 305]). Hervorhebungen im Original. Damit meinte Bornewasser einerseits die Auseinandersetzung um die Schulkommissionen im Saargebiet, über die zu Beginn des Jahres 1923 heftig in der Öffentlichkeit und innerhalb des Trierer Bistumsklerus gestritten wurde, und andererseits die Anfang April bei Pfarrer Bungarten vorgenommene Haussuchung, weil er im Verdacht stand, mit der Hitlerbewegung in Kontakt zu stehen. Dieser Verdacht und die Anzeige wurden jedoch zurückgezogen, weil es keine Beweise für die Angaben eines staatlichen Spitzels gab. Im Verdacht stand dabei Matthias Notton, dass dieser Bungarten angezeigt habe. Auch dieser Verdacht erwies sich als inkorrekt (vgl. hierzu die Ausführungen in Kapitel 4.4.2). Vgl. die umfangreiche Dokumentation in Bistumsarchiv Trier, Schulkommissionen im Saargebiet und Bungarten-Notton (wie Anm. 1434).

1675 Schreiben Sebastian an Pacelli vom 22.05.1923, in: Pacelli-Edition, Dokument Nr. 4456, URL: „http://194.242.233.158/denqPacelli/index.htm" [zuletzt abgerufen am: 15.03.2018]. Es erscheint doch bemerkenswert, wie spät die französische Regierung und die saarländische Regierungskommission von der laufenden Planung eines Katholikentages erfahren

Am 12. Mai gingen der 1. Vorsitzende des Lokalkomitees, Großkaufmann Arnold Becker, und Pfarrer Dr. Schlich gemeinsam auf die Regierung zu, um die staatliche Genehmigung für die Veranstaltung (insbesondere den Festzug durch die Straßen Saarbrückens) zu beantragen.[1676] Nachdem am 15. Mai der Bergarbeiterstreik geendet hatte, entspannte sich die politische Lage, woran Frankreich und der Regierungskommission offenbar viel lag, denn die Oberste Polizeiverwaltung genehmigte im Auftrag Raults den Saarländischen Katholikentag ohne jedwede Einschränkung.[1677]

Zudem beantragten Schlich und Becker am 31. Mai beim Heiligen Vater den päpstlichen Segen für die Tagung, jedoch scheint das Telegramm, wie aus einem Brief Schlichs und Beckers an Pacelli hervorgeht, nicht in Rom angekommen zu sein. Deshalb baten sie, der Nuntius möge sich der Angelegenheit annehmen.[1678] Als Prälat Gustavo Testa als Apostolischer Visitator Mitte des Jahres 1923 vom Heiligen Stuhl nach Deutschland geschickt wurde, um sicherzustellen, dass sich die Geistlichen weder im Ruhr- noch im Saargebiet in die Politik einmischten, und sich herausstellte, dass Kardinal Schulte gar nicht an der Tagung in Saarbrücken teilnehmen werde, wurde Testa beauftragt, dem Katholikentag beizuwohnen.[1679] Allerdings kam Testa zur Verwunderung Gasparris seinem Auftrag nicht nach, weil er sich mit der Situation überfordert sah und sich noch nicht mit der Lage im Saargebiet hatte vertraut machen können.

haben und wie schlecht ihre Informationen waren. Ebenso merkwürdig ist es, dass weder der Vatikan noch der Nuntius (sein erster Brief hierzu ging am 09.05.1923 an Kardinal Schulte) oder eine andere kirchliche Institution vor dem Besuch Jonnarts etwas über die Vorbereitungen des Katholikentages in Saarbrücken gehört haben wollen und dann auch noch auf die Fehlinformationen Frankreichs hereinfielen. An dieser Stelle lässt sich nur feststellen, dass erst mit dem Schreiben Bornewassers an Pacelli vom 19.05.1923 Licht in einen Vorgang von höchster diplomatischer Brisanz gebracht wurde.

1676 Vgl. Selbach, Katholische Kirche und französische Rheinlandpolitik nach dem Ersten Weltkrieg (wie Anm. 5), 388.

1677 Vgl. Schlich, Johann Ludger [Hrsg.], Erster Saarländischer Katholikentag (wie Anm. 1216), 12f. sowie Selbach, Die Katholische Kirche, 386f.

1678 Vgl. Schreiben Becker/Schlich an Pacelli vom 09.06.1923. Pacelli antwortete Schlich, dieser habe das geschilderte Anliegen in die Hände Testas gelegt, der gerade München passierte. Vgl. Antwortschreiben Pacelli an Schlich vom 14.06.1923 (Schlich, Unterlagen zur Geschichte des Saargebiets [wie Anm. 56]). Es besteht jedoch die Möglichkeit, dass der Vatikan bewusst das Telegramm nicht beantwortete, um die (politische) Neutralität zu wahren.

1679 Vgl. hierzu und zum Folgenden: Selbach, Katholische Kirche und französische Rheinlandpolitik nach dem Ersten Weltkrieg (wie Anm. 5), 387.

4.4.5.2 Der 3. Juni 1923: Das „Hochfest katholischer Einigkeit und Treue"

Am Festtag strömten aus allen Regionen des Saargebiets die Menschenmassen nach Saarbrücken. Dort bot sich ein von etwa 70.000 Katholiken[1680] besuchtes „Massenschauspiel vorher nicht gekannten Ausmaßes"[1681]. Der Einschätzung Selbachs zufolge war die Besucherzahl, gemessen an der Gesamtkatholikenzahl des Saargebiets (etwa 500.000), außerordentlich hoch.[1682]

Der Katholikentag wurde um 9:00 Uhr mit der feierlichen Grundsteinlegung der Kirche St. Michael durch den Oberhirten von Trier auf dem Rotenberg begonnen, wo gegen 10.30 Uhr vor dem Platz im Freien auch die Heilige Messe gefeiert wurde.[1683] An der Grundsteinlegung nahmen seitens der Regierung der Kultusminister Moltke-Huitfeldt sowie Prof. Dr. Matthias Notton teil. Des Weiteren waren die Dechanten Echelmeyer (zuständiger Pfarrer) und Subtil sowie Oberbürgermeister Hans Neikes, der Architekt der Kirche, Hans Herkommer, und der erste Vorsitzende des Katholikentages, Arnold Becker, anwesend.[1684]

Ebenfalls um 9:00 Uhr zelebrierte Weihbischof Mönch in Malstatt (St. Josef) ein Pontifikalamt und Bischof Sebastian pontifizierte um 9:45 Uhr in St. Jakob. Schlich assistierte als Ehrendiakon in seiner eigenen Pfarrkirche dem Speyrer Diözesanbischof, der während seiner Predigt nicht auf die Politik einging, sondern die Herz-Jesu-Verehrung zum Thema machte. Lediglich gegen Ende seiner Ausführungen dankte er dem Präsidenten der Regierungskommission, Victor Rault, „für sein überaus gütiges Entgegenkommen, das es [ihm] möglich machte, trotz der weiten Entfernung von Speyer und trotz aller Verkehrsschwierigkeiten an diesem Ehrentage katholischen Lebens und Strebens im Saargebiet persönlich

1680 Die Zahlen im Bericht Bungartens schwanken zwischen 80.000 Männern und 100.000 Teilnehmern. Diese Größenordnung dürfte deutlich übertrieben sein. Vgl. Schlich, Johann Ludger [Hrsg.], Erster Saarländischer Katholikentag (wie Anm. 1216), 155–157.

1681 Linsmayer, Politische Kultur im Saargebiet, 1920–1932 (wie Anm. 77), 133.

1682 Vgl. Selbach, Katholische Kirche und französische Rheinlandpolitik nach dem Ersten Weltkrieg (wie Anm. 5), 388.

1683 Das Festprogramm ist detailliert in der „Saarbrücker Landes-Zeitung" vom 01. und 03.06.1923, der Fest-Zeitung und der Festschrift abgedruckt. Vgl. hierzu: o. V., Fest-Programm zum Ersten Saarländischen Katholikentag am 3. Juni 1923. In: Saarbrücker Landes-Zeitung vom 1. Juni 1923, 8 sowie Schlich, Johann Ludger [Hrsg.], Erster Saarländischer Katholikentag (wie Anm. 1216), 18–20. Am 07.09.1924 erfolgte die Weihe des fünfstimmigen Geläuts der St.-Michaels-Kirche. Die Festansprache hielt Pfarrer Schlich, in der er seine Sicht des Sinns der Religion preisgab: „Unsere Religion hat in erster Linie die Anbetung Gottes im Auge, dann erst die religiösen und ethischen Notwendigkeiten des Menschen." (Zitat aus: Festausschuß, Festschrift zur Einweihung der St. Michaelskirche am Rotenberg Saarbrücken / St. Johann am 27. und 28. September 1924. Saarbrücken 1924, 80).

1684 Vgl. Schlich, Johann Ludger [Hrsg.], Erster Saarländischer Katholikentag (wie Anm. 1216), 27–32.

teilnehmen [...] [zu können].“[1685] Auch die anderen Bischöfe mieden in ihren Homilien die Politik.[1686]

Gegen 12:30 Uhr setzte sich der Festzug in Bewegung, an dem etwa 70.000 Männer und Jugendliche, unterstützt durch ca. 100 Musikkapellen und 500 Fahnen[1687], teilnahmen. Der Zug dauerte etwas mehr als zwei Stunden und zog am Rathaus vorbei, vor dem eine Tribüne aufgebaut war, auf der die drei Bischöfe sowie wichtige Honoratioren saßen, damit die Saarkatholiken ihnen ihre Aufwartung machen konnten.[1688]

Ein Blick auf die Titel der einzelnen Vorträge, die nachmittags während der 22 stattfindenden Männer-, Frauen- und Jünglingsversammlungen gehalten wurden, lässt vermuten, dass manche dieser Reden politischen Inhalt hatten. So tat es auch der Hasseler Pastor Otto Brauner, der in seiner Rede „Katholische Wacht an der Saar“, die er bei der Jünglingsversammlung im Malstatter Ludwigspark hielt. Er sagte: „Das Land, das uns Vater und Mutter gegeben hat, ist uns das Land über alles in der Welt. Das Land, das uns geheiligt ist durch die Gräber unserer Ahnen, ist uns das Land über alles in der Welt. [...] ‚Ob Ruhmesglanz dir blüht, ob du liegst von Schmach und Schmerz getrübt, bleibt mein Herz dir feurig zugewandt, mein deutsches Land, mein Heimatland, mein Vaterland!‘“[1689]

Der aus Ludwigshafen angereiste Stadt- und Reichstagsabgeordnete der Zentrumspartei Hermann Hoffmann[1690] sprach in der Männerversammlung im städtischen Saalbau über die Schulfrage und forderte den Erhalt der Bekenntnis-

1685 Festpredigt Bischof Sebastians, abgedruckt in: ebd., 22–25, hier: 25.

1686 Vgl. ebd., 18–32.

1687 Der Verfasser des am darauffolgenden Tag in der (liberalen) Saarbrücker Zeitung erschienenen Artikels zum Katholikentag scheint den Zug genauer beobachtet zu haben, denn dieser hat 80 Musikkapellen, 200 Trommlerkorps und 357 (!) Fahnen gezählt. Vgl. Saarbrücker Zeitung vom 04.06.1923, abgedruckt in: ebd., 164f.

1688 Vgl. ebd., 33–36; Selbach, Katholische Kirche und französische Rheinlandpolitik nach dem Ersten Weltkrieg (wie Anm. 5), 388 sowie Linsmayer, Politische Kultur im Saargebiet, 1920–1932 (wie Anm. 77), 134. Frauen nahmen am Zug nicht teil. Dies geht aus den Berichten, viel mehr aber noch aus den Fotografien, die im Saarländischen Landesarchiv (Bestand: B SDV) sowie dem Bistumsarchiv (Bestand: Fotoalbum über den Ersten Saarländischen Katholikentag in Saarbrücken 1923 [3.6.1923], Bistumsarchiv Trier, B III 3,46 Bd. 2) vorhanden sind bzw. in der Festschrift bzw. Festzeitung veröffentlicht wurden.

1689 Rede Brauners „Katholische Wacht an der Saar“, abgedruckt bei: Schlich, Johann Ludger [Hrsg.], Erster Saarländischer Katholikentag (wie Anm. 1216), 58–63, hier: 62. Dahinter steht der Vermerk: „Starke Zustimmung“. Auch der angereiste Regens des Priesterseminars Trier, Domkapitular Dr. Nikolaus Bares, forderte in seinem Vortrag den Erhalt der katholischen Schule. Vgl hierzu: ebd., 103.

1690 Hermann Hoffmann wurde am 09.09.1880 in St. Ingbert geboren und bekam 1904 eine Stellung als Lehrer in Ludwigshafen. 1911 wurde er für die Zentrumspartei in den Stadtrat Ludwigshafens gewählt, dem er bis 1933 angehörte. Nachdem er 1915 Oberlehrer und Schulleiter geworden war, wählte man Hoffmann sogar zum Mitglied der Weimarer Nationalversammlung (01.1919–05.1920) und anschließend zum Mitglied des Deutschen Reichstags

schule, weil die Religion, so Hoffmann, „die Grundlage allen persönlichen und Völkerglückes“ sei.[1691] Aber auch der Trierer Oberhirte besuchte verschiedentlich die Versammlungen und sprach Grußworte, in denen er klar Stellung gegen die Bestrebungen Frankreichs und der Regierungskommission bezog, was die kirchliche Gestaltung des Saargebiets betraf. Als er im städtischen Saalbau eintraf, unterbrach Hoffmann seine Rede und Bornewasser sagte: „Treue um Treue! Euer Bischof von Trier hat den Schwur geleistet, die Treue zu halten! Da bin ich auch der Treue meiner Saarländer zum Bischofe von Trier gewiß. (Minutenlanger, stürmischer Beifall und Händeklatschen.) Ich danke euch von Herzen, ich weiß, was ihr euch dabei gedacht habt.“[1692]

Auch Rechtsanwalt Steegmann, einer der führenden Zentrumspolitiker des Saargebiets, rief die Parole aus: „‚Wir waren deutsche Katholiken, sind deutsche Katholiken und wollen deutsche Katholiken bleiben.‘ Ja, katholisch und deutsch zu sein und zu bleiben, das sei das Gelöbnis unserer heutigen herrlichen Kundgebung.“[1693]

In diesem Zusammenhang lohnt es auch den unter dem Titel „Die Stellung der Frau im Glauben und Unglauben“ stehenden Vortrag Schlichs zu untersuchen, den dieser während der Frauenversammlung in der Notkirche in Rußhütte hielt.[1694] Nachdem Schlich darauf hingewiesen hatte, dass das Fundament allen Handelns und aller Dinge Jesus Christus sei, stellte er fest, die Politik sei eine

(06.1920–11.1933). Vgl. hierzu: Parlamentsdatenbank beim Haus der Bayrischen Geschichte, http://www.hdbg.de/parlament/content/persDetail.php?id=939 (Stand: 05.08.2017).

1691 Vgl. hierzu und zum Folgenden: Schlich, Johann Ludger [Hrsg.], Erster Saarländischer Katholikentag (wie Anm. 1216), 75. Ob die folgenden Worte des Bischofs diesen Wortlaut hatten, ist nicht vermerkt. Es handelt sich wohl, wie auch bei der Rede Hoffmanns, mehr um eine freiformulierte, sinngemäße Wiedergabe. Während der Versammlung im Johannishof soll Bornewasser, in der Festschrift steht es jedenfalls als direktes Zitat, bei seinem kurzen Besuch gesagt haben, er wisse, „daß die Treue zur Eigenart des katholischen saarländischen Mannes gehört; ich weiß, daß die Mächte der Finsternis und des Unglaubens am Werke sind, aber ich weiß auch, daß ich auf die katholischen Saarländer bauen, daß ich mich auf sie verlassen kann. Ich wünschte, die Elemente des Unglaubens und des Umsturzes hätten heute hier unsere glänzenden Heere gesehen, dann hätten sie auch gesehen, daß sie bei uns auf Granit beißen!“ (ebd., 79).

1692 Die Ansprache des Bischofs wurde im gleichen Wortlaut auch im Völklinger Volksfreund abgedruckt. Vgl. o. V., Nachklänge zum Ersten Saarländischen Katholikentag. In: Völklinger Volksfreund vom 14. Juni 1923, 1.

1693 Schlich, Johann Ludger [Hrsg.], Erster Saarländischer Katholikentag (wie Anm. 1216), 101.

1694 Vgl. hierzu und zum Folgenden: ebd., 138–142 sowie o. V., Die Frauenversammlung in Rußhütte. Die Stellung der Frau im Glauben und Unglauben. In: Saarbrücker Landes-Zeitung vom 9. Juni 1923, 11. Es lässt sich nicht mit Sicherheit klären, ob es sich bei dem abgedruckten Text in der Festschrift nur um eine Zusammenfassung handelt oder nicht. Durch einen Vergleich mit den Festzeitungen lässt sich lediglich sagen, dass (fast) alle in der Festschrift veröffentlichten Reden oder Beiträge aus der Festzeitung entnommen wurden.

Männerangelegenheit, in der Frauen nichts verloren hätten, sondern diese sollten sich mehr im Bereich des sittlichen Aufbaus einbringen. Diese traditionelle Haltung, die Schlich hier vertrat, stand bemerkenswerterweise im Kontrast dazu, dass im Deutschen Reich die Frauen in der Weimarer Republik Wahlrecht besaßen und dies insbesondere der Zentrumspartei von großem Nutzen war, obwohl Frauen innerhalb des Zentrums nicht die Möglichkeit eingeräumt wurde, (z. B. als Abgeordnete) gewählt zu werden.[1695] Allerdings betonte Schlich die Bedeutung der den Frauen dabei zufallenden Aufgaben und der daraus resultierenden Ehre der Frau im Christentum. Zudem verglich der Redner die Stellung der Frauen im Heidentum, in dem lediglich dem Mann die entscheidende Rolle zukäme (bedingt durch den Polytheismus und die daraus resultierende Polygamie) und in dem die Frau geringgeschätzt würde, mit der der Frauen in dem die „freie Liebe" predigenden und die „unauflösliche, christliche Einheitsehe" nicht anerkennenden Sozialismus.[1696]

Danach arbeitete Schlich die Würde und zentrale Rolle der Frau im Christentum anhand der Person und der Stellung der Gottesmutter Maria in der Heilsökonomie heraus, wobei er die Anrede des Engels Gabriel einen „höchste[n] Hymnus auf die Frauenwürde"[1697] nannte und das Jungfräulichkeitsideal (auch für die Gegenwart) betonte, denn dieses sichere, so Schlich, die Einmaligkeit der Frauenwürde und schütze die Frau davor, zu einem Geschlechtswesen degradiert zu werden; sie sei vielmehr Gefährtin des Mannes. Weiter merkte der Referent an, dass das Mitwirken Marias das „gesamte Frauengeschlecht zu einer Würde [...] [erhob], wie sie das Heidentum nicht mal ahnen konnte und wie sie noch so viele politische (sic!) Rechte und Freiheiten der modernen Zeit ihr nicht im Entferntesten zu geben vermögen."[1698]

Daran anschließend sprach Schlich über den Wert der gottgeweihten Jungfräulichkeit und den der religiös geheiligten Ehe, die gemeinsam die Grundlage für den Wert und die Würde der Frau seien. Nachdem Schlich zum Ergebnis gekommen war, dass Männer und Frauen im Christentum „gleichschöne und

1695 Vgl. hierzu allgemein: Birgit SACK, Zwischen religiöser Bindung und moderner Gesellschaft. Katholische Frauenbewegung und politische Kultur in der Weimarer Republik (1918/19–1933), zugl.: Freiburg i. Br., Univ., Diss., 1995 (= Internationale Hochschulschriften 266). Münster u.a 1998. Zudem sei an dieser Stelle erwähnt, dass Schlich auch selbst ein Buch für die katholische Frau und eines für den katholischen Mann geschrieben hat. Vgl. hierzu: SCHLICH, Die gläubige Frau in der modernen Welt (wie Anm. 38) sowie SCHLICH, Der gläubige Mann in der modernen Welt (wie Anm. 38). Vgl. hierzu die Ausführungen in Kapitel 4.3.

1696 Vgl. SCHLICH, JOHANN LUDGER [HRSG.], Erster Saarländischer Katholikentag (wie Anm. 1216), 139.

1697 Ebd.

1698 Ebd.

gleichwertige Lichtgestalten auf dem Goldgrunde ihrer Ewigkeitsbestimmung"[1699] seien, prangerte er die aktuellen Gegebenheiten an: Immer mehr Frauen ließen sich durch den Zeitgeist beeinflussen und würden sich von der Kirche abwenden. Dabei sei, so Schlich weiter, gerade für die Frauen die Religion von größter Bedeutung, weil sie für die sittliche Erziehung der Jugend verantwortlich seien und daher tief verwurzelt sein müssten in der religiösen Moral und Sitte, um so als „Frau und Mutter ihre hohe, heilige Aufgabe in der Familie [zu] erfüllen, nur dann wird sie als Priesterin im Tempel der Familie das heilige Feuer von Religion und Sitte treu hüten"[1700].

Schlich beendete seine Rede, denn Bischof Sebastian betrat die Versammlung und sprach über die Gottesmutter als Vorbild für das Wirken der Frau in der Familie und der Nächstenliebe. Offenbar hatte auch Schlich jegliche Form des Politisierens (mit Ausnahme der einen Randbemerkung) unterlassen.

Doch wie ist – im Vergleich zum Mainstream der 1920er Jahre – die Rede Schlichs zu beurteilen? Folgt Schlich mit seinen Äußerungen den Stereotypen seiner Zeit? Den neuesten Forschungen folgend, wurden Frauen gegen Ende des 19. bzw. zu Beginn des 20. Jahrhunderts für „religiöser" gehalten als Männer. Wie Bernhard Schneider aufweist, wohnten schon damals, wie man heute ebenso beobachten kann, mehr Menschen weiblichen Geschlechts der heiligen Messe bei und Frauen empfingen auch häufiger das Altarsakrament sowie das Sakrament der Versöhnung als Männer, die „sich aber dennoch im Rahmen der kirchlichen Mindeststandards [hielten]."[1701] Die ideale christliche Frau sollte im Allgemeinen, so zeigt es Schneider anhand des Männerbuchs Matthias von Bremscheids[1702] auf, züchtig, still, opferwillig, bescheiden, anmutig, mäßig und charaktervoll, keinesfalls aber boshaft, schwatzhaft, unmäßig oder gar haltlos sein.[1703] Gegenüber ihren Mitmenschen sollte sie stets wohltätig sein und in der Ehe/Familie sollte ihr treuer, häuslicher, liebevoller und fürsorglicher Charakter zum Vorschein kommen. Von Bremscheid benutzte hierfür Metaphern wie Gefährtin, Schutzengel, Blume oder Herz. In Bezug auf Religion bzw. Kirche sollte sich die Frau durch ihre Frömmigkeit auszeichnen und durfte nicht unsittlich oder gar irreligiös erscheinen. Die von Bremscheid hierfür genutzte Metapher war der Altar bzw. die Hauskirche. Auch Schlich benutzte in seiner Rede viele dieser Charakteristika oder erweiterte die

1699 Ebd., 141.
1700 Ebd., 142.
1701 Schneider, Gesucht: Der katholische Mann (wie Anm. 463), 86.
1702 Das Werk „Der christliche Mann in seinem Glauben und Leben" von P. Matthias von Bremscheid OFMCap wurde insgesamt viermal aufgelegt und erfreute sich großer Beliebtheit. Schneider benutzt dieses Werk als Musterexemplar, um daran die Geschlechtsstereotypen dieser Zeit auszumachen. Vgl. Schneider, Auf der Suche nach dem katholischen Mann (wie Anm. 38), 255 (Anm. 25).
1703 Vgl. hierzu und zum Folgenden: ebd., 271f.

Reihe der Metaphern wie beispielsweise um „Priesterin im Tempel der Familie". Während von Bremscheid in seinem Männerbuch den Männern viele positive Eigenschaften in der Politik bzw. der Welt zuweist, so kommen den Frauen dort keine Tätigkeitsfelder zu. Dies unterstrich Schlich auch in seiner Rede explizit, indem er Frauen und Politik für unvereinbar erklärte. Es lässt sich also feststellen, dass Schlich dem Tenor der damaligen Zeit folgte.

Im Anschluss an die einzelnen Versammlungen wurden sog. durch den vorbereitenden Ausschuss vorformulierte „Entschließungen"[1704] verlesen, die den Katholikinnen und Katholiken eine Richtschnur im öffentlichen Leben sein und nach denen sie auch handeln sollten. Die einzelnen Resolutionen, von denen insbesondere die über das Bekenntnis zu den Heimatdiözesen und die über die Schulfrage von größter religiöser und zugleich natürlich politischer Brisanz waren, wurden abschließend von den Versammlungen angenommen.[1705]

Im Bekenntnis zu den Heimatdiözesen wurde auf die mehr als hundertjährige Verbundenheit zu den Mutterdiözesen Trier und Speyer verwiesen, die „[d]ieselben kirchlichen Gewohnheiten, Rechte und Gebräuche, dieselbe kirchliche Tradition, dieselbe deutsche Sprache haben [...]. Daher beteuern wir es feierlich vor der ganzen Welt, daß wir, wie in der Vergangenheit, so auch in aller Zukunft mit unseren Mutter- und Heimatdiözesen unzertrennlich und treu vereinigt bleiben wollen."[1706] Zudem bat der Katholikentag die anwesenden Diözesanbischöfe und den Papst darum, bis zur Volksabstimmung 1935 keine Änderung der kirchlichen Territorien des Saargebiets vorzunehmen. Auch die politische Note fehlte der Erklärung nicht und war ein direkter Affront gegen die Agitationen Frankreichs und der Regierungskommission: „Wir würden es [...] bedauern, und aufs tiefste verurteilen, wenn Bestrebungen irgendwelcher Art hervortreten würden mit dem Ziel, [...] [das Saargebiet aus den] Heimatdiözesen herauszureißen und aus ihm einen eigenen, an sich ganz unnötigen kirchlichen Verwaltungsbezirk zu bilden. Wir sind der Überzeugung, dass solche Bestrebungen übrigens aus rein politischen

1704 Insgesamt gab es 17 solcher Resolutionen, die in der Festschrift abgedruckt wurden. Vgl Schlich, Johann Ludger [Hrsg.], Erster Saarländischer Katholikentag (wie Anm. 1216), 145–152. Die Entschließungen über das Bekenntnis zu den Heimatdiözesen, die Betätigung der Katholiken des Saarlandes im öffentlichen Leben, die Schulfrage, den Religionsunterricht in den Fortbildungsschulen, die Presse und den Borromäusverein sowie über den Völkerfrieden wurden auch in der „Saarbrücker Landes-Zeitung" veröffentlicht. Vgl. o. V., Der erste Katholikentag an der Saar. In: Saarbrücker Landes-Zeitung vom 4. Juni 1923, 1–3, hier: 3.

1705 Vgl. Selbach, Katholische Kirche und französische Rheinlandpolitik nach dem Ersten Weltkrieg (wie Anm. 5), 388f. sowie Schlich, Johann Ludger [Hrsg.], Erster Saarländischer Katholikentag (wie Anm. 1216), 145.

1706 Ebd.

Gründen erfolgen würden, und daß sie den kirchlichen Interessen in keiner Weise dienen, ja vielmehr schaden könnten.«[1707]

In der Resolution zur Schulfrage forderte das katholische Volk, das die Mehrheit an der Saar bildete, gemeinsam mit ihren Oberhirten und dem gesamten Episkopat den Erhalt der konfessionellen deutschen Volksschule und schwor jeder Form der Unterstützung der Gemeinschafts- oder Freien Schulen ab.[1708]

Das Echo in der Presse[1709] war entsprechend der Größe der Veranstaltung auch sehr umfangreich und weitreichend. Die „Saarbrücker Landes-Zeitung" stimmte in der Ausgabe vom 4. Juni ein nichtendendes Loblied auf die Größe und Prächtigkeit des Katholikentags an.[1710] Bemerkenswert ist auch die in der liberalen „Saarbrücker Zeitung" erschienene Besprechung. Selbst dort konnten die Leser folgende Sätze finden: „Und der Katholikentag selbst, auf den die katholische Bevölkerung – und kein andersdenkender Mitbürger wird ihr dies schmälern – mit Stolz und Freude zurückblicken kann. Saarbrücken wird sich nicht erinnern, je Zeuge eines solch imposanten Schauspiels in Ausmaß und Abwicklung gewesen zu sein.«[1711]

Am 4. Juni berichtete die „Neunkircher Zeitung", nachdem sie mit lyrischen Worten ein Bild der Stadt Saarbrücken am Festtag und der imposanten Demonstration des katholischen Glaubens gemalt hatte, über die Männerversammlungen und am Folgetag über die Jünglingsversammlungen.[1712] Auch in der in Saarlouis erschienenen „Saar-Zeitung" konnten die Leser einen Eindruck von der Größe der Veranstaltung erhalten: „Saarbrücken hat ohne Zweifel, solange es besteht, eine derartig gewaltige Kundgebung, wie sie gestern die saarländischen Katholiken veranstalteten, noch nicht gesehen.«[1713] Dem Völklinger Volksfreund hat ein französischer Geistlicher geschrieben, dass „auch ein lothringischer und französischer Katholik sich [über den Verlauf und Erfolg] freuen könnte und sollte, wenn nicht die ‚Politik' da wäre, um alles zu verderben und zu vergiften. Aus einer großen Manifestation katholischen Glaubens, über die wir uns brüderlich freuen können,

1707 Ebd.

1708 Vgl. ebd., 146 sowie Hinkel, Der Erste Saarländische Katholikentag 1923 in der Berichterstattung des Münchener Nuntius Eugenio Pacelli (wie Anm. 6), 251f.

1709 Es war wiederum Schlich, der einen Bericht über den Katholikentag für das Generalvikariat verfasste und auch Pressartikel einsandte. Den Bericht fasste er am 30.08.1942 ab, sodass die gleichen quellenkritischen Anmerkungen wie schon zu seinen in den vorigen Kapiteln zitierten Berichten hier Geltung besitzen.

1710 Vgl. o. V., Der erste Katholikentag an der Saar (wie Anm. 1704), 1.

1711 Saarbrücker Zeitung vom 04.06.1923, abgedruckt in: Schlich, Johann Ludger [Hrsg.], Erster Saarländischer Katholikentag (wie Anm. 1216), 164f.

1712 Vgl. ebd., 161f.

1713 Saar-Zeitung vom 04.06.1923, abgedruckt in: ebd., 162.

wollen mehr patriotisch als klug und katholisch gesinnte Leute eine franzosenfeindliche Manifestation machen.“[1714]

Auch die große französische Tageszeitung „Le Temps“ berichtete ausführlich über den Katholikentag. Berichtet wurde hier verstärkt über angebliche Äußerungen wider den französischen Staat und die angestrebte Beibehaltung des kirchlichen Status quo.[1715] Des Weiteren forderte der „Temps“ die Abtrennung der Saarpfarreien von den Diözesen Trier und Speyer und die kanonische Errichtung eines Saarbistums oder zumindest eines selbstständigen Verwaltungsbezirks. Am 24. April 1924 veröffentlichte das „Echo de Paris“ unter der Überschrift „Die Treibereien des deutschen Klerus im Rheinland und Saargebiet. Zwei Bischöfe – Parteichefs.“ einen Artikel, in dem u. a. behauptet wurde, dass selbst die Lokalzeitungen den Katholikentag als eine politische Veranstaltung begriffen hätten und dass dies auch in Wahrheit der Fall gewesen sei.[1716] Jedoch gab es auch französische Zeitungen, wie etwa die „Lothringer Volkszeitung“, die neutral und sachlich über den Verlauf des Katholikentags berichteten.[1717]

In Deutschland wurde verhältnismäßig wenig über die Katholikenversammlung in Saarbrücken berichtet. Ein Grund hierfür lag sicherlich in der diffizilen Lage im Ruhrgebiet, die für Deutschland von weitaus größerer Wichtigkeit war als die Saarbrücker Geschehnisse.[1718] Die „Kölnische Volkszeitung“, das Organ des rheinischen Zentrums, berichtete jedoch sogar zweimal über die Tagung, wobei sie ihren Fokus auf die Entschließungen zum Verbleib bei den Heimatdiözesen und zur Schulfrage legte.[1719]

Es erregte sicherlich Aufsehen, als der „Osservatore Romano“ sich am 22. Juni auf der Titelseite mit dem Katholikentag in Saarbrücken auseinandersetzte und auf

1714 O. V., Nachklänge zum Ersten Saarländischen Katholikentag (wie Anm. 1692). Schon am 11.06.1923 hielt der Volksfreund eine Wochenrückschau, in der er die rege Beteiligung der (Völklinger) Katholiken lobte und der Freude der Völklinger Ausdruck verlieh, ihren ehemaligen Pastor und jetzigen Dechanten von Koblenz, Dr. Wiegand, wiederzusehen und seinem Vortrag in der Herz-Jesu-Kirche (Burbach) lauschen zu können. Vgl. hierzu: Schlich, Johann Ludger [Hrsg.], Erster Saarländischer Katholikentag (wie Anm. 1216), 162f.

1715 Vgl. hierzu und zum Folgenden: o. V., Noch ein französischer Nachklang zum Katholikentag. In: Saarbrücker Landes-Zeitung vom 22. Juni 1923, 1 sowie Schlich, Johann Ludger [Hrsg.], Erster Saarländischer Katholikentag (wie Anm. 1216), 171.

1716 Der Artikel wurde im Wortlaut in der „Saarbrücker Landes-Zeitung“ abgedruckt. Vgl. hierzu: o. V., Die Treibereien des deutschen Klerus im Rheinland und Saargebiet. Zwei Bischöfe – Parteichefs. In: Saarbrücker Landes-Zeitung vom 27. April 1924, 1.

1717 Vgl. „Lothringer Volkszeitung“ vom 09.06.1923, abgedruckt in: Schlich, Johann Ludger [Hrsg.], Erster Saarländischer Katholikentag (wie Anm. 1216), 168–171.

1718 Vgl. Selbach, Katholische Kirche und französische Rheinlandpolitik nach dem Ersten Weltkrieg (wie Anm. 5), 390.

1719 Vgl. Schlich, Johann Ludger [Hrsg.], Erster Saarländischer Katholikentag (wie Anm. 1216), 166.

diese Weise die Sicht Roms auf die Ereignisse im Saargebiet publik wurden.[1720] Mit an Sicherheit grenzender Wahrscheinlichkeit wurde nur aus politisch-taktischen Gründen hauptsächlich über die Resolution der Völkerverständigung berichtet, denn neben einer ausführlichen Schilderung des Verlaufs der Veranstaltung sowie der Teilnehmerzahl findet sich auch eine Anspielung auf das Bekenntnis zu den Heimatdiözesen. Dieser Hinweis sei, zu diesem Ergebnis kommt auch Selbach, als „eine erste – wenn auch inoffizielle – Billigung durch die Kurie anzusehen […], ohne klar die Position der einen oder anderen Partei zu ergreifen. Damit, so steht zu vermuten, wollte der Hl. Stuhl einer allzu harschen Kritik durch Frankreich vorbeugen."[1721] Allerdings erzeugte dieser Bericht auch großen (kirchen-) politischen Wirbel.

Selbstverständlich begannen sofort in Frankreich die politischen Institutionen mit Beratungen über die notwendigen und möglichst bald zu unternehmenden Schritte, die die Franzosen der Ereignisse in Saarbrücken wegen unternehmen müssten.[1722] Folgt man der Meinung Selbachs, so kommt man zum Ergebnis, dass ein Bericht des französischen Armeebischofs Rémond im Quai d'Orsay, dem französischen Außenministerium, über eine Unterredung mit dem Trierer Oberhirten zu politischen Interventionen beim Heiligen Stuhl geführt habe.[1723] Bornewasser habe sich gegenüber Rémond über das klare Bekenntnis zum Bistum Trier gefreut und bestreite jede politische Intention unter dem religiösen Schutzmantel der Veranstaltung. Rémond schlussfolgerte, der Bischof von Trier „stehe unter preußischem Einfluss und gehorche als gelehriger Beamter den Befehlen aus Berlin"[1724].

Auch Bornewasser berichtete seinerseits sowohl Kardinal Schulte von seinem Gespräch mit Rémond als auch Nuntius Pacelli.[1725] Gegenüber Pacelli erwähnte er die große Teilnehmerzahl und die Resolutionen (insbesondere zu den Heimatdiözesen) und unterstrich seine politische Neutralität, wobei er zugleich auf die politischen Einsätze Rémonds und Moltke-Huitfeldts in Rom verwies und ein klares Zeichen aus Rom forderte, dass bis zum Plebiszit 1935 nichts am kanonischen Status des Saargebiets geändert werde. Pacelli selbst informierte den Vatikan

1720 Vgl. hierzu und zum Folgenden: o. V., Catolici della Sarre a Congresso. In: L'Osservatore Romano vom 22. Juni 1923, 1.

1721 Selbach, Katholische Kirche und französische Rheinlandpolitik nach dem Ersten Weltkrieg (wie Anm. 5), 391.

1722 Vgl. hierzu und zum Folgenden: Hinkel, Der Erste Saarländische Katholikentag 1923 in der Berichterstattung des Münchener Nuntius Eugenio Pacelli (wie Anm. 6), 252.

1723 Vgl. hierzu und zum Folgenden: Selbach, Katholische Kirche und französische Rheinlandpolitik nach dem Ersten Weltkrieg (wie Anm. 5), 391f.

1724 Ebd., 392.

1725 Vgl. hierzu und zum Folgenden: Brief Bornewasser an Pacelli vom 21.06.1923 (Bistumsarchiv Trier, Verkehr mit Rom und der römischen Kurie [wie Anm. 1413]). Bornewasser berichtete auch von 80.000 teilnehmenden Männern und Jünglingen, wobei auch seine Teilnehmerzahl derselben Quelle entstammen dürfte wie die Schlichs bzw. Bungartens.

erst am 11. Juli über den Katholikentag in Saarbrücken und auch nur wegen des Schreibens Bornewassers, in dem er ein eindeutiges Signal aus Rom einforderte.[1726]

Frankreich betrachtete die beiden oben herausgehobenen Resolutionen als eine Stärkung der prodeutschen Position bzw. des Status quo und eine Art antizipiertes Plebiszit, was den französischen Diplomaten Jonnart veranlasste, bei Kardinalstaatssekretär Gasparri in Rom zu intervenieren.[1727]

Das Lokalkomitee machte der Regierungskommission Meldung über die Teilnahme von 65.000 Männern am Katholikentag und über die Erklärung des Katholikentags über die Schulfrage.[1728] Schlich verfasste im Namen des Lokalkomitees einen Brief an Pacelli, worin er den Nuntius über den glänzenden Verlauf der Veranstaltung informierte und zugleich die Vorwürfe der französischen Presse über die angeblich geplante Teilnahme Schultes am Katholikentag sowie jegliche politische Intention entschieden zurückwies.[1729]

Der Bericht Bornewassers vom 21. Juni, den er über Pacelli nach Rom sandte und in dem er über das gemeinsame Wirken mit Sebastian berichtete, sowie der Artikel im „Osservatore Romano", der davon sprach, dass sowohl Bornewasser als auch Sebastian während des Katholikentags in Saarbrücken religiös aktiv waren, riefen bei Gasparri Befürchtungen hervor, Frankreich werde nun politisch aktiv, und daher drängte dieser seinen Nuntius dazu, Berichte aus Trier und Speyer vorzulegen.[1730] Nachdem Bischof Bornewasser am 3. August Schlich telegrafisch auf-

1726 Vgl. Pietro GASPARRI, Schreiben an Nuntius Pacelli vom 06.09.1923. Vatikan, http://194.242.233.158/denqPacelli/index.htm (Stand: 05.08.2017) sowie HINKEL, Der Erste Saarländische Katholikentag 1923 in der Berichterstattung des Münchener Nuntius Eugenio Pacelli (wie Anm. 6), 252. Der „Osservatore Romano" berichtete jedoch schon am 22.06.1923 auf seiner Titelseite über den saarländischen Katholikentag (s. o.). Hinkel merkt noch ergänzend an, dass Pacelli, vermutlich wegen des Konflikts zwischen dem Kölner Oberbürgermeister Konrad Adenauer und dem Münchener Kardinal-Erzbischof Faulhaber (während des Katholikentages 1922 in München), auch schon vom 1922 in München stattgefundenen Katholikentag in Rom keinen Bericht erstattet hatte. Vgl. ebd., 13f. Eine ausführliche Darstellung des Münchner Katholikentags von 1922 und des Streits zwischen Adenauer und von Faulhaber bei: SELBACH, Katholische Kirche und französische Rheinlandpolitik nach dem Ersten Weltkrieg (wie Anm. 5), 265–270.

1727 Vgl. ebd., 392f. Frankreich behielt also seinen Plan bei, einen katholischen Administrator für das Saargebiet zu erwirken, weshalb die Regierung Rault beauftragte, ihnen einen einheimischen Kandidaten zu nennen, der dafür geeignet erscheine.

1728 Vgl. Schreiben Becker an die Regierungskommission vom 08.06.1923 (SCHLICH, Unterlagen zur Geschichte des Saargebiets [wie Anm. 56]).

1729 Vgl. Schreiben Becker an Pacelli vom 18.07.1923 (ebd.).

1730 Eine detaillierte Darstellung der Geschehnisse zwischen Gasparri, Pacelli, Bornewasser, Sebastian und Schulte bietet Hinkel. Allerdings würde dies den Untersuchungsrahmen der vorliegenden Arbeit sprengen. Entscheidend ist lediglich die Tatsache, dass Pacelli von den beiden Diözesanbischöfen von Trier und Speyer detaillierte Berichte des Katholikentags forderte, um diese Gasparri zu übersenden. Vgl. HINKEL, Der Erste Saarländische Katholikentag 1923 in der Berichterstattung des Münchener Nuntius Eugenio Pacelli (wie Anm. 6), 252–260.

gefordert hatte, einen Bericht für Rom schnellstmöglich zu verfassen und diesen mittels eines Boten nach Trier zu schicken[1731], verfasste Schlich auch noch einen Bericht, der nach Rom übersandt wurde.[1732]

Mehrfach beteuerte Schlich in seinem Bericht, den Bischof Bornewasser unter eigenem Namen nach Rom schickte, der Katholikentag habe seit der ersten Planungssitzung der vorbereitenden Kommission „rein religiöse und kirchliche Ziele" verfolgt. Man habe sogar Prälat Kaas, der schon als Redner gewonnen worden war, abgesagt, weil dieser Mitglied des deutschen Reichtags sei und dahinter eine politische Note hätte vermutet werden können. Die gesamte Veranstaltung habe, so Schlich weiter, nicht eine nationale oder politische Intention gehabt: weder in den Predigten oder während des Festzugs noch in den Versammlungsreden.[1733] Natürlich verzichtete Schlich nicht darauf, die Vorwürfe der französischen Presse zu dementieren. Wie die obigen Ausführungen zeigen, entsprach der von Schlich und Bornewasser wiederholt behauptete unpolitische Charakter des saarländischen Katholikentags nicht ganz der Wahrheit. Beider Äußerungen sind vielmehr taktisch motiviert.

Über Bornewasser und Pacelli gelangte schließlich der Bericht Schlichs nach Rom und schien, gemeinsam mit den anderen vorgelegten Berichten, die die Kurie von verschiedenen Personen wie beispielsweise Bischof Sebastian forderte, die Wogen im Vatikan wieder geglättet zu haben. Es dauerte zwar fast einen Monat, bis eine Antwort aus der Ewigen Stadt eintraf, dafür war diese aber umso erfreulicher.[1734] Im Schreiben, das Gasparri am 6. September an Pacelli schickte, forderte der Kardinalstaatssekretär seinen Nuntius dazu auf, Bornewasser und Sebastian im Namen Pius' XI. zum Erfolg des Katholikentags zu gratulieren. Der Papst habe sich, so Gasparri weiter, besonders über die enorme Teilnehmerzahl sowie die Verbundenheit der saarländischen Katholiken zu ihm (als Person) *„genauso wie gegenüber ihren Hirten, eine der wichtigsten Bedingungen für den fruchtbaren Erhalt des christlichen Lebens der Völker"*[1735] gefreut.

1731 Vgl. Telegramm Bornewassers an Schlich vom 03.08.1923 (SCHLICH, Unterlagen zur Geschichte des Saargebiets [wie Anm. 56]).

1732 Vgl. hierzu und zum Folgenden: Bericht Schlichs vom 04.08.1923 (ebd.). Handschriftlich vermerkte Schlich das Datum oben rechts und schrieb am linken Rand „nach Rom".

1733 s. o.

1734 Vgl. hierzu und zum Folgenden: HINKEL, Der Erste Saarländische Katholikentag 1923 in der Berichterstattung des Münchener Nuntius Eugenio Pacelli (wie Anm. 6), 260f.

1735 Übersetzung des Schreibens Gasparris an Pacelli, zitiert nach: ebd., 22. Hervorhebungen im Original. Im Originalschreiben heißt es: „come anche verso i loro pastori, condizioni queste tra le più essenziali per il prospero mantenimento della vita cristiana nei popoli" (GASPARRI, Schreiben an Nuntius Pacelli vom 06.09.1923 [wie Anm. 1726]). Letzterer Satz dürfte, so Hinkel, als Zustimmung des Heiligen Vaters zur Entschließung für den Verbleib der Saarpfarreien zu den Diözesen Trier und Speyer verstanden werden. Vgl. HINKEL, Der Erste Saarländische Katholikentag 1923 in der Berichterstattung des Münchener Nuntius Eugenio Pacelli (wie Anm. 6), 261.

4.4.6 Schlich im Kampf gegen den Nationalsozialismus

Im letzten Kapitel des Hauptteils müssen noch einmal Schlichs Stellung zum Nationalsozialismus und dessen Lehren fokussiert werden, da Schlich die Partei Adolf Hitlers spätestens seit dem Erstarken derselben im Deutschen Reich ständig beobachtete und schließlich auch seine Biographie stark beeinflussen sollte. Die Beurteilung des Umgangs Schlichs mit den Nationalsozialisten erfordert, dass vieles von dem, was bereits in den vergangenen Kapiteln ausführlich Erläuterung fand, noch einmal zusammengetragen werden muss, um ein abschließendes Bild Schlichs skizzieren zu können.

War Schlich ein Gegner der Nationalsozialisten? Wenn er sich für die Wiederangliederung des Saargebiets an Hitlerdeutschland einsetzte, war er dann nicht vielmehr ein Sympathisant der braunen Machthaber? Und wie lässt sich der „Widerstand" des „katholischen Milieus" überhaupt charakterisieren? Ein Pauschalurteil über die Widerstandsfähigkeit des katholischen Milieus kann man nicht abgeben, denn dieses war kein geschlossenes, monolithisches Gebilde.[1736] Die Katholiken lebten mitten in der Gesellschaft. Nur etwa 50 % der Katholiken waren kirchlich sozialisiert und partizipierten am (gottesdienstlichen) Leben der Kirche.[1737] Der Katholizismus wies, so Rainer Lepsius, durch seine subkulturelle Abschottung eine hohe Resistenz gegenüber dem Nationalsozialismus auf.[1738] Es gab auch bestimmte Faktoren, die das „katholische Milieu" von den Nationalsozialisten trennten. Dazu zählten die nationalsozialistische Religionspolitik, die Verkirchlichung (liturgische Verdichtung) sowie die nationalsozialistische Weltanschauung, deren Kern der Rassegedanke bildete. Allerdings gab es auch gewisse Schnittmengen, wie etwa den Nationalismus sowie den gemeinsamen Kampf der Kirche und Nationalsozialisten gegen den Bolschewismus. Aber „[e]s ist also alles in allem historisch nicht gerechtfertigt, pauschal von »ideologischen Affinitäten« des katholischen Milieus zum Nationalsozialismus zu reden. Es gibt gesamtgesellschaftliche Denktraditionen, Wahrnehmungen und Befindlichkeiten, die nicht spezifisch katholisch, aber unter Katholiken weit verbreitet waren."[1739] Inwiefern das katholische Milieu nun resistent gegen die Anfeindungen und Versuchungen des Nationalsozialismus war, hing davon ab, „wie die Katholiken »katholisch«, Kirche und Katholizismus »antimodern« und das NS-Regime totalitär waren."[1740]

1736 Zum Begriff des „katholischen Milieus" vgl. die Ausführungen in Kapitel 1.

1737 Vgl. KÖSTERS, Katholisches Milieu und Nationalsozialismus (wie Anm. 3), 150f.

1738 Vgl. Rainer LEPSIUS, Parteiensystem und Sozialstruktur: zum Problem der Demokratisierung der deutschen Gesellschaft. In: Deutsche Parteien vor 1918, hg. von Gerhard RITTER. Köln 1973, 67–83, hier: 68–70.

1739 KÖSTERS, Katholisches Milieu und Nationalsozialismus (wie Anm. 3), 162.

1740 Ebd., 165.

Es schien offenbar ein gewisses Maß an Widerstandsfähigkeit im katholischen Lager gegen die Nationalsozialisten gegeben zu haben.[1741] Doch stellt sich nun die Frage, wie dieser „Widerstand" genau ausgesehen hat. Ist überhaupt das Wort „Widerstand" der rechte Begriff dafür? Zeitzeugenberichte, die nach dem Ende des Zweiten Weltkriegs und der Terrorherrschaft Adolf Hitlers verfasst wurden, neigen dazu, das Handeln der Kirche und der Katholiken leicht zu glorifizieren. Oftmals wird in diesem Zusammenhang das Faktum genannt, dass die katholische Kirche sich nicht gleichschalten ließ. Zudem war die Kirche „so etwas wie eine Restmenge moralischer Substanz der Deutschen in d[er] Nachkriegszeit."[1742] Diese Berichte, welche ohne zeitliche Distanz zum Erlebten verfasst wurden, sind natürlich ebenso kritisch zu hinterfragen wie auch die Berichte der verschiedenen nationalsozialistischen Behörden und verdeckten Ermittler. Die Zeitzeugenaussagen könnten einerseits subjektiv gefärbt oder nachträglich geschönt sein, um das eigene Handeln oder das der Kirche zu erklären. Hinsichtlich der Berichte des nationalsozialistischen Verwaltungs- und Überwachungsapparates ist auch Vorsicht geboten, weil die Behörden hinter jedem (von der Norm abweichendem) Verhalten einen Angriff auf den Staat und dessen Führung vermuteten, auch wenn dies nicht von der handelnden Person, über die berichtet wurde, intendiert war.[1743]

Etwa 40 Jahre nach dem Zweiten Weltkrieg begann die Phase, in der man dem „Widerstand" der Amtskirche eher kritisch begegnete.[1744] Georg Denzler kam zu dem Ergebnis, dass die Kirche keinen wirklichen Widerstand geleistet habe.[1745] In nachfolgenden Forschungen kam man zu dem Ergebnis, dass der „Widerstand" nur auf

1741 Keywan Klaus MÜNSTER und Hermann-Josef SCHEIDGEN, Der konfessionelle Widerstand an der Saar 1935–1945. In: „Herr Hitler, ihre Zeit ist um!". Widerstand an der Saar 1935–1945, hg. von Helmut RÖNZ und Markus GESTIER (= Malstatter Beiträge aus Gesellschaft, Wissenschaft, Politik und Kultur). St. Ingbert 2016, 133–182, hier: 136–161.

1742 Michael KIßENER, Ist »Widerstand« nicht »das richtige Wort«? In: Die Katholiken und das Dritte Reich, 167–178, hier: 167.

1743 Diese Quellenkritik gilt auch für alle im Kapitel genannten und zitierten Berichte des nationalsozialistischen Machtapparats.

1744 Eine kurze Zusammenfassung der bisherigen Forschungsperioden sowie eine Vielzahl an Literatur zu diesem Thema bietet Christoph KÖSTERS, Katholische Kirche im nationalsozialistischen Deutschland – Aktuelle Forschungsergebnisse, Kontroversen und Fragen. In: Die katholische Schuld? Katholizismus im Dritten Reich zwischen Arrangement und Widerstand, hg. von Rainer BENDEL (= Wissenschaftliche Paperbacks Bd. 14). Münster ²2004, 25–46, hier: 26–28.

1745 Als Gründe hierfür führt er u. a. den Abschluss des Reichskonkordats, das Schweigen der Bischöfe zur Judenvernichtung und den sog. Dekaloghirtenbrief von 1943 an. Obwohl die Bischöfe sich in ihrem Schreiben 1943 gegen das Töten von Menschen „fremder Rassen und Abstammung" aussprachen, beharrte Denzler darauf, dass dies kein Zeichen des Widerstands gewesen sei, weil der den Bischöfen bekannte Holocaust mit keiner Silbe Erwähnung fand. Vgl. Georg DENZLER, Widerstand ist nicht das richtige Wort. Katholi-

die Sicherung der eigenen Strukturen abgezielt habe.[1746] Paul und Mallmann gehen speziell für das Saargebiet sogar noch einen Schritt weiter, indem sie am Ende ihrer Studie, die es kritisch zu hinterfragen gilt, zu dem Ergebnis gelangen, dass man im Saargebiet nur Widerstand gegen den Nationalsozialismus leisten konnte, wenn man nicht in das praktizierende katholische Milieu eingebunden war.[1747]

Amtliche Dokumente der damaligen Zeit zeigen, dass die Gegnerschaft der Kirche gegen das Hitler-Regime „sehr selten eine politische Gegnerschaft der Kirche, sondern vielmehr ein(en) weltanschauliche[r] Dissens [war]"[1748], was kaum verwunderlich erscheint, da die Kirche sich niemals selbst als eine politische Instanz verstand. Dies war nach ihrem Selbstverständnis nicht ihr Aufgabenfeld.

Dass es katholischerseits Widerstandsbewegungen gab, führen verschiedene prominente Beispiele („Weiße Rose", KZ-Priester etc.) recht deutlich vor Augen, ohne dass man auf diese näher eingehen muss. Doch nahm der Widerstand (aktiv und passiv) verschiedene Formen an.[1749] Eine Hilfe zur Klassifikation des Widerstands liefern Repgen, Gotto und Hockerts durch das von ihnen vorgeschlagene „Vier-Stufen-Modell".[1750] Sie unterscheiden zwischen „punktueller *Nonkonformität*" (z. B. Klagen über Einzelmaßnahmen) auf der untersten und Resistenz („Verweigerung") zum Schutz der eigenen Identität auf der zweiten Stufe. Diese beiden

sche Priester, Bischöfe und Theologen im Dritten Reich. Zürich 2003, hierzu: 26–46. Diese These ist jedoch sehr einseitig und daher stark zu hinterfragen.

1746 Vgl. KIßENER, Ist »Widerstand« nicht »das richtige Wort«? (wie Anm. 1742), 168. Diese These trifft sicherlich bis zu einem gewissen Grad zu, ist aber auch nur eine Seite der Münze, denn mit dem Schutz der eigenen Strukturen geht auch der Schutz der eigenen Werte- und Weltanschauung einher.

1747 Vgl. Gerhard PAUL und Klaus-Michael MALLMANN, Milieus und Widerstand. Eine Verhaltensgeschichte der Gesellschaft im Nationalsozialismus (= Widerstand und Verweigerung im Saarland 1935–1945 3). Bonn 1995, 536. Inwiefern der These zu widersprechen ist, werden die nachfolgenden Ausführung exemplarisch zeigen. Auch Kißener zählt drei Beispiele für katholischen „Widerstand" aus den Reihen des Klerus und der Laien auf, um diese These zu entkräften. Gerade diese Widerstandsgruppen glänzten durch ihre Treue zur katholischen Kirche. Vgl. KIßENER, Ist »Widerstand« nicht »das richtige Wort«? (wie Anm. 1742), 171–173.

1748 Ebd., 170.

1749 Zur Unterscheidung von aktivem und passivem Widerstand vgl. Joachim KUROPKA, Zur Frage der Gefährdung der NS-Herrschaft durch die katholische Kirche. In: Geistliche und Gestapo. Klerus zwischen Staatsallmacht und kirchlicher Hierarchie, hg. von Joachim KUROPKA (= Anpassung – Selbstbehauptung – Widerstand 23). Münster [2]2005, 45–65, hier: 50–59.

1750 Zum Widerstandsmodell vgl. Klaus GOTTO, Konrad REPGEN und Hans Günter HOCKERTS, Nationalsozialistische Herausforderung und kirchliche Antwort. Eine Bilanz. In: Die Katholiken und das Dritte Reich, hg. von Klaus GOTTO und Konrad REPGEN (= Topos-Taschenbücher Bd. 136). Mainz [3]1990, 173–190, hier: 175f. Die nachfolgenden Zitate sind auch im Original durch Kursivdruck hervorgehoben.

Widerstandsformen zielten nicht darauf ab, einen politischen Umsturz herbeizuführen, denn es konnte auch heißen, dass man unter Umständen die politischen Ziele des NS-Regimes bejahte. Die dritte Stufe bildete der (angedrohte) öffentliche Protest, der jedoch ein offensives Vorgehen gegen das System bedeutete. Zuletzt nennen sie auf der vierten Stufe den aktiven Widerstand, der auch als „*Widerstand im engeren Sinne*" bezeichnet werden kann.[1751] Es gab aber ebenso verschiedene Stufen der Kollaboration zwischen Katholiken (inklusive Amtsträger) und den Nationalsozialisten, was zeigt, dass es neben Dissonanz und Resistenzphänomenen sowie Widerstandshandlungen auch abgestufte Formen der Zustimmung und Kooperation bis hin zur weitgehenden Kollaboration (z. B. Verrat von Mitmenschen an die Gestapo etc.) gab.[1752]

Orientierung zum Widerstand für religiös motivierte Katholiken war letztlich der von der Kirche gelehrte Glaube; insofern ist Kißener zuzustimmen, der zum Ergebnis gelangt, dass kirchlich-katholischer Widerstand im Sinne eines „Kultur-Widerstands" anzusehen sei, in dem sich ein gewisser Wertekanon widerspiegelte.[1753]

Schlich selbst hinterließ im Zusammenhang mit dem Nationalsozialismus in seinem Nachlass neben Zeitungsausschnitten ein mehrseitiges „Geistiges Testament", das er über mehrere Wochen erstellte und das sich heute im Bistumsarchiv Trier befindet. Schlich tritt hierbei wieder als Chronist der Ereignisse auf. Am 7. November 1943 begann Schlich rückblickend einen Bericht, den er mit den Worten „Für die spätere Geschichtsschreibung teile ich mit:"[1754] beginnt. Natürlich muss an dieser Stelle wieder angemerkt werden, dass sich bei Schlich – gewollt oder nicht – historische Ungenauigkeiten eingeschlichen haben könnten, damit er und die Kirche im Nachhinein besser dargestellt werden. Jedoch untermauert er die Fakten, die er vorträgt, meist mit Literaturverweisen, sodass man seine Schilderung der Geschichte auch sachlich nachprüfen kann. Um die Haltung Schlichs gegenüber den Nationalsozialisten und ihrer Weltanschauung beurteilen zu kön-

1751 Blaschke hinterfragt das Modell und weist darauf hin, dass es auch zumindest ein Gegenmodell geben müsse, mit der man die Stufen der Kollaboration bestimmen könne. Zudem müsse auf katholischer und evangelischer Seite die gleiche Messskala eingeführt werden, da die protestantische Forschung fünf Stufen des Widerstands unterscheidet. Vgl. Olaf BLASCHKE, Die Kirchen und der Nationalsozialismus (= Reclams Universal-Bibliothek Nr. 19211). Stuttgart 2014, 194–202.

1752 Vgl. DERS., Stufen des Widerstandes – Stufen der Kollaboration. In: theologie.geschichte (2010) S. 63–88, hierzu insbesondere: 80f.

1753 Vgl. KIßENER, Ist »Widerstand« nicht »das richtige Wort«? (wie Anm. 1742), 174–178. Der Begriff „Kultur-Widerstand" wurde erstmals von Winfried Becker vorgeschlagen. Vgl. Winfried BECKER, Christen und der Widerstand. Forschungsstand und Forschungsperspektiven. In: Kirchen im Krieg. Europa 1939–1945, hg. von Karl-Joseph HUMMEL und Christoph KÖSTERS. Paderborn 2006, 473–491, hier: 490.

1754 Johann Ludger SCHLICH, Kirche und Nationalsozialismus im Saargebiet (07.11.1943), Bistumsarchiv Trier, Abt. 134 Nr. 95. Hervorhebung im Original.

nen, genügt es nicht, die einzelnen Aussagen zu betrachten, die Schlich gemacht hat, sondern man muss darüber hinaus auch das gesamte Lebensgefüge des damaligen Saarbrücker Dechanten in den Blick nehmen.

Die NSDAP konnte bei den Wahlen im Saargebiet zunächst nur wenige Stimmen auf sich vereinigen. Während die Nationalsozialisten bei den Reichstagswahlen in Deutschland 1930 schon 19 % der Stimmen bekamen und bis Juli 1932 auf 37 % steigerten, gelang es der Partei im Saargebiet bis 1932 vergleichsweise kaum Fuß zu fassen.[1755] Die Reichstagswahl vom 31. Juli 1932 war „deshalb besonders signifikant, weil Hitler damals sein bestes Ergebnis unter den Bedingungen einer wirklich freien, gleichen und geheimen Wahl erzielte."[1756] Dabei fällt deutlich auf, dass in den mehrheitlich katholischen Gebieten des damaligen Deutschen Reiches die NSDAP im Normalfall keine 30 % erringen konnte.[1757] Bei der Landesratswahl 1932 im Saargebiet errang die NSDAP gerade einmal zwei der 30 Sitze. Ähnlich waren ihre Aussichten auch auf kommunaler Ebene, denn bei den Kommunalwahlen, die im selben Jahr durchgeführt wurden (wie die Wahlen für den Landesrat), schafften sie es gerade einmal, 15 von 206 Mandaten zu bekommen. Noch desaströser endeten die Gemeinderatswahlen, denn die Partei konnte lediglich 117 von 4.261 Mandaten erringen. Je lokaler die Wahl und je dichter das katholische Milieu war, umso weniger Stimmen entfielen auf die NSDAP.[1758]

Bis dahin waren die gemeinsamen politischen „Feinde" der (meisten) Bewohner des Saargebiets die Regierungskommission und Frankreich. Doch man beobachtete im Saargebiet genauestens die politischen Entwicklungen im Deutschen Reich, wohin man nach dem Referendum 1935 wieder zurückwollte. Darin waren sich (fast) alle politischen Vereinigungen und christlichen Konfessionen einig. Erstmals beschäftigte sich die Saarbrücker Pfarrkonferenz am 1. Juni 1931 mit dem

1755 Vgl. hierzu und zum Folgenden: Anhang 1.

1756 Katholischer Arbeitskreis für zeitgeschichtliche Fragen e. V., Wahlverhalten der katholischen Bevölkerung Deutschlands 1932–1933. Bonn 1979, in: Die Katholiken und das Dritte Reich, hg. von Klaus Gotto und Konrad Repgen (= Topos-Taschenbücher Bd. 136). Mainz [3]1990, Anhang. Eine detaillierte Analyse zu den Wahlen des Jahres 1932 bietet Jürgen Falter, Hitlers Wähler. München 1991, 34–38.

1757 Vgl. ebd. sowie Feldkamp, Mitläufer, Feiglinge, Antisemiten? (wie Anm. 187), 43–45. Mehrere colorierte Karten, die das Verhältnis zwischen konfessioneller Zugehörigkeit und Abstimmungsergebnis zeigen und sich mit den Ausführungen decken, liefert: Katholischer Arbeitskreis für zeitgeschichtliche Fragen e. V., Wahlverhalten der katholischen Bevölkerung Deutschlands 1932–1933 (wie Anm. 1756). Diese Karten befinden sich im Anhang zu Gotto und Repgen, Die Katholiken und das Dritte Reich (wie Anm. 1756).

1758 Vgl. Paul und Mallmann, Milieus und Widerstand (wie Anm. 1747), 56–59. Falter kommt für das Deutsche Reich zum selben Schluss. Vgl. Falter, Hitlers Wähler (wie Anm. 1756), 355.

Nationalsozialismus.[1759] Dies ist genau die Zeit, in der die NSDAP einen Massenzulauf verzeichnen konnte.

Mit Bestürzung verfolgten die Geistlichen des Saargebiets schon 1931 den Aufstieg der NSDAP im Deutschen Reich. Das Saargebiet sollte erst in vier Jahren über eine mögliche Rückgliederung an das Deutsche Reich entscheiden dürfen. Jedoch war für die Priester der politische Kurs, der Wiederanschluss der Saar, der den Verbleib der Pfarreien des Saargebiets bei den Bistümern Trier und Speyer zur Folge hätte, unangefochten. Aus diesem Grund wurde die Erstarkung der Nationalsozialisten genauestens beobachtet und die Dechanten des Saargebiets sowie die führenden Köpfe der katholischen Vereinigungen und Verbände wiesen die Regierungskommission des Saargebiets auf „die Bestrebungen der rechtsradikalen Elemente […] [hin], die durch Einführung des sogenannten ‚Wotankultes' oder sonstiger altheidnischer Naturkultverbreitung der völkischen Rassenidee gehässige Spaltung ins Volksleben bringen und durch Lieder und Schriften besonders die Jugend zu Haß und Gewalttaten entflammen."[1760] Auch in Saarbrücken nahm man die aufsteigende Bedrohung deutlich wahr. So untersuchte Pfarrer Maaß im Kapitelsvortrag am 1. Juni 1931 das Verhältnis zwischen katholischer und nationalsozialistischer Lehre.

Der Grundgedanke des Nationalsozialismus, der eine Weltanschauung sei, sei die Rassenidee, wobei die Begriffe „Rasse" und „Seele" identisch seien. Maaß, der sich insbesondere auf Alfred Rosenbergs „Mythos des 20. Jahrhunderts"[1761] bezog, legte dar, dass drei Ideen maßgebend für den Nationalsozialismus seien: zum einen der materialistische Determinismus, zum anderen der Relativismus und darüber hinaus die Vorstellung, dass Rassenmischung zur Entartung führe. In der täglichen Seelsorge könne man am besten gegen das aufkommende Neuheiden-

1759 Vgl. Kapitelsverhandlungen des Dekanates Saarbrücken vom 1. Juni 1931 im Pfarrhaus Christkönig (SCHLICH, Decanats- u. Conferenzberichte u. Bischöfl. Schreiben [wie Anm. 457]). Zur Arbeit des Saarbrücker Dekanatskapitels vgl. die Ausführungen in Kapitel 4.1.4.

1760 Eingabe der Dechanten und verschiedener katholischer Vereine des Saargebiets an die Regierungskommission vom 28.03.1931, ediert bei Johannes SIMMERT und Hans-Walter HERRMANN, Die nationalsozialistische Judenverfolgung in Rheinland-Pfalz 1933 bis 1945. Das Schicksal der Juden im Saarland 1920 bis 1945 (= Dokumentation zur Geschichte der jüdischen Bevölkerung in Rheinland und im Saarland von 1800 bis 1945 6). Koblenz 1974, 301.

1761 Zur Auseinandersetzung der katholischen Kirche mit Rosenbergs Mythus vgl. Raimund BAUMGÄRTNER, Weltanschauungskampf im Dritten Reich. Die Auseinandersetzung der Kirchen mit Alfred Rosenberg (= Veröffentlichungen der Kommission für Zeitgeschichte. Reihe B, Forschungen Bd. 22). Mainz 1977, 138–199. Zur Indizierung Rosenbergs vgl. Dominik BURKARD, Häresie und Mythus des 20. Jahrhunderts. Rosenbergs nationalsozialistische Weltanschauung vor dem Tribunal der Römischen Inquisition (= Römische Inquisition und Indexkongregation 5). Paderborn [etc.] 2005.

tum vorgehen, indem man nicht nur die Verkehrtheit der NS-Ideologie öffentlich anprangere, sondern auch die bestehenden Missstände zu beheben versuche, die der Nährboden der Bewegung seien. Maaß nannte, neben anderen Vorgehensweisen, die „Sammlung der Jungmännerwelt und um tüchtige Jungmännerpräsides: Radikale kath. Art das beste Mittel zur Überwindung des Radikalismus."[1762]

Schlich gab die Anregung, die Landes-Zeitung möge aufklärende Artikel veröffentlichen, an die Redaktion des Verlages weiter. Man fasste den Beschluss, diese Bedrohung im Saargebiet ernst zu nehmen und darauf jetzt schon zu reagieren, indem Ausspracheabende mit Jugendlichen in kleinen Gruppen abgehalten werden sollten, an denen auch immer ein Priester teilnehmen müsse.

Bischof Bornewasser teilte die Ansichten der Kapitulare bezüglich des Nationalsozialismus, sprach ihnen aber auch ein Wort der Mahnung aus: „Wenn auch im Saargebiet z. Zt. noch nicht die sonst festgestellten Erfolge der Nationalsozialisten zu verzeichnen sind, so ist doch größte Wachsamkeit am Platze. Die wirtschaftliche Not vergrößert die allgemeine Verwirrung weiter Kreise. Desto mehr muß die Caritas einsetzen, damit der seelische Boden geebnet und für die religiöse Einwirkung empfänglich gemacht wird."[1763]

Zahlenmäßig war die Zentrumspartei (und damit die katholische Kirche) im Saargebiet nicht auf die „Braunhemden" angewiesen und Schlich unterstützte daher zu keinem Zeitpunkt die nationalsozialistischen Machthaber bzw. die Saar-NSDAP. Schlichs politische Ausrichtung – wie die des Saar-Zentrums im Allgemeinen – lässt sich als „deutschnational" charakterisieren, wie es auch Schäfer und Haupert taten.[1764] Es gab in einigen Punkten Überschneidungen mit den Zielen der Partei Adolf Hitlers, wie z. B. den Wiederanschluss des Saargebiets an das Deutsche Reich, allerdings auch gravierende Differenzen mit der Regierung im Deutschen Reich, die eine Zusammenarbeit Schlichs mit den Nationalsozialisten unmöglich machte, wie er es selbst bei einer Rundfunkansprache ausdrückte: „Wir sind katholische Deutsche. Wohl wissen wir und hören wir leider, daß zur Zeit in Deutschland ernste Spannungen in kirchenpolitischen Fragen und schwere Unklarheiten auf kulturellem Gebiet bestehen. [...] Doch sehen wir in den

1762 Kapitelsverhandlungen des Dekanates Saarbrücken vom 1. Juni 1931 im Pfarrhaus Christkönig (Schlich, Decanats- u. Conferenzberichte u. Bischöfl. Schreiben [wie Anm. 457]).

1763 Brief Bornewasser an Schlich vom 01.07.1931 (ebd.).

1764 Vgl. Haupert und Schäfer, Saarländischer katholischer Klerus zwischen Anpassung und Widerstand 1933–1935 (wie Anm. 10), 116. Jedoch ist der These Hauperts/Schäfers, dass „der Episkopat [...] sich in der ‚Anschlußfrage' keinesfalls neutral verhielt, sondern, wie wir anhand von Akten nachweisen können, prodeutsch – und das bedeutete implizit pronationalsozialistisch – eingestellt war" (ebd., 110), dahingehend zu widersprechen, dass Bornewasser keinesfalls Ambitionen hegte, mit dem NS-Regime zusammenzuarbeiten. Vgl. Schneider, Kein unbewegter Fels im Sturm, kein Fähnchen im Wind (wie Anm. 133), 310–312.

Abb. 41: Dechant Schlich predigte während des Freiluftgottesdienstes am „Tag der katholischen Saarjugend"

gegenwärtigen Verhältnissen keinen Grund, etwa bei der Abstimmung unserem Vaterland die Treue nicht zu halten."[1765]

Natürlich setzte sich Schlich in der Öffentlichkeit immer für die Rückgliederung des Saargebiets an das Deutsche Reich ein, wie es sein Bischof auch tat und von seinen Priestern, zumal von Schlich als dem Vorsteher des Saarklerus, stets forderte. Im ersten Teil der vorliegenden Arbeit wurde bereits detailliert herausgearbeitet, dass es Bornewasser als moralische Pflicht eines jeden katholischen Bewohners des Saargebiets verstand, für den Wiederanschluss zu votieren, wobei die Bischöfe bzgl. des Plebiszits am 13. Januar 1935 Druck auf das Gewissen der Saarländer machten, obwohl in keinem Schreiben der Hinweis auf die im Reich verfolgte Kirche fehlte. Kardinalstaatssekretär Pacelli missfiel das starre Verhalten des Trierer Oberhirten und er sah sich veranlasst einzugreifen, weshalb er auch einen Visitator an die Saar entsandte und eine Delegation von Vertretern der katholischen Opposition des Saargebiets im Vatikan empfing.[1766] Man muss also das Verhalten Schlichs (und Bornewassers) differenziert betrachten.[1405]

1765 Rundfunkrede Schlichs vom 06.05.1934 (Bistumsarchiv Trier, Oberpräsidium Koblenz, Staatliche Verordnungen, Regierung Trier [wie Anm. 147]). Der Text ist abgedruckt bei Haupert und Schäfer, Saarländischer katholischer Klerus zwischen Anpassung und Widerstand 1933–1935 (wie Anm. 10), 116.

1766 Vgl. Schneider, Kein unbewegter Fels im Sturm, kein Fähnchen im Wind (wie Anm. 133), 274. Der Bericht Bornewassers sowie ein Schreiben Kardinalstaatssekretär Pacellis an diesen ist ediert bei Zenner, Parteien und Politik im Saargebiet unter dem Völkerbundsregime (wie Anm. 4), 405–412. Zur Position Roms vgl. Heinrich Küppers, Johannes Hoffmann (1890–1967). Biographie eines Deutschen (= Forschungen und Quellen zur

Abb. 42: Schlich im Gespräch mit Bischof Bornewasser auf der Jubeltribüne, an der die Jugend vorbeizog

Als die Zentrumspartei des Saargebiets in der „Deutschen Front" aufging, ahnte Schlich bereits, was sich anzubahnen begann. Da er die nationalsozialistische Lehre ablehnte, sprach er sich auch gegen die Auflösung der Zentrumspartei aus, damit die katholische Kirche auf dem politischen Parkett Stellung gegen das aufkommende Neuheidentum beziehen könne.[1768] Dementsprechend fasste die Dekanatskonferenz Saarbrückens am 3. Juli 1933 den Beschluss: „Das Saarzentrum bleibt, (sic!) was es bisher war, (sic!) und kämpft für die alten Ideale u. Ziele den neuen Verhältnissen entsprechend mit erneuter Kraft."[1769]

Zeitgeschichte Bd. 54). Düsseldorf 2008, *174–176 sowie* Küppers, *Herausforderungen und Bedrohungen im Zeichen des Hakenkreuzes (wie Anm. 143)*, hier: 642–644.

1767 Eine Randbemerkung in einem geheimen Bericht des SD-Oberabschnitts Rhein über die Kundgebung der Katholischen Aktion und der SS-Gegenaktion am 10.03.1935 (nach der Machtübernahme der Nationalsozialisten in Saarbrücken) unterstreicht diese These, wenn er schreibt: „diese katholischen Aktivisten an der Saar glauben wohl, die nationalsozialistische Staatsführung habe schon vergessen, wie ‚klar ihre Haltung' und ‚wie fest ihre Linie' sich mit den Kundgebungen des vorigen Jahres offenbart hat" (Bericht SD-Oberabschnitt Rhein in Frankfurt an SS-Gruppenführer Heißmeyer vom 19.03.1935 [NS-Mischbestand für Einzelakten, Landeshauptarchiv Koblenz, Best. 662, 007 Nr. 28]). Das Schreiben ist ediert bei Peter Brommer, Das Bistum Trier im Nationalsozialismus aus der Sicht von Partei und Staat. Quellenpublikation (= Quellen und Abhandlungen zur mittelrheinischen Kirchengeschichte 126). Koblenz am Rhein 2009, 149–160, hier: 157.

1768 Vgl. Bericht Schlichs vom 03.12.1933 (Schlich, Unterlagen zur Geschichte des Saargebiets [wie Anm. 123]).

1769 Bericht über die Dekanatskonferenz des Dekanats Saarbrücken vom 3. Juli 1933 (Bistumsarchiv Trier, Kapitels- und Pastoralkonferenzberichte [wie Anm. 140]).

Er scheute sich auch nicht, offen den Forderungen der Nationalsozialisten Widerstand zu leisten. Nachdem die NSDAP die Reichstagswahlen am 12. November 1933 für sich entschieden hatte, bat die Saargruppe der Partei Schlich darum, die Glocken anlässlich des Wahlsieges feierlich erklingen zu lassen.[1770] Schlich lehnte diese Forderung jedoch ab, was zeigt, dass er sich, obwohl Hitler die Macht im Deutschen Reich schon übernommen hatte und die Aussichten, dass das Saargebiet in naher Zukunft auch Teil des Reiches wird, recht gut standen, schon zu diesem Zeitpunkt den Nationalsozialisten entgegenstellte, auch wenn es für ihn mit Repressalien verbunden sein könnte. Statt seine ablehnende Haltung zu verbergen, wandte er sich sogar schriftlich gegen die führenden Köpfe der Partei. So sandte er gemeinsam mit Pfarrer Bungarten stellvertretend für die 20 Dechanten und Definitoren des Saargebiets ein Beschwerdeschreiben über Göring, der während einer Rede in Trier am 5. November 1933 die Priester beschimpfte hatte, an Vizekanzler Franz von Papen[1771], Reichspräsident Paul von Hindenburg[1772] und Reichskanzler Adolf Hitler.[1773]

Widerstand gegen den Einfluss der Nationalsozialisten leistete Schlich (gemeinsam mit den Saardechanten und dem Saarbrücker Dekanatskapitel) hinsichtlich der „Saarbrücker Landes-Zeitung“, als in Deutschland bereits die Pressefreiheit stark eingeschränkt war und es zu überlegen galt, was mit der Landes-Zeitung passieren könnte, wenn die Nationalsozialisten Druck auf den Verlag ausübten.[1774] Schlich habe aus gut informierten Quellen die Nachricht erhalten, die Nationalsozialisten wollten nun versuchen, Chefredakteur Hoffmann und den Aufsichts-

1770 Vgl. Schreiben Schlich an die Bischöfliche Behörde in Trier vom 14.11.1933 (Bistumsarchiv Trier, Pfarrakten der Pfarrei Saarbrücken [Christkönig] [wie Anm. 631]).

1771 Vgl. Schreiben Schlich und Bungarten an von Papen vom 15.11.1933 (Schlich, Unterlagen zur Geschichte des Saargebiets [wie Anm. 123]).

1772 Vgl. Schreiben Schlich und Bungarten an Reichspräsident Hindenburg vom 11.11.1933 (ebd.).

1773 Vgl. Schreiben Schlich an Hitler vom 13.11.1933 (Schlich, Unterlagen zur Geschichte des Saargebiets [wie Anm. 122]). Brief ist ediert bei Zenner, Parteien und Politik im Saargebiet unter dem Völkerbundsregime (wie Anm. 4), 388 sowie Gestier, Die christlichen Parteien an der Saar und ihr Verhältnis zum deutschen Nationalstaat in den Abstimmungskämpfen 1935 und 1955 (wie Anm. 56), Anlage 22. Vgl. zudem: Zur Mühlen, Patrik von, „Schlagt Hitler an der Saar!“ (wie Anm. 125), 133; Jacoby, Die nationalsozialistische Herrschaftsübernahme an der Saar (wie Anm. 110), 114

1774 Vgl. die Ausführungen in Kapitel 4.4.4. Auch nach der Machtergreifung der Nationalsozialisten im Deutschen Reich konnte die Saarbrücker Landes-Zeitung noch relativ frei die katholische Meinung vertreten. So publizierte sie beispielsweise als einzige deutschsprachige Zeitung am 10.04.1933 einen Artikel auf der Titelseite, der sich gegen die schlechte Behandlung der Juden in Deutschland wandte, während er in vielen Tageszeitungen gar nicht mehr oder nur in gekürzter Form erschien. Vgl. Walter Hannot, Die Judenfrage in der katholischen Tagespresse Deutschlands und Österreichs 1923–1933 (= Veröffentlichungen der Kommission für Zeitgeschichte. Reihe B, Forschungen 51). Mainz 1990, 159.

ratsvorsitzenden Bungarten zu entfernen, damit man der katholischen Presse an der Saar eine andere Richtung geben könne. Daher kündigte er dem Dekanatsklerus Saarbrückens während der ersten Jahresversammlung am 15. Januar 1934 an, er werde kommende Woche die Saardechanten im Festsaal der Saarbrücker Landes-Zeitung versammeln, um ein gemeinsames Signal aller Geistlichen des Saargebiets für die Autarkie der katholischen Saarpresse und wider die nationalsozialistische Einflussnahme zu setzen.[1775] Chefredakteur Johannes Hoffmann berichtete hierzu während der Dechantenkonferenz, zu der er eingeladen wurde, über die erschreckende Haltung der nationalsozialistischen Presse zu katholischen Fragen und Ereignissen. Man war einer Meinung, dass die katholische Tageszeitung weiterhin die ungeschminkte Wahrheit berichten müsse, auch wenn später Repressalien zu erwarten seien. „Wir tragen die Verantwortung mit Ihnen und die Folgen. Wir wollen das Geschäft nicht ruinieren, *aber über alles die Wahrheit*", entgegnete Schlich Chefredakteur Hoffmann.[1776] Nachdem es den Nationalsozialisten gelungen war, die Saarbrücker Landes-Zeitung zu infiltrieren, sorgten sie dafür, dass Chefredakteur Johannes Hoffmann seine Tätigkeit in der katholischen Presse einstellen musste.[1777]

Hoffmann gründete hierauf, sehr zum Leidwesen der Nationalsozialisten, die „Neue Saarpost". Aber auch Bischof Bornewasser lehnte die Zeitung Hoffmanns ab. Denn dieser hielt weiterhin an seinem politischen Kurs, der Rückkehr der Saar nach Deutschland, fest. Wie Schlich in seinen Aufzeichnungen nachweist, vertrat Bornewasser im Abstimmungskampf klar den Standpunkt, „Treue zum Volkstum" sei eine religiöse und zugleich auch moralische Verpflichtung eines jeden Saarländers.[1778] Daher arrangierte Schlich für seinen Bischof, nachdem die Volksmission in Saarbrücken gepredigt worden und Schlich auch wieder auf den Beinen war, eine große Jugendtagung am 29. Juli 1934 in Saarbrücken.[1779] Beim „Tag der katholischen Saarjugend", die, so beschlossen es die Kapitulare Saarbrückens bei ihrer Versammlung am 9. Juli 1934, einen rein religiös-kirchlichen Charakter haben soll-

1775 Vgl. Bericht über die Dekanatskonferenz des Dekanats Saarbrücken vom 15. Januar 1934 im Peter-Friedhofenhaus zu Saarbrücken (Kapitels- und Pastoralkonferenzberichte, Bistumsarchiv Trier, Abt. 74 Nr. 55).

1776 Protokoll der Dechantenkonferenz des Saargebiets vom 22.01.1934 (SCHLICH, Unterlagen zur Geschichte des Saargebiets [wie Anm. 123]). Das Protokoll ist auszugsweise ediert bei ZENNER, Parteien und Politik im Saargebiet unter dem Völkerbundsregime (wie Anm. 4), 390 sowie GESTIER, Die christlichen Parteien an der Saar und ihr Verhältnis zum deutschen Nationalstaat in den Abstimmungskämpfen 1935 und 1955 (wie Anm. 56), Anlage 23. Der hervorgehobene Text ist im Original als Sperrdruck geboten.

1777 Vgl. SIMON, Pfarrer Dr. Johann Ludger Schlich und die katholische Pressearbeit an der Saar 1920–1935 (wie Anm. 8), 351–357 sowie die Ausführungen in Kapitel 3.1.3 und 4.4.4.

1778 Vgl. Aufzeichnungen und Unterlagen Schlichs, in: SCHLICH, Unterlagen zur Geschichte des Saargebiets (wie Anm. 122).

1779 Vgl. hierzu zudem die Ausführungen in Kapitel 3.1.3.

Abb. 43: Schlich in der ersten Reihe neben Bischof Bornewasser auf der Tribüne

te, wie es das Konkordat vorschrieb, das für das Saargebiet allerdings noch keine Gültigkeit besaß, reiste Bischof Bornewasser nach Saarbrücken und warb für die Heimkehr der Saar, erteilte zugleich aber auch Hitler eine Absage.[1780]

Naturgemäß beteiligte sich Schlich an der Veranstaltung. Auf dem großen Hof der Malstatter Schulen fand eine Freiluftmesse statt, die Karl Münz[1781], Abt der Zisterzienserabtei Himmerod, den Schlich während der Diözesansynode 1931 in Trier kennengelernt hatte, zelebrierte. Schlich hielt im Rahmen des Gottesdienstes die Festpredigt. „Die katholische Jugend will Christusjugend sein", betonte der Predi-

1780 Zu den Vorbereitungen der Jugendtagung der Saarbrücker Geistlichen vgl. Bericht über die Konferenz der Definition 1 des Dekanats Saarbrücken vom 9. Juli 1934, gehalten im Peter-Friedhofenhaus Saarbrücken 1 (BISTUMSARCHIV TRIER, Kapitels- und Pastoralkonferenzberichte [wie Anm. 1775]).

1781 Adalbert Münz wurde am 10.02.1877 in Oberbrechen bei Limburg geboren und trat 1895 in die Abtei Marienstatt ein. 1900 empfing er die Priesterweihe und war von 1904 bis 1924 Cellerar der Abtei. Danach wurde er in das 1922 von Marienstatt aus wiederbesiedelte Zisterzienserkloster Himmerod als Prior-Administrator geschickt und 1925 zum Abt ernannt. Unter seiner Leitung erfolgte bis 1927 der Wiederaufbau der Klostergebäude. Allerdings wurde der weitere Ausbau des Klosters durch die Nationalsozialisten verhindert, die 1934 das Vermögen des Klosterbauvereins beschlagnahmten. Münz verließ Himmerod schließlich 1935 und ging nach Itaporanga in Brasilien, wo er ein neues Kloster gründete und 1941 verstarb. Vgl. Thomas DENTER, 100 Jahre Wiederbesiedlung Marienstatt (= Mareinstatter Aufsätze 6). Marienstatt 1988, 153.

ger mehrfach.[1782] Die katholischen Verbände sollten, so forderte Schlich öffentlich, gleichberechtigt sein mit den staatlichen Vereinigungen, auch Doppelzugehörigkeit solle möglich sein, denn Christen seien zugleich Staatsbürger als auch Töchter und Söhne Gottes. Aber „**[d]ie katholische Jugend anerkennt [nur] einen Führer: Christus. Nur ihn allein.** Sie anerkennt keinen Rassegott und keinen Nationalgott. Einen Deutschgott lehnen wir ab."[1783] Das Bekenntnis zu Christus sei ein Bekenntnis zur katholischen Kirche und nicht zu einer Nationalkirche. „Unsere Losung muß lauten: Für Christus und für ein christliches Deutschland."[1784] Während der gesamten Veranstaltung stand Schlich in erster Reihe neben der gesamten katholischen Prominenz, an deren Bühne die 50.000 Jugendlichen vorbeimarschierten und die hohe Geistlichkeit grüßten.

Während Schlich sich auf diese Weise deutlich vom Führerkult abwandte und der Partei Adolf Hitlers eine Absage erteilte, nutzte Bornewasser diesen Moment nicht in dieser Form, obwohl sich die Ermordungen Erich Klauseners, des Leiters der Katholischen Aktion Berlins, und Adalbert Probsts, des DJK-Bundesführers, im Zuge des Röhm-Putsches durch die Nationalsozialisten erst wenige Tage zuvor ereignet hatten. Er unterließ es, diesen Vorgang mit nur einem Wort während der Veranstaltung zu erwähnen, anders als Johannes Müller[1785], Bistumssekretär des Jungmännervereins.[1786] Dabei wäre dies, so muss man aus der Retrospektive feststellen, ein guter Moment gewesen, um die Bewohner des Saargebiets vor dem Terrorregime der Nationalsozialisten zu warnen. Vielmehr tat er das Gegenteil: er verurteilte die Bestrebungen der Status-quo-Bewegung („Neue Saarpost").[1787]

1782 Vgl. O. V., Katholische Saarjugend marschiert! „Wir bleiben treu!" – 50 000 ziehen auf vor ihren Bischöfen – Siebenhundert Fahnen wehen durch die Straßen Saarbrückens. In: Neue Saarpost vom 30. Juli 1934, 1.

1783 Ebd. Hervorhebung im Original.

1784 Ebd. Die Saarbrücker Landes-Zeitung berichtete mehr über die Teile der Rede, in der Schlich die Zugehörigkeit des Saargebiets und der dort lebenden Katholik(inn)en zum deutschen Volk herausstellten und die den deutsch-nationalen Charakter hervorheben. Das Zitat, dass die katholisch Gläubigen nur einen Führer, nämlich Jesus Christus, anerkennen, wurde von den Redakteuren der Saarbrücker Landes-Zeitung weggelassen. Vgl. DASS., Katholische deutsche Saarjugend marschiert! Ueberaus glänzender Verlauf des „Tages der katholischen Saarjugend". 50000 Jungen und Mädels grüßen ihre Oberhirten. Erhebendes Bekenntnis zu Christus. In: Saarbrücker Landes-Zeitung vom 30. Juli 1934, 1–2.

1785 Zu Müller vgl. die Ausführungen in Kapitel 3.1.3.

1786 Vgl. die Ausführungen in Kapitel 3.1.3 sowie PERSCH, Franz Rudolf Bornewasser (1922–1951) (wie Anm. 133), 53. Außerdem riet Bornewasser den im Saargebiet ansässigen Ordensgemeinschaften, geschlossen der Deutschen Front beizutreten. Vgl. KÜPPERS, Herausforderungen und Bedrohungen im Zeichen des Hakenkreuzes (wie Anm. 143), 640.

1787 Schärfere Worte zur Ermordung Probsts und Klauseners fand der später durch die Nationalsozialisten inhaftierte Diözesansekretär der Katholischen Jungmännervereinigung (KJMV) Johannes Müller einen Monat vorher. Während der Versammlung enthielt er sich,

Denn mit seiner katholischen Tageszeitung kämpfte Hoffmann offen für den Status quo.[1788] Die finanziellen Mittel erhielt er größtenteils, wie bereits erwähnt, von Schlich und Bungarten. Das Trio versuchte also auch weiterhin mit allen ihnen zur Verfügung stehenden Mitteln, Widerstand gegen das nationalsozialistische Deutschland zu leisten, wobei die beiden Priester nur verdeckt agieren konnten.[1789] In der Öffentlichkeit arbeitete Schlich jedenfalls gegen die „Neue Saarpost", denn er „hatte es sich in seiner nationalen Haltung nicht nehmen lassen, die mit der neuen Zeitung sympathisierenden Pfarrer aus Ballweiler, Jägersburg, Höchen, Erbach und Ensheim bei ihrem Bischof in Speyer zu denunzieren."[1790]

Die Tötung der beiden führenden katholischen Aktivisten durch die Nationalsozialisten müsste Dechant Schlich allerdings stark tangiert haben. Wie aus einem SD-Bericht hervorgeht, dürfte er in postalischem Kontakt mit dem Schwager Erich Klauseners, Ludwig Kny, gestanden haben und dieser habe ihn mit Informationen zur ‚Causa Klausener' versorgt, damit Schlich die Wahrheit in der Saar-Presse publiziere, was im Deutschen Reich nicht möglich war.[1791] Die Presse des Deutschen Reiches hatte wenig über die Ermordung berichtet. Die ‚Saarbrücker Landes-Zeitung' thematisierte die Bluttat mehrfach, was möglicherweise auf das Drängen Schlichs zurückzuführen sein könnte. Anfangs wurde das Gerücht verbreitet, Klausener sei ein Verschwörer gegen Hitler-Deutschland gewesen und habe Suizid begangen, was die katholische Saarbrücker Tageszeitung aber schon am 2. Juli 1934 bestritt.[1792]

Unter Berufung auf die „Kölnische Volkszeitung", wo am 3. Juli eine Traueranzeige der Familie abgedruckt worden war, berichtete man in Saarbrücken, dass Klausener ein Opfer der Säuberungsaktion geworden sei und er sich weder selbst getötet habe, wie es das „Saarbrücker Abendblatt" berichtete, noch erschos-

aufgrund des Schweigens seines Bischofs zu den Vorkommnissen, jeder diesbezüglichen Bemerkung. Vgl. SCHNEIDER, Johannes Müller und die katholische Saarjugend im Abstimmungskampf 1933–1935 (wie Anm. 151), 381.

1788 Dabei setzte man auch bewusst darauf, die Katholiken darauf hinzuweisen, dass der Vatikan die Gewissensfreiheit bei der Volksabstimmung verlangte. „Der Heilige Vater hat als Stellvertreter Christi auf Erden die Katholiken an der Saar beschworen: Folgt nur eurem rechtschaffenen katholischen Gewissen!" (o. V., Schlagt Hitler durch den Status quo! [wie Anm. 148]).

1789 Vgl. Karl-Joseph HUMMEL und Christoph KÖSTERS, Zwangsarbeit und katholische Kirche 1939–1945. Geschichte und Erinnerung, Entschädigung und Versöhnung: eine Dokumentation (= Veröffentlichungen der Kommission für Zeitgeschichte. Reihe B, Forschungen Bd. 110). Paderborn 2008, 493.

1790 PAUL und MALLMANN, Milieus und Widerstand (wie Anm. 1747), 74.

1791 Vgl. Bericht an die Zentrale des SD (11.1.1935), Bundesarchiv Berlin, Reichssicherheitshauptamt R 58 / ZB I Nr. 931. Ich danke Prof. Dr. Bernhard Schneider, der den Text bei eigenen Recherchen fand und mir dankenswerterweise zur Verfügung stellte.

1792 Vgl. o. V., Dr. Klausener tot? In: Saarbrücker Landes-Zeitung vom 2. Juli 1934, 1.

sen worden sei, als er sich einer angeblichen Verhaftung entziehen wollte. Zudem hielt man ein Komplott Klauseners gegen die Reichsregierung für ausgeschlossen und forderte Beweise.[1793] Etwa zwei Wochen nach der Ermordung des Leiters der „Katholischen Aktion" in Berlin brachte die „Landes-Zeitung" noch einmal eine Chronologie um Klauseners Ableben und dessen Beerdigung, gerade weil der Leichnam Klauseners ohne Zustimmung der Familie verbrannt worden sei, was für einen Katholiken zu dieser Zeit verboten war.[1794] Die katholische Tageszeitung Saarbrückens nutzte jede sich bietende Möglichkeit, um gegen die Nationalsozialisten Partei zu ergreifen.

Aber nicht nur die „Saarbrücker Landes-Zeitung" schrieb über die „Blutherrschaft" der Nationalsozialisten, sondern auch die „Neue Saarpost". Die Zeitung Hoffmanns wandte sich gegen die Behauptung des „Saarbrücker Abendblatts", die angab, Klausener habe sich selbst getötet. Auch die zweite katholische Tageszeitung der Saarhauptstadt kämpfte mit allen Mitteln für den Schutz der Rechte und das Ansehen der Kirche sowie gegen die Unterminierung durch das NS-Regime.[1795]

In Saarbrücken wurden für die beiden ermordeten hochrangigen Katholiken zwei Requien in St. Michael und St. Josef gelesen. Die Messe in St. Michael, an der bedeutsame Persönlichkeiten des öffentlichen Lebens des Saargebiets teilnahmen, zelebrierte Dechant Schlich. Insgesamt dürften diese beiden Sterbeämter als eine politische Demonstration gegen den Nationalsozialismus verstanden werden.[1796]

Die Kapitulare wollten sich unter keinen Umständen von den Lehren oder dem Machtapparat der Nationalsozialisten einbinden lassen. Auch die Selbstständigkeit der Caritas versuchten die Nationalsozialisten bereits im Frühjahr 1934 zu unterminieren, wie Caritasdirektor Knob am 9. Juli 1934 den Dekanatsgeistlichen berichtete, indem versucht wurde, die Vertreter der Caritas zum Eintritt in die Sozialabteilung der Deutschen Front zu bewegen.[1797]

1793 Vgl. DASS., Dr. Erich Klausener +. In: Saarbrücker Landes-Zeitung vom 4. Juli 1934, 1.

1794 Vgl. DASS., Dr. Klausener. In: Saarbrücker Landes-Zeitung vom 14. Juli 1934, 7.

1795 Vgl. DASS., Ministerialdirektor Dr. Klausener erschossen. Der Führer der „K. A." Berlin ein Opfer der Blutherrschaft – Lüge des „Saarbrücker Abendblatt". In: Neue Saarpost vom 3. Juli 1934, 1–2 sowie DASS., Der Fall Dr. Klausener. In: Neue Saarpost vom 4. Juli 1934, 1.

1796 Zu diesem Ergebnis kommt auch Reinhold BOST, Bartholomäus Kossmann. Christ, Gewerkschaftler, Politiker: 1883–1952 (= Malstatter Beiträge). Blieskastel 2002. Vgl. darüber hinaus: Thomas WAGNER, Zwischen Staatstreue und Resistenz. Die Kirchen und das NS-Regime an der Saar. In: Zehn statt tausend Jahre. Die Zeit des Nationalsozialismus an der Saar (1935–1945), Katalog zur Ausstellung des Regionalgeschichtlichen Museums im Saarbrücker Schloß, Saarbrücken 1988, hg. von Lieselotte KUGLER. Merzig [2]1988, 130–145.

1797 Vgl. hierzu und zum Folgenden: Bericht über die Konferenz der Definition 1 des Dekanats Saarbrücken vom 9. Juli 1934, gehalten im Peter-Friedhofenhaus Saarbrücken 1 (BISTUMSARCHIV TRIER, Kapitels- und Pastoralkonferenzberichte [wie Anm. 1775]).

Die caritativen Organisationen der katholischen Kirche wie auch die der evangelischen Christen, die sich in der „Inneren Mission" einten, waren nicht verpflichtet, der „Nationalsozialistischen Volkswohlfahrt" (NSV) beizutreten.[1798] Vielmehr wurde die „Innere Mission" und der Caritasverband sowie das Deutsche Rote Kreuz als freie Wohlfahrtsverbände durch die Nationalsozialisten anerkannt, während der NSV als staatliches Parteiorgan angesehen wurde.[1799] Die Caritas sollte, wo sie aufgefordert wurde, beim Winterhilfswerk mitarbeiten, aber zugleich auch eigene Hilfsaktionen weiterbetreiben.[1800] Die vier noch existierenden Verbände fungierten lediglich als Arbeitsgemeinschaft. Diese verfolgte gemeinsam „die Sicherstellung der einheitlichen und planwirtschaftlichen Gestaltung der gesamten Wohlfahrtsaufgaben im Sinne des Staates. Die Spitzenverbände behalten im Rahmen der Arbeitsgemeinschaft unter Wahrung der dem Wesen der Verbände gemäßen grundsätzlichen Rechte und Pflichten ihrer Selbstständigkeit und Unabhängigkeit."[1801] Daher fanden auch weiterhin Haussammlungen des Caritasverbands statt, über die die Leser der katholischen Presse sowie die Gottesdienstbesucher im Vorfeld informiert und die ihnen empfohlen wurden. So wurde mit einer Genehmigung am 2./3. Juni 1934 eine Straßenkollekte und am 4.–8. Juni 1934 eine Haussammlung zugunsten der caritativen Unterstützungs- und Betreuungsaufgaben des Caritasverbands in allen Orten des preußischen Teils des Saargebiets durchgeführt. Schlich schrieb in der „Saarbrücker Landes-Zeitung", der Staat bräuchte jede Hilfe bei der Wohlfahrtspflege, auch durch die kirchlich und religiös organisierte Nächstenliebe (z. B. Caritas). Daher sollten sich auch alle Caritasvereine bei der Sammlung beteiligen. Ferner rief er alle Caritasvereinigungen dazu auf, am Caritastag teilzunehmen.[1802]

Schlich legte dem Dekanatsklerus einen Bericht der Dechantenkonferenz des Saargebiets vom 2. Juli 1934 vor, die eine Woche vor der Sitzung stattfand, worin schriftlich fixiert wurde, was im kommenden Winter an selbstständigen Arbeiten durch den Caritasverband geleistet werden solle. Die Dekanatskonfe-

1798 Vgl. Diözese Trier, Kirchlicher Amtsanzeiger für die Diözese Trier (= Kirchlicher Amtsanzeiger für die Diözese Trier 78). Trier 1934, Nr. 40, S. 28.

1799 Brief des Leiters des NSV und Reichsbeauftragten für das Winterhilfswerks Erich Hilgenfeldt vom 27.10.1933 (Bistumsarchiv Trier, Caritasangelegenheiten [wie Anm. 843]).

1800 Vgl. Schreiben Caritasdirektor Wagner und Weihbischof Mönch vom 06.12.1934 (dass., Caritasangelegenheiten, Bistumsarchiv Trier, B III 15, 1 Bd. 3).

1801 Vereinbarung zur Arbeitsgemeinschaft der Spitzenverbände der freien Wohlfahrtspflege vom 24.03.1933 (dass., Caritasangelegenheiten, Bistumsarchiv Trier, B III 15, 1 Bd. 3.1).

1802 Vgl. Johann Ludger Schlich, Straßen- und Haussammlung des Caritas-Verbandes. In: Saarbrücker Landes-Zeitung vom 17. Mai 1934, 3. Ein entsprechender Hirtenbrief Bornewassers wurde am 22.04.1934 veröffentlicht. Die Caritassammlung in allen Diözesen des Deutschen Reichs fand jedoch vom 5. bis zum 11.05.1934 statt. Vgl. Hirtenbrief Bornewassers, abgedruckt in: Diözese Trier, Kirchlicher Amtsanzeiger für die Diözese Trier (wie Anm. 1798), Nr. 119, S. 75f.

renz trat daraufhin einstimmig dem Beschluss der Saardechantenkonferenz bei. Schlich entwarf daraufhin ein Schreiben an die Volkswohlfahrtsabteilung der Regierungskommission des Saargebiets, das im Auftrag der Konferenz durch das Caritassekretariat Saarbrücken an die Regierung übersandt werden und das den einzelnen Verbänden (wie im vergangenen Jahr) eine caritative Tätigkeit ermöglichen sollte.

Doch eine Kooperation der vier großen caritativen Vereinigungen konnte nicht über den Dissens zwischen nationalsozialistischer Weltanschauung und katholischer Kirche im Saargebiet und im Deutschen Reich hinwegtäuschen. Am 11. August 1934 veröffentlichte der „Generalanzeiger", eine im gesamten Saargebiet erschienene Tageszeitung, hierzu ein brisantes Interview. „Ein angesehener Geistlicher aus dem Saargebiet sagte zu mir: ‚**Als Deutscher möchte ich gerne für die Rückkehr zu Deutschland stimmen. Aber als Katholik kann ich es nicht mit meinem Gewissen vereinbaren, für Hitler zu stimmen.** Hitlerdeutschland ist nicht das wahre Deutschland und wir wollen nicht der gemeinen braunen Diktatur ausgeliefert werden. Man muß uns gestatten, diese **Unterscheidung** klar hervorzuheben, sonst haben unsere Gegner leichtes Spiel, uns als schlechte Deutsche anzuklagen. **Unter dem Vorwand des Patriotismus haben wir es vor einem Jahr fertig gebracht, unsere große Zentrumspartei zu vernichten** und durch die ‚Deutsche Front' aufzusaugen. Unsere dringendste Aufgabe ist die **Neugründung einer katholischen Partei.**"[1803]

Weiter heißt es im Artikel, Bornewasser habe einem Dechanten in Saarbrücken im vergangenen Monat schriftlich seine Enttäuschung darüber mitgeteilt, **„daß der saarländische Klerus den gemeinsamen Hirtenbrief der Fuldaer Bischofskonferenz mit seiner Verurteilung der nationalsozialistischen Irrlehren veröffentlicht habe.**"[1804]

Ein solches Schreiben sandte Bornewasser in Wirklichkeit an Schlich. Dieser versicherte seinem Oberhirten in einem Brief, den er drei Tage (14. August 1934) später nach Trier schickte, er habe den Brief Bornewassers niemandem gezeigt und mit niemandem darüber gesprochen. Jedoch hätten ja alle anderen Dechanten des Saargebiets eine Kopie dieses Schreibens bekommen.[1805] Bornewasser dankte ihm für seine Mitteilung und versicherte ihm, er wisse um seine Treue und Ergebenheit gegenüber seinem Bischof.[1806]

1803 O. V., Graf de Pange über den Saarkatholizismus. Religionsfreiheit für das Saargebiet. Sensationelle Enthüllungen über Bischof Bornewasser – Rom muß entscheiden. In: Generalanzeiger für das Saargebiet vom 11. August 1934, 1. Hervorhebung im Original.

1804 Ebd. Hervorhebung im Original.

1805 Vgl. Schreiben Schlich an Bornewasser vom 14.08.1934 (Akten zur Rede Bornewassers vom 29.07.1934, Bistumsarchiv Trier, Abt. R 113 Nr. 25).

1806 Vgl. Schreiben Bornewasser an Schlich vom 17.08.1934 (ebd.).

Es ist nun doch die Frage zu stellen, ob Schlich die Wahrheit gegenüber seinem Bischof berichtete. Einige Indizien verleiten dazu, zum Urteil zu gelangen, Schlich könnte doch der Informant gewesen sein und er habe ein doppeltes Spiel gespielt. Zum einen war Schlich im ständigen Streit mit den Nationalsozialisten und musste selbst schon Angriffe gegen seine Person erleiden.[1807] Eine solche Enthüllung wäre eine wahre Wohltat für ihn gewesen. Zum anderen hatte es Schlich hart getroffen, als die Nationalsozialisten dafür sorgten, dass sein (und Bungartens) enger Freund Johannes Hoffmann seine Position als Chefredakteur bei der Landes-Zeitung aufgeben musste.[1808] Küppers berichtet im Zusammenhang mit der Neugründung der „Neuen Saarpost" durch Hoffmann, dass dieser die dafür benötigten Mittel von zwei bedeutsamen Geistlichen des Saargebiets bekommen habe.[1809] Auch hier liegt der Verdacht nahe, es handle sich dabei um Schlich und Bungarten.[1810] Ob Schlich im tiefsten Inneren seines Herzens die Hoffnung trug, einmal Bischof zu werden, lässt sich nicht beantworten.[1811] Die genannten Indizien sprächen aber dafür, dass Schlich die Gunst der Stunde nutzte, um seine und Bornewassers wahre Ansichten offenzulegen. Er dachte vielleicht, dass er durch die Offensichtlichkeit der Publikation des geheimen Schreibens die Schuld auf einen anderen Dechanten schieben könnte. In der Öffentlichkeit und in den Kapitelsversammlungen verhielt er sich aber weiterhin loyal gegenüber seinem Bischof.

Aufgrund seines Einsatzes (z. B. Teilnahme an Saarkundgebungen in Köln, Heidelberg, Trier, Neustadt, Kampf gegen die Domanialschulen, Interventionen gegen französische Annexionsbestrebungen beim Heiligen Stuhl etc.) für den Wiederanschluss des Saargebiets im sog. „Saar-Verein" wurde er in einem Festband des Vereins, der nach dem Wiederanschluss am 1. März 1935 gedruckt wurde, entsprechend gewürdigt, auch wenn sich anhand des Artikels keine Sympathien für die Nationalsozialisten ableiten lassen, da alle dort genannten Reden und Briefe, die Schlich zum Schutz der deutschnationalen Identität des Saargebiets

1807 Vgl. zur Auseinandersetzung Schlichs mit den Nationalsozialisten die Ausführungen in Kapitel 4.4.4 und 4.4.6.

1808 Vgl. die Ausführungen in Kapitel 3.1.3 und 4.4.4.

1809 Vgl. Küppers, Johannes Hoffmann (1890–1967) (wie Anm. 1766), 118.129f. Auch Hoffmann behauptete 1964 in einem Schreiben an den Historiker Karl Buchheim, dass er kein französisches Geld für die Gründung der „Neuen Saarpost" erhalten habe. Vgl. Brief Hoffmann an Buchheim vom 28.11.1964, der ab Seite 6 ediert ist bei Gestier, Küppers und Steinle, Johannes Hoffmann (1890–1967) (wie Anm. 157), 75–83, hier: 82.

1810 Vielleicht waren die beiden Geistlichen, die das Kapital zur Verfügung stellten, auch die Inhaber und Gründungsmitglieder, die Hoffmann 30 Jahre später in seinem Schreiben an Buchheim nennt: Pfarrer Brand (Diözese Trier) und Pfarrer Weber (Diözese Speyer). Vgl. ebd., 80. Allerdings können diese nicht als „zwei bedeutsame Geistliche des Saargebiets" bezeichnet werden.

1811 Vgl. hierzu die Aussage Bungartens, nachdem er und Schlich Nuntius Pacelli nach dem Tod Bischof Korums 1921 besucht hatten. Näheres liefert Kapitel 4.4.1.

hielt bzw. schrieb, aus den Jahren 1918 bis 1932 stammten.[1812] Frank Becker, der sich in seiner Dissertation mit dem „Saar-Verein“ auseinandersetzte, merkt zur Rolle Schlichs im „Saar-Verein“ an, dass er „in Würzburg zum Ehrenmitglied des Bundes ernannt worden [war und] [...] erstmals 1920 in den Verdacht [geriet], mit dem Heimatdienst zu kooperieren. Nachdem er auf der umstrittenen Kölner Bundestagung 1926 einen Vortrag über ‚Die politische Seite der Saarfrage‘ gehalten hatte, führten zwei weitere Auftritte vor Ortsgruppen des Bundes zu förmlichen Protesten der Regierungskommission bei Bischof Bornewasser. Ungeachtet der Ermahnung des Trierer Generalvikariats trat der national-monarchisch gesinnte Schlich erneut 1931 vor der Württembergischen Saarvereinigung auf. [...] Schlich [stand] dem Nationalsozialismus eher kritisch gegenüber und wahrte größere Distanz, was ihm den Vorwurf Berliner Parteistellen einhandelte, mit dem Status quo zu liebäugeln.“[1813]

Allerdings war Schlich sich seines Gehorsams gegenüber seinem Bischof immer bewusst und so verlas der Saarbrücker Dechant während der Zusammenkunft der Definitionskonferenz am 1. Oktober 1934 ein Schreiben Bornewassers, in dem der Bischof von Trier vor der erscheinenden Zeitung „Der deutsche Katholik an der Saar“ warnte.[1814] Die versammelten Geistlichen schlossen sich der Meinung ihres Bischof an und lehnten es ebenso ab, unter den gegebenen politischen Verhältnissen als Redner bei politischen Versammlungen aufzutreten. Als Begründung führten sie an, dass der Heilige Vater (seit dem Konkordatsabschluss) keine politische Agitation durch Geistliche mehr wünsche und deshalb in Zukunft die Gläubigen Saarbrückens nicht mehr von der Kanzel aus zum Besuch politischer Veranstaltungen aufgefordert würden. Vielmehr werde man von nun an, so Schlich, die „Freiheit der kirchlichen Caritas grundsätzlich auf der Kanzel betonen, in den Herzen wecken und in der Tat betätigen.“[1815] Er forderte die Pfarrer auf, die Vinzenz- und Elisabethenkonferenzen sowie die Müttervereine zur Tat

1812 Vgl. Thomas VOGEL, Der Saar-Befreiungskampf im Reich 1918–1935. Saargebiets-Schutz; Geschäftsstelle „Saar-Verein“ Berlin; Bund der Saarvereine. Berlin 1935, 367f. Bischof Bornewasser wurde auch ein solches Exemplar vom Verfasser angeboten, doch lehnte der Trierer Oberhirte (aufgrund der schlechten Behandlung während der Wiederanschlussfeier am 01.03.1935 in Saarbrücken) eine Bestellung dieses Buches ab. Vgl. Schreiben Bornewasser an Vogel (BISTUMSARCHIV TRIER, Unterlagen zur Geschichte des Saargebiets [wie Anm. 860]). Ein Auszug aus dem Schreiben ist ediert bei PAULY, Zur Kirchenpolitik des Gauleiters J. Bürckel im Saargebiet (wie Anm. 860), hier: 415 (Anm. 1).

1813 BECKER, Deutsch die Saar, immerdar!: Die Saarpropaganda des Bundes der Saarvereine 1919–1935 (wie Anm. 187), 284f.

1814 Vgl. hierzu und zum Folgenden: Bericht über die Konferenz der Definition 1 des Dekanats Saarbrücken am 1. Oktober 1934 im Pfarrhaus Herz-Jesu (BISTUMSARCHIV TRIER, Kapitels- und Pastoralkonferenzberichte [wie Anm. 1775]).

1815 Ebd.

heranzuziehen, denn das Winterhilfswerk sei zwar wichtig, aber es müsse sich ein caritatives Netz über die Pfarreien der Stadt legen.

Gerade Schlich war ein ‚gefürchteter Gegner' der Nationalsozialisten, wie ein Schreiben des SD-Unterabschnitts an die Gestapo Koblenz vom 23. September 1938 zeigt, den sie aus diesem Grund genau beobachteten. „Als Prälat und Domherr war er Führer des politischen Katholizismus im Saargebiet und gehörte darüber hinaus zum Aufsichtsrat des saarländischen Zentrumsblattes ‚Saarbrücker Landes-Zeitung'. In dieser Eigenschaft ist er als Führer der gesamten Zentrumspresse des Saarlandes bekannt geworden. […] Über die politische und moralische Unzuverlässigkeit des Dr. Schlich hat die Stapo Trier und Saarbrücken ausreichendes Material."[1816]

Als ebensolcher scheute sich der Saarbrücker Dechant auch nicht davor, in der Saarbrücker Landes-Zeitung am 12. Juli 1934 Stellung gegen die Schriften Ernst Bergmanns[1817], der ein bekennender Feind des Christentums war und für die nationalsozialistische Propaganda arbeitete, Stellung zu beziehen. Bergmann versuchte in seinen Schriften nachzuweisen, dass es einen „Deutschgott" gäbe, was jedoch dem christlichen Verständnis widerspricht, denn Gott sei, so Schlich, Vater aller auf der Erde lebenden Menschen.[1818] Die irrigen Ansichten Bergmanns, welche er in seinem Buch „Die Deutsche Nationalkirche" (1933) vertrat, basierten auf einem Fehlverständnis christlicher Lehre und nationaler Verengung. In seinem Artikel polemisierte Schlich stark: Wenn jedes Volk sich seinen Gott machen würde, so entwerfe sich „der Deutsche seinen ‚Deutschgott', der Franzose seinen ‚Franzosen-

1816 SD-Unterabschnitt Koblenz, Prälat Schlich (23.9.1938), Landeshauptarchiv Koblenz, Best. 662, 006 Nr. 928. Das Schreiben ist ediert bei Brommer, Das Bistum Trier im Nationalsozialismus aus der Sicht von Partei und Staat (wie Anm. 1767), 154 (Anm. 1).

1817 Bergmann (1881–1945) war Philosoph und seit 1916 apl. Professor an der Universität Leipzig. Er war bekennender Nationalsozialist und Antisemit, der das jüdisch geprägte Christentum ablehnte und stattdessen die Rückkehr zu einer völkischen Mystik forderte. Vgl. Bergmann, Ernst. In: Klee, Personenlexikon zum Dritten Reich (wie Anm. 117), 41 sowie Kurt Meier, Kreuz und Hakenkreuz. Die evangelische Kirche im Dritten Reich (= dtv 30810). München 2001, 107f. Zwei Werke Bergmanns („Die Deutsche Nationalkirche" [1934] und „Die natürliche Geistlehre" [1937]) wurden von Papst Pius XI. am 07.02.1934 bzw. am 17.11.1937 auf den Index der verbotenen Bücher gesetzt. Vgl. Bujanda, Jesús Martinez de, Index des livres interdits. Sherbrooke, Québec 2002, 123.

1818 Zum Werk Bergmanns vgl. Ernst Bergmann, Die deutsche Nationalkirche. Breslau ^{2}1934. Während des Ersten Weltkriegs wurde der „deutsche Gott" vielfach (insbesondere in der evangelischen Theologie) dazu benutzt, die kriegerischen Auseinandersetzungen als von Gott gewollte darzustellen, der sich quasi exklusiv an das deutsche Volk verschrieben habe. Diesen Gedanken griff Bergmann in pervertierter Form auf. Vgl. Wolf-Friedrich Schäufele, Der „Deutsche Gott". Kriegstheologie und deutscher Nationalismus im Ersten Weltkrieg. In: Urkatastrophe. Die Erfahrung des Krieges 1914–1918 im Spiegel zeitgenössischer Theologie, hg. von Joachim Negel und Karl Pinggéra. Freiburg i. Br. 2016, 35–76, hier: 67–71.

gott', der Chinese seinen ,Chinesengott', der Hottentott seinen ,Hottentottengott'. Ein halbwegs heller Volksschüler sieht das Widersinnige solcher ,Gotte' (!) [...] ein."[1819]

Bergmann wollte, nach der Auffassung Schlichs, nicht widerlegen, dass es einen Gott gibt oder Unwahrheiten über das Christentum verbreiten, jedoch stellte er sich und seine Vorstellung einer Nationalkirche über die Bibel und die göttliche Offenbarung. Bergmann lehnte zudem das gesamte Alte Testament ab, insbesondere bei der Jugenderziehung, und suchte sich stattdessen neue ihm passend erscheinende Literatur, die „sittliches Gefühl, Aufopferungswillen, Begeisterungsfähigkeit der großen und edlen Tat und Vaterlandsliebe zu wecken [suchte]."[1820] Allerdings reduzierte er Religiöses auf seine einseitige politische Dimension mit zwei Aspekten, die mehrfach in seinen Schriften wiederkehrten: Zum einen habe der Gott der Christenheit Deutschland verlassen bzw. im Stich gelassen und zum anderen habe das Christentum seit 2000 Jahren nur Elend in die Welt gebracht.[1821] Eine solche Welt- und Gotteslehre lehnte Schlich natürlich entschieden ab.

Für Schlich war der größte Schwachpunkt in Bergmanns Werk in den historischen Fakten zu finden. „Nichts, was das Christentum an Edlem, Großem, Wertvollem geleistet hat, findet Gnade bei ihm. [...] Es ist, als wenn er geschichtlich mit Blindheit geschlagen wäre oder als ob ein satanischer Haß seine Feder geführt hätte."[1822] Daher kommt Schlich zu dem Urteil, dass, wenn man Bergmanns Theorie folgen würde, man zugleich auch die Gewissensfreiheit abschaffen und eine zweite Christenverfolgung, wie im antiken Rom, einleiten würde. Ferner kritisierte er, dass das Buch voller Fremdwörter sei, aus unverständlichen Schachtelsätzen bestünde und ein wissenschaftlicher Rückschritt sei.

Doch damit kritisierte Schlich nicht nur den Leipziger Professor, sondern auch die Machthaber im Deutschen Reich, die seinen Lehrstuhl und seine Forschung förderten. Bergmann arbeitete für die Nationalsozialisten und versuchte die christliche Weltanschauung, die ein großes Hindernis für die Nationalsozialisten darstellte, zu entwerten. Schlich stellte sich dem als katholischer Priester bewusst entgegen, um im Sinne seiner Amtsverantwortung sowie auch seiner Amtskompetenz und Macht die katholische Bevölkerung vor dem indizierten Buch in der Presse zu warnen.

1819 Johann Ludger SCHLICH, Der „Deutschgott" Prof. Bergmanns. In: Saarbrücker Landes-Zeitung vom 12. Juli 1934, 1.

1820 BERGMANN, Die deutsche Nationalkirche (wie Anm. 1818), 196.

1821 Vgl. SCHLICH, Der „Deutschgott" Prof. Bergmanns (wie Anm. 1819). Schlich bezog sich hierbei auf zwei Zitate Bergmanns, wonach Gott, wie ihn das Christentum lehrte, der „Patron von Versailles" sei und die Deutschen wie Stiefkinder behandle. Vgl. BERGMANN, Die deutsche Nationalkirche (wie Anm. 1818), 212.

1822 SCHLICH, Der „Deutschgott" Prof. Bergmanns (wie Anm. 1819).

Drei Monate vor der Volksabstimmung im Saargebiet veröffentlichte Schlich im Verlag der Saarbrücker Druckerei mit der kirchlichen Druckerlaubnis vom 9. Oktober 1934 eine sechszehnseitige Schrift wider den „Mythus des 20. Jahrhunderts" von Alfred Rosenberg.[1823] Dieses für die Nationalsozialisten so bedeutsame Werk stand schon auf dem Index der verbotenen Bücher.[1824] Auf Drängen der Nationalsozialisten konnten Katholiken eine Leseerlaubnis unter drei Bedingungen erhalten: wenn sie es entweder bekämpfen wollten, es von Berufs wegen lesen mussten oder falls sie es zwingend notwendig für ihren Studiengang bräuchten.[1825] Somit folgte Schlich mit dem Abfassen eines ‚Gegen-Mythus' den universalkirchlichen Bestrebungen, was auch viele andere Theologen in Deutschland taten.[1826]

Schlich bespricht detailliert Rosenbergs Buch aus amtskirchlicher Perspektive und kommt zu dem Ergebnis, dass sich Mythus und Christentum „wie Feuer und Wasser" gegenüberstünden. Rosenberg zweckentfremde und verdrehe die Begriffe Religion, Gott und Christus und entwerte sie in Gänze. Geschickt arbeitet Schlich heraus, dass *„deutsch und christlich [...] keine Gegensätze (sind). Deutsch und christlich schließen sich gegenseitig ein."*[1827] Schlich widerlegte in vielen Punkten die

1823 Vgl. hierzu und zum Folgenden: DERS., Der Mythus des 20. Jahrhunderts von Alfred Rosenberg und das Christentum (= Katholische Volksschriften zu Tagesfragen 11). Saarbrücken 1934.

1824 Die Indizierung erfolgte am 07.02.1934. Vgl. BUJANDA, JESÚS MARTINEZ DE, Index des livres interdits (wie Anm. 1817), 784. Der Papst merkte bei der Indizierung folgendes an: „Das Buch verachtet alle Glaubensgrundsätze der katholischen Kirche, ja sogar die Fundamente der christlichen Religion, und verwirft sich völlig. Es kämpft für die Notwendigkeit der Gründung einer neuen Religion oder einer germanischen Kirche und verkündigt das Prinzip: ‚es erwache heute ein neuer Glaube, der Mythus des Blutes, der Glaube mit dem Blute auch das göttliche Wesen des Menschen überhaupt zu verteidigen; der mit hellstem Wissen verkörperte Glaube, daß das nordische Blut jenes Mysterium darstellt, welches die alten Sakramente ersetzt und überwunden hat'." (DIÖZESE TRIER, Kirchlicher Amtsanzeiger für die Diözese Trier [wie Anm. 1798], Nr. 270, S. 181–184, hier: 182). Ebenso wurde das Werk „An die Dunkelmänner unserer Zeit", das Rosenberg als Reaktion auf die theologischen Werke, die gegen seinen Mythus veröffentlicht wurden, 1935 schrieb, am 17.07.1935 indiziert. Vgl. BUJANDA, JESÚS MARTINEZ DE, Index des livres interdits (wie Anm. 1817), 784. Speziell zur Indizierung von Rosenbergs Mythus vgl. BURKARD, Häresie und Mythus des 20. Jahrhunderts (wie Anm. 1761).

1825 Vgl. DIÖZESE TRIER, Kirchlicher Amtsanzeiger für die Diözese Trier (wie Anm. 1798), Nr. 270, S. 181–184.

1826 Vgl. hierzu exemplarisch Peter BOCKEMÜHL, Mythus oder Evangelium. Wuppertal-Barmen 1935; Friedrich GRÜNAGEL, Rosenberg und Luther. Rosenbergs Mythus des 20. Jahrhunderts und die theologischen Probleme, zugl.: Heidelberg, Univ., Diss., 1934 (= Kirche in Bewegung und Entscheidung 11). Bonn [4]1934; Rudolf HOMANN, Der Mythus und das Evangelium. Die evangelische Kirche in Abwehr und Angriff gegenüber dem „Mythus des 20. Jahrhunderts" von Alfred Rosenberg. Witten [3]1935; Hugo ILTIS, Der Mythus von Blut und Rasse. Wien 1936.

1827 SCHLICH, Der Mythus des 20. Jahrhunderts von Alfred Rosenberg und das Christentum (wie Anm. 1823), 16. Hervorhebung im Original.

Anschauung Rosenbergs, blieb aber dem national-patriotischen Kurs, den Bischof Bornewasser vorgab, zugleich auch treu. Auf diese Weise gab er mehrere Signale gleichzeitig: Zum einen zeigte er, dass die Kirche die Lehren der Nationalsozialisten ablehnte und keineswegs mit ihnen kollaborieren wollte, und zum anderen konnten seine aufmerksamen Leser verstehen, dass sie nicht blind für den Wiederanschluss der Saar an das Deutsche Reich votieren sollten. Allerdings kann man auch zu dem Ergebnis gelangen, dass Schlich mit dieser Inklusion des Christlichen in das Deutsche die Leser für den Anschluss gewinnen wollte. Vielleicht hegte er– wie Bornewasser und andere – die Hoffnung, man könne den neuheidnischen Teil des Nationalsozialismus von einem dem Christentum freundlich gesinnten Nationalsozialismus trennen, mit dem Katholiken und Kirche dann friedlich (zusammen)leben könnten.

Aber auch nach dem Wiederanschluss des Saargebiets an das Deutsche Reich endete der Widerstand Schlichs nicht. So veranstaltete er mit Bischof Bornewasser am 10. März 1935 noch eine Rückgliederungskundgebung der Katholischen Aktion in Saarbrücken. In seiner Rede griff der Saardechant die Nationalsozialisten erneut an. Im Bericht der Nationalsozialisten heißt es zusammenfassend: „Im Ganzen: Die Rede des Dechanten Schlich war keine religiös abgestimmte und stimmende Ansprache an eine fromme Gemeinde, sondern eine hochpolitische Fensterrede an den Nationalsozialismus; darum auch seine gewichtigen Schlusssätze: *Hoffentlich werden meine Worte von denen verstanden, die es angeht; denn sie sind ja nicht an die hier Anwesenden gerichtet.*“[1828]

Doch musste Schlich nach der Rückgliederung und der Machtübernahme durch die Nationalsozialisten an der Saar am 1. März 1935 mit Repressalien leben.[1829] Seine Schrift wider Rosenbergs Mythus „wurde 1935 zuerst beschlagnahmt an den Schriftenständen in Ettal, München und Würzburg. Von München erging die Weisung an die Gestapo in Saarbrücken. Diese erschien [am] 7.6.35 in unserer Saarbrücker Druckerei (LZ) und nahm eine Haussuchung vor. Etwa 10 Haussuchungen fanden

1828 Bericht des SD-Oberabschnitts Rhein in Frankfurt an SS-Gruppenführer Heißmeyer vom 19.03.1935 (Landeshauptarchiv Koblenz, NS-Mischbestand für Einzelakten [wie Anm. 1767]). Hervorhebung im Original. Das Schreiben ist ediert bei Brommer, Das Bistum Trier im Nationalsozialismus aus der Sicht von Partei und Staat (wie Anm. 1767), 149–160. Zitat ebd., 157.

1829 Dies vermerkte Schlich auch handschriftlich auf einem Durchschlag des Beschwerdebriefes, den er am 25.09.1933 im Auftrag der Saargeistlichen an Adolf Hitler schrieb: „Beschwerden u. Bitten aus dem Saargebiet. Da ich alle an erster Stelle unterschrieben hatte, so bekam ich dies auch nach der Rückgliederung von der Gestapo zu spüren. Schlich“ (Schlich, Unterlagen zur Geschichte des Saargebiets [wie Anm. 122]). Das Schreiben ist bereits bei Zenner ediert. Vgl. Zenner, Parteien und Politik im Saargebiet unter dem Völkerbundsregime (wie Anm. 4), 383.

1935 in der Druckerei und Schriftleitung statt, obwohl die Landeszeitung im Saarabstimmungskampf stets eine klare Haltung angenommen hatte."[1830]

Hinsichtlich der Rückgliederungspolitik hatte, wie Schlich behauptete, die „Landes-Zeitung" tatsächlich immer eine prodeutsche Haltung eingenommen. Trotzdem wurden 90 % der frisch gedruckten vierten Auflage (20.000 Exemplare) von Schlichs Mythus bei der Hausdurchsuchung am 7. Juni 1935 beschlagnahmt und zerstört.[1831] Jetzt war die Zeit gekommen, in der die Nationalsozialisten gegen ihren Widersacher zurückschlagen konnten und es auch mit voller Härte taten.

„Am 17.6. war ich auf der Gestapo und bat um Angabe der Gründe für die Beschlagnahme, *d*a kein Satz und kein Wort in der Schrift gegen das deutsche Reich und seine Oberhaupt gerichtet seien. Ich wies darauf hin, dass Rosenberg wiederholt in Reden und in der Vorrede zum Mythus erklärt habe, er wolle keine gewaltsame Unterdrückung des Christentums und darum wünsche er freie Diskussion (sic!) und offene Erörterung der Weltanschauungsfragen. Die Beschlagnahme meiner Verteidigungsschrift, die ja ohne scharfe Polemik nur die Weltanschauungen des Christentums den Ausführungen Rosenbergs gegenüberstellte, stände im Widerspruch zu den Worten Rosenbergs selbst. Ich bat dringend um Angabe der Stellen in der Schrift, (sic!) die zum Verbot Anlass gegeben hätten. Die Beschlagnahme sei von höchster Stelle *angeordnet*, erhielt ich zur Antwort, die Stellen und Gründe würden mir mitgeteilt, ich hätte aber die Verantwortung, wenn noch weitere Exemplare verkauft würden. [...] Die versprochene Mitteilung und die Gründe habe ich nie erfahren."[1832]

Neben Schlichs Mythus wurde auch der „gemeinsame Hirtenbrief der am Grabe des hl. Bonifatius versammelten Oberhirten der Diözesen Deutschlands", der gerade in Saarbrücken gedruckt wurde, auf Grundlage des § 7 der Verordnung des Reichspräsidenten vom 4. Februar 1933 beschlagnahmt.[1833] Der genannte Hirtenbrief wurde erst später offiziell im Katholischen Amtsanzeiger der Diözese Trier als Sonderausgabe veröffentlicht, weil dieser staatlicherseits verboten worden war.[1834] Jedoch war er bereits auf unbekanntem Weg (möglicherweise Schlich)

1830 Blatt Nr. 2 aus Schlichs geistigem Testament im Zusammenhang mit den Nationalsozialisten (Datum der Abfassung: 20.11.1943) (SCHLICH, Kirche und Nationalsozialismus im Saargebiet [wie Anm. 1754]).

1831 Vgl. ebd.

1832 Ebd. Handschriftliche Einfügungen und Streichungen Schlichs im Original sind optisch hervorgehoben.

1833 Vgl. Schreiben Kriminalkommissar Johannes Müller (Saarbrücken) an die Saarbrücker Druckerei und Verlag A. G. vom 07.06.1935 (ebd.). Dieses Werk und Schlichs Mythus (beide DIN-A5-Format) waren Teil der Reihe: „Katholische Volksschriften zu Tagesfragen".

1834 Vgl. Lagebericht der Gestapostelle Koblenz für Juli 1934, ediert bei Lageberichte rheinischer Gestapostellen. Band I: 1934, hg. von Anselm FAUST, Bernd RUSINEK und Burkhard DIETZ (= Publikationen der Gesellschaft für Rheinische Geschichtskunde 81). Düsseldorf 2012, 265–276, hier: 269. Der „Gemeinsame[r] Hirtenbrief der am Grabe des

nach Saarbrücken gelangt und sowohl in der „Landes-Zeitung" als auch der „Neuen Saarpost" abgedruckt.[1835] Bischof Bornewasser telegrafierte an die Redaktion der „Neuen Saarpost" und drückte sein Bedauern über die Veröffentlichung des Hirtenbriefes aus, da er ihn selbst nicht verlesen und auch keinen Auftrag dazu erteilt habe. Die Redaktion entschuldigte sich in einem Artikel beim Bischof von Trier, wies aber zugleich darauf hin, dass keine weiteren Stellungnahmen diesbezüglich mehr veröffentlicht würden, um die kirchliche Autorität zu schützen.[1836] Auch Schlich erhielt einen Brief Bornewassers, worin dieser seinem Bedauern Ausdruck verlieh, dass der Saarklerus den Hirtenbrief (nach vorangegangener Beratung der Saardechanten) verlesen hatte, obwohl er, wie auch alle anderen deutschen Bischöfe, die vorläufige Nichtverlesung angeordnet hatte. „Ich zweifle nicht am guten Willen meiner Priester und ich glaube, wenn der saarländische Klerus wüsste, dass er durch manches (sic!), was er in guter Absicht glaubt tun zu müssen, der unsäglich schweren Arbeit des deutschen Episkopates und Roms, ja der katholischen Kirche in Deutschland in den Rücken fällt und unbewusst grosse Gefahren bringt, würde er es nicht tun."[1837] In dem Hirtenschreiben wurde Position gegen den Nationalsozialismus bezogen. Es war daher den Widerstandskämpfern an der Saar eine Freude, diesen medienwirksam zu publizieren. Andererseits ist dies wiederum ein Beweis, dass Bornewasser hier nicht die Konfrontation mit der Regierung Deutschlands suchen wollte, um das politische Klima im Deutschen Reich und im Saargebiet nicht zu vergiften.

Die Durchsuchungen der „Saarbrücker Landes-Zeitung" durch staatliche Behörden dürften jedoch nicht überraschen, wenn man den Allgemeinen Lagebericht der Stapo-Stelle Saarbrückens liest. Dort wurde im März 1935 (unmittelbar nach der Rückgliederung) festgehalten, dass „ein großer Teil der Geistlichen nicht hinter dem Führer und der Regierung steht. Bis zur Saar-Rückgliederung hat eine

hl. Bonifatius versammelten Oberhirten der Diözese Deutschlands: Darlegung und Verteidigung des wahren Glaubens gegenüber den Irrtümern und Angriffen der Zeit" vom 07.06.1934 ist abgedruckt bei Diözese Trier, Kirchlicher Amtsanzeiger für die Diözese Trier (wie Anm. 1798), Nr. 158a; Müller, Katholische Kirche und Nationalsozialismus (wie Anm. 173), 269–282 sowie Sammlung kirchlicher Erlasse, Verordnungen und Bekanntmachungen für die Erzdiözese Köln. Ergänzungsband (1929–1935), hg. von Wilhelm Corsten. Köln 1935, 391–400.

1835 Vgl. o. V., Das Oberhirtenwort von Fulda. Gemeinsamer Hirtenbrief der am Grab des Hl. Bonifatius versammelten Oberhirten der Diözesen Deutschlands. In: Neue Saarpost vom 29. Juni 1934, 2 sowie dass., Das Oberhirtenwort von Fulda. Gemeinsamer Hirtenbrief der am Grab des heiligen Bonifatius versammelten Oberhirten der Diözesen Deutschlands. In: Saarbrücker Landes-Zeitung vom 16. Juli 1934, 7.

1836 Vgl. o. V., Um den Hirtenbrief. Ein Telegrammwechsel. In: Neue Saarpost vom 1. Juli 1934, 2.

1837 Schreiben Bornewasser an Schlich vom 19.07.1934 (Bistumsarchiv Trier, Oberpräsidium Koblenz, Staatliche Verordnungen, Regierung Trier [wie Anm. 147]).

Anzahl katholischer Geistlicher ganz offen in Kirchen und Versammlungen zum Ausdruck gebracht, dass sie wohl Deutsche, aber nicht für die Regierung Adolf Hitler seien. Die Geistlichkeit versucht nach wie vor, die katholische Jugend von dem Eintritt in die HJ, BDM usw. abzuhalten."[1838] Auch in der Landes-Zeitung bemerkten die Nationalsozialisten, dass „eine gewisse Kampfstimmung bemerkbar [wurde]."[1839] Die nationalsozialistische Regierung in Berlin erfuhr zwar aus einem Bericht, dass die Zentrumspartei an der Saar am 21. Februar 1934 offiziell aufgelöst worden war, sie aber im Geheimen weiter bestand. „Sie und die Zentrumspresse unter Führung der »"Saarbrücker Landes-Zeitung"« erzeugen künstlich eine Kulturkampfstimmung gegen das Reich. [...] Der Vorstoß der Zentrumspresse soll die Einleitung sein zu einer großen Gesamtaktion des gesamten Katholizismus gegen das Dritte Reich; in unmittelbarer Verbindung mit führenden geistlichen Kreisen im Reich und mit der Kurie in Rom. Führend dabei sind Prälat Schlich und Pfarrer Bungarten [...]."[1840]

Im Deutschen Reich beäugte man den Verlag der „Saarbrücker Landes-Zeitung" bereits vor dem Wiederanschluss sehr genau, denn zum einen war die täglich erscheinende Zeitung in den Augen der Nationalsozialisten ein „ausländische Sender"[1841], der freier berichten konnte, als dies im Deutschen Reich möglich war, und in „der Saarbrücker Filiale der K. A. [Katholischen Aktion; FS] wurden in den letzten Wochen wieder mehrere Kampfbroschüren in westdeutsche Buchhandlungen zum Vertrieb gebracht. Bisher sind dort etwa 12 verschiedene Kampfschriften herausgekommen."[1842]

1838 Innerpolitischer Lagebericht der Stapo-Stelle Saarbrücken für den Monat März 1935, 8 (Lageberichte der Stapo-Stelle Saarbrücken [1935], Geheimes Staatsarchiv Preußischer Kulturbesitz, I. HA, Rep. 90 P Lageberichte).

1839 Allgemeiner Lagebericht der Stapo-Stelle Saarbrücken für den Monat April 1935, 14 (ebd.).

1840 Lagebericht des Chefs des Sicherheitsamtes des Reichsführers SS (Mai/Juni 1934), ediert bei Heinz Boberach, Berichte des SD und der Gestapo über Kirchen und Kirchenvolk in Deutschland 1934–1944 (= Veröffentlichungen der Kommission für Zeitgeschichte bei der Katholischen Akademie in Bayern. Reihe A, Quellen 12). Mainz 1971, 3–63, hier: 44.

1841 Vgl. Lagebericht der Gestapostelle Aachen für Juli 1934 (Faust, Rusinek und Dietz, Lageberichte rheinischer Gestapostellen [wie Anm. 1834], 209–235, hier: 209).

1842 Lagebericht der Gestapostelle Düsseldorf für Februar 1935 (Lageberichte rheinischer Gestapostellen. Band II, 1: Januar – Juni 1935, hg. von Anselm Faust, Bernd Rusinek und Burkhard Dietz [= Publikationen der Gesellschaft für Rheinische Geschichtskunde 81]. Düsseldorf 2014, 130–183, hier: 162). Exemplarisch ist die Schrift „Der Heeresbann Mariens" zu nennen, in dem Adolf Hitlers Diktum vom „positiven Christentum" massiv bekämpft wird, was die Nationalsozialisten aufregte. Vgl. Lagebericht der Gestapostelle Düsseldorf für Oktober 1935 (Lageberichte rheinischer Gestapostellen. Band II, 2: Juli – Dezember 1935, hg. von Anselm Faust, Bernd Rusinek und Burkhard Dietz [= Publikationen der Gesellschaft für Rheinische Geschichtskunde 81]. Düsseldorf 2015, 1117–1164, hier: 1141) sowie Lagebericht der Gestapostelle Düsseldorf für November 1935 (ebd., 1250–1302, hier: 1282.

Sicherlich war dies mitunter einer der Gründe, weshalb das Verlagsgebäude der katholischen Druckerei Saarbrückens häufig durchsucht wurde. Man versuchte auf diese Weise, den noch immer an der Saar dominierenden Katholizismus zu schädigen und ein Klima der Angst zu verbreiten. Gerade die Pfarrer genossen beim Volk ein durchaus hohes Ansehen, sehr zum Missfallen der Regierung.[1843] Fast alle Geistlichen nahmen auch weiterhin aus Protest kaum an politischen Veranstaltungen teil und konnten durch hohe Vereinsaktivität die Jugend in den katholischen Vereinen halten, ja sogar manchen Jugendlichen zum Übertritt aus der HJ und dem BDM in die katholische Jugend bewegen.[1844]

Offenbar hatte sich auch Schlich noch nicht von den neuen Machthabern einschüchtern lassen, weshalb er 1935 kurzzeitig im Zusammenhang mit dem Saarkampf inhaftiert wurde.[1845] Darüber hinaus erhielt er zwei Verwarnungen von der Gestapo in diesem Jahr. Doch auch diese brachten Schlich nicht dazu, seine Opposition aufzugeben. Nachdem auch die Verwarnungen nicht den gewünschten Erfolg erzielten, leitete die nationalsozialistische Regierung einen Prozess wegen Devisenvergehen gegen Schlich ein. Eine solche Anzeige gegen katholische Pfarrer war ein gängiges Mittel der NS-Propaganda.[1846] Dabei versuchte man die Priester in der Öffentlichkeit zu diskreditieren und sie ihrer Glaubwürdigkeit zu berauben, auch wenn in Wahrheit kein Grund zur öffentlichen Anklage bestand und die Angeklagten wieder freigesprochen wurden.

Schlich hatte, um den Bau der Christkönigskirche finanzieren zu können, bei einer holländischen Bank ein Darlehen über 150.000 Gulden (1,5 Mio. Francs) aufgenommen.[1847] Eine solche Auslandsanleihe war, laut den Gesetzen der Natio-

1843 „Als bedauerlich zu vermerken ist, dass selbst Angehörige der nationalsozialistischen Verbände derart verhetzt sind, dass sie, wenn es gegen ihren Pfarrer […] geht, diesen über die Belange des Staates stellen." (GEHEIMES STAATSARCHIV PREUSSISCHER KULTURBESITZ, Lageberichte der Stapo-Stelle Saarbrücken [wie Anm. 1838], 16).

1844 Vgl. ebd., 18. Neun Kleriker des Saargebiets, die zu den Sympathisanten des Nationalsozialismus zu zählen sind, erwähnen HAUPERT und SCHÄFER, Saarländischer katholischer Klerus zwischen Anpassung und Widerstand 1933–1935 (wie Anm. 10), 136–143. Eine detaillierte Studie hierzu liegt derzeit noch nicht vor und bildet ein großes Forschungsdesiderat.

1845 Vgl. hierzu und zum Folgenden: HEHL, Priester unter Hitlers Terror eine biographische und statistische Erhebung (wie Anm. 49), 1496.

1846 Vgl. RAPP, „Die Devisenprozesse gegen katholische Ordensangehörige und Geistliche im Dritten Reich" (wie Anm. 634). Oftmals wurde den Geistlichen aber auch ein Sittlichkeitsprozess angehängt. Vgl. Hans Günter HOCKERTS, Die Sittlichkeitsprozesse gegen katholische Ordensangehörige und Priester 1936–1937. Eine Studie zur nationalsozialistischen Herrschaftstechnik und zum Kirchenkampf, zugl.: Saarbrücken, Univ., Diss., 1969 (= Veröffentlichungen der Kommission für Zeitgeschichte bei der Katholischen Akademie in Bayern. Reihe B, Forschungen 6). Mainz 1971.

1847 Vgl. Schreiben Schlich an die Bischöfliche Behörde vom 03.11.1927 (BISTUMSARCHIV TRIER, Pfarrakten der Pfarrei Saarbrücken [Christkönig] [wie Anm. 546]).

nalsozialisten, nicht erlaubt. Allerdings hatte Schlich diese Anleihe noch vor der Rückgliederung der Saar an Hitlerdeutschland getätigt. Außerdem hatte er im Namen des Caritasverbands eine Anleihe bei einer Pariser Bank für den Bau des Krankenhauses aufgenommen.[1848] Da Schlich genau wusste, dass gegen ihn ein Prozess eingeleitet worden war, floh er daraufhin über Luxemburg in die Schweiz. „Besondere Erwähnung verdient auch die in der Auslandspresse unter der Überschrift ‚Der Dank der Saarkatholiken' erörterte Flucht des Prälaten Dr. *Schlich* aus Saarbrücken, der angeblich zum Verlassen des Saarlandes gezwungen worden sei, um sich dauernden Verfolgungen durch die Geheime Staatspolizei zu entziehen, Tatsache ist aber, dass die Geheime Staatspolizei den Prälaten Dr. Schlich bisher völlig unangefochten gelassen hatte. Die eigentliche Ursache ist wohl darin zu suchen, dass die Zollfahndungsbehörden Ermittlungen über Devisenvergehen Trierer Geistlicher (sic!) geführt und in den Kreis der Verdächtigen auch den Prälaten Dr. Schlich einbezogen hatten. Schlich, der sich offenbar nicht ganz schuldlos fühlte, hat daraufhin das Saarland schleunigst verlassen."[1849]

Jacoby weist bereits nach, dass in einem Bericht der Botschaft in Paris vom 9. Dezember 1935 sowie einem Schreiben des Reichsministers vom 10. März 1936 an das Auswärtige Amt die Rede von einem Devisenverfahren gegen Schlich war.[1850] In einem SD-Bericht vom 23. September 1938 wird ebenfalls bestätigt, dass ein solches Verfahren gegen Schlich eröffnet, jedoch mangels Beweisen wieder eingestellt worden war. Ein solcher Prozess wurde, wie auch Ulrich von Hehl schreibt, gegen Schlich eingeleitet, was nicht verwunderlich ist, war Schlich doch eine herausragende Person des öffentlichen Lebens und hochdekorierter Priester.[1851] Schlich sah offenbar keinen anderen Ausweg als aus Deutschland zu fliehen. Offiziell musste er einen Genesungsurlaub antreten, weil er an Diabetes erkrankt gewesen sein soll und zwischenzeitlich in den Ruhestand versetzt worden war. Jedoch wollte Schlich, nachdem die Anklage zurückgezogen wurde, wieder nach Saarbrücken zurückkehren, was ihm aber von der Trierer Behörde untersagt wurde. Offiziell wollte man ihn durch diese Maßnahme schützen. Vielleicht befürchtete man aber auch, dass es zu Unruhen kommen würde.[1852]

Aber auch im Exil kämpfte Schlich weiterhin gegen die Nationalsozialisten. „Während des Jahres 1935 hielt er sich einige Zeit im Ausland auf, da gegen ihn ein

1848 Vgl. die Ausführungen in Kapitel 4.1.4.

1849 Allgemeiner Lagebericht der Stapo-Stelle Saarbrücken für den Monat November 1935, 8f. (Geheimes Staatsarchiv Preußischer Kulturbesitz, Lageberichte der Stapo-Stelle Saarbrücken [wie Anm. 1838]). Hervorhebung im Original.

1850 Vgl. Jacoby, Die nationalsozialistische Herrschaftsübernahme an der Saar (wie Anm. 110), 196f. (Anm. 58).

1851 Vgl. Hehl, Priester unter Hitlers Terror eine biographische und statistische Erhebung (wie Anm. 49), 1496.

1852 Vgl. Bistumsarchiv Trier (wie Anm. 27).

Verfahren wegen Devisenvergehens anhängig gemacht worden war. Vom Ausland aus [...] schrieb er mehrere gemeine Briefe an deutsche Behörden, jedoch reichte der Inhalt zur Einleitung eines Verfahrens nicht aus."[1853]

Die Briefe, die Schlich an die deutschen Behörden schrieb, sind nicht mehr erhalten. Aber der Koblenzer Bericht zeugt davon, dass Schlich den Kampf wider die Regierung Adolf Hitlers nicht aufgegeben hatte. Ferner lässt sich erkennen, dass Schlich genau wusste, wie weit er mit seinen Briefen gehen konnte, ohne dass er dafür angeklagt werden konnte.

Nach seiner Rückkehr aus der Schweiz wurde Schlich nach Koblenz-Neuendorf versetzt. Über seine Zeit als Pfarrer in Koblenz-Neuendorf (St. Peter) lässt sich wenig berichten.[1854] Eines ist jedoch überliefert: Schlich hielt während eines Einkehrtags für Jungfrauen im Kloster Wallersheim am 19. März 1939 einen Vortrag, in dem er über das katholische Eheverständnis referierte. Dabei verteidigte er die Lehren der katholischen Kirche, wies aber auch darauf hin, dass die Ehe zwischen Katholiken und Juden von jeher verboten war und die katholische Kirche sich somit schon immer für die Rassenreinhaltung eingesetzt habe, noch bevor es der Staat tat. Er wies aber im nächsten Atemzug darauf hin, dass die Kirche auch die Ehe zwischen Katholiken und Ungetauften missbillige, wie sie es auch im Falle von gemischt-konfessionellen Paaren tue.[1855] Damit brach Schlich zwar die antijüdische Spitze klug, es bleibt aber das Faktum, dass er grundsätzlich das Konzept einer Rassenreinheit vertritt und sogar als gottgewollt bezeichnet. Auch das hatte er mit seinem Bischof gemeinsam.[1856]

Inwiefern Schlich hier eine speziell antisemitische Botschaft propagierte, lässt sich nur mutmaßen. Schlich, der während seiner Zeit in Saarbrücken guten Kontakt zur jüdischen Gemeinde und zum dortigen Rabbi pflegte, wusste sicher, dass die Nationalsozialisten die Tagung der Jungfrauen in Wallersheim überwachten und er daher diese Aussage tätigte. Bei genauerer Betrachtung fällt auf, dass der Satz Schlichs viel mehr ein Affront gegen den Staat als gegen die Juden war.

Schlich erhielt schließlich am 15. Juli 1941 Schreibverbot durch die Reichsschrifttumskammer.[1857] Die staatliche Behörde wollte so den wortgewaltigen

1853 SD-Unterabschnitt Koblenz, Prälat Schlich (wie Anm. 1816).

1854 Dies ist v. a. der Tatsache geschuldet, dass das Bistumsarchiv Trier sämtliche Dokumente und Unterlagen aus dem Neuendorfer Pfarrarchiv übernommen hat und diese derzeit (bis auf unbestimmte Zeit) nicht zugänglich sind.

1855 Vgl. Bericht eines SD-Mitarbeiters vom 20.03.1939 (Sicherheitsdienst der SS Koblenz, Landeshauptarchiv Koblenz, Best. 662, 006 Nr. 863). Das Schreiben ist ediert bei Brommer, Das Bistum Trier im Nationalsozialismus aus der Sicht von Partei und Staat (wie Anm. 1767), 535f.

1856 Vgl. Schneider, Kein unbewegter Fels im Sturm, kein Fähnchen im Wind (wie Anm. 133), 299f.

1857 Vgl. Hehl, Priester unter Hitlers Terror eine biographische und statistische Erhebung (wie Anm. 49), 1496.

Priester ruhigstellen und seinen Hörer-/ Leserkreis minimieren, sodass er fortan weniger Schaden aus Sicht der Nationalsozialisten anrichten konnte. Auch in seinem „geistigen Testament" notierte Schlich über seine Zeit in Neuendorf nur Tatsachen, die die allgemeine Anfeindung der Nationalsozialisten mit der Kirche betrafen (insbesondere in Büchern und durch die Nichtbewilligung von Druckpapier für Bibeln und Katechismen).[1858] Zur eigenen Person machte er keine Angaben mehr, was jedoch nicht heißen muss, dass er seinen Widerstand aufgab.

Abschließend muss man zweifelsfrei zu dem Ergebnis kommen, dass Schlich, v. a. als Dechant Saarbrückens bis 1936, ein Kämpfer wider den Nationalsozialismus war. Dabei lassen sich, unter Einbeziehung des katholischerseits vorgeschlagenen vierstufigen Widerstandsmodells, verschiedene Formen des „Abstands" im Handeln Schlichs ausmachen. Im Sinne der ersten Stufe, der punktuellen Nonkonformität, sind die Briefe Schlichs einzuordnen, die er als Reaktion auf die Rede Görings vom 5. November 1933 in Trier an Reichskanzler Adolf Hitler, Vizekanzler Franz von Papen und Reichspräsident Paul von Hindenburg richtete.[1859] Auch seine Schreiben aus dem Ausland gehören in diese Kategorie.

Einige Aktionen Schlichs, wie die Ausspracheabende für Jugendliche, der von ihm als Dechant geleitete und von Bischof Bornewasser geforderte Ausbau der caritativen Einrichtungen in Saarbrücken sowie die Förderung des Zusammenhalts innerhalb des Saarklerus, lassen sich der zweiten Stufe (Resistenz) zuordnen. Denn hierbei wurden zwei Ziele gleichzeitig verfolgt: Zum einen die Unterminierung des NS-Regimes, aber zum anderen auch der Schutz der eigenen kirchlichen Strukturen. In diesem Zusammenhang kann man auch den Einsatz Schlichs für den Erhalt und Fortbestand der Zentrumspartei und der „Saarbrücker Landes-Zeitung" einordnen, obwohl dies auch schon als offener Protest gewertet werden kann.

Zur dritten Stufen sind zweifelsohne seine Artikel gegen die Weltanschauung der Nationalsozialisten zu rechnen, welche der Saarbrücker Dechant in der „Saarbrücker Landes-Zeitung" veröffentlichte. Ferner ist ebenso seine Weigerung, anlässlich des Wahlsiegs der NSDAP im Deutschen Reich am 12. November 1933 die Glocken zu läuten, als offenes Vorgehen gegen die Partei Hitlers zu bezeichnen. Darüber hinaus erteilte er durch seine Schrift über Rosenbergs Mythus dem Nationalsozialismus und seiner Weltanschauung in aller Öffentlichkeit eine klare Absage. Dies tat Dechant Schlich nochmals, indem er den Bekenntnistag der

1858 Vgl. Blatt Nr. 1 aus Schlichs geistigem Testament im Zusammenhang mit den Nationalsozialisten (Datum der Abfassung: 07.11.1943) (Schlich, Kirche und Nationalsozialismus im Saargebiet [wie Anm. 1754]).

1859 Je nach Ansicht lassen sich diese Briefe allerdings auch als offener Protest verstehen. Da Schlich jedoch nur gegen ein einmaliges Ereignis, die Beschimpfungen Görings nämlich, protestierte, wird man dieser Maßnahme Schlichs bei ihrer Bewertung wohl am ehesten gerecht, wenn man sie der ersten Stufe zuordnet.

Saarjugend am 29. Juli 1934 organisierte, der als ein öffentliches Manifest mit politischer Intention anzusehen ist, wie es in seiner Predigt deutlich wurde, auch wenn Bornewasser die Chance nicht nutzte, um sich gegen den Wiederanschluss des Saargebiets an das Deutsche Reich auszusprechen. Selbst ab dem Moment, als sich die politischen Verhältnisse geändert hatten, kämpfte Schlich weiterhin gegen das NS-Regime. Wenn man dem Bericht der nationalsozialistischen Behörde Glauben schenken kann, hat Schlich noch am 10. März 1935 vor Publikum und in Anwesenheit seines Bischofs die Braunhemden in einer Rede attackiert.

Allerdings lassen sich zwei Widerstandsmaßnahmen Schlichs in das Stufenmodell nicht einordnen. Diese sind wohl am besten unter dem Begriff „verdeckter Protest“ zu subsumieren. Dabei handelt es sich um die Veröffentlichung des Gemeinsamen Hirtenbriefs in den katholischen Zeitungen Saarbrückens, insofern es Schlich war, der die Erklärung der Bischöfe in Saarbrücken in Umlauf brachte, sowie die Finanzierung der „Neuen Saarpost“, denn diese propagierte klar den Status quo und opponierte damit gegen Hitler-Deutschland. Schlich vertrat, trotz aller nun aufgezeigten Widerstandsmaßnahmen, hinsichtlich der Volksabstimmung am 13. Januar 1935 in der Öffentlichkeit den Standpunkt seines Bischofs. Diesem war Schlich als Priester zum Gehorsam verpflichtet und erfüllte die Pflicht auch treu, wie die Rundfunkrede zeigt, auch wenn dies für ihn selbst mit negativen Konsequenzen nach dem Plebiszit verbunden war und er zumindest in einem Punkt mit den Zielen der Nationalsozialisten übereinstimmte.

Jedoch – und das sei an dieser Stelle nicht verschwiegen – gibt es auch eine kleine Trübung in seiner sonst so klaren Haltung: Schlich, der sich als Dechant in Saarbrücken noch für die Juden eingesetzt hatte[1860], vertrat, als er Pfarrer in Neuendorf war, während eines Einkehrtages für junge Frauen den Rassegedanken der Nationalsozialisten hinsichtlich der Ehe. Auch wenn er die antijüdische Spitze klug brach, so bleibt doch das Faktum, dass er einmal, wie es auch Bornewasser tat, zumindest ansatzweise die Rasselehre der NS-Regierung vertrat und diese noch als gottgewollt darstellte.

Man kann also abschließend Schlich während seiner Saarbrücker Jahre, in denen er eine gewichtige Rolle im öffentlichen Leben spielte, wohl als Widerstandskämpfer auf allen Ebenen seines Lebens bezeichnen, insofern er die Freiheit dazu hatte, wofür er alle seine Ämter (Pfarrer, Dechant, Aufsichtsratsmitglied) nutzte. An Schlich wird exemplarisch deutlich, wie sich ein Priester als „Milieumanager“ den Nationalsozialisten entgegenstellen konnte.

1860 Vgl. die Ausführungen im Kapitel 4.1.4 sowie Ries, Marzi und Binsfeld, Caritas im Bistum Trier (wie Anm. 451), 405.

5. SCHLUSS

Kirche, Politik, Lektüre und Vereine – diese vier Säulen des priesterlichen „Milieumanagers“ nennt Olaf Blaschke, wenn er die typischen Aufgabenfelder katholischer Priester zu Beginn des 20. Jahrhunderts beschreibt.[1861] Die vorliegende Arbeit versuchte, anhand der Person des Trierer Bistumspriesters Johann Ludger Schlich, aufzuzeigen, inwiefern diese Charakterisierung und Typisierung zutrifft. Die biografische Studie zeigt exemplarisch, dass Schlich ein solcher „Milieumanager“ war, der in seiner Person alle von Blaschke genannten Wirkungsbereiche abdeckte. Neben seiner Tätigkeit als Pfarrer an St. Jakob (ab 1913) und Christkönig (ab 1929) in Saarbrücken war er Präses vieler katholischer Pfarrvereine und engagierte sich darüber hinaus in der Politik. Zudem war er nicht nur Verfasser von Artikeln, Broschüren und Büchern, sondern trieb die katholische Pressearbeit im politisch autonomen Saargebiet durch die Gründung eines katholischen Verlagshauses mit eigener Tageszeitung voran. Doch wie ist das Priesterbild der damaligen Zeit mit dem Alltag eines solchen „Milieumanagers“ in Einklang zu bringen?

Auch wenn das Konzil von Trient (1545–1563), so schrieb der hierfür ausgewiesene Experte Hubert Jedin, kein explizites Priesterideal erarbeitete, unterstrich das Tridentinum aber die Hauptaufgabe des Weihepriestertums durch eine dogmatische Erklärung, worin festgehalten wurde, dass die Feier der heiligen Messe, also die Darbringung des Messopfers, der wichtigste Dienst des Priesters (als „guter Hirte“) in seiner Gemeinde sei.[1862] Auffallend erscheint die Tatsache, dass das durch dieses Amts- und Gemeindeverständnis geprägte katholische Milieu nicht ohne die geweihten Amtsträger lebensfähig gewesen wäre. „In gewisser Weise kann man sagen, er [der Priester; FS] verkörpere, was Heil sei, und dies erfahre seine durchaus punktuelle Zuspitzung im Altarsakrament.“[1863]

Diese herausragende und dem Priester eigene Vollmacht, die mit keiner anderen irdischen Gewalt verglichen werden könne, wird spätestens seit dem Ersten Vatikanischen Konzil (1869/1870) besonders betont, wodurch dem Priester die Rolle

1861 Vgl. BLASCHKE, Die Kolonialisierung der Laienwelt. Priester als Milieumanager und die Kanäle klerikaler Kuratel (wie Anm. 1), 106.

1862 Vgl. WOHLMUTH und ALBERIGO, Konzilien der Neuzeit (wie Anm. 286), 744f. (= Can. 1) sowie Hubert JEDIN, Das Leitbild des Priesters nach dem Tridentinum und dem Vaticanum II. In: Theologie und Glaube 60 (1970) S. 102–124, hier: 110–116.

1863 SCHULTE-UMBERG, Profession und Charisma (wie Anm. 12), 325.

des „Heilsmittlers" zukam.[1864] Die Priester sollten sich zu Schlichs Zeit durch ein vorbildliches geistliches Leben und einen tadellosen Lebenswandel, ihren Gehorsam gegenüber dem Bischof und ihren Weiterbildungseifer auszeichnen.[1865] Dieses Ideal eines priesterlichen Lebenswandels, das ein Opferleben sein und eine gewisse Distanz zwischen Laien und Klerus bzw. Welt und Kirche mit sich bringen sollte[1866], wurde von Pius X. in seinem Schreiben „Haerent animo" als auch 1935 von Pius XI. in seiner Enzyklika „Ad catholici sacerdotii" noch einmal hervorgehoben.[1867] Letzterer legte nicht nur großen Wert auf die priesterliche Heiligkeit, sondern insbesondere auf die wissenschaftliche Bildung des Klerus, die sich nicht nur auf die Theologie beschränken, sondern vielmehr allumfassend sein sollte.[1868] „Während Pius' X. Schreiben ‚Haerent animo' ganz pastoral konzipiert und motiviert war, reflektierte Pius XI. das Priestertum stärker theologisch und ergänzte die überstarke Konzentration seines Vorgängers auf die priesterliche Funktion bei der Eucharistie durch die dynamischere Sicht im Dienst am Corpus Christi mysticum. Er betonte zwar im Kontext seines Konzeptes von Katholischer Aktion das allgemeine Priestertum der Gläubigen, bestand im übrigen aber auf dem von den Gläubigen abgehobenen Amtspriestertum und überhaupt auf einem streng hierarchischen Kirchenbild."[1869] Allerdings gab es auch auf das Rundschreiben Pius X., der das geistliche Leben und die strenge Unterordnung der Priester unter die bischöfliche Autorität in den Mittelpunkt stellte, scharfe Kritik. Pius X. wollte mit seinem Schreiben „jene am Anfang des 20. Jahrhunderts [...] entstandenen, politisch und sozial engagierten Priestergruppen, die für eine Überwindung der Kluft zwischen Kirche und Welt und für kirchliche Reformen plädierten"[1870], zurechtweisen.

1864 Vgl. ebd., 299–326.

1865 Vgl. GATZ, Vom Ende des Ersten Weltkrieges bis zum nationalsozialistischen Kirchenkampf (wie Anm. 721), 147–149 sowie hierzu und zum Folgenden: SCHULTE-UMBERG, Profession und Charisma (wie Anm. 12), 318–325.

1866 Ausdruck dieser Tendenz ist in den damaligen Visitationsbögen des Bistums Trier die Fragen, ob die Geistlichen ein distanziertes Verhältnis zu den Laien pflegen und ob sie sich um Weiterbildung eifrig bemühten.

1867 Der Text der Enzyklika ist abgedruckt in: Acta Apostolicae Sedis. Commentarium officiale, hg. von PIUS XI. (= Acta Apostolicae Sedis 28). Vatikan 1936, 6–53. Eine deutsche Übersetzung liegt ebenfalls vor. Vgl. DASS., Rundschreiben über das katholische Priestertum. München 1936.

1868 Vgl. GATZ, Vom Ende des Ersten Weltkrieges bis zum nationalsozialistischen Kirchenkampf (wie Anm. 721), 151f. Hinsichtlich der wissenschaftlichen Bildung bezog Pius XI. sich auf seine 1931 erschienene Enzyklika „Deus scientiarum Dominus". Vgl. zum lehramtlichen Schreiben Pius' XI.: UNTERBURGER, Vom Lehramt der Theologen zum Lehramt der Päpste? (wie Anm. 1120).

1869 GATZ, Vom Ende des Ersten Weltkrieges bis zum nationalsozialistischen Kirchenkampf (wie Anm. 721), 152.

1870 DERS., Von der Beilegung des Kulturkampfes bis zum Ende des Ersten Weltkrieges. In: Der Diözesanklerus (wie Anm. 11), 125–146, 132f.

Das von Pius XI. skizzierte Priesterideal steht zumindest teilweise in einer Spannung zu der von Blaschke beschriebenen Lebenswirklichkeit. Einerseits betont der lehramtliche Text die zentrale Stellung des Gebets im Leben des Priesters, seine besondere Rolle als Kultdiener und Vermittler zwischen Gott und den Menschen (Feier der Messe und Spender der Sakramente), andererseits stellt er das Leben und Handeln des Priesters durch Jugenderziehung und „Lösung oder wenigstens [...] Linderung der sozialen Gegensätze“[1871] in Verbindung mit der Welt. Schlich scheint beide Aspekte in sich zu vereinen. Als Pfarrer (Gemeindeleiter) war er, wie es auch das Konzil von Trient forderte, „Pastor bonus“ der ihm anvertrauten Herde und hatte Sorge zu tragen für das Heil der Seelen („cura animarum“). Diese besondere Pflicht, die sich in der Spendung der Sakramente (insbesondere dem Vollzug des Messopfers und dem Beichthören) realisierte, sollte das Zentrum seines priesterlichen Wirkens sein, da er durch die Priesterweihe diese Vollmachten übertragen bekam. Zweifelsfrei hat Schlich diese Verpflichtung auch erfüllt und ist seiner Hirtensorge nachgekommen, allerdings nicht ungeteilt. Auffallend erscheint aber auch der Kontrast zwischen dem Priester- und Pfarrerbild des Milieumanagers Schlich und der gesamtkirchlichen Entwicklung. Besonders augenfällig wird der Kontrast zwischen dem „Pastor bonus“ und dem „politischen Pfarrer“ – beides versuchte Schlich zu sein –, wenn man das Jahr 1929 fokussiert: Er wurde zum Dechanten des Dekanats Saarbrücken (und im weiteren Jahresverlauf zum Pfarrer an Christkönig) ernannt und mit dem höchsten Ehrentitel, den die Kirche Klerikern damals verleihen konnte, den des „Apostolischen Protonotars“, dekoriert. Im gleichen Jahr wurde Jean Marie Vianney (1786–1859), der Pfarrer von Ars, der erst vier Jahre zuvor heiliggesprochen worden war, von Papst Pius XI. zum „Patron aller Pfarrer in der ganzen Welt“ erhoben. Doch Vianney zeichnete sich nicht durch politisches Interesse oder hohe Kirchentitel aus, sondern vielmehr durch sein vobildliches priesterliches Leben sowie seine Pfarr- und Beichtseelsorge. Diese Spannung zwischen den damals schon exisiterenden Priesterbildern (sowie das damit verbundene priesterliche Selbst- und Rollenverständnis) und Lebensrealitäten der Geistlichen lässt sich bis in die Gegnwart nachzeichnen.

Wichtig und prägend für Schlichs Biografie war es, den Rahmen der Seelsorge zu optimieren. Aus diesem Grund setzte er sich für die Verkleinerung der großen Stadtpfarreien ein und trieb den Bau einer neuen Kirche in Saarbrücken voran, um auf diese Weise die Seelsorge durch die kleineren Pfarreien verbessern zu können. Dies war ein dringendes Bedürfnis jener Zeit in der Saarhauptstadt. Das Phänomen der Verkleinerung der großen Pfarreien ist in den größeren Städten des Bistums Trier und über die Diözesangrenzen hinaus zu verzeichnen.[1872] So wurden

1871 Pius XI., Rundschreiben über das katholische Priestertum (wie Anm. 1867), 3.
1872 Zu den Entwicklungen der Pfarreien des Bistums Trier vgl. Feilzer, Strukturen der Seelsorge: Dekanate und Pfarreien, Pfarrverbände und Regionen (wie Anm. 288), 112–115.

im Bistum Münster[1873] und im Erzbistum Köln[1874] seit dem Ende des 19. Jahrhunderts bzw. zu Beginn des 20. Jahrhunderts zahlreiche Riesenpfarreien geteilt. Dabei war die Neugründung von Pfarreien und der Neubau von Gotteshäusern stark abhängig von der jeweiligen Gesetzeslage. Die josephinische Pfarrregulierung in Österreich (insbesondere Wien und Graz) machte eine Weiterentwicklung des Pfarrnetzes nahezu unmöglich.[1875] Es waren vor allem die Millionenmetropolen Europas, in denen der dadurch hervorgerufene Missstand in der Seelsorge um die Wende zum 20. Jahrhundert deutlich hervortrat. Gerade in den dicht besiedelten Arbeiterbezirken war die Kirchennot besonders deutlich spürbar. Ein Faktum, das – wenn auch in kleinerem Maß – auf Saarbrücken zutraf.

Die Dekanate des Bistums Trier wurden, wie auch die Pfarreien, 1923 geteilt und verkleinert. Dabei folgte der Bischof dem Votum der Trierer Diözesansynode von 1920, wo die Neuumschreibung der Dekanate gefordert worden war. Eine ähnliche Entwicklung ist auch in anderen Diözesen Deutschlands zu verzeichnen, um mehr den Erfordernissen der Zeit zu entsprechen.[1876]

Der Pfarrklerus Saarbrückens, dem Schlich ab 1929 vorstand, war, wie in anderen Städten, nicht mehr in der Lage, die Seelsorge alleine zu bewerkstelligen. Man suchte daher die Unterstützung von Orden und Kongregationen, die, sowohl durch die Sakramentenspendung und -katechese als auch durch caritative Tätigkeiten, das katholische Milieu stärken sollten.[1877] Schlich ergriff hierbei häufiger die Initiative und setzte sich dafür ein, dass sich Orden und Genossenschaften in Saarbrücken niederließen, auch wenn nicht jeder Plan, wie beispielsweise die Eröffnung eines Karmels, von Erfolg gekrönt war. Trotzdem kann man Schlich als Visionär in der Großstadtseelsorge bezeichnen, denn mit dem von ihm geplanten Bau einer Kirche am Bahnhof der Stadt, hatte er einen der Hauptverkehrsorte der Menschen im Blick und wollte hier, wie es auch in anderen großen Städten Deutschlands üblich war, einen Seelsorgestützpunkt aufbauen.[1878] Zudem initiierte er gemeinsam mit dem Dekanatsklerus Saarbrückens das Laienapostolat in allen Stadtgemeinden. Die von

1873 Vgl. Die Industrialisierung 1870–1914 (wie Anm. 290), hier: 161.

1874 Vgl. Hegel, Das Erzbistum Köln zwischen der Restauration des 19. Jahrhunderts und der Restauration des 20. Jahrhunderts (wie Anm. 292), 189f. Eine Tabelle zeigt entsprechend die Entwicklung des Verhältnisses zwischen Gemeindegröße und Seelsorgerzahl.

1875 Eine detaillierte Analyse zu den verschiedenen Regionen mit ihrem Problemen und Entwicklungen bzgl. der Pfarrorganisation liefern Gatz und Schmitz, Tendenzen der Pfarreienentwicklung von der Mitte des 19. Jahrhunderts bis zum Ersten Weltkrieg (wie Anm. 291).

1876 Zu den Entwicklungen m Erzbistum Köln vgl. Hegel, Das Erzbistum Köln zwischen der Restauration des 19. Jahrhunderts und der Restauration des 20. Jahrhunderts (wie Anm. 292), 186f.

1877 Vgl. Weissensteiner, Großstadtseelsorge in Wien (wie Anm. 294), 120.

1878 In anderen Großstädten (z. B. Köln) wurde aber (meist) auch keine Kirche gebaut, sondern lediglich eine Bahnhofsmission unterhalten. Vgl. Swoboda, Großstadtseelsorge (wie Anm. 14), 195.

Pius X. erstmals 1905 angedachte innere Erneuerung des Christentums (Katholische Aktion) sollte weltweit umgesetzt werden. Der Wiener Pastoraltheologe Heinrich Swoboda entwickelte bereits 1909 eine konkrete Anwendung der Idee für die Großstadtseelsorge, die auf die Laienhilfe nicht mehr verzichten könne.[1879] Wenige Jahre später begann man auch in Saarbrücken mit der Umsetzung, weil die Priester den Kontakt zu allen Gläubigen nicht mehr in dem Maße halten konnten, wie sie es für wünschenswert erachteten. Damit war man im Bistum Trier einer der Vorreiter, aber auch in anderen Städten wurde das Laienapostolat erfolgreich umgesetzt.[1880] Allerdings waren die Laien, die den Klerus unterstützen konnten, immer an die Weisungen der Kleriker gebunden. Eine autarke Mitarbeit von Laien in der Pfarrei war nicht möglich und auch keineswegs seitens der Kleriker intendiert. Diese geschilderte Pastoral vertrat auch Pfarrer Schlich. Für ihn war der klerikale Führungsanspruch eine Selbstverständlichkeit. Die Priester sollten, so Papst Pius XI., selbst als Apostel in ihren Gemeinden wirken, die Laienapostel hingegen wurden in Saarbrücken aber nur als Hilfen für das Apostolat der Geistlichen verstanden.[1881] Die Katholische Aktion als innerer Erneuerungsprozess im Christentum und in der Gesellschaft stand für den Saarbrücker Dekanatsklerus nur an zweiter Stelle.

Das gute Miteinander der Laien und der Kleriker war allerdings keine Selbstverständlichkeit mehr und nicht alle Gläubigen waren bereit, sich den machtbewussten Geistlichen unterzuordnen, wie man es im Laienapostolat tun musste. Die Individualisierung begann die „wohlgeordnete Schlachtreihe“[1882], sprich die gewohnte Einheit zwischen Papst, Bischöfen, Priestern und einfachen Gläubigen, aufzulösen, da der Kirche im Gegensatz zu früheren Epochen etwas fehlte: die „Ausschließlichkeit“.[1883] Diese Hinwendung zur Moderne versuchte der Trierer Bistumsklerus (auch Schlich) unter der Leitung des Bischofs aufzuhalten. Ebenso geschah es auch in anderen Bistümern Deutschlands.[1884] Spätestens seit der ersten Hälfte des 20. Jahrhunderts wurde das Bild des Priesters als „Heilsmittler“ wie auch das daraus abgeleitete integralistische Weltbild hinterfragt. Erwähnt sei an dieser Stelle nur die Auseinandersetzungen um die Gewerkschaften, die der Ansicht Michael Felix Korums, des Trierer Oberhirten, nach auf jeden Fall von Klerikern geleitet werden mussten, oder die Frage nach der Revision des Religionsunterrichts der katholischen Lehrer/innen in den Schulen, die sich nicht mehr dem Pfarrer ausgeliefert sehen wollten.

1879 Vgl. ebd., 305–315.
1880 Vgl. Raabe, Die Katholiken und ihre Verbände in der Zeit der Weimarer Republik (wie Anm. 694), 210–212.
1881 Vgl. zum priesterlichen Apostolat die Ausführungen in: Pius XI., Rundschreiben über das katholische Priestertum (wie Anm. 1867).
1882 Schulte-Umberg, Profession und Charisma (wie Anm. 12), 317.
1883 Vgl. ebd., 375.
1884 Ebd.

Schlich hatte aber nicht nur die integralistische Weltsicht, die er sich mit seinem Bischof teilte, sondern auch die Haltung gegenüber dem Modernismus. Bereits seine Dissertation zeigt, dass Schlich antimodernistisch gesinnt war. Jedoch waren nicht nur weite Kreise der Bistumsleitung in Trier (z. B. die Bischöfe oder der am Trierer Priesterseminar lehrende Kanonist und Zentrumsabgeordnete Prof. Ludwig Kaas) antimodern ausgerichtet, gerade römische Theologie und die lehramtlichen Schreiben Pius X. und Pius XI. versuchten modernistische Tendenzen innerhalb der katholischen Kirche zu eliminieren.[1885] Allerdings war Schlich Neuerungen gegenüber nicht gänzlich abgeneigt, wie die Modernisierung der Seelsorge und ihrer Methoden während seiner Amtszeit als Pfarrer in Saarbrücken zeigen. Schlich glänzte aber auch nicht durch einen übermäßigen Eifer auf diesem Gebiet: Obwohl er in regem Austausch mit der Abtei Maria Laach, der Keimzelle der „Liturgischen Bewegung", stand, konnte Schlich, bedingt durch sein vielfältiges Engagement über seine Tätigkeit als Gemeindeleiter hinweg, innerhalb der Pfarrseelsorge in St. Jakob und Christkönig keine großen Impulse setzen. In der neu errichteten Pfarrei Christkönig übernahm er das traditionelle Seelsorgemodell. Es zeichnete sich innerhalb der vorgelegten Studie ab, dass die katholische Kirche und der Katholizismus Saarbrückens „aus einer Spannung zwischen Tradition und Moderne einen eigenen achtsamen Weg in die Moderne gegangen ist – und sei es auf dem Weg einer ‚ungeplanten Modernität'"[1886]. Die Einführung des Laienapostolats oder eines Ehevorbereitungskurses auf Dekanatsebene wurde zwar durch sein Mittun angeregt, damit wurde zugleich aber nur auf einen großen Missstand reagiert, sodass man hierbei eher von einer unfreiwilligen Selbstmodernisierung sprechen muss.

„Das Pfarrleben prägte der Pfarrgottesdienst in seiner Vielfalt, die Katechese in den mit den Pfarreien verbundenen Volksschulen, deren Aufsicht beim Ortspfarrer lag, die sonntägliche Christenlehre in der Kirche, die Spendung der Sakramente und die regelmäßigen Hausbesuche des Klerus bestimmten das Gemeindeleben."[1887] Mit diesen Worten beschrieb Erwin Gatz die Seelsorge in den Pfarreien recht treffend, auch wenn diese Pauschalisierung ab dem letzten Viertel des 19. Jahrhunderts nicht mehr ganz zutreffend erscheint, da Pfarrer und Kapläne, besonders in großen (Stadt-)Pfarreien, Organisationstalente sein mussten.

Neben dem von Gatz Skizzierten mussten die Geistlichen nämlich noch Wahlwerbung für die Zentrumspartei, Pressearbeit und Vereinsleitungen übernehmen. Ein weiteres wichtiges Aufgabengebiet, das die Priester wie Schlich damals manag-

1885 Vgl. beispielsweise die Enzykliken „Pascendi dominici gregis" (Pius X.) und „Deus scientiarum Dominus" (Pius XI.).

1886 GÜNTHER, Umwege in eine achtsame Moderne (wie Anm. 15), 13.

1887 Erwin GATZ, Die Pfarrei von der Säkularisation bis zum Beginn der großen Binnenwanderungen. In: Die Bistümer und ihre Pfarreien, 73–89, hier: 84.

ten, war die Caritas. Nachdem er das Amt des Dechanten übernahm, wurde dieses Tätigkeitsfeld immer umfangreicher, was mit der Gründung des Caritasverbands Saarbrücken 1918, dessen Vorsitzender der Dechant des Dekanats der Saarhauptstadt war, und der Professionalisierung auf diesem Gebiet verbunden war. Auch in anderen Diözesen entstanden nach und nach Dachverbände der Caritas auf Diözesanebene, obwohl oftmals zuerst Ortsverbände in größeren Städten gegründet wurden. So geschah es beispielsweise in Köln, wo zuerst die Ortsverbände in Essen (1897), Düsseldorf (1904) und Düren (1911) ins Leben gerufen worden waren, ehe der Kölner Diözesancaritasverband während des 1. Diözesancaritastags in Köln am 27. Februar 1916 von Felix Kardinal Hartmann proklamiert wurde.[1888] Das Faktum, dass Priester sich in der Caritas profilierten und professionalisierten, war keine Besonderheit Schlichs, auch wenn das ultramontane Priesterbild und das damit verbundene priesterliche Tun eigentlich eine Unterordnung des diesseitigen Wohls des Einzelnen und der Gemeinschaft unter die Dimension der Kirche als heilsvermittelnder „Gnadenanstalt" bzw. „Heilsanstalt" mit sich brachte bzw. bringen konnte.[1889]

So sind Lorenz Werthmann[1890], der die Gründung des „Charitasverbands für das katholische Deutschland"[1891] 1897 vorantrieb, Cyprian Fröhlich[1892], der Gründer des „Seraphischen Liebeswerks" oder Franz Hitze[1893], der Generalsekretär des Verbandes „Arbeiterwohl", Musterbeispiele katholischer Priester, die am ehesten als Caritas- bzw. Verbands-Agenten bezeichnet werden können. Auffallend erscheint hierbei, dass diese Priester nicht mehr dem klassischen ultramontanen Priesterideal kongruent waren, sondern sich allmählich im Klerus eine Selbstmodernisierung bzw. Wei-

1888 Vgl. Ulrich Brzosa, 100 Jahre Caritasverband für die Stadt Düsseldorf. Die Geschichte der Caritas in Düsseldorf von den Anfängen bis zur Gegenwart. Köln, Weimar, Wien 2004, 329–337.

1889 Der Terminus „Gnadenanstalt" wurde erstmals von Max Weber benutzt und geprägt. Vgl. Michael Ebertz, Erosion der Gnadenanstalt? Zum Wandel der Sozialgestalt von Kirche. Frankfurt a. M. 1998, 180–183.

1890 Zur Person Werthmanns und dessen Arbeit vgl. Peter Neher, Lorenz Werthmann. Caritasmacher und Visionär (= Basics für Sozialprofis). Freiburg im Breisgau 2008.

1891 Zur Verbandsgründung und der Person Werthmanns vgl. Hans-Josef Wollasch, Lorenz Werthmann und der Deutsche Caritasverband. In: Caritas und soziale Dienste, 172–188. Obwohl der Caritasverband durch einen Priester gegründet und geleitet worden war, standen die kirchlichen Behörden und der Episkopat dieser Laienbewegung, die außerhalb der kirchlichen Hierarchie stand, kritisch gegenüber (Integralismusanspruch). Vgl. Hermann-Josef Scheidgen, Einleitung. Von „thätiger Nächstenliebe" zur verbandlichen Caritas. In: Ein Jahrhundert Nächstenliebe. Die Geschichte des Diözesan-Caritasverbandes für das Erzbistum Köln e. V., hg. von Hermann-Josef Scheidgen. Köln 2016, 12–19, hier: 18.

1892 Henkelmann, Caritasgeschichte zwischen katholischem Milieu und Wohlfahrtsstaat (wie Anm. 1481).

1893 Vgl. Hubert Mockenhaupt, Franz Hitze (1851–1921). In: Zeitgeschichte in Lebensbildern, 53–64.

terentwicklung und Differenzierung der geweihten Amtsträger über die bekannten Typen der wissenschaftlichen Theologen oder der im Ordinariat tätigen Geistlichen hin zu Spezialisten für einen bestimmten Bereich (wie z. B. die Caritas oder andere Verbandsarbeit) beobachten lässt, um so auf die Seelsorgebedürfnisse eingehen zu können.[1894] Dabei konnten sie weiterhin als „Pastor bonus" tätig sein, aber nicht mehr im klassischen Sinn als Pfarrer, sondern in einer speziellen Funktion.

Der Lebensentwurf eines solchen „Milieupriesters" barg eine vierfache Spannung in sich: 1. den Unterschied zwischen weltabgeschiedener Ausbildung im Priesterseminar, dem Priesterbild des sakralen Heilsmittlers und dem alltäglichen Leben in der milieuspezifischen Pastoral, also in der Mitte der Gesellschaft.[1895] 2. Mussten diese Priester, gleich ob sie als Journalisten, Politiker oder Verbands-Funktionäre mitten in der Gesellschaft wirkten, bei aller weltzuwandten Tätigkeit die nötige Distanz zur Welt (mit all ihren Verlockungen) wie auch zu den Menschen wahren. 3. Die persönliche Katastrophe bzw. das eigene Scheitern, wenn dem im ultramontanen Priesterbild verankerten Heilsmittler, dem „Pastor bonus", die Schafe seiner Herde reihenweise fortliefen, denn mit dem Fortschreiten der Säkularisierung (im Sinne eines gesellschaftlichen Wandels) wuchs auch die Zahl derer, die sich von der Kirche distanzierten, wie es in Saarbrücken während der Amtszeit Schlichs bereits deutlich erfahrbar war. 4. Aufgrund der unterschiedlichen Rollenerwartungen, die an einen Milieumanager herangetragen wurden, kam es auch im Leben Schlichs zu Konflikten und Spannungen: Als Zentrumsabgeordneter im Stadtrat musste er Absprachen mit verschiedenen Parteien treffen und in Sachfragen Kompromisse mit anderen Gesprächspartnern schließen. Als Seelsorger hatte er hingegen für alle Menschen Saarbrückens (zumindest seiner Pfarrei) ohne Ansehen der Person offen zu sein.[1896]

Schlich war aber nicht nur als Verbands-Agent eingesetzt, sondern blieb zugleich in der Pfarrseelsorge. Daher schaffte es der Dechant Saarbrückens das caritative Netz in der Stadt auszubauen und sich auf diesem Gebiet (z. B. durch die Gründung eines katholischen Krankenhauses) zu profilieren. Dabei waren neben seiner Vernetzung mit den politischen Größen der Stadt bzw. des Saargebiets mehrere Faktoren von Nöten: Zum einen die Gründung und Ausbreitung von caritativen Ordensgemeinschaften[1897] und zum anderen die (caritativen Vereinigungen auf Ebene der) Pfarrei-

1894 Vgl. SCHULTE-UMBERG, Profession und Charisma (wie Anm. 12), 480f.
1895 Zur Priesterausbildung ab dem Kulturkampf vgl. ebd., 327–406.
1896 Als besonders prekär erwies sich diese Spannung beim Umgang mit der SPD, denn in seelsorglichen Fragen waren die Priester an die Weisung ihres Bischofs gebunden, wodurch sie gezwungen waren, SPD-Mitglieder in der Beichte die Lossprechung zu verweigern, Menschen, die diese Partei bloß wählten, sie jedoch zu gewähren.
1897 Nicht nur im Bistum Trier wurden seit der ersten Hälfte des 19. Jahrhunderts neue Caritasorden bzw. -gemeinschaften gegründet, sondern auch in anderen deutschsprachigen Diözesen, um den Menschen Hilfe zu ermöglichen, die durch die Industrialisierung unter

en, welche die Bürgschaften übernehmen und für Spendengelder sorgen mussten.[1898] Dies zu managen, wusste Schlich, um dadurch das katholische Milieu zu stärken, denn der caritative Katholizismus war sowohl ein konsensstiftender als auch ein öffnender Faktor innerhalb des katholischen Milieus.[1899]

Schlichs Handeln auf Dekanatsebene, das (zumindest ab 1929) eng verbunden war mit seinem caritativen Wirken in der Großstadt Saarbrücken, lässt sich zugleich als apostolisches Handeln im Sinne der Enzyklika Pius XI. interpretieren. Er versuchte das durch Pluralisierung und Entkirchlichung aufgebrochene „katholische Milieu" zu einen. Hier wollte er möglichst alle Schichten der Gesellschaft ansprechen und einander annähern, denkt man an die Akademiker- und Arbeitertagung, die er organisierte, aber auch an sein Mittun in der Armendeputation oder der Einzelseelsorge, von der wenigstens ein Beispiel überliefert ist. Ein ähnliches Zeugnis für die Weiterentwicklung des ultramontanen Priesterbilds (zum Großstadt-Apostel), das in den großen Städten unumgänglich war, insofern man seinem Seelsorgeauftrag entsprechen wollte, gab Carl Sonnenschein in Berlin. Sonnenscheins Charisma lag „in einem religiös-sozialpolitischen Pragmatismus"[1900] begründet. Zunächst setzte sich Sonnenschein als Kaplan in Aachen und ab 1906 im katholischen Volksverein[1901] für die Studenten- und Akademikerseelsorge ein und wollte hierbei die Entfremdung zwischen Arbeiterklasse und Bildungs- bzw. Besitzbürgertum überwinden. Für Sonnenschein, wie auch für Schlich, waren gesellschaftliche und religiöse Fragen untrennbar miteinander verbunden.[1902] Nachdem der „Bettler Gottes"[1903] nach dem Ersten Weltkrieg nach Berlin zog, erweiterte er seinen Tätigkeitsbereich und kümmerte sich fortan auch um die Randexistenzen, indem er sie einzeln in ihrer finanziellen, materialistischen und geistigen Armut betreute.[1904] „[J]eder einzelne Katholik, der in Not war, konnte sich an ihn wenden. Hunderttausend hatte er in Karteien erfaßt. Für

schlechten Lebensbedingungen litten. Entsprechende Erläuterungen sowie statistische Tabellen für die Bistümer Köln und Münster liegen vor. Vgl. HEGEL, Das Erzbistum Köln zwischen der Restauration des 19. Jahrhunderts und der Restauration des 20. Jahrhunderts (wie Anm. 292), 294f.308f; Das preußische Bistum 1821–1870. In: Moderne und Milieu, 53–106, hier: 97–104 sowie Die Industrialisierung 1870–1914 (wie Anm. 290), 161–164.

1898 Analoge Befunde für das Bistum Münster sind beschrieben. Vgl. ebd., 161f.

1899 Vgl. HENKELMANN, Caritasgeschichte zwischen katholischem Milieu und Wohlfahrtsstaat (wie Anm. 1481), 25–31.

1900 GÜNTHER, Umwege in eine achtsame Moderne (wie Anm. 15), 226.

1901 Zum katholischen Volksverein speziell vgl. Gotthard KLEIN, Der Volksverein für das katholische Deutschland 1890–1933 (= Veröffentlichungen der Kommission für Zeitgeschichte. Reihe B, Forschungen 75). Paderborn, München, Wien, Zürich 1996.

1902 Vgl. GÜNTHER, Umwege in eine achtsame Moderne (wie Anm. 15), 229.

1903 Bertram OTTO, 100 Jahre Nacht und Tag. Geschichte des deutschen Katholizismus zwischen 1868 und 1968. Freiburg i. Br. 1968, 202.

1904 Vgl. GÜNTHER, Umwege in eine achtsame Moderne (wie Anm. 15), 230f.

jeden hatte er Rat und Hilfe, hunderttausendmal half er. Und er fragte nicht nach der Religionszugehörigkeit.«[1905] Zudem sammelte Sonnenschein die Gelder, um eine katholische Volkshochschule und eine „Akademische Lesehalle" in Berlin zu errichten. Beide Geistliche zeigen, jeder auf seine Weise, wie man das priesterliche Apostolat in einer Großstadt entfalten konnte, ohne dabei auf ein spezielles Arbeitsfeld festgelegt zu sein. Allerdings liegt der Unterschied zwischen Schlich und Sonnenschein darin, dass der Erstgenannte zugleich auch Pfarrer war und die damit verbundenen Verpflichtungen zu erledigen hatte, währen der Zweite nicht an die Pfarrseelsorge durch bischöfliche Ernennung gebunden war, sondern – überspitzt gesagt – „im Untergrund" agierte.

Es existierten also zugleich caritative Einzelakteure in der Großstadtpastoral, wie es auch verbands- bzw. vereinsmäßig organisierte Caritas gab. Allerdings waren nicht nur die Zusammenschlüsse in Vereinen und Verbänden auf Ebene der Caritas zu verzeichnen, sondern auch in anderen Lebensbereichen der Gläubigen. Untrennbar verbunden mit dem Amt des Pfarrers an St. Jakob bzw. Christkönig, war zudem die Leitung mehrerer Pfarr-Vereine. Auch wenn die Pfarreien nach dem Territorialprinzip gegliedert waren, erfolgte die Organisation der Katholikinnen und Katholiken durch Vereine, denen ein Geistlicher als Präses vorstand. Gerade in Deutschland war die Vereinsstruktur besonders ausgeprägt. „Das seit 1890 entstandene Vereinswesen hatte sich also bis zum Ersten Weltkrieg reichlich entfaltet und war fast unübersehbar geworden. Die verschiedenen Gruppierungen verfolgten religiöse, soziale, caritative, politische, gesellige oder auch verschiedene Zwecke gleichzeitig und waren stark miteinander verflochten. Seelsorge und gesellschaftliches Engagement waren somit oft kaum noch voneinander zu unterscheiden.«[1906]

Das bereits kurz skizzierte ultramontane Priesterbild hebt sich deutlich von der hier beschriebenen Lebensrealität in Deutschland ab. Während die Priester abgewandt von der Welt leben sollten, dominierte der Vereinskatholizismus in den Großstädten Deutschlands den Lebensalltag in den Pfarreien. Die lehramtlichen Schreiben während der Pianischen Epoche (1854–1958), die sich mit dem Priesterideal auseinandersetzen, greifen diese Entwicklungen nur ansatzweise auf. Die von Pius X. und Pius XI. beschriebenen Priester sollten zwar für Gott und den Nächsten leben, die Hinwendung zum Menschen sollte sich allerdings durch „Predigt des Gotteswortes, das regelmäßige Beichthören, Krankenbesuche und namentlich die Betreuung der Sterbenden, Religionsunterricht, Tröstung der Geprüften,

1905 Otto, 100 Jahre Nacht und Tag (wie Anm. 1903), 202f.
1906 Erwin Gatz, Die Pfarrseelsorge vor den Herausforderungen der Großstadt und der Industriegesellschaft. In: Die Bistümer und ihre Pfarreien, 105–114, hier: 113.

Rückführung der Irrenden, kurz: die vollkommene Nachahmung Christi“[1907] vollziehen.[1908] Sicherlich hatten die Päpste bei der Abfassung ihrer Dokumente kleine Landpfarreien vor Augen und nicht die säkular geprägten Großstädte oder den durch die Industrialisierung hervorgerufenen Verbandskatholizismus Deutschlands.

Es ist daher nicht verwunderlich, dass für die verschiedenen Gruppierungen, die sich entweder durch Alter und Geschlecht oder durch Beruf bzw. Tätigkeitsfeld definierten, auch eigene Präsides auf Bistumsebene (bzw. nationaler Ebene) ernannt wurden. So gab es beispielsweise einen eigenen Präses für die Arbeitervereine auf Diözesanebene wie auch einen Diözesanpräses für die Jungmännervereine. Ebenso existierte ein Präses des „Volksvereins für das katholische Deutschland“, der 1913 776.060 Mitglieder zählte, oder ein Präses, der dem Arbeiterverein (470.000 Männer) vorstand.[1909] Die Leitung der Vereine war ein zentrales Feld im Leben Pfarrer Schlichs, denn „[s]ie bildeten nicht nur einen festen Bestandteil des kirchlichen Lebens, sondern sie hatten auch in den einzelnen Gemeinden ihren festen und oft dominierenden Platz, zumal sich der Pfarrklerus durchweg für sie engagierte. Dabei ist allerdings zwischen den eng an die jeweilige Pfarrei gebundenen (Arbeiter-, Arbeiterinnen-, Gesellen-, Jungmänner-, Jungfrauenvereine usw.) und den übergemeindlich orientierten Vereinen (Lehrer-, Lehrerinnen-, Akademikervereine usw.) zu unterscheiden.“[1910] Dass es daher eine Weiterentwicklung des Priesterbilds (im Sinn eines Milieumanagers) erforderte, auch wenn dies teilweise im Widerspruch zur römischen Leitlinie stand, steht außer Frage. Schlich reagierte damit, wie auch seine Amtsbrüder, auf die geänderten sozialen Verhältnisse und eine damit einhergehende pastorale Notwendigkeit. Allerdings musste man auch konstatieren, dass die Seelsorge sich nicht in der Vereinsarbeit erschöpfen könne, weil man die Fernstehenden damit nicht erreiche, was bereits die Diözesansynode des Bistums Münster 1924 feststellte.[1911] Diese Beobachtung traf auch auf die Stadt Saarbrücken zu.

Neben diesem (rein) seelsorgerischen Engagement hatte Schlich jedoch noch weitere Tätigkeitsschwerpunkte in seinem Leben, die sich – zumindest aus heuti-

1907 Pius X.: Haerent animo, in: Paul CATTIN, Humbert Thomas CONUS und Anton ROHRBASSER, Heilslehre der Kirche. Dokumente von Pius IX. bis Pius XII. Fribourg 1953, 773–799.

1908 Vgl. zudem: SCHULTE-UMBERG, Profession und Charisma (wie Anm. 12), 316.

1909 Eine Übersicht über die Vereine und Mitglieder ist zu finden in: Kirchliches Handbuch fuer das katholische Deutschland, hg. von Hermann KROSE (= Kirchliches Handbuch 5). Freiburg i. Br. 1914/16, 262–289.

1910 GATZ, Die Pfarrseelsorge vor den Herausforderungen der Großstadt und der Industriegesellschaft (wie Anm. 1906), 114.

1911 Vgl. Das Bistum Münster. Band II: Pastorale Entwicklung im 20. Jahrhundert, hg. von Werner THISSEN. Münster 1993, 21 sowie Erster Weltkrieg und Weimarer Republik 1914–1933. In: Moderne und Milieu, 195–227, hier: 214.

ger Sicht – eher als politische Aktivitäten definieren lassen. Dazu zählt zunächst sein Wirken innerhalb der Zentrumspartei. „Mit der Gründung der Deutschen Zentrumspartei im Jahre 1870 wurden die politischen Fronten abgesteckt. Die Partei wurde seitdem unter dem Druck des Kulturkampfes zur alleinigen politischen Vertretung des katholischen Volksteils, obwohl sie sich nicht als katholisch oder gar klerikal definiert hatte. [...] In dieser Situation wuchs dem Klerus eine politische Aufgabe zu, die weit über die ‚Cura animarum' im engeren Sinne hinausging, mit dieser aber eng verzahnt blieb, da die parteipolitisch engagierten Priester vielfach zugleich wichtige Positionen in der Pfarrseelsorge oder im Verbandskatholizismus innehatten."[1912] Dieses Urteil Erwin Gatz' trifft auf Schlich vollkommen zu. Im politisch isolierten Saargebiet, dessen Einwohner zu fast 75 % katholischer Konfession waren, kam dem Zentrum auf dem politischen Parkett eine entscheidende Rolle zu. Durch seine Mitarbeit als Schriftführer in der Zentrumspartei, seine Mitgliedschaft in der Armendeputation der Stadt Saarbrücken, die mit der Ernennung zum Pfarrer in der Stadt einherging, sowie seinem politischen Mandat als Abgeordneter im Stadtverordnetenrat Saarbrückens gelang es ihm, Kontakt zu bedeutenden Persönlichkeiten des öffentlichen Lebens aufzubauen. Innerhalb weniger Jahre wurde er daher bekannt und war oftmals die Schnittstelle zwischen der Regierungskommission des Saargebiets bzw. der Stadtverwaltung Saarbrücken und dem Klerus (des Dekanats Saarbrücken sowie des Saargebiets).

Schlich war allerdings einer von wenigen innerhalb des Saarklerus, die sich in der Politik betätigten. Andere klerikale Parteifunktionäre widmeten – im Gegensatz zu Schlich – in manchen Fällen wenigstens für eine begrenzte Zeit ihre ganze Schaffenskraft der Politik. Obwohl sich gegen Ende der Weimarer Republik im Reichstag zahlenmäßig weniger sog. „Zentrumsprälaten" befanden, nahmen diese Priester-Politiker, die keinerlei direkte Seelsorgeverpflichtungen wahrnahmen, herausragende Positionen ein. Leuchtende Beispiele hierfür sind sicherlich Heinrich Brauns[1913], der von 1920 bis 1928 Reichsarbeitsminister war, und der Trierer Bistumspriester Ludwig Kaas, der 1928 den Parteivorsitz übernahm.[1914] Dass solche klerikalen Parteifunktionäre nicht dem ultramontanen Priesterbild entsprachen, zeigt sich an der Tatsache, dass Papst Benedikt XV. das politische Handeln eines Klerikers nur noch gestattete, wenn dieser die bischöfliche bzw. päpstliche Erlaubnis hierfür hatte. Ansonsten durften Priester eigentlich keine politischen Ämter übernehmen, da der Gesetzgeber bestrebt war, die Sphären zwischen Politik und

1912 GATZ, Priester als Partei- und Sozialpolitiker (wie Anm. 1302), hier: 382.

1913 Zur Person Brauns vgl. Hubert MOCKENHAUPT, Heinrich Brauns (1868–1939). In: Zeitgeschichte in Lebensbildern, 148–159 sowie Bernd HAUNFELDER, Reichstagsabgeordnete der Deutschen Zentrumspartei 1871–1933. Biographisches Handbuch und historische Photographien (= Photodokumente zur Geschichte des Parlamentarismus und der politischen Parteien 4). Düsseldorf 1999, 299f.

1914 Vgl. GATZ, Priester als Partei- und Sozialpolitiker (wie Anm. 1302), 389.

Religion zu trennen, damit sich die Kleriker auf die Sakramentenspendung und Seelsorge konzentrieren konnten.[1915] Auf diese Weise sollte zugleich die Grfahr eingedämmt werden, dass ein politisch engagierter Kleriker einerseits Seelsorge mit Parteipolitik verquickte und andererseits Katholiken verärgerte, die andere politische Meinungen vertraten.[1916] Die Entpolitisierung des Klerus gelang allerdings erst nach dem Abschluss des Reichskonkordats zwischen Deutschland und dem Heiligen Stuhl am 20. Juli 1933, das die Mitgliedschaft von Priestern oder Ordensleuten in politischen Parteien sowie die Arbeit für dieselben verbot.[1917]

Der Abschluss des Reichskonkordats hatte zunächst keine Auswirkungen auf den Parteifunktionär Johann Ludger Schlich, weil das Saargebiet erst am 1. März 1935 an das Deutsche Reich angegliedert worden war, nachdem sich die Mehrheit der Einwohner des Saargebiets bei der Volksabstimmung am 13. Januar desselben Jahres dafür entschieden hatten. Bis dahin arbeitete Schlich in der Zentrumspartei des Saargebiets mit. Sein politischer Kurs lässt sich am treffendsten mit den Worten „katholisch", „patriotisch" und „deutschnational" charakterisieren. Wie bereits Frank Becker schreibt, war Schlich weniger überzeugter Demokrat, sondern vielmehr „national-monarchisch"[1918] geprägt und bestenfalls Vernunftrepublikaner. Eine Eigenschaft, die er mit seinen Bischöfen gemein hatte. Sein gesamtes politisches Handeln zielte darauf ab, das Saargebiet, wie es auch seine Bischöfe Michael Felix Korum und dessen Nachfolger Franz Rudolf Bornewasser forderten, wieder mit Deutschland zu vereinigen und alle Annexionsbestrebungen Frankreichs abzuwehren. Dafür setzte er sich in der Tages- und der Schulpolitik ein. Herausragend ist sicherlich auch seine Sorge um die kirchliche Gestaltung des Saargebiets. Er scheute keine Mühen, um für den Erhalt des kirchlichen Status quo zu kämpfen, auch wenn er dafür bis zum Apostolischen Nuntius Eugenio Pacelli nach München reisen musste. Inwiefern Schlich nach der Machtergreifung der Nationalsozialisten am 30. Januar 1933 seinen vorbehaltlosen Einsatz für die Vereinigung des Saargebiets mit Hitlerdeutschland fortsetzte, kann nicht bis ins Letzte geklärt werden. Fest steht, dass er ein erbitterter Feind der Nationalsozialisten war, die ihn dazu drängten, Saarbrücken zu verlassen, indem sie Anklage wegen Devisenvergehen gegen ihn erhoben; ein Routineverfahren der Nationalsozialisten.

1915 Vgl. PIUS X. und BENEDICTUS XV., Codex Iuris Canonici (wie Anm. 287), can. 139 sowie PONTIFICA COMMISSIO AD CODICIS CANONES AUTHENTICE INTERPRETANDOS, Dubia circa Canonem 139. In: Acta Apostolicae Sedis. Commentarium officiale, hg. von PIUS XI. (= Acta Apostolicae Sedis 14). Vatikan 1922, 313.

1916 Vgl. Klaus MÖRSDORF, Lehrbuch des Kirchenrechts auf Grund des Codex Iuris Canonici, 3 Bde. Paderborn 1953, hier: Bd. 1, 227.

1917 Vgl. GATZ, Priester als Partei- und Sozialpolitiker (wie Anm. 1302), 390 sowie FELDKAMP, Mitläufer, Feiglinge, Antisemiten? (wie Anm. 187), 83.

1918 Vgl. BECKER, Deutsch die Saar, immerdar!: Die Saarpropaganda des Bundes der Saarvereine 1919–1935 (wie Anm. 187), 284f.

Sein Gehorsam gegenüber seinem Oberhirten zwang ihn – zumindest in der Öffentlichkeit – dazu, sich weiter für den Anschluss der Saar an das Deutsche Reich einzusetzen. Ob er insgeheim auch mit dem politischen Status quo liebäugelte und die Status-quo-Bewegung um Johannes Hoffmann unterstützte, muss auch nach den in dieser Arbeit vorgelegten Forschungen offenbleiben.

Es ist aufgrund seines Engagements in der Politik davon auszugehen, dass Schlich sein politisches Handeln auch als Seelsorge verstand (beispielsweise zum Schutz der Bistumsgrenzen), womit er die gleiche integralistische Ansicht vertrat wie Bischof Bornewasser und viele deutsche Bischöfe.[1919] Die römische Kurie teilte diese Meinung sicherlich nicht ganz, wie es auch nicht der gesamte Klerus des Bistums Trier tat. Schlich nutzte jedenfalls seinen politischen Ämter in sehr vielfältiger Weise: zum einen verschaffte er der Kirche (auf Ebene der Pfarrei, des Dekanats und des Saargebiets) Vorteile, die er durch seine politischen Kontakte und seine direkte Einflussnahme auf die Politik erwirken konnte, und setzte zum anderen den Deckmantel der Religion ein, um politisch zu agieren. So tat er es beispielsweise bei der Organisation des Ersten Saarländischen Katholikentags 1923 in Saarbrücken, der zwar vorrangig eine religiöse Veranstaltung war, aber zugleich auch einem politischen und konfessionellen Manifest glich. Ebenso war es beim Bekenntnistag der Saarjugend 1934, der als „demonstratio catholica“ in die Geschichte einging.

Die politische Interessenvertretung war für Schlich, wie auch für Bornewasser, unverzichtbar, „weil jede Frage des menschlichen Lebens, auch die politischen Fragen, in irgendeiner Beziehung zur Religions- oder Sittenlehre stehen“[1920], wie es der Trierer Oberhirte anlässlich der Aachener Heiligtumswallfahrt 1937 ins Wort brachte. Für Schlich, wie auch seine Mitbrüder im Dekanat Saarbrücken, war es beispielsweise undenkbar, dass Mädchen in Sportkleidung während eines Festzugs teilnahmen, wogegen sich die Sitten- und Moralhüter schriftlich bei der Polizeidirektion beschwerten. Ebenso war für ihn, wie auch für den gesamten Bistumsklerus, die Abschaffung der geistlichen Ortsschulaufsicht nur schwer zu verkraften. Eine solche Haltung wurde den Geistlichen während der Ausbildung vermittelt, denn dem Heilsmittler, der mit besonderen Vollmachten ausgestattet war, stand es im traditionalen katholischen Milieu auch zu, über alle Lebensbereiche zu urteilen. Gerade vor dem Hintergrund einer sich wandelnden und professionalisierenden Welt, musste sich auch eine Spezialisierung innerhalb des Klerus vollziehen:

1919 Zur Ansicht der Bischöfe vgl. Karl-Joseph HUMMEL, Die deutschen Bischöfe: Seelsorge und Politik. In: Die Katholiken und das Dritte Reich, 101–124, hier: 107f. sowie Michael HIRSCHFELD und Maria Anna ZUMHOLZ, Katholische Bischöfe in der NS-Zeit. Persönlichkeiten – Selbstverständnis – Handlungsspielräume. In: Zwischen Seelsorge und Politik, 1–14, hier: 6–8. Speziell zu Bornewasser vgl. SCHNEIDER, Kein unbewegter Fels im Sturm, kein Fähnchen im Wind (wie Anm. 133), 312.

1920 HEINTZ, Fels im Sturm (wie Anm. 156), 310.

wenn man diesen Integralismusanspruch in einer modernen Welt vertreten wollte, so mussten sich auch in den Reihen der katholischen Amtsträger Männer finden, die Experten für verschiedene Lebensbereiche waren oder zumindest in diesem bestimmten Sektor wirkten, wie es Schlich in der Politik tat.

Wie fließend die Grenzen zwischen Seelsorge und Politik im Leben des Saarbrücker Pfarrer und Dechanten waren, wird noch deutlicher, wenn man sein Handeln rund um die katholische Pressearbeit in den Blick nimmt. Er verfasste eine große Zahl an Artikeln in der Tageszeitung oder Fachzeitschriften, erstellte katechetische Hilfsmittel bzw. Broschüren (für Erstkommunion und Ehevorbereitung), schrieb Andachts- und Gebetbücher (teilweise) für Männer und Frauen und meldete sich ebenso bei politischen Themen zu Wort. Zudem fertigte er mehrfach Chroniken an, um bedeutsame Ereignisse für die Nachwelt festzuhalten. Diese schriftstellerische Tätigkeit Schlichs kann man größtenteils unter dem Begriff „Seelsorge“ (Schriftenapostolat) subsumieren. Das Abfassen religiöser Belehrungsliteratur war keine Eigenheit Schlichs, sondern, wie Bernhard Schneider feststellt, durchaus üblich für die damalige Generation der Geistlichen.[1921] Insofern würde das Diktum Olaf Blaschkes auch auf Johann Ludger Schlich zutreffen. Dieser weist jedoch noch eine Besonderheit hinsichtlich der „Lektüre“ auf, denn er beschränkte sich nicht nur auf den schriftstellerischen Aspekt, sondern verlieh seiner Arbeit rund um die katholische Pressearbeit an der Saar mit der Gründung der „Saarbrücker Druckerei“ eine politische Note.

Die politisch motivierte Pressearbeit von Vertretern der katholischen Kirche, die im Regelfall dem Klerus angehörten, wurzelte im Kulturkampf. Auf diese Weise wollte man die katholischen Interessen öffentlichkeitswirksam vertreten und die Kirche verteidigen. Im Trierer Land war es vor allem Kaplan Georg Friedrich Dasbach, der nicht nur als Abgeordneter fungierte, sondern darüber hinaus den Grundstein für die katholische Pressearbeit im Bistum Trier legte. Ferner ragt die Person des aus Schlesien stammenden Kaplans Paul Majunke heraus, „der das journalistische Handwerk bei der ‚Kölnischen Volkszeitung‘ erlernt […] [und] im Frühjahr 1871 die Leitung der seit dem 1. Januar 1871 erscheinenden katholischen Zentralzeitung ‚Germania‘ [übernommen hatte].“[1922] Die katholische Pressearbeit war dabei eng verbunden mit der Politik der Zentrumspartei, sodass die meisten katholischen Tageszeitungen als „Zentrumsblatt“ oder „Publikationsorgan des Zentrums“ bezeichnet werden können. Im Regelfall zogen sich die Priester-

1921 Vgl. SCHNEIDER, Auf der Suche nach dem katholischen Mann (wie Anm. 38); SCHNEIDER, Gesucht: Der katholische Mann (wie Anm. 463); SCHNEIDER, Männer der Tat und Hüterinnen des Hauses (wie Anm. 653).

1922 Michael SCHMOLKE, Priester als Journalisten. In: Der Diözesanklerus (wie Anm. 11), 399–424, hier: 410.

Journalisten nach der Beilegung der Streitigkeiten im Kulturkampf ab 1878 aus den Tageszeitungen zurück.

Aufgrund der politischen Sondersituation an der Saar begann Schlich (als einer der Hauptmatadore) erst nach 1918 damit, die katholische Presse an Saar zu einen. Für ihn war die katholische Druckerei in Saarbrücken und die „Saarbrücker Landes-Zeitung" aber auch ein Kampfplatz, um die Politik des Zentrums und die Weltanschauung der katholischen Kirche zu verteidigen. „Gegen Ende der 1920er Jahre war die Aufgabenverteilung soweit geklärt, daß nicht mehr die aktive Arbeit des Priesters in der Tagespresse als pastorale Aufgabe gesehen wurde, sondern einerseits die Obsorge für den Umgang der Priester und Gläubigen mit der Presse und andererseits die Förderung der nach Titelzahl nach wie vor starken katholischen Tagespresse"[1923], urteilt Michael Schmolke. Dies traf für die deutschen Geistlichen außerhalb des Saargebiets zu. Aber an der Saar kann diese Beobachtung nicht geteilt werden. Dort war sich der Klerus zwar auch einig, dass man die katholische Presse den Gläubigen empfehlen und die Pressearbeit fördern musste, jedoch engagierten sich Schlich und sein enger Vertrauter Franz Joseph Bungarten weiterhin im Aufsichtsrat der „Saarbrücker Druckerei" bis die Nationalsozialisten die freie Pressearbeit nach dem Wiederanschluss massiv einschränkten. Es wird deutlich, dass Schlichs Pressearbeit einerseits seelsorgerisch, andererseits aber auch politisch motiviert war. Insofern Politik nach seinem Selbstverständnis auch Seelsorge war, wäre auch die Gründung der Druckerei seelsorgerisches Engagement für ihn gewesen.

Abschließend muss man zu dem Ergebnis gelangen, dass Schlich alle Facetten und Arbeitsfelder eines „Milieumanagers", wie Olaf Blaschke sie beschreibt, aufweist, auch wenn er sich damit vom ultramontanen Priesterideal etwas abhob. Diese Weiterentwicklung innerhalb der katholischen Amtsträger scheint aber zwingend notwendig gewesen zu sein, zumindest wenn man die Bedürfnisse speziell in Saarbrücken, im Saargebiet und im deutschen Katholizismus (insbesondere in den Großstädten oder den Vereinen/Verbänden) und Schlichs Standpunkt, in allen gesellschaftlichen Bereichen die Leitmaximen vorzugeben, berücksichtigt. Nicht zu beantworten bleibt die Frage, wie er alle Arbeiten, denen er sich gleichzeitig hingegeben hat, auch erledigen konnte, ohne dass er einen Bereich komplett vernachlässigt hätte. Viele Priester, die zur Zeit Schlichs lebten, arbeiteten in einem oder zwei der Arbeitsfelder, die Blaschke skizziert. Schlich hingegen schaffte es, alle vier Arbeitsfelder in sich zu vereinen, was äußerst bemerkenswert erscheint. In seiner Person begegnet man einem Bistumspriester, der nicht nur den Verlauf der Geschichte des Diözese Trier beeinflusste, sondern vielmehr auch den des Saarlands entscheidend mitprägte und als Chronist die Geschehnisse überlieferte, wofür ihm posthum gedankt werden kann.

1923 Ebd., 412.

6. ANHÄNGE

Anhang Nr. 1: Wahlergebnisse des Saargebiets

1. Ergebnisse der Landesratswahlen im Saargebiet[1921]

Partei/Wahlvereinigung	Stimmenzahl (absolut) / Mandate			
	1922	1924	1928	1932
Zentrumspartei	92.252 / 16	108.211 / 14	129.162 / 14	156.615 / 14
Sozialdemokratische Partei	29.207 / 5	46.627 / 6	43.557 / 5	35.968 / 3
Kommunistische Partei	14.532 / 2	40.235 / 5	46.541 / 5	84.112 / 8
Liberale Volkspartei*	24.829 / 4	37.571 / 3	26.230 / 3	24.152 / 2
Deutsch-Demokratische Partei**	7.539 / 1	nicht kand.	3.932 / –	2.100 / –
Vereinigung von Hausbesitz u. Landwirtschaft***	16.063 / 2	10.390 / 1	9.154 / 1	11.591 / 1
Mieterschutzliste	4.137 / –	nicht kand.	nicht kand.	nicht kand.
Unabhängige Sozialdemokratische Partei	2.715 / –	nicht kand.	nicht kand.	nicht kand.
Kriegsopferliste	2.030 / –	nicht kand.	nicht kand.	nicht kand.
Deutsch-Nationale Volkspartei	nicht kand.	2.822 / –	10.536 / 1	5.776 / –
Christlich-Soziale Partei des Saarlandes****	nicht kand.	nicht kand.	9.321 / 1	6.491 / –
Saarbund	nicht kand.	6.592 / –	nicht kand.	nicht kand.
Nationalsozialistische Deutsche Arbeiterpartei	nicht kand.	nicht kand.	nicht kand.	24.455 / 2
Kommunistische Partei (Opposition)	nicht kand.	nicht kand.	nicht kand.	5.353 / –
Sozialdemokratische Arbeiterpartei Deutschl.	nicht kand.	nicht kand.	nicht kand.	2.584 / –
Gesamtzahl	193.304 / 30	252.448 / 30	278.424 / 30	359.197 / 30

* ab 1924: Deutsch-Saarländische Volkspartei
** ab 1932: Deutsche Staatspartei
*** ab 1924: Deutsche Wirtschaftspartei, ab 1932: Deutsche Wirtschaftspartei des Mittelstandes
**** ab 1932: Arbeiter- und Bauernpartei Deutschlands

1921 Vgl. o. V., Bericht des Statistischen Amtes des Saargebietes (= Bericht des statistischen Amtes des Saargebietes 11). Saarbrücken 1933, 388f.

2. Ergebnisse der Kommunalwahlen im Saargebiet[1922]

Partei/Wahlvereinigung	Stimmenzahl (absolut) / Mandate		
	1926	1929	1932
Zentrumspartei	85.285 / 77	126.593 / 108	124.048 / 97
Sozialdemokratische Partei	44.967 / 39	42.619 / 35	32.424 / 21
Kommunistische Partei	31.380 / 20	33.935 / 21	72.198 / 49
Deutsch-Saarländische Volkspartei	25.018 / 19	23.899 / 15	16.229 / 8
Deutsche Wirtschaftspartei*	10.209 / 7	9.890 / 5	8.845 / 4
Deutsch-Nationale Volkspartei	4.088 / 3	8.349 / 6	4.487 / 2
Deutsch-Demokratische Partei**	3.139 / 1	3.483 / 2	–
Christlich-Soziale Partei des Saarlandes	1.821 / 1	6.728 / 2	–
Christliche Volkspartei	10.722 / 16	–	–
Andere	8.713 / 13	5.826 / 3	12.520 / 8
Nationalsozialistische Deutsche Arbeiterpartei	–		23.195 / 15
Bürgerliche Vereinigungen	–	3.400 / 5	–
Christliche Arbeiter- und Bürgerpartei	–	1.276 / 2	–
Vereinigte Volkspartei	–	–	3.006 / 1
Christlich sozialer Volksdienst			1.873 / 1
Gesamtzahl	225.342 / 226	265.998 / 204	298.825 / 206

* ab 1932: Deutsche Wirtschaftspartei des Mittelstandes
** ab 1932: Deutsche Staatspartei

1922 Vgl. ebd., 390f.

3. Ergebnisse der Gemeinderäte im Saargebiet[1923]

Partei/Wahlvereinigung	Stimmenzahl (absolut) / Mandate		
	1926	1929	1932
Zentrumspartei	77.226 / 1.106	109.100 / 1.450	115.443 / 1.438
Sozialdemokratische Partei	40.048 / 669	42.815 / 331	34.965 / 257
Kommunistische Partei	28.648 / 215	32.050 / 199	70.522 / 489
Deutsch-Saarländische Volkspartei	14.856 / 80	18.706 / 94	12.024 / 44
Deutsche Wirtschaftspartei	8.201 / 62	6.323 / 11	–
Deutsch-Nationale Volkspartei	3.581 / 7	3.473 / 7	2.116 / 5
Deutsch-Demokratische Partei	3.272 / 9	1.646 / 6	6.096 / 12
Unpolitische Arbeiter- u. Bürgervereinigung	2.312 / 12	1.349 / 5	–
Andere	88.452 / 2.365	98.387 / 2.198	86.350 / 1.916
Nationalsozialistische Deutsche Arbeiterpartei	–	–	23.190 / 117
Deutsche Staatspartei	–	–	1.161 / 5
Gesamtzahl	266.596 / 4.525	313.849 / 4.301	351.867 / 4.283

4. Ergebnis der Volksabstimmung im Saargebiet vom 13. Januar 1935[1924]

Bezirk	Abgegebene Stimmen	Status quo	Frankreich	Deutschland
Saarbrücken-Stadt	84.850	10.413 (12,3 %)	286 (0,3 %)	73.761 (87,4 %)
Saarbrücken-Land	135.116	12.303 (9,1 %)	657 (0,5 %)	121.632 (90,4 %)
Saarlautern	95.598	7.541 (8,1 %)	768 (0,8 %)	85.230 (91,1 %)
Merzig	25.047	1.180 (4,1 %)	66 (0,3 %)	23.362 (94,9 %)
Ottweiler	100.770	8.792 (8,9 %)	152 (0,2 %)	89.875 (90,9 %)
St. Wendel	22.176	1.130 (5,2 %)	27 (0,1 %)	20.599 (94,7 %)
St. Ingbert	37.748	3.058 (8,2 %)	126 (0,3 %)	33.876 (91,5 %)
Homburg	31.449	2.196 (7,1 %)	42 (0,1 %)	28.763 (92,8 %)
Gesamt	528.704	46.613 (8,87 %)	2.214 (0,4 %)	447.089 (90,73 %)

1923 Vgl. ebd., 391f.

1924 Statistisches Amt des Saarlandes, Statistik des Saarlandes (= Wirtschaftsstatistik 10). Saarbrücken 1936, 5.

5. Religionszugehörigkeit nach Kreisen (25.06.1935)[1925]

Kreis	Einw.	Römisch-Katholisch	Evangelisch	Jüdisch
Saarbrücken-Stadt	129.085	69.645 (54,0 %)	56.484 (43,8 %)	1.330 (1,0 %)
Saarbrücken-Land	211.402	140.935 (66,7 %)	68.568 (32,4 %)	203 (0,1 %)
Saarlautern	146.690	139.912 (95,4 %)	5.854 (4,0 %)	702 (0,5 %)
Merzig	38.929	37.407 (96,1 %)	1.298 (3,3 %)	186 (0,5 %)
Ottweiler	143.708	37.118 (67,6 %)	44.944 (31,3 %)	427 (0,3 %)
St. Wendel	34.837	29.511 (84,7 %)	5.205 (14,9 %)	84 (0,3 %)
St. Ingbert	57.677	49.034 (85,0 %)	8.488 (14,1 %)	79 (0,2 %)
Homburg	48.659	24.512 (50,4 %)	23.295 (49,2 %)	106 (0,2 %)
Gesamt	810.987	588.074 (65,11 %)	214.766 (26,48 %)	3.117 (0,38 %)

1925 Ebd., 12.

Anhang 2: Osterzeiten im Bistum Trier[1926]

Jahr	Dauer von	bis einschließlich	S.-Nr.
1860	Passionssonntag	2. So. nach Ostern	23–10
1861	Passionssonntag	2. So. nach Ostern	22–7
1862	Passionssonntag	2. So. nach Ostern	23–10
1863	Passionssonntag	2. So. nach Ostern	24–4
1864	Keine Anordnung wegen Sedisvakanz		
1865	Keine Anordnung wegen Sedisvakanz		
1866	Passionssonntag	2. So. nach Ostern	16–4
1867	Passionssonntag	2. So. nach Ostern	16–7
1868	Passionssonntag	2. So. nach Ostern	26–11
1869	Passionssonntag	2. So. nach Ostern	23–9
1870	Passionssonntag	2. So. nach Ostern	10–5
1871	Passionssonntag	2. So. nach Ostern	28–10
1872	Passionssonntag	2. So. nach Ostern	21–8
1873	Passionssonntag	2. So. nach Ostern	27–8
1874	Passionssonntag	2. So. nach Ostern	16–7
1875	Passionssonntag	2. So. nach Ostern	19–2
1876	Passionssonntag	2. So. nach Ostern	25/26–7
1877	Passionssonntag	2. So. nach Ostern	22–8
1878	Passionssonntag	2. So. nach Ostern	23–10
1879	Passionssonntag	2. So. nach Ostern	18–7
1880	Passionssonntag	2. So. nach Ostern	22–10
1881	Passionssonntag	2. So. nach Ostern	32–12
1882	Mariä Verkündigung	2. So. nach Ostern (23.04.)	21–7
1883	Passionssonntag / 3. Sonntag vor Ostern	2. So. nach Ostern / 4. So. nach Ostern	24/25–5
1884	Passionssonntag / 3. Sonntag vor Ostern	2. So. nach Ostern / 4. So. nach Ostern	24–6
1885	Passionssonntag / 3. Sonntag vor Ostern	2. So. nach Ostern / 4. So. nach Ostern	26–5
1886	Passionssonntag / 3. Sonntag vor Ostern	2. So. nach Ostern / 4. So. nach Ostern	47–11

1926 Die nachfolgende Aufstellung ist das Ergebnis der Durchsicht der Kirchlichen Amtsanzeiger der Diözese Trier zwischen den Jahren 1860 und 1943, also in den Jahren in denen eine Veröffentlichung im Amtanzeiger erfolgte. Die Angaben in den beiden äußeren Spalten liefern gemeinsam die jeweilige Fundstelle.

Jahr	Dauer von	bis einschließlich	S.-Nr.
1887	Passionssonntag / 3. Sonntag vor Ostern	2. So. nach Ostern / 4. So. nach Ostern	22–7
1888	Passionssonntag / 3. Sonntag vor Ostern	2. So. nach Ostern / 4. So. nach Ostern	22–9
1889	Passionssonntag / 3. Sonntag vor Ostern	2. So. nach Ostern / 4. So. nach Ostern	44–12
1890	Passionssonntag / 3. Sonntag vor Ostern	2. So. nach Ostern / 4. So. nach Ostern	26–2
1891	Passionssonntag / 3. Sonntag vor Ostern	2. So. nach Ostern / 4. So. nach Ostern	18–6
1892	Passionssonntag / 3. Sonntag vor Ostern	2. So. nach Ostern / 4. So. nach Ostern	27–10
1893	Passionssonntag / 3. Sonntag vor Ostern	2. So. nach Ostern / 4. So. nach Ostern	23/24–7
1894	Passionssonntag / 3. Sonntag vor Ostern	2. So. nach Ostern / 4. So. nach Ostern	18–4
1895	Passionssonntag / 3. Sonntag vor Ostern	2. So. nach Ostern / 4. So. nach Ostern	27/28–14
1896	Passionssonntag / 3. Sonntag vor Ostern	2. So. nach Ostern / 4. So. nach Ostern	22–13
1897	Mariä Verkündigung	2. So. nach Ostern / 4. So. nach Ostern	28–11
1898	Fest des hl. Joseph (19.03.)	2. So. nach Ostern / 4. So. nach Ostern	21–12
1899	4. Fastensonntag	2. So. nach Ostern / 4. So. nach Ostern	17–12
1900	4. Fastensonntag	2. So. nach Ostern / 4. So. nach Ostern	17–13
1901	4. Fastensonntag	2. So. nach Ostern / 4. So. nach Ostern	25–12
1902	4. Fastensonntag	2. So. nach Ostern / 4. So. nach Ostern	20/21–11
1903	4. Fastensonntag	2. So. nach Ostern / 4. So. nach Ostern	21–7
1904	4. Fastensonntag / 3. Fastensonntag	2. So. nach Ostern	20–8
1905	Mariä Verkündigung / Josephsfest	2. So. nach Ostern	21–15
1906	3. Fastensonntag / 2. Fastensonntag	2. So. nach Ostern	19–9
1907	4. Fastensonntag / 3. Fastensonntag	2. So. nach Ostern	14–1
1908	24.03. / 22.03. (3. Fastensonntag)	2. So. nach Ostern	27–8
1909	18.03. / 14.03. (3. Fastensonntag)	2. So. nach Ostern	23–9
1910	4. Fastensonntag / 3. Fastensonntag	2. So. nach Ostern	15–6

Jahr	Dauer von	bis einschließlich	S.-Nr.
1911	3. Fastensonntag / 2. Fastensonntag	3. So. nach Ostern	17–12
1912	3. Fastensonntag / 2. Fastensonntag	3. So. nach Ostern	24–17
1913	4. Fastensonntag / 2. Fastensonntag	3. So. nach Ostern	19–12
1914	19.03. / 08.03. (2. Fastensonntag)	3. So. nach Ostern	29–23
1915	4. Fastensonntag / 2. Fastensonntag	3. So. nach Ostern	19–12
1916	keine Anordnung		
1917	4. Fastensonntag / 2. Fastensonntag	3. So. nach Ostern	27–22
1918	4. Fastensonntag / 2. Fastensonntag	6. So. nach Ostern	21–12
1919	Passionssonntag / 4. Fastensonntag	6. So. nach Ostern / Dreifaltigkeitsfest	35–21
1920	4. Fastensonntag	6. So. nach Ostern / Dreifaltigkeitsfest	29–14
1921	Passionssonntag / 4. Fastensonntag	7. So. nach Ostern / Dreifaltigkeitsfest	10–1
1922	Passionssonntag / 4. Fastensonntag	7. So. nach Ostern / Dreifaltigkeitsfest	37–48
1923	Passionssonntag / 4. Fastensonntag	7. So. nach Ostern / Dreifaltigkeitsfest	15–14
1924	4. Fastensonntag	7. So. nach Ostern	18–23
1925	4. Fastensonntag	7. So. nach Ostern	17–20
1926	4. Fastensonntag	7. So. nach Ostern	20–25
1927	4. Fastensonntag	7. So. nach Ostern	21–23
1928	4. Fastensonntag	7. So. nach Ostern	18–16
1929	4. Fastensonntag	7. So. nach Ostern	16–17
1930	4. Fastensonntag	7. So. nach Ostern	17–12
1931	4. Fastensonntag	7. So. nach Ostern	18–18
1932	4. Fastensonntag	7. So. nach Ostern	17–22
1933	4. Fastensonntag	7. So. nach Ostern	25–12
1934	4. Fastensonntag	7. So. nach Ostern	17–19
1935	4. Fastensonntag	7. So. nach Ostern	32–52
1936	4. Fastensonntag	7. So. nach Ostern	29–19
1937	4. Fastensonntag	7. So. nach Ostern	28–26
1938	4. Fastensonntag	7. So. nach Ostern	30–41
1939	4. Fastensonntag	7. So. nach Ostern	20–32
1940	4. Fastensonntag	7. So. nach Ostern	14–19
1941	4. Fastensonntag	7. So. nach Ostern	21–30
1942	4. Fastensonntag	7. So. nach Ostern	13–16
1943	4. Fastensonntag	7. So. nach Ostern	22–35

Anhang 3: Die Pfarreienentwicklung des Dekanats Saarbrücken in den Grenzen vor 1923

Stadtteil bzw. Ort	Pfarrei	Seelenzahl						Priester
		1912	1919	1923	1927/ 1928	1932[1927]/ 1933[1928]	1938	
(Innen-)Stadt Saarbrücken								
Saarbrücken I	St. Jakob	10.532	11.000	11.000	14.000	10.194	10.000	4
Saarbrücken I (St. Arnual)	Christ-könig[1929]					3.900	3.800	2
Saarbrücken II	St. Josef	16.599	17.200	16.500	19.000	17.500	18.632	6
Saarbrücken III	St. Johann	13.987	16.000[1930]	18.000	9.279	9.600	10.200	5 (ab 1926: 4)
Saarbrücken III	St. Michael[1931]				7.000	8.350	7.500	3
Saarbrücken V (Burbach)	St. Eligius	13.414	13.403	15.000	10.000	10.000	10.500	5 (ab 1928: 4)
Saarbrücken V	Herz Jesu[1932]				6.500	6.200	6.500	3

1927 1932 wurde im Dekanat Völklingen eine bischöfliche Visitation durchgeführt. In den Dekanaten Sulzbach und Saarbrücken fanden im Untersuchungszeitraum allerdings nur drei Bischöfliche Visitationen statt.

1928 Katholikenzahlen für die Pfarreien des Dekanats Saarbrücken laut offizieller Volkszählung. Vgl. Bistumsarchiv Trier, Zählbögen des Dekanats Saarbrücken (wie Anm. 364).

1929 Die auf Betreiben von Dr. Schlich neu errichtete Pfarrei Christkönig wurde durch die Erhebung derselben zur Pfarrei am 01.10.1929 von der Mutterpfarrei St. Jakob abgepfarrt. Vgl. Diözese Trier, Kirchlicher Amtsanzeiger für die Diözese Trier (wie Anm. 46), Nr. 139 S. 103. 1931 begann man zudem auf dem Pfarrgebiet von St. Jakob noch eine Expositur (St. Mauritius) zu errichten. Die offizielle Errichtung erfolgte jedoch erst 1938. Vgl. hierzu: Bericht über die Pfarrei St. Jakob (Bistumsarchiv Trier, Pfarrakten der Pfarrei Saarbrücken [St. Jakob] [wie Anm. 350]) sowie Diözese Trier, Kirchlicher Amtsanzeiger für die Diözese Trier (= Kirchlicher Amtsanzeiger für die Diözese Trier 82). Trier 1938, Nr. 299,4 S. 227.

1930 Dieser Wert ist nur eine interpolierte Schätzung. Bedauerlicherweise liegt das Visitationsprotokoll von St. Johann des Jahres 1919 nicht mehr im Bistumsarchiv Trier vor. Auch im Pfarrarchiv existiert nach einem Wasserschaden kein Exemplar mehr.

1931 Tochterpfarrei von St. Johann, kanonisch errichtet am 01.10.1926. Vgl. Diözese Trier, Kirchlicher Amtsanzeiger für die Diözese Trier (wie Anm. 306), Nr. 228 S. 173.

1932 Ausgegliedert aus den Pfarrbezirken Burbach (St. Eligius) und Malstatt (St. Josef). Der erste Gottesdienst in der Herz-Jesu-Kirche wurde am 05.06.1914 durch Dechant Alois Echelmeyer gefeiert, die Einweihung nahm Bischof Felix Michael Korum am 08.06.1916 vor und die kanonische Erhebung zur Pfarrei (mit Ausgliederung der Filiale aus der Mutterpfarrei St. Eligius) erfolgte zum 01.01.1922. Vgl. Katholisches Pfarramt Herz Jesu Saarbrücken, Gedenkblätter zum Silbernen Jubiläum der Pfarrkirche Herz-Jesu Saarbrücken (wie Anm. 297), 1 sowie Diözese Trier, Kirchlicher Amtsanzeiger für die Diözese Trier (wie Anm. 297), Nr. 39 S. 31.

Stadtteil bzw. Ort	Pfarrei	Seelenzahl						Priester
		1912	1919	1923	1927/1928	1932/1933	1938	
Stadtverband Saarbrücken								
Gersweiler	St. Michael	2.239	2.240	2.490	3.406	3.561	3.742	1
Jägersfreude	St. Hubertus[1933]			2.300	2.780	2.800	2.700	2
Rußhütte	St. Marien[1934]			1.500	1.640	1.502	1.412	1
Auersmacher	Maria Heimsuchung	1.185	1.290	1.350	1.565	1.853	1.632	1
Bliesransbach	St. Lukas	1.117	1.115	1.242	1.258	1.347	1.453	1
Brebach	Maria Hilf	3.543	3.543	4.000	3.700	4.150	5.771	2
Kleinblittersdorf	St. Agatha	2.493	2.513	2.950	3.260	3.487	3.681	2
Rentrisch[1935]	Hl. Familie		2.018	2.135	2.480	2.847	2.329	2
Rilchingen-Hanweiler	St. Walfridus	950	1.070	1.100	1.300	1.208	1.234	1
Gesamt (Dekanat Saarbrücken)		66.059	72.212	69.667	74.568	88.497	91.086	41
Dekanat Sulzbach								
Altenwald	Herz Jesu[1936]		3.752	3.800	4.250			2
Sulzbach	St. Josef	10.073	5.413	5.849	7.755			3
Hühnerfeld	Unbefleckte Empfängnis	2.174	1.947	2.366	2.523			1
Herrensohr	Schmerzhafte Mutter	3.809	4.091	2.812	2.800			2
Friedrichsthal	St. Michael	4.396	3.900	5.000	5.300			2
Bildstock	St. Joseph	4.652	5.225	5.330	5.470			3

1933 Die Kolonie „Jägersfreude" wurde zunächst am 01.10.1925 zur Kapellengemeinde von St. Johann erhoben, bevor sie schließlich am 01.08.1927 die eigenen Pfarrrechte erhielt. Vgl. DIÖZESE TRIER, Kirchlicher Amtsanzeiger für die Diözese Trier (wie Anm. 826), Nr. 11 S. 5 sowie DASS., Kirchlicher Amtsanzeiger für die Diözese Trier (= Kirchlicher Amtsanzeiger für die Diözese Trier 71). Trier 1927, Nr. 174 S. 123.

1934 Am 01.10.1922 wurde Rußhütte (St. Marien) als selbständige Pfarrei von Malstatt (St. Josef) abgetrennt. Vgl. DIÖZESE TRIER, Kirchlicher Amtsanzeiger für die Diözese Trier (wie Anm. 297), Nr. 227 S. 178.

1935 Die der Pfarrei St. Johann zugehörigen Filialorte Rentrisch und Scheidt wurden am Allerheiligenfest 1923 zur Pfarrei mit Zentrum an der Pfarrkirche Rentrisch (Heilige Familie) erhoben. Vgl. DIÖZESE TRIER, Kirchlicher Amtsanzeiger für die Diözese Trier (wie Anm. 1099), Nr. 38 S. 30 sowie ebd., Nr. 78 S. 53.

1936 Tochterpfarrei von Sulzbach. Vgl. DIÖZESE TRIER, Kirchlicher Amtsanzeiger für die Diözese Trier (wie Anm. 903), Nr. 30 S. 32f.

Stadtteil bzw. Ort	**Pfarrei**	**Seelenzahl**						**Priester**
		1912	**1919**	**1923**	**1927/ 1928**	**1932/ 1933**	**1938**	
Quierschied	Maria Himmelfahrt	6.622	7.040	7.430	7.891			3
Dudweiler	Maria Himmelfahrt	9.743	9.000	9.450	10.584			3 (ab 1928: 4)
Fischbach	St. Joseph	2.365	2.340	2.486	2.785			1
Merchweiler	St. Aloysius[1937]		5.420	5.900	5.069			3
Göttelborn	St. Josef[1938]				1.350			1
Gesamt (Dekanat Sulzbach)		43.834	48.128	50.423	55.777			24
Dekanat Völklingen								
Fenne	St. Antonius[1939]		2.400	2.200	2.565	1.565		1 (ab 1927: 2)
Klarenthal	St. Bartholomäus[1940]					1.250		1
Wehrden	St. Joseph	4.520	4.750	4.800	5.287	5.099		2
Völklingen	St. Eligius	14.911	15.000	12.738	13.000	13.009		4 (ab 1927: 5)

1937 Die Pfarrei gehörte laut Visitationsprotokoll des Jahres 1919 zum Dekanat Ottweiler. Die Protokolle des Dekanats Saarbrücken geben jedoch dazu Auskunft, dass die Pfarrei Teil des Dekanats Saarbrücken sei. Nach der Dekanatsreform ist die Pfarrei fester Bestandteil des neu entstandenen Dekanats Sulzbach. Vgl. Visitationsprotokoll aus dem Jahr 1919 (Visitationsprotokolle, Bistumsarchiv Trier, Abt. 40 Nr. 350/52) sowie Protokoll der Gesamtkonferenz des Dekanates Saarbrücken vom 05.02.1923 (Pfarrarchiv der Pfarrei Christkönig Saarbrücken [wie Anm. 305]).

1938 Die Filialgemeinde Göttelborn wurde schon vor der Errichtung der Kirche aus der Pfarrei Holz (St. Josef) in die Pfarrei Merchweiler (St. Aloysius) umgepfarrt. Diözese Trier, Kirchlicher Amtsanzeiger für die Diözese Trier (wie Anm. 306), Nr. 178 S. 134. Nach der Fertigstellung des Kirchbaus am 01.04.1927 zur Kapellengemeinde von Merchweiler (St. Aloysius) erhoben. Ausgegliedert aus der Mutterpfarrei wurde St. Josef am 01.08.1927 und zur Pfarrei erhoben. Anschließend wurde die neue Pfarrei dem Dekanat Illingen angegliedert. Vgl. Diözese Trier, Kirchlicher Amtsanzeiger für die Diözese Trier (wie Anm. 1936), Nr. 95 S. 67 sowie Diözese Trier, Kirchlicher Amtsanzeiger für die Diözese Trier (wie Anm. 938), Nr. 148 S. 109.

1939 Die offizielle Gründung der Pfarrei Fenne (St. Antonius von Padua), die auch die Filiale Clarenthal (inkl. Krughütte) umfasste, erfolgte erst am 01.10.1923. Vgl. Diözese Trier, Kirchlicher Amtsanzeiger für die Diözese Trier (wie Anm. 1099), Nr. 41 S. 31.

1940 Ausgliederung aus dem Pfarrverband Fenne (St. Antonius), die offiziell die Mutterpfarrei ist, und Gersweiler (St. Michael). Die kanonische Errichtung der Pfarrei erfolgte am 01.07.1930. Vgl. Diözese Trier, Kirchlicher Amtsanzeiger für die Diözese Trier (wie Anm. 683), Nr. 129 S. 93.

Stadtteil bzw. Ort	Pfarrei	Seelenzahl						Priester
		1912	1919	1923	1927/ 1928	1932/ 1933	1938	
Obervölklingen (Luisenthal)	Christ-könig[1941]			1.100	1.210	1.205		1
Geislautern[1942]	Maria Himmelfahrt und St. Hubertus	2.100	2.043	2.500	2.600	2.497		1 (ab 1927: 2)
Großrosseln	St. Wendalinus	3.448	3.222	4.245	5.500	3.370		2
Ludweiler	Herz Jesu[1943]					2.150		2
Emmersweiler	St. Nikolaus und St. Markus	1.612	1.635	1.739	1.759	2.060		2
Lauterbach	St. Paulinus	1.618	1.708	2.600	1.930	1.932		1
Heusweiler	Maria Heimsuchung	3.195	3.475	3.580	3.808	3.614		2
Eiweiler	St. Erasmus	1.074	1.007	1.008	1.160	1.160		1
Püttlingen	St. Sebastian	9.884	10.054	10.570	11.276	4.553		4 (ab 1932: 2)
Püttlingen	Liebfrauen[1944]					7.100		3
Kölln	Herz Jesu	3.309	3.418	3.800	4.321	4.886		2
Altenkessel	St. Johannes Baptista	5.390	5.300	5.900	6.055	6.850		3
Holz	St. Josef	1.629	1.715	1.894	1.818	1.856		1
Güchenbach	St. Joseph	5.410	5.327	5.820	6.154	6.400		2 (ab 1923: 3)
Gesamt (Dekanat Völklingen)		58.100	61.054	64.494	68.443	70.556		35

1941 Expositur (Pfarrvikarie) von Völklingen (St. Eligius) seit 1921. Zunächst wurde das damalige Obervölklingen am 01.04.1925 zur Kapellengemeinde erhoben. Die völlige Lostrennung aus der Mutterpfarrei erfolgte am 01.08.1927 durch die Erhebung zur Pfarrei. Vgl. Diözese Trier, Kirchlicher Amtsanzeiger für die Diözese Trier (wie Anm. 826), Nr. 205 S. 131 sowie Diözese Trier, Kirchlicher Amtsanzeiger für die Diözese Trier (wie Anm. 1936), Nr. 236 S. 153.

1942 Die Kapellengemeinde Geislautern wurde am 31. Oktober 1919 aus dem Pfarrverband Völklingen ausgegliedert und zur Pfarrei erhoben. Vgl. Diözese Trier, Kirchlicher Amtsanzeiger der Diözese Trier (wie Anm. 888), Nr. 90 S. 103.

1943 Tochterpfarrei von Großrosseln (St. Wendalinus); gegründet am 01.07.1930. Vgl. Diözese Trier, Kirchlicher Amtsanzeiger für die Diözese Trier (wie Anm. 683), Nr. 128 S. 93.

1944 Die Abtrennung der Pfarrei Liebfrauen (inkl. des Ortes „Ritterstraße" [mit der Bonifatiuskirche]) von der Mutterpfarrei Püttlingen (St. Sebastian) erfolgte am 01.10.1929. Vgl. Diözese Trier, Kirchlicher Amtsanzeiger für die Diözese Trier (wie Anm. 46), Nr. 189 S. 146.

Anhang 4: Synopse der Themen in den Katechismen von 1908 und 1925

Katechismus 1908	**Katechismus 1925**
Gebete und Lehrstücke	
Das heilige Kreuzzeichen	
Das Gebet des Herrn	
Der Englische Gruß	
Das apostol. Glaubensbekenntnis	
Die zehn Gebote Gottes	
Die fünf Gebote der hl. kath. Kirche	
Die sieben heiligen Sakramente	
Die sechs Stücke, welche zur Seligkeit zu wissen notwendig sind	
Die drei göttlichen Tugenden	
Reue und Vorsatz	
Gute Meinung	
Gebet, wenn zum „Engel des Herrn" geläutet wird	
Der Rosenkranz	
Gebet vor dem Unterricht	
Gebet nach dem Unterricht	
Morgengebet	
Gebet zum hl. Schutzengel	
Tischgebet	
Abendgebet	
Beichtandacht für Kinder	
Vor der heiligen Beichte	
Gewissenserforschung	
Gegen das erste Gebot Gottes	
Gegen das zweite Gebot Gottes	
Gegen das dritte Gebot Gottes	
Gegen das vierte Gebot Gottes	
Gegen das fünfte Gebot Gottes	
Gegen das sechste und neunte Gebot Gottes	
Gegen das siebente und zehnte Gebot Gottes	
Gegen das achte Gebot Gottes	
Reue und Vorsatz	
Gebet nach der heiligen Beichte	
Kurze Erklärung der heiligen Messe	
Christliche Tages- und Lebensordnung	
Das Kirchenjahr	
Fastenvorschriften für die Diöcese Trier	
Anleitung für die Meßdiener	

Katechismus 1908	**Katechismus 1925**
I. Einleitung	I. Einleitung
1. Vom Ziel und Ende des Menschen	1. Wozu sind wir auf Erden? 2. Was will Gott von uns?
II. Erstes Hauptstück	II. Erstes Hauptstück
a. Von dem Glauben	Das Apostolische Glaubensbekenntnis
1. Der Begriff und der Gegenstand des Glaubens	a. „Ich glaube“
2. Notwendigkeit des Glaubens	
3. Eigenschaften des Glaubens	
b. Von dem apostolischen Glaubensbekenntnisse	
1. Erster Glaubensartikel	b. Erster Glaubensartikel
a. Von Gott und seinen Eigenschaften	1. Gott und seine Eigenschaften
b. Von den drei göttlichen Personen	2. Die drei göttlichen Personen
c. Von Gott, dem Schöpfer des Himmels und der Erde	3. Gott und die Welt
1. Von der Erschaffung, Erhaltung und Regierung der Welt	A. Die ganze Welt (Schöpfung)
2. Von den Engeln	B. Die Engel
3. Von der Erschaffung der ersten Menschen	C. Die Menschen
4. Von dem Sündenfalle der ersten Menschen und der Erbsünde	1. Der Sündenfall
5. Von der Verheißung des Erlösers und der Vorbereitung auf denselben	Die Verheißung des Erlösers
2. Zweiter Glaubensartikel	c. Zweiter Glaubensartikel
a. Jesus Christus, der verheißene Erlöser	
b. Jesus Christus, wahrer Gott	Jesus Christus ist wahrer Gott
3. Dritter Glaubensartikel	c. Dritter Glaubensartikel
a. Die Menschwerdung des Sohnes Gottes	Jesus Christus ist auch wahrer Mensch
b. Das Leben Jesu Christi	
4. Vierter Glaubensartikel	d. Vierter Glaubensartikel
5. Fünfter Glaubensartikel	e. Fünfter Glaubensartikel
6. Sechster Glaubensartikel	f. Sechster Glaubensartikel
7. Siebenter Glaubensartikel	g. Siebter Glaubensartikel
8. Achter Glaubensartikel	h. Achter Glaubensartikel

Katechismus 1908	**Katechismus 1925**
9. Neunter Glaubensartikel	i. Neunter Glaubensartikel
a. Stiftung und Einrichtung der Kirche	1. Die Stiftung der Kirche
b. Kennzeichen der Kirche	2. Einrichtung der Kirche
c. Bestimmung der Kirche	3. Bestimmung der Kirche
	4. Eigenschaften der Kirche
	5. Ausbreitung der Kirche
d. Gemeinschaft der Heiligen	6. „Gemeinschaft der Heiligen“
10. Zehnter Glaubensartikel	j. Zehnter Glaubensartikel
11. Elfter Glaubensartikel	k. Elfter Glaubensartikel
	Der Tod und das besondere Gericht
12. Zwölfter Glaubensartikel	l. Zwölfter Glaubensartikel
	1. Der Himmel
	2. Die Hölle
III. Zweites Hauptstück: Von den Geboten	III. Zweites Hauptstück
a. Von dem Hauptgebote	
1. Von der Liebe Gottes	
2. Von der Liebe des Nächsten	
3. Von der christlichen Selbstliebe	
b. Von den heiligen zehn Geboten Gottes	1) Die zehn Gebote
1. Erstes Gebot Gottes a) Von der Verehrung Gottes b) Von der Verehrung und Anrufung der Heiligen	a. Erstes Gebot Gottes 1. Glaube! 2. Hoffe auf Gott! 3. Liebe Gott über alles! 4. Bete Gott allein an! 5. Sei gottesergeben!
2. Zweites Gebot Gottes	b. Zweites Gebot Gottes 1. Halte den Namen Gottes in Ehren! 2. Heilig sei dein Schwur! 3. Erfülle dein Gelübde!
3. Drittes Gebot Gottes	c. Drittes Gebot Gottes 1. Ruhe am Sonntag von der Arbeit! 2. Verrichte am Sonntag fromme Werke!
4. Viertes Gebot Gottes	d. Viertes Gebot Gottes 1. Halte deine Eltern in Ehren! 2. Achte deine Vorgesetzten 3. Ehre das Alter! 4. Bedenke, was Gott deinen Eltern und Vorgesetzten befiehlt!

Katechismus 1908	**Katechismus 1925**
5. Fünftes Gebot Gottes	e. Fünftes Gebot Gottes 1. Liebe dich selbst auf gottgefällige Weise! 2. Liebe deinen Nächsten wie dich selbst!
6. Sechstes und neuntes Gebot Gottes	f. Sechstes und neuntes Gebote Gottes
7. Siebentes und zehntes Gebot Gottes	g. Siebentes und zehntes Gebote Gottes 1. Achte auf das Deine! 2. Gönn jedem das Seine!
8. Achtes Gebot Gottes	h. Achtes Gebote Gottes 1. Sei wahrhaft! 2. Achte auf die Ehre des Nächsten!
	2) Das Hauptgebot der Liebe
c. Von den fünf Geboten der Kirche	3) Die Gebote der Kirche
1. Erstes und zweites Gebot der Kirche	a. Erstes Gebot der Kirche
	b. Zweites Gebot der Kirche
2. Drittes Gebot der Kirche	c. Drittes Gebot der Kirche
3. Viertes und fünftes Gebot der Kirche	d. Viertes Gebot der Kirche
	e. Fünftes Gebot der Kirche
d. Von der Übertretung der Gebote	
1. Von der Sünde überhaupt	
2. Besondere Gattungen der Sünde	
e. Von der christlichen Tugend und Vollkommenheit	4) Christlicher Lebenswandel
	Höre auf die Stimme deines Gewissens!
	a. Tue das Gute!
	1. Erwirb dir Verdienste für den Himmel!
	2. Arbeite!
	3. Vergiss die gute Meinung nicht!
1. Von der christlichen Tugend	4. Sei tugendhaft!
2. Von der christlichen Vollkommenheit	5. Werde vollkommen!
	b. Meide das Böse!
	1. Widerstehe den Versuchungen!
	2. Fliehe die Sünde!
	3. Fürchte die Todsünde über alles!
	4. Meide auch die lässliche Sünde!

Katechismus 1908	**Katechismus 1925**
III. Drittes Hauptstück: Von den Gnadenmitteln	Drittes Hauptstück
	1) Die Gnadenmittel
a. Von der Gnade überhaupt	2) Die Gnade
1. Von der wirklichen Gnade	a. Die helfende Gnade
2. Von der heiligmachenden Gnade	b. Die heilgmachende Gnade
3. Von den guten Werken	
b. Von den heiligen Sakramenten	3) Die heiligen Sakramente
1. Von der Taufe	a. Die Taufe
	1. Verlauf der Taufhandlung
	Vor der Taufe
	Nach der Taufe
2. Von der Firmung	b. Die Firmung
	Verlauf der Firmung
3. Von dem allerheilgsten Sakrament des Altares	c. Das heiligste Sakrament des Altares
a) Von der Gegenwart Christi im allerheiligsten Sakramente	
b) Von dem heiligen Meßopfer	1. Das heilige Meßopfer
c) Von der heiligen Kommunion	2. Die Seelenspeise
	3. Das Wohnen des Gottessohnes bei den Menschen
3. Von der Buße	d. Das Sakrament der Buße
a) Von der Gewissenserforschung	1. Gewissenserforschung
b) Von der Reue	2. Die Reue
c) Von dem Vorsatze	3. Der gute Vorsatz
d) Von der Beichte	4. Das Sündenbekenntnis
e) Von der Genugtuung	5. Die Genugtuung
	6. Verlauf der Beichte
4. Vom Ablasse	7. Der Ablaß
5. Von der letzten Ölung	e. Die Letzte Ölung
	Die Spendung der hl. Sterbesakramente
6. Von der Priesterweihe	f. Die Priesterweihe
	Die Spendung der Priesterweihe
7. Von der Ehe	g. Das Sakrament der Ehe
	Verlauf der Eheschließung
8. Von den Sakramentalien	4) Die Sakramentalien

Katechismus 1908	**Katechismus 1925**
9. Von dem Gebete	5) Das Gebet
a) Vom Gebete des Herrn	6) Das Vaterunser
b) Vom Englischen Gruße	7) Das „Gegrüßet seist du, Maria“
10. Von den kirchlichen Ceremonien, Prozessionen, Wallfahrten und Bruderschaften	8) Die Prozessionen, Wallfahrten und Bruderschaften
	9) Christliche Tages- und Lebensordnung
Übersicht der Religionslehre	
Anhang: Kurzer Abriss der Religionsgeschichte	Anhang Gebete Das heilige Kreuzzeichen Das Gebet des Herrn Das „Gegrüßet seist du, Maria“ Das Apostol. Glaubensbekenntnis Die zehn Gebote Gottes Die Gebote der Kirche Die sieben heiligen Sakramente Die sechs Stücke, die jeder kennen und glauben muss Die drei göttlichen Tugenden Reue und Vorsatz Gebet, wenn zum „Engel des Herrn“ geläutet wird Der Rosenkranz Das Salve Regina Das Memorare Gebet zu Maria gegen Versuchungen Gebet vor dem Unterricht Gebet nach dem Unterricht Morgengebet Abendgebet Tischgebete Beichtandacht für Kinder Vor der heiligen Beichte Gewissenserforschung Gegen das 1. Gebot Gottes Gegen das 2. Gebot Gottes Gegen das 3. Gebot Gottes Gegen das 4. Gebot Gottes Gegen das 5. Gebot Gottes Gegen das 6. und 9. Gebot Gottes Gegen das 7. und 10. Gebot Gottes Gegen das 8. Gebot Gottes Gegen die Gebote der Kirche Gegen besondere Standespflichten Reue und Vorsatz Gebet nach der heiligen Beichte

Anhang 5: Mitglieder der Regierungskommission des Saargebiets (1920–1935)

Abteilung	Dauer	Inhaber
Übergangsregierung vom 21.02.1920 bis 10.04.1920		
Präsident	21.02.1920 – 10.04.1920	Victor Rault
Inneres und Auswärtiges, Justiz, Arbeitswesen, Industrie und Handel, Landwirtschaft, Versorgungswesen	21.02.1920 – 10.04.1920	Victor Rault
Finanzen und Zölle	21.02.1920 – 10.04.1920	Alfred von Boch
Unterricht und Kultus, Wohlfahrts- und Gesundheitswesen	21.02.1920 – 10.04.1920	Paul Graf von Moltke-Huitfeldt
Öffentliche Arbeiten, Eisenbahn, Post, Telegraphen- und Telefonwesen	21.02.1920 – 10.04.1920	Jacques Lampert
Geschäftsverteilung vom 10.04.1920 bis 31.03.1926		
Präsident	10.04.1920 – 21.03.1926	Victor Rault
Inneres und Auswärtiges, Justiz, Arbeitswesen, Industrie und Zölle, Oberbergamt	10.04.1920 – 21.03.1926	Victor Rault
Finanzen und Forsten, Versorgungswesen	10.04.1920 – 20.09.1923 20.09.1923 – 31.03.1926	Richard D. Waugh George Washington Stephens
Justiz, Unterricht und Kultus	10.04.1920 – 31.03.1924 01.04.1924 – 21.08.1924 01.10.1924 – 31.03.1932	Paul Graf von Moltke-Huitfeldt Carlos Espinosa de los Monteros Dr. Franz Veszensky
Landwirtschaft, Wohlfahrts- und Gesundheitswesen	10.04.1920 – 17.09.1920 20.03.1920 – 23.04.1923 01.04.1923 – 31.03.1924 01.04.1924 – 28.02.1935	Alfred von Boch Dr. Jacob Hector Julius Land* Bartholomäus Koßmann
Öffentliche Arbeiten, Eisenbahn, Post, Telegraphen- und Telefonwesen	10.04.1920 – 21.03.1926	Jacques Lampert
Geschäftsverteilung vom 01.04.1926 bis 28.02.1935		
Präsident, Inneres und Auswärtiges	01.04.1926 – 19.06.1927 20.06.1927 – 31.03.1932 01.04.1932 – 28.02.1935	George Washington Stephens Sir Ernst Wilton Sir Geoffrey G. Knox
Finanzen, Wirtschaft, Oberbergamt	01.04.1926 – 28.02.1935	Jean Frédéric Morize
Justiz, Schulwesen und Kultus	01.04.1926 – 31.03.1932 01.04.1935 – 28.02.1935	Dr. Franz Veszensky Dr. Milovan Zoričić

Abteilung	**Dauer**	**Inhaber**
Arbeitswesen, Sozialversicherung, Volkswohlfahrt, Landwirtschaft und Forsten, Versorgungswesen	01.04.1926 – 28.02.1935	Bartholomäus Koßmann
Öffentliche Arbeiten, Eisenbahn, Post, Telegraphen- und Telefonwesen	01.04.1926 – 31.03.1928 01.04.1928 – 28.02.1935	Jacques Lampert Dr. Leo R. von Ehrnrooth

* Land vertrat Hector bereits seit dem 03.03.1923 und übte sein Amt seit diesem Tag aus.

7. LITERATURVERZEICHNIS

7.1 Archivgut

Archiv der Theologischen Fakultät Freiburg

THEOLOGISCHE FAKULTÄT FREIBURG, Promotionsbuch der Theologischen Fakultät Freiburg.

Archiv des Gymnasiums am Stadtgarten Saarlouis

ABITURJAHRGANG 1913 DES GYMNASIUMS ZU SAARLOUIS, Bierzeitung 1913, Ordner: Historische Sammlung.

Bistumsarchiv Trier

Visitationsprotokolle, Abt. 40.
Vatikanische Konzilien, Abt. 53, 23.
Kirche und Staat, Abt. 59.
Pfarrakten Bischöfliches Generalvikariat, Abt. 70.
Dekanatskapitel / Pfarrkonferenzen, Abt. (R) 74.
Weltklerus der Diözese Trier, Abt. 85.
Klerus der Diözese Trier in Kulturkampf und NS-Zeit, Abt. 86.
Nachlass Bischof Korum, Abt. 108.
Jugendseelsorgeamt Bischöfliches Generalvikariat, Abt. R 113.
Kirchliche Statistiken, Abt. 111,1.
Nationalsozialismus, Abt. 134.
Verwaltung der Diözese Trier, B III 2.
Das Bistum Trier und andere kirchliche Behörden, B III 3.
Religiöse Orden und Kongregationen, B III 7.
Die Sakramente, B III 9.
Das kirchliche Lehramt, B III 12.
Pastorelle Betreuung, B III 14.
Caritative Fürsorge, soziale Fragen und Kirche, B III 15.
Familienbuch der Pfarrei Rieden, Rieden Fb 3.

Bundesarchiv Berlin-Lichterfelde

Bericht an die Zentrale des SD (11.1.1935), Reichssicherheitshauptamt R 58 / ZB I Nr. 931.

Geheimes Staatsarchiv Preußischer Kulturbesitz

Lageberichte der Stapo-Stelle Saarbrücken (1935), I. HA, Rep. 90 P Lageberichte.

Landesarchiv des Saarlandes

Akten betreffend religiöse, mildtätige, gemeinnützige Vereine Kreis Saarbrücken, Bestand MK 268.

Aufhebung der geistlichen Ortsschulaufsicht, Geistliche Beiräte 1929–1933, Bestand MK 3736.

Bauakten der Pfarrei Saarbrücken 1 „Christ-König", Bestand MK 297.

Bilder zur Saarbrücker Druckerei und Verlag A.G, Bestand BSDV.

Caritas Saarbrücken, Bestand MK 1130.

Nachlass Peter Scheuer, Bestand NL.ScheuerP.

Unterlagen der Saarbrücker Druckerei und Verlag A. G., Bestand SDV.

Wahlplakat des Zentrums für die Kommunal- und Kreistagswahlen am 11. Juli 1926, Bestand Plakate.

Zentrumspartei des Saargebiets, Bestand Partei- und Verbandsdrucksachen.

Klosterarchiv der Abtei Maria Laach

Ildefons Herwegen, Auftragsbestätigung der Seitenportaltympana, Brief an Schlich (02.04.1928).

Johann Ludger Schlich, Anfrage bzgl. Ortsbegehung mit Bruder Radbod in Saarbrücken, Brief an Abt Ildefons Herwegen (22.07.1928).

Johann Ludger Schlich, Bitte um Aufnahme eines ehemaligen Priesters als Gast im Kloster Maria Laach, Brief an Abt Ildefons Herwegen (06.07.1929).

Johann Ludger Schlich, Bittgesuch bzgl. der Tympanamosaiken, Brief an Abt Ildefons Herwegen (09.03.1928).

Johann Ludger Schlich, Einladung P. Anselms zur Orgelweihe, Brief an Abt Ildefons Herwegen (07.09.1933).

Karl Colombo, Werkstattanfrage bzgl. der Seitenportaltympana, Brief an die Benediktinerabtei Maria Laach (01.03.1928).

Landeshauptarchiv Koblenz

Provinzialschul-Kollegium Koblenz, Bestand 405.

NSDAP und verwandte Provinienzen der NS-Zeit, Bestand 662.

Ordensarchiv des Generalats der Barmherzigbrüder von Maria Hilf (Trier)

Niederlassung Saarbrücken, Ordner 0275.

Niederlassung „St. Clemens" Saarbrücken, Ordner 0274.

Pfarrarchiv der katholischen Kirchengemeinde Christkönig (Saarbrücken)

Klemmmappe „Schulaufsicht, Verhandlungen mit Schulbehörden, Lehrpersonen".

Ordner „Decanats- u. Conferenzberichte u. Bischöfl. Schreiben".

Ordner „Dek.Akten, Visitationen".

Ordner „1 Die Pfarrei: Allgemeines – Pfarr- und Ortsgeschichte
Ordner „2 Architekten“.
Ordner „2 Kirchen, Kapellen, Friedhöfe“.
Ordner „4 Pfarrgemeinde“.
Lagerbuch der Pfarrei Saarbrücken-Christkönig (01.10.1929).

Pfarrarchiv der katholischen Kirchengemeinde St. Jakob (Saarbrücken)

Lose Blattsammlung „Antiquariat“.
Ordner 210.
Ordner 400.
Ordner 501.
Ordner 714.
Ordner 717.

Pfarrarchiv der katholischen Kirchengemeinde St. Michael (Saarbrücken)

Klemmmappe „Orden“.

Pfarrarchiv der katholischen Pfarreiengemeinschaft Mendig

Taufbuch der Pfarrei Bell (Mayen) – St. Florinus, Tb 1.

Stadtarchiv Saarbrücken

Hauptverwaltung, Rechts- und Wirtschaftsamt (1909–1929), Bestand G 10.1.
Hauptverwaltung (1930–1945), Bestand G 10.2.
Schul- und Kulturverwaltung (1909–1945), Bestand G 40.
Sozialversicherung (1909–1945), Bestand G 50.
Büro Oberbürgermeister Neikes (1921–1935), Bestand G OB.1.
Zeitungssammlung (1788-), Bestand ZS.

Zentrales Ordensarchiv der Franziskanerinnen von der allerseeligsten Jungfrau Maria von den Engeln (Waldbreitbach)

Zentrales Ordensarchiv der Franziskanerinnen BMVA von Waldbreitbach, Chronik 1910–1972, Bestand: Chroniken, Filiale Saarbrücken.

Zentrales Ordensarchiv der Franziskanerinnen BMVA von Waldbreitbach, Ordner „Zusammenfassung Gründungsgeschichte, Zusammenfassung der Chronik“, Bestand: Chroniken, Filiale Saarbrücken.

Zentrales Ordensarchiv der Franziskanerinnen BMVA von Waldbreitbach, Pfarramt St. Jakob, Pastor Dr. Schlich, Schriftverkehr von 1915–1929, Bestand: Chroniken, Filiale Saarbrücken.

7.2 Beitrag

Das preußische Bistum 1821–1870. In: Moderne und Milieu. 1802–1998, hg. von Wilhelm DAMBERG (= Geschichte des Bistums Münster 5). Münster 1998, S. 53–106.

Die Industrialisierung 1870–1914. In: Moderne und Milieu. 1802–1998, hg. von Wilhelm DAMBERG (= Geschichte des Bistums Münster 5). Münster 1998, S. 147–192.

Erster Weltkrieg und Weimarer Republik 1914–1933. In: Moderne und Milieu. 1802–1998, hg. von Wilhelm DAMBERG (= Geschichte des Bistums Münster 5). Münster 1998, S. 195–227.

Walburga ADOLPH, 50 Jahre Pfarrei St. Antonius. Ein Weg von der Expositur zur selbstständigen Pfarrei. In: St. Antonius. Katholische Pfarrgemeinde Saarbrücken-Rastpfuhl, hg. von KATHOLISCHES PFARRAMT ST. ANTONIUS. Saarbrücken 1987, S. 14–33.

Marcel ALBERT, Herwegen, Ildefons. In: Biographisch-bibliographisches Kirchenlexikon, Bd. 2, hg. von Friedrich Wilhelm BAUTZ und Traugott BAUTZ (= BBKL 4). Hamm 1992, Sp. 775–776.

Hugo ALTMANN, Pius XII. In: Biographisch-bibliographisches Kirchenlexikon, hg. von Friedrich Wilhelm BAUTZ und Traugott BAUTZ (= BBKL 7). Hamm 1994, Sp. 682–699.

Klaus ALTMEYER, Hoffmann, Johannes. In: Neue Deutsche Biographie, Bd. 9, hg. von HISTORISCHE KOMMISSION BEI DER BAYERISCHEN AKADEMIE DER WISSENSCHAFTEN (= Neue Deutsche Biographie 9). Berlin 1972, S. 428–429.

ARBEITSKREIS FÜR KIRCHLICHE ZEITGESCHICHTE MÜNSTER, Konfession und Clevages im 19. Jahrhundert. Ein Erklärungsmodell zur regionalen Entstehung des katholischen Milieus in Deutschland. In: Konfession, Milieu, Moderne. Konzeptionelle Positionen und Kontroversen zur Geschichte von Katholizismus und Kirche im 19. und 20. Jahrhundert, hg. von Johannes HORSTMANN und Antonius LIEDHEGENER. Schwerte 2001, S. 97–143.

Hans-Georg ASCHOFF, Ausbau und Krise des Sozialstaates zwischen Erstem und Zweitem Weltkrieg. In: Caritas und soziale Dienste, hg. von Erwin GATZ (= Geschichte des kirchlichen Lebens in den deutschsprachigen Ländern seit dem Ende des 18. Jahrhunderts 5). Freiburg i. Br. 1997, S. 189–202.

Hans-Georg ASCHOFF, Die Weimarer Republik. Rechtliche Rahmenbedingungen. In: Die Kirchenfinanzen, hg. von Erwin GATZ (= Geschichte des kirchlichen Lebens in den deutschsprachigen Ländern seit dem Ende des 18. Jahrhunderts 6). Freiburg i. Br. 2000, S. 267–271.

Hans-Georg ASCHOFF, Von der Revolution 1848/49 bis zum Ende des Ersten Weltkrieges. In: Laien in der Kirche, hg. von Erwin GATZ, Hans-Georg ASCHOFF und Gisela FLECKENSTEIN (= Geschichte des kirchlichen Lebens in den deutschsprachigen Ländern seit dem Ende des 18. Jahrhunderts Bd. 8). Freiburg [etc.] 2008, S. 115–191.

Winfried BECKER, Christen und der Widerstand. Forschungsstand und Forschungsperspektiven. In: Kirchen im Krieg. Europa 1939–1945, hg. von Karl-Joseph HUMMEL und Christoph KÖSTERS. Paderborn 2006, S. 473–491.

Josy BIRSENS, Katechese, Katechismen und Predigt im Zeitalter der Konfessionalisierung. In: Kirchenreform und Konfessionsstaat. 1500–1801, hg. von Bernhard SCHNEIDER (= Geschichte des Bistums Trier 3). Trier 2010, S. 388–411.

Olaf BLASCHKE, Die Kolonialisierung der Laienwelt. Priester als Milieumanager und die Kanäle klerikaler Kuratel. In: Religion im Kaiserreich. Milieus – Mentalitäten – Krisen., Bd. 2, hg. von Olaf BLASCHKE und Frank-Michael KUHLEMANN (= Religiöse Kulturen der Moderne 2). Gütersloh 1996, S. 93–135.

Olaf BLASCHKE, Strategies and success of re-masculinisation campain around 1900. In: Christian masculinity. Men and religion in Northern Europe in the 19th and 20th centuries, hg. von Yvonne Maria WERNER (= KADOC studies on religion, culture and society 8). 2011, S. 21–45.

Otto BODTLÄNDER, Das Gesundheitswesen. In: Saarbrücken – 50 Jahre Großstadt. [Saarbrücken 1909–1959], hg. von Karl SCHWINGEL. Saarbrücken 1959, S. 312–330.

Konrad BOHR, Kirchenpolitische Aspekte der Heilig-Rock-Wallfahrt von 1933. In: Der heilige Rock zu Trier. Studien zur Geschichte und Verehrung der Tunika Christi, hg. von Erich ARETZ. Trier 1995, S. 347–408.

Norbert BORENGÄSSER, Schulte, Karl Joseph. In: Biographisch-bibliographisches Kirchenlexikon, hg. von Friedrich Wilhelm BAUTZ und Traugott BAUTZ (= BBKL 9). Herzberg 1995, Sp. 1118–1123.

Frank BÖSCH, Medien und Religion im 20. Jahrhundert. In: Handbuch der Religionsgeschichte im deutschsprachigen Raum. 20. Jahrhundert – Epochen und Themen, Bd. 6, hg. von Volkhard KRECH und Lucian HÖLSCHER (= Handbuch der Religionsgeschichte im deutschsprachigen Raum 6/1). Paderborn 2015, S. 285–311.

Augustinus BRAUN, Katholische Kirche. In: Saarbrücken – 50 Jahre Großstadt. [Saarbrücken 1909–1959], hg. von Karl SCHWINGEL. Saarbrücken 1959, S. 206–214.

Johannes BRAUN, „Die religiöse Krise der Gegenwart" (1921) von Matthias Laros. Ansätze zur theologischen und zeitgeschichtlichen Einordnung des Vortrages. In: Archiv für mittelrheinische Kirchengeschichte (= Archiv für mittelrheinische Kirchengeschichte 69). Mainz 2017, S. 297–332.

Johannes BRAUN, „Die religiöse Krise der Gegenwart" von Matthias Laros. Quelle, Quellenlage und zeitgenössische Reaktionen. In: Archiv für mittelrheinische Kirchengeschichte (= Archiv für mittelrheinische Kirchengeschichte 69). Mainz 2017, S. 419–466.

Suso BRECHTER, Apostolischer Vikar u. Präfekt. In: Lexikon für Theologie und Kirche, hg. von HÖFER, JOSEF und RAHNER, KARL. Freiburg i. Br. [2]1986, 759–760.

Karl BRINGMANN, Presse. III. Kirche und Presse. In: Lexikon für Theologie und Kirche, Bd. 8, hg. von HÖFER, JOSEF und RAHNER, KARL. Freiburg i. Br. [2]1986, Sp. 726–730.

Paul BURGARD und Ludwig LINSMAYER, Von der Wiedervereinigung der Saarstädte bis zum Abstimmungskampf (1909–1935). In: Geschichte der Stadt Saarbrücken. Von der Zeit des stürmischen Wachstums bis zur Gegenwart, Band 2, hg. von Rolf WITTENBROCK. Saarbrücken 1999, S. 131–242.

Lukas CLEMENS, Armenfürsorge in den mittelalterlichen Städten Westeuropas. In: Armut. Perspektiven in Kunst und Gesellschaft, 10. April 2011–31. Juli 2011; eine Ausstellung des Sonderforschungsbereichs 600 „Fremdheit und Armut", Universität Trier in Kooperation mit dem Stadtmuseum Simeonstift Trier und dem Rheinischen Landesmuseum Trier, hg. von Herbert UERLINGS. Darmstadt 2011, S. 112–119.

Drutmar CRAEMER, „Gott zu Ehren". Zur Geschichte der Kunstwerkstätten, des Kunstverlages, der Buch- und Kunsthandlung Ars liturgica, Abtei Maria Laach. In: Heimat-

Jahrbuch 2006, Bd. 63, hg. von KREIS AHRWEILER (= Heimat-Jahrbuch 63). Ahrweiler 2006, S. 74–81.

Volker DEPKAT, Ein schwieriges Genre: Zum Ort der Biografik in der Arbeitergeschichtsschreibung. In: Mitteilungsblatt des Instituts für soziale Bewegungen, Bd. 45, hg. von INSTITUT FÜR SOZIALE BEGEGNUNGEN (= Mitteilungsblatt des Instituts für soziale Bewegungen 45). Bochum 2011, S. 21–35.

DER PREUßISCHE EPISKOPAT, Fuldaer Pastorale. In: Texte zur katholischen Soziallehre. Die sozialen Rundschreiben der Päpste und andere kirchliche Dokumente. Köln [6]1985, S. 71–80.

Michael EMBACH, Entwicklungen der Literatur und der sonstigen Massenmedien 1881–1981. In: Beharrung und Erneuerung. 1881–1981, hg. von SCHNEIDER, BERNHARD und PERSCH, MARTIN (= Geschichte des Bistums Trier 5). Trier 2004, S. 564–588.

Michael EMBACH, Michael Felix Korum (1881–1921). In: Beharrung und Erneuerung. 1881–1981, hg. von SCHNEIDER, BERNHARD und PERSCH, MARTIN (= Geschichte des Bistums Trier 5). Trier 2004, S. 37–47.

Michael EMBACH, Michael Felix Korum (1881–1921). In: Die Bischöfe von Trier seit 1802. Festgabe für Bischof Dr. Hermann Josef Spital zum 70. Geburtstag am 31. Dezember 1995, hg. von Martin PERSCH (= Veröffentlichungen des Bistumsarchivs Trier 30). Trier 1996, S. 141–168.

Heinz FEILZER, Jugendpastoral: Seelsorge an und mit jungen Menschen. In: Beharrung und Erneuerung. 1881–1981, hg. von SCHNEIDER, BERNHARD und PERSCH, MARTIN (= Geschichte des Bistums Trier 5). Trier 2004, S. 414–443.

Heinz FEILZER, Strukturen der Seelsorge: Dekanate und Pfarreien, Pfarrverbände und Regionen. In: Auf dem Weg in die Moderne. 1802–1880, hg. von Martin PERSCH und Bernhard SCHNEIDER (= Geschichte des Bistums Trier 4). Trier 2000, S. 104–132.

Horst FERDINAND, Mayer, Julius Karl. In: Badische Biographien. Neue Folge, Bd. 4, hg. von Bernd OTTNAD (= Badische Biographien 4). Stuttgart 1996, Sp. 202–204.

Gisela FLECKENSTEIN, Erziehungshilfe. In: Caritas und soziale Dienste, hg. von Erwin GATZ (= Geschichte des kirchlichen Lebens in den deutschsprachigen Ländern seit dem Ende des 18. Jahrhunderts 5). Freiburg i. Br. 1997, S. 132–145.

Gisela FLECKENSTEIN, Sonderarbeitsbereiche: Trinker, Mädchenschutz, Bahnhofsmission, Gefährdete, Wanderer, Gefangene, Behinderte, Fachverbände. In: Caritas und soziale Dienste, hg. von Erwin GATZ (= Geschichte des kirchlichen Lebens in den deutschsprachigen Ländern seit dem Ende des 18. Jahrhunderts 5). Freiburg i. Br. 1997, S. 146–169.

Ewald FRIE, Katholische Wohlfahrtstruktur im Wilhelminischen Reich: Der „Charitasverband für das katholische Deutschland“, die Vinzenzvereine und der „kommunale Sozialliberalismus“. In: Soziale Reform im Kaiserreich. Protestantismus, Katholizismus und Sozialpolitik, hg. von Jochen-Christoph KAISER, Wilfried LOTH und Ewald FRIE (= Konfession und Gesellschaft Bd. 11). Stuttgart 1997, S. 184–201.

Erwin GATZ, Die Pfarrei von der Säkularisation bis zum Beginn der großen Binnenwanderungen. In: Die Bistümer und ihre Pfarreien, hg. von Erwin GATZ (= Geschichte des kirchlichen Lebens in den deutschsprachigen Ländern seit dem Ende des 18. Jahrhunderts 1). Freiburg i. Br. 1991, S. 73–89.

Erwin GATZ, Die Pfarrseelsorge vor den Herausforderungen der Großstadt und der Industriegesellschaft. In: Die Bistümer und ihre Pfarreien, hg. von Erwin GATZ (= Geschichte des kirchlichen Lebens in den deutschsprachigen Ländern seit dem Ende des 18. Jahrhunderts 1). Freiburg i. Br. 1991, S. 105–114.

Erwin GATZ, Priester als Partei- und Sozialpolitiker. In: Der Diözesanklerus, hg. von Erwin GATZ (= Geschichte des kirchlichen Lebens in den deutschsprachigen Ländern seit dem Ende des 18. Jahrhunderts 4). Freiburg i. Br. 1995, 376–398.

Erwin GATZ, Vom Ende des Ersten Weltkrieges bis zum nationalsozialistischen Kirchenkampf. In: Der Diözesanklerus, hg. von Erwin GATZ (= Geschichte des kirchlichen Lebens in den deutschsprachigen Ländern seit dem Ende des 18. Jahrhunderts 4). Freiburg i. Br. 1995, S. 147–167.

Erwin GATZ, Von der Beilegung des Kulturkampfes bis zum Ende des Ersten Weltkrieges. In: Der Diözesanklerus, hg. von Erwin GATZ (= Geschichte des kirchlichen Lebens in den deutschsprachigen Ländern seit dem Ende des 18. Jahrhunderts 4). Freiburg i. Br. 1995, S. 125–146.

Erwin GATZ, Die sozial-caritativ tätigen Orden in der Zwischenkriegszeit. In: Caritas und soziale Dienste, hg. von Erwin GATZ (= Geschichte des kirchlichen Lebens in den deutschsprachigen Ländern seit dem Ende des 18. Jahrhunderts 5). Freiburg i. Br. 1997, S. 234–239.

Erwin GATZ, Krankenfürsorge. In: Caritas und soziale Dienste, hg. von Erwin GATZ (= Geschichte des kirchlichen Lebens in den deutschsprachigen Ländern seit dem Ende des 18. Jahrhunderts 5). Freiburg i. Br. 1997, S. 113–131.

Erwin GATZ, Vom Ende des Ersten Weltkrieges bis zum Beginn der nationalsozialistischen Herrschaft. In: Die Kirchenfinanzen, hg. von Erwin GATZ (= Geschichte des kirchlichen Lebens in den deutschsprachigen Ländern seit dem Ende des 18. Jahrhunderts 6). Freiburg i. Br. 2000, S. 291–310.

Erwin GATZ, Vom Ende des Ersten Weltkrieges bis zum Beginn der nationalsozialistischen Herrschaft. In: Klöster und Ordensgemeinschaften, hg. von Erwin GATZ (= Geschichte des kirchlichen Lebens in den deutschsprachigen Ländern seit dem Ende des 18. Jahrhunderts 7). Freiburg i. Br. 2006, S. 291–310.

Erwin GATZ und Heribert SCHMITZ, Tendenzen der Pfarreienentwicklung von der Mitte des 19. Jahrhunderts bis zum Ersten Weltkrieg. In: Die Bistümer und ihre Pfarreien, hg. von Erwin GATZ (= Geschichte des kirchlichen Lebens in den deutschsprachigen Ländern seit dem Ende des 18. Jahrhunderts 1). Freiburg i. Br. 1991, S. 89–104.

Christian GEINITZ, Der Weltkrieg als Weltgericht. Nationalisierung und Kriegstheorie der deutschen Katholiken zu Beginn des Ersten Weltkriegs am Beispiel der Erzdiözese Freiburg. In: Krieg und Christentum. Religiöse Gewalttheorien in der Kriegserfahrung des Westens, hg. von Andreas HOLZEM (= Krieg in der Geschichte 50). Paderborn 2009, S. 680–704.

Klaus GOTTO, Konrad REPGEN und Hans Günter HOCKERTS, Nationalsozialistische Herausforderung und kirchliche Antwort. Eine Bilanz. In: Die Katholiken und das Dritte Reich, hg. von Klaus GOTTO und Konrad REPGEN (= Topos-Taschenbücher Bd. 136). Mainz [3]1990, S. 173–190.

Walter GROß, Keine »Heiligen Kriege« in Israel. Zur Rolle Jhwh's in Kriegsdarstellungen der Bücher Jos bis 2Kön. In: Krieg und Christentum. Religiöse Gewalttheorien in der Kriegserfahrung des Westens, hg. von Andreas HOLZEM (= Krieg in der Geschichte 50). Paderborn 2009, S. 106–127.

Andreas HEINZ, Der Gottesdienst. In: Beharrung und Erneuerung. 1881–1981, hg. von SCHNEIDER, BERNHARD und PERSCH, MARTIN (= Geschichte des Bistums Trier 5). Trier 2004, S. 237–262.

Joachim HEINZ, „Haltet die Saar, Genossen." Die saarländische Arbeiterbewegung im Kampf gegen Hitler bis 1935. In: 13. Januar 1935 Der Kampf um die Saar – 70 Jahre danach. Dokumentation einer Veranstaltungsreihe, hg. von STIFTUNG DEMOKRATIE SAARLAND (= Dialog 12). Saarbrücken 2005, S. 7–29.

Andreas HENKELMANN, Karitative katholische Vereine im Kontext des frühen deutschen Wohlfahrtsstaates. Das Seraphische Liebeswerk und die Entstehung der Fürsorgeerziehung im Kaiserreich. In: Konfessionen in den west- und mitteleuropäischen Sozialsystemen im langen 19. Jahrhundert. Ein „edler Wettkampf der Barmherzigkeit?", hg. von Michaela MAURER und Bernhard SCHNEIDER (= Religion – Kultur – Gesellschaft 1). Berlin u. a. 2013, S. 183–207.

Hans-Walter HERRMANN, Das Saarland. In: Geschichte des Saarlandes, hg. von Hans-Walter HERRMANN und Georg Wilhelm SANTE (= Territorien-Ploetz Sonderausgaben). Würzburg 1972, S. 26–58.

Hans-Walter HERRMANN, Widerstand und Verweigerung im Saarland 1935–1945. Überlegungen zu einem Forschungsprojekt. In: Das zersplitterte Nein. Saarländer gegen Hitler, hg. von Paul MALLMANN (= Widerstand und Verweigerung im Saarland 1935–1945 1). Bonn 1989, S. I–XII.

Franz-Josef HEYEN, Nur sieben Jahrzehnte. Andernach seit dem Ende des 1. Weltkrieges. In: Andernach. Geschichte einer rheinischen Stadt, hg. von Franz-Josef HEYEN. Andernach ²1994, S. 217–424.

Franz-Josef HEYEN, Bornewasser, Franz Rudolf. In: Trierer biographisches Lexikon, hg. von Heinz MONZ und Jens OSSADNIK. Trier 2000, S. 43–44.

Sascha HINKEL, Der Erste Saarländische Katholikentag 1923 in der Berichterstattung des Münchener Nuntius Eugenio Pacelli. In: Archiv für mittelrheinische Kirchengeschichte. Nebst Beiträgen zur kirchlichen Denkmalpflege, Bd. 67 (= Archiv für mittelrheinische Kirchengeschichte 67). Mainz 2015, S. 239–267.

Sascha HINKEL, Gefangen zwischen bischöflichem Amtsverständnis und staatskirchenrechtlichen Überzeugungen. Adolf Kardinal Bertram 1859–1945, Fürstbischof/Fürsterzbischof von Breslau 1914–1945. In: Zwischen Seelsorge und Politik. Katholische Bischöfe in der NS-Zeit, hg. von Maria Anna ZUMHOLZ und Michael HIRSCHFELD. Münster 2018, S. 53–75.

Michael HIRSCHFELD und Maria Anna ZUMHOLZ, Katholische Bischöfe in der NS-Zeit. Persönlichkeiten – Selbstverständnis – Handlungsspielräume. In: Zwischen Seelsorge und Politik. Katholische Bischöfe in der NS-Zeit, hg. von Maria Anna ZUMHOLZ und Michael HIRSCHFELD. Münster 2018, S. 1–14.

Georg HOLKENBRINK, Das Wagnis einer Diözesansynode. Anmerkungen in der Zeit der Vorbereitung der Synode im Bistum Trier im Jahre 2013. In: Unverbindliche Beratung oder kollegiale Steuerung? Kirchenrechtliche Überlegungen zu synodalen Vorgängen, hg. von Wilhelm REES und Joachim SCHMIEDL (= Europas Synoden nach dem Zweiten Vatikanischen Konzil Bd. 2). Freiburg 2014, S. 296–308.

Andreas HOLZEM, Erster Weltkrieg. In: Handbuch der Religionsgeschichte im deutschsprachigen Raum. 20. Jahrhundert – Epochen und Themen, hg. von Volkhard KRECH und Lucian HÖLSCHER (= Handbuch der Religionsgeschichte im deutschsprachigen Raum 6/1). Paderborn 2015, S. 21–60.

Andreas HOLZEM, Krieg und Christentum. Religiöse Gewalttheorien in der Kriegserfahrung des Westens, Einführung. In: Krieg und Christentum. Religiöse Gewalttheorien in der Kriegserfahrung des Westens, hg. von Andreas HOLZEM (= Krieg in der Geschichte 50). Paderborn 2009, S. 13–104.

Maximilian HOMMENS, Die Orden und ordensähnlichen Gemeinschaften. In: Beharrung und Erneuerung. 1881–1981, hg. von SCHNEIDER, BERNHARD und PERSCH, MARTIN (= Geschichte des Bistums Trier 5). Trier 2004, S. 216–236.

Karl-Joseph HUMMEL, Die deutschen Bischöfe: Seelsorge und Politik. In: Die Katholiken und das Dritte Reich. Kontroversen und Debatten, hg. von Karl-Joseph HUMMEL und Michael KIẞENER. Paderborn 2009, S. 101–124.

Robert JAUCH, Die Franziskaner in Saarbrücken. Zur Gründung von Kloster und Pfarrei auf dem Rastpfuhl. In: St. Antonius. Katholische Pfarrgemeinde Saarbrücken-Rastpfuhl, hg. von KATHOLISCHES PFARRAMT ST. ANTONIUS. Saarbrücken 1987, S. 34–39.

Hubert JEDIN, Bertram, Adolf Johannes. In: Neue Deutsche Biographie, Bd. 2, hg. von HISTORISCHE KOMMISSION BEI DER BAYERISCHEN AKADEMIE DER WISSENSCHAFTEN (= Neue Deutsche Biographie 2). Berlin 1955, S. 170.

Matthäus KAISER, Bination. In: Lexikon für Theologie und Kirche, Bd. 2, hg. von HÖFER, JOSEF und RAHNER, KARL (= Lexikon für Theologie und Kirche 2). Freiburg i. Br. 1958, Sp. 479.

Michael Josef KETTEL, Geschichte der Pfarrei Christkönig. In: Festschrift zum 40jährigen Bestehen der Pfarrei Christ-König, hg. von PFARRGEMEINDE CHRISTKÖNIG SAARBRÜCKEN. Saarbrücken 1969, S. 9–10.

Michael KIẞENER, Ist »Widerstand« nicht »das richtige Wort«? In: Die Katholiken und das Dritte Reich. Kontroversen und Debatten, hg. von Karl-Joseph HUMMEL und Michael KIẞENER. Paderborn 2009, S. 167–178.

Hanns KLEIN, Das Saarbrücker Spitalwesen bis zum Ende des 18. Jahrhunderts. In: Jahrbuch für westdeutsche Landesgeschichte, Bd. 1 (= Jahrbuch für westdeutsche Landesgeschichte 1). Koblenz 1975, S. 177–214.

Christoph KÖSTERS, Katholische Kirche im nationalsozialistischen Deutschland – Aktuelle Forschungsergebnisse, Kontroversen und Fragen. In: Die katholische Schuld? Katholizismus im Dritten Reich zwischen Arrangement und Widerstand, hg. von Rainer BENDEL (= Wissenschaftliche Paperbacks Bd. 14). Münster [2]2004, S. 25–46.

Christoph KÖSTERS, Katholisches Milieu und Nationalsozialismus. In: Die Katholiken und das Dritte Reich. Kontroversen und Debatten, hg. von Karl-Joseph HUMMEL und Michael KIẞENER. Paderborn 2009, S. 145–165.

Gerhild KREBS, Domanialschulen im Saargebiet. In: Stätten grenzüberschreitender Erinnerung. Spuren der Vernetzung des Saar-Lor-Lux-Raumes im 19. und 20. Jahrhundert = Lieux de la mémoire transfrontalière, hg. von Rainer HUDEMANN. Saarbrücken 2002.

Carsten KRETSCHMANN, »Der Herr sei mit Euch, Ihr braven Krieger«. Sakralisierungsstrategien im Kontext des Ersten Weltkriegs. In: Kirche, Krieg und Katholiken. Geschichte und Gedächtnis im 20. Jahrhundert, hg. von Karl-Joseph HUMMEL und Christoph KÖSTERS. Freiburg i. Br. 2014, S. 50–66.

Julia KRÖHN, Jenseits. In: Handbuch der Religionsgeschichte im deutschsprachigen Raum. 1750–1900, hg. von Michael PAMMER (= Handbuch der Religionsgeschichte im deutschsprachigen Raum 5). Paderborn 2007, S. 301–316.

Heinrich KRUECKEMEYER, Die Vorfahren unserer Zeitung. In: Werden, Wachsen, Wollen. Festschrift zum Einzug in das neue Gebäude 1926, hg. von SAARBRÜCKER DRUCKEREI UND VERLAG A. G. Saarbücken 1926, S. 13–20.

Heinrich KÜPPERS, Das christlich-katholische Lager an der Saar 1933–1945. In: Widerstand, Repression und Verfolgung. Beiträge zur Geschichte des Nationalsozialismus an der Saar, hg. von Hans-Christian HERRMANN (= Geschichte, Politik und Gesellschaft, Schriftenreihe der Stiftung Demokratie Saarland Band 14), S. 213–236.

Heinrich KÜPPERS, Herausforderungen und Bedrohungen im Zeichen des Hakenkreuzes. In: Beharrung und Erneuerung. 1881–1981, hg. von SCHNEIDER, BERNHARD und PERSCH, MARTIN (= Geschichte des Bistums Trier 5). Trier 2004, S. 627–670.

Joachim KUROPKA, Zur Frage der Gefährdung der NS-Herrschaft durch die katholische Kirche. In: Geistliche und Gestapo. Klerus zwischen Staatsallmacht und kirchlicher Hierarchie, hg. von Joachim KUROPKA (= Anpassung – Selbstbehauptung – Widerstand 23). Münster ^{2}2005, S. 45–65.

Erhard LECLERC, Überblick über die Entwicklung der Geistlichkeit der Diözese Trier in den Jahren 1815 bis 1936. Ausblick in die Zukunft. In: Pastor bonus. Zeitschrift für kirchliche Wissenschaft und Praxis, hg. von PROFESSOREN DES PRIESTERSEMINARS ZU TRIER (= Pastor Bonus 48). Trier 1937, S. 228–236.

Jacques LEGOFF, Wie schreibt man ein Biographie? In: Der Historiker als Menschenfresser. Über den Beruf des Geschichtsschreibers (= Wagenbachs Taschenbücherei 187). Berlin 1990, S. 103–112.

Wolfgang LENTZEN-DEIS, Unterweisung und Unterricht. In: Auf dem Weg in die Moderne. 1802–1880, hg. von Martin PERSCH und Bernhard SCHNEIDER (= Geschichte des Bistums Trier 4). Trier 2000, S. 371–389.

Rainer LEPSIUS, Parteiensystem und Sozialstruktur: zum Problem der Demokratisierung der deutschen Gesellschaft. In: Deutsche Parteien vor 1918, hg. von Gerhard RITTER. Köln 1973, S. 67–83.

Albert LÜTKE, Saarbrücken als Wirtschaftszentrum. In: 25 Jahre Stadt Saarbrücken, hg. von Heinrich KRUECKEMEYER. Saarbrücken 1934, S. 234–240.

Jean-Marie MAYEUR, Drei Päpste: Benedikt XV., Pius XI., Pius XII. In: Geschichte des Christentums. Erster und Zweiter Weltkrieg, Demokratien und totalitäre Systeme, (1914–1958), hg. von Kurt MEIER (= Geschichte des Christentums 12). Freiburg i. Br. 1992, S. 4–40.

Andreas MERL, Tagespresse im Saargebiet 1918–1945. In: Medienlandschaft Saar von 1945 bis in die Gegenwart. Band 1: Medien zwischen Demokratisierung und Kontrolle (1945–1955), hg. von ZIMMERMANN, CLEMENS/HUDEMANN, RAINER/ KUDERNA, MICHAEL. München 2010, S. 37–60.

Andreas MERL, Zum vorauseilenden Gehorsam der Saarländer im Abstimmungskampf 1933 bis 1935. In: Widerstand, Repression und Verfolgung. Beiträge zur Geschichte des Nationalsozialismus an der Saar, hg. von Hans-Christian HERRMANN (= Geschichte, Politik und Gesellschaft, Schriftenreihe der Stiftung Demokratie Saarland Band 14), S. 138–148.

Hubert MOCKENHAUPT, Dasbach, Georg Friedrich. In: Trierer biographisches Lexikon, hg. von Heinz MONZ und Jens OSSADNIK. Trier 2000, S. 75–76.

Hubert MOCKENHAUPT, Franz Hitze (1851–1921). In: Zeitgeschichte in Lebensbildern. Aus dem deutschen Katholizismus des 19. und 20. Jahrhunderts, hg. von Rudolf MORSEY und Jürgen ARETZ. Mainz 1973, S. 53–64.

Hubert MOCKENHAUPT, Heinrich Brauns (1868–1939). In: Zeitgeschichte in Lebensbildern. Aus dem deutschen Katholizismus des 19. und 20. Jahrhunderts, hg. von Rudolf MORSEY und Jürgen ARETZ. Mainz 1973, S. 148–159.

Stefanie MOLTER, Vom „Katholischen Fürsorgeverein für Mädchen, Frauen und Kinder" (KFV) zum „Sozialdienst katholischer Frauen" (SkF). In: Die Saarbrückerinnen. Beiträge zur Stadtgeschichte, hg. von Annette KEINHORST, Petra MESSINGER und Hilde HOHERZ (= Schriftenreihe Geschichte, Politik & Gesellschaft der Stiftung Demokratie Saarland Bd. 2). St. Ingbert 1998, S. 199–210.

Josef MOOSER, Das katholische Milieu in der bürgerlichen Gesellschaft. Zum Vereinswesen im späten Deutschen Kaiserreich. In: Religion im Kaiserreich. Milieus – Mentalitäten – Krisen., hg. von Olaf BLASCHKE und Frank-Michael KUHLEMANN (= Religiöse Kulturen der Moderne 2). Gütersloh 1996, S. 59–92.

Rudolf MORSEY, Ludwig Kaas (1881–1952). In: Zeitgeschichte in Lebensbildern. Aus dem deutschen Katholizismus des 19. und 20. Jahrhunderts, hg. von Rudolf MORSEY und Jürgen ARETZ. Mainz 1973, S. 263–273.

Rudolf MORSEY, Papen, Franz von. In: Neue Deutsche Biographie, Bd. 20, hg. von HISTORISCHE KOMMISSION BEI DER BAYERISCHEN AKADEMIE DER WISSENSCHAFTEN (= Neue Deutsche Biographie 20). Berlin 2001, S. 46–48.

Hans NEIKES, Fünfundzwanzig Jahre Gesamtstadt Saarbrücken. In: 25 Jahre Stadt Saarbrücken, hg. von Heinrich KRUECKEMEYER. Saarbrücken 1934, S. 27–74.

Franz NIEHL, Vom Katechismus zur Lebenswelt: Religionsunterricht, Schule und Kirche von 1881 bis 1981. In: Beharrung und Erneuerung. 1881–1981, hg. von SCHNEIDER, BERNHARD und PERSCH, MARTIN (= Geschichte des Bistums Trier 5). Trier 2004, S. 400–413.

O. V., Schlich, Johannes. In: Der Große Herder. Nachschlagewerk für Wissen und Leben, Bd. 10 (= Der Große Herder 10). Freiburg i. Br. ^{4}1935, Sp. 1027.

Gerhard PAUL, Von der Bastion im Westen zur Brücke der Verständigung. Politische Geschichte 1815–1957. In: Das Saarland. Politische, wirtschaftliche und kulturelle Entwicklung, hg. von Mechthild SANDER und Hans-Walter HERRMANN. Saarbrücken ^{2}1991, S. 23–50.

Ferdinand PAULY, Zur Kirchenpolitik des Gauleiters J. Bürckel im Saargebiet. (März-August 1935). In: Rheinische Vierteljahrsblätter, Bd. 35, S. 414–453.

Martin PERSCH, Laros, Matthias. In: Biographisch-bibliographisches Kirchenlexikon, Bd. 4, hg. von Friedrich Wilhelm BAUTZ und Traugott BAUTZ (= BBKL 4). Herzberg 1992, Sp. 1175–1177.

Martin PERSCH, Mönch, Antonius. In: Biographisch-bibliographisches Kirchenlexikon, Bd. 5, hg. von Friedrich Wilhelm BAUTZ und Traugott BAUTZ (= BBKL 5). Herzberg 1993, Sp. 1596–1598.

Martin PERSCH, Wehr, Matthias. In: Biographisch-bibliographisches Kirchenlexikon, Bd. 13, hg. von Friedrich Wilhelm BAUTZ und Traugott BAUTZ (= BBKL 13). Herzberg 1998, Sp. 588–590.

Martin PERSCH, Fuchs, Albert Maria. In: Biographisch-bibliographisches Kirchenlexikon, Bd. 15, hg. von Friedrich Wilhelm BAUTZ und Traugott BAUTZ (= BBKL 15). Hamm 1999, Sp. 585.

Martin PERSCH, Fuchs, Albert Maria. In: Trierer biographisches Lexikon, hg. von Heinz MONZ und Jens OSSADNIK. Trier 2000, S. 122–123.

Martin PERSCH, Meurers, Heinrich von. In: Trierer biographisches Lexikon, hg. von Heinz MONZ und Jens OSSADNIK. Trier 2000, S. 295–296.

Martin PERSCH, Tilmann, Franz. In: Trierer biographisches Lexikon, hg. von Heinz MONZ und Jens OSSADNIK. Trier 2000, S. 467.

Martin PERSCH, Der Diözesanklerus und die neuen pastoralen Laienberufe. In: Beharrung und Erneuerung. 1881–1981, hg. von SCHNEIDER, BERNHARD und PERSCH, MARTIN (= Geschichte des Bistums Trier 5). Trier 2004, S. 174–215.

Martin PERSCH, Die Bistumsverwaltung. In: Beharrung und Erneuerung. 1881–1981, hg. von SCHNEIDER, BERNHARD und PERSCH, MARTIN (= Geschichte des Bistums Trier 5). Trier 2004, S. 73–103.

Martin PERSCH, Die Hl.-Rock-Wallfahrten 1891, 1933 und 1959. In: Beharrung und Erneuerung. 1881–1981, hg. von SCHNEIDER, BERNHARD und PERSCH, MARTIN (= Geschichte des Bistums Trier 5). Trier 2004, S. 720–730.

Martin PERSCH, Franz Rudolf Bornewasser (1922–1951). In: Beharrung und Erneuerung. 1881–1981, hg. von SCHNEIDER, BERNHARD und PERSCH, MARTIN (= Geschichte des Bistums Trier 5). Trier 2004, S. 48–56.

Martin PERSCH, Matthias Wehr. In: Beharrung und Erneuerung. 1881–1981, hg. von SCHNEIDER, BERNHARD und PERSCH, MARTIN (= Geschichte des Bistums Trier 5). Trier 2004, S. 57–65.

Roland PIEPER, Hospitäler und Leprosorien mitteleuropäischer Städte im Mittelalter. In: Caritas. Nächstenliebe von den frühen Christen bis zur Gegenwart: Katalog zur Ausstellung im Erzbischöfliches Diözesanmuseum Paderborn, hg. von Christoph STIEGEMANN. Petersberg 2015, S. 216–233.

PIUS XI., Casti connubii. De matrimonio christiano spectatis praesentibus familiae et societatis condicionibus, necessitatibus, erroribus, vitiis. In: Acta Apostolicae Sedis. Commentarium officiale, hg. von PIUS XI. (= Acta Apostolicae Sedis 22). Vatikan 1930, S. 539–592.

PONTIFICA COMMISSIO AD CODICIS CANONES AUTHENTICE INTERPRETANDOS, Dubia pro Canonem 139. In: Acta Apostolicae Sedis. Commentarium officiale, hg. von PIUS XI. (= Acta Apostolicae Sedis 14). Vatikan 1922, S. 313.

Felix RAABE, Die Katholiken und ihre Verbände in der Zeit der Weimarer Republik. In: Laien in der Kirche, hg. von Erwin GATZ, Hans-Georg ASCHOFF und Gisela FLECKENSTEIN (= Geschichte des kirchlichen Lebens in den deutschsprachigen Ländern seit dem Ende des 18. Jahrhunderts Bd. 8). Freiburg [etc.] 2008, S. 193–220.

Franz RONIG, Die katholische Pfarrkirche Christkönig zu Saarbrücken. Ein Werk des Architekten Karl Colombo aus Köln. In: 50 Jahre Pfarrei Christkönig in Saarbrücken. Eine Kirchengemeinde im Licht und unter dem Anspruch des Zweiten Vatikanischen Konzils, hg. von KATHOLISCHES PFARRAMT CHRISTKÖNIG. Saarbrücken 1979, S. 21–48.

Joachim SAND, »Arbeiterfrage« und Gewerkschaftsstreit. In: Beharrung und Erneuerung. 1881–1981, hg. von SCHNEIDER, BERNHARD und PERSCH, MARTIN (= Geschichte des Bistums Trier 5). Trier 2004, S. 590–610.

Michael SANDER, Gewerkschaftsbildung im Montanrevier – Arbeiter und ihre Organisation. In: Das Saarrevier zwischen Reichsgründung und Kriegsende (1871–1918). Referate eines Kolloquiums in Dillingen am 29./30. September 1988, hg. von Hans-Walter HERRMANN (= Veröffentlichungen der Kommission für saarländische Landesgeschichte und Volksforschung 18). Saarbrücken 1990, S. 40–56.

Michael SANDER, Katholische Arbeitervereine Berliner Richtung. In: Archiv für mittelrheinische Kirchengeschichte. Nebst Beiträgen zur kirchlichen Denkmalpflege (= Archiv für mittelrheinische Kirchengeschichte 37). Mainz 1985, S. 115–135.

Michael SANDER, Katholische Geistlichkeit und Arbeiterorganisation. 2 Gutachten aus dem Saarrevier und die Vorgeschichte des „Fuldaer Pastorale" von 1900. In: Soziale Frage und Kirche im Saarrevier. Beiträge zu Sozialpolitik und Katholizismus im späten 19. und frühen 20. Jahrhundert, hg. von Franz Josef STEGMANN. Saarbrücken 1984, S. 273–302.

Franz-Josef SCHÄFER, Die Ursulinenschule Saarbrücken und ihre Direktorin Scholastica Briel. Ein Beitrag zur saarländischen Schulgeschichte. In: Jahrbuch für westdeutsche Landesgeschichte, hg. von LANDESARCHIVVERWALTUNG RHEINLAND-PFALZ (= Jahrbuch für westdeutsche Landesgeschichte 37). Koblenz 2011, S. 251–342.

Wolfgang SCHAFFER, Staatliche Neuordnung der Armenpflege seit Aufklärung und Säkularisation. In: Caritas und soziale Dienste, hg. von Erwin GATZ (= Geschichte des kirchlichen Lebens in den deutschsprachigen Ländern seit dem Ende des 18. Jahrhunderts 5). Freiburg i. Br. 1997, S. 39–56.

Wolf-Friedrich SCHÄUFELE, Der „Deutsche Gott". Kriegstheologie und deutscher Nationalismus im Ersten Weltkrieg. In: Urkatastrophe. Die Erfahrung des Krieges 1914–1918 im Spiegel zeitgenössischer Theologie, hg. von Joachim NEGEL und Karl PINGGÉRA. Freiburg i. Br. 2016, S. 35–76.

Hermann-Josef SCHEIDGEN, Einleitung. Von „thätiger Nächstenliebe" zur verbandlichen Caritas. In: Ein Jahrhundert Nächstenliebe. Die Geschichte des Diözesan-Caritasverbandes für das Erzbistum Köln e. V., hg. von Hermann-Josef SCHEIDGEN. Köln 2016, S. 12–19.

Johann Ludger SCHLICH, Die katholische Kirche in Saarbrücken. In: 25 Jahre Stadt Saarbrücken, hg. von Heinrich KRUECKEMEYER. Saarbrücken 1934, S. 151–158.

Johann Ludger SCHLICH, Die Saarkatholiken und die Volksabstimmung vom 13. Januar 1935. In: Volk und Kirche. Katholisches Leben im deutschen Westen, hg. von Karl HOEBER. Essen 1935, S. 214–215.

Michael SCHMAUS, Faulhaber, Michael von. In: Neue Deutsche Biographie, Bd. 5, hg. von HISTORISCHE KOMMISSION BEI DER BAYERISCHEN AKADEMIE DER WISSENSCHAFTEN (= Neue Deutsche Biographie 5). Berlin 1961, S. 31–32.

Heribert SCHMITZ, Pfarrei und ordentliche Seelsorge in der tridentinischen und nachtridentinischen Gesetzgebung. In: Die Bistümer und ihre Pfarreien, hg. von Erwin GATZ (= Geschichte des kirchlichen Lebens in den deutschsprachigen Ländern seit dem Ende des 18. Jahrhunderts 1). Freiburg i. Br. 1991, S. 41–50.

Michael SCHMOLKE, Priester als Journalisten. In: Der Diözesanklerus, hg. von Erwin GATZ (= Geschichte des kirchlichen Lebens in den deutschsprachigen Ländern seit dem Ende des 18. Jahrhunderts 4). Freiburg i. Br. 1995, S. 399–424.

Bernhard SCHNEIDER, Strukturen der Seelsorge und überpfarrlichen Zusammenarbeit: Dekanate und Pfarreien, Dekanatskapitel und Pastoralkonferenz. In: Auf dem Weg in die Moderne. 1802–1880, hg. von Martin PERSCH und Bernhard SCHNEIDER (= Geschichte des Bistums Trier 4). Trier 2000, S. 141–150.

Bernhard SCHNEIDER, Kirchliches Leben, Frömmigkeit und Seelsorge im gesellschaftlichen Wandel. In: Beharrung und Erneuerung. 1881–1981, hg. von SCHNEIDER, BERNHARD und PERSCH, MARTIN (= Geschichte des Bistums Trier 5). Trier 2004, S. 263–387.

Bernhard SCHNEIDER, Raum, Wirtschaft und Bevölkerung. In: Beharrung und Erneuerung. 1881–1981, hg. von SCHNEIDER, BERNHARD und PERSCH, MARTIN (= Geschichte des Bistums Trier 5). Trier 2004, S. 20–33.

Bernhard SCHNEIDER, Auf der Suche nach dem katholischen Mann. Konstruktionen von Männlichkeit in deutschsprachigen katholischen Männerbüchern im 19. und 20. Jahrhundert. In: Historisches Jahrbuch, hg. von Karl-Heinz BRAUN (= Historisches Jahrbuch 130). Freiburg i. Br./München 2010, S. 245–297.

Bernhard SCHNEIDER, Heilige Zeiten und Frömmigkeitsformen im Spannungsfeld von Norm und Praxis, Wandel und Beharrung. In: Kirchenreform und Konfessionsstaat. 1500–1801, hg. von Bernhard SCHNEIDER (= Geschichte des Bistums Trier 3). Trier 2010, S. 323–387.

Bernhard SCHNEIDER, Armut und Armenfürsorge in der Geschichte des Christentums. In: Armut. Perspektiven in Kunst und Gesellschaft, 10. April 2011–31. Juli 2011; eine Ausstellung des Sonderforschungsbereichs 600 „Fremdheit und Armut", Universität Trier in Kooperation mit dem Stadtmuseum Simeonstift Trier und dem Rheinischen Landesmuseum Trier, hg. von Herbert UERLINGS. Darmstadt 2011, S. 92–101.

Bernhard SCHNEIDER, Gesucht: Der katholische Mann. Die katholische Kirche in Deutschland und die Männerwelt im 19. und 20. Jahrhundert. In: Trierer theologische Zeitschrift (= Trierer theologische Zeitschrift 123). Trier 2014, S. 85–109.

Bernhard SCHNEIDER, Vorbildlicher Tod und feierlicher Abschied. Sterben und Bestattung der Trierer Bischöfe im 19. und 20. Jahrhundert. In: Archiv für mittelrheinische

Kirchengeschichte. Nebst Beiträgen zur kirchlichen Denkmalpflege (= Archiv für mittelrheinische Kirchengeschichte 66). Mainz 2014, S. 157–207.

Bernhard SCHNEIDER, Begriffe und Konzepte des Helfens in der Geschichte des Christentums in Deutschland seit dem 16. Jahrhundert. In: Caritas. Nächstenliebe von den frühen Christen bis zur Gegenwart: Katalog zur Ausstellung im Erzbischöfliches Diözesanmuseum Paderborn, hg. von Christoph STIEGEMANN. Petersberg 2015, S. 74–87.

Bernhard SCHNEIDER, Männer der Tat und Hüterinnen des Hauses. Geschlechterkonstruktionen in katholischen Männer- und Frauenbüchern um 1900. In: Rottenburger Jahrbuch für Kirchengeschichte, Bd. 35, hg. von GESCHICHTSVEREIN DER DIÖZESE ROTTENBURG-STUTTGART. Ostfildern 2017, S. 147–171.

Bernhard SCHNEIDER, Kein unbewegter Fels im Sturm, kein Fähnchen im Wind. Franz Rudolf Bornewasser 1866–1951, Bischof von Trier 1922–1951. In: Zwischen Seelsorge und Politik. Katholische Bischöfe in der NS-Zeit, hg. von Maria Anna ZUMHOLZ und Michael HIRSCHFELD. Münster 2018, S. 245–316.

Erik SCHNEIDER, Johannes Müller und die katholische Saarjugend im Abstimmungskampf 1933–1935. In: Archiv für mittelrheinische Kirchengeschichte. Nebst Beiträgen zur kirchlichen Denkmalpflege (= Archiv für mittelrheinische Kirchengeschichte 65). Mainz 2013, S. 339–382.

Christian SCHRÖDER, Kooperation – Konfrontation – Koexistenz. Katholische Armenfürsorge in Deutschland zwischen Spätaufklärung und Ultramontanismus. In: Konfessionen in den west- und mitteleuropäischen Sozialsystemen im langen 19. Jahrhundert. Ein „edler Wettkampf der Barmherzigkeit?", hg. von Michaela MAURER und Bernhard SCHNEIDER (= Religion – Kultur – Gesellschaft 1). Berlin u. a. 2013, S. 143–162.

Peter SCHUMACHER, Wohlfahrtspflege in der Stadt Saarbrücken. In: 25 Jahre Stadt Saarbrücken, hg. von Heinrich KRUECKEMEYER. Saarbrücken 1934, S. 135–142.

Wolfgang SEIBRICH, Korum, Michael Felix. In: Lexikon für Theologie und Kirche, Bd. 6, hg. von BAUMGARTNER, KARL/KASPER, WALTER. Freiburg i. Br. ^{3}1995, S. 391–392.

Jörg SEILER, Der widerspenstige Pfarrer. Matthias Laros in seinen Konflikten mit dem Bistum Trier (1908–1931). In: Matthias Laros (1882–1965). Kirchenreform im Geiste Newmans, hg. von Jörg SEILER (= Quellen und Studien zur neueren Theologiegeschichte Bd. 8). Regensburg 2009, S. 85–130.

Jörg SEILER, „Ich liebe keine Kompromisse, sondern Klarheit von vornherein". Eine Einführung in das Denken und den Lebensweg von Mattias Laros. In: Matthias Laros (1882–1965). Kirchenreform im Geiste Newmans, hg. von Jörg SEILER (= Quellen und Studien zur neueren Theologiegeschichte Bd. 8). Regensburg 2009, S. 9–31.

Jörg SEILER, Kirchenreform und Politik. Matthias Laros' Zentrumskritik und die Auseinandersetzung mit dem Nationalsozialismus (1921–1941). In: Matthias Laros (1882–1965). Kirchenreform im Geiste Newmans, hg. von Jörg SEILER (= Quellen und Studien zur neueren Theologiegeschichte Bd. 8). Regensburg 2009, S. 189–254.

Emmanuel von SEVERUS, Herwegen, Ildefons. In: Neue Deutsche Biographie, Bd. 8, hg. von HISTORISCHE KOMMISSION BEI DER BAYERISCHEN AKADEMIE DER WISSENSCHAFTEN (= Neue Deutsche Biographie 9). Berlin 1972, S. 723.

Frederik SIMON, Pfarrer Dr. Johann Ludger Schlich und die katholische Pressearbeit an der Saar 1920–1935. In: Archiv für mittelrheinische Kirchengeschichte (= Archiv für mittelrheinische Kirchengeschichte 68). Mainz 2016, S. 337–362.

Dieter SKALA, Kilian, Augustinus. In: Biographisch-bibliographisches Kirchenlexikon, Bd. 3, hg. von Friedrich Wilhelm BAUTZ und Traugott BAUTZ (= BBKL 4). Herzberg 1992, Sp. 1477–1478.

Irmgard STEINISCH, Der Gewerkverein Christlicher Bergarbeiter. In: Glück auf, Kameraden! Die Bergarbeiter und ihre Organisationen in Deutschland, hg. von Hans MOMMSEN. Köln 1979, S. 273–299.

Josef STEINRUCK, Das Bistum Trier im Kulturkampf. In: Auf dem Weg in die Moderne. 1802–1880, hg. von Martin PERSCH und Bernhard SCHNEIDER (= Geschichte des Bistums Trier 4). Trier 2000, S. 609–636.

Josef STEINRUCK, Auseinandersetzungen um den Modernismus im Bistum Trier. In: Beharrung und Erneuerung. 1881–1981, hg. von SCHNEIDER, BERNHARD und PERSCH, MARTIN (= Geschichte des Bistums Trier 5). Trier 2004, S. 611–626.

Franz-Ludwig STRAUSS, 95 Jahre Barmherzige Brüder in Rilchingen. In: 95 Jahre Barmherzige Brüder in Rilchingen. Festschrift 1917–2012, hg. von BARMHERZIGE BRÜDER RILCHINGEN. Saarbrücken 2012, S. 17–60.

Gerhard TESCHNER, Saargebiet. In: Das „Großdeutsche Reich" und die Juden. Nationalsozialistische Verfolgung in den „angegliederten" Gebieten, hg. von Wolf GRUNER und Jörg OSTERLOH (= Wissenschaftliche Reihe des Fritz Bauer Instituts 17). Frankfurt a. M. 2010, S. 49–74.

Marc VENARD, Das fünfte Laterankonzil (1512–1517) und das Konzil von Trient (1545–1563). In: Geschichte der Konzilien. Vom Nicaenum bis zum Vaticanum II, hg. von Giuseppe ALBERIGO. Wiesbaden 1998, S. 333–383.

VON DER KALL, MAX, Das Saargebiet in der Politik der Gegenwart. In: Das Saargebiet, seine Struktur, seine Probleme, hg. von Fritz KLOEVEKORN. Saarbrücken 1929, S. 469–548.

Thomas WAGNER, Zwischen Staatstreue und Resistenz. Die Kirchen und das NS-Regime an der Saar. In: Zehn statt tausend Jahre. Die Zeit des Nationalsozialismus an der Saar (1935–1945), Katalog zur Ausstellung des Regionalgeschichtlichen Museums im Saarbrücker Schloß, Saarbrücken 1988, hg. von Lieselotte KUGLER. Merzig ²1988, S. 130–145.

Siegfried WEICHLEIN, Zwischenkriegszeit bis 1933. In: Handbuch der Religionsgeschichte im deutschsprachigen Raum. 20. Jahrhundert – Epochen und Themen, Bd. 6, hg. von Volkhard KRECH und Lucian HÖLSCHER (= Handbuch der Religionsgeschichte im deutschsprachigen Raum 6/1). Paderborn 2015, S. 61–112.

Johann WEISSENSTEINER, Großstadtseelsorge in Wien. Zur Pfarrentwicklung von der josephinischen Pfarregulierung bis in das 20. Jahrhundert. In: Seelsorge und Diakonie in Berlin. Beiträge zum Verhältnis von Kirche und Großstadt im 19. und beginnenden 20. Jahrhundert, hg. von Kasper ELM und Hans-Dietrich LOOCK. Berlin u. a. 1990, S. 95–128.

Manfred WEITLAUFF, Sebastian, Ludwig. In: Neue Deutsche Biographie, Bd. 24, hg. von HISTORISCHE KOMMISSION BEI DER BAYERISCHEN AKADEMIE DER WISSENSCHAFTEN (= Neue Deutsche Biographie 24). Berlin 2010, S. 109–110.

Jakob WICKERT, Gebt dem Volke die Gebete der Kirche. In: Pastor bonus. Zeitschrift für kirchliche Wissenschaft und Praxis, hg. von PROFESSOREN DES PRIESTERSEMINARS ZU TRIER (= Pastor Bonus 39). Trier 1928, S. 415–421.
Olivia WIEBEL-FANDERL, Lebenslauf. In: Handbuch der Religionsgeschichte im deutschsprachigen Raum. 1750–1900, hg. von Michael PAMMER (= Handbuch der Religionsgeschichte im deutschsprachigen Raum 5). Paderborn 2007, S. 335–353.
Rolf WITTENBROCK, Die drei Saarstädte in der Zeit des beschleunigten Städtewachstums (1860–1908). In: Geschichte der Stadt Saarbrücken. Von der Zeit des stürmischen Wachstums bis zur Gegenwart, Band 2, hg. von Rolf WITTENBROCK. Saarbrücken 1999, S. 11–130.
Hubert WOLF, Einleitung: (Anti-)Modernismus und II. Vatikanum. In: Antimodernismus und Modernismus in der katholischen Kirche. Beiträge zum theologiegeschichtlichen Vorfeld des II. Vatikanums, hg. von Hubert WOLF (= Programm und Wirkungsgeschichte des II. Vatikanums 2). Paderborn, Wien u. a. 1998, S. 15–38.
Hans-Josef WOLLASCH, Lorenz Werthmann und der Deutsche Caritasverband. In: Caritas und soziale Dienste, hg. von Erwin GATZ (= Geschichte des kirchlichen Lebens in den deutschsprachigen Ländern seit dem Ende des 18. Jahrhunderts 5). Freiburg i. Br. 1997, S. 172–188.
Maria ZENNER, 50 Jahre Pfarrei Christkönig – Eine Großstadtpfarrei im Wandel historisch-politischer Situationen. In: 50 Jahre Pfarrei Christkönig in Saarbrücken. Eine Kirchengemeinde im Licht und unter dem Anspruch des Zweiten Vatikanischen Konzils, hg. von KATHOLISCHES PFARRAMT CHRISTKÖNIG. Saarbrücken 1979, S. 49–60.
Maria ZENNER, Saarländischer Katholizismus in der Völkerbundszeit. In: Richtig daheim waren wir nie. Entdeckungsreisen ins Saarrevier 1815–1955, hg. von Klaus-Michael MALLMANN. Berlin u. a. ²1988, S. 143–147.
Emil ZENZ, Die Josefsschwestern zu Trier. Entstehung und Wirken in Vergangenheit und Gegenwart. In: Mitten in der Welt. Schwestern vom Hl. Josef von Trier, hg. von Franz RONIG (= Treveris sacra Bd. 5). Trier 1991, S. 11–94.
Walter ZIEGLER, Faulhaber, Michael v. In: Lexikon für Theologie und Kirche, Bd. 3, hg. von BAUMGARTNER, KARL/KASPER, WALTER. Freiburg i. Br. ³1995, S. 1197.

7.3 Buch (Monographie)

Acta et decreta concilii provinciae Coloniensis. Köln 1862.
Adolf ADAM, Grundriss Liturgie. Freiburg i. Br., Basel, Wien ⁸2005.
Marcel ALBERT, Die Benediktinerabtei Maria Laach und der Nationalsozialismus (= Veröffentlichungen der Kommission für Zeitgeschichte bei der Katholischen Akademie in Bayern. Reihe B, Forschungen 95). Paderborn, München, Wien, Zürich 2004.
Jenny APOLANT, Stellung und Mitarbeit der Frau in der Gemeinde. Nach dem Material der Zentralstelle für Gemeindeämter der Frau in Frankfurt a. M. Leipzig, Berlin ²1913.
Claus ARNOLD, Kleine Geschichte des Modernismus. Freiburg i. Br. 2007.
Karl BARTZ, Weltgeschichte an der Saar. Neustadt a. d. Hdt. 1935.

Gerhard Bauer, Vom Zentrum zur CDU. Hundert Jahre christliche Politik an der Saar. Saarbrücken 1981.

Raimund Baumgärtner, Weltanschauungskampf im Dritten Reich. Die Auseinandersetzung der Kirchen mit Alfred Rosenberg (= Veröffentlichungen der Kommission für Zeitgeschichte. Reihe B, Forschungen Bd. 22). Mainz 1977.

Nicolas Beaupré, Gaby Sonnabend, Gudrun Gersmann, Michael Werner und Werner Paravicini, Das Trauma des großen Krieges. 1918–1932/33 (= WBG Deutsch-französische Geschichte 8). Darmstadt 2009.

Frank Becker, Deutsch die Saar, immerdar!: Die Saarpropaganda des Bundes der Saarvereine 1919–1935 (= Veröffentlichungen der Kommission für saarländische Landesgeschichte und Volksforschung 40). Saarbrücken 2007.

Behringer, Wolfgang und Clemens, Gabriele, Geschichte des Saarlandes. München 2009.

Josef Bellot, Hundert Jahre politisches Leben an der Saar unter preußischer Herrschaft. 1815–1918 (= Rheinisches Archiv 45). Bonn 1954.

Wolfgang Benz und Ursula Büttner, Handbuch der deutschen Geschichte. Stuttgart [10]2010.

Ernst Bergmann, Die deutsche Nationalkirche. Breslau [2]1934.

Luitwin Bies, Widerstand aus dem katholischen Milieu (= Beiträge zur Regionalgeschichte H. 16: Braune Jahre – wie die Bevölkerung an der Saar die NS-Zeit erlebte). St. Ingbert 1993.

Bischöfliche Kanzlei, Kirchliches Amtsblatt des Bistums Limburg (= Kirchliches Amtsblatt des Bistums Limburg 52). Limburg 1920.

Bischöfliches Generalvikariat Trier, Bericht über die 1. Dechanten-Konferenz der Diözese Trier. Im Priesterseminar zu Trier am 30. und 31. Januar 1924. Trier 1924.

Bischöfliches Generalvikariat Trier, Bericht über die 2. Dechanten-Konferenz der Diözese Trier. Im Priesterseminar zu Trier am 13. und 14. Januar 1926. Trier 1926.

Bischöfliches Generalvikariat Trier, Bericht über die 3. Dechanten-Konferenz der Diözese Trier. Im Priesterseminar zu Trier am 10. und 11. Januar 1928. Trier 1928.

Bischöfliches Generalvikariat Trier, Bericht über die 4. Dechanten-Konferenz der Diözese Trier. Im Priesterseminar zu Trier am 15. und 16. September 1930. Trier 1930.

Bischöfliches Generalvikariat Trier, Handbuch des Bistums Trier. Trier [16]1906.

Bischöfliches Generalvikariat Trier, Handbuch des Bistums Trier. Trier [17]1912.

Bischöfliches Generalvikariat Trier, Handbuch des Bistums Trier. Trier [18]1927.

Bischöfliches Generalvikariat Trier, Handbuch des Bistums Trier. Trier [19]1938.

Bischöfliches Generalvikariat Trier, Handbuch des Bistums Trier. Trier [21]1960.

Bischöfliches Generalvikariat Trier, Handbuch des Bistums Trier. Teil 3: Territoriale Gliederung und Verzeichnisse der Geistlichen. Trier [22]1991.

Bischöfliches Generalvikariat Trier, Schematismus der Geistlichkeit des Bisthums Trier für das Jahr 1828. Trier 1828.

Bischöfliches Ordinariat Speyer, Oberhirtliches Verodnungsblatt für das Bistum Speyer (= Oberhirtliches Verordnungsblatt für das Bistum Speyer 12). Speyer 1920.

Olaf Blaschke, Die Kirchen und der Nationalsozialismus (= Reclams Universal-Bibliothek Nr. 19211). Stuttgart 2014.

Johann Jakob BLATTAU, Statuta synodalia, ordinationes et mandata (archi)dioecesis Trevirensis. Trier 1844–1859.

Heinz BOBERACH, Berichte des SD und der Gestapo über Kirchen und Kirchenvolk in Deutschland 1934–1944 (= Veröffentlichungen der Kommission für Zeitgeschichte bei der Katholischen Akademie in Bayern. Reihe A, Quellen 12). Mainz 1971.

Peter BOCKEMÜHL, Mythus oder Evangelium. Wuppertal-Barmen 1935.

Rainer BÖLLING, Volksschullehrer und Politik. Der Deutsche Lehrerverein 1918–1933 (= Kritische Studien zur Geschichtswissenschaft 32). Göttingen 1978.

Franz Rudolf BORNEWASSER, Zum 25jährigen Jubiläum der Eckerschen Schulbibel (1906–1931). Eine Auslese aus Stimmen d. Fach- u. Tagespresse. Trier, München 1932.

Reinhold BOST, Bartholomäus Kossmann. Christ, Gewerkschaftler, Politiker: 1883–1952 (= Malstatter Beiträge). Blieskastel 2002.

Rudolf BRACK, Deutscher Episkopat und Gewerkschaftsstreit. 1900–1914 (= Bonner Beiträge zur Kirchengeschichte Bd. 9). Köln, Wien 1976.

Marc BREUER, Religiöser Wandel als Säkularisierungsfolge. Differenzierungs- und Individualisierungsdiskurse im Katholizismus, zugl.: Luzern, Univ., Diss., 2011 (= Veröffentlichungen der Sektion Religionssoziologie der Deutschen Gesellschaft für Soziologie). Wiesbaden 2012.

Scholastica BRIEL, Aus der Chronik der Ursulinenschule Saarbrücken 1895–1938. Saarbrücken 1938.

Tobias BRINGMANN, Handbuch der Diplomatie 1815–1963. Auswärtige Missionschefs in Deutschland und deutsche Missionschefs im Ausland von Metternich bis Adenauer. München 2001.

Clemens BRODKORB, Augustin Bea SJ 1881–1968. Der Jesuitenkardinal im Spiegel des Provinzarchivs (= Kleine Schriften aus dem Archiv der Deutschen Provinz der Jesuiten Heft 3). München 2016.

Peter BROMMER, Das Bistum Trier im Nationalsozialismus aus der Sicht von Partei und Staat. Quellenpublikation (= Quellen und Abhandlungen zur mittelrheinischen Kirchengeschichte 126). Koblenz am Rhein 2009.

Ulrich BRZOSA, 100 Jahre Caritasverband für die Stadt Düsseldorf. Die Geschichte der Caritas in Düsseldorf von den Anfängen bis zur Gegenwart. Köln, Weimar, Wien 2004.

BUJANDA, JESÚS MARTINEZ DE, Index des livres interdits. Sherbrooke, Québec 2002.

Franz BUNGARTEN, Ich darf nicht schweigen. Meine Ausweisung aus dem Saargebiet (= Schriften des Deutschen Saarbundes e. V. 1). Köln 1951.

Paul BURGARD, Kleine Geschichte des Saarlands (= Regionalgeschichte – fundiert und kompakt). Leinfelden-Echterdingen 2010.

Dominik BURKARD, Häresie und Mythus des 20. Jahrhunderts. Rosenbergs nationalsozialistische Weltanschauung vor dem Tribunal der Römischen Inquisition (= Römische Inquisition und Indexkongregation 5). Paderborn u. a. 2005.

Wilhelm BUSCH, Der Weg des deutschen katholischen Katechismus von Deharbe bis zum Einheitskatechismus. Grundlegende Studien zur Katechismusforschung, Bonn, Friedrich-Wilhelm-Universität, Inaugural-Diss., 1936. Freiburg 1936.

CARITASVERBAND FÜR SAARBRÜCKEN UND UMGEBUNG E. V., Versuch eines Dienstes. 50 Jahre Caritasverband Saarbrücken. Saarbrücken 1968.

Paul CATTIN, Humbert Thomas CONUS und Anton ROHRBASSER, Heilslehre der Kirche. Dokumente von Pius IX. bis Pius XII. Fribourg 1953.

Otto COHAUSZ, Jesus Christus der König der Welt (= Heilandbücher 7). Steyl 1926.

Sebastian CÜPPERS, Das Kölner Provinzialkonzil von 1860. Kanonistische Struktur und Kirchenbild einer Provinzialsynode im 19. Jahrhundert. Augsburg 1992.

Johannes DAHL, Kirchengeschichtliche Irrtümer im Mythus des 20. Jahrhunderts. Kevelaer 1935.

Severin Adolf DELGES, Geschichte der katholischen Pfarrei St. Ludwig in Saarlouis. Ein Beitrag zur Entwicklung des Katholizismus an der Saar von Severin Delges. Saarlouis 1931.

Thomas DENTER, 100 Jahre Wiederbesiedlung Marienstatt (= Mareinstatter Aufsätze 6). Marienstatt 1988.

Georg DENZLER, Widerstand ist nicht das richtige Wort. Katholische Priester, Bischöfe und Theologen im Dritten Reich. Zürich 2003.

DEUTSCHE BISCHOFSKONFERENZ, Mit Christus gehen – Der Einheit auf der Spur. Konfessionsverbindende Ehen undgemeinsame Teilnahme an der Eucharistie. Bonn 2018.

Paul DIENSTAG und Alexander ELSTER, Handbuch des Deutschen Theater- Film- Musik- und Artistenrechts. Berlin, Heidelberg 1932.

DIÖZESE OSNABRÜCK, Kirchliches Amtsblatt für die Diözese Osnabrück und die Norddeutsche Mission (= Kirchliches Amtsblatt für die Diözese Osnabrück und die Norddeutsche Mission 36). Osnabrück 1920.

DIÖZESE TRIER, Katholischer Katechismus für die Diözese Trier. Trier 1908.

DIÖZESE TRIER, Kirchlicher Amtsanzeiger für die Diözese Trier (= Kirchlicher Amtsanzeiger für die Diözese Trier 1). Trier 1854.

DIÖZESE TRIER, Kirchlicher Amtsanzeiger für die Diöcese Trier pro 1886 (= Kirchlicher Amtsanzeiger für die Diözese Trier 30). Trier 1886.

DIÖZESE TRIER, Kirchlicher Amtsanzeiger für die Diözese Trier (= Kirchlicher Amtsanzeiger für die Diözese Trier 34). Trier 1890.

DIÖZESE TRIER, Kirchlicher Amtsanzeiger für die Diözese Trier (= Kirchlicher Amtsanzeiger der Diözese Trier 45). Trier 1901.

DIÖZESE TRIER, Kirchlicher Amtsanzeiger für die Diözese Trier (= Kirchlicher Amtsanzeiger der Diözese Trier 49). Trier 1905.

DIÖZESE TRIER, Kirchlicher Amtsanzeiger für die Diözese Trier (= Kirchlicher Amtsanzeiger für die Diözese Trier 50). Trier 1906.

DIÖZESE TRIER, Kirchlicher Amtsanzeiger für die Diözese Trier (= Kirchlicher Amtsanzeiger der Diözese Trier 51). Trier 1907.

DIÖZESE TRIER, Kirchlicher Amtsanzeiger für die Diözese Trier (= Kirchlicher Amtsanzeiger für die Diözese Trier 52). Trier 1908.

DIÖZESE TRIER, Kirchlicher Amtsanzeiger für die Diözese Trier (= Kirchlicher Amtsanzeiger für die Diözese Trier 53). Trier 1909.

DIÖZESE TRIER, Kirchlicher Amtsanzeiger für die Diözese Trier (= Kirchlicher Amtsanzeiger für die Diözese Trier 55). Trier 1911.

DIÖZESE TRIER, Kirchlicher Amtsanzeiger für die Diözese Trier (= Kirchlicher Amtsanzeiger für die Diözese Trier 57). Trier 1913.

DIÖZESE TRIER, Kirchlicher Amtsanzeiger für die Diözese Trier (= Kirchlicher Amtsanzeiger für die Diözese Trier 58). Trier 1914.
DIÖZESE TRIER, Kirchlicher Amtsanzeiger für die Diözese Trier (= Kirchlicher Amtsanzeiger für die Diözese Trier 61). Trier 1917.
DIÖZESE TRIER, Kirchlicher Amtsanzeiger für die Diözese Trier (= Kirchlicher Amtsanzeiger für die Diözese Trier 62). Trier 1918.
DIÖZESE TRIER, Kirchlicher Amtsanzeiger der Diözese Trier (= Kirchlicher Amtsanzeiger für die Diözese Trier 63). Trier 1919.
DIÖZESE TRIER, Kirchlicher Amtsanzeiger für die Diözese Trier (= Kirchlicher Amtsanzeiger für die Diözese Trier 64). Trier 1920.
DIÖZESE TRIER, Kirchlicher Amtsanzeiger für die Diözese Trier (= Kirchlicher Amtsanzeiger für die Diözese Trier 65). Trier 1921.
DIÖZESE TRIER, Kirchlicher Amtsanzeiger für die Diözese Trier (= Kirchlicher Amtsanzeiger für die Diözese Trier 66). Trier 1922.
DIÖZESE TRIER, Kirchlicher Amtsanzeiger für die Diözese Trier (= Kirchlicher Amtsanzeiger für die Diözese Trier 67). Trier 1923.
DIÖZESE TRIER, Kirchlicher Amtsanzeiger für die Diözese Trier (= Kirchlicher Amtsanzeiger für die Diözese Trier 68). Trier 1924.
DIÖZESE TRIER, Kirchlicher Amtsanzeiger für die Diözese Trier (= Kirchlicher Amtsanzeiger für die Diözese Trier 69). Trier 1925.
DIÖZESE TRIER, Kirchlicher Amtsanzeiger für die Diözese Trier (= Kirchlicher Amtsanzeiger für die Diözese Trier 70). Trier 1926.
DIÖZESE TRIER, Kirchlicher Amtsanzeiger für die Diözese Trier (= Kirchlicher Amtsanzeiger für die Diözese Trier 71). Trier 1927.
DIÖZESE TRIER, Kirchlicher Amtsanzeiger für die Diözese Trier (= Kirchlicher Amtsanzeiger für die Diözese Trier 72). Trier 1928.
DIÖZESE TRIER, Kirchlicher Amtsanzeiger für die Diözese Trier (= Kirchlicher Amtsanzeiger für die Diözese Trier 73). Trier 1929.
DIÖZESE TRIER, Kirchlicher Amtsanzeiger für die Diözese Trier (= Kirchlicher Amtsanzeiger für die Diözese Trier 74). Trier 1930.
DIÖZESE TRIER, Kirchlicher Amtsanzeiger für die Diözese Trier (= Kirchlicher Amtsanzeiger für die Diözese Trier 75). Trier 1931.
DIÖZESE TRIER, Kirchlicher Amtsanzeiger für die Diözese Trier (= Kirchlicher Amtsanzeiger für die Diözese Trier 77). Trier 1933.
DIÖZESE TRIER, Kirchlicher Amtsanzeiger für die Diözese Trier (= Kirchlicher Amtsanzeiger für die Diözese Trier 78). Trier 1934.
DIÖZESE TRIER, Kirchlicher Amtsanzeiger für die Diözese Trier (= Kirchlicher Amtsanzeiger der Diözese Trier 79). Trier 1935.
DIÖZESE TRIER, Kirchlicher Amtsanzeiger für die Diözese Trier (= Kirchlicher Amtsanzeiger der Diözese Trier 80). Trier 1936.
DIÖZESE TRIER, Kirchlicher Amtsanzeiger für die Diözese Trier (= Kirchlicher Amtsanzeiger für die Diözese Trier 81). Trier 1937.
DIÖZESE TRIER, Kirchlicher Amtsanzeiger für die Diözese Trier (= Kirchlicher Amtsanzeiger für die Diözese Trier 82). Trier 1938.

DIÖZESE TRIER, Kirchlicher Amtsanzeiger für die Diözese Trier (= Kirchlicher Amtsanzeiger für die Diözese Trier 83). Trier 1939.

DIÖZESE TRIER, Kirchlicher Amtsanzeiger für die Diözese Trier (= Kirchlicher Amtsanzeiger für die Diözese Trier 94). Trier 1950.

DIÖZESE TRIER, Kirchlicher Amtsanzeiger für die Diözese Trier (= Kirchlicher Amtsanzeiger für die Diözese Trier 98). Trier 1954.

Michael EBERTZ, Erosion der Gnadenanstalt? Zum Wandel der Sozialgestalt von Kirche. Frankfurt a. M. 1998.

Jakob ECKER, Katholische Schulbibel. Trier 1907.

Michael EPKENHANS, Ulrich LAPPENKÜPER und Andreas von SEGGERN, Otto von Bismarck. Aufbruch in die Moderne. München 2015.

ERZBISCHÖFLICHES ORDINARIAT MÜNCHEN, Amtsblatt für die Erzdiözese München und Freising (= Amtsblatt für die Erzdiözese München und Freising 19). München 1920.

ERZBISCHÖFLICHES ORDINARIAT MÜNCHEN, Bericht über die Diözesansynode für die Erzdiözese München und Freising im Asamsaal zu München am 14. und 15. April 1920. Beilage zum Amtsblatt Nr. 9 für die Erzdiözese München und Freising. München 1920.

ERZDIÖZESE KÖLN, Bericht über die I. Diözesankonferenz zu Köln am 4. und 5. Oktober 1920. Köln 1920.

Thomas ETZEMÜLLER, Biographien. Lesen – erforschen – erzählen (= Historische Einführungen 12). Frankfurt a. M., New York 2012.

Jürgen FALTER, Hitlers Wähler. München 1991.

Heinrich FAßBINDER, Unsere Diözese Trier. Ein kirchliches Heimatbuch. Saarbrücken 1932.

Michael von FAULHABER, Christentum und Heidentum, Licht und Finsternis. Eine Predigt bei der Bruder Konrad-Feier in Altoetting am 8. September 1934. München 1934.

Silke FEHLEMANN, Armutsrisiko Mutterschaft. Mütter- und Säuglingsfürsorge im rheinisch-westfälischen Industriegebiet 1890–1924, zugl.: Düsseldorf, Univ., Diss., 2004 (= Düsseldorfer Schriften zur neueren Landesgeschichte und zur Geschichte Nordrhein-Westfalens 82). Essen 2009.

Michael FELDKAMP, Pius XII. und Deutschland (= Kleine Reihe V&R 4026). Göttingen 2000.

Michael FELDKAMP, Mitläufer, Feiglinge, Antisemiten? Katholische Kirche und Nationalsozialismus. Augsburg 2009.

FESTAUSSCHUß, Festschrift zur Einweihung der St. Michaelskirche am Rotenberg Saarbrücken / St. Johann am 27. und 28. September 1924. Saarbrücken 1924.

Gottfried FITTBOGEN, Die französischen Schulen im Saargebiet. Eine Studie (= Rheinische Schicksalsfragen 4). Berlin 1925.

Hans FLIERL, Freie und öffentliche Wohlfahrtspflege. Aufbau, Finanzierung, Geschichte, Verbände. München [2]1992.

Lothar GALL, Bismarck, der weiße Revolutionär. Biographie. München 2001.

Holger GAST, Antonia LEUGERS, August H. LEUGERS-SCHERZBERG und Uwe SANDFUCHS, Katholische Missionsschulen in Deutschland 1887–1940 (= Klinkhardt Forschung). Bad Heilbrunn 2013.

Erwin GATZ, Priesterausbildungsstätten der deutschsprachigen Länder zwischen Aufklärung und zweitem vatikanischen Konzil. Mit Weihestatistiken der deutschsprachigen

Diözesen (= Römische Quartalschrift für christliche Altertumskunde und Kirchengeschichte: Supplementheft 49). Freiburg i. Br. 1994.

Gert GEIẞLER, Schulgeschichte in Deutschland. Von den Anfängen bis in die Gegenwart. Frankfurt a. M. ²2014.

GENERALAT DER BARHERZIGEN BRÜDER VON MARIA-HILF, Peter Friedhofen, allen Notleidenden ein *barmherziger Bruder*. Dokumentation über den neuen Seligen. Limburg 1985.

Markus GESTIER, Die christlichen Parteien an der Saar und ihr Verhältnis zum deutschen Nationalstaat in den Abstimmungskämpfen 1935 und 1955 (= Saarbrücker Hochschulschriften Geschichte 15). St. Ingbert, Bonn 1991.

Dietmar GRÄBNER, Wer war Hermann Röchling? St. Ingbert 2014.

Conrad GRÖBER, Einer ist euer Lehrer, Christus. Ein erklärendes und abwehrendes Wort für unsere Zeit. Freiburg im Breisgau ³1934.

Friedrich GRÜNAGEL, Rosenberg und Luther. Rosenbergs Mythus des 20. Jahrhunderts und die theologischen Probleme, zugl.: Heidelberg, Univ., Diss., 1934 (= Kirche in Bewegung und Entscheidung 11). Bonn ⁴1934.

Hansjörg GÜNTHER, Umwege in eine achtsame Moderne. Die Großstadt im Fokus von Soziologie, Stadtkritik und deutschem Katholizismus. Paderborn 2015.

GYMNASIUM ZU SAARLOUIS, Bericht über das Schuljahr 1906–1907. Saarlouis 1907.

GYMNASIUM ZU SAARLOUIS, Bericht über das Schuljahr 1907–1908. Saarlouis 1908.

GYMNASIUM ZU SAARLOUIS, Bericht über das Schuljahr 1908–1909. Saarlouis 1909.

GYMNASIUM ZU SAARLOUIS, Bericht über das Schuljahr 1909–1910. Saarlouis 1910.

GYMNASIUM ZU SAARLOUIS, Bericht über das Schuljahr 1910–1911. Saarlouis 1911.

GYMNASIUM ZU SAARLOUIS, Bericht über das Schuljahr 1911–1912. Saarlouis 1912.

GYMNASIUM ZU SAARLOUIS, Bericht über das Schuljahr 1912–1913. Saarlouis 1913.

Martina HAAG, „Dem Herzen Jesu singe …". Politische Instrumentalisierung der Frömmigkeit im 19. und 20. Jahrhundert, zugl.: Mainz, Univ., Diss., 2000. Mainz 2003.

Walter HANNOT, Die Judenfrage in der katholischen Tagespresse Deutschlands und Österreichs 1923–1933 (= Veröffentlichungen der Kommission für Zeitgeschichte. Reihe B, Forschungen 51). Mainz 1990.

Jyri HASECKER, Quellen zur päpstlichen Pressekontrolle in der Neuzeit (1487–1966) (= Römische Inquisition und Indexkongregation Bd. 19). Paderborn 2017.

Bernd HAUNFELDER, Reichstagsabgeordnete der Deutschen Zentrumspartei 1871–1933. Biographisches Handbuch und historische Photographien (= Photodokumente zur Geschichte des Parlamentarismus und der politischen Parteien 4). Düsseldorf 1999.

Eduard HEGEL, Das Erzbistum Köln zwischen der Restauration des 19. Jahrhunderts und der Restauration des 20. Jahrhunderts. 1815–1962 (= Geschichte des Erzbistums Köln 5). Köln 1987.

Ulrich von HEHL, Katholische Kirche und Nationalsozialismus im Erzbistum Köln, zugl.: Bonn, Univ., Philos. Fak., Diss., (= Veröffentlichungen der Kommission für Zeitgeschichte Bd. 23). Mainz 1977.

Ulrich von HEHL, Priester unter Hitlers Terror eine biographische und statistische Erhebung (= Veröffentlichungen der Kommission für Zeitgeschichte. Reihe A, Quellen Bd. 37). Paderborn ⁴1998.

Moritz Heineburger [Hrsg.], Das Saarstatut. Mit Anmerkungen und einer Übersichtskarte. Saarbrücken 1933.

Albert Heintz [Hrsg.], Fels im Sturm. Predigten und Hirtenworte des Erzbischofs, Bd. I: 1922–1935 (= Veröffentlichungen des Bistumsarchiv Trier 17). Trier 1969.

Joachim Heinz, „Nie zu Hitler!". Die antifaschistische Einheitsfront-Kundgebung, 26. August 1934, Sulzbach/Saar; historische Hintergründe und Erläuterungen zur Ausstellung. Saarbrücken 2009.

Friedrich Heiß, Das Saarbuch. Schicksal einer deutschen Landschaft. Berlin [2]1935.

Peter Henkel, Anton Betz. Ein Verleger zwischen Weimar und Bonn. Düsseldorf 2011.

Andreas Henkelmann, Caritasgeschichte zwischen katholischem Milieu und Wohlfahrtsstaat. Das Seraphische Liebeswerk (1889–1971) (= Veröffentlichungen der Kommission für Zeitgeschichte bei der Katholischen Akademie in Bayern. Reihe B, Forschungen Bd. 113). Paderborn 2008.

Gottfried Hensel [Red.], Aus der Wohlfahrtspflege im Saargebiet. Düsseldorf 1930.

Ildefons Herwegen, Alte Quellen neuer Kraft. Gesammelte Aufsätze. Düsseldorf 1920.

Claudia Hiepel, Arbeiterkatholizismus an der Ruhr. August Brust und der Gewerkverein christlicher Bergarbeiter (= Konfession und Gesellschaft Bd. 18). Stuttgart 1999.

Konrad Hilpert, Die Menschenrechte. Geschichte, Theologie, Aktualität. Düsseldorf 1991.

Sascha Hinkel, Adolf Kardinal Bertram. Kirchenpolitik im Kaiserreich und in der Weimarer Republik, teilw. zugl.: Mainz, Univ., Diss., 2007/2008 (= Veröffentlichungen der Kommission für Zeitgeschichte. Reihe B, Forschungen 117). Paderborn 2010.

Wolfgang von Hippel, Armut, Unterschichten, Randgruppen in der frühen Neuzeit (= Enzyklopädie deutscher Geschichte Bd. 34). München 1995.

Hans Günter Hockerts, Die Sittlichkeitsprozesse gegen katholische Ordensangehörige und Priester 1936–1937. Eine Studie zur nationalsozialistischen Herrschaftstechnik und zum Kirchenkampf, zugl.: Saarbrücken, Univ., Diss., 1969 (= Veröffentlichungen der Kommission für Zeitgeschichte bei der Katholischen Akademie in Bayern. Reihe B, Forschungen 6). Mainz 1971.

Rudolf Homann, Der Mythus und das Evangelium. Die evangelische Kirche in Abwehr und Angriff gegenüber dem „Mythus des 20. Jahrhunderts" von Alfred Rosenberg. Witten [3]1935.

Herbert Hömig, Das preussische Zentrum in der Weimarer Republik (= Veröffentlichungen der Kommission für Zeitgeschichte. Reihe B, Forschungen Bd. 28). Mainz 1979.

Gudrun Hüls-Beth, 250 Jahre Pfarrkirche St. Remigius zu Kröv. Festschrift zum 22. Internationalen Trachtentreffen der Mosel in Kröv. Kröv 1975.

Karl-Joseph Hummel und Christoph Kösters, Zwangsarbeit und katholische Kirche 1939–1945. Geschichte und Erinnerung, Entschädigung und Versöhnung: eine Dokumentation (= Veröffentlichungen der Kommission für Zeitgeschichte. Reihe B, Forschungen Bd. 110). Paderborn 2008.

Heinz Hürten, Deutsche Katholiken 1918–1945. Paderborn 1992.

Heinz Hürten, Spiegel der Kirche – Spiegel der Gesellschaft? Katholikentage im Wandel der Welt: vier Essays aus Anlass des 150. Jahrestages der „Ersten Versammlung des Katholischen Vereines Deutschlands" vom 3.–6. Oktober 1848 zu Mainz. Paderborn 1998.

Heinz HÜRTEN, Akten deutscher Bischöfe über die Lage der Kirche 1918–1933 (= Veröffentlichungen der Kommission für Zeitgeschichte Reihe A, Quellen 51). Paderborn 2007.

Arnold ILGEMANN, „Franzosenschulen" – Die französischen Domanialschulen in der Völkerbundszeit (= Beiträge zur Regionalgeschichte 4). St. Ingbert 1990.

Johann ILTGEN, Jahresbericht des Königlichen Friedrich-Wilhelm-Gymnasiums zu Trier, erstattet von dem Direktor der Anstalt. Schuljahr 1896–97. Trier 1897.

Hugo ILTIS, Der Mythus von Blut und Rasse. Wien 1936.

Fritz JACOBY, Die nationalsozialistische Herrschaftsübernahme an der Saar. Die innenpolitischen Probleme der Rückgliederung bis 1935, zugl.: Tübingen, Univ., Diss., 1971 (= Veröffentlichungen der Kommission für saarländische Landesgeschichte und Volksforschung 6). Saarbrücken 1973.

JOHANNES PAULUS II. und Winfried AYMANS, Codex des kanonischen Rechtes. Mit Sachverzeichnis. Kevelaer ⁵2001.

Jean JOLLY, Dictionnaire des parlementaires français. Notices biographiques sur les ministres, députés et sénateurs français de 1889 à 1940 (= Dictionnaire des parlementaires français 6). Paris 1970.

Karl KAMMER, Der hl. Rock in Trier. Geschichte und religiöse Bedeutung des hl. Gewandes Christi. Trier 1933.

Jürgen KARBACH und Paul THOMES, Geschichtliche Landeskunde des Saarlandes (1792–1918). Teil 2 (= Mitteilungen des Historischen Vereins für die Saargegend e. V. 5). Saarbrücken 1994.

KATHOLISCHES PFARRAMT HERZ JESU SAARBRÜCKEN, Gedenkblätter zum Silbernen Jubiläum der Pfarrkirche Herz-Jesu Saarbrücken. St. Wendel 1939.

KATHOLISCHES PFARRAMT ST. JAKOB, 100 Jahre Pfarrkirche St. Jakob Saarbrücken. 1887–1987. Saarbrücken 1987.

KATHOLISCHES PFARRAMT ST. JAKOB, Kirchenkalender 1915 der kath. Gemeinde Saarbrücken 1. Saarbrücken 1915.

KATHOLISCHES PFARRAMT ST. JOHANN SAARBRÜCKEN, 100 Jahre Langwiedstift und Hl. Geist Schwestern in Saarbrücken. Saarbrücken 1983.

Hellmut KATSCH, Regierung und Volksvertretung im Saargebiet, zugl.: Leipzig, Univ., Diss., 1930 (= Leipziger rechtswissenschaftliche Studien 57). Leipzig 1930.

Karl KAUTSKY, Das Erfurter Programm. In seinem grundsätzlichen Teil erläutert (= Internationale Bibliothek 13). Berlin [20]1980.

Heinrich KEITER und Julius DORNEICH, Katholischer Literaturkalender (= Katholischer Literaturkalender 15). Freiburg im Breisgau 1926.

Ernst KLEE, Personenlexikon zum Dritten Reich. Wer war was vor und nach 1945. Hamburg ²2016.

Gotthard KLEIN, Der Volksverein für das katholische Deutschland 1890–1933. Der Untergang des Volksvereins für das Katholische Deutschland (= Veröffentlichungen der Kommission für Zeitgeschichte. Reihe B, Forschungen 75). Paderborn u. a. 1996.

Michael KLÖCKER, Katholisch – von der Wiege bis zur Bahre. Eine Lebenswelt im Zerfall? München 1991.

Fritz KLOEVEKORN, Chronik des Saarbrücker Theaters und Theaterspiels (= Mitteilungen des Historischen Vereins für die Saargegend 19). Saarbrücken 1932.

Fritz KLOEVEKORN, Saarbrücken. Werden, Vergehen, Wiederauferstehen einer deutschen Grenzstadt. Saarbrücken 1960.

Fritz KLOEVEKORN, Geschichte der Evangelischen Kirchengemeinde Alt-Saarbrücken. Saarbrücken 1961.

Thomas KLOSTERKAMP, Katholische Volksmission in Deutschland (= Erfurter theologische Studien Bd. 83). Leipzig 2002.

Ferdinand KLOSTERMANN, Das christliche Apostolat. Innsbruck u. a. 1962.

Johann Baptist KNOR, Ausgeführte Christenlehren (= Ausgeführte Christenlehren 1). Rottenburg 1918.

KÖNIGLICHES FRIEDRICH WILHELMS-GYMNASIUM ZU TRIER, Festschrift zur Feier des 350jährigen Jubiläums der Anstalt am 6.–8. Oktober 1913. Trier 1913.

Sandrine KOTT, Sozialstaat und Gesellschaft. Das deutsche Kaiserreich in Europa (= Kritische Studien zur Geschichtswissenschaft 214). Göttingen 2014.

Johannes KOX, Armen-Seelen-Büchlein. Die schönsten Gebete zum Troste der armen Seelen, nebst dreissig Betrachtungen über das Fegfeuer für den Monat November. Dülmen i.W [27]1916.

Johannes KOX, Armen-Seelen-Büchlein. Die schönsten Gebete zum Troste der armen Seelen, nebst dreissig Betrachtungen über das Fegfeuer für den Monat November. Dülmen i.W [26]1916.

Hans-Christof KRAUS, Bismarck. Größe – Grenzen – Leistungen. Stuttgart 2015.

Christian KUCHLER, Kirche und Kino. Katholische Filmarbeit in Bayern (1945–1965), zugl.: München, Univ., Diss., 2004 u. d. T.: Kuchler, Christian: Die Katholische Kirche und das Kino (= Veröffentlichungen der Kommission für Zeitgeschichte. Reihe B, Forschungen 106). Paderborn u. a. 2006.

Thomas KÜHNE, Dreiklassenwahlrecht und Wahlkultur in Preußen 1867–1914. Landtagswahlen zwischen korporativer Tradition und politischem Massenmarkt (= Beiträge zur Geschichte des Parlamentarismus und der politischen Parteien Bd. 99). Düsseldorf 1994.

Heinrich KÜPPERS, Johannes Hoffmann (1890–1967). Biographie eines Deutschen (= Forschungen und Quellen zur Zeitgeschichte Bd. 54). Düsseldorf 2008.

Michael Felix LANGENFELD, Bischöfliche Bemühungen um Weiterbildung und Kooperation des Seelsorgeklerus. Pastoralkonferenzen im deutschen Sprachraum des 19. Jahrhunderts; eine institutionengeschichtliche Untersuchung, zugl.: Bonn, Univ., Diss., 1996 (= Römische Quartalschrift für christliche Altertumskunde und Kirchengeschichte Supplementheft 51). Rom 1997.

Sabine LAUDERBACH, Papst Benedikt XV. – Päpstliche Europavorstellungen in Kriegs- und Nachkriegszeiten (1914–1922), zugl.: Mainz, Univ., Diss., 2013 (= Studien zur Kirchengeschichte 24). Hamburg 2015.

Leonhard LEMMENS, Geschichte der Franziskanerinnen von Waldbreitbach (1863–1913). Festschrift zum 50jährigen Jubiläum der Genossenschaft. Trier 1913.

Peter LEMPERT, Das Saarland den Saarländern! Die frankophilen Bestrebungen im Saargebiet 1918–1935 (= Kölner Schriften zur romanischen Kultur Bd. 3). Köln 1985.

Johannes LENZ, Die Genossenschaft der Schwestern vom heiligen Geist, Koblenz-Marienhof. Geschichtlicher Überblick, Gedenkblatt zum 70jährigen Jubiläum. Trier 1927.

Guenter LEWY, Die katholische Kirche und das Dritte Reich. München 1965.

Ludwig LINSMAYER, Politische Kultur im Saargebiet, 1920–1932. Symbolische Politik, verhinderte Demokratisierung, nationalisiertes Kulturleben in einer abgetrennten Region (= Saarland Bibliothek Bd. 2). St. Ingbert 1992.

Ludwig LINSMAYER, Der 13. Januar. Die Saar im Brennpunkt der Geschichte; [in memoriam Richard van Dülmen (1937–2004)] (= Echolot – Historische Beiträge des Landesarchivs Saarbrücken 1). Saarbrücken 2005.

Wilfried LOTH, Katholiken im Kaiserreich. Der politische Katholizismus in der Krise des wilhelminischen Deutschlands, zugl.: Saarbrücken, Univ., Habil.-Schr., 1983 (= Beiträge zur Geschichte des Parlamentarismus und der politischen Parteien 75). Düsseldorf 1984.

Peter MARSCHALCK, Bevölkerungsgeschichte Deutschlands im 19. und 20. Jahrhundert. Frankfurt a. M. 1984.

Kristine MARSCHALL, Sakralbauwerke des Klassizismus und des Historismus im Saarland (= Veröffentlichungen des Instituts für Landeskunde im Saarland 40). Saarbrücken 2002.

Albert MARX, Die Geschichte der Juden im Saarland. Vom Ancien Régime bis zum Zweiten Weltkrieg. Saarbrücken 1992.

Jakob MARX, Geschichte der Pfarreien der Diözese Trier. Band 1: Allgemeines. Trier 1923.

Georg MAY, Ludwig Kaas. Der Priester, der Politiker und der Gelehrte aus der Schule von Ulrich Stutz, Band 1 (= Kanonistische Studien und Texte 33). Amsterdam 1981.

Georg MAY, Ludwig Kaas. Der Priester, der Politiker und der Gelehrte aus der Schule von Ulrich Stutz, Band 2 (= Kanonistische Studien und Texte 34). Amsterdam 1982.

Georg MAY, Ludwig Kaas. Der Priester, der Politiker und der Gelehrte aus der Schule von Ulrich Stutz, Band 3 (= Kanonistische Studien und Texte 35). Amsterdam 1982.

Alois MAYER und Erich MERTES, Lirsdorf (Kreis Daun). Beiträge zur Geschichte eines Eifeldorfes im Elzbachtal. Lirsdorf 1984.

Kurt MEIER, Kreuz und Hakenkreuz. Die evangelische Kirche im Dritten Reich (= dtv 30810). München 2001.

Karl Heinz METZ, Geschichte der sozialen Sicherheit. Stuttgart 2008.

Klaus MÖRSDORF, Lehrbuch des Kirchenrechts auf Grund des Codex Iuris Canonici. 3 Bde. Paderborn 1953.

Rudolf MORSEY, Der Untergang des politischen Katholizismus. Die Zentrumspartei zwischen christlichem Selbstverständnis und „nationaler Erhebung" 1932/33. Stuttgart u. a. 1977.

Dieter MUSKALLA, NS-Politik an der Saar unter Josef Bürckel (= Veröffentlichungen der Kommission für saarländische Landesgeschichte und Volksforschung 25). Saarbrücken 1995.

Johann Peter MUTH, Pfarrgeschichtliche Bilder der katholischen Pfarrei St. Johann und Saarbrücken. Zum 150jährigen Jubiläum d. Einsegnung d. jetzigen Pfarrkirche von St. Johann. St. Johann a. d. Saar 1908.

Peter NEHER, Lorenz Werthmann. Caritasmacher und Visionär (= Basics für Sozialprofis). Freiburg im Breisgau 2008.

Peter NEUNER, Abschied von der Ständekirche. Plädoyer für eine Theologie des Gottesvolkes. Freiburg im Breisgau 2015.

Susanne NIMMESGERN, „Vater Staat" und „Mutter Fürsorge". Weibliche Angestellte im kommunalen Verwaltungsdienst am Beispiel der Stadt Saarbrücken, 1910–1950: Arbeitsplätze, Berufsfelder, Biographien (= Sofie 12). St. Ingbert 1999.

O. V., Bericht des Statistischen Amtes des Saargebietes (= Bericht des statistischen Amtes des Saargebietes 11). Saarbrücken 1933.

O. V., Bericht über die Diözesankonferenz am 20. und 21. April 1920 in Speyer. Speyer 1920.

O. V., Das Bischof-Korum-Haus. Jugend-Haus für die Diözese Trier. Trier 1929.

O. V., Das Saargebiet unter der Herrschaft des Waffenstillstandsabkommens und des Vertrags von Versailles. Als Weißbuch von der deutschen Regierung dem Reichstag vorgelegt. Berlin 1921.

O. V., Die französischen Domanialschulen im Saargebiet. Denkschrift der 3. Lehrerkammer für das Saargebiet. Saarbrücken 1929.

O. V., Diözesansynode des Bistums Trier 1931. Trier 1931.

O. V., Kirchenmusikalische Gesetzgebung. Die Erlasse Pius X., Pius XI. und Pius XII. über Liturgie und Kirchenmusik. Regensburg ^{5}1956.

O. V., Protokoll der am 19.,20. und 21. Oktober 1915 stattgehabten Konferenz der Erzpriester der Diözese Breslau preußischen Anteils, Als Manuskript gedruckt. Breslau 1915.

O. V., Zusammenstellung der Geschäftsordnungen für die Stadtverordneten-Versammlung, Kommissionen und Deputationen sowie Verzeichnisse der Mitglieder der Stadtverordneten-Versammlung, Ausschüsse, Kommissionen und Deputationen pp. der Stadtverwaltung. Saarbrücken 1914.

Bertram OTTO, 100 Jahre Nacht und Tag. Geschichte des deutschen Katholizismus zwischen 1868 und 1968. Freiburg i. Br. 1968.

Guido PASENOW, Heinrich von Meurers (1888–1953), ein Förderer und Wegbereiter der liturgischen Erneuerung in Deutschland (= Trierer theologische Studien Band 80). Trier 2016.

Gerhard PAUL, „Deutsche Mutter – heim zu Dir!". Köln, Kassel 1984.

Gerhard PAUL, Die NSDAP des Saargebietes 1920–1935. Der verspätete Aufstieg der NSDAP in der katholisch-proletarischen Provinz. Saarbrücken 1987.

Gerhard PAUL und Klaus-Michael MALLMANN, Milieus und Widerstand. Eine Verhaltensgeschichte der Gesellschaft im Nationalsozialismus (= Widerstand und Verweigerung im Saarland 1935–1945 3). Bonn 1995.

Gerhard PAUL und Ralph SCHOCK, Saargeschichte im Plakat. 1918–1957. Saarbrücken 1987.

Martin PERSCH, Das Trierer Diözesangesangbuch von 1846 bis 1975. Ein Beitrag zur Geschichte der Trierer Bistumsliturgie (= Trierer theologische Studien 44). Trier 1987.

PFARREI ST. MICHAEL GERSWEILER, 100 Jahre S[ank]t Michael Gersweiler. 1886–1986. Saarbrücken-Gersweiler 1986.

PIUS V., Epistolae et evangelia totius anni secundum Missale Romanum. S. Pii V. Pontificis Maximi iussu editum Clementis VIII. Urbani VIII et Leonis XIII. auctoritate recognitum. Regensburg 1884.

PIUS X. und BENEDICTUS XV., Codex Iuris Canonici. Freiburg i. Br. 1918.

PIUS XI., Rundschreiben über das katholische Priestertum. München 1936.

PIUS XII., Das Ideal der christlichen Ehe. Ansprachen an Braut- u. Eheleute. Luzern ^{2}1946.

Jozef PUNT, Die Idee der Menschenrechte. Ihre geschichtliche Entwicklung und ihre Rezeption durch die moderne katholische Sozialverkündigung (= Abhandlungen zur Sozialethik Bd. 26). Paderborn, München u. a. 1987.

Petra Madeleine RAPP, „Die Devisenprozesse gegen katholische Ordensangehörige und Geistliche im Dritten Reich". Eine Untersuchung zum Konflikt deutscher Orden und Klöster in wirtschaftlicher Notlage, totalitärer Machtausübung des nationalsozialistischen Regimes und im Kirchenkampf 1935/36, Bonn, Univ., phil. Diss., 1981. Bonn 1981.

Klemens August RECKER, Streitfall Berning. Bischof in Kaiserreich, Demokratie und NS-Diktatur 1914–1955. Münster 2014.

Jean REVIRE, Perdrons-nous la Sarre? Paris 1930.

Martin RHEINHEIMER, Arme, Bettler und Vaganten. Überleben in der Not 1450–1850 (= Europäische Geschichte 60131). Frankfurt a. M. 2000.

Reinhard RICHTER, Nationales Denken im Katholizismus der Weimarer Republik (= Theologie Bd. 29). Münster u. a. 2000.

Roland RIES, Werner MARZI und Andrea BINSFELD, Caritas im Bistum Trier. Eine Geschichte des Heilens und Helfens. Trier 2006.

Helmut RÖNZ, Der Trierer Diözesanklerus im 19. Jahrhundert. Herkunft – Ausbildung – Identität (= Rheinisches Archiv 151). Köln 2006.

Hans ROST, Die wirtschaftliche und kulturelle Lage der deutschen Katholiken. Köln 1911.

Albert RUPPERSBERG, Geschichte der Städte Saarbrücken und St. Johann von 1815 bis 1909, der Stadt Malstatt-Burbach und der vereinigten Stadt Saarbrücken bis zum Jahre 1914 (= Geschichte der Stadt Saarbrücken 2). St. Ingbert [2]1979.

Christoph SACHẞE und Florian TENNSTEDT, Geschichte der Armenfürsorge in Deutschland. Band 2: Fürsorge und Wohlfahrtspflege 1871 bis 1929. Frankfurt a. M. 1988.

Joachim SAND, Unter Kreuz und Hammer. Zur Entstehungs- und Wirkungsgeschichte der Katholischen Arbeitnehmer-Bewegung (KAB) in der Diözese Trier (= Trierer theologische Studien Bd. 60). Trier 1996.

Klaus SCHATZ, Geschichte der deutschen Jesuiten. 1917–1945 (= Geschichte der deutschen Jesuiten 3). Münster 2013.

Karl August SCHLEIDEN, Illustrierte Geschichte der Stadt Saarbrücken. Dillingen/Saar 2009.

Johann Ludger SCHLICH, Über die Leitung der Vereine. Trier 1903.

Johann Ludger SCHLICH, Das städtische Hospital in Saarlouis. Zum 100-jährigen Jubiläum der barmherzigen Schwestern vom hl. Karl Borromäus am 30. Juli 1910, 1810–1910. Saarlouis 1910.

Johann Ludger SCHLICH, Der gläubige Mann in der modernen Welt. Belehrungs- und Gebetbuch für katholische Männer und Jünglinge. Saarlouis 1911.

Johann Ludger SCHLICH, Die gläubige Frau in der modernen Welt. Gebetbuch. Saarlouis 1913.

Johann Ludger SCHLICH, Grabrede für Herrn Raimund Frhr. von Guttenberg-Steinenhausen. Hauptmann und Kompaniechef im Königs-Infanterie-Regiment Nr. 145, gehalten von dem katholischen Garnisonspfarrer Herrn Dr. Schlich zu Saarbrücken am 31. August 1914. Saarbrücken 1914.

Johann Ludger SCHLICH, Über Kriegsbeschädigten-Fürsorge. Nach Lazarett-Vorträgen. Saarbrücken 1915.

Johann Ludger SCHLICH, Die christliche Mutter. Belehrungs- und Gebetbuch für die katholische Frau, Gattin und Mutter. Heidelberg ^{3}1948.

Johann Ludger SCHLICH, Das Wesen der christlichen Hoffnung und Irrige Ansichten über diese Tugend, Freiburg i. B., Univ., Diss., 1906. Trier 1906.

Johann Ludger SCHLICH, Trauere nicht! Ewigkeits- und Trostgedanken für die Hinterbliebenen gefallener Krieger, Mit einem Anhang von Gebeten zum Troste der armen Seelen. Saarlouis 1915.

Johann Ludger SCHLICH, Der Mythus des 20. Jahrhunderts von Alfred Rosenberg und das Christentum (= Katholische Volksschriften zu Tagesfragen 11). Saarbrücken 1934.

Johann Ludger SCHLICH, Das heilige Sakrament der Ehe. Leutesdorf a. Rh 1947.

Johann Ludger SCHLICH, Bekanntschaft und Brautzeit. Belehrungen und Beherzigungen für Jungmänner und Jungfrauen, herausgegeben vom Johannisbund in Leutesdorf. Bendorf am Rhein 1947.

Johann Ludger SCHLICH [HRSG.], Erster Saarländischer Katholikentag. In Saarbrücken am 3. Juni 1923. Saarbrücken 1923.

Johann Ludger SCHLICH [HRSG.], Blätter an die Erinnerung der Benediction der Christkönigkirche. In Saarbrücken am 7. Juli 1929. Saarbrücken 1929.

Erhard SCHLUND, Exerzitien und Exerzitienbewegung (= Zur religiösen Lage der Gegenwart 13). München 1926.

Joachim SCHMIEDL, Pionier des Laienapostolats und Anwalt der Gestrandeten. Johannes Maria Haw (1871–1949). Trier 2013.

Albert SCHNEBERGER [HRSG.], Saarstatut und Völkerbundssatzung. Textausgabe in der Fassung der im Reichsgesetzblatt veröffentlichten deutschen Übersetzung des Versailler Vertrages unter Berücksichtigung nachträglicher Abänderungen. Saarbrücken 1932.

Bernhard SCHNEIDER, Katholiken auf die Barrikaden? Europäische Revolutionen und deutsche katholische Presse 1815–1848 (= Veröffentlichungen der Kommission für Zeitgeschichte. Reihe B, Abhandlungen 84). Paderborn 1998.

Bernhard SCHNEIDER, Christliche Armenfürsorge. Von den Anfängen bis zum Ende des Mittelalters: eine Geschichte des Helfens und seiner Grenzen. Freiburg, Basel, Wien 2017.

Bernhard SCHOLTEN, Die Volksmission der Redemptoristen vor dem Kulturkampf im Raum der niederdeutschen Ordensprovinz ausgenommen das Haus Luxemburg. Ein Beitrag zur Geschichte der Seelsorge im 19. Jahrhundert. Bonn 1976.

Bernhard SCHOLTEN, Die Volksmission der niederdeutschen Redemptoristen und Oblaten während des Kaiserreiches (1873–1918). Der Anteil der Volksmission an der Pastoral im Industriezeitalter. Bonn 1978.

Christian SCHRÖDER, Armenfürsorge und katholische Identität. Südbaden und die Saarregion im historischen Vergleich (1803–1870) (= Religion – Kultur – Gesellschaft 3). Berlin, Münster 2014.

Thomas SCHULTE-UMBERG, Profession und Charisma. Herkunft und Ausbildung des Klerus im Bistum Münster 1776–1940 (= Veröffentlichungen der Kommission für Zeitgeschichte Reihe B, Forschungen 85). Paderborn 1999.

Gerhard SEIBOLD, Röchling. Kontinuität im Wandel. Stuttgart 2001.
Wolfgang SEIBRICH, Die Weihbischöfe des Bistums Trier (= Veröffentlichungen des Bistumsarchivs Trier 31). Trier 1998.
Hans-Ludwig SELBACH, Katholische Kirche und französische Rheinlandpolitik nach dem Ersten Weltkrieg (= Niederrheinische Regionalkunde 20). Köln, Düsseldorf 2013.
Emmanuel von SEVERUS, Dienst und Deutung. P. Anselm Ross, dem Laacher Organisten zum Gedächtnis. Freiburg i. Br 1966.
Johannes SIMMERT und Hans-Walter HERRMANN, Die nationalsozialistische Judenverfolgung in Rheinland-Pfalz 1933 bis 1945. Das Schicksal der Juden im Saarland 1920 bis 1945 (= Dokumentation zur Geschichte der jüdischen Bevölkerung in Rheinland und im Saarland von 1800 bis 1945 6). Koblenz 1974.
STAATLICHES GYMNASIUM AM STADTGARTEN, 300 Jahre Gymnasium Saarlouis am Stadtgarten. Saarlouis 1991.
Bernhard STASIEWSKI, Akten deutscher Bischöfe über die Lage der Kirche 1933–1945. Band I: 1933–1934 (= Veröffentlichungen der Kommission für Zeitgeschichte bei der Katholischen Akademie in Bayern. Reihe A, Quellen 5). Mainz 1968.
Bernhard STASIEWSKI, Akten deutscher Bischöfe über die Lage der Kirche 1933–1945. Band II: 1934–1935 (= Veröffentlichungen der Kommission für Zeitgeschichte bei der Katholischen Akademie in Bayern. Reihe A, Quellen 20). Mainz 1976.
STATISTISCHES AMT DES SAARLANDES, Statistik des Saarlandes (= Wirtschaftsstatistik 10). Saarbrücken 1936.
Angelika STEINMAUS-POLLAK, Das als katholische Aktion organisierte Laienapostolat. Geschichte seiner Theorie und seiner kirchenrechtlichen Praxis in Deutschland (= Forschungen zur Kirchenrechtswissenschaft 4). Würzburg 1988.
Jesko von STEYNITZ, Mittelalterliche Hospitäler der Orden und Städte als Einrichtungen der sozialen Sicherung, zugl.: Köln, Univ., Diss., 1969 (= Sozialpolitische Schriften 26). Berlin 1970.
Heinrich SWOBODA, Großstadtseelsorge. Eine pastoraltheologische Studie. Regensburg u. a. 1909.
Jakob SZLISKA, Der Freiheitskampf an der Saar. Ein Erinnerungsbuch für die deutsche Jugend von Jakob Szliska. Breslau 1936.
Gisela TASCHER, Staat, Macht und ärztliche Berufsausübung 1920–1956. Gesundheitswesen und Politik: Das Beispiel Saarland. Paderborn u. a. 2010.
Florian TENNSTEDT und Christoph SACHßE, Geschichte der Armenfürsorge in Deutschland. Band 1: Vom Spätmittelalter bis zum 1. Weltkrieg. Stuttgart u. a. ^{2}1998.
Hubert THOMA, Georg Friedrich Dasbach. Priester, Publizist, Politiker. Trier 1975.
Alois THOMAS, Der Weltklerus der Diözese Trier seit 1800. Herausgegeben vom Diözesanarchiv. Trier 1941.
Jakob TREITZ, Michael Felix Korum. Bischof von Trier, 1840–1921. München, Rom 1925.
Klaus UNTERBURGER, Vom Lehramt der Theologen zum Lehramt der Päpste? Pius XI., die Apostolische Konstitution „Deus scientiarum Dominus“ und die Reform der Universitätstheologie. Freiburg im Breisgau 2010.

Klaus UNTERBURGER, Gefahren, die der Kirche drohen. Eine Denkschrift des Jesuiten Augustinus Bea aus dem Jahr 1926 über den deutschen Katholizismus (= QStNThG 10). Regensburg 2011.

Thomas VOGEL, Der Saar-Befreiungskampf im Reich 1918–1935. Saargebiets-Schutz; Geschäftsstelle „Saar-Verein" Berlin; Bund der Saarvereine. Berlin 1935.

Walther VOGEL, Bismarcks Arbeiterversicherung. Ihre Entstehung im Kräftespiel der Zeit. Braunschweig 1951.

Meike WAGENER-ESSER, Organisierte Barmherzigkeit und Seelenheil. Das caritative Sozialnetzwerk im Bistum Münster von 1803 bis zur Gründung des Diözesancaritasverbands 1916 (= Münsteraner theologische Abhandlungen 61). Altenberge 1999.

Eugen WAGNER, Saarpresse im Kampf gegen Frankreichs Propaganda 1918–1925. Saarbrücken 1933.

Peter WEBER, Promptuarium der für die Führung der pfarramtlichen Geschäfte im Bisthum Trier geltenden Anweisungen. Trier 1898.

Hubert WOLF und Klaus UNTERBURGER, Eugenio Pacelli. Die Lage der Kirche in Deutschland 1929 (= Veröffentlichungen der Kommission für Zeitgeschichte. Reihe A, Quellen Bd. 50). Paderborn 2006.

Andreas WOLLASCH, Der Katholische Fürsorgeverein für Mädchen, Frauen und Kinder (1899–1945). Ein Beitrag zur Geschichte der Jugend- und Gefährdetenfürsorge in Deutschland. Freiburg i. Br. 1991.

Arthur WYNEN, Ludwig Kaas. Aus seinem Leben und Wirken. Trier 1953.

Maria ZENNER, Parteien und Politik im Saargebiet unter dem Völkerbundsregime. 1920–1935, zugl.: Köln, Univ., Diss., 1966 (= Veröffentlichungen der Kommission für saarländische Landesgeschichte und Volksforschung 3). Saarbrücken 1966.

ZUR MÜHLEN, PATRIK VON, „Schlagt Hitler an der Saar!". Abstimmungskampf, Emigration u. Widerstand im Saargebiet 1933–1935 (= Reihe Politik und Gesellschaftsgeschichte Bd. 7). Bonn 1979.

7.4 Buch (Sammelwerk)

Der Große Herder. Nachschlagewerk für Wissen und Leben (= Der Große Herder 10). Freiburg i. Br. [4]1935.

Jahrbuch für westdeutsche Landesgeschichte (= Jahrbuch für westdeutsche Landesgeschichte 1). Koblenz 1975.

Reichsgesetzblatt I.

Rheinische Vierteljahrsblätter.

Texte zur katholischen Soziallehre. Die sozialen Rundschreiben der Päpste und andere kirchliche Dokumente. Köln [6]1985.

Trierer theologische Zeitschrift (= Trierer theologische Zeitschrift 123). Trier 2014.

Der Christ in der Zeit, hg. von AKADEMISCHE BONIFATIUS-VEREINIGUNG. Paderborn 1934.

Geschichte der Konzilien. Vom Nicaenum bis zum Vaticanum II, hg. von Giuseppe ALBERIGO. Wiesbaden 1998.

Der heilige Rock zu Trier. Studien zur Geschichte und Verehrung der Tunika Christi, hg. von Erich ARETZ. Trier 1995.

95 Jahre Barmherzige Brüder in Rilchingen. Festschrift 1917–2012, hg. von BARMHERZIGE BRÜDER RILCHINGEN. Saarbrücken 2012.

Lexikon für Theologie und Kirche, hg. von BAUMGARTNER, KARL/KASPER, WALTER. Freiburg i. Br. ³1995.

Biographisch-bibliographisches Kirchenlexikon, hg. von Friedrich Wilhelm BAUTZ und Traugott BAUTZ (= BBKL 4). Herzberg 1992.

Biographisch-bibliographisches Kirchenlexikon, hg. von Friedrich Wilhelm BAUTZ und Traugott BAUTZ (= BBKL 4). Hamm 1992.

Biographisch-bibliographisches Kirchenlexikon, hg. von Friedrich Wilhelm BAUTZ und Traugott BAUTZ (= BBKL 5). Herzberg 1993.

Biographisch-bibliographisches Kirchenlexikon, hg. von Friedrich Wilhelm BAUTZ und Traugott BAUTZ (= BBKL 7). Hamm 1994.

Biographisch-bibliographisches Kirchenlexikon, hg. von Friedrich Wilhelm BAUTZ und Traugott BAUTZ (= BBKL 9). Herzberg 1995.

Biographisch-bibliographisches Kirchenlexikon, hg. von Friedrich Wilhelm BAUTZ und Traugott BAUTZ (= BBKL 13). Herzberg 1998.

Biographisch-bibliographisches Kirchenlexikon, hg. von Friedrich Wilhelm BAUTZ und Traugott BAUTZ (= BBKL 15). Hamm 1999.

Die katholische Schuld? Katholizismus im Dritten Reich zwischen Arrangement und Widerstand, hg. von Rainer BENDEL (= Wissenschaftliche Paperbacks Bd. 14). Münster ²2004.

Diözesansynode des Bistums Trier. 28.–30. September 1920, hg. von BISCHÖFLICHES GENERALVIKARIAT TRIER. Trier o. J.

Religion im Kaiserreich. Milieus – Mentalitäten – Krisen., hg. von Olaf BLASCHKE und Frank-Michael KUHLEMANN (= Religiöse Kulturen der Moderne 2). Gütersloh 1996.

Der Historiker als Menschenfresser. Über den Beruf des Geschichtsschreibers, hg. von Franand BRAUDEL (= Wagenbachs Taschenbücherei 187). Berlin 1990.

Historisches Jahrbuch, hg. von Karl-Heinz BRAUN (= Historisches Jahrbuch 130). Freiburg i. Br./München 2010.

Sammlung kirchlicher Erlasse, Verordnungen und Bekanntmachungen für die Erzdiözese Köln. Ergänzungsband (1929–1935), hg. von Wilhelm CORSTEN. Köln 1935.

Moderne und Milieu. 1802–1998, hg. von Wilhelm DAMBERG (= Geschichte des Bistums Münster 5). Münster 1998.

Seelsorge und Diakonie in Berlin. Beiträge zum Verhältnis von Kirche und Großstadt im 19. und beginnenden 20. Jahrhundert, hg. von Kasper ELM und Hans-Dietrich LOOCK. Berlin u. a. 1990.

Lageberichte rheinischer Gestapostellen. Band I: 1934, hg. von Anselm FAUST, Bernd RUSINEK und Burkhard DIETZ (= Publikationen der Gesellschaft für Rheinische Geschichtskunde 81). Düsseldorf 2012.

Lageberichte rheinischer Gestapostellen. Band II, 1: Januar – Juni 1935, hg. von Anselm FAUST, Bernd RUSINEK und Burkhard DIETZ (= Publikationen der Gesellschaft für Rheinische Geschichtskunde 81). Düsseldorf 2014.

Lageberichte rheinischer Gestapostellen. Band II, 2: Juli – Dezember 1935, hg. von Anselm FAUST, Bernd RUSINEK und Burkhard DIETZ (= Publikationen der Gesellschaft für Rheinische Geschichtskunde 81). Düsseldorf 2015.

Zeitschrift des Kirchlichen Vereins für Geschichte, christliche Kunst, Altertums- und Literaturkunde, hg. vom FREIBURGER DIÖZESAN-ARCHIV (= Freiburger Diözesan-Archiv 54). Freiburg i. Br. 1925.

Die Bistümer und ihre Pfarreien, hg. von Erwin GATZ (= Geschichte des kirchlichen Lebens in den deutschsprachigen Ländern seit dem Ende des 18. Jahrhunderts 1). Freiburg i. Br. 1991.

Der Diözesanklerus, hg. von Erwin GATZ (= Geschichte des kirchlichen Lebens in den deutschsprachigen Ländern seit dem Ende des 18. Jahrhunderts 4). Freiburg i. Br. 1995.

Caritas und soziale Dienste, hg. von Erwin GATZ (= Geschichte des kirchlichen Lebens in den deutschsprachigen Ländern seit dem Ende des 18. Jahrhunderts 5). Freiburg i. Br. 1997.

Die Kirchenfinanzen, hg. von Erwin GATZ (= Geschichte des kirchlichen Lebens in den deutschsprachigen Ländern seit dem Ende des 18. Jahrhunderts 6). Freiburg i. Br. 2000.

Klöster und Ordensgemeinschaften, hg. von Erwin GATZ (= Geschichte des kirchlichen Lebens in den deutschsprachigen Ländern seit dem Ende des 18. Jahrhunderts 7). Freiburg i. Br. 2006.

Laien in der Kirche, hg. von Erwin GATZ, Hans-Georg ASCHOFF und Gisela FLECKENSTEIN (= Geschichte des kirchlichen Lebens in den deutschsprachigen Ländern seit dem Ende des 18. Jahrhunderts Bd. 8). Freiburg [etc.] 2008.

Rottenburger Jahrbuch für Kirchengeschichte, hg. von GESCHICHTSVEREIN DER DIÖZESE ROTTENBURG-STUTTGART. Ostfildern 2017.

Archiv für mittelrheinische Kirchengeschichte. Nebst Beiträgen zur kirchlichen Denkmalpflege, hg. von GESELLSCHAFT FÜR MITTELRHEINISCHE KIRCHENGESCHICHTE (= Archiv für mittelrheinische Kirchengeschichte 37). Mainz 1985.

Archiv für mittelrheinische Kirchengeschichte. Nebst Beiträgen zur kirchlichen Denkmalpflege, hg. von GESELLSCHAFT FÜR MITTELRHEINISCHE KIRCHENGESCHICHTE (= Archiv für mittelrheinische Kirchengeschichte 65). Mainz 2013.

Archiv für mittelrheinische Kirchengeschichte. Nebst Beiträgen zur kirchlichen Denkmalpflege, hg. von GESELLSCHAFT FÜR MITTELRHEINISCHE KIRCHENGESCHICHTE (= Archiv für mittelrheinische Kirchengeschichte 66). Mainz 2014.

Archiv für mittelrheinische Kirchengeschichte. Nebst Beiträgen zur kirchlichen Denkmalpflege, hg. von GESELLSCHAFT FÜR MITTELRHEINISCHE KIRCHENGESCHICHTE (= Archiv für mittelrheinische Kirchengeschichte 67). Mainz 2015.

Archiv für mittelrheinische Kirchengeschichte. Nebst Beiträgen zur kirchlichen Denkmalpflege, hg. von GESELLSCHAFT FÜR MITTELRHEINISCHE KIRCHENGESCHICHTE (= Archiv für mittelrheinische Kirchengeschichte 68). Mainz 2016.

Archiv für mittelrheinische Kirchengeschichte. Nebst Beiträgen zur kirchlichen Denkmalpflege, hg. von GESELLSCHAFT FÜR MITTELRHEINISCHE KIRCHENGESCHICHTE (= Archiv für mittelrheinische Kirchengeschichte 69). Mainz 2017.

Johannes Hoffmann (1890–1967). Ein Lesebuch aus Quellen, hg. von Markus GESTIER, Heinrich KÜPPERS und Brigitte STEINLE (= Malstatter Beiträge). St. Ingbert 2017.

Die Katholiken und das Dritte Reich, hg. von Klaus GOTTO und Konrad REPGEN (= Topos-Taschenbücher Bd. 136). Mainz [3]1990.

Das „Großdeutsche Reich" und die Juden. Nationalsozialistische Verfolgung in den „angegliederten" Gebieten, hg. von Wolf GRUNER und Jörg OSTERLOH (= Wissenschaftliche Reihe des Fritz Bauer Instituts 17). Frankfurt a. M. 2010.

Widerstand, Repression und Verfolgung. Beiträge zur Geschichte des Nationalsozialismus an der Saar, hg. von Hans-Christian HERRMANN (= Geschichte, Politik und Gesellschaft, Schriftenreihe der Stiftung Demokratie Saarland Band 14).

Das Saarrevier zwischen Reichsgründung und Kriegsende (1871–1918). Referate eines Kolloquiums in Dillingen am 29./30. September 1988, hg. von Hans-Walter HERRMANN (= Veröffentlichungen der Kommission für saarländische Landesgeschichte und Volksforschung 18). Saarbrücken 1990.

Geschichte des Saarlandes, hg. von Hans-Walter HERRMANN und Georg Wilhelm SANTE (= Territorien-Ploetz Sonderausgaben). Würzburg 1972.

Andernach. Geschichte einer rheinischen Stadt, hg. von Franz-Josef HEYEN. Andernach [2]1994.

Neue Deutsche Biographie, hg. von HISTORISCHE KOMMISSION BEI DER BAYERISCHEN AKADEMIE DER WISSENSCHAFTEN (= Neue Deutsche Biographie 2). Berlin 1955.

Neue Deutsche Biographie, hg. von HISTORISCHE KOMMISSION BEI DER BAYERISCHEN AKADEMIE DER WISSENSCHAFTEN (= Neue Deutsche Biographie 5). Berlin 1961.

Neue Deutsche Biographie, hg. von HISTORISCHE KOMMISSION BEI DER BAYERISCHEN AKADEMIE DER WISSENSCHAFTEN (= Neue Deutsche Biographie 9). Berlin 1972.

Neue Deutsche Biographie, hg. von HISTORISCHE KOMMISSION BEI DER BAYERISCHEN AKADEMIE DER WISSENSCHAFTEN (= Neue Deutsche Biographie 20). Berlin 2001.

Neue Deutsche Biographie, hg. von HISTORISCHE KOMMISSION BEI DER BAYERISCHEN AKADEMIE DER WISSENSCHAFTEN (= Neue Deutsche Biographie 24). Berlin 2010.

Zeitschrift für die Geschichte der Saargegend, hg. von HISTORISCHER VEREIN FÜR DIE SAARGEGEND (= Zeitschrift für die Geschichte der Saargegend 19). Saarbrücken 1971.

Zeitschrift für die Geschichte der Saargegend, hg. von HISTORISCHER VEREIN FÜR DIE SAARGEGEND (= Zeitschrift für die Geschichte der Saargegend 34/35). Saarbrücken 1987.

Zeitschrift für die Geschichte der Saargegend, hg. von HISTORISCHER VEREIN FÜR DIE SAARGEGEND (= Zeitschrift für die Geschichte der Saargegend 46). Saarbrücken 1998.

Volk und Kirche. Katholisches Leben im deutschen Westen, hg. von Karl HOEBER. Essen 1935.

Lexikon für Theologie und Kirche, hg. von HÖFER, JOSEF und RAHNER, KARL (= Lexikon für Theologie und Kirche 2). Freiburg i. Br. 1958.

Lexikon für Theologie und Kirche, hg. von HÖFER, JOSEF und RAHNER, KARL. Freiburg i. Br. [2]1986.

Krieg und Christentum. Religiöse Gewalttheorien in der Kriegserfahrung des Westens, hg. von Andreas HOLZEM (= Krieg in der Geschichte 50). Paderborn 2009.

Konfession, Milieu, Moderne. Konzeptionelle Positionen und Kontroversen zur Geschichte von Katholizismus und Kirche im 19. und 20. Jahrhundert, hg. von Johannes HORSTMANN und Antonius LIEDHEGENER. Schwerte 2001.

Die französischen Domanialschulen im Saargebiet, hg. von Arwed HOYER. Saarbrücken 1934.
Stätten grenzüberschreitender Erinnerung. Spuren der Vernetzung des Saar-Lor-Lux-Raumes im 19. und 20. Jahrhundert = Lieux de la mémoire transfrontalière, hg. von Rainer HUDEMANN. Saarbrücken 2002.
Die Katholiken und das Dritte Reich. Kontroversen und Debatten, hg. von Karl-Joseph HUMMEL und Michael KIßENER. Paderborn 2009.
Kirchen im Krieg. Europa 1939–1945, hg. von Karl-Joseph HUMMEL und Christoph KÖSTERS. Paderborn 2006.
Kirche, Krieg und Katholiken. Geschichte und Gedächtnis im 20. Jahrhundert, hg. von Karl-Joseph HUMMEL und Christoph KÖSTERS. Freiburg i. Br. 2014.
Mitteilungsblatt des Instituts für soziale Bewegungen, hg. von INSTITUT FÜR SOZIALE BEGEGNUNGEN (= Mitteilungsblatt des Instituts für soziale Bewegungen 45). Bochum 2011.
Soziale Reform im Kaiserreich. Protestantismus, Katholizismus und Sozialpolitik, hg. von Jochen-Christoph KAISER, Wilfried LOTH und Ewald FRIE (= Konfession und Gesellschaft Bd. 11). Stuttgart 1997.
50 Jahre Pfarrei Christkönig in Saarbrücken. Eine Kirchengemeinde im Licht und unter dem Anspruch des Zweiten Vatikanischen Konzils, hg. von KATHOLISCHES PFARRAMT CHRISTKÖNIG. Saarbrücken 1979.
St. Antonius. Katholische Pfarrgemeinde Saarbrücken-Rastpfuhl, hg. von KATHOLISCHES PFARRAMT ST. ANTONIUS. Saarbrücken 1987.
Die Saarbrückerinnen. Beiträge zur Stadtgeschichte, hg. von Annette KEINHORST, Petra MESSINGER und Hilde HOHERZ (= Schriftenreihe Geschichte, Politik & Gesellschaft der Stiftung Demokratie Saarland Bd. 2). St. Ingbert 1998.
Das Saargebiet, seine Struktur, seine Probleme, hg. von Fritz KLOEVEKORN. Saarbrücken 1929.
100 Jahre Kongregation der Franziskanerinnen der Allerseligsten Jungfrau Maria von den Engeln, St. Marienhaus, hg. von KONGREGATION DER FRANZISKANERINNEN BMVA. Neuwied 1963.
Handbuch der Religionsgeschichte im deutschsprachigen Raum. 20. Jahrhundert – Epochen und Themen, hg. von Volkhard KRECH und Lucian HÖLSCHER (= Handbuch der Religionsgeschichte im deutschsprachigen Raum 6/1). Paderborn 2015.
Heimat-Jahrbuch 2006, hg. von KREIS AHRWEILER (= Heimat-Jahrbuch 63). Ahrweiler 2006.
Kirchliches Handbuch fuer das katholische Deutschland, hg. von Hermann KROSE (= Kirchliches Handbuch 5). Freiburg i. Br. 1914/16.
25 Jahre Stadt Saarbrücken, hg. von Heinrich KRUECKEMEYER. Saarbrücken 1934.
Versailles 1919. Ziele – Wirkung – Wahrnehmung, hg. von Gerd KRUMEICH und Silke FEHLEMANN (= Schriften der Bibliothek für Zeitgeschichte N. F., 14). Essen 2001.
Zehn statt tausend Jahre. Die Zeit des Nationalsozialismus an der Saar (1935–1945), Katalog zur Ausstellung des Regionalgeschichtlichen Museums im Saarbrücker Schloß, Saarbrücken 1988, hg. von Lieselotte KUGLER. Merzig [2]1988.

Geistliche und Gestapo. Klerus zwischen Staatsallmacht und kirchlicher Hierarchie, hg. von Joachim KUROPKA (= Anpassung – Selbstbehauptung – Widerstand 23). Münster ^{2}2005.

Jahrbuch für westdeutsche Landesgeschichte, hg. von LANDESARCHIVVERWALTUNG RHEINLAND-PFALZ (= Jahrbuch für westdeutsche Landesgeschichte 37). Koblenz 2011.

Richtig daheim waren wir nie. Entdeckungsreisen ins Saarrevier 1815–1955, hg. von Klaus-Michael MALLMANN. Berlin u. a. ^{2}1988.

Das zersplitterte Nein. Saarländer gegen Hitler, hg. von Paul MALLMANN (= Widerstand und Verweigerung im Saarland 1935–1945 1). Bonn 1989.

Konfessionen in den west- und mitteleuropäischen Sozialsystemen im langen 19. Jahrhundert. Ein „edler Wettkampf der Barmherzigkeit?“, hg. von Michaela MAURER und Bernhard SCHNEIDER (= Religion – Kultur – Gesellschaft 1). Berlin u. a. 2013.

Geschichte des Christentums. Erster und Zweiter Weltkrieg, Demokratien und totalitäre Systeme, (1914–1958), hg. von Kurt MEIER (= Geschichte des Christentums 12). Freiburg i. Br. 1992.

Glück auf, Kameraden! Die Bergarbeiter und ihre Organisationen in Deutschland, hg. von Hans MOMMSEN. Köln 1979.

Trierer biographisches Lexikon, hg. von Heinz MONZ und Jens OSSADNIK. Trier 2000.

Zeitgeschichte in Lebensbildern. Aus dem deutschen Katholizismus des 19. und 20. Jahrhunderts, hg. von Rudolf MORSEY und Jürgen ARETZ. Mainz 1973.

Katholische Kirche und Nationalsozialismus. Dokumente 1930–1935, Mit einer Einleitung von Kurt Sontheimer, hg. von Hans MÜLLER. München 1963.

Urkatastrophe. Die Erfahrung des Krieges 1914–1918 im Spiegel zeitgenössischer Theologie, hg. von Joachim NEGEL und Karl PINGGÉRA. Freiburg i. Br. 2016.

Gesamtverzeichnis des deutschsprachigen Schrifttums (GV) 1911–1965. Schil-Schmic, hg. von Reinhard OBERSCHELP (= Gesamtverzeichnis des deutschsprachigen Schrifttums [GV] 1911–1965 114). München 1980.

Badische Biographien. Neue Folge, hg. von Bernd OTTNAD (= Badische Biographien 4). Stuttgart 1996.

Handbuch der Religionsgeschichte im deutschsprachigen Raum. 1750–1900, hg. von Michael PAMMER (= Handbuch der Religionsgeschichte im deutschsprachigen Raum 5). Paderborn 2007.

Die Bischöfe von Trier seit 1802. Festgabe für Bischof Dr. Hermann Josef Spital zum 70. Geburtstag am 31. Dezember 1995, hg. von Martin PERSCH (= Veröffentlichungen des Bistumsarchivs Trier 30). Trier 1996.

Auf dem Weg in die Moderne. 1802–1880, hg. von Martin PERSCH und Bernhard SCHNEIDER (= Geschichte des Bistums Trier 4). Trier 2000.

Begegnung. Zeitschrift für Kultur und Geistesleben, hg. von Wilhelm PEULER. Koblenz 1947.

Festschrift zum 40jährigen Bestehen der Pfarrei Christ-König, hg. von PFARRGEMEINDE CHRISTKÖNIG SAARBRÜCKEN. Saarbrücken 1969.

Acta Apostolicae Sedis. Commentarium officiale, hg. von PIUS XI. (= Acta Apostolicae Sedis 14). Vatikan 1922.

Acta Apostolicae Sedis. Commentarium officiale, hg. von PIUS XI. (= Acta Apostolicae Sedis 22). Vatikan 1930.
Acta Apostolicae Sedis. Commentarium officiale, hg. von PIUS XI. (= Acta Apostolicae Sedis 28). Vatikan 1936.
Pastor bonus. Zeitschrift für kirchliche Wissenschaft und Praxis, hg. von PROFESSOREN DES PRIESTERSEMINARS ZU TRIER (= Pastor Bonus 16). Trier 1905.
Pastor bonus. Zeitschrift für kirchliche Wissenschaft und Praxis, hg. von PROFESSOREN DES PRIESTERSEMINARS ZU TRIER (= Pastor Bonus 17). Trier 1906.
Pastor bonus. Zeitschrift für kirchliche Wissenschaft und Praxis, hg. von PROFESSOREN DES PRIESTERSEMINARS ZU TRIER (= Pastor Bonus 38). Trier 1927.
Pastor bonus. Zeitschrift für kirchliche Wissenschaft und Praxis, hg. von PROFESSOREN DES PRIESTERSEMINARS ZU TRIER (= Pastor Bonus 39). Trier 1928.
Pastor bonus. Zeitschrift für kirchliche Wissenschaft und Praxis, hg. von PROFESSOREN DES PRIESTERSEMINARS ZU TRIER (= Pastor Bonus 47). Trier 1936.
Pastor bonus. Zeitschrift für kirchliche Wissenschaft und Praxis, hg. von PROFESSOREN DES PRIESTERSEMINARS ZU TRIER (= Pastor Bonus 48). Trier 1937.
Pastor bonus. Zeitschrift für kirchliche Wissenschaft und Praxis, hg. von PROFESSOREN DES PRIESTERSEMINARS ZU TRIER (= Pastor Bonus 49). Trier 1938.
Pastor bonus. Zeitschrift für kirchliche Wissenschaft und Praxis, hg. von PROFESSOREN DES PRIESTERSEMINARS ZU TRIER (= Pastor Bonus 51). Trier 1940.
Unverbindliche Beratung oder kollegiale Steuerung? Kirchenrechtliche Überlegungen zu synodalen Vorgängen, hg. von Wilhelm REES und Joachim SCHMIEDL (= Europas Synoden nach dem Zweiten Vatikanischen Konzil Bd. 2). Freiburg 2014.
Deutsche Parteien vor 1918, hg. von Gerhard RITTER. Köln 1973.
Mitten in der Welt. Schwestern vom Hl. Josef von Trier, hg. von Franz RONIG (= Treveris sacra 5). Trier 1991.
Werden, Wachsen, Wollen. Festschrift zum Einzug in das neue Gebäude 1926, hg. von SAARBRÜCKER DRUCKEREI UND VERLAG A. G. Saarbücken 1926.
Das Saarland. Politische, wirtschaftliche und kulturelle Entwicklung, hg. von Mechthild SANDER und Hans-Walter HERRMANN. Saarbrücken ²1991.
Ein Jahrhundert Nächstenliebe. Die Geschichte des Diözesan-Caritasverbandes für das Erzbistum Köln e. V., hg. von Hermann-Josef SCHEIDGEN. Köln 2016.
Dein Heiland kommt. Wochenschrift für die Kommunionkinder, Unter Mitwirkung von Geistlichen, Schulmännern und Lehrerinnen, hg. von Johann Ludger SCHLICH. Saarbrücken 1935.
Kirchenreform und Konfessionsstaat. 1500–1801, hg. von Bernhard SCHNEIDER (= Geschichte des Bistums Trier 3). Trier 2010.
Beharrung und Erneuerung. 1881–1981, hg. von SCHNEIDER, BERNHARD und PERSCH, MARTIN (= Geschichte des Bistums Trier 5). Trier 2004.
Saarbrücken – 50 Jahre Großstadt. [Saarbrücken 1909–1959], hg. von Karl SCHWINGEL. Saarbrücken 1959.
Matthias Laros (1882–1965). Kirchenreform im Geiste Newmans, hg. von Jörg SEILER (= Quellen und Studien zur neueren Theologiegeschichte Bd. 8). Regensburg 2009.

Soziale Frage und Kirche im Saarrevier. Beiträge zu Sozialpolitik und Katholizismus im späten 19. und frühen 20. Jahrhundert, hg. von Franz Josef STEGMANN. Saarbrücken 1984.

Caritas. Nächstenliebe von den frühen Christen bis zur Gegenwart: Katalog zur Ausstellung im Erzbischöfliches Diözesanmuseum Paderborn, hg. von Christoph STIEGEMANN. Petersberg 2015.

13. Januar 1935 Der Kampf um die Saar – 70 Jahre danach. Dokumentation einer Veranstaltungsreihe, hg. von STIFTUNG DEMOKRATIE SAARLAND (= Dialog 12). Saarbrücken 2005.

Heimat und Kirche: Das katholische Saarland. Dekanate: Saarbrücken Stadt und Land, Sulzbach und Völklingen im Bistum Trier, hg. von Leo SUDBRACK und Anton JAKOB (= Das katholische Saarland 1). Saarbrücken 1954.

Das Bistum Münster. Band II: Pastorale Entwicklung im 20. Jahrhundert, hg. von Werner THISSEN. Münster 1993.

Armut. Perspektiven in Kunst und Gesellschaft, 10. April 2011–31. Juli 2011; eine Ausstellung des Sonderforschungsbereichs 600 „Fremdheit und Armut", Universität Trier in Kooperation mit dem Stadtmuseum Simeonstift Trier und dem Rheinischen Landesmuseum Trier, hg. von Herbert UERLINGS. Darmstadt 2011.

Industriekultur an der Saar. Leben und Arbeit in einer Industrieregion 1840–1914, hg. von Richard VAN DÜLMEN (= Industriekultur deutscher Städte und Regionen). München 1989.

Christian masculinity. Men and religion in Northern Europe in the 19th and 20th centuries, hg. von Yvonne Maria WERNER (= KADOC studies on religion, culture and society 8). 2011.

Geschichte der Stadt Saarbrücken. Von der Zeit des stürmischen Wachstums bis zur Gegenwart, Band 2, hg. von Rolf WITTENBROCK. Saarbrücken 1999.

Konzilien der Neuzeit. Konzil von Trient (1545–1563), Erstes Vatikanisches Konzil (1869/70), Zweites Vatikanisches Konzil (1962–1965), Indices, hg. von Josef WOHLMUTH und Giuseppe ALBERIGO (= Dekrete der ökumenischen Konzilien 3). Paderborn 2002.

Antimodernismus und Modernismus in der katholischen Kirche. Beiträge zum theologiegeschichtlichen Vorfeld des II. Vatikanums, hg. von Hubert WOLF (= Programm und Wirkungsgeschichte des II. Vatikanums 2). Paderborn, Wien u. a. 1998.

Eugenio Pacelli als Nuntius in Deutschland. Forschungsperspektiven und Ansätze zu einem internationalen Vergleich, hg. von Hubert WOLF (= Veröffentlichungen der Kommission für Zeitgeschichte. Reihe B, Forschungen 121). Paderborn, Wien u. a. 2012.

Medienlandschaft Saar von 1945 bis in die Gegenwart. Band 1: Medien zwischen Demokratisierung und Kontrolle (1945–1955), hg. von ZIMMERMANN, CLEMENS/HUDEMANN, RAINER/ KUDERNA, MICHAEL. München 2010.

Zwischen Seelsorge und Politik. Katholische Bischöfe in der NS-Zeit, hg. von Maria Anna ZUMHOLZ und Michael HIRSCHFELD. Münster 2018.

7.5 Gesetz / Verordnung

REGIERUNGSKOMMISSION DES SAARGEBIETS, Verordnungen über den Besuch der Schulen der französischen Grubenverwaltung. 1920. In: Das Saargebiet unter der Herrschaft des Waffenstillstandsabkommens und des Vertrags von Versailles. Als Weißbuch von der deutschen Regierung dem Reichstag vorgelegt. Berlin 1921, S. 313

Gesetz gegen Mißbräuche bei der Eheschließung und der Annahme an Kindes Statt. In: Reichsgesetzblatt I, Bd. 1933, S. 979–982.

Gesetz zum Schutze des deutschen Blutes und der deutschen Ehre. In: Reichsgesetzblatt I, Bd. 1935, S. 1146–1160.

Gesetz zum Schutze der Erbgesundheit des deutschen Volkes. In: Reichsgesetzblatt I, Bd. 1935, S. 1246.

7.6 Internetdokument

Parlamentsdatenbank beim Haus der Bayrischen Geschichte, http://www.hdbg.de/parlament/content/persDetail.php?id=939 (Stand: 05.08.2017).

Die Städte-Ordnung von 1808 mit der revidierten Städte-Ordnung nach ihren Abweichungen zusammengestellt. Berlin 1831, http://www.mdz-nbn-resolving.de/urn/resolver.pl?urn=urn:nbn:de:bvb:12-bsb10552093-7 (Stand: 18.08.2015).

Franz Rudolf BORNEWASSER, Schreiben an Nuntius Pacelli vom 19.05.1923. Trier, http://194.242.233.158/denqPacelli/index.htm (Stand: 05.08.2017).

Pietro GASPARRI, Schreiben an Nuntius Pacelli vom 06.09.1923. Vatikan, http://194.242.233.158/denqPacelli/index.htm (Stand: 05.08.2017).

Pietro GASPARRI, Weisung an Nuntius Pacelli vom 17.09.1919. Vatikan, http://194.242.233.158/denqPacelli/index.htm (Stand: 05.08.2017).

Pietro GASPARRI, Weisung an Nuntius Pacelli vom 08.05.1923. Vatikan, http://194.242.233.158/denqPacelli/index.htm (Stand: 05.08.2017).

Franz HILLIG, P. Otto Cohausz SJ. + 3. Juni 1938 in Danzig, http://www.con-spiration.de/syre/files/rothe-nr/cohauss.html (Stand: 03.08.2017).

Eugenio PACELLI, Telegramm an Kardinalstaatssekretär Gasparri vom 12.05.1923. München, http://194.242.233.158/denqPacelli/index.htm (Stand: 05.08.2017).

PIUS XI., Ubi arcano dei consilio. Vatikan 1922, http://w2.vatican.va/content/pius-xi/la/encyclicals/documents/hf_p-xi_enc_19221223_ubi-arcano-dei-consilio.html (Stand: 31.01.2017).

Christian SCHRÖDER, Schlich Johann Ludger, http://www.saarland-biografien.de/Schlich-Johann-Ludger (Stand: 24.07.2017).

VERBUND FÜR RELIGIÖSE VOLKSKUNDE UND NEKROLOGIEN, Langhauser, Adam, https://vthk.info/PSI/redirect.psi (Stand: 15.05.2018).

7.7 Unklarer Dokumententyp

Acta Sanctae Sedes XXXVI [1903–1904], S. 329–339.
KATHOLISCHER ARBEITSKREIS FÜR ZEITGESCHICHTLICHE FRAGEN E. V., Wahlverhalten der katholischen Bevölkerung Deutschlands 1932–1933. Bonn 1979.
Katholisches Kirchenblatt für alle Angehörigen der Pfarrei St. Jakob – Saarbrücken 1 vom 31. Oktober 1920.
Katholisches Kirchenblatt für alle Angehörigen der Pfarrei St. Jakob – Saarbrücken 1 vom 27. Februar 1921.

7.8 Zeitschriftenaufsatz

Dominik BURKARD, Diözesansynoden und synodenähnliche Foren sowie Kirchenvolksbegehren der letzten Jahrzehnte in den deutschsprachigen Ländern. In: Römische Quartalschrift 101 (2006) S. 113–140.
Josef DREIßEN, Über das geschichtliche Werden des Erstkommunionunterrichts. In: Katechetische Blätter 85 (1960) S. 8–16.
Ewald FRIE, Zwischen Katholizismus und Wohlfahrtsstaat. Skizze einer Verbandsgeschichte der Deutschen Caritas. In: Jahrbuch für christliche Sozialwissenschaften 38 (1997) S. 21–49.
Erwin GATZ, Synodale Bewegungen und Diözesansynoden in den deutschsprachigen Ländern von der Säkularisation bis zum Zweiten Vatikanischen Konzil. In: Römische Quartalschrift 82 (1987) S. 206–243.
HAUPERT, BERNHARD und SCHÄFER, FRANZ-JOSEF, Saarländischer katholischer Klerus zwischen Anpassung und Widerstand 1933–1935. Studie zum politischen Verständnis und Handeln des katholischen Klerus. In: Zeitschrift für die Geschichte der Saargegend, hg. von HISTORISCHER VEREIN FÜR DIE SAARGEGEND (= Zeitschrift für die Geschichte der Saargegend 46). Saarbrücken 1998, S. 99–157.
Fritz JACOBY, Oberbürgermeister Hans Neikes. Eine bedeutende Persönlichkeit im Saargebiet. In: Zeitschrift für die Geschichte der Saargegend, hg. von HISTORISCHER VEREIN FÜR DIE SAARGEGEND (= Zeitschrift für die Geschichte der Saargegend 19). Saarbrücken 1971, S. 497–508.
Hubert JEDIN, Das Leitbild des Priesters nach dem Tridentinum und dem Vaticanum II. In: Theologie und Glaube 60 (1970) S. 102–124.
Jürgen KARBACH und Wolfgang LAUFER, Bevölkerungszahlen des Saarlandes 1800–1910. In: Zeitschrift für die Geschichte der Saargegend, hg. von HISTORISCHER VEREIN FÜR DIE SAARGEGEND (= Zeitschrift für die Geschichte der Saargegend 34/35). Saarbrücken 1987, S. 186–275.
Andreas MERL, „In jedes Haus – auch in die ärmlichste Hütte – eine katholische Zeitung!". Katholisches Milieu und Tagespresse im Saargebiet der Völkerbundzeit am Beispiel der ‚Saarbrücker Landes-Zeitung'. In: Eckstein 19 (2008) S. 26–35.

Franz Rudolf REICHERT, Die Kongregation der Schwestern vom Heiligen Geist, Mutterhaus Koblenz. Ein Abriß ihrer 125jährigen Geschichte. In: Archiv für mittelrheinische Kirchengeschichte 34 (1982) S. 167–184.

Johann Ludger SCHLICH, Buchbesprechung: „Geschichte der Katholikenverfolgung in England 1535–1681". In: Pastor bonus. Zeitschrift für kirchliche Wissenschaft und Praxis, hg. von PROFESSOREN DES PRIESTERSEMINARS ZU TRIER (= Pastor Bonus 16). Trier 1905, S. 95–96.

Johann Ludger SCHLICH, Irrige Ansichten über die christliche Hoffnung. In: Pastor bonus. Zeitschrift für kirchliche Wissenschaft und Praxis, hg. von PROFESSOREN DES PRIESTERSEMINARS ZU TRIER (= Pastor Bonus 17). Trier 1906, 393–400.433–438.482–486.

Johann Ludger SCHLICH, Priestermangel und Priesterberufe. Vortrag von Pfarrer Dr. Schlich auf der Dekanatskonferenz von Saarbrücken. In: Pastor bonus. Zeitschrift für kirchliche Wissenschaft und Praxis, hg. von PROFESSOREN DES PRIESTERSEMINARS ZU TRIER (= Pastor Bonus 38). Trier 1927, S. 337–342.

Johann Ludger SCHLICH, Darf der Priester die hl. Messe lesen ohne Ministranten? In: Pastor bonus. Zeitschrift für kirchliche Wissenschaft und Praxis, hg. von PROFESSOREN DES PRIESTERSEMINARS ZU TRIER (= Pastor Bonus 48). Trier 1936, S. 51–53.

Johann Ludger SCHLICH, Paulus und das Christentum. (Erwachsenenkatechese oder Bibelstunde). In: Pastor bonus. Zeitschrift für kirchliche Wissenschaft und Praxis, hg. von PROFESSOREN DES PRIESTERSEMINARS ZU TRIER (= Pastor Bonus 48). Trier 1936, S. 66–70.

Johann Ludger SCHLICH, Versuch einer Erwachsenen-Katechese. In: Pastor bonus. Zeitschrift für kirchliche Wissenschaft und Praxis, hg. von PROFESSOREN DES PRIESTERSEMINARS ZU TRIER (= Pastor Bonus 48). Trier 1936, S. 289–296.

Johann Ludger SCHLICH, Buchbesprechung: „Abendgebete der Pfarrgemeinde". In: Pastor bonus. Zeitschrift für kirchliche Wissenschaft und Praxis, hg. von PROFESSOREN DES PRIESTERSEMINARS ZU TRIER (= Pastor Bonus 49). Trier 1938, S. 304.

Johann Ludger SCHLICH, Buchbesprechung: „Die Ursulinen von Calvarienberg- Ahrweiler". In: Pastor bonus. Zeitschrift für kirchliche Wissenschaft und Praxis, hg. von PROFESSOREN DES PRIESTERSEMINARS ZU TRIER (= Pastor Bonus 49). Trier 1938, S. 153–154.

Johann Ludger SCHLICH, Buchbesprechung: „Die Pfarrkirche von Ahrweiler". In: Pastor bonus. Zeitschrift für kirchliche Wissenschaft und Praxis, hg. von PROFESSOREN DES PRIESTERSEMINARS ZU TRIER (= Pastor Bonus 51). Trier 1940, S. 60.

Johann Ludger SCHLICH, Erwachsenenkatechesen über den Gottesbegriff. KW. Fr. 12–16. In: Pastor bonus. Zeitschrift für kirchliche Wissenschaft und Praxis, hg. von PROFESSOREN DES PRIESTERSEMINARS ZU TRIER (= Pastor Bonus 51). Trier 1940, 97–108.146–150.

Johann Ludger SCHLICH, Das alte und das neue Ehegesetz. In: Begegnung. Zeitschrift für Kultur und Geistesleben, Bd. 2, hg. von Wilhelm PEULER. Koblenz 1947, S. 66–72.

Heinz-Günther SCHÖTTLER, Ein Haus voll Glorie schauet? Die wechselhafte Geschichte eines Kirchenliedes an den Bruchkanten der Moderne. In: Bibel und Liturgie 83 (2010) S. 32–48.

Edgar SCHWER, Der Erste Saarländische Katholikentag am 3. Juni 1923. Hintergründe – Umfeld – Presse. In: Zeitschrift für die Geschichte der Saargegend, hg. von HISTORI-

SCHER VEREIN FÜR DIE SAARGEGEND (= Zeitschrift für die Geschichte der Saargegend 54/55). Saarbrücken 2005, S. 193–230.

7.9 Zeitungsartikel

Franz Joseph BUNGARTEN, Römische Gedanken und Splitter. Eine Antwort auf „die echten Pilger" der Saarbrücker Zeitung. In: Saarbrücker Landes-Zeitung vom 1. November 1925, S. 3.

Franz Joseph BUNGARTEN, Pilgerzug Trier – Rom. Am Grabe des zweiten Apostels der Deutschen. In: Saarbrücker Landes-Zeitung vom 8. Oktober 1925, S. 3.

Justus FRIEDLIEB, Die staatsrechtliche Stellung des Saargebiets. In: Saarbrücker Landes-Zeitung vom 21. September 1923, S. 3.

Justus FRIEDLIEB, Die staatsrechtliche Stellung des Saargebiets. In: Saarbrücker Landes-Zeitung vom 27. September 1923, S. 1.

Justus FRIEDLIEB, Die staatsrechtliche Stellung des Saargebiets. In: Saarbrücker Landes-Zeitung vom 4. Oktober 1923, S. 1.

Johannes HOFFMANN, Das Christentum des Nationalsozialismus in saarländischer Beleuchtung. In: Saarbrücker Landes-Zeitung vom 30. Januar 1934, S. 1.

Peter KETTER, Bischof Korum und das Saargebiet. Eine Erwiderung auf den „Generalanzeiger". In: Saarbrücker Landes-Zeitung vom 8. Dezember 1934, S. 1.

Heinrich KUSCHEL, Pfarrer Schlich – und ich! Oder: Herr vergib ihnen, denn sie wissen nicht, was sie tun. In: Neuer Saar-Kurier vom 31. Juli 1925, S. 1.

O. V., Einweihung des kath. Säuglingsheims Saarbrücken. In: Saar-Post vom 18. Oktober 1919, S. 2.

O. V., Der Delegiertentag der Zentrumspartei über die Zeitdokumente. Glänzende Verteidigungsreden der Herren Dechant Echelmeyer und Rechtsanwalt Steegmann. In: Saar-Post vom 24. April 1920, S. 1–2.

O. V., Delegiertensitzung der Zentrumspartei. In: Saarbrücker Landes-Zeitung vom 5. Mai 1920, S. 1.

O. V., Diözesan-Synode in Trier. In: Saarbrücker Landes-Zeitung vom 27. September 1920, S. 3.

O. V., Die Diözesan-Synode in Trier. In: Trierische Landeszeitung vom 29. September 1920, S. 1.

O. V., Die Diözesan-Synode in Trier. Dritte und vierte Sitzung. In: Trierische Landeszeitung vom 30. September 1920, 1–2.

O. V., Die Diözesan-Synode in Trier. Vierte und fünfte Sitzung. In: Trierische Landeszeitung vom 1. Oktober 1920, S. 1.

O. V., Von der indirekten Gewalt des Papstes über den Staat. In: Saarbrücker Landes-Zeitung vom 4. Oktober 1920, S. 1.

O. V., Rückblick auf die Diözesan-Synode in Trier. In: Trierische Landeszeitung vom 7. Oktober 1920, 1–2.

O. V., Diözesansynode des Bistums Trier (28.–30. September). In: Kölnische Volkszeitung vom 9. Oktober 1920, S. 2.

O. V., Die Zukunft des Saargebiets in kirchlicher Hinsicht. In: Saarbrücker Landes-Zeitung vom 27. November 1921, S. 1.
O. V., Preisgabe oder Erhaltung von Lehrer- und Volksrechten? Eine Gewissensfrage zur saarländischen Schulpolitik. In: Kölnische Volkszeitung vom 2. Juni 1922, S. 2.
O. V., Die Lage im Ruhr- und Rheingebiet. In: Saarbrücker Landes-Zeitung vom 23. März 1923, S. 1.
O. V., Auf 24 Stunden verboten. In: Saarbrücker Landes-Zeitung vom 25. März 1923, S. 1.
O. V., Aufruf an die Katholiken des Saarlandes! In: Saarbrücker Landes-Zeitung vom 1. April 1923, S. 1.
O. V., Fest-Programm zum Ersten Saarländischen Katholikentag am 3. Juni 1923. In: Saarbrücker Landes-Zeitung vom 1. Juni 1923, S. 8.
O. V., Der erste Katholikentag an der Saar. In: Saarbrücker Landes-Zeitung vom 4. Juni 1923, S. 1–3.
O. V., Die Frauenversammlung in Rußhütte. Die Stellung der Frau im Glauben und Unglauben. In: Saarbrücker Landes-Zeitung vom 9. Juni 1923, S. 11.
O. V., Nachklänge zum Ersten Saarländischen Katholikentag. In: Völklinger Volksfreund vom 14. Juni 1923, S. 1.
O. V., Catolici della Sarre a Congresso. In: L'Osservatore Romano vom 22. Juni 1923, S. 1.
O. V., Noch ein französischer Nachklang zum Katholikentag. In: Saarbrücker Landes-Zeitung vom 22. Juni 1923, S. 1.
O. V., Die saarländische Zukunft nach französischen Wünschen. Eine Rede des Abgeordneten Ferry. In: Saarbrücker Landes-Zeitung vom 7. Juli 1923, S. 1.
O. V., Rückblick und Ausblick – Die katholische Wacht an der Saar. In: Saarbrücker Landes-Zeitung vom 23. September 1923, S. 1.
O. V., Die deutsche Schule vor dem Landesrat. Einmütige Ablehnung des Regierungsentwurfs – Das Gutachten der Zentrumsfraktion. In: Saarbrücker Landes-Zeitung vom 31. Oktober 1923, S. 1.
O. V., Die Treibereien des deutschen Klerus im Rheinland und Saargebiet. Zwei Bischöfe – Parteichefs. In: Saarbrücker Landes-Zeitung vom 27. April 1924, S. 1.
O. V., Große Zentrumsversammlung in Alt-Saarbrücken. In: Saarbrücker Landes-Zeitung vom 28. Oktober 1924, S. 1.
O. V., Eine bedeutsame Zentrumsversammlung. In: Saar-Zeitung vom 29. Oktober 1924, S. 1.
O. V., Das erste Kolpinghaus im Saargebiet. Eröffnung des neuen Gesellenheims in Saarbrücken. In: Saarbrücker Landes-Zeitung vom 9. April 1925, S. 3.
O. V., Zweiter Diözesan-Pilgerzug Trier – Rom vom 24. September bis 9. Oktober 1925. In: Saarbrücker Landes-Zeitung vom 14. April 1925, S. 3.
O. V., Aus dem Saarbrücker Stadtrat. Der Sieg des Rechts. – Die Zentrumsfraktion zur Wirtschaftslage. – Die Krematoriumsfrage. Tagesspiegel. In: Saarbrücker Landes-Zeitung vom 24. Juli 1925, S. 7.
O. V., Der Stadtrat zur Lohn-Krise im Saargebiet. Krematoriumsfragen. In: Saarbrücker Zeitung vom 24. Juli 1925, S. 3.

O. V., Das Zentrum des Landesrats an die Regierungskommission. für die Angliederung der Sozialversicherung des Saargebietes an die des Deutschen Reiches. In: Saarbrücker Landes-Zeitung vom 25. Juli 1925, S. 1.
O. V., Die Generaldebatte im Stadtrat über Verwaltungsbericht und Etat. Besetzung der Direktorenstellen an den höheren Schulen. Dr. Schlich zum Verwaltungsbericht, Reste aus der Donnerstagssitzung. In: Saarbrücker Landes-Zeitung vom 25. Juli 1925, S. 9.
O. V., Generaldebatte im Stadtrat. In: Saarbrücker Zeitung vom 25. Juli 1925, S. 3.
O. V., Stadtverordnetenversammlung Saarbrücken. In: Volksstimme vom 25. Juli 1925, S. 7.
O. V., Wettbewerbe. In: Deutsche Bauzeitung Berlin vom 7. Oktober 1925, S. 636.
O. V., Trier – Rom 1925. Der Einzug in die Peterskirche, Von einem Teilnehmer des Pilgerzuges. In: Saarbrücker Landes-Zeitung vom 12. Oktober 1925, S. 3.
O. V., Trier – Rom 1925. Abschluß der Pilgerfahrt in Tirol. In: Saarbrücker Landes-Zeitung vom 19. Oktober 1925, S. 3.
O. V., Vierzigstündiges Gebet an Fastnacht. In: Saarbrücker Landes-Zeitung vom 6. Februar 1926, S. 3.
O. V., Zur Frage der städtischen Schuldeputation. In: Saarbrücker Landes-Zeitung vom 22. Februar 1926, S. 1.
O. V., Der Gattin Gebet. In: Stimme des Rufenden – Blätter zur Vorbereitung der Volksmission in Saarbrücken – vom Oktober 1926, S. 2.
O. V., Mission und Gesellschaft. In: Stimme des Rufenden – Blätter zur Vorbereitung der Volksmission in Saarbrücken – vom Oktober 1926, S. 1.
O. V., Was die Stunde heischt. In: Stimme des Rufenden – Blätter zur Vorbereitung der Volksmission in Saarbrücken – vom Oktober 1926, S. 3.
O. V., Ruf des Saarlandes. In: Saarbrücker Landes-Zeitung vom 26. November 1926, S. 1.
O. V., Zur Frage des Religionsunterrichts in der Berufsschule. In: Saarbrücker Landes-Zeitung vom 25. März 1927, S. 1.
O. V., Jugendheim St. Klemens. In: Saarbrücker Landes-Zeitung vom 7. März 1928, S. 3.
O. V., Eröffnung des Jugendheimes St. Klemens. In: Saarbrücker Landes-Zeitung vom 20. April 1928, S. 3.
O. V., Einweihung des Jugendheimes St. Klemens. In: Saarbrücker Landes-Zeitung vom 26. Juli 1928, S. 5.
O. V., Neue Glocken für die Christkönigskirche. In: Saarbrücker Landes-Zeitung vom 25. Juli 1931, S. 3.
O. V., Diözesan-Synode des Bistums Trier 9. bis 11. September 1931. In: Saarbrücker Landes-Zeitung vom 11. September 1931, S. 3.
O. V., Diözesan-Synode des Bistums Trier. In: Saarbrücker Landes-Zeitung vom 12. September 1931, S. 3.
O. V., Diözesan-Synode des Bistums Trier. In: Saarbrücker Landes-Zeitung vom 13. September 1931, S. 5.
O. V., Der Separatismus an der Saar, gebilligt durch Koßmann! In: Saardeutsche Volksstimme vom 6. Februar 1932, S. 2.
O. V., Nochmals „Feuerbestattungen für Katholiken". In: Saarbrücker Landes-Zeitung vom 3. Januar 1933, S. 1.
O. V., Abschied von Prälat Subtil. In: Saarbrücker Landes-Zeitung vom 8. Januar 1933, S. 7.

O. V., Aus dem Bischof-Korum-Hause in Trier. In: Neue Jugend (Monatliche Beilage der „Saarbrücker Landes-Zeitung") vom 14. Januar 1933, S. 2.

O. V., Ankündigung der Heilig-Rock-Wallfahrt 1933. In: Saarbrücker Landes-Zeitung vom 1. Februar 1933, S. 3.

O. V., Resolution zur Auflösung. In: Saarbrücker Landes-Zeitung vom 13. Oktober 1933, S. 1.

O. V., Das Saarland grüßt Deutschland! Die Ansprache des Prälaten Dr. Schlich zum Tag der Saar. In: Saarbrücker Landes-Zeitung vom 9. Mai 1934, S. 1.

O. V., Bischof Dr. Bornewasser am Krankenbett Msgr. Dr. Schlichs. In: Saarbrücker Landes-Zeitung vom 24. Mai 1934, S. 3.

O. V., Ehrenvolle Berufung. Prälat Testa zum Titularerzbischof erhoben. In: Saarbrücker Landes-Zeitung vom 16. Juni 1934, S. 3.

O. V., Das Oberhirtenwort von Fulda. Gemeinsamer Hirtenbrief der am Grab des Hl. Bonifatius versammelten Oberhirten der Diözesen Deutschlands. In: Neue Saarpost vom 29. Juni 1934, S. 2.

O. V., Um den Hirtenbrief. Ein Telegrammwechsel. In: Neue Saarpost vom 1. Juli 1934, S. 2.

O. V., Dr. Klausener tot? In: Saarbrücker Landes-Zeitung vom 2. Juli 1934, S. 1.

O. V., Ministerialdirektor Dr. Klausener erschossen. Der Führer der „K. A." Berlin ein Opfer der Bluthеrrschaft – Lüge des „Saarbrücker Abendblatt". In: Neue Saarpost vom 3. Juli 1934, 1–2.

O. V., Der Fall Dr. Klausener. In: Neue Saarpost vom 4. Juli 1934, S. 1.

O. V., Dr. Erich Klausener +. In: Saarbrücker Landes-Zeitung vom 4. Juli 1934, S. 1.

O. V., Dr. Klausener. In: Saarbrücker Landes-Zeitung vom 14. Juli 1934, S. 7.

O. V., Das Oberhirtenwort von Fulda. Gemeinsamer Hirtenbrief der am Grab des heiligen Bonifatius versammelten Oberhirten der Diözesen Deutschlands. In: Saarbrücker Landes-Zeitung vom 16. Juli 1934, S. 7.

O. V., Katholische deutsche Saarjugend marschiert! Ueberaus glänzender Verlauf des „Tages der katholischen Saarjugend". 50000 Jungen und Mädels grüßen ihre Oberhirten. Erhebendes Bekenntnis zu Christus. In: Saarbrücker Landes-Zeitung vom 30. Juli 1934, S. 1–2.

O. V., Katholische Saarjugend marschiert! „Wir bleiben treu!" – 50 000 ziehen auf vor ihren Bischöfen – Siebenhundert Fahnen wehen durch die Straßen Saarbrückens. In: Neue Saarpost vom 30. Juli 1934, S. 1.

O. V., Graf de Pange über den Saarkatholizismus. Religionsfreiheit für das Saargebiet. Sensationelle Enthüllungen über Bischof Bornewasser – Rom muß entscheiden. In: Generalanzeiger für das Saargebiet vom 11. August 1934, S. 1.

O. V., Erklärung sämtlicher Dechanten des Saargebietes. In: Saarbrücker Landes-Zeitung vom 3. Januar 1935, S. 1.

O. V., Schlagt Hitler durch den Status quo! In: Neue Saarpost vom 12. Januar 1935, S. 1.

O. V., Festsitzung des Stadtverordnetenrats im Saarbrücker Rathaus. In: 1. Beilage der Saarbrücker Zeitung vom 31. Januar 1935, S. 1.

Karl Ollmert und Matthias Breß, Zur Zusammenlegung der „Saar-Post" mit der „Saarbrücker Volks-Zeitung". In: Saar-Post vom 30. Juni 1920, S. 1.

Johann Ludger Schlich, Erklärung zur Schulinspektorenfrage. In: Saarbrücker Volkszeitung vom 29. November 1919, S. 1.

Johann Ludger SCHLICH, Der Kommunismus der Kirchenväter. In: Saar-Post vom 30. Juni 1920, S. 1.
Johann Ludger SCHLICH, Über die Bedeutung der katholischen Presse. In: Saarbrücker Landes-Zeitung vom 1. Juli 1920, S. 3.
Johann Ludger SCHLICH, Die Diözesansynode des Bistums Trier. In: Saarbrücker Landes-Zeitung vom 30. September 1920, S. 1.
Johann Ludger SCHLICH, Die Diözesansynode des Bistums Trier. In: Saarbrücker Landes-Zeitung vom 1. Oktober 1920, S. 2.
Johann Ludger SCHLICH, Neue Glocken. In: Katholisches Kirchenblatt für alle Angehörigen der Pfarrei St. Jakob – Saarbrücken 1 vom 27. Februar 1921.
Johann Ludger SCHLICH, Was will der Katholikentag? In: Saarbrücker Landes-Zeitung vom 1. Juni 1923, S. 2.
Johann Ludger SCHLICH, Zum Abschied des Grafen Moltke. In: Saarbrücker Landes-Zeitung vom 27. März 1924, S. 1.
Johann Ludger SCHLICH, Die deutsche Schule im Saargebiet. In: Saarbrücker Landes-Zeitung vom 31. August 1924, S. 1.
Johann Ludger SCHLICH, Die französische Schule im Saargebiet. In: Saarbrücker Landes-Zeitung vom 19. November 1924, S. 1.
Johann Ludger SCHLICH, Papst Pius XI. und die deutschen Gesellenvereine im Jubeljahr. In: Saarbrücker Landes-Zeitung vom 2. Oktober 1925, S. 3.
Johann Ludger SCHLICH, Der Trierer Pilgerzug beim Heiligen Vater. In: Saarbrücker Landes-Zeitung vom 3. Oktober 1925, S. 3.
Johann Ludger SCHLICH, Zur Frage der kirchlichen Zukunft des Saargebietes. In: Saarbrücker Landes-Zeitung vom 15. November 1925, S. 1.
Johann Ludger SCHLICH, Die geschichtliche Entwicklung der ‚Saarbrücker Landes-Zeitung'. In: Saarbrücker Landes-Zeitung vom 28. Juni 1926, S. 1.
Johann Ludger SCHLICH, Msgr. Subtil +. In: Saarbrücker Landes-Zeitung vom 5. Januar 1933, S. 1.
Johann Ludger SCHLICH, Mission und Missionsglocken. In: Saarbrücker Landes-Zeitung vom 28. April 1934, S. 3.
Johann Ludger SCHLICH, Straßen- und Haussammlung des Caritas-Verbandes. In: Saarbrücker Landes-Zeitung vom 17. Mai 1934, S. 3.
Johann Ludger SCHLICH, Der „Deutschgott" Prof. Bergmanns. In: Saarbrücker Landes-Zeitung vom 12. Juli 1934, S. 1.
Johann Ludger SCHLICH, Der Katholizismus und die Saarfrage von 1919–23. In: Saar-Zeitung vom 1. März 1935, 2. Beilage zur Sondernummer.

8. ABBILDUNGSVERZEICHNIS

Abb. 1: Schlich mit dem Abiturjahrgang 1912 des Gymnasiums Saarlouis. Abgedruckt in: Staatliches Gymnasium am Stadtgarten, 300 Jahre Gymnasium Saarlouis am Stadtgarten, Saarlouis 1991, S. 70.

Abb. 2: Sterbebild Johannes Schlichs vom 07.01.1950. Pfarrarchiv der Pfarrei St. Jakob Saarbrücken, Ordner 501.

Abb. 3: Alt-Saarbrücken mit evangelischer Ludwigskirche und katholischer Jakobskirche im Jahr 1920. Landesarchiv des Saarlandes B 253/1 C.

Abb. 4: „Kath. Jugend der Saar bekennt". Werbeplakat zum Bekenntnistag der katholischen Jugend an der Saar 1934. Saarbrücker Druckerei und Verlag A. G., Saarbrücken, Landesarchiv des Saarlandes. Abgedruckt in: Schock, Saargeschichte im Plakat, S. 73.

Abb. 5: „Deutsche Mutter – heim zu Dir", „Deutschen Front", 1934, Hans Schweitzer (Mjölnir), F. Maas u. Sohn AG, Saarbrücken. Abgedruckt in: Schock, Saargeschichte im Plakat, S. 69.

Abb. 6: „Nur Status quo schützt unsere Heimat", Status-quo-Bündnis, 1934, Volksstimme, Saarbrücken. Abgedruckt in: Schock, Saargeschichte im Plakat, S. 75.

Abb. 7: Flugblatt „Die Deutsche Font marschiert!" anl. der Massenkundgebung am 6. Januar 1935 in St. Arnual. Gebr. Hofer A. G., Saarbrücken, Bistumsarchiv Trier Abt. 59 Nr. 61, S. 134.

Abb. 8: Postkarte aus dem Nachlass Schlichs. Saarbrücken, 16. Januar 1935, Bistumsarchiv Trier Abt. 59 Nr. 61, S. 176a.

Abb. 9: Karte aus dem Nachlass Schlichs. Undatiert, Bistumsarchiv Trier Abt. 59 Nr. 61, S. 176.

Abb. 10: Letzte Sitzung des Saarbrücker Stadtrats 1934. Landesarchiv des Saarlandes, B NL Bruch 48/3.

Abb. 11: „Wählt Zentrum, die Partei für Christentum, Deutschtum und sozialen Ausgleich". Wahlplakat des Zentrums, undatiert. Saarbrücker Druckerei und Verlag A. G., Saarbrücken, Landesarchiv des Saarlandes, Plakate 1261 1°.

Abb. 12: „Achtung! Hier sprechen die Akten des Deutschen Reiches!", Wahlplakat des Zentrums, Wahl zur Nationalversammlung 1919, Görreshaus A. G., Köln, Landesarchiv des Saarlandes, Plakate 427 1°

Abb. 13: Diagramm über die Entwicklung der Einwohnerzahl Saarbrückens nach Religion bzw. Konfession.
Abb. 14: Stadtplan Saarbrückens mit handschriftlichen Markierungen von Pfarrer Heinrich Assenmacher (St. Eligius) sowie digitalen Anmerkungen durch den Verfasser, Bistumsarchiv Trier, Abt. 70 Nr. 5349, S. 37.
Abb. 15: Die Pfarrkirche St. Jakob Saarbrücken nach der Erweiterung. Zeichnung (schwarz-weiß) des Baumeisters und Architekten Moritz Gombert aus dem Jahr 1906. Pfarrarchiv der Pfarrei St. Jakob Saarbrücken, Ordner 210.
Abb. 16: Einladung zur Volksmission in der Pfarrei St. Jakob des Jahres 1926. Ebd.
Abb. 17: Missionsordnung vom 12. Oktober 1926 der Volksmission der Pfarrei St. Jakob des Jahres 1926. Ebd.
Abb. 18: Titelseite der Nummer 4 der „Stimme des Rufenden“ vom Oktober 1926. Ebd.
Abb. 19: Fotografie des unbebauten Grundstücks Ecke Scharnhorst-/Präsident-Baltz-Straße aus dem Jahr 1920. Pfarrarchiv der Pfarrei Christkönig Saarbrücken, Kiste „Fotografien“.
Abb. 20: Grundbucheintrag des Bauplatzes (gelbe Umrahmung) aus dem Jahr 1922. Pfarrarchiv der Pfarrei Christkönig Saarbrücken, Ordner „2 Kirchen, Kapellen, Friedhöfe“, Klemmmappe „9 Grundbuch“.
Abb. 21: Entwurf einer Notkirche mit Geistlichenwohnung von 1920. Pfarrarchiv der Pfarrei Christkönig Saarbrücken, Ordner „1 Die Pfarrei: Allgemeines – Pfarr- und Ortsgeschichte“, Klemmmappe „1 Notkirche“.
Abb. 22: Entwurf der drei Tympana Colombos vom 21.01.1928 (mit Anmerkungen Schlichs). Pfarrarchiv Christkönig Saarbrücken, Schachtel mit Skizzen.
Abb. 23: Skizze des Apsismosaiks der Pfarrkirche Christkönig Saarbrücken. Aus: Schlich, Blätter der Erinnerung, S. 2.
Abb. 24: Fotografien der Marienkirche zu Piana/Korsika (aufgenommen 1991). Aus: Privatbesitz Pfr. i. R. Peter Rudolph.
Abb. 25: Reliefarbeiten am Hochaltar. Fotografie von K. H. Müller, aus: 50 Jahre Pfarrei Christkönig in Saarbrücken, S. 40.
Abb. 26: Hochaltarskizze Colombos vom 06.11.1928. Pfarrarchiv Christkönig Saarbrücken, Schachtel mit Skizzen.
Abb. 27: Postkarte mit Blick auf die Christkönigskirche von 1934. Pfarrarchiv der Pfarrei Christkönig Saarbrücken, Kiste „Fotografien“.
Abb. 28: Blick auf die Christkönigskirche von der Hindenburgstraße, undatiert. Ebd.
Abb. 29: Der Innenraum der Christkönigkirche nach der Fertigstellung, undatiert. Ebd.

Abb. 30: Entwurfsskizze einer katholischen Kirche am Hauptbahnhof in Saarbrücken, undatiert. Bistumsarchiv Trier, Abt. 70 Nr. 5344.

Abb. 31: Bornewasser und Schlich auf dem Weg zum Staatsakt im Saarbrücker Rathaus anl. der Wiederangliederung des Saargebiets an das Deutsche Reich am 1. März 1935. Abdruckt in: August Schleiden: Illustrierte Geschichte der Stadt Saarbrücken, Dillingen/Saar 2009, 419.

Abb. 32: Ehrengästereihe während des Staatsakts im Saarbrücker Rathaus am 1. März 1935. Bistumsarchiv Trier, Abt. 83 Nr. 713, S. 17 (Ausschnitt).

Abb. 33: Gruppenaufnahme der Teilnehmer der Trierer Diözesansynode im Hof des Priesterseminars (vor dem Felizianum) am 11. September 1931. Bistumsarchiv Trier, Abt. 100 Nr. 13188 (Fotograf unbekannt). Hervorhebung durch den Verfasser der vorliegenden Arbeit.

Abb. 34: Gedenkbild Bischof Korums (vermutlich 1934) anl. der Saarabstimmung, undatiert, Bistumsarchiv Trier, Abt. 59 Nr. 61, S.191.

Abb. 35: Diagramm über die Ergebnisse der Stadtverordnetenratswahlen Saarbrückens von 1920 bis 1932, sortiert nach Parteien.

Abb. 36: Der Saarbrücker Stadtverordnetenrat vom 12. Dezember 1934. Abgedruckt in: Bungard/Linsmayer (1999): Von der Vereinigung der Städte bis zum Abstimmungskampf (1909–1935). In: Rolf Wittenbrock (Hg.): Geschichte der Stadt Saarbrücken. Von der Zeit des stürmischen Wachstums bis zur Gegenwart, Bd. 2. Saarbrücken: Saarbrücker Dr. und Verl., S. 171. Hervorhebung durch den Verfasser der vorliegenden Arbeit.

Abb. 37: Der Aufsichtsrat der Saarbrücker Druckerei und Verlag A. G. bei der Grundsteinlegung des neuen Verlagsgebäudes am 11. Juni 1925. Landesarchiv des Saarlandes, B SDV 5/6.

Abb. 38: Gruppenfoto anl. der Grundsteinlegung des neuen Verlagsgebäudes am 11. Juni 1925. Landesarchiv des Saarlandes, B SDV 5/5.

Abb. 39: Bischof Bornewasser bei der feierlichen Grundsteinlegung der Michaeliskirche auf dem Saarbrücker Rotenberg zur Eröffnung des Ersten Saarländischen Katholikentags am 3. Juni 1923. Landesarchiv des Saarlandes, B SDV 283/1.

Abb. 40: Bischof Bornewasser während der Segenshandlung bei der feierlichen Grundsteinlegung der Michaeliskirche. Ebd.

Abb. 41: Schlich predigt während der Freiluftmesse auf dem Schulhof in Malstatt am 29. Juli 1934. Abgedruckt in: Lentes/Paul: „Katholische Saar-Jugend bekennt". Eine Bilderfolge vom Bekenntnistag der katholischen Saar-Jugend am 29. Juli 1934. Saarbrücken: Saarbrücker Dr. und Verl., S. 9.

Abb. 42: Schlich und Bornewasser im Gespräch am 29. Juli 1934. Abgedruckt in: ebd., S. 49.

Abb. 43: Schlich und Bornewasser in erster Reihe auf der Tribüne während der Jugendparade am 29. Juli 1934. Abgedruckt in: ebd., S. 55.